КАРМАН
РУССКО-КОРЕЙСКИЙ СЛОВАРЬ

포켓
러시아어-한국어 사 전

도서출판 문예림

КАРМАН
РУССКО-КОРЕЙСКИЙ СЛОВАРЬ

포켓
러시아어- 한국어
사 전

감수: 김문옥
저자:
М. 안또니나
В. 바실리
김 춘식
김 경환

도서출판 문예림

КАРМАН

РУССКО-
КОРЕЙСКИЙ
СЛОВАРЬ

суюой-бэй

평양 외국

머리말

휴대용 러-한 사전의 출간을 목적에 두고 사전의 쓰임에 대해 다양하게 필요함을 느끼게 한다. 한국과 러시아 사이에 협력발달 과정이 증가할수록 러시아 사용권에서 한국어 연구에 관심이 더욱 증가하고 있으며, 동시에 한국에서도 러시아어 연구에 관심이 증가하는 것이다. 한국어 사용권에서 많은 러-한 사전들이 출판되었다 본 사전은 새 러-한 사전 출판이후 가장 기본적이고 필수적인 어휘들로 약 3만 단어의 표제어로 수록했다. 오래전부터 독자들의 요구에 의해서 작고 알차게 단어와 숙어결합들이 풍부하게 수록되어 있고, 또한 필요한 문법적인 것과 문장들, 광범위한 용어들이 포함되었다. 연구진들이 본 사전에 러시아생활에서 새로운 사회적, 과학적, 문화적 현상을 반영할 수 있는 단어와 용어들 포함하려고 했다. 일반적으로 현대의 러시아에서 넓게 사용하고 있는 생활어휘는 물론, 사회·정치적 어휘, 또한 기술, 농업, 예술과 스포츠 분야에서 전문 용어들을 포함했으며, 주로 일정한 어휘결합들이 포함되었다. 또한 사전에 지금은 사용하지 않은 일부단어들도(진부한 단어들이) 포함되었다. 왜냐하면 이 단어들이 고전 문학에 관심 가지고 있는 독자들에게 필요할 수 있기 때문이다.

또한 현대의 러시아작가들의 작품, 러시아 신문잡지와 최근의 출판물, 또한 한국어 어휘와 용어법에 관련한 번역, 통역, 과학 연구적, 편집적과 교육적인 작업과정에서 저자들로 수집했던 많은 실제적인 자료들을 이용하여 러시아 단어, 어휘결합과 삽화 사례들을 한국어로 번역했다는 것이다. 번역자들 및 통역자들뿐만 아니라 한국과 러시아어를 공부 하는 사람들을 위해 연구진들이 많은 노력으로 유익한 사전을 개발했던 것이다. 우리나라들의 언어 공부와 연구는 매년 증대 하고 있다. 따라서 우리나라들이 언어 이용을 통해 직접 문화적 연구, 다방면의 협력과정, 상호존중 그리고 상호 성공에 이해관계를 더욱 유익하게 만들 수 있다는 것이다. 끝으로 이 사전이 나오기까지 수고하신 도서출판 문예림 서덕일사장님과 직원 모든 분들께 감사드리며 특히 사전의 교정과 워드작업에 수고해주신 초이따찌야나, 알리나초이, 뎬나타샤, 올가루돌프손, 나우지르지바예바 이리나 연구원들 에게 감사드린다.

2012.12.

어문학박사 B.바실리, M. 안또니나, 김 경 환, 김 춘 식

i

❀ О ПОЛЬЗОВАНИИ РУССКО-КОРЕЙСКИМ СЛОВАРЕМ (일러두기)

О пользовании русским словарем.

1. Русские слова расположены в словаре в алфавитном порядке. Каждое русское слово с его переводом и относя-щимся к нему иллюстративным материалом образует словарную статью.

2. Омонимы, т.е. слова с одинаковым написанием, но разные по значению, выделяются в отдельные словарные статьи и обозначаются светлыми римскими цифрами, например:

рак I (남) 가재 **рак** II (남)(의학) 암, 종양

3. Глаголы несовершенного вида и совершенного видов даются отдельными словарными статьями. При этом пере-воды приводятся, как правило, при несовершенном виде, а при глаголе в совершенном виде дается отсылка на несовершенный, например : **обидеть** (완) обижать

   обижать(미완) 모욕하다 노여움을 사다

В тех случаях, когда глагол в совершенном виде более употребителен, чем в несовершенном, перевод может даваться при нем.

4. В том случае, когда слова, имеющие общую основу и близкие по значению (в основном это видовые пары глаголов), оказываются рядом по алфавиту, они объединяются в одну словарную статью, например: **предписать**(완),

   предписывать(미완) 지시하다, 명령하다

Глаголы снабжены индексами (1,2,3,4,), обозначающими тип спряжения и отсылающими к прилагательным к словарю <Грамматическим таблицам>, составленным доц. Мазуром Ю.Н. Глаголы, не относящиеся ни к одному из четырех типов спряжения, отмечены особыми знаками. Знак + означает, что данный глагол следует искать в <Таблице неправильных глаголов>.

Знак ° означает, что в <Таблице неправильных глаголов> можно найти глагол без приставки (например, в случае <разнести> следует смотреть в таблице <нести>.

Знак °° означает, что в той же таблице можно найти глагол без двух приставок (например, в случае <преподнести> следует смотреть в таблице <нести>.

В <Таблице неправильных глаголов> нет образцов для глаголов на -ся, -сь. Один и тот же образец показывает образование форм как у переходных глаголов, так и у глаголов с -ся, -сь. Следовательно, если надо, например, найти глагол

<стучаться>, то следует смотреть в таблице глагол <стучать> и образовывать формы по его образцу, присоединяя частицу -ся, -сь, например: стучался, стучалась, стучусь, стучишься, стучись.

5. Местоимения (личные, вопросительные *и т.п.*) даются в словаре в форме именительного падежа, здесь же помещаются примеры употребления местоимений в падежных формах. Местоимения в форме косвенных падежей приводятся в соответствующем месте по алфавиту со ссылкой на форму именительного падежа. Иногда такая форма косвенного падежа может сопровождаться отдельной словарной статьей.

6. Заглавные русские слова даются в словаре полужирным шрифтом, иллюстративные примеры- светлым. Неизменяемая часть заглавного слова отделяется параллельками (‖). Знак ~ (тильда) в словарной статье заменяет часть заглавного слова, отделенную параллельками, или всё слово, если в него не вводится знак параллелек.

7. Значения заглавных слов разделяются арабскими шрифтами в кружках, например:

пример (남) ① 예,실례 ② 모험, 본보기 ③ (수학)실례

8. Близкие по значению корейские переводы отделяются друг от друга запятой, имеющие некоторые оттенки в значении точкой с запятой. Точка с запятойтакже ставится перед следующим после перевода заглавного слова словосочетания, примером, а также между ними.

9. Косыми линейками выделяются пояснения, необходимые для уточнения перевода, например:

поляна (여) 숲속의/작은 초원(공지)

10. Взятая в квадратные скобки часть слова или выражения, а также их переводыявляются факультативными, т.е. могут быть опущены, например:

мочегонный (형): ~ое средство 이뇨제, 오줌내리기 약

11. В круглые скобки заключаются слова, которые являются вариантами основного слова (перевода), например:

предвидеть (미완) 예견(예측, 예상)하다

12. Если русское слово встречается только в определенных словосочетаниях, то после такого слова (или значения) вместо прямого перевода ставится двоеточие и приводится словосочетание, например:

прибавочн‖ый (형): ~ая стоимость (경제) 잉여가치

13. Субстантивированные прилагательные выделяются отдельными значениями с пометой, (명사로) например:

бедный (형) ① 가난한, 구차한 ② (명) 가난한 사람

14. Если русское прилагательное передается в корейском языке существительным, то корейское существительное в переводе отмечается знаком звездочка(*), что указывает на необходимость его употребления в позиции определения, например: **офсетный** (형) 옵세트

15. За знаком ромб(◊) даются фразеологизмы, а также устойчивые словосочетания, выражения и примеры, не подходящие ни под одно из приведенных значений заглавного слова, например:

подобн ‖ ый (형) ① 비슷한, 같은, 닮은 ② 그러한, 이런 ◊ и тому ~ое 기타 등등; ничего ~ого 그렇지 않다

16. Пометки и пояснения даются в словаре в следующем порядке:
1) При каждом глаголе приводится пометка, указывающая вид глагола-несовершенный (미완) или совершенный. (완) Если глагол в одной и тойже форме употребляется в значении обоих видов, то после заглавного слова даются две пометки, (미완, 완) например:

командировать (미완, 완) 출장을 보내다, 파견하다

2) При каждом русском существительном дается пометка, указывающая грамматический род (남), (여), (중); при существительных, употребляющихся только во множественном числе, дается пометка (복수), например:

щипцы (복수) 집게, 못뽑이

Если существительное и в мужском и в женском роде, то при нем дается две пометки(남, 여), например:

плакса (남, 여) 울보

3) Существительные, обозначающие национальность, даются во множественном лице. В скобках приводится форма единственного числа мужского и женского рода, например:

молдаван ‖ е (~ин (남), ~ка (여) 몰다비아 사람들)

4) При словах или их отдельных значениях в необходимых случаях могут даваться пометки, указывающие на сферу употребления слова: (물리) -<из области физики>, (지리) -<из области географии> и т.п., или стилистические пометки, например, (고어(古語)) -<устаревший термин> и т.п.

17. Во всех русских словах, кроме набранных курсивом, ука̍зывается ударение.

18. Географические названия приводятся в корпусе словаря.

❂ 일러두기

1. 러시아어 올림말은 한글의 자모순으로 한다
   매개 러시아어 올림말은 대역 및 그 올림말과 관계되는 설명자료와 함께 올림말해설을 이룬다.
2. 동음이의어 즉 적기는 같으나 의미가 다른 단어들은 개별적인 올림말로 주고 명조체의 로마숫자로 표시한다
   예: **рак I** (남) 가재   **рак II** (남) (의학) 암, 종양
3. 미래완료태동사와 완료태동사는 개별적인 올림말로 준다. 이때 대역은 흔히 미완료태동사에서 주고 완료태 동사에서는 미완료태 동사를 보라는 표식을 준다.

   обидеть (완) → обижать
   обижать (미완) 모욕하다 노여움을 사다
4. 같은 어간을 가지고 의미가 가까운 단어가 자모순으로 나란히 놓여있는 경우에(이것은 기본적으로 태의 쌍을 이루는 동사들이다) 그것들은 하나의 올림말로 합친다.

   предписать (완),
   предписывать (미완) 지시하다 명령하다

   동사에는 동사의 인칭변화형태를 표시하는 유, 엔. 마주르가 작성한 사전에 첨가된 <러시아 문법도표>를 보라는 색인(1, 2, 3, 4)이 덧붙어 있다.

   4가지웅 어느 한 인칭변화형태에도 속하지 않는 동사들은 특수한 부호로 표시한다
   부호 + 는 해당한 동사를 <불규칙 동사표>에서 찾아야 한다는 것이다.

   부호 ° 는 <불규칙동사표>에서 접두사가 없는 동사를 찾을 수 있다는 것이다(예, <разнести> 는 표에서 <нести>를 찾아야 한다.

   부호 °° 는 같은 표에서 두 접두사가 없는 동사를 찾을 수 있다는 것이다(예, <преподнести>의 경우에 표에서 «нести» 를 찾아야 한다) нести

   <불규칙 변화표>에는 -ся, -сь로 끝나는 동사의 본보기가 없다. 똑 같은 본보기가 타동사와 -ся, -сь로 끝나는 동사의 형태조성을 보여준다. 따라서 예컨대 동사를 찾으려면 표에서 동사를 찾아보아야 하며 그 본보기에 따라 조사 -ся, -сь를 덧붙여 형태를 조성하여야 한다. 예, стучался, стучалась, стучусь, стучишься, стучись.
5. 대명사(인칭, 의문등)는 사전에 주격형태로 올리며 여기에 대명사의 격형태의 사용실례를 준다 사격에 놓인 대명사는 주격형태를 가리키면서 자모순에 따라 해당한 장소에 놓인다. 때로는 이러한 사격형태가 개별적 올림말로 될 수 있다.

V

6. 러시아어 올림말은 사전에서 굵게표시하며 신명조체로 준다. 올림말의 변화하지 부분은 평행선(‖)으로 구분된다. 부호 ~(물결표)는 평행선으로 구분된 올림말의 부분을 대신하거나 혹은 그 부호가 없는 경에 올림말 전체를 대신한다.

7. 올림말의 의미는 동그라미속에 든 아라비아수자로 갈라 놓는다. 예,

пример (남) ① 예,실례 ② 모형,본보기 ③ (수학)실례

8. 의미상 가까운 조선말의 번역은 서로 반점으로 나누며 의미상 좀 차이가 나는 것은 반두점으로 나눈다. 반두점은 또한 올림말의 번역 다음에 계속되는 단어결합, 예구와 단어 결합 예구와 그리고 그것들 사이에 친다.

9. 번역을 명백히 하는데 필요한 설명은 사선으로 갈라놓는다.

예, **поляна** (여) 숲속의/작은 초원(공지)

10. 꺾쇠 괄호속에 든 단어나 표현의 일부 또한 그 번역은 보충적인 것이며 따라서 뗄 수 있다.

예 **мочегонный** (형): ~ое средство 이뇨제, 오줌내리기약

11. 기본 단어(번역)와 비슷한 단어는 반달괄호속에 넣는다. 예, **предвидеть** (미완) 예견 (예측, 예상)하다

12. 러시아어 단어가 일정한 단어 결합에서 만 있게 되는 경우에 그러한 단어(또는 의미)는 직접 번역하지 않고 그 다음에 두 점을 찍고 단어결합을 놓는다.예

прибавочн‖ый (형): ~ая стоимость (경제) 잉여가치

13. 명사된 형용사는 (명사로)라는 표식을 하여 따로 의미를 구분한다. 예

бедный (형) ① 가난한,구차한 ② (명) 가난한 사람

14. 러시아어 형용사가 한국어로는 명사로 번역되는 경우에 한국말의 명사는 번역에서 별표식(*)을 하되 이것은 형용사로 사용하여야 한다는 것을 말한다.

예, **офсетный** (형) 옵세트*

15. 마름모(◇) 다음에는 성구와 또한 공고한 단어결합, 표현, 예구를 주는데 이것들은 위에서는 올림말의 어느 한뜻에도 맞지 않는다.

예, **подобн‖ый** (형) ① 비슷한, 같은, 닮은 ② 그러한, 이런 ◇ и тому ~ое 기타 등등; ничего ~ого 그렇지 않다

16. 약어와 설명은 사전에서 다음과 같이 준다.

1) 러시아어 동사의 미완료태 (미완)와 완료태(완)를 표시하는 약어를 준다. 같은 형태의 동사가 두 태의 의미에서 같이 사용되는 경우에는 올림말 다음에 두 약어 (미완, 완)을 둔다. 예, **командировать** (미완, 완) 출장을 보내다, 파견하다

2) 매 러시아어 명사에 문법적성 - (남), (여), (중) -을 표시 하는

약어를 주며 복수로만 사용되는 명사에는 (복수)라는 약어를 준다
예, **щипцы** (복수) 집게, 못뽑이

명사가 남성에도 여성에도 사용되는 경우에는 두약어(남,여)를 준다

3) 민족을 표시하는 명사는 복수로 준다, 괄호속에 남성과 여성의 단수형태를 준다.

예, **молдаван** ‖ **е** (~**ин** (남), ~**ка** (여) 몰다비야 사람들)

4) 필요한 경우에는 단어나 그 개별적 의미에서 단어의 사용분야를 가리키며 약어- «물리» «из области физики», «지리» -«из области географии»등를 줄수 있으며 또는 문체적인 약어 예컨대 «고어(古語)»-«устаревший термин» 등을 줄수 있다.

17. 비음체를 제외한 모든 러시아단어에 역점을 친다.
18. 지명은 사전의 올림말로 올린다.

🕮 참고서적(Лексикографические источники)

1. Словарь русского языка: В 4-х т./ АН СССР. Ин-т рус.яз.; Гл.ред. А.П.Евгеньева. 2-е изд., испр. и доп. М., 1981-1984. Т. 1-4
2. Ожегов С.И. Словарь русского языка/ Под ред. Н.Ю. Шведовой.14-е изд.,стер.М., 1981
3. Орфографический словарь русского языка. 18-е изд., испр. и доп.М., 1981
4. Орфоэпический словарь русского языка/ Под ред.Р.И. Аванесова 2-е изд., стер.М.,1985
5. Фразеологический словарь русского языка/Под ред. А.И.Молоткова. 3-е изд.,М.,1978
6. Большая Советская Энциклопедия/ Гл.ред. А.М.Прохоров.3-е изд.,М.,1969-1978.Т.1-30
7. Советский Энциклопедический словарь.3-е изд.,М.,1985
8. Мазур Ю.Н.Моздыков Д.М.Усатов В.М.Краткий русско-корейский словарь.2-е изд.,М.,1959
9. 최신한러사전 김문우, 김춘식편 문예림, 서울. 2009.
10. 최신러한사전 김춘식 도서출판 문예림, 서울. 2009
11. 러한입문사전 김춘식 도서출판 문예림 서울 2011.
12. 새우리말 큰 사전, 신기철, 신용철, 서울 1981.
13. 엣센스 한영사전, 민중서관, 6판 서울 2000.

A

a. I (접) ① (대립의미) ~나, ~으나, ~ 아니라, ~지만; он поехал, а я остался 그는 갔지만 나는 남아있다; ② (연결의미) ~고, ~이고, ~ 그리고, ~ 그런데; это тетрадь, а это книга 이것은 연습장이고 저것은 책이다; ③ (말을 꺼내거나 말머리를 돌릴때) 그래(서), 그런데; а что дальше было? 그래서 어떻게 되었습니까?; а затем 다음에는.

а II (조) ① (주의를 끌기 위해) а не знаешь, так и не говори 모르면, 말하지 마십시오, ② (대답 또는 행동을 계속할 때) 그러면 а что? 왜요? 왜 그러세요?, 왜 그래?; что ты сказал, а? 너 무슨 말을 했니, 응?

а III (감) 아!, 아이구, 에라; а, понял 아, 알았어.

абажу́р (남) 전등갓, 등갓; вешать ~ 등갓을 씌우다.

абза́ц (남) ① 별행(別行); ② 단락, 문단

абонеме́нт (남) ① 이용권; ② 예약, (전화의) 가입(加入)

абоне́нт (남) 예약자, 가입자, 도서관의 독자

абони́ровать (미완, 완) 예약하다, 신청하다, 가입하다

або́рт (남) 유산(流産), 낙태(落胎), 아이를 지우다

абрико́с (남) 살구나무, 살구

абсолю́тно (부) 절대적으로, 완전하게, 전혀;

абсолю́тный (형) 절대적인, 절대, 완전한; ~ыйслух 완전히 들음; ~ое большинство 절대다수

абстра́ктный (형) 추상적이, 추상의.

абсу́рд (남) 황당한 일, 부질 없는 소리, 가소로운 것.

абсце́сс (남) (의학) 농양(膿瘍), 고름집

абсци́сса (여) (수학) X축, 가로 좌표, 가로축. 가로대. 횡축, 가로자리표, 횡좌표; ось ~ы 가로축, 엑스축

аванга́рд (남) 선봉(대) 전위대, 선발대

ава́нс (남) 전불금, 전도금(前渡金), 선불금, 착수금
аванси́ровать (미완, 완) 선불 하다, 전불하다
ава́нсом (부) ① 전도금으로, 선불금으로; ② 미리, 사전에.
авансце́на (여) 무대앞, 무대 전면
авантю́ра (여) 모험(冒險), 도전(挑戰), 어드벤처(adventure)
авантюри́зм (남) 모험(주의)
авантюри́ст (남) 모험가, 도전자
авари́йный (형) 수리용의; ~ая машина 수리차:
ава́рия (여) 사고, 파손, 고장(바다에서 조난
Авв(Книга Пророка Аввакума,3장) 하박국(habakkuk書)
а́вгуст (남) 8(팔)월
а́вгустовский(형) 팔월의(八月)
Авд(Книга Пророка Авдия, 1장)오바다서(obadiah書)
авиаба́за (여) 항공기지(航空基地), 비행기지, 비행장
авиадеса́нт (남) 낙하산부대, 공수특전대, 공수부대
авиаконстру́ктор (남) 항공기 설계가
авиали́ния (여) 항공로(航空路), 항로(航路)
авиамодели́ст (남) 모형비행기 설계가
авиамоде́ль (여) 모형비행기
авиано́сец (남) 항공모함, 모함(母艦), 항모(航母)
авиапо́чта (여) 항공우편, 항공편; 공중우편,
авиате́хник (남) 항공기수, 비행기 정비사, 항공기 정비원
авиа́тор (남) 비행사(飛行士), 항공사(航空士)
авиацио́нный (형) 항공의, 비행기의; ~ая бомба 폭탄
авиа́ция (여) 항공, 항공대; гражданская ~ 민간항공
авиача́сть (여) 비행대(飛行隊), 항공부대(航空部隊)
авиашкола (여) 항공학교
авитамино́з (남) (의학) 비타민 결핍증
аво́сь (부) 아마, 아마도, 혹, 혹시, 어쩌면; 대체로, 대개, 설혹, 설령, 설사; ~ сегодня не будет дож дя 아마 오늘 비가 오지 않을 것 같다; наде́яться(полага́ться) на ~ 행여나, 요행을 바라며.
аво́ська (여) 혹시 ~되겠지
авра́л (남) 비상소집, 비상동원
авто... (합성어의 첫부분) «자동차», «자동»의 뜻; автосцепка 자동 차 연결기; автокран 자동차 기중기
автоба́за (여) 자동차 사업소, 자동차 정비소, 카센터,
автобетономеша́лка (여) 레미콘차
автобигра́фия (여) 자서전(自敍傳), 이력서(履歷書).

- 2 -

автоблокиро́вка (여) 철도의 자동 폐색 장치, 신호장치
автобус (남) 버스, 합승 자동차, 승합자동차,
автобусный (남) 버스의; ~ая оста- новка 버스 정류소
автоге́нный (형) ~ая сварка 가스용접, 가스용접.
автограф (남) 자필(自筆); просить ~ 자필을 요청하다
автодело (중) 자동차 운전
автозавод (남) 자동차 공장
автоинспе́ктор (남) 교통안전원, 교통지도자, 교통순경
автоинспе́кция (여) 교통안전부, 자동차 관리국.
автока́р (남) 지게차, 포크리프트(forklift).짐운반차
автокра́н (남) 자동차 기중기
автомагистра́ль (여) *см.* автостра́да 자동차전용도로, 공도 (公道), 간선 도로, 큰길, 한길, 하이웨이.
автома́т (남) ① 자동기계, 자동, 오토메이션; ② 기관소총, 자동소총; (телефон) ~ 자동전화, 전자식전화
автоматиза́ция (여) 자동화(自動化), 오토메이션
автома́тика (여) 자동장치, 자동기계
автомати́ческий (형) 자동으로, 자동식, 자동적인, 오토메이션; ~ая винтовка 자동보총, ~ая телефонная станция 자동전화국, 전자식전화국;~ая линия 자동선; 기계적인
автома́тчик (남) 자동소총수
автомоби́ль (남) 자동차, 차(車); грузовой ~ 화물차
автомоби́льный (형) 자동차의
автоно́мия (여) 자치제(自治制), 지방 자치 제도.
автоно́мный (형) 자치의, 스스로의; ~ая область 자치주; ~ый район 자치구; ~ая республика 자치 공화국
автопо́езд (남) 트레일러 화물차
автопогру́зчик (남) 지게차
автопои́лка (여) (가축용) 자동 물 급수기, 자동급수기
автопортре́т (남) 자화상(自畵像), 초상화(肖像畵)
автоприце́п (남) 트레일러
автопробе́г (남) 카레이스
а́втор (남) 저자(著者), 필자(筆者), 저작자, 작성자
авторемо́нтный (형): 저자의, 필자의, 작가의
авторизо́ванный (형): ~ перевод 원작자의 승인 받은 번역.
авторите́т (남) ① 위신, 권위; пользоваться ~ом 권위가 있다: ② 권위자, 중견; (крупный) ~ в физике 물리학의 대가
авторите́тный (형) ① 위신이 있는, 권위 있는; ② 믿을 만한, 정확한; ~ источник 정확한 소식통.

а́вторский (형) 저자의; ~ое право 저작권, 판권(板權).

авторýчка (여) 만년필

автосто́п (남) (철도) 자동차 신호기, 기차 정지장치

автосбо́рочный (형): ~ый завод, ~ая мастерская 자동차 조립 공장

автостра́да (여) 고속도로, 자동차 전용도로, 하이웨이,

автосце́пка (여) (철도) 자동연결기, 자동식 차량 연결기.

автотра́нспорт (남) 자동차 운전수

автотрансформа́тор (남) 외줄 변압기(트랜스)

автоцисте́рна (여) 유조차(油槽車), 기름차

ага́т (광물) 마노(瑪瑙), 루비

аге́нт (남) ① 대리인, 대변인, 직원; ② 앞잡이, 간첩(間諜), 밀정(密偵) ~ по снабжению 공급의 근원.

аге́нтство (중) ① 통신사; ② 대리점, 지점, 출장소

агенту́ра (여) (집합) 앞잡이들, 간첩망

Агг (Книга Пророка Аггея, 2장) 학개서(haggai書)

аги́т... (합성어의 첫부분으로서) «선동», 선전의 뜻; агитбригада 선동대; агитпункт 선전실, 광고실

агита́тор (남) 선동원, 선동, 유동, 책동, 고무, 선동적

агитацио́нный (형) 선동적의, 선동의, 책동의, 고무의, 선양의, 선동적; ~ая работа 선동적 사업

агита́ция (여) 선동, 유동, 책동 고무, 선양.

агитбрига́да (여) 선동대, 예술 선전대

агити́ровать (미완) 선동(책동) 하다; 설복하다

агитколлекти́в (남) 선동원 집단

агитма́ссовый (형) 대중선동의

агитпу́нкт (남) 선전실(宣傳室), 방송실(放送室)

агности́зм (남) (철학) 불가지론, 불가사의론,

аго́ния (여) 임종(臨終), 죽을때, 죽는때; 단말마(斷末魔)

агра́рный (형) 농업의, 토지의; ~ый вопрос 농촌문제; ~ая реформа 토지 개혁; ~ая страна 농업 국가

агрега́т (남) 아그레가트, 종합 기계

агресси́вный (형) 침략의, 침략적인 ~ая политика 침략정책

агре́ссия (여) 침략, 침입, 침공, 침격, 침노, 침범, 침탈

агре́ссор (남) 침략자(侵略者), 침범자

агрикульту́ра (여) 농사일, 농사, 농업(農業), 농자(農者),

агробиоло́гия (여) 농업학(農業學), 농업생물학

агроно́м (남) 농업기사, 농업 전문가

агрономи́ческий (형) 농업의, 농학의; ~ая наука 농업과학
агроно́мия (여) 농학(農學), 농업학
агропромы́шленный (여) ~ комплекс 농공복합체
агроте́хника (여) 농업기술, 영농기술, 농사기술
агротехни́ческий (형) 농업기술의, ~ие приемы 영농방법
агрохи́мия (여) 농업화학
агрохимика́т (남) 농약(農藥)
ад (남) 지옥, 나락, 나락가, 이리, 천옥; кромешный ~ 아수라장; сущий ~ 생지옥살이
ада́жно (중) (음악) 아다지오(adagio) 느리게; 느린.
адапта́ция (여) 적응(適應), 순응(順應), 순화(馴化), 조화
адвока́т (남) 변호사, 변호인
адеква́тный (형) 일치한, 꼭 같은, 동등한, 상응한
адено́иды (복수) (의학) 선양 증식
администрати́вный (형) 행정의, 관리의; ~ое деление 행정 상구분; ~ое взыс-кание 행정벌; ~ый центр 행정중심지
администра́тор (남) 관리자(管理者) 행정가, 경영자
администра́ция (여) 행정부(行政府), 관리부, 행정기관
администри́рование (중) 행정지도, 행정화, 관료주의적
адмира́л (남) 해군대장(海軍隊長); ~ флота 해군원수
адмиралте́йство (중) 해군사령부
а́дрес (남) ① 주소(住所), ② 서면으로 하는 축하인사; по ~у(кого-л.) ~에 대하여; не по ~у 어긋나게;
адреса́т (남) 수신인(受信人), 받는 사람.
а́дресный (형) 주소의, ~ая книга 주소록, 주소대장; ~ый стол 주소 안내소
адресова́ть (미완, 완) 보내다, 발송하다; 파견하다
а́дский (형) 참지 못할; ~ий холод 강추위, 지독한 추위
адъюта́нт (남) 부관, 비서(祕書), 참모
ажиота́ж (남) 격렬하기, 열기 (熱氣)
аза́лия (여) 진달래(나무); 진달래꽃, 두견화, 산척촉
аза́рт (남) 열중, 골몰, 몰닉, 몰두, 흥분, 양분; с ~ом 홍분하여; рассказы-вать с ~ом 열이 올라서 이야기하다
аза́ртный (형) 몹시 열중(골몰)하는, 격정(열정)적인; ~ые игры 도박
а́збука (여) 자모(字母), 자모표 ◇ ~ Морзе 모르스 부호
а́збучный (형): ~ая истина 분명한 사실, 자명한 사실
А́зия (여) 아세아(Asia: 亞細亞)
азиа́тский (형) 아세아의

азиму́т (남) 방위각(方位角)
азо́т (남) 질소(窒素)(기호 N)
азо́тистый (형); ~ая кислота 아질산
азо́тный (형); ~ая кислота 질산; ~ые удобрения 질소비료
азы́ (복수) 입문(入門)
аи́ст (남) 황새, 해오라기, 관(鸛), 관조, 백관, 흑구(黑尻)
ай! (감) 아이!, 어이!, 에이 쿠!(나)
айва́ (여) 모과, 모과나무
а́йсберг (남) 빙산(氷山), 얼음산
акаде́мик (남) 과학자. 아카데미(academy:) 학술원; 예술원
академи́ческий (형) 과학자의, 순수이론적인
акаде́мия (여) 아카데미아; ~ наук 아카데미 과학원; Акаде́мия педагоги́ческих наук 아카데미 교육과학원
ака́ция (여) 아카시아(acacia)
акваре́ль (여) 수채화(水彩畵), 수회(水繪).
аква́риум (남) 어항(魚缸), 수족관(水族館).
аквато́рия (여) 수역(水域), 물구역.
акведу́к (남) 수로교(水路橋)
акклиматиза́ция (여) 풍토(風土). 순화
акклиматизи́роваться (미완, 완) 풍토, 순화되다
аккомпанеме́нт (남) 반주
аккомпаниа́тор (남) 반주자
аккомпани́ровать (미완) 반주하다
акко́рд (남) 화음(和音), 협화음; ◇ заключительный ~ 결말
аккордео́н (남) 손풍금, 오르겐
аккордеони́ст (남) 손풍금연주자. 오르겐 연주자
акко́рдный (형); ~ая работа 도급노동, 청부노동; ~ая оплата труда 도급 노동보수
аккредити́в (남) ① 신용장, 신용지불위탁서; ② 외교관의 신임장.
аккредито́ванный (형); дипло-матические представители, ~ые в Москве 모스크바주(Moscow 州) 외교관들
аккредитова́ть (미완,완) (외교에서) 주재시키다, 임명하다;(재정에서) 위임하다
ак**кумули́ровать** (미완) 집약화하다
а́к**кумуля́тор** 축전지(蓄電池), 건전지(乾電池), 베터리
аккура́тно 착실하게, 알뜰하게, 꼼꼼하게, 정확하게
аккура́тность 정확성(正確性), 치밀성
аккура́тный (형) 깨끗한, 아들한, 정확한, 주도 세밀한;

альянс (남) 동맹(同盟), 연합(聯合), 결탁(結託),
алюминиевый (형) 알루미늄; ~ая посуда 알루미늄 그릇
алюминий (남) 알루미늄(aluminium: [13번:Al: 26.98]) 늄; 양은(洋銀), 경은(輕銀)
Ам (Книга Пророка Амоса, 9장) 아모스(Book of Amos)
амбар (남) 곡간(穀幹).곡물창고
амбиция (여) 야심(野心), 공명심, 교만(驕慢), 명예심
амбразура (여) 불아궁이, 화구(火口)
амбулатория (여) 진료소(診療所)
амбулаторный (형) 외래의: ~ больной 외래환자(外來患者)
амёба (여) 아메바(amoeba)
Америка (여) 미국(美國), 아메리카
американский (형) 미국의, 아메리카
американцы (복수) **~ец** (남), **~ка** (여) 미국사람들
аммиак (남) 암모니아(ammonia (기호 NH3).
аммоний (남) 암모늄이온
амнистировать (미완, 완) 사면(대사,특사)하다 대사면을 실시하다
амнистия (여) 대사면(大赦免), 일반사면(一般赦免)
аморальный (형) 비도덕적인, 도덕이 없는
амортизатор (남) 완충기(緩衝期), 완충장치
амортизация (여) ① (재정) 감가상각, ② 완충(작용)
аморфный (형) ① 무정형(無定型); ② 형태없는, 무형태
ампер (남) 암페어(ampere)
амперметр (남) 전류계(電流計)
амплитуда (여) ① (물리) 진폭; ② (수학) 편각, 쏠림각
амплуа (불변) (중) ① (배우의) 배역; ② 역할(役割), 지위
ампула (여) 앰풀(ampoule)
ампутация (여) 절단, 자르기
ампутировать (미완,완) 자르다, 끊다, 끊어(동강)내다, 절단(커트)하다, 가르다, 베다, 켜다, 썰다, 패다, 쪼개다,
амулет (남) 호신용 부적
амфитеатр (남) 원형극장(圓形劇場), 반원형관람석
анализ (남) (물리) 분석, (의학) 검사, (화학) 분해(分解)
анализировать (미완, 완) 분석하다, 검사하다
аналитический (형) 분석적인, 분석의, ~ая геометрия 해석기 하학; ~ая химия 분석화학
аналогичный (남) 비슷한, 유사한, 같은
аналогия (여) 유추, 유사; судить по ~и с (чем-л.) 유추하다

анальги́н (남) 아스피린 (aspirin: 아세틸살리실산), 아날긴
анана́с (남) 파인애플, 봉리(鳳梨), 아나나스 (ananas)
анархи́зм (남) 무정부주의
анархи́ст (남) 무정부주의자
ана́рхия (여) ① 무정부상태; ② 혼란, 무질서, 혼잡, 혼성(混成), 혹란, 호란(胡亂), 교착(交錯)
анатоми́ровать (미완,완) 해부하다, 몸가르다
анатоми́ческий (형) 해부의, 몸가르기, 해체의: ~ теа́тр 시체 해부실
анато́мия (여) 해부학(解剖學)
анахрони́зм (남) ① 시대착오; ② 시대에 뒤진 것(현재와 맞지 않지는것)
анга́р (남) 격납고(格納庫), 비행기 창고.
а́нгел (남) 천사(天使)
ангидри́д (남) (화학) 무수물(無水物); се́рный ~ 무수유산
анги́на (여) 편도선염(扁桃腺炎), 후두염(喉頭炎)
англи́йский (남) 영국의; ~язы́к 영국영어(英國英語)
А́нглия (여) 영국(英國)
англича́не (복수) ~ин (남), ~ка 영국사람(들)
анекдо́т (남) 일화(逸話)
анекдоти́ческий, ~ный (형) 일화적, 우스운
анеми́я (여) (의학) 빈혈의 증세, 빈혈증(貧血症)
анестезия́ (여) 마취, 지각마비, ме́стная ~ 국소마취; о́бщая ~ 전신마취
анили́новый (형); ~ая окра́ска, ~ый краси́тель 아날린 염료
Анкара́ (여) г. 앙카라
анке́та (여) ① 조사서, 조사표; ② 조사(調査), 조회(照會)
анна́лы (복수) 연대기(年代記)
анне́ксия (여) 합병, 병합(竝合)
анноета́ция (여) 주해(註解), 주석(註釋), (도서의) 해제
аннули́ровать (미완,완) 취소하다, 철폐하다, 폐기하다; ~ догово́р 조약을 폐기하다
ано́д (남) (전기의) 양극(陽極)
анома́лия (여) 편차, 이상, 변태; магни́тная ~ 자침의 편차
аноми́мка (여) 무기명편지(無記名便紙), 익명의 편지
аноми́мный (형) 이름없는, 익명의
анса́мбль (남) ① 일상물, 짜임새; ② 협주단, 무용단, 중창단; ~пе́сни и пля́ски 가무단
антогони́зм (남) ① 적대성, 적대관계, 대립; кла́ссовый ~

- 10 -

계급적 대립 관계

антогонистический (형) 적대적인; ~ие противоречия 적대적 모순; ~ие отношения 대립적 관계
Антарктика (여) 남극(지방)
антарктический (형) 남극지방
антенна (여) 안테나
анти... (반대의 뜻) 반; антина-родный 반민주적인
антибиотик (남) 항생소, 항생물질
антивоенный (형) 반전의, 전쟁을 반대하는; ~ая демонстрация 반전시위; ~ые настрое-ния 반전기세
антикварный (형) 골동품의: ~ый магазин 골동품상; ~ые вещи 골동품(骨董品)
антикоммунистический (형) 반공의,
антикоррозийный (형) 방부제의, ~ое средство 방부제, 부식억제(腐蝕抑制)
антинародный (형) 반국민의, 반국민적인
антиобщественный (형) 반사회의, 반사회적인
антипартийный (형) 반당(적)
антипатия (여) 반감(反感), 불쾌감(不快感); питать ~ю 불쾌감을 느끼다; вызывать ~ю 반감을 사다
антиракетный (형) 반대의
антирелигиозный (형) 반종교적인
антисанитарный (형) 비위생적인
антисемитизм (남) 유태인배척주의
антисептический (형) 방부제의; ~ое средство 소독약,
антитезис (남) (철학) 반정립, 안티테제(Antith-ese)
антифашист (남) 반파쇼투사
антифашисткий (형) 반파쇼의
антициклон (남) (기상) 역선풍지대
античный (형) 고대희랍, 로마의, 그리스의
антология (여) 시선집
антоним (남) 반대말, 반의어(反意語)
антракт (남) ① 막간(휴식); ② (음악) 간주곡(間奏曲)
антрацит (남) 무연탄(無煙炭)
антресоли (복수) 다락(방)
анфас (부) 정면의, 정면으로: сфотографироваться в ~ 정면으로 사진을 찍다
анчоус (남) 멸치, 약어, 메레치, 메루치, 메리치
аншлаг (남) 만원, 대성황; пройти с ~ом 초만원이다

аорта (여) 대동맥(大動脈)
апартеид (남) 인종격리제도
апатит (남) (광석) 인회석(燐灰石)
апатия (여) 냉정, 무관심; впадать в ~ю 무관심 해지다
апеллировать (미완,완) 상소하다, 공소하다, 호소하다
апелляция (여) 상소, 공소, 봉장, 송주, 배소
апельсин (남) 귤, 오렌지, 감귤(柑橘), 밀감(蜜柑)
аплодировать (미완) 박수(를) 치다, 손뼉(을)치다
аплодисменты (복수) 박수, 손뼉; бурные ~ 우레같은 박수
апломб (남) 자신감, 자존심; говорить с ~ом 자신만만하게 말하다
апогей (남) ① 극치, 절정, 고비; достигнуть ~я 절정에 도달하다, 극치에 이르다; ② (천문) 원지점(遠地點)
аполитичность (여) 정치적 무관심(성), 정치에 관여하지 않는 것
апологет (남) 변호인, 비호자, 대변자
апостроф (남) 사이표
аппарат (남) ① 기구, 기계, 틀, 기관, 기기; телефонный ~ 전화기; ② 기관, 기구, 조직, 조직체, 공공기관; ③ (생리) 기관, 소통, 슘관(管) пищеварительный ~ 소화기
аппаратура (여) 기구(器具), 장치(裝置), 설비(設備)
аппендикс (남) (의학) 충양돌기, 맹장, 충수
аппендицит (남) 맹장염, 충양돌기염, 충수염(-炎)
аппетит (남) 식욕(食慾), 밥맛, 입맛; возбуждать ~ 비위를 돋구다; нет ~a 입맛이 쓰다; есть с ~ом 맛있게 먹다;
аппетитный (형) ① 먹음직한, 식욕을 돋구는, 입이 단; ② 냄새가 구수한
апрель (남) 사월(四月) 4월.
апрельский (형) 사월의
апробировать (미완,완) 시인 하다, 인정하다
аптека (여) 약국, 약방, 약점, 약포, 약계(藥契)
аптекарь (남) 약제사(藥劑師)
аптечка (여) 구급함(救急函), 약장(藥欌)
арабский (형) 아랍의; ~ие цифры 아라비아 숫자
арабы (복수) 아랍사람들
арахис (남) 땅콩, 낙화생, 호콩(胡-), 피넛(peanut)
арба (여) (두 바퀴) 달구지, 짐마차
арбитр (남) ① 중재인, 조정자(調停者); ② (체육) 심판, 주심, 심판원, 심판자(審判者), 심판관

арбитра́ж (남) 중재, 조정, 중재재판

арбу́з (남) 수박, 서과(西瓜), 수과(水瓜)

арго́ (불변) (중) 곁말, 변말, 은어

арго́н (남) (화학) 아르곤(argon)

аргуме́нт (남) 논거(論據), 논증, 증명(證明), 추론(推論)

аргумента́ция (여) 논증(論證); подкрепля́ть ~ей 논리로 안에서 지지하다

аргументи́ровать (미완, 완) 논증하다, 논거를 들다

аре́на (여) ① 원형무대, 둥근무대; ② 무대, 활동무대; на междунаро́д-ной ~е 국제무대에서; выходи́ть на ~у 무대에 출연하다

аре́нда (여) ① 세, 임차, 소작; брать в ~у *см.* арендова́ть; сдава́ть в ~у 세를 놓다; ② 빌려준 값, 임차료, 소작료

аренда́тор (남) 소작인(小作人), 세를 내는 사람

аре́ндный (형) ~ая пла́та, *см.* аре́нда

арендова́ть (미완, 완) 세내다, 임차하다; ~зе́млю 소작하다, 땅을 빌려 쓰다

арео́метр (남) (물리) 비중계(比重計)

аре́ст (남) ① 체포(逮捕), 구금(拘禁), 검거; находи́ться под ~ом 검거되어있다; посади́ть под ~ 체포하다, 검거하다; дома́шний ~ 가택구금; ② 차압; наложи́ть ~ 차압하다.

ареста́нт (남) 수감자(收監者)

аресто́ванный (남) 구속자, 구금자(拘禁者)

арестова́ть (완), **аресто́вывать** (미완) 체포하다, 검거하다, 구류하다

арио́зо (중)(음악) 아리오조.

аристокра́т (남) 귀족(貴族)

аристокра́тия (여) 귀족계층, 특권층

аритми́я (여) (의학) 부정맥(不整脈), 부조맥

арифме́тика (여) 산수(算數)

арифмети́ческий (형) 산수의; сре́днее ~ое 등차중항

арифмо́метр (남) 계산기(計算器)

а́рия (여) 아리아, 영창(詠唱), 가곡, 선율

а́рка (남) 아치(arch), 아치문(arch-門), 무지개문; триумфа́льная ~ 개선문(凱旋門)

Арктика (여) 북극지방(北極地方)

аркти́ческий (남) 북극지방의, 북극의; ~ая экспеди́ция 북극탐험대

армату́ра (여) ① (건설) 콘크리트의 철근; ② (공학) 부속품

(附屬品); ③ (전기) 조명장치, 조명기구
арматýрщик (남) 철근 조립공
армéйский (형) 군사용의, 군인의
Армéния (여) 아르메니야
áрмия (여) 군대; действующая ~ 전방부대; регулярная ~ 정규군; наша ~ 아군(我軍); ◇ безработных 실업자대군
аромáт (남) 아로마 향기, 향미(香味)
ароматúчный, аромáтный (형) 냄새좋은, 향기로운; ~ые масла 향유(香油)
арсенáл (남) ① 무기고, 무기창고,병기고; ② 창고, 저장고
артезиáнский (형) ~ие воды 분수, 땅속의 물; ~ий колодец 분수우물
артéль (여) 조합(組合), 협동 조합; сельскохозяйчтвенная ~ 농업협동조합(農業協同組合)
артéрия (여) ① (의학) 동맥(動脈); ② 중요간선(重要-)
артúкль (남) (언어) 관사(冠詞)
артикуля́ция (남)(언어) 분절음(分節音: 음절을 자음이나 모음으로 분리할 수 있는 음; '달'은 'ㄷ'·'ㅏ'·'ㄹ'로 나눌 수 있음), 조음(調音), 소리이루기
артиллерúйский (형) 포병의; ~ий огонь 포사격, 포화
артиллерúст (남) 포병(砲兵)
артиллéрия (여) 포(包), 포병, 포대(砲隊), 포병대
артúст (남) 배우, 연기인, 연기자, 광대
артистúческий (형) 분장의; ~ая (уборная) 분장실
артúстка (여) 여배우(女俳優)
áрфа (여) 하프(harp)
архаúзм (남) (언어) 고어(古語)
археúческий, архаúчный (형) 고풍의, 옛날의
археóлог (남) 고고학자
археолóгия (여) 고고학
архúв (남) ① 고문서보관기관, 문서국; ② 옛 문헌자료, 사료; сдавать в ~ 폐물로 간주하다
архúвный (남) 고문서, 고문헌; ~ые материалы 고문서자료
архиепúскоп (남) 대주교(大主敎)
архипелáг (남) 군도(群島).
архитéктор (남) 건축가
архитектýра (여) ① 건축술, 건축학(建築學); ② 건축양식
архитектýрный (형) 건축의
арýк (남) (중앙아시아) 관개수로

асбе́ст (남) (광물) 석면(石綿), 돌솜
асепти́ческий (형); ~ое средство 방부제(防腐劑)
аскети́зм (남) 금욕주의, 극기주의
аспе́кт (남) 견지(見地), 관점, 측면, 시각, 시점(視點)
аспира́нт (남) 연구생(研究生)
аспиранту́ра (여) 연구원
аспири́н (남) (의학) 아스피린(aspirin) '아세틸살리실산'
ассамбле́я (남) 총회(總會), 대회(大會); Генеральная Ассамблея ООН 유엔총회(UN總會)
ассениза́ция (여) (소독, 위생) 청소, 오물실어내기
ассигнова́ние (중) 지출, 지불; ~я 지출금, 배당금(配當金)
ассигнова́ть (미완,완) 지출하다, 배당하다, 활당하다
ассимиля́ция (여) 동화(同化), 동화작용(同化作用)
ассисте́нт (남) 조수(助手), 보조원(補助員), 조교(助敎)
ассорти́мент (남) 품목, 품종, ~ товаров 상품의 가지수
ассоциа́ция (여) ① 협회(協會), 동맹(同盟); ② (심리) 연상(聯想); по ~и 연상하여
астигмати́зм (남) (의학) 난시(亂視), 어릿보기
а́стма (여) (의학) 천식(喘息), 천식증, бронхиальная ~ 기관지 천식
а́стра (남) (식물) 개미취, 반혼초, 웅굿나물, 개쑥부쟁이
астрона́вт (남) 우주비행사, 우주 비행가
астроно́м (남) 천문학자
астрономи́ческий (형) 천문학 적인, 천문의, ~ие цифры 천문 학적인수자, 엄청난 숫자; ~ие часы 천문시계
астроно́мия (여) 천문학, 천문(天文); 천체학, 성학(星學)
астрофи́зика (여) 천체물리학(天體物理學)
асфа́льт (남) 아스팔트(asphalt)
асфальти́рованный (형) 아스팔트로 포장한; ~ая дорога 아스팔트길
асфальти́ровать 아스팔트로 포장 하다
асфа́льтовый (남) 아스팔트의
атави́зм (남)(생물) 격세유전(隔世遺傳)
ата́ка (여) 공격, 습격, 진격; идти в ~у 돌격하다; переходить в ~у 돌격으로 넘어가다; бросаться в ~у 돌진하다; штыковая ~ 육박전
атакова́ть (미완,완) 공격하다, 돌격하다
атама́н (남) 두목(頭目), 두령(頭領), 우두머리
атеи́зм (남) 무신론(無神論)

атеи́ст (남) 무신론자(無神論者)

ателье́ (불변) (중) ① 양복점, 테일러(tailor), 양복집, 양복가게, 양복장수; ② 화실, 미술제작실; ③ 사진촬영실; ④ 전파사, 가전제품 수리점

атеросклеро́з (남) 동맥경화, 동맥 경화증(動脈硬化症)

атланти́ческий (남) 대서양

а́тлас (남) ① (지리) 지도첩, 지도책 ② 도해집; ~ лека́рственных расте́ний 약용식물 도해집

атла́с (남) 공단(工緞)

атле́т (남) (체육) 운동선수, 힘장사

атле́тика (여) 경기; лёгкая ~ 육상경기; тяжелая ~ 역기

атмосфе́ра (여) ① 대기, 공기; ② 대기권; ③ (물리) 기압; ④ 분위기, 환경; ра́достная ~ 즐거운 분위기

атмосфе́рный (형) 대기의; ~ое давле́ние 대기압; ~ые оса́дки 눈비, 강우량; ~ые явле́ния 기상

ато́лл (남) 산호섬(珊瑚-)

а́том (남) 원자(原子)

а́томный (형) 원자; ~ая бо́мба 원자폭탄; ~ый вес 원자량; ~ое ору́жие 원자무기; ~ый реа́ктор 원자로, 원자반응기; ~ая электроста́нция 원자력발전소; ~ая эне́ргия 원자력; ~ое ядро́ 원자핵

атрибу́т (남) ① (철학) 속성; ② 징표(徵標), 특징(特徵)

атропи́н (남) 아트로핀(atropine)

атрофи́роваться (미완,완) 위축되다

АТС (автомати́ческая телефо́н-ная ста́нция) 자동전화국

атташе́ (남) 무관, 무신; вое́нный ~ 육군무관, 군사아따쉐

аттеста́т (남) 증명서, 졸업증; ~ зре́лости 중학교 졸업증

аттеста́ция (여) 자격심사(資格審査), 감정서(鑑定書)

аттестова́ть (미완,완) 자격을 심사하다, 평가(감정)하다

аттракцио́н (남) 오락시설, 유희시설; 흥미를 끄는 종목

аудие́нция (여) 접견, 접면, 인견, 리셉션(reception); дать ~ю 접견하다; получи́ть ~ю (*у кого-л.*) ~의 접견을 받다

аудито́рия (여) ① 교실, 강의실; ② 청중, 청강생

аукцио́н (남) 경매, 박매, 조매, 공박; продава́ть с ~а 경매하다, 경매를 붙이다

а́ут (남) (체육) 바깥, 아웃(out)

аутенти́чный (형) 원본의, 진짜의, 확실한; ~ текст догово́ра 조약의 원본

афе́ра (여) 협잡, 투기; пус ка́ться в ~ы 투기 하다

аферист (남) 협잡꾼, 투기꾼
Афины (복수) z. 아테네
афиша (여) 광고(廣告)
афишировать (미완,완) 자랑하다, 광고하다, 뽐내다.
афоризм (남) 경구, 금언, 격언, 금석지언, 명언, 철언
Африка (여) 아프리카
африканский (형) 아프리카의
африканцы (복수) ~ец (남), ~ка (여) 아프리카 사람(들)
аффикс (남) 1. (언어) 접사(接辭: 접두사·접미사), 2. 첨부물
ах! 아차!, 아이고!; ах, как красиво! 아! 정말 아름답다!; ах, опоздал! 아쁠사 늦었구나!
ахать (미완), **ахнуть** (완) 아!, 아차! 악하고 소리치다;
ацетилен (남) (화학) 아세틸렌(acetylene), 아세틸렌가스.
ацетон (남) (화학) 아세톤(acetone)
аэробный (형); ~ые бактерии 호기성 미생물
аэродинамика (여) 기체력학, 항공력학(航空力學)
аэродинамический (형) 기체력학의, 항공력학의
аэродром (남) 비행장(飛行場)
аэроклуб (남) 항공클럽(航空-)
аэрология (여) 대기학(大氣學), 고층기상학(高層氣象學)
аэронавигация (여) 항법학
аэронавтика (여) 항공학(航空學), 항공술(航空術)
аэроплан (남) 비행기(飛行機)
аэропорт (남) 공항(空港), 비행장(飛行場), 에어포트
аэросани (복수) 프로펠라식 썰매
аэростат (남) 기구(氣球)
аэрофотосъёмка (남) 항공촬영, 항공사진

Б

ба́ба (여) ① 아낙네, 부녀자; ② 처(妻) 아내;
ба́бочка (여) 나비, 호접, 버터플라이(butterfly) 접아(蝶兒),
ба́бушка (여) 할머니, 할머님, 조모님, 조모(祖母)
бага́ж (남) ① 짐, 화물; 짐바리, 복물; ② 지식, 조예;
бага́жник (남) 짐받이
бага́жный (형) 짐의, 수화물 ~ваго́н 손짐차, 수화물차
баго́р (남) 갈구리, 갈고랑막대기
багрове́ть (미완) 검붉어지다, 진홍(다홍)색으로 되다;
багро́вый (형) 검붉은, 자주빛, 적자색, 자, 자주, 자색
бадминто́н (남) 배드민턴(badminton)
бадья́ (여) 물통, 두레박
ба́за (여) 기초, 토대, 근거; ② 창고, 곳집, 곳간, 광, 창(倉), 고(庫), 고방, 공급소; ③ 기지, 근거지, 본거지, 거점, ④ 본거지, 거점; ◇ на ~е (чего)~에 근거하여, 기초하여
база́р (남) 시장, 저자, 저자거리, 장(場), 마켓(market);
база́рный (형) 시장의, 장(場)의, 저자거리의
бази́ровать (미완) 기초로 삼다, 근거를 두다
бази́роваться (미완) ① 근거(기초.의거)하다 ~ на фа́ктах 사실에 근거하다; ② 근거지를 두다, 근거로 정하다.
ба́зис (남) 토대, 기초, 근거
ба́зовый (형) 근거지의, 기지의
байда́рка (여) 경기용 보트(boat), 카약(kayak),
ба́йка (여) 융(絨), 모(毛)
ба́йковый (형) 융(絨)으로 만든; ~ое одея́ло 융 담요
бак (남) 탱크, 통; ~ для воды́ 물통
бакале́йный (형) 식료품의, 식품의; ~ые това́ры 식료품;
бакале́я (여) (집합) 식료품, 식품
баке́н (남) 뱃길 표, 뱃길의 부표

бакенба́рды (복수) 구레나룻
баке́нщик (남) 이정표, 길잡이표 감시인, 부표직이
баклажа́н (남) 가지, 가자(茄子)
бакла́н (남) 가마우지, 민물가마우지, 수로아(水老鴉)
баклу́ши (복수); бить ~ 빈둥거리다, 건달부리다, 게으름을 피우다
бактериологи́ческий (형) 세균의 ~ое оружие 세균무기
бактериоло́гия (여) 세균학
бактерици́дный (형) 살균의
бакте́рия (여) 세균(細菌), 미균(黴菌), 박테리아(bacteria)
бал (남) 무도회(舞蹈會)
балагу́р (남) 어릿광대, 코메디안, 피에로, 개그맨, 까불이
балала́йка (여) (러시아 현악기류) 발랄라이까(balalaika)
бала́нса (여) 밸런스, 균형; ~ народного хозяйства 국민경제 균형; подводить (сводить) ~ 결산(수지)하다
баланси́ровать (미완) ① 균형을 잡다, 균형을 유지하다; ② 밸런스를 맞추다, 균형을 맞추다
бала́нсовый (형); ~ отчет 결산 보고
балбе́с (남) 미련퉁이, 바보, 머저리, 어림장이, 얼뜨기
балда́ (남,여) 머저리, 천치(天痴)
балери́на (여) 발레리나(ballerina)
бале́т (남) 발레, 무용극(舞踊劇)
ба́лка I (여) 들보, 대들보, 보; 공계, 양목(梁木) ; 가맷보
ба́лка II (여) 길쭉한 골짜기
балко́н (남) ① 난간, 발코니(balcony) ; ② (극장의) 관람대
балл (남) 바르(기압, 지진 등을 측정하는 단위); ветер в три ~ 3 바르의 풍력; (학교체육에서) 점수, 득점, 점(點)
балла́да (여) 이야기 시, 담시, 발라드(ballade)
балла́ст (남) ① (배, 기구의) 모래 주머니, 자갈주머니; ② 군더더기, 무용지물; ③ (철도) 자갈층
баллисти́ческий (형) 탄도의; ~ая ракета 탄도 로켓,
балло́н (남) (액체 또는 가스를 넣는) 용기, 통(桶), 병(倂);
баллоти́роваться (미완) 자기를 입후보자로 내세우다
балова́ть (미완) 응석부리다, 장난질하다.
балова́ться (미완) 까불다, 장난질하다;
ба́ловень (남) 응석둥이, 장난꾸러기
баловство́ (중) 장난질, 응석받이
бальза́м (남) ① 발삼(balsam), 방향성(함유)수지, 향유, 테레빈유(-油), 테레빈, 송진; ② 보약, 보강제, 보강약

бамбу́к (남) 참대, 대
бамбу́ковый (형) 참대의, 대의
бана́льный (형) ① 평범한, 범상한; ② 진부한, 케케묵은
бана́н (남) 바나나, 바나나 나무
ба́нда (여) 악당, 강도단, 도둑
банда́ж (남) ① (의학) 특수 붕대, 배띠; грыжевой ~ 탈장대; ② (공학) 겉바퀴, 바퀴의 테
бандеро́ль (여) (우편물 발송에 사용되는) 종이띠, 받침 종이, 포장된 우편물
банди́т (남) 강도(强盜), 악당, 도적
бандити́зм (남) 강도행위, 비적 행위
банк (남) 은행(銀行), 은행소(銀行所), 뱅크(bank)
ба́нка (여) ① (원통형의) 통, 단지, 병; ② (복수) **~и** 변기, 부항 단지; ставить ~и 부항을 붙이다
банке́т (남) 연회, 축하연, 초대연;
банки́р (남) 은행가, 은행경영자
банкно́т (남), **~а** (여) 은행권, 은행지폐
ба́нковский (형) ~ билет 은행권; ~ служащий 은행직원
банкро́т (남) 파산자(破産者), 파산 채무자, 파열당한자
банкро́тство (중) ① 파산, 파탄; потерпеть ~ 파산당하다
бант (남) 나비리본, 나비댕기
ба́ня (여) 목욕탕(沐浴湯); идти в ~ю 목욕하러가다;
бар (남) 술집, 빠, 서양식술집, пивной ~ 맥주집
бараба́н (남) ① 북; ② (공학) 동체, 원형
бараба́нить (미완) 짓두드리다, 북을 치다
бараба́нный (형) 북의; ~ые палочки 북채; ~ый бой 북소리
бараба́нщик (남) 북잡이, 북치는 사람, 고수(鼓手)
бара́к (남) 임시건물, 가설건물
бара́н (남) 수양, 양(羊)
бара́нина (여) 양고기
бара́нка (여) ① 가락지 모양의 둥근 빵, 도넛; ② 자동차 운전대, 운전대 손잡이; крутить ~у 운전 대를 돌리다
бара́хтаться (미완) 발버둥질 하다, 몸부림치다
бара́шек (남) (공학) 나비너트, 날개 나사
барбари́с (남) 매발톱나무, 매자 나무
барелье́ф (남) 부각(장식), 돋을 새김
ба́ржа (여) 부선(艀船), 화물선; самоходная ~ 동력화물선
ба́рий (남) (화학) 바리움
ба́рин (남) 귀족, 양반, 나으리;

баритон (남) 남성중음, 바리톤
баркас (남) 해상보트, 소형기계 배.
барограф (남) 자동기록기압계
барометр (남) 기압계(氣壓計)
баррикада (여) 바리케트
барс (남) 표범(豹-), 돈점박이
барский (형) 귀족의, 나으리의;
барсук (남) 오소리, 토저(土猪), 토웅
барханы (복수) 사막의, 모래언덕
бархат (남) 우단, 천아융(天鵝絨), 벨벳(velvet) 비로도.
бархатистый (형) 부드러운; 아주부드럽다
бархатный (형) 우단의, 비로도의; ~ое дерево 황경피 나무
барыня (여) 귀부인(貴婦人), 여지주, 영부인(令夫人)
барыш (남) 이윤, 소득, 득; 이득, 이익(利益), 이윤(利潤)
барышня (여) 아씨, 아가씨, 처녀(處女)
барьер (남) ① 장벽, 장애물; брать ~ 장애물을 뛰어넘다, 장애를 극복하다; ② 방해(妨害), 방해물(妨害物)
бас (남) 남성저음, 베이스; 남성저음 가수; (악기)바스
баскетбол (남) 농구(籠球)
баскетболист, **~ка** (여) 농구 선수
баскетбольный (남) 농구의; ~ая команда 농구팀
баснописец (남) 우화작가
баснословный (형) 상상외의, 믿기어려운;
басня (여) ① 우화, 우언(寓言); ② 꾸며낸 말, 허튼 소리, 거짓말, 허구; рассказывать ~и 허튼소리를 하다
бассейн (남) ① 저수지; плавательный ~ 수영장; ② 강유역; ③ (광물) 매장지; угольный ~ 탄전
баста (감) 그만, 그만하면 된다, 충분하다, 다됐다.
бастион (남) 보루(堡壘)
бастовать (미완) 파업(파산)하다.
бастующий (남) 파업자(罷業者)
баталия (여) ① 전투(戰鬪), 격전(激戰); ② (회화) 다툼질, 싸움; словес ная ~ 말다툼
батальон (남) 대대(大隊)
батарея (여) ① 포병중대, 포대; зенитная ~ 고사포 중대; ② (전기) 축전지, 전지; ③ (공학) 방열기, 난방장치
батат (남) 고구마, 감서(甘藷), 감저
батерфляй (남) (체육) 접영(蝶泳)
батон (남) 길쭉한 흰빵

батра́к (남) 머슴, 고용인(雇傭人)
батра́чить (미완) 머슴살이를 하다, 고용살이를 하다
бахва́литься (미완) 허풍을 치다, 뽐내다, 허풍을 치다
бахва́льство (중) 허풍, 흰소리, 자만
бахча́ (여) 원두밭, 수박, 멜론, 호리병박, 조롱박 재배지.
бахчево́й (형); ~ые культуры 원두막, 박과작물(수박, 참외)
баци́лла (여) 막대균, 간상균; турбекулезная ~ 결핵균
бациллоноси́тель (남) 보균자(保菌者), 균을 가진 사람
ба́шенный (형) 탑(塔)의, 타워; ~ый кран 타워 크레인
башма́к (남) ① 구두, 단화; ② (공학) 받침판, 지지대; ③ (철도) 바퀴쐐기, 제동편
ба́шня (여) 탑(塔), 타워(tower), 탑파; орудийный ~ 포탑
баю́кать (미완) 자장자장하다, 자장가를 불러재우다, 잠재우다
бая́н (남) 바얀(러시아 손풍금의 일종)
бди́тельно (부) 경각성 있게, 각성높이
бди́тельность (여) 경각성(警覺性), 주의깊게; повышать ~ 경각성을 높이다; ослаблять ~ 경각성을 늦추다
бди́тельный (형) 경각성 있는, 경각성이 높은, 주의 깊게
бег (남) ① 달음박질; устать от ~а 달려서 피로해지다; ② (체육) 달리기, 경주; барьерный ~ 장애물경기
бега́ (복수) 경마(경기)
бе́гать (미완) ① 뛰어 달리다, 달리다, 달음박질하다, 경주(도주.회피)하다; не ~й от дела! 사업을 회피하지 말라!;
бегемо́т (남) 하마(河馬), 물뚱뚱이
бегле́ц (남) 도주자, 탈주자
бе́гло (부) ① 유창하게, 거침없이; ② 대강대강, 얼핏
бе́глый (형) ~ый взгляд 대충보기, 대강보기; ~ое описание 간략한 서술; ~ый огонь 속사(速射); (명) 탈주자
бегово́й (형) ① 경주용; ② 경마용; ~ая лошадь 경마용말
бего́м (부) 뛰어서, 달음질쳐서, 달음 박질로
беготня́ (여) 뛰어 돌아다니는 것, 분주히 서두르는 것,
бе́гство (중) 도망, 도주, 탈주, 도피, 탈신도주, 망일(亡逸),
бегу́н (남) (체육) 달리기 선수
беда́ (여) 불행, 재액(災厄); на ~у 불행하게도;
бедне́ть (미완) ① 가난해지다, 구차 해지다; ② чем 빈곤해지다, 없어지다
бе́дность (여) ① 빈궁, 가난; ② 빈약성, 부족, 불충분한 것.
бе́дный (남) ① 가난한, 빈한한; ② 불쌍한, 가긍스러운,

단조로운; ③ 빈약한, 옹색한, 허술한;

бедро́ (중) 넓적다리, 허벅지.

бе́дственный (형) 불운한, 불행한, 불우한, 비참한, 위급한;

бе́дствие (중) 재난, 재액, 재앙, 재액, 곤란, 재화,

бе́дствовать (미완) 가난하게 지내다, 고생스럽게 살다

бежа́ть (미완) ① 달리다, 달음 박질하다, 뛰어가다; ② 도망하다, 도주하다; ③ 흐르다, 흘러가다, 지나가다; 빨리

бе́женец (남) 피난민, 피난자

без (전) ① ~없이; ~ сомнения 의심할 바 없이; ~ исключения 빠짐없이; дом ~ крыши 지붕 없는 집; ② (행동 상태를 표시) ~없이, ~지 않고, ~없을 때; ~ тебя принесли письмо 네가 없을 때 편지가 왔다 ③ (수량, 시간 등을 표시) ~ малого пять килограмм 약 5 kg; ~ четверти час 1시 15분전;

безава́рийный (형) 무사고의, 사고가 없는, 안전한

безала́берный (형) 난잡한, 무질서한; ~образ жизни 막살이

безалкого́льный (형): ~ напиток 알코올 성분이 없는 음료

безато́мный (형) 핵무기가 없는; ~ая зона 비핵지대

безбиле́тник (남) 무임승객(無任乘客), 표가없는 승객

безбо́жник (남) 무신론자(無神論者), 신을 믿지 않는 사람.

безболе́зненный (형) 아프지 않은, 진통이 없는; ~ая операция 무통수술(無痛手術); 순조로운, 원만한

безбре́жный (형) 가망없는, 망망한, 끝없는

безве́тренный (형) 바람이 없는 날씨, 고요한

безви́нный (형) 죄 없는, 무고한

безвку́сица (여) 몰취미, 저속한 취미

безвку́сный (형) 맛없는; 취미없는, 멋없는, 흥미가 없는

безво́дный (형) ① 물없는, 물기없는; ② (화학) 무수의; ~ая кислота 무수산

безвозвра́тный (형) 되돌아 올수 없는, 회복할 수없는

безвозду́шный (형) 공기없는, 진공의

безвозме́здно (부) 무상으로, 무료로

безвозме́здный (형) 무상의, 무료의; ~ая помощь 무상원조

безво́льный (형) 의지가 약한, 결단성 없는, 우유부단한

безвре́дный (형) 해롭지 않는, 해를 끼치지 않는, 악의없는; ~ое лекарство 독이 없는 약

безвре́менный (형) 너무 이른, 때 이른, 때 아닌

безвы́ездно (부) 외출하지 않고, 한 곳에 머물러

безвы́ходный (형) 출구없는, 막다른; ~ое положение 궁경,

безголо́вый (형) ① 머리가 없는; ② 머리가 둔한, 암둔한,

우둔한, 기억력이 나쁜

безгра́мотный (형) ① 문맹의, 무식한, 지식이 없는, 교육을 받지 못한; ②(명사) 문맹자, 무식쟁이

безграни́чный (형) ① 무한한, 끝이없는, 망망한; ② 극도의; ~ая скорбь 극도의 슬픔.

безда́рный (형) 재간없는 무능한, 졸렬한, 서투른

безда́рность (여) ① 무재간, 무능; ② 둔재, 무능한 사람

безде́йствовать (미완) 활동하지 않다, 움직이지 않다,

безде́лье (중) 안일(安逸), 허송세월, 무위도식(無爲徒食)

безде́льник (남) 건달, 실업자, 게으름뱅이, 놀고 먹는 놈.

безде́льничать (미완) 무위도식하다, 건달을 부리다, 놀고 먹다, 빈둥거리다

безде́тный (형) 아이 없는, 자식 없는

бе́здна (여) ① 심연, 심해; ② 아주많다, 엄청나게 많다

бездоказа́тельный (형) 증거없는, 무근거한

бездо́мный (형) 집 없는, 고독한, 의지할 곳 없는

бездо́нный (형) ① 밑바닥 없는, 밑 빠진; ② 한없이 깊은;

бездоро́жье (중) ① 길이 없는 것, 나쁜 길; ② 길이 나빠지는 계절

безду́мный (형) 생각이 없는, 경솔한, 머리를 쓰지 않는

безду́шие (중) 무정, 박정, 냉정, 냉담

безду́шный (형) 무정한, 인정이 없는, 냉정한, 무심한,

безжа́лостно (부) 무자비(잔인)하게, 무참(혹독)하게,

безжа́лостный (형) 무자비한, 무참한, 사정없는, 혹독한,

безжи́зненный (형) ① 죽은, 숨결없는; ② 생기없는, 죽은듯한, 활기없는;~взгляд 정기 없는 시선

беззабо́тность (여) 무사태평, 근심하지 않는 것, 걱정하지 않는 것

беззабо́тный (형) 무사태평한, 시름없는 안일한, 근심 없는

беззаве́тный (형) 헌신적인, 자기희생적인, 무한한

беззако́ние (중) 무법천지, 불법행위, 위법, 비법;

беззасте́нчивый (형) 뻔뻔스러운, 부끄러운 줄 모르는, 파렴치한, 난폭한;~ая ложь 뻔뻔한 거짓말

беззащи́тный (형) 보호없는, 무방비한, 의지할 곳 없는,

беззву́чный (형) 소리 없는, 소리를 내지 않는, 조용한

безземе́лье (중) 토지의 부족

безло́бный (형) 악의 없는, 착한, 선량한;

беззу́бый (형) ① 이가 빠진; ② 날카롭지 못한, 약한; ~ая критика 두루뭉술한 비판

безли́чный (형) 무인칭의; ~ глагол 인칭변화 없는 동사
безлю́дный (형) 인적이 없는, 사람이 적은, 사람이 없는,
безме́н (남) 손저울
безме́рно (부) 무한히, 한량없이, 그지없이
безмо́лвие (중) 침묵(沈默), 정적(靜寂)
безмо́лвный (형) 말없는, 묵묵한, 잠잠한, 정적이 깃든
безмяте́жный (형) 안온한, 풍파가 없는, 평온한, 고요한;
безнаде́жно (부) 희망이 없는, 절망적으로; ~ больной 살아날 가망이 없는 환자
безнаде́жный (형) 희망이 없는, 절망적인;
безнака́занный (형) 처벌을 받지않는,
безнали́чный (형) 현금이 없는, 돈이없는; ~ расчет 무현금 결재, 카드결재
безно́гий (형) ① 다리가 없는, 발이 없는; ② (가구의) 다리가 없는; ~стол 다리가 없는 책상
безнра́вственность (여) 부도덕, 부덕의, 불합리, 비리, 비의, 도덕이 없는, 패덕(敗德), 방탕(放蕩)
безнра́вственный (형) 비도덕적, 패덕적인, 방탕한
безоби́дный (형) 악의없는, 천진한, 순진한; ~ая шутка 악의 없는 농담
безо́блачный (형) ① 구름이 없는, 맑음; ~ая погода 맑은 날씨; ② 어두운데 없는, 명랑한; ~ое счастье 끝없는 행복
безобра́зие (중) ① 흉한 꼴; ② 버릇없는 것, 추태(醜態)
безобра́зничать (미완) 무례하게 굴다, 추태를 부리다.
безобра́зный (형) ① 보기흉한, 몰골 사나운, 추한; ② 혐오스러운, 추악한, 고약한
безогово́рочно (부) 무조건적(절대적)으로, 무조건하고
безогово́рочный (형) 무조건적인, 절대적인.
безопа́сность (여) 안전, 무사, 평온; техника и ~ 노동안전시설; Совет Безопасности ООН 유엔안전보장 이사회
безопа́сный (형) 안전한, 위험하지않는,
безору́жный (형) ① 무기없는, 무장하지않은, 적수공권의; ② 논거가 희박한
безоснова́тельный (형) 근거없는, 무근거한
безостано́вочный (형) 끊임없는, 연속적인, 부단한, 쉴 새 없는; ~ое движение 부단한 운동
безотве́тственность (여) 무책임성
безотве́тственный (형) 무책임한, 책임감이 없는, 책임을 지지 않은; ~ поступок 무책임한 소행

безотка́зно (부) 중단없이, 부단히, 순조롭게;

безотка́тный (형): ~ое орудие 무반동총(無反動銃)

безотлага́тельно (부) 지체없이, 미루지않고, 즉각에

безотлага́тельный (형) 지체할 수 없는, 미룰수 없는

безотлу́чно (부) 외출하지 않고, 떠나지 않고, 그냥 그 자리에서; сидеть дома ~ 집에 들어 박혀 있다

безотноси́тельно (부) 관계없이

безотра́дный (형) 기쁨이 없는, 음울한

безотчётный (형) 무의식적인, 본의아닌, 본능적인

безоши́бочный (형) 틀림없는, 잘못이 없는, 오류가 없는

безрабо́тица (여) 실업, 실직; массовая ~ 대중적 실업

безрабо́тный (형) ① 일자리 없는, 실업을 당한; ② (명사) (남) 실업자, 백수

безра́достный (형) 기쁨이 없는, 쓸쓸한, 삭막한, 쌀쌀한

безразде́льный (형) 나누지 않는, 전일적인, 유일적인, 독자적인; ~ое господство 전일적 지배

безразли́чие (중) 무관심, 냉정(冷情), 냉담(冷淡)

безразли́чно (부) ① 무관심하게, 냉담하게; ② (술어) 괜찮다, 상관없다.

безразли́чный (형) 무관심한, 냉정한, 등한; ~ человек 민숭맨숭이

безрассу́дный (형) 무모한, 분별없는, 무분별한, 경솔한

безрассу́дство (중) ① 무모한 것, 무분별, 경솔성; ② 무모한 행동, 무분별한 짓

безрезульта́тно (부) 결과없이, 보람없이, 헛되게, 소득없이

безрезульта́тный (형) 결과없는, 성과없는, 효과없는

безро́дный (형) 친척이 없는, 고아의;

безропо́тный (형) 불평없는, 말썽없는, 고분고분한, 순종하는; ~ человек 불평 없는 사람

безрука́вка (여) 소매없는 저고리, 민소매 저고리

безуде́ржный (형) 막을 수 없는, 그칠 줄 모르는, 억제 할 수 없는;~ые слезы 끝없이 흐르는 눈물

безукори́зненный (형) 흠(欠)잡을 데 없는, 결점없는, 손색이 없는; ~ работник 나무랄 데 없는 일군

безу́мец (남) 미치광이, 정신 나간 사람

безу́мие (중) 광란, 지랄, 발광, 광기, 정신착란;

безу́мно (부) ① 정신없이, 분별없이, 지각없이; ② 무척, 대단히; ~ холодно 몹시 춥다

безу́мный (형) ① 미친; ② 얼빠진, 무모한; ③ 대단한; ~ая

роскошь 지나친 사치; ~ые цены 터무니없는 값

безумо́лчный (형) 잠자코 있지 않는, 침묵할 줄 모르는, 간단없는

безупре́чный (형) 나무랄데 없는, 흠잡을데 없는, 완벽한

безусло́вно (부) ① 무조건 하고, 무조건적으로; ② 꼭, 물론, 두말할 것도 없이, 의심할 바 없이

безусло́вный (형) 무조건적인, 절대적인, 의심할 바 없는, 확실한; ~ рефлекс (생리) 무조건적반사

безуспе́шно (부) 성과없이, 헛되게, 공연히; ~ пыта́ться 헛되이 애쓰다

безуспе́шный (형) 성과 없는, 성공없는, 헛된, 공연한; ~ая попы́тка 헛된 시도

безуте́шный (형) 위로할 수 없는, 위안할 수 없는, 수심에 잠긴

безуча́стный (형) 관심없는, 무관심한, 방관적인, 냉정한;

безъя́дерный (형) 비핵의, 핵이없는; ~ая зо́на 비핵지대

безыде́йность (여) 무사상성(無思想性)

безыде́йный (형) 무사상적인; ~ое произведе́ние 사상성이 없는 작품

безымя́нный (형) 이름 없는, 무명의; ~ая высота́ 무명고지;

безынициати́вный (형) 창의성이 없는, 수동(소극)적인

безысхо́дный (형) 어쩔 수 없는, 절망적인, 그칠 줄 모르는; ~ое го́ре 절망적인 비애(悲哀)

бейсбо́л (남) (체육) 야구(野球)

бека́с (남)(조류) 도요새 휼조(鷸鳥)

беко́н (남) 베이컨(bacon)

беле́сый (형) 허연, 희끄무레한

беле́ть (미완) 희어지다, 희숙회숙해 보이다, 희게 보이다.

белизна́ (여) 흰빛, 백색(白色)

бели́ла (복수) ① 백색도료, 흰 페인트; ② 백분(白粉)

бели́ть (미완) ① 희게 칠하다, 회칠하다; ② ~полотно́ 아마천을 표백하다

бели́чий (형) 청설모의; ~ья шку́ра 청설모가죽

бе́лка (여) 청설모(靑一毛) 참다람쥐, 머루다람쥐

белко́вый (형) 단백질의; ~ый корм 단백질 먹이

беллетри́стика (여) 소설, 산문학, 스토리(story), 패설, 소설문학, 대중통속작품

беллетри́ст (남) 소설가(小說家), 산문작가(散文作家)

бело́к (남) ① (생물) 단백질; ② (계란, 눈의) 흰자위

белокро́вие(중)(의학) 백혈병(白血病)
белоку́рый (형) 금발의, 연한밤색
Белору́ссия (여) 백러시아
белору́чка (남, 여) 육체노동이나 힘든 일을 싫어하는 자
белосне́жный (형) 눈같이 흰, 새하얀
бе́лый (형) 흰, 흰빛, 백색(白色); ~ый свет 이 세상
бельё (집합) (중): ни́жнее ~ 속옷, 내복, 내의; посте́льное ~ 침대 용 백포; теплое ~ 동내의; столо́вое ~ 식탁보
бельево́й (형) 옷의, 내복의; ~ая верёвка 빨래줄
бельмо́ (중) 백내장; как ~ на глазу́ 눈에 든 가시와 같다
бельэта́ж (남) ① (독립가옥의) 2층; ② (극장의) 2층 관람석
бемо́ль (남) (음악) 내림표, 플랫(flat)
бензи́н (남) 휘발유(揮發油)
бензоба́к (남) 휘발유통
бензово́з (남) 휘발유차
бензоколо́нка (여) 연료공급소, 급유탑(給油塔)
бензохрани́лище (중) 연료창, 연료저장고
Беыи́н (남) 베닌
бе́рег (남) ① 물가, 강변, (강, 바다의) 기슭; ~ моря 바다가, 해변, 해안; ~ реки 강기슭, ② 물, 육지; сходи́ть на ~ 뭍에 오르다, 육지에 오르다; выса́живаться на ~ 상륙하다
берегово́й (형) ① 물가에, 강기슭에, 강가에; 바닷가에, 해안에; ~ая ли́ния 해안선; ② 물의, 육지의; ~ая оборо́на 해안방어; ~ая слу́жба 육상근무; ~ой ве́тер 육지바람
береди́ть (미완) ① 다치다, 아프게 하다, 자극하다; ~ рану 상처를 다치다; ② 건드리다, 자극하다, 괴롭히다
бережли́вость (여) 절약 하는 것,
бережли́вый (형) 절약하는, 살뜰한
бе́режный (형) 알뜰한, 살뜰한, 주의 깊은; ~ое отноше́ние 알뜰한 솜씨; ~ое обраще́ние 소중히 다루는 것
берёза (여) 자작나무, 봇 나무
берёзовый (형) 자작나무의, 자작나무로 만든;
бере́менеть (미완) 임신(잉태)하다, 아이를 배다, 회임하다
бере́менная (여) 산모, 임신부, 임산부, 임부, 태모(胎母)
бере́менность (여) 임신, 잉태, 회임
бересклёт (남) (식물) 화살나무, 나래 회나무
береста́ (여) 자작나무 껍질
бере́т (남) 베레모, 둥근 모자
бере́чь (미완) ① 아껴 쓰다, 소중히 다루다, 절약하다; ②

(소중히) 지키다, 보호하다; ~тайну 비밀을 지키다;
бере́чься (미완) 조심하다, 주의하다; ~ воров 도적을 주의하다; береги́сь! 주의!, 조심!
бе́ркут (남) 흑독수리, 검둥수리
Берли́н (남) 베를린(Berlin), 백림
берло́га (여) 꿈의 굴, 굴
бес (남) 악마(惡魔), 마귀(魔鬼), 도깨비
бесе́да (여) 담화, 이야기, 대화, 면담, 회담, 좌담(座談), 좌담회; иметь ~у 담화하다, 이야기하다
бесе́дка (여) 정자(亭子), 누각(樓閣)
бесе́довать (미완) 담화(면담.회담)하다, 이야기를 나누다
беси́ть (미완) 몹시 성나게 하다, 격분 하게하다
беси́ться (미완) ① (짐승이) 미치다; ② 지랄하다, 노발대발하다, 발광하다; ③ 날뛰다, 떠들썩하게 설치다
бескла́ссовый (형) 무산계급의, 계급없는, 프롤레타리아(proletariat), 무산, 무산층; ~ое общество 무산계급사회
бескомпроми́ссный (형) 타협없는, 비타협적인;
бесконе́чно (부) 끝없이, 한없이, 무한히; ~ рад 기쁘기 그지없다; ~долгий 한없이 긴, 오랜 동안
бесконе́чный (형) ① 끝없는, 무한한, 무궁한, 무한정한, 그지없는; ② 부단한, 그칠 줄 모르는; ~ая десятичная дробь (수학) 무한소수
бесконтро́льный (형) ① 통제가 없는, 무제한한, 검열(감독)이 없는
бескоры́стие (중) 사욕이 없는 것, 사심이 없는 것.
бескоры́стный (형) 사심 없는, 사욕이 없는, 청렴한;
бескра́йний (형) 무한한, 끝없는(넓이·양 등의), 가이없는, 한없는, 무연한; ~ее море 무한한 바다
бескро́вный (형) ① 빈혈의, 핏기없는; ② 피를 흘리지 않는, 무혈; ~ая революция 무혈혁명
бесноваться (미완) 미쳐날뛰다, 지랄치다, 발광(발작)하다
беспа́мятство (중) 인사불성, 실신상태; впадать в ~ 까무라치다, 실신하다
беспарти́йный (형) ① 비당원의, 무소속의; ② (명사)(남) 비당원
бесперебо́йный (형) 끊임없는, 부단한, 연속적인;
беспереса́дочный (형) 갈아타지 않는, 직통의, 직행의
бесперспекти́вный (형) 전망성없는, 전도가 암담한
беспе́чность (여) 안일성, 무사태평

беспе́чный (형) 안일한, 무사태평한
беспла́новый (형) 무계획적인, 계획이 없는
беспла́тно (부)무료로, 무상으로, 거저
беспла́тный (형) 무료의, 무상의;~ый билет 무료권
беспло́дный (형) ① 임신능력이 없는, 불임의; ② (동물이) 새끼를 낳지 못하는, (식물이) 열매를 맺지 못하는; ③ 헛된, 공연한; ~ые усилия 헛된 노력, ~ая почва 메마른 땅,
бесповоро́тный (형) 돌이킬 수 없는, 돌려 세울 수 없는, 종국적인, 최종 적인; ~ое решение 종국적인 해결
бесподо́бный (형) ① 비할 데 없는, 유례가 없는, 무비의; ~ героизм 무비의 용감성; ② 월등한, 아주좋은, 매우 훌륭한;
беспозвоно́чный (형):~ые животные 무척추 동물
беспоко́ить (미완) ① 폐를 끼치다, 불안케 하다, 근심 시키다, 걱정시키다, 괴롭히다, 성가시게 굴다; ② (육체적) 고통을 주다; нога ~ит 발이 아프다
беспоко́иться (미완) ① 근심하다, 걱정하다, 괴로워하다; ② 마음을 쓰다, 염려하다;
беспоко́йный (형) ① 불안한, 불안정한, 불안스러운, 초조한, 뒤숭숭한; ② 안타 까운; ~ое дело 안타까운 일
беспоко́йство (중) ① 불안; ② 근심, 걱정; ③ 폐; простите за ~ 폐를 끼쳐서 미안합니다.
бесполе́зно (부) 쓸데없이, 쓸모없이, 무익하게, 부질없이
бесполе́зный (형) ① 쓸데없는, 쓸모없는, 무익한; ② 헛된; ~ое занятие 헛된 노력, ~ый труд 헛수고;
беспо́мощный (형) ① 어쩔 힘이 없는, 맥빠진, 약한; ② 무력한, 능력 없는, 속수무책한.
беспоря́док (남) 무질서, 혼란, 뒤범벅, 난잡; приходить в ~ 혼란 상태에 빠지다;на ходиться в полном ~ке 뒤섞이다.
беспоря́дочно (부) 무질서하게, 너저분 하게, 질서없이.
беспоря́дочный (형) ① 무질서한, 혼란된; ② 어지러운, 난잡한, 얼기설 기한; ~ое бегство 패주;
бесподса́дочный (형): ~ перелёт 무착륙비행
беспо́чвенный (형) 근거 없는, 엉터리 없는, 터무니없는; ~ое обвинение 근거 없는 비난
беспо́шлинный (형) 면세, 관세없는; ~ ввоз товаров 상품의 자유 반입.
беспоща́дный (형) 무자비한, 가혹한, 사정(용서)없는; ~ая критика 무자비한 비판; ~ая расправа 가혹한 징벌

- 31 -

беспра́вие (중) 무권리(無權利), 인권유린(人權蹂躪)
беспра́вный (형) 무권리한, 국민의 권리가 없는.
беспреде́льный (형) 무한한, 한없는, 끝없는;
беспредме́тный (형) 목적이 없는, 내용이 없는, 추상적인;
беспрекосло́вно (부) 절대적으로, 무조건적으로;
беспрекосло́вный (형) 반대나 변명을 허용하지 않는, 무조건적인, 절대적인; ~ое исполнение 무조건적 집행
беспрепя́тственный (형) 방해없는, 지장없는, 거침없는, 자유로운, 순조로 운; ~ въезд в страну 자유입국
беспреры́вно (부) 끊임(쉴새)없이, 계속적(연속적)으로, 부단히; ~ в течении часа 한 시간 동안 계속하여
беспреры́вный (형) 끊임없는, 쉬임없는, 연속적인; ~ рост производства 끊임없는 생산의 성장, 생산의 계속성장
беспреста́нно (부) 간단없는, 끊임없는, 멎을줄 모르는, 부단히, 계속적으로; ~повторять 자꾸 되풀이 하다
беспрецеде́нтный (형) 전례없는, 미증유의; ~ случай 동서고금에 없는 일; ~факт 전례 없는 사실
беспризо́рник (남) 집 없는 아이, 고아
беспризо́рный (형) ① 집 없는, 유랑하는, 방랑하는; ② 감독 없는, 방임된
бесприме́рный (형) 비할데가 없는, 무비의 무쌍한, 미증유의; ~ый героизм 용맹한 영웅주의
беспри́нципность (여) 원칙이 없는 것, 무원칙성의
беспри́нципный (형) 원칙이 없는, 무원칙한, 주관이 없는,
беспристра́стный (형) 공평한, 공정한, 공명정대한, 편견이 없는, 치우침이 없는; ~ приговор 공정한 판결
беспричи́нный (형) 이유 없는, 근거 없는, 까닭이 없는
беспроволочный (형): ~ая связь 무선통신
беспросве́тный (형) ① 어두운, 캄캄한, 칠흑같은; ② 암담한, 희망없는; ~ая жизнь 암담한 생활
беспроце́нтный (형) 무이자의, 이자없는, 이자가 없는; ~заём 이자 없는 공채
беспу́тный (형) ① 허랑한, 분별없는, 철없는; ② 방탕한
бессвя́зный (형) 조리가 없는, 두서 없는, 앞뒤가 맞지 않는, 단편적인; ~ рассказ 앞뒤가 맞지 않는 이야기
бессерде́чный (형) 무정한, 박정한, 쌀쌀한, 사정없는
бесси́льный (형) ① 힘이 없는, 무력한, 무능한, 매우약한; ② 풀길이 없는; ~гнев 풀길이 없는 분노
бессисте́мный (형) 체계없는, 순서없는, 무질서한

бесслáвный (형) 불명예스러운, 수치스러운
бесслéдно (부) 흔적도 없이, 온데간데없이, 종적 없이;
бессмéнно (부) 교대 없이, 항시적으로
бессмéнный (형) 교대하지 않는, 항구적인, 간단없는
бессмéртие (중) 불사, 불멸, 영생, 영원한 삶
бессмéртный (형) 불멸의, 불후의, 영생불멸의; ~ный подвиг 불멸의 위훈; народ ~ен 백성은 죽지 않는다.
бессмы́сленный (형) ① 무의미한, 엉터리없는, 어리석은; ② 분별없는, 허무한; ~ый взгляд 멀뚱멀뚱한 눈;
бессмы́слица (여) 무의미한 것
бессóвестный (형) 양심없는, 뻔뻔스러운, 낯가죽이 두꺼운
бессодержáтельный (형) 내용이 약한, 실속없는, 공허한;
бессознáтельный (형) 무의식적인, 본의아닌, 잠재적인, 잠재의식적인, 의식을 잃은
бессóнница (여) 불면증, 불매증, 불면병, 실면증
бессóнный (형) 잠 못 이루는, 잠을 자지 않는;
бесспóрно (부) ① 논쟁할 바 없이, 의심할 바 없이, 분명히; ② (술어로) 물론이다, 명백하다, 의심 할 바 없다.
бесспóрный (형) 논쟁할 여지가 없는, 명백한, 의심할 바 없는, 확실한; ~ая истина 자명한 진리
бессрóчный (형) 무기한의, 무기의; ~ый паспорт 멀티 증명서; ~ое пользова-ние 무기한 사용(이용)
бесстрáстный (형) 침착한, 꿈쩍도 하지 않는, 냉정한, 태연한, 냉담한; ~ое выражениелица 무표정한 얼굴
бесстрáшие (중) 무서움을 모르는 것, 대담성, 겁이 없는
бесстрáшный (형) 무서움을 모르는, 두려움이 없는, 대담무쌍한, 용맹한
бессты́дник (남) 부끄러울 줄 모르는 사람, 철면피한 사람.
бессты́дный (형) 부끄러운 줄 모르는, 철면피한, 염치가 없는, 뻔뻔스러운,
бессты́жий (형) 염치가 없는, 몰염치한, 철면피한
бестáктность (여) 눈치 없는 것, 민감치 못한 것, 무례한 것; допустить ~ 무례한 짓을 하다
бестáктный (형) 눈치 없는, 버릇없는
бестолкóвый (형) 우둔한, 이해력이 없는, 머리가 돌아가지 않는, 미련한; ~ человек 멍청이,
бесфóрменный (형) 일정한 형태가 없는, 윤곽이 뚜렷하지 않은, 뭉뚱한; ~ая масса 무정형체;
бесхарáктерный (형) 줏대없는, 속없는, 철없는, 의지가

- 33 -

약한; ~ человек 의지가 약한 사람, 물렁팥죽

бесхи́тростный (형) 솔직한, 꾀가 없는, 소박한, 꾸밈없는,

бесхозя́йственность (여) 비경제적인 것, 경영을 할 줄 모르는 것, 주인 답지 않는 태도.

бесхозя́йственный (형) 비경제적인, 경리운영을 할 줄 모르는, 주인의식이 없는

бесцве́тный (형) ① 빛깔이 없는, 무색의; ~ газ 무색가스; ② 특색이 없는, 나타나지 않는, 무미건조한;

бесце́льный (형) 목적없는, 쓸데없는

бесце́нный (형) 매우 비싼, 극히 귀중한, 고귀한;

бесце́нок (남): покупать за ~ 헐값으로 사다

бесцеремо́нно (부) 버릇없이, 예절 없이, 건방지게,

бесцеремо́нный (형) 예절을 모르는, 난폭한, 건방진, 버릇없는; ~ое вмеша́тельство 난폭한 간섭(干涉)

бесчелове́чность (여) 비인간성, 잔인성, 몰인정(没人情)

бесчелове́чный (형) 비인간적인, 잔인한, 몰인정한

бесче́стить (미완) 망신시키다, 수치를 당하다, 누명을 씌우다

бесче́стный (형) 불명예스러운, 정직 하지 못한, 불성실한, 비양심적인; ~ посту́пок 더러운 행동

бесче́стье (중) 불명예, 명예훼손(名譽毀損)

бесчи́нство (중) 질서위반, 무례한 행동, 만행(漫行)

бесчи́нствовать (미완) 무례한 짓을 하다, 난폭한 행동을 하다, 만행하다

бесчи́сленный (형) 헤아릴 수 없는, 무수한, 숱한, 다수의;

бесчу́вственный (형) ① 감각이 없는, 무감각한, ② 사정없는, 인정 없는, 냉정한; ~ челове́к 인정이 없는 사람

бесшу́мно (부) 소리 없이, 조용히

бесшу́мный (형) 소리 없는, 소리를 내지 않는, 고요한,

бе́та (여) ① 그리스어 알파벳의 둘째 글자(B, β). ② 제2위(의 것); (시험 평점의) 제 2등급. ③ (천문학) 베타성. ④ (화학) 베타; ~лучи́ (물리) 베타선(beta線: β線)

бето́н (남) 콘크리트, 공굴, 혼응토(混凝土), 회(灰)공굴,

бетони́ровать (미완) 콘크리트를 다져 넣다, 타일하다

бето́нный (형) 콘크리트의; ~ая доро́га 콘크리트 길

бетономеша́лка (여) 콘크리트혼합기(concrete 混合機)

бетоноукла́дчик (남) 콘크리트 타입기(concrete 打入機)

бето́нщик (남) 콘크리트공(concrete 工)

бечёвка (여) 가는 끈, 가는 밧줄

бе́шено (부) 미친 듯이, 광포하게, 맹렬히, 열광적으로
бе́шенство (중) ① (의학) 광견병; ② 발광, 광포(狂暴), 발악(發惡); приходить в ~광광하다, 미쳐 날뛰다
бе́шеный (형) ① 미친, 광견병에 걸린; ~ая соба́ка 미친개; ② 난폭한, 미친듯한, 사나운, 맹렬한; ~ая ско́рость 맹속력; ~ые де́ньги 횡재; ~ые при́были 폭리
биатло́н (남) (체육) 비아트론(스키타면서 총쏘는 경기)
биатлони́ст (남) 비아트론선수
библио́граф (남) 문헌학자(文獻學者)
библиографи́ческий:~ указа́тель 도서목록(圖書目錄)
библиогра́фия (여) 문헌학(文獻學), 참고서목록
библиоте́ка (여) ① 도서관(圖書館), 도서실, 문고(文庫), 라이브러 리(library) ② 장서(藏書), 문고(文庫)
библиоте́карь (남) 사서, 도서관원, 서적을 맡아보는 직분
би́блия (여) 성서(聖書), 성경(聖經)
бидо́н (남) 양철통; моло́чный ~ 우유통
бие́ние (중) 고동, 약동; ~ пу́льса 맥박
бизо́н (남) (동물) 들소, 야우(野牛). 바이슨(bison).
бикфо́рдов: ~ шнур 완연도화선
биле́т (남) ① 표(票), 권(券), 입장(승차)권; проездно́й ~ 차표; ② 증서, 증명서; парти́йный ~ 당원증; вое́нный ~ 군사증; профсою́зный ~ 직업동맹원증; чле́нский ~ 회원증;
билетёр (남) (입장권의) 개찰원
биле́тный (형): ~ая ка́сса 표 파는곳
билья́рд (남) 당구, 당구대; игра́ть на~e 당구를 치다
бино́кль (남) 쌍안경(雙眼鏡), 양안경(兩眼鏡), 필드글라스 (field glass); полево́й ~ 야전용 쌍안경
бино́м (남) (수학) 2항식(-恒式)
бинт (남) 붕대(繃帶), 눈가리는 헝겊; 안대(眼帶).
бинтова́ть (미완) 붕대를 감다; ~ ру́ку 손에 붕대를 감다
биогра́фия (여) 전기, 생애, 경력; кра́ткая ~ 약전
био́лог (남) 생물학자(生物學者)
биологи́ческий (형) 생물학의
биоло́гия (여) 생물학(生物學)
биосфе́ра (여) 생물권(生物圈)
биото́ки (복수) 생물전기
биофи́зика (여) 생물물리학(生物物理學)
биохи́мия (여) 생물화학(生物化學), 생화학(生化學)
бипла́н (남) 쌍발비행기

биржа (여) 거래소, 취인소; фондовая ~ 주식거래소
бирка (여) 꼬리표, 짐표
Бирма (여) 미얀마(Myanmar), 버마(Burma)
Бирманцы (~ец(남), ~ка(여)) 미얀마 사람들, 미얀마의 말
бис (감) 한 번 더!, 재청!; кричать на ~ 재청하다;
бисер (남) 오색구슬, 구슬
бисквит (남) 비스케트 과자
биссектриса (여) (수학) 2등분선
битва (여) 전투, 대전투, 격전(激戰)
битком (부): ~ набитый 입추의 여지 없이 꽉 찬;
битум (남) 아스팔트(asphalt), 아스콘
битый ① бить...의 피동과거; ② (형) 깨어진; ~ час 오랜 시간, 온 한 시간
бить (미완) ① 때리다, 두드리다, 치다, ② 때려부수다, 깨뜨리다; ③ 물리쳐서 이김, 이기다; ④ 짐짐승을 잡다, 도살하다, 죽이다; ⑤ 쏘다, 사격하다; ⑥ 분수가 솟아 오르다; ~ ключом 끓어 넘치다, 들끓다
биться (미완) ① обо что. 부딪히다; ② 싸우다, 전투하다; ③ 부서지다, 깨지 다; ④ (심장 등이) 맥박치다, 고동치다, 뛰다; ⑤ над чем ~를 하려고 애쓰다, 모진애를 쓰다
бифштекс (남) (요리) 비프스테이크
бич (남) ① 채찍, 가죽채찍; ② 재난
бичевать (미완) 책망하다, 신랄하게 비난하다, 비판하다
благо (중) 복리, 행복, 이익, 편안; на ~о народа 국민의 복리증진을 위하여; материаль-ные ~а 물질적부
благовидный (형) ① 보기 좋은, 허울 좋은, 풍채 좋은; ~ая вывеска 허울 좋은 간판; ② 예절바른, 단정한
благовония (복수) 향료(香料)
благоговение (중) 흠모, 공경, 경건;
благодарить (미완) 감사를 드린다, 사의를 표하다, 치사하다; ~ю вас 감사합니다, 고맙습니다.
благодарность (여) 감사, 사의; приносить (выражать) ~ь 감사를 드리다, 사례를 드리다, 감사의 뜻을 표하다;
благодарный (형) 고맙게 생각하는, 감사히 생각하는,
благодаря (전) ① 덕택으로, 덕분으로; ② ~에 의하여, ~로 인하여, ~로 하여, ~때문에;
благодетель (남) 은인(恩人), 은공자
благодеяние (중) 선행(先行), 은혜, 혜택(惠澤), 은덕(恩德)
благодушие (중) 방심(傍心), 안일성(安逸性), 어진마음

- 36 -

благоду́шный (형) 어리무던한, 안온한, 어진
благожела́тельный (형) 호의적인, 친절함, 선량한
благонадёжный (형) ① 믿을만한, 믿음 있는; ② 견실한
благополу́чие (중) 무사(武事), 편안, 안녕, 안락한 것
благополу́чно (부) 무사히, 편안하게; всё обошлось ~ 다 별일 없이 지나 갔다, 모든 것이 잘되었다.
благополу́чный (형) 무사한, 편안한, 순조로운; ~ый исход 만족스러운 종결, 순조로운 결말
благоприя́тный (형) 유리한, 순조로운, 좋은, 적합한, 이로운; ~ результат 좋은 결과.
благоприя́тствовать (미완) 이롭게하다, 협조하다, 도움을 주다, 촉진 시키다; погода ~вует 날씨가 알맞다
благоразу́мие (중) 이성(理性), 신중성, 세심성(細心性)
благоразу́мный (형) 이성적인, 사려 깊은, 세심한, 신중한, 분별 있는
благоро́дный (형) 고상한, 고결한, 숭고한
благоро́дство (중) 고결성, 고상한 것
благоскло́нно (부) 호의적으로, 호의를 가지고
благоскло́нный (형) 친절한, 호의있는, 사근사근한, 서근서근한; 사분사분한, 서분서분한; 고분고분한, 관곡한
благословля́ть (미완) 축복하다, 격려 하다
благосостоя́ние (중) 복리, 유족;
благотвори́тельность (여) 자선, 박애, 선행(善行)
благотво́рный (형) 유익한, 이로운, 좋은, 효과를 내는; ~ый климат 건강에 유익한 기후; ~ое влияние 좋은 영향
благоустра́ивать (미완) 잘 꾸리다, 정비하다, 정돈하다
благоустра́иваться (미완) 잘 정비되어 가다, 잘 꾸려지다
благоустро́енный ① благоустроить 의 피동과거; ② (형) 잘꾸려진, 갖추어진, 잘 정비된; ~ дом 문화주택
благоустро́йство (중) 더 잘꾸리는 것 정리, 정돈
благоуха́ние (중) 향기, 향취, 향(香); 향냄새, 향내
благоуха́ть (미완) 향기를 풍기다, 향기를 내다, 향기를 뿜다, 향기가 서리다
блаже́нство (중) 향락, 쾌락, 즐거움, 유폐, 환락
бланк (남) 용지; телеграфный ~ 전보용지
бледне́ть (미완) 무색해지다, 창백해 지다, 희미해지다;
бле́дный (형) ① 창백한; ② 희미한, 생기 없는
блёклый (형) 빛이 낡은, 시들은, 어렴풋한
блёкнуть (미완) ① 빛이 낡은, 퇴색하다, 어렴풋해지다,

시들다; ② 생기를 잃다.

блеск (남) ① 광채, 섬광, 눈부신 빛; ② 화려한 것, 광휘로운 것, 영채; c ~ом 아주 훌륭하게, 빛나게

блеснуть (완) (생각, 감정이) 문득 떠오르다, 번뜩이다

блестеть (미완) ① 빛나다, 반짝거리다, 광채나다; ② 유난히 나타나다, 이채를 띠다

блестящий ① 빛나는, 반짝거리는, 영채도는; ② 화려한, 광휘로운, 뛰어난; ~ее будущее 휘황한 앞날,

ближайший (형) ① близкий의 최상급; 가장가까운, 최근의; ② 선차적인, 긴급한; ③ 직접적인

ближневосточный (형) 근동의, 근동으로

ближний (형) 가까운, 근방의;~яя деревня 가까운 마을

близ (부) 근처에, 근방에, 부근에; ~ дома 집 가까이; ~ города 도시부근에

близиться (미완) 임박하다, 가까워지다, 닥쳐오다, 다가오다;~ится зима 겨울이 닥쳐오다;

близкие (복수) 근친, 가까운 친척

близкий (형) ① 가까운; ~ое расстояние 가까운 거리; ~ое будущее 멀지 않은 장래; ② 친근한, 친밀한; ③ 비슷한, 흡사한.

близко (부) ① 가까이, 부근에, 근처에; довольно ~ 아주 가까이; ② (술어) 가깝다, 멀지 않다, 오래지 않다;

близлежащий (형) 가까이에 있는, 부근의, 근처의, 이웃의;

близнецы' (복수) 쌍둥이

близорукий (형) ① 근시의; ② 근시안적인, 예견성 없는

близорукость (여) ① 근시; ② 근시안적인 것, 청맹과니, 눈뜬장님

близость (여) ① 가까운 것, 근방; ② 친근감, 친밀한 관계; ③ 유사성, 상사

блин (남) 전병(煎餠), 지짐;

блиндаж (남) (군사) 엄폐호, 엄호

блинчики (복수) (쨈, 우유를 넣은 작은) 밀지짐; ~ с мясом 고기를 넣은 지짐

блистать (미완) ① 빛나다, 반짝이다; ② 뛰어나다, 이채를 띠다; знаниями 지식이 뛰어나다

блок (남) I (시계) 활차; ② (각종 부분품들의) 조; оконный ~ 한조의 창문; ③ (건설) (콘크리트) 블록

блок (남) II ① 동맹, 연합, 연맹(聯盟); военный ~ 군사연맹; ② (체육) 블로킹(blocking), 막기

блока́да (여) 봉쇄, 폐쇄; экономическая ~ 경제봉쇄
блоки́ровать (완, 미완) 봉쇄하다, 막다;
блоки́роваться (완, 미완) *с кем* ~와 동맹을 형성하다, 동맹을 맺다,
блокно́т (남) 수첩,필기장; записывать в~ 수첩에 적어넣다
блонди́н (남) 금발머리의 사람, 노랑머리
блонди́нка (여) 금발머리 여자
блоха́ (여) 벼룩(flea)
блужда́ть (미완) 헤매다, 유랑하다, 방황하다, 멍청해 있다, 헷갈리다; ~ в лесу 숲속을 헤매다; ~ глазами 눈을 팔다
блу́за (여) 블라우스(blouse), 작업복 상의;
блу́зка (여) 블라우스(blouse)
блю́до (중) ① 접시; ② 요리, 음식; вкусное ~ 맛있는 음식
блю́дце (중) 작은 접시
блю́минг (남) 분괴압연기, 블류밍
блюсти́ (미완) 지키다, 준수하다, 보호하다, 간직하다
бобо́вые (복수) 콩과식물
бобо́вый (형) 콩, 대두; ~ые выжимки 콩깻묵; ~ый суп 콩국
бобр (남) 해리(海里: 해상의 거리를 나타내는 단위)
бобы́ (복수) 콩의; кофейные ~ 커피 열매;
бобы́ль (남) 외톨이, 고독한 사람
бог (남) 하나님, 신(神); ~ его знает 누가 안담, 아무도 모른다; ради ~a 제발; слава ~y 다행이다
богате́ть (미완) 부유해지다, 부자가 되다
бога́тство (중) ① 재물, 금품, 재화, 재산, ② 부원, 자원; природные ~a 자연부원
бога́тый ① (형) 풍부한, 부유한, 유족한, 재산이 있는; ~ урожай 풍작 (豊作); ②(명사) 부자(富者)
богаты́рский (형) 장수의, 건장한, 튼튼한; ~ая сила 장수힘
богаты́рь (남) 장수(將帥), 힘장사
бога́ч (남) 부자(富者), 장자(長子)
боготвори́ть (미완) ① 숭배하다, 신격화 하다; ② 지극히 존경하다, 몹시 사랑하다
бода́ть(ся) (미완) 뿔로 받다.
бодри́ть (미완) 기운을 내게하다, 힘을 돋아주다, 원기를 내게 하다
бодри́ться (미완) 기운을 내다, 원기를 내다, 용기를 내다, 씩씩해지다, 생기 발랄해지다.
бо́дрость (여) 원기, 활기, 생기, 용기; ~ духа 기력

бо́дрствовать (미완) 밤을 지새우다, 날밤을 새우다, 자지 않다

бо́дрый (형) 원기 왕성한, 씩씩한, 생기발랄한, 기운찬; ~ое настрое́ние 씩씩한 기분; ~ый шаг 씩씩한 걸음

бодря́щий (형) 원기를 돋아 주는, 기운을 돋아주는, 힘을 돋아 주는

боевитость (여) 전투력(戰鬪力), 전투성(戰鬪性)

боево́й (형) ① 전투의, 전투적인, 작전의; ② 용감한, 대담한, 활발한; ③ 당면한, 긴급한

боеголо́вка (여) 탄두(彈頭); я́дерная ~ 핵탄두(核彈頭)

боеприпа́сы (복수) 탄약; склад ~ов 탄약창고, 탄약고

боеспособность (여) 전투력(戰鬪力)

боеспосо́бный (형) 전투력있는

боец (남) 전투원, 전사, 병사(兵士)

божество́ (중) ① 하나님(God), 신(神); ② 우상숭배

бо́жий (형) 신의, 하나님의; ~ храм 사원, 교회; ка́ждый ~ день 매일 하루도 쉬지 않고

бой (남) 전투, 싸움; жесто́кий ~ 격전, 격렬한 싸움;

бо́йкий (형) 기민한, 재치있는, 민첩한, 번한한; ~ая речь 실감있는 말; ~ая у́лица 번화한 거리;

бойко́т (남) 배척, 배제, 보이코트(boycott); объявля́ть ~кому 배척하다, 선포하다

бойкоти́ровать 배척하다

бойни́ца (여) 총구멍, 화구(火口)

бо́йня (여) ① 도살장; ② 살육, 학살; устра́ивать ~ю 닥치는 대로 죽이다

бок (남) ① 옆구리; ложи́ться на ~ 모로 눕다; воро́чаться с ~у на ~ 뒤척거리다, ② (사물의) 측면, 옆, 모; ~ о ~ 어깨를 나란히 하고, под ~ом 바로 곁에; не с того́ ~ 맞지 않게

бока́л (남) 큰 술잔, 잔; поднима́ть ~за кого́-что ~를 위하여 축배를 들다

боково́й (형) 옆의, 측면의, 곁의; ~ая дверь 옆문

бо́ком (부) 옆으로, 어깨를 돌려; проходи́ть ~ 게걸음으로 지나가다

бокс (남) 권투(拳鬪)

боксёр (남) 권투선수; ~ тяжёлого ве́са 중량급 권투선수

болва́н (남) 무식쟁이, 미련퉁이, 멍텅구리

болва́нка (여) ① 쇠날, 주괴; стальна́я ~ 강괴, 강철덩이

болево́й (형): ~ые ощуще́ния 아픈느낌, 통감, 통각(痛覺)

бо́лее (부) ① см. бо́льше; ② 더욱, 보다, 보다 더; ~ споко́йный 보다 침착 한; все~и~ 더욱 더, 점점 더;
боле́зненный (형) ① 병들어 약한, 쇠약한, 잘 앓는; ② 고통스러운, 병색이 도는;③ 지나친, 불건전한, 병적인
болезнетво́рный (형) 병을 일으키는, 병을 낳는
боле́знь (여) 병, 질병, 신병; зара́зная ~ 전염병
боле́льщик (남)(체육) 응원자
боле́ть (미완) ① *чем* 앓다; ~еть гри́ппом 유행성 감기에 걸리다; ② 아픔을 느끼다, 아프다; голова́ ~ит 머리가 아프다; ③ *за кого́-что* 응원하다; ④ 괴로워하다, 슬퍼하다, 근심하다; ~еть за де́ло 사업을 걱정하다
болеутоля́ющий (형) 진통의; ~ее сре́дство 진통제(鎭痛劑)
Боли́вия (여) 볼리비아(Bolivia)
боло́нка (여) 삽살개, 삽사리
боло́тистый (형) 진펄이 많은, 질퍽 질퍽한
боло́тный (형) 진펄의, 늪의 소택의;~ый газ 메탄가스
боло́то (중) ① 진펄, 소택, 수렁, 사득판; торфяно́е ~ 토탄이 깔려 있는 진펄;② 속물들
бо́лт (남) 볼트(bolt), 숫나사
болта́ть I (미완) *чем*~를 흔들다, 뒤젓다;
болта́ть II (미완) (쓸데없는 말을) 지껄이다, 지절거리다, 시동거리다, 입방아를 찧다;~ языко́м 허튼 소리를 하다
болта́ться (미완) ① *на чём* 흔들리다, 흔들거리다, 너덜거리다; ② 빈둥빈둥 돌아다니다, 건들거리다
болтли́вость (여) 말이 많은 것, 수다스러운 것, 입이 가벼운 것
болтли́вый (형) 수다스러운, 입이 가벼운, 지껄이기 좋아하는
болтня́ (여) 지껄이기, 말공부, 헛소리, 잡담(雜談);
болту́н (남) 말공부쟁이, 사설쟁이, 헛소리꾼
болту́шка (여) 밀범벅(음식의 한 가지)
бо́ль (여) 아픔, 고통; головна́я ~ 두통, зубна́я ~ 치통
больни́ца (여) 병원; выходи́ть из ~ы 퇴원하다; ложи́ться в ~у 입원하다; класть(помеща́ть) в ~у 입원시키다
больни́чный (형) 병원의; ~ лист 진단서
бо́льно (부) ① 아프게, 고통스럽게; ② (술어로) 아프다, 고통스럽다 ② 분하게, 유감 스럽다;
больно́й (형) ① 병든, 앓는, 아픈; ~о́й зуб 앓는 사람 ② (명사) 환자, 병자; ~ые и ра́неные 병상자

бо́льше ① (*большой, много*의 비교급) 더 많이, 더 많다, 더 크게, 크다; ② (부)(부정문장에서는) 더는, 다시는, 앞으로는, 그밖에는; ③ (부) 이상; ~ полови́ны 절반이상

бо́льший (형) (*большой*의 비교급) 더 큰, 더 많은;

большинство́ (중) 다수, 대다수, 대부분

большо́й (형) ① 큰, 커다란, 대단한; ② 수 많은, 숱한; ③ 나이 든, 다 자란, 다 큰, 어른이 된; ~о́й сын 다 자란 아들

боля́чка (여) 부스럼, 헌데, 종기(腫氣)

бо́мба (여) 폭탄; атомная(водородная) ~ 원자탄(수소탄); зажига́тельная ~ 소이탄; фуга́сная ~ 지뢰탄

бомбардирова́ть (미완) 폭격하다

бомбардиро́вка (여) 폭격; подверга́ть ~е 폭격하다

бомбардиро́вщик (남) 폭격기; тяжелый ~ 중폭격기

бомби́ть (미완) 폭격하다, 폭탄을 던지다

бомбомета́ние (중) 투탄, 폭탄투하; прице́льное 조준투하

бомбоубе́жище (중) 방공호, 대피호

бор (남) 바늘잎나무숲, 침엽수림; сосно́вый ~ 소나무밭

боре́ц (남) ① 투사, 전사; ② (체육) 레슬링선수, 씨름선수

бормота́ть (미완) 중얼거리다, 중얼대다, 두덜거리다

бо́рный (형); ~ая кислота́ 봉산; ~ый вазели́н 봉산 바세린

бо́ров (남) 거세한 돼지

борода́ (여) 턱수염

борода́вка (여) 무사마귀

борода́тый (형) ① 턱수염이 많은(긴), ② (명사) 텁석부리, 털보

борозда́ (여) ① 밭고랑, 이랑; ② 홈, 골, 주름살

борозди́ть (미완) ① 이랑을 짓다, 고랑을 파다, 골을 타다; ② 가르며 지나가다; ~ не́бо 하늘을 누비다

борона́ (여) 써레, 초파(耖耙), 살나래

борони́ть, боронова́ть (미완) 써레질 하다, 번지질하다

боро́ться (미완) ① 싸우다, 투쟁하다, 분투하다; ~ с враго́м 원수와 싸우다, 원수와 투쟁하다; ② (체육) 씨름을 하다; ~ за пе́рвенство 선수권 쟁탈전 하다

борт (남) ① 뱃전, 적재함의 벽; брать на ~ 배에 싣다; ② (양복의) 앞섶; оста́ться за ~ом 제외되다, 따돌리다,

бортинжене́р (남) 항공기사, 항공승무기사

бортмеха́ник (남) 항공기관사

бортпроводни́ца (여) 비행기안내원

борщ (남) 남새국, 야채국, 야채스프

борьба́ (여) ① 투쟁, 싸움, 다툼, 분쟁; ~ с засу́хой 가뭄과 전쟁; ②(체육) 씨름, 레슬링; класси́ческая ~ 레슬링;
босико́м (부) 맨발로
босо́й, босоно́гий (형) 맨발의, 발 벗은; на бо́су но́гу 양말을 신지 않고
босоно́жки (복수) 여자용 샌들(sandal)
бот (남) 작은배, 보트(boat), 단정(短艇)
бота́ника (여) 식물학(植物學)
ботани́ческий (형) 식물학적, 식물학의; ~ сад 식물원
ботва́ (여) (뿌리긴 채소류) 잎과 줄기
бо́тики (복수) 목이 긴 덧신
боти́нки (복수) 구두, 단화, 일상화
бо́цман (남) 갑판장, 수부장(水夫長)
бо́чка (여) 나무통; бездо́нная ~ 밑빠진 독
боязли́вый (형) 겁이 많은, 두려워하는, 소심스러운
боя́знь (여) 무서움, 공포심, 두려움, 근심, 걱정
боя́рышник (남) 아가위, 아가위나무
боя́ться (미완) 무서워하다, 두려워하다, 겁내다, ~ как огня́ 불처럼 두려워하다; бою́сь, что он не придёт 나는 그가 오지 않을까봐 걱정된다.
бра́во! (감) 좋다!, 멋있다!, 잘한다!
бра́вый (형) 늠름한, 위풍있는, 남자다운
бразды́; ~ правле́ния 주권, 권력
брак I (남) 오작품, 불합격품, 흠, 흠집
брак II (남) 결혼, 혼인; вступа́ть в ~ 결혼하다, 혼인하다;
брако́ванный (형) 오작(誤作), 불합격된, 흠(欠)있는
бракова́ть (미완) 불합격품으로 판정하다, 오작품으로 골라내다
брако́вка (여) 품질검사, 제품검사, 제품선별
брако́вщик (남) 품질검사자, 품질검사원, 제품 선별원
бракоде́л (남) 불량품을 내는 자
браконье́р (남) 밀렵자, 허가없는 사냥꾼, 허가없는 물고기잡이꾼
браконье́рство (중) 불법적인 사냥, 밀렵, 불법적인 물고기잡이
бракосочета́ние (중) 결혼식, 혼례식
брани́ть (미완) 책망하다 꾸중하다. 꾸짖다, 책(責)하다; 꾸지람(질책.엄책)하다, 비난(힐난.힐문) 하다, 힐책하다
брани́ться (미완) ① 말다툼하다; ② 욕설하다, 욕설을

퍼붓다

брань (여) 욕, 욕설, 말다툼

браслет (남) 팔찌, 팔걸이

брасс (남)(체육) 평영(平衡), 개구리헤엄

брат (남) ① 형(兄), 아우(兄憂), 오빠, 남동생; младший ~ 아우, 남동생; старший ~ 형, 오빠

братоубийственный (형) 겨레(동포, 동족) 살육하는; ~ая война 동족상쟁의 내란

братский (형) 형제의, 형제적인, 다정한

братство (중) 형제적인 우의, 단합

брать (미완) ① 쥐다, 잡다, 받다, 들어쥐다, 점취하다, 점령하다; ②; ~ крепость 요새를 점령하다; ③ 맡다, 맡아가다, 담당하다; ~ такси 택시를 타다

браться (미완) ① 잡다, 쥐다, 손을 대다 ② 달라붙다, 건드리다, 들어쥐고 나가다; ③ 맡아하다; ④ 나타나다, 생기다; ~ за ум 영리해지다, 똑똑해지다

брачный (형) 결혼의, 혼인의, 혼례의;

бревенчатый (형) 통나무의, 통나무로 만든

бревно (중) 통나무

бред (남) ① 잠꼬대, 헛소리; ② 망상

бредить (미완) ① 잠꼬대하다, 헛소리 하다; ② (чем-л.) ~에 몰두하다; ~ музыкой 음악에 열중하다

бредовый (형) 헛소리를 하는, 잠꼬대를 같은, 환상적인, 얼빠진; ~ая идея 허황된 생각

брезгать (미완) 꺼리다, 가리다, 싫어하다, 언짢다, 불쾌하다, 지긋지긋하다, 하기싫다, 싫증내다

брезгливый (형) 꺼리는, 까다로운, 싫어하는

брезент (남) 물막이천, 방수포(防水布)

брезжить (미완) ① (등불이)가물거리다, 희미하게 비치다; ② 훤히 밝다, 밝아오다; ~ заря 노을이 비끼기 시작한다.

бремя (중) 부담, 중하, 짐; непосильное ~ 힘에 겨운 부담;

бренчать (미완) 절렁거리다, 잘그락 거리다

брести (미완) 겨우 걸어가다, 겨우 발을 옮기다, 터벅 터벅걸어가다

брешь (여) ① 구멍, 틈, 틈새, 살, 금, 틈바구니, 틈새기, 간격, 격차; пробить ~ 돌파구를 열어 놓다

бреющий (형) 저공의; ~ полёт (항공) 저공 비행

бригада (여) ① 작업반; ударная ~ 돌격대; паровозная ~ 기관차대; поездная ~ 열차승무대; ② (군사) 여단, 분함대;

бригади́р (남) 작업반장(作業班長)
Бриджта́ун г. 브릿지 타운
бриз (남) 바닷가에서 부는 미풍, 산들 바람, 갯바람
брике́т (남) 빚은 덩어리, 연탄(煉炭), 브리켓(briquet);
бриллиа́нт, брилья́нт (남) 금강석, 다이아몬드 (diamond),
бри́тва (여) 면도, 면도칼, 면도날
бри́твенный (형) 면도용의;~ прибор 면도도구 한조
бри́тый (형) 면도한, 면도의
брить (미완) 면도하다, 깎다;~ бо́роду 수염을 깎다
бри́ться (미완) 깎다, 면도하다, 수염깎다
бро́вка (여) ① 도랑, 변두리; ②(철로) 노반턱
бровь (여) 눈썹; не в ~, а в глаз 바로 맞혔다.
брод (남) 여울; переходи́ть в ~ 여울을 건너가다
броди́ть I (미완) 슬슬 돌아다니다, 헤매다, 떠돌아다니다,
방황하다;~ по ле́су 숲속을 거닐다, 산책하다
броди́ть II (미완) 발효하다, 뜨다.
бродя́га (남) ① 뜨내기, 부랑자; ② 방랑객
бродя́жичать (미완) 떠돌아다니다, 방랑(생활)하다,
броже́ние (중) ① 발효, 뜸, ② 격동, 동요, 소요, 흔들림,
어수선함, 떠들썩함,;~ умо́в 민심동요
бром (남) (화학) 브롬(Brom) 취소(臭素)
броми́стый (형) (화학) 브롬(Brom; 화의) 브롬을 함유한,
бронебо́йный (형);~ снаря́д 철갑탄
броневи́к (남) 장갑차(裝甲車)
броненосе́ц (남) 장갑선, 철갑함
бронепо́езд (남) 장갑열차
бронета́нковый (형) 장갑의;~ые ча́сти(войска) 전차부대
бронетранспортёр (남) 장갑수송차
бро́нза (여) 청동(青銅), 놋쇠
бронзо́вый (형) ① 청동의, 청동으로 만든; ~ая меда́ль
동메달; ② 청동색의; ~ое(от загара) лицо́ 구리빛 얼굴
брони́рованный ① брони́ровать의 피동과거; ② (형) 장갑의,
철갑을 씌운; ~ автомоби́ль 장갑자동차
брони́ровать (완, 미완) 미리 확보하다, 예약하다
брони́ровать (완, 미완) 장갑하다, 철갑을 씌우다
бро́нхи (복수) (해부) 기관지(氣管支)
броня́ (여) ① 장갑(裝甲), 철갑, 철의, 개갑: 겉더께, 더께, 칠갑(漆甲); ② 갑옷, 갑의(甲衣), 개갑(介甲), 혁갑(革甲)
бро́ня (여) ① 사용권, 사용 증명서; ②(물건의) 확보

броса́ть (미완) ① 던지다, 내버리다, 내던지다; ② 그만두다, 끊다, 중단하다; ③ 급속히 파견하다, 출동시키다, 급히 보내다; ~ войска́ в бой 군대를 전투에 파견하다
броса́ться (미완) ① *чем* 던지다, 마주 던지다; ~ снежка́ми 눈덩이를 서로던지다; ② *на кого* ~에게 달려들다 (덤벼들다); ③ 뛰어 내리다, 뛰어 들다; ~ с моста́ 다리에서 뛰어내리다; ~ в во́ду 물속으로 뛰어 들어가다
бросо́к (남) ① 던지는 것, ② (군사) 돌진, 한달음에; ③ (체육) 넣기
бро́шка, брошь (여) 브로치, 꽃 핀침, 장식용 핀 침.
брошю́ра (여) 소책자
брус (남) (나무, 돌, 금속 등의) 각재
брусни́ка (여) 따들쭉 나무, 월귤나무(Vaccinium vitisidaea)
брусо́к (남) ① 숫돌, 갈이돌;② 길쭉하고 네모난 물건
бру́сья (복수) (체육): паралле́льный ~ 평행봉
бру́тто (불변) (형, 부) (포장과 함께) 총량, 총액; вес ~ 총중량
бры́згать (미완) ① *чем* 뿌리다, 끼얹다; ② 뿌려지다, 뿜어 나오다
бры́згаться (미완) ① 끼얹다, 튀기다; ② 서로 마주 뿌리다
бры́зги (튀어오르는 물방울) 비말, 물방울; ~ дождя́ 빗방울
брыка́ться (미완) ① 차는 버릇이 있다. 서로차다; ② 고집을 쓰다
бры́нза (여) 양젖치즈
брю́ква (여) 순무우
брю́ки (복수) (양복)바지
брюне́т (남), **~ка** (여) 머리칼이 검은 사람, 흑발의 사람
брю́хо (중) 배, 뚱뚱보, 배통
брюши́на (여) 배막, 복막; воспале́ние ~ы 배막염
брюшно́й (형) 배의; ~а́я по́лость вну́три 배안, 복강, 배통
бря́кать, бря́кнуть (완) 절거덩거리다, 덜컹거리다
бряца́ть (미완); ~ ору́жием 무력으로(전쟁으로) 위협하다
бу́бен (남) (음악) 탬버린, 방울 북
бу́бенчик (남) 방울; 방울꽃, 초롱꽃
бу́блик (남) 도넛(doughnut), 가락지 빵
буго́р (남) 언덕, 둔덕
бугри́стый (형) 둔덕이 많은, 기복이 심한, 울퉁불퉁한
будди́зм (남) 불교, 불법, 상교, 석교
будди́йский (형) 불교의, 불법의, 석교의; ~ храм 절, 절간,
будди́ст (남) 불교신도(佛敎信徒)

бу́дет (부) 충분하다, 됐다;: ~ тебе́! 그만!, 됐소!
буди́льник (남) 종시계, 자명종
буди́ть (미완) ① 깨우다; ② 자아내다, 불러일으키다; ~ любопы́тство 호기심을 자아내다, 각성시키다.
бу́дка (여) 초소, 보초막; ~ сто́рожа 경비실
бу́дни (복수) 보통날, 평상시날; рабо́чие ~ 일하는 날.
бу́дничный (형) ① 평범한, 평상시의, 일상의; ② 보통날의, 여느 날의; ~ая жизнь 하루하루의 생활
будора́жить (미완) ① 불안케 하다, 들뜨게 하다; ② 흥분시키다, 격동 시키다
бу́дто (접) ① 마치 ~처럼, ~인 듯이, ~것 같이, ~듯한; ② ~것 같다, ~듯싶었다; ③ ~체 하다; де́лает вид, ~ не зна́ет 모르는체 하다
бу́дущее (중) 앞날, 장래, 미래, 앞, 앞날, 장래, 내두, 전두; в ~м 앞날에, 장차
бу́дущий (형) 장래의, 미래의, 앞날의, 다음; ~ ме́сяц 다음달; ~ год 내년
бу́дущность (여) ① 미래, 앞날의(일); ② 전도, 앞길, 앞날, 미래, 장래; 전도, 전정, 전로, 훗길; блестя́щая ~ 휘황찬 앞날
буже́нина (여) 삶은 돼지고기의 한 가지
бузина́ (여) 딱총나무, 지렁이나무
буй (남) (해양) 부표(浮漂), 떠움표
бу́йвол (남) 물소
бу́йный (형) ① 사나운, 횡포한; ~ый ве́тер 세찬바람; ② 빨리 자라는, 싱싱한, 더북한; ~ые побе́ги 싱싱한 싹
бу́йствовать (미완) 난폭하게 행동하다, 횡포를 부리다, 갈개다
бук (남) 나도 밤나무, 너도밤나무
бу́кашка (여) 작은 벌레
бу́ква (여) 글자, 문자; ~ в ~у 아주 정확히 문자 그대로
буква́льно (부) ① 문자 그대로, 말 그대로의; ② 참말로
буква́льный (형) ① 문자 그대로의; ② 정확한; 그대로의; в ~ом смы́сле сло́ва 말 그대로의, 본 뜻 그대로의
буква́рь (남) 글자편, 문자편
букве́нный (형) 문자의, 자모의;
буке́т (남) 부케, 꽃다발, 꽃묶음
букини́ст (남) 헌책방 점장, 낡은책장사, 고서적상인
букинисти́ческий (형) 헌, 낡은, 오래 된: ~ий магази́н

고서점, 낡은 책방; ~ая книга 휘귀한 책, 고서책(古書冊)
буксир (남) ① 끌배; ② 끌바, 견인 바줄; брать на ~ 도와주다, 끌어올리다
буксировать (미완) 밧줄로(배, 자동차 등을) 끌다
буксовать (미완) ① (바퀴가) 헛돌다, 공회전 하다; ② 뭉개다
булавка (여) 핀(pin), 빈침
булка, булочка (여) 흰빵
булочная (여) 빵집, 베이커리(bakery)
булочный (형): ~ые изделия 빵제품
бултыхнуться (완) 철벙거리다, 덤벙거리다, 첨벙빠지다; ~ в реку 강물에 풍덩 빠지다
булыжник (남) (도로포장용) 큰자갈, 막돌
булыжный (형): ~ая мостовая 돌로 포장한 도로
бульвар (남) 산책로, 유보도
бульварный (형) ① 산책로의; ② 비속한, 통속적인; ~ роман 통속소설
бульдозер (남) 불도저
бульдозерист (남) 불도저 운전수
булькать (미완) 꼴깍꼴깍 소리를 내다, 퐈르르 하다
бульон (남) 국물, 곰; мясной ~ 고기국물; куриный ~ 닭곰
бумага (여) ① 종이; почтовая ~а 편지지; копиро-вальная ~а 먹종이, 먹지; ② 문건, 문서; 서류; официальная ~а 공문서;
бумажник (남) 지갑
бумажный I (형) 종이로 만든, 종이의; ~ая фабрика 종이공장; ~ые деньги 지폐,종이돈; ~ая волокита 문서 놀음
бумажный II (형) 무명의, 면포의, 면직의
бумеранг (남) 부메랑(boomerang)
бункер (남) (석탄, 곡물 등의) 창고, (콤바인의) 낟알탱크; ~ для угля 석탄창고
бунт (남) 반란(反亂), 폭동(暴動), 봉기
бунтарь (남) 폭동 참가자, 반란자
бунтовать (미완) 반란을 일으키다, 폭동을 일으키다, 반항하다
бунтовщик (남) 반란자, 폭동자, 폭도
бур (남) ① 정, 정대; ② 착암기, 천공기
бура (여) (화학) 붕사(硼沙. 硼砂)
бурав (남) 타래정, 타래송곳
буравить (미완) (구멍을)뚫다, 천공하다

бура́н (남) 눈보라
буреве́стник (남) 조류(潮流), 해연
буре́ние (중) 구멍뚫기, 천공, 착암; разведочное ~ 탐사시추
буржуа́ (불변) 부르주아(bourgeois), 중산계급의 시민(주로 상인 계급), 유산자, 프롤레타리아(prolétariat)
буржуази́я (여) 부르주아지, 자본가 계급, 유산계급;
буржуа́зно-демократи́ческий (형) 부르주아의. 중산[유산]계급의; 부르주아 근성의; 자본주의의(bourgeois)
буржуа́зный (형) 부르주아적(bourgeois 的) ~ая идеология 부르주아 사상;~ая революция 부르주아 혁명
бури́льщик (남) 착암공, 시추공, 굴진공(掘進工)
бури́ть (미완) (구멍을) 뚫다, 천공하다, 시추하다
бурли́ть (미완) ① 들끓다, 뒤설레이다, 용솟음치다, 부글부글 끓다, 끓어번지다; ② 웅성거리다, 야단법석이다
бу́рный (형) ① 사나운, 격렬한, 설레는; ~ое море 사나운 바다; ② 급격한, 비약적인;~ый рост 급격한 성장
бурова́я (여): ~(скважина) 시추탑
Буру́нди (중) (불변) 부룬디(Burundi; 중앙아프리카 수도)
бурунду́к (남) 시베리아 다람쥐
бурча́ть (미완) ① 투덜거리다, 웅얼 거리다, 중얼거리다; ② 꾸르륵거리다; в животе ~ит 배가 꾸르륵거리다
бу́рый (형) 갈색의, 브라운색의;~ уголь 갈탄
бурья́н (남) 잡초(雜草)
бу́ря (여) 폭풍, 폭풍우; снежная ~ 사나운 눈보라
бу́сы (복수) 실에 꿴 구슬, 구슬 꾸러미, 구슬 목걸이
бутафо́рия (여) ① (연극) 소도구; ② (진열장의) 모조품
бутербро́д (남) 부제러브로드(버터, 치즈, 꼴바사 등을 놓은 빵)
буто́н (남) 꽃봉오리
бу́тсы (복수) 축구화(蹴球靴)
буты́лка (여) 병(甁), 유리병; молочная ~ 우유병(牛乳甁)
буты́ль (여) 큰 병, 두루미
буфе́р (남) 완충기(緩衝期)
буфе́т (남) ① 찬장, 식장; ② (식당의) 매대; ③ 간이식당
буфе́тчик, ~ца(여) : ~(хлеба) 간이식당판매원
буха́нка (여) : ~(хлеба) 빵덩어리
бу́хать(미완)① 쾅 울리다, ② 쿵하고 떨어지다;~ют пушки 대포가 쾅울리다
бухга́лтер (남, 여) 회계원, 부기(簿記); главный ~ 부기장
бухгалте́рия (여) 부기학(簿記學) 경리부, 경리실, 부기부

бу́хта (여) 만, 후미, 물굽이
бушева́ть (여) 광란을 부리다
буя́нить (미완) 난폭한 행동을 하다
бы (조) ① (가상적인 가능성을 표시); он бы пришёл, если бы знал 만약 그가 알았더라면 왔을 것이다; ② (희망, 권고, 부탁을 나타냄) посмотреть бы 보았으면 좋겠는데; сходить бы тебе к врачу 의사에게 가보렴;ты прилёг бы 좀 누워 쉬렴; я бы ещё почитал 내가 더 읽었을걸;
быва́ло (삽입어) (과거에 여러번 반복된 동작을 나타냄) ~ он часто приходил (한때)그는 종종 찾아오곤 했다; как ни в чем не ~ 아무 일도 없었던 것처럼, 시치미를 떼고
быва́лый (형) 노련한, 노숙한, 경험이 많은, 풍파를 다 격은; ~ челове́к 노련한 사람, 경험이 많은 사람
быва́ть (미완) ① 있다. я ~л там 나는 그기에 가본적 있다; ② 자주가다, 때때로 가다(드나들다, 방문하다); ③ 때때로 일어나다, 때때로생기다; Э́то ча́сто ~ет 이런 일은 자주있다
бы́вший (형) 이전의, 종전의; ~ директор 이전교장
бык I (남) 황소; племенно́й ~ 종자황소
бык II (남) (다리의) 교각(橋脚), 다리아래 사이기둥
были́на (여) 민요서사시, 영웅담(英雄譚)
были́нка (여) 풀줄기
бы́ло (조) 거의(의 뜻을 나타냄); чуть ~ не забы́л 하마터면 잊을 번 하였다; пошёл, — да верну́лся 떠나려다가 돌아섰다
было́е (중) 과거(過擧), 지난날, 옛적
быль (여) 실화(實話); э́то не вы́думка, а ~ 이것은 꾸며낸 것이 아니라 실화 이다
бы́стро (부) 빨리, 속히, 급속히; о́чень ~ 급속히
быстрокры́лый (형) 빨리 나는, 빨리 지나가는
быстрота́ (여) ① 속도, 빠르기, 속력, 템포(tempo); ② 신속성, 기동성, 생동성
быстрохо́дный (형) 고속도, 쾌속도; ~ое су́дно 쾌속선
бы́стрый (형) ① 빠른, 재빠른, 급속한, 신속한; ~ыми те́мпами 빠른 속도로; ② 날쌘, 잽싼, 날랜
Быт (Пе́рвая глава́ Моисе́ева. Бытие́ 50장) 창세기
быт (남) ① 일상생활, 실생활; ② 생활습관, 세태풍속
бытие́ (중) ① 실재, 존재, 생활; ② 물질적 생활, 제조건; ③ 삶, 생존(生存)
бытова́ть (미완) 있다, 존재하다
бытово́й (형) 세태의, 일상생활의; ~ое обслу́живание 편의

Б

봉사;; ~ой холодильник 가정용 냉동기, 냉장고

бы́ть (미완) ① 있다; у него был сын 그에게는 아들이 있었다; он был дома 그는 집에 있었다; ② 이다, 되다; был студентом 학생이었다.; ③ (생기다의 뜻을 나타냄) будет дождь 비가 올것이다; ④ 가다, 오다, 찾아오다, 방문하다; завтра он будет у меня 내일 그는 나한테로 온다; как ~? 어떻게 할까?; может ~ 아마 될 수 있다

бюдже́т (남) 예산; закон о госу-дарственном ~e 국가예산법

бюдже́тный (형) 예산의; ~ый год 예산년도; ~ые ассигнования 예산지출

бюллете́нь (남) ① 통보, 공보; ② 일보, 주보, 월보, 연보; ③ 투표용지; ④ 진단서

бюро́ (중) (불변) 사무국, 국(局), 위원회; справочное ~ 안내소; конструкторское ~ 설계소; ~ погоды 기상 예보국

бюрокра́т (남) 관료주의자(官僚主義者)

бюрократи́зм (남) 관료주의

бюрократи́ческий (형) 관료주의적인, 관료적인, 관료식의

бюрокра́тия (여) 관료배, 관료파, 관료, 벼슬아치, 관리,

бюст (남) ① 반신상(半身像) ② (여자의) 유방, 가슴

бюстга́льтер (남) 브래지어(brassiere) 젖 가슴띠,

бязь (여) 광목천, 왜포

В

в (во) (전) ① (소재지, 장소 등을 표시)에; находиться в Москве 모스크바에 있다; ② (행동 동작 등을 표시)에서; работать в лаборатории 실험실에서 일하다; ③ ~안에(서), ~속에(서); ④ (방향을 표시) ~로, ~에; ⑤ (시간을 표시) ~에, ~내에서; в конце мая 5월 말에; ⑥ 크기, 무게, 값, 회수 등을 표시; ⑦ 옷, 모자 등이 몸에 붙어있는 상태를 표시; в новом костюме 새 양복을 입고; он в очках 그는 안경을 끼고;
вагон (남) 차량, 차안, 찻간; товарный ~ 짐차, 화물차
вагонетка (여) 뚜껑없는 화차, 갱차, 광석차, 탄차(炭車)
вагонный (형) 찻간의, 차량의
вагоновожатый (남) 전차 운전사
вагоноремонтный (형); ~ завод 차량 정비공장
важничать (미완) 우쭐거리다, 거드름을 피우다, 뽐내다
важно (부) ① 우쭐거리면서, 점잖게, 위엄있게; ② (술어) 중요하다, 중대하다;
важность (여) ① 중요성, 중대성; ② 교만, 거만, 거드름
важный (형) ① 중요한, 중대한; ~ый вопрос 중요한 문제, ② 거드름 피우는, 뽐내는
ваза (여) ① 꽃병; ② (실과, 과자 등을 담는) 그릇 단지
вазелин (남) 바세린
вакансия (남) 결원, 공석, 빈자리;
вакантный (형) 공석의, 빈자리의
вакуум (남) 진공, 진공도(度), 공백
вакцина (여) 백신(vaccine), 왁친, 우종두, 두묘
вакцинация (여) 예방주사, 백신주사
вал (남) I (공학) 축, 축대(築臺), 로라
вал (남) II ① (쌓은) 둔덕, 흙벽, 토성; ② 높은 파도
валежник (남) 넘어진 나무, 부러져 떨어진 나뭇가지.

ва́ленки (복수) 부츠, 겨울용 펠트 장화
вале́нтность (여) (화학) 원자가(原子價), 원잣값
валериа́на, валерья́на (여) (식물) 바구니 나물
валерья́нка (여) (식물) 바구니나물 뿌리로 만든 물약
валерья́новый (형); ~ые ка́пли 바구니나물 뿌리로 만든 물약
вали́ть I (미완) 넘어뜨리다, 쓰러뜨리다, 무너뜨리다
вали́ть II (미완) ① 와 쓸어오다, 와 밀려오다, 와 나오다; наро́д вало́м вали́т 물밀듯이 밀려온다(간다); ② 쏟아진다, 떨어지다; снег вали́т хло́пьями 함박눈이 쏟아진다.
вали́ться (미완) 넘어지다, 쓰러지다, 허물어지다, 자빠지다; ~ с ног от уста́лости 기진맥진하여 쓰러지다
валово́й (형); ~ дохо́д 총수입; ~ой сбор 총수확고; ~ая проду́кция 총생산량, 총생산액
валто́рна (여) (금관악기의 하나) 프렌치 호른(French horn)
валу́н (남) 크고 둥근 돌, 구름 돌
вальс (남) 왈츠(waltz), 원무, 왈츠곡, 원무곡(圓舞曲)
валю́та (여) 화폐, 돈, 유통화폐, 통용화폐, 통용화
валю́тный (형); 화폐의, 통화의; ~ые опера́ции 환전(換錢),
валя́ть (미완) 굴리다, ~ по сне́гу 눈 위에 굴리다
ва́нна (여) ① 목욕탕, 목욕통; ② 목욕; принима́ть ~у 목욕하다; возду́шная ~а 공기욕; со́лнечная ~а 일광욕.
ва́нная (여); ~ (ко́мната) 목욕탕(沐浴湯), 욕실(浴室)
ва́нночка (여); де́тская ~ 어린이 목욕통
вар (남) 송진(松津), 수지(樹脂)
ва́рвар (남) 야만인, 미개한 사람
варе́жки (복수) 벙어리장갑, 통장갑
варёный (형) 삶은, 끓인, 익힌, 데친.
варе́нье (중) 잼; я́блочное ~ 사과잼
вариа́нт (남) 변종, 변형(變形), 변체
вари́ть (미완) 삶다, 끓이다, 익히다; 데치다, 찌다, 요리하다; ~ карто́фель 감자를 삶다;~ обе́д 음식을 만들다
василёк (남) 수국화
ва́та (여) 솜, 목화, 면화, 면(棉); стери́льная ~ 약솜
вата́га (여) 무리, 떼, 패거리, 도당
ватерли́ния (여) 흘수선(선체가 물에 잠기는 한계선.)
ватерпа́с (남) (공학) 수평기, 수준기
ватерполи́ст (남) (체육) 수구선수
ватерпо́ло (남) 수구(水球) 워터폴로

ватин (남) (양복의 심으로 쓰는) 뜨개천
ватман (남) 수채화, 제도용지, 와트먼-지(whatman-紙)
ватный (형) 솜을 넣은, 솜으로 만든, 솜의
ватт (남) (전기) 와트(watt)
ваттметр (남) 전력계(電力計)
вафля (여) 와플랴(비스켓의 종류)
вахта (여) 당직, 일직; стоять на ~е, нести ~у 당직을 서다;
вахтённый (형) ① 당직의, 일직의; ~ журнал 당직일지; ② (명사로) 당직 근무자(勤務者)
вахтёр (남) 일직(당직) 책임자, 경비책임자, 일직사령
ваш (소유 대, 남) (ваше(여), ваша(중), ваши(복수)) 당신의, 당신들의, 너희들의, 당신네; ~ дом 당신의 집
ваша ① *см.* ваш ② (명사) (여) 당신의 것
ваше ① *см.* ваш ② (명사) (중) 당신의 것
ваши ① *см.* ваш ② (명사) (복수) 당신들의 것, 너희들의 것; (*домашние*) 당신의 친척, 당신의 가족들.
вбегать (미완) 뛰어 들어가다, 뛰어 들어오다.
вбивать (미완) 박아 넣다, 박다, 들이박다
вбирать (미완) ① 빨아들이다, 흡수하다, 마시다; ② 섭취하다, 받아 들이다
вблизи (부) 가까이에, 근처에, 부근에
вбок (부) 옆으로, 곁으로, 가로; 양쪽으로, 양쪽곁으로; 측(側)면으로, 옆쪽으로, 옆면으로, 측면에, 옆댕이로
вброд (부) 여울로, 얕은 곳으로
вваливаться (미완), **ввалиться** (완) ① 막 밀려들다, 빠지다, 달려들다, 쓸어들어오다; ② 쑥 들어가다, 꺼지다, 오므라지다; щёки ввалились 뺨이 쑥 들어가다.
введение (중) ① 머리말, 서론, 개론; ② 도입, 제정
ввергать (미완), **ввергнуть** (완) 빠지게하다, 끌어넣다, 몰아넣다; ~в катастро-фу 참화속에 몰아넣다
ввёртывать (미완) 틀어박다, 돌려맞추다
вверх (부) 위로, 올려; смотреть ~ 쳐다보다
вверху (부) 위에, 높은데서
вверять (미완) 위탁(위임)하다, 맡기다; ~ чью-л. судьбу 생명을 위탁하다
ввиду (전) ~ 때문에, ~ 까닭에, ~으로 인하여; ~ того, что ~ ~이기 때문에; ~ болезни 병으로 인하여
ввинтить (완), **ввинчивать** (미완) 틀어박다, 틀어맞추다, 돌려꽂다, 돌려 넣다.

вводи́ть (미완) ① 끌어들이다, 데려 오다, 몰아넣다; ② (어떠한 상태, 처지)에 빠지게(들어가게, 처하게) 하다; ③ 실시(도입,설정,개시)하다; ~ в строй(в эксплуатацию) 조업을 시작하다

вво́дный (형) 머리말의, 서른의, 서문의; ~ курс 서른; ~ое слово (언어) 삽입어; ~ое пре-дложение (언어) 삽입문(장)

вво́з (형) 수입, 반입

ввози́ть (미완) 수입하다, 반입하다, 끌어들이다, 실어 들이다; ~ товары 상품을 수입하다

ввозно́й (형) 수입의, 반입의; ~ая пошлина 수입세

вво́лю (부) 마음껏, 실컷; ~ есть 실컷먹다

ввысь (부) 위로, 높은 곳으로, 하늘로

ввяза́ться (완), **ввя́зываться** (미완) 거들다, 참견하다, 끼어들다, 간섭하다; ~ в разговор 말참견하다; ~ в бой 전투에 참가하다

вгляде́ться (완), **вгля́дываться** (미완) 들여다보다, 눈여겨 보다, 유심히 바라보다

вдава́ться (미완) 깊숙이 들어가다, 뾰족하게 나오다, 돌출하다; ~ в подробности 상세히 파고들다, 지지 콜콜이 따지다

вдави́ть (완), **вда́вливать** (미완) 오므라 뜨리다, 눌러서 박아 넣다

вдалеке́ (부) 멀리에, 먼곳에; держаться ~ 떨어져있다,

вдаль (부) 먼 곳으로, 먼데로; смотреть ~ 멀리 앞을 내다 보다

вдвига́ть (미완), **вдви́нуть** (완) 밀어넣다, 밀어맞추다, 꽂아넣다

вдво́е (부) ① 2배나, 2배로, 곱, 곱절, 배(倍), 갑절; меньше 절반 밖에 안된다; ② 둘로, 두 개로; сложить ~ 두겹으로 접다

вдвоём (부) 둘이서, 둘이 함께; жить ~ 둘이 함께 살다;

вдво́йне (부) 2배나, 2배로; он ~ еправ 그는 두 가지 점에서 옳지 않다

вдева́ть (미완), **вдеть** (완) 꿰뚫다 꿰다; ~ нитку в иголку 바늘귀에 실을 꿰다

вдоба́вок (부) 게다가, 더군다나, 더구나, 보다더, 더욱이, 가뜩이나, 우중지(又重之)

вдова́ (여) 과부(寡婦), 미망인(未亡人)

вдове́ц (남) 홀아비, 고자과학, 홀아버니; 홀아방

вдо́воль (부) ① 마음껏, 실컷; ② (술어) 충분하다, 풍족하다, 넉넉하다
вдого́нку (부) 뒤쫓아, 뒤따라
вдоль ① (부) 세로; ② (전) ~을 따라
вдох (남) 들숨; ~ и выдох 들숨과 날숨
вдохнове́ние (중) 영감, 감동, 감흥;
вдохнове́нно (부) 영감에 충만되어, 깊은 감흥을 가지고, 감동적으로
вдохнове́нный (형) 영감에 충만된, 감동적인; ~ труд 진취적인 근로
вдохнови́тель (남) 고무자, 추종자
вдохновля́ть (미완) 부추기다, 격려하다, 북돋우다
вдохновля́ться (미완) 고무되다, 떨쳐 일어나다, 분발하다, 격려되다
вдре́безги (부) 산산이, 산산조각나다;
вдруг (부) 갑자기, 별안간, 뜻밖에, 불의에;
вдува́ть (미완) 불어넣다; ~ воздух 바람을 불어넣다,
вду́мчиво (부) 생각 없이, 꼼꼼히
вду́мчивый (형) 깊이생각하는, 심사숙고하는
вду́мываться (미완) 깊이생각하다, 심사숙고하다, 용의주도하다
вдыха́ть (미완) 숨을 들이쉬다
вегетариа́нец (남) 채식주의자, 채식하는 사람
вегетариа́нский (형) 야채, 채식; ~ая пища 채식, 야채로 만든 음식, 소음식, 남새로 만든 음식
вегетати́вный (형); ~ое размножение 영양생식
вегетацио́нный (형); ~ период 성장기, 영양 성장기
ве́дать (미완) ① чем ~을 관리하다, 관할하다, 주관하다, 담당하다, 맡아보다; ② 알다, 인지하다, 인식하다, 감지하다, 이해하다, 깨닫다, 분별하다
веде́ние (중); находиться в чьём ~и ~의 관할 아래 있다, ~에 속하다
веде́ние (중) 운영, 진행; ~ хозяйства 경리운영, 회계운영
ве́дома: без ~ 알리지 않고, 허가 없이, 무허가로; с ~ 미리 알리고
ве́домость (부) ① 일람표, 통지서; ②(복수) ~и 공보, 통보,
ве́домство (중) 부서, 국(局), 당국, 관리국
ведро́ (중) 들통, 물통;
веду́щий (형) 주도적인, 주동적인, 지도적인, 주요한

ведь ① (조) (강조의 뜻 나타냄) ~이 아닌가, 과연 ~인가; ② (접) (원인, 까닭의뜻으로) ~니까, ~니깐, ~이기 때문에

ве́дьма (여) 마귀(魔鬼)할멈, 마녀(魔女), 악마 같은년.

ве́ер (남) 부채, 선자(扇子), 양선(凉扇)

ве́жливо (부) 정중히, 친절히 상냥하게

ве́жливость (여) 정중성, 친절성

ве́жливый (형) 정중한, 친절한

везде́ (부) 가는 곳마다, 도처에, 곳곳에, 사처에, 사방으로

вездехо́д (남) 만능자동차

везе́ние (중) 재수, 운행, 운수

везти́ (미완) ① 나르다, 실어가다, 운반하다, 가지고 가다; ② ему́ ~ёт (не~ёт) 그는 운수가 좋다(나쁘다)

век (남) ① 세기(世紀); ② 시대, 시기; ③ 생애, 일생;

ве́ко (중) 눈까풀, 눈가죽, 눈시울

веково́й (형) 세기적(인) 오래 묵은; ~ая отста́лость 세기적 낙후성; ~ые тра- ди́ции 오랜 전통

ве́ксель (남) 어음; плати́ть по ~ю 어음에 의하여 지불하다

ве́ктор (남) (수학) 유한집합(벡터)

веле́ть (미완) 명령하다, 지시하다

велика́н (남) 거인(巨人), 어처구니없이 큰

вели́кий (형) ① 위대한; ② (아주) 큰, 대(大); э́ти боти́нки мне ~и́ 이 구두는 나에게 크다

великоду́шие (중) 관대함, 너그러움, 아량, 관용, 관대함,

великоду́шный (형) ① 너그러운, 관대한, 마음이 큰; ② 아량 있는, 도량이 큰

великоле́пный (형) ① 화려한, 호화로운, 휘황한; ② 뛰어난, 아주 훌륭한

велича́венный (형) ① 웅장한, 웅대한, 으리으리한; ② 장엄한, 굉장한

вели́чие (중) 위대성, 웅대한 것, 장엄한 것, 훌륭한 것

величина́ (여) ① 크기, 치수, 량; ~ ой с дом 집만한 크기의; ② (수학) 값, 치; ③ (사람의) 거장, 대가, 명인

велого́нка (여) 자전거 경기

велосипе́д (남) 자전거(自轉車), 은륜(銀輪); трёхколёсный ~ 세발자전거; е́хать на ~е 자전거를 타고 가다

велосипеди́ст (남) 자전거선수

вельве́т (남) (면) 비로드(veludo), 벨벳(velvet), 우단(羽緞)

ве́на (여) (의학) 정맥(静脈)

Вене́ра (여) (천문) 금성(金星)

венери́ческий (형) 성병(性病)의; ~ая болезнь 성병(性病)
венеро́лог (남) 성병전문의사
вене́ц (남) ① 관(冠), 화관(花冠), 꽃테; лавровый ~ 월계관; ② 극치(極致), 결실(結實), 종결(終結)
ве́ник (남) 비, 방비, 빗자루
вено́к (남) 화환(花環), 화관(花冠)
вентили́ровать (남) 통풍하다, 환기하다, 공기를 갈다, 통기하다
вентиля́тор (남) 송풍기, 통풍기(通風機), 환풍기(換風機)
вентиля́ция ① 통풍, 환기, 환기, ② 환기장치
вентиляцио́нный (형); ~ое отверстие 환기구멍; ~ая труба 통풍관
ве́ра (여) ① 믿음, 신뢰(信賴), 신용(信用); ② 확신(確信), 신심, 신념(信念); ③ 신앙(信仰), 종교(宗教)
вера́нда (여) 쪽마루, 베란다, 발코니
ве́рба (여) 버드나무
верблю́д (남) 약대, 낙타
вербова́ть (미완) 모집하다, 채용하다
вербо́вка (여) 모집(募集), 채용(採用)
верёвка (여) 노끈, 끈, 새끼줄, 바, 초삭(草索)
верени́ца (여) 줄, 행렬, 대열, идти́ ~ей 줄을 지어가다
веретено́ (중) ① 물렛가락, 방추; ② 굴대, 중심축
верзи́ла (남) 키다리, 꺽다리, 장신(長身)
вери́тельный (형) ~ые грамоты 신임장(信任狀)
ве́рить (미완) 믿다, 신임하다, 신뢰(信賴), 신용(信用); твёрдо ~ 굳게 확신하다; ~ на слово 말만 듣고 믿다
ве́риться (미완) 믿어지다, 신심이 생기다; мне не ~ся 나는 믿기 어렵다
вермише́ль (여) 밀국수, 밀가루로 만든 국수, 칼국수.
ве́рно (부) ① 옳게, 바르게, 정확히, 충실히; ② (술어로) 옳다, 틀림없다, 정확하다
ве́рность (여) ① 확실성, 정확성, 진실성; ② 충실성, 성실성, 충직성, 충량성, 충선, 충후; супружеская ~ 수절
верну́ть (완) 반환하다, (되)돌려주다, (되)돌려보내다, 도로 가져오다, 돌아오게하다
верну́ться (완) 돌아오다, 돌아오다, 되돌아가다; ~ на ро́дину 귀국하다; ~ к вопро́су 문제로 되돌아가다
ве́рный (형) ① 옳은, 올바른, 정확한; ② 충실한, 성실한;
ве́рование (중) 신앙(信仰), 미신(迷信)

ве́ровать (미완) 신(神)을 믿다
вероиспове́дание (중) 신앙, 믿음, 신심(信心); 종교, 신교
вероло́мный (형) 배신적인, 간교한
вероло́мство (중) 배신, 배신행위, 간교한, 회활, 교활한
вероя́тно (부) 아마, 틀림없이
вероя́тность (여) ① 개연성, 가능; ② (수학) 확률
вероя́тный (형) 있을수 있는, 있을상 싶은, 가능한, 있음직한.
ве́рсия (여) 설(說), 서로 다른 해석 또는 설명;
верста́к (남) 작업대(作業臺)
верста́ть (미완) 조판하다, 정판하다
вёрстка (여) (인쇄) 조판(組版), 정판
верте́л (남) (고기를 꿰어 굽는) 쇠 꼬챙이
верте́ть (미완) 돌리다. 회전시키다, 휘두르다, 바꾸다,
верте́ться ① 돌다, 빙빙돌다, 돌고돌다, 회전(선회)하다, ② 꾀를 피우다, 속임수를 쓰다, 얼렁뚱땅, 사기 사술, 암수, 기만행위, 기만책; ◇ ~ под ногами 시끄럽게 굴다
вертика́ль (여) 수직선(垂直線)
вертика́льно (부) 수직으로
вертика́льный 수직의; ~ая линия 수직선
вертолёт (남) 헬리콥터, 수직 비행기
ве́рующий (남) 신을 믿는자, 신자
верфь (여) 조선소(造船所)
верх (남) ① 위, 윗부분; ② 윗덮개; одержать ~ 이기다
ве́рхний ① 위의, 상부, 윗부분; ~ этаж 윗층; ~ее течение 상류; ~яя одежда 윗옷; ② 겉의, 거죽, 표면, 바깥, 외부
верхо́вный (형) 최고의;
верхово́й (형); ~ая лошадь 승마; ~ая езда 말타기, 경마
верхо́вье (중) 상류(上流), 상류지방; ~ реки 강의 상류
верхо́м накладывать ~ 소복이 쌓이다
верхо́м (부) 말을 타고; ехать ~ 말을 타고가다
верху́шка (여) ① 꼭대기, 절정(絶頂), 윗부분; ~ дерева 나무 꼭대기; ② 상층부, 수뇌부, 우두머리
верши́на ① 꼭대기, 정점, 절정; ~ горы 산봉오리, 봉오리; ② 영마루, 절정, 최고봉; ~ творчества 창작의 대가
вес (남) 무게, 중량; ~ тела 몸무게, 체중; ② 위신, 권위, 무게, 위엄; человек с большим ~ом 권위있는 사람,
весели́ть 즐겁게 하다, 유쾌하게 하다,
весели́ться 즐거워하다, 즐겁게놀다, 유쾌히 시간을보내다

ве́село (부) ① 즐겁게, 유쾌하게; ② (술어) 즐겁다, 유쾌하다, 기분 좋다
весёлый (형) 즐거운, 유쾌한, 쾌활한; 기분좋은
весе́лье (중) 즐거움, 기쁨, 명랑한, 기분좋은; 오락, 유흥
весе́нний (형) 봄의; ~ий день 봄날; ~яя паха́та 봄갈이
ве́сить (미완) 무게가 나가다, 중량이 나가다, 비중이 높다
ве́ский (형) ① 무게가 나가는, 무게있는; ② 의젓한, 믿을만한, 위신있는, 위엄있는;~ аргуме́нт 유력한 논거
весло́ (중) 노, 오어, 노젓는 사람
весна́ (여) 봄, 봄철; ра́нняя ~ 이른 봄
весно́й (부) 봄에, 봄철에
весну́шки (복수) 주근깨
весово́й (형); ~ това́р 무게로 파는 상품; ~ая катего́рия (체육) 중량급
вести́ (미완) ① кого́ ~를 데리고 가다, ~를 이끌다; ② кого́ ~를 인도하다, 지도하다, 이끌다; ③ ~를 운전하다, ~를 조종하다; ④ че́рез что, куда́ ~으로 가다, ~를 통하여 가다; ⑤ 진행하다, 벌리다, 처리하다, ~(를)하다;
вестибю́ль (남) 정문(正門), 현관(現官)
весть (여) 소식, 통지(通知), 기별(奇別.寄別), 뉴스(new);
весы́ (복수) 저울, 계량기; апте́карские ~ 약 저울
весь (대), всё (여), все (복수) ① 모두, 온전히, 전부, 온, 전; ~ день 온종일; ~ мир 전 세계; ② 모든; все жи́тели 모든 주민들; ③ (명사) всё 모든 것, 전부; ④ (명사) все (사람에 대하여) 모두 다, 모두들, 전체;все пришли́ 모두 다 왔다;
весьма́ (부) 아주, 자못, 매우 대단히; ~ рад 무척 기쁘다;
ветви́ться (미완) 가지를 뻗다(치다)
ветвь (여) 나무 가지
ве́тер (남) 바람; встре́чный ~ 맞바람, 역풍; попу́тный ~ 순풍; све́жий ~ 건들바람; лёгкий ~(ок) 솔솔바람
ветера́н (남) 노병, 고참, 베테랑, 노익장; ~ войны́ 노전사
ветерина́р (남) 수의사(獸醫師)
ветерина́рия (여) 수의학(獸醫學)
ветерина́рный (형) 수의의; ~ая лече́бница 가축병원
ве́тка см. ветвь 철도지선
ве́то (중) 거부, 부인, 금지; пра́во ~ 거부권(拒否權)
ветре́ный ① 바람이 부는; ~ день 바람이 부는 날씨; ② 들뜬, 경박한, 바람을 맞은.
ветря́нка (여) (의학) 수두, 풍진, 수포창, 작은 마마

ветряно́й (형) ~ая ме́льница 풍차, 풍력제분소; ~ая о́спа 수두, 풍진

ве́тхий (형) ① 낡아빠진, 몹시 헌, 쓰러져가는, 허술한; ② 연로한, 노쇠한

ве́тхость(중) 낡아빠진 것, 아주 낡은; приходи́ть в ~ 낡아빠지다, 노후하다, 허술해지다

ветчина́ (여) 햄(ham)

ве́ха (여) ① 이정표, 도로표시; ② 중요한 계기

ве́чер (남) ① 저녁; по ~а́м 저녁이면, 저녁마다; пять часо́в ~а 오후 5시; ② 야회, 밤의 모임

вечере́ть (미완) 날이저물다, 저녁이되다, 어슬어슬해지다

вечери́нка (여) 저녁놀이, 소야회

вече́рний (남) ① 저녁, 야간; ~яя газе́та 석간신문; ~ее заседа́ние 오후회의; ② ~ее пла́тье 저녁나들이 옷, 야회복

ве́чером (부) 저녁에; вчера́ ~ 어제저녁에

ве́чно (부) 영원히, 항상, 늘

ве́чность (여) 영원성, 영구성; ка́нуть в ~ 영원히 사라지다

вечнозелёный (형) (식물) 언제나 푸른, 푸른 싱싱한, 상록; ~ые дере́вья 언제나 푸른 나무, 상록수

ве́чный (형) ① 영원한, 영구한, 항구적인; ~ая сла́ва 영원한 영광; ② 부단한, 끊임없는; ~ое перо́ 만년필

ве́шалка (여) ① 걸이, 모자걸이, 옷걸이; ② 탈의실, 옷보관실

ве́шать (미완) I ① 걸다, 드리우다, 매달다; ~ карти́ну 그림을 걸다; ~ бельё 빨래를 널다; ② 교살하다, 목을 매다; ~ го́лову 고개를 수그리다, 우울해지다

ве́шать (미완) II 저울에 달다, 저울질 하다

веща́ние (중) 방송(放送)

веща́ть (미완) 방송하다

вещево́й (형) 물품의; ~ склад 물품 창고; ~ мешо́к 배낭

веще́ственный (형) 물질적인, 실질적인; ~ое доказа́тельство (법학) 물질적 증거

вещество́ (중) 물질, 물체; взры́вчатое ~ 폭발물;

вещь (여) 물건, 물품(物品), 사물(事物)

ве́ялка (여) 풀무, 키.

ве́яние (중) 추세(趨勢), 형편(形便); но́вые ~я 새로운 사조

ве́ять (미완) ① 키질하다, 풀무질하다, 까불리다; ② 바람이 불다, 풍겨오다; ③ 펄럭이다, 나부끼다, 휘날리다;

взад (부) 뒤로; ходи́ть ~ и вперёд 이리저리 왔다갔다 하다,

взаи́мно (부) 서로, 상호, 호상, 피차
взаи́мный (형) 서로의, 상호간의; ~ое доверие 상호신뢰
взаимовы́годный (형) 서로 이익이있는
взаимоде́йствие (중) ① 상호작용, 상호관계; ② 협동작전, 협동작동; во ~и с кем ...와 협동하여
взаимообме́н (남) 상호교류(相互交流)
взаимоотноше́ние (복) 상호관계
взаимопо́мощь (여) 상호원조, 상호방조; касса ~и 공제회
взаимопонима́ние (중) 상호이해
взаимосвя́зь (여) 상호연관, 교제
взаймы́ (부) 빌다, 돌리다, 빌려쓰다, 차용하다, 채용하다, 대차하다, 차대하다, 융통하다, 융자하다; брать ~ 꾸다,
взаме́н (남) *кого, чего* ~의 대신에, ~을 대신하여
взаперти́ (부) 갇히어, 가두어; сиде́ть ~ 갇히워 있다.
взба́лтывать (미완) 흔들다, 흔들어 뒤섞다, 휘젓다
взбега́ть (미완), **взбежа́ть** (완) 달려올라가다, 뛰어올라가다, 치닫다
взбира́ться (미완) 기어(바라)올라가다, 기어올라서다
взва́ливать (미완), **взвали́ть** (완) ① 지다, 떠메다, 걸머지다; ② 들쒸우다, 걸머지다, 부담시키다
взве́шивать (미완) ① 달다, 무게를 재다, 저울질 하다, 계량하다; ② (사람의) 몸무게를 재다; ③ 가늠하다, 따져 헤아리다, 재보다; ~ все (за) и (против) 앞뒤를 재보다
взве́шиваться (미완) 몸무게를 재다
взвива́ться (미완), **взви́ться** (완) 말려 올라가다, 빙빙돌며 올라가다, 솟구 치다, 새가 날아오르다, 깃발이 펄럭 이다
взви́згивать (미완), **взви́згнуть** (완) 찢어지는 듯한 소리를 내다, 새된 소리를 내다.
взвод (남) 소대(小隊); команди́р ~а 소대장(小隊長)
взводи́ть (미완) 끌어올리다, 당겨올리다, 위로 올리다
взволно́ванный ① волнова́ть의 피동 과거; ② (형) 흥분한, 격동된, 당황한; ~ го́лос 흥분한 목소리
взгляд (남) ① 시선, 눈초리, 눈길, 눈짓; ② 견해, 의견, 관점; передовы́е ~ы 진보적인 견해; с пе́рвого ~а 첫눈에;
взгляну́ть (완) 쳐다보다, 눈길을 돌리다, 바라보다, 보다;
вздор (남) 얼빠진소리, 부질없는소리, 무의미한 것, 황당한 것; нести́ ~ 허튼수작을 하다, 얼빠진 소리를 하다
вздо́рный (형) ① 얼빠진, 부질없는, 허황한; ② 다투기 좋아하는, 말썽부리는; ~ый хара́ктер 다투기 좋아하는 성격

вздорожа́ние (중) 물가폭등, 인상, 폭등, 상귀, 등귀
вздох (남) 숨, 한숨; co ~ом 한숨지으며
вздра́гивать (미완) 떨다, 몸서리치다
вздремну́ть (완) 졸다, 잠간 잠들다, 잠간 눈을 붙이다.
вздува́ться (미완), **вздуться** (완) 붓다, 부풀다, 부르트다, 부풀어 오르다; цены вздулись 값이 올랐다
вздыха́ть (미완) ① 한숨쉬다, 한숨 짓다; ② 서러워하다, 사모(思慕)하다, 그리워하다, 사랑하다, 연모하다
взима́ние (중) 받아내는 것, 징수
взима́ть (미완) 받아내다, 징수하다; ~ нало́ги 세금을 징수하다
взира́ть (미완); не ~я на ли́ца 누구라고 할 것 없이, 그 누구를 가리지 않고; не ~я ни на что 만사를 불문하고,
взла́мывать (미완) ① 깨뜨리다, 까부수다; ~ дверь 문을 까부수고 열다; ② ~ оборо́ну 방어선을 돌파하다
взлёт (남) ① 날아올라가는 것, 상승, 낮은데서 위로 올라감; ② 이륙; ③ 앙양, 비등
взлета́ть (미완), **взлете́ть** (완) 날아가다, 날아오르다, 뜨다, 이륙하다; ~ на во́здух 폭파되다, 폭발하여 하늘로 날아가다
взлётный(형);~o-поса́дочная полоса́ 활주로
взлом(남) 까부수는 것, 까부수다, 뜯고 여는 것
взмах (남) 흔드는 것, 휘젓는 것; ~ руки́ 손을 흔드는 것; ~ кры́льев 날개를 치는 것 홰를 치다
взма́хивать (미완), **взмахну́ть** (완) 흔들다, 휘젓다; ~ кры́льями 날개를 치다, 푸드덕거리다
взмо́рье (중) 연해, 해안, 연안, 바닷가, 연해변, 근해;
взмыва́ть (미완), **взмыть** (완) 빨리날아 올라가다, 높이 날아오르다, 빨리뜨다
взнос (남) 납부; 납부금; вступи́тельный ~ 입회금
взросле́ть (미완) 어른이 되다, 나이가 들다, 다 자라다.
взро́слый ① (형) 다 자란, 어른의, 성인의;~ая дочь 다 큰 딸; ② (명사) 어른, 성인(成人)
взрыв (남) ① 폭발, 폭음; ② 폭파 ~ сме́ха 폭소가 나오는 것, 웃음이 터져 나오는 것;~ гне́ва 분노의 폭발
взрыва́ть (미완) 폭발시키다, 폭파하다
взрыва́ться (미완) ① 폭발되다, 폭파 되다, 터지다; ② 몹시격분하다, 노발 대발하다.
взрывни́к (남) 발파공
взрывно́й(형) 폭발의, 발파의, 폭파의;~ая волна́ 폭풍;

взрывча́тка (여) 폭발물
взрывча́тый (형) 폭발성의; ~ое вещество 폭발물
взрыхли́ть (완), **взрыхля́ть** (미완) (흙, 땅을) 부드럽게 하다, 파헤치다; ~ почву 땅을 부드럽게 하다
взыска́ние (중) ① 책벌, 처벌, 처형; административное ~ 행정적 처벌; налагать ~ 책벌을 주다; ② 부과, 징수
взыска́тельный (형) 엄격한, 요구성이 강한, 무섭다
взыска́ть (완), **взы́скивать** (미완) ① 처벌하다; ② 받아 내다, 징수하다; ~ налог 세금을 받아들이다.
взя́тка (여) 뇌물
взя́точник (님) 뇌물을 받는 사람
взя́точничество (중) 뇌물행위
взя́ть(ся) *см.* брать(ся)
вибра́ция (여) (물리) 진동
вид I (남) ① 외모, 모습, 모양, 꼴 생김, ② 경치, 풍경, 광경; ③ 예정, 예상, 예견; ~ы на урожай 작황
вид II (남) ① 종류, 종, 유형; ② (언어) 태(態); несовершенный ~ 미완료태; совершенный ~ 완료태
ви́деть (미완) ① 보다, 바라보다; ~сон 꿈꾸다; ② 만나다; рад вас ~ 당신을 만나니 반갑습니다; ③ 체험하다, 겪다; ④ 깨닫다, 인식하다, 발견하다, 깨우치다; ~ свою ошибку 자기의 잘못을 깨닫다; ~ насквозь 환히 꿰뚫어 보다
ви́деться (미완) (서로) 만나다, 만나보다
ви́димо (삽입어) 아마, 보건대, 짐작 컨대
ви́димость (여) ① 보이는 것, 시야; ② 겉모양, 겉치레;
ви́димый ① видеть의 피동현재; ② (형) 보이는, 볼 수 있는, 나타는, 명백한; ③ 외견상, 외관상, 허울 좋은;
ви́днеться (미완) 보이다, 눈에 띄다
ви́дно ① (술어) 보이다; ② (삽입어) 아마, 짐작컨대, ~인 것 같다; ~будет дождь 비가올 것 같다.
ви́дный (형) ① 보이는, 눈에 뜨이는, 현저한; на ~ом месте 잘 보이는 곳에; ② 이름난, 저명한, 뛰어난, 유명한
видоизмене́ние (중) 변형, 변종, 형태의 변화
ви́за (여) ① 사증, 비자; ~на въезд 입국사증; ② 검인, 검증, 실증; ставить ~у 검인을 찍다
визг (남) 찢어지는 소리, 캥캥거리는 소리, 쩨는듯한 소리
визгли́вый (형) 찢어지는 듯한, 쨍쨍한
визжа́ть (미완) 찢어지는 듯한 소리를 내다, 끽끽거리다
визи́ровать (미완, 완) 검인을 찍다

визи́т (남) 방문; нанести ~ *кому* ~를 방문하다
визи́тный (형); ~ая карточка 명함
виктори́на (여) 문답놀이, 퀴즈게임
Викто́рия *г.* (여) 빅토리아
ви́лка (여) ① 포크, 삼지창; ② (공학) 짜개발, 족발이
ви́лла (여) 저택(邸宅), 별장(別莊)
ви́лы (복수) 쇠스랑, 걸이대, 소시랑
вильну́ть (완), **виля́ть** (미완) ① 흔들다, 휘젓다; ~ хвостом 꼬리를 흔들다; ② 핑계 대다
вина́ (여) ① 죄(罪), 과오, 잘못; по ~е *кого* ~의 잘못으로, ~에게 죄를 전가시키다; ② 원인; по ~е непогоды 날씨가 나쁜 탓으로
винегре́т (남) 잡채(雜菜), 냉채(冷菜)
вини́тельный (형); ~ падеж (언어) 대격(對格)
вини́ть (미완) 탓하다, 죄를 만들다, 비난하다
вино́ (중) ① 포도주; ② 술
винова́тый (형) 죄진, 잘못된, 책임있는; в этом ~ я 이것은 내 잘못 입니다; он не ~ 그는 잘못이 없습니다
вино́вник (남) ① 죄인, 장본인; ② 원인; ~ бедствия 재난의 원인
вино́вность (여) 유죄(有罪), 범죄
вино́вный (형) ① 죄 있는, 죄 지은; ② (명사) 죄있는 사람, 죄진 사람
виногра́д (남) 포도나무, 포도; дикий ~ 머루, 산포도
виногра́дарство (중) 포도재배
виногра́дник (남) 포도밭, 포도원
виноде́лие (남) 포도술 주조
винокуре́нный (형) 양조의; ~ завод 술공장, 양조장
винт (남) ① 나사, 나사못; завинчивать ~ 나사를 조이다, ② (선박, 항공) 추진기, 프로펠러; гребной ~ 배의 추진기
винто́вка (남) (군사) 보병총(步兵銃), 엠원(M1), 엠십육 (M16) 따위의 보병이 쓰는 소총. 보총(步銃).
винтово́й (형) 나사의, 나선형의; ~ая лестница 나선형 사다리, 나선형 층층대
виолончели́ст (남) 첼로 연주자
виолонче́ль (여) 첼로(cello)
ви́рус (남) (의학) 바이러스(virus)
ви́русный (형) 바이러스의
ви́селица (여) 교수대

висе́ть (미완) ① 걸려있다, 드리워 있다, 매달려 있다; ② 늘어져있다, 처지다; ~ в воздухе 허공에 떠있다
виско́за (여) ① 비스코스(viscose; 인조견사, 셀로판의 원료); ② 인견사
висо́к (남) 관자노리
високо́сный (형); ~ год 윤년(閏年)
вися́чий (형) 걸려있는, 드리워있는; ~ замок 거는 자물쇠
витами́н (남) 비타민(vitamin)
вита́ть (미완) ① 떠있다, 돌다, 선회하다; ② 환상에 잠기다, 허공에 떠 돌다; ~ в облаках 환상에 잠기다
витри́на (여) 진열장(陳列欌)
вить (미완) 꼬다, 비비꼬다, 틀다; ~ верёвку 새끼를 꼬다;
ви́ться (미완) ① 꼬이다, 감기다, 곱실곱실해지다, 고불꼬불해지다; ② 감돌다, 빙빙 떠돌다, 선회하다; пыль вьётся 먼지가 뭉게뭉게 피어오르다
вихля́ть (미완) 비틀거리다, 뒤뚱거리다, 휘청거리다
ви́хрь (남) ① 회오리바람, 돌개바람, 선풍; ② 소용돌이; мчаться ~ем 질주하다, 질풍같이 달리다;
ви́це- (합성어의 첫부분) ~консул 부영사; ~президент 부대통령, 부총재, 부회장
вишнёвый (형) ① 벚나무, 양벚의, 버찌의; ② 검붉은색의
ви́шня (여) ① 벚나무, 양벚; ② 버찌
вклад (남) ① 저금, 예금; ② 기여, 공헌
вкла́дывать (미완) 넣다; ~ деньги 저금하다
вкле́ивать (미완), **вкле́ить** (완) 붙여넣다, 안에넣어 붙이다
вкли́ниваться (미완), **вкли́ниться** (완) ① 쐐기처럼 박다, 끼우다, 밀어 넣다; ② 집어넣다, 삽입하다, 써넣다
включа́ть (미완) ① 포함시키다, 끌어넣다, 적어넣다, 기입하다; ② (전기를) 연결시키다, 스위치를 넣다
включа́ться (미완) 포함되다, 기입되다, 가입하다, 참가하다; ~ в соревнование 경쟁에 참가하기 시작했다
включе́ние (중) ① 포함, 기입, 삽입; ② (전기) 연결, 투입, 이음
включи́тельно (부) 포함하여, 합하여
вконе́ц (부) 아주, 완전히; ~измучился 완전히 지쳐버렸다
вко́панный (형); стоять как ~ 못박힌 듯이 서있다, 굳은 듯 서있다
вкось (부) 비스듬히, 비뚜로, 엇비슷이; идти ~ 엇나가다;
вкра́дчивый (형) 알랑거리는, 빌붙는, 간교한, 간사한.

вкра́дываться (миван), **вкра́сться** (сан) 숨어들다, 잠입하다, 몰래 기어들다, 섞여들다; ~лась опечатка 오타가 있다

вкра́тце (부) 간단히, 요약해서, 대강, 요지, 대충

вкривь (부) 비뚤비뚤, 비뚜로; ~ и вкось 이리저리,

вкруту́ю (부); яйцо ~ всмя́тку(完熟), 푹 삶은 달걀

вкру́чивать (миван) 비틀어 넣다, 돌려 넣다, 꼬아 넣다

вкус (남) ① 맛, 입맛, 미각, 맛대가리; пробовать на ~ 맛을 보다; ② 취미, 기호; ③ 풍미, 멋, 미감; одеваться со ~ом 옷차림을 멋있게 하다; войти во ~ 맛을 붙이기 시작하다

вку́сный (형) 맛있는, 맛좋은; ~ обед 맛있는 식사

вкусово́й (형); ~ые ощущения 미각

вла́га (여) 습기, 누기, 수분, 물기

влагонепроница́емый (형) 습기를 막음, 누기막이의, 방습의; ~ая бумага 방습포, 방습지

владе́лец (남) 소유자, 주인, 임자, 소유주; ~ дома 집주인;

владе́ние (중) ① 소유, 점유; ② 영토, 영지, 부동산

владе́ть (миван) ① 소유하다, 점유하다, 가지고 있다; ~ землёй 토지를 소유하다; ② 지배하다, 통치하다; ③ 다룰 줄 알다, 잘 알다, 정통하다, 환히 알다

вла́жность (여) 습기, 누기, 습도, 물기, 축축하다

вла́жный (형) 물기있는, 습기있는, 습기찬, 축축한; ~ая земля 습기찬 땅, 눅눅한 땅, 습지; ~ое бельё 축축한 빨래;

вла́ствовать (миван) *чем, над, над чем - кем* ~를 지배하다, 제압하다, 좌우지하다, ~를 통치하다

вла́стный (형) ① 권력 있는, 세력 있는; ② 위압적인, 명령적인; ~ голос 위엄 있는 목소리

власть (여) ① 정권, 주권; ② 권력, 세력;

влачи́ть (миван); ~ жалкое существование 간신히 살아나다, 겨우 연명하다

вле́во (부) 왼쪽으로, 왼편으로, 왼쪽에

влеза́ть (миван), **влезть** (сан) ① 기어 오르다, 올라가다; ② 기어들어가다, 겨우 들어가다; ③ 들어가다, 자리 잡다.;

влета́ть (миван), **влете́ть** (сан) ① 날아들다, 날아 들어오다, 날아 오다; ② 뛰어 들어오다, 급하게 들려오다

влече́ние (중) ① 갈망, 열망, 애착; ② 흥미, 열중

влечь (миван) 마음을 끌다, 마음이 쏠리다; меня ~ет к науке 나는 과학에 마음이 쏠리다; за собой *что* ~ 초대하다

влива́ние (중) (의학) 주사

влива́ть (миван) ① 부어넣다, 쏟아넣다, 주입하다; ②

(의학) 주사를 놓다; ③ 마음에 불어 넣다, 고취하다

вливаться (미완) 흘러들어가다, 흘러 들다; ② 합류하다, 가입하다, 보충 되다

влияние (중) ① 영향; под ~ем *кого-чего* ~의 영향 밑에; ② 세력,권세, 영향력, 위신,위엄; пользоваться ~м 세력이 있다

влиятельный (형) 유력한, 영향력있는, 권위 있는; ~ человек 세력가, 권세가 있는 사람

влиять (미완) 영향을 주다, 영향이 미치다

влюблённый (형) ① 반한, 사랑에 빠지는, 열중하는; ② (명사)(남) 반한남자, 사랑에 빠진 사람

влюбиться (미완) ~에반하다, 사랑에 빠지다, 열중하다; ~ по уши в *кого* ~에 홀딱 반하다

вменяемость (여)(법률) 책임능력

вменять (미완); ~ в вину 유죄로 인정하다, 죄를 부과하다; ~ в обязанность 의무로 하다, 의무를 지니게 하다

вместе (부) 같이, 함께; ~ с ~와 같이, ~와 함께; жить ~생활을 같이 하다; ~ с тем 그와 동시에;

вместилище (중) ① 용기; ② 저장고, 탱크; ~ воды 물탱크, 저수지; ~ для зерна 알곡저장고

вместимость, вместительность (여) 용적, 용량, 수용능력

вместительный (형) 용량이 큰, 수용 능력이 많은

вместо (전) 대신에; ~ меня 나 대신에; ~ того, чтобы ~. ~할 대신에

вмешательство (중) ① 간섭, 참견, 개입, 간여, 관여, вооружённое ~ 무력간섭; ② хирургическое ~ 외과수술

вмешаться (완), **вмешиваться** (미완) 간섭하다, 개입하다, 섞여 들어가다; ~ во внутренние дела 내정에 간섭하다; ~ в разговор 말참견하다

вмещать (미완) 받아들이다, 수용하다, (~속에) 넣다, 걷어 넣다

вмещаться (미완) 들어가다, 수용하다, 들어 갈 수 있다.

вмиг (부) 순간에, 순식간에, 눈깜박 할 사이에, 단번에

внаём, внаймы (부); брать ~ 세내다, 임차하다; сдавать (отдавать) ~ 세를 주다, 임대하다.

вначале (부) 처음에는, 애초에, 초기에는; ~ весны 첫봄에,

вне (전) ① 밖에, 밖에서, 바깥으로, 외에; ② ~를 떠나서; ~ очереди 줄을 서지 않고, 새치기로; ~ себя 몹시격분하여

внедрение (중) 도입(導入), 침투(浸透)

внедрять (미완) 도입하다, 받아들이다, 뿌리박게 하다; ~

новую технику 신기술을 도입하다, 새기술을 받아들이다
внедря́ться (미완) ① 도입하다, 뿌리박다; ② 침투되다
внеза́пно (부) ① 갑자기, 뜻밖에, 불의에, 언뜻; ② 돌연히, 난데없이
внеза́пность (여) 돌연적인 것, 불의성, 돌발적인 것
внеза́пный (형) 불의의, 뜻밖의, 비의의, 돌발적인, 돌연적인, 우연한; ~ое нападение 불의의 공격(攻擊)
внекла́ссный (형) 과외의; ~ое чтение 과외독서
внеочередно́й (형) 순서 밖의, 차례를 따르지 않는, 비상의, 임시의; ~ой съезд 임시대회; ~ая задача 특별임무
внепла́новый (형) 계획외의, 계획에 없는
внесе́ние (중) ① (돈의) 납입, 납부; ② (제안 등의) 제출; ③ 기입, 등록; ④ ~ удобрения 거름주기, 시비
внешко́льный (형) 학교밖의, 학교외의
вне́шне (부) 겉으로, 표면상
внешнеполити́ческий (형) 대외정책의, 외교의
внешнеторго́вый (형) 대외무역의; ~ оборот 대외무역유통
внешнеэкономи́ческий (형) 대외경제의
вне́шний (형) 외부의, 겉의, 외적인; ② 외국의, 대외적인; ~яя политика 대외정책; ~яя торговля 대외무역
вне́шность (여) 외부, 외모(外貌), 겉모양, 겉차림
внешта́тный (형) 정원외, 편제없는, 겸임의;
вниз (형) ① 아래로, 밑으로, 아래쪽으로; 밑의, (밑)바다의, 하부의, 하방(하단.기층)으로; 기저의, ② 하류로, 물아래로;
внизу́ (부) 아래에, 밑에
вника́ть (미완), **вни́кнуть** (완) 파고 들다, 따져보다, 깊이 생각하다; ~ в суть дела 문제의 본질을 파고들다
внима́ние (중) 주의, 주목; обращать ~ 주의를 돌리다;
внима́тельно (부) ① 주의깊게, 신중히 ② 세심하게, 차근차근
внима́тельный (형) ① 주의깊은, 신중한; ② 친절한, 세심한, 차근차근한
вничью́ (부); сыграть ~ 비기다
вновь (부) 또다시, 재차, 새로; ~ прибывший 새로온
вноси́ть (미완) ① 전달하다, 가지고 들어가다; ② 납부하다, 지불하다; ③ 제출하다; ~ предложение 제의하다.
внук (남) 손자, 외손자; **~и** (복수) 후손(後孫), 자손
вну́тренний (형) ① 안의, 내부의; ~ий угол (수학) 내각의;

② 국내의, 대내의; ~ие дела 내정내무; ~ие болезни 속병
вну́тренность (여) ① 안, 내부, 내면, 속; ② ~и (복수) (해부) 내장, 장기, 몸안, 체내
внутри́ (부) 안에, 속에, 내부에
внутрипарти́йный (형) 당내의, 정당안의;
внутриполити́ческий (형) 국내정치의, 대내적인;
внутрь (부) 안으로, 속으로, 내부로
внуча́та (복수) 손자(손녀)들, 외손자 들, 외손녀들
вну́чка (여) 손녀, 외손녀, 손자딸
внуша́ть (미완) (사상, 철학 등을) 불어넣다, 불러일으키다, 깨우쳐주다, 일깨 위주다; ~страх 공포를 안겨주다
внуше́ние (중) ① 일깨우주는 것, 납득, 훈계, 교훈; по ~ю 일깨우준대로; ② 견책, 경고, 주의, 계고.
внуши́тельный (형) ① 감명깊은, 인상깊은; ② 어마어마한, 위엄있는, ③ 커다란, 당당한, 대규모의, 아주 큼직하다; ~ая сумма денег 막대한 금액
вня́тный (형) 똑똑한, 잘 들리는, 명료한, 또렷한
вовлека́ть (미완) 인입하다, 끌어넣다, 끌어이다; ~ в работу 사업에 끌어 들이다
вовлече́ние (중) 인입(引入), 끌어들임
во́время (부) 제때에, 제시간에, 때 마침; приходить ~ 제시간에 오다; не ~ 때 아닌 때에, 적당하지 아닌 때에
во́все (부) 전혀, 도무지, 아주; ~ не нужно 전혀 필요 없다
во́сю (부) 있는 힘을 다하여, 힘껏, 전력을 다하여, 모든 힘을 다하여
во-вторы́х (삽입어) 둘째로
вода́ (여) ① 물, 물피, 수(水), 수액; холодная ~ 찬물, 냉수; ② воды (복수) 광천, 온천, 온천장; ③ территориальные воды 영해, ◇ выводить на чистую воду 폭로하다,
водвори́ть (완), **водворя́ть** (미완) ① 이사시키다, 안착시키다; ② 세우다, 수립하다; ~ поря док 질서를 세우다; ~ мир 평화를 확립하다
водеви́ль (남) 소극, 희극 코미디(comedy), 파스(farce)
води́тель (남) 운전사(運轉士)
води́тельский (형) 운전의: ~ие права 운전면허증
води́тельство (중); под ~ом 지도 밑에, 영도아래
води́ться (미완) ① 살고있다, 있다; ② 사귀다, 교제하다
во́дка (여) 보드카, 술
во́дный (형) 물의, 수상의; ~ая поверхность 수면

водово́з (남) 물 운반하는 사람
водоворо́т (남) 소용돌이, 도는 물; ~ собы́тий 사건의 격류
водоём (남) 저수지(貯水池), 물탱크
водоизмеще́ние (중) 배수량; та́нкер ~м пять ты́сяч тонн 5 천톤짜리 유조선(油槽船)
водола́з (남) 잠수부(潛水夫)
водолече́бница (여) 물을 이용하여 물리 치료하는 병원 (냉수마찰, 전신욕)
водолече́ние (중) 물 치료법
водонапо́рный (형): ~ая ба́шня 급수탑, 급수주, 저수탑
водонепроница́емый (형) 물막이의, 방수의, 방수용
водопа́д (남) 폭포(瀑布)
водопла́вающий (형): ~ая пти́ца 물새; ~ие (복수) 수조류
водопо́й (남) (짐승들의) 물터, 물먹이는 곳, 물먹는 곳
водопрово́д (남) 수도, 수도관(水道管)
водопрово́дный (형); ~ый кран 수도꼭지; ~ая труба́ 수도관
водопрово́дчик (남) 수도공, 수도 관리공
водопроница́емый (남) 물이 스며들 수 있는; 물이 배이는; ~ слой 물이 배여 드는 층
водоразбо́рный (형) 배수탑의; ~ая ба́шня (коло́нка) 취수탑, 배수 탑; ~ый кран 배수전
водоразде́л (남) (지리) 분수계; ли́ния ~а 분수선
водоро́д (남) 수소(水素: [1번: H:1.0079])
водоро́дный (형) 수소의; ~ая бо́мба 수소탄, 수소폭탄
во́доросль (여) 물풀, 수초; морски́е ~и 바다나물
водоснабже́ние (중) 급수, 물공급
водосто́к (남) 배수로, 물받이, 물도랑
водосто́чный (형); ~ая труба́ 낙수관; ~ же лоб 낙수물받이
водохрани́лище (중) 저수지, 수원지, 물탱크
водружа́ть (미완), **водрузи́ть** (완) 세우다, 세워놓다; ~ фла́ги 깃발을 세우다
водяни́стый (형) 물기가 많은, 수분이 많은, 묽은
водя́нка (여) (의학) 수종, 물증기, 수증, 수포증
водяно́й (형) ① 수력으로 움직이는; ② 물에서 사는, 물의; ~ое расте́ние 수중식물, 물살이 식물
воева́ть (미완) 전쟁을 하다, 전쟁에 참가하다, 싸우다, 말다툼하다
воеди́но (부) 한곳으로, 하나로, 한데; собира́ть ~ 한데 모이다; спла́чивать ~ 하나로 묶어세우다, 하나로 뭉치다,

военача́льник (남) 사령관(司令官)
военизáция (여) 군사화, 군사교육
военизи́ровать(완, 미완) 군사화하다
вое́нно-возду́шный(형); ~ые силы 공군(空軍)
вое́нно-морско́й(형); ~ флот 해군
вое́нно-обя́занный (남) 병역의무자
вое́нно-пле́нный (남) 포로, 포로병
вое́нно-полево́й (형) 전시의, 야전의; ~ суд 전시군법회의
вое́нно-полити́ческий(형)군정(軍政)
вое́нно-промы́шленный (형) 군사산업;
вое́нно-слу́жащий (남) 군인, 군복무자
вое́нно-стратеги́ческий (남) 군사전략 적인
вое́нный (형) ① 군사의, 전쟁의, 군대의; ② 군수품의; ~ая промы́шленность 군수공업; ③ (명사) (남) 군인, 군복무자
военщина (여) 군벌(軍閥), 군부(軍府)
вожа́к ① 우두머리, 두목; ② 길잡이, 안내자; ③ 지도자
вожа́тый (남) 지도원(指導員)
вождь (남) 수령(受領)
во́жжи (남) 고삐
воз (남) 짐수레, 달구지; ~ с се́ном 말린풀을 실은 수레,
возбуди́мость (여) 자극성, 흥분성
возбуди́мый (형) 흥분하기 쉬운, 격하기쉬운, 자극성 있는
возбуди́тель (남) (생물) 자극소, 자극제, 매개물; ~ боле́зни 병원체, 병균(病菌)
возбуди́ть(완), **возбужда́ть** (미완) ① 흥분시키다, 자극하다; ② 복돋우다, 일으키다; ~ аппети́т 식욕을 돋우다
возбуди́ться (완), **возбужда́ться** (미완) 흥분하다
возбужда́ющий (형) 자극의, 흥분의; ~ее сре́дство (의학) 자극제, 흥분제
возбужде́ние (중) 흥분, 열기; в ~и 흥분하여
возбуждённый (형); в ~ом состоя́нии 흥분상태에
возвести́ (완), **возводи́ть** (미완) ① 세우다, 축성하다; ② (수학) 곱, 제곱, ~ в квадра́т 두 제곱하다, 자승하다
возвра́тный (형) ① (의학) 재발하는, 덧나다, 재귀의; ~ тиф 재귀열; ② (언어) 재귀의; ~ глаго́л 재귀동사
возвраще́ние (중) ① 돌아가는 것, 귀환; ~ на Ро́дину 귀국; ② 돌려 주는 것, 반환, 귀속; ~ до́лга 빚 갚음
возвы́сить (완), **возвыша́ть** (미완) (보다 더) 높이다, 더 높이 올리다, 승급시키다; ~ го́лос 목소리를 높이다

возвы́ситься (완), **возвыша́ться** (미완) 우뚝솟다, 솟아있다
возвыше́ние (중) ① 높이는 것, 올리는 것; ② 높은 곳, 둔덕이 진 곳, 언덕진 곳; стоять на ~ 높은데 서다
возвы́шенность (여) 고지, 높은지대, 둔덕, 언덕구릉, 구롱,
возвы́шенный (형) ① (지형, 지대) 높은, 둔덕진, 언덕진; ② 고상한, 고결한
возгла́вить (완), **возглавля́ть** (미완) 앞장서다, 선두에 서다, 앞서다, 지도하다; ~ па́ртию 당을 지도하다
возгла́с (남) 외침, 외침소리, 함성; ликующие ~ы 환호
воздава́ть (미완), **возда́ть** (완) 주다, 표시하다; ~ до́лжное 응당한 평가를 주다; ~ по́чести 경의를 표하다
воздвига́ть (미완), **воздви́гнуть** (완) 세우다, 구축하다, 건립하다, 쌓아올리다; ~ па́мятник 기념비를 세우다
возде́йствие (중) 영향, 작용; ока́зывать ~ на кого ~에게 영향을 주다, 작용하다; благотво́рное ~ 감화
возде́йствовать (완, 미완) на кого ~에게 영향을 주다, 작용하다, 압력을 가하다; благотво́рно ~ 감화하다
возде́лать (완), **возде́лывать** (미완) ① (땅을) 경작하다, 일구다, 갈다; ② 재배하다; ~ виногра́д 포도를 재배 하다
возде́лывание (중) ① 개간, 개작, 개척, 기간, 간전, 신개, 경작; ② 재배(栽培)
воздержа́вшийся (명사) (남) (투표 등에서) 기권자.
воздержа́ние (중) ① 절제, 제어, 억제; ~ в еде́ 음식의 절제; ~ от куре́ния 금연; ② 기권, 거부
воздержа́ться (완), **возде́рживаться** (미완) ① 삼가다, 절제하다, 자제(억제)하다; ② 기권하다, 기피하다
во́здух (남) ① 공기, 대기; дыша́ть ~ом 바람을 쇠다; в ~е 공중에; на све́жем (откры́том) ~е 바깥에서, 옥외에서;
воздухопла́вание (중) 항공술, 비행술, 항공, 비행
воздухопла́ватель (남) 항공사, 비행사, 조종사
возду́шный (형) ① 공기의, 대기의; ② 공중의; ~ая разве́дка 공중정찰; ③ 항공의, 비행의; ~ое сообще́ние 항공교통; ④ 가벼운, 하르르한; ~ая ткань 가벼운 천
воззва́ние (중) 격문, 호소문; обраща́ться с ~ем 호소하다
воззре́ние (중) 견해, 관점, 의문, 의견, 시각
вози́ть (미완) 실어나르다, 태우고 다니다, 운반하다, 수송하다; ~ дрова́ 장작을 나르다
вози́ться (미완) ① 부산을 떨다, 부산을 피우다, 떠들며 돌아다니다; ② с кем-чем 어떤 일에 매달리다, 주무르다

возлага́ть (미완) ① (엄숙히) 놓다, 삼가놓다; ~ вено́к 화환을 증정하다; ② 맡기다, 의뢰하다, 부과하다, 지우다
во́зле (부) 곁에, 옆에, 가까이에; ~ до́ма 집 곁에; жить ~ 가까이에 살고 있다
возложе́ние (중) ~ венка́ 화환증정
возлю́бленный ① 뜨겁게 사랑하는; ② (명사) (남) 애인, 사랑하는 사람
возме́здие (중) 보복, 징벌, 형벌(刑罰), 처벌(處罰)
возмести́ть (완), **возмеща́ть** (미완) 갚다, 보상하다, 벌충하다, 배상하다; ~ уще́рб 손해 배상하다
возмо́жно ① (부) 될수록, 될수있는 대로; ② (삽입어) 아마, ~지도 모른다; ③ (술어) 가능하다;
возмо́жность (여) 가능성, 여부; ② 기회; упусти́ть ~ 기회를 놓치다; предста́вилась ~ 기회가 생겼다
возмо́жный (형) 가능한, 있을 수 있는, 될 수 있는
возмужа́ть (완) 성인이 되다, 어른이 되다, 장골이 되다
возмути́тельно (부) э́то ~ 이것은 언어 도단이다, 그것은 격분할 노릇이다
возмути́тельный (형) 분개할, 격분할
возмуща́ть (미완) 격분을 자아내다, 불쾌감을 주다
возмуща́ться (미완) 격분하다, 분개하다, 격분이 치밀다, 통분하다
возмуще́ние (중) 분개, 분노, 격분; вызыва́ть ~ 분노를 자아내다; с ~м 격분하여
возмущённый (형) 격분한, 분개한, 분노한
вознагради́ть (완), **вознагражда́ть** (미완) 갚다, 보수를 주다, 보답하다; ~ за труд 노력에 대하여 보답하다
вознагражде́ние (중) ① 갚음, 보수, 보상; ② 보상금, 수당금(手當金), 상금(償金)
возненави́деть (완) 몹시 미워하다, 증오에 불타다
возника́ть (미완) 생기다, 발생하다, 일어나다, 나타나다; ~ пожа́р 불이났다; ~ли спо́ры 논쟁이 터졌다
возникнове́ние (중) 발생, 출연, 발단
возня́ (여) ① 소동, 소요, 북새통, 야단법석; ② 골칫거리, 손이 많이 드는 일, 말썽꾸러기, 번잡스러운 일
возобновле́ние (중) 재개, 갱신, 재생, 소생,
возобновля́ть (미완) 재개(재개.갱신)하다, 회복하다
возобновля́ться (미완) 재개(재생)되다, 다시시작하다, 회복하다, 거듭되다.

возомни́ть (완); ~ о себе́ 자고자대하다, 자부하다, 우쭐되다
возража́ть (미완) 반대(반박)하다, 말대꾸하다, 되받다, 항의하다; вы не ~ете? 당신은 반대하지 않습니까?
возраже́ние (중) 반대, 반박, 말대꾸, 항의
во́зраст (남) 나이, 년령, 살; де́тский ~ 어린나이
возраста́ние (중) 증대(增大), 증가(增加), 오르는 것
возраста́ть (미완), **возрасти́** (완) 늘어나다, 증가되다, 증대되다, 더하게 되다, 오르다
возрожда́ть (미완), **возроди́ть** (완) 재생하다, 부흥시키다, 소생시키다, 복구하다.
возроди́ться (완), **возрожда́ться** (미완) 재생되다, 부흥하다, 복구하다; ~ к жи́зни 소생하다
возрожде́ние (중) ① 재생, 부흥; ② эпо́ха Возрожде́ния (역사) 문예부흥기(文藝復興其)
во́ин (남) 군인(軍人), 전사(戰士), 병사
во́инский (남) 군사의, 군인의, 군대의, 군용
вои́нственный (형) 호전적인, 전투적인, 적극적인
вой (남) 통곡, 호곡, 대곡, 방곡, 대성통곡, 방성대곡, 호읍, 고함, 울부짖는 소리; ~ ве́тра 울부짖는 바람의 소리;
война́ (여) 전쟁, 싸움, 전투, 전투행위; вести́ ~у 전쟁을 하다; мирова́я ~ 세계대전; а́томная ~ 핵전쟁
войска́ (복수) 군대, 군부대; регуля́рные ~ 정규군
во́йско (중) 군대(軍隊), 부대(部隊)
войсково́й (형) 군대의; ~а́я часть 군부대의
вокали́ст (남) 성악가(聲樂家)
вока́льный (형) 성악의
вокза́л (남) 기차역(汽車驛), 역사(驛舍), 정거장(停車場);
вокру́г ① (부) 주위에, 두레에, 둘레 둘레; ② (전) ~의 둘레에, 주위에, 주변에; огля́дываться ~ 주위를 살펴보다;
вол (남) (거세한) 수소, 황소
волды́рь (남) 물집, 수포(水疱)
волево́й (형) 의지가 강한, 의지적인; ~ челове́к 의지가 강한 사람
волеизъявле́ние (중) 의사표시
волейбо́л (남) 배구(排球), 배구공; игра́ть в ~ 배구를 하다
волейболи́ст (남), **~ка** 배구선수
волейбо́льный (형) 배구의; ~ая площа́дка 배구장(排球場)
во́лей-нево́лей (부) 좋든 싫든, 하는 수 없이
волк (남) 늑대, 승양(升揚)이, 이리

волна́ (여) ① 물결, 파도, 너울, 파랑; морска́я ~ 바다의 물결; ② (물리) 파(波), 전파(電波)

волне́ние (중) ① 근심, 걱정, 격동, 흥분, 불안; ② 물결이 이는 것, 파동; ③ 소동, 소요

волни́стый (형) 물결모양, 파도같은; ~ые во́лосы 파마머리,

волнова́ть (미완) 불안케하다, 걱정하게 하다, 흥분시키다, 격동시키다, 마음을 두근거리게 하다, 설레게 하다

волнова́ться (미완) ① 격동하다, 불안케 하다, 마음이 죄다; ② (바다물이) 파도치다; мо́ре ~уется 바다가 설레 인다, (바다의)물결이 인다.

волноре́з (남) 방파제(防波堤), 방조제

волну́ющий (형) 흥분시키는, 불안하게 하는, 격동적인; 감격적인, 감명적인; в тот~ день 감격의 그날에

волокита́ (여) 일을 질질 끄는 것, 앉아서 뭉개는 것, 머무적거리다; бума́жная ~ 문서놀음

волокно́ (중) 섬유, 올실; 섬모; синтети́ческое ~ 합성섬유

во́лос (남) 머리칼, 머리, 머리털; седы́е ~ы 백발, 흰머리

волоса́тый (형) 머리칼이 많은

волосо́к (남) ① 가는 털, 잔털; ② (시계부속의) 유사; ③ (식물의) 부들 (향포)털; ④ (전구안의) 가열선, 필라 멘트;

волося́ной (형) 털의, 털로 된; ~ матра́ц 털 깔개

волочи́ть (미완) 끌어당기다, 질질 끌다;

волочи́ться (미완) 질질 끌리다, 겨우 걸어가다

во́лчий (형) 늑대, 이리의, 승냥이의;

волчи́ца (여) 암승냥이, 암이리

волчо́к (남) 팽이, 팽구

волчо́нок (남) 이리(승냥이) 새끼

волше́бник (남), **~ца** (여) 마술쟁이, 요술쟁이

волше́бный (형) ① 마술의, 요술의; ② 신기한, 매혹적인, 유혹적인

во́льно! (부) (구령) 쉬엇!

вольнонаёмный (형) 고용된, 임차한

вольнослу́шатель (남) 청강생(聽講生)

во́льный (남) ① 자유로운, 마음대로 할 수 있는; ② 제한되지 않는, 구속 되지 않는, 자유의;

вольт (남) (전기) 볼트(volt)

вольтме́тр (남) (전기) 전압계(電壓計)

вольфра́м (남) ① (화학) 텅스텐(tungs-ten) 중석(重石), 볼프람(wolfram); ② (광물) 중석광, 볼프광

во́ля (여) ① 의지, 의욕, 요구; воспитание ~и 의지단련; ② 자유; выпускать на ~ю 석방하다; ваша ~ 당신의 권한이다;
вон I (부) 밖으로; пошел ~!,~отсюда! 나가라! 저리가라! 물러가라!
вон II (조) 저기, 저기에;~ он идёт 저기 그가 온다
вонза́ть (미완), **вонзи́ть** (완) 들이 찌르다, 찌르다
вонь (여) 구린내, 나쁜 냄새, 악취
воню́чий (형) 냄새가 역한, 악취가 풍기는, 구린내가 나는
воня́ть (미완) 역한 냄새가 나다, 구린내가 나다, 악취를 풍기다
вообража́емый (남) 가상적인, 상상한
воображать (미완) 상상하다, 가상하다, 속으로 생각하다;
воображе́ние (중) 상상, 공상, 상상력
вообще́ (부) 대개, 대체로, 대략, 일반적으로; ~ говоря 일반적으로 말하면
воодушевле́ние (중) ① 고무, 격려; ② 열성(熱誠); с ~ем 고무되어, 열성을 내어
воодушевля́ть (미완) ① 고무하다, 격려하다, 활기를 띠다; ② 열성을 내게 하다, 기세를 올리다
воодушевля́ться (미완) ① 고무되다, 격려되다, 분발하다; ② 활기를 띠다, 기세가 오르다
вооружа́ть (미완) 무장시키다, 장비하다
вооружа́ться (미완) 무장되다, 무장을 갖추다, 장치하다; ~ терпением 참을성을 가지다
вооруже́ние (중) ① 무장시키는 것, 무장하는 것; ② 무장, 군비, 무기, 장비, 병기, 군장; сокраще ние ~й 군비축소
вооружённый (형) 무장의, 무력의, 무장한, 장비된; ~ое восстание 무장 폭동; ~ые силы 무력, 병력
воо́чию (부) 자기 눈으로, 직접; убеждаться ~ 자기 눈으로 확인하라; увидеть ~ 목격하다, 자기 눈으로 직접 보다
во-пе́рвых (삽입어) 첫째로
вопи́ть (미완) 함성(고함)을 지르다, 울부짖다, 외치다, 소리를 지르다
вопию́щий (형) 용인할 수 없는, 언어 도단의; ~ая ошибка 용서 할 수 없는 오류;~ая бедность 참을 수 없는 빈곤
воплоща́ть (미완) 실현되다, 성취되다;~ в жизнь 구현하다
воплоща́ться (미완) 실현되다
воплоще́ние (남) 구현, 실현(實現)
вопль (남) 함성소리, 울부짖음, 비명

вопреки (전) *чему* ~와 거역하여, ~을 역행하여, ~에 반하여, ~에도 불구하고; ~ желанию 희망하던 바와 어긋나게

вопрос (남) ① 물음, 질문; задавать ~ 질문하다; ② 문제; национальный ~ 민족문제; спорный ~ 논쟁문제, 논쟁점

вопросительный (형) 의문의, 물음의; ~ знак (언어) 물음표, 의문표

вор (남) 도적(놈), 절도; ~карманник 소매치기

воробей (남) 참새

воровать (미완) 도적질하다, 훔치다, 살짝훔쳐가다, 소매치기하다.

воровской (형) 도적의; ~ притон 도적놈의 소굴(巢窟)

воровство (남) 도적질, 훔치는 것, 소매치기, 날치기

ворон (남) 큰 까마귀

ворона (여) ① 까마귀; ② 멍청이, 얼뜨기; ворон считать 멍청하니 서 있다

воронка (여) ① 깔대기; ② 포탄 구덩이, 폭탄구덩이

ворот (남) (옷) 깃, 동정

ворота (복수) ① 대문, 출입문, 문(門); ② (체육) футбольные ~ 골문, 골대

воротник (남) 깃, 옷깃; меховой ~ 털깃; поднимать ~ 깃을 세우다; ~-чок (남) 깃받이, 작은 깃; отложной~ 겹깃

ворох (남) 더미, 무더기; ~ бумаг 종이 무더기

ворочать (미완) 뒤집어엎다, 옮기다, 움직이다

ворочаться (미완) 이리저리 돌아눕다, 돌다

ворошить (미완) 뒤집다, 뒤치다, 뒤적이다

ворс (남) 보풀

ворсистый (형) 보풀이 있는, 보풀 보풀한

ворчание (중) (사람의) 두덜두덜하는 것, 잔소리; ② (짐승의) 으르렁거리는 것

ворчать (미완) ① 두덜거리다, 투덜 거리다; недовольно ~ 웅얼거리다; ② (짐승이) 으르렁대다

ворчливый (형) 투덜거리는, 잔소리가 많은, 말이 많은

ворчун (남) 잔소리군, 불평군, 말썽군

восвояси (부) 제집으로; убираться ~ 제집으로 물러가다

восемнадцатый (수) 열여덟째의, 열여덟번째의, 제 18의

восемнадцать (수) 18(십팔), 열여덟

восемь (수) 8(팔) 여덟

восемьдесят (수) 80(팔십) 여든

восемьсот (수) 800(팔백)

воск (남) 밀, 밀랍, 납밀; пчелиный ~ 꿀 밀, 벌똥, 봉랍
восклица́ние (중) 부르짖음, 외침, 감탄, 함성, 비명(悲鳴)
восклица́тельный (남) 감탄의, 절규의; ~ знак (언어) 느낌표, 감탄부호
восклица́ть (미완) (감탄하여, 흥분하여) 외치다, 부르짖다, 절규하다
восково́й (형) 밀의, 밀로 만든; ~ая свеча́ 밀초, 초, 양초
воскреса́ть (미완) ① 되살아나다, 소생하다; ② 갱생하다, 부흥하다, 부활하다, 완쾌하다
воскресе́нье (중) 일요일, 주일
воскре́сник (남) 일요노동, 휴일근로
воспале́ние (중) (의학) 염증, 염(炎); ~ лёгких 폐렴; ~ почек 신장염
воспалённый 염증이 난; ~ые глаза 충혈된 눈
воспали́тельный (형) 염증성의, 염증의
воспали́ться (완), **воспаля́ться** (미완) 염증이 생기다
воспева́ть (미완), **воспе́ть** (완) (시.노래로) 찬양하다, 찬송하다; ~ по́двиг 허위공로를 노래하다
воспита́ние (중) 교육, 육성, 양육, 교양
воспита́нник (남) 교육받는 사람, 제자, 학생, 피교육자
воспита́тель (남), **~ница** (여) 유치원 교사, 유치원, 보육원
воспита́ть (완), **воспи́тывать** (미완) 기르다, 교양하다, 육성하다, 키우다, 배양하다; ~ дете́й 어린이들을 키우다
воспи́тываться (미완) 교육받다, 양육되다, 육성되다
воспламеня́емость (여) 가연성(可燃性), 인화성(引火性)
воспламеня́ться (미완) ① 불이나다, 불타다, 발화하다; ② 활기를 띠다, 타오르다
воспо́лнить (완), **восполня́ть** (미완) 보충하다, 대신 채우다, 채우다; ~ уще́рб 손실을 보충하다
воспомина́ние (중) ① 회상, 추억, 회고; вызыва́ть ~ 추억을 불러일으키다; ② (복수) **~я** 회상기, 회상록
воспрети́ть (완), **воспреща́ть** (미완) 금지하다, 막다, 못하게 하다
воспреща́ться (미완) 금지되다, 말리다; кури́ть ~ется 금연, 담배를 피우지 마시오; вход стро́го ~ется 출입금지
восприи́мчивость (여) 감수성, 감염성, 자극감성, 감성
восприи́мчивый (형) 감수성이 예민한, 감염되기 쉬운; ~ ум 기발한 지혜
воспринима́ть (미완), **восприня́ть** (완) 받아들이다, 받들다,

- 80 -

감수하다, 이해 하다, 납득하다, 깨우치다, 알다
восприя́тие (중) 이해력, 지각, 감득, 감수
воспроизведе́ние (중) ① 재현, 재생; ② 복사, 모사
воспроизвести́ (완), **воспроизводи́ть** (미완) ① 재생산 하다; ② 재생하다, 재현하다, 반복하다; ③ 복제하다, 복사 하다; ~ текст 본문을 복사하다
воспроизво́дство (중) 재생산; просто́е(расши́рен-ное) ~ 단순(확대) 재생산
воспроти́виться (완) 반항하다, 대항하다, 반대하다, 항의 하기 시작하다
воспря́нуть (완) 신이 나다, 생기를 띠다; ~ ду́хом 기운을 내다, 활기를 띠다
воссла́вить (완), **восславля́ть** (미완) 명성을 떨치게 하다, 이름나게 하다, 찬미하다.
воссоедине́ние (중) 재통합, 재통일, 재결합.
восставля́ть (미완) ① 폭동을 일으키다, 들고일어나다; ② 반항하다, 반대하여 나서다.
восстана́вливать (미완) ① 복구하다, 부흥시키다, 회복 하다; ② в чём ~. ~ в до́лжности 복직시키다; ③ про тив кого-чего 반대하게 하다, 적대시하다.
восста́ние (중) 폭동, 봉기; поднима́ть ~ 폭동을 일으키다
восстанови́тельный (형) 복구의, 부흥의, 회복의
восстановле́ние (중) ① 복구, 부흥, 회복; ~ здоро́вья 건강 의 회복; ~ го́рода 도시의 복구; ② в чём: ~ в до́лжности 복직; ~ в права́х 권리의 회복; ~ в па́ртии 복당
восто́к (남) ① 동(東), 동쪽; ② 동양, 동방; Бли́жний Восто́к 근동; Да́льний Восто́к 극동; Сре́дний Восто́к 중동
востокове́д (남) 동방학자(東方學者)
востокове́дение 동방학(東方學)
восто́рг (남) 환희, 황홀, 감탄; приводи́ть в ~ 황홀하게(감 탄케) 하다; приходи́ть в ~ 환희에 싸이다, 탄복하다
восторга́ться (미완) 환희에 싸이다, 황홀해(감탄)하다
восто́рженный (형) 환희에 찬(넘친), 감복하는, 열광적인.
восторжествова́ть (완) над ~를 승리하다, 타승하다, 우세를 차지하다
восто́чный (형) ① 동, 동쪽; ~ ве́тер; 동풍, 동쪽바람 ② 동방, 동양; ~ые обы́чаи 동양풍습
востре́бование (중) 요구, 청구, 지급요구, 지급청구: письмо́ до ~я 유치 우편

восхвале́ние (중) 찬양, 찬미, 칭찬
восхваля́ть(미완) 칭찬하다, 찬양하다
восхити́тельный (형) 황홀한, 감탄을 자아내는, 매혹적인
восхища́ть (미완) 황홀케(감탄케) 하다, 매혹케 하다
восхища́ться(미완) 황홀해지다, 감탄(탄복)하다, 매혹되다
восхище́ние (중) 감탄, 탄복, 황홀; при-ходи́ть в ~ 황홀해지다, 탄복하다 감탄하다; с ~ем; в ~и 감탄하여
восхо́д (남) (해와 달이) 뜨는 것, 일출, 월출; ~ со́лнца 해돋이; ~ луны́ 달돋이, 달돋이 때
восхожде́ние (중) ① 올라가는 것; ~ на го́ру 등산; ② (해, 달 등이) 뜨는 것, 떠오르는 것; ~ со́лнца 해돋이
восьмёрка (여) 수자 8 (여덟) ② 번호 "8"
восьмидесятиле́тний (형) 여든 살 나는, 80(팔십)세, 80(팔십) 년, 80(팔십) 주년
восьмидеся́тый (수) 여든째, 여든 번째, 제 80(팔십)
восьмидне́вный (형) 8 (팔) 일간
восьмиле́тний (형) 여덟살, 8 (팔) 년, 8 (팔) 년간
восьмичасово́й (형) 여덟시, 8(팔)시간, 8(팔)시간동안의;~ рабо́чий день 8 (팔) 시간노동제
восьмо́й(수) 여덟째, 여덟 번째, 제 8(팔)
вот (조) ① 이것, 저것, 여기에, 저기에, ~ возьми́те 이것 받으시오; ② 마침내, 드디어;~и о́сень пришла́ 드디어 가을이 왔다; ~ как! 그래요!, 그렇구만! 뭐라고요!
вот-во́т (부) 당장, 곧, 이제 곧; ~ придёт 이제 곧 올 것이다
во́тум (남): ~ дове́рия(недове́рия) 신임(불신임) 결의안
воцари́ться (완) **воцаря́ться** (미완) (침묵, 평온이) 깃들다, 닥쳐오다, (질서) 잡히다; ~лась тишина́ 침묵이 깃들었다, 쥐죽은 듯 조용해 졌다
вошь (여) 이(잇과의 곤충)
вою́ющий (형) 전쟁하는, 싸우는; ~ие стра́ны 교전국
воя́ж (남) 행각(行脚)
воя́ка (남) (야유하면서 쓰는 말) 싸움꾼, 호전광
впада́ть (미완) ① (강이) 흘러들어가다, 합류하다 ② 움푹 들어가다, 꺼지다; ③ 빠지다, 처하게 되다; впасть в отча́яние 절망에 빠지다
впаде́ние (중) ① (강물이) 흘러들어 가는 것 ② 강어구, 합류점, 하구
впа́дина (여) 움푹 들어간 곳, 웅덩이; глазна́я ~ 눈구멍,

анпо́д(眼孔)

впа́лый (형) 우묵한, 움푹 들어간, 꺼진; ~ые щёки 홀쭉해진 볼; ~ые глаза 움퍽눈, 우멍눈; ~ая грудь 우묵한 가슴

впервы́е (부) 처음(으로), 최초로; 비로소; ~ в жи́зни 난생 처음으로

вперева́лку (부): ходи́ть в ~ 거위걸음 걷다, 건들건들걷다

вперего́нки (부): бе́гать ~ 앞을 다루며 달리다(달음박질하다)

вперёд (부) ① 앞으로; идти́ ~ 전진하다 ② 먼저, 미리; плати́ть ~ 미리 물다, 선불하다; дви́гать де́ло ~ 일을 밀고 나가다; часы́ иду́т ~ 시계가 빠르다

впереди́ ① (부) 앞에, 앞에서; ② (부) 앞으로, 앞날에, 장래에; сади́тесь ~ 앞자리에 앉으십시오 ③ (전): он ~ всех 그는 모든 사람의 앞장에 서 있다

впереме́жку (부) 하나씩 번갈아, 어긋매끼로, 엇바뀌어

впереме́шку (부) 뒤섞여서, 무질서 하게

впечатле́ние (중) 인상, 감명;

впечатли́тельность (여) 감수성이 강한 것

впечатли́тельный (형) 감수성이 풍부한, 감수성이 강한, 민감한

впива́ться (미완) 착 달라붙다, 깊이 들어가다(박히다); ~ зуба́ми в мя́со 이빨로 고기를 깨물다;

впи́санный: ~ у́гол (수학) 원둘레각, 원주각

вписа́ть, (완), впи́сывать (미완) 서넣다, 적어넣다, 기입하다

впи́тывать (미완) ① 빨아들이다, 흡수하다 ② 받아들이다, 받다; ~ но́вые иде́и 새로운 사상을 받아들이다

впи́тываться (미완) 빨아들다, 스며 들다, 잦아들다

впи́хивать,(미완) впихну́ть (완) 밀어넣다, 마구 밀쳐넣다, 들이밀다

впла́вь (부) 헤엄쳐; переправля́ться ~ 헤엄쳐 건너다, 헤엄쳐 건너가다

вплести́, (완) вплета́ть (미완) 꼬아넣다, 곁다, 엮어넣다, 땋아 넣다; ~ле́нту в ко́су댕기를 드려 머리를 땋다

вплотну́ю (부) ① 비좁게, 빼곡하게, 틈이 없이; ② 단단히; 착실하게, заня́ться ~ рабо́той 일에 단단히 달라붙다.

вплоть (조) (전치사 до 와 함께 쓰이면서 그 뜻을 강조한다.) ~에 이르기까지, 완전히 ~까지도; ~ до ве́чера 저녁이 다 될 때까지; промо́кло всё ~ до руба́шки 셔츠까지 함빡(다)

젖었다

вполго́лоса (부) 낮은 목소리로 (말소리로), 수군수군

вполза́ть, (미완) **вползти́** (완) 기어들다, 기어들어가다, 기어오르다

вполне́ (부) 전적으로, 아주, 완전히; ~ доста́точно 아주 충분하다; ~ дово́лен 아주 만족하다

вполови́ну (부) 절반만큼, 절반쯤

впопыха́х (부) 몹시 서둘러, 황급히, 덤비면서; ~ забы́ть 덤벼서(덤비면서) 잊어버리다;

впо́ру (부) ① (옷, 신발 등에 대하여) 꼭 맞게; быть ~ 마침 맞다 ② 제때에, 때마침; приходи́ть ~ 제때에, 때마침 오다

впосле́дствии (부) 그후, 후에, 차후에, 이다음

впотьма́х (부) 어둠 속에, 캄캄한 속에, 암흑속에; сиде́ть ~ 캄캄한데 (어둠 속에) 앉아있다

впра́ве (부): быть ~ 권리가 있다; быть не ~ так поступа́ть 이렇게 행동할 권리가 없다

впра́вить (완), **вправля́ть** (미완) 집어넣다, 제자리에 맞추다, 끼워 넣다; ~ кость 뼈를 이어 맞추다

впра́во (부) 오른쪽으로, 오른쪽에

впредь (부) 앞으로는, 이다음에는, 이제부터; и ~ 앞으로도;

вприпры́жку (부) 껑충껑충 뛰면서, 깡충거리면서; бежа́ть ~ 껑충거리며 뛰어달아가다; ходи́ть ~ 상큼상큼 걷다

впро́голодь (부) 굶다싶이, 먹는둥마는 둥; жить ~ 절반 굶으면서 살다

впрок (부) ① 예비로, 여유로, 저장용으로; запаса́ть ~ 예비로 장만하다, 저장하다 ② (술어로) 이익이 되다;

впроса́к (부): попа́сть ~ 거북해지다

впро́чем (접) 그렇지만, 그런데, 그러나, 하기는

впры́скивание (중) 주사

впры́скивать (미완), **впры́снуть** (완) 주사를 놓다

впряга́ть (미완) **впрячь** (완) (말을 마차에) 메우다

впуск (남) 들여보내는 것, 들여놓는 것, 입장(立場)

впуска́ть (미완) **впусти́ть** (완) 들여보내다, 들이다, 입장시키다, 통과시키다; ~ во́ду 물을 들이다

впусту́ю (부) 쓸데없이, 공연히, 헛되이; говори́ть ~ 헛되이 말하다, всё ~ 허탕을 치고 말았다; стара́лся ~ 헛수고했다,

впу́тать, (완) **впу́тывать** (미완) 끌어 들이다, 얽어넣다, 업어넘기다, 업고 들다; ~ в неблагови́дное де́ло 좋지 못한 일에 끌어넣다

впу́таться, (완) **впу́тываться** (미완) 끌려들어가다, 연루자로 되다

враг (남) ① 원수, 적; кла́ссовый ~ 계급적 원수 ② 적군, 적병, ③ 적대자, 반대자

вражда́ (여) 적의, 적대, 반목, 앙심; непримири́мая ~ 불상용적인 적대관계; пита́ть ~у 적의를 품다

вражде́бность (여) 적의, 적대시하는 것, 반감; вызыва́ть ~ 반감을 사다; проявля́ть ~ 적대시하다

вражде́бный (형) 적대, 적대적, 적의를 품은; ~ые де́йствия 적대행위

враждова́ть (미완) 적대시하다, 반목 하다, 다투다

вра́жеский (형) 적(敵), 원수; ~ая а́рмия 적군(敵軍)

вразбро́д (부) 제각기, 따로따로, 맞추지 않고, 질서없이; де́йствовать ~ 무질서하게(따로따로) 행동하다;

вразва́лку (부): ходи́ть ~ 비척비척 걷다

вразре́з (부) ~ с~와 반대로, ~에 어긋나게, ~을 역행하여; ~ с жела́нием 기대에 어긋나게; идти́ ~어긋나다

вразуми́тельный (형) 알기 쉬운, 이해하기 쉬운, 똑똑한

вразуми́ть (완), **вразумля́ть** (미완) 깨닫게하다, 가르쳐주다, 이해시키다, 설득시키다

вра́ки (복수) **вранье́** (중) 거짓말, 빈소리, 꾸며낸 말; чи́стое ~ 새빨간 거짓말

враспло́х (부) 느닷없이, 별안간, 불의에; заста́ть ~ 불의에 만나다(붙잡다); напа́сть ~ 갑자기 달려들다(기습하다)

врассыпну́ю (부) 사방으로, 산산이 흩어져서

враста́ть, (미완) **врасти́** (완) (자라면서) 들어가다, 뿌리를 박다

врата́рь (남) (체육) 골키퍼, 문지기

врать (미완) 거짓말하다, 거짓부리 하다, 허튼소리하다

врач (남) 의사; вое́нный ~ 군의관; леча́щий ~ 주치의; уча́стковый ~ 구역담당의사; зубно́й ~ 치과의사;

враче́бный (형) 의료의, 치료의; ~ый осмо́тр 건강진단

враща́тельный (형) 회전, 회전식; ~ое движе́ние 회전운동

враща́ть (미완) 돌리다, 회전시키다

враща́ться (미완) ① 돌다, 회전하다 ② (늘,자주) 드나들다, 교제하다

враще́ние (중) 회전, 돌리는(도는)것, 빙빙 도는 것; 선회; ~ Земли́ 지구의 자전

вред (남) 해, 해독, 손해; причиня́ть ~ 해 (손해)를 끼치다

вреди́тель (남) ① 해충, ② 해독분자, 암해분자
вреди́тельский (형) 해독적, 해독적인; ~ие действия 해독(적)행위
вреди́тельство (중) 해독행위, 암해책동
вреди́ть (미완) 손해를 끼치다, 해를 끼치다, 암해하다
вре́дно (부) ① 해롭게, 유해롭게, 해독적으로 ② (술어로) 해롭다
вре́дный (형) 해로운, 유해로운, 해독적인, 해독스러운
вре́заться (미완), **вре́заться** (완) ① (쏙) 박히다, 찔리다 ② 뚫고 들어가다; ~ в память 기억에 아로새기다
времена́ (복수) 때, 시대(時代)
времена́ми (부) 때때로, 이따금, 가끔
вре́менно (부) 일시적으로, 임시로
вре́менный (형) 임시로, 일시적인, 잠정적(인); ~ое правительство 임시정부; ~ые меры 잠정적 조치
вре́мя (여) ① 때, 시간; в одно(и тоже) ~я 동시에, 같은 때에; во ~я чего ~ 때에; ② 동안, 기간, 시기; за короткое ~я 단기간에, 짧은 기간에; ③ 시절, 계절, ④ (언어) 시칭; будущее ~я 미래; ~я от ~ени 때때로, 이따금;
времяисчисле́ние (중) 역법(曆法), 연대계산법
времяпрепровожде́ние (중) 시간을 보내는 것, 소일거리
вро́вень (부) 같은높이로, 같은수준으로, 동등하게; 나란히
вро́де (전) *чего* ~과 비슷한, ~과 같은, ~과 마찬가지로
врождённый (형) 타고난, 천성적인, (의학) 선천적인
врозь (부) 따로따로, 떨어져서, 제각기
вру́бовый (형): ~ая машина 채탄기
врукопа́шную (부) 육박전으로, 백병전으로, 맨주먹으로, 총칼을 맞대고; схватиться ~ 육박전하다, 백병전을 하다
врун (남) ~ья (여) 허풍쟁이, 거짓말쟁이, 대포쟁이
вруча́ть (미완) 수여하다, 드리다; 위임차다; 전달하다; ~ орден 훈장을 수여하다; ~ вери́тельные гра́моты 신임장을 바치다 (봉정하다)
вруче́ние (중) 수여(授與), 위임, 전달; ~ ордена 훈장수여
вручну́ю (부) 손(노동)으로
врыва́ться (미완) 달려들다, 밀려들다, 뛰어들어가다, 돌입하다
вряд ли (조) 설마 그렇기야 하랴, 설마 ~것 같지 않다; ~ он придёт 그가 오기나 하겠는가, 그가 아마 올 것 같지 않다

всадник (남) 기사(騎士), 말탄사람, 기마병, 기병(騎兵)
всасывать (미완) 빨아들이다, 들이빨다, 흡수(흡입)하다
всасываться (미완) 빨아들다, 흡입되다, 흡수되다
всё (부) ①: ~ (ещё) 여지껏, 여전히, 아직도, 그냥; он ~ ещё живет здесь 그는 여지껏 여기에 살고 있다; ② (비교급과 함께) 더욱더; ~ лучше и лучше 더욱더 좋게;
всевозможный (형) ① 온갖, 여러가지, 제반, 모든, 각종; ~ые товары 온갖 상품; ~ые мероприятия 제반대책 ② 있을 수 있는, 가능한; средствами 가능한 모든 수단으로
всегда (부) 언제나, 늘, 항상; как ~ 언제나와 같이, 여느 때와 같이; ~ готов 항상 준비 되어 있다
всего (부) ① 다해서, 모두 합해서, 총계; ② 오직, 다만, 불과, ~ двадцать штук 스무 개에 불과하다
вселение (중) 집들이, 집에 드는 것, 거주
вселенная (여) 우주, 누리, 세상, 만천하, 대지
вселить (완), **вселять** (미완) 집에들게 하다, 거주시키다; ~ надежду 희망을 가지게 하다; ~ веру 신심을 안겨주다
всемерно (부) 백방으로, 여러방법으로, 여러방향으로, 천방으로, 전력을 다하여, 온갖수단을 다하여
всемирно-исторический (형) 전세계사 적인
всемирный (형) 전세계의, 세계적인; Всемирный Совет Мира 세계평화이사회(世界平和 理事會)
всемогущество (중) 전능, 만능, 무한한 권력
всенародный (형) 전인민족(인);
всеобщий (형) 전반적인, 일반적인, 총적인;
всеобъемлющий (형) 전체를 포괄하는, 총괄적인
всеоружие (중): быть во ~и 완전히 무장하다, 만단의 준비를 갖추다
всероссийский (형) 전 러시아
всерьёз (부) 진정으로, 신중히, 진담으로; принимать ~ 신중히(진담으로) 받아들이다
всесильный (형) 전능한, 무한한, 권력을 가진, 강력한
всесоюзный (형) 전연맹적인, 전소련의
всесторонне (부) 여러방향(백방.각방)으로, 전면적으로, 여러모로; ~ развитой 다방면으로 발전된;
всесторонний (형) 백방의, 전면적인, 만반의
всё-таки (부, 접) 그렇지만, 여하튼, 어쨌든
всецело (부) 전적으로, 완전히; ~ пре-дан науке 전적으로 과학에 투신하다

всея́дный (형) 아무것이나 먹는
вска́кивать (미완) ① 뛰어오르다, 뛰어들다; ② 벌떡 일어나다(일어서다); ③ (혹이) 불룩(쑥)나오다(나다), 부어오르다
вска́пывать (미완) 파헤치다, 파엎다
вска́рмливать (미완) 기르다, 사육하다, 사양하다, 육성하다; ~ ребёнка грудью 어린애를 젖을 먹여 기르다
вска́чь (부) (말을 타고) 달려, 네굽을 놓고, 구보로
вскипа́ть, (미안) вскипе́ть (완) ① 끓어 오르다, 끓기 시작하다 ② 벌컥 성을 내다, 노하다
всколыхну́ть (완) ① 흔들리게하다, 흔들다, 설레게하다 ② 들썩거리게 하다, 동요시(궐기. 진동)시키다
вско́льзь (부) 살짝, 슬쩍, 살며시, 몰래, 슬그머니, 약간, 지나가는 김에
вскри́кивать, (미완) ~нуть (완) 소리치다, 외치다, 비명을 올리다
вскружи́ть (완): ~ го́лову кому́ ~를 얼떨떨하게 하다,
вскрыва́ть (미완) ① (관지, 꾸러미을) 열다, 풀다, 뜯다 ② 폭로하다, 밝혀(털어)내다, 적발하다; ③ (의학) 째다, 절개 수술을 하다, 해부 하다
вскрыва́ться (미완) ① 드러나다, 폭로(적발)되다, 나타나다 ② (강에 대하여) 풀리다 ③ 터지다
вскры́тие (중) ① (의학) 해부, 절개, 째기 ② 적발, 폭로, 밝혀내는 것 ③ (강의) 얼음 풀리기, 해빙
всле́д ① (부) за кем-чем ~를 뒤따라, ~의 뒤를 이어; ② (전) 직후, ~이어; ~за собра́нием 모임이 끝나자 이어
всле́дствие (전) ~탓으로, ~때문에, ~로 인하여, ~의 결과에;
вслепу́ю (부) 맹목적으로, 되는대로;
вслу́х (부) 들리게, 소리를 내어; чита́ть ~ 소리내어 읽다,
вслу́шаться (완), вслу́шиваться (미완) 귀를 기울이다, 귀 담아 듣다, 주의하여 듣다
всма́триваться (미완), всмотре́ться (완) 눈여겨(뚫어지게) 보다, 유심히 들여다보다, 주의 깊게 보다
всмя́тку (부): яйцо́ ~ 반숙한 달걀
всо́вывать (미완) 밀어넣다, 들이밀다, 끼워 넣다, 지르다
вспа́шка (여) 갈이, 논밭갈이, 경작
всплакну́ть (완) 좀 울다, 눈물을 좀 흘리다
вспле́ск (남) 출렁거리는 소리, 철석 거리는 소리
вспле́скивать, (미완) ~нуть (완): ~ рука́ми 손뼉치다, 손을

처들다

всплошну́ю (부) 틈없이, 빽빽하게, 빽빽이, 꽉차게

всплыва́ть (미완) ① (물위로) 떠오르다 ② 나타나다, 드러 나다, 노출되다;~ть в памяти 기억에 떠오르다

всполоши́ть (완) (갑자기) 놀라게 하다, 발칵 뒤집어놓다, 소란을 일으키다

всполоши́ться (완) 갑작스레 놀라다, 발칵 뒤집히다, 갑자기 불안해지다

вспомина́ть, (미완) **вспо́мнить** (완) 회상(추억)하다, 기억이 나다, 생각이 나다;~прошлое 과고를 회상하다

вспомога́тельный (형) 보조, 보조적인, 부차적인; ~ый глагол (언어) 조동사, 보조동사

вспры́гивать (미완), **~нуть** (완) 뛰어오르다, (뛰어) 올라 타다;~нуть на коня 말에 올라타다

вспры́скивать, (미완) **вспры́снуть** (완) ① 뿌리다, 뿜다

вспу́гивать, (미완) **вспугну́ть** (완) 놀래어 자리를 뜨게 하다, 놀래쫓다(달아나게 하다);

вспыли́ть (완) 불끈 성을 내다, 짜증을 내다, 벌컥 화를 내다

вспы́льчивость (여) 성급한 성질, 화증, 벌떡증

вспы́льчивый (형) 성미가 급한, 짜증(화)을 잘 내는, 격하기 쉬운

вспы́хивать(미완), **вспы́хнуть**(완) ① 확 타오르다, 불이 확 붙다, 발화하다 ② 일어나다, 터지다; ③ (얼굴이) 달아오르다, 새빨개 지다;

вспы́шка (여) ① (불이) 확 타오르는 것, 불붙는 것, 섬광 ② 돌발, 발생;~эпидемии 전염병의 발생

вспять (부) 뒤로;повернуть ~ 뒤로 돌리다

встава́ние(중); почтить ~м 일어서서 경의를 표시하다, 일어서서 묵도하다

встава́ть (미완) ① 일어(나다)서다; встать! 일어섯! ② 일머서다, 궐기하다; ③ (해, 달) 돋다, 떠오르다; солнце встало 해가 떴다;

вста́вка (여) 삽입한 글, 삽입

вставля́ть (미완) 끼워 넣다, 맞추어 넣다, 삽입하다; ~ стекло́ в ра́му 창틀에 유리를 넣다;~зубы 이를 해 넣다

встре́ча (여) ① 만나는 것, 대면, 상봉; ② 마중, 환영(회) 모임, 회견, 영접; ③ (체육) 시합, 대전;

встреча́ть (미완) 만나다, 맞다들다, 마주치다,

영접하다 ② 마중하다, 맞이하다; ③ 얻다, 받다
встреча́ться (미완) ① 서로 만나다, 상봉하다, 마주치다, 맞대면하다 ② 맞다들다, 봉착하다; ③ 나타나다, 보게 되다, 눈에 뜨이다
встре́чный (형) 만나는, 마주오는, 마주치는; ~ый ветер 맞바람; ~ иск (법학) 맞소송; ~ план 대응계획
встря́хивать, (미완) **встря́хнуть** (완) 흔들다, 털다, 들추다
вступа́ть (미완) ① 들어가다, 들어서다, 진입하다; ② 가입하다, 입회하다, 가담하다; ③ 개시하다, 착수하다
вступи́тельный (형): ~ый взнос 입회금, 가입금; ~ое слово 개회사, 개막사;~ый экзамен 입학시험
вступле́ние (중) ① 들어가는 것, 가입, 입회, 가담; ~ в партию 입당 ② 머리말, 서문, 서론 ③ (음악) 서곡
всухомя́тку (부) (국이나 차 없이) 맨 빵으로; есть ~ 맨 빵으로 끼니를 에우다
всхли́пывать (미완) 흐느끼다, 흐느껴 울다
всходи́ть (미완) ① 오르다, 올라가다, 떠오르다 ② (해, 달이) 돋다, 뜨다 ③ 움트다, 싹이 트다
всхо́ды (복수) 움, 눈, 맹아, 싹
всхо́жесть 눈트는 힘, 발아력, 발아를
всыпа́ть, (미완) **всы́пать** (완) 쏟다, 쏟아 넣다, 담다
всю́ду (부) 어디서나, 가는 곳마다, 도처에서; везде и ~ 그 어디를 가나, 방방곡곡에서; ото~ 사방에서
вся́кий (형) ① 각, 매개, 매, 어떤 ~든지; во ~ое время 언제든지; ② 온갖, 갖가지, 여러 가지, 잡다한;
вся́чески (부) 갖가지로, 갖은 방법으로, 백방으로; ~ помога́ть 각방으로 돕다; ~ стара́ться 백방으로 노력하다
вся́ческий (형) 모든, 갖가지로, 각종의, 각가지의, 여러 종류의, 여러가지의, 각색의, 가지각색으로, 각양각색의.
вта́йне (부) 비밀리에, 비밀한 가운데. 남모르게, 가만히, 넌지시, 살그머니, 지그시, 슬그머니, 몰래, 은밀하게
вта́лкивать (미완) 밀어넣다, 들이 밀다, 밀쳐 넣다
вта́птывать (미완) 밟아 넣다, 다지다;
вта́скивать, (미완) **втащи́ть** (완) 끌어넣다, 끌어들이다, 끌고 들어가다, 끌어들리다
втека́ть (미완) 흘러들어가다
втира́ние (중) ① 비벼(문질러) 스며들게 하는 것 ② 피부에 문대는 약, 비비는 약, 연고
втира́ть (미완) 문질러 스며들게하다, 비벼넣다, 문지르

다; ~ мазь 고약을 비벼넣다(스며들게 문대다);
втира́ться (미완) 헤치고 들어가다;
вти́снуть (완) 밀어 넣다, 들이밀다, 끼워 넣다, 눌러 넣다
вти́снуться (완) 끼우다, 뚫고 들어 가다, 끼워 들어가다
втихомо́лку (부) 가만히, 슬그머니, 남몰래, 넌지시, 살그머니, 살짝, 지그시, 슬그머니
Втор (Пятая книга Моисея. Второ-законие 34장) 신명기
втолкова́ть (완), **втолко́вывать** (미완) 일깨워주다, 납득시키다, 역설하다
вторга́ться (미완), **вто́ргнуться** (완) ① 침입하다, 돌입하다, 침범하다, 침공하다; ~ разговор 말참견하다
вторже́ние (남) 침입, 침공, 침범, 개입
втори́ть (완) ① 되풀이하다, 반복하다 ② 맞장구치다
втори́чно (또)다시, 재차, 두 번째로
втори́чный (형) ① 재차, 두 번째; ② 2 차적인, 제 2기의, 부차적인; изделия ~ой обрабо́т-ки 2 차 가공품
вто́рник (남) 화요일(火曜日)
второ́й (수) ① 둘째, 두 번째, 제 2; ~ой раз 두 번째로; ② 부차적인, 2 차적인, 다음가는; ③ (명사), ~ ое (식사의) 두 번째 음식; узнать из ~ых рук 간접적으로 알다;
второпя́х (부) 조급하게, 덤비면서, 바빠, 서두르면서, 바쁘게, 속히, 급하게, 총총망망히, 총망히, 총총히
второстепе́нный (형) ① 부차적인; ② 평범한, 예사로운, 보통으로, 엔간한, 어여간한, 그저그렇다, 녹록하다
в-тре́тьих (부) 셋째로
втридо́рога (부) 세배나(아주) 비싸게;
втро́е (부) 세배로, 세배 더, 세겹으로; увели́чивать ~ 3(삼)배로 증가하다; сложи́ть ~ 세겹으로 접다;
втроём (부) 셋이서
вту́лка (여) (공학) 토시, 라이나
втыка́ть (미완) (바늘을)꽂다, 찌르다, 들이꽂다, 꽂아넣다
втя́гивать (미완) ① 끌어들이다, 끌어당기다 ② 빨아들이다, 흡수하다 ③ 끌어넣다, 이끌다, 인입하다
втя́гиваться (미완) ① 점차 들어가다(들어서다), 끌려들어가다 ② 버릇(습관)이 되다, 익숙해지다
вуа́ль (여) ① 베일, 면사포; ② 너울 ② 아지랑이, 안개, 청연; 내, 이내. 야마, 유사, 양염, 부기, 창애; 청람
ВУЗ (남) (вы́сшее уче́бное заведе́ние) 대학, 연구소, 고등교육기관

вулка́н (남) 화산(활화산·휴화산·사화산), 분화산;

вулканиза́ция (여)(공학) 고무의 유화

вулканизи́ровать (완, 미완) (공학) 고무를 유화하다

вулкани́ческий (형) 화산; ~ие острова 화산섬;

вульга́рный (형) 야비한, 상스러운, 더러운, 속된, 비속한; ~ вкус 범속한 취미; ~ посту́пок 비루한(천한) 행동

вундерки́нд (남) 천재, 신동, 재능이 뛰어난 아이

вход (남) ① 들어가는 것, 입장; ② 입구, 들어가는 어귀나 문. 문길; гла́вный ~ 정문

входи́ть (미완) ① 들어가다(서다), 입장하다, 포함되다; ② (동작, 행동의 시작을 표시함); ~ в привы́чку 버릇되기 시작하다, 버릇을 붙이다; ~ в мо́ду 유행하기 시작하다 ③ 깊이 파고들어가다, 파악하다; ~ в суть де́ла 본질을 파악하다

входно́й 입장, 입구; ~ой биле́т 입장권; ~ая пла́та 입장료;

вхолосту́ю (부) 헛되게, 보람없게, 허황하게, 공연히;

вцепи́ться, (완) **вцепля́ться** (미완) 붙잡다, 움켜잡다, 꽉 잡다, 꼭잡다, 쥐다, 그러잡다, 남취하다, 거머잡다,

вчера́ (부) 어제, 어저께, 어저께, 전날, 전일, 작일; 예스터데이(yesterday); 어즈께; ~ве́чером 어제 저녁에

вчера́шний (형) 어제의, 어저께의, 어제있는, 어제 날의

вче́рне (부) 대충, 대략적으로, 초벌로

вче́тверо (부) 네 배로, 네곱으로, 네 겹으로

вчетверо́м (부) 넷이서

в-четвёртых 넷째로

вчита́ться, (완) **вчи́тываться** (미완) 정독하다, 숙독하다, 주의하여 읽다, 자세히 읽다

вши́вый (형) 이투성이, 이끄러기

въезд (남) ① (타고) 들어가는 것; ~ в страну́ 입국 ② 입구, 문, 어귀; у́зкий ~ 좁은 입구

въезжа́ть, (미완) **въе́хать** (완) ① (타고) 들어가다(오다); ~ в го́род 도시에 들어가다; ② 거주하다, 이사하다

въездно́й (형) 입구(入口); ~ая ви́за 입국사증(入國査證)

вы(인칭대) ① (вас (생, 대), вам (여), ва́ми (조), о вас (전)) 당신; что с ва́ми? 당신은 무슨 일이 생겼습니까? благодарю́ вас 감사합니다. ② (복수) 당신들, 너희들, 여러분

выба́лтывать, (미완) **вы́болтать** (완) (비밀을) 입밖에 내다, 누설하다

выбега́ть, (미완) **вы́бежать** (완) 내달리다, 내닫다, 내달아 나오다(나가다), 뛰어나가다 (나오다)

выбива́ть (미완) ① 쳐부수다, 두들겨 부시다; ② 때려내 쫓다, 격퇴하다; ③ 털어내다, 떨어내다, 쳐서떨구다;

выбира́ть (미완) ① 고르다, 골라내다, 추리다, 선택하다; ~ кни́гу 책을 고르다; ② 선거(선출)하다; ~ делега́та 대표를 선거하다; ~свобо́дный час 짬을 내다(얻다)

выбира́ться (미완) 빠져나오다, 벗어 나다, 나오다; ~ из затрудне́ний 곤경에서 벗어나다; ~ в теа́тр (겨우) 극장에 갈 짬을 얻다

вы́боина (여) (길에 난) ① 웅덩이, 바퀴자리, 움파리 ② 페인자리, 홈

вы́бор (남) 선택, 선정, 골라내는 것;

вы́борка (여) 골라내는 것, 뽑(아내)기, 선택; де́лать ~у 골라내다, 뽑(아내)다, 산택하다

вы́борность (여) 선거제;

вы́борный (형) ① 선거의, 선거받은; ② (명사) (남) 선거 받은 사람, 대표자(代表者)

вы́боры (복수) 선거, 선정, 선발, 투표; всео́бщие ~ 총선거

выбра́сывать (미완) ① 내던지다, 내버리다, 집어던지다; ② 제거하다, 삭제하다, 치다, 없애다, 치우다;

выбра́сываться (미완) 뛰어나가다, 뛰어내리다;

выбыва́ть (미완), **вы́быть** (완) ① 나가다, 외출하다, 떠나다 ② 떨어져 나가다, 퇴직하다;

выва́ливаться (미완), **вы́валиться** (완) ① 빠지다, 떨어 지다 ② 밀려나오다

выва́ривать (미완), **вы́варить** (완) 삶아내다, 삶아서 얻어 내다

вы́ведать (완), **выве́дывать** (미완) 알아내다, 속뽑이하다, 탐지해내다; ~ та́йну 비밀을 탐지하다

выведе́ние (중): ~ но́вых сорто́в 새 품종을 얻어내는 것: ~ фо́рмулы 공식의 유도, ~ пя́тен 얼룩을 빼는 것

вы́вернуть(완), **выве́ртывать** (미완) ① 틀어서 뽑다(빼다), 비틀어 뽑다; ~ винт 나사못을 뽑다; ② 뒤집다; ~ карма́н 호주 머니를 뒤집다, ③ 비틀다; ~руку 팔을 비틀다

выверя́ть (미완) 바로 잡다, 교정하다, 검사하다;

вы́веска (여) 간판, 알림판, 게시판; ве́шать ~у 간판을 내걸다; под ~ой чего́ ~의 간판밑에, ~가면을 쓰고

выве́шивать (미완) 내걸다, 게시하다, 걸다; ~ объявле́ние 과고를 붙이다; ~ фла́ги 기발을 내걸다(드리우다)

вы́винтить(완), **выви́нчивать** (미완) 돌려빼다, 틀어뽑다

вы́вих (남)(의학) 뼈 어김, 탈구, 탈골
вы́вихнуть (완) 뼈다, 접질리다;~но́гу 발목을 뼈다
вы́вод (남) ① 결론, 귀착점, 맺음말, 결사, 결어, 귀결, 단안; ② 철거, 제거, 철회, 철병, 철퇴; ③ (공학) 배출, 인출, 방출, 배설
выводи́ть (미완) ① 이끌어내다, 데려 내가다, 철퇴시키다, 철거하다; ② 제명하다, 축출하다; ③ 자래우다, 키워내다, 길러내다, 배양 하다; ④ (해충 등을) 없애다, 박멸하다; ~ клопо́в 빈대를 없애다 ⑤ (얼룩 등을) 빼다, ⑥ (결론, 공식을) 짓다, 끌어내다; ⑦ (어떤상태, 처지에서) 벗어나게 하다; ~ из тру́дного по-ложе́ния 곤경에서 벗어나게 하다
выводи́ться (미완) ① 없어지다, 사라지다, 소멸되다 ② (병아리, 새끼가) 까나오다
вы́водок (남) 한배의 새끼들; ~ цыпля́т 한배의 병아리
вы́воз (남) ① 실어내는 것, 반출 ② 수출, 수출액; ~ капита́ла 자본 수출; ~ и ввоз 수출과 수입
вывози́ть (미완) 실어내다, 반출하다, 실어가다, 수출하다
вы́гадать, (완) **выга́дывать** (미완) 이득을 보다, 벌다, 절약하다; ~ вре́мя 시간을 얻어내다
выгиба́ть (미완) 굽히다, 구부리다
выгиба́ться (미완) 구부러지다, 휘어 지다
вы́глядеть (미완)~처럼 보이다, ~ 모양을 하다;
выгля́дывать (미완), **вы́глянуть** (완) 내다보다; ~ нару́жу 밖을 (내다)보다; ~ в окно́ 창밖을 내다보다
выгова́ривать (미완) ① 발음하다, 말하다 ② 나무람하다, 꾸짖다
вы́говор ① 말씨, 말루, 발음; плохо́й ~ 발음이 나쁘다; ② 책망, 질책, 꾸지람, 꾸중; стро́гий ~ 엄중경고; де́лать ~ 꾸지람 하다, 책망하다; получа́ть ~ 책망을 듣다,
вы́года (여) 이익, 이득; взаи́мная ~ 호혜
вы́годно (부) 유리하게, 이익이 나게
вы́годный (형) 이익이 되는, 유익한, 이로운, 유리한
вы́гон (남)(방) 목장, 방목지(放牧地)
выгоня́ть (미완) ① 쫓아내다, 몰아 내다; ② ~ с рабо́ты 일자리에서 내쫓다, 퇴직시키다; ~ из шко́лы 출학시키다
выгора́живать (미완) кого́ 변명하다, 변호하다, 감싸주다
выгора́ть, (미완) **вы́гореть** (완) ① 다 타버리다, 타 없어지다 ② (해별에) 색이 날다, 색이 바래다, 퇴색하다
выгреба́ть (미완) **вы́грести** (완) 긁어내다; ~ зо́лу 재를

긁어내다(체내다)

выгружа́ть, (미완) **вы́грузить** (완) (짐, 화물)을 부리다

вы́грузка (여) 짐 (화물) 부리기, 짐 (화물) 내리기, 하차;

выдава́ть (미완) ① 넘겨주다, 내주다, 주다, 발급하다, 교부하다, 수여하다; ② 배반하다, 일러바치다, 드러내놓다, 폭로 하다; ③ 생산해내다, 짜내다, 만들어 내다, ④ за *кого-что* ~ 체하다, ~이라고 하다, ~으로 가장하다, 속여 내놓다

выдава́ться (미완) ① 뻐져 나오다, 돌출하다 ② 생기다, 있다; ③ (특별히) 뛰어 나다, 뻐어지다.

вы́давить (완), **выда́вливать** (미완) ① 짜내다, 짜다 ② 눌러서 깨다(다스다); ~ слова 말을 짜다.

выда́блливать (미완) 쪼아내다, 쪼아 만들다, 후비다

вы́дача (여) ① 내주는 것, 넘겨주는 것, 발급 ② 교부, 분배

выдаю́щийся 뛰어난, 탁월한, 특출한, 출중한

выдвига́ть (미완) ① 내놓다, 빼내다, 내밀다, 앞으로 옮겨놓다 ② 제기하다, 제출하다; ③ 추천(추대)하다

выдвига́ться (미완) ① 앞으로 나서다 (나가다), 진출하다 ② 삐죽 나오다, 돌출하다 ③ 등용되다

выдвиже́ние (중) ① 제기, 제출, 선출, ② 추천, 천거, 거천, 천달, 천발, 추만, 천예, 노미네이션(nomination); ~ кандидатов 후보자추천, ③ 등용, 임용; ~ кадров 간부등용

вы́дворить, (완) **выдворя́ть** (미완) 추방하다, 내쫓다, 몰아내다

выделе́ние (중) ① 분리, 선출, 선발; ② 분여, 분배, 할당, ③ (생리) 분비(물), 배설(물), 배출; органы ~я 배설기

вы́делка (여) 가공, 제작; ~ кож 제혁(製革)

вы́делывать (미완) 가공하다, 만들어내다, 제작(제조) 하다; ~ кожи 생가죽을 이기다

выделя́ть (미완) ① 갈라내다, 뽑아내다, 선발하다 ② 분여하다, 할당하다, 지출하다 ③ (생리) 분비(배설) 하다

выделя́ться (미완) ① 뛰어나다, 빼어나다, 특출해지다 ② (생리) 분비(배설,배출)되다 ③ 떨어져나가다, 분리되다;

выдёргивать (미완) 잡아 뽑다, 잡아 채다, 당겨빼다

вы́держанный (형) 자제력 있는, 인내성 있는, 침착한

выде́рживать (미완) ① 견디어내다, 참아내다, 버티다, 이겨내다; ② 합격하다; ③ (술, 담배 등을) 오래 묶여두다;

вы́держка I (여) 자제력, 인내성, 견딜성, 뒷심

вы́держка II (여) 인용문, 발췌문
вы́дох (남) 내쉬는 숨, 날숨, 숨을 내쉬는 것
вы́дра (여) 수달, 수달피
вы́думать (완) (미완) 생각해낸 것, 짜낸 것, 발명, 꾸며내는 것; ~ но́вую игру́ 새로운 놀음을 생각해내다
выды́хать (미완) 숨을 내쉬다
выдыха́ться (미완) ① 냄새가 빠지다, 맛이 없어지다 ② 힘(맥)이 빠지다, 기진맥진하다, 무력해지다
вы́езд (남) ① 떠나는 것, 출발(出發) ② 어귀, 출구(出口)
выездно́й (형) 외출용; ~ая виза 출국사증;
выезжа́ть (미완) (타고) 떠나다(나가다), 출발하다;
вы́емка (여) ① 홈, 우묵한 곳 ② 꺼내는 것, 파내는 것, 추출; ~ земли́(гру́нта) 흙 파내기, 절토; ~ пи́сем 편지의 압수
выжива́ть (미완) ① 살아나다, 살아남다 ② кого́ ~를 퇴거 시키다, 살아있지 못하게 만들다, 쫓아내다;
выжига́ние (중) ① 낙인하는 것 ② 숯구이
выжига́ть (미완) ① 태우다, 태워 버리다 ② (쇠붙이 따위로 문의, 표식 등을) 새기다; ~ клеймо́ 낙인하다;
выжида́ние (중) 대기, 기회를 노리는 것, 엿보는 것
выжида́ть (미완) 기다려내다, 대기 하다, 엿보다; ~ удо́бного слу́чая 기회를 엿보다 (노리다)
выжима́ть (미완) ① 짜내다, 짜다; ~ бельё 빨래를 짜다; ~ сок 즙을 짜내다 ② (체육) 밀어올리다, 추상하다
вы́жимки (복수) 찌꺼, 찌꺼기; бобо́вые ~ 콩깻묵
вы́зволить, (완) **вызволя́ть** (미완) 건져내다, 구출하다, 구원하다, 구해내다; ~ из беды́ 재난에서 구출하다
выздора́вливать (미완), **вы́здороветь** (완) 완쾌되다, 병이 낫다, 완치되다
выздоровле́ние (중) 완치, 완쾌, 회복
вы́зов (남) ① 불러내는 것, 호출, 소환 ② 도전; броса́ть ~ 도전하다
вызыва́ть (미완) ① 불러내다, 부르다, 호출하다; ② 호소하다, 추동하다; ③ 일으키다, 일구다, 야기시키다, 자아내다; ~ интере́с 흥미를 자아 내다;
вызыва́ться (미완) ① 자청하다, 자진해 나서다; ~ помо́чь 도와주겠다고 자진해 나서다 ② чем-л. 의하여 야기되다
вызыва́юще (부) 도전적으로, 불손하게, 뻔뻔스럽게; вести́ себя́ ~ 도전적으로(불손하게) 행동하다
вызыва́ющий ① вызыва́ть-의 능동현재 ② (형) 도전적인,

불손한, 살똥스러운; ~ вид 건방진 태도

вы́играть, (완) **вы́игрывать** (미완) ① 이기다, 승리하다; ~ войну 전쟁에서 이기다(승리하다) ② (추첨 등에서) 당첨되다, 당첨되어 얻다, 따다 ③ 이익을 보다; ~ время 시간적 여유를 얻다

вы́игрыш (남) ① 맞은 돈, 딴 돈, 당첨금 ② 이득, 이익

вы́игрышный (형) ① 유리한, 우세한~ое положение 유리한(우세한) 입장 ; ~ый заём 당첨공채; ~ый вклад 추첨제저금

вы́казать, (완) **вы́казывать** (미완) 표시하다, 보여주다, 과시하다; ~ храбрость 과감성을 나타내다

выка́ливать (미완) 찌르다, 찔러서 빼내다, 꿰뚫다;

выка́пывать (미완) ① 파다, 구덩이를 파다, ② 파내다, 캐내다, 발굴하다 ③ 찾아내다

выка́рмливать (미완) 키우다, 길러내다, 사육하다

вы́катить, (완) **вы́катывать** (미완) 굴려내다

вы́качать (완), **вы́качивать** (미완) (펌프로) 빨아내다, 빨아올리다; ~ деньги 돈을 빼앗아내다;

выкипа́ть (미완), **вы́кипеть** (완) 끓어 없어지다, 끓어 증발하여버리다

выкла́дывать ① 내놓다, 꺼내놓다 ② 깔다, 펴다; ~ дорогу галькой 찻길에 자갈을 펴다; ~ начисто́ту 까바치다, 다(톡) 털어놓다

выкликать, (미완) **вы́кликнуть** (완) (큰소리로) 불러내다 (부르다) 호명하다, 외치다

выключа́тель (남) (전기) 스위치, 개폐기, 닫개

выключа́ть, (미완) **выключи́ть** (완) ① 끄다, 차단하다; ② 빼버리다, 제명하다, 삭제하다;

вы́корчевать, (완) **вы́корчёвывать** (미완) ① 뿌리채 뽑다; ② 근절하다, 뿌리뽑다, 뿌리빼다

вы́крик (남) 고함, 큰소리, 함성, 대함; 환성, 외침(소리), 부르짖음

выкри́кивать, (미완) **вы́крикнуть** (완) 소리치다, 소리쳐 부르다, 부르짖다, 외치다

вы́кроить (완) *см.* кроить ~ время 시간을 짜내다

вы́кройка (여) 본, 본보기; делать ~у 본을 뜨다

вы́крутить, (완) **вы́кручивать** (미완) (돌려서) 빼다; ~ лампочку 전구를 빼다

вы́крутиться (완) **вы́кручиваться** (미완) ① 돌아가면서

빠지다 ② (불쾌한, 불리한 처지에서) 모면하다, 빠져나오다, 벗어나다

выкуп (남) ① 몸값 ② 저당물을 찾아내는 돈
выкупать, (미완) **выкупить** (완) ① (저당물을) 되찾다 (찾아내다, 찾아오다) ② 몸값을 내고 해방하다
выкуривать, (미완) **выкурить** (완) ① (담배를) 다 피워 버리다, 피우다 ② 쫓아내다
вылавливать (미완) 잡아내다, 건지다;
вылазка (여) ① 출격, 기습 ② 산보, 들놀이;
выламывать (미완) 쳐부수다, 마스고 빼내다, 깨뜨려 빼내다
вылезать, (미완) **вылезть** (완) ① 기어나가다, 기어나오다, 기어오르다, 기(어가)듯 움직이다, 기어가다; ② 나오다, 내리다; ③ (머리칼, 털이) 빠지다;
вылет (남) ① 날아가는 것, 날아 오르는 것 ② 이륙, 비행기의 출발
вылетать (미완), **вылететь** (완) ① 날아나다, 날아가다, 날아오르다 ② 이륙하다, 출발하다;
вылечить (완) 완치하다, 병을 고치다
вылечиться (완) 완치되다, 다 낫다, 완쾌되다
выливать (미완) 따르다, 붓다, 쏟다, 엎지르다
выливаться (미완) ① 쏟아지다, 흘러 나오다, 새어나오다 ② *во что* 전화 되다, ~로 화하다, ~로 되다
вылитый: он ~ отец 그는 아버지와 생김새가 똑같다
вылупиться(완),**вылупляться**(미완) 껍데기를 까고나오다
выманивать, (미완) **выманить** (완) ① *кого;* 유인하다, 꾀어내다 ② *что* 꾀어 빼앗다, 속여먹다
выматывать (미완) 맥빠지게 하다, 지치게 하다;
выменивать (미완) **выменять** (완) 바꾸어서 얻다, 교환하여 얻다, 바꾸다
вымерзать, (미완) **вымерзнуть** (완) 얼어죽다, 얼어버리다
вымести, (완) **выметать** (완) 쓸어내다, 쓸어버리다, 소제하다; ~ сор из ко-мнаты 방안에서 쓰레기를 쓸어내다;
вымирание (중) 사멸, 몰사, 죽어 없어지는 것
вымирать (미완) ① 사멸하다, 몰사하다 ② 황폐해지다
вымогательство(중)강요(强要), 강청
вымогать (미완) 강청하다, 강요하다;
вымокать (미완), **вымокнуть** (완) 젖다, 속속들이 젖다
вымолвить (완) 말을 꺼내다, 말하다; он не ~л ни слова

그는 말 한마디도 하지 못하였다

вы́мпел (남) ① (해양) 돛대기(국적을 표시하는 기발) ② (항공) 통신 배달통 ③ (체육) 페네트

вы́мысел (남) ① 상상, 허구, ② 거짓말, 허위, 날조;

вы́мышленный (형) 꾸며낸, 상상한, 허위;

вы́мя (중) (짐승의) 젖통

вына́шивать (미완) 숙고하다; ~ мысль 생각을 익히다

вынима́ть (미완) 꺼내다, 빼내다, 뽑아내다, 집어내다

вы́нос (남): ~ тела 발인

выноси́ть (미완) ① 내가다, 가져가다, 들어내다, ② 참아내다, 견디어내다, 이겨내다; ~ боль 아픔을 참아내다

выно́сливость (여) 참을성, 견딜성, 인내성, 지구성

выно́сливый (형) 참을성 있는, 인내성 있는, 견딜힘이 센

вы́нудить (완), **вынужда́ть** (미완) что-л. делать ~하게 하다, ~시키다, 강제로 ~하게 하다(시키다), 강압적으로 ~ 하게 하다;

вы́нужденный (형) 부득이한; быть ~ым что-л. сделать ~할 수 밖에 없다, 부득이 ~하게되다; ~ая посадка 불시착륙

вы́нырнуть (완) (위에) 헤어나오다(떠오르다), 물속에서 불쑥 나오다

вы́пад (남) 적대행동, 공격, 비난, 독설

выпада́ть (미완) ① 떨어지다; ~ из рук 손에서 떨어지다, ② 빠지다; ③ (비, 눈이) 내리다, 오다

выпека́ть, (미완) **вы́печь** (완) 구워 만들다, 굽다

выпи́ливать (미완), **вы́пилить** (완) (톱으로) 도려내다, 따내다, 톱으로 켜서 만들다

выпира́ть (미완) 앞으로(밖으로) 나오다, 불쑥거리다, 돌출하다

вы́писка (여) 발췌한 것, 발췌문, 인용문

выпи́сываться (미완): ~ из больницы 퇴원하다

выпи́хивать (미완), **вы́пихнуть** (완) 밀어내다, 밀어 던지다, 내쫓다

вы́плавка (여) (공학) ① 용해, 용해하여 뽑아내는 것; ② 용해량; суточная ~ 하루용해량

выплавля́ть (미완) 용해하여 뽑아 내다, 용해하다; ~ чугун 선철을 뽑다 (생산하다); ~ сталь 제강하다

вы́плата (여) 지불, 꺾어물기; ~ долга 빚을 갚는 것

вы́платить, (완) **выпла́чивать** (미완) 지불하다, 다 물다, 물어주다, 치르다; ~ долги 빚을 갚다

выплёвывать (미완) 뱉다, 내뱉다, 뱉아 버리다
выплёскивать, (미완) **выплеснуть** (완) (물 등을) 내뿌리다, 쏟뜨리다
выплыва́ть, (미완) **вы́плыть** (완) ① 헤엄쳐 나오다, 떠오르다 ② 나타나다, 들어나다
выполза́ть, (미완) **вы́ползти** (완) 기어나오다, 기어나가다
выполне́ние (중) 수행, 완수, 실행, 이행;
вы́полнить, вы́полнять (미완) 수행하다, 완수하다, 해내다, 실시하다; ~ план 계획을 완수하다
вы́правка (여) 몸가짐, 자세; вое́нная ~ 군인다운 자세
выправля́ть (미완) ① 바로잡다, 개선 하다, 고치다; ~ положе́ние 사태를 바로잡다 ② 곧게하다, 고르잡다, 펴다
выпра́шивать (미완) 졸라서 얻다, 간청하다
выпрова́живать (미완), **вы́проводить** (완) 나가게하다, 쫓아보내다, 쫓아 내다
выпры́гивать (미완), **вы́прыгнуть** (완) 뛰어나오다, 뛰어 나가다, 뛰어 내리다
выпряга́ть (미완), **вы́прячь** (완) 마구를 풀다
выпрями́тель (남)(공학) 정류관, 정류기
выпрямля́ть (미완) 펴다, 곧게하다
выпрямля́ться (미완) 펴지다, 곧아 지다, 바로서다, 허리(몸)를 펴다
вы́пуклость (여) 불룩 나오는 것, 불거진 것, 돌출부
вы́пуклый (형) ① 볼록한, 불룩나온; ~ое зе́ркало 볼록거울 ② 불거진, 두둑룩한
вы́пуск (남) ① 생산, 생산량; ② 졸업, 졸업식 ③ 졸업생수 ④ 발행, 발간; ~ за́йма 공채발행
выпуска́ть (미완) ① 내보내다, 놓아주다; ~ из рук 놓치다 ② 생산하다, 만들어내다; ③ 졸업시키다 ④ 발행(발간)하다; ⑤ 석방하다, 내놓다, 놓아 보내다.
выпускни́к, (남) **-ца́** (여) 졸업생, 졸업반학생
выпускно́й (형) ①: ~ые экза́мены 졸업시험 ② (공학): ~ой кла́пан (공학) 배기변; ~ое отве́рстие 배출구, 뺄 구멍
вы́путаться (완) **вы́путываться** (미완) ① 풀려나다 ② 빠져나오다, 벗어나다; ~ из беды́ 불행에서 빠져나오다
выпу́чивать (미완) **вы́пучить** (완); ~ глаза́ 눈을 부릅뜨다
вы́пытать, (완) **вы́пытывать** (미완) 알아내다, 실토케하다, 밝혀내다
выраба́тывать(미완) **вы́работать** (완) ① 생산하다, 만들어

내다, 짜내다, 제작하다; 작성하다; ② 기르다, 배양하다

вы́работка (여) ① 생산, 산출, 제조, 제산, 제작, 제술; ~а электроэне́ргии 전력생산 ② 생산품 ③ 생산량, 생산고

выра́внивать (미완) 고르게 하다, 평탄하게 하다, 평평하게 하다; ~ доро́гу 길바닥을 고르게하다(평탄하게 하다);

выража́ть (미완) 표현(표시)하다, 나타내다

выража́ться (미완) ① 말하다 ② 나타나다, 표현되다, 표시되다

выраже́ние (중) ① 표현, 표명, 표시, ② 말, 말투 ③ (수학) 식(式); алгебраи́ческое ~대수식;~лица́ 얼굴 표정,

выраже́нный: я́рко~ 뚜렷하게 나타난

вырази́тель (남) 구현자, 표현자

вырази́тельно (부) ① 표현력있게, 표정이 풍부하게, 뚜렷 ② 실감있게, 의미심장하게;

вырази́тельный (형) ① 표현력이 강한, 표현성이 풍부한; ② 표정이 풍부한, 의미심장한, 뜻깊은;

выраста́ть, (미완) **вы́расти** (완) ① 자라나다, 자라다, 성장하다, ② 커지다, 증대되다, 늘어나다 ③ 어른(성인) 이 되다, 다 자라다

вы́растить, (완) **выра́щивать** (미완) ① 키우다, 기르다, 키워내다, 재배하다, 가꾸다; ~ дете́й 아이들을 기르다; ~ де́рево 나무를 자래우다 ② 교양(양성)하다, 교육하다

выреза́ть, (미완) **вы́резать** (완) ① 베여내다, 잘라내다; ② 조각하다, 새기다

вы́резка ①: газе́тная ~ 신문에서 오려낸 발췌문 ② (등심에서 제일 좋은) 살고기

вырисо́вываться (미완) 뚜렷이 나타나다, 똑똑히 보이다

вы́родиться, (완) **вырожда́ться** (미완) 변질하다, 퇴화하다, 나쁘게 되다

вырожде́ние (중) 퇴화(退化), 변질

выруба́ть (미완), **вы́рубить** (완) (모조리) 베어버리다, 찍어내다, 채벌하다, 벌채하다, 베내다; 떠내다, 잘라내다

вы́рубка (여) ① 나무베기, 채벌 ② 나무벤자리, 그루터기

выруча́ть, (미완) **вы́ручить** (완) ① 건져내다, 구출하다, 도와주다, 살려주다 ② 벌다, 건지다; ~ капита́л 밑천을 건지다; ~ де́ньги (за това́р) 팔아서 돈을 가지다

вы́ручка (여) ① 수익금, 돈, 매상고 ② 구출, 구원, 건져내는 것; идти́ на ~у 구원하러 떠나다

вырыва́ть I (미완) 잡아빼다, 빼내다, 뽑아내다, 뜯어내다;

- 101 -

~из рук 손에서 빼앗다; ~признание 강제로 자백시키다
вырыва́ть II (미완) ① 파다; ~ я́му 구덩이를 파다, ② 파내다, 캐내다; ~ка́мень 돌을 파내다
вырыва́ться (미완) ① 빠지다, 떨어지다; стака́н вы́рвался из рук 컵이 손에서 떨어졌다 ② 벗어나다, 빠져나오다, 탈출하다; ~из окруже́ния 포위망에서 빠져나 오다
вы́садка (여) ① 내리우는 것, 내리는 것, 상륙, 착륙, ② ~деса́нта 특전대의 상륙(착륙), 옮겨심기, 떠옮기기
выса́живать (미완) ① 내리우다, (차에서) 내리게하다, 상륙(착륙)시키다; ② 옮겨심다, 떠옮기다, 심어 가꾸다
выса́живаться (미완)(차, 배에서) 내리다, 상륙하다
выса́сывать (미완) 빨아먹다, 빨아 내다; ~ все со́ки 고혈을 짜내다; ~из па́льца 근거없이 꾸며내다
высве́рливать, (미완) **высверли́ть** (완) 구멍을 뚫다
высвободи́ть(완), **высвобожда́ть**(미완) ① 해방하다, 벗어나게 하다, 구출하다 ② 빼내다;
высека́ть (미완) 새기다, 돌을 깎아 조각하다;
выселе́ние (중) ① 이주시키는 것 ② 추방. 축출, 출방.
выселя́ть, (완) **вы́селить** (미완) 이주 시키다, 추방하다
вы́сидеть, (완) **выси́живать** (미완) ① (알을 품어서) 까다; ~ цыпля́т 병아리까다, ② 오래 앉아있다(앉아서 기다리다)
высится(미완) 솟아있다, 우뚝 (높이) 솟아있다, 드솟다
выска́бливать (미완) ① 긁어내다, 깎아내다, 오비다 ② 깨끗하게 하다, 깨끗이하다(닦다)
выска́зывание (중) ① 발언, 발어, 진술 ② 소견, 의견
выска́зывать (미완) ① 말하다, 발언하다, 말로 표현하다, 진술하다; ~ своё мне́ние 자기 의견을 말하다
выска́зываться (미완) 발언하다, 생각(의견)을 말하다, 진술하다; открове́нно ~ 토로하다
выска́кивать (미완) ① 내뛰다, 뛰어오다, 뛰어나가다, 뛰어내리다; ② 빠지다, 떨어지다, 추락(낙하)하다;
выска́льзывать ① 미끄러져 떨어지다(빠져나가다) ② 슬그머니 나가 버리다, 살짝 빠져나가다, 뺑소니를 치다
высле́дить, (완) **высле́живать** (미완) ① 자취를 찾아내다, 종적을 찾다; ~ зве́ря 짐승의 자취를 찾아내다 ② 몰래 따라다니다, 미행하다
вы́слуга (여) 근무 년한, 연금;
выслу́живаться (미완), **выслужи́ться** (완) пе́ред кем 아첨하여 신망을 얻다

вы́слушать (완), **вы́слушивать** (미완) ① (끝까지) 듣다 ② (의학) 청진하다

высме́ивать (미완), **высме́ять** (완) 비웃다, 조롱하다, 조소하다, 놀리다, 비웃적거리다, 비웃적대다, 남우세하다, 빈정거리다, 비아냥거리다, 비아냥대다, 비방하다,

высо́вывать (미완) 내밀다, 밀어내다, 내놓다; ~ язы́к 혀를 내밀다

высо́вываться (미완) ① 내다보다 ② 보이다, 불쑥밖으로 나오다, 나타나다 ③ 삐어져 나오다.

высо́кий (형) ① 높은, 드높은, 키 큰; ~ дом 높은 집; ② 고상한, 고귀한, 고매한; ~ое зва́ние 고귀한 칭호;

высоко́ (부) ① 높이, 크게, 고상하게 ② (술어로) 높다

высоково́льтный (형) (전기) 고압; ~ая ли́ния переда́чи 고압송전선

высокого́рный (형) 고산(高山); ~ райо́н 고산지대

высокоиде́йный (형) 사상성이 높은

высокока́чественный (형) 질이높은, 품질이 좋은, 고급의; ~ това́р 고급 상품; ~ое зерно́ 우량곡

высококвалифици́рованный (형) 자질(기능)이 높은; ~ рабо́чий 숙련노동자, 숙련공, 고급(기능)공

высокоме́рие (중) 거만, 교만(驕慢)

высокоме́рный (형) 거만한, 교만한

высокопа́рный (형) 과장된, 분식된

высокопоста́вленный (형) 고위급, 지위가 높은;

высокопроизводи́тельный (형) 생산성이 높은, 고성능, 성능높은; ~ая маши́на 성능 높은 기계

высокосо́ртный (형) 품질이 높은, 고급; ~ това́р 고급상품

высота́ (여) ① 높이, 고도, 키; ② 고지, 높은 곳, 창공; ③ (수학) 드림선, 수선, 드림선 의 길이

высо́тный (형); ~ое зда́ние 고층건물; ~ый полёт 고공비행

высотоме́тр (남) 고도계(高度計)

выспра́шивать (미완), **вы́спросить** (완) 캐어물어 알아내다, 자세히 캐어 묻다

вы́ставка (여) 전람회, 전시회, 전람관;

выставля́ть (미완) ① 앞에(앞으로) 내놓다(내밀다); ~ стол 책상을 앞으로 내놓다, ② 밖에 내놓다; ③ 빼내다, 뽑아내다, ④ 진열하다, 전시하다;

вы́ставочный (형): ~ зал 전람실; ~ павильо́н 전람관

вы́стоять (완) 이겨내다, 견디어내다

вы́стрел (남) ① 사격, 발사; производить ~ 사격(을)하다, 쏘다; одним ~ом 단발에 ② 총소리, 포소리, 사격소리

выстуќивание (중)(의학) 타진(打診)

вы́ступ(남) 쑥 내민 곳, 돌출부; ~горы 산모퉁이; ~ стены 벽의 쑥 내민 곳; ~ стола 상의 앞턱

выступа́ть (미완) **вы́ступить** (완) ① 나서다, 나와 서다, 앞으로 나가다 ② 출동(출발)하다, 떠나다; ③ 출연(공연)하다, 연설(발언)하다; ④ 솟아나다, 불룩하다, 쑥 내밀다 ⑤ 돋아나다, 나다; ⑥ за что~을 주장하다

выступле́ние (중) ① 출발, 출동, 진출, ② 토론, 발언, 연설 ③ 공연, 출연; ~ арти-стов 배우들의 공연

высу́шивать, (미완) **вы́сушить** (완) (바싹) 말리다, 건조하다, 건조시키다

вы́считать (완), **высчи́тывать** (미완) 계산(결산)하다;

вы́сший (형) ① 제일, 높은, 최고도; ② 최고, 최상 ③ 고등, 고급

высыла́ть(미완) ① 보내다, 발송하다, 파송(파견)하다; ~ посылку 소포를 보내다; ② 추방하다, 유배보내다, 내쫓다;

вы́сылка (여) ① 발송, 파송; ② 추방, 축출, 출방, 유형

высыпа́ть, (미완) **вы́сыпать** (완) ① 쏟다, 털어내다; ② 발진하다, 발진이 돋다 ③ (군중들이) 쏟아져 나오다, 밀려나오다

высыпа́ться (미완) I, высыпаться (완) 쏟아지다, 흘러 떨어지다

высыпа́ться (미완) II 실컷 자다, 충분히 자다

высыха́ть (미완) ① 마르다, 건조되다, 들이마르다; бельё высохло 빨래가 말랐다 ② (밀물이) 물러가다, 써다

выта́лкивать (미완) 내밀다, 밀어내다, 밀치다, 밀쳐서 내쫓다

выта́птывать (미완) 밟아서 없애버리다, 짓밟다, 유린하다

выта́скивать (미완) ① 끌어내다, 들어 내다; ~ вещи на улицу 짐을 밖으로 들어내다 ② 뽑다, 빼다, 끄집어내다, 꺼내다; ~ гвоздь 못을 뽑다; ③ 훔치다, 소매치기라다

выта́чивать (미완): ~ нож 칼을 갈다; ~ деталь 부속품을 깎아 만들다

вытека́ть (미완) ① 흘러나오다, 흘러 내리다 ② 결론이 나오다

вы́теснить, (완) **вытесня́ть** (미완) 밀어내다, 몰아내다, 내쫓다, 구축하다

вытира́ть(미완) 닦다, 씻다; ~ стол 책상을 닦다; ~ посуду 그릇을 닦다; ~пыль 먼지를 훔치다; ~пот 땀을 씻다

вы́ткать (완) 짜다; ~узор 무늬를 놓아 짜다

вытря́хивать, (미완) **вы́тряхнуть** (완) 털다, 털어내다, 흔들어 떨구다; ~пыль 먼지를 털다

выть (미완) 울부짖다, 짖다, 울다; собака воет 개가 짖는다; ветер воет 바람이 울부짖는다

вытя́гивать (미완) ① 끌어내다, 뽑아내다; ~ дым 연기를 내뿜다; ② 늘이다, 펴다, 뻗다, 늘어뜨리다

вытя́гиваться (미완) ① 펴지다, 깊어지다 ② 늘어나다, 커지다 ③ 자라다 ④ 몸을 쭉 펴다, 차렷하다

вытя́жка (여) ① (화학), (의학) 엑기스, 추출물 ② 뽑아내는 것, 빨아내기; стоять на ~у 곧추서다, 차렷 자세를 취하다

вытяжно́й (형) ~ шкаф (화학)(유독가스) 배기작업대

вы́учка (여) 훈련, 준비 (정도), 솜씨

выха́живать (미완) ① 기르다, 키우다 ② 돌보다; ~ больного 환자를 간병하다

вы́хватить, (완) **выхва́тывать** (미완) 잡아채다, 빼앗다, 가로 채다; ~из рук 손에서 잡아채다

вы́хлоп (남) (공학) 배기, 배출(排出)

выхлопно́й (형)(기체) 배출의, 배기의: ~газ 배기가스; ~ая труба 공기배기관, 배기관

вы́ход (남) ① 나가는 것, 나오는 것; при ~е 나갈 때에, ② 출구, 나가는 문; запасный ~ 비상구 ③ 발행, 발간 ④ 해결책, 출로, 활로; ⑤ 탈회, 탈퇴; ~ из партии 탈당

вы́ходец (남) 출신, 이주자; ~из крестьян 농민 출신

выходи́ть (미완) ① 나오다, 나가다, 떠나다, 외출하다; (어떤 상태에서) 벗어나다, 헤어나다 ③ 되다, 산출나다, 발생(유래.생기)하다, 야기하다, 생기다 ④ 발간되다, 출판되다 ⑤ 떨어지다, 끝나다, 소비되다;

вы́ходка (여) 불손한 행동, 무례한 행동, 비행;

выходно́й (형); ~ день 쉬는 날, 휴식일, 공휴일;

вы́цвести, вы́цветать (미완) (빛이) 날다, 퇴색하다, 색이 바래다

вычёркивать (완), **вы́черкнуть** (완) 지우다, 삭제하다, 제명하다; ~из памяти 잊어버리다

вы́черпать(완) **вычёрпывать** (미완) 퍼내다, 떠내다;

вы́чет (남) 공제; ~ы (복수) 공제액; за ~ом *чего* ~를 제외

하고

вычисле́ние (중) 계산, 셈, 연산; 산출, 카운트(count)

вычисли́тельный (형) 계산의; ~ая машина 계산기

вы́числить, (완) вычисля́ть (미완) 계산하다, 산출하다

вычита́ние (중) 덜기, 감(減), 감산, 빼기, 공제, 뺄셈,

вычита́ть (미완) 빼다, 덜다, 감하다, 공제하다, 덜어내다, 줄이다, 떼어내다, 적게하다, 줄게하다,

вышви́ривать (미완), **вы́швырнуть** (완) ① 내던지다, 내치다, 내뜨리다 ② 쫓아버리다, 몰아내다

вы́ше ① (부) (высоко, высокий 의 비교급) 더 높이, ~보다 높이; ② 이상; температура ~ нуля 영(0)도 이상의 온도 ③ 위에서, 이상에서; как указывалось ~ 위에서 지적한바와 같이 ④ 상류쪽으로; идти́ по тече́нию 상류쪽으로 가다

вышеска́занный (형) 위에서 말한 (이야기한), 상술한; ~ое (중) 앞서 이야기한 것

вышестоя́щий (형) 상급(上級); ~ орган 상급기관

вышеука́занный (형) 위에서 지적한

вышеупомя́нутый (형) 위에서 언급한

вышива́ние (중) ① 수놓이, 자수 ② 자수품, 수놓은 것

вышива́ть (미완) 수놓다, 자수하다

вы́шивка (여) 수놓은 무늬, 수; платье с ~ой 수를 놓은 옷

вышина́ (여) ① 높이, 고도; ~ой в 200 ме́тров 높이 200 (이백) 미터의 ② 높은 곳; в ~е 고공에서, 하늘높이

вы́шка (여) 탑(塔), 망루, 타워, 탑All, 솔도파; сторожева́я ~ 감시탑; бурова́я ~ 시추탑; ~ для прыжко́в в во́ду 도약대

выявля́ть (미완) 나타내다, 드러내다, 밝혀내다, 찾아내다; ~ тала́нт 재능을 나타내다; ~ причи́ну 원인을 찾다

выявля́ться (미완) 나타(드러)나다, 발로되다, 밝혀지다

выясне́ние (중) 해명(解明), 조사, 판명

выясня́ть (미완) 해명하다, 명백히하다, 밝혀내다, 판명하다, 조사하다;~ оши́бки 잘못을 밝히다

выясня́ться (미완) 해명(판명)되다

вью́га (여) 눈보라, 취설, 설풍, 설한풍, 눈바람

вьюк (남) 꾸러미, 보따리, 짐짝, 포장한 짐(묶음), 바리짐.

вью́чный (형) 짐 싣는

вью́щийся (형) 곱슬곱슬한; ~иеся расте́ния 덩굴성식물, 만경식물

вя́жущий (형): ~ее сре́дство (의학) 수렴제

вяз (남) 느릅나무

вяза́льный(형): ~ая спица 뜨개바늘
вяза́ние ① 뜨개질, 묶는 것 ② 뜨개 것, 뜨개 옷
вяза́нка (여) 단, 묶음; ~ дров 나무단
вяза́нный (형): ~ая одежда 뜨개 옷; ~ая кофта 뜨개저고리
вяза́ть (미완) ① 묶다, 매다, 결박 하다; ~ снопы 단을 묶다 ② 뜨다, 뜨개를 뜨다, 뜨개질하다; ~ чулки 양말을 뜨다
вя́зкий (형) ① 점질, 점착성 있는, 끈끈한, 진득진득한; ~ая почва 점질토양 ② 질척한
вя́знуть (미완) 빠지다; ~ в грязи 진창에 빠지다
вя́леный(형)(볕에) 말린; ~ая рыба 말린 물고기
вя́лый (형) ① 시든, 시들시들한 ② 풀기없는, 활기없는, 나슨한, 느른한
вя́нуть (미완) 시들다, 시들어 죽어 가다.

Г

габари́т (남) ① 바깥테두리, 외형, 윤곽; ② 크기, 치수, 사이즈(size), 규격, 표준, 기준, 스탠다드(standard)
га́вань (여) 항구, 항만, 항(港), 포구, 부두; военная ~ 군항
гага́ра (여) (조류) 논병아리, 담아지
гада́лка (여) 여자 점쟁이
гада́ть (미완) ① 점치다; ② 예측하다
га́дить (미완) ① 짐승이 똥싸다, 배설하다; ② *что* 더럽히다; ③ *кому-чему* 해를 주다, 해를 끼치다
га́дкий (형) ① 추잡한, 더러운, 망측한; ② 구역질나는, 얄미운, 냄새가 구리터분한
га́дость (여) 더러운 것, 추악한, 비열성;
гадю́ка (여) 불살모사, 독사(毒蛇)
га́ечный (형): ~ ключ 드라이버
газ (남) ① 가스, 기체; приро́дный ~ 천연가스; ② (복수) **~ы** (의학) 방귀; дать ~ 속도를 가하다;
газе́та (여) 신문; подписываться на ~у 신문을 주문하다
газе́тный (형) 신문의; ~ая статья́ 신문기사
газе́тчик (남) 신문배달부, 신문일군; 신문판매원
газиро́ванный (형): ~ая вода́ 탄산수
газифика́ция (여) 가스화
газифици́ровать (미완) 가스화하다
га́зовый (형) ① 가스의 기체의; ~ое отопле́ние 가스난방; ~ое то́пливо 기체연료; ② ~ая ата́ка 독가스 공격
газогенера́тор (남) 가스 발생기
газоли́н (남) 가솔린, 휘발유, 벤진
газо́н (남) 잔디, 잔디밭
газообме́н (남) 가스갈기, 가스교환
газообра́зный (형) 가스성질을 가진, 기체성, 기체상의; ~ое

- 109 -

тело 기체; ~ое состояние 기체상태
газопровод (남) 가스관, 가스수송관
газоубежище (중) 독가스대피소, 방독실
Гайти (중) 아이디(ID; 개인식별기호)
гайка (여) 암나사, 너트(nut); за-крутить ~и 나사못을 죄다
Гал [Послание к Галатам, 6장] 갈라디아서
Галактика (여) 은하, 은하수, 은하계
галантерейный (형): ~ые товары 잡화; ~ый магазин 잡화점
галантерея (여) 잡화(雜貨)
галдёж (남) 떠드는 소리, 뭇소리, 웅성대는 소리
галдеть (미완) 떠들다, 지껄이다, 웅성대다, 왁짝거리다
галерея (여) ① (연결) 복도; ② (극장안의) 상층좌석; ③ 갱도(坑道); картинная ~ 미술 전람관, 박물관
галиматья (여) 황당무게한 것, 허튼소리, 어리석은 말
галка (여) 갈가마귀, 땅까마귀
галлон (남) 겔론(액체체적의 단위)
галлюцинация (여) 환각(幻覺), 착각
галоп (남) (말의) 모두 뜀, 모둠 뛰기
галочка (여) 체크(check: V 모양의 표시);
галоша (여) 고무 덧신
галстук (남) 넥타이; завязывать ~ 넥타이를 매다
гальванизация (여) 전기를 흐르게 하는 것, 전기 치료법,
гальванометр (남) 검류계(檢流計)
гальванотехника (여) 전기도금학
галька (여) 조약돌, 물돌; крупная ~ 밤자갈, 왕자갈
гам (여) 왁자지껄 떠드는 소리, 뭇소리, 웅성대는 소리
гамак (남) 그물침대
гамма (여) (음악) 음계;
гаммалучи (공학) 감마선(gamma rays, γ線)
гангрена (여) 괴저, 탈저, 탈저정(脫疽疔)
гангстер (남) 강도(强盜), 갱, 도둑, 악한
гандбол (남) 송구, 핸드볼(handball)
гандболист (남), ~ка (여) 핸드볼선수
гантели (복) 아령
гаолян (남) 수수. 고량. 촉서. 고량, 노제, 촉출, 당서
гараж (남) 자동차 차고, 자동차 정비소
гарант (남) 담보자, 보증인(保證人)
гарантийный (형) 보증의, 담보의; ~ое письмо 보증서
гарантировать (미완) 보증하다, 보장하다, 담보하다

- 110 -

гара́нтия (여) 보증(保證), 보장(保藏), 담보(擔保).
гардеро́б (남) ① 옷장, 양복장; ② 옷보관실, 옷맡기는 곳
гардеро́бщик (남), **~ца** (여)(극장서) 옷맡아 보관하는 사람
гарди́на (여) 창가림, 커튼
гармо́ника (여) 손풍금, 아코디언(accordion);
гармони́ровать (미완) *с чем* ~와 조화(일치)하다, 어울리다
гармони́ст (남) 손풍금수
гармони́чный (형) 조화로운, 일치된 어울리는, 어우러지는 어울어지는, 걸맞은, 얼맞은, 어금지금하는
гармо́ния (여) ① (음악) 화음, 화성; ② 조화, 협화, 일치
гармо́нь (여) 손풍금, 수풍금, 아코디언(accordion)
гарнизо́н (남) (군사) 수비대, 경비대, 주둔군(병), 주둔군:
гарни́р (남) (요리에서) 곁부침, 덧부침, 반찬.
гарниту́р (남) (가구 등의) 한조, 한 벌, 일식;
гарпу́н (남) 작살, 고래작살
гарпу́нный (형) 고래잡이의: ~ая пушка 고래잡이포, 포경포
гарпу́нщик (남) 포경포수, 작살군
га́рь (여) 탄냄새; па́хнет ~ю 탄냄새가 난다
гаси́ть (미완) ① 끄다, 소화하다, 소등하다; ~ свет 전등을 끄다, 전기를 끄다; ② 억제하다, 억누르다
га́снуть (미완) ① 꺼지다; ② 약해지다, 사라지다
гастри́т (남) (의학) 위염(胃炎), 위장염. 위카타르.
гастролёр (남) 순회공연배우
гастроли́ровать (미완) 순회공연하다
гастро́ль (여) 순회공연(巡廻公演)
гастро́льный (형): ~ая пое́здка 순회공연의
гастроно́м (남) 식료품상점
гастроно́мия (여) 식료품(食料品), 식품(食品)
гауби́ца (여) 곡사포(曲射砲), 대포, 박격포
гауптва́хта (여) (군사) 영창
гашёный (형): ~ая и́звесть 소석회
гвалт (남) 떠드는 소리, 야단법석이다, 웅성거리는 소리;
гварде́ец (남) 근위병, 근위대원, 근위병(近衛兵)
гварде́йский (형) 근위대의, 근위병의; ~ое зна́мя 근위군기,
гва́рдия (여) 근위대, 근위병대; Кра́сная ~ (역사) 적위군
гвозди́ка (여) 패랭이꽃, 석죽, 천국(天國), 석죽화
гвоздь (남) 쇠못, 나무못, 구두못, 대갈 못
где́ (부) ① (의문) 어디에, 어느 곳에, 어디서; ② (관계대) там,~ нахо́дится его́ дом 그의 집이 있는 곳에; ③ (вот и

함께) 바로 여기에; ~бы то ни было 어디서든지,
где-либо, где-нибудь (부) 어디에나, 어디선가, 어떤 곳에서나, 아무데나; ~ в другом месте 어느 다른데서
где-то (부) 어디엔가, 어디선가, 어느 먼곳에(서);
гегемон (남) 주동자, 영도자, 패권자
гегемония (여) 지배권, 헤게모니(Hegemonie), 패권, 제패
гейзер (남) (지질) 간헐천, 간헐온천
гектар (남) 헥타르(hectare; 1만 ㎡, 100아르; 기호 ha.)
гектограф (남) 등사판, 등사기(謄寫機)
гелий (여) 헬륨(helium; He, 원자번호는 2)
гемоглобин (남) 혈색소, 헤모글로빈(hemoglobin)
геморрой (남) (의학) 치질(痔疾)
генеалогия (여) ① 가계, 혈통, 계보; ② 계통학, 계보학
генеалогический (형):~ая таблица 가계표
генезис (남) 기원, 발생, 발생사
генерал (남) 장군; ~ армии 대장; ~-лейтенант 중장
генерал-губернатор (남) 총독
генералиссимус (남) 대원수
генералитет (남) 장령들
генеральный (형) 일반적인, 총체적인, 총적
генератор (남) 발전기, 발생기; газовый ~ 가스발생기
генетика (여) 유전학(遺傳學)
гениальность (여) 천재성
гениальный (형) 천재적인
гений (남) 천재, 수재, 비상한 재능
генконсул (남) 총영사(總領事)
генштаб (남) 총참모부; начальник ~а 총참모장
географ (남) 지리학자(地理學者)
географический (형) 지리학의;~ое название 고장이름,
география (여) 지리, 지리학; физическая ~ 자연지리;
геодезия (여) 측지학(測地學)
геодезист (남) 측지일군, 측지학자
геолог (남) 지질탐사일군, 지질학자
геологический (형) 지질의;~ая карта 지질도;
геология (여) 지질학
геологоразведка (여) 지질탐사
геологоразведочный (형) 지질타사의;
геометрический (형) 기하학의;~ая прогрессия 기하급수
геометрия (여) 기하, 기하학

геополи́тика (여) (철학) 지정학(地政學)
георги́н (남) 다알리아꽃, 싸다리아
геофи́зика (여) 지구물리학
геохи́мия (여) 지구화학
герб (남) 국장; государственныый ~ 국장(局長)
герба́рий (남) 식물표본집(植物標本輯)
герби́циды (복수) (화학) 제초제(除草劑). 살초제(殺草劑)
ге́рбовый (형) ① 국장의; ②~ая бумага 인지용지;
гермети́ческий (형) 밀폐의 기밀의;~ая камера 밀폐실;
геро́изм (남) 영웅성, 영웅주의
герои́ня (여) ① 여성영웅; ② 여주인공; мать~ 모성영웅
герои́чески (부) госудярственно 영웅적으로 영웅답게
герои́ческий (형) 영웅적인, 영웅한, 장렬한;
геро́й (형) ① 영웅, 용사, 영웅호걸, 호걸영준; 히어로; ② (문학) 주인공, 중심인물, 주공;
геро́йски (부) 영웅적으로, 영웅하게
геро́йство (중) 영웅적정신, 영웅성, 용감성
ге́тры (복수) 각반(各般), 행전(行纏)
ги́бель (여) 멸망, 사멸, 파멸, 죽음, 사(死), 사망, 끝장,
ги́бе́льный (형) 파멸적인, 치명적인, 사멸적인;
ги́бкий (형) ① 잘휘어지는, 휘어드는, 연약한, 늦진한, 탄력성 있는, 호리호리한; ② 신축성 있는, 융통성 있는,
ги́бкость (여) ① 휘어드는 것, 연약성, 탄력성; ② 신축성, 융통성, 적응력
ги́блый (형); ~ое место 황폐한 곳
ги́бнуть (미완) 죽다, 사멸(쇠멸)하다, 파멸(멸망)하다
гибри́д (남) 잡종, 혼종, 교잡종
гибридиза́ция (여) 잡종화, 이종교배, 교잡번식(交雜繁殖)
гига́нт (남) ① 거물, 거인; ② 대건물; завод-~ 대공장
гига́нтский (형) 거대한, 막대한, 비상한, 특출한;
гигие́на (여) 위생, 위생법, 위생학; соблюда́ть пра́вила ~ы 위생규범을 지키다
гигени́ческий (형) 위생의, 위생용; ~ие пра́вила 위생규범
гигро́метр (남) 습도계
гигроскопи́ческий (형) 습기를 흡수하는; ~ая ва́та 약솜,
гид (남) 안내원, 안내자, 길잡이
гидра́влика (여) 수력학, 수리학(水理學)
гидравли́ческий (형) ① 수력학의, 수리학의; ② 수력의, 수압의;~ дви́гатель 수력발동기, 수압기관;

гидра́т (남) (화학) 수화물
гидро... (합성어의 첫 부분으로서) (수력)의 뜻; гидротурбина 수력터빈
гидродина́мика (여) 유체동력학, 수력학(水力學)
гидро́лиз (남) (화학) 가수분해
гидро́лог (남) 수문학자
гидроло́гия (여) 수문학
гидромелиора́ция (여) 관개수리
гидропо́ника (여) 수경법, 물가꿈법
гидропо́нный (형) ~ метод 수경법
гидроресу́рсы (복수) 수력자원
гидросамолёт (남) 수상비행기, 비행정
гидростройтельство (중) 수력발전소건설
гидроте́хника (여) 수력공학
гидротурби́на (여) 수력터빈
гидроу́зел (남) 수력이용시설의 총체, 종합수력 발전시설
гидроэлектроста́нция (여) 수력발전소
гидроэнерге́тика (여) 수력발전학
гидроэнергети́ческий (형) 수력공학, 물에너지의
гидроэне́ргия (여) 수력(水力), 물의 힘, 물의 에너지.
гие́на (여) (동물) 하이에나
ги́льза (여) ① 탄피, 약통; ② (공학) 끼움판, 라이나, 붙임판
гимн (남) ① ;государственный ~ 애국가; ② 찬가, 송가
гимна́зия (여) (제정러시아 일부 나라의) 중학교(中學校)
гимна́ст (남), **~ка** (여) 체조선수
гимнастёрка (여) 군복상의, 군복 저고리, 야전상의.
гимна́стика (여) 체조; заниматься ~ой 체조를 하다;
гимнасти́ческий (형) 체조의; ~ий зал 체조실, 체육실; ~ий снаряд 체조기구, 운동기구; ~ие упражнения 체조, 운동
гинеко́лог (남) 산부인과 의사
гинеколо́гия (여) 부인과학(婦人科學)
гипе́рбола (여) ① (수학) 쌍곡선; ② (문학) 과장법
гиперто́ник (남) 고혈압환자
гиперто́ния (여) ① 고혈압; ② 고혈압병, 고혈압증
гипно́з (남) 최면술(催眠術)
гипнотизёр (남) 최면술가
гипнотизи́ровать (미완) ① 최면술을 걸다; ② 마음을 빼앗다, 흘리다, 매혹케 하다

гипо́теза (여) 가설, 추측, 억측, 억설;
гипотену́за (여) (수학) 빗변, 사변
гипото́ник (남) 저혈압 환자
гипотони́я (여) ① 저혈압(低血壓); ② 저혈압증(低血壓症)
гиппопота́м (남) 하마
гипс (남) ① 석고(石膏); ② (의학) 석고붕대, 깁스(Gips)
ги́псовый (형) ① 석고의, 석고로 만든; ② (의학) 깁스의
гирля́нда (여) 꽃방망이, 꽃갓, 화관
ги́ря (여) ① 저울추; ② 추; ③ (체육) 아령.
гисто́лог (남) 조직학자
гистологи́ческий (형) 조직학의, 조직학적인
гистоло́гия (여) 조직학(組織學)
гита́ра (여) 기타(guitar)
гитари́ст (남), **~ка** (여) 기타연주가
глава́ I (여) 수뇌자, 수반; ~а правительства 정부수반
глава́ II (여) (책, 논문의) 장(章)
глава́рь (남) 우두머리, 두목, 주모자
главе́нствовать (미완) 지배하다, 통치하다, 최고권력을 행사하다, 독판치기를 하다
главк (남) 총국, 본부
гла́вное (중) 중점(中點), 중요한 것
главнокомандова́ние (중) 총사령부;
главнокома́ндующий (남) 총사령관;
гла́вный (형) ① 주요한, 주되는, 주도적인, 총적; ~ые силы 주력, 주요력량; ~ая цель 주요목적; ~ый горд 수도; ② 주임, 책임; ~ый врач 책임의사, 주치의; ~ый конструктор 책임설계가; ~ый инженер 기사장; ~ый редактор 주필
глаго́л (남) (어) 동사, 움직씨; непереходный ~ 자동사; переходный ~ 타동사
глади́льный (형); ~ая доска 다리미판
гла́дить (미완) ① 어루만지다, 쓸어주다, 쓰다듬다, 애무하다; ② 다리다, 다림질 하다, 인두질하다
гла́дкий (형) ① 평탄한, 평평한, 미끈한; ~ая дорога 평탄한 길; ② 유창한, 순조로운, 순탄한
глаз (남) ① 눈; **~а** (복수) 눈; ② 눈길, 시선, 눈초리; ③ 시력, 시각; с ~у на ~ 일대 일로, 얼굴을 맞대고, 단둘이서
глаза́стый (형) ① 눈이 둥그란, 눈이 큰; ② 눈이 밝은
глазе́ть (미완) на кого-что ~를 보다, 멍하니 바라보다
глазни́к (남) 안과의사(眼科醫師)

глазно́й (형): ~ой врач 안과의사; ~ый болезни 눈병
глазо́к *см.* ① глаз; ② (식물) 싹, 눈
глазоме́р (남) 눈짐작, 눈겨눔, 눈어림, 목측(目測)
глазоме́рный; ~ая съёмка 목측측량
глазу́нья (여) 계란후라이, 계란지짐
гла́нды (복수) (해부) 편도, 편도선, 감편도, 감복숭아
гласи́ть (미완) 뜻을 담고있다, 알리다, 말하다
гла́сность (여) 공개, 공포; предавать ~и 공포하다,
гла́сный I (형) 공개의; ~ суд 공개재판
гла́сный II (형): ~(звук) 모음(母音)
глауко́ма (여) (의학) 녹내장(綠內障)
глаша́тай (남) ① 선포자, 공포자; ② 주장자, 대변자; ~ мира 평화옹호자
гли́на (여) 찰흙, 차진흙; белая ~ 사기 흙, 흰흙
гли́нистый (형) 찰흙질의, 점토질의; ~ая почва 질땅
глиноби́тный (형): ~ый дом 흙집
глинозём (남) 알루미늄(aluminium), 양은, 경은(輕銀)
гли́няный (형) 진흙으로 만든, 찰흙으로 만든; ~ая посуда 도자기 질그릇
гли́ссер (남) 수상 활주점
глист (남) 회충(蛔蟲), 기생충(寄生蟲)
глистого́нный (형): ~ое средство 회충약
глицери́н (여) 글리세린(glycerin), 감유(甘油)
глици́ния (여) 등나무, 이계초(二季草)
гло́бус (남) 지구의
глода́ть (미완) ① 갉아먹다, 쏠다; ② 괴롭히다, 가책을 받다
глота́ть (미완) 삼키다, 들이키다, 들이마시다
гло́тка (여) 목, 목구멍, 인후, 인두; 후문, 먹; кричать во всю ~у 목청껏 외치다, 목이 터지도록 소리를 치다
глото́к (남) 한 모금; выпить ~ воды 물을 한 모금 마시다
гло́хнуть (미완) ① 귀먹다; ② 소리가 멎다, 잠잠해지다, 불이 꺼지다; ③ 황폐해지다, ④ (발동기가) 멎다
глубина́ (여) ① 깊이, 심도; ~ воды 물의 깊이, 수심; ② 깊은 곳, ③ 심오성; в ~е души 마음속에
глуби́нный (형); ~ое течение 깊은 층의 흐름; ~ый лов рыбы 심해어업
глубо́кий (형) 깊은, 깊숙한 ② 심각한, 심오한; ~ая ночь 깊은 밤, 심야; ③ ~ая мысль 깊은 생각, 그윽한 생각

глубоко́ (부) ① 깊이, 깊숙이; ② 깊게, 깊이 있게, 심오하게, 심각히; ~ уважа́ть 대단히 존경하다; ③ (술어로) 깊다, 심오하다; здесь ~ 여기는 깊다

глубоково́дный (형) 물 깊은; ~ая ры́ба 심해어류, 깊은 바다 물고기

глубокомы́сленный (형) 뜻이깊은, 의미심장한, 사려깊은

глубокомы́слие (중) 깊은뜻, 심오한 사상, 심사숙고

глубокоуважа́емый (여) 지극히 존경하는, 존경하여 마지 않는

глуми́ться (미완) над кем-чем 놀려대다, 조롱(희롱)하다

глумле́ние (중) 놀려대는 것, 조롱, 희롱, 농(弄)지거리, 파롱, 희학, 기롱, 기롱지거리, 조희(調戲), 희설(戲媟)

глупе́ц (남) 머저리, 어리보기, 어림장이, 얼뜨기, 바보

глу́по (부) 어리석게, 둔하게, 머저리

глу́пость (여) 우둔, 어리석음; по ~и 어리석은 탓으로;

глу́пый (형) ① 우둔한, 어리석은 미욱한, 아둔한; ~ посту́пок 우둔한 것; ② 철이 없는, 철을 모르는

глухо́й (형) ① 귀먹은; ② 무관심한; ③ 숨은, 나타내지 않는; ④ (명사) 귀머거리; ~ое недово́льство 속에 품은 불만; ~ая молва́ 뜬소문; ~ая дере́вня 벽촌

глухонемо́й (남) 귀머거리, 벙어리, 농아(聾啞)

глухота́ (여) 귀먹은 것, 귀가 먼 것

глуши́тель (남) ① 소음장치, 소음기; ② 억압자, 말살하는 자; ~ кри́тики 비판을 억누르는 사람

глушь (여) 벽지, 벽촌, 쓸쓸한 곳, 후미진 곳, 산골;

глы́ба (여) 큰 덩어리, 큰덩이; ~ льда 얼음덩이;

глюко́за (여) 포도당(葡萄糖) (glucose)

гляде́ть (미완) ① в (на) кого-что 보다, 바라보다, 눈길을 보내다; ② за кем-чем 보살피다, 보살피다; ③ на что 관심을 돌리다, 고려하다, 주의를 돌리다; ④ ~같이 보이다, ~으로 보이다; ~еть геро́ем 영웅으로 보이다

гля́нец (남) 윤기, 윤(潤) 광(光), 광택, 색택, 윤택

гля́нцевый (형) 광택이 나는, 윤이나는, 반질거리는

гнать (미완) ① 쫓다, 내쫓다; ② 몰다, 몰아가다; ~ ста́до 집승떼를 몰다; ③ 계속하다; ~ маши́ну 자동차를 몰다

гна́ться (미완) ① 쫓아가다, 뒤따르다, 추격하다; ② за чем ~를 추구하다 за сла́вой 영예를 추구하다

гнев (남) 분노, 분개, 격분, 격노; в ~е 격분하여;

гне́вный (형) 분노한, 분노에 찬, 성난

гнедо́й (형): ~ая лошадь 털빛이 누런 말, 공골-말, 황부루
гнезди́ться (미완)(새가) 둥지를 틀다, 둥지를 틀고 살다
гнездо́ (중) ① 둥지, 알둥지, 보금자리, 굴, 집; ② (공학) 홈, 자리, 구멍; 설치자리; ③ 소굴(巢窟)
гнёт (남) 압박(壓迫), 억압(抑壓)
гни́да (여) 더러운 놈
гние́ние (중) ① 썩는 것, 부패, 부패작용; ② 퇴폐(頹廢)
гнило́й (여) ① 썩은, 썩어빠진, 상한; ② 퇴폐한, 부패 타락한; ~ая погода 궂은날씨
гни́лостный; ~ые бактерии 부패균
гниль (여) 썩정이, 썩은것, 부패물
гнить (미완) ① 썩다, 상하다, 부패하다; ② 타락하다, 퇴폐하다, 썩어빠 지다; ③ 곪다, 화농하다
гнои́ть (미완) ① 썩이다, 부패시키다; ② (가두어) 건강이 나쁘게 하다
гнои́ться (미완) 곪다, 헐다, 고름이 나다, 화농하다
гной (남) 고름, 농(膿), 농액(膿液), 농즙(膿汁)
гно́йник (남) 고름집, 곪은곳, 농양
гно́йный (형) 고름의, 화농의, 곪은;
гносеоло́гия (여)(철학) 인식론(認識論) 지식철학
гну́сный (형) 추악한, 간악한, 비열한, 추잡한,
гнуть (미완) 굽히다, 구푸리다, 구부리다, 구부러뜨리다,
гну́ться (미완) 휘다, 휘어들다, 휘어 지다, 구부러지다
гнуша́ться (미완) ① *чем* 싫어하다, 꺼리다; ② *чего* 피하다
го́вор (남) ① 말소리, 이야기소리; ② 말투, 말씨, 사투리
говори́ть (미완) ① 말하다, 이야기 하다, 담화하다; ~ят, он приехал 그가 왔다고 한다; ② 증명하다, 말하여 주다;
говори́ться (미완) как ~ся 흔히 말하 듯이, 이야기 되듯이,
говя́дина (여) 소고기; варёная ~ 삶아 익힌 고기, 수육
гогота́ть (미완) ① (거위가) 꽥꽥울다, 꽥꽥거리다, ② 큰소리로 웃다
год (남) ① 해, 년도, 년; настоящий (этот) ~ 올해; прошлый ~ 지난해(작년); будущий ~ 다음해, 내년; ② 살, 세; с Новым ~ом! 새해를 축하 합니다; из~а в ~ 해마다,
годи́ться (미완) 쓸모있다, 적당하다, 맞다;
годи́чный (형) 일년간의, 일개년간
го́дный (형) 유용한, 쓸만한, 알맞은, 적당한; 유효한
годова́лый (형) 한살나는, 한살짜리, 한살의, 일년되는; ~ребёнок 돌잡이; ~телёнок 한살난 송아지

годовой (형) 1년의, 1개년의, 년간; ~ доход 세입, 년수입
годовщи́на (여) 돌, 주년, 기념일
гол (남) 골; забивать ~ 골을 넣다; пропускать ~ 골을 먹다
голени́ще (중) 장화(부츠)의 목
го́лень (여) 종아리, 정강이
голова́ (여) ① 머리, 골(骨), 두상; 머리빡, 대가리, 머릿골, ② 지혜, 슬기, 눈썰미, 분별력, 예지; ③ 두뇌, 머리, 지력, 이지, 슬기, 지능, 사고력, 추리력, 상상력
голо́вка (여) ① 대가리; ~ винта 나사못 대가리; ② ~ лука 파대가리
головно́й (형) ① 머리의; ~ая боль 두통, 머리아픔; ~ой убор 모자, 머리쓰개; ② 선두의; 주도적; ~ой отряд 선두부대;
голо́вня (여) (농업) 깜부기병
головокруже́ние (중) 어지럼, 현훈증, 어질병, 현기증;
головокружи́тельный (형) 어지러운, 현기증이 날만한, 놀랄만한; ~ая высота 아찔하게 높은곳
головоре́з (남) 강도, 살인귀, 강탈자
головотя́п (남) 마구잡이, 일을 되는 대로 해치우는 사람.
головотя́пство (남) 마구잡이, 일을 되는대로 해치우는 것
го́лод (남) ① 굶주림, 기아, 기근; чувство ~а 허기, 헛헛증; ② 부족, 결핍, 미비; кварти́рный ~ 주택난
голода́ние (중) ① 굶주리는 것, 굶주림, 단식, 금식; ② (의학) 단식요법
голода́ть (미완) 굶주리다
голода́ющий (술어) (남) 굶주린 사람; ~ие 굶주린 사람들;
голо́дный (형) 굶주린, 배를 곯은, 허기진; ~ая смерть 굶어죽는것, 아사; я о́чень голоден 나는 아주 배고프다
голодо́вка (여) 단식투쟁; объявля́ть ~y 단식을 선언하다
гололе́дица (여) 비얼음, 살얼음(판)
го́лос (남) ① 목소리, 소리, 음성; гро́мкий ~ 높은 목소리, ② 투표권, 결의권; пра́во ~а 선거권, <~за> 찬성표;
голоси́стый (형) 성량이 큰, 낭랑한
голосло́вно (부) 근거없이
голосло́вный (형) 근거없는, 무근거한
голосова́ние (중) 투표, 표결, 가결; откры́тое ~ 공개투표; та́йное ~e 비밀투표; (по) ста́вить на ~e 표결에 붙이다;
голосова́ть (미완) 투표하다, 거수하다, 손을들다, 표결하다; ~ за кого́-что ~에 찬성투표하다;
голосово́й (형) 음성의; ~ые свя́зки 성대; ~ая щель 목청문

голу́бка (여) ① 암피둘기; ② (여자의) 애인, 귀염둥이
голубо́й (형) 푸른, 하늘색의; ~ цвет 담청색, 하늘색
го́лубь (남) 비둘기, 숫비둘기; почто́вый ~ 통신비둘기
голубя́тня (여) 비둘기장
го́лый (형) ① (벌거) 벗은, 앙상한, 맨, 신지않은; ~ое те́ло 맨몸, 벗은몸; ② 발가숭이, 아무것도 쓰이지 않은, 빈
гомеопа́т (남) 동종요법을 쓰는 의사
гомеопати́ческий (형) 동종요법의
гомеопа́тия (여) 동종요법
го́нг (남) ① 징(악기); ② 신호종소리
гоне́ние (중) 박해, 압박, 등쌀; подверга́ть ~ю 몰아주다
гоне́ц (남) 급사, 연락병
го́нка (여) ① 담비는것, 분망; ② ~и (복수)(체육) 경주, 속도경기; лы́жная ~а 스키경기; ~а вооруже́ний 군비경쟁
гонора́р (남) 보수; а́вторский ~ 원고료
гоноре́я (여) (의학) 임질
го́ночный (형) 경주의, 경주용; ~ велосипе́д 경기용 자전거
гонча́р (남) 도자기공
гонча́рный (형) ~ое произво́дство 요업, 도자기생산; ~ые изде́лия 도자기 그릇
го́нщик (남) (체육) 육상선수
гоня́ть (미완) ① 쫓다, 몰아치다; ② 심부름을 시키다, 심부름을 보내다
гора́ (여) 산(山); доро́га в го́ру 올르막길; под ~у 내리막으로; ② 무더기, 산더미; не за ~а́ми 멀지않아서
гора́зд (여): кто во что ~ 제각기 멋대로
гора́здо (부) 훨씬, 월등히, 월등하게, 비할바 없이; ~ лу́чше 훨씬 좋다
го́рб (남) (불룩한) 혹
горба́тый (형) 불거진, 불룩 올라온; (남) см. горбу́н
го́рбиться (미완) 등을 굽히다
горбу́н, горбу́нья (여) 곱사등이, 곱추
горбу́ша (여) 송어(松魚)
горбу́шка (여) ~ (хле́ба) 빵조각
горбы́ль (남) (건축) 쪽데기, 쪽데 기판자, (재목의) 둘레, 평판, ② 민어과의 식용어. 북아메리카산의 큰[맛이 좋은] 물고기(총칭).
горделивый (형) 거만한, 불손한, 건방진, 무례하다
горди́ться (미완) кем-чем ~를 자랑하다, 자랑을 떨치다,

- 120 -

긍지를 가지다; 뽐내다, 우쭐대다

го́рдость (여) 자랑, 긍지; чу́вство ~и 긍지감; с ~ью 자랑스레, 자랑삼아; всели́ть ~ь 긍지를 가지게 했다

го́рдый (형) 자랑스러운, 긍지있는 (자부심을) 가지는; ~ взгляд 자랑스러운 눈초리; ~ челове́к 자부심있는 사람.

го́ре (중) ① 슬픔; ② 불행, 불상사; с ~я 슬픔에 잠겨서, 슬퍼서

горева́ть (미완) 슬퍼하다, 서러워하다, 탄식하다

горе́лка (여) 버너(burner), 연소장치

горе́лый (형) 탄(炭), 불타버린, 눌은; па́хнет ~ым 탄냄새가 풍긴다

горе́ние (중) ① 연소, 불타 오르는것; ② 정열, 불타는것

горе́стный (형) 슬픈, 쓰라린, 애절한

горе́ть (미완) ① 타다, 불타다; дрова́ ~ят 장작이 탄다; ла́мпа ~ит 등불이 켜 있다; ② 불타다, 끓다; ~еть жела́нием 갈망하다; ③ 열이나다, 달다; щёки ~ят 뺨이 화끈 달아오르다

горе́ц (남) 산골사람, 산악지대주민

го́речь (여) ① 쓴맛, 매운맛; ② 쓰라림, 비애, 애상

горизо́нт (남) ① 하늘가, 지평선, 수평선; ② 시야, 식견

горизонта́ль (여) ① 수평선, ② (거리) 등고선

горизонта́льный (형) 수평의; ~ая ли́ния 수평선

гори́лла (여) 고릴라, 큰 성성이

горисполко́м (남) 시집행위원회

гори́стый (형) 산이 많은, 산지; ~ая ме́стность 산지,

горко́м (남) 시위원회; ~ па́ртии 당위원회

горла́нить (미완) 소리치르다, 목청껏 소리치다; ~ пе́сни 목청껏 노래부르다

го́рло (중) 목(구멍), 인후, 숨통, 기관(windpipe), 식도; промочи́ть ~ 목을 추기다; ~ пересо́хло 목이 말랐다.

го́рлышко (중) (병, 그릇, 항아리 등의) 목, 모가지, 아가리, 주둥이, 입구; ~ кувши́на 단지 아가리

гормо́н (남) (생리) 호르몬(hormone)

горн I (남) (대장간의) 풍로, 양로, 단조로

горн II (남) 호른(Horn), 신호나팔

горни́ло (중) в ~е войны́ 전쟁의 시련속에서

горнодобыва́ющий (형): ~ая промы́шленность 채굴공업

горнолы́жник,-ца (여) 산악스키선수

горнолы́жный (형); ~ спорт 산악스키 경기(山岳 ski 競技)

горнорабо́чий (남) 광산노동자, 광부
горноста́й (남) 검은꼬리 흰족제비, 은서
го́рный (형) 산의, 산악의; ~ое селение 산촌
горня́к (여) 광부, 광산노동자
го́род (남) 도시; ~-геро́й 영웅 도시
городо́к (남) 소도시, 거리, 부락; де́тский ~ 어린이유원지
городско́й (형) 시내의, 도시의; ~ жи́тель 도시주민
горожа́нин (남) 시민, 도시사람, 도시주민
горо́х (남) 완두, 완두콩
гороше́к (남): зелёный ~ 선 완두콩
горсове́т (남) (городской совет) 시소비에트
горсть (여) 한줌, 한 주먹, 일악; це́лыми ~ями 담쑥담쑥
горта́нь (여) 울대, 후두(後頭)
горте́нзия (여) (식물) 수국(水菊)
горчи́ть (미완) 쓴(매운) 맛이 나다; во рту ~т 입안이 쓰다; ма́сло ~т 버터가 아니다
горчи́ца (여) 겨자(mustard), 갓, 개자, 개채, 청개(靑芥)
горчи́чник (남) 겨자고약
горшо́к (남) 단지; цвето́чный ~ 화분; ночно́й ~ 요강, 변기
го́рький (형) ① 쓴, 매운, 아린; ② 쓰라린, 쓰디쓴, 슬픈; ~ая судьба́ 애달픈 신세; ~ие слёзы 쓰디쓴 눈물
го́рько (부) ① 쓰게; ② 슬프게, 불행하게; ③ (술어) (맛이) 쓰다; во рту ~ 입안이 쓰다; ④ (술어) 쓰라리다, 괴롭다
горькова́тый (형) 좀 쓴, 좀 쓴맛이 도는, 매콤.
горю́чее (중) (발동기용) 연료
горю́честь (여) 불발성, 가열성
горю́чий (형) 불이붙는, 불탈성의, 가연성의; ~ие материа́лы 가연성물질
горя́чий (형) ① 뜨거운, 더운, 끓는; ~ий исто́чник 온천; ② 열렬한, 성급한, 특별한, 절절한; ~ая любо́вь 뜨거운 사랑;
горя́читься (미완) 발끈거리다, 흥분 하다, 격하다
горя́чка (여) ①(의학) 열병, 열증; ② 분망, 동분서주
горя́чность (여) (성질이) 성급한 것, 혈기, 결기.
горячо́ (부) ① 뜨겁게; ② 열렬히, 열정적으로
госаппара́т (남) 국가기관, 국가기구
госба́нк (남) (государственный банк) 국립은행(國立銀行)
госпита́ль (남) (군대) 병원; пол-ево́й ~ 야전병원
госпитализа́ция (여) 입원(入院)
госпитализи́ровать (미완, 완) *кого* 입원시키다

господа́ (복수) 여러분!

господи́н (남) ① 신사, 양반, 귀족; ② 님,~씨, 각하

госпо́дство (중) 제패, 지배, 통치; мирово́е ~ 세계제패

госпо́дствовать (미완) 지배하다, 패권을 잡다, 통치하다, 우세하다

госпо́дствующий (여) ① господст-вовать의 능동 현재; ②(형) 지배적, 통치하는, 우세한; ~ий класс 지배계급

госпожа́ (여) ① 여사; ② ~씨

гостево́й (형) ~ые места 내빈석;~ой билет 초대권

гостеприи́мный (형) 손님을 반기는 손님, 손님을 환대하는, 손님을 후대 하는

гостеприи́мство (중) 손님후대, 손님환대; оказывать ~ 손님을 환대하다

гости́ная (여) 응접실, 객실

гости́ница (여) 여관

гости́ть (미완) 손님으로 묶다

гость (남) 손님, 방문객, 내빈; высо́кий ~ь 귀빈; идти́ в ~и 손님으로 가다(오다); у нас ~и 손님이 와있다

госуда́рственность (여) 국가제도, 국가체제, 국가조직

госуда́рственный (형) 국가의, 국립의, 국영

госуда́рство (중) 국가

готова́льня (여) 제도기 한조, 제도 기함

гото́вить (미완) ① 준비(마련.차비)하다; ~ уроки 예습하다; ~ стол 상을 차리다; ② 양성하다, 키워내다, 가르치다; ③ (음식을) 만들다, 요리하다

гото́виться (미완) 준비하다, 차비하다; ~ к отъезду 떠날 차비를 하다;~ к экзаменам 시험준비를 하다

гото́вность (여) ① 용의, 각오; ② 준비, 준비정도; боевая ~ 전투준비(태세); приводить в боевую ~ 전투태세를 갖추다

гото́вый (형) ① 준비한, 차비가된, 태세를 갖춘; ~вый к отъезду 떠날 차비 가던, 출발준비를 한; ~во! 다 되었다; быть ~вым(сделать) что ~할 의의(각오)가 있다; ~вый оказать помощь 도와줄 용의가 있다; будь ~в! 준비하자!; все- гда ~в! 항상준비!; ② 다 된, 기성의; ~вые лекарства 기성약제; ~вая продукция 완성품(완제품); ~ вое платье 지은 옷, 기성복

грабёж (남) 강탈, 약탈, 강도질; заниматься грабежом 강탈하다, 약탈하다

граби́тель (남) 약탈자, 강탈자, 강도; ~и 불한당, 강도배

граби́тельский (형) 약탈의, 강도적인; ~ая война 약탈전쟁
гра́бить (미완) 약탈하다, 강탈하다
гра́бли (복수) 갈퀴, 살고무래
гравёр (남) 판각전문가, 판화미술가; ~ по дереву 목각공
гра́вий (남) 자갈, 돌자갈
гравирова́ть (미완) 새기다, 판각하다
гравитацио́нный (형) 중력을 받는, 중력의; ~ое поле 중력마당
гравита́ция (여) 중력(重力)
гравю́ра (여) 판화; ~ на дереве 목판화, 목각화
град (남) 우박, 누리, 백우; с него пот льётся ~ом 구슬땀을 흘리다; ~ пуль 탄우
гра́дус (남) 도(度), 도수; пять ~ов тепла(мороза) 영하 5도; угол в тридцать ~ов 30 도각
гра́дусник (남) 온도계, 한란계, 체온계, 한서침
гра́ждане! (복수) 여러분!
граждани́н, гражда́нка (여) 국민
гражда́нский (형) ① 민간의, 사민의; ~ая авиация 민용항공; ② (법학) 시민의, 공민의, 민사의 ~ие права 시민권; ~ий иск 민사소송; ~ая оборона 민간방위; ~ая война 국내전쟁
гражда́нство (중) 국적; права ~а 시민권, 공민권
грамза́пись (여) 녹음(綠陰)
грамм (남) 그램(gram) 기호는 g.)
грамма́тика (여) 문법
граммати́ческий (형) 문법적인, 문법의; ~ое правило 문법규칙
граммофо́н (여) 녹음기, 축음기
гра́мота (여) ① 읽고쓰기, 초보적인 지식; ② (похвальная) ~а 표창장; ③ 문서; верительные ~ы 신임장
грамоте́й (남) 식자, 유식쟁이
гра́мотность (여) 학식, 학문, 지식
гра́мотный (형) ① 읽고 쓸줄 아는, 학식있는; ② 유식한, 지식있는
грампласти́нка (여) 레코드 소리판
грана́т (남) ① 석류나무; ② 석류, 자류, 석류나무의 열매
грана́та (여) 유산탄, 유탄; ручная ~ 수류탄
грана́товый (형) 석류의; ~ое дерево 석류나무; ~ый сок 석류즙

гранатомёт (여) 신호탄(信號彈)
грандио́зный (형) 웅대한, 굉장한, 거대한, 장엄한.
гранёный (형) ① 다면의, 다면체의; ② 세공한, 연마한
грани́т (남) 화강암, 화강석
грани́тный (형) 화강암(花崗巖)
грани́ца (여) ① 경계, 경계선, 살피, 경계, 계경, 계역, 임계; (государственная) ~а 국경; за ~ей 외국에서; ② 한계
грани́чить (미완) ① *с чем* ~와 접경하다, ~와 경계를 두고있다, 인접하다; ②~과 거의일치하다, ~에 가깝다
гра́нка (여) (인쇄) 교정지, 게라지, 초교지
гранули́рованный(형) ~ые удобре-ния 입상비료, 알비료, 결실비료
грань (여) ① 경계, 계선; ② (수학) 면(面), 모; ~и куба 입방체의 면(모); на ~и войны 전쟁 접경에
графа́ (여) 난(欄), 줄간
гра́фик (남) 도표, 표, 작업진 행표
гра́фика (여) ① (미술) 서예, 선그림(선화), 연필그림; ② (언어) 표기법, 글씨체
графи́н (남) 물병
графи́т (남) ① 흑연; ② 연필심, 연필속, 연필알.
графи́ть (미완) 줄을 긋다, 행간을 치다
грацио́зный (형) 우아한, 우미한, 맵시 있는
грач (남) 심산까마귀
гребёнка (여) 빗
гре́бень (남) ① 빗; ② 볏; ③ 산마루, 산등성이; ④ 물결마루
гребля́ (여) 노젓기, 노질
гребно́й (형) ~ спорт 보트경기; ~канал 보트경기장
гре́зить (미완) 꿈구다, 공상하다
грёзы (복수) 꿈, 공상, 환상(喚想)
гре́йдер (남) 평토기
гре́ки (~к (남), ~чанка (여) 희랍사람들
гре́лка (여) 보온기, 발열기
греме́ть (미완) ① 우르릉거리다, 요란하게 울리다; ~ят выстрелы 총소리가 울린다; ②(명성등을) 떨치다
грему́чий (형) ~ газ 폭명가스
гре́на (여) 누에알, 누에씨
Гренла́ндия (여) 그린란드(Greenland)
грести́ (미완) ① 긁어모으다; ② 노를 젓다, 노질하다

гре́ть (미완) 데우다, 덥히다; ~пи́щу 음식을 데우다; ~ру́ки 손을 녹이다; со́лнце гре́ет 해가 쪼이다
гре́ться (미완) 쪼이다, 더워지다, 뜨거워지다
грех (남) 죄, 범죄, 죄악; с ~ом попола́м 겨우, 간신히
гречи́ха (여) 메밀, 목밀, 교맥; ~ая крупа́ 메밀쌀
гре́чневый (형): ~ая крупа́ 메밀쌀; ~ая ка́ша 메밀밥, 메밀죽
греши́ть (미완) ① 죄를 저지르다; ② *против чего* 과오를 범하다, 위반하다
гриб (남) 버섯; расти́ как ~ы́(после дождя́) 무럭무럭자라다, 우후죽순처럼 바라다
грибо́к (남) 곰팡이, 효모균, 균(菌); дрожжевы́е ~ки 발효균
грибно́й (형) 버섯의; ~ суп 버섯국; ~ дождь 해비
гри́ва (여) 갈기
гри́венник (남) 십꼬뻬이까자리 은화
грим (남) 분장(扮裝), 분장용 화장품
грима́са (여) 찡그린 얼굴; де́лать ~ы 얼굴을 찡그리다
грима́сничать (미완) 얼굴을 찡그리다
гримёр (남) 분장사(扮裝師)
гримирова́ть (미완) 분장시키다
гримирова́ться (미완) 분장하다
грипп (여) 유행성감기, 돌림감기
гриппо́зный (형) 유행성 감기의
гриф I (남) (음악) 목, 지판
гриф II (남) (조류) 번대수리
гри́фель (남) 석필
гроб (남) 관(棺), 영구, 나무관; лечь в ~ 죽다;
гробни́ца (여) 고분, 분묘, 묘(墓)
гробовщи́к (남) 관을 짜는 사람
гроза́ (여) ① 우뢰비, 뇌우; ② 위험, 재난(災難)
гроздь (여) 송이; ~ виногра́да 포도송이
грози́ть (미완) 위협하다, 으르다, 울러메다; 위험이 있다
гро́зный (형) 위협적인, 험악한, 무서운
гром (남) ① 우뢰(소리); греми́т ~ 우뢰가 운다; ② 요란한 소리; ~ аплодисме́нтов 우뢰와 같은 박수
грома́да (여) 엄청나게 큰 물체; ~ гор 중중첩첩한 산악들, 첩첩산중들
грома́дный (형) 거대한, 큰, 커다란, 대단한; ~ое зда́ние 으리으리한 건물; ~ое значе́ние 거대한 의의
громи́ть (미완) 파괴하다, 들부시다, 격멸하다, 족치다; ~

врага 원수를 족치다

громкий (형) ① 큰소리의, 소리 높은, 크게 울리는; ~ий голос 큰 목소리; ② 요란한; ③ 이름 떨친, 유명한

громко (부) 큰 소리로

громкоговоритель (남) 확성기, 메가폰

громовой (형) ① 우뢰, 천둥, 뇌성; ~ые раскаты 천둥소리; ② 몹시소리가 큰, 우뢰와 같은;

громогласно (부) 큰소리로, 공개적으로, 비밀로하지 않고

громоздить (미완) 쌓다, 쌓아올리다

громоздиться (미완) 쌓이다, 솟아있다, 중첩되다

громоздкий (형) 부피가 큰, 육중한, 둔중한;

громоотвод (남) 피뢰침

громыхать (미완) 덜커덩거리다

гроссмейстер (남) 장기명수, 장기 선수의 최고 칭호

грохот I (남) 우르릉거리는 소리, 폭음; ~ орудий 포성

грохот II (남) 요동채, 큰 채

грохотать (미완) 우르릉거리다, 덜커덩거리다, 달카당거리다, 드르렁거리다, 과르릉 거리다

грош (남) ① 한 푼; ② ~и (복수) 푼돈; ~а ломаного не стоит 한푼의 가치도 없다; ни в ~ не ставить 전연무시하다

грубеть (미완) 거칠어지다, 조잡해지다; голос ~ет 목소리가 거칠어지다

грубить (미완) 버릇없는 말을 하다, 폭언하다

грубиян, ~ка (여) 버릇없는 사람

грубость (여) ① 무례한 말, 상스러운 말; говорить ~и 말을 쐬다; ② 무례한 짓, 버릇없는 행동; ③ 거친것, 조잡성

грубый (형) ① 버릇없는, 무례한, 난폭한, 비속한; ~ое обращение 거칠게 대하는 태도; ~ый человек 막된 사람, 무례한 사람; ② 거친, 조잡한, 날쌍한; ~ая ткань 거친천; ③; ~ая ошибка 큰 착오; ~ое нарушение 난폭한 위반

груда (여) 더미, 무더기; ~ камней 돌무지

грудинка (여) 가슴살, 갈비사이 살; говяжья ~ 양지머리 「유종, 젖앓이」

грудница (여) (의학) 발유창

грудной (형) ① 가슴의; ~ая клетка 흉곽, 가슴통; ~ая полость 흉강, 가슴안; ② 젖을 먹이는; ~ой ребёнок 젖먹이

грудь (여) ① 가슴, 흉부; ② 젖, 젖통; кормить ~ю 젖을 먹이다; отни-мать от ~и 젖을 떼다

груз (남) ① 짐, 화물; ② 무게, 무거운, 물건(物件)

грузи́ны (~ (남), **~ка** (여) 그루지아 사람, 그루지아 사람들
грузи́ть (미완) 싣다, 적재하다
гру́зный (형) ① 육중한; ② 무거운
грузови́к (남) 짐차, 짐자동차, 화물 자동차, 트럭
грузово́й (형) 짐의, 화물의; ~ое су́дно 짐배, 화물물
грузооборо́т (여) 화물순환, 짐나르기
грузоотправи́тель(남) 짐보내는사람
грузоподъёмник (남) 지게차, 기중기
грузоподъёмность (여)적재량, 싣는량
грузополуча́тель (남) 짐받는 사람
грузчи́к (남) 짐꾼, 상하차공
грунт(남) ① 흙, 땅, 토양, 토지; гли́нистый ~ 찰흙; песча́ный ~ 모래땅; ②(미술) 밑칠, 바탕칠
грунтова́ть (미완) 바탕칠하다
грунтово́й(형) 땅의, 흙의, 토양의;~ые во́ды 지하수,
группо́рг (남) 조장, 분조장, 십장
гру́ппа (여) ① 그룹, 패, 무리, 군중, 집단; ② 학습조, 반; ③ 조, 작업반, 분단
группи́ровать (미완) ① 집결시키다, 그룹을 만들다; ② 분류하다, 조를 나누다
группи́роваться (미완) ① 패를 짓다, 집결되다, 집중되다; ② 분류되다
группиро́вка (여) ① 집결, 결성; ② 그룹, 종파, 분파
группово́й (형) 집단적인, 그룹적인
группо́вщина (여) 파벌주의, 종파주의
грусти́ть (미완) 슬퍼하다, 쓸쓸하다, 애수에 잠기다, 수심에 잠기다.
гру́стно (부) ① 슬프게, 쓸쓸하게, 애수에 잠겨; ② (술어) 슬프다, 쓸쓸 하다
гру́стный (형) 슬픈, 쓸쓸한, 애수에 잠긴, 우울한; ~ое настрое́ние. 우울한 기분; ~ое лицо́ 수심에 어린 얼굴
грусть (여) 슬픈, 애수, 애상
гру́ша (여)① 배나무, ② 배
гры́жа (여) 탈장, 헤르니아(hernia)
гры́зия (여) 싸움, 말다툼, 욕지거리
грызть (미완) ① 넓다, 물어뜯다, 갉아먹다; ② 뇌까리다, 욕지거리하다
гры́зться (미완) ① 서로 물어뜯다; ② 아웅다웅하다, 서로 다투다

грызу́н (여) (동물) 설치류(齧齒類)
гряда́ (여) ① см. грядка ; ② 산줄기(山-), 산맥(山脈)
гря́дка (여) (밭)이랑, 밭고랑
гряду́щее (중) 닥쳐 올 때, 앞날, 장래
гряду́щий (형) 미래의, 장래의; ~ день 앞날, 내일(來日)
грязево́й (형) ~ые ванны 감탕찜질
грязелече́ние (중) 진흙(감탕)찜질치료
гря́зи (복수) (의학) ① 치료용 진흙(감탕); ② 진흙(감탕)찜질 요양소
гря́зниться (미완) 때묻다, 더러워지다, 어지러워지다
гря́зный (형) ① 진흙투성이가 된, 어지러운, 때가 묻은 (낀) 더러운, 불결的; ② 더러운; ~ое дело 추잡한 일
грязь (여) 진탕, 흙탕, 치료용 진흙, 질흙, 이토, 도토,
гря́нуть (완) ① 요란하게 울리다; ~ул гром 우레 소리가 났다; ② 터지다; ~ула война 전쟁이 터지다
гуа́шь (여) 포스터카라
губа́ I (여) 입술, 구문, 구순, 문순, 순문
губа́ II (여) (지리) 만(灣) 해만(海灣).)
губерна́тор (남) 현지사, 주지사, 총독
губи́тельный (형) 파멸적인, 해로운
губи́ть (미완) ① 파멸시키다, 해치다, 죽이다, 망치다; ② 낭비하다; ~ вре́мя 허송 세월을 보내다
гу́бка (여) (동물) 해면(海綿): 해면동물
губно́й (형) 입술의; ~ые согласные 순음, 입술소리; ~ая помада 입연지
гу́бчатый (형) 해면질, 구멍이 숭숭한
гуде́ть (미완) 울리다, 윙윙거리다;
гужево́й (형) ~ транспорт 마차수송
гул (남) 우르렁거리는 소리, 둔중한 소리, 소음
гуля́нье (중) 야유회, 들놀이; пра́здничное ~ 명절놀이;
гуля́ть (미완) ① 거닐다, 산보하다; ② 즐거워하다, ③ 쉬다,
гумани́зм (남) ① 인도주의; ② 인문주의
гумани́ст (남) 인도주의자, 인문주의자
гуманита́рный (형) 인문학의, 인문과학의
  гума́нность (여) 인간성, 인도주의
гума́нный (형) 인도적인, 인간성 있는
гурт (남) (가축) 무리, 떼, 무더기, 군(群), 집단, 아류
гурьба́ (여) 무리, 떼, 무더기, 동아리, 패, 군(群), 떼거리,
гуса́к (남) 숫거위, 가안, 당안, 백아, 서안, 아조(鵝鳥)

гусе́ница (여) ① 쳥벌레; ② 무한궤도
гу́сеничный (형) 무한패도의;~ трактор 무한궤도의 트랙터
густе́ть (미완) ① 엉겨굳다, 뒤지다, 질어지다; ② 무성해지다, 빽빽해지다
густо́й (형) ① 진한, 짙은, 농후한; ~ая каша 된죽; ② 무성한, 빽빽한; ~ая трава 우거진풀;~ой лес 울창한 수림
густонаселённый (형) 인구가 조밀한
густота́ (여) ① 농도, 밀도; ② 우거진 것, 울창한 것
гусь (남) 기러기, 쇠기러기, 안압, 신금, 삭금, 양조, 상신.
гусько́м (부) 한 줄로, 줄지어
гута́ли́н (여) 구두약
гу́ща (여) ① 수풀, 덤불, 총림, 잡목 숲; 울창한 숲. 밀림, 우거진 곳, ② (포도주의) 재강; 찌꺼기, 찌끼, 앙금,
ГЭС (гидроэлектрическая станция) 수력발전소.

Д

да I (조) ① 예, 그렇습니다, 오냐, 응; ② (강조의 뜻으로) 그래, 정말, 사실; да! вот ещё 그래그래 또 있어요!; ③ (희망, 명령의 뜻을 나타냄); Да здравствует Первое мая! 5.1절 만세; да будет мир! 평화는 온다.

да II (접) ①~와(과), 및, 또, 그밖에, 그리고, 급(及); отец да мать 아버지와 어머니; ② 그러나, 그런데, 그렇지만, 허나,

давать (미완) ① 주다, 부여하다; ②~й~하자, ~합시다; ~йте споём 노래합시 다; ③ 허락하다; ~йте я вам помогу 나는 당신을 도와드리겠습니다;

давить (미완) ① 누르다, 내리 누르다; ② 압력을 가하다, 억누르다; ③ 억제 하다; ~ инициативу 창의성을 억누르다;

давиться (미완) 목이 메다

давка (여) 북새통, 대 혼잡, 난장판

давление (중) ① 눌림, 압력, 누를 힘, 누르는 힘, 압박력; ② 강박, 압박, 강제력; 압제, 강압, 억압; оказывать ~ 압력을 가하다

давний (형) 오랜, 오랜 전에; с ~их пор 오래전부터;

давно (부) 오래전에, 오래전부터, 오랫동안

даже (조) ~도, ~까지(도), 조차, 심지어, 마저

далее (부) 나아가서, 그 다음에; и так ~ 및 기타, 등등;

далёкий (형) ① 먼, 먼 곳에; ② 시간이 오랜, 먼;

далеко (부) ① 멀리; ~ от ~에서 멀리, ② (술어로) 멀다; это не ~ 멀지않다; ~ не так 결코 그렇지 않다

даль (여) 먼 곳, 먼 거리, 원경; какая ~! 매우 멀다

дальневосто́чный (형) 극동, 원동의

дальнейший (형) ① 이후, 이래, 앞으로의; ② 가일층의

дальний (형) 먼, 멀리 떨어져있는; ~ий родственник 먼 친척; ~ий путь 먼 길; ~ее расстояние 원거리

дальнови́дность (여) 선견지명

дальнови́дный (형) 멀리 내다보는

дальнозо́ркий (형) 원시안의

дальнозо́ркость (여) 원시, 원시안

дальноме́р (남) 거리측정기

да́льность (여) 거리, 원거리, 길거리; ~ полёта 비행거리;

да́льше ① далеко 의 비교급; 더 멀리; ② 그 다음에, 그 후에; ③ 계속, 더 계속하여; терпе́ть ~ нельзя́ 더 참을 수 없다; ~! 계속하시오

да́ма (여) ① 부인, 귀부인; ② (트럼프의) 여왕

да́мба (여) 뚝, 제방(堤防), 강둑

да́мский (여) 여자의, 부인용, 여자용; ~ое платье 부인 옷

да́нные (복수) 자료, 재료; цифровы́е ~е 숫자적 자료; официа́льные ~е 공식자료; по непо́лным ~м 불충분한 재료에 의하여

Дан(Кни́га Проро́ка Дании́ла, 14장) 다니엘서(Daniel)

да́нный (형) 이, 본; в~ый моме́нт 이 시각에

дань (남) 공물, 연공; взима́ть ~ 공물을 징수하다

дар (남) ① 선물, 기증품, 기념품; приноси́ть в ~ 선물하다, 기증하다; ② 재능, 재간, 천품, 재주, 능력.

дарвини́зм (남) 다윈의 진화론

дари́ть (미완) 선물하다, 선사하다

дармое́д (남) 밥통, 밥버러지

дарова́ние (중) 재능, 재간, 재주, 능력; приро́дное ~ 재질

дарови́тый (형) 재능이 있는

дарово́й (여) 무료의, 공짜의

дарове́нка (여): жить на ~у 공자로 살다, 거저 살다

да́ром (부) ① 거저, 공자로, 무급으로, 매우 값 싼; ② 쓸데없이, 헛되이; ~ тра́тить вре́мя 시간을 허비하다

да́та (여) 년(年), 월(月), 일(日), 날자;

да́тельный (형): ~ паде́ж (언어) 여격

дати́ровать (미완) 날짜를 쓰다

да́ча (여) 별장; жить на ~е 별장에서 살다

да́чник (남), **~ца** (여) 별장 거주자

да́чный (형); ~ая ме́стность 피서지

два (남,중) (수) 둘(2); ка́ждые ~ дня 격일, 하루건너 하루

двадцатиле́тие (중) ① 20년 동안, 이십년간; ② 20돌, 20(이십)주년

двадцатиле́тний (형) ① 20년간의, 스무살; ② 20돌의

двадца́тый (수) 스무번째, 제 20
двадца́ть (수) 스물, 20, 이십
два́жды (부) ① 두 번; ~ в неделю 한 주일에 두 번; ② 2(두)배로; ~ два- четыре 2를 2로 곱하면 4이다
двена́дцатый (수) 열두 번째, 제12
двена́дцать (수) 열둘, 십이
дверно́й (형) 문의; ~ой замок 열쇠, 문의 자물쇠; ~ая рама 문틀; ~ая ручка 문의 손잡이
две́рца (여) 작은 문; печная ~ 아궁이
дверь (여) 문; входная ~ь 들어가는 문;
двести́ (수) 이백(二百), 200
дви́гатель (남) ① 발동기, 원동기, 전동기; ~ внутреннего сгорания 내연기관; ② 추동력, 추진력
дви́гать (미완) 움직이다, 밀고나가다, 옮겨놓다
дви́гаться (미완) 움직이다, 움직여나가다
движе́ние (중) ① 운동, 움직임; рабочее ~ 노동운동; приводить в ~е 시동하다; ② 통행, 교통; 수송, 통용, 유통 правила дорожного ~я 교통 규정; открывать ~е 개통하다
дви́жимость (여) 동산(動産), 소지품, 가재(家財); 노예.
дви́жущий (형); ~ая сила 동력, 추동력
дво́е (집합수) 둘, 두개; только ~ при-шли 둘이 왔다;
двоето́чие (중) (언어) 쌍점(雙點), 콜론(:의 기호). 이중어(二重語)(같은 어원에서 갈린 두 말)
дво́йка (여) ① 숫자 둘; ② 번호 2; ③ 채점법에서 2점
двойно́й (형) 2 배의, 두 가지의 이중의; ~ые рамы 이중창
двойня́ (여) 쌍둥이
двойственный (형) ① 이중의; ② 표리부동한
двор (남) ① 마당, 뜰; внутренний ~ 안마당; ② 농가, 농호; скотный ~ 외양간; ③ 궁전, 궁중; на ~е 바깥에서
дворе́ц (남) 궁전, 전당; ~ культуры 문화궁전;
дво́рник (남) 집지기, 수위
дворня́га, дворня́жка (여) 잡종개
дворо́вый (형) 마당
дворцо́вый (형)~ переворот 쿠데타
дворяни́н (남) 귀족, 양반
дворя́нство (중) 귀족층, 귀족계급
двою́родный (형); ~ый брат 사촌형; ~ая сестра 사촌동생
двоя́кий (형) 두 가지의, 이중의; ~ий смысл 두 가지 의미
двояково́гнутый (형); ~ая линза 양면 오목렌즈

двояковы́пуклый (형); ~ая линза 양면 볼록렌즈
двубо́ртный (형); ~ костюм 겹옷복
двуго́рбый (형); ~ верблюд 쌍봉낙타
двузна́чный ~ое число(수학)두자리수
двуко́лка (여) 두바퀴 마차
двукра́тный (형) 두 번의, 두 곱절의, 두배의; в ~ом размере 두배의 크기로
двули́чный (형) 표리부동한, 위선적인
двупо́лый (형) 양성(兩性)의, 자웅동체
двуру́шник (남) 표리부동한, 양면 주의자
двуру́шничать (미완) 표리부동하게 행동하다, 양면주의적으로 행동하다
двуру́шничество (중) 양면주의, 양면성, 표리부동한 행동
двуска́тный (형); ~ая крыша 양쪽으로 경사진 지붕
двусмы́сленность (여) 두가지 뜻이 담긴, 두가지 뜻 겹친, 두가지의 의미
двусмы́сленный (형) 애매한
двуство́лка (여) 쌍발사냥총, 쌍알배기
двуство́льный (형) 쌍총열의, 쌍발식의, 이중목적의, 모호한, ~ое оружие см. двустволка
двуство́рчатый (형) 양판의, 쌍각의; ~ая дверь 두 짝문
двухгоди́чный (형) 2년간, 이 개년의
двухгодова́лый (형) 두살난, 두살된
двухдне́вный (형) 이(2) 일간의
двухколе́йный: ~путь(철도)복선궤도
двухко́мнатный (형) 두방의, 두칸자리
двухле́тний (형) ① 이(2)년간의, 2개년의; ~ план 2(이)개년 계획; ② 두 살의; ③ (식물) 이(2)년생의
двухме́стный (형) 좌석이 두개있는
двухме́сячный (형) (~난지) 두 달되는, 2개월간의
двухмото́рный: ~самолёт 쌍발비행기
двухнеде́льный (형) (~난지) 두 주일 되는, 2(이)주일간의
двухпала́тный (형) 상하 양원제의, 이원제의
двухра́зовый (형) 두 번으로 진행하는
двухсме́нный (형): ~ое обучение 2부제 교육; ~ая работа 교대작업
двухсотле́тие (중) ① 2(이)백년; ② 2(이)백주년
двухсо́тый (수) 200(이백) 번째, 제 200, 200 주년, 200돌
двухспа́льный (형); ~ая кровать 이(2) 인용침대

двухсторо́нний (형) ① 양면의, 양쪽의; ~ее движение 쌍방통행; ② 쌍의, 쌍방의, 쌍무의; ~ие отношения 쌍방의 관계
двухцве́тный (형) 두색의, 이색의
двухэта́жный (형) 2층의; ~ дом 2층집
двучле́н (남) (수학) 2(이)항식
дебати́ровать (미완) 토론하다
деба́ты (복수) 토론, 토의, 논쟁
дебе́т (남) (부기) 차변(借邊)
дебо́ (남) 싸움질, 추태
дебоши́рить (미완) 싸움질하다, 주정을(추태를) 부리다
дебри (복수) ① 짙은 숲, 밀림지대; ② 미개척분야
дебю́т (남) ① 첫공연, 첫출연; ② (장기) 선수(善手)
дебюти́ровать (형) 첫 공연을 하다
девальва́ция (여) 화폐개혁(貨幣改革)
дева́ть (미완) ① 두다, 치우다; ② 소비하다
дева́ться (미완); куда он ~ался? 그는 어디로 가버렸는가?;
де́верь (남) 시동생, 시형제, 시(媤)아주비; 시아자비
деви́з (남) 신조, 좌우명, 구호, 표어
деви́чий (형) 처녀의, 아가씨의
де́вочка (여) 소녀(少女), 처녀애
де́вственность (여) 동정, 순결성
де́вственный (형); ~ лес 원시림
де́вушка (여) 처녀, 숫처녀, 아가씨
девяно́сто (수) 아흔, 90(구십)
девяно́стый (수) 아흔 번째, 제90
девя́тка (여) 9(아홉), 번호 9
девятна́дцатый (수) 열아홉 번째, 19
девятна́дцать (수) 열아홉, 19(십구)
девя́тый (수) 아홉 번째, 제구(9)
де́вять (수) 아홉, 9
девятьсо́т (수) 구백(900)
дегаза́ция (여) 가스해제, 유독물질해제
дегенера́т (남) 변절자(變節者)
дегенера́ция (여) 퇴화, 변질
дёготь (남) 타르; каменноугольный ~ 콜타르; древесный ~ 나무타르
деграда́ция (여) 쇠퇴, 퇴보, 타락
дегуста́тор (남) (술, 담배, 차등의) 물질감정원
дегуста́ция (여) (술,담배 등) 물질감정

дед (남) ① 할아버지, 조부; ② 늙은이; ③**~ы** (복수); наши ~ы 우리의 선조; ~мороз 산타크로스

дедукция (여) 연역, 연역법

дедушка (남) ① 할아버님, 할아버지, 할배; ② 늙은이, 노인네

деепричастие (중) (언어) 동명사, 동사적 중성명사, 부동사

дееспособность (여) ① 활동능력; ② (법률) 행위 능력

дежурить (미완) ① 숙직하다, 당직하다, 일직하다; ② 지키고 있다, 붙어있다

дежурны ① 당번의, 당직의, 숙직의; ~ый врач 당직의사; ② **-ая** (여) 당번, 당직, 일직; ночной ~ 숙직원; **-ое блюдо** (식당에서) 준비되어 있는 음식

дежурство (중) 당직, 당번, дневное – 일직; ночное ~ 숙직

дезавуировать (미완, 완) (행동, 발언을) 부인하다, 취소하다

дезертир (남) ① 탈영병, 도피자, 도망자, 도주자; ② (책임의) 회피자

дезертировать (미완, 완) 탈주하다, 도피하다, 도망하다

дезертирство (중) ① 탈주, 도피, 징집기피; ② 책임회피

дезинфекция (여) 소독살균

дезинфицировать (미완,완) 소독하다, 살균하다, 멸균하다

дезинфицирующий (형); ~ее средство 소독제,

дезинформация (여) 거짓보도, 허위보도, 왜곡보도, 조작 날조 보도

дезорганизатор (남) 교란자, (조직,질서) 파괴자

дезорганизация (여) 조직해체, 질서파괴; ~ работы 사업파괴; вно сить ~ю в работу 사업을 무질서하게 하다

дезорганизовать (완), **дезорганизовывать** (미완) 조직을 와해시키다; ~ работу 사업에 혼란을 가져오다

дезориентировать (완, 미완) 방향(방위)을 잃게하다, 잘못 생각하게 하다

действенность (여) 실효성, 유효성, 효력, 효과, 효능

действенный (형) 실효성있는, 유효성 있는, 효과적인;

действие (중) ① 움직임, 행동, 동작; ② 작용, 효력; ~е договора 조약의 효력; вводить в ~е 실시하다; ~ срок ~я 유효기간, ③ 영향; оказывать ~е 영향을 주다, ④ **-я** (복수) 행위, 운동, 행동; подрывные ~я 파괴행위; ⑤ (연극) 막(幕); ⑥ (수학) 셈법(산법); ⑦ 사건; место ~я 사건현장

действительно (부) 실로, 사실, 과연, 그야말로; ~, почему?

- 136 -

과연 무엇 때문 인가?; это ~ так 사실 그렇다

действи́тельность (여) 현실, 현실성, 실제; в ~и 사실상,

действи́тельный (형) ① 실제적인, 현실적인, 확실한; ~ое положе́ние 실정; ② 유효한, 효력있는; ~ая(вое́нная) слу́жба 현역복무

де́йствовать (미완) ① 행동하다, 활동하다, 움직이다; ② (기계 등이) 작용하다, 가동하다, 돌아가다; маши́на не ~ует 기계가 돌아가지 않는다(섰다) ③ 효과가 있다, 영향을 주다; ④ (법등의) 효력을 가지다

де́йствующий (형); ~ая а́рмия 전방군인, 전투부대; ~ий зако́н 현행법; ~ий вулка́н 활화산; ~ие ли́ца ① (연극) 등장인물; ② 참가자, 당사자

де́ка (여) (악기의) 공명판, 중심, 중앙

дека́брь (남) 12월, 섣달, 십이월, седьмо́е ~я 12월 7일

дека́брьский (형) 12월의, 섣달의

дека́да (여) ① 순(旬), 순간, 찰나; пе́рвая(втора́я, тре́тья)~ 상(중, 하) 순(-旬); ② (무엇을 기념하여 조직하는) 순간, 10일간

декали́тр 메카리터, 10리터

декало́г (남) (모세의) 십계명: the Ten Commandments) 십계.

дека́н (남) 학부장, 학장

деклама́ция (여) 낭독, 낭송, 시낭송

деклами́ровать (미완) 낭독(낭송)하다; ~ стихи́ 시낭송하다

деклара́ция (여) ① 선언, 선언서; 포고문 ② 신고문건

декорати́вный (형) 장식(용), 관상용

декора́тор (남) ① 무대미술가 ② 장식전문가, 인테리어

декора́ция (여) ① 무대장치, 무대미술, 세트 ② 배경

декре́т (남) 법령, 영(令); 율법, 명령, 엄갑, 정령, 전령,

декре́тный (형); ~ о́тпуск 산전산후 휴가(産前産後休暇)

де́ланный (형) 자연스럽지 않은, 부자연스런, 인공적인

де́лать (미완) ① 하다, 일을 하다; ② 만들다, 제조하다, 제작하다; ~ть вид ~체(~척)하다; ~ть предложе́ние 청혼하다,

де́латься (미완) ① 되다 ② 만들어지다, 제작되다, 제조되다 ③ 벌어지다, 일어나다; что тут ~ется? 일이 벌어지고 있는가?

делега́т (남) 대표, 대리, 대표자, 대표인, 대표원

делега́ция (여) 대표단; член ~и 대표단성원

делёж, **~ка** (여) 나누임, 나눔질, 분배

деле́ние (중) ① 나누기, 분배, 구분, 분할 ② (수학) 제법, 나누기; знак ~я 나누기표, ③ (생물) 분석 ④ 도수, 도; 눈금

- 137 -

делец (남) 실업가, 업자; 실무에 밝은 수단꾼
деликатес (남) 진미, 별식, 고급요리
деликатность (여) 상냥한 것, 정중한 것, 친절성
деликатный ① 상냥한 ② 연약한, 친절한; ~ вопрос 미묘한 문제
делимое (중)(수학) 나누일수, 피제수
делитель (남)(수학) 나눔수, 제수
делить (미완) ① 나누다, 분류(구분)하다; 분배하다 ② (수학) 제하다, 나누다
делиться (미완) ① с кем ~와 서로 나누다, 같이하다, ② 전하다, 교환하다; ③ 갈라지다, 나누이다; 구분(분류)되다
дело (중) ① 일, 일손; трудное ~о 어려운 일; в чём ~о? 무슨일이 생겼소? ② 사업, 직업, ③ (법률) 소송 사건; уголовное ~о 형사소송사건 ④ 문건, 서류 ⑤ 문제; как ~а? 어떻게 지내요?; в самом ~е? 정말?; другое ~о 다른 문제다;
деловито (부) 솜씨있게, 착실하게; 실무적으로
деловитость (여) 실무성, 솜씨, 정력적인 것
деловой (형) ① 실무(적인); ~ые круги 실업계 ② 솜씨있는, 건설적인 ③ 요령있는; ~ое обсуждение 진지한 토론;
делопроизводитель (남) 사무원, 사무(문서) 취급자
делопроизводство (중) 사무, 일, 업무, 처무, 서무
дельный 유능한, 영리한
дельта (여) 삼각주
дельфин (남)(동물) 돌고래
деляческо (중) 실무주의, 실용주의
демагог (남) 거짓선전자, 허위선전자
демагогия (여) 악선전, 허위선전
демаркационный (형): ~ая линия 경계선, (군사) 분계선
демилитаризация (여) 비군사화, 비무장화
демилитаризованный (형): ~ая зона 비무장지대
демисезонный (형): ~ое пальто 가을 봄비우, 스프링코트
демобилизация (여) 제대, 동원해제
демобилизованный (명사로) 제대군인
демобилизовать (미완, 완) 동원해제 하다 제대시키다,
демобилизоваться (미완, 와) 제대 되다, 동원해제되다
демократ (남) ① 민주주의자 ② 민주당원
демократизация (여) 민주주의화, 민주화
демократический (형) 민주주의(적), 민주(적); ~ий строй 민주제도; ~ий централизм 민주주의 (적) 중앙집권제

- 138 -

демокра́тия (여) 민주주의, 민주
де́мон (남) 악마(惡魔), 악귀; 도깨비
демонстра́нт (남) 시위자, 운동권자, 시위참가자
демонстрати́вный (형) 시위적인, 허위적인; 반발적인
демонстрацио́нный (형): ~ зал 상영실; 표본실
демонстра́ция (여) ① 시위(운동), 시위행진 ② 상영, 전람; 보이기 ③ 반발(反撥), 반항(反抗)
демонстри́ровать (미완,완) ① 전람하다, 상영하다, 실물로 보여주다(설명하다) ② 시위하다 ③ 시위운동을 하다, 시위(행진)에 참가하다, 데모하다, 데먼스트레이션하다
демонти́ровать (미완,완) 분해하다, 해체하다, 뜯어헤치다
днморализова́ть (완,미완) 사기를 저하시키다, 타락시키다; 풍기를 문란케 하다
де́мпинг (남)(경제) 덤핑, 막팔기, 투매
денатура́т (남) 변성알콜(마실수 없게 유독성물질을 섞은 알콜)
дендра́рий (남) 수목원(樹木園), 식수원(植樹園)
де́нежный (형) ① 돈의, 화폐의, 금전의; ~ая реформа 화폐개혁; ~ый налог 세금; ② 돈 많은, 부유한
деноснация (여), **денонсирование** (중) (조약.동의) 폐기; 무효선포하는 것
деноси́ровать (미완, 완) 폐기하다; ~ договор 조약을 폐기하다, 조약의 무효를 선포하다
де́нщик (남) 종졸 (장교들의 몸종)
день (남) ① 낮; ~ и ночь 낮과 밤; средь бела дня 대낮에; ② 하루, 날, 일; рабочий ~ 노동일; выходной ~ 쉬는 날; ③ 절(節), 명절, 날; ~ Первого мая 5.1(오일)절; ~ рождения 탄생일 ④ дни (복수) 시대, 시절; наши дни 우리시대;
де́ньги (복수) ① 돈, 금전; наличные ~ 현금; мелкие ~ 잔돈; ② 자금; ни за какие ~ 무엇을 준다해도
Дея́н (Деяние святых Апостолов, 28장) 사도행전
департа́мент (남) ① 국(局), Госу-дарственный ~ США 미국 국무성 ② 현(프랑스의 행정구역단위)
депо́ (불변) (중) (철도); пожарное ~ 소방차고; трамвайное ~ (전차) 차고
депре́ссия (여) ① 불경기, 침체 ②; душевная ~ 우울증
депута́т (남) 대의원, 의원; ~ Верховного Совета 최고소비에트대 의원
дёргать (미완) ① 잡아당기다, 툭툭채다; ~ за рукав 소매를 잡아채다 ② 잡아뽑다, 빼다; 듣다 ③ 성가시게 굴다

дёргаться (미완) 움찔하다, 씰룩거리다, 들썩이다, 들먹거리다

деревене́ть (미완) 딱딱해지다, 단단하다, 딴딴하다, 뜬뜬하다; 굳다, 강(剛)하다, 굳어지다, 굳게 되다

дереве́нский (형) ① 농촌의, 시골의, 마을의; ~ дом 촌집, 농가집; ~ жи́тель 촌사람 ② 촌스러운

дере́вня (여) 농촌, 촌(부)락; 마을; 동네; родна́я ~ 고향마을

де́рево (중) ① 나무; фрукто́вое ~ 과일 나무, 과수; хво́йное ~ 침엽수, 바늘잎 나무 ② 목재; кра́сное ~ 자단 (나무)

деревообде́лочный (형) 목재가공의, 목공의;

деревообраба́тывающий (형): ~ая промы́шленность 목재가공공업

деревушка (여) 작은 마을, 자그마한 농촌부락

деревя́нный (형) 나무로 만든, 목재의

держа́ва (여) 강국, 독립국; вели́кие ~ы 열강

держа́ть (미완) ① 쥐다, (붙)잡다, 들다; ~ за́ руку 손을 잡다; ~ в руке́ 손에 쥐다(들다); ② 키우다, 치다; ~ порося́т 돼지를 기르다 ③ 붙잡아 두다, 가두어 두다; ④ 버티다, 붙들다 ⑤ (어떤상태, 처지에) 있게하다, ~(하여) 두다; ~한지 있다; ~ кого́ в стра́хе를 공포감으로 얽매어 두다 ⑥ 가지고 있다, 지니고 있다; ~ в душе́ 마음에 지니다

держа́ться (미완) за кого́-что ~를 붙잡고 있다, 붙들고 있다; ② где ~에 붙다, 자리잡다, 있다 ③ 견디다, 사수하다; ④ 처신 하다, 행동하다; ⑤ (어떤 상태에) 있다, 떠있다; ⑥ чего́ (~에 따라)맞게 행동하다, 준수하다, ~를 따르다; ⑦ 계속되어있다, 존속되다

дерза́ть (미완) 감행하다, ~할 용기를 내다

дерзи́ть (미완) 무례한(불손한) 말을 하다, 샘통(심술)을 부리다

де́рзкий (형) ① 당돌한, 시큰둥한, 무례한 ② 대담한, 담력이 센

де́рзость (여) ① 당돌한 행동, 무례한 짓, 샘통이; говори́ть ~и 불손한 말을 하다 ② 대담성, 담기

дермати́н (남) 인조가죽, 레자

дермати́новый (형) 인조가죽의, 레자

дерматолог (남)(의학) 피부과의사; 피부병학자

дёрн (남) 떼장, 풀이 덮인 땅

деса́нт (남) ① 해병대; возду́шный ~ 항공해병대; морско́й ~ 해군해병대; парашю́тный ~ 낙하산부대 ② 상륙, 착륙,

производить ~ 상륙하다, 착륙하다
деса́нтник (남) 해병대원
десе́рт (남) 식후다과(식후에 내놓은 실파, 파자 등)
десна́ (여) 잇몸, 이틀,잇집,치육,치은,치조, 치주
де́спот (남) ① 폭군(暴君) ② 전제군주
деспоти́зм (남) ① 학정, 폭정(暴政); 전횡
деспоти́ческий (형) ① 포악한, 횡포한 ② 전제의; ~ режим 전제제도
десятибо́рье (중) (체육) 10종 경기
десятидне́вный (형) 10 (십) 일간의
десятикла́ссник (남) ~ца (여) 10년생
десятикра́тный (형) 10 (십) 배의, 10 (십)회의; в ~ом размере 10 (십)배로
десятиле́тие (중) ① 열돌(10 주년) ② 10(십)년간, 10(십)년
десятиле́тка (여) 10 (십) 년제 중학교
десятиле́тний (형) ① 10 (십) 년간의; ② 열살난
десяти́чный (형) 10(십)전의, 10(십)분의; ~ая система (счисления) 열 올림법, 10진법; ~ая дробь 소수
деся́тка (여) ① (숫자) 10(열) ② (번호) (10) ③ 10(십) 루불지폐
деся́тник (남) (건설장의) 십장
деся́ток (남) 열 개, (복수): **~ки** 수십; ~ки раз 수십번; ~ки людей 수십명
деся́тый (수) 열 번째, 제 10 (십)
де́сять (수) 열; 10 (십)
детализа́ция (여) 구체화, 세밀하게 하는 것, 세부화; ~ планирования 계획 의 세부화
дета́ль (남) ① (기계의) 부분품, 부속품, 요소, ② (건설) 부재; сборные ~и 조립식 부재, ③ 세부, 세세한(소소한)점
дета́льно (부) 세밀하게, 상세하게, 치밀하게, 자세하게
дета́льный (형) 세밀한, 상세한, 치밀한; ~ план 면밀한 계획
детвора́ (여) (집합) 아이들, 어린이들, 아동
детдо́м (남) (детский дом) 애육원, 고아원(孤兒院)
детекти́в (남) ① 탐정, 형사, ② 탐정소설
детекти́вный (형) 탐정적인; ~ роман 탐정소설
дете́ктор (남) (무선) 검파기; ~ лжи 거짓말탐지기
детёныш (남) (동물의) 새끼
де́ти (복수) ① 아이들, 어린이들, 아동 ② 자식들, 자녀

дети́ще (중) 산아, 소산물
детона́тор (남) 뇌관, 기폭장치
деторожде́ние (중) 출산, 해산
детса́д (남) (детский сад) 유치원
де́тский (형) ① 아동의, 어린이의, 소아의; ~ие боле́зни 어린이병; ~ая оде́жда 어린이옷 ② 어린이 같은, 아이다운
де́тство (중) 유년시절, 어린시절; с ~а 어릴 때부터;
де-фа́кто (부) 사실상, 실제로, 실지로
дефе́кт (남) 결함, 결점, 부족점
дефекти́вный (형) ① (육체상 또는 정신상) 결함이 있는, 비정상적인 ② 병집이 있는, 기형적인
дефе́ктный (형) 흠이 있는, 부족점이 있는, 결함이 있는
дефи́с (남) 이음표, 연결부(連結符)
дефици́т (남) ① (경제) 적자; 결손 ② 부족, 결핍
дефици́тный (형) ① (경제) 적자나는, 결손을 가져오는, ② 부족한, 모자라는; ~ това́р 부족상품
деформа́ция (여) 변형, 형태변화; 기형화
деформи́ровать (미완,완) 모양이 달라지게하다, 변형하다
децентрадиза́ция (여) 지방분권화
дециме́тр (남) 데시미터(decimeter) 1미터의 1/10 «기호:dm».
дешеве́ть (미완) 싸지다, 녹어지다, 값이 내리다
дешеви́зна (여) 아주 녹은 값, 싼값
дёшево (부) (값) 싸게, 녹은 값으로, 값이 싼
дешёвый (형) (값) 싼, 녹은
де-ю́ре (부) 법률상, 법적으로; призна́ть ~ 법적으로 승인한다.
де́ятель (남) 활동가; ви́дный ~ 저명한 활동가
де́ятельность (여) ① 활동; 사업; 업무; по́ле ~и 활동무대 ② 작용(作用); ~ мо́зга 뇌수의 작용
де́ятельный (형) 활동적인, 활발한, 정력적인
джаз (남) (음악) 재즈(jazz), 재즈음악 재즈댄스; ~оркéстр 재즈(악단)
джем (남) 쨈(jam)
джентельме́н (남) 신사(紳士)
джентельме́нский: ~ое соглаше́ние 신사협정
джип (남) 지프(jeep), 산악전투용 자동차
джо́уль (남) (물리) 줄
джу́нгли (복수) 정글, 열대밀림
джут (남) (식물) 황마, 마닐라삼

диабе́т (남) (의학) 오줌사태병; сахарный ~ 당뇨병

диа́гноз (남) 진단; ставить ~ 진단하다, 진단을 내리다

диагно́стика (여) 진단법, 진단학

диагона́ль (여) ① (수학) 대각선 ② 능직(綾織)

диагра́мма (여) 비교표, 도표

диале́кт (남) 방언(方言), 사투리

диале́ктика (여) ① 변증법, ② 변증법적(발전) 과정

диалекти́ческий (형) 변증법적; ~ материализм 변증법적 유물론

диало́г (남) 문답(問答), 대화(對話); в форме ~а 문답식으로

диа́метр (남) 직경(直徑), 지름

диаметра́льно (부): ~ противоположный 정반대의

диапазо́н (남) ① (음악) 음역, 성역, 소리너비 ② 범위, 크기; 시야; ~ знаний 지식의 범위 ③ (물리); ~ волн 파장

диапозити́в (남) 환등판, 환등용 그림

диафра́гма (여) ① (해부) 횡경막, ② (광학) 차광막, 빛발을 좁히는 장치

дива́н (남) 소파, 긴 안락의자.

диверса́нт (남) 파괴(암해) 분자

диверсио́нный (형) 암해적인, 파괴적인; ~ые действия 암해책동, 파괴행위

диве́рсия (여) 암해공작, 파괴행위

дивиде́нт (남) (경제) 이익배당금

дивизио́н (남) ① (포병, 기병, 전차부대의) 대대(大隊) ② (해군에서) 함선편대

диви́зия (여) 사단(師團); гвардейская ~ 근위사단

ди́вный (형) 놀랄만한, 훌륭한, 매혹적인

дие́з (남) (음악) 올림표, 지예즈

дие́та (여) 식사요법, 규정식사, 의료 식사

диети́ческий (형): ~ое питание 의료식사; ~ая столовая 의료식당

ди́зель (남) (공학) 디젤기관, 내연기관

ди́зельный (형) 디젤의, 디젤기관의; ~ый автомобиль 디젤차; ~ое горючее 디젤연료

дизентери́я (여) 적리, 이질; заболеть ~ей 적리에 걸리다

дика́рь (남) ① 야만인, 미개인 ② 교제(남)를 싫어하는 사람

ди́кий (형) ① 야만적인, 미개한 ② 야생의, 산, 들; ~ сорт 야생종; ~ая роза 들장미; ③ 사교성이 없는, 낯설어하는

дико́винный (형) 놀라운, 괴상한; 진기한
дикорасту́щий (형) 야생의; ~ие травы 야생초, 야생화
ди́кость (여) ① 야만(성), 미개한 것 ② 횡포성
дикта́нт (남) 받아쓰기
дикта́т (남) 강압, 강요; политика ~a 강요정책
дикта́тор (남) 독재자
диктату́ра (여) 독재, 전제; ~ пролетариата 프로레타리아 독재
диктова́ть (미완) ① (받아쓰도록) 불러주다, 부르다 ② 강요 하다, 명령하다, 내려먹이다; ~ условия 조건을 강요하다
дикто́вка ① (받아쓰도록) 불러주는 것 (부르는 것); писать под ~у кого ~의 부리는 것을 받아쓰다 ② 받아쓰기
ди́ктор (남) 방송원(放送員)
ди́кция (여) 발음, 발음법(發音法)
диле́мма (여) (논리) ① 양단론법, 지렌마; стоять перед ~ой 지렌마에 직면하다 ② 갈림길, 분기점(分岐點)
дилета́нт (남) 비전문예술가, 비전문 학자(非專門學者)
димедро́л (남) (의학) 디메드롤
динами́к (남) 다이나미크확성기
дина́мика (여) ① 동력학, 역학 ② 움직임, 변화과정; развитая ~ 발전과정
динами́т (남) 다이너마이트(dynamite) 폭약(爆藥)
динами́ческий (형) ① 동력학적인, 역학적인 ② 동적인, 활동적인
динамо́-маши́на (여) (직류) 발전기
динамо́метр (남) 동력계, 측력계
дина́стия (여) (어떤 분야의) 명가, 명문; 역대의 왕조
диоп́трия (여) (물리) 디오프트리, (광학) 디옵터(렌즈의 굴절률을 나타내는 단위; 略: D., d.). 굴절광학: 광선 굴절 응용, 시력 교정용의(렌즈 따위).
дипко́рпус (남) (дипломатический корпус) 외교단
дипкурье́р (남) см. дипломатический 외교의, 외교관계의, (дипломатический курьер) 외교문서 운반자.
диплом́ (남) ① 졸업증서, 자격증, ② 졸업논문(卒業論文)
диплома́т (남) 외교관(外交官)
диплома́тический (형) 외교(적); ~ие отношения 외교관계; ~ие кон- такты 외교적 접촉
диплома́тия (여) ① 외교, 외교활동 ② 외교적수완

дипло́мный(형); ~ прое́кт 졸업설계
директи́ва (여) 지령, 지령서, 지시, 지시문; дава́ть ~у 지령을 내리다(주다)
директи́вный (형) 지령의, 지시를 담은
дире́ктор (남) 지배인, 사장; ~ заво́да 공장 지배인; ~ шко́лы (учи́лища)교장; ~ институ́та 학장; ~ изда́тельства (출판사) 사장
дире́кция (여) 관리부, 지도부
дирижа́бль (남) 비행선
дирижёр (남) 지휘자, 지도자; ~ орке́стра 악단지휘자
дирижёрский (형): ~ая па́лочка 지휘봉; ~ий пульт 지휘대
дирижи́ровать (미완) 지휘하다
диск (남) ① 둥근판, 원판; телефо́нный ~ 번호판 ② (체육) 원반; мета́ние ~а 원반던지기
дискáнт (남) 높은 소리, 초고음
дисквалифика́ция (여) ① 자격박탈, 권한박탈 ② (체육) 경기 참가권 박탈
дискобо́л (남) (체육) 원반던지기선수
дискредити́ровать (미완,완) 위신을 떨어뜨리다(하락시키다), 신용을 잃게 하다
дискримина́ция (여) 차별(대우); 권리제한; ра́совая ~ 인종차별대우
дискуссио́нный (형) 논쟁의, 논쟁적인; ~ вопро́с 논쟁(적인) 문제
дискýссия (여) 논쟁, 토론; нау́чная ~ 과학토론회; вступа́ть в ~ю 토론에 들어가다
дискути́ровать (미완, 완) 논쟁하다, 토론하다
дислока́ция (여) 주둔, 배치; 주둔지
дислоци́ровать (완, 미완) 주둔하다, 배치하다
дислоци́роваться (완, 미완) 주둔되다, 배치되다
диспансе́р (남) 전문병원, 예방(치료)원; ко́жный ~ 피부병 예방(치료)원
диспансериза́ция (여) (의학) 예방치료 (사업), 체력검정
диспе́тчер (남) 사령, 사령원, 지령원
диспе́тчерский (형) ~ий пункт 사령실, 지령실
диспропо́рция (여) 불균형, 불균등
диспу́т (남) 공개토론, 공개변론; 논쟁
диссерта́нт (남) 학위논문제출자
диссерта́ция (여) 학위논문; защища́ть ~ю 학위 논문을 공개 (변론) 하다; до́кторская ~ 박사논문

диссимиляция (여) (생리,언어) 달라지기, 이화, 이화작용
диссонанс (남) ① (음악) 불협화음 ② 불일치, 조화되지 않는 것
дистанционный (형): ~ое управление 원격조종(遠隔操縱)
дистанция (여) ① 거리, 간격; короткая ~ 단거리; средняя ~ 중거리; длинная ~ 장거리 ②(철도); ~ пути 구간, 보선구
дистиллированный (형): ~ая вода 증류수
дистиллировать (미완, 완) 증류하다
дистрофия (여) (의학) 영양장애, 영양실조(營養失調)
дисциплина (여) ① 규율; трудовая ~а 노동규율; соблюдать ~у 규율을 지키다 ②(학) 과목(科目)
дисциплинарный (형): ~ое взыскание 징계처벌, 징벌
дисциплинированность (여) 규율성
дисциплинированный (형) 규율성 있는, 규율을 지키는 (준수하는)
дитя (중) 아이, 어린애; ~ природы 자연의 아들
дифирамб (남) ① 송가, 찬가, 송시 ② 지나친 찬양; петь ~ы кому-를 지나치게 찬양하다
дифтерит (남), **дифтерия** (여) (의학) 디프테리아(diphtheria)
дифтонг (남) (언어) 겹모음, 이중모음
дифференциал (남) (수학) 미분(微分)
дифференциальный (형) ①: ~ое исчисление (수학) 미분학; ~ое уравнение 미분방정식 ②; ~ая рента 차액지대
дифференциация (여) 분화, 분별, 차별; классовая ~ 계급 분화
дифференцированный (형) 차별적인; ~ая оплата 차액 임금제; ~ый подход 개별적인, 태도(취급)
дифференцировать (완,미완) ① 구분하다, 구별하다, 분화하다; ②(수학) 미분하다
диффузия (여) (물리) 확산(작용), 펴짐
дичиться (미완) 수줍어하다, 꺼리다
дичь (여) (접합) ① 들새 ② 들새고기
длина (여) ① 길이; мера ~ы 길이의 단위; ② (물리); ~а волны 파장 ③ 거리(距離)
длинный (형) ① 긴, 기다란, 길쭉한; ~ канат 긴 밧줄, ② 오랜, 장시간의, 오래 계속되는; ~ перерыв 오랜(긴) 휴식
длительность (여) (시간의) 장기성, 지속; 길이
длительный (형) 오랜, 오래계속되는, 장기적인; ~ая командировка 장기출장; ~ое время 오래 동안

дли́ться (미완) 지속되다, 계속되다, 오래 끌다
для́ (전) ① *кого-чего* ~를 위하여; ~ побе́ды 승리를 위하여; ~ вас 당신을 위하여 ②~위한, ~용; ③ ~에게, ~에게 있어서는
днева́льный (남) 일직병, 당번(當番)
дневни́к (남) ① 일기, 일지; рабо́чий ~ 사업 일지; вести́ ~ 일기를 쓰다 ②(학생의) 숙제장
дневно́й (형) ① 낮의; ~о́й свет 낮별 하루의, 1 일간의; ~ая но́рма 하루작 업량; ~ая вы́работка 하루생산량; ~о́й план 일일계획
днём (부) 낮에, 주간에; ~ и но́чью 밤낮(끊임없이)
дно́ (중) ① (밑) 바다, 밑창; ~ бо́чки 통의 밑바다 ② 밑, 바닥; ~ мо́ря 바다 밑; ~ ло́дки 배바닥; оседа́ть на ~ 가라앉다; идти́ ко дну 침몰하다, 가라앉다
до (전) ①~까지; до Москвы́ 모스크바까지; до сих пор 지금까지; с 5 до 7 다섯부터 일곱까지 ②~전(에); до отъе́зда 떠나기 전에; до войны́ 전쟁전 ③ 대략, 약, 가량, ~정도, ~이하; де́ти до пяти́ лет 다섯 살 이하의 아이; до основа́ния 완전히; до слёз 눈물이 겹도록
добавле́ние (중) ① 부가, 추가, 첨가 ② 보탬, 덧붙어(기); ~ к ска́занному 부언; ~ к те́ксту 별기
добавля́ть (미완) ① 더하다, 부가하다, 첨가하다 ② 보태다, 덧붙이기, 보탬
доба́вок (남) 덧붙이기, 보탬; в ~ 게다가
доба́вочный (형) 보충적인, 보조적인
добега́ть (미완), добежа́ть (완) ~까지 달아가다(뛰어가다), ~까지 뛰어서 도달하다
добела́ (부): раскалённый ~ 백연된, 새하얗게 단
добива́ться (미완) 애쓰다, 노력하다
добира́ться (미완) ① (시간이 걸려) 다 닫다, 도착하다, 닿다, 다다르다, 이르다; наси́лу добра́лись до бе́рега 겨우 기슭에 다달았다 ②; ~ до су́ти де́ла 문제의 본질의 본질을 파악하다
доби́ться (완) 달성하다, 이루다, 쟁취하다, 성취하다; ~ призна́ния 인정을 받다; ~ успе́ха 성과를 이룩하다
до́блестный (형) 용감한, 용맹한, 헌신적인
до́блесть (여) 용감(성), 영웅성; 헌신성
добро́ I (중) 자선, 은혜; ~ и зло 선과 악; де́лать ~о *кому* ~에게 좋은 일을 해주다, 은을 내다; жела́ть ~a 잘 되기를

- 147 -

바라다 ② 재산, 재물; чужое ~о 남의 물건(재물)
добро́ II (조) (승낙뜻으로) 좋다, 됩소 ~! сделаем так! 좋소, 그렇게 합시다, ~ пожаловать 환영합니다, 어서오십시오!
добро́ III (접)(조사 бы와 함께) ~하면 좋으련만, ~бы сам был здесь, а то ~그 자신이 여기에 있었으면 좋겠는데
доброво́лец (남) 지원자, 지원병, 의용병
доброво́льно (부) 스스로, 자발적으로, 자진하여, 자원하여
доброво́льность (여) 자원성, 자발성; принцип ~и 자원적원칙
доброво́льный (형) 자발적인, 자원적인; на ~ых началах 자원적원칙에서
доброво́льческий (형): ~ая армия 의용 군(대)
доброде́тель (여) 덕행(德行), 선행(善行); 미덕(美德)
доброду́шие (중) 너그러움, 선심(善心)
доброду́шный (형) 너그러운, 선량한, 마음이 착한; ~ характер 돈후한 성품; ~ человек 호인
доброжела́тельность (여) 호의, 선심, 선의, 호감;
доброжела́тельный (형) 호의적인, 굼슬거운; 친절한
доброка́чественный (형) ① 질(質)이 좋은; ~ый товар 질 좋은 상품; ② ~ая опухоль (의학) 양성종양
добросерде́чный (형) 마음씨가 고운, 친절한, 상냥한
добросо́вестный (형) 성실한, 정직한
добрососе́дский (형): ~ие отношения 선린관계
доброта́ (여) 선심, 선량, 인정미; проявлять ~у 선심을 쓰다
добро́тный (형) 품질이 좋은, 진긴, 잘 만든; 튼튼한
до́брый (형) ① 착한, 선량한, 마음씨가 고운, 선한; ~ый человек 선량한 사람; ~oe сердце 착한마음, ② 좋은, 선한; ~oe дело 좋은 일; ~oe слово 고마운 말; Вы очень ~ы 당신은 참 고마운 분입니다 ~ой воли 선량한 사람들; по ~ой воле 자진하여, 스스로;
добря́к (남) 호인, 마음이 너그러운 사람; 착한 사람
добыва́ть (미완) ① 얻다, 구하다, 획득하다, ② 벌다; ~ хлеб насущный 하루하루 먹고 살아갈 길을 찾다 ③ (품물을) 채취(채굴)하다, 캐(어)내다, 따내다; ~ уголь 석탄을 캐내다(캐다)
добы́ча (여) ① 채취, 캐기, 채굴; 채취량, 채굴량; ~a торфа 니탄캐기 ② 노획품, 획득물; 전리품; ~ становиться ~ей кого́ ~의 희생물로 되다
дове́ренность (여) 위임장

дове́ренный (형): ~ое лицо́ 위임받은자, 위임장소유자; 대리인

дове́рие (중) 믿음, 신임, 신용; 신뢰; ока́зывать ~е 신임하다; по́льзоваться ~ем 신임을 받다;

довери́тельный (형) 비밀의, 은밀의: ~ое письмо́ 비밀편지; ~ый разгово́р 속말, 은어

дове́рху (부) 맨위까지, 꼭대기까지, 한가득; нали́ть ~ гу́сто 가득 붓다

дове́рчивость (여) 믿기쉬운 마음,(남을) 쉽게 믿는 것

дове́рчивый (형) 믿기 잘하는,(남을) 쉽게 믿는; 순진한

доверша́ть (미완) 끝마치다, 끝까지 해버리다(해내다), 완료하다

доверше́ние (중): в ~всего́ 게다가; 결국에는

доверя́ть (미완) ① 믿다, 신임하다, 신뢰하다 ② 맡기다, 위탁하다, 위임하다; ~ иму́щество 재산을 맡기다; ~ секре́т 비밀을 대주다

дове́сок (남)보탠 분량, 추가량(追加量)

до́вод (남) 논거(論據), 논증; 이유(理由)

доводи́ть (미완) ① *куда́* ~까지 데려다 주다(데려가다, 인도하다) ② (어떤상태에) 이르게하다; ~ до беды́ 불행하게 만들다; ~ до отча́яния 절망케 하다; ~ до конца́ 끝까지 해버리다(해내다) ~ до све́дения 알리다, 통지하다

доводи́ться (미완) *кем* ~벌이 되다; он дово́дится мне дя́дей 그는 나에게 아저씨벌이 된다

довое́нный (형) 전쟁전의

довози́ть (미완) (어떤 장소까지) 나르다, 운반하다, 데려다주다, 실어 나르다.

дово́льно (부) ① (술어로) 충분하다, 흡족하다, 족하다 ② 상당히, 자못. 훨씬; ~ мно́го 꽤 많다; ~! 그만두시오; ~ спо́рить! 그만 다투어라!

дово́льный (형) 만족한, 흐뭇한, 흡족한; ~вид 흡족한 기색

дово́льствие (중) (군사) (식료,물자 등의) 공급, 급여;

дово́льство (중) ① 부유, 유족; 풍족; ② 만족, 흡족,

дово́льствоваться (미완) 만족해하다; ~ ма́лым 적은 것에 만족해하다

дога́дка (여) 추측, 짐작; теря́ться в ~х 어느 짐작이 옳은지 몰라 헤매다, 종작을 잡지 못 하다

дога́дливый (형) 눈치(총기) 빠르다; ~ челове́к 약은 사람

дога́дываться (미완) 알아차리다, 알아맞히다; 눈치(들)

차리다(채다)
до́гма (여) 교조(敎條), 교리; 원리(原理)
догмати́ческий (형) 교조주의적인; 독단적인
догова́риваться (미완) ① 약정하다, 서로약속하다, 합의를 보다, 맞추다; ② ~ до того́, что ~할 지경으로 말하다; ~ до хрипоты́ 목이 쉬도록 이야기하다
до́говор (남) 조약, 계약; заключа́ть ~ 조약(계약)을 체결하다(맺다)
договорённость (여) 합의(合意), (서로의) 약속(約束)
догово́рный (형) ~ое обяза́тельство 조약상 의무, 계약의무; на ~ых нача́лах 협약(조약)에 기초하여
до́гола (부); разде́ться ~ 벌거벗다; разде́ть ~ 홀딱 벗기다, 벌거벗기다
догоня́ть (미완) 따라잡다, 따라가다
догора́ть (미완), **догоре́ть** (완) 타버리다, 다(죄다) 타다
доде́лать (완), **доде́лывать** (미완) 다(마저)해치우다, 끝마다, 끝내다, 뒤설겆이하다
доду́маться (완) (생각하여) 결론에 도달하다, 생각이 미치다, 알아차리다
доеда́ть (미완) 다 먹다
доезжа́ть (미완) ~까지 가다(오다, 가깝다)
дое́ние (중) 젖짜기, 착유(搾乳)
дожа́ривать (미완), **дожа́рить** (완) 충분히(끝까지, 마저) 지지다(굽다, 볶다)
дождева́льный (형); ~ая устано́вка(маши́на) (인공) 강우기; **дождева́ние** (중) 인공강우
дождеви́к (남) 우비(雨備), 비옷
дождево́й (형) 비의; ~ая вода́ 빗물; ~ое о́блако 매지구름; **дождеме́р** (남) 우량계, 측우기(測雨器)
дождли́вый (형) 비가 많이(자주) 오는
дождь (남) 비; кру́пный ~ 큰 비; ме́лкий ~ 가랑비; мороси́щий ~ 보슬비, 이슬비; проливно́й ~ 소나기; затяжно́й ~ 장마비; идёт ~ 비가 온다;
дожива́ть (미완) ~까지 살아나가다
дожида́ться (미완) *кого́-чего́* ~를 기다리다; 기대하다
до́за (여) 분량; ~ лека́рства 한번에 먹는량; небольша́я ~ 약간(얼마 안되는) 량
дозвони́ться (완) (마침내) 전화 (초인종) 로 불러내다
дозиро́вка (여) ① 분량제정, 분량을 나누는 것 ② 분량,

배합률
дознава́ться (미완) (탐색하여) 알아 내다, 조사해 알다
дозна́ние (중) 수사, 심문; производить ~ 심문 하다
дозо́р (남) 척후, 척후대, 척후병; головной ~ 선두척후; быть в ~е 척후에 서다
дозрева́ние (중) 뒤익기, 후숙.
дозрева́ть (미완) 무르익다, 흠뻑 익다, 성숙하다
дои́льный (형): ~ аппара́т 젖 짜는 기계, 착유기
дои́скиваться (미완) 찾아내다, 알아내다
доистори́ческий (형) 역사 이전의, 선사시대의
дои́ть (미완) 젖을 짜다, 착유하다; ~ коро́ву 소의 젖을 짜다
до́йка (여) 젖까지, 착유(搾乳)
до́йный (형): ~ая коро́ва 젖소
док (남) (선박) 도크(dock)
доказа́тельство (중) 증거, 증명; 근거; в ~ чего ~의 증거로써; веще́ственное ~ 물질적 증거;
доказа́ть (완), **дока́зывать** (미완) 증명하다, 입증하다
дока́нчивать (미완) 끝내다, 끝마치다, 해치우다
докапиталисти́ческий (형) 자본주의 이전의
докати́ться (완) ① ~까지 굴러가다(오다) ② (요란한 소리가) 들려오다 ③ 전락되다,~에 빠지다
доке́р (남) 도크
докла́д (남) 보고, 보고서; пи́сьменный ~ 보고서; у́стный ~ 구두보고; отчётный ~ 결산(총화)보고; де́лать ~ 보고(를) 하다
докладно́й; ~ая запи́ска 보고요지
докла́дчик (남) 보고자, 보고요지
докла́дывать (미완) 보고하다, 알리다
докопа́ться (완) 알아내다, 뒤져내다, 따지다; ~ до и́стины 진리를 알아내다 진실을 알아내다
докрасна́ (부): раскалённый ~ 시뻘겋게 달군
до́ктор (남) 박사; ~ техни́ческих нау́к 공학박사
до́кторский (형): ~ая диссерта́ция 박사논문; ~ая сте́пень 박사학위
доктри́на (여) 학설(學說), 교리(敎理)
докуме́нт (남) ① 문건(文件), 문서(文書); 문헌(文獻); ~ы 서류 ② 증명서; предъявля́ть ~ 증명서를 내보이다
документа́льный (형) 다큐멘트의: ~ фильм 기록영화

документа́ция (여) (집합) 문건(文件), 서류(書類), 문서.
доку́ривать (미완), **докури́ть** (완) 끝까지 피우다, 다 피워 버리다
докуча́ть (미완) 보채다, 성가시게 굴다, 귀찮게 굴다
долби́ть (미완) 쫓다, 찍다, 쪼아(찍어)뚫다(구멍을 내다)
долг (남) ① 의무, 임무; 본분; по ~у службы 직무상; ② 빚, 부채; брать в ~ 돈을 꾸다, 빚을 내다:
до́лгий (형) 오랜, 장기간의, 긴; ~ое время 오래 동안
до́лго (부) 오래동안, 오래; ~ ждать 오래 기다리다; ~~ 길이길이
долгове́чность (여) ① 장기적; 오래 계속 되는 것 ② 지구성, 오래 견디는 것
долгове́чный (형) 오래사는, 장수하는, 오래견디는, 튼튼
долговя́зый (형) 키만 머쓱하게 큰, 머쓱한
долгожда́нный (형) 고대하던, 손꼽아 기다리던
долгожи́тель (남), **~ница** (여) 장수자
долголе́тие (중) 장수; желать ~я и здоровья 만수무강을 축원하다
долголе́тний (형) 다년간의, 장구한, 기나긴
долгосро́чный (형) 장기간의; ~ая ссуда 장기 대부
долгота́ (여) ① 길이; ~ дня 낮의 길이, 낮 동안 ② (지리) 경도; 17도 восточной ~ы 동경 17도
долево́й (형): ~ое участие 부분적인 참가
долета́ть (미완), **долете́ть** (완) ① ~까지 날아오다(가다) ② (소리가) 돌려오다
до́лжен (술어로) ① *кому* 빚지다; он должен мне пять рублей 그는 나에게서 5 루불을 꾸었다; я ~ ему 나는 그에게 빚을 졌다 ② (미정형) ~하여야 한다, ~하지 않으면 안 된다; он ~ пойти 그는 (반드시) 가야 한다; ③ (+미정형) 아마 ~할(될) 것이다; он скоро ~ прийти 그는 곧 올것이다
должни́к (남) 빚진사람, 채무자
должно́ быть (삽입어) 아마, 보건데; ~ будет дождь (아마) 비가 올 것 같다
до́лжное (중): отдать ~ 응당한 평가를 하다
~должностно́й (형): ~ое лицо 공무원(公務員), 정무원
до́лжность (여) 직무, 직책, 지위
до́лжный (형) 응당한, ~만한, 마땅한, 적절한
долива́ть (미완) 더 붓다, 부어서 보태다
доли́на (여) 골짜기; речная ~ 계곡

до́ллар (남) 달라(dollar)
доло́й! (부) 타도하라!, 물러가라!
доломи́т (남) (광물) 백운석, 고회석
доло́то (중) 끌, 정
до́лька(여); ~ апельсина 귤의 한쪽
до́ля (여) ① 몫, 부분, 배당; получить свою ~ю 자기 몫을 받다 ② 운명, 운수, 팔자; горькая~ 신세가 되다
дом (남) ① 집, 살림집, 주택; ② 건물, 청사, ③ 가정, 가족, 세대; на~у, на~ 자기집에(서)
дома́шний (형) ① 가정의, 집안의, 집의; ~ее хозяйство 집안살림살이; ② (집에서 기르는); ~ие животные 집짐승; ~яя птица 가금 ③; **~ие** (복수)(명사로) 집안 식구들, 가족
до́менный (형): ~ая печь 용광로
до́менщик (남) 용해공
Домини́ка (여) 도미니카
доминио́н (남) 자치령(自治領)
домини́ровать (미완) ① 지배하다, 압도하다, 우세를 차지하다 ② *над чем* 보다 더 높이 솟아오르다, 제압하다
домино́ (중) 도미노(골패놀음의 하나)
домкра́т (남) 자끼
до́мна (여) 용광로(鎔鑛爐)
домовладе́лец (남) 집주인, 집임자, 건물소유자
домово́дство (중) 가사(관리), 살림살이
домо́вый (형): ~ая книга 주민대장
домога́тельство(중) 강한 요구
домога́ться (미완) *чего*-를 강요하다
домо́й (부) 집으로, 집에; идти ~ 집으로 가다
домосе́д (남), **~ка** (여) 여가를 집에서 가족들과 함께 지내기 좋아하는 사람
домоуправле́ние (중) 주택관리소
домохозя́йка (여) (домашняя хозяйка) 가정부인, 주부
домрабо́тница (여) (домашняя работница) 집안일을 맡아하는 여자, 파출부, 도우미
домоча́дцы (복수) 집안사람들, 가족
до́мысел (남) ① 허구, 상상; ② 억측, 짐작(斟酌)
доне́льзя (부) 더 할 나위 없이, 극히
донесе́ние (중) (상부에 알리는) 보도, 보고, 신고
донима́ть (미완) 성가시게(귀찮게) 굴다, 못살게 굴다
до́нор (남) 피를 주는 사람, (수혈용) 혈액공급자

Д

до́норский (형): ~ пункт 수혈처
доно́с (남) 밀고(密告), 고발(告發)
доноси́ть (미완) ① 신고하다, 통지(보고)하다, ② 일러바치다, 고자질 하다, 밀고하다
доноси́ться (미완) 들려오다, 울려오다; 풍겨오다
доно́счик (남) 고발자, 고자쟁이, 밀고자
допива́ть (미완) 다 (마저) 마시다
до́пинг (남) 도핑, 흥분제(興奮劑)
дописа́ть (완), допи́сывать (미완) 다 (끝까지)쓰다; 덧쓰다, 더 보태어 쓰다,
допла́та (여) 덧두리, 보충지불금
доплати́ть (완), допла́чивать (미완) 보태여(더) 물다
доплатно́й (형): ~ое письмо 미납편지, 요금을 마저 무는 편지
доплыва́ть (미완), доплы́ть (완) ~까지 헤엄쳐가다(오다), ~까지 항행하다
доподли́нный (형) 확실한, 정확한, 진실한
дополза́ть (미완), доползти́ (완)~까지 기어가다
дополне́ние (중) ① 추가, 부가, 첨가; в ~ 거기에다가 더 ② (언어) 보어, 기움말, 보족어, 보충어; прямое(косвенное) ~ 직접(간접)보어
дополни́тельно (부) 보충적으로, 추가하여
дополни́тельный (형) 보충적인, 추가적인
дополни́ть (미완), дополня́ть (완) 보충(추가)하다, 첨가하다, 보태다
дополуча́ть (미완), дополучи́ть (완) 더(나머지를) 받다
допото́пный (형) 낡아빠진, 케케묵은, 구식의;~ые взгляды 케케묵은(탁부한) 견해
допра́шивать (미완) 심문하다, 취조
допризывни́к (남)(예비) 훈련생
допро́с (남) 심문(審問), 취조(取調)
до́пуск (남) ① 입장허가, 직업허가 ② (공학) 공차, 허용오차
допуска́ть (미완) ① 허가하다, 허용하다, 용인(용납)하다; не ~ чего ~지 않도록 하다 ② 가정(가상)하다; ~ ошибку (과오를) 법하다, 실수하다, 잘못을 저지르다; ~ гру́бость 버릇없는 행동을 하다
допусти́мый (형) 허용할만 한, 가능한
допыта́ться (완), допы́тываться (미완) 캐묻다, 애써 알아

- 154 -

내다

дораба́тывать (미완), **дорабо́тать** (완) ① 일을 끝내다, ~까지 일하다; ② 완성하다, 보테고 만들다

дораста́ть (미완), **дорасти́** (완) ~까지 자라나다(커지다)

дореволюцио́нный (형) 혁명전의

доро́га (여) ① 길, 도로; 길바닥; шоссе́йная ~а 신작로; ② 여행, 길; отправля́ться в ~у 길(여행)을 떠나다;

до́рого (부) ① 비싸게 ② (술어로) 비싸다

дорогови́зна (여) 너무 비싼 값

дорого́й (형) ① 비싼 ② 귀중한, 존귀한 ③ 친애하는, 사랑하는

доро́дный (형) 몸집이 큰, 뚱뚱한

дорожа́ть (미완) 값이 높아지다(오르다), 비싸지다

дорожи́ть (미완) 귀중히 여기다, 소중히 여기다

доро́жка (여) ① 오솔길, 소로 ② (복도 같은데 까는) 좁고 긴 주단 ③ 좁은 홈, 이랑; ~взлётная 활주로; бегова́я ~ 달림길

доро́жный (형) ① 길의, 도로의; ~ое строи́тельство 도로건설; ~ые рабо́ты 도로공사; ~ые знаки 도로표식, 이정표 ② 여행(용)의; ~ые расхо́ды 여비

доса́да (여) 안타까움, 유감, 불쾌감; испы́тывать ~у мари́ 언짢다; с ~ой кого́тке 고깝게; с ~ы 불쾌감에 휩싸 여서; кака́я ~а! 참 유감스럽다!

доса́дно (술어로) 유감스럽다, 안타깝다, 서운하다; 노엽다

доса́дный (형) 유감스러운, 안타까운, 민망한; 애달픈

доса́довать (미완) 유감스러워하다, 민망해하다, 고까이 여기다

досажда́ть (미완) 보채다, 성가시게 굴다, 들볶다; 분하게 하다

доска́ (여) 널판(지), (널)판대기, 판(板); ша́хматная ~а 장기판; чертёжная ~а 제도판; кла́ссная~а 칠판; гла́диль-ная ~а 다리미판; мемориа́льная ~а 기념판; ~а почёта 영예 게시판

доскона́льно (부) 세밀하게, 상세히; 철저히

досло́вно (부) 문자 그대로

досло́вный (형) 문자그대로의; ~ перево́д (축자역, 직역)

дослу́шать (완), **дослу́шивать** (미완) 끝까지; (다) 듣다

досма́тривать ① 끝까지(다)보다 ② (세관에서) 검사(검열)하다

досмо́тр (남) 검사; тамо́женный ~ 세관 검사

досо́хнуть (완) 다 (완전히) 마르다

досро́чно (부) 기한 전에, 앞서서; выполнить задание ~ 과제를 앞당겨 수행하다; выполнить план ~ 계획을 기한 전에 완수하다

досро́чный (형) 기한전의

достава́ть (미완) ① *до чего* ~까지 닿다, 미치다; ② *что (чего)* 얻어가지다, 구하다; *что* 꺼내다, 집어내다

достава́ться (미완) ① 차례되다, 손에 들어오다; ему́ ~а́лось мно́го книг 그는 많은 책을 받게 되었다 ② (무인칭) 단단히 혼나다; ~а́лось всем 모두 혼쭐이 났다

доста́вка (여) 송달, 배달, 배포; ~а на дом 집에 날라다 주는 것; сре́дства ~и 운반수단(비행기 등)

доставля́ть (미완) ① 실어오다(가다), 제공하다, 가져다 주다, 데려다주다; ~ на дом 집에 가져다주다; ② 배달하다, 배포하다 ③ 끼치다, 주다; ~ ра́дость 기쁘게 하다

доста́ток (남) 유족, 풍족; в ~ке 원만히, 넉넉히; жить в ~ке 유족하게 살다

доста́точно ① (부) 충분히, 상당히, 꽤; ~ большо́й 꽤 크다, 자못 크다 ② (술어로) 충분하다, 넉넉하다

доста́точный (형) 충분한, 넉넉한; вполне́ ~ срок 아주 충분한 기한

достига́ть (미완), **дости́гнуть** (완) ① 이르다, 다다르다, 도달하다, 가닿다; ~ ме́ста назначе́ния 목적지에 이르다 ② 달성하다, 이룩하다, 거두다, 성취(완수)하다; ~ це́ли 목적을 달성하다; ~ у́с- пе́ха 성과를 거두다

достиже́ние (중) ① 달성, 성취, 도달; ~е це́ли 목적의 달성 ② **~я** (복수) 성과, 성적, 업적; добива́ться ~й 업적을 쌓아올리다

достове́рность (여) 믿음성, 확실성, 정확성(正確性)

достове́рный (형) 믿을만한, 정확한

досто́инство (중) ① 우점, 장점; чем о́; ~а и недоста́тки 우점과 결점 ② 존엄, 자존심; держа́ться с ~ом 떳떳하게 행동하다; теря́ть своё ~о 얼굴이 깎이다; ③ (화폐 유가증권 등의) 가치(價値), 액면(額面).

досто́йно (부) 마땅히, 떳떳하게, 어엿하게; ~ отвеча́ть 떳떳하게 대답하다; ~ представля́ть 떳떳하게 대표하다

досто́йный (형) ① *чего* ~할만한, ~할 자격이 있는; ~ый уваже́ния 존경을 받을만한; ~ый внима́ния 관심을 돌릴 만한 ② 떳떳한, 어엿한, 마땅한; ~ая награ́да 응당한 표창, ③ 공적 있는, 존경할만 한

достопримеча́тельность (여) 명승지, 명승고적

достопримеча́тельный (형) 구경할 만 한, 불만한, 주목할 만 한

достоя́ние (중) 재부, 재산; 소유(물); всенаро́дное ~ 전인민적재산

достра́ивать (미완), **достро́ить** (완) 끝까지 건설하다, 건설을 완공하다

досту́п (남) ① 통과, 입장 ② 입장허가

досту́пный (형) ① 통과할 수 있는, 접근할 수 있는 ② 알기쉬운, 이해하기 쉬운, 평이한; э́то мне ~о 이것은 알만한 것이다 ③ 공개적인 ④ 알맞은, 마땅한; ~ая цена́ 알맞은 값; ~ый челове́к 가까이할 수 있는 사람

досу́г (남) 짬, 여가, 겨를, 틈; на ~е 여가에, 한 가할 때에

досу́жий 형: ~ вы́мысел 잡담, 공담

досу́ха (부): вы́тереть ~ 물기가 없도록 닦다

досы́та (부) 배부르게, 배불리; 실컷; нае́сться ~ 실컷 먹다

досяга́емость (여) ① 도달할 수 있는 거리 ② (군사) 사정거리

дота́ция (여) (국가) 보조금

дотла́ (부): сгоре́ть ~ 재까지 (몽땅) 타버리다

дото́шный (형) 꼼꼼한, 차근차근한; ~ челове́к 깐깐이

дотра́гиваться (미완), **дотро́нуться** (완) (살짝) 다치다, 닿다, 손을 대다

доха́ (여) 털외투

до́хлый (형) (동물에 대하여) 죽은

до́хнуть (미완) (동물이) 죽다

дохо́д (남) 수입, 소득; 소출; валово́й ~ 총수입; национа́льный ~ 국민소득; годово́й ~ 년 수입; при- носи́ть ~ 이윤을 가져다주다

доходи́ть (미완) ① ~까지 걸어가다(오다), 다다르다 ② 이르다, 달하다 ③ (소리가) 들려오다; дошёл слух 소문이 미쳤거; ру́ки не дохо́дят 시간(여유)이 없다

дохо́дный (형) 수입이 있는(많은); 수익성이 높은; ~ая статья́ бюдже́та (재정) 예산의 수입항목

доходчи́вый (형) 알기쉬운, 이해하기 쉬운

доце́нт (남) 부교수

до́чиста (부) ① 깨끗이 ② 남김없이, 깡그리, 몽땅

дочита́ть (완), **дочи́тывать** (미완) ~ 까지 읽다, (끝까지) 읽다

до́чка (여) (дочь의 애칭) 딸애
дочь (여) 딸
дошко́льник (남) 학령 전 어린이
дошко́льный (형) 학령전의; 학교전의; ~ые учрежде́ния 학교전 교양기관
доща́тый (형) 널의, 판자로 만든; ~ая дверь 널문; ~ый пол 널마루
доя́р (남), ~ка (여) 젖짜기공, 착유공
драгоце́нность (여) ① 귀금속, 보석, 보배 ② 귀중품
драгоце́нный (형) 고귀한, 귀한, 보배로운; ~ ка́мень 보석
дразни́ть (미완) 약(을) 올리다, 건드리다
дразни́ться (미완) 사분거리다, 약(을)올리다
дра́ка (여) 싸움(질), 격투(激鬪)
драко́н (남) ① 용 ②(동물) 날도마뱀
драко́новский (형): ~ зако́н 악법
дра́ма (여) ① 연극, 극작품 ② 비극, 극적사건
драмати́ческий (형) ① 연극의, 극의; ~ий теа́тр 연극극장; ② 극적인, 비극적인, 아슬아슬한; ~ ое со-бытие 극적사건
драмату́рг (남) 극작가(劇作家)
драмату́ргия (여) ① 극작법, 극작술 ② 극문학, 극예술
дра́нка (여) 오리목, 오리대, 오림대
дра́ный (형) 찢어진, 헤어진, 누더기가 된
драп (남) 외투천(두껍고 탁탁한 모직 천의 하나)
дра́тва (여) 녹밥, 밀을 먹인 실
драть (미완) ① 찢다, 찢어발기다 ② 때리다, 갈기다, 후려치다; ③ 벗기다; ~ ко́ру 나무 껍질을 벗기다;
дра́ться (미완) ① 싸우다, 싸움질하다, 서로 때리다; 결투하다 ② 투쟁하다
драчу́н (남) 싸움꾼
дребезжа́ть (미완) 쟁쟁거리다, 쟁그랑거리다.
древеси́на (여) 나무질, 목재(木材); делова́я ~ 용재
древе́сный (형) 나무의; ~ая зола́ 나무재; ~ый спирт 메틸알코올; ~ый у́голь 숯, 목탄
дре́вко (중) 막대, 장애; ~ зна́мени 깃발대, 기대
дре́вний (형) ① 고대의, 옛적의, 유구한; ~яя исто́рия 고대사 ② 아주 오랜; 나이 많은
дре́вность (여) ① 옛날, 고대, 옛시대 ② 고적, 유적
древонасажде́ние (중) ① 나무심기, 식수 ② ~я (복수) 심어놓은 나무, 가로수

- 158 -

дрези́на (여) (철도) 모터카, 철길차
дрейф (남) (해양) 표류
дрейфова́ть (미완) 표류하다
дрель (여) 드릴(dill), 쇠송곳
дрема́ть (미완) 졸다
дремо́та (여) 졸음, 졸리는 것
дрему́чий (형) ① 울창한; ② 태고연한, 아주 오랜
дрена́ж (남) ① (공학) 물빼기 ② (의학) 고름빼기, 배농
дрессиро́ванный (형) (동물에 대하여) 길들인, 훈련받은
дрессирова́ть (미완) ① (동물을) 길들이다, 훈련시키다 ② 교련하다
дрессиро́вка (여) (동물에 대하여) 길들이기, 훈련
дрессиро́вщик (남) (동물을) 길들이는(훈련시키는) 사람
дроби́ть (미완) ① 바수다, 파쇄(분쇄)하다, 부스러뜨리다 ② 세분하다
дроби́ться (미완) 부서지다; 세분되다
дро́бный (형) (수학): ~ое число́ 분수
дробь (여) ① 산탄 ② 분수, 소수; пра́вильная ~ 진분수; непра́вильная ~ 가분수; десяти́чная ~ 소수; сме́шанная ~ 대분수
дрова́ (복수) 장작, (땔)나무, 화목; коло́ть ~ 장작을 패다
дровосе́к (남) 나무군
дровяно́й (형): ~о́й склад 장작창고; ~о́е отопле́ние 나무난방
дро́гнуть (미완) 추위하다, 추위지다, 얼다
дрожа́ть (미완) ① 떨다, 와들와들 떨다, 진저리(를) 치다 ② 허겁(을) 떨다
дро́жжи (복수) 효모(酵母), 누룩
дрожь (여) 떨림, 진저리; 몸서리; броса́ть в ~ 벌벌 떨다
дрозд (남) (조류) 티티새; чёрный ~ 건은 티티새
друг I (남) 벗, 친구, 친우; 동무; бли́зкий~ 친한동무; боево́й~ 전우
друг II: ~а, с~ом 서로; ~за́ ом 연이어 뒤따라; помога́ть~у 서로 도와주다
друго́й (형) ① 다른, 딴, 기타 등등; да́йте ~у́ю кни́гу 다른 책을 주시오; э́то совсе́м ~о́й вопро́с 전혀 다른 문제이다 ② 다음의; в ~о́й раз 다음번에; на ~о́й день 이튿날
дру́жба (여) 친선(親善), 우의, 친교
дружелю́бие (중) ① 우정(友情), 우의(優毅) ② 부접(附接)
дружелю́бный (형) 우정있는. 친절한, 호의적인; ~ разгово́р

정다운 이야기
дру́жеский (형) 친선적인, 우의적인, 친한; ~ие отношения 친분관계, 친교; ~ие чувства 친목감, 우정
дру́жественный (형) 우의적인, 우호적인, 친선적인; ~ое госу- дарство 우방 (국가)
дружи́на (여) 단, 대; пионерская ~ 삐오네르단
дружи́нник (남) 규찰대원
дружи́ть (미완) (서로) 사귀다, 친해지다, 친교를 맺다
дру́жно (부) ① 사이좋게, 단합하게, 화목하게; 손맞추어, ② 일제히, 다같이, 한결같이, 꼭같이, 모두 함께
дру́жный (형) ① 사이좋은, 친한; 화목한; ~ая семья 단란한 가정 ② 일치한, 한결같은
дря́блый (형) 생기없는, 시들은, 후줄근한; 날캉한
дря́зги (복수) (하찮은 일을 놓고 벌리는) 사소한 언쟁, 옥신각신
дрянно́й (형) 나쁜, 너절한; 쓸모없는
дрянь (여) 쓰레기, 폐물; 말짜; погода ~ 날씨가 더럽다
дряхле́ть (미완) 늙어빠지다, 노쇠해지다
дря́хлость (여) 늙어빠짐, 노쇠
дря́хлый (형) ① 늙어빠진, 노쇠한 ② 썩어빠진, 낡아빠진
дуб (남) 참나무(참나무과의 갈참나무·굴참나무·물참나무·졸참 나무 등의 총칭. 상수리나무.)
дуби́льный (형) ~ое вещество 탄닌질; ~ая кислота 탄닌산
дуби́на (여) ① 몽둥이, 곤봉 ② 머저리, 미욱쟁이, 멍청이
дуби́нка (여) политика большой ~и 큰 몽둥이정책
дуби́ть (미완) ~ кожу 가죽을 다루다(이기다, 무두질하다)
дублёр (남) 대역, 대역배우
дублика́т (남) 부본, 사본(寫本); 동본
дубли́ровать (미완) ① 겹치다, 중복하다 ② 대역을 하다; 번역녹음하다
дубо́вый (형) ① 참나무의, 참나무로 만든, ② 굳은, 딱딱한, ③ 조잡한, 투박스러운
дубра́ва (여) ① 참나무숲 ② 활엽숲
дуга́ (여) ① (수학) 호(弧) ② 활동 ② (수레의) 목걸이, ③ (전기) 전호, 전기불꽃 ③ трамвая 전차의 접전호
дугообра́зный (형) 활모양의, 궁형의.
ду́дка (여) 피리(구멍이 8개 있고 피리 혀를 꽂아서 부는 관악기의 하나), 통소, 필률(篳篥); плясать под чужую~у 남의 장단에(맞추어)춤을 추다

ду́ло (중) 총구멍, 총구, 포구(砲口)
дуде́ть (미완) 피리(단소)를 불다
ду́ма (여) 생각, 사색, 사고; Государственная ~ (역사)국회
ду́мать (미완) ① 생각하다, 궁리하다; 사고하다; ~ть над задачей 문제를 생각하다 ② (+미정형) ~하려(고)하다; ~ю учить корейский язык 한국말을 배우려고 한다. ③ 여기다, 간주하다, ~고 생각하다; ~ю, что он прав 나는 그가 옳다고 생각한다.; недолго ~я 주저없이, 곧; я ~ю! 물론이다!;
дунове́ние: ~ ветра 가벼운 바람결
дупло́ (중) (나무의) 벌레 먹은, 구새먹은 구멍, 구새통; ~ в зубе (이빨의) 벌레 먹은 구멍
ду́ра (여), **~ак** (남) 바보, 머저리, 멍텅구리; валять ~ака 바보짓하다
дура́цкий (형) 바보같은, 어리석은
дура́чить (미완) 속이다, 속여 넘기다.
дура́читься (미완) 바보짓하다, 머저리 노릇을 하다; 장난질 하다
дури́ть (미완) 어리석은 짓을 하다, 못된 장난을 하다
дурма́н ① (식물) 독말풀 ② 마취제
дурма́нить (미완) 마취시키다, 어지럽게 하다, 의식을 흐리게 하다
ду́рно (부) ① 나쁘게, 역하게, 거북하게, 메슥메슥하다; ~ пахнуть 역한 냄새가 나다 ② (술어로); ему ~ 그는 정신이 흐릿하다; мне сделалось ~ 나는 어지러워졌다
дурно́й (형) 나쁜, 악한, 고약한, 미운; ~ запах 역한 냄새;
ду́тый (형) 과장된;~ые цифры 과장된 수자
ду́ть (미완) 불다, 불어오다; здесь дует 여기는 바람이 통한다. (불어온다)
дутьё (중) (공학) 바람보내기, 송풍
ду́ться (미완) на кого 부르트다, 뾰로통하다
дух (남) ① 정신, 넋, 기백; здоровый ~ 건전한 정신 ② 기본, 특징; ~ времени 시대의 흐름; ③ 원기, 의기; боевой ~ 사기; ④ 숨; переводить ~ 숨을 돌리다; испустить ~ 숨을 거두다; быть не в ~е 기분이 나쁜
духи́ (복수) 향수(香水)
духове́нство (중) 승려, 승려계급
духо́вка (여) 훈제용 쇠함
духо́вный (형) ① 정신적인, 정신의; ~ая жизнь 정신생활 ② 종교; ~ая семинария 신학교

духово́й (형): ~ая музыка 취주악; ~ой оркестр 취주 악대;
духота́ (여) 무더위, 더위, 폭염, 폭서, 혹염
душ (남) 샤워, 물맞기, 관수욕(灌水浴); принимать ~ 샤워를 하다, 관수욕 을하다
душа́ (여) ① 마음, 정신; со всей ~ой 진정(진심)으로; ② 마음씨, 성질, 얼; 아량; 심장; добрая ~ 마음씨가 착하다; широкая ~ 아량이 있다 (넓다); нет ни ~и 한 사람도 없다
душева́я (여) 샤워실, 물맞기칸
душевнобольно́й (형) 정신병자
душе́вный (형) ① 정신의, 마음의; ~ое состояние 정신상태 ② 가슴 뜨거운, 다정한, 충심으로부터의; ~ая беседа 진지한 담화; ~ый человек 마음씨가 고운사람
душегу́б (남) 살인귀, 인간 백정
души́стый (형) 향기로운
души́ть I (미완) ① 목을 눌러(서) 죽이다, 교살하다, ② 숨쉬지 못하게 하다, 질식시키다, ③ 억누르다, 진압 하다
души́ть II (미완) 향수를 치다(뿌리다)
ду́шно (술어로) 무덥다; ста́ло ~ 가슴이 답답해졌다
ду́шный (형) 무더운, 숨쉬기 답답한; ~ая погода 찌물쿠는 (무더운) 날씨
душо́к (남) 냄새, 썩은 냄새; с ~ом 썩은 냄새가 나는
дуэ́ль (여) 결투(決鬪)
дуэ́т (남) 이중주(二重奏) 듀엣, 이중창; 이중주곡
ды́бом (부) 곤두(거꾸로), 쭈뼛, 꼿꼿하게; волосы встали ~ 머리칼이 쭈뼛하게 섰다
ды́бы: вставать на ~ ① (말에 대하여) 뒷발로 서다. ② 한사코 반대하다, 배를 내밀다 (퉁기다)
дыла́ (남, 여) 키켜다리
дым (남) 연기; нет ~а без огня 아니 땐 굴뚝에 연기날까?
дыми́ть (미완) ① 연기(를) 내다(피우다), 연기나다; ② 담배를 피우다, 담배연기를 피우다
дыми́ться (미완) 연기가 나다, 연기를 피우다
ды́мка (여) 아지랑이, 야마, 청람(晴嵐), 실안개
ды́мный (형) 연기가 찬
дымово́й (형): ~ая завеса 연막; ~ая труба 연기 굴뚝, 연통
дымохо́д (남) 연도(煙道), 내굴길, 불길
ды́мчатый (형) 연기색의, 뿌연재빛의.
ды́ня (여) 참외, 멜론의 종류
дыра́ (여), ды́рка (여) 구멍, 터진(꽤진) 자리창;

дыря́вить (미완) 구멍을 뚫다 (내다)
дыря́вый (형) 구멍이 난 (많은), 헤진; 새어드는.
дыха́ние (중) 숨, 숨쉬기, 호흡; органы ~я 호흡기(관);
дыха́тельный (형) ① 숨쉬기의; 호흡의; ~ые пути 숨길, 기도; ② ~ые упражнения 숨쉬기운동, 호흡운동
дыша́ть (미완) 숨 쉬다, 호흡하다; ~ свежим воздухом 신선한 공기를 마시다 ~ на ладан 숨이 끊어질 지경이다
дья́вол (남) 악마, 악귀, 마귀, 사탄(Satan); 마(魔); 요괴
дю́жий (형) 건장한, 장대한; 키가 큰
дю́жина (여) 타스(물건의 12개)
дюйм (남) 인치(inch: 1피트의 12분의 1. 약 2.54 cm)
дю́на (여) 모래산, 모래불
дюралюми́ний (남) 두랄루민(duralumin)
дя́дя (남) ① 삼촌, 외삼촌, 큰아버지, 작은 아버지 ② (부름말) 아저씨
дя́тел (남) 딱딱구리

Е

ева́нгелие (중) (종교) 복음(福音: 기쁜 소식. 고스펠(Gospel). 그리스도의 가르침. 또는 그리스도에 의한 인간 구원의 길), 복음서(福音書: 신약성서 중, 예수의 생애와 교훈을 기록한 마태복음(Matthew 福音書: 신약성서의 한 편. 예수의 계도로부터 시작하여 예수의 탄생, 요단 강에서의 요한으로 부터의 세례, 광야의 유혹, 산상(山上) 설교, 베드로의 신앙 고백, 최후의 만찬, 수난, 부활등에 관하여 기록하였음· 마가복음(Mark福音: 신약성서의 둘째 편. 4복음 의 하나로 가장 오래된 것이 며 저자는 마가임)· 누가복음(Luke福音: 신약 성서의 제3복음서. 바울의 동반자 누가의 저술이 라고 함. 예수의 행적외에 예수의 아름다운 비유와 의료에 대한 기사 등이 많이 실려 있음.)·요한복음(John)의 네 책.)

евангел́|ист м. **1.** 복음전도자; 열렬한 창도자; 복음사가, 신약복음서 기록자; **2.** 복음주의자, 복음 파의 사람, 복음주의 교회의 신도; **~ический** *прил.* 복음서의, 복음의, 복음전도의, 복음주의의

ева́нгельский *прил.* 복음서의, 복음 전도의.

евге́ника *ж.* 우생학(優生學)

евдемони́зм м. 행복설. 행복주의

евкла́з м. 남주석(濫株石)

Евкли́д м 유클리트(고대 BC300 경 그리 스의 수학자); **~ва** геометрия 유클리트 기하학.

е́внух м. 환관, 내시 내관, 고자, 거세된 남자.

Евр (Послание к Евреям, 13 장) 히브리서(Hebrews);

евра́жка *ж.* зоол. 설치류과(齧齒類)

евразие́ц м., **и́йца** ж., **~зиа́т** м. 구아주 혼혈아; 유라시아주의

еврази́йский *прил.* 유라시아 대륙의

еврази́йство с. 유라시아주의

Евра́зия *ж.* 유라시아 대륙

евре́й *м.* 유대인(Judea 人: 팔레스타인을 원주지로 하는 셈족의 일파인 아람족(Aram 族)의 일부. 유대국의 멸망후에 전세계에 흩어져 살다가 1948 년 5 월 이스라엘 공화국을 건설함. 유태인. 이스라엘인.), 이스라엘 백성; 헤브라이 사람, 유대인, (고대의) 헤브라이어, (현대) 이스라엘인; **~ка** *ж.* 유태인 여자; 헤브라이여자, 유대인 여성; **~ский** *прил.* 유대인의, 유대인같은, 유대인 특유의, 유대인풍(식)의, 탐욕적인, 유대교의; 헤브라이 사람의, 유대인의, 헤브라이 사람(말, 문화)의; **~ство** *с. собир.* 유대민족, 유대인, 유대풍, 유대인 기질, 유대민족, 유대인사회, 유대인가(街)

евро́па *ж.* 유럽, 유럽제국, 서구

европе́ец *м.* 유럽인(사람), 서구화(化)

европеиза́ция *ж.* 서구화, 유럽화(化).

европе́й *м. хим.* 유러퓸(희토류(稀土類) 기호 Eu; 번호 63)

европеизи́ровать *несов.и сов. (вн.)* 유럽식으로하다, 유럽화 하다, 서구화 시키다; **~ся** *несов. и сов.* 유럽식으로 되다, 유럽화되다, 서구화 하다

европе́йск∥ий *прил.* 유럽의, 유럽사람의, 서구풍의, 서구 적인, 서구문명, 문화적인; **~ие наро́ды** 유럽 국가들; **~ая цивилиза́ция.** 서양문명, 유럽문화.

ЕВС *(е-вэ-эс)* (Европе́йское валю́тное соглаше́ние) 유럽통화 협정

евста́хиев: **~а труба́** *анат.* 유스타키 오관(Eustachio 管: 이관 (耳管).)

Евфра́т *м.* 유프라테스강(江) 터키어로는 Firat, 수메르어로는 Burananu, 아카드어로는 Purattu, 고대페르시아어로는 Ufrat, 성서 에서는 Perath. 서아시아 최대의 강. 터키의 아르메니아 고원에서 발원하여 시리아를 가로질러 남동쪽으로 흐르다가 이라크 남부에서 티그리스강과 합류, 알아랍 강을 형성한 후 페르시아 만에 도달 하기까지 총 2,700 km 를 흐른다(

евфуи́зм *м.* 화려체(華麗體), 미사여구

евхари́стия *ж. рел.* 성찬식(聖餐式, Eucharist, 영성체(Holy Communion), 주의 만찬(Lord's Supper) 이라고도함. 그리스도교 의 성례(聖禮): 예수의 최후를 기념하여 그의 살과 피를 상징하는 빵과 포도주를 나누어 먹는 의식: 예수가 제자들과 마지막 만찬을 들때 빵을 주면서 "이것은 내몸이다"라고 말하고, 포도주를 주면서 "이것은 내 피다"라고 말하면서 보인 행동을 기념한다. 예수가 십자가에 달리기 전날 밤에 성찬식을 제정했다는 이야기는 (신약성서) 4 권에 기록되어 있다(마태 26 : 26~28, 마가 14 : 12 ~24, 루가 22 : 17~20, 고전 11 : 23 ~25). 바울로의 편지들과 (사도행전)에 의하면 초기 그리스도교도들은 성찬식 제정사에 잠차

하나님 나라에서 누리게 될 큰 잔치의 기쁨을 이 세상에서 미리 맛보게 하는 이 예식을 계속하라는 명령이 포함되어 있다고 믿었든을 알 수 있다.) 성찬, 성만찬, 성찬례, 성체배수, 주의만찬, 유카리스트, 감사식(感謝式)

еге́й *м. бот.* 사초속(莎草屬) 향부자

егерме́йстер *м.* 주엽관(主獵官)

е́герский *прил. к* **е́герь**; ~ полк 엽병연대; 프랑스의 추격병 수렵연대

е́герь *м.* **1.** 엽사, 사냥꾼, 수렵가, 엽병; **2.** *воен.* 프랑스의 추격병(경보병, 경기병); 사냥꾼, 경기병(輕騎兵)

еги́петск||ий *прил.* 이집트(사람, 말)의; ◊ труд *разг.* 매우 힘이 드는 일, 곤란한 일; тьма ~ая *уст.* 칠흑같은 어둠

египтоло́г *м.* 이집트 학자; **~о́логия** *ж.* 이집트학

египтя́н||ин *м.,* **~ка** *ж.* 이집트인

его́ *мест. притяж.* 그의, 그것의 (*ср.* он, оно)

Его́ва *м. рел.* **여호와** (Jehovah) (이스라엘 민족의 유일신; 이스라엘 사람들의 신. 이 이름은 모세에게 4개의 히브리어 자음(YHWH)으로 계시 되었다. 바빌론 유수(BC 6 세기)가 끝난 뒤, 특히 BC 3 세기부터 유대인들은 2 가지 이유에서 '야훼'라는 이름을 더이상 사용하지 않았다. **첫째**, 유대교는 그리스. 로마세계에서 개종자들을 얻어 보편종교가 되었기 때문에 이스라엘의 하나님이 다른 모든 신들에 대해 보편 적인 주권을 갖고 있음을 과시하기 위해 '신'이라는 뜻을 지닌 일반적인 명사 '엘로힘'을 '야훼'대신 사용하게 되었다. **둘째**, 야훼라는 이름은 너무 거룩하여 발언할 수 없는 것으로 간주하게 되었다. 그러므로 회당 예배에서는 아도 나이('나의 주')로 발음 했는데, (구약성서) 그리스어 번역본인 70 인역은 이 단어를 '키리오스'(주)로 번역 했다. 6~10 세기경에 히브리어 성서 원본의 재간행 작업을 벌인 마소라 학자들은 'YHWH'라 이름을 구성하는 모음들을 히브리어 '아도나이' 또는 '엘로힘'의 모음 부호들로 대치했다. 이때문에 '여호와' (Jehovah, YeHoWaH)라는 인위적인 이름이 등장하게 되었다. 르네상스와 종교개혁 이후의 그리스도교 신학자들은 '야훼' 대신 '여호와'라는 이름을 사용 했지만, 19~20 세기 성서학자 들은 다시 야훼라는 이름을 사용했다. 2 세기 알렉산드리아의 클레멘스 같은 초기 그리스도교 저자들은 '야훼'와 비슷한 음역 형태를 사용했고, 이 4 글자 (YHWH)를 이름이 아닌 4 개음으로 간주하지 않았다. 다른 그리스어 필사본 들도 'YHWH'를 '야훼'로 발음 해야 한다고 지적했다. 이스라엘 사람들의 하나님이 지니는 이 고유한 이름은 여러 가지 의미로 해석되어왔다. 많은 학자들은 '그는 존재 하는 모든것을 존재하게 한다' (Yahweh-Asher-Yahweh)가 가장 정확한뜻이 라고 믿는다. 사무엘상에서 하나님은 야훼 테바오트 (Yahweh Teva-ot), 즉 '그는 만군(萬軍)을 존재하게 한다'는 뜻으로 알려지는데, 여기서 '만군'은 하늘의 왕국 또는 이스라엘을 가리

- 167 -

키는 듯하다. 하나님의 이 고유한 이름은 모세시대 이전부터 알려져 있었을 것이다. 모세의 어머니 이름은 '요게벳'인데, 이것은 '야훼'라는 이름에 바탕을 둔 이름이다. 그러므로 모세가 속했던 레위 지파는 '야훼'라는 이름을 알고 있었을 것이며, 이 이름은 원래 'Yo, Yah, Yahu 라 는 짧은 형태로' 신비스럽고 두려운 광채에 압도되어 특별한 뜻없이 신을 부르는 말이었을 가능성이 있다.)

егоза́ *м. и ж. разг.* 침착하지 못한 사람, 싱숭생숭함, 마음을 졸임, 성미가 급한 사람

егози́ть *разг.* **1.** 침착하지 못하다, 수선을 떨다; **2.** (*перед*) 아양부리다, 아첨하다

егозли́вый *разг.* 안절부절 못하는, 침착성을 잃은, 안달하는, 조바심하는, 헛소동 부리는

еда́ *ж. тк. ед.* **1.** 식품, 식량, 영양물; **2.** 식사, 식사시간, 한끼(분) 음식물, 먹는 것; во время ~ы 먹는 동안

едва́ *нареч.* **1.** 간신히, 겨우, 지금 막 ~한, 하자마자; 방금, 막; он ~ поднял это 그는 겨우 그것을 들어 올렸다; **2.** 간신히, 가까스로, 겨우; **3.** 아주조금, 겨우겨우, 간신히, 가까 스로, 겨우, 거의 ~없다; он тогда ~ начинал говорить по-английски; 그는 영어로 말문이 겨우 터이기 시작했다.

Еде́м *м. рел.* 에덴동산(Eden, Garden of: Adam & Eve 이 처음 살았다는 낙원: 구약성서 창세기에 나오는 성서상의 지상낙원; 첫 번째로 창조된 남자와 여자인 아담과 이브가 하느님의 명령을 거역해 추방당하기 전까지 살았던 곳이다. (창세기)에서는 '이스라엘의 하느님 야훼의 동산' 이라고도 불리며, (에제키엘)에는 '하느님 동산'으로 되어있다. 에덴이란 용어는 아카드어의 에디누(edinu)에서 유래한듯 한데, 에디누는 수메르어로 '평지'라는뜻의 에덴(eden)에서 빌려온 것이다. (창세기)의 창조설화와 탁락설화에 따르면, 이스라엘 동쪽의 강들이 에덴에서 발원하여 세상의 4 곳으로 흘러간다. 수메르인의 기록에도 이와 비슷한 설화가 나오는데, 이것은 지상 낙원에 관한 이야기가 고대 근동지역 신화의 일부임을 시사한다. 에덴동산 설화는 인간이 죄있고 행복한 상태 에서 죄. 불행. 죽음을 아는 현재의 인간 상황으로 어떻게 나아갔는가를 설명하기 위해 신화적 주제를 신학적으로 사용한 것이다). 낙원, 무릉도원, 천국; 극락, 유토피아(utopia) 토마아(Sir Thomas More 작의 Utopia 중에 묘사된 이상국; (or u-) 이상향, 이상적인 나라; (or u-) 공상적[이상적] 사회체제, 공상적 사회개량 계획.), 파라다이스(paradise): 근심 걱정없이 행복을 누릴 수 있는 곳.).

едине́ни∥е *с.* 통일(성), 조화, 일치, 협조, 화합, 합동, 합병,

едини́ц∥а *ж.* **1.** 단위, 구성(편제) 단위, (계량.측정의) 단위, (약. 항원의) 단위(량), (학과목의)단위, 학점, (교재의) 단원; денежная ~ 화폐단위; **2.** 1 (이라는 수), '1'의 수; 1 자리수; **3.**

(학업점수의) 1 점 (5 점 만점 의); **4.** (어떤 회사의) 일원; (10 명 이하의) 소수의 사람, 소량의 것;

еди́ни́чн‖ость *ж*. 단 하나, 단 한 개, 단지 홀로; **~ый 1.** 단독의, 유일한, 드문, 개개의, 따로 따로 흩어지는; **2.** 고독의, 외톨의, 외로운, 혼자의, 쓸쓸한, 적막한, 외진, , 분리(격리)하다; **3.** 개개의, 각개의, 일개인의, 개인

еди́но *преф* 하나, 단일, 동등의 뜻.

единобо́жие *с. рел* 일신론(一神論: 唯一神論, monotheism: 하나의 신만이 존재한다는 신앙 또는 하느님의 유일성에 대한 신앙; 유일신론은 다수의 신이 존재한다고 믿는 다신론과 신이 없다고 믿는 무신론과 구별된다. 유일신 신앙은 유대교· 그리스도교· 이슬람교 전통의 특징을 이루고 있고, 다른 여러 종교에서도 이런 신앙의 요소를 발견 할 수 있다. 3 가지 고전적인 유일신종교에서 하느님은 통일성 또는 단일성을 가진분(영원한 존재로서의 하느님), 신실함을 보여주는 분 (거룩한 뜻으로서의 하느님)으로 간주된다. 유일신 론의 하느님은 인격적인 하느님이기 때문에 범신론의 비인격적인 신과 다르다. 더욱이 이 인격적 하느님은 주도권과 의도를 갖고, 자연의 세계와 질서뿐만 아니라 윤리적 세계와 그 질서를 창조한 분으로 이해된다. 유일신론의 하느님은 최고 선의 원천이기도 하다. 고전적인 유일신 종교들은 신앙고백적인 종교들이다. 히브리 성서의 자료를 보면, 이스라엘인은 일신숭배(다른 신의 존재를 부정하지 않고 하나의 신을 섬김)를 한 것으로 보인다. 그러나 유일한 신인 하느님 야훼에 대한 이스라엘의 열정적인 고백과 다른 신을 거부하는 태도를 볼 때, 이스라엘 종교는 유일신론으로 분류하는 것이 보다 적절할 것이다. 이스라엘의 종교에서부터 발전한 헬레니즘 시대의 랍비적 유대교도 마찬 가지이다. 이슬람교의 유일신 신앙은 다른 어떤 종교보다도 엄격하고 비타협적이다. 알라는 한 분이고, 영원하며, 그보다 앞선 것이 없고, 그 무엇보다도 탁월하며, 비견할 것이 없는 분으로 고백된다. 그리스도교의 삼위일체교리는 그리스도교의 유일신론을 다른 2 가지 고전적 유일 신 종교들과 구별하는 요소이다. 성서 에는 특별히 삼위일체(三位一體) 하느님에 관한 주장이 담겨 있지는 않지만, 삼위가 한조(組)를 이루고 있는 성부·성자·성령의 이름으로 기원한다. 초기 교회는 하느님의 실체를 예수와 관련시켜 성찰 하면서, 하나의 본질에 3 가지 위격 이라는 더 발전된 삼위일체에 관한 신학적 언어를 발전시켰다. 종교사들은 BC 14 세기에 파라오 아크나톤(아멘호테프 4 세)이 추진 한 이집트 종교개혁을 크게 주목해왔다. 아크나톤의 신학이 철저한 유일신론은 아니지만 유일신론을 지향했다는 것에 대해서는 대개 동의한다.)

единобо́рство *с*. 일대 일의 싸움, 일대 일의 결투, 일대 일의 격투

единобра́ч‖ие *с* 일부일처제(주의), 단 혼(주의); **~ный** *прил*. 일부일처의, 단혼의.

единове́р‖**ец** *м.* **1.** 같은 종교를 믿는 사람, 같은 신자; **2.** 정교신자; **~ие** *с.* **1.** 같은 종교를 믿는 것; 종교의 일정한 계율에 따라 공동생활을 하는 집단; **2.** 정통그리스정교회 (동방정교회)를 믿는 종파; **동방정교회** (동방교회와 서방교회의 분열 (1054)는 AD 1 세기에 시작되어 중세에 내내 계속되었으며 점진적인 소원화과정에 대단원의 막을 내린 사건이었다(→ 로마가톨릭교). 이 소원회는 언어와 문화의 차이, 정치적 사건들에서 비롯되었다. 4~ 11 세기 동방 그리스 도교의 중심이던 콘스탄티노플은 동로마 제국(비잔틴제국)의 수도이기도 했으나, 로마는 야만족의 침입 이후 동로마의 정치적 라이벌인 서방의 신성 로마제국 영향력 아래 놓이게 되었다(→ 로마사). 따라서 이 두 지역에서 교회의 권위에 대해 서로 다른 개념이 동시에 발전 했었고, 여기서 신학적 차이가 생겨나게 되었다. 로마교회가 사도로서 권위가 비롯되었다는 개념에 입각한 로마 우위론은, 로마·안티오크·콘스탄티노플 등 지역교회의 중요성이 그 교회들의 수적·정치적 의의에 따라서 결정될 수 있다는 동방 교회의 관념과 양립할 수 없었다. 동방 교회의 경우 교리에 관한 분쟁을 조정하는 최고의 권위 기관은 에큐메니칼 공의회 였다): **~ческий** *прил.* к единоверец 2.

единовла́ст‖**ие** *с.* 독재, 독재(전제) 정치, 독재권, 독재국; **~ный** [-сн-] 독재자의, 독재적인, 독재(전제)정치의 (와같은); ~ный правитель. 독재자

единовре́менн‖**о** *нареч.* 한 번, 일회, 한차례; 동시에, **~ый** 수여하는(1 회의, 일시의, 임시의. 동시의, 한꺼 번의) 주다; ~ое пособие 일시적 보조사,

единогла́с‖**ие** *с.* 만장일치, 이구동성, 전원의 이의없음, 동의, 합의, 화성; **~но** *нареч* 만장(전원)일치로, 이의 없는; 합의의, 동의의; **~ный** *прил.* 만장일치의, 이구동성의, 일치된, 합치된.

единоду́ш‖**ие** *с.* 전원 이의없음, 동의, 합의, 만장일치; **~но** *нареч.* 만장(전원)일치로, 일치하여, 이의없게, 단 한 마디로; **~ный** *прил.* 동의, 화합한, 한결 같은.

еди́ножды *нареч. уст.* 한 번, 일회, 한 차례

единокро́вн‖**ый** *прил.* 배다른, 이복의, 혈족(혈연)의, 동족의; ~ брат 이복형; ~ая сестра 이복누이

единоли́чн‖**ик** *м.* 개인영농민, 혼자힘으로 일하는 사람; **~ый** *прил.* **1.** 개인의, (농업) 개인경영의, 소작농민; **2.** 개인의, 자기만의; ~ое решение 자기결심.

единомы́слие *с.* 같은 의견(사상).

единомы́шленник *м.* **1.** 의견을 같이하는 사람, 동지; 공모자, 공범자 **2.** 동료, 동맹한, 연합한; 공모자, 연루자, 종범자, 협력(제휴)자.

единомы́шленный *прил.* 같은 의견의, 동지의, 뜻을 같이하는, 동인의.

единонасле́дие *с. юр.* 장자상속

единонача́лие *с.* 독재; 단독책임제; 단독관리제

единонача́льник *м.* 독재자(獨裁者); 단독책임자

единообра́з∥ие *с.* 한결같음, 획일, 일치, 일률, 균등, 변화 없음, 단조, 같은모양, 합치, 조화, 천편일률; **~ный** *прил.* 한결 같은, 균일한, 같은(형상. 빛깔 따위), 같은 형태의, 일치한, 합치한, 조화를 이룬, 천편일률적인

единопле́менник *м.* 같은부족(종족)의 일원, 같은종족, 같은인종, 동국인, 동포, 동향인; 한 지방의 주민(출신자)

единоро́г *м.* **1.** *миф.* 일각수(말 비슷하여 이마에 뿔이 하나 있는 전설적인동물); 유니콘, 외뿔의 들소(신명기 XXXIII:17); 외뿔소자리, 일각수자리; **2.** *зоол.* 일각과의 고래.

единоро́дный *прил. уст.* 혼자 태어난, 독자의; ~ сын 외아들, 독자(獨子)

единосу́щный *прил. рел.* 같은 몸, 분리할 수 없는, 동체, 동부.

единоутро́бн∥ый *прил.* 이부동모의, 어머니쪽의, 혈통이 다른; ~ брат 이부(씨 다른)형제; **~ая сестра.** 이부자매

еди́нственн∥о *нареч.* 오직, 겨우, 단지; ~ (뿐), 유일하게, 다만; 오로지, 전혀; **~ый** *(в разн. знач.)* 오직 하나(혼자)의, 유일한, ~만(뿐)의, 단 하나의, 둘도 없는, 독특한, 특별한, 특이한;

еди́нство *с. (в разн.знач.)* 유일, 단일, 균일, 동일, 일치, 공통, 통일, 합동, 일치단결; ~ теории и практики 이론과 실천의 통일; ~ партии 당의 일치단결;

еди́н∥ый *прил.* **1.** 하나의, 하나가 된, 결합된, 맺어진, 합병한, 연합한, 공통의, 공동의, 같은 동일한, 일치한, 분할할 수 없는, 불가분의, 나눌 수 없 는; ~ое це́лое 단 하나의; ~ и неделимый 나뉘지 않는 하나; **~ая цена́** 같은 값; **~ая цель** 동일한 목적; **2.** там не было ни ~ой души́ 그기에는 혼이 없다; все до ~ого (человека) 모조리, 한 사람도 남기지 않고; всё ~о *разг.* 어쨌든 상관없다, 매일반이나; ~ым ду́хом 단숨에

е́дк∥ий *(в разн. знач.)* 부식성의, 가성의, 침식성의, 신랄한, 빈정거리는; 매운, 얼얼한, 쓴, 자극성의 역한 맛(냄새)나는, 짓궂은, 심술 사나운, 혹독한; ~ое вещество́ 부식제

~ость *ж.* 부식성, 자극성, 신랄한 야유, 빈정거림, 비꼼, 풍자, 비꼬는 말; говори́ть ~ости. 신랄하게 비평하다.

едо́к *м.* 1. 인(식량배급에서 본). (가족 중) 한 식구, (일하는 사람에 반하여) 식솔, 대식가 (식량 공급 대상자 중의) 한사람; 2. *разг.*: хоро́ший ~ 잘 먹는 사람.

еду́н *м. разг. титул.* 식욕, 먹고 싶은 마음; на меня́ сего́дня ~ напа́л 오늘 많이 먹을 수 있다

её *мест.* 그 여자의, 그 자를(에게), 그것의, 그것은 (이);

ёж I *м. зоол.* 고슴도치, 호저 ◊ морско́й ёж 성게. 장소는 식용

ёж II *м.* 견고한 요새, (X형 틀에 감은)철조망; *воен.* 대전차 장애물

ежеви́ка *ж.* 1. 검은 딸기(나무 딸기류, 열매가 검음); 2. 검은 딸기열매; 3. 검은 딸기 관목(수풀); **~ый** *прил.* 검은 딸기의.

ежего́дник *м.* 연보, 연감, 1년에 1회 의 정기 간행물

ежего́дн|о *нареч.* 매년, 해마다, 1년에 한 번; **~ый** *прил.* 매년의, 연 1회의.

еждне́вн|о *нареч.* 매일, 날마다; **~ый** *прил.* 1. 매일의, 날마다의; ~ая газе́та 일간신문; 2. 일상의, 습관적인;

е́жели *уст. разг. см.* е́сли 만일

ежеме́сячник *м.* 월간 간행물, 월간 출판물, 월간 잡지, 월보(月報)

ежеме́сячн|о *нареч.* 한 달에 한 번, 다달이; **~ый** *прил.* 매월의, 매달의, 월 1회의, 월정의

ежемину́тн|о *нареч.* 매분마다, 매순간 마다; 계속적으로, 잇따라, 끊임 없이, 그칠 새 없는, 간단 없는, 빈번히; **~ый** *прил.* 매분의, 1 분마다의; 매분마다 있는, 부단한; 잇따른, 계속되는, 연속적인, 계속 되풀이 되는, 빈번한, 끊임없는, 그칠 새 없는, 간단 없는.

еженеде́льник *м.* 주간지, 주보, 주간 출판물.

еженеде́льн|о *нареч.* 매주, 1 주 1회, 매주 한 번씩; ~ый *прил.* 매주의, 주 1회의, 1 주간(분)의, 주간의; ~ый журна́л 주간지

ежено́шно *нареч.* 밤에, 밤마다

ежесеку́ндный *прил.* 매초의, 매우 빈번한, 부단한, 끊임 없는.

ежесу́точн|о *нареч.* 매일, 날마다; **~ый** *прил.* 매일의, 일상의, 날마다의, 습관 적인, 1주야 마다의, 평범한.

ежечасн**||**о *нареч.* 매시간마다, 빈번히, 끊임없이; **~ый** *прил.* 매시의, 한 시간마다의, 빈번한, 간단 없는, 부단한.

ёжик I *м. уменьш. от* ёж I. 고슴도치

ёжик II *м. (стрижка)* (항공기 탑승원의) 상고머리.

ёжиться *ж* (추워서) 몸을 웅크리다, 쪼그리다; 당혹하여 주저하다, 망설이다, 결단을 못내리다, 우물쭈물하다

ежи́ха *ж.* 고슴도치(암컷)

ежо́в**||**ый *прил. к* ёж I; ◊ держать кого-л. в ~ых рукавицах 엄하게 대하다, 틀어쥐다, 소란스럽게 독촉하다.

Езд 1 (Книга Ездры, 10 장) 에스라(Ezra)

езд**||**а́ *ж.* (배.차. 말을) 타다, 타고 가다, 승마, 승차, 여행; (마차.자동차를) 몰다, 운전(조종)하다, 드라이브하다; ~ в поезде 기차 여행; долгая ~ utomi-tel'na 길고 지루한 여행

е́здить *опред.* е́хать, *сов.* пое́хать (배. 차. 말을) 타다, 타고 가다; (마차. 자동차를) 몰다, 운전(조종)하다, 드라이브하다; 여행하다; (탈것으로) 다니다; (육로의) 여행, 여정; 범주하다, 항해하다, 바닷길로, 뱃길로; **~ве́рхом** 말을 타고가다

е́здка *ж. разг.* (짧은) 여행, 출장여행, 소풍, 유람, (짧은) 배편 여행.

ездов**||**о́й 1. *прил. к* езда 타는, 타고 다니기 위한; **~ая собака** (북극 지방의) 썰매 끄는 개; 2. *м. как сущ. воен.* 기마전령, 군용마차의 마부

ездо́к *м.* (말, 차 등을) 타는 사람, 기수, 기마객; 승마자, 말 키우는 사람, 말타고 가는 사람, 말탈 줄 아는 사람; 자전거 타는 사람(선수); хороший ~ 좋은 기수

езжа́**||**ть: **-й, -йте** *разг.* 떠나시오, 출발하시오

е́зжен**||**ый *прил.* [ежже-] 타서 길들인, (도로에 대하여) 차(말)라해서 좋게 길 들여진: **~ая доро́га** 통과해서 익숙해진 길.

ей *дт. см.* она; мы купили ей словарь 우리는 그 여자에게 사전을 사주었다.

ей-бо́гу *межд. разг.* 정말, 꼭, 참으로, 정말(이지), 실로, 실은, 실제로, 확실히, 신에게 맹세코; ~, не знаю 나는 맹세코 모른다.

ёкать, ёкнуть *разг.* (놀래서 심장이) 두근거리다, (가슴이) 두근두근하다, 종종걸음치다, 딸꾹질같은 소리를 내다;

Еккл(Книга Екклесиаста, или Проповедника,12 장) 전도서

е́ле *нареч.* **1.** 거의 **~ 아니다**(않다), 간신히, 겨우 지금 막 **~한; 2.** 간신히, 가까스로, 겨우, 거의 **~없다**;

- 173 -

е́лев||ый *бот. прил.* 전나무의, 가문비나 무속의 식물(갯솔. 전나무): **2.** *м. как сущ.:* семейство ~ых. 가문비나무(Picea jezoensis) 소나무과(—科 Pinaceae)

еле-еле *нареч.* 겨우, 간신히, 가까스로;.

еле́й *м. церк.* (교회의 근행용 올리브유) 성유; 향유, 방향, 바르는 기름, 위로의 말, 마음의 고통을 치유해 주는 것; **~ность** *ж.* 도유(종교적 축성 또는 의료에서의), 마음을 위안하는 것, 기쁘게 하는 것, 위로의 말; **~ный** *прил.* 상냥한, 너무친절한, (사람을)살살녹이는, (겉으로만) 열심인 체하는, 자못 감동한 듯한; ~ный голос (사람을) 살살녹이는 목소리, 매끄러운 목소리.

ели́ко: ~ возмо́жно *уст., шутл.* 되도록 가능한, 가능한 한.

ёлк||а *ж.* **1.** 가문비나무, 전나무, 종비나무; **2.** новогодняя ~ 신년 트리, 욜까(곱게장식한새해맞이나무); рождественская ~ 크리스마스 트리; **3.** (어린이들의) 신년 파티

ёлов||ый *прил.* 전나무, 가문비(종비나무); ~ая шишка (솔방울 모양의) 전나무 열매; ~ый лес 전나무(가문비) 숲;

ёло́зить *разг.* 이곳 저곳을 기다

ёлоч||ка *ж.* 전 나무가지의 모양; 오늬(무늬) 모양의; **~ный** *прил.* ~ные украшения 욜까에 다는 장식품, 크리스마스 트리의 장식물, **~ый базар** 욜까 시장;

ель *ж.* 전나무, 가문비나무, 종비나무; 하얀 가문비나무 숲;(소나무. 전나무) 의 제재목(木).

е́льник *м.* **1.** 전나무 작은 숲, 가문비(종비 나무) 숲; **2.** (잘라 낸) 전나무(가문비. 종비나무) 가지(분지).

ёмк||ий *прил.* 용량(용적)이 큰, 많이 담을 수 있는, 널찍한, 너른, 듬뿍 들어가는; **~ость** *ж.* 용적, 용량, 포용력, 수용력, 열용량, 전기용량; 입체 용량; ~ котёл 큰 가마;.

ему́ *дт.:* я дал ему́ кни́гу 이 사람에게 책을 사 주었다.

ендова́ *ж. ист.* 식탁용 포도주병(손잡이와 귀때·뚜껑이 있음), (성찬용의) 큰 병; медная ~ 동으로 만든 큰 병.

ено́т *м.* **1.** *зоол.* 미국의 너구리, 완웅, 개곰; **2.** 미국 너구리의 모피, 미국 너구리의 모피로 만든 옷이나 목도리; **~овый** *прил.*; ~овая шуба 미국 너구리의 모피로 만든 코트

енотови́дный *прил.*: ~ая соба́ка *зоол.* 너구리

епанча́ *ж.* 고풍의 넓은 망토, 넓은 외투

епархиа́льный *прил. церк.* 교구 주교

епа́рхия *ж. церк.* 주교 관구, 그리스도교 감독관구; *(в восто́чной це́ркви)* (그리스정교의) 주교구, 대교구.

- 174 -

епи́скоп м. церк. (가톨릭의) 주교, (신교의) 감독, (그리스 정교의) 주교, (성공회의) 감독; **~а́льный** прил. церк. 감독(주교)의, 주교 제의; **~ский** прил. церк. 감독(제도)의; **~ство** с. церк. 1. собир. 감독(주교)제도, 주교의 직위; 2. (сан) 주교(감독)의 지위(계급,임기); (감독.주교의) 전교구

епитимья́ ж. церк. 참회, 회개, 고백 성사.

еpала́ш м. 1. разг. 혼란(상태), 난잡, 어수선함, 뒤범벅, 뒤죽박죽; 2. (игра) 옛날 카드놀이의 일종

ерепе́ниться ж. разг. (약이 올라) 고집 부리다, (열이나서) 반대하다, 열이 나서 날뛰다.

е́ресь ж. 1. церк. 이교, 이단, 이론 사설, 이실, 비정통파설; 2. 허튼소리, 시시한 것, 바보 같은 말; что за ~! 무슨 바보짓!; нести ~ 시시한 소리를 하다

ерети́||к м. 이교도, 이단자; **~ческий** прил. 이교의, 이단의.

ёрзать разг 엉덩방아를찧다, 안절 부절하다, (한 장소에서) 움직(움죽, 건들, 우물쭈물)하다

ермо́лка ж. (노인. 성직자용) 챙이없는 사발을 엎은 모양의 모자, (머리 꼭대기에 밀착된) 둥근형태의 작은모자, (유태인이 모자 밑에 쓰는) 작은모자, 망건식 모자, 쪽달모자

еро́шить, взъеро́шить (вн.) разг. (머리 털을) 헝클다, 헝클어뜨리다, 흐트러뜨리다, (옷. 종이 따위를) 구기다; **~ся, взъеро́шиться** разг. (머리카락이) 흐트러지다, 곤두서다

ерунд||а́ ж. 1. 무의미한 것, 엉터리, 시시한 것, 난센스; это ~! 시시한 저것; ~а́! 시시해!; 2. 하찮은 것(일), 소량, 약간; научиться плаватьсущая ~ 어린이가 수영을 배우는 것.

ерунди́ть разг. 시시한 말(행동)을 하다; 시시한 소리(말) 브로스~! 바보 같은 소리 그만해!

ерундо́вый прил. 1. 미련한, 어리석은, 바보같은, 무의 미한, 부조리한; 2. 하찮은, 시시한, 경박한, 진지하지 못한.

ёрш I м. 1. 작은 농어류의 민물고기(유럽산, 쏘가리); 2. 램프의 등피 브러시, 램프를 닦는 솔; 와이어브러시, 쇠긁개(녹을 닦아내는 솔)

ёрш II м. разг. 보드까와 맥주의 혼합주

ерши́стый прил. 1. 곤두선, 보풀이 일고 있는, 반항적인, 억지를 쓰는, 강짜부리는; 2. 완고한, 억지센, 강퍅한, 끈질긴, 완강한, 굽히지 (양보하지) 않는, 단호한.

ерши́ться разг. 고집을 부리다, 화를 내다, 약이 오르다, 확 타오르다, 불끈 성내다.

есау́л м. ист. 코사크(카자흐)인의 대위.

е́сли *союз* 1. *усл.* 만일(마약) ~라면. 만일(만약) ~라고 한다면; 한 편은 ~인데(다른 한편은 ~이다); 2. 비록 ~할지라도; 3. ~ бы мне ещё хоть раз увидеть его! 그를 한번이라도 더 볼 수 있다면 얼마나 좋겠는가!;

ессентуки́ *мн.* (예쎈뚜끼) 광천수, 까프까즈의 광천요양지. 그것의 광천(음료용 및 목욕용)

ест 3 *л. ед. наст. вр. см.* **есть** I

есте́ственн∥ик *м.*, **~ица** *ж. уст.* 박물학자, 자연과학자; 과학선생(교사);이과학생, 과학도.

есте́ственно 1. *нареч.* 자연히, 자연의 힘으로, 인력을 빌리지 않고, 있는 그대로; 2. 순조롭게, 당연히, 물론; совершенно ~ 있는 그대로 충분하다.

есте́ственн∥ый *прил.* 1. 자연의, 자연계의, 자연계에 관한, 천연의, 자연 그대로의, 인공에 의하지 않은, 가공하지 않은; **~ые** богатства 자연부원; **~ые** газ 천연가스; 2. 자연스러운, 당연한, 응당한, 3. 자연스러운, 꾸밈없는;

естество́ *с.* 1. 본성, 본질, 속성,(대)자연, 천지만물, 에센스, 엑스, 정(精) 2. 네이처지(誌) (영국의 과학 전문월간지; 1869년)

естествове́д *м.* 자연과학자, 과학 연구자, 박물학자, (문학의) 자연주의자: **~ведение** *с.* 과학, 자연과학; 박물학, 박물; **~ знание** *с.* 1. 자연과학; 박물학; 2. 과학의 분야; (전문인이 아닌) 박물연구; **~испыта́тель** *м.* 자연 연구가, 자연과학자

есть I, **съесть** (*вн.*) 1. 먹다, (수프 따위를) 마시다; 2. *несов.* 침식(부식)하다; 3. *несов.* 눈을 쓰리게 하다, 자극하다; 4. 책망하다, 못살게 굴다;5. 물다, 쏘다.

есть II (*наст. вр. см.* быть) 1. ~이다; 2. ~ 있다;

есть III (*междл.* 좋아, 알았어, 이제 됐어) *мор.* 예예; *воен.* (호칭)님, 선생 (님), 각하, 나리, 옛(알았습니다).

Есф(Книга Есфирь, 10장) 에스더 (esther 書; Book of Esther)

Еф (Послание к Ефесянам, 6장) 에베소서;

ефре́йтор *м. воен.* 상등병 육. 해. 공군 사병의 계급. 병장의 아래, 일등병의 위. 상병(上兵).

е́хать *см.* **е́здить;** 1. (타고)가다, (타고) 오다; 2. 가다, 출발하다; 3. 가다, 오다;4. 삐뚤어지다, 미끄러져 내려오다

ехи́дна *ж. зоол.* 1. 에키드나(Echidna): 가시두더지(Echidna: spiny antea-ter 라고도 함. 단공목 Monotremata) 2. 북살모사, 독사, 살모사; 뱀아목(Serpen-tes) 살모사과 Viperidae); 3. 독사 같은 놈, 심지 나쁜(속 검은) 사람; 간악한 사람, 악질, 음흉(냉혹,교활)한 사람, 마음놓을수 없는 사람.

ехи́дничать, съехи́дничать *разг.* 비꼬아 말하다, 독살 부리다, 약을 올리다, 비꼬며 놀리다, 독설을 퍼붓다

ехи́дный *прил.* 심술궂은, 원한을 품은, 악의가 있는, 짓궂은, 교활한, 약아빠진, 악의(적의)에 넘친, 독살스러운; 독이있는, 악의에 찬, 원한을 품고있는; 음험한, 교활한, 방심할 수 없는, 틈을 엿보는; ~ ый человек 독살스러운 사람; ~ое заме-чание 악의를 품은 의견(소견)

ехи́дство *с.* 악의, 적의, 해할 마음, 간교, 원한, 앙심, 나쁜 마음, 나쁜 뜻, 악심; 틈을 엿보는 것, 음험 한 것, 교활, 방심할 수 없는

ещё *нареч.* **1.** 아직, 한번 더, 더욱; 아직도, 아직 까지는, 아직껏; листья ~ зелёные 나뭇잎이 아직까지는 녹색이다; он ~ не устал 그는 아직 까지는 피로하지 않다; **2.** 훨씬 전에, 옛적에, 벌써, 이미 오래전에, 아주 먼 옛날; 오직, 겨우, 단지, ~만 (뿐); ~ в 1920 году 먼 옛날의 1920 년 전에; ~ (только) вчера 어제 만, 오직 어제; **3.** 더, 또, 조금 더; (더욱) 더, 더 한층; ~ более 더욱 더; ~ громче 한층 더 큰 소리로; дай мне ~ денег 나에게 돈을 조금만 더 주십시오; **4.** *усил. частица:* этого ~ не хватало! 이건 또 뭐야!; какой ~ подарок ему! 그에게 또 무슨 선물이야!; ~ бы!, ~бы нет! 그야 뻔 하지, 두말할 것 없지!; ~ и ~ 더욱, 계속 더; всё ~ 아직도, 여전히

ею *тв. см.* она; эта книга написанаею 이 책을 그 여자가 썼다, 이 책은 그 여자에 의하여 쓰어졌다.

Ж

жа́ба I *ж. зоол.* 두꺼비, 나홀마, 섬여

жа́ба II *ж. мед. уст.* 편도선염, 후두염, ◊ грудна́я ~ 협심증,

жа́берные *мн. зоол.* 새각동물, 아가미가 있는 동물

жа́берный *прил.* 아가미의, 아가미가 있는.

жабо́ *с. нескл.* (여성복의) 앞가슴 주름장식; 풀이 센 높은 주름 칼라

жа́бры *мн.* (*ед.* **жа́бра** *ж.*) 아가미, (게의) 자부림, (물고기의) 아가미;

жаве́ль *м. хим.* 쟈벨액 (Javel 額)

жа́воронок *м.* 종다리, 종달새속 (屬)

жа́дина *м. и ж.* 대식가, 먹보, 욕심장이, 구두쇠, 노랭이

жа́дничать *неперех. разг.* 탐내다, 욕심 내다

жа́дн‖о *нареч.* 게걸스레; 욕심[탐]내어, 탐욕적인, 몹시탐나는, 욕심나는, 강한 흥미를 가지고, **~есть** (*вн.*) 게걸스레 먹다 *груб.*; **~глота́ть, пить** (*вн.*) 꿀떡꿀떡 (꿀꺽꿀꺽) 마시다; 삼켜버리다; ~ слу́шать 열심히 귀를 기울이다.

жа́дность *ж.* 1. 인색한 것, 이기심; ~ к деньга́м 금전욕; 2. 탐욕, 욕심, 욕망, 탐심, 열망, 허욕; 열심, 열망; с ~ю 열심히, 열중하여; 3. 게걸; есть с ~ю 게걸스레 먹다.

жа́дный *прил.* 1. 탐욕스러운, 식욕(금전욕)이 몹시강한, 갈망하는, 강렬한. 열망하는, 간절히 바라는, 간절히 하고 싶어하는; 2: ~ взор 물건을 갈망하는 눈초리; 3. 물건을 너무 아끼는, 인색한; 부족한; **~челове́к** 인색한 사람

жа́жд‖а *ж.* (*прям. и перен.*) 목마름, 갈증; 열망, 갈망, 욕심;

жа́ждать *неперех.* 목말라하다, 갈망 (열망) 하다, 강한 희망을 갖다; 간절히 원하다; ~ ми́ра 평화를 갈망하다.

жа́ждущий 1. *прич.* 2. *прил.* (*рд.*) 갈망하는, 절망하는.

жаке́т *м.,* **~ка** *м.* (소매 달린 짧은) 웃옷, 재킷; 모닝코트, 부인용 짧은 상의(上衣) (외투)

жале́йка *ж. муз.* (러시아 농민의 부는 악기 종류) 소뿔로 된 피리; 퉁수, 호적(胡笛)

жале́ть, пожале́ть *перех.* **1.** (*вн.*) 슬프게(유감스럽게,가엾게) 여기다, 가련하게(불쌍히.애석하게)여기다, 동정하다; **2.** 아끼다, 아까워하다, 아쉬워하다, 아쉽게 생각하다; 후회하다; 유감으로 생각하다; **3.** 절약하다, 아끼다; 인색하다, (주기를) 싫어하다, 아까워하다

жа́лить, ужа́лить *перех.* (*вн.*) (식물의 가시) 콕콕 찌르다; (벌레.모기.벼룩이) 쏘다, 물다; (게가) 물다, (뱀이) 물다;

жа́лк‖ий *прил.* **1.** (외모. 복장. 동작 등에 붙어) 가엾은, 처량한, 불쌍한, 가련한, 비루한, 비참한; **2.** 불행한, 비참한; 약간, 보잘것없는, 시시한, 초라한; **3.** 초라한, 볼품 없는, 빈약한, 궁핍한, 불쌍한, 비참한, 가련한; ~ тру́с 비천한 무리,

жа́лко *нареч.* 불쌍하게, 유감스럽다, 가엾게, 처량하게

жа́ло *с.* **1.** 침(針), 독아, 독침, (벌. 개미의) 침, (모기. 나비의) 대롱; ~ пчелы́ 벌의 침; ~ змеи́ 뱀의 혀; **2.** 예봉. 3. 날, 끝.

жа́лоб‖а *ж.* **1.** 불평, 찡찡거림, 우는 소리, 푸념, 하소연; **2.** (*иск*) (민사의) 고소, 항고, 소송, 소원; **~ный** *прил.* 슬픈, 비탄에 잠긴, 애처로운, 불평을 표명하는; 슬픈듯한, 애조를 띤; 호소하는 듯한, 소송의, 소원의; (시어) 슬픈, 마음 아픈; 괴로운; **~щик** *м.,* **~щица** *ж. юр.* 고소인, 원고

жа́лованн‖ый *прич. см.* жаловать 1; 하사 받은;

жа́лованье *с.* 봉급(俸給), 급료(給料).

жа́л‖овать, пожа́ловать *перех.* **1.** ~에게주다, 수여하다, 부여하다; (벼슬 등을) 교부하다; (허가를) 주다; **2.** ~에게 호의를 보이다, ~에게 친절히 하다, 찬성하다 **3** (사교. 용건. 관광 등을 위해) 방문하다; (~의) 집에 머물다;

жа́ловаться, пожа́ловаться (*дт. на вн*) 불평(고통.푸념)을 말하다, 우는소리 하다, 한탄하다, 호소하다, 고소하다, 나쁘게 말하다, 중상하다;

жалоно́сный *прил. зоол.* 찌르는, 쏘는; 쑤시는 듯한, (침. 가시를 가진 동식물이) 쏘다, 찌르다.

жа́лост‖ливый *прил. разг.* 자비심이 깊은, 연민의 정이 깊은; **~ный** *прил.* 가엾게 생각하는, 동정심 많은

жа́лост‖ь *ж.* 연민, 동정. 비애, 아쉬움.

жаль *предик. безл.* **1.** 가엾다, 안됐다. 애석하다, 유감이다 유감스럽게도, 딱하게도; **2.** (+*инф.*): мне ~ смотре́ть на него́

그를 쳐다보는 것이 마음 아프게 한다; **3.** (주기를) 싫어하다, 아까워하다, 인색하게 굴다; ~하기를 꺼리다, ~하기 싫어하다; **4.** 유감천만 이다[가엾기 그지 없다];

жалюзи́ *с. неск.* 베네치아풍의 블라인드, 감아올리는 발(자일), 미늘살 창문; 미늘발, 베네션 블라인드.

жанда́рм *м.* 헌병, **~е́рия** *ж. собир.* 헌병대; **~ский** *прил.* к жандарм.

жанр *м.* **1.** 유형, 양식, 장르; **2.** 풍속화: 3 스타일, 모양; 유행(형), 방법, 방식; **~и́ст** *м.* 풍속화가; **~овый** *прил.* к жанр

жар *м.* **1.** 열, 더위, 더운 기운; 열기; 온도; 열정, 열의, 열성; 충성; 작열, 대낮의 더위, 더운시절, 혹서. 꾸짖는 말; **2.** (병으로 인한) 열(熱), 체열, 발열, 신열; **3.** 타다 남은 것, 깜부기 불, 빨갛게 탄 숯불, 탄불;

жара́ *ж.* 더위, 더운 공기, 무더위

жарго́н *м.* (한 작은 사회집단에서만 사용되는) 통용어, 은어, 전문어, 술어; 변말, 은어, 암호의 말, 결말; **~и́зм** *м* 속어; **~ный** *прил.* 속어적인, 속어의; 속어를 쓰는; (태도·복장 따위가) 야한

жардинье́рка *ж.* (장식용) 화분, 화분대, 꽃을 꽂는 그릇, 꽃바구니, 식목용 선반

жа́реное *с. см.* жарко́е. 불고기

жа́реный *прил.* 프라이, 튀김; 불고기, 생선구이

жа́ренье *с.* 굽는 것, 볶는 것;

жа́рить *перех.* **1.** (기름으로) 튀기다, 프라이로 하다[가 되다]; (기름으로) 볶(아조리하)다; (고기를)굽다, 불에쬐다, 익히다, 오븐[뜨거운 재]에 굽다; (콩. 커피 열매를) 볶다, 덖다; (석쇠에) 굽다; 불에 굽다; (햇볕등) 뜨거운 열로 괴롭히다; **2.** (불. 연료가) 타는; (물건이) (불)타다, 눋다; 타 죽다, 태우는 듯한, 매우 뜨거운; 혼된, 신랄한; **~ся 1.** 프라이, 튀김, 굽다, 불에 쬐다, 익히다, 타다, 끓다. 굽기, 쬐기, 불고기, 구운고기; 염열, 혹서; **2.**: ~ся на со́лнце *разг.* 몸을 녹이다, 양지에서 햇볕을 쬐다 (태양이) ~을 그을리다, 뜨겁게 하다;

жа́рк∥ий *прил.* 더운, 뜨거운, 뜨거운 열의, (몸이) 달아오르는; 더운; 고열의; 열렬한; 불타는 (듯한); 격렬한;

жа́рко I 뜨거운, 더운, 열렬히, 격렬하게

жа́рко II *нареч.* 뜨겁게; 몹시; 매우 성을 내어, 심하게, 성내어; 열심히.

жарко́е *с. скл. как прил.* (고기를) 굽다, 불에 쬐다, 익히다, 오븐[뜨거운 재]에 굽다; 특히 불고기;

жаро́вня *ж.* 화로(火爐); 놋갓장이, 풍로(風爐)

жарово́й *прил.* 열의, 열기의; 열을 가한, 무더운; 훈기에 의한; 탄불에 의한; ~ уда́р *уст.* 더위의 타격, 일사병

жаро́к *м. разг.* 미열: у него́ небольшо́й ~ 그에게 약간의 미열이 있다.

жаропонижа́ющ∥**ий** *прил. мед.* 해열제, 해열용의;

жаропро́чный *прил. тех* 내열성의

жароупо́рный *прил. тех.* 내열의,

жар-пти́ца *ж. фольк.* (러시아 민담속에 나오는 광채나는 날개를 가진새) 불새, 화식조(火食鳥)

жары́нь *ж. разг.* 혹서, 대서, 염서

жасми́н *ж.* 재스민속의 식물(향수); 재스민색(밝은노랑), 재스민(jasmine) **~ный, ~овый** *прил. к* жасми́н; 고광나무

жа́тв∥**а** *м.* 추수, 수확, 가을걷이, 곡물을 거두어들임, **~енный** *прил.* 추수의, 수확하는, 가을하는

жа́тка *ж.* 수확기, 수확기계

жать I *перех.* **1.** 프레스하다, 억누르다, 밀어붙이다, (의복에 붙어) 끼다, 압착하다; 꽉 쥐다, 꼭껴안다 **2.** 답답하다, 짜다, 압박하다, 괴롭히다, 고통을 주다; (구두 등이) 죄다, 빡빡해서 아프다; (줄을) 팽팽히 켕긴, 바짝 쥔; **3.** 비집고 나아가다(들어가다,나오다), 억지로 지나가다; 계략을 써서 파산(폐업)시키다; **4.** 초래하다, 접근하다, 가까운(쪽의), 가까이의

жать II, сжать *перех.* (농작물을) 베어 들이다, 거둬들이다, (~의)작물을 수확하다;(칼로)베다, 수확하다, 거두어들이다

жа́ться 1. (추위 등으로) 몸이 움츠려들다; 오그라지다, 바싹 달라붙다, 결심이 서지 않다; 주저하다. 인색하다, 돈 쓰는 솜씨가 나쁘다, **2.** *разг.* 욕심부리다

жа́хнуть *перех. совр. (вн.) разг.* 일격을 가하다, 세게 치다; 힘껏 때리다.

жбан *м.* (뚜껑있는) 단지, (주둥이가 넓은) 주전자, (손잡이가 달린) 항아리; (맥주 등을 담는) 조끼; (목이 가늘고 손잡이가 붙은) 도기[유리]제의 주전자.

жва́чк∥**а 1.** 되새김질, 반추, 위로부터 입속에 다 내어서 다시 씹는 음식물 **2.** 새김질감; (속어.방언) 씹는 담배의 한입, 씹는 담배; 한가지 일을 지루하게 반복하다;

жва́чн||ые *мн. скл. как прил. зоол.* 반추 동물; **~ый** *прил. зоол.* 반추류의, 반추 하는; **~ое животное** 반추동물

жгут *м.* **1.** (새끼, 짚, 가죽 등의 꼬은, 엮은, 짠) 물건, (천의) 주름; 변발; 엮은 밀짚; 땋은 끈; **2.** *мед.* 지혈기(대), 교압기, 구혈대

жгу́тик *м. зоол.* 편모, 세균의 섬모

жгу́ч||ий *прил.* 불타는(듯한), 열렬한; 뜨거운; 강렬한; 예민한, 신랄한; 빈틈 없는, 약삭빠른, 재치 있는

ждать *перех.* 기다리다, 대기하다, 만나려고 기다리다; 기대[예기, 예상]하다; 기다리다

же I, *ж союз* **1.** ~와, ~및, ~이나; 그리고, ~또(한); 그러나, 하지만, 그렇지만; (앞 문장의 내용을 보충하는 문장을 연결 시킨다) 그런데, 그러한데, 그건 그렇고;

же II, ж 1. 도대체, 과연, 정말 **2.** 꼭 같은, 바로 그런;

же III 같은 일(것), 꼭 같은, 비슷한; 같은 길(방법); 마침 그 때; 마침 그곳에; 같은 장소에, 같은 책

жева́ние *с.* 씹는 사람[것]; 분쇄기; 고기 다지는 기계, 가죽 짓찧는 기계; 반추; 생각에 잠김, 묵상(默想).

жёванный *прил.* 잘게 씹은, 씹어서 부숴진, 씹혀진, 씹어서 뱉어놓은 것 같은;

жева́тельн||ый *прил.* 씹는, 씹기에 알맞은, 씹는데 적합한

жева́ть *перех.* 씹다; 깨물어 바수다; 저작하다; 분쇄 하다; (고무를 기계에 넣어서) 곤죽으로 만들다 (*о жвачных тж.*) 되새기다, 반추하다; 곰곰이 생각하다;

жезл *м.* 지팡이, 회초리, 장대, (가늘고 긴) 막대기; (관직을 나타내는) 지팡이, 지휘봉

жезлов||о́й *прил.:* **~ая система движения** *ж.-д.* (철도의) 태블릿식 운행 통제법

жела́ни||е *с.* (*род.*) **1.** 희망, 소원, 소망, 바람, 욕구; 원망, 욕망; **2.** 육욕, 색욕, 관능 적인 욕구, 음탕한 욕심.

жела́нный *прил.* **1.** 바라는, 구하는; **2.** *уст.* 사랑하는, 귀여운, 가장 사랑하는; 애용하는, 소중한;

жела́тельн||о *прил.* 좋겠다, 바라는 바이다; **~ый** *прил.* 희망의, 요망되는, 원하고 싶은; 바람직한

желати́н *м.* 젤라틴, 정제한 아교; **~овый** *прил.* 젤라틴 모양의[에 관한], 아교질의; 안정된.

жела́||ть, пожела́ть 1. 바라다, 원하다; 요망하다, 욕구하다, 희망하다, (남의 것을) 몹시 탐내다, 바라다, 선망하다, 갈망하다, 절망하다, 열망하다; **2.** 축원하다, 바라다;.

жела́ющи∥й *прич. см.* желать; ~ не́ де́ре́ бараны 사람; *мн.* 희망자, 관계자(關係者).

желва́к *м.* 딩동, 팅팅(현악기의 소리); 혹, (혹같이 불룩나온) 굳은 살.

желе́ *с. нескл.* 젤리, 한천, 우무, 우묵묵.

железа́ *ж. анат.* 선(腺).

желе́зистый I *прил. анат.* 선[샘]의; 샘에서의 분비물에 의한, 선 모양의.

желе́зистый II *прил. хим.* 철이 나는, 철을 함유하는; 쇠의; 철분을 함유 하는; 쇠녹의; 쇠녹빛의, 적갈색의

желе́зка I *ж. разг.* 작은 쇠조각, 쇠붙이, 철도.

желе́зка II *ж.* (카드의) 운에 맡기는 승부(모험), (도박에) 열중 하다.

желе́з∥ка III *ж.*: на всю ~ку *разг.* 힘이 미치는 한, 필사적으로, 몹시 강하게, 큰소리로 빨리;

желёзка *ж. анат.* 소선(小腺), 소선체.

желе́зно *нареч.* 틀림[어김]없이, 반드시.

железнодоро́жн∥ик *м.* 철도원, 철도종업원; 철도 부설 기술자; **~ый** *прил.* 철도의[에 관한].

желе́зн∥ый *прил.* 쇠[철]의, 쇠를[철분을] 함유하는;

железня́к *м. мин.* 철광석(鐵鑛石) 자철광, 적철광, 갈철광.

желе́зо *с.* 쇠, 철(鐵)(기호 Fe; 번호 26), 아이론; *собир.* (*изделия*) 철물, 철제품, 건축용 철물, 금속 제품, 철기류;

железобето́н *м.* 철근콘크리트, 강화[보강]하다, 철근 콘크리트제(製). **~ый** *прил.* 철근 콘크리트의; ~ные сооружения 콘크리트 구조물; ~ные изделия 철근콘크리트제의 품목.

железопрока́тный *прил. тех.*: ~ стан 압연기; 압연공장.

железя́ка *ж. разг.* 철기류의 조각.

жёлоб *м.* (처마의) 낙수홈통; *тех.* 활강로, 자동화송장치.

желобо́к *м.* (문지방. 레코드판의) 홈; 바퀴자국; (활자의) 밑홈, 세로 홈, 둥근 홈; 홈 파기.

желобча́тый *прил.* (기둥에) 세로 홈을 새긴, 홈이있는, 홈의.

жело́нка *ж. тех.* 모래 펌프, 침전물 펌프.

желте́ть, пожелте́ть *неперех.* **1.** 누르러지다, 노랗게 되다; **2.** 노랗게(누런색으로) 보이다; **~ся** *см.* желтеть 2.

желтизна́ *ж.* 노란색, 황색(黃色).

желти́ть, вы́желтить, заже́лтить *перех.* 노란색을 칠하다; 노란색으로 얼룩지다, 노란색 점; 노랗게 더럽히다.

желтова́тый *прил.* 누르스름한, 황색을 띤; 누르스름한 색깔, 엷은 청황색

желтозём *м.* 황색토(黃色土)

желто́к *м.* 노른자위, 난황(卵黃)

желтопузи́к *м. (змея)* 무족도마뱀

желтоко́жий *прил.* 황색피부, 살갗이 누런.

желтоли́цый *прил.* 얼굴색이 노란.

желторо́тый *прил.* 황색 부리가 있는; 경험이 없는, 숙련되지 않은, 미숙한; 익숙치 않은, 무경험의;

желтофио́ль *ж. бот.* 계란풀(겨잣과 관상식물); '벽의 꽃'(무도회 따위에서 상대가 없는 젊은 여자)

желтоцве́т *м. бот.* 메역취(goldenrod)

желту́‖ха *ж. мед.* 황달병, (보리의) 황화병; **~шный** *прил.* 황달의, 황달에 걸린;

жёлт‖ый *прил.* 누런, 노란, 노랑, 황색(黃色); 녹내장

желть *ж.* 노랑그림물감(채료) 노란 페인트

желудёвый *прил.*: ~ ко́фе 도토리 커피

желу́д‖ок *м.* 위(胃) 밥통, 복부, 배, 위부; **~очный** *прил.* 위(胃)의, 위의; 위너의, 식욕을 증진하는; 소화를 돕는;

жёлудь *м.* 도토리(참나뭇과의 나무열매), 상수리.

желчнока́менный *прил.*; **~ая боле́знь** 담석증

жёлчн‖ость *ж.* (태도. 기질. 말의) 표독스러움, 성마른, 매우불쾌한; **~ый** *прил.* 담즙(질)의; 담즙 이상의[에 의한];

жёлч‖ь *ж.* 담즙; 기분이 언짢음, 짜증 (동물의) 담즙, 쓸개즙; 쓸개, 담낭(膽囊).

жема́н‖иться *разг.* 겯늘(우쭐)거리다, 거드름 피우다, 점잔빼며 말하다; 점잔 빼며 하다; **~ница** *ж. разг.* 짐짓 꾸밈, ~인 체하는 녀석; **~ничать** 짐짓 꾸민체 행동하다, ~인 체하는 행동하다, **~ный** *прил.* 점잔빼는; 점잔빼며 걷는 [말하는]; 다지는데 쓰는, 짐짓꾸민, ~인 체하는, 유체스러운; 부자 연한; **~ство** *с.* 점잔 빼는 태도, 점잔빼며 걷는 행동; (*манерность*) 젠체함, 짐짓 점잔뺌.

же́мчуг *м. собир.* 진주, 구슬, 명주, 동주, 진주 목걸이

жемчу́жина *ж.* 진주알, 보물.

жемчу́жница I *ж. зоол.* 진주조개(眞珠—)

жемчу́жница II *ж. вет.* 진주의 질병.

жемчу́жн‖ый *прил.* 진주의[로 만든]; 진주를 박은, 진주색[모양]의, 작은 알갱이의;

жена́ *ж.* **1.** 아내, 부인, 처, 마누라; **2.** 첩(妾), 정부, 애인.

жена́тик *м. разг.* 유부남, 세대주

жена́тый *прил.* 결혼한, 기혼의, 배우자가 있는

жени́н *прил.* 아내의, 부인의, 처의, 마누라의

жен‖и́ть *перех.несов.* 장가보내다; ~와 결혼하다; 결혼시키다, (딸을)~에게, **-итьба́** *ж.* 결혼; 결혼생활, 부부관계; **~иться** 결혼시키다; 시집[장가] 보내다; (*на ком-л.*) ~와 결혼하다;

жени́х *м.* **1.** 약혼자, 신랑감; **2.** (결혼상대로서) 적당한 미혼남자; (남자의) 구혼자.

женихáться *разг* 결혼이 약속되어 있는, 약혼중인, 연애중인, 결혼할 것 같은.

женолю́б *м.* 여자를 좋아하는, 호색가.

женолюби́вый *прил.*: 호색의. он ~ челове́к 그는 여자를 좋아하는 사람

женолю́бие *с.* 호색(好色)

женому́жие *с. бот.* 자웅착생, 자웅합체

женоненави́стни‖к *м.* 여자를 싫어하는 사람; 여성(의 권리확장)에 적개심을 가지는 사람, 여성 차별주의자; **~чество** *с.* 여성혐오증.

женоподо́бный *прил.* 여자 같은, 여성적인, 사내답지 못한, 기력이 없는, 나약한, 유약한.

женоуби́й‖ство *с.* 처를 살해하는 것; **~ца** *м.* 부인을 살해하는 자.

жен-премье́р *м.* 정부역(情夫役)

же́нск‖ий *прил.* 여자, 여성, 부인, 계집, 아녀자; 여자같은

же́нственн‖ость *ж.* 여자임, 여자다움; 계집애 같음; **~ый** *прил.* 여자 같은, 연약한, 상냥한.

же́нщина *ж.* **1.** 여자의, 여성의; **2.** *мн.* 여자들, 여성들, 부인들; 부인들, 여성, 여자, (집단.공동체. 한집안의) 부인

женьше́нь *м. бот.* 인삼(人蔘); ~ая во́дка 삼주, 인삼주.

жёрдочка *ж.* **1.** 작대기 **2** 횃대.

жердь *м.* 막대기, 장대, 기둥, 지주.

жерёбая *ж.* (암말. 당나귀. 노새의) 새끼;

жереб‖ёнок *м.* (말. 당나귀. 노새 따위의) 새끼; **~ец** *м.* 수말, 종마(種馬); 씨말; 망아지(특히 4 살쯤까지의 수컷); **~иться, жереби́ться** 나귀의 새끼.

жеребо́к *м.* (*мех.*) 망아지의 모피

жереби́чик *м.* 망아지, 애송이, 미숙한 자.

жеребьёвка *ж.* 제비를 뽑아 결정하다, 제비 뽑기, 추첨;

жеребя́чий *прил. к* жеребёнок; ~ во́зраст 10 대의.

же́рех *м.* 황어속(屬)의 물고기, 잉어, 이어(鯉魚)).

жерли́ца *ж.* (큰물고기를 잡는데 쓰는) 줄낚시

жерло́ *с.* **1.** (동물의) 입. 코 부분, 부리, 주둥이; **2.** 분화구; (달 표면의) 크레이터; 운석공; ~ вулка́на 분화구; **3.** *тех.* (폭발로 인한 지상의) 폭탄구멍; 아궁이, 구멍, 뾰끔한 구멍관(管); ~ пу́шки 포아가리, 포구

жёрнов *м.* 맷돌, 분쇄기, 연자매; 매; 돌매, 연애, 마석

же́ртв||а *ж.* **1.** 희생, 산제물; (신의) 공물, 제물, 봉납(물); (교회에의) 헌금, 헌납; **2.** 희생자, 피해자, 조난자

же́ртвенн||ик *м.* 제단(祭壇); 제대(祭臺); (교회의) 성찬대; **~ый** *прил.* 희생의, 산 제물의; 희생적인.

же́ртвователь *м.* 기증자, 시주(施主).

же́ртвовать, поже́ртвовать *1.* (능력. 자질을) ~에게 주다, ~에게 부여하다; (자선사업에) 기증(기부)하다; **2.** 희생하다, 제물로 바치다; 단념(포기)하다, 신에 바치다; 기도드리다;

жертвоприноше́ние *с.* 공물, 공(貢); 제물, 봉납(물); 헌금

жест *м.* 몸짓, 손짓, 얼굴의 표정; (연극. 연설) 동작, 제스처; 몸짓[손짓]하는 일; краси́вый ~ (*перен.*) 야량, 관용

жестикули́ровать *неперех.* 손짓[몸짓]으로 이야기 [표시]하다; **~я́ция** *ж.* (흥분한듯한) 몸짓, 손짓; 몸짓[손짓]으로 말하기, 제스처를 쓰는 것.

жёстк||ий *прил.* 굳은, 단단한, 견고한, 딱딱한, 뻣뻣한, 튼튼한, 튼실한; 내구력 있는; 완고한, (생각이) 고정된

жёстко I 딱딱하다;

жёстко II *нареч.* 몹시, 심하게, 지나 치게.

жесткокры́л||ые *мн.* 갑충류, 초시류; **~ый** *прил.* *зоол.* 갑충류의, 초시류의

жесто́к||ий *прил.* 잔혹한, 잔인한; 무자비한; 모진, 엄한

жестокосе́рд||ие *с.* 몰인정, 무자비, 냉혹, 잔학함, 잔인함, 무자비함; **~ный** *прил.*, **~ый** *прил.* 몰인정한, 무자비한, 냉혹한; 잔혹한, 잔인한; 참혹한, 비참한

жесто́кость *ж.* 잔학[잔인]함, 무자비함; 끔찍함; 잔인한 행위, 잔인, 무자비; 야만적 행위

жесть *ж.* 함석, 아연, 토탄, 토탄판, 아연철, 백철 양철

жестя́ник *м.* 통조림 업자[직공], 양철[주석]장이, 양철공

жестя́нка *ж.* **1.** 통조림, 양철통, (통조림의) 깡통; **2.** 양철조각, 함석조각.

жестя́н||ой *прил.* ь 양철로 만든;

жестя́нщик м. 양철공, 함석공

жето́н м. 1. (금속판으로 만든) 패쪽, (식당·바의) 카운터, 스탠드; (주방) 조리대; 2. 휘장, 메달, 상패, 기념패, 훈장

жечь, сжечь перех. 1. (연료를) 불태우다, 때다, (가스, 초 등에) 점화하다, 불을 켜다, (물건을) 태우다, 불사르다; 없애버리다; 다 불태워버리다; 2. 볕에타다 [그을다], 쪼이다, 괴롭히다, 고민하게하다; (감정을)해치다; ~ся 태워 그을림; 화상; 볕에 탐;(정신적인) 괴로움, 고통.

жже́ние [жьже-] с. 1. 불타는(듯한), 열렬한; 뜨거운; 강렬한; 2. 쏘는 것, 타는듯한 아픔, (아픈느낌에 대하여) 확 달아 오르는 것.

жжёнка [жьжё-] ж. 폰스주(酒)(hot punch)

жжён∥ый прил. 불에 탄, 구워낸, 구운, 탄; ~ая известь 생석회(生石灰); ~ кофе 볶은 커피

живе́ц м. 산 미끼, 청어속(屬)의 작은 물고기

живи́нка ж. разг. 취미, 즐김, 기호; 기쁨, 즐거움; 넘치는 활기[생기]; (고어) 맛, 풍미(風味).

живи́тель∥ный прил. 생명[활력]을 주는, 활기를[기운을] 북돋우는, ~에 생기를[생명을] 주다; 생동 [싱싱]하게 하다;

живи́ть перех. 생기를 주다, 활기를 띠게 하다, 기운을 돋우다; 격려하다, 고무하다, 긴장[분 발]시키다.

живи́ца ж. 테레핀유(油)의 원료, 송진(松津).

жи́вность ж. 동물, 생물, (식용의) 가금(家禽), 새[닭]고기

жи́в∥о нареч. 1. 똑똑히, 생생하게, 생기[활기] 차게, 활발하게, 발랄하게, 원기왕성하게; 현저하게; 2. 활발생기넘침, 활기(띠움), 활발히, 힘차게, 생기있게; 3. 빠르게, 급히; 곧, 신속히, 재빠르게, 즉석에서, 즉시; 즉시불로, 재빨리.

живогло́т м. ~ня ж. разг. **~ство** с. разг. 착취자, 고혈을 짜는 사람, 흡혈귀, 잔인한 이기주의자.

живодёр м. 폐마도살업자; 폭욕 매입해체업자 패션 매입 해체업자; ~ня ж. разг. 껍질을 벗기는 곳; **~ство** с. разг. 동물학대, 착취, 강탈, 가혹한 징수; 껍질[가죽]을 벗기다.

жив∥о́й прил. 1. 산, 살아 있는, 생명있는 2. 생기[활기]에 넘친, 기운찬, 팔팔한, 활발한, (곡이)밝고 명량한, 활기찬; 3. 힘찬, 싱성한, 활기찬, 한창인; (장소가) 번화한; 살아있는 듯 한, 생기[활기]에 넘친, 기운찬 완전히 잠이껜; 4. 진실한, 현실적; 5. 활동적, 생활적; 6. 진실한, 깊은; 7.

- 188 -

생동한, 뚜렷한, 선명한; **8.** 생동한, (묘사가)생생한, 박력 있는; (색채가) 선명한, 밝은, 뚷렷한;

живописа́ть *перех.* 생생하게 묘사하다, 활발하게 기술하다, 똑똑하게 말하다(말로 설명하다.

живопи́сец *м.* 화가, 페인트공, 칠장이, 도장공(塗裝工)

живопи́сн‖**ость** *ж.* 예술, 미술, 화보, 그림, 아름다운; **~ый** *прил.* **1.** 그림의; 그림을 넣은; 그림으로 나타낸; **2.** 그림과 같은, 아름다운; **3.** 생생한, 생기(활기)찬, 활발한, 발랄한

жи́вопись *ж.* **1.** 그림, 미술, 예술, 회화; 유화, 수채화; **2.** 그림 그리기; 화법; 화공의 직(職), 그림 그려넣기, 영화

живородя́щ‖**ий** *мн. зоол.* 태생동물; **~ий** *прил. зоол.* 태생의; 모체 바아의

жи́вость *ж.* 쾌활, 활발, 발랄, 명랑; 생기, 활기(띠 움),

живо́т I *м.* 위(胃), 복부(腹部), 배, 위부(胃部)

живо́т II *м.* 생명(生命), 생존(生存), 삶

живо́т III *м* 가축(家畜),(동물이) 사육되어 길든.

животвори́ть, оживотвори́ть *перех.(вн.)* 소생하게 하다; (~의 의식을) 회복시키다; 기운나게 하다, 생명을 주다,

животво́рный *прил.* ~에 생기를[생명을] 주다; 생동[성성]하게하다, ~에 활기를 주다, 의식을 회복하다.

живо́тик *м. разг.* 배, 위(胃), 복부

живо́тина *ж. разг.* (동물이) 사육되어 길든, 가축(家畜). [욕설] 천치, 바보

животново́д *м.* 축산가(전문가), 목축업 일꾼; **~ство** *с.* 축산업, 축산학, 목축(업): **~ческий** *прил.* 목축업의, 축산의

живо́тн‖**ое** *с.* 동물, 짐승; (인간에 대한) 짐승; 금수, 잔인한; 야만적; **~ый** *прил.* 동물의, 동물성의, 본능적인, 동물적인, 짐승의(과같은); 수성의; 흉포한, 야만스러

животрепе́щущ‖**ий** *прил.* **1.** 생생한, 팔팔뛰는, 불타는(듯한), 열렬한, 뜨거운, 지극히 중요한, 절박한, 긴박한, 초미의, 현실의, 실제의, 사실의,

живу́ч‖**есть** *ж.* 생명력, 활력, 체력, 생활력, (종자의) 발아력, 끈기, 불굴, 집요; **~ий** *прил.* 생활력이 강한, 불멸의, 불사의, 좀처럼 죽지 않는; (*перен.*) 굳은, (신념. 주의 등이) 변치않는, 견실한, 안정된 고진한; 영속적인;

живу́щ‖**ий** *прил.* 모든 생물, 일체 중생.

жи́вчик *м.* **1.** 생기(활기)에 넘친 사람, 활발한 사람, 활기찬 사람; **2.** 정자, 정충; **3** 혈관의 일부 가 바르게 떠는 것, 관자놀이 동맥의 맥박을 지각할 수 있다.

живьём *нареч. разг.* 산채로, 살아있게;

жи́дк∥ий *прил.* **1.** 액체의, 유동의, 유동하는 유동체[성]의, 유동적인, 변하기 쉬운; **2.** 부족한, 불충분한; (모발이) 성긴, 더믄더믄; **3.** 약한, 무력한, 연약한, 박약한, (음성이) 낮은, 약하디 약한; 유연한, 유약한, 내용이 빈약한.

жидкова́тый *прил.* 좀 얇은, 약간 가는(드문드문한), 조금 약한[야위], (차 등이) 묽은, 희박한; (소맥[분]이) 글루텐이 적은, 끈기가 적은;(혼합기가) 무른.

жи́дкост∥ь *ж.* 유동체, 유체, 액체, 유동성; 유창함;

жи́ж∥а *ж.* **1.** 죽탕, 걸쭉한 액체(고체가 섞인); **2.** 슬러시, 진창눈; 진창 (길), 진흙탕;

жизнеде́ятельн∥ость *ж.* **1.** 생활기능; **2.** 생명적 활동; **~ый** *прил.* 생활력 있는, 생활기능이 있는. 활동적인, 활동하는, (계획 따위가) 실행가능한, 실용 적인 생기[활기]에 넘친.

жи́зненн∥ость *ж.* 생명력, 활력, 체력, 생활력; (종자의) 발아력; **~ый** *прил.* 생명의, 인생의, 생활의, 생활을 위한. 중대한, 긴요한, 빼놓을 수 없는;

жизнеобеспе́чен∥ие *с.* 생명유지 장치, 생명 유지적 요법, 생명의 안전확보.

жизнеописа́ние *с.* 전기(傳記), 일대기, ~전.

жизнеощуще́ние *с.* 살아있는 느낌, 현실관조

жизнепонима́ние *с.* 인생관, 세계관

жизнера́достн∥ость *ж.* 쾌활, 낙천적, 명랑한, 기분 좋은, 기운찬; *разг.* **~ый** *прил.* 매우 기뻐하는, 희색이 만연한. 삶을 즐기는, 낙천적인; (*фр.*)

жизнеспосо́бн∥ость *ж.* 생존능력, (태아.신생아의) 생육력; (실행) 가능성, 생명력 있는; **~ый** *прил.* (태아·신생아) 살아갈 수 있는, 생명력 있는; (신체 상황이) 생육할 수 있는, 생활력 있는, 생활능력 있는.

жизнеутвержда́ющ∥ий *прил.* 생생한, 생기가 넘치는, 인생을 긍정하는, 낙천적인, 낙관적 인;

жизн∥ь *ж.* **1.** 생명; 생존, 삶, 생(生); **2.** 생활, 살림; **3.** 인명, 인생, 생애, 일생; **4.** 현실; **5.** 활기, 생기, 활동;

жиклёр *м. тех.* (가스. 증기. 물의) 분출, 사출; 분사; 분출구, 내뿜는 구멍

жи́л∥а I *ж.* **1.** 힘줄, 건(腱), 근육, 체력, 정력; **2.** 정맥, 심줄; 혈관; 맥, 암맥, 광맥; 지하수(맥); 갈라진 틈, 금; **3.** 기질, 성질, 특질, 광맥; 풍부한 원천, 길, 수로, 수도; **4.**

тех. (밧줄의) 가닥; 한 가닥의 실; 섬유; ◊ жи́л∥а II *м. и ж* 인색한 사람, 탐욕스런 사람, 구두쇠.

жиле́т *м.,* **~ка** *ж.* 상의, (남자용의) 조끼; **~ный** *прил.* к жилет, 윗도리의, 조끼의; **~ный карман** 조끼의 호주머니.

жиле́ц *м.* 차가인; 차지인, 숙박인, 하숙인, 동거인, 세들어 있는 사람

жили́ст∥ый *прил.* 힘줄의, 건질의, 근육이 툭툭 불거진, 근골이 늠름한, 힘센, 힘찬(문체따위). 힘줄투성의, 강건한, 근골이 튼튼한, 철사로 만든; 철사같은, 빳빳한(털);

жи́литься I *разг.* 잡아당기다, 꽉죄다, 긴장시키다, (귀를)쫑그리다,(목소리를) 짜내다.

жи́литься II (비용.식사) 바싹줄이다, 내기 아까워하다, 제한하다; 인색한, 욕심 많은.

жили́ц∥а *ж.,* **~чка** *ж.* 숙박인, 하숙인, 동거인, 세들어 있는 사람 (여성형)

жили́ще *с.* 주거, 주택(住宅), 집, 거주(居住).

жили́щно-коммуна́льн∥ый *прил.* 주택의

жили́щн∥ый *прил.* 주택공급, 주택건설;.

жи́л∥ка *ж.* (*в разн. знач.*) 정맥, 심줄, 혈관, 잎맥, 주엽맥; 엽맥, 시맥, (돌.목재의)줄무늬, 결

жилкова́ние *с. бот.* 맥상, 맥리, 맥계. 엽맥. 시맥의 분포

жил∥о́й *прил.* 집의, 주거의, 주택의, 거주할 수 있는,

жилпло́щадь *ж.* 건평, 주택내부 면적(거주할 수 있는)

жиль∥ё *с.* 주소, 주택, 거주, 사람이 사는 곳, 주거; 하숙, 셋방 들, 숙박, 투숙, 숙박소, 셋방, 하숙방

жим *м. спорт.* 역기(力器), 바벨.

жи́молость *ж. бот.* 인동덩굴 비슷한 식물, 인동덩굴 ((忍冬—) 겨우살이덩굴.

жир *м.* 지방, 지유, 비계, 지방질; (요리용) 기름; 그리스, 수지, 지방, 윤활유.

жира́ф *м. зоол.* 기린(麒麟), 지라프.

жире́ть, разжире́ть *неперех.* 살찌다, 지방이 많아지다, 부드럽고 풍만한, 살이 잘찐; (도살하기 위하여) 살찌우다

жи́рн∥о *нареч.* 뚱뚱보처럼, 서투르게, 데툴스레, 기름기 있게, 번드럽게, 미끄럽게, (말을) 번드르르 하게; **~ый** *прил.* **1.** 지방이 많은, 기름기 많은, 부드럽고 풍만한, 살이 잘 찐; **2.** 기름에 젖은, 기름투성의, 기름기 있는; **3.** 유용 물질이 많은, 향료를 듬뿍 친; 영양분이 풍부한; **4.** 굵은;

жи́ро *с.* (어음의) 이서(裏書), 배서

жирова́ть I ~에 기름을 바르다[치다], 기름에 담그다; 매끄럽게(미끄럽게. 원활하게) 하다, 윤활제로서 소용되다.

жир∥ова́ть II (도살하기 위하여) 살찌우다; (땅을) 기름지게 하다

живови́к *м.* **1.** *мед.* 지방종, 지방혹; **2.** *мин.* 동석(凍石)

жиро́вка *ж.* 지불계산서, 지불지도서.

жирово́||й *прил.* 지방의, 지방질의, 지방이 많은, 기름진; 지방과다(증)의; 지방성(性)의;

жиронди́ст *м. ист.* 지롱드 당원

жиропо́т *м.* 양모지(羊毛脂), 양모에 부착된 지방

жироприка́з *м. фин.* 배서(背書), 환어음

жирото́пный *прил.* (지방의) 정제; ~ котёл. 유조 탱크.

жите́йск∥ий *прил.* 평소의 하루, 일상생활, 이 세상의, 세속적인, 속세의, 속인의, 현세의,

жи́тель *м.*, **~ница** *ж.* 주민, 거주민, 거주자, 거류민; **~ство** *с.* 주거, 주택; 저택; 머무름, 체재, 체류, 거류;

жи́тельствовать 살다, 거주하다, (어떤 상태에) 머무르다, 체재하다

жит∥ие́ *с.* **1.** 전기, 일대기, 언행록, **2.** ~ия святы́х 성인전

жи́тница *ж.* 곡창, 곡물창고; 곡창지대

жи́тный *прил.* 곡물의; 보리의, 라이보리의

жи́то *с.* 낟알; (각종의) 곡물; 봄의 밀, 소맥; 호밀, 라이 보리; 보리, 대맥(大麥).

житу́ха *ж. разг.* 호화롭게 살다, 걱정이 없는 평안한 생활

жить *непереx.* 생활하다, 거주하다, 살아있다, 생명이 있다, 지내다, 처세하다. 살다, 거주하다;

жить∥ё *с* 삶, 생활, 살림, 안락한 생활, 사는 것, 거주; (существова́ние) 존재, 실재, 현존, 생존;

житьё-бытьё *с.* 생활, 살림, 생존, 실존.

жи́ться *разг. безл.* 지내다, 살다;

жмот *м. разг.* 인색한 사람, 탐욕스런 사람, 구두쇠, 노랭이

жму́рить, зажму́рить *переx.* (눈을) 가늘게 뜨다, 반쯤감다

жму́рки *мн* 숨바꼭질놀이, 술래잡기, 까막잡기

жмыхи́ *мн* (*ед.* жмых *м.*) *с.-х.* 기름 짜고 난 찌꺼기, 깻묵 (가축사료. 비료): 면화씨 깻묵(사료용)

жне́йка *ж. с.-х.* 베어[거둬]들이는 사람; (자동) 수확기, 곡물 수확자(기(機)); 벌재 기계.

жнец *м* 곡물 벌췌인, 베어[거둬]들이는 사람.

жнивьё *с.* 수확, 베어들임; 수확하는 때.

жни́ца ж. 베어[거둬]들이는 사람; 수확기

жоке́й м 경마의 기수; (탈것. 기계 등의) 운전사, 조종자,

жом м **1.** *тех.* 프레스, 압착기, 짜는 기구; 누름단추, 기름짜는 틀; **2** (과일의) 짜고 남은 찌꺼, (사탕무우의) 찌꺼기, 수전노, 깍정이.

жонглёр м. 요술쟁이, (던지기의) 곡예사; **~ ство** с. 요술, 속임수, 눈가림;

жонгли́ровать *неперех.* 요술을 부리다, (공. 접시 따위로) 곡예를 하다

жох м. *разг.* 사기꾼, 탐욕스런 사람, 협잡꾼

жратва́ ж. 먹을(는) 것, 음식, 음식물, 먹어 치우는 것.

жрать, сожра́ть *перех.* 게걸스레 먹다; 배불리 먹다; 실컷 먹이다; 가득 채우다, 틀어막다, 먹어 치우다; 폭음하다, 꿀꺽꿀꺽 마시다; 꿀떡 삼키다.

жре́бий м 제비뽑기, 추첨; 제비를 뽑아 배당[추첨]된 물건, 당첨; 운명, 숙명, 운(運), 비운;

жрец м. 성직자, (교회의) 목사, 사제; (그리스도교이외의) 승려, 봉사자(奉仕者), 옹호자 (擁護者).

жре́ческий *прил.* 성직자의; 성직자다운

жри́ца ж. *ист.* (여자) 성직자, 목사, 사제, 봉사자, 옹호자

жужели́ца ж. *зоол.* 비단벌레, 비단벌레

жужжа́ние с. [-жыжя-] (벌.팽이.선풍기.기계가) 윙윙거리다 와글거리다, 소란떨다; 청승맞은 소리로 말하다[노래하다], 단조롭게 말하다.

жужжа́ть [-жыжя-] *неперех.* 위위(웅웅)거리는 소리, 단조로운 소리, 와글거리다, 소란떨다, 한가지 일을 이야기하다, 지긋지긋하러 마치 단조로운 말투를 하다;

жуи́р м. *уст.* 바람둥이, (젊은부자인) 한량, 플레이보이, 향략주의자; **~ овать** *уст.* 향락하다; 환락으로 날을 보내다

жук м **1.** 투구벌레(류), 딱정벌레, навозный **~** 말똥풍뎅이; майский **~** 풍뎅이의 일종, 쇠똥구리; **~ - носорог** 갑충류의 일종, 일각수; **2.** 불량배, 깡패, 개구쟁이, 장난꾸러기

жу́лик м., 속임수를 쓰는 사람, 좀도둑, 사기꾼, 협잡꾼; **~ова́тый** *прил.* 사기꾼 같은, 사기적인, 부정한

жу́лить, сжу́лить *разг.* 사기치다

жульё с. *разг.* 사기꾼, 좀도둑, 협잡꾼

жу́льничать, сжу́льничать *неперех.* 사기치다, 사취하다, 속이다, 속여 빼앗다; 야바위치다; 기만하다,

жу́льниче∥ский *прил.* 사기의, 부정한, 속이는, 속여서 손에넣을 **~ство** *с.* 사기, 속임수; (시험의) 부정행위; 협잡 카드놀이, 사기꾼.

жупа́н *м. ист.* (폴란드. 우크라이나의) 남자용의 따뜻한 상의.

жу́пел *м.* 몹시 두렵게 하는 것; (까닭없는) 걱정거리, (나쁜아이를 겁주어 등어먹는다는) 귀신; 까닭없이 무서운 것, 협박, 허수아비; 위협물. 까닭모르게 무서운 듯한 말

журавлёнок *м.* 두루미의 새끼, 학의 새끼

журавли́н∥ый *прил. к* журавль 1; ◊ **~ые ноги** 가늘고 긴 다리, 다리가 가늘고 긴 사람.

жура́вль *м.* **1.** (*птица*) 두루미, 학(두루밋과의 새) 왜가리 (백로과의 새; 두루미자리(학좌); **2.** 두레박의 막대, 지레;

жури́ть 꾸짖다, 비난하다; 훈계하다, 타이르다, 책망하다, 징계하다, 억제하다, 저지하다.

журна́л *м.* **1.** 잡지, 정기간행물 ежемесячный ~ 월간지; **2.** 신문, 잡지, (학회의) 정기간행물, 일지, 일기; 의회 일지; 의사록, 국회의사록, 출근부; 분개장, 일기장

журнали́ст *м.* 저널리스트, 신문 잡지 기자, 신문인; 신문 잡지업자, 신문 잡지 기고가, 잡지계; 일기쓰는 사람; **~ика** *ж.* **1.** 저널리즘, 신문 잡지업(業); 신문잡지 편집, 신문 잡지 기고, 신문 잡지 집필, 신문잡지(업)계; **2.** 잡지 인쇄소, 간행물 출판부; **~ский** *прил.* 신문잡지(업)의, 신문잡지 기자의; 신문잡지 특유의; 기자 기질의.

журна́льный *прил.* 잡지의; 정기 간행물의.

журча́ние *с.* 서틀러 떠듬거리는 말; 허튼 소리; 지껄임; 재잘댐; (시냇물의) 졸졸 흐르는 소리; (전화의) 혼선음; (새의) 지저귐; (군중의) 확자지껄함, 와글와글, 졸졸, 투덜투덜 등의 소음; 그런 소리를 내는 일, 중얼거림.

журча́ть 같은 소리를 내다; (*перен.*) 졸졸 소리내다. (옷. 나뭇잎 따위가) 스치는 소리; 솨솨 소리내다; (시냇물 따위의) 졸졸 소리내다, 속삭이다.

жу́ткий *прил.* 무서운, 가공할, 소름 끼치는, 굉장한;

жу́тко I 1. *прил. кратк. см.* жуткий; **2.** *предик. безл.:* ему ~ 그의 경외심에 눌리다

жу́тко II *нареч. разг.* 몹시, 굉장히, 기분나쁘게; 무섭게; 극히, 대단히: ~ **много народу** 굉장한 인파, 군중

жуть *ж.* 무시무시한 느낌, 공포감, 기분 나쁨, 무서움; ~ **берёт** *разг.* 온몸에 소름이 끼친다.

жу́хлый *прил.* 빛깔이 날은; 시들은

жу́хнуть *ж.* 빛깔이 날다, 시들다

зажу́хнуть, пожу́хнуть 주름(살)지다, 줄어[오그라]들다; 시들다, 뒤틀리다; 못쓰게 되다

жу́чить *перех.* 잔소리하여 괴롭히다, 성가시게 잔소리하다, 바가지 긁다.

жу́чка *ж.* 집 지키는 개, 집에서 기르는 개.

жучо́к *м.* **1.** *уменьшит. от* жук; 나무좀, 딱정벌레의 일종; **2.** *разг.* 집에서[손으로] 만든 전기의 퓨즈

ЖЭК(жили́щно-эксплуатацио́нная конто́ра)주택관리사무소

жюри́ *с.* 심사위원, 심사위원단, 심판원, 재판관

З

за (전) ① (위치표시) 뒤에, 건너편에, 밖에, 이외의, 이밖에; за домом 집 뒤에; ② (방향을 표시) 뒤로, 밖으로, 저쪽으로, 건너편으로; уехать за реку 강 건너로 떠나다; ③ 뒤따라, 뒤이어; идите за мной 내 뒤로 따라오시오; ④ (어떤 일을 하면서) 가까이에, 곁에, 주위에; сидеть за столом 상에 마주앉다; ⑤ (목적을 표시); идти за водой 물을 길러가다; ⑥ (원인을 표시) 때문에, 탓으로, ~에 대하여; за отсутствием чего ~이 없기 때문에; ⑦ 넘어, ~이상; ему за сорок (лет) 그는 마흔 살이 넘었다; ⑧ ~의 거리에; за сто километров от Москвы 모스크바에서 100 (백km) 거리에(떨어진 곳에); ⑨ 동안에, 기간에; это можно сделать за час 이것을 한 시간 동안에 할 수 있다;

за (접두어. 앞붙이) (동사에 붙어서 다음과 같은 뜻을 나타냄) ① 행동의 시작; заплакать 울기 시작하다; ② 극도에 도달한 행동; закормить 지나치게 먹이다

забава (여) ① 재미나게 하다, 웃기다, 놀음; ② 재롱받이
забавлять (미완) 재미나게 하다, 웃기다, 즐겁게 하다
забавляться (미완) 즐기다, 재미나다, 심심풀이하다, 즐겁게 시간을 보내다
забавный (형) 익살스러운, 재미있는
забаллотировать (완) 반대 투표하다, 낙선시키다
забастовка (여) 파업, 동맹파업; всеобщая ~ 총파업;
забастовочный (형) 동맹파업의, 파업의;
забастовщик (남) 파업자(罷業者)
забвение (중) ① 망각(忘却) ② 혼수상태(昏睡狀態)
забег (남) (체육) 달리기, 경주(競走)
забегать (완), **забежать** (완) ① 잠간(잠시)돌리다, 뛰어 들어가다; ② 멀리달아나다(가버리다);

- 197 -

забе́ливать (미완), забе́лить (완) 희게 칠하다, 회칠하다
забереме́неть (완) 임신하다, 아이를 배다, 아이를 가지다
забива́ть (미완) ① 박다; ~вать гвоздь 못을 박다; ② 막다, 봉하다; ③ (가득) 채우다, 메우다; ④; ~вать гол(мяч) (체육) 공을 차 넣다;~ на́смерть 죽도록 때리다, 얼빠지게 하다
забива́ться (미완) ① 들어박히다, 몸을 감추다; ~ в у́гол 한쪽구석에 숨어 몸을 움츠리다; ②(꽉) 메이다, 박히다
забира́ть (미완) ① 잡다, 그러쥐다, 가지다, 빼앗다; ② 구금하다, 잡아 가다
забира́ться (미완) ① 숨어들다, 기어들어가다; 올라가다
заби́тый ① заби́ть의 피동과거; ② (형) 1) (억눌리고) 시달린, 억눌리운; 2) 겁에 질린, 기를 못 펴는
забия́ка (남) 시비꾼, 싸움꾼
заблаговре́менно (부) 미리, 사전에
заблаговре́менный (형) 미리 준비된, 예비적인, 사전의
заблуди́ться (완) 길을 잃다, 헤메다
заблужда́ться (미완) 잘못 생각하다, 잘못 판단하다, 착각하다, 그릇된 생각하다
заблужде́ние (중) 잘못된(그릇된)생각, 착각, 오해
забо́й (남) 막장, 마구리
забо́йщик (남) 막장 노동자, 채굴공
забола́чивание (중) 진펄로 되는 것
заболева́емость (여) 병에 걸릴 확률
заболева́ние (중) ① 병나기, 발병;② 병(病), 질병;
заболе́ть (완) ① 병이 나다, 병에 걸리다, 탈이 나다; ② 아프기 시작하다
забо́р (남) (나무) 울타리, (널) 담장; ка́менный ~ 돌담
забо́та (여) ① 근심, 염려, 걱정;② 배려, 보살핌;
забо́титься (미완) ① 근심하다, 걱정하다, 염려하다, 마음을 쓰다;② 배려하다, 보살피다, 시중하다
забо́тливо (부) 성의있게, 주의 깊게, 세심히, 살뜰하게
забо́тливость (여) 배려, 염려, 보살핌
забо́тливый (형) ① 잘 보살피는, 잘 돌봐주는; ② 알뜰한, 살뜰한, 소중한
забра́сывать I (미완) чем ~을 뿌려서 채우다, 메우다, 끼얹다; ~ я́му землёй 구덩이를 흙으로 메우다
забра́сывать II (미완) куда́; ~에 집어던지다, 던져넣다, 멀리 내던지다; 짐을 시렁에 던져 놓다; ② (하던 일을) 던져두다, 내버려 두다, 방임하다

забре́зжить (완) 동트기 시작하다, 밝기시작하다, 반짝거리기 시작하다; ~ло (무인칭) 날이 밝기 시작하였다,

забро́шенный (형) 내버려둔, 던져둔, 방임된; 황폐화된

забры́згать (완), **забры́згивать** (미완) 뿌려던지다, 끼얹다;

забыва́ть (미완) ① 잊다, 잊어버리다, 망각하다; ② 잊어버리고 남겨두다, 가져가지 않다

забыва́ться (미완) ① 졸다, 잠간 잠들다; ② 깊은 생각에 잠기다, 사색하다; ~ во сне 자면서 세상만사를 잊다; ③ 의식을 잃다, 혼수상태에 빠지다

забы́вчивость (여) 기억력 부족, 잊음증, 망각증.

забы́вчивый (형) 잘 잊어버리는, 기억력이 나쁜, 산만한

забытьё́ (중) ① 졸음; ② 인사불성, 혼수상태; впасть в ~ 인사불성에 빠지다; ③ 심사숙고(深思熟考)

зава́л (완) ① 더미, 큰 무더기, 쌓임; ② 장애물

зава́ливать (미완) ① 던져넣어메우다, 채워넣다, 덮치다; ② 가득쌓아서 막다, 가득쌓다, 가득놓다

зава́ливаться (미완) ① (뒤로, 뒤에) 떨어지다, 무너지다; стена завалилась 벽이 무너졌다; ② 기울어지다;

заваля́ться (완) 오래 묵다, 쓰지 않고 그대로 나아있다

зава́ривать (미완), **завари́ть** (완) что ~를 끓는 물에 넣다 (우리다); ~ чай 끓는 물에 차(茶)를 타다; ~ кашу 소동을 일으키다, 귀찮은 일을 벌려놓다

заведе́ние (중) 기관, 시설; учебное ~ 학교, 교육기관;

заве́довать (미완) чем ~를 관리하다, 지도하다, 책임지다

заве́домо (부) 미리, 앞서, 미리미리

заве́домый (형): ~ая ложь 뻔한 거짓

заве́дующий (남) 지배인, 관리자, 책임자; ~ отделом 부장

заверну́ть (완), **завёртывать** (미완) ① 싸다, 둘러싸다, 감싸다, 포장하다; ② 틀어 맞추다, 틀어막다

заверну́ться, **завёртываться** (미완) 자기몸을 감싸다, 자기 몸에 두르다

заверша́ть (미완) 끝마치다, 완수하다, 마무리하다, 마감 짓다, 해치우다

заверша́ться (미완) 끝나다, 결말나다, 완수(완성)하다

заверше́ние (중) 완수, 종결, 결속, 마무리;

заверя́ть (미완) ① 믿게(확언)하다; ② 보증(증명)하다

заве́са (여) 막, 휘장(徽章), 장막(帳幕); дымовая ~ 연막

заве́т (남) 유언(遺言), 유훈

заве́тный (형): ~ая мечта, ~ое желание 숙망, 염원(念願)

- 199 -

заве́шивать 가리다, 가득 걸어놓다

завеща́ние (중) 유언, 유서, 재산상속유언장

завеща́ть (완, 미완) ① 유언하다; ② 유산을 물려주다

завива́ть (미완) 꼬불꼬불하게 하다, 비틀다; ~ во́лосы 머리를 지지다(파마)

завива́ться (완) 파마를 하다

зави́вка (여) ① 머리를 지지는 것, 파마를 하는 것; ② 지진머리, 파마머리

за́видно (부)(술어) 부럽다

за́видный (형) 부러워할만한, 부러울만큼 훌륭한, 아주 좋은

зави́довать (미완) 부러워하다, 시샘한다, 게염을 피우다

завинти́ть (완), **зави́нчивать** (미완) (나사 등을) 틀어넣다, 틀어 맞추다; ~ кран 수도꼭지를 채우다

зави́сеть (미완) ① 달려있다, 매달리다, 좌우되다; ② 예속되다; всё ~ит от нас 모든 것은 우리에게 달려있다

зави́симость (여) 예속, 종속, 종속관계; 의존심,

зави́симый (형) 예속된, 종속된, 복종된, 의존된;

зави́стливый (형) 부러워하는, 시샘하는, 게염스러운

зави́стник (남) 시샘바리, 질투쟁이

за́висть (여) 부러움, 선망, 시샘, 질투감

завко́м 공장노동위원회

завладева́ть (미완), **завладе́ть** (완) ① *кем-чем* ~를 수중에 넣다, 틀어쥐다, 틀어잡다, 점유하다; ② 복종시키다, 자기에게 끌다; ~ внима́нием 주의를 집중시키다

завлека́ть (미완), **завле́чь** (완) ① 꾀어 끌어가다, 유인하다; ② 이끌다; ③ 홀리다, 유혹하다

заво́д I (남) 공장(工場)

заво́д II (남) (시계 등의) ① 태엽 감아주는 것, 시동; ② 태엽, 시동장치

заводи́ла (남,여) 주모자, 발기자

заводи́ть (미완) ① *куда* 끌어가다, 데려다 주다, 가져다 넣다; ② *что* 제정하다, 세우다; ③ (기계를) 시동하다, 돌아가게 하다; ④ 두다, 갖추다, 가지게 되다; ~ знако́мство 교제를맺다,

заводи́ться (미완) ① 나타나다, 생기다; ② 시동되다, 움직이기 시작하다

заводно́й (형) 태엽장치가 있는;

заводоуправле́ние (중) 공장관리부

заво́дский, заводско́й (형) 공장의
завоева́ние (중) ① 전취, 쟁취, 점령, 정복; ~ прав 권리의 쟁취; ② 전취물; ③ 업적(業績), 성과(成果)
завоева́тель (남) 정복자, 쟁취자
завоева́ть (완), **завоёвывать**(미완) ① 전취하다, 쟁취하다, 얻어내다, 얻어가지다; ② 정복 하다, 강점하다
завози́ть (미완) ① (가는 길에) 실어다 주다, 가져다주다; ② 나르다, 실어 가다
завола́кивать (미완) (구름, 안개 등이) 가리다, 덮다; ту́чи ~окли́ не́бо 구름이 하늘을 덮다
завола́киваться(완)덮이다, 가려지다
завсегда́тай (남) 단골손님, 늘오는 사람, 단골고객.
за́втра (부) (명사) 내일, 가까운 앞날, 미래; откла́дывать на ~ 내일로 미루다; до ~! (인사) 내일 또 만납시다
за́втрак (남) 아침밥, 아침식사, 조찬회; лёгкий ~ 간단한 아침식사; корми́ть ~ами 허위약속으로 속이다
за́втракать (미완) 아침밥을 먹다, 아침식사를 하다
за́втрашний (형) 내일의;~ день 내일, 가까운 앞날
завуч(заведующий учебной частью) (남) 교무주임(부장)
завхоз(заведующий хозяйством) (남) 경리책임자(부장)
завыша́ть (미완) 너무 지나치게 높이다; ~ план 계획을 너무 높이 세우다; ~ оце́нку 점수를 너무 높이 매기다
завя́зка (여) ① 끈, 줄, 바; ② 발단, 단서, 시초
завя́зывать(미완) ① 매다, 묶다, 싸매다; ~ у́зел 매듭을 짓다; ②(관계 등을) 맺다, 시작하다;
завя́зываться (미완) ① 매어지다, 맺히다; ② 맺어지다, 일어나다, 시작 되다;③ (열매가) 맺다, 열리기 시작 하다
за́вязь (여) (식물) 씨앗집, 자방, 결실
зага́дка (여) 수수께끼; загада́ть(отгада́ть) ~у 수수께끼를 내다(풀다); говори́ть ~ами ~에 둘러말하다
зага́дочный (형) 수수께끼 같은, 이상스러운, 이상야릇한; ~ые обстоя́-тельства 이상한 상황
зага́дывать (미완): ~ зага́дку 수수께끼를 걸다(내다); ~ вперёд 미리 추측(예 측)하다
зага́р(남) 햇볕에 탄 피부색; покрыва́ться ~ом 햇볕에 타다
загво́здка (여) 매듭, 난점, 난문제
заги́б(남) ① 굴곡, 만곡, 굽이; ② 편향
загиба́ть (미완) ① 굽히다, 구부리다, 접다; ~ па́лец 손가락을 구부리다; ~ у́гол страни́цы 페지를 접다 ② (길을)

꺾어 돌다, 돌아가다; ~за угол 모퉁이를 돌다
загиба́ться (미완) 구부러지다, 접히다, 휘다
загла́вие (중) 제목, 표제, 제명; под ~м 제목으로
загла́вный (형): ~ая бу́ква 대문자; ~ая роль 주역
загла́дить (완), **загла́живать** (미완) ① *см.* гла́дить 고치다, 갚다, 씻다, 완화하다
заглата́ть (미완), **заглота́ть** (완) 삼켜버리다, 마구삼키다
загло́хнуть (완) ① (소리가) 들리지 않게 되다, 소리가 멎다; ② 멎다; ③ (불이) 꺼지다; ④ 정원 등이 황폐해지다, 잡초가 우거지다; де́ло ~ло 일이 침체 상태에 빠지다
заглуша́ть (미완), **заглуши́ть** (완) ① (소리가) 들리지 않게 하다; ② (잡초가) 다른 식물을 못 자라게 하다 ③ 억누르다, 꺼버리다, 끄다; ~ жа́жду 욕망을 억 누르다
загля́дывать (미완) ① 엿보다, (피득, 얼핏) 들여다보다, 갸웃이 내다보다~ че́рез забо́р 울타리로 넘겨다 보다; ② 잠깐 들리다, 찾아오다
загля́дываться (미완) 홀린 듯이, 정신없이 바라보다
загнива́ние (중) 썩는 것, 부패화
загнива́ть (미완) 썩다, 썩어가다, 부패하다, 썩기 시작하다, 부패하기 시작하다
за́говор (남) 음모, 공모, 밀약;
заговори́ть (완) ① 말하기 시작하다, 입을 열다, 말이 나다; ② 이야기를 꺼내다, 말을 꺼내다
загово́рщик (남) 음모자, 공모자
заголо́вок (남) 제목, 표제
заго́н (남) 우리, 집짐승우리, 외양간; быть в ~е 버림받다,
загоня́ть (미완) ① 몰아넣다, 몰아 들이다; ② (힘을 주어) 박아 넣다, 들이 박다; ~ гвоздь в до́ску 널빤지에 못을 깊이 박다; ③ 지치게 하다, 힘들게 하다
загора́живать (미완) ① 막다, 둘러 막다; ~ забо́ром 울타리를 치다; ② 가로막다, 밀막다; ~ свет 빛을 가리다
загора́ть (미완) (햇볕에) 타다, 그을다
загора́ться (미완) ① 불이나다, 불붙다, 불타오르다, 불타기 시작하다; ② 붙타다, ~하고 싶어 못견디다, 내키다
загоре́лый (형) 햇볕에 탄(그을은)
загоро́дка (여) 울타리, 담, 바자
загоро́дный (형) 교외의, 시외의; ~ая прогу́лка 교외산보
загота́вливать (미완) ① 준비하여두다, 미리준비하다; ② 장만하다, 갖추어 놓다, 예비로 두다; ③ 수매하다

- 202 -

заготови́тель (남) 수매원, 수매일군
заготови́тельный (형) 수매의; ~ые цены 수매가격
загото́вка (여) ① 장만하는 것, 갖추어놓는 것, 수매; ② 반제품, 소재
загради́тельный (형) 막기위한, 차단하는, 저지하는, 견제하는; ~ огонь (군사) 예비사격
заграждéние (중) 장애물, 차단물; проволочные ~я 철조망
заграни́ца (여) 외국(外國), 국외(國外)
заграни́чный (형) 외국의, 국외의; ~ паспорт 외국여권
загребáть (미완) ① 긁어 모으다, 긁어 들이다; ② 빼앗다, 갉아먹다
загромождáть (미완), **загромозди́ть** (완) 잔뜩 쌓아놓다, 가득 채우다, 쌓다
загружáть (미완), **загрузи́ть** (완) ① 싣다, 적재하다, 채우다; ② ~ работой 일을 맡기다, 일감을 주다
загру́зка (여) ① 싣는 것, 적재, 적재량; ② (기계의) 부하, 가동
загры́зть (완) 물어죽이다
загрязнéние (중) 더럽히다, 더러워 지는 것, 오염
загрязни́ть (완), **загрязня́ть** (미완) 더 럽히다, 어지럽다, 더럽게하다, 찌들다
загс (남) (отдел записи актов гражданского состояния) 신분등록과, 주민등록과, 거주등록과, 혼인 신고과.
зад (남) 뒤, 뒤면, 뒷부분; 엉덩이
задавáть (미완) 주다; ~ вопрос 질문하다
задавáться (미완): ~целью 목적을추구하다, 목적으로 삼다
задави́ть (완) ① 깔아 죽이다, 눌러 죽이다, 암살하다; ② 진압하다, 억누르다
задáние (중) 과제, 과업, 임무; домашнее ~ 숙제; производственное ~ 생산과제; боевое ~ 전무임무
задáтки (복수) 소질, 천품(天稟)
задáток (남) 선금, 예약금
задáча (여) ① 과업, 과제, 임무, 숙제, 의무; 목표, 목표량; ② 연습문제; решать ~у 문제를 풀다
задáчник (남) 문제집
задвигáть (미완) ① 밀어 넣다, 치워넣다, 닫다; ② 막다, 가리다; ~ штору 커텐을 치다; ~ задвижку 빗장지르다
задви́жка (여) ① 빗장, 문빗장, 경관; ② 미끄럼변, 서트
задво́рки (복수) 뒤켠, 뒤마당; на ~ax 외따른 곳에

задева́ть (미완) ① 다치다, 스치다, 걸리다; ~ за поро́г 문턱에 걸리다; ② 건드리다, 스치다, 언급하다; слегка́ ~ 슬쩍 다치다; ~ самолю́бие 자존심을 상하게 하다

заде́лать (완), **заде́лывать** (미완) 메우다, 막다; ~ щель 짬을 메우다

задёргивать (미완) (휘장을 치려고) 끌어당기다, 가리다, 잡아당기다

задержа́ние (중) ① 구금, 검거, 억류; ② 지체

заде́рживать (미완) ① 포착(억류)하다, 멈추다, 잡아두다; ② 구금하다, 검거하다; ③ 지체하다, 지연시키다, 끌다

заде́рживаться (미완) ① 늦어지다, 지체되다, 지연되다; ② 우물쭈물하다, 멈추다; ~ у вхо́да 입구에서 멈추다

заде́ржка (여) 정지, 지체, 지장; без ~и 지체 없이

задира́ (남, 여) 상비군(常備軍)

задира́ть (미완) ① 쳐들다, 추켜들다, 걷어 올리다; ~ го́лову 머리를 쳐들다; ② 찢어죽이다; ~ нос 우쭐대다

за́дник (남) (신발의) 뒤꿈치

за́дний (형) 뒤의, 뒤에 있는; ~ие колёса 뒷바퀴; ~ие но́ги 뒷발; ~яя мысль 속심, 다른 생각, 숨은 의도

задо́лго (부) 오래전에, 미리미리

задолжа́ть (완) 빚을 지다, 돈을 꾸다

задо́лженность ① 빚, 부채; ② 낙제

за́дом (부) 뒤로, 등지고; пя́титься ~ 뒷걸음치다; идти́ ~ 뒷걸음질하다; ~ наперёд 앞뒤를 바꾸어, 거꾸로

задо́р (남) ① 열정, 열성, 열의; ② 혈기, 격기, 격정

задо́рный (형) ① 혈기있는, 열정적인; ② 패기(결기)있는

задува́ть I (미완) 불어서 끄다; ~ свечу́ 촛불을 끄다

задува́ть II (공학): ~ до́мну 용광로에 불을 지피다

заду́мчиво (부) 생각에 잠긴, 묵상

заду́мчивый (형) 묵상에 잠긴

заду́мывать (미완) 생각해 내다, 기도하다, 꾸며내다

заду́мываться (미완) 깊이 생각하다, 생각에 잠기다; не ~ясь 서슴지 않고, 조금도 주저 없이

задуше́вный (형) 다정한, 진정한, 진심의

задуши́ть (완) ① 목을 눌러서 죽이다, 교살하다; ② 억누르다, 진압하다

задыха́ться (미완) 숨이 막히다, 숨차 하다, 헐떡거리다, 질식하다; ~ от ра́дости 기뻐서 씨근거리다

заезжа́ть (미완) ① (가는길에) 들리다 ② 들어가다; ③ за кем

-чем ~을 가지러 오다; ~ за детьми 아이들을 데리러 오다
заём (남) 부채, 공채, 빚, 차관; госуда-рственный ~ 국채;
зае́хать см. заезжать
заживать (미완) 낫다, 아물다
за́живо (부) 산채로; погребать ~ 생매장하다
зажига́лка (여) 라이타, 소이탄
зажига́ние (중) ① 점화(點火); ② (내연기관의) 점화기
зажига́тельный (형): ~ая бомба 소이탄; ~ая речь 뜨거운 연설, 열강
зажига́ть (미완) ① 불붙이다, 불지르다; ~ лампу 등불을 켜다; ~ кого 흥분시키다, 격동 시키다, 고무동하다
зажига́ться (미완) ① 불붙다, 불타기 시작하다; ② 불타오르다
зажи́м (남) ①(기계의) 조이개, 쬠쇠; ② 억압, 억제
зажима́ть (미완) ① 꽉 틀어쥐다, 끼우다; ② 막다; ~ уши 귀를 막다; ③ 억누르다, 억제하다
зажи́точный (형) 부유한, 유족한
зажи́ть (완) 살기 시작하다, 생활하기 시작하다;
зазева́ться (완) 멍청해 있다, 멍하니 바라보다
заземле́ние (중) ① 접지, 땅묻이; ② 아선선, 접지선
заземли́ть (완), **заземля́ть** (미완) 접지하다
зазнава́ться (미완) 자만하다, 자고자 대하다, 뻐기다, 거드름 피우다
зазна́йство(중) 자만, 자존, 자고자대
зазо́р (완) 틈, 짬, 사이, 새
зазре́ние (중): без ~я совести 뻔뻔스럽게, 양심의 가책도 느끼지 않고
зазу́брина (여) 톱날모양의 홈, 톱날 모양
зазыва́ть (미완) 간청하다, 조르다
заи́грывать (미완) 알랑거리다, 아첨하다, 애교를 부리다
заи́ка (남, 여) 말더듬이
заика́ться (미완), **заикну́ться** (완) 말을 더듬거리다;
заимообра́зно (부): брать ~ 꾸다; давать ~ 꾸어주다
заи́мствование (중) 차용; 들어온 말, 외래어, 차용어
заи́мствовать (완, 미완) 얻어오다, 얻어가지다, 받아들이다; ~ опыт 경험을 받아들이다
заиндеве́ть (완) 서리가 앉다, 성에가(유빙이) 끼이다
заинтересо́ванность (여) 관심(觀心), 관심성, 이해관계
заинтересо́ванный (형) 관심있는, 이해관계가 있는; ~ое

- 205 -

лицо 당사자
заискивать (미완) 빌붙다, 아부하다, 알랑거리다
закабаление (중) 노예화, 예속화(隷屬化)
закабалить(완), **закабалять**(미완) 노예화하다, 예속시키다
закадычный (형): ~ друг 다정한 벗, 막역한 친구, 친우
заказ (남) ① 주문; делать ~см. 주문하다; на ~, по ~у 주문에 의해서; ② 주문품(注文品)
заказной (형) ① 주문의, 주문에 의하여 만든; ② 등기의; ~ое письмо 등기편지
заказчик (남) 주문자(注文者)
заказывать (미완) 주문하다; ~ костюм 양복을 맞추다,
закалённый (형) 단련된, 강인한
закалка (여) ① 단련; ② (공학) 불림, 달굼 질, 굳히기
закалывать (미완) ① 찔러죽이다; ② (뺀을) 꽂다, 이어대다
закалять (미완) ① 단련하다, 튼튼하다; ② 불리다, 버리다
закаляться (미완) ① 단련되다, 튼튼하다; ② 소경되다
заканчивать (완) 끝마치다, 끝내다, 마감 짓다, 마감하다
заканчиваться (미완) 끝나다, 끝장나다, 결말이 나다, 완결되다
закапывать (미완) 파묻다, 껴묻다, 메우다; ~ яму 구덩이를 메우다
закат (남) 저녁무렵, 일몰, 해질무렵; 서산낙일, 말기
закатывать (미완) 굴려 넣다; ~ глаза 눈을 뒤집다, 눈을 치뜨다; ~ истерику 히스테리를 일으키다
закатываться (미완) ① куда ~에 굴러 들어가다; ② (해가) 지다; солнце~илось 해가졌다; ③ (웃음이) 터지다; ~ываться смехом 웃음이 터지다, 껄껄웃어대다
закашляться (완) 기침이 나다
закваска (여) 누룩, 효모; 소질, 품성
закись (여) (화학) 아산화물; ~ меди 아산화동 내기하다,
заклад (남) биться об ~ 내기하다, 다짐하다
закладка (여) ① 닦는 것, 쌓는 것, 부설; ② (책에서) 갈피표, 책끈;
закладная (여) 전당표, 저당증서
закладывать (완) ① 넣다, 끼워 넣다; ② (토대 등을) 닦다, 닦아놓다, 쌓다; ③ 저당하다; ④ 메우다, 가득놓다, 치워놓다; ~ руки за спину 뒷짐지다; ~ нос 코가 메다
заклеивать (미완), **заклеить** (완) 붙이다, 붙여서 봉하다;~

щель бумагой 틈 사이에 종이를 바르다

залёпка (여) 맞머리 못(리벳 rivet)

заключа́ть (미완) ① (조약을) 맺다, 체결하다; ② 결론하다, 결론짓다; ③ 끝맺다 ④ 가두다, 감금하다; ~ в оюъятия, ~ в себе 얼싸안다, 포용하다; ~ в скобки 내포하다

заключа́ться ① ~에 있다, ~으로 되다, 귀착되다; ② (포함되어) 있다; ③ 끝나다, 끝맺어지다

заключе́ние (중) ① 체결, 조인; ② 결론, 맺음, 결사, 결어 귀결, 단안; обвинительное ~e 기소장; ③ 구금, 감금; тюремное ~e 투옥; находиться(быть) в ~и 구금(감금)되다

заключённый (남) 구금자, 죄수(罪囚)

заключи́тельный (형) 마지막의 끝맺는, 최종의; ~ое слово 결론, 맺는말; ~ый этап 마지막 단계

закля́тый (완); ~ враг 철천지원수

закова́ть (완), **зако́вывать** (미완) 쇠사슬로 매다, 묶다, 수갑을 채우다

закола́чивать (미완) ① 박다, 박아 넣다; ~ гвоздь 못을 처박다; ② ~ окно 창문에 못질하여 봉하다

зако́н (남) ① 법칙; ~ общественного развития 사회발전 법칙; ② 법, 법령, 법률; свод(кодекс) ~ов 법전; по ~у 에 의하여, 법에 따라; вопреки ~у 법에 어긋나게

зако́нность (여) 합법성(合法性), 준법성(遵法性)

зако́нный (형) ① 법적, 법적인, 합법적인, 법에맞는; ② 정당한, 응당한, 당연한; ~ое требование 정당한 요구

законода́тельный (형) 입법의; ~ый орган 입법기관

законода́тельство (중) ① 입법, 법률의 제정; ② 법전, 법제; уголовное ~ 형법

закономе́рно (부) 합법적으로, 합법칙적으로, 당연하게

закономе́рность (여) 법칙성, 법칙성

закономе́рный (형) ① 합법칙적인; ② 응당한, 당연한; ~ое влия́ние 당연한 일, 당연한 현상

законопрое́кт (남) 법안, 법률안

зако́нченность (여) 완성성, 완전성, 완성, 완벽

зако́нченный (형) ① 완성된, 완결된, 완전한; ~ая мысль 완결된 사상; ② 완벽한, 원숙한

закопти́ться (완) 그을음이 앉다, 그을다, 그을리다, 훈작 하다

закорене́лый (형) 뿌리깊이 박힌, 고질이 된, 완고한; ~ая привычка 인이 박힌 관습

закоу́лок (남) 뒷골목
закочене́лый (형) (추워서) 곱은, 차다, 저리다,
закочене́ть (완) 꽁꽁 얼다, 곱다
закра́шивать (완) ① 색칠하다, 물들이다; ② 색을 칠하여 없애다, 지우다
закра́шиваться (미완) 색칠 때문에 없어지다, 지워지다
закрепле́ние (중) ① 고정, 고착; ② (군사) 견지, 지탱; ③ 공고화, 견고화; ~знаний 지식의 공고화
закрепля́ть (미완) ① 고정시키다, 고착시키다, 흔들리지 않게하다; ② 공고히 하다, 견고하게 하다; ~ успехи 성과를 공고히 하다; ③ за кем 확보하다, 고정시키다; ~ право на что~할 권리를 확보하다; ④ (의학) 설사를 멎게 하다
закрепля́ться (미완) ① 고정(고착)되다; ② 공고해지다, 강화되다; ③ (군사) 견지(지탱)하다; ~ на занятых позициях 탈취한 진지를 지탱하다
закрепля́ющий (형); ~ее средство 설사(멎는)약, 지사제
закрепости́ть (완), **закрепоща́ть** (미완) 노예화하다, 예속시키다
закро́йщик (남) 재단사(裁斷師)
закро́м(남),**закрома́** (복수) 탈곡 저장
заругли́ть (완), **закругля́ть** (미완) 동그랗게 하게; фра́зу 문장을 미끄럽 게 하다
закрыва́ть(미완) ① 닫다; ~ дверь 문을 닫다; ② (전기, 가스, 물 등을) 끄다, 막다; ③ 가리다, 덮다 ④ (운영하던 것을) 그만두다, 끝마치다, 닫다, 폐쇄하다; ~ собрание 폐회하다, 회의를 끝마치다; ~ глаза на что~을 보고도 못 본체 하다
закрыва́ться (미완) ① 닫히다; ② 가려지다, 덮이다; ③ 폐쇄하다, 문을 닫다
закры́тие (중) ① 폐회, 폐막, 끝남 ② 폐쇄, 쇄폐
закры́тый (형) ① 덮개가 있는, 유개의, 덮인; ~ая машина 유개차; ② 비공개, 비공개적인; ~ое заседание 비공개회의; ~ый перелом (의학) 내부 골절; ~ое голосование 비밀투표;
закули́сный (형): ~ые переговоры 막후교섭; ~ые махинации 막후공작
закупа́ть (미완), **закупи́ть** (완) (몰아서, 전부, 몰아서) 사다, 매점매입하다, 사들이다, 수매하다, (대량)구입하다.
заку́пка (여) 구입, 구매, 수매
закупо́ривать (미완), **закупо́рить** (완) 봉하다, 틀어막다; ~ буты́лку 병을 봉하다, 병에 마개를 막다

закупо́рка (여) ① (구멍을) 틀어막는 것, 뚜껑 막기, 밀봉; ②(의학) 폐쇄, 폐색

закупо́чный (형): ~ая цена 수매가격

заку́ривать (미완), закури́ть (완) 담배 피우기 시작하다

заку́ска (여) 반찬, 찬, (술) 안주

заку́сочная (여) 간이식당, 음식점

заку́сывать (미완) 조금먹다, 요기하다, (술 마실 때) 안주를 먹다

закуто́к (남) 방구석

зал (남) 홀, 회의장; актовый ~ (대)강당; ~ заседаний, конференц~ 회의실; зрительный ~ 관람실; ~ суда 재판정

залега́ть (미완) (광석이) 매장되어있다, 묻혀있다

зале́жный (형): ~ые земли 황무지

за́лежь (여) ① (지질) 광상, 광층; ~и каменного угля 단층; ② (복수) ~и 무더기, 더미; ③ (집합) ~и товаров 제고품

залеза́ть (미완), зале́зть (완) ① 기어 오르다, 기어들다; ~ в окно 창문으로 기어들다; ② 들어가다; ~ в воду 물속으로 들어가다; ~в долги 빚을 잔뜩 걸머지다

залепи́ть, залепля́ть (미완) ① 발라 막다; ~ дыру глиной 구멍을 진흙으로 막다; ② 바르다, 붙이다

залета́ть, залете́ть (완) 날아들다

зале́чь (완) ① 오래 누워있다, 눕다; ~ в берлогу 굴속에 (오래) 누워있다; ② (군사) 엎드려 숨다; ~ в засаду 매복하다

зали́в (남) 만, 후미(後尾)

залива́ть(미완), зали́ть(완) ① (물 또는 다른 액체로) 온통 잠기게 하다, 침수하다; ② 부어 넣다, 부어서 채우다

заливно́й ~ луг 물에 잠기는 표현

зало́г I (남) ① 저당, 저당품; денежный залог 보증금; ② 담보; освобождать под ~ 담보하여 석방하다

зало́г II (남) (언어) 상(相), 양태; действительный ~ 능동상; страдательный ~ 피동상

зало́жник (남) 인질, 볼모, 유질(留質)

залп (남) 일제사격; ② 예포(禮砲), 축포(祝砲)

за́лпом (부): пить ~ 단숨에 마시다

зама́зка (여)(메우고, 때우는데 쓰는) 접착성 물질(아교, 빠데, 풀 같은 것)

зама́зывать (미완) ① 발라 막다, 발라서 메우다; ② 감춰두다, 호도 하다; ③ 더럽히다

зама́лчивать (미완) 묵살하다

зама́нивать (미완), замани́ть (완) 꾀어들이다, 유인하다, 유혹하다

зама́нчивый (형) 유혹적인, 매혹적인; ~ое предложе́ние 매혹적인 제의

зама́хиваться (미완), замахну́ться (완) (때리려고) 둘러메다, 번쩍 들다

зама́шка (여) 거동, 버릇, 행세; дурны́е ~и 못된행세, 악습

замедле́ние (중) 늦음, 지연, 연기, 지체, 연체, 삽체, 완만

заме́дленный (형) 더딘, 느린, 지체된; ~ая съёмка (영화) 미속도촬영

замедля́ть (미완) 늦추다, 지체시키다

замедля́ться (미완) 늦어지다, 지체되다

заме́на (여) ① 바꾸기, 가는 것, 대용; ② 교체, 교대, 대용품, 대신할 사람

замени́тель (남) 대용물, 대용품

замени́ть (완), заменя́ть (미완) ① 바꾸다, 갈다, 교대하다, 교체하다; ~ одно́ сло́во други́м 한 단어를 다른 단어로 바꾸어 쓰다; ② 대신하다

замерза́ние (중) 얼어붙음, 결빙, 동결; то́чка ~я 빙점

замерза́ть (미완), замёрзнуть (완) ① 얼다, 얼어붙다, 동결하다; ② 얼어죽다; ③ 꽁꽁얼다, 추워하다, 곱아들다

за́мертво (부) 죽은 듯이, 정신없이; упа́сть ~ 죽은 듯이 넘어지다, 죽어 넘어지다

замести́тель (남) 대리자, 부책임자; ~ мини́стра 부상

замести́ (미완) 쓸다, 쓸어모으다; ~ сор 쓰레기를 쓸다, 쓸어 모으다; (눈, 모래으로) 덮다, доро́гу ~ло сне́гом 길에 눈으로 덮였다; ~та́ть следы́ 자취를 감추다

заме́тка (여) ① 기사; ② 수기, 수필; путёвые ~и 여행기, 기행문; брать на ~у 점 찍어두다, 염두에 두다

заме́тно (부) ① 눈에 띄게, 확연히, 현저히; ② (술어) 볼 수 있다, 알 수 있다

заме́тный (형) ① 눈에 띠는, 눈에 보이는; ② 현저한, 상당한

замеча́ние (중) ① 소견, 지적, 의견, 주석; ② 책망, 주의 처분

замеча́тельный (형) ① 훌륭한, 아주 좋은; ② 뛰어난, 우수한, 특기할만한; ~ое вре́мя 보람찬 시기

замеча́ть (미완) ① 보다, 알다, 포착하다; ② 기억하다,

- 210 -

알아채다, 눈치채다; ③ 표식을 하다; ④ 말하다, 발언하다, 지적하다; ⑤ 유의하다, 주의를 주다

замечта́ться (완) 공상에 잠기다

замеша́тельство (중) ① 혼란, 혼잡; ② 난처한 것, 당황망조, 무안; приходи́ть в ~ 황당하다

замеша́ть (완), **заме́шивать** (미완) 인입하다, 끌어넣다

замеща́ть (미완) 대신하다, 대리하다

зами́нка (여) ① 지체, 지장; ② (말) 더듬이; говори́ть без ~и 유창하게 말하다

замира́ть (미완) ① 멎다, 서다; 멈칫하다; ② (소리가) 사라지다, 잠잠해 지다; ③ (무서움 등으로) 숨을 죽이다, 멈추다, 아찔해하다

за́мкнутый (형) 홀로 지내기 좋아하는, 숨어사는, 사교성이 없는, 고립된; ~ о́браз жи́зни 은거생활

за́мок (남) 성새, 궁궐; средневеко́вый ~ 중세기의 성(城);

замо́к (남) ① 자물쇠, 열쇠; ② (총포의) 폐쇄기

замолка́ть (미완), **замо́лкнуть** (완) (말 소리 등이) (문득) 그치다, 끝다, 잠잠해지다; зву́ки ~ли 소리가 사라졌다;

замора́живать (미완) ① 얼구다, 얼게하다, 냉동하다; ② 동결시키다

замори́ть~ червячка́ 얼요기를 하다

заморо́зки (복수) (봄,가을의) 아침의 찬기운, 아침의 냉기

за́муж (부): выходи́ть ~ 시집을 가다; выдава́ть ~ 시집을 보내다; быть ~ем 시집살이하다

за́мужество (중) 시집살이, 결혼생활

заму́жняя (형) ~ (же́нщина) 기혼녀, 시집간 여자; ~ жизнь 시집살이

замурова́ть(완), **замуро́вывать** (미완) (벽돌 속에) 밀폐하다, 묻어두다

замусо́лить (완) 어지럽히다, 더럽히다

заму́чить (완) ① 학살하다; ② 성가시게 굴다, 괴롭히다

заму́читься (완) 기진맥진해지다, 맥이 빠지다, 지치다, 시달리다

за́мша (여) 사슴가죽, 녹비(鹿-)

за́мшевый (형) 사슴가죽으로 만든

замыка́ние(중) 폐색, 합선; коро́ткое ~ 맞닿이, 단락(段落)

замыка́ть (미완) ① 자물쇠로 잠그다, 닫아걸다; ② (끝을) 잇다, 이어대다

замыка́ться (완) 들어박히다, 외따로 나 앉다

за́мысел (남) ① 의도, 기도; ② 계책, 획책; ③ 구상, 착상
замыслова́тый (형) 까다로운, 교묘한
замышля́ть (미완) 꾀하다, 마음을 내다, 기도하다, 획책하다
замя́ть (완) ① 짓누르다, 짓뭉개다; ②; ~ дело 일을 어물쩍 넘기다
замя́ться (완) ① 머뭇거리다, 뭉그적 거리다; ②; разгово́р ~лся 이야기가 끊어졌다
за́навес (남) ① 막, 장막, 휘장; дать ~ 막을 내리다; ② 창가림, 커튼(curtain); под~ 끝날 무렵에
занаве́ска (여) 커튼(curtain), 휘장; задёргивать ~у 커튼을 치다
занаве́шивать (미완) 커튼을 치다, 막을 내리다, 막으로 가리다
занемо́чь (완) 탈이 나다, 몸이 편치 않게 되다
занижа́ть (미완), занизи́ть (완) 낮추다, 낮게 만들다
занима́тельный (형) 흥미있는, 마음을 끄는; ~ расска́з 재미있는 이야기
занима́ть I (미완) 빌리다, 꾸다; ~ де́ньги 돈을 꾸다
занима́ть II (미완) ① (위치 등을) 차지하다; ~ пе́рвое ме́сто (체육) 제 1위를 쟁취하다, 1등을 하다; ② (시간이)걸리다; ③ 흥미를 끌게 하다, 재미를 붙이게 하다; ④ 점령하다; ~ го́род 도시를 점령하다; ⑤ *кого́ чем;* ~ дете́й игру́шками 아이들에게 놀이감을 가지고 놀게하다
занима́ться (미완) ① *чем* ~을 일삼다, ~을 하다, ~에 종사하다; ② 공부하다, 연구하다, 배우다; *с кем* ~에 학습을 도와주다; ~ с детьми́ 아이들을 지도하다,
за́ново (부) 새로, 다시, 처음부터, 새롭게, 새로이, 처음
зано́за (여) 가시, 침(針); 극자, 바늘, 자극, 경자, 잔빼.
занози́ть (완) 가시가 돋다, 박히다
заноси́ть (미완) ① 들여가다, 드려놓다, 가져다 놓다; ② 써넣다, 적어넣다; ~ в спи́сок 명단에 써넣다(기입하다)
зано́счивость (여) 교만(驕慢), 거만
зано́счивый (형) 교만한, 거만한, 거드름스러운
зано́сы (복수) 눈 더미, 눈 무지
заня́тие (중) ① 일, 사업, 업무; род ~й 직종, 직업의 종류; ~я (복수) 공부, 수업, 학습; практи́ческие ~я 실습
занято́й, за́нятый (형) 바쁜, 분주한, 다망한; быть ~ым 바쁘다, 다망하다

заодно́ (부) ① 같이, 함께, 공동으로; ② 동시에, 겸사겸사; ~ мо́жно и кино́ посмотре́ть 겸사겸사 영화를 볼 수 있다

заокеа́нский (형) 대양건너편의, 대양 건너편에 있는; ~ гость 바다 건너온 손님

заостри́ть(완), **заостря́ть** (미완) ① 날카롭게하다, 뾰족하게하다, 예리하게 하다; ② 강조하다, 두드러지게 나타나다; ~и́ть внима́ние 주의를 집중하다

зао́чник, ~ца (여) 통신(대) 학생

зао́чно (부) ① 본인이 없이, 결석중에; суди́ть ~ 결석 재판을 하다; ② 통신으로; обуча́ться ~ 통신교육을 받다

зао́чный (형): ~ое обуче́ние 통신교육; ~ый пригово́р 결석판결;~ое знако́мство 편지에 의한 교제, 펜팔

за́пад (남) ① 서부, 서방, 서쪽; ② 서양, 서부 구라파

запада́ть (남) (인상 등이) 새겨지다, 박히다; ~ глубоко́ в се́рдце 심장에 깊숙이 박히다

западноевропе́йский (형) 서구라파

западня́ (여) 덫, 함정(陷穽); попада́ть в ~ю 함정에 빠지다

запа́здывать (미완) 늦어지다, 늦다, 지각하다.

запа́ивать (미완) 땜질하다, 납땜하다; ~ кастрю́лю 냄비를 때우다

запакова́ть (완), **запако́вывать** (미완) 포장하다, 꾸리다

запа́льчивый (형) 발끈거리는, 성급한

запа́с (남) ① 예비품, 재고품; про ~ 예비로; ②; ~ слов 어휘축적;~ зна́ний 학식; ③ (군사) 예비, 예비역

запаса́ть (미완) 저축하다, 마련하다

запаса́ться (미완) *чем* ~를 장만하다;~ терпе́нием 견디어낼 각오를 하다

запасно́й, запа́сный (형) 예비의, 비상용, 후비의; ~о́й вы́ход 비상구; ~ый путь (철도) 예비선; ~о́й игро́к (체육) 후보선수

за́пах (남) 내, 냄새, 향기, 향수; издава́ть ~ 냄새를 피우다

запе́в (남) 선소리, 선창(先唱)

запева́ла (남,여) 선창자, 발기자

запева́ть(미완) 선창하다, 선창을 긋다

запечатле́ть (완) ① 묘사하다, 표현하다; ② 감명하다, 새기다, 인상에 남기다

запечатле́ться (완) 인상을 받다, 기억에 남다, 기억에 새겨지다

запеча́тывать (미완) 봉인하다, 봉하다, 밀봉하다

запина́ться (미완) ① (발이 걸려) 넘어질 뻔하다, 걸려 비틀거리다; ② 말을 더듬다, 말이 막히다

запи́нка (여) 말을 더듬는 것; без ~и 막힘없이; отвеча́ть без ~и 줄줄 대답 하다

запира́тельство (중) (죄과의) 부인

запира́ть (미완) ① 잠그다, 잠가두다, 채우다; ~ на замо́к 자물쇠로 잠그다; ② 가두어두다, 간수해두다

запира́ться (미완): ~ в ко́мнате 방에 들어 박혀있다

запи́ска (여) ① 글쪽지, 쪽지편지; ② **~и** (복수) 수기, 일기, 회상록; учёные ~и 학보; путёвые ~и 여행기, 기행문

записно́й (형): ~ая кни́жка 수첩

запи́сывать (미완) ① 써넣다, 적어넣다, 필기하다; ② 등록하다, 기록하다, ③ 명단에 올리다, 기입하다; ④ 녹음하다; ~ на плёнку 테이프에 녹음하다

запи́сываться (미완) 기입하다, 등록하다, 가입하다, 입적하다; ~ в библиоте́ку 도서관에 등록하다

за́пись (여) ① 필기, 녹음; ② 기입, 등록, 기록

запи́ть (완) чем (음식, 약 등을) 먹은 다음에 ~을 마시다, 입가심으로 마시다; ② 술독에 빠지다

запиха́ть (완), запи́хивать (미완), запихну́ть (완) 밀어넣다, 쑤셔 넣다

запла́та (여) 기운헝겊, 덧댄 천 조각; весь в ~х 온통 너덕너덕 기운자리

заплесне́велый (형) 곰팡이 쓴

заплести́ (완), ~та́ть (미완) 땋다; ~ ко́су 머리채를 땋다

заплета́ться (미완) ①: от волне́ния язы́к ~ется 흥분하여 혀가 잘 돌지 않는다; ②: от уста́лости но́ги ~ю́тся 지쳐서 겨우 걸어간다

заплы́в (남) (체육) 수영경기

заплыва́ть (미완), заплы́ть (완) ① (사람이) 헤엄쳐 들어가다, 멀리 헤엄쳐가다; ② (배가) 항해하여가다; ~ жи́ром 피둥피둥 살찌다, 비대해지다

запове́дник (남) 보호구역, 보호, 금렵구; лесно́й ~ 보호림(保護林), 산림보호구역

за́поведь (여) 유훈(遺訓), 유시

запозда́лый (형) 늦어진, 때늦은;

запозда́ние (중) 지연, 지각, 지체; по́езд пришёл с ~м 기차가 늦게 닿았다

запо́й (남) 술중독; пить ~ем 술을 많이 마시다; чита́ть ~ем

- 214 -

읽기에 몰두하다
заполза́ть (미완), **заползти́** (완) 기어들어가다, 기어들다
заполно́чь (부) 야밤이 지나서, 한밤 중에, 삼경이 지나서
заполня́ть (미완) ① 가득채우다, 가득메우다; ② 기입하다, 써넣다; ~ бланк 양식용지에 써넣다
заполня́ться (미완) 가득차다, 충만되다
запомина́ть (미완), **запо́мнить** (완) 기억해두다, 명심해두다, 기억하다; ~ наизу́сть 암기하다
запо́мниться (완) 기억되다
за́понка (여) 카라단추
запо́р I (남) 빗장, 자물쇠; держа́ть на ~е 잠궈두다;
запо́р II (남) (의학) 변비, 변비증
запра́вила (남) 우두머리, 두목(頭目)
запра́вка (여) 기름넣기, 기름치기
заправля́ть (미완) ① 기름을 주다, 휘발유를 넣다; ~ маши́ну 자동차에 휘발유를 넣다; ② 양념을 치다;~ сала́т 나물을 무치다; ③ 밀어넣다; ~ руба́шку в брю́ки 와이셔츠를 바지에 밀어 넣다
запра́шивать (미완) ① 질문하다, 문의하다, 조회하다; ~ мне́ние 의견을 묻다; ② 값을 부르다, 에누리하다
запре́т (남) 금지, 금(禁), 제한, 저지; налага́ть ~ 금지하다; быть под ~ом 금지되어있다
запре́тный (형) 금지의, 금지된;~ая зо́на 통행금지 구역
запреща́ть (미완) 금하다, 금지하다, 말막다; кури́ть ~ется 금연
запреще́ние (중) 금지, 금(禁), 금즙, 제한, 저지(沮止)
запроки́дывать (미완), **запроки́нуть** (완) 뒤로 젖히다; ~ го́лову 머리를 뒤로 젖히다
запро́с (남) ① 조회, 문의, 청구; ②~ы (복수) 수요
запротоколи́ровать (완) 기록에 기입하다, 회의록에 기입하다
запру́да (여) ① 둑, 제방; ② 보, 물동
запруди́ть (완) 물을 막다, 둑을 쌓다
запряга́ть (미완), **запря́чь** (완) 메우다; ~ ло́шадь в са́ни 말구에 말을 메다
запу́гивание (중) 공갈, 위협(威脅)
запу́гивать (미완) 공갈하다, 겁에 질리게(놀라게) 하다
за́пуск (남) ① 시동; ② 발사
запуска́ть (미완) ① (발동기) 시동시키다, 돌아가게 하다; ②

(힘껏) 던지다, 뿌리다; ③ 발사하다
запусте́ние (중) 황폐, 황량한것
запу́танный (형) ① 엉클어진; ② 얽힌, 얼기설기한, 복잡한; ~ый вопрос 복잡하게 얽힌문제; ~ое де́ло 엉클어진 일
запу́тать (완), ~ывать (미완) ① 엉클다, 뒤얽히게 하다; ② 끌어넣다; ~ в исто́рию *кого́*-를 사건에 끌어넣다
запу́таться (완), ~ываться (미완) ① 엉키다, 헝클리다; ② *в чём* ~에 걸려들다, 끌려들다; ③ 궁지에 빠지다
запу́щенность (여) 방임, 황폐한 것
запу́щенный (형) 내버려둔, 방임된, 황폐화된
запылённый (형) 먼지가 낀, 먼지로 덮인, 닥지닥지한
запыли́ться (완) 먼지가 끼다
запыха́ться (완) 헐떡거리다, 숨이차다
запя́стье (중) 손목, 팔목
запята́я (여) ① 반점; ② 난점
запятна́ть (완) ① 얼룩지게하다; ② 명예를 더럽히다, 훼손시키다
зараба́тывать (미완), зарабо́тать I (완) 돈을 벌다, 돈벌이 하다; зарабо́тать вы́говор 책벌을 받다
зарабо́тать II (완) (기계를) 움직이기, (돌기, 일하기) 시작하다, 돌아가게 하다
зарабо́тный (형); ~ая пла́та 노임
зарабо́ток (남) 품삯, 노임; ~ки (복수) 품팔이, 돈벌이
заража́ть (미완) ① 전염시키다, 감염 시키다, 중독 시키다; ②; ~ приме́ром 모범을 본받게 하다
заража́ться (미완) ① 전염되다, 감염 되다, 옮다, 병독에 바지다; ~ гри́ппом 유행 감기에 걸리다; ② 본받다, 닮다
зараже́ние (중) 전염(傳染), 감염(感染)
зара́за (여) 전염병, 전염병균, 전염, 옮다,
зарази́тельный (형) ① 전염되기 쉬운, 쉽게옮는; ② 본받기 쉬운; ~ смех 남을 따라 웃게하는 웃음
зара́зный (형) 전염성의, 전연병의; ~ая боле́знь 전염병
зара́нее (부) 미리, 사전에
зараста́ть (미완), зарасти́ (완) ① 무성 해지다, 우거져 무성하다; ② (털 등이) 덮이다; ③ (상처가) 아물다
за́рево (중) (공중에 비친) 불빛, 서광, 노을빛; ~ пожа́ра 화재의 불빛
заре́зать (완) 잘라죽이다, 베어죽이다, (짐승을) 잡다, 도살하다

зарека́ться (미완) ~을 안하겠다고 맹세하다, 다짐하다

зарекомендова́ть (완); ~себя с хорошей(плохой) стороны 자기의 좋은(나쁜)면을 나타내다(보여주다),

зарисо́вка (여) (약도) 그림;~ с натуры 사생화, 본모양 그림

зарни́ца (여) 섬광, 먼 번개 불, 불빛, 불동, 불꽃, 빛;

зароды́ш (남) ① 씨눈, 배아, 태아; ② 맹아, 발단, 시작

зарожда́ться (미완) ① 씨눈이 나다, 태어나다, 태었다; ② 발생하다, 생겨 나다, 생기다, 일어나다

зарожде́ние (중) 산생, 발생, 출생, 생기;

заро́к (남) 다짐, 맹세, 서약, 언약; дава́ть ~ 다짐하다

за́росль (여) 덤불, 수풀

зарпла́та (заработная плата) 노임

зарубе́жный (형) 외국의, 해외의; ~ые страны 외국들, 다른 나라들

заруби́ть (완) ① 찍어죽이다, 베어죽이다; ② 찍어 표적 하다, 자리를 남기다

зару́бка (여) (칼 따위로) 찍은 자리

зарубцева́ться, зарубцо́вываться (미완) (상처가) 허물을 남기면서 아물다

заруча́ться (미완), **заручи́ться** (완) 미리확보하다, 얻어 가지다; ~ согла-сием 사전에 동의를 얻다

зарыва́ть (미완) 묻다, 파묻다; ~ я́му 구덩이를 메우다

зарыва́ться (미완) 파묻히다, 파고들 어가다

заря́ (여) ① 노을, 노을빛, 서광; у́тренняя ~ 아침노을; на ~е (이른) 새벽에; ② 여명기, 시초, 서광; на ~е жи́зни 생활의 여명기에

заря́д (남) ① 장약, 탄약, 총알; ② (전기) 충전, 전하

заря́дка (여) 체조; у́тренняя ~ 아침체조

заряжа́ть (미완) ① (총 등을) 채우다, 장탄하다, 장약하다; ② 충전하다; ~ аккумуля́тор 축전지를 충전하다

заса́да (여) 매복, 복병; устра́ивать ~у 매복하다

засади́ть (완): ~ за учёбу 공부에 붙박 아 놓다

заса́сывать (미완) ① 빨아들이다; ② 끌어들이다, 끌어당기다; 빠져들다

за́светло (부) 저물기 전에

засвиде́тельствовать (완) 증명하다, 확증하다, 증언하다

заседа́ние (중) 회의, 모임

заседа́тель(남): наро́дный ~배심원

заседа́ть (미완) 회의를 하다

- 217 -

засекре́тить (완), **засекре́чивать** (미완) 비밀에 붙이다, 기밀에 붙이다
заселе́ние (중) 집들이, 거주등록
засели́ть (완), **заселя́ть** (미완) 집에 들다, 집에 들게 하다, 거주를 하다
засе́сть (완) 눌러앉다, 붙박히다; ~ за работу 일에 달라붙다
засе́ять (완) 씨뿌리다, 파종하다, 심다
засло́нка (여) (벽난로의) 뚜껑, 아궁뚜껑, 마개
заслоня́ть (미완) 가리다, 막다, 엄폐 하다;
заслоня́ться (미완) 가려지다, 막다, 덮이다;
заслу́га (여) 공훈, 공로, 업적;
заслу́женный (형) ① 공훈 있는, 공적 있는, 공로 있는; ~ артист 공로배우; ② 응당한, 마땅한; ~ упрёк 마땅한비난
заслу́живать (미완) ~할만하다, ~할 가치가 있다;
заслужи́ть (완) 얻다, 받다, 얻어내다; ~ доверие 신임을 얻다; ~ награду 상을 받다
заслуша́ть (완), **заслушива́ть** (미완) 듣다, 청취하다
заснеже́нный (형) 눈이 덮인(쌓인)
засня́ть (완) 사진을 찍다, 촬영하다
3 **засо́в** (남) 빗장; задвигать ~ 빗장을 지르다
засо́вывать (미완) 들여밀다, 밀어넣다, 끼워넣다, 쑤셔넣다; ~ руку в карман 호주머니에 손을 지르다
засо́л (남) 절임, 염장(鹽藏)
засоре́ние (중) (먼지, 쓰레기 등으로) 메워지는 것, 폐쇄
засоря́ть (미완) (쓰레기, 모래 등으로) 어지럽히다, 더럽히다;
засоря́ться (미완) (쓰레기, 모래 등으로) 더러워지다, 막히다, 메다
заспа́нный (형) 잠에 취한; ~ вид 자고난 얼굴
заста́ва (여) (군사) 경비분대, 전초; пограничная ~ 국경수비대
заставля́ть I (미완) ① 쌓아놓다, 가득 들여놓다, 꽉 들어차게 하다; ② 막다, 가리다
заставля́ть II (미완) (+미정형) ~시키다, ~하게 하다, 강요하다; ~ идти 가게 하다; ~ отвечать 대답하게하다
застаре́лый (형) 만성의, 뿌리박힌; ~ая болезнь 고질병
заста́ть(완) 만나다; его ~л дождь 그는 비를 만났다
застёгивать (미완); ~ пуговицы 단추를 채우다
застёгиваться (미완) 단추를 채우다

застёжка (여) 단추, 맞단추, 결단추
застекли́ть (완), застекля́ть (미완) 유리를 넣다, 유리를 끼우다
засте́нок (남) 감방, 고문실
засте́нчивость (여) 수줍음, 부끄러움
засте́нчивый (형) 수줍어하는, 부끄러 워하는, 스스러워하는
застила́ть (완), застла́ть (완) ① 깔다, 깔아놓다, 펴놓다; ② 가리다, 뒤덮다
засто́й (남) ① 정체, 침체, 불경기, 부진; ②; ~ кро́ви (의학) 피몰림, 울혈
засто́льный (형) ~ая песня 주연의 노래, 전주가
застопо́риться (완) 멎다, 서다, 정지하다; де́ло ~лось 일이 지연되었다
застра́ивать (미완) (어떤 지역에 건물 등을) 가득 짓다
застрева́ть (미완) ① 빠지다, 끼이다, 걸키다, 들어박히다; ② 오래있다, 머물다, 지체되다
застрели́ть (완) 쏴죽이다, 사살하다
застрели́ться (완) (총으로)자살하다
застре́льщик (남) 발기자, 제창자
застро́йка (여) (어떤 장소에서 건물을 세우는 것, 집짓기)
застро́йщик (남) 건축 허가를 받은 사람
засту́п (남) 삽
заступа́ться (미완), заступи́ться (완) за кого́ ~의 편을 들다, 역성을 들다, 비호하다; ~ за пра́вду 진리의 편에 들다
засту́пник (남) 옹호자, 비호자
засту́пничество (중) 옹호, 비호, 변호
застыва́ть (미완), засты́ть (완) 되어지다, (식어서) 굳어지다; засты́ть от удивле́ния 놀라서 굳어지다
за́суха (여) 가뭄, 가물, 가뭄음, 천한, 한발, 한기;
засухоусто́йчивый (형) 가뭄에 견디는, 내한성 있는; ~ые культу́ры 가뭄에 견디는 작물
засучи́ть (완) 걷어 올리다, 걷다; ~ рукава́ 소매를 걷다
засу́шивать (미완), засуши́ть (완) 말리다, 건조시키다
засу́шливый (형) 가무는, 가뭄이 드는
засчита́ть (완), засчи́тывать (미완) 계산에 넣다, 계산하다
засыла́ть (미완) 보내다, 들여다보내다, 잠입시키다
засыпа́ть I (미완) 잠들다, 잠자다, 취침하다, 곤화하다,
засыпа́ть II (미완), засы́пать (완) ① 묻다, 메우다, 메다,

- 219 -

채우다, 메게하다, 사춤치다, 막다, 때다, 때우다, 메꾸다, 비기다; ~ я́му 구덩이를 메우다; ② 뿌리다, 뿌려 덮다

засыха́ть (미완) 마르다, 말라들다, 말라죽다, 시들다, 굳어지다, 생기 없다; цветы́ засо́хли 꽃이 시들었다

затаённый (형) 내심의, 마음속의 품은; ~ое жела́ние 숙망

затаи́ть (완) 마음속에 품다, 감추어 두다; ~ зло́бу 악의를 품다; ~ дыха́ние 숨을 죽이다

затаи́ться (완) 몸을 숨기다, 숨어 들어가다

зата́пливать I (미완): ~ печь 벽난로에 불을 피우다, 불을 지피다, 불때다

зата́пливать II (미완) ① 물에 잠기게 하다, 침식시키다; ② 침몰(沈沒) 시키다, 가라앉히다

зата́сканный ① 다 해진, 입어서 낡아진; ② 진부한, 낡아 빠진

зата́скивать (미완), **затащи́ть** (완) 끌어들이다, 끌어넣다, 멀리 끌어가다; ~ в лес 숲 속으로 끌어들이다

затверде́ние (중) ① 굳기, 엉겨 굳기, 경화; ② (의학) 경화증(硬化症)

затвердева́ть (미완), **затверде́ть** (완) 굳어지다, 경화하다, 꼰꼰하다

затверди́ть (완) ① 외우다, 암기하다, 잘 기억해두다; ② 자꾸되풀이하다

затво́р (남) (총,포의) 격발기, 폐쇄기, (사진기의) 여닫이

затвори́ть (완), **затворя́ть** (미완) 닫다; ~ окно́ 창문을 닫다

затева́ть (미완) ① 기도하다, 고안하다, 생각해 내다; ② 시작 하다; ~ разгово́р 이야기를 시작하다

зате́йливый (형) 진기한, 흥미있는, 기묘한; ~ая игру́шка 교묘한 놀이감

зате́йник (남) ① 익살꾼; ② 대중오락의 사회자

затека́ть (미완) ① 흘러들다; ② 붓다; глаз ~ёк (완) 눈이 부었다; ③ 저리다, 저려나다, 마비되다;

зате́м (부) ① 다음에, 그후에; ② 그때문에; ведь я ~ и пришёл 그 때문에 내가 왔단 말이요.

затемне́ние (중) ① 등화관제, 차등; ② 차광막; ③ (의학) 검은점

затемни́ть(완), **затемня́ть**(미완) 어둡게하다, 빛을 가리다; ~ о́кна 창문에 차광막을 치다; ~ созна́ние 몽통하게 하다

затере́ть (완) ① 비벼서 없애다, 발라지우다; ② (움직이지 못하도록) 조이다, 치우다; су́дно затёрло льда́ми 배가

얼음덩어리들 사이에 끼워서 움직이지 못하였다
затеря́ться (완) ① 잃어지다, 없어 지다; ② 보이지 않게 되다, 사라지다
затеса́ться (완) 숨어들다, 기어들다
зате́я (여) ① 기도, 의도, 획책; ② 놀음, 장난
затиха́ть(미완), **затихну́ть**(완) ① 잠잠해지다, 조용해지다, 멎다; вью́га ~ла 눈보라가 잠잠해졌다; ② 멎다, 진정 되다; боль ~ла 아픔이 멎었다
зати́шье (중) ① 잠잠한 것, 정적, 고요, 평온; ② 부진상태
затме́ние (중) ①: лу́нное ~ 월식; со́лнечное ~ 일식; ② 흐릿한, 멍청한, 몽롱한 것
затми́ть (완) ① 가리다; ② 능가하다, 압도하다, 앞서다
зато́ (접) 그 대신에 ~지만
затова́ривание (중) 상품의 체화
затолкну́ть (완) 밀어넣다, 밀어 넣어 뜨리다, 밀쳐 넣다
затону́ть (완) 가라앉다, 침몰하다
затопле́ние (중) 침몰, 침닉, 침륜, 익몰, 침수, 수몰
затопта́ть (완) 짓밟다, 밟아넣다, 밟아 더럽히다
зато́р (완) ① 길이 막힌 것, 통행금지; ② 애로, 장애, 지장, 장해, 장해물, 난점, 곤란; 고충, 불만, 불만사항
заточе́ние(중) 감금(監禁), 투옥, 유형
заточи́ть (완) ~ в тюрьму́ 감옥에 가두다
затрави́ть (완) ① (개를 데리고) 몰아 잡다, 개를 풀어 물어 뜯게하다; ② *кого́* 박해하다, 중상하다
затра́гивать (미완) ① 다치다, 건드리다; ② 언급하다; ~ интере́сы 이해관계에 저촉되다
затра́та (여) ① 소비, 지출, 소모; ~а эне́ргии 에너지 소모; ~ы (복수) 비용(費用)
затра́тить(완), **затра́чивать**(미완) ① 쓰다, 사용(이용)하다, 소모하다; ~ вре́мя 시간을 소모하다; ② 소비(지출)하다; ~ сре́дства 자금을 지출하다
затре́бовать (완) 청구(요구)하다;
затрудне́ние (중) 난관, 장애, 애로, 곤경, 역경, 곤란:.
затрудни́тельный (형) 곤란한, 어려운, 난처한; ~ое положе́ние 곤란한 처지
затрудня́ть (미완) ① *кого́* ~를 괴롭히다, 시끄럽게하다; про́сьбами 부탁으로 괴롭히다; ② *что* ~을 곤란하게 하다, 어렵게 하다, 방해하다
затрудня́ться (미완) 어려워하다, 곤란해지다; ~ отве́тить

대답하기 어려워하다; ~ сделать 만들기 어려워하다

затума́ниться (완) ① 안개끼다, 안개에 덮이다; ② 아리송해지다, 혼몽해지다, 어슴푸레해지다, 아리아리해지다

затупи́ть (완) 무디게 하다; ~ нож 칼을 무디게 하다

затупи́ться (완) 무디어지다, 무디다

затуха́ние ① 불이 꺼지는 것; ② 감쇠, 완화(緩和)

затуха́ть (미완) ① 점점꺼지다, 사그라지다; ② 멎다, 줄어들다, 점차 없어지다

затушева́ть (완), **~ёвывать** (미완) ① 먹칠하다, 시꺼멓게 만들다; ② 해멀겋게 하다, 몽롱하게 하다, 감추다

за́тхлость (여) ① 곰팡내, 썩은 냄새; ② 정체, 침체

за́тхлый (형) ① 곰팡내 나는, 썩은내 나는; ② 케케묵은, 침체한, 고리타분한, 구리터분한, 고타분한, 골타분한

затыка́ть (미완) ① (구멍 등을) 막다, 틀어박다, 메우다 ② 밀어놓다, 들어 밀다

заты́лок (남) 뒤통수, 뒷머리

заты́чка (여) 마개

затя́гивать (미완) ① 죄다, 죄어(당겨)매다; ② 빨아들이다, 흡입하다; ③ 끌어들이다; ④ (시간, 기한을) 오래 늘이다, 늦잡다, 오래끌다, 지체시키다; ~ отъезд 출발을 늦추다; ⑤ 노래하기 시작하다; ⑥ (구름이) 가리다, 덮다; ⑦ (무인칭) (상처가) 낫다, 아물다

затя́гиваться (미완) ① (일, 회의) 지연되다, 지체되다, 늦추어지다; ② (구름 등으로) 가려지다, 덮이다; ③ 담배 연기를 들이 삼키다, 담배 한 모금 빨다; ④ (상처가) 낫다, 아물다

затя́жка (여) ① 지체, 지연; ② 담배 한 모금

затяжно́й (형) 오래 끄는, 장기적인, 오랜 기간에 걸치는, 장시간에; ~ая боле́знь 장기질환; ~а́я война́ на Зи́гун 지구전

зауны́вный (형) 구슬픈, 쓸쓸한, 처량한

заурядный (형) 평범한, 범상한; ~ая ли́чность 평범한 사람

зау́сеница (여) 손거스러미, 거스러미

зау́ченный (형) 외운, 암기한, 틀에 박힌, 상습적인; ~ые фра́зы 미리 외운 문구

зау́чивать (미완), **заучи́ть** (완) 외우다, 암기하다, 암송하다; ~ наизу́сть 암기하다, 외워두다

захвали́ть (완) 너무 지나치게 찬양하다, 지나친 창양으로 망치다, 아부

Зах (Книга Пророка Захарии, 14장) 스가랴(zechariah書)

- 222 -

захва́т (남) 강점, 점령, 탈취;~ трофе́ев 노획

захватни́ческий (형) 침략적인, 약탈적인, 강탈적인

захва́тчик (남) 강점자(强占者), 강탈자, 침략자

захва́тывать (미완) ① *кого* ~을 데리고 가다; *что* ~을 가지고 가다; ② 쥐다, 잡다, 움켜쥐다; ~ в горсть 한줌 쥐다; ③ 점령하다, 강점하다, 탈취하다, 빼앗다; ~ трофе́и 노획하다; ④ 사로잡다;~дух 숨이 막히다

захва́тывающий (형) 마음을 사로잡는, 퍽흥미있는,

захлебну́ться (완), **захлёбываться** (완) ① (물 따위로) 목이 막히다, 사례가 들다; ② 숨이 막히다; ~ться от ра́дости 기뻐서 가슴이 뿌듯하다; мото́р ~лся 발동기가 멎었다

захлестну́ть (완), **захлёстывать** (미완) ① (물결이) 덮치다, 덮어씌우다; ② (감정이) 휩싸이다, 사로잡다

захло́пнуть (완), **захло́пывать** (미완) 탁 닫다, 쾅 닫다; ~ кни́гу 책을 탁 덮다; ~ кры́шку 덮개를 쾅 덮다; ~ дверь 문을 쾅 닫다

захло́пнуться (완), (쾅, 탁) 닫히다

захо́д (남) ①; ~ со́лнца 일몰, 해지기, 해넘이; ~ луны́ 월몰, 달지기; до ~а со́лнца 해가 지기 전에; ②; ~ в порт 기항

заходи́ть (미완) ① к кому́ (가는 길에) 들리다, 찾아들다; ② за кем-чем ~를 데리러 (가지러)가다; ③ куда́: ~ в порт 기항하다; ④ (해, 달이) 지다; ⑤ (뒤에, 뒤로) ~ за дом 집 뒤에 가다, 집뒤로 돌아가다

захолу́стный (형) 벽촌의, 구석진, 궁벽한, 벽지의

захолу́стье (중) 궁벽한 곳, 벽촌, 구석진 고장, 벽지마을

зацвести́ (완), **~та́ть** (미완) 꽃피기 시작하다, 꽃이 피어나다, 개화하다

зацепля́ть (미완) 걸다, 걸어놓다, 걸어당기다; ~ за гвоздь 못에 걸어놓다

зацепля́ться (미완) 걸리다, 걸기다

зачасти́ть (완) ① 찾아지다, 빈번해 지다, 빨라지다; дождь ~ил 비가 잦아 졌다; ② 자주 다니기 시작하다

зачасту́ю (부) 자주, 종종, 흔히

зача́точный (형); в ~ом состоя́нии 초기에, 애초에, 첫 시작에

заче́м (부) 왜, 어째서, 무엇 때문에, 무슨 목적으로; ~ ты пришёл? 무엇 하러 왔느냐?

зачёркивать (미완), **зачеркну́ть** (완) 지워(그어)버리다

зачерпну́ть (완), **зачёрпывать** (완) (물을) 뜨다, 긷다, 길어내다

зачёсывать (미완) (머리를) 빗어 넘기다, 빗어 올리다
зачёт (남) 중간시험(고사), 보조시험; сдать ~ 중간시험에 합격 하다
зачётный;~ая книжка 성적증명서
зачинатель (남) 발기자, 발기인
зачинщик (남) 주모자, 원흉, 원악, 발기자
зачисление (중) 편입, 입적; ~ в институт 대학에 입학; ~ в армию 군 입대; ~ в штат 정원에 편입 되는 것
зачислить (완), **зачислять** (미완) 편입시키다, 입적시키다, 가입시키다;~ в институт 대학에 편입시키다
зачитывать I (미완) 읽어주다, 낭독(낭송)하다, 독송하다
зачитывать II ① 셈에 넣다, 셈치다, 치부하다; ② (보조시험에서) 합격점수를 메기다, 통과시키다
зачитываться I 독서에 몰두하다
зачитываться II (미완) 가산되다, 셈에 보태다, 더하다
зашивать (미완), **зашить** (완) 꿰매다, 깁다; ~ дыру 해진 자리를 꿰매다
защита (여) ① 방어, 보위; ② 보호, 옹호, 변호, 변론; ③ (법학) 변호측; ④ (체육) 방어, 수비, 방비, 수위
защитительный (형); ~ая речь 변론, 변호연설, 진술
защитник (남) ① 옹호자, 보위자, 보호자; ② (법학) 변호사; ③ (체육) 방어수, 수비수
защитный (형) ① 보호의, 방어의, 막기위한; ② 보호색의, 보위색의;~ая гимнастёрка 보호색 군복, 저고리; ~ые очки 보호안경, 색안경
защищать (미완) ① 지키다, 지켜싸우다, 방위하다; ② 옹호(수호)하다, 보호하다, 변론하다;③ 막다, 방지하다
защищаться ① (자기 몸을) 지키다, 자신을 옹호하다, 자신을 보호하다; ~ от дождя 비를 막다; ② 방어하다
заявка (여) ① 청구서, 신청서; ② 청구, 요구, 신청; делать ~у 청구하다, 신청하다; концерт по ~ам 음악 연주회
заявление (중) ① 성명, 언명; ② 청원서, 청구서, 신청서; ~ о приёме в учебное заведение 입학원서; ③ 신고(申告)
заявлять (미완) 성명하다, 언명하다, 선언하다, 표명하다;
заядлый (형) 혹독하는, 정신없는, 열중하는; ~ курильщик 골초, 담배를 많이 피우는 사람;~ футболист 축구광
заяц (남) 토끼; ехать зайцем 무임승차
звание (중) 칭호, 이름, 호칭;воинское ~ 군사칭호;
званый (형); ~ обед 초대연회; ~ гость 초대한 손님

зва́тельный (여); ~ паде́ж 호격
зва́ть (미완) ① (소리로) 부르다; ② 초대(초청)하다, 호소하다; ③ 명명하다, 이름붙이다;
звезда́ (여) ① 별, 성좌, 혜성; Поля́рная ~ 북극성; пятиконе́чная ~ 오각별; Золота́я ~ 금메달; ~ пе́рвой величины́ 제1인자; ~ экра́на 스타, восходя́щая ~ 명성을 떨치기 시작한 사람
звёздный (형) 별의; ~ая ночь 별이 총총한 밤; ~ый пробе́г (체육) 성형 경주; ~ые во́йны 별들의 전쟁
звёздочка (여) 작은 별, 아기별, 별표
звене́ть (미완) 울리다, 딸랑거리다
звено́ (중) ① 고리; ~ цепи́ 사슬의 고리; ~ гу́сеницы 이대; ② 요소; гла́вное ~ 중심고리, 중점; ③ 분조(分組), 조(組)
звеньева́я (여), ~о́й (남) 조장, 반장(班長), 분단장
зверёныш (남) 짐승의 새끼
звери́нец (남) 동물원
звери́ный (형) ① 짐승의, 야수의; ② 야수적인, 혹독한
зверобо́й (남) (식물) (큰)물레나물
зверово́дство (중) 모피(종)동물사육
зверо́лов (남) 포수(捕手), 사냥꾼
зверолове́ние (중) 수렵(狩獵)짐승잡이,
зверосовхо́з (남) 모피(종) 동물사육 농장(콜호스)
зве́рский (형) ① 짐승 같은, 야수적인, 비인간; ~ое обраще́ние 학대; ② 심한, 지독한, 사나운
зве́рство (중) ① 야수성, 잔인성; ② 야수적 행위, 만행, 비인간성행위,
зве́рствовать (미완) 잔인무도하게 행 동하다, 야만적으로 행동하다, 사납게 굴다, 횡포가 심하다
зверь (남) ① 짐승; хи́щный ~ 맹수; ② 짐승같은 놈, 흉악한 놈, 귀축
звон (남) 울리는소리, 뎅그렁소리; колоко́льный ~ 종소리; издава́ть ~ 뎅그렁거리다; ~ в уша́х 귀에 왱왱거리는 소리
звони́ть (미완) 울리다, 종을 치다; ~ по телефо́ну 전화를 하다(걸다)
зво́нкий (형) 잘 울리는, 쟁쟁한
звоно́к (남) ① 종, 초인종; ② 종소리;
звук (남) ① 소리, 음성, 음(音), 음향; ~ ре́чи 말소리, 어음; ② (영화) 토키(talkies) пусто́й ~ 헛소리
звуково́й (형); ~о́е кино́, ~о́й фильм 발성영화, 토키; ~а́я сигнализа́ция 소리 신호

звукозапи́сывающий (형): ~аппарат 녹음기(錄音機)
звукоза́пись (여) 녹음(錄音), 녹음방송
звукоизоля́ция (여) 방음(防音)
звуконепроница́емый (형) 방음의, 소리를 막는.
звукоопера́тор (남) 녹음담당자, 녹음전문가
звукоподража́ние (중) 의성, 의음
звукоусили́тель (남) 음향증폭기
звуча́ние (중) 울림, 음향, 소리나는것
звуча́ть (형) 소리나다, 울리다, 들리다
зву́чность (여) 음향성, 울리는 성질
зву́чный (형) 잘 울리는, 낭랑한, 청청한;
звя́кать (미완), **звя́кнуть** (완) 찰칵 거리다, 절겅거리다, 덜컥거리다
зги́: (не видно) ни — (어두워서) 아무 것도 보이지 않는다, 지척을 분간할 수 없다
зда́ние (중) 건물, 건축물; высо́тное ~ 고층건물
здесь (부) 여기(에서), 이곳에서
зде́шний (형) 여기에 있는, 이곳의; ~ие жи́тели 이곳 주민들
здоро́ваться (미완) 인사하다, 인사를 나누다; ~ за ру́ку 악수하며 인사하다
здоро́виться (미완): мне не~тся 나는 몸이 편치 못하다
здо́рово (부) ① (감탄) 잘!, 잘해!, 멋있 다! 참 좋다!; ② 참, 몹시, 굉장하게: ~ уста́л 몹시 피로했다; ~ порабо́тали 굉장히 일을 많이 했다
здоро́во (인사말) 잘있소!, 안녕하시오
здоро́вый (형) ① 건강한, 튼튼한; ~ый ребёнок 튼튼한 아이; ② 건강에 이로운, 건강에 좋은; ~ая пи́ща 건강에 좋은 음식; ③ 큰 커다란; ④ 건전한; бу́дьте ~ы! 안녕히 계십시오!; будь ~! 잘 있어라!
здоро́вье (중) 건강, 건강상태; как ва́ше ~? 건강이 어떠하십니까?
здра́вица (여) (건강을 위하여 드는) 축배; провозглаша́ть ~у в честь кого́ ~의 건강을 위하여 축배를 들다
здра́вница (여) 휴양소, 요양소
здра́во (부); ~ мы́слить 건전하게 생각하다; ~ суди́ть 정당하게 판단하다
здравомы́слящий (형) 건전하게 생각하는, 상식적인
здравоохране́ние (중) 보건(保健)

здра́вствовать (미완) 건강(평온)하게 지내다, 건재하다, ~уй! 안녕하오!; ~уйте! 안녕하십니까?; да ~ует! 만세!
здра́вый (형) 건전한, 올바른, 분별있는; ~ум 건전한 두뇌
зе́бра (여) 얼룩말(아프리카 야생말)
зев (남) ① 인두; ② 입, 아가리
зева́ка (남, 여) 멍청이, 한가한, 구경꾼
зева́ть (미완), **зевну́ть** (완) 하품하다; ~ть по сторона́м 멍청하게 사방을 바라보다; не ~й! 정신 차려라!
зевота́ (여) 하품
зелене́ть (미완) ① 푸르러지다, 초록빛이 되다; ② 푸르게 보이다, ③ 초록; 초록빛, 녹색, 녹빛, 취록; 갈매, 갈매빛, 짙은 초록, 심록
зелёный (형) ① 푸른, 초록색의; ② 익지 않은, 여물지 않은, 미숙한; ~ теа́тр 야외극장,
зе́лень(여) 푸성귀, 풋나물; 초목(草木)
земе́льный (형) 토지의, 땅의, 농지의; ~ая рефо́рма 토지개혁(土地改革); ~ая со́бственность 소유지; ~ая ре́нта 지대
землевладе́лец(남) 토지소유자, 지주
землевладе́ние(중) 토지소유, 토지소유지
земледе́лец (남) 농부, 농민, 농사꾼
земледе́лие (중) 농업, 농사업, 농삿일, интенси́вное ~ 집약 농사; занима́ться ~ем 농사를 짓다
земледе́льческий (형) 농사의, 농업의; ~ие маши́ны 농기계 ~ий райо́н 농사 지대
землеко́п (남) 토공(土工), 흙일하는 노동자
землеме́р (남) 토지 측량사
землепо́льзование (중) 토지이용
землеро́йный: ~ая маши́на 굴착기
землесо́с (남) 모래펌프, 흙펌프
землетрясе́ние (중) 지진, 지둥, 지동(地動), 지명(地鳴)
землеустро́йство (중) 토지건설, 토지정리, 토지사업
землечерпа́лка (여) 준설기, 준설선
земли́стый (형) 흙이 많이 섞인;~ цвет 흙색
земля́ (여) ① 지구; ② 흙, 땅, 토지, 토양; ко́мок ~и́ 흙덩이; ③ 육지, 대륙, 들(野); ④ 영토, 영지; колхо́зная ~я́ 농장의 소유지, колхо́з(소프호스)
земля́к (남) 동향인, 한 고향 사람
земляни́ка (여) 땅 딸기
земляни́чный (형) 땅 딸기의; ~ое варе́нье 땅 딸기 쨈

- 227 -

землянка (여) 움막집, 움집, 움막, 토막, 땅굴집, 토굴집
земляной (형) 흙의, 흙으로 된; ~ой пол 토마루, 흙바닥;
землячество (중) 동향
земноводные (복수) 양서류(兩棲類; 개구리·도롱뇽등)
земной (형) 지구의, 지구상의; ~ой шар 지구(地球)
земснаряд (남) 준설선
зенит (남) ① (천문) 천정 천정점, 천심; ② 절정, 고조, 최상, 관두; 극도, 최고조, 정상; в ~е славы 영광의 절정에
зенитка (여) 고사포, 고각포(高角砲), 항공기 사격포
зенитный (형) ① (천문) 천정의, 천상의; ② (군사); ~ое орудие 고사포; ~ый огонь 대공화력, 고사화력
зенитчик (남), **~ца** (여) 고사포수(兵)
зеница (여): беречь как ~у ока 눈동자와 같이 보호하다
зеркало (중) 거울; смотреть(ся) в ~ 거울을 보다
зеркальный (형) 거울과 같은, 거울의
зернистый (형) 알이 많이 진, 알이 굵은, 알 모양, 입상; ~ая икра 알갱이 알, 입 샤어란(-卵)
зерно (중) ① 낱알, 씨, 씨앗, 종자; ② (집합) 알곡, 곡물, 곡식, 알곡식, 곡식류, 곡류, 곡속; 낱알, 나락; 숙속
зерно-бобовый (형): ~ые культуры (복수) 콩과 작물
зерновой (형) 알곡의, 곡물의, 양곡의; ~ой район 곡창지대; ~ые культуры 곡식, 알곡작물
зерноочистительный (형); ~ая машина 낱알 선별기, 키, 어레미, 풍구
зерносовхоз (남) 곡물생산농장
зерносушилка (여) 알곡 건조실, 알곡 건조기
зерноуборочный (형) 알곡수확의
зернофураж (남) 낱알먹이
зернохранилище (중) 양곡창고 저장고
зигзаг (남) 톱날 형, 갈지자형; ~ом 구불구불하게, 갈지자형으로
зиждиться (미완) *на чем* ...에 입각하다, 기초하다
зима (여) 겨울, 겨울철, 겨울철, 동계, 동절, 동삼, 엄동, 엄동설한, 동장군; начало ~ы 첫겨울; конец ~ы 늦겨울
зимний (형) 겨울의, 겨울철의; ~ий сезон 겨울철, 동계
зимовать (미완) 겨울을 나다
зимовка (여) 겨울나이, 겨울나이 장소
зимовщик (남) 겨울을 나는 사람
зимовье (중) ① 월동장소; ② 겨울을 나는 집짐승우리

зимо́й (부) 겨울철에, 동계
зимосто́йкий (형); ~ие культуры 월동작물
зия́ть (미완) (속이 들여다보이게) 쩍 벌려져있다, 열려져있다
зла́ки (복수) 벼목식물; хлебные ~ 낟알식물;
зла́ковый:~ые растения 벼목식물
злейший(형): ~ враг 가장 흉악한 원수, 철천지원수
злить (미완) 화내게 하다, 약올리다
зли́ться (미완) 화를 내다, 짜증을 부리다, 역증을 내다
зло I (중) ① 악(惡), 죄악, 해독, 폐듸, 나쁨, 해(害), 악독; 흉(凶), 흉악; ② 재앙, 불행, 화(禍), 재난, 액(厄), 액운, 제화, 재(災), 재변, 천재지변, ③ 악의, 앙심, 악감; со зла 악이 올라서; держать ~ 앙심을 먹다; ~ берёт 부아가 난다
зло II (형) 악의를 품고, 독살스럽게, 악에 받쳐; смотреть ~ 독살스레 쳐다보다
зло́ба (여) 악의, 나쁜마음, 나쁜뜻, 앙심, 원한, 독살; затаить ~у 앙심을 품다; на ~у дня 초미의 문제
зло́бный (형) 악의에 찬, 표독스러운, 독살스러운, 앙칼진
злободне́вный: ~ вопрос 당면문제
зло́бствовать (미완) 발악하다, 잔인포악한, 흉악한 행동을 하다
злове́щий (여) 불길한, 험상궂은
злово́ние (중) 고린내, 악취; издавать ~ 악취를 풍기다
злово́нный (형) 악취가 풍기는
зловре́дный (형) 독이있는, 유해로운; ~ характер 까다로운 성미; ~ человек 심술꾸러기
злоде́й (남) 악한(惡漢), 악독한놈
злоде́йский (형) 간악한, 악한, 잔인한, 흉악한; ~ий план 흉악 흉책
злоде́йство, злодея́ние (중) 악행
злой (형) ① 악의를 가진, 독살스러운, 흉악한; ② 독한, 맵찬; ~ ветер 맵찬 바람; ③ 사나운; злая соба-ка 맹견, 사나운 개; злая судьба 불행한 운명
злока́чественный (형) 악성의, 불치의; ~ая опухоль 악성 종양
злонаме́ренный (형) 흉계를 품은, 악의를 품은, 음흉한
злопа́мятный (형) 원한을 잊지 않는, 앙심을 품어두는
злополу́чный (형) 불운한, 불우한, 신수가 나쁜; ~ охотник 불행한 사냥꾼
злопыха́тель (남) 앙심을 품은 사람

злора́дный (형) 남의 재난을 기뻐하는, 고소해하는, 심술궂은; ~ая усмешка 악의를 품은 조소

злора́дствовать (미완) 남의 재난을 기뻐하다, 고소해하다

злосло́вие (중) 독설, 악담, 중상, 독언, 모함, 험구(險口)

злосло́вить (미완) 악담을 퍼붓다, 욕설을 하다, 헐뜯다

зло́стный (형) ① 악의에 찬, 흉악한; ~ая клевета 악의에 찬 중상; ~ые намерения 흉악한 기도; ② 고의적으로 나쁜 짓을 하는, 악질적인; ~ый прогульщик 고질적인 결근자

зло́сть (여) 악의, 악심, 앙심, 원한; co ~ю 악의에 차서

злоумы́шленник (남) 흉계를 꾸미는사람, 속이검은 사람

злоупотребле́ние (중) 남용, 악용; ~ служебным положением 직권남용

злоупотребля́ть (미완) 남용(악용)하다; ~ властью 권력을 남용하다, 세도를 부리다; ~ доверием 신임을 악용하다

злоязы́чный (형) 독설을 퍼붓는

злю́ка, злю́чка (남, 여) 화를 잘 내는 사람, 괴팍한 사람

змеи́ный (형) 뱀의, 뱀으로, 사(蛇)의; 진대마니의; ~яд 뱀의 독

змей (남): бумажный ~й (鳶), 풍연; запускать ~я 연을 띄우다

змея́ (여) 뱀; ядовитая ~ 독사(毒蛇)

знак (남) ① 표(標), 표식, 부호, 기호; дорожный ~ 도로표식; вопросительный ~ 물음표, 의문표(?); восклицательный ~ 느낌표(!); мягкий(твёрдый) ~ 연음(경음)부호; условный ~ 약호, (약속)부호; ② 신호; (по)дать ~ рукой 손짓으로 알리다; ③ 징조, 표시, 빌미, 조짐, 징후, 전조, 조상; ④ 문자, 자; ~и препинания (언어) 구두점

знако́мить (미완) ① 알게한다, 낯을 익히다, 통성명시키다, 소개하다; ② (어떤 것을) 알게하다, 지식을 가지게 하다; ~ с новостями 새소식을 알게 하다

знако́миться (미완) ① с кем ~와, ~를 (서로)알게되다, 낯을 익히다, 사귀다; ② с чем ~를 알아보다, 이해하다, 조사하다 ~с делом 사업을 이해하다

знако́мство (중) ① 아는사이, 교제, 아는사람들; завязывать ~ 교제를 맺다, 서로 알고 지내다; ② 정통, 지식

знако́мый (형) ① 아는, 낯을 익힌, 안면(면목)있는; я с ним знаком 나는 그와 아는 사이다; мне ~о это дело 내가 아는 일이다; ②(명사로) ~ый (남) 아는사람, 낯이익은 사람

знамена́тель (남) (수학) 분모(分母); приводить к общему ~ю 통분하다

знамена́тельный (형) 뜻깊은, 의의 깊은, 의미심장한, 중요한;~ая дата 뜻 깊은 날

знамени́тость (여) 명인, 유명지인, 명류, 명가, 일인자; 달인, 고수, 대가

знамени́тый (형) 유명한, 이름을 떨친

знамено́сец (남) 기수

зна́мя (중) 깃발, 기(旗), 여괴, 기폭, переходящее ~я 순회 우승기; водрузить ~я 깃발을 꽂다;

зна́ние (중) 아는 것, 지식, 학식, 앎, 문견, 식견, 학식, 견문, 견식; 학문; 소양, 교양; 이해, 경험;

зна́тный (형) 이름 있는, 뛰어난, 유명한; 훌륭한; ~ род 명문가정 출신

знато́к (남) 박식한 사람, 조예가 깊은 사람, 전문가; быть ~ом чего ~에 정통하다

знать I (미완) 알다, 깨닫다, 알아주다, 인지(인식)하다, 감지(이해)하다; не ~ 모르다; не знаю, как быть 어떻게 하면 좋을지 모르겠다; на сколько я знаю 내가 아는 한에서는; даёт себя ~ 느끼게 한다. 감촉이 있다; кто его знает 누가 안담, 누가 알랴? 모르겠다

знать II (여) 귀족(貴族), 명문가 출신

значе́ние (중) ① 뜻, 의미, 의의; переносное ~е 전의; ~е слова 단어의 의미; ② 의의, 가치; решающее ~е 결정적 의의; придавать ~е 의의를 부여하다, 중요시하다; не имеет ~я 가치가 없다, 괜찮습니다.

значи́мость (여) ① 의미, 의의; ② 중요성

зна́чит (삽입어) 따라서, 그런즉, 즉; ~ пора ехать? 그런즉 떠날 때가 되었단 말이지?; ~ так. ~ 그러니까

значи́тельно (부) 현저히, 훨씬; ~ больше 훨씬 더 많이

значи́тельный (형) ① 현저한, 큰, 많은; в ~ой мере (степени) 현저하게; ~ая сумма 거액, ② 중요한, 의의있는; ~ое событие 중대한 사변; ③ 의미심장한, 의미있는 듯한

зна́чить (미완) 의미하다, 의미를 가지다;

значо́к (남) ① 표시, 기호; ② 표장, 마크(mark), 휘장;

зна́ющий (형) 지식이 있는, 유식한;

знобить (미완) 오한이 나다, 오슬오슬 하다;

зной (남) 지독한 더위, 무더위

зно́йный (형) 지독히 더운, 무더운;~ ветер 열풍, 뜨거운

зоб (남) (조류의) 모래주머니

зов (남) ① 부름, 호소, 하소연, 호원, 청원; по ~у кого-чего ~의 부름에 따라; ② 초청, 초대, 청초

зодчество (중) 건축술

зодчий (남) 건축가

зола (여) 재; древесная ~ 나무재

золовка (여) 시누이

золотистый (형) 금빛의, 황금빛의, 노란색의; ~ые волосы 금발머리; ~цвет 금빛, 개나리 빛

золотить (미완) 도금(금칠)하다; 금빛으로 물들이다

золотник (남) (공학) 시설, 설비(設備)

золото (중) ① 금, 황금; чистое ~о 순금; белое ~о 백금; ② (집합) 금화(金貨); ③ 금품, 금세공품

золотоискатель (남) 금 탐지꾼

золотой (형) 금의, 황금의, 황금으로 만든; ~ые часы 금시계; ~ая медаль 금메달; ~ые руки 손재주가 훌륭하다;

золотоносный (형) 금이 들어있는, 금성분이 있는

золотопромышленность (여) 금광업

золотуха (여) 선종양, 선병(腺病) 전신병(全身病).)

зона (여) 지대(地代), 지역(地域)

зональный (형) 지대의, 지역의; ~ая растительность 지대적 식물

зонд (남) ① (의학) 탐지관, 탐침(探針); ② 기상관측 기구; ③ 수심측정기

зондировать (미완) ① (의학) 탐침으로 검진하다; ② (광업) 시추기로 탐사하다; ③ 미리알아보다, 탐지하다, 타진하다

зонтик (남) 우산, 양산, 일산; раскрыть(закрыть) ~ 양산을 펴다(접다)

зооветеринарный:~пункт 가축병원

зоолог (남) 동물학자, 수의사(獸醫師)

зоологический (형) 동물학의; ~ сад 동물원(動物園)

зоология (여) 동물학(動物學)

зоопарк (남) 동물원(動物園)

зоотехник (남) 축산전문가

зоотехника (여) 축산학(畜産學)

зоотехнический (형) 축산학의, 가축사육학의; ~ие приёмы 가축사육법

зоркий (형) ① 눈이 맑은, 잘 보는; ② 명철한, 예민한, 날카로운; ~ взгляд 혜안(慧眼), 예민한 시안; ③ 각성 깊은

зо́рко (부) 눈을 밝혀, 경각성 있게
зо́ркость (여) ① 밝은시력, 혜안; ② 통찰력; ③ 경각성
зрачо́к (남) 눈동자, 동공(瞳孔)
зре́лище (중) 구경거리; 공연, 상연, 실연
зре́лость (여) 성숙, 성숙성, 성장; аттестат ~и 중학교 졸업증서
зре́лый (형) ① 익은, 여문, 성숙한; ~ые гру́ши 익은 배; ② 성장한, 성숙한; ~ый учёный 노련한 학자, 베테랑 학자
зре́ние (중) 시력, 시각, 안력, 목력, 안총, 안세, 시정도; слабое ~е 약한시력; обман ~я 눈의 착각, точка ~я 관점
зреть (미완) 익다, 여물다, 성숙하다
зри́тель (남) 관람자, 구경꾼, 관중; места для ~ей 관람석
зри́тельный (형) ① 시각의, 시력의; ~ый нерв 시신경; ~ая па́мять 시각; ② 관람석의; ~ый зал 관람석
зря (부) 헛되이, 공연히, 쓸데없이; не теря́я вре́мени ~ 헛되이 시간을 낭비하지 않고, ~ стара́ться 헛되이 애쓰다
зуб (남) 이, 이빨, 치아, пере́дние ~ы 앞니; иску́сственные ~ы 틀니; коренно́й ~ 어금니; золото́й ~ 금니; моло́чные ~ы 젖니; ~ы му́дрости 사랑니; ~ы боля́т 이 앓이를 한다;
зуба́стый (형) ① 이가 큰, 이가 날카로운; ② 입이 건, 입심이 센
зубе́ц (남) 이빨, 날; ~ец пилы́ 톱날; ~цы ба́шни 성가퀴
зуби́ло (중) (공학) 정(돌에 구멍을 뚫고 쪼아 다듬는 연장), 끌, 조각칼, (조각용) 정.
зубно́й (형) ① 이의, 치아의; ~а́я боль 이앓이; ~о́й врач 치과의사; ~а́я па́ста 치약; ~а́я щётка 칫솔; ② (언어) ~о́й звук 잇소리, 치음(齒音)
зубовраче́бный (형) 이빨치료, 치과진료; ~ кабине́т 치과
зубочи́стка (여) 이쑤시개
зубрёжка (여) 기계적암기
зубри́ть (미완) 기계적으로 외우다
зубча́тый (형): зубчатое колесо́ 톱니바퀴, 기어, 치륜
зуд (남) ① 가려움, ② 열망, 의욕(意慾)
зуде́ть (미완) ① 가렵다, 간(근)지럽다, 무렵다, 근질근질하다; ② 자근(지근)거리다; 자근(지근)대다, 자근덕거리다.
зы́бкий (형) ① 흔들리는, 건들거리는; ② 불안정한, 튼튼치 못한; ~ое положе́ние 불안정한 상태
зыбь (여) 물놀이, 잔물결, 세파, 윤의
зы́чный (형): ~ го́лос 쟁쟁한 목소리

зя́блевый: ~ая вспашка 가을갈이
зя́бнуть (미완) 추위(결빙)하다, 얼다, 동결되다, 얼어붙다
зябь (여) 가을갈이 한 밭; поднимать ~ 가을갈이 하다
зять (남) 사위, 사우; 매부(妹夫); 시누이 남편.

И

и I (접) ① ~과 (와), 및, 그리고, 또; я и вы 나와 당신; ② (강조의 뜻으로) ~도; и я пойду 나도 가겠다; ③ (열거할 때에) ~도 ~도; ④ (양보의 뜻으로) ~지만, 그러나; и время есть, а пойти немогу 시간이 있지만 갈 수 없다; ⑤ 바로; об этом я и думаю 나는 바로 이것에 대하여 생각한다.

и II (조) ~도, 지어, ~조차, ~까지도; и для него это трудно 그 사람에게도 이것은 힘들다.

Иа́к (послание Якова, 5장) 야고보서(Letter of James)

и́бо (접) 왜냐하면, ~때문에

и́ва (여) 버드나무, 버들; плакучая ~ 수양버들

ивня́к (남) 버드나무숲

и́волга (여) (조류) 피꼬리

игла́ (여) ① 바늘, 침(針); ② 바늘잎 (침엽); ③ 가시

иглотерапи́я(여) (의학) 침술, 침료법

игнори́ровать (미완) 무시(홀시.도외시)하다, 얕잡아보다

и́го (중) 기반, 멍에

иго́лка(여) см. игла; вдевать нитку в ~у 바늘에 실을 꿰다

иго́лочка (여): костюм с ~и 방금 지은 양복, 옷

иго́льный (형) ~ое ушко 바늘귀

игра́ (여) ① 놀음, 놀이, 유희, 장난; ② 연주, 연기; ~ на скрипке 바이올린 연주 ③ 경기, 구기, 시합;

игра́ть (미완) ① 놀다, 장난하다, 유희하다; ~ в футбол 축구를 하다 ② 연주하다, 연기하다; ~ на рояле 피아노를 치다(타다); ~ с огнём 불장난을 하다

игри́вый (형) 놀기좋아하는, 들뜬, 발랑거리는, 장난을 즐기는

игро́к (남) ① 노름꾼, 도박꾼 ② 선수; запасной ~ 후보선수

игру́шечный (형) 놀이감; ~ое ружьё 놀이감총 ② 놀이감 같은, 매우 작은

игру́шка (여) ① 놀이감, 완구(玩具) ② 농락물

идеа́л (남) ① 이상(理想) ② 모범(模範)

идеализа́ция (여) 이상화(理想化)

идеализи́ровать (미완) 이상화하다

идеали́зм (남) ① 관념론, 유심론 ② 이상화, 이상주의

идеали́ст (남) 관념론자, 유심론자; 이상주의자, 공상가

идеа́льно (부) 이상적으로, 완벽하게, 훌륭히

идеа́льный (형) 이상적인, 완벽한, 나무랄 때 없는

иде́йно-воспита́тельный (형) 사상교양의, 사상교약적인

иде́йно-полити́ческий (형) 정치사상 적인, 정치사상의

иде́йный (형) 사상적인, 사상, 이념

иденти́чный (형) 동일한, 똑같은, 일치하는

идео́лог (남) 사상가, (어떤 사상의) 대변자

идеологи́ческий (형) 사상적인, 철학적인

идеоло́гия (여) 사상, 의식; 철학; 이데올로기(ideology)

иде́я (여) ① 사상, 이념, 관념 ② 생각

идио́ма (여) 관용어, 관용구

идио́т (남) ① 바보, 백치, 천치, ② (욕설) 반편, 머저리, 어리보기, 어림장이, 얼드거

идиоти́зм (남) 백치, 천치, 어리석은 것

идо́л (남) 우상, 형상, 물신(物神)

идти́ (미완) ① 가다, 오다; ② 늘어지다, 뻗어가다, 퍼지다; доро́га идёт в лес 길은 숲속으로 뻗어있다 ③ 나오다, 흐르다. ④ 지나가다, 진행되다, ~중이다; ⑤ 쓰이다, 필요하다; ⑥ 맞다, 어울리다; ⑦ (시계가) 가다 ⑧ 상연되다, 공연되다; ⑨ (비, 눈이) 오다, 내리다,

ие́на (여) (일본 화폐단위) en ¥엔([円])

Иез (Кни́га Проро́ка Иезеки́иля, 48장) 에스겔(에제키엘)

Иер (Кни́га Проро́ка Иереми́и, 52장) 예레미야(Jeremias)

иеро́глиф (남): китайский ~ 한자

иждиве́нец (남) 부양가족, 식구

иждиве́ние (중) 부양; быть на чьём ~ о ~의 부양을 받다

из (전) (+ 생) ① ~로부터, ~에서; он прие́хал из Коре́и 그는 한국에서 왔다; ② ~로(으로) 만든(구성된); из желе́за 철로 만든 ③ (재료 등을 나타냄): из крестья́н 농민출신 ④ ~중, ~가운데; оди́н из них 그들 중 하나; ⑤ ~ 때문에, ~로 인하여; из стра́ха 공포때문에, 무서워서

- 236 -

изба́ (여) 농가(農家), 촌집
избавле́ние (중) 구출(救出), 구원, 해방(解放)
избавля́ть (미완) 면하게하다, 구원(구출)하다, 해방시키다
избавля́ться (미완) 구원되다, 구출되다, 벗어나다, 빠져 나오다, 해방되다; ~ от плохо́й привы́чки 나쁜버릇을 고치다; ~ от сме́рти 죽음을 면하다
изба́лованный (형) 어리광부리는, 버릇이 궂은; ~ребёнок 응석둥이, 응석꾸러기
избега́ть (완), **избегну́ть** (완) ① кого́ 피하다, 회피하다; ② чего́ 구원되다, 빠져나오다, (모)면하다; ~ отве́тственности 책임을 피하다; ~ опа́сности 위험을 면하다
избежа́ние (중): во ~ чего́ ~를 피하기 위하여
избива́ть (미완) 때리다, 구다 하다
избие́ние (중) 구타, 때리는 것, 학살; ма́ссовое ~ 대중학살
избира́тель (남) 선거자, 유권자
избира́тельный (형) 선거; ~ый уча́сток 선거분구; ~ая кампа́ния 선거 운동
изби́тый ① избива́ть의 피동과거, ② (형) 진부한, 케케묵은, 평범한; ~ое выраже́ние 케케묵은 말
избра́ние (중) 당선(當選), 선택, 선거
избра́нник (남), **~ца** (여) 당선자, 선거받은 사람
и́збранный (형) ① 피선된, 당선된; ~ый депута́т 당선된 대의원; ② 선출된, 선정된, 골라낸, ③ 우수한
избы́ток (남) 나머지, 여분, 잉여, с ~ком 충분히, 여유 있게, 남을 만큼 넉넉히
извая́ние (중) 조각, 소상.
изве́дать (완) 겪다, 체험하다, 느끼다, 맛보다; ~ го́ре 슬픔을 맛보다; всё ~ 쓴맛, 단맛 다 보다
изве́рг (남) 귀축, 살인귀
изверга́ть (미완), **изве́ргнуть** (완) 내뿜다, 분출하다; ~ руга́тельства 욕설을 퍼붓다
изверже́ние (중) 분출, 분화; ~ вулка́на 화산의 분화
изве́стие (중) ① 통지, 통신, 보도, 소식; после́дние ~я (방송에서) 보도, ② (복수): ~я (정기간 행물의 명칭) 학보, 통보
известко́вый (형) 석회, 석회질; ~ый раство́р 석회용액
изве́стно ① (술어로) 알려져 있다; как ~ 아는바와 같이 ② (삽입어) 물론
изве́стность (여) ①: ста́вить в ~ь 알리다, 통지하다 ② 명성, 인기; по́льзоваться ~ью 유명하다

И

изве́стный (형) ① 아는, 알려진 ② 이름난, 명성이 높은 ③ 일정한, 어느 정도의; в ~ый час 일정한 시각에; в ~ых случаях 어떤 경우에는

известня́к (남) 석회석, 석회암

и́звесть (여) 석회; га́шеная(негашёная) ~ 소(생)석회

извеща́ть (미완) 알려주다, 공시하다, 통지하다, 통보하다

извеще́ние (중) 알림, 통고, 공보, 통지서

извива́ться (미완) 구불거리다, 구부러지다, 구불구불해지다, 굽이쳐가다

изви́лина (여) 굽이, 굴곡, 만곡, 굽은 것; ~ы мо́зга 뇌습

изви́листый (형) 구불구불한, 굴곡이 많은; ~ая доро́га 구불구불한 길

извине́ние (중) ① 용서, 사죄; ② 변명, 구실

извиня́ть (미완) ① 용서하다; ~и́те! (완) 용서하십시오! 미안합니다. ~и́те за опозда́ние 늦게와서 미안합니다.; ~и́те за беспоко́йство 폐를 끼쳐 미안합니다. ② 변명하다

извиня́ться (미완) 용서를 빌다, 사과하다

извлека́ть (미완) ① 끄집어내다, 뽑아내다, 꺼내다; по́льзу 이익을 짜내다 ② 얻어내다, 받다; ~ уро́к 교훈을 찾다; ~ ко́рень (수학) 뿌리를 구하다

извлече́ние (중) ① 꺼내기, 뽑아내기, 빼어내기; ~ ко́рня (수학) 개방법 ② 인용(引用), 발췌(拔取)

извне́ (부) 밖으로부터, 외부로부터

изводи́ть (미완) ① 써버리다, 소비하다, 잡아먹다 ② 못살게 굴다, 몹시 괴롭히다, 뒤볶다, 시달리게 하다

изво́зчик (남) 마차군, 마부, 마차

извора́чиваться (미완) ① 몸을 돌리다, (재빠르게) 빠져나가다 ② 모면하다, 능갈치다

изворо́тливый (형) ① 날씬, 민첩한, 재빠른 ② 솜씨있는, 잘 둘러맞추는

извратить (완), **извраща́ть** (미완) 외곡하다, 곡해하다, 위조하다; ~ фа́кты 사실을 외곡하다

извраще́ние (중) ① 외곡, 곡해, 위조 ② 기형성, 퇴화

извращённый (형) 외곡된, 곡해된; 비정성적인, 퇴화한

изги́б (남) 굽이, 굴곡, 구부러진 것

изгиба́ть (미완) 굽히다, 구부러뜨리다, 휘다

изгиба́ться (미완) 구부러지다, 굽혀지다, 휘어지다, 휘청거리다

изгла́диться (미완): ~ из па́мяти 기억에서 사라지다(지워

- 238 -

지다)
изгна́ние (중) 추방, 축출, 유형; жить в ~и 추방되어 생활하다, 유형살이를 하다
изгна́нник (남) 추방된 사람
изголо́вье (중) 머리맡, 베개머리; сиде́ть у ~я 머리맡에 앉다
изгоня́ть (미완) 내쫓다, 몰아내다, 추방하다, 축출하다
и́згородь (여) 울타리, 바자; обноси́ть ~ю 울타리(바자)로 둘러막다
изгота́вливать (미완), **изгото́вить** (완) 만들다, 제작하다, 생산하다, 제조하다, 싸내다
изготови́тель (남) 제조자, 생산자
изготовле́ние (중) 생산, 제조, 제작
издава́ть (미완) ① 출판하다, 발간하다; ~ журна́л 잡지를 발간하다 ② (법령 등을) 발포(공포)하다; ~ прика́з 명령을 내리다 ③(냄새 등을) 풍기다, 내다
издавна́ (부) 오래전부터, 옛적부터
издалека́, издали́ (부) 멀리에서, 먼 곳에서; приезжа́ть ~ 먼 곳에서 오다; начина́ть ~ 돌려서 말하다
изда́ние (중) ① 발행, 발간, 발포, 공포, ② 간행물, 출판물; пе́рвое ~ 초판; ино́вое ~ 신판
изда́тель (남) ① 발행자, 출판업자, ② 발행, 간행
изда́тельство (중) 출판사; ~(газе́ты) ~ "Пра́вда" "쁘라우다" 신문사
издева́тельский (형) 놀려주는, 조롱하는, 비꼬는
издева́тельство (중) 놀림, 조소, 조롱, 희롱; подверга́ться ~ам 조소를 받다
издева́ться (미완) 놀려주다, 조소하다, 조롱하다
изде́лие (중) 제품, 제조품, 생산품; гото́вое ~ 기성품
издержа́ть (완) 써버리다, 소비하다, 잡아먹다
изде́ржки (복수) 비용, 경비, 지출; ~ произво́дства 생산 비; суде́бные ~ 소송비용
издыха́ние (중): при после́днем ~и 숨을 거둘 때에, 임종할 때에
изжива́ть (미완), **изжи́ть** (완) 없애버리다, 제거하다, 근절하다; ~ недоста́тки 결함을 퇴치하다
изжо́га (여) 가슴 쓰리기
из-за (전) (+ 생) ①~의 뒤로부터, ~뒤에서(부터); ~ две́ри 문 뒤에서; ~ грани́цы 해외에서 ② ~ 때문에, ~로 말미암아,

~로 인하여, ~탓으로; ~ дождя 비 때문에; я задержался ~ вас 당신 때문에 지체하였다

излага́ть (미완) 진술(서술)하다, 설명하다, 말하다; ~ своё мне́ние 자기 의견을 말하다

излече́ние (중) 완치, 완쾌, 회복; находи́ться на ~и 치료를 받고 있다

излечи́мый (형) 완치할 수 있는, 고칠 수 있는, 치료할 수 있는

излива́ть (미완), **изли́ть** (완) 털어놓다, 표명하다, 토로하다; ~ ду́шу 심정을 털어놓다, 가슴을 헤쳐놓다; ~ гнев на кого ~에게 성을 내다

излива́ться (미완) 마음속을 털어놓다

изли́шек (남) 여분, 과잉, 잉여, 나머지; с изли́шком 남음이 있다, 여분으로, 필요이상으로

изли́шество (중) 지나침, 과도(過度)

изли́шне (부) ① 지나치게, 너무 ② (술어로); ~ и говори́ть об э́том 이에 대하여 말할 필요도 없다

изли́шний (형) ① 지나친, 과도한, 과분한; ② 쓸데없는, 필요없는

изложе́ние (중) 진술, 서술, 설명; кра́ткое ~ 간단한 설명

изло́м (남) ① 꺾인 곳 ② 굽어진 부분, 굽이진 곳, 굽이굽이

изломáть (완) ① 부수다, 마사뜨리다, 못쓰게 만들다, 파손하다; ~ игру́шку 놀이감을 망그러뜨리다 ② 망쳐놓다, 찌그러뜨리다

излуча́ть (미완)(열, 빛 등을) 방사하다; ~ свет 빛을 내다

излуче́ние (중) 방사, 방출, 발산(發散)

излучи́на (여) 굽인 돌이, 굴곡(屈曲); ~ реки́ 강굽이

излю́бленный (형) 제일좋아하는, 즐겨쓰는, 애용(愛用)하는, 버릇된; ~ое сре́дство 상투적 수단

изме́на (여) 배신, 반역, 배반, 변절

измене́ние (중) ① 변화, 변경, 변동; ~е пого́ды 날씨의 변동 ② 수정; вноси́ть ~я во что ~에 수정을 가하다

изме́нник (남) 반역자, 배반자, 변절자; ~ ро́дины 매국노

изме́нчивость (여) 변하기 쉬운 것, 가변성, 변덕, (생물) 변이성

изме́нчивый (형) 변하기 쉬운, 변덕스러운; ~ая пого́да 변덕스러운 날씨

изменя́ть I (미완) 변화시키다, 변경하다, 다르게 하다

изменять II (미완) 변절(배반, 배신)하다; ~ своему слову 자기 말(약속)을 어기다; ~ себе 자기 자신을 거역하다
изменяться (미완) 달라지다, 변하다, 변화되다
измерение (중) ① 재기, 측정, 측량, ② (수학) 차원
измождённый (형) 녹작지근한, 초췌 한, 쇠약해진; ~ вид 극도로 지친 모양
изморозь (여) 성에, 설얼음, 성엣장, 유빙, 서리, 수빙
изморось (여) 이슬비, 보슬비, 가랑비, 미우, 안개비
измотать(ся) (완) 쇠약해지다
измученный (형) 시달린, 피로한, 기진맥진한, 괴로운
измучить (완) 피로하게하다, 시달리게 하다, 기진맥진하게 만들다
измучиться (완) 피로하다, 기진맥진해지다, 시달리다
измышление (중) 날조, 허위
измышлять (미완) 지어내다, 꾸며 내다, 날조하다
измятый (형) 구겨진, 구깃구깃한, 쭈글쭈글한
изнанка (여) ① (천, 옷 등의) 안, 뒤면 ② 이면; ~ событий 사건의 이면
изнасилование (중) 강간, 겁간, 겁탈, 능욕, 추행, 난행
изнашивать (미완) (신발, 옷 등을) 해어뜨리다, 처트리다; **изнашиваться** (미완) 해지다, 헐다, 모지라지다, 마모되다
изнеженный (형) 안온한, 나약한, 연약한
изнемогать (미완) 힘이 진하다, 맥이 빠지다, 허탈하다; ~от жары 더워서 지치다
изнеможение (중) 극도의 피곤, 맥이 진한 것, 쇠약; в ~и 맥이 빠져서, 기진맥진하여
износ (남) (기계 등의) 마모 не знать ~у(~а) 오래 견디다
изношенный (형) 해진, 허름한, 달아 떨어진, 마모된
изнурительный (형) 아주 고된, 고달픈, 기진맥진케 하는, 괴로운; ~ый труд 고된 노동; ~ая болезнь 모진병, 골병
изнурить (완), **изнурять** (미완) 맥이 빠지게 하다, 피로케 하다, 몹시괴롭히다
изнутри (부) 안에서, 내부로부터; запирать ~ 안으로 잠그다
изнывать (미완) 몹시시달리다, 신음하다, 몹시괴로워하다;
изобилие (중) 다량, 풍족한 것; ~ товаров 풍족한 상품
изобиловать (미완) 많이있다, 풍부하게 있다; озеро ~ует рыбой 호수에는 물고기가 많다
изобильный (형) 풍족한, 유족한, 넉넉한; ~ая раститель-

ность 풍부한 식물

изобли‍чать (미완) 드러(밝혀)내다, 폭로하다, 실증하다

изобличе́ние (중) 폭로, 적발

изобража́ть (미완) ① 묘사하다, 그리다, 형상하다 ② 나타내다, 표현하다; его лицо ~зило удивление 그의 얼굴은 놀라움을 나타내었다

изображе́ние (중) ① 묘사, 서술, 표현, ② (문학) 형상

изобрази́тельный (형) 형상적인, 조형의, 묘사의; ~ое искусство 조형 예술

изобрета́тель (남) 발명가, 고안자

изобрета́тельный (형) 발명가적 기질이 있는

изобрета́тельство (중) 발명, 고안, 발명가의 활동

изобрета́ть (미완) 발명하다, 고안(창안)하다, 생각해내다

изобрете́ние (중) ① 발명, 고안, ② 발명품(發明品)

изо́гнутый (형) 구부러진, 휜, 굽은, 구불구불한

изо́дранный (형) 찢어진, 해진, 너덜너덜한

изоли́ровать (미완,완) ① 고립(격리)시키다, 분리하다 ② (전기) 절연하다, 피복을 하다

изоля́тор (남) ① (병원의)격리실 ② 절연체, 똥딴지(애자)

изоля́ция (여) ① 고립, 격리, 절연 ② 절연체, 절연물

изото́п (남) (화학) 동위원소(同位元素)

изощрённый (형) 예민한, 정교한, 섬세한, 세심한; ~ый вкус 섬세한 취미; ~ая пытка 잔인한 고문

из-под (전) (+생) ① 밑으로부터, 밑에서; вылезать ~ стола 상 밑에서 기어 나오다 ② (~을 넣었던): буты́лка ~ молока́ 우유병; ба́нка ~ консе́рвов 통조림통

Изра́иль (남) 이스라엘(Israel). ① (성서) 이스라엘(Jacob의 별명; 창세기 XXXII: 28). ② 이스라엘의 자손, 이스라엘 사람, 유대인(Jew); 하나님의 선민, 기독교도. ③ 이스라엘 왕국 (B.C. 10-8 세기경 Palestine의 북부에 있었음). ④ 이스라엘 공화국 (the State of Israel: 1948년에 창건된 유대인의 나라; 수도 Jerusalem). ⑤ 이스라엘(남자 이름).

израсхо́довать (완) *см.* **расхо́довать** 다 쓰다, 다 써버리다, 탕진하다, 소비 하다, 잡아먹다

изре́дка (부) 드문드문, 다문다문, 뜨문뜨문, 이따금, 가끔, 때로, 때때로, 가다가, 참참이, 참참으로, 왕왕, 어쩌다, 어쩌다가; ~ выходи́ть на у́лицу 가끔 바깥에 나오다

изре́зать (완) ① 조각조각 베다(자르다), 토막치다, 자박자박 썰다 ②: ~ стол ножо́м 책상에 많은 칼자리를 내다

изрека́ть (미완) 말을 내다, 말하다
изрече́ние (중) 격언, 명언, 금언, 금석지언(金石 之言),
изрешети́ть (완) 온통 구멍을 내다; ~ пу́лями 총알로 쏘아 벌집처럼 만들다
изрыга́ть (미완): ~ ого́нь 불을 뿜다; ~ руга́тельства 욕설을 퍼붓다
изри́тый (형): ~ о́спой 몹시 얽은
изры́ть (완) 마구 파헤치다, 구덩이 투성이로 만들다
изря́дно (부) 몹시, 상당히: 썩, 잘, 심하게, 매우, 상당히, 끔찍이, 끔찍스레, 심히, 무척, 굉장히, 아주,
изря́дный (형) 상당한, 꽤 많은, 대단한
изуве́рский (형) 잔인한, 야수적인, 잔혹한
изуми́тельный (형) 놀랄만한, 경탄할 만한, 매혹적인
изумле́ние (중) 놀라움, 경탄(敬憚); приводи́ть в ~ см. изумля́ть; с ~ем 경탄 하여, 놀라서
изумля́ть (미완) 놀라게 하다, 경탄케 하다
изумля́ться (미완) 놀라다, 경탄하다
изумру́д (남) 녹주석(綠柱石) 녹보석
изуча́ть (미완) 배우다, 연구하다, 학습하다
изуче́ние (중) 연구(研究), 학습(學習)
изъе́здить (완) (타고) 돌아다니다; ~ всю страну́ 온 나라를 돌아다니다
изъяви́тельный (형): ~ое наклоне́ние (언어) 직설법
изъяви́ть (완), **изъявля́ть** (미완) 표명(표현)하다, 표시하다
изъя́н (남) 결점, 흠집, 흉터, 흠, 상처, 흠점, 흠처(欠處)
изъя́тие (중) 몰수, 징발, 제외; всё без ~я 제외없이 모두
изъя́ть (완), **изыма́ть** (미완) 몰수(징발)하다, 삭제하다, 제외하다; ~ из обраще́ния 유통을 막다 (금지하다)
изыска́ние 탐구, 탐색, 연구
изы́сканный (형) 세련된, 고상한, 청아한; ~ вкус 고상한 취미; ~ наря́д 우아한 (우미한) 차림새
изыска́тель (남) 탐구자, 탐사지, 답사지
изыска́ть (완), **изы́скивать** (미완) 찾아(얻어) 내다, 탐색(탐구)하다
изю́м (남) 마른 포도, 건포도
изя́щество (중) 우아한 것, 아릿다움
изя́щный (형) 우아한, 아릿다운, 정갈한; ~ слог 우아한 말씨; ~ по́черк 미끈하게 쓴 글씨
ика́ть (미완), **икну́ть** (완) 딸꾹거리다, 딸꾹질하다

ико́на (여) 성상, (회화·조각의) 상, 초상; (그리스정교) (예수·성인등의) 성화상, 우상(idol); 유사(적) 기호
ико́та (여) 딸꾹질
икра́ I (여) 물고기알; мета́ть ~y 알을 쏟다(낳다)
икра́ II (여), **икры́** 장딴지, 종아리
икроме́тание(중) 알 낳이, 산란(産卵)
и́кс (남) (수학) 미지수, 엑스, 가위표
ил (남) 감탕
и́ли (접) ① 혹은, 또는; исего́дня и́ли за́втра 오늘이나 내일 ② 정말, 과연;③ 그렇지 않으면, 그렇지 않은 경우에
иллю́зия (여) 착각, 환각
иллюмина́тор (남)(배 등에서) 선창
иллюмина́ция (여) 전광장식
иллюстра́ция (여) ① 그림, 삽화(揷畫) ② 실례(實例)
иллюстри́ровать (미완, 완) ① 그림을 그리다, 삽화를 넣다 ② 예증하다
им см. он, оно́ (조), они́ (여) 그것은[이](일반적으로 앞서 말한 사물을 가리킴. 또 유아·동물과 같이 성별의 명시를 필요로 하지 않든가 그것이 불분명한 생물 따위를 지칭함).
име́ние (중) 저택(邸宅)
имени́нник (남), **~ца** (여) 명명 일을 맞는 사람
имени́ны (복수) ① 명명일 ② 명명일 잔치
имени́тельный (형): ~ паде́ж (언어) 주격
и́менно (조) 바로; вот ~! 바로 그렇다! ~ э́то 그것이야말로, 바로 이것
именно́й(형) 이름이 적혀있는; ~спи́сок 명단, 명부
имено́ванный (형): ~ое число́ (수학) 이름수, 명수
име́ть (미완) 가지다, 소유하다; ~ пра́во 권리를 가지다; ~ де́ло с кем- чем~와 상대하다,~와 관계를 가지다
име́ться (미완) 있다
име́ющийся (형) 있는, 기존, 현존; ~ ееся обору́дование 있는(현존) 설비
имита́ция (여) ① 모방, 모조, 흉내,② 위조물, 모조물
имити́ровать (미완) 모방하다, 모조하다, 흉내 내다.
иммигра́нт (남),**~ка** (여) 이주민, 이주해온 외국인
иммигра́ция (여) 외국인의 이주
иммигри́ровать (미완, 완) (외국에) 이주하다, 이민가다
иммуните́т (남) ① 면역, 면역성, 저항력; врождённый ~ 선천적면역성 ② 특전, 특권; дипломати́ческий ~ 외교특권

- 244 -

импера́тор (남) 황제(皇帝), 제왕(帝王), 군주(君主)
империали́зм (남) 제국주의(帝國主義)
империали́ст (남) 제국주의자
империалисти́ческий (형) 제국주의적인, 제국주의, ~ое окружение 제국주의적 포위; ~ая война 제국주의 전쟁;
импе́рия (여) 제국(帝國)
импони́ровать (미완) 마음에 들게하다, 좋은 인상을 주다
импо́рт (남) 수입
импорти́ровать (미완, 완) 수입하다
импо́ртный (형) 수입; ~ые товары 수입품(輸入品)
импрессиони́зм (남) 인상주의(印象主義).
импровиза́ция (여) 즉흥(창작), 즉흥작품, 즉흥곡, 즉흥시
импровизи́рованный (형) 즉흥적인, 즉흥적으로 만든, 즉흥적으로 창작한
импровизи́ровать(미완, 완) 즉흥적으로 창작하다, 간단히 차리다(만들다)
и́мпульс (남) ① (물리) 임펄스 ② 충동, 충격, 자극
иму́щество (중) 재산, 소유물; домашнее ~ 살림살이, 가산; государственное ~ 국유재산; движимое(недвижимое) ~ 동(부동)산
иму́щий (형) ①: ~ие классы 유산 계급(층) ② (명사로); ~ие (복수) 유산자; власть ~ие 집권자들
и́мя (중) ① 이름; как твоё ~? 너의 이름은 뭐냐? ② 명성; человек с именем 이름난 사람, 명성 있는 사람 ③ (언어) 체언; ~ существительное 명사

Ин (Евангелия от Иоанна, 21장) 요한복음
1 Ин (Первое послание Иоанна, 5장) 요한일서
2 Ин (Второе послание Иоанна, 1장 요한이서
3 Ин (Третье послание Иоанна, 1장) 요한삼서
ина́че ① (부) 다르게, 달리; ~ говоря 달리 말하면 ② (접) 그렇지 않으면, 그렇지 않은 경우에는; так или ~ 하여튼,
инвали́д (남) 노동능력상실자, 불구자, 장애인, 병신; ~ войны 영예 군인; ~труда 노동 불구자
инвали́дность (여) 불구, 장애자, 노동 능력상실
инвентариза́ция (여) 재산목록작성, 비품목록작성
инвента́рь (남) ① 비품, 도구, 재산; сельскохозяйственный ~ 농(기)구 ② 재산목록, 비품대장; составить ~ 목록을 작성하다; мёртвый ~ 논쟁기, 쟁기(기구, 도구, 운수수단 등)
инвести́ция (여) 투자(投資)

ингаля́ция (여) 흡입(吸入), 흡인요법

инде́йка (여) 칠면조(七面鳥)

и́нде́кс (남) (경제, 수학) 지수, 보임수

индивидуали́зм (남) 개인주의

индивидуали́ст (남) 개인주의자

индивидуа́льность (여) 개성(個性), 개성적 특성, 인격

индивидуа́льный (형) 개인적인, 개성 적인; ~ое хозяйство 개인경리/~ый подход 개별적 취급

индиви́дуум (남) 개인, 개체, 어떤 사람

индика́тор (남) ① (화학) 지시약 ② (공학) 기록계기, 지시계기, 화살표

индифференти́вный (형) 무관심한, 냉담한, 차가운.

индукто́р (남) ① (물리, 전기) 감응기, 유전자, 유전인자, 인자(因子), 유도자 ② (화학) 유도질

индукцио́нный (형) (물리) 유도, 유전, 감응(기): ~ ток 감응전류, 감전전류

инду́кция (여) (물리) 감응, 유도, 유도작용

индустриализа́ция (여) 공업화(工業化), 산업화(産業化)

индустриа́льный (형) 공업(상)의, 공업용의, 산업(상)의, 산업용의; ~ые страны 공업국가들

индустри́я (여) 공업, 제조공업, 산업; тяжёлая(лёгкая) ~ 중(경)공업

индю́к (남) (수) 칠면조(七面鳥)

индю́шка (여) (암) 칠면조, 칠면조 고기, 값싼 고기 요리.

и́ней (남) 서리, 무빙, 흰서리, 강상; ~ на стекле 서리꽃

ине́ртность (여) ① (물리) 관성, 타성 ② 타성, 나태

ине́ртный (형) ① (물리) 관성(타성)이 있는; ~ газ (화학) 불활성가스 ② 나태한, 게으른

ине́рция (여) ① 타성(他姓), 관성(慣性) ② 나태; по ~и 습관적으로, 무의식적으로

инжене́р (남) 기사; гла́вный ~ 기사장; ~ меха́ник 기계기사

инжене́рно-техни́ческий (형) 기사의, 기술사의

инжене́рный (형) 공학의, 기사의;~ые войска́ 공병

инжи́р (남) 무화과, 무화과나무

инициа́лы (복수) 이름과 부칭의 첫자

инициати́ва (여) ① 창의, 발기, 창발성; тво́рческая ~ 창조적인 발기; проявля́ть ~у 발기하다, 창의성을 발휘하다 ② 주도권, 주동력; брать ~у в свои́ ру́ки 주도권을 틀어쥐다(장악하다); по ~е 창의에 의하여, 발기로

- 246 -

инициати́вный (형) 창발적인, 발기하는; ~ая группа 발기자 그룹

инициа́тор (남) 발기자, 제창자, 주개자, 선구자

инкасса́тор (남) 현금 출납원

инкруста́ция (여) 무늬박이, 자개박이

инкуба́тор (남) 알깨우는기구(실), 인공부화기, 세균배양이

инкубацио́нный (형); ~ period 잠복기

иногда́ (부) 때때로, 가끔, 이따금, 시시로, 시시 때때로, 종종, 간간이

иногоро́дний (형) ① 다른 도시의, 다른 도시에서 사는 (온, 가져온) ② (명사로) 다른 도시사람

иноземец (남) 외국인, 외국사람

ино́й (형) ① 다른; никто ~й 다른 사람이 아니라; не что ~е, как ~ 바로 ~; дру́гой 다름 아닌 ~; по ~му 달리, 다르게 ② 어떤, 어느; ~й раз 어떤 때에

иноро́дный (형): ~ое те́ло (의학) 이물, 이체

иносказа́ние (중) ① 우의, 풍유, 비유, 유(喩), 인유(引喩) 비유담, 우화, 암시, 변죽울림, 빗댐 ② 결말, 말 바꿈법

иносказа́тельный (형) 비유적인, 숨은(다른) 뜻을 담고 있는

иностра́нец (남) 외국인, 외국사람

иностра́нный (형) ① 외국의; ~ый язы́к 외국어 ② 대외사업, 외무관계의; министе́рство ~ых дел 외교부

инспекти́рование (중) 시찰(視察), 검열(檢閱), 감독(監督)

инспекти́ровать (미완) 시찰하다, 검사하다, 감독하다

инспе́ктор (남) ① 시찰관, 검열원, 감독원, ② 교학(教學)

инспе́кция (여) 감독국, 시찰기관

инспири́ровать (미완, 완) 부추기다, 사족하다

инста́нция (여) ① (재판) 상급, 상급법원; вы́сшая ~ 대법원, 최종심판 ② (조직체계의) 매개급; ни́зшая ~ 하급(기관)

инсти́нкт (남) 본능(本能), 본성(本性)

инстинкти́вный (형) 본능적인

институ́т (남) 대학, 연구소

инструкта́ж (남) 훈령(訓令), 훈시(訓示), 지령(指令)

инструкти́ровать (미완, 완) 훈령(훈시)하다, 지시를 주다

инстру́ктор (남) 지도원, 교관

инстру́кция (여) 지도, 지시, 지도서, 지령서

инструме́нт (남) ① 도구, 공구, 기구; хирурги́ческие ~ы 수술 도구 ②: музыка́льные ~ы 악기

инструмента́льный (형) ① 공구(기구) 제작용; ~ая сталь 공구강, 공구제작용 강재; ~ый цех 공구지구직장 ② ~ая музыка 기악

инсули́н (남) (의학) 인슐린

инсу́льт (남) (의학) 발작, 소발작, 발광, 뇌출혈, 뇌일혈.

инсцени́ровать (미완, 완) ① 각색하다; ~ повесть 소설을 각색하다 ② 꾸며대다, ~체하다

интегра́л (남) (수학) 적분, 적분학(주어진 함수를 미분의 역함수로 고치는 연산법.)

интегра́льный (형): ~ое уравнение 적분방정식

интегра́ция (여) ① (수학) 적분, 적분법 ② 통합, 집성

интегри́ровать (미완, 완) ① (수학) 적분하다 ② 집성하다

интелле́кт (남) 지성, 지력

интеллектуа́льный (형) 이성적인, 지적인; ~ая работа 지적사업

интеллиге́нт (남) 지식인

интеллиге́нтный (형) ① 인테리, 지식인, 서레, 식자, ② 인테리적인, 교양있는

интеллиге́нция (여) ① 지식층, 인테리(들) ② (집합) 인테리계층

интенда́нт (남) (군사) 후방일군

интенси́вность (여) 세기, 강도, 집약성

интенси́вный (형) ① 긴장된, 강도가 높은 ② 집약적인;

интенсифика́ция (여) 집약화, 강화

интерва́л (남) ① 사이, 간격, ② 구간, 거리 ③ (음악) 음정

интерве́нт (남) (무장) 간섭자, 강점자

интерве́нция (여) 간섭, 강점; вооружённая ~ 무력간섭

интервью́ (중) (불변) 인터뷰, 회견, 면담; тдавать ~ кому ~와 회견 (면담)하다

интере́с (남) ① 재미, 흥미, 관심; с ~ом 흥미를 가지다; проявлять ~ 관심을 가지다; ② **~ы** (복수) 이익, 이해 관계

интере́сный (형) 재미(흥미)있는

интересова́ть (미완) 흥미(관심, 주의)를 끌다; меня ~ует литература 나는 문학에 흥미를 가지고 있다

интересова́ться (미완) *кем-чем* ~에 관심을 가지다, 흥미를 느끼다

интерна́т (남) 기숙학교, 특수학교

интернациона́л (남) ① 인터내셔널, 국제(공산)당 ② 인터내셔널(노래)

интернационали́зм (남) 국제주의
интернациона́льный (형) 국제적인, 국제주의적인; ~ая помощь 국제주의적 원조; ~ долг 국제주의적 의무
интерни́ровать (미완, 완) 구류하다, 억류하다
интерприта́ция (여) 해석(解釋), 설명
инти́мный (형) 친밀(친숙)한, 다정한; ~ разговор 허물없는 이야기
интоксика́ция (여) (의학) 중독(中毒)
интона́ция (여) 어조, 억양(抑揚)
интри́га (여) 간계, 계략, 모략(謀略)
интригова́ть (미완) ① 흉책(모략)을 꾸미다, 계략을 짜다 ② 흥미(호기심)을 일으키다(자아내다)
интуити́вно (부) 직관적으로
интуи́ция (여) 직관, 직각(直覺)
инфа́ркт (남) (의학) 경색(梗塞)
инфекцио́нный (형) (의학) 전염성; ~ая болезнь 전염병
инфе́кция (여) 전염(傳染), 감염(感染)
инфинити́в (남) (언어) (동사의) 부정형
инфля́ция (여) (경제) 통화팽창, 인플레이션 (inflation)
информацио́нный (형) 정보의, 보도의, 통지의; ~ое бюро 보도국(報道局), 정보국(情報局)
информа́ция (여) 정보, 통보, 보도, 통지
информи́ровать (미완, 완) 보도하다, 통보하다, 통지하다
инфракра́сный (형) ~ые лучи (물리) 적외선(赤外線)
инциде́нт (남) 사건(事件), 충돌사전
инъе́кция (여) (의학) 주사
ие́н (남) (물리) 이온(ion)
иониза́ция (여) (물리) 이온화(ion 化), 전기해리
Иов (Книга Иова, 42장) 욥기(— 記, Book of Job)
Иои́ль (Книга Пророка Иоиля, 3장) 요엘서(Book of Joel)
Ио́на (Книга Пророка Ионы, 4장) 요나서(jonah書)
ипподро́м (남) 경마장(競馬場)
ипри́т (남) (화학) 미란성가스(糜爛性 gas), 이프리트
ири́с (남) (식물) 아이리스(iris) 붓꽃, 수창포
ирониз́ировать (미완) 야유하다, 비꼬아 말하다, 풍자하다
ирони́ческий (형) 야유적인, 풍자적 인; ~тон 비양조
иро́ния (여) ① 풍자, 비꼬기, 빈정댐, 빗댐. 비꼬는 말, 빈정거리는 언동, 아이러니, ② 반어법(사실과 반대되는 말을 쓰는 표현법)

И

- 249 -

ирригацио́нный (형) 관개의, 수리화의; ~ая система 관개체계; ~ые сооружения 관개시설

иррига́ция (여) 관개, 수리화

Ис(Книга Пророка Исайи, 66장) 이사야(Book of IsaiahIsaias)

иск (남) 고소(告訴), 소송; предъявлять ~ кому ~에 대한 소송을 제기하다; возбуждать ~ 소송을 걸다

искажа́ть (미완) ① 외곡하다, 곡해하다, 곱새기다, ② (얼굴을) 찡그러뜨리다, 어그러지게 하다

искажа́ться (미완) ① 외곡되다, 곡해되다, ② (얼굴이) 찡그리다, 어그러 지다

искаже́ние (중) ① 외곡, 곡해, 곱새김, 오해, ② 틀림, 잘못, 다름, 어긋남, 어김

искажённый (형) ① 외곡된 ② 찡그린, 찌그러뜨린

иска́ть (미완) ① 찾다, 찾아다니다, 구하다; ~ работу 일자리를 구하다 ② 탐색(모색)하다, 탐구하다

исключа́ть (미완) ① 제외(제거)하다; ~ возможность чего ~의 가능성을 제거하다; ~из школы(института) 퇴학시키다 ② 제명하다, 삭제하다; ~ из списка 명단에서 빼버리다

исключе́ние (중) ① 제외, 제명, 삭제, 제거; за ~ем 제외하고는 ② 예외; в виде ~я 예외로서; нет правил без ~я 예외 없는 규칙은 없다; всё без ~я 깡그리

исключи́тельно (부) 다만, 오직, 극히; ~ хорошо 아주 좋다; ~ важно 극히 중요하다

исключи́тельный (형) ① 예외적인, 독특한, 출중한; ~ый случай 특별한 경우 ② 우수한, 아주 좋은; товар ~ого качества 특제품, 특등품

искове́ркать (완) ① 못쓰게 만들다, 망치다 ② 외곡하다

исколе́сить (완) (타고 또는 걸어서) 돌아다니다; ~ весь город 온 도시를 돌아다니다

иско́мый (형): ~ое число (수학) 미지수(未知數)

иско́нный (형) 예로부터 내려오는, 고유한; ~ые земли 본래부터 있는 영토; ~ый житель 본토배기, 토착주민

ископа́емые (복수) 광물; полезные ~ 유용광물

искорене́ние (중) 근절, 숙청, 퇴치

искорени́ть (완), **искореня́ть** (미완) 근절하다, 뿌리뽑다, 숙청하다

и́скоса (부): смотреть ~ 곁눈 질하다, 흘믓흘믓 쳐다보다

и́скра (여) ① 불꽃, 꽃불, 불빛, 스파크(spark), ② 서광, 새벽빛, 희망, 섬광; ~а надежды 희망의 섬광; у него ~ы

- 250 -

из глаз посыпались 그의 눈에서 불이 번쩍 하였다

и́скренне (부) 진정으로, 성심으로, 진실하게; говори́ть ~ 진정으로 말하다

и́скренний (형) 진심(충심)으로부터의 진정(진지)한, 성의 있는, 솔직한; ~яя по́мощь 지성 어린 지원; ~яя благода́рность 충심으로부터의 감사; ~ие чу́вства 진실한 감정

и́скренность (여) 진실성, 진정, 진심

искривле́ние (중) ① 구부러진 곳, 비뚤어진 것, 굴곡부분 ② 왜곡(歪曲), 조작(操作), 날조(捏造)

искривля́ть (미완) ① 굽히다, 구부러뜨리다, 비뚤다, ② 찡그리다, 찡그러뜨리다

искривля́ться (미완) ① 구부러지다, 비뚤어지다 ② (얼굴이) 찡그러지다

и́скристый (형) 반짝거리는, 불꽃이 튀는, 거품이이는

искри́ться (미완) 번쩍거리다, 반짝이다

искупа́ть I (완) (죄 등을) 씻다, 속죄 하다; ~ свою́ вину́ чем ~으로 자기 죄를 씻다

искупле́ние (중) 갚음, 갚음을 하는 것, 속죄(贖罪)

иску́сно (부) 솜씨 있게, 재치 있게, 능숙하게, 능란하게

иску́сный (형) 솜씨 있는, 재치 있는, 교묘한

иску́сственный (형) ① 인공적인, 인조의, 위위의, 모조의;~ шёлк 인견, 인조비단; ~ые цветы́ 조화 ② 꾸며낸, 가짜, 거짓, 위조, 위조품; ~ые сайе이비, 사시이비; ~ый смех 헛(거짓) 웃음, ③ 모조, 인공, 모조품, 모방품, 모사품

иску́сство (중) ① 예술, 예능, 아트(art); изобрази́тельное ~о 조형예술; де́ятель ~a 예술가 ② 솜씨, 재간, 기교; ~о шитья́ 재봉기술; сде́лано с ~ом 능란하게(재치있게) 만들었다; из любви́ к ~у 사업에 대한 애착에서

искусствове́д (남) 예술학자, 예술이론가

искусствове́дение (중) 예술학, 예술론

искуша́ть (미완) 유혹하다, 꾀임, 욕망; судьбу́ 목숨을 내걸고 해보다

искуше́ние (중) 유혹, 꾀임, 욕망; подда́ваться ~ю 유혹을 받다; вводи́ть в ~е кого́ ~를 유혹하다

искушённый (형) 시련을 겪은(이겨낸); ~ о́пытом 경험이 많은, 체험한; ~ в поли́тике 정책에 능한

исла́м (남) 이스람교(Islam教), 회회교

испаре́ние (중) ① 증발, 기화 ② ~я (복수) 수증기, 김, 증발물, 증발기체

испа́рина (여) 땀기, 땀

испа́риться (완), **испаря́ться** (미완) ① 증발하다, 날아나다, 없어지다, ② 사라(없어)지다, 가버리다, 소실되다, 소멸하다; 숨다, 자취를 감추다, 꼬리를 감추다, 잠적하다,
испещри́ть (완), **испещря́ть** (미완) (반점, 표식 등으로) 얼룩지게 하다, 잔글씨로 많이 써넣다; ~ кни́гу заме́тками 책에다 표식을 잔뜩 해두다
исписа́ть (완), **испи́сывать** (미완) 가득쓰다(써넣다), 써버리다, 써서없애다; ~ весь каранда́ш 연필이 다 닳도록 쓰다
и́споведь (여) ① 고백, 자백, ② (종교) 참, 회개, 참회
исподво́ль (부) 서서히, 차차, 천천히, 느리게, 느릿느릿, 살살, 슬슬, 조금씩, 점차적으로
исподло́бья (부): смотре́ть ~ 눈을 치뜨고 보다, 아니꼽게 바라보다
исподти́шка (부) 슬그머니, 슬며시, 몰래; де́йствовать ~ 남몰래 행동하다
исполи́н (남) ① 거인, 장사, ② 대가, 거장
исполне́ние (중) ① 집행, 실행, 수행; приводи́ть в ~ 집행하다 ② 연기, 연주
исполни́тель (남) ① 집행자, 실행자; суде́бный ~ (법률) 집행원, 집달리; ② 연기자, 연주가
исполни́тельный (형) ① 집행, 실행; ~ комите́т 집행위원회 ② (사람에 대하여) 집행력이 강한, 부지런한
исполня́ть (미완) ① 집행(수행,실행)하다 ②: ~ обя́занности 대리하다 ③ 연기(연주)하다; ~ та́нец 춤을 추다
исполня́ться (미완) ① 집행(수행,실행,실현)되다; жела́ние исполни́лось 소원이 성취 되었다 ②(나이가) 되다, 차다; исполня́ющий; ~ обя́занности 대리
испо́льзование (중) 쓰임, 이용, 사용, 용도.
испо́льзовать (완) 쓰다, 써먹다, 이용(사용.적용)하다
испо́рченный (형) ① 못쓰게 된, 파손된 ② 부패된, 타락된 ③ 썩은
исправи́тельно-трудово́й: 교화의;~ые рабо́ты 교화노동;
исправи́тельный (형) 교화, 시정;~ые ме́ры 시정대책
исправле́ние (중) ① 수정, 정정, 교정; вноси́ть ~я 정정(수정)하다 ② 수리
исправля́ть (미완) ① 고치다, 바로 잡다, 수정(시정)하다, 교정(정정)하다; ② 수리하다, 수선하다.
исправля́ться (미완) 고쳐지다, 시정 되다, 수정되다
испра́вность (여) 결함(고장)이 없는 것; быть в ~и 고장이

없다, 정상상태에 있다

испра́вный (형) 고장(결함)이 없는, 정연한, 정상상태에 있는

испражне́ния (복수) 대변, 똥

испражня́ться (미완) 변을 보다

испу́г (남) 놀라움, 혼 줄; в ~е; с ~а 놀라서, 혼이 나서,

испу́ганно (부) 놀라서, 겁에 질려

испуска́ть (미완), испусти́ть (완) 내다, 내뿜다, 발산하다; ~ за́пах 냄새를 뿜다(풍기다); ~ дух 숨을 거두다, 숨이지다

испыта́ние (중) ① 시험, 실험, ② 시련;

испы́танный (형) ① 세련된, 시련을 겪은, ② 경험 많은, 믿음직한; ~ое сре́дство 믿음직한 수단

испыта́тель (남) 시험관, 실험자

испыта́тельный (형) 시험의, 실험의; ~ полёт 시험비행; ~ срок 견습기간, 시험기간

испыта́ть (완), испы́тывать (미완) ① 시험(실험)하다; ② 겪다, 맛보다, 체험(체득) 하다, 느끼다

иссле́дование (중) ① 연구, 탐구, 답사, 탐사, ② 과학적 저작, 과학적 저술, 연구논문

иссле́дователь (남) 연구자, 탐구자, 학자

иссле́довательский (형) 연구, 탐구; ~ая рабо́та 연구사업

иссле́довать (미완, 완) ① 연구하다, 탐구하다, 답사하다, 조사하다 ②: ~ больно́го 환자를 진찰하다

исступле́ние (중) 미칠듯한 지경, 광란; приходи́ть в ~ 미친 듯이 마구 날뛰다, 광란하다

иссяка́ть (미완), исся́кнуть (완) 소모되다, 고갈되다, 떨어지다, 진하다; ручей иссяк 개울바닥이 말라버렸다

истека́ть (미완) ① (시간, 기한이) 끝나다, 차다, 만료되다 ② 흘러나오다 ~ кро́вью 피를 많이 흘리다

исте́кший (형) 지난, 과거; ~ год 지난해, 작년; за ~ пери́од 지난 기간에

истери́ка (여) 병적흥분, 히스테리; впада́ть в ~у; зака́тывать ~у 히스테리를 부리다

истери́чный (형) 히스테리에 걸린, 히스테리적인, 발광적인

истери́я (여) ① (의학) 히스테리 ② 발광적인(광식적인) 행동; вое́нная ~ 전쟁광, 전쟁히스테리

исте́ц (남) (법률) 원고, 고소인

истече́ние (중): ~ сро́ка 만료, 만기; по ~и ме́сяца 한 달이

지난 후
исти́на (여) 진리, 참, 진실, 참된이치, 참된도리, 실체, 사실, 진짜, 진 объекти́вная ~ 객관적 진리
и́стинный (형) ① 진실, 사실; ~ое положе́ние веще́й 실태, 현실 ② 진정한, 진리의, 진다운, 참된
истлева́ть (미완), **истле́ть** (완) 썩어 버리다, 삭아버리다, 사그라지다
исто́к (남) 수원(水源), 수근(水根), 원류(源流)
исто́ма (여) 나른함, 노곳함
исто́пник (남) 화부, 불때는 사람(인부)
истопта́ть (완) см. топта́ть; ~ пол 마루를 밟아 더럽히다
исто́рик (남) 역사가, 역사학자
истори́ческий (형) ① 역사의, 유서깊은; ~ий материали́зм 역사적 유물론; ② 역사상 중요한, 역사적인
исто́рия (여) ① 역사, 춘추, 역사학, 사학; но́вая ~ 근세사, 근대사; нове́йшая ~ 최근세사; ② 내력, 사전, 청사; 사실; 과정; 경력; 자취, 발자취, 흐름, 연혁, ③ 사건, ④ 이야기;
источа́ть (미완) 내다, 뿜다, 풍기다
исто́чник (남) ① 샘, 수원; горя́чий ~ 온천 ② 본원, 발원, 출처, 원천; достове́рный ~; 믿을만한 출처 ③ 사료, 문헌
исто́шно (부): ~ крича́ть 고함을 지르다, 절망적으로 외치다
истоща́ть (미완) ① 소모(탕진)하다, 써버리다 ② 쇠약케 하다, 피폐케 하다
истоща́ться (미완) ① 소모되다, 탕진되다, 고갈되다, 끝장나다; ресу́рсы ~или́сь 자원이 고갈되었다; запа́сы ~или́сь 예비가 다 떨어졌다 ② 쇠약(수척)해지다; по́чва ~ила́сь 땅이 척박해지다
истоще́ние (중) ① 소모, 탕진, 고갈, ② 쇠약, 허약; ~ е не́рвной систе́мы 신경쇠약 ③ (토양의) 척박해지는 것, 황폐화
истощённый (형) 수척한, 극도로 쇠약한, 피폐한, 척박한
истреби́тель (남) ① 전투기, 추격기; ~ - бомбардиро́вщик 전투폭격기 ② 박멸자
истреби́тельный (형): ~ая авиа́ция 추격항공(대)
истребле́ние (중) 박멸, 전멸, 근절, 살멸, 진육, 전멸,
истребля́ть (미완) 박멸(전멸)하다, 근절하다, 없애버리다, 소탕하다
истрепа́ться (완) 헐다, 해지다, 너덜너덜해지다, 모자라

지다
истука́н (남) 우상, 신상, стоя́ть ~ом 꼼짝 안하고(멍청하니) 서있다
и́стый (형) 진정한, 참다운
истяза́ние (중) 고문, 학대, 고신, 고략, 맹태(猛笞)
истяза́ть (미완) 고문(학대)하다, 지독하게 고통을 주다
Исх(Втора́я кни́га Моисе́ева. Исхо́д 40장) 출애굽기
исхо́д (남) 결말, 끝, 끝장, 마지막, 막판, 결초, 결착,
исходи́ть (미완) I 나오다, 퍼져나오다, 생기다, 흘러나오다
исходи́ть (미완) II ① ~로부터 출발하다 ② ~에 의거하다
исхо́дный (형):~ пункт; ~ая то́чка 출발점; ~ое положе́ние 출발적 명제
исхуда́ние (중) 여위고 상한 것
исхуда́ть (완) 살이 빠지다, 여위다, 야위다, 수척해 지다
исцеле́ние (중) 완쾌, 회복(回復)
исцели́ть (완), **исцеля́ть** (미완) 병을 완치하다, 완쾌하다
исцели́ться, **исцеля́ться** (미완) 나아지다, 완치되다, 완쾌하다
изчеза́ть (미완) ① 사라지다, 없어지다, 사그라지다, 소실되다;~ из ви́да 보이지 않게 되다 ② 탈락하다
изчезнове́ние (중) ① 사라지는 것, 사그라지는 것, 없어지는 것 ② 소실, 소멸, 분실, 소망, 멸진
исчерпа́ть (완) ① 다 써버리다, 탕진하다, 깝살리다, 까먹다, 낭비(소비)하다, ② 종결짓다, 일을 끝내다
исчерпа́ться (완), **исчерпыва́ться** (미완) 종결되다, 끝나다, 진하다
исче́рпывающий (형) 완전한, 완전무 결한, 남김없는
исчисле́ние (중) ① 계산, 셈, 연산; 산출, 카운트(count), ②: дифференциа́льное ~ 미분학(微分學)
исчисли́ть(완), **исчисля́ть**(미완) 산출(계산)하다, 셈하다
исчисля́ться (미완) ~의 수량에 달하다, ~의 수량으로 계산되다
ита́к (접) 그러니, 이리하여, 그런즉, 따라서
и т.д. (и так да́лее ...의 간략형) ...등등
ито́г (남) ① 총액, 총계, 총화; ② 결과, 결론
итого́ (부) 총계(總計), 합하여
ито́говый (형) 총화, 총계; ~ая су́мма 총액(總額)
и т.п. (и тому́ подо́бное 의 간략형) ~등등
Иуд(Посла́ние Иу́ды, 1장, 186쪽) 유다서(Letter of Jude)

- 255 -

ихтио́ловый (형): ~ая мазь (의학) 이호 티올 연고
ихтиоло́гия (여) 어류학
иша́к (남) 당나귀, 나귀; 여마(驢馬)
ище́йка (여) 사냥개, 수색견, 수견, 엽견, 엽구, 응견
ию́ль (남) 7월; в ~е 7월에; 23 ~я 7월 23일
ию́льский (형) 7월의
ию́нь (남) 6월; в ~е 6월에; 29 ~я 6월 29일
ию́ньский (형) 6월의

Йй

Йе́мен (남) 예멘(Yemen: the Republic of Yeman; 1990년 남·북예멘이 통일했으나 1994년 내전(內戰)에 들어가 북예멘이 제압함; 수도는 San'a [Sanaa]).
йод (남) 요드(Jod), 옥도정기, 요오드팅크. 옥정.
йоди́стый (형) 요드화(Jod 化), 요드성 분이 있는
йо́дный (형) 요드의, 옥도정기의: ~ая настойка 옥도정기
йо́та (여) ① 이오타(그리스어 알파벳의 아홉째 글자 I; 로마자(字)의 i에 해당함). ② 미소(微少); (부정문에서) 아주 조금(도 ~없다), 티끌만큼(도 ~없다). ни на ~у 조금도

К

к (전) ① (+여) ~에, ~로, ~에로, ~에게(로), ~을 향하여, ~쪽으로; идти к лесу 숲을 향하여 가다; к югу от чего ~에서 남쪽으로 ② ~에 대하여, ~에 대한; у меня к вам просьба 나는 당신에게 부탁이 있습니다; ③ (시간에대하여) ~에, ~까지, ~쯤, ~녘에, ~무렵에, ~즈음하여; к трём часам 세시까지; к тому времени 그때가서; к вечеру 저녁 무렵에

кабала́ (여) 노예상태, 예속; попадать в ~у 예속되다

каба́льный (형) 노예(예속)적인; ~ догово́р 예속적인 조약

каба́н (남) 멧돼지, 수퇘지

кабаре́ (중) 카바레(cabaret), 무도장(舞蹈場)

кабачо́к (남) 땅호박

ка́бель (남) 케이블(선), 피복선

каби́на (여) 운전대, 운전실, 운전칸; ~ лётчика 비행사 조종실

кабине́т (남) ① 연구실; физи́ческий ~ 물리연구실 ② 서재, 집무실; ~ дире́ктора 교장실; ③ ~ мини́стров 내각

каби́нка (여); ~ телефо́на 전화실

каблу́к (남) 구두뒤축, 굽; быть под ~ом 눌려 지내다

кабота́жный (형); ~ое су́дно 가까운 바다에서 항행하는 선박;

кавалери́йский (형) 기병의

кавалери́ст (남) 기병(騎兵)

кавале́рия (여) 기병대(騎兵隊)

каве́рзный (형) 교활한, 간교한, 풀기 어려운; ~ вопро́с 풀기 어려운 문제

каве́рна (여) (의학, 지질) 구멍, 공동

Кавка́з (남) 까프까즈

кавка́зский (형) 까프까즈의

кавы́чки (복수) 옮김표(인용표); поста́вить (заключи́ть) в ~и

- 257 -

옮김표를 치다; учёный в ~ax 사이비학자

кадка (여) 나무통

кадр (남) 필림의 한 토막, 영화의 한 화면 (장면)

кадровый (형) 상비, 핵심적인, 간부; ~ая армия 상비군,

кадры (복수) 간부(幹部), 인재; отдел ~ов 간부부

каждодневный (형) 매일, 날마다 있는

каждый (대) ① 매개, 각개, 제각기; ~ день 매일; ~ый год 매해, 해마다; ~ раз 매번; ② (명사로) 매사람, 각자

казарма (여) 병영, 병사(兵士)

казаться (미완) ① 보이다; ~ весёлым 흥겨워 보이다; ② 생각되다; мне кажется, что это неверно 나는 이것이 옳지 않다고 생각된다 ③ (삽입어로) 아마(도), ~것 같다, 보건대; он, кажется, не придёт 아마 그는 오지 않을 것이다

казеин (남) (화학) 카제인

казённый (형) ① 국고(국가)의, 국고금의; ~ое имущество 국가 재산; ~ые деньги 공금; ~ая квартира 국가주택; ② 관료적인, 관료주의적인, 형식적인, 형식주의적인

казна (여) 국고(國庫), 국고금, 국가재산(國家財産)

казначей (남) 재정취급자, 금고책임자, 출납원

казначейский (형): ~ (государственный) билет 불환지폐

казнить (미완, 완) 처형하다, 사형에 처하다

казнь (여): (смертная) ~ь 사형; приговорить к смертной ~и 사형을 선고하다

кайма (여) 꾸미개, 마구리, 테, 테두리, 둘레, 윤곽(輪廓)

как (부) ① 어떻게, 어떠하게, ② (감탄의 뜻으로): ~ жаль! 참으로 유감이요!; о, ~ я рад! 얼마나 기쁜지 모르겠다. ③ (접) (문장을 연결한다) ④ (접) ~와 같다, ~처럼, 마치; белый ~ снег 눈처럼 흰 ⑤ (접) ~로서; истинный патриот 진실한 애국자로서; ~ известно 아는바와 같이

какао (중) 카카오나무(cacao—), 코코아가루, 코코아차

как-нибудь (부) ① 어떻게든지, 어떻게 해서라도, 어떻게든, 아무렇게나 ② 이럭저럭, 되는대로

как-никак (부) 어쨌든, 결국(結局)

каков (대) (술어로) 어떠한가. - результат? 결과가 어떤가?; ~ он собой? 그는 어떻게 생겼는가?

какой (대) ① 어떠한, 어느, 무슨; ~ая сегодня погода? 오늘 날씨는 어떠한가?; ② (느낌문에서) 얼마나, ~ая глупость! 참 어리석군! ~ой бы то ни был 그 어떤 여하한

какой-либо, какой-нибудь (대) ① 그 어떤, 그 어느, 아무

런, 이러저러한; ~ой либо рассказ 아무런 이야기라도, 아무 이야기나 ② ~쯤, 약;за ~ие-нибудь пять минут 불과 5 분 동안

какой-то (대) ① 어떤(알지못할); ~ человек ждёт тебя 어떤 사람이 너를 기다린다. ② 비슷한, ~와 같은; он ~ чудак 그는 어딘가 괴짜 비슷하다

как-то (부) ① 어떻게 하여(되어), 이럭저럭, 어떤 방법으로; ② 언젠가, 한번은; ~ раз 언젠가 한번 ③ 좀, 어딘가 좀, 어쩐지 좀, 예컨대; здесь ~ неудобно 여기는 어쩐지 좀 불편하다

кáктус (남) (식물) 선인장
кал (남) 대변, 똥
каламбу́р (남) 말장난, 농담(弄談)
каланча́ (여) 망루, 망대, 관각, 전망대; 키꺽다리
кала́ч (남) 가락지(고리)모양의 흰 빵
кала́чик (남): свернувшись ~ом 허리를 꼬부리고, 가락지 모양으로
калейдоско́п (남) 만화경, 주마등
кале́ка (남, 여) 불구자(不具者), 병신
календа́рный (형) 역서, 일력; ~ год 역년;~ план 일정계획, 일정표, 진도표
календа́рь (남) ① 일역, 역서; лунный ~ 음력 ② 진행표, 일정표, 진도표
кале́ндула (여) (식물) 금잔화;(의약) 금잔화 침제(연고)
кале́ние (중) 가열, 달구는 것
кале́чить (미완) ① 불구자로 만들다 ② 망치다, 파손하다, 타락시키다
кали́бр (남) ① (총, 포의) 구경(口徑); (탄알, 포탄의) 직경, ②(공학) 계지, 기준 치수, 규격(規格)
ка́лий (남) (화학) 카리, 칼륨(Kalium)
кали́на (여) (식물) 들쭉나무, 분꽃나무
кали́тка (여) 울타리문, 바자문, 쪽대문
каллиграфи́ческий (형): ~ почерк 능한 필치, 곱게쓰는 글씨
каллигра́фия (여) 필법, 글씨법, 서법, 글씨쓰는 기술
калори́йность (여) 칼로리량, 발열량
калори́метр (남) 칼로리측정기, 열량계
кало́рия (여) 칼로리(calorie)
кало́ша (여) 덧신 сесть в ~y 창피를 당하다

калька (여) 비침종이, 투사지(透寫紙) 트레이싱 페이퍼.)
калькули́ровать (미완) 계산하다, 타산하다
калькуля́тор (남) 계산기
калькуля́ция (여) (상품의 원가, 판매가격의) 계산
кальсо́ны (복수) (남자용) 속바지
кальма́р (남) 낙지, 소팔초어, 초어, 해초자(海草子)
ка́льций (남) (화학) 칼슘(calcium: 기호 Ca; 번호 20)
ка́мбала (여) 가자미, 가어, 넙치, 광어, 비목어(比目魚)
ка́мвольный (형): ~ый комбинат 소모방직(연합) 공장
камени́стый (형) 돌이 많은; ~ая доро́га 돌길; ~ая по́чва (돌) 자갈밭
каменноуго́льный (형) 석탄(石炭); ~ бассе́йн 탄전(炭田)
ка́менный (형) ① 돌, 돌로 만든; ~ый дом 돌집 ② 무정한, 냉혹한; ~ое се́рдце 돌 심장; ~ у́голь 석탄
каменоло́мня (여) 채석장(採石場)
каменотёс (남) 석공(石工)
ка́менщик (남) 벽돌공, 석축공
ка́мень (남) ① 돌, 바위(들), 돌덩이; ② (의학) 돌, 결석; не оста́вить ~ня на ~не 여지없이 파괴하다, 일소하다
ка́мера (여) ① 방실; дезинфекцио́нная ~ 소독실 ② 감방; одино́чная ~ 독감방 ③ (공학) 패쇄부, ~쉴(~室) ④ (다이야, 축구공 등의) 속고무(내피); ~ хране́ния (철도) 짐보관실
ка́мерный (형): ~ая му́зыка 실내악, 실내음악
ками́н (남) 벽난로; электри́ческий ~ 전기난로
камнедроби́лка (여) 돌 부수는 기계, 쇄석기(碎石機)
камо́рка (여) 작은 방
кампа́ния (여) 캠페인(campaign), 깜빠니야, 운동(運動)
камуфля́ж (남) 캄프라지, 위장, 카무플라즈(camouflage)
ка́мфара (여) 캄파, 장뇌(長腦)
камы́ш (남) ① 갈, 갈대 ② (복수) 갈밭
кана́ва (여) 도랑, 고랑창, 배수로
канавокопа́тель (남) 도랑파는 기계
Кана́да (여) 캐나다(Canada)
кана́л (남) 운하, 물 길, 수로, 뱃길, 수리, 수맥, 수상교통 송수로(送水路), 수도(水道); ороси́тельный ~ 관개수로
канализа́ция (여) 하수도, 하수도시설
канаре́йка (여) (조류) 금방울새, 카나리아(canaria)
кана́т (남) 동아줄, 밧줄; стально́й ~ 쇠밧줄; ходи́ть по ~у 줄타기를 하다

ка́нва (여) ① 바탕천 ② 기본, 바탕
канда́лы (복수) 수갑, 족쇄
кандида́т (남) ① 후보자; ~ в депута́ты 대의원 후보자; ~ в чле́ны па́ртии 후보당원 ②: ~ нау́к 준박사
кандидату́ра (여) 후보, 입후보자; выдвига́ть ~у чью 입후보로 추천하다
кани́кулы (복수) 방학, 휴가; ле́тние ~ 여름 방학
каникуля́рный (형) ~ое вре́мя 방학 기간
кани́телиться (미완) 꾸물거리다, 늦장 부리다
капи́тель (여) 지루하게 끄는 일
кани́фоль (여) (정제) 송진, 콜로포니움
канона́да (여) 강한 포(사)격(발포); 풋소리(포성)
канонёрка (여) 포함
кано́э (중) (체육) 카누(canoe; 경기용 단정의 하나)
кант (남) 색줄, 테
канта́та (여) (음악) 칸타타, 교성곡
кану́н (남) 전야, 직전; ~ Но́вого го́да 설전날, 그믐날
ка́нуть (완) 사라지다, 사그라지다; ~ть в ве́чность 영영 사라지다; как в во́ду ~л 간데온데없이 사라졌다
канцеля́рия (여) 사무소(事務所), 사무실(事務室)
канцеля́рский (형) 사무의, 사무실
ка́нцлер (남) (오지리 등의) 수상
каоли́н (남) 고령토(高嶺土), 사기흙
ка́пать (미완) ① 방울방울(뚝뚝) 떨어지다; дождь ~ет 비방울이 떨어진다. ② (물방울 같은 것을) 떨어뜨리다
капе́ль (여) 낙숫물
ка́пелька(여) 작은 방울; ни ~и 조금도
капилля́р (남) 모세관(毛細管), 모세 혈관
капилля́рный (형) 모세관의, 모세 혈관의
капита́л (남) ① 자본, 자금, 자본금, 밑천, 본전; ② 자산, 재산(財産); 재물(財物); 방뢰(方腦), 자재(資材)
капитали́зм (남) 자본주의, 자본주의제도
капитали́ст (남) 자본가(資本家)
капиталисти́ческий (형) 자본주의의, 자본주의적인
капиталовложе́ние (중) (기본) 투자, 투자된 자금
капита́льный (형) 기본적인; ~ый ремо́нт 대보수, 대수리;
капита́н (남) ① 선장, 함장 ② 대위 ③ (체육) 주장(主將);
капитули́ровать (미완,완) 항복(투항)하다, 백기를 들다; ~ перед тру́дност-ями 난관앞에서 굴복하다

- 261 -

капитуля́ция (여) 항복, 굴복, 귀항; 투항, 항부
капка́н (남) 덫; ста́вить ~ 덫을 놓다; попа́сть в ~ 덫에 걸리다
ка́пля (여) ① 방울; ~и дождя́ 빗방울; ~и по́та 구슬땀 ② (복수) 방울약; гла́зные ~и 눈약; ни ~и 조금도
капо́т (남) (기관부, 발동기 등의) 덮개, 씌우개
капри́з (남) 변덕, 도섭, 뺀덕
капри́зничать (미완) 변덕부리다, 도섭(을)부리다(피우다), 이랬다저랬다 하다
капри́зный (형) 변덕스러운, 변덕이 많은; ~ая пого́да 변덕스러운 날씨
капро́н (남) 카프론(capron; 합성섬유의 한 가지)
капро́новый (형) 카프론의(capron), 카프론으로 만든
капсю́ль (남) (군사) 뇌관(雷管)
капу́ста (여) 캐비지(cabbage) 양배추, 감람, 가두배추;
капюшо́н (남) (외투, 비옷 등에 달린) 비옷모자, 고깔모자
ка́ра (여) 처벌, 징벌, 제재; понести́ ~y 벌을 받다;
караби́н (남) 카빈총, 기병총
кара́бкаться (미완) 기어오르다
карава́н (남) ① 대상, ② 선단, 선박대열
карака́тица (여) 오징어, 오적어, 남어(籃魚) 묵어(墨魚);
кара́кули (복수) 갈려쓰기, 서투르게 쓴 글씨
кара́куль (남) 까라꿀 양털가죽, 구슬양피(중앙아세아 특종의 양새끼에게 얻은 고급털가죽)
караме́ль (여) 기름사탕, 캬라멜
каранда́ш (남) 연필, 목필, 펜슬(pencil); цветно́й ~ 색연필; просто́й ~ (보통)연필; точи́ть ~ 연필을 깎다
каранти́н (남) ① (보균자, 접촉자의) 일시적 격리; наложи́ть ~ 일시적으로 격리시키다 ② 검역소(檢疫所)
кара́сь (남) 붕어, 부어, 즉어
кара́т (남) 카라트 (금은보석의 중량의 단위=0.2 그람)
кара́тельный (형) 징벌(懲罰), 처벌(處罰); ~ отря́д 토벌대
кара́ть (미완) 벌주다, 처벌하다, 징벌하다
кара́ться (미완) 벌을 받다, 처벌하다, 징벌하다
кара́ть (체육) 태권도, 당수
карау́л (남) ① 위병대; ② 위병 근무; ③:~! 사람 살려!
карау́лить (미완) 지키다, 감시하다; 기다리다, 망을 보다
карау́льный (형) ① 위병(衛兵); ~ое помеще́ние 위병소 ② (명사로): ~ая (여) 위병소; ~ый (남) 위병

карби́д (남) (화학) 카바이드(carbide), 탄화물(炭化物)
карбо́ловый; ~ая кислота́ 석탄산
карбюра́тор (남) 가스만들개, 기화기
кардина́л (남) (천주교에서) 대승정, 추기승정
кардина́льный (형) 근본적인, 본질적인, 주가 되는; ~ вопро́с 기본적인 문제
кардиогра́мма (여) (의학) 심동곡선, 심동도
каре́та (여) 승용유개마차(대형4륜마차)
ка́риес (남) (의학) 카리에스(caries)
ка́рий (형) 갈색, 밤색; ~е глаза́ 밤빛눈
карикату́ра (여) 풍자만화, 만화
карикатури́ст (남) 만화가, 풍자화가
карикату́рный (형) ① 만화, 풍자화 ② 만화 같은, 희극적인, 우스운
карка́с (남) (건축물의) 골조, 골격, 골간
карка́ть (미완) 까옥까옥울다, 까옥거리다
ка́рлик (남) 난쟁이
ка́рликовый (형) 난쟁이 같은, 매우 작은; ~ые расте́ния 난쟁이식물
карма́н (남) (호)주머니; бить по ~у 손해를 입히다;
карма́нный (형) 호주머니용, ~ый фона́рь 손전등;
карнава́л (남) 가장무도회, 가장행렬
карни́з (남) ① 처마굽도리 ② (창가림을 거는 가름대
карп (남) 잉어(—魚: carp) 이어(鯉魚)
ка́рта (여) ① 지도(地圖); ② 트럼프; (복수):
карта́вить (미완) 혀짧은 소리를 하다
карта́вый (형) ① 혀짧은 소리를 하는 ② (명사로) (남) 혀짧배기
карте́ль (남) (경제) 카르텔(Kartell)
карте́чь (여) ① 산탄 ② 큰 총알
карти́на (여) ① 그림, 회화, 유화; ② 광경, 장면, 경치
карти́нка (여) ① 조그마한 그림, 도해, ② 삽화, 삽도,
карти́нный (형) ① 그림, 회화, ~ая галере́я 미술 박물관 ② 그림같이 아름다운
карто́н (남) 판종이, 판지
карто́нный (형) 판종이, 판지
картоте́ка (여) 카드(목록), 카드함
карто́фель (남) 감자, 감저; сла́дкий ~ 고구마; молодо́й ~ 올감자; ~ в мунди́ре 껍질이 있는 삶은 감자

К

карто́фельный (형) 감자; ~ая мука 감자가루, 농마
ка́рточка (여) 카드(card), 지표; фотографическая ~ 사진;
ка́рточный (형):~ая система 배급제
карусе́ль (여) 회전목마, 회전그네
карусе́льный (형): ~ станок 타닝반
ка́рцер (남) 독감방, 독방
карье́р I (남) 노천채굴장; каменный ~ 채석장
карье́р II (남) (말의) 최고 속보, 전속력(全速力)
карье́ра (여) 출세(出世); делать ~у 출세하다; выбрать ~у 직종을 정하다
карьери́зм (남) 출세주의(出世主義)
карьери́ст (남) 출세의자(出世主義者)
каса́тельная (수학) 닿이선, 접선
каса́ться (미완) ① 닿다, 맞닿다, 잇닿다, 다치다, 대다; ② 관계되다, 관련이 있다; это меня не ~ется 이것은 나와 상관없다 ③ 언급 (논급)하다
ка́ска (여) 철감모(鐵甲), 철모, 헬멧
ка́сса (여) ① 돈 받는 곳, 수납처; ② 현금(現金)
кассацио́нный (형): ~ суд 상소심 재판소; ~ая жалоба 상소
касса́ция (여) ① (법률) 상소; подавать ~ю 상소하다 ② 판결의 재심
кассе́та (여) ① (사진기의) 카세트, 필림케이스 ② (녹음기의) 테프감개
касси́р (남), **~ша** (여) 출납원, 매표원, 표 파는 사람
ка́ста (여) (인도와 일부 동방국가들에서) 카스트, (사회)계층
касто́ровый (형):~ое масло 피마자기름
кастра́ция (여) 거세
кастрю́ля (여) 냄비, 양은그릇, 쟁개비, 팬; алюминиевая ~ 알루미늄 냄비; эмалированная ~ 법랑(에나멜)냄비
катализа́тор (남) (화학) 촉매, 접촉매
катало́г (남) 목록, 도서카트
ката́ние (중) 타기, 타고 다니는 것, 썰매; ~ на коньках 스케트타기; фигурное ~ 피겨
катапу́льта (여) 사출기
ката́р (남) (의학) 카타르, 끈끈막염
Ка́тар (남) 카타르(catarrh)
катара́кта (여) (의학) 백내장
катастро́фа (여) 참사, 참화, 사고; авиационный ~ 비행기 사고; ядерная ~ 핵참화

катастрофи́ческий (형) 비참한, 파국적인
ката́ть (미완) ① 굴리다 ② 태우고 다니다 ③ 둥그렇게 빚다 ④ 압연하다
ката́ться (미완) 타고 다니다
категори́ческий (형) 단호한, 결연한, 절대적인
катего́рия (여) ① 종류, 등급; ② (철학) 범주; ③ (체육) 부류, 급; весовая ~ 무계급, 중량급
ка́тер (남) 똑딱선, 발동선; торпедный ~ 어뢰정
кате́т (남) (수학) 직각변
кати́ться (미완) ① 굴러가다 ② (자동차 등이) 달리다 ③ (소리가) 울리다 ④: слёзы катятся 눈물이 흘러내리다
като́д (남) (전기) 음극(陰極), 마이너스 (minus)극
като́к I (남) 스케트장, 얼음판, 빙상 경기장
като́к II (남) (공학) 길닦기 로라
като́лик (남) 가톨릭 (교도), 천주교도
католи́ческий (형) 가톨릭교, 천주교
католи́чество (중) 가톨릭교, 천주교
ка́торга (여) ① 징역, 징역살이; отбывать ~у 징역살이 하다 ② 고역, 힘든일, 가역, 노역
ка́торжник (남) 징역꾼
ка́торжный (형) ① 징역의; ~ые работы 징역 ② 징역살이의, 고통스러운; ~ труд 고역
кату́шка (여) ① 실톳 ② (전기) 코일, 선륜, 줄톳
каусти́ческий (형) 가성의; ~ая сода 가성 소다
каучу́к (남) 생고무; синтетический ~ 합성고무
каучу́ковый (형) 생고무의; ~ое дерево 고무나무
кафе́ (중) 카페, 바(bar), 술집, 커피집
ка́федра (여) ① 강단, 연단, 교단, ② 강좌; заведующий ~ой 학과장, 강좌장
ка́фель (남) 타일
кафете́рий (남) 간이식당(카페)
кача́ть (미완) ① 흔들다; ~ головой 머리를 젓다(흔들다) ② (아이를) 잠재 우다 ③ (펌프로) 푸다 ④ кого 공중에 추켜올리다
кача́ться (미완) ① 흔들리다, 동요하다, 넘늘거리다 ② 비틀거리다
каче́ли (복수) 그네; качаться на ~ях 그네를 뛰다
ка́чественный (형) ① 질적인, 질의; ② 질 좋은 ~ая сталь 특수강; ~ое прилагательное (언어) 성질형용사

К

ка́чество (중) ① 질(質), 품질, 품위; ② 성질, 품성;
ка́чка (여) 흔들림, 진동; морска́я ~ 배의 흔들림
ка́ша (여) ① 죽; ма́нная ~а 밀암죽 ② 뒤범벅, 섞음;
кашало́т (남) 말향고래
кашева́р (남) 취사원
ка́шель (남) 기침; си́льный ~ 목기침
ка́шлять (미완) 기침하다, 기침이 나다, 콜록거리다
кашне́ (중) 목도리, 머플러(muffler); 목덜개, 목수건.
кашта́н (남) 밤, 밤나무; жа́реные ~ы 군밤
кашта́новый (형) ① 밤나무, 밤 ② 밤색
каю́та (여) 선실(船室), 선방(船房), 캐빈(cabin)
каю́т-компа́ния (여) (기선의) 휴게실; (군함의) 군장교실
ка́яться (미완) 뉘우치다, 후회(참회) 하다, 고백하다
квадра́т (남) ① 정사각형, 정방형 ② 평방, 두 제곱, 2승;
квадра́тный (형) ① 정방형의, 정사각형으로; ~ые ско́бки 꺾쇠괄호, ② (수학) 평방, 두제곱;~ый ко́рень 이승근
ква́кать (미완) 개굴개굴 울다, 맹꽁 맹꽁하다
квалификацио́нный (형): ~ая коми́ссия 자격사정위원회
квалифика́ция (여) ① 자격(급수)사정 ② 기능, 숙련, 자질, ③ 자격, 능력, 역량
квалифици́рованный (형) 숙련된, 능숙한, 자질(기능)이 높은; ~ рабо́чий 기능공, 숙련공
квалифици́ровать (미완, 완) (자격, 기능을) 사정하다, 평정하다
кварта́л (남) ① 구역, 구(區); жило́й ~ 주택구역 ② 분기;
кварте́т (남) ① 4(사) 중주곡, 4(사) 중창곡 ② 4(사) 중주, 4중창
кварти́ра (여) 아파트, 주택(住宅)
квартира́нт (남) 셋방살이하는 사람, 주택사용자
кварти́рный (형): ~ая пла́та 집세, 주택사용료
кварц (남) (광물) 석영(石礬)
ква́рцевый (형) 석영;~ая ла́мпа 석영등
квас (남) 크와스(러시아 청량음료한가지)
ква́сить (미완) 발효시키다, 시게하다; ~ капу́сту 양배추를 (절여서) 시게 만들다
квасцы́ (복수) 백반, 명반석
ква́шеный (형): ~ая капу́ста 시게 된 양배추
кве́рху (부) 위로; поднима́ть глаза́ ~ 눈을 울려 뜨다
квита́нция (여) 영수증, 인수증; бага́жная ~ 화물영수증

квиты́ (술어로): тепе́рь мы ~ 우리는 서로 다 청산하였다
кво́рум (남) 필요한 인원수, 정족수(定足數)
кво́та (여) (경제) 배당액, 배당수, 할당량
кедр (남) 게드르(소나무과); коре́йский ~ 잣나무
кекс (남) 케이크, 카스테라(건포도를 넣은 단빵)
кена́ф (남) 케나프, 인도삼
кенгуру́ (남) 캥거루
ке́пка (여) 캡 (모자의 한가지)
кера́мика (여) 도자기, 토기
керами́ческий (형) 도자기의, 도자기제조, 요업의.
кероси́н (남) 석유(石油), 등잔기름
кероси́нка (여) 석유곤로
кероси́новый (형) 등잔기름, 석유; ~ая ла́мпа 석유등
ке́та (여) 연어(鰱魚)
кефа́ль (여) 숭어, 수어(秀魚), 치어(鯔魚)
кефи́р (남) 요구르트, 발효우유, 케피르
кива́ть (미완), **кивну́ть** (완) 머리를 끄덕이다
киво́к (남) 고개짓
кизи́л (남) 말채나무, 말채나무열매
кий (남) 당구봉
килова́т (남) 킬로와트(KW); ~-час 킬로와트시(kilowatt 時)
килогра́мм (남) 킬로그램(kilogram)
киломе́тр (남) 킬로미터(kilometer: ㎞); квадра́тный ~ 평방킬로미터(㎢)
киль (남) ① (선박의) 용골(龍骨) ② (비행기의) 수직안정판
ктльва́тер (남) 배가 지나간 자리
ки́лька (여) 작은 청어, 멸치
кинематогра́фия (여) 영화예술, 영화제작(映畵製作)
кинети́ческий (형); ~ая эне́ргия 운동에너지
кинжа́л (남) 단검(短劍), 비수(匕首)
кино́ (중) ① 영화 ② 영화관(映畵館)
кино~ (합성어의 첫부분으로서 (영화)의 뜻을 가짐); киносту́дия 영화촬영소
киноактёр (남) 영화배우(映畵排優)
киноаппара́т (남) 영화촬영기, 영사기
кинова́рь (여) (광물, 화학) 진사, 진사에서 뽑은 물감
киножурна́л (여) 시보영화
киноиску́сство (중) 영화예술(映畵藝術)
кинока́мера (여) 영사기, 영화촬영기

кинокарти́на (여) 영화(映畵)
кинокоме́дия (여) 희극영화
киномеха́ник (남) 영사기사
кинооперáтор (남) 촬영가(撮影家), 영화촬영기사
кинопередви́жка (여) 이동영사기
киноплёнка (여) 영화필림
кинопрокáт (남) 영화보급
кинопромы́шленность(여)영화제작업
кинорежиссёр (남) 영화연출가
киносеáнс (남) 영화상영, 상영시간
киностýдия (여) 영화촬영소
киносценáрий(남)영화대본, 영화문학
киносъёмка (여) 영화촬영
кинотеáтр (남) 영화관(映畵館)
кинофестивáль (남) 영화축전
кинофикáция (여) 영화시설설치, 영사설비설치
кинофи́льм (남) 영화; цветной ~ 천연 색영화
киноэкрáн (남) 영사막
кио́ск (남) 간이매점; газетный ~ 신문 가판점; книжный ~ 책매점
кипá (여) ① 꾸러미, 뭉치, 묶음; ② 덩어리, 뭉구리
кипари́с (남) (식물) 쿠프레스
кипéние (중) ① 끓음, 비등; точка ~я 끓음점, 비등점 ② 들끓는 것, 끓어 번지는 것
кипéть (미완) ① 끓다, 끓어오르다 ② 들끓다, 끓어 번지다, 끓어 넘치다; рабóта ~ит 일이 한창이다
кипу́чий (형) 들끓는, 끓어 번지는; ~ая дéятельность 맹렬한 활동
кипяти́льник(남) (전기) 가열기(加熱器)
кипяти́ть (미완) 끓이다, 삶다; ~ бельё 빨래를 삶다
кипяти́ться (미완) ① 끓다, 삶아지다 ② 끓다, 발끈 성내다
кипято́к (남) 끓인 물
кипячéние (중) 끓이는 것
кипячёный (형) 끓인: ~ая водá 끓인 물
ки́рка (여) 곡괭이
кирпи́ч (남) 벽돌; красный ~ 붉은색 벽돌; огнеупóрный ~ 내화벽돌; силикáтный ~ 실리카트벽돌
кирпи́чный (형) 벽돌의; ~ завóд 벽돌 공장

- 268 -

кисе́ль (남) 과일묵, 잼(jam), 쩸
кисе́т (남) 담배쌈지
кислоро́д (남) 산소(酸素. [8번:O:16])
кислоро́дный (형) 산소의; ~ая подушка 산소주머니
кислота́ (여) ① (화학) 산(酸); серная ~ 유산; лимонная ~ 레몬산; борная ~ 붕산; уксусная ~ 초산, 식초산 ② 신맛
кисло́тность (여) (화학) 산성(酸性), 산도(酸度); повышенная кислотность (의학) 위산과다(증)
ки́слый (형) ① 신, 시금시금한, 시큼한 ② 시어진; ~ая капуста 시어진 (초절임한)양배추; ~ое лицо 시무룩한 표정
ки́снуть (미완) ① 시어지다, 쉬다, 삭다 ② 의기소침해지다, 침울해있다
ки́сточка (여) 붓, 솔
кисть (여) ① малярная ~ 미장솔 ② 송이; ③ 손(손목부터 손가락 끝까지의 부분) ④ (장식용) 술; пояс с кистями 술이 달린 띠
кит (남) 고래
ки́тель (남) (깃을 세운) 제복의 웃옷
китобо́йный (형) 고래잡이; ~ое судно 고래잡이배
кичи́ться (미완) 뽐내다, 우쭐대다, 자만하다
кичли́вый (형) 뽐내는, 우쭐대는, 교만한, 건방진
кише́ть (미완) 오글거리다, 옥실거리다, 꾀다; кишмя ~ 우글우글하다.
кише́чник (남) (해부) 배알, 장(腸); очистить ~ 관장하다
кише́чный (형) 장의, 창자의, 배알의; ~ое заболевание 장질환
кишка́ (여) ① 배알, 장, 창자; ② 호스
клавиату́ра (여) (피아노, 타자기 등의) 누르개, 건반
кла́виша (여) 누르개, 건반, 건, 키
клад (남) 보배, 보물(寶物)
кла́дбище (중) 묘지(墓地)
кла́дка (여) ① 축조, 쌓기; ② 쌓아올린 것
кладова́я (여) 고간, 창고(倉庫)
кладовщи́к (남) 창고원, 창고지기
кла́няться (미완) ① 절하다, 맞절하다 ② 안부(인사)를 보내다 (전하다)
клапа́н (남) ① (공학) 여닫이, 변, 밸브 ② (해부) 심장판막
кларне́т (남) (음악) 클라리넷 (clarinet)
класс (남) ① 계급 ② 교실 ③ 학년, 학급 ④ 등, 급, 등급, 수준 ⑤ (생물) 부류, 강(江)

кла́ссик (남) 고전가, 고전작가
классифика́ция (여) 분류(分類), 분류법(分類法)
классифици́ровать (미완, 완) 분류(분 별)하다, 구분하다
классици́зм (남) 고전주의(古典主義)
класси́ческий (형) ① 고전적인; ② 전형적인, 훌륭한
кла́ссный (형) ~ая доска 칠판; ~ый руководитель 담임교원, 학급담임
кла́ссовый (형) 계급, 계급적인; ~ая борьба 계급투쟁
класть (미완) ① во что 넣다, 집어넣다, 담다; на что 놓다, 뒤두다 ② (벽 등을) 세우다, 쌓아올리다 ③: ~ больного в больницу 환자를 입원 시키다; ~ яйца 알을 낳다(쓸다); ~ начало 시작하다, 일어나게 하다;~ под сукно (신청서 등을) 깔아버리다
клева́ть (미완) ① 쪼다, 쪼아먹다 ② (고기가 미끼를) 물다
кле́вер (남) 토끼풀, 클로버. 화란자 운영
клевета́ (여) 중상, 비방
клевета́ть (미완) на кого. 비방하다, 중상하다
клеветни́к (남) 중상자(重傷者), 비방자(誹謗者)
клеветни́ческий (형) 비방하는, 중상적인
клеево́й (형); ~ая краска 갖풀물감
клеёнка (여) 유포, 물막이보
кле́ить (미완) 풀질하다, 풀로 붙이다
кле́иться (미완): дело не ~ся 일이 잘 안되다; разговор не ~ся 이야기가 순조롭게 되어가지 않는다.
клей (남) 풀, 무리풀; столя́рный ~ 갖풀
кле́йкий (형) ① 전득전득한, 끈적한, 교질의; ~ая бумага 끈끈이 ②: ~ий рис 찰내
клейми́ть (미완) ① 도장을(낙인을) 찍다, 표식을 찍다 ② 규탄하다, 단죄하다; ~ позором 치욕의 낙인을 찍다
клеймо́ (중) ① 검인, 낙인, 도장, 상표; ставить ~ 검인을 찍다 ② 오명, 누명
кле́йстер (남) 밀가루풀, 농말풀
кле́мма (여) (전기) 단자, 끝머리
клён (남) 단풍나무
клепа́ть (미완) (공학) 맞머리 못을 박다, 리벳을 박다, 병접하다
клёпка (여) 리벳(rivet), 못치기, 병접
кле́тка I (여) ① 새장, 조롱, 쇠그물 우리 ② 네모칸, 격자무늬

кле́тка II (여) (생물) 세포; грудная ~ 가슴통, 흉곽, 흉부
кле́тчатка (여) 섬유소
кле́тчатый I (형) 격자무늬의, 바둑무늬의, 정자무늬 있는
кле́тчатый II (형) 세포(細胞), 세포질
клешня́ (여) (게, 가재의) 집게발
клещ (남) 진드기
клещеви́на (여) 피마자, 아주까리
клещи́ (복수) 못뽑이, 방울집게
клие́нт (남) ① 손님, 단골손님 ② (변호사에게 자기 일을 의뢰한) 의뢰인(依賴人)
клиенту́ра (여) ① 손님들 ② 의뢰인들
кли́зма (여) ① 관장; ставить ~y 관장을 하다 ② 관장기
кли́ка (여) 도당, 도배
кли́кнуть (완) 큰소리로 부르다; ~клич 호소하다
кли́мат (남) 기후; континентальный ~ 대륙성기후; умеренный ~ 온화한 기후; жаркий ~ 열대성기후
климати́ческий (형) 기후(氣候); ~ая карта 기후도
клин (남) ① 쐐기; вбивать ~ 쐐기를 치다(박다) ② (옷에 붙이는) 삼각천; куда ни кинь, всюду ~ 빠져나갈 데가 없다; свет ~ом не сошёлся 세상은 넓다
кли́ника (여) 연구소(대학)부속병원
клини́ческий (형): ~ая медицина 임상의학
клино́к (남) 칼날
ключ (남) 부름, 호소, кли́кнуть ~ 호소하다
кли́чка (여) ①(집짐승의) 이름; ②(사람의) 별명
клок (남) 한줌; разорвать в ~чья 갈기갈기 찢다
клокота́ть (미완) 끓다, 부글부글 끓다, 들끓다
клони́ть (미완) 기울이다, 기울여 뜨리다, 굽히다
клони́ться (미완) 기울어지다, 수그러 지다, 비딱거리다
клоп (남) 빈대, 상슬, 노비, 취슬, 취충
кло́ун (남) (곡예단의) 어릿광대
клочо́к (남) ① 조각, 부스러기; ~ бумаги 종이조각; рвать на ~ки 조각조각 찢다 ②: ~ земли 땅뙈기
клуб I (남) 클럽(club), 구락부
клуб II (남) ~ы дыма(пара, пыли) 뭉게뭉게 오르는 연기(김, 증기, 먼지)
клуба́ми (부) 무럭무럭, 뭉실뭉실
клу́бень (남) (감자의) 덩이뿌리, 구경; ~ картофеля 감자알
клуби́ться (미완) 뭉게뭉게 피어 오르다, 감돌아 오르다

клубни́ка (여) 양딸기, 땅딸기
клубо́к (남) 뭉치, 실꾸리; свернуться ~ком (в ~ок) 몸을 웅크리고 눕다
клу́мба (여) 꽃밭, 화단
клык (남) 송곳이, 견치
клюв (남) 주둥이, 부리
клю́ква (여) 월귤나무, 그 열매
ключ I (남) ① 열쇠, 키(key) ② (공학); гаечный ~ 나사틀개, 드라이브; к чему 실머리, 관건; (음악) 음부기호 암호기호
ключ II (남) 샘, 샘물; горячий ~ 온천
ключево́й (형); ~ая вода 샘물; ~ой вопрос 관건적인 문제
ключи́ца (여) 꺾쇠뼈, 쇄골
кля́кса (여) 잉크얼룩; посадить ~у 잉크방울을 떨구다.
кля́нчить (미완) 시끄럽게 졸라대다, 비럭질하다
кля́сться (미완) 맹세하다, 서약하다; ~ в верности 충성을 맹세하다
кля́тва (여) 맹세, 선서; давать ~у 맹세(서약)를 다지다, 선서하다
кля́твенный (형); ~ое обещание 서약
кля́уза (여) 악담, 뒷소리, 비방
кля́узничать (미완) 뒷소리질 하다, 비방하다
кля́узный (형) 뒷소리 질하는, 중상하는
кля́ча (여) 늙다리 말, 맥빠진 말
кни́га (여) ① 책(冊), 서적; ② домовая ~a 주민대장; ~a отзывов 감상록; ~a жалоб (и предложений) 신소책
книгопеча́тание (중) 서적인쇄, 도서출판
книгохрани́лище (중) ① 서고, ② 도서보관소, 대도서관
кни́жка (여) 증명서, 통장; зачётная ~ 성적 증명서;
кни́зу (부) 아래로, 밑으로
кно́пка (여) ① 압정, 압침, ② 맞단추, 똑딱단추 ③ (스위치) 단추
кнут (남) 채찍
княги́ня (여) 공작부인(孔雀夫人)
княжество (중) 공국(公國)
князь (남) 공작(孔雀)
коалицио́нный (형); т~ое правительство 연립정부
коали́ция (여) 연립(聯立), 연합체, 동맹(同盟)
ко́бальт (남) (화학) 코발트(cobalt)
кобе́ль (남) 수캐

ко́бра (여) 코브라, 안경뱀

кобура́ (여) 권총집

кобы́ла (여) 암말

кова́рный (형) 간교한, 교활한, 내흉스러운, 능청맞은; ~ враг 간악한 원수; ~ метод 모략적인 방법

кова́рство (중) 간교, 교활성; проявля́ть ~ 능청을 피우다,

кова́ть (미완) ① 벼리다, 단조하다 ② 편자를 신기다 ③ 단련하다, 창조하다;

ковёр (남) 모전, 양탄자, 주단(綢緞)

коверка́ть (미완) ① 망치다, 못쓰게 하다 ② 외곡하다; ~ слова 틀리게 발음하다

ко́вка (여) ① 벼리는 것, 단조 ② 편자를 신기는 것

ко́вкий (형) 잘 벼려지는, 벼릴 수 있는;

ко́вкость (여) 벼려지는 성질, 가단성

коври́га (여) 크고 둥근 빵 덩어리

ковш (남) ① 국자, 바가지, 쪽박; ② (기계의) 바가지, 냄비

ковы́ль (남) (식물) 나래새

ковыля́ть (미완) 절름거리다, 기우뚱거리며 걷다, 절뚝거리다; еле~ 자축거리다

ковыря́ть (미완) 후비다, 우비다, 쑤시다;

когда́ (부) ① 언제, 언제인가, 어느 때에 ② 때로는 ~ ... ~ ...; рабо́тает ~ у́тром, ~ ве́чером 때로는 아침에 때로 는 저녁에 일한다. ③ (접) (부문장을 연결한다.); я уйду́, ~ ко́нчу рабо́ту 일을 끝마치고야 가겠다.

когда́-ли́бо, когда́-нибу́дь (부) 어느 때나, 어느 한때, 언제인가, 그 어느 때; ви́дели вы э́то ~? 언제인가 이것을 보았습니까?

когда́-то (부) 한때, 어떤 때, 어느 때인가, 언제인가; ~ давно́ 오래전의 한때; ~ я смотре́л э́тот фильм 언제인가 나는 이 영화를 보았다

ко́готь (남) 발톱

код (남) 부호(符號), 암호(暗號)

кодеи́н (남) (화학) 코데인(codeine)

ко́декс (남) ① 법전, 법서; гражда́нский ~ 민법; уголо́вный ~ 형법 ② 규범, 법칙, 기준, 규칙; мора́льный ~ 도덕규범

кое-где́ (부) 여기저기, 이곳저곳에서, 곳에 따라

кое-ка́к (부) ① 겨우, 간신히 ② 되는대로, 함부로, 그럭 저럭, 근근이

кое-како́й (형) 몇 가지의, 몇몇의, 약간, 어떤

- 273 -

кое-что (미정 대) 몇몇 사람, 어떤 사람
кое-куда́ (부) 몇 군데로, 어디론가, 어떤 곳으로
кое-что́ (미정대) 이것저것, 약간의 것, 무엇인가, 어떤 것
ко́жа (여) ① 살갗, 살가죽, 피부 ② 가죽; дублёная ~ 이긴 가죽 ③; из ~ вон лезть 아득바득 애를 쓰다; ~ да кости 피골이 상접하다
ко́жаный (형) 가죽, 가죽으로 만든; ~ая обувь 가죽신; ~ое кре́сло 가죽을 씌운 안락의자
кожеве́нный (형) 제혁의, 가죽의; ~ый заво́д 가죽공장
ко́жица (여) 엷은 껍질, 엷은 피부
ко́жник (남) 피부과의사, 피부병의사
ко́жный (형) 살갗, 피부(皮膚); ~ые боле́зни 피부병
кожура́ (여) (과일,열매의) 껍질; снима́ть ~у 껍질을 벗기다
ко́жух (남) ① 양가죽외투 ② (기계 등의) 씌우개, 덮개
коза́ (여) 암염소, 암산양
козёл (남) 숫염소, 수산양; ~ отпуще́ния 항상 남의 죄를 뒤집어쓰는 사람
козлёнок (남) 염소새끼, 산양새끼
ко́злы (복수) ① 마부대 ② (장작을 켤 때 쓰는) 받침대; ста́вить винто́вки в ~ 총을 마주세우다
ко́зни (복수) 음모, 책동, 간계, 흉모;
козырёк (남) (모자의) 채양; брать под ~ (군사) 거수경례를 하다
ко́зырь (남) ① (트럼프의) 주패 ② 장기, 우월한 점
козыря́ть I (미완) ① 거수경례를 하다
козыря́ть II (미완) ① чем 뽐내다 ② (트럼프놀이에서) 주패를 내놓다(대다)
ко́йка (여) (요람씩) 침대
кок (남) (배에서) 요리사
коке́тка (여) 애교(교태)를 부리는 여자, 아양을 떠는 여자, 애교쟁이
коке́тливый (형) 애교(교태)를 부리는, 아양을 떠는
коке́тничать (미완) 애교(교태)를 부리다, 아양을 떨다
коке́тство (중) 애교, 아양
коклю́ш (남) (의학) 백일해(百日咳)
ко́кон (남) 고치, 알주머니; шелкови́чный ~ 누에고치
коко́совый (형): ~ый оре́х 야자(열매); ~ая па́льма 야자나무,
кокс (남) 콕스웨인(coxswain)
коксу́ющийся (형): ~ у́голь 콕스탄, 점결탄(코크스용).

- 274 -

коктéйль (남) 혼합주, 혼합음료
Кол (Послание к Колоссянам, 4장) 골로새서(Colossians)
кол (남) 말뚝, 울대
кóлба (여) 플라스크, 실험병
колбасá (여) 서양순대, 꼴바싸; варёная ~ 삶은 꼴바싸
колдовствó (중) 마술, 요술, 마법
колдýн (남) 요술쟁이, 마술사(魔術師)
колебáние (중) ① (물리) 떨림(진동) ② (온도 등의) 변동, 변화 ③ 동요(童謠), 주저; без ~й 주저 없이
колебáть (미완) ① 흔들다, 진동하다 ② 동요시키다, 뒤흔들어놓다
колебáться (미완) ① 흔들거리다, 진동하다 ② 동요하다, 오르내리다 ③ 주저하다, 망설이다, 오물쪼물거리다
колéнный (형): ~ сустáв 무릎마디, 슬관절(膝關節: 무릎에 있는 관절)
колéно (중) ① 무릎; встáвать на ~и 무릎을 꿇다; сажáть на ~и 무릎에 앉히다 ② (기계, 관등의) 마디, 관절
колéнчатый (형): ~ вал (공학) 크랭크 축(crank軸), 크랭크 샤프트, 곡축(曲軸)
колесить (미완) ① (타고) 돌아다니다 ② 비틀거리며 가다
колесó (중) 바퀴, 차바퀴; зубчáтое ~ 이 바퀴
колея́ (여) ① 바퀴자리 ② 궤도; широ́кая (у́зкая) ~я 넓은 (좁은) 철길; вы́йти(вы́биться) из ~и 궤도를 벗어 나다; войти́ в (свою́) ~ю 궤도에 들어 서다
кóлики (복수) (의학) 아픔, 통증 (동통), 산통(疝痛)
колит (남) (의학) 대장염, 결장염(結腸炎)
колúчественный (형) 수량, 양적; в ~ом отношéнии 양적으로 (보아); ~ое числи́тельное (언어) 수량수사
колúчество (중) 수량, 량(量), 수(數); большóе ~ 다수(량)
кóлкий (형) ① 찌르는, 찌르는 듯한 ② 신랄한, 쏘아 붙이는; ~ое замечáние 톡 쏘는 말
кóлкость (여) 신랄한 것, 톡 쏘는 말
коллéга (여) 동료, 동업자, 같이 일하는 사람
коллегиáльность (여) 합의제, 집체적 협의제
коллегиáльный (형) 집체적인, 합의제에 의한
коллéгия (여) ① 참의회, 협의회, 협의기관; редакцио́нная ~ 편집위원회 ②: ~ адвокáтов 변호사회
коллекти́в (남) 집단(集團), 단위, 단체, 종업원일동
коллективизáция (여) 협동화, 집단화

коллективи́зм (남) 집단주의
коллекти́вный (형) 집단적인, 집체적인, 공동적인
коллекционе́р (남) 수집가, 채집자
коллекциони́ровать (미완) 수집하다, 채집하다
колле́кция (여) 수집, 수집품, 표본
коло́да I (여) 짧은 통나무
коло́да II (여) 한조의 트럼프
коло́дец (남) ① 우물; ② (광산) 수직 갱도
коло́дка (여) 구두모형
ко́локол (남) 종(鍾); бить в ~ 종(鍾)을 치다
колоко́льный (형): ~ звон 종소리
колоко́льня (여) 종루(鐘樓), 종각
колоко́льчик (남) ① 방울, 작은종 ② 방울꽃, 초롱꽃
Коло́мбо (남) (불변) 콜롬보
колониали́зм (남) 식민주의
колониа́льный (형) 식민주의, 식민주의적인; ~ая систе́ма 식민지체계; ~ый гнёт 식민지적 압박
колониза́тор (남) 식민주의자
колониза́ция (여) ① 식민지화 ② 식민(植民)
коло́ния (여) ① 식민지, ② 거류지, 거류민단; трудова́я ~ 노동교화소
коло́нка (여) ① (신문, 책의) 단, 란 ②: (*водоразбо́рная*) ~ 급수탑;
коло́нна (여) ① 종대; похо́дная ~ 행군종대 ② 두리기둥, 원주;
коллонна́да (여) (건축) 주랑, 연주
колоно́к (남) (동물) (복) 족제비
колори́т (남) ① 색깔, 색채, 색조 ② 특색, 특징;
колори́тный (형) ① 색깔이 선명한, 색이 조화된 ② 특징적인, 독특한
ко́лос (남) 이삭
колоси́ться (미완) 이삭이 나다(피다)
колосовы́е (복수) 이삭 식물(이삭이 달리는 식물)
коло́сс (남) 거인(巨人), 거물; ~ нау́ки 과학의 거장
колосса́льный (형) 커다란, 거대한, 굉장한
коло́тый (형) ①: ~ са́хар 각사탕 ②: ~ая ра́на 찔리운 상처
коло́ть I (미완) ① 쪼개다, 깨뜨리다, 패다; ~ дрова́ 장작을 패다; ~ оре́хи 가래를 까다; ② 찌르다, 꽂다
коло́ть II (미완) 쿡쿡 쑤시다, 쏘다, 찌르다; ко́лет в боку́

옆구리가 쿡쿡 쏜다;
колпа́к (남) ① 고깔모자, 위생모(자) ② 씌우개, 덮개
колхо́з (남) 콜호스(kolkhoz)
колхо́зник(남),**~ца**(여) 콜호스직원
колхо́зный (형) 콜호스(kolkhoz)
колыбе́ль (여) 요람, 요람지, 발원지
колыбе́льный(형):~ая песня 자장가
колыха́ть (미완) 흔들리게 하다, 펄럭이게 하다
колыха́ться (미완) 펄럭이다, 설레다, 너붓거리다, 흔들리다
ко́лышек (남) 작은 말뚝
кольцево́й (형) ① 고리, 고리모양; ~ая линия 순환선; ~ая дорога 순환도로, 순환철도
кольцо́ (중) ① 고리, 가락지, 반지; золото́е ~о 금가락지, ② (공학) 링그, 고리, 가락지, ③ (체육) 윤; упражнения на кольцах 윤 운동
кольчу́га (여) 갑옷
колю́чий (형) ① 가시 있는, 콕콕 찌르는, 쏘는; ② 쏘아붙이는, 꼬집는, 신랄한;~не слова 톡 쏘는 말
колю́чка (여) 가시
коля́ска (여) ① 승용마차 ② 유모차 ③ 싸이드카
ком (남) 덩어리, 덩이; снежный ~ 눈덩이; ~ земли 흙덩이; ~ в горле 목이 메다
кома́нда (여) ① 구령, 명령; отдава́ть ~у 구령을 내리다 ② 대, 반; пожарная ~ 소방대 ③ (배의) 승무원, ④ (체육) 팀, 선수단;сборная ~ 종합팀, 종합선수단
команди́р (남) 지휘관;~ взвода 소대 장;~ корабля 함장
командирова́ть (미완,완) 파견하다, 출장보내다, 파송하다
командиро́вка (여) 출장, 파견, 파송, 발견; быть (находи́ться) в ~е 출장중이다
командиро́вочные (복수) 출장비
командиро́вочный (형) ① 출장; ~ое удостоверение 출장증명서 ②(명 사로) 출장원
кома́ндный (형) ① 지휘, 통솔;~ состав 지휘성원(들) ② 지도적인, 책임적인;~ пост 지도적인 위치
кома́ндование (중) ① 사령부, 지휘부 ② 지휘; под ~м 지휘하에
кома́ндовать (미완) ①*чем* ~을 지휘 하다 ② 구령을 치다
кома́ндующий (남) 사령관

комáр (남) 모기
комбáйн (남) 종합기계, 복식수확기, 콤바인(combine); (уборочный) ~ 종합 수확기
комбайнёр (남) 콤바인운전수
комбикóрм (남) 배합먹이, 배합 사료
комбинáт (남) 종합공장(기업소), 콤비나트; ~ бытового обслуживания 종합 편의(봉사)시설
комбинáция (여) ① 배합, 연합, 결합; ~ чисел 숫자의 결합 ② 술책, 계책; хитрая ~ 계교, 교묘한 꾀
комбинезóн (남) (아래위가 맞붙은) 노동복, 작업복; лётный ~ 비행사복
комбинировáть (미완) ① 배합(연합) 하다, 결합하다, ② 책략(계략)을 꾸미다
комéдия (여) ① 희극(喜劇) ② 광대극
комендáнт ① (성채, 요새지 등의) 사령관 ② 건물 관리원; ~ общежития 기숙사관리원
комендатýра (여) 위수사령부, 관리부, 경무부
комéта (여) 혜성(彗星), 살별, 고리별
кóмик (남) 희극배우, 희극쟁이, 익살꾼, 코미디언
комиссáр (남) 정치위원, 전권위원
комиссариáт (남): военный ~ 군사 동원부
комиссиóнный (형) ①: ~ магазин 위탁 판매점, ②: ~ые (복수) 위탁판매보수
комиссия (여) 위원회, 협의회;
комитéт (남) 위원회, 협의기관; партийный ~ 당위원회
комический (형) 희극의, 희극적인, 우스운, 익살스러운
комичный (형) 우스강 스러운, 우스운
кóмкать (미완) ① 꾸기다, 구기지르다, 뭉치다, 고기작거리다 ② 되는대로 제각 헤치우다, 끝마치다
комментáрий (남) ① 주해, 주석 ② ~и (복수) 해설, 논평;
комментáтор (남) 주해자, 주석자, 시사해설원, 논설원;
комменти́ровать (미완) 주해를하다, 주석을 주다, 해설하다, 논평하다
коммерсáнт (남) 상인, 상업가
коммéрческий (형) 상업, 통상; ~ое соглашение 통상 협정
коммýна (여) 코뮌; Парижская ~ (역사) 파리코뮌
коммунáльный (형) 공공의; ~ая квартира 공공주택
коммунизм (남) 공산주의(共産主義)
коммуникáция (여) 연락, 교통(交通)

коммуни́ст (남) 공산주의자, 공산당원
коммунисти́ческий (형) 공산주의의, 공산주의적인
коммута́тор (남) ① 교환기 ② 전류고르개, 정류기
коммуни́ке (중) 커뮤니케이션
ко́мната (여) 방, 간(間), 호실; жилая ~ 살림방
ко́матный (형) 방안의, 실내의; ~ая температура 실내온도; ~ая антенна 실내안테나; ~ые растения 실내식물
комо́д (남)(서랍이 달린) 장롱(欌籠), 농(籠), 반닫이
комо́к (남) 덩이, 덩어리, 멍울, 뭉치
компа́ктный (형) 촘촘한, 조밀한
компа́ния (여) ① 패, 패거리, 동아리; составлять ~ю 한패가 되다, 한데 어울리다 ② 회사(會社), 상사(商事)
компаньо́н (남) ① 동료, 동반자 ② (회사의) 공동경영자, 공동출자자, 동업자
компа́ртия (여) (коммунистическяя партия) 공산당
ко́мпас (남) 나침판, 지남침(指南針)
компенса́ция (여) 보상(報償), 배상(賠償)
компенси́ровать (미완.완) 보상(배상)하다, 갚아주다, 벌충하다
компете́нтный (형) ① 권한(권위)있는 ② 통달(정통)하고 있는
компете́нция (여) ① 권한, 권위; ② 통달, 정통
компиля́ция (여) ① 편작, 편저, ② 편작물, 편작한 글
ко́мплекс (남) ① 총체, 종합체; ~ упражнений 체조 동작의 종합 ②: orbitalный ~ 궤도종합체
ко́мплексный (형) 종합적인, 총체적인, 합성적인; ~ план 종합적 계획
компле́кт (남) 한조, 한 벌, 일식; ~ белья 내의 한 벌
комплектова́ние (중) (한조가 되게) 갖추는 것(묶는 것), 편성; ~ штатов 정원보충, 정원충원
комплектова́ть (미완) ① (한조가 되게) 갖추다(묶다), 편성 하다 ② 보충하다, 채우다; ~ штаты 정원을 보충하다
компле́кция (여) 체질, 체격, 몸집
комплиме́нт (남) 말치레, 찬사; говорить ~ кому 말치레를 하다
компози́тор (남) 작곡가
компози́ция (여) ① (문학예술작품의) 구성 ② 작곡(법)
компо́ст (남) 퇴비, 풋거름, 두엄
компо́стер (남)(차표 등을 찍는) 구멍 가위, 펀치

- 279 -

компости́ровать (미완) (차표 등을) 구멍가위로 찍다, (차표를) 찍다

компо́т (남) 과일 졸임, 과일통조림

компрадо́рский (형) 매판의: ~ая буржуазия 매판자본가,

компре́сс (남) 온천(溫泉)

компре́ссор (남) (공기, 가스등의) 압축기

компромети́ровать (미완) 창피 주다, 명예를 훼손시키다

компроми́сс (남) 타협; идти на ~ 타협하다

компроми́ссный (형) 타협의, 타협적인; ~ый план 타협안;

компью́тер (남) 컴퓨터, 전자계산기

компьютериза́ция (여) 전자계산기화

комсомо́л (남) 공산주의청년동맹

комсомо́лец (남), **~ка** (여) 공청원

комсомо́льский (형) 공청(公廳)

комсо́рг (남) (комсомольский организатор) 공청책임자

комфо́рт (남) 안락, 편리

комфорта́бельный (형) 안락한, 아담한, 매우편리하게 꾸린

конве́йер (남) 콘베아; ленточный ~ 벨트콘베아

конве́нция (여) 협약, 공약; международная ~ 국제공약

конве́рт (남) 봉투(封套)

конве́ртор (남) (금속) 전로

конвои́р (남) 호송병, 호위병(護衛兵)

конво́й (남) ① 호송대, 호위대 ② 호위함대

конву́льсия (여) 경련

конгре́сс (남) ① 국제회의; Всемирный ~ сторонников мира 세계평화옹호대회 ② (일부 나라들의) 국회, 의회(議會)

конгрессме́н (남) 국회의원

конденса́тор (남) ① (전기) 축전기, 냉각기 ② (화학) 응결기, 응축기

конди́тер (남, 여) 제과공

конди́терская (여) 과자상점

конди́терский (형): ~ая фабрика 과자공장

кондиционе́р (남) (기계) 공기조절기

кондициони́рование (중): ~ воздуха 공기조절

конду́ктор (남) 차장

конево́дство (중) 말 기르기, 양마업

конёк (남) ① (지붕의) 용마루, 마루터기 ② 즐겨서하는 생각(이야깃거리),

коне́ц (남) ① 끝, 마지막, 막바지; до ~ца́ 끝까지 ② 종말, 멸망, 마감; ~ец ве́ка 세기말; ③ 끄트머리, 맨끝부분, 끄덩이 ④ 종점, 종착역, 절반길; биле́т в оба ~ца́ 왕복차표 ⑤ 죽음, 막바지; положи́ть ~е́ц 끝장내다; без ~ца́ 끝없이, коне́чно (부) ① (꺾음표) 물론, 틀림없이; он, ~, прав 그는 물론 옳다 ② (조) 물론이다, 두말할 것도 없다
коне́чности (복수) 손발, 수족, 사지, 각
коне́чный (형) ① 최후, 마지막, 끝에 있는; ~ая ста́нция 마감 역, 마지막 역 ② 종국적인, 궁극적인; ~ая цель 종국적인 목적; ~ый результа́т 최종결과; в ~ом счёте 결국
кони́на (여) 말고기
кони́ческий (형) 원뿔꼴, 원추형: ~ое сече́ние 원추곡선
конкретиза́ция (여) 구체화(具體化)
конкретизи́ровать (미완, 완) 구체화하다
конкре́тно (부) 구체적으로
конкре́тность (여) 구체성
конкре́тный (형) 구체적인; ~ план 구체적인 계획
конкуре́нт (남) 경쟁자, 적수
конкуре́нция (여) 경쟁; вне ~и 무쌍, 무적
конкури́ровать (미완) 경쟁하다, 다루다
ко́нкурс (남) 경연(대회), 콩쿠르, 경쟁; пройти́ по ~у 경연에서 당선되다; ~ скрипаче́й 바이올린연주 경연대회
ко́нкурсный (형) 경연, 콩쿠르; ~ экза́мен 경쟁시험
ко́нник (남) 기병(騎兵), 기수(旗手)
ко́нница (여) 기병대(騎兵隊)
ко́нный (형) ①:~ заво́д 양마장 ②:~ спорт 승마경기
конопля́ (여) 삼(森), 대마(大麻)
конопля́ный (형):~ое ма́сло 삼기름
консервати́вный (형) 보수적인
консервати́зм (남) 보수주의(保守主義)
консерва́тор (남) ① 보수주의자 ② 보수당원; ~ы (복수) 보수파
консервато́рия (여) 음악대학
консерви́ровать (미완) ① 통조림하다 ② (활동 등을) (일시) 중지(중단)하다
консе́рвный (형) 통조림; ~ заво́д 통조림공장
консе́рвы (복수) 통조림; ры́бные ~ 물고기 통조림
конси́лиум (남) 의사협의회; созва́ть ~ 의사협의를 소집하다

консисте́нция (여) 경도, 밀도, 농도
ко́нский (형) 말; ~ во́лос 말총
консолида́ция (여) 단결, 단합
конспе́кт (남) 개요, 요강, 요점 따기
конспекти́вный (형) 개략적인, 요약적인
конспекти́ровать (미완) 요점을 따다, 요약하다
конспирати́вный (형) 비밀리, 비합법, 지하; ~ая кварти́ра 비밀공작장소, 아지트
конспира́тор (남) 비밀공작원, 비밀을 지키는 사람
конспира́ция (여) 비밀보장, 비밀준수, 비밀공작
констати́ровать (미완, 완) 확인(확정)하다, 검증하다
конституцио́нный (형) 헌법의, 헌법상, 입건(적인): ~ые права́ 헌법상 권리
конститу́ция (여) 헌법, 법헌;
констру́ировать (미완) ① 조직하다 ② 구성(설계)하다, 구조를 만들다
конструкти́вный (형) ① 설계상, 구조상 ② 건설적인; ~ое предложе́ние 건설적인 제의
констру́ктор (남) ① 설계가, 설계자 ② 조립유희놀이감
констру́кторский (형): ~ое бюро́ 설계부
констру́кция (여) ① 구조, 구성; ② (복수) 구조물; железобето́нные ~и 철근 콘크리트구조물
ко́нсул (남) 영사(領事); генера́льный ~ 총영사(總領事)
ко́нсульство (중) 영사관(領事館); гене-ра́льное ~ 총영사관
консульта́нт (남) 협의자, 심의원, 고문; врач-~ 협의의사
консульта́ция (여) ① 협의, 상담, 질의응답 ② 상담소, 협의 장소; же́нская ~ 여성보건상담소
консульти́ровать (미완) ① (전문가와) 협의(상담)하다 ② (전문가로서) 조언 (충고)을 주다
консульти́роваться (미완) (전문가 등과) 협의(상담)하다, 의논하다
конта́кт (남) ① (공학) 접촉자, 접점, 접촉개소 ② 접촉, 연계; уста-на́вливать ~ 접촉하다, 연계를 맺다
контакти́ровать (미완) 접촉하다, 연계를 가지다
контейне́р (남) (짐을 포장하지 않고 나르는) 규격용기, 용기,
конте́кст (남) 문맥(文脈)
континге́нт (남) 정원, 인원(수), 총수; ~ уча́щихся 학생 인원(총수)
контине́нт (남) 대륙(大陸)

К

континента́льный (형) 대륙성, 대륙; ~ кли́мат 대륙성기후
конто́ра (여) 사무소, 사무실; нотариа́льная ~ 공증소
контраба́нда (여) ① 밀수(업) ② 밀수품; занима́ться ~ой 밀수하다, 밀수입하다
контраба́ндист (남) 밀수업자
контраба́с (남) 콘드라바스
ко́нтр-адмира́л (남) 해군소장
контра́кт (남) 계약, 계약서; заключа́ть ~ 계약을 맺다;
контракта́ция (여) ① 계약체결 ② 예약수매 (豫約收買)
контрактова́ть (미완) 계약을 맺다, 수매를 예약하다; ~ урожа́й 농산물 수매를 예약하다
контра́льто (중) (음악) 여성최저음
контра́ст (남) 대조, 대립, 정반대
контрата́ка (여) 반공격, 역습(逆襲)
контрибу́ция (여) 전쟁배상금
контрнаступле́ние (중) 반공격, 반공격전; переходи́ть в ~ 반공격으로 넘어 가다
контролёр (남) 검사원, 감독원
контроли́ровать (미완) 검사(검열,감독,감시)하다, 통제하다, 따져보다
контро́ль (남) ① 검열, 검사, 통제 ② 검열원, 검사원, 검표원; поста́вить ~ у вхо́да 입구에 검열 원을 세우다
контро́льный (형) 검열의, 검사하는, 감시의, 통제하는; ~ая коми́ссия 검열위원회; ~ая рабо́та 검열작업
контрразве́дка (여) 반첩보기관, 반간 첩기관
контрреволюционе́р (남) 반혁명분자
контрреволюцио́нный (형) 반혁명
контрреволю́ция (여) 반혁명
контруда́р (남) 반격, 반타격; наноси́ть ~ 반격을 가하다
конту́женный (형) 타박상을 입은
конту́зить (완) 타박상을 입히다
конту́зия (여) 타박상; получи́ть ~ю 타박상을 입다
ко́нтур (남) 윤곽, 겉모습, 외형, 언저리
ко́нтурный (형); ~ая ка́рта 백지도
конура́ (여) ① 개집(우리) ② 오막살이(집)
ко́нус (형), 원추(형), 추대
конфедера́ция (여) 연방, 연방제, 연맹
конферансье́ (남) 공연종목소개자
конфере́нц-зал (남) 회의실, 회의장

конфере́нция (여) 회의(會議), 대회(大會), 대표자회
конфе́та (여) 알사탕
конфиденциа́льный (형) 내막적인, 비밀리의; ~ разговор 내막적인 이야기
конфиска́ция (여) 몰수(沒收), 압수
конфискова́ть (미완, 완) 몰수하다, 압수하다
конфли́кт (남) 충돌, 분쟁, 정의; трудовой ~ 노동쟁의; разрешать ~ 쟁의(분쟁)를 판결하다
конфли́ктный (형): ~ая ситуация 분쟁으로 말미암아 조성된 정세(사태); и~ая комиссия 쟁의조절위원회
конфу́з (남) 부끄러움, 창피스러운 것, 당황; привести в ~ 부끄럽게 만들다, 당황케 하다
конфу́зиться (미완) 부끄러워하다
конфуциа́нство (중) 유곡, 유학
концентра́т (남) ① 농축식료품, 건먹이, 농후사료 ② (광업) 정광
концентрацио́нный (형): ~ лагерь 집단 수용소
концентра́ция (여) ① 집중, 집결, 집적; ~ производства 생산의 집중 ② (화학) 농화, 농도(濃度)
концентри́рованный (형) 농축적인, 집중된 ②: ~ раствор (화학) 농축액; ~ корм 건사료, 농후사료
концентри́ровать (미완) 집중하다, 집결하다
концентри́роваться (미완) 집중되다, 집결되다
конце́пция (여) 견해, 학설, 개념
конце́рн (남) (경제) 콘체른(Konzern), 기업합동, 카르텔, 트러스트
конце́рт (남) ① 음악회, 연주회, 예술공연; давать ~ 연주(공연)하다 ② 협주곡; фортепианный ~ 피아노협주곡
концертме́йстер (남) 피아노반주자
конце́ртный (형) 음악회의, 연주회의; ~ зал 음악당
концессионе́р (남) 이권소유자.
концессио́нный (형): ~ое предприятие 특허기업소; ~ договор 이권제공조약
конце́ссия (여) ① 이권, 특권; отдавать на ~ю что ~의 이권을 양도하다 ② 특허기업소
конча́ть (미완) ① 끝내다, 끝마치다, 마감하다, 완료하다 ② чем-로 끝맺다 ③ 졸업하다
конча́ться (미완) ① 끝나다, 완료되다 ② 떨어지다, 다 소비 되다

- 284 -

ко́нчик (남) 끝, 모서리, 초리; ~пера 펜촉; ~ карандаша 연필 끝; ~ хвоста 꼬리초리

кончи́на (여) 죽음, 서거(逝去)

оньюктиви́т (남) (의학) 결막염(結膜炎)

конъюктура (여) ① 시국, 정세, 정국, ② (경제) 시세, 경기; благоприятная ~ 호경기

конь (남) ① 말(馬); боевой ~ь 군마 ② (체육) 목마, 안마; упражнения на ~e 안마운동 ③ (장기의) 말(馬)

коньки́ (복수) 스케이트; кататься на ~ах 스케이트를 타다

конькобе́жец (남) 스케이트선수

конькобе́жный (형); ~ые соревнования 빙상경기

коньяк (남) 꼬냑(서양 술의 한 가지)

ко́нюх (남) 마부, 말시중꾼

коню́шня (여) 마구간

кооперати́в (남) 협동조합; сельскохозяйственный ~ 협동농장, 농업협동조합; жилищный ~ 주택알선 협동조합

коопера́ция (여) 협동단체, 협동조합; промысловая ~ 생산협동조합

коопери́ровать (미완, 완) 협동화하다, 협동조합에 망라하다(가입시키다)

координа́та (여) (수학) 자리표(좌표)

координа́ция (여) 조절, 조정, 일치

координи́ровать (미완,완) 일치시키다, 조절(조정)하다

копа́ть (미완) ① 파다, 파엎다; ② 파내다, 캐다

копа́ться (미완) ① 뒤지다, 파헤치다, 더듬적거리다, ② 늦장부리다, 꾸물 거리다; ③ 파고들다

копе́йка (여) 코뻬이카(100 분의 1 루블);

ко́пи (복수) (광석, 석탄, 소금의); соляные ~ 돌소금채취장,

копи́лка (여) 저금통

копирова́льный (형) 복사, 등사; ~ая машина 복사기, 등사기; ~ая бумага 복사지, 먹지

копирова́ть ① 복사하다, 등사하다, 모사하다 ② 모방하다, 흉내내다.

копиро́вщик (남) 복사원, 등사원

копи́ть (미완) 모아두다, 축적하다, 쌓아두다; ~ силы 역량을 축적하다; ~ злобу 악의를 품다

ко́пия (여) 등본, 사본, 복사;~я картины 그림의 모사; снимать ~ю 사본을 만들다, 복사하다

копна́ (여) 낟가리, 더미; ~ соломы 짚(낟)가리

ко́поть (여) 검댕, 그을음
копоши́ться (미완) 우글거리다, 곰지락거리다, 꾸물거리다
копти́лка (여) 등잔, 석유등잔
копти́ть (미완) ① 그을음을 내다, 검댕이 앉다; лампа коптит 등잔이 그을음을 낸다. ② (고기 등을) 훈제 하다, 그슬리다
копче́ние (중) ① 내굴찜, 훈제, 그스는 것 ② ~я (복수) 훈제품
ко́пчик (남) (해부) 미골, 꽁무니뼈
копы́то (중) 발굽, 말발굽
копьё (중) 창(槍); метание ~я 창던 지기; ломать копья 열을 올려 말다툼 (논쟁)하다
1 Кор (Первое послание к Коринфянам, 16장) 고린도전서
2 Кор (Второе послание к Коринфянам, 13장) 고린도후서
кора́ (여) ① 껍질②: земная ~ 지각, 지구껍데기
кораблекруше́ние (중) 조난, 난파
кораблестрое́ние (중) 조선공업, 선박건조, 선박건조학
кора́бль (남) 배, 선박(船舶); военный ~ 군함, 함선; воздушный ~ 비행선; космический ~ 우주비행선
кора́лл (남) ① 산호충, ② 산호(장식물)
кора́н (남) 회교경전, 코란(Koran)
Коре́йская Наро́дно-Демократи́чес-кая Респу́блика, КНДР 조선민주주의 인민공화국
коре́йский (형) 한국의, 대한민국의
коре́йцы (복수) (~ец (남), ~янка (여)) 대한민국사람(들)
корена́стый (형) ① 앙바틈한, 엉버틈 한, 짤막하고 딱 바라져 있는. ② 다부지게 생긴, 암팡스럽게 생긴, 앙세게 생긴, 암팡진, 야무진, 옹골찬.
корени́ться (미완) ① в чём ~에 근원을 두다, 기원하다, 유래하다 ② (악습이) 뿌리박다
коренно́й (형) ① 근본적인, 기본적인, 본질적인 ② 본래; ~ой житель 토착민, 본토 배기; ~ой зуб 이뿌리
ко́рень (남) ① 뿌리, 밑뿌리, 그루 ② 본원, 본질 ③ (언어) (말)뿌리, 어근 ④ (수학) 뿌리, 근(根)
Коре́я (여) 대한민국. 한국, 조선, 고려
корзи́на (여) 광주리, 바구니; ~ для бумаги 휴지통
корзи́нка (여) 작은 광주리(바구니)
коридо́р (남) 복도, 낭하(廊下), 각도(閣道), 통로(通路)
кори́ть (미완) 나무라다, 욕지거리하다, 꾸지람하다

корифе́й (남) (주로 문학, 예술의) 대가, 거장
кори́ца (여) 계피(桂皮: 계수나무의 껍질)
кори́чневый (형) 계피색, 갈색
ко́рка (여) 껍질, 껍데기, 딱지
корм (남) 먹이, 모이, 사료
корма́ (여) 고물, 배꼬리
корми́лец (남) 부양자, 먹여살리는자
корми́лица (여) 유모(乳母)
корми́ть (미완) 먹이다, 먹여주다, 부양하다, 먹여살리다
корми́ться (미완) 먹다, 음식을 구하다, 머고 살다
кормле́ние (중) ① 사육, 먹이를 주는 것 ② 젖먹이기
кормово́й (형) 먹이, 사료; ~ая база 사료기지
корму́шка (여) 구유, 여물통, 모이통
корнепло́д (남) 뿌리남새, 근채
корне́т (남) (음악) 코르네트
коро́бить (미완) ① 굽히다, 쪼그라 뜨리다 ② 기분 상하게 하다, 불쾌감을 주다
коро́биться (미완) 쪼그라지다, 앙당그 러지다, 구부러지다, 비뚤어지다
коро́бка (여) 갑, 통; ~ спичек 성냥갑;~ конфет 알사탕통
коро́ва (여) 암소, 젖소
коро́вка (여) : божья ~ 무당벌레
коро́вник (남) 외양간
корое́д (남) 나무좀벌레
короле́ва (여) ① 여왕 ② 왕비, 왕후
короле́вство (중) 왕국(王國)
коро́ль (남) 왕, 국왕(國王)
коромы́сло (중) ① 멜대(멜채), 어깨채 ② 저울대, 흔들대
коро́на (여) 왕관(王冠)
корона́ция (여) 대관식(戴冠式)
коро́нка (여) 이발그릇, 치관(齒冠), 이의 법랑질 부분.
короста́ (여) 딱지, 주버기, 더뎅이
корота́ть (미완):~ время (심심치않게) 시간(세월)을 보내다
коро́ткий (형) ① 짧은, 짤막한, 껑둥 한; ~ий рукав 짧은 소매;~ая юбка 짧은 치마, 스커트; ② 가까운, 간단한; ~ий день 해가 짧은 날; ~ие волны (물리)단파; ~ий срок 단기간;
коротковолно́вый (형): ~ предатчик 단파송신기; ~ приёмник 단파수신기
короткометра́жный (형): ~ фильм 단편영화(短篇映畵)

коротышка (남, 여) 땅딸보, 난쟁이
корпеть (미완) 골몰하다, 전념하다; ~ над книгами 골돌히 독서하다
корпорация (여) 회사(會社), 협회
корпус (남) ① (수개군들 중의) 집체, 채; главный ~ 본청사, 본관 ② 몸뚱이, 몸통 ③ (기계의) 본체, 골조, 동체; ④ 군단; дипломатический ~ 외교단
корректирование (중) 수정(修正), 교정(校定), 고침
корректировть (미완) 교정하다, 수정하다, 정정하다
корректировщик (남) ① 포사격지휘 ② 사격수정수
корректный (형) 예절바른, 절도 있는
корректор (남) 교정원
корректура (여) ① 교정, 정정, ② 교정지
корреспондент (남) 기자, 통신원; специальный ~ 특파기자;
корреспонденция (여) ① 서신, ② 우편물 ③ 통신기사, 기고, 보도
коррозия (여) ① 부식, 부식작용 ② (지질) 침식, 용식
коррупция (여) 매수, 매관매직 (행위)
кортеж (남) (예식의) 행렬; ~ автомашин 자동차행렬;
кортик (남) (군관의) 단검
корточки (복수); сидеть на ~ах 무릎을 쪼그리고 앉아있다
корунд (남) (광물) 강옥(석)
корчевальный (형): ~ая машина 나무뿌리를 뽑는 기계
корчевать (미완) 뿌리뽑다; ~ пни 그루터기를 파내다(뿌리 채 뽑다)
корчить (미완) ①: его корчит от боли 그는 아파서 몸을 꼰다, ②: ~из себя ~한체하다; ~ гримасы 얼굴을 찡그리다
корчиться (미완) 몸을 꼬다 (뒤틀다); ~ от боли 아파서 몸을 꼬부리다 (쪼그리다)
коршун (남) 솔개. 소리개, 솔개미
корыстный (형) 사리사욕, 사심있는, 탐욕스러운
корыстолюбие (중) 사리사욕, 사심, 탐욕, 욕심
корысть (여) ① см. корыстолюбие ② 이익, 이득
корыто (중) 함지, 빨래통, 구유
корь (여) (의학) 홍역
корявый (형) ① 울툭불툭한, 우굴 쭈굴한; ~ое дерево 울툭불툭한 나무 ② (손, 손가락이) 불퉁불퉁한, 울퉁불퉁한, ③ (글씨가) 졸렬한, 조잡한
коса I (여) (자루가 긴) 낫, 큰낫

коса́ II (여) 머리태; заплета́ть ко́су 머리를 땋다
коса́ III (여) (기슭의) 갑, 곶; песча́ная ~ 모래곶
коса́рь (남) 풀베기군, 꼴꾼
ко́свенный (형) 간접적적, 부차적인; ~ые доказа́тельства 간접적인(부차적인) 증거; ~ый нало́г 간접세
косека́нс (남) (수학) 코시컨트(cosecant: cosec. 코세크.)
коси́лка (여) 풀 베는 기계
ко́синус (남) (수학) 코사인(cosine)
коси́ть I (미완)(풀, 곡식을) 베다
коси́ть II (미완) ①: ~ рот 입을 비쭉 거리다 ②:~ глаза́ 가로보다, 흘겨보다
коси́ться (미완) ① 흘겨보다, 가로 보다 ② 휘우뚱거리다, 비뚤어지다, 기울어지다; стена́ коси́т 벽이 비뚤어 진다. ③ 노려보다, 마땅치 않게 보다
косма́тый (형) 텁수룩한, 헙수룩한, 털이 더부룩한; ~ая голова́ 더펄머리; ~ый медве́дь 털북숭이 곰
косме́тика (여) ① 미안술, 화장법 ② 화장품, 안료
косми́ческий (형) 우주의; ~ полёт 우주 비행; ~ кора́бль 우주비행선; ~ое простра́нство 우주공간
космодро́м (남) 우주비행장
космона́вт (남) 우주비행사
космополи́т (남) 세계주의자
космополити́зм (남) 세계주의
ко́смос (남) 우주, 우주계; освое́ние ~а 우주의 개척
ко́сность (여) 보수성, 완고성
ко́сный (형) 보수적인, 완고한, 케케 묵은
ко́со (부) 비스듬히, 경사지게, 삐뚜름히
кокови́ца (여) 풀베기, 곡식베기
косогла́зие (중) 사팔눈
косогла́зый (명사) 사팔뜨기, 모들뜨기
косого́р (남) 언덕의 비탈, 자드락
косо́й (형) ① 경사진, 기울어진, 비뚤어진, ② 휘어진, 옆으로 탄; ~ пробо́р 옆으로 탄 가리마 ③: ~ глаз 사팔눈; броса́ть ~ взгляд 노려보는 (곱지 않는) 눈초리를 던지다
костёр (남) 모닥불, 우등불, 화톳불; разложи́ть(разже́чь) ~ 모닥불을 피우다
костля́вый (형) ① 뼈가 앙상한, 앙상궂은; ~ые ру́ки 뼈마디가 앙상한 손 ② (물고기가) 잔뼈가 많은
ко́стный (형): ый мозг 골수; ~ая ткань 뼈 조직, 골 조직

ко́сточка (여) ① 작은 뼈 ② (열매의) 씨, ③ 수판알; перемыва́ть~и 남을 헐뜯다
костыль (남) 쌍지팡이;
кость (여) 뼈, 뼈다귀; слоновая ~ь 상아
костю́м (남) 옷, 의복, 양복, 복장; выходной ~ 외출복;
костюми́рованный (형): ~ бал 가장 무도회
костя́к (남) ① 골격, 해골 ② 골간(骨幹), 정수분자
костяно́й(형) 뼈, 뼈로 만든; ~ая мука́ 뼈가루; ~о́й клей 갖풀, 아교풀
косу́ля (여) 노루
косы́нка (여) (여자용 삼각형의) 머리 수건, 목수건
косьба́ (여) 풀베기
кося́к (남) ① 물고기 떼 ② 새떼 ③ 말떼, 말무리
кот (남) 수고양이
кота́нгенс (남) (수학) 코탄겐트(cotan gent. 기호:cot.),
котёл (남) ① 가마, 가마솥, 솥 ② 보이라, 증기가마
котело́к (남) ① 작은가마(솥), 쟁개비 ② (군용) 밥통, 반합
коте́льная (여) 보이라실
котёнок (남) 고양이새끼
ко́тик (남) ① 물개, 바닷개 ② 물개털 가죽
котле́та (여) 까쯔레쯔
котлова́н (남) (건축물의) 기초 구덩이, 기초 홈
котлови́на (여) 분지, 함지
кото́мка (여) 배낭, 바랑, 룩색(Ruck sack), 개나리 보짐
кото́рый (대) ① (의문 대) 어느, 어떤, 몇 번째; ~ый час? 몇시입니까? ② (관계대) (부문장을 주문장과 연결시키며 주문장의 명사를 규정한)
котте́дж (남) (한가족이 들수 있는) 작은문화주택(이층은다락방)
ко́фе (중) (불변) ① 커피 ② 커피나무
кофеи́н (남) (의약) 코페인
кофе́йник (남) 커피주전자
кофе́йный (형) 커피; ~ цвет 커피색
ко́фта, ко́фточка (여) (여자용) 짧은 웃 저고리, 쟈케트, 브라우스
коча́н (남) 양배추 통
коча́нный(형):~ая капуста 결구양배추
кочева́ть (미완) ① 유랑하다, 유랑생활을 하다 ② 유목하다 ③ 자주 이사하다

- 290 -

коче́вник (남) 유랑이, 유목민
кочево́й (형) ① 유랑하는; ~ая жизнь 유랑생활 ② 유목하는, 유목민; ~ое скотоводство 유목
кочега́р (남) 화부, 보일러공
кочене́ть (미완) ① (꽁꽁)얼다, 곱다 ②(시체가) 굳어지다
кочерга́ (여) 불갈퀴
кочеры́жка (여) (양배추) 밑동
ко́чка (여) 작은 둔덕
коша́чий (형) 고양이, 고양이와 같은
кошелёк (남) 돈지갑
ко́шка (여) 암고양이, 고양이
кошма́р (남) ① 악몽 ② 참사, 참화
кошма́рный (형): ~ый сон 악몽; ~ые условия жизни 한심한 생활조건; ~ое зрелище 보기 끔쩍한 광경
коэффицие́нт (남) (물리, 수학) 계수(係數), 률; ~ поле́зного де́йствия, КПД 효율(계수); ~ про́чности 안전율
краб (남) 게
кра́деный (형) 훔친, 도적맞은; ~ая вещь 도적맞은 물건
краеве́дение (중) 향토연구, 향토학
краеве́дческий (형): ~ музе́й 향토 박물관
краево́й (형) 변방(邊防), 지방(地方)
краеуго́льный (형): ~ ка́мень чего ~의 초석, 중요사상, 근본적인 것
кра́жа (여) 훔치기, 도적질, 절도; ме́лкая ~а 좀도적;
край (남) ① 끝, 가, 변두리, 모서리, 가장자리; ~й стола́ 책상의 모서리; ② 나라, 고장; родно́й ~й 고향 ③ (행정구역으로서의) 변경, 변방, 변강소재지; пере́дний ~й 제일선; на ~ю све́та 멀고먼 곳에; быть на ~ю ги́бели 죽을 지경이다,
кра́йне (부) 극히, 극도로; ~ бе́дный 극빈한; ~ ва́жно 대단히 중요하다
кра́йний (형) ① 끝에 있는, 가장 먼데 있는, 말단; ~ий дом 끝집 ② 극도, 극난한; ~яя бе́дность 극도의 빈곤; ~яя необходи́мость 절대적 필요(성); в ~ем слу́чае 극난한 경우에; по ~ей ме́ре 적어도, 최소한도
кра́йность (여) 극단성, 극도, 과격성; впада́ть в ~ь 극도에 빠지다; доходи́ть до ~и 극도에 이르다
кран I (남) (수도용) 꼭지, 코크, 여닫이; открыва́ть (закрыва́ть) ~ 꼭지를 열다 (닫다)
кран II (남) 기중기; подъёмный ~ 기중기

крановщи́к (남), **~ца** (여) 기중기 운전공
кра́пать (미완): дождь ~ет 비가 보슬보슬 내린다.
крапи́ва (여) 쐐기풀, 가시많은 풀
крапи́вница (여) (의학) 두드러기
крапи́нка (여) 얼룩, 작은 반점
краса́ (여) 아름다움, 미(美);
краса́вец (남) 미남자(美男子)
краса́вица (여) 미인(美人), 미녀(美女)
краси́во (부) 아름답게, 곱게
краси́вый (형) ① 아름다운, 고운, 어여쁜, 훌륭한; ~ по́черк 맵시있는 글씨; ~ го́лос 청아한 목소리 ② 고결한; ~ посту́пок 아름다운 행동
краси́льня (여) 물들이는 집, 염색소, 염색직장
краси́тель (남) 물감, 칠감, 안료
кра́сить (미완) ① 물들이다, 염색하다 ② 칠하다, 바르다; ~ гу́бы 입술에 연지를 바르다
кра́ска (여) 도료, 물감, 칠감, 채색감; акваре́льная ~а 수채화구; ма́сля-ная-а 유화도구; сгуща́ть ~и 과장하다
красне́ть (미완) ① 붉어지다 ② (피부, 얼굴이) 빨개지다; ~ от стыда́ 부끄러워서 빨개지다 (얼굴을 붉히다)
красноарме́ец (남) 붉은 군대 병사
красноарме́йский (형) 붉은 군대
краснознамённый (형) 적기훈장을 수여받은, 붉은기의
красноречи́вый (형) 웅변적인, 말이 능한, 말재간이 있는
красноре́чие (중) 웅변(술), 말재주
краснота́ (여) 붉은 것, 붉은 색, 붉은 반점, 붉어진 것
краснощёкий (형) 뺨(볼)이 빨간, 홍조를 띤
кра́сный (형) 붉은, 붉은색.
красова́ться ① 아름답게 보이다, 자기의 미를 나타내다 ② 자랑삼아 자기를 드러내 보이다, 모양을 부리다
красота́ (여) 아름다움, 미(美), 맵시; же́нская ~ 여성미; красо́ты приро́ды 자연의 미, 자연의 아름다움
красо́чный (형) 다채로운, 선명한, 표현적인
красть (미완) 훔치다, 도적질하다
кра́сться (미완) 살금살금 다가들다, 살살가다, 가만히 지나가다
кра́сящий (형): ~ее вещество́ 물감, 칠감, 안료(顔料)
кра́тер (남) 분화구, 화구
кра́ткий (형) 짧은, 간략한, 간단한; ~ая биогра́фия 약전;

- 292 -

~ий словарь 소사전; ~ое изложение 개요; в ~их словах 몇 마디로, 간단히

кра́тко (부) 간단히, 간결하게, 요약 해서, 간추려서, 개략적으로.

кратковре́менный (형) 단시간의, 단기간의, 단기의

краткосро́чный (형) 단기, 단기간; ~ый отпуск 단기휴가; ~ая ссуда 단기대부

кра́ткость (여) 간단한 것, 간결성, 함축성

кра́тное (중) (수학) 배수, 곱절수; общее ~ 공배수

крах (남) ① 파산, 몰락 ② 실패, 참패; потерпеть ~ 실패하다, 파탄되다

крахма́л (남) 전분, 농마, 풀가루

крахма́лить (미완)(빨래에)풀을 먹이다

крахма́льный (형) ① 풀을 먹인; ~ воротничок 풀을 먹인 깃 ② 전분, 풀; ~ завод 전분공장

кра́шеный (형) 물들인, 색칠한, 착색한

креве́тка (여) 쌀새우

креди́т (남) ① 신용(대부), 차관; покупать в ~ 외상으로 사다 ② 지출 예산금

креди́тный (형) 신용, 신용대부; ~ые операции 신용거래;

кредитова́ть (미완) 신용대부하다, 융자하다, 자금을 지출하다

кредито́р (남) 채권자(債權者), 대부자

кредитоспосо́бность (여) 상환능력

кредитоспосо́бный (형) (대부금) 상환 능력이 있는

кре́йсер (남) 순양함(巡洋艦)

кре́кинг (남)(공학) 분해증류(分解蒸溜)

крем (남) ① (먹는) 크림 ② (화장용) 크림 ③: ~ для обуви 구두약; ~ для бритья 면도크림

кремато́рий (남) 화장터

крема́ция (여) 화장

кре́мень (남) 부싯돌, 라이타돌

кремлёвский (형) 크렘린(Kremlin)의; Кремлёвские куранты 크렘린(Kremlin 塔)의 시계

Кремль (남) 크렘린(Kremlin)

кремнезём (남) 이산화규소, 규사(硅砂)

кре́мний (남) 규소(硅素)

кре́мовый (형) 노르무레하고 흰

крен (남) 경사; дать ~ 옆으로 기울어지다

кренит́ь (미완) 기울이다, 옆으로 기울게 하다
крени́ться (미완) 기울어지다, 옆으로 기울다, 휘우뚱 거리다, 비뚝거리다
крепи́ть (미완) ① 공고히 하다, 튼튼히 하다, 강화하다 ② 고정시키다, 든든히 잡아 매다
крепи́ться (미완) 참다, 견디다, 기운을 내다
кре́пкий (형) ① 굳은, 단단한 ② 튼튼한, 힘센, 공고한, 견고한; ~ челове́к 튼튼한(건실한) 사람; ~ тыл 공고한 후방 ③ 세찬, 강한; ~ моро́з 심한 추위 ④ 진한, 독한, 센; ~ чай 진한 차; ~ таба́к 독한 담배; ~сон 깊은 잠
кре́пко (부) ① 굳게, 단단히 ② 확고하게 ③ 공하게, 세차게; ~ люби́ть 몹시 사랑하다
кре́пко-на́крепко (부) 매우 단단히, 꽁꽁
крепле́ние (중) ① (광산) 동발 ② (스키의) 조이개
кре́пнуть (미완) ① 튼튼해지다, 견고 해지다 ② 강화되다, 굳세어지다, 두터워지다
крепостни́чество (중) 농노제도
крепостно́й I (형) ①: ~ое пра́во (역사) 농노제 ② (명사로) (남) 농노(農奴)
крепостно́й II (형) 성새의, 요새의; ~ая стена́ 성벽
кре́пость I (여) 요새, 성새
кре́пость II (여) ① 경도, 강의성 ② 강도, 농도, 도수; ~ табака́ 담배의 약(독한 정도)
крепча́ть (미완) 강해지다, 세지다, 심해지다; моро́з ~ет 추위가 심해진다.
кре́сло (중) 안락의자(安樂椅子)
крест (남) 십자가(十字架)
крестец́ (남) (해부) 천골(天骨)
крести́ны (복수) (종교) 세례, 세례식, 세례 축하잔치
крести́ть (미완) (아이에게) 세례를 주다
крести́ться (미완) ① 세례를 받다 ② 십자를 긋다
кре́ст-на́крест (부) 십자모양으로, 교차되게
крёстный (형): ~ оте́ц 교부; ~ая мать 교모
крестья́нин (남) 농민(農民), 농사군
крестья́нка (여) 여성농민(女性農民)
крестья́нский (형) 농민(農民)의; ~ двор 농가(農家)
крестья́нство (중) (집합) 농민, 농민계급, 농민층
креще́ние (중) 세례(洗禮), 세례식; боево́е ~ 전투세례
крива́я (여) (수학) 곡선(曲線)

кривизна́ (여) ① 휜 곳, 비뚤어진 곳 ② 굴곡정도, 굴곡율, 곡률

криви́ть (미완) 비뚤어지게 하다, 구부리다, 찌그러지게 하다; ~ гу́бы 입술을 삐죽거리다;~ душо́й 양심을 속이다

кривля́ка (남, 여) 짐짓 점잔빼는 사람, 새침데기.

кривля́нье (중) ~인 체함, ~연함; 짐짓 꾸밈[꾸미는 태도]. 비쎄는 것, 얼굴을 찡그림, 찡그린 얼굴, 짐짓 꾸민 표정, 점잔 뺀 얼굴.

кривля́ться (미완) 부자연스럽게 굴다

криво́й (형) ① 비뚤어진, 구부러진, 구붓구붓한 ② (사람의 대하여) 애꾸눈의, 외눈의 ③ (명사) 애꾸눈, 외눈

кривоно́гий (형) 다리가 휘어진

кривото́лки (복수) 반대되는 논의, 모순된 소문

кри́зис (남) ① 위기, 급변 ② 공황; экономи́ческий ~ 경제공황; полити́ческий ~ 정치위기

крик (남) 외침(고함)소리, 부르짖음

крикли́вый (형) ① (소리가) 새된, 날카로운, 째는듯한 ② 요란스러운, 남들의 주목을 끄는; ~ наря́д 요란스러운 옷차림;~ челове́к 떠들기 좋아하는 사람

крику́н (남) ① 호통꾼 ② 흰소리쟁이, 떠벌이

криминали́стика (여) 형법학

криминальный (형) 형사의, 형법에 저촉되는, 범죄의

криста́лл (남) (광물) 결정(체)

кристаллиза́ция (여) 결정화

криста́ллический (형) 결정, 결정질의;~ая фо́рма 결정형

криста́льный (형) ① 수정같이 맑은 (투명한), 수정같은 ② 결백한, 순결한

крите́рий (남) 기준, 표준, 척도(尺度)

кри́тик (남) 비평가, 비판가, 평론가

кри́тика (여) 비판(批判), 비평, 평론

критикова́ть (미완) 비판하다, 비평하다, 평론하다

крити́чески (부) 비판(평론)적으로; относи́ться ~ к чему́ ~을 비판적으로 대하다

крити́ческий (형) ① 비판, 비판적인, 비평, 평론; ~ая статья́ 비평론설, 평론; ② 위급한; ~ий моме́нт 위급한 시기; ~ая ситуа́ция 위급한 정세(정황)

крича́ть (미완) ① 외치다, 부르짖다, 고함치다 ② на кого́ 꾸짖다 ③ 큰소리로 말하다

кров (남) 집, 거처; оста́ться без ~а 한지에 나앉다

крова́вый (형) ① 피묻은, 피투성이 ② 유혈적인, 피비린 내나는; ~ бой (유) 혈전; ~ режим 살벌한 체제
крова́ть 침대, 침상(寢牀)
кро́вельный (형); ~ое железо 지붕을 잇는 함석 (양철)
кро́вельщик (남) 지붕을 잇는 사람, 기와공
кровено́сный (형); ~ые сосуды 혈관; ~ая система 혈관계통
кро́вля (여) 지붕; жить под одной ~ей 한집에서 살다
кро́вный (형) ① 같은 피를 나눈, 혈통이 같은, 혈연적인; ~ая связь 혈연적인 연계; ② 사활적인, 절실한; ~ые интересы 절실한 이해관계; ~ое дело 사활적인 일
кровожа́дный (형) 피에 주린 피에 굶주린, 살벌한
кровоизлия́ние (중) (의학) 피새내기, 일혈, 피나기, 출혈;
кровообраще́ние (중) 혈액순환
кровоостана́вливающий (형); ~ее средство 피멎는 약, 지혈제(止血劑)
кровопи́йца (남) 흡혈귀(吸血鬼), 잔인 무도한 자
кровоподтёк (남) 피얼룩(혈반)
кровопроли́тие (중) 유혈, 살육(殺戮)
кровопроли́тный (형) 유혈적인; ~ая борьба 유혈적인 투쟁; ~ый бой 유혈전(투)
кровотече́ние (중) 피나기, 출혈(出血)
кровоточи́ть (미완) 피가 나다, 출혈이 나오다
кровохарка́нье (중) 피게우기, 각혈, 객혈.
кровь (여) 피, 혈액; анализ ~и 피검사; переливать ~ь 수혈하다; проливать ~ь за *кого-что* ~를 위하여 피를 흘리다,
кровяно́й (형): ~ое давление 혈압; ~ые шарики 혈구
крои́ть (미완) 마르다, 재단하다
кро́йка (여) 마름질, 재단
кроке́т (남) 크로케트(야유회의 한가지)
крокоди́л (남) 악어(鰐魚)
крокоди́лов (형): ~ы слёзы 거짓 눈물, 거짓 동정
кро́лик (남) 집토끼
кроликово́дство (중) 집토끼사양(업)
кро́личий (형) 집토끼, 집토끼 털로 만든
кроль (남)(체육) 자유형, 크롤, 크롤스트로크(crawl stroke)
кро́ме (전) ① (+생) 밖에, 외에; ~ меня 나를 제외하고, ② 게다가,
кроме́шный (형): ~ая тьма 캄캄한 어둠; ~ый ад 생지옥, 수라장

кро́мка (여) 언저리, 가장자리, 모서리
кромса́ть (미완) 마구 조각내다(자르다, 베다)
кро́на I (여) 나무갓
кро́на II (여) 크로네(krone; 화폐단위)
кроншта́йн (남) 까치발, 받침틀
кропотли́вый (형) 면밀한, 꼼꼼한
кросс (남) (산야) 횡단경주
кроссво́рд (남) 가로세로글풀이
крот (남) 두더지
кро́ткий (형) 온순한, 양순한, 유순한; ~ хара́ктер 유순한 성격
крохобо́р (남) 꼼바리, 깍쟁이
кро́хотный, кро́шечный (형) 아주작은, 초소형의, 초미니의
кроши́ть (미완) ① *что* 썰다, 이기다, 잘게 베다 ② *чем* 부스러뜨리다, 헤뜨리다
кроши́ться (미완) 부서지다, 잘 부스 러지다
кро́шка (여) ① 부스러기; ~и хле́ба 빵 부스러기 ② 꼬마, 어린애; ни ~и 조금도, 손톱만치도
круг (남) ① 동그라미, 원형; спаса́тельный ~ 구명대 ② 계층; официа́льные ~ 공식계층; пра́вящие ~ 지배층 ③ (가까이 지내는 사람들에 대하여): в ~у друзе́й 벗들 가운데서; в семе́йном ~у 가족들 속에서, 가족들이(다) 있는데서 ④ 범위, 영역, ~ обя́занностей 임무의 범위(한계); голова́ ~о́м идёт 어질어질하다, 얼떨떨해지다, 눈이 핑핑돌 정도로 바쁘다
круглоли́цый (형) 얼굴이 둥근
кру́глый (형) 둥근, 원형; ~ год 일년, 사시장철; ~ день 온종일; ~ отли́чник 전과목 최우등생; ~ сирота́ 고아
кругово́й (형); ~ые движе́ния 원형운동; ~ая оборо́на 원형방어; ~ая пору́ка 연대책임, 호상보증
кругооборо́т (남) ① 순환, 회전 ② 부단한 운동(변화)
кругозо́р (남) ① 시야, ② 식견, 견문
круго́м (부) ① 빙돌아, 둥글게, 원으로 ② 주위에, 사방에, 둘레둘레; 뒤로돌앗! ③ 전혀, 전적으로, ~винова́т 전적으로 잘못이다
кругооборо́т (남) 회전, 순환; ~ капита́ла 자본의 순환
кругосве́тный (형); ~ое путеше́ствие 세계일주여행
кружевни́ца (여) 레이스직조공

- 297 -

кружевно́й (형) 레이스, 레이스를 단

кру́жево (중) 레이스; плести кружева 레이스를 뜨다

кружи́ть (미완) ① 돌리다, 빙글빙글돌게하다 ② 에돌아가다, 휘돌다 ③ 헤매다

кружи́ться (미완) 휘돌다, 빙글빙글돌다, 돌아가다, 감돌다; снег ~ся 눈이 흩날린다; вихрем ~ься 회오리를 치다; голова ~ся 어지러워진다.; 어지럼증이 난다.

кру́жка (여) (손잡이가 달린) 큰 잔, 큰 컵, 조끼

кружно́й (형); ~ путь 돌음 길, 에돌이길

кружо́к (남) 동아리, 동호회, 서클(circle), 무리, 패, 패거리, 울, 편, 당(黨); драматический ~ 연극동아리

крупа́ (여) 쌀, 미곡, 입쌀, 쌀알, 곡식, 곡류, 싸라기;

крупнокали́берный (형) 대구경; ~пулемёт 대구경기관총

кру́пный (형) ① 커다란, 큰, 집채 같은, 웅대한, 규모가 큰; ~ое яблоко 큰 사과; ② 저명한, 고위; ~ый писатель 대작가, 이름 있는 큰 작가; ~ый работник 고위간부, 요인;

крупо́зный (형); ~ое воспаление лёгких 크루프성 폐렴

крупору́шка (여) 맷돌, 방아, 정미기; 방앗간, 정미소

крутизна́ (여) 벼랑, 가파른 곳, 낭떠러지

крути́ть (미완) ① 돌리다, 회전시키다 ② 비꼬다, 비틀다; ~ голову 얼떨떨 하게 하다

крути́ться (미완) ① 휘돌다, 핑(빙글) 돌다, 회전하다 ② (눈, 먼지) 몽글 몽글올라가다, 흩날리다; 이리저리 바삐 돌아다니다(돌아가다)

кру́то (부) ① 가파르게, 험하게, 곧추 ② 급하게, 갑작스레 ③ 엄하게

круто́й (형) ① 가파른, 험한, 험악한; ~ая гора 험산 ② 급한, 갑작스러운 ③ 엄격한, 준엄한; ~ой нрав 드센 성격; ~ые меры 강력한 조치(대책); ~ой кипяток 펄펄 끓는 물; ~ое яйцо 푹 삶은 계란, 완숙

кручёный (형) 꼬인, 꼰; ~ые нитки 꼰 실; ~ый мяч (체육) 깎아친 공

круше́ние (중) ① (기차, 배의) 사고, 전복, 파선: ② 파멸, 붕괴(崩壞); ~ надежд 실망

крыжо́вник (남) 까치밥나무의 한 가지, 그 열매

крыла́тый (형); ~ые слова 명구, 경구; ~ая ракета 순항미사일

крыло́ (중) ① 날개; махать крыльями 날개를 치다 ② 익, 익측;~о самолёта 주의 ③ (정치적) 파, 익; левое ~о рабочего движения 노동운동에서의 좌익

крыльцо́ (중) 바깥현관

кры́са (여) 시궁쥐; канцеля́рская ~ 관청서기

кры́тный (형) 지붕이 있는, 유개; ~ая маши́на 유개차, 지붕차; ~ый стадио́н 유개경기장

кры́ть (미완) 덮다, 씌우다; ~ кры́шу 지붕을 잇다

кры́ться (미완) 귀결되다, ~에 있다; причи́на кро́ется в ~ 원인은 ~에 있다

кры́ша (여) 지붕; жить под одно́й ~ей 한 지붕 밑에서 (한 집에서) 살다

кры́шка (여) 뚜껑, 덮개

крюк (남) ① 갈고랑이, 갈고랑 못, 군두쇠 ② 에돌이길, 돌음 길; де́лать ~ 에돌아가다

крючо́к (남) ① 갈고랑이, 갈고랑 못; дверно́й ~ 갈고랑쇠, 문고리, 손잡이 문걸쇠 ②: рыболо́вный ~ 낚시; ~ для вяза́ния 코바늘 ③ 호크, 걸단추

кряж (남) 산맥, 산줄기

кря́кать (미완)(오리 등이) 박박(꺽꺽) 울다

кряхте́ть (미완) 킹킹(끙끙)거리다

кста́ти (부) ① 겸사겸사, 겸하여; ~ зайти́ за *кем-чем* ~을 가져갈 겸 들리다 ② 때마침, 제때에; как нельзя́ ~ 아주 적절하다 (때맞다)

кто (대) ① (의문 대) 누구; ~ там? 누구십니까? ② (관계 대) ~ не рабо́тает, тот не ест 일하지 않는 자는 먹지 말라; ~ бы не пришёл 누(구)가 올지라도; ~ бы ни был 누구라도, 누구든지 간에; ~ зна́ет! 누가 안담!

кто́-ли́бо, кто́-нибу́дь (미정 대) 누구나, 누구든지, 누구인지; ~ друго́й 누 나 다른 사람; ~ из вас 당신들 중에서 누구든지

кто́-то (미정 대) 어떤사람, 누구인가, 누구인지; ~ пришёл 누구인지 왔다

куб I (남) ① 입방체 ② (수학)3승, 세제곱 ③ 입방미터

куб II (남) 중류기, 보이라

Ку́ба (여) 쿠바(Cuba)

ку́барем (부): скати́ться ~ 구르는 듯이 내려 달리다

кубату́ра (여) 용적, 입방적(立方積)

куби́ческий (형) 입방; ~ метр 입방(미터); ~ ко́рень (수학) 3 (삼) 승근, 세제곱뿌리

ку́бок (남) ① 컵, 큰 잔 ② 우승컵

кубоме́тр (남) 입방미터
ку́брик (남) (선박의) 승무원실, 선원실
куби́шка (여) 저금통, 돈 상자
кува́лда (여) 큰 망치, 큰 메
кувши́н (남) 독, 동이, 독동이, 단지, 항아리
кувши́нка (여) (식물) 수련
кувырка́ться (미완) 곤두박질하다, 공중제비(허궁잡이)로 나뒹굴다
кувырко́м (부) 곤두박질하여, 거꾸로; полете́ть ~ 곤두박이다
куда́ (부) ① (의문) 어디로; ~ ты идёшь? 너는 어디로 가느냐? ② (관계 부); заво́д, ~ мы идём 우리가 가는 공장 ③ (조) (형용사, 부사의 비교급과 결합하여) 훨씬; ~ лу́чше 훨씬좋다; ~ бы ни пое́хали어디로 가든지; ~ ни шло 어찌되든 좋다
куда́-либо, куда́-нибу́дь (부) 어디(로) 든지, 어디론가
куда́-то (부) 어디론가, 알지 못할데로
куда́хтать (미완)(암닭이)꼬꼬댁거리다
ку́дри (복수) 고수머리, 곱슬머리
ку́дрявый (형) 곱슬곱슬한, 고수머리의; ~ые во́лосы 고수머리; ~ая берёза 고수머리 붓나무
кузне́ц (남) 대장쟁이, 단야공, 단조공
кузне́чик (남) (동물) 귀뚜라미
кузне́чный (형) 대장, 단조; ~ цех 단야직장; ~ мо́лот 단조망치
ку́зница (여) 대장간, 야장간, 노호, 야장, 야방, 단철장, 철공소; 풀못간, 단야직장
ку́зов (남) 적재함, 짐함, 차체
кукареку́ (감) (수탉의) 꼬끼오(꼬끼오)
ку́кла (여) 인형꼭두각시
кукова́ть (미완) (뻐꾸새가) 뻐꾹뻐꾹 울다, 뻐국뻐꾹하다
ку́колка (여)(동물) 번데기, 번데; 뻔데기.
ку́кольный (형) 인형, 인형같은; ~ теа́тр 인형극장
кукуру́за (여) 강냉이, 옥수수, 옥고량, 옥촉서, 옥댁기
куку́шка (여) 뻐꾸기, 뻐꾹새, 곽공, 꾸꾸기, 버꾸기
кула́к I (남) 주먹; грози́ть ~ом 주먹을 쳐들어 위협하다
кула́к II (남) (농촌에서) 부농(富農)
кула́цкий (형) 부농의
кула́чество (중) 부농층, 부농 (계급)

- 300 -

кулёк (남) 봉지, 종이봉투
кули (불변) (남) 막 노동자
кулик (남) (조류) 도요새
кулинар (남) 요리사, 요리전문가
кулинария (여) ① 요리법, 요리술 ② 음식점
кулинарный (형) 요리의, 요리법의; ~ое искусство 요리술
кулисы (복수) 측면무대장치; за ~ами 막 뒤에서, 막후에
куличики (복수): жить у чёрта на ~ах 벽지에서 살다
кулуарный (형) 비공식적인, 비공개적인; ~ые разговоры 비공식적인 대화/풍문
кулуары (복수) 휴게실, 휴계복도; в ~ах 막 뒤에서, 막후에서
куль (남) 가마니, 마대
кульминационный (형): ~ пункт (момент) 절정(점), 고비
культ (남) ① 예배, 경배, 첨례, ② 숭배, 우상화, 숭상, ~ личности 개인미신
культ~ (합성어의 첫 부분) 문화(적); культтовары 문화용품
культиватор (남) 중경기, 중경제초기
культивация (여) 골갈이, 중경제초
культивировать (미완) ① 골갈이 하다, 중경제초하다 ② 심다, 재배하다, 배양하다 ③ 보급시키다, 장려 하다
культтовары (복수) 문화용품
культура (여) ① 문화, ② 작물, 농작물; зерновые ~ы 알곡작물; технические ~ы 공예작물; физическая ~а 체육
культурно-бытовой (형): ~ое обслуживание 문화편의 봉사
культурно-массовый (형) 대중문화
культурный (형) ① 문화의, 무화적인; ~ая революция 문화혁명; ~ый обмен 문화교류; ② 교양 있는, 문화수준이 높은; ③: ~ые растения 재배작물(식물)
кумыс (남) 말젖술
кунжут (남) 참깨, 백유마, 진임(眞荏); 흑임자
куница (여) 담비, 산달, 노랑담비, 황초, 누른 돈
купальный (형) 수영의, 목욕의, 해수욕의; ~ый костюм 수영복; ~ сезон 해수욕계절
купальня (여) 수영장, 수욕장, 유영장, 푸울, 해수욕장
купание (중) 목욕, 해수욕; морские ~я 해수욕
купать (미완) 미역을 감기다, 목욕하다
купаться (미완) 미역을 감다, 목욕하다, 수영하다
купе (불변) (중) 차실(꾸뻬)

купе́ц (남) 상인, 장수, 장사꾼, 상업가, 장돌뱅이
купи́рованный (형): ~ вагон 칸막이 차량
купле́т (남) (노래, 시의) 한절, 구절
ку́пля (여) 사는 것, 사들이기, 구입; ~ и прода́жа 팔고사기, 매매, 흥정, 거래(去來), 매수, 고판(沽販)
ку́пол (남) 둥근 지붕, 구룽식천정
купо́н (남) 이표, 절취표; стричь ~ы 이자를 받아먹고 살다
купоро́с (남) 유산염; ме́дный ~ 유산동, 담반; желе́зный ~ 유산철, 녹반
купю́ра (여) (재정) 표기가격
кура́нты (복수) 시계탑(時計塔)
курга́н (남) ① 구룽(丘陵), 둔덕 ② 고분(古墳)
куре́ние (중) 담배를 피우는 것, 흡연(吸煙); бро́сить ~ 담배를 끊다
кури́льщик (남) 담배피우는 사람, 애연가(愛煙家)
кури́ный (형) 닭의; ~ое яйцо́ 달걀; ~ая слепота́ (의학) 야맹증, 밤눈증
кури́тельный (형) 담배를 피우는데 쓰는, 흡연; ~ый таба́к 담배; ~ая бума́га 담배종이; ~ая ко́мната 흡연실
кури́ть (미완) 담배(를) 피우다; ~ воспреща́ется 금연
ку́рица (여) ① 닭, 계(鷄), 덕금, 신계, ② 닭고기
курно́сый (형) ①: ~нос 들창코 ② (명사로) 들창코
куро́к (남) (군사) 방아쇠, 방화쇠, 격철, 공이치기; взводи́ть ~ 방아쇠를 당기다, 격철을 올리다
куропа́тка (여) 자고새(새의 한 가지)
куро́рт (남) 정양소, 요양자, 요양지
куро́ртник (남) 정양자, 요양자, 요양생
куро́ртный (형) 정양의, 요양의; ~ая кни́жка 요양권, 정양권
курс (남) ① 방향, 항로; держа́ть ~ на... ~에로 향하다 ② 방침, 노선, 방책; ③ 과정, 학과, 학년 ④ 학과목, 교정 ⑤ (경제) 시가, 세세 ⑥: ~ лече́ния 치료주기; быть в ~е чего́ ~을 환히 꿰뚫고 있다, 정통하다;
курса́нт (남) ① 강습생 ② 군사학교 학생(學生)
курси́в (남) (인쇄) 이테리체, 비김체
курси́ровать (미완) (교통수단에 대하여) 정기항행(통행)하다, 오가다, 돌아치다, 왕래하다
курсо́вка (여) 요양원(療養院)
курсово́й (형); ~ая рабо́та (학년)과정 작업
ку́рсы (복수) 강습, 강습소, 양성소; вече́рние ~ 야간강습소

ку́ртка (여) 짧은 웃옷, 잠바; кожаная ~ 가죽잠바
курьёз (남) 우스운(진기한 일)
курьёзный (형) 우스운, 진기한; ~ слу́чай 우스운 사건
курье́р (남) ① 문서배달원 ② 급사, 사동. 사환.
курье́рский (형): ~ по́езд 급행열차
куря́тина (여) 닭고기
куря́тник (남) 닭우리, 닭장, 닭의 장
куря́щий (형) 담배피우는;(명사) 흡연자, 담배피우는 사람
куса́ть (미완) ① 물다, 깨물다, 쏘다 ② (피부를) 찌르다
куса́ться (미완) 물다, 무는 버릇이 있다
кусково́й (형) 조각으로 된;~ са́хар 덩이 사탕
кусо́к (남) 조각, 덩어리, 토막, 동강; ~ мя́са 고기 덩어리; ~ хле́ба 빵 조각; ~ де́рева 나무토막; ~ мы́ла 비누덩어리
куст (남) 떨기나무, 관목
куста́рник (남) 떨기나무숲, 떨기나무, 관목
куста́рный (형) 수공업의, 수공업적인
куста́рь (남) 수공업자(手工業者)
ку́тать (미완) ① 덮싸다, 감싸다 ② 너무(많이덮게) 입히다
ку́таться (미완) 몸을 감싸다, 몸에 두르다, 많이입다
кутёж (남) 술놀이
кутерьма́ (여) 뒤범벅(판), 혼잡(混雜)
кути́ла (남) 모주망태, 음주 방탕하는 사람
кути́ть (미완) 술놀이하다, 음주방탕하다
куха́рка (여) 식모(食母), 부엌데기
ку́хня (여) ① 부엌(간), 주방, 취사실, 취사장, ② 요리, 음식, 조리, 쿠킹(cooking), коре́йская ~ 한국요리
ку́хонный (형) 부엌의, 주방의, 취사의; ~ый нож 식칼
ку́цый (형) ① 꼬리가 짧은 ② 제한된, 국한된, 불충분한
ку́ча (여) ① 무더기, 더미, 덩어리, 뭉치; ② 다량, 다수
кучево́й (형): ~ые облака́ 뭉게구름, 더미구름
ку́чер (남) 마부(馬夫), (마)차부(車夫)
ку́чка (여) ① 작은 무더기 (더미) ② (사람들의) 무리
куш (남) 많은 돈 (금액)
куша́к (남) (폭이 넓은) 띠
ку́шанье (중) 음식(飮食), 요리(料理)
ку́шать (미완) 먹다, 자시다, 식사하다
куше́тка (여) (침대겸용) 소파
кюве́т (남) 길옆도랑

К

Л

лабири́нт (남) ① 미로, 미궁, 오리무중; 수수께끼, 의문; ② (해부) 와우각
лабора́нт (남) 실험실조수, 부수
лаборато́рия (여) 실험실(實驗室)
ла́ва I (여) 용암
ла́ва II (여) (광업) 장벽막장
Ла-Вале́тта (여) 발레따
лави́на (여) ① 세찬, 흐름, 분류, 사태; сне́жная ~ 눈사태 ② 격류, 거센, 흐름
лави́ровать (미완) ① 요리조리 피해 가다 ② 술책을 쓰다, 수시로 변경 하다
ла́вка I (여) 긴 걸상, 긴 의자, 벤치
ла́вка II (여) 가게방, 매점(賣店)
лавр (남) 월계, 월계수; почива́ть на ~ах 성과에 자만하다,
ла́вро́вый (형): ~ вено́к 월계관
ла́герный (형) 야영, 숙영, 수용소; ~ая жизнь 야영생활;
ла́герь (남) ① 야영, 야영지, 숙영; вое́нный ~ 병영, ② 수용소; ~ (для) военнопле́нных 포로수용소, ③ 진영(陣營)
лагу́на (여) (지리) 개펄, 석호; 초호. 막힌호수
лад (남) ① 화목, 의좋은 것; жить в ~у 의좋게 살다; ② 방식, 풍; на друго́й~ 다른 방식으로,
ла́дить (미완) 의좋게 지내다, 화목하게 살다;
ла́диться (미완) 잘되어 가다, 순조로이 이루어지다; де́ло не ~ся 일이 잘 되지 않는다.
ла́дно (조) 좋고, 됐소, 네, 오냐; ну и ~ 그럼 좋아; ~, будь по-тво́ему 좋네, 자네 마음대로 하세
ладо́нь (여) 손바닥; ви́дно как на ~и 손금 보듯 빤하다
ладо́ши (복수): бить (хло́пать) в ~ 짝짝 치다, 손바닥을

마주치다, 박수를 치다
ладья́ (여) (장기의) 차(車)
лазаре́т (남) 병원; 진료소; полевой (походный) ~ 야전병원
лазе́йка (여) ① 개구멍 ② 뒷구멍, 빠질 구멍
ла́зер (남) (물리) 레이저(laser)
ла́зерный (형) 레이저(laser); ~ый луч 레이저광선(빛); ~ое оружие 레이저 무기
ла́зить (미완) 기어오르다, 등반하다
лазоревый (형); ~ цвет 파란색, 감청색, 하늘색
лазу́рный (형) 감청색, 하늘색
лазу́рь (여) 감청색, 하늘색; 푸른 하늘
лазу́тчик (남) 밀정, 탐정, 간첩(間諜)
лай (남) (개, 승냥이 등의) 짖는 소리, 컹컹 짖는 소리
ла́йковый (형): ~ые перчатки 기도장갑, 양피장갑
лак (남) 라크; (완) 니스
лаке́й (남) ① 머슴 ② 앞잡이
лакиро́ванный (형) 옻칠한; ~ая шкатулка 칠함
лакирова́ть (미완) ① 라크칠하다(옻칠하다), 니스칠하다 ② 분식하다, 허식하다, 겉발림하다
лакиро́вка (여) 라크칠, 니스칠, 옻칠
ла́кмус (남) (화학) 리트머스(litmus); 리트머스(시험지)
ла́кмусовый (형): ~ая бумага 리트머스 시험지
ла́ковый (형) 라크, 니스, 니스칠을 한; ~ое дерево 옻나무
ла́комиться (미완) 마음에 드는 음식을 먹다, 맛있게 먹다
ла́комка (남, 여) 맛있는 음식만 먹는 사람, 식도락가
ла́комство (중) ① 맛있는 음식 ② 단 것, 당과
ла́комый (형) 맛있는, 몹시 좋아하는
лакони́чный (형) 간결한
ла́ма I (남) (동물) 라마(llama)
ла́ма II (남) 라마승(lama僧)
ла́мпа (여) ① 등, 전등; настольная ~а 탁상전등; зажигать (гасить) ~у (전) 등불을 켜다(끄다) ② 진공관, 전자관
ла́мпочка (여) 전구, 전등알;
ланге́т (남) 란게트(등심살을 저며서 만든 요리)
ландша́фт (남) ① 지형, 지세; ② 풍경(風景), 경치
ла́ндыш (남) 방울꽃
лань (여) (구라파) 누렁이(사슴의 일종)
ла́па (여) ① (짐승의) 발 ②: ~ы (복수); протягивать ~ы 독수를 뻗치다; попасть в ~ы 독수에 걸리다, 손아귀에

들어가다
лапша́ (여) 밀국수, 마른국수, 칼제비
ларёк (남) 간이매점, 매대
ларинги́т (남) (의학) 후두염(喉頭炎)
ла́ска I (여) 애무, 귀염
ла́ска II (여) (동물) 족제비, 서랑, 황서랑, 황서(黃鼠);
ласка́ть (미완) 귀여워하다, 애무하다
ла́сково (부) 다정스럽게, 상냥하게
ла́сковый (형) 정다운, 귀여운
ла́сточка (여) 제비, 사연, 현조, 소연; 제비생이
латви́йский (형) 라트비아(Latvia)의
лати́нский (형) ~ язык 라틴어
лата́ть (미완) 조각을 대다, 깁다
лату́нь (여) 놋쇠, 황동(黃銅)
латы́нь (여) 라틴어(Latin語)
лауреа́т (남) 최고상을 받은 사람, 계관인, 수상자
лафе́т (남) (군사) 포가(砲架)
лачу́га (여) 오막살이집, 판자집
ла́ять (미완) (개) 짖다, 컹컹짖다; ~ на кого ~를 보고짖다
лга́ть (미완) 거짓말하다, 허튼소리 하다
лгун (남), **~ья** (여) 거짓말쟁이
лебеда́ (여) 능쟁이
лебеди́ный (형) 백조의, 고니; ~ая песня 최후의 작품,
재능의 마지막 발현
лебёдка (여) (공학) 권양기, 윈찌
ле́бедь (남) (조류) 백조(白鳥), 고니
лебези́ть (미완) перед кем ~에게 굽실거리다, 아첨하다,
환심을 하다
Лев(Третья книга Моисеева. Левит 27장) 레위기
лев (남) 사자; морской ~ 바다사자
лева́цкий (형) 좌경적, 좌경기회주의 적인
левобере́жье (중) 왼쪽대안, 왼쪽기슭
левша́ (남, 여) 왼손잡이
ле́вый (형) ① 왼쪽; ~ глаз 왼눈 ② 좌익; ~ защитник (체육)
좌측 수비수 ③ 좌경; ~ уклон 좌경 ④ (명사) (남) 좌익분자,
좌경분자(左傾分子)
легализи́ровать, легализова́ть (미완,완) 합법화하다,
법률상 공인하다
лега́льный (형) 합법적인, 공개적인

Л

леге́нда I (여) 전설(傳說)
леге́нда II (여) (지도, 도표 등의) 범례(凡例), 설명
легенда́рный (형) 전설적인, 전설과 같은
леги́рованный (형): ~ая сталь 합금강(合金鋼)
лёгкий (형) ① 가벼운; ~ий вес 가벼운 무게 ② 쉬운, 손쉬운, 헐한, 용이한; ③ (상처, 병이) 중하지 않는, 경한, 가벼운, 경상(輕傷); ~ая ра́на 경상 ④ 경박한, 경솔한; ~ое поведе́ние 경박한 행동; ~ий ветеро́к 실바람; ~ий моро́з 가벼운 추위; ~ая му́зыка 경음악; ~ая промы́шленность 경공업; ~ая атле́тика (체육) 육상경기
легко́ (부) ① 가볍게 ② 쉽게, 가든하게 ③ (술어로) 쉽다, 수월하다; ~ на душе́ 마음이 거뿐하다
легкоатле́т (남) 육상경기선수
легкоатле́тика (여) 육상경기
легкове́рный (형) 쉽게믿는, 속기쉬운
легково́й (형): ~ автомоби́ль 승용차
лёгкое (중) 폐(肺), 허파; воспале́ние ~их 폐렴(肺炎)
легкомы́сленно (부) 경박하게, 경솔하게; вести́ себя́ ~ 경솔 하게 행동하다
легкомы́сленный (형) 방정맞은, 경박한, 경솔한; ~ челове́к 방정꾸러기, 경솔한 사람
легкомы́слие (중) 경솔성, 경박한 것
легкопла́вкий (형) 잘 녹는, 잘 용해 되는, 이용성; ~ мета́лл 이용금속, 녹기 쉬운 금속
лёгочный (형) 폐(肺); ~ больно́й 폐병 환자(肺病患者)
лёд (남) 얼음; иску́сственный ~ 인공 얼음
ледене́ть (미완) 얼다; (무서움으로) 굳어지다, 멍해지다
ледене́ц (남) 얼음사탕, 빙사탕, 아이스바
ледни́к (남) 냉장고, 냉동고; ваго́н-~ 냉동차
ледни́к (남) 빙하(氷河), 얼음 벌
леднико́вый (형): ~ пери́од 빙하시대, 빙하기
ледоко́л (남) 얼음 까기 배, 쇄빙선
ледоста́в (남) (강 등이) 얼어붙는 것
ледохо́д (남) 얼음흐름, 유빙, 빙하, 빙하기
ледяно́й (형) ① 얼음, 얼음으로 덮인, 얼음이 언; ~ая гора́ 얼음산 ② 얼음처럼 찬; ~о́й ве́тер 맵짠 바람 ③ 언, 곱은; ~ые па́льцы 곱은 손가락 ④ 냉정한, 무정한
лежа́ть (미완) ① 누워있다; ~а́ть больны́м 앓아누워있다 ② (놓여)있다; кни́га ~и́т на столе́ 책은 책상위에 있다

лежебо́ка (남, 여) 게으름뱅이, 건달꾼
ле́звие (중) 날,(안전) 면도날
лезть (미완) ① (위로) 기어오르다 ② (안으로) 들어가다, 기어들어가다 ③ (머리카락) 빠지다 ④ 성가시게 굴다, 치근거리다 ; ~ не в своё дело 남의 일에 참견하다
лейбори́ст (남) (영국의) 레이버당원
лейбори́сткий (형) 레이버; ~ая партия 레이버당
ле́йка (여) 물뿌리개, 물조리개
лейкоци́т (남) (생물) 백혈구(白血球), 흰피톨, 흰피알,
лейтена́нт (남) 중위; младший ~ 소위; старший ~ 상위
лейтмоти́в (남) ① (음악) 시도악곡 ② 중심주제, 중심의도
лека́ло (중) (공학) 주형, 형(型), 모형(模型) ③ 구름자
лека́рственный (형) 의약(醫藥)의; ~ые травы 약초(藥草)
лека́рство (중) 약, 약제; прописать ~о 약을 처방하다; готовые ~а (복수) 판매 약품
ле́ксика (여) (언어) 어휘(語彙)
лексико́граф (남) 사전편찬학자, 사전편찬자
лексикогра́фия (여) 사전편찬학
лексиколо́гия (여) 어휘론(語彙論)
лекси́ческий (형) 어휘, 어휘적
ле́ктор (남) 강사, 강연자
ле́кторий (남) 강연장소, 대중강연실
лекцио́нный (형) 강의(講義), 강연; ~зал 강의실, 강당
ле́кция (여) 강의(講義), 강연; читать ~ю 강의(강연)하다
леле́ять (미완) 귀여워하다, 떠받들다, 알뜰히 손질하다
ле́мех (남) 보습날
лён (남) ① 아마(천); 아마섬유; ② 린트천; 실보무라지
лени́вый (형) 게으른, 개으름, 나태, 태만, 해태, 굼뜬
ленини́зм (남) 레닌주의
ле́нинский (형) 레닌, 레닌적인
лени́ться (미완) 게으름부리다, 게을리하다, 태만하다
ле́нта (여) 댕기, 리본; 테이프, 벨트, 영화필름;
ле́нточный (형) 띠형;~ый конвейер 콘베아 벨트
лентя́й (남) 게으름뱅이, 건달꾼
лентя́йничать (미완) 게을리하다, 게으름(을) 피우다,
лень (남, 녀) ① 게으름, 권태; из-за ~и 게을러서 ② (술어로) (+미정형)~하기가 싫다, ~하기를 게을리하다;
леопа́рд (남) 표범, 돈점박이; 알락범
лепесто́к (남) 꽃잎, 꽃판, 화엽

- 309 -

ле́пет (남) 옹얼거리는 소리, 옹얼대는 말; де́тский ~ 설득력 없는 말, 김 빠진 소리

лепета́ть (미완) ① (어린애가) 종알종알 말하다, 조잘거리다, ② 중얼 거리다, ③ 지껄이다

лепёшка (여) 레뾰쉬까(납작하고 둥근 떡, 빵, 과자)

лепи́ть (미완) ① 조각하다, 소조하다, 소상을 만들다(빚다) ② (둥지 등을) 짓다, 틀다, 빚다; ~ сне́жную ба́бу 눈사람을 (빚어)만들다

ле́пка (여) 빚은 조각, 소조

лепно́й : ~ы́е украше́ния 소조장식

ле́пта (여) 기여; внести́ свою́ ~у во что ~에 기여(이바지)하다

лес (남) ① 수풀, 산림, 수림; густо́й ~ 밀림; сме́шанный ~ 혼성림; ли́ственный ~ 넓은 잎 나무 숲; хво́йный ~ 바늘잎나무 숲 ②(건설) 재목, 목재

леса́ (여) 낚시 줄

леса́ (복수) (건설) 발대, 발판

леси́стый (형) 숲이 많은(우거진)

лесни́к (남) 산림지기, 산림보호원.

лесни́чество (중) 산림구, 산림경영

лесни́чий (남) 산림경영소장, 산림 구역책임자

лесно́й (형) 산림, 수풀; ~а́я промы́шленность 임업

лесово́дство (중) ① 산림경영, ② 산림학

лесово́з (남) 목재수성선(차)

лесозаво́д (남) 제재공장, 제재소, 목재소(木材所)

лесозагото́витель (남) 벌목공(伐木工)

лесозагото́вки (복수) 산림채벌

лесозащи́тный (형) 산림보호; ~ая полоса́ 방풍림

лесоматериа́лы (복수) 목재(木材), 재목

лесонасажде́ние (중) ① 나무심기, 숲 만들기, 조림(稠林); ② 조림지대, 인공 조성림, 물(모래)막이숲

лесопа́рк (남) 교외의 원림, 풍치림

лесопито́мник (남) 양묘장(養苗場)

лесопромы́шленность (여) 임업(林業)

лесоразрабо́тки (복수) 벌목장(伐木場)

лесору́б (남) 벌목공(伐木工)

лесосе́ка (여) 벌목장(伐木場), 채벌장

лесоспла́в (남) 떼몰이, 유벌

лесосте́пь (여) 산림초원(지)

леспромхо́з (남) 임산사업소

лёсс (남) 누렁 흙, 황토(黃土)

ле́стница (여) 계단, 사다리; приставная ~ 사닥다리; винтова́я ~ 회전사다리, 나선계단; верёвочная ~ 줄사닥다리; пожа́рная ~ 방화용 사다리

ле́стничный (형): ~ая площа́дка 계단식복도

ле́стный (형) ① 찬양한, 칭찬한; ~ отзыв 호평 ② 아첨하는, 발라맞추는

лесть (여) 아첨, 아부, 발라맞춤

лёт (남): на лету́ ① 날면서, 날아가면서 ② 쉽게, 빨리; схва́тывать на лету́ 첫마디에 알아차리다 ③ 바삐, 서둘러

лета́ (복수) ① см. год ② 나이(연령), 살; ско́лько вам ~? 당신은 몇 살 입니까?(나이가 몇입니까?)

лета́тельный (형): ~ аппара́т 항공기

лета́ть (완), **лете́ть** (미완) ① 날다, 날아가다(오다); пти́ца ~ит 새가 날아간다; самолёт ~ает 비행기가 날아간다. ② 내달리다, 질주하다 ③ (시간이) 빨리 지나가다; вре́мя ~ит 세월이 빨리 흘러간다.

ле́тний (형) 여름의; ~ день 여름날; ~ сезо́н 여름철

лётный (형); ~ая пого́да 비행하기 좋은 날씨; ~ый соста́в 비행성원; ~ое по́ле 이륙장, 착륙장

ле́то (중) 여름, 여름철, 여름동안, 오뉴월, 하절, 하계

летосчисле́ние (중) 역법, 기원; европе́йское ~ 서력(기원)

ле́том (부) 여름에; ~ э́того го́да 올해 여름에

ле́топись (여) 연대기(年代記)

лету́чий (형) ①: ~ая мышь 박쥐 ② (화학): ~ие масла́ 휘발유

лету́чка (여) 간단한 회의, 비상회의, 긴급회의

лётчик (남) 비행사; ~ испыта́тель 시험 비행사; ~ космона́вт 우주비행사, 우주비행사

лече́бница (여) (전문) 병원; глазна́я ~ 안과병원

лече́бный (형) 치료, 의료; ~ые сре́дства 의약품

лече́ние (중) 치료, 의료; амбулато́рное ~ 외래치료

лечи́ть (미완) 치료하다, 고치다, 가시다, 아물리다

лечи́ться (미완) 치료받다, 치료하다

лже~ (합성어의 첫 부분으로서 <거짓>, <허위>, <가짜>의 뜻을 가짐) 사이비; лженау́ка 사이비과학

лжесвиде́тель (남) 허위증인, 날조자

лжец (남) 거짓말쟁이

- 311 -

лжи́вость (여) 허위성(虛僞性)

ли (조) ① (직접물음에) ~인가?, ~한가?, ~ 인지? возможно ~? 가능한 지? ② (간접물음에) не знаю, здесь ~ он 그가 여기 있는지 없는지 나는 모른다.

либера́л (남) ① 자유주의자, ② 자유당원(自由黨員)

либерали́зм (남) 자유주의(自由主義)

либера́льничать (미완) ① 자유주의를 부리다 ② *с кем-чем* ~을 관용하다, 융화하다

либера́льный (형) 자유주의, 자유주의적인; ~ая партия 자유당; ~ое отношение 자유주의적 태도, 융화 묵과

ли́бо (접) 혹은, 또는, ~이나.

либре́тто (중) (불변) ① (음악) 큰 성악 작품의 가사, 가극의 대본 ② (발레, 영화의) 연출대본

ли́вень (남) 소나기, 폭우; дождь льёт ~нем, 비가 억수로 쏟아진다.

ли́верный (형): ~ая колбаса 순대

ли́га (여) 연맹; Лига Наций 국제연맹

ли́дер (남) ① 지도자, 수뇌자; партийный ~ 당수 ② (경기) 제일 앞선 사람, 선두주자

лиди́ровать (미완,완) (경기에서) 앞서다, 우세를 차지하다

лиза́ть (미완), **лизну́ть** (완) 핥다, 핥아 먹다

ликвида́торский (형) 청산주의적인

ликвида́ция (여) 청산, 숙청, 폐기, 근절; ~ неграмотности 문맹퇴치

ликвиди́ровать (미완, 완) 청산(숙청)하다, 근절하다, 박멸하다, 없애다

ликёр (남) 감로주(甘露酒)

ликова́ние (중) 환희, 환호; возгласы ~я 환호소리, 환성

ликова́ть (미완) 환희에 넘치다, 환호하다, 기뻐 날뛰다

лилипу́т (남), **~ка** (여) 난쟁이

ли́лия (여) (식물) 나리(꽃), 백합(꽃), 참나리; водяная ~ 수련

лило́вый (형) 보랏빛, 연자색

лима́н (남) 바다, 막힌 호수

лими́т (남) 리미트(limit), 한도, 한계, 제한; устанавливать ~ 한도 (한계)를 정하다

лимити́ровать (미완, 완) 한정(제한) 하다, 한계를 정하다; ~ импорт 수입을 제한하다

лимо́н (남) 레몬; чай с ~ом 레몬차

- 312 -

лимона́д (남) 레몬수
лимо́нник (남) (식물) 오미자(나무)
лимо́нный (형) 레몬; ~ая кислота́ (화학) 레몬산
ли́мфа (여) (생리) 임파(淋巴), 임파액
лимфати́ческий (형): ~ая железа́ (해부) 임파, 임파선
лингви́ст (남) 언어학자
лингви́стика (여) 언어학
лингвисти́ческий (형) 언어학의, 언어학적인
лине́йка (여) ① 줄, 줄간; но́тные ~и (음악) 오선; ② (줄간 치는, 재는) 자, 계산자; логарифми́ческая ~а 로그자
лине́йный (형) 선, 줄모양, 선모양; ~ый масшта́б 선축척; ~ые ме́ры (길이의) 척도
ли́нза (여) 렌즈; вогну́товыпу́клая ~ 오목-볼록 렌즈
ли́ния (여) ① 줄, 선; проводи́ть ~ю 줄을 치다(긋다); вертика́льная ~я 수직선; горизонта́льная ~я 수평선 ② 선로, 철길; ③ 노선, 방침; генера́льная ~я 총노선
линко́р (남) 주력함, 전투함
линова́ть (미완) 줄을 긋다(치다)
лино́леум (남) 리놀리움
линоти́п (남) 자동식자주조기, 자동식 자기, 리노찌프
линчева́ть (미완, 완) 사형에 처하다, 린치에 처하다
линя́лый (형) 퇴색한, 색이 난(바랜)
линя́ть (미완) ① 색이 날다, 퇴색하다 ② (동물에 대하여) 털(허물)을 벗다
ли́па (여) 보리수, 달피나무
ли́пкий (형) 진득진득한, 끈적거리는, 차진; ~ пла́стырь 붙임띠, 반창고
ли́пнуть (미완) ① 끈적거리다, 끈적끈적 들어붙다, 진득 거리다, ② 들어 붙다, 맞붙다
ли́повый (형) ① 달피나무, 보리수 ② 가짜, 위조; ~докуме́нт 위조문서
ли́ра I (여) 리라(lyra), 칠현금, ② 시가, 서정시(抒情詩)
ли́ра II (여) 리라(lira; 화폐단위)
ли́рика (여) ① 서정시 ② 서정(情緖)
лири́ческий (형) 서정적인, 정서적이; ~ое стихотворе́ние 서정시; ~ое отступле́ние (문학) 주정토로
лиса́ (여) (동물) 여우
ли́сий (형) 여우, 여우같은
лист (남) ① (식물) 잎, 잎사귀 ② (종이 등의) 장; ~ бума́ги

종이 한 장 ③ 판; ~ железа 철판; больничный ~ 진단서
листа́ть (미완) 뒤적이다, 뒤지다, 넘기다, 건네주다, 옮기다
листва́ (여) (집합) 나뭇잎
ли́ственница (여) 잎갈나무, 낙엽송
ли́ственный (형): ~ый лес 넓은잎 나무 숲, 활엽숲
листо́вка (여) 삐라, 격문
листово́й (형): ~ое железо 철판; ~ое стекло 유리판; ~ая сталь 강판
листо́к (남): боевой ~ 전투속보, 전투 소보
листопа́д (남) 잎 지기, 낙엽(落葉), 잎 지는 시절(때)
листопрока́тный (형): ~ стан 판압연기
лита́вры (복수) (음악) 자바라, 팀파니
лите́йная (여) 주조직장
лите́йный (형) 주조, 주물; ~ цех 주조(주물) 직장
лите́йщик (남) 주물공, 주조공
литера́тор (남) 문학가, 문필가, 문장가
литерату́ра (여) ① 문학 ② 서적, 저작, 저술
литерату́рный (형) 문학의; ~ язык 문화어, 표준어
литературове́д (남) 문학학자(文藝學者), 문학연구자
литературове́дение (중) 문예학
литогра́фия (여) ① 석판인쇄, 석판술 ② 석판인쇄소
лито́й (형) 주조된; ~ая сталь 주강; ~ые изделия 주조품
литр (남) 리터(용액의 양 단위)
лить (미완) ① 붓다, 쏟다, 따르다 ② (계속) 흘러내리다 ③ 주조하다 ④ 쏟아지다; дождь льёт как из ведра 비가 억수로 퍼붓는다; ~ слёзы 눈물을 흘리다
литьё (중) 주조, 주물; чугунное ~ 주철(주)물
ли́ться (미완) (줄줄)흐르다, 쏟아지다
лифт (남) 승강기(昇降機)
лифтёр (남) 승강기 안내원
лихва́ (여): с ~ой 여분으로, 남음이 있다
ли́хо (부) 신이나게, 대담하게, 날쌔게
лихо́й (형) 대담한, 용감한, 날쌘
лихора́дить (미완) 오한이 나다, 열이 나다
лихора́дка (여) (의학) 열병, 오한; болотная ~ 학질, 말라리아
лихора́дочный (형) ① 오한이 나는, 열병을 앓는 ② 발광적인, 미친 듯한, 조급한

лицево́й (형) ① 얼굴의, 안면의 ② 표면(表面), 외면(外面), 전면; ~ая сторона 겉면, 표면, 전면

лицеме́р (남) 위선자, 안팎이 다른 사람, 야살군

лицеме́рие (중) 위선, 표리부동, 가장

лицеме́рить (미완) 위선을 부리다, 야살을 떨다 (부리다)

лицеме́рный (형) 위선적인, 야살궂은, 표리부동한

лице́нзия (여) ① 수입 허가증, 수출 허가증 ② 면허장, 특허(特許)

лицо́ (중) ① 얼굴, 낯; выражение ~а 표정 ② 인물, 사람, ③ (언어) 인칭; действующее ~о 등장인물; ~ом к ~у 얼굴을 맞대고; от ~а ~의 이름으로; не взирая на лица 누구나를 막론하고; стереть(смести) с ~а земли 소멸하다, 박멸하다

личи́на (여) 탈, 복면, 가면, 마스크, 탈바가지

личи́нка (여) (동물) 새끼벌레 (유충), 번데기

ли́чно (부) ① 몸소, 손수, 친히, 스스로 ② 직접(直接)

ли́чность (여) 인격, 인물, 개성; важная ~ь 주요한 인물;

ли́чный (형) ① 자신, 개인, 일신상의; ~ая собственность 개인소유; ~ая жизнь 사생활; ~ым примером 일신상의 모범으로 ② 직접(적인), 개인적인; ~ое участие 직접참가 ③ (언어) 인칭; ~ое местоимение 인칭대명사; ~ый состав 인원

лиша́й (남): стригущий ~ (의학) 버짐

лиша́йник (남) (식물) 돌솔, 지의류

лиша́ть (미완) 빼앗다, 박탈하다; ~ права (법률) 권리를 박탈하다; ~ слова 발언권을 주지않다, 발언을 금지 하다

лиша́ться (미완) 잃다, 상실하다, 빼앗기다; ~ чувств 기절하다, 정신을 잃다; ~ жизни 생명을 잃다

лише́ние (중) ① 박탈, 상실 ②: ~я (복수) 고생, 빈곤, 곤궁; ~е свободы 구급, 자유박탈

лиши́ться (완) *см.* лишаться

ли́шний (형) ① 나머지, 여분, 남는; ~ие деньги 여분의 돈 ② 필요 없는, 쓸데없는; ~ий разговор 쓸데없는 이야기; ~ий раз 한 번 더; позволять себе ~ее 지나치게 행동하다

Лк(Евангелия от Луки, 24장, 61쪽) 누가복음

лоб (남) 이마 в ~ 정면으로

ло́бзик (남) 실톱, 줄톱

лобогре́йка(여) (농업) 간단한 수확기

лоботря́с (남) 건달군, 게으름뱅이

лови́ть (미완) 잡다, 붙잡다;② 포착하다

ло́вкий (형) ① 재빠른, 날쌘, 솜씨 있는, 재치있는 ②

약삭빠른, 교묘한
ло́вко (부) ① 솜씨(재치)있게, 재빠르게 ② 교묘하게
ло́вкость (여) 날랜솜씨, 민첩성
ло́вля (남) 잡이, 수렵(狩獵); рыбная ~ (물)고기잡이
лову́шка (여) 덫, 함정, 올가미, 간계; попасть в ~у 1) 함정에 빠지다 2) 올가미에 걸리다
лови́ть (미완) 꾀를 부리다, 빠질 구멍을 찾다
логари́фм (남) (수학) 로그(log) 대수(代數);
логарифми́ческий (형) ~ая линейка 로그자
ло́гика (여) 논리, 논리법; вопреки ~е 이치에 맞지않게,
логи́ческий, логи́чный (형) 논리적인, 이치에 맞는
ло́говище, ло́гово (중) ① 짐승의 굴 ② 소굴
ло́дка (여) 배, 쪽배, 보트; подводная ~а 잠수함; спасательная ~а 구명보트; парусная ~а 돛배;
ло́дочник (남) 뱃사공, 사공, 배군.
лоды́жка (여) 회목(檜木)
лоды́рничать (미완) 놀고먹다, 허송 세월을 보내다, 손톱 하나 까딱하지 않는다.
ло́дырь (남) 게으름뱅이, 건달꾼; гонять ~я 뻰들거리다, 건달부리다
ло́жа (여) (극장 등의) 특별석, 상등석
ложби́на (여) 분지, 골짜기
ложи́ться (미완) ① 눕다; ~ спать 자려고 눕다 ②: ~ в больни́цу 입원하다 ③ (책임을) 걸머지게 되다, 부과되다; ~ на со́весть 양심에 꺼리끼다
ло́жка (여) 숟가락; ча́йная ~ 차 숟가락; час по ча́йной ~е 아주 느리게, 마지못해
ло́жный (형) 허위적인, 가짜, 위조한; ~ слух 헛소문
ложь (여) 거짓(말), 허위(虛僞)
лоза́ (여) 덩굴; виноградная ~ 포도덩굴
ло́зунг (남) 구호(口號), 표어(標語)
локализова́ть (미완,완) (한 장소에) 국한하다, 국부화하다
лока́льный (형) 국부적인, 지방적인; ~ая война́ 국부전쟁
лока́тор (남) 위치탐지기
локау́т (남) 노동자해고, 공장폐쇄
локомоти́в (남) 기관차(機關車)
ло́кон (남) (내리 드리운) 머리타래, 고수머리
ло́коть (남) 팔꿈치
лом I (남) 지렛대, 쇠몽둥이

лом II (남): железный~ 헌쇠(붙이), 파철
ломанный (형) 깨어진, 부러진, 꺾인; ~ая линия (굴)절선; говорить на ~ом языке 서투른 말로 말하다
ломать (미완) ① 부러뜨리다, 마스다, 깨뜨리다, 못쓰게 만들다, 헐물어 뜨리다 ② 파괴하다, 깨뜨리다 마스다 ~ характер 성격을 변화시키다; ~ голову над чем 머리를 짜다
ломаться I (미완) ① 깨지다, 부서지다, 꺾어지다, 못쓰게 되다 ② (버릇 등이) 없어지다
ломаться II (미완) 변덕부리다, 비싸다, 고집쓰다
ломбард (남) 전당포, 편의금고
ломить (미완) 쑤시다, 자리자리하다, 시근거리다; ломит поясницу 허리가 쑤신다.
ломиться (미완) 와 밀려들다, 덤벼들다
ломка (여) 파괴, 분쇄, 청산
ломкий (형) 부서지기(꺾어지기) 쉬운
ломота (여) (뼈, 관절이) 쑤시는 것
ломоть (남) 조각(爪角), 토막(土幕); ~ хлеба 빵 조각
ломтик (남) 작은(얇은 조각); ~ хлеба 빵의 작은 조각
Лондон (남) 2. 런던
лоно (중): на ~е природы 자연의 품속에서
лопасть (여) ① (공학) 날개 ② 삽날
лопата (여) 삽, 가래, 넉가래
лопатка (여) ① 작은 삽, 꽃삽 ② (해부) 어깨뼈, 견갑골; положить на обе ~и (레스링 경기에서) 완전승리하다
лопаться (미완), **лопнуть** (완) ① 깨어지다, 쪼개지다, 터지다, 끊어지다 ② (일이) 파탄되다, 틀어지다
лопух (남) (식물) 우엉, 우엉잎사귀
лорд (남) 경(영국귀족의 칭호); палата ~ов (영국의) 귀족원, 상원
лоск (남) 광택(光澤), 윤(기), 기름기; внешний ~ 허식
лоскут (남) (천, 종이 등의) 조각, 헝겊; ~ки (복수) 보무라지, 헌천조각, 나부랭이
лосниться (미완) 윤이나다, 기름기(윤기)가 돌다, 번질거리다, 반들거리다
лососина (여) 연어고기
лосось (남) 연어(鰱魚, 鱸魚)
лось (남) (동물) 큰 사슴
лот (남) (해양) 깊이재는 기기, 측심기
лотерейный (형); ~ билет 추첨표

лотере́я (여) 추첨, 제비(뽑기); уча́ст-вовать в ~е 추첨을 하다, 추첨에 참가하다

лото́ (중) (불변) 로또 (도박의 일종)

лото́к (남) 노천 매대

лото́с (남) 연꽃, 연화, 만다라화, бе́лый ~ 백련

лото́чник (남) 노천상인, 행상인, 도붓장수.

лоха́нка, лоха́нь (여) 함지, 함지박

лохма́тый (형) ① 털이 많은(더부룩한) ② 머리가 헝클어진; ~ая голова́ 쑥대강이, 쑥대머리

лохмо́тья (복수) 누더기, 넝마; ходи́ть в ~х 누더기를 입고 다니다

ло́цман (남) 수로안내자

лошади́ный (형) 말의; ~ая си́ла (공학) 마력(馬力)

ло́шадь (여) 말, 마필, 곤마; сади́ться на ~ 말을 타다

лощи́на (여) 낮은 땅, 요지, 산고랑; го́рная ~ 산고랑

лоя́льный (형) 충직한, 충실한, 관대성 있는

лубо́к (남) ① (의학) 부목; накла́дывать ~ 부목을 대다 ② 목판화(木版畵)

луг (남) 초원, 풀밭, (복수) 들판, 목초지

луди́льщик (남) 주석도 금공

луди́ть (미완) 주석도금을 하다

лу́жа (여) 물웅덩이, 물탕; сесть в ~у 창피당하다

лужа́йка (여) (산기슭, 숲 속에 있는) 풀밭

луже́ние (중) 주석도금

лужёный (형) 주석도금을 한

лук I (남) (식물) 파, 양파; кру́пный ~ 왕파

лук II (남) 활

лука́вить (미완) 꾀를쓰다, 교활하게 굴다, 잔꾀를 부리다

лука́вый (형) ① 간사한, 능청스러운, 교활한; ~ челове́к 가살군, 능청스러운 사람 ② 생글거리는; ~ взгляд 생글생글 웃는 눈

лу́ковица (여) ① (식물) 알뿌리, 인경, 구경 ② 파대가리

луна́ (여) 달; по́лная ~ 보름달, 만월

лу́нник (남) 달 로케트

лу́нный (형) 달의; ~ый свет 달빛; ~ое затме́ние 월식; ~ый календа́рь 음력

луноход (남) 자동차, <루노호드>

лу́па (여) 확대경(擴大鏡)

лупи́ть (미완) ① 껍질을 벗기다 ② 몹시 때리다(패다)

- 318 -

лупи́ться (미완) 벗겨지다
луч (남) ① 빛, 광선(光線); ~и со́лнца 햇볕, 햇빛; ~ наде́жды 희망의 서광
лучево́й (형):~а́я боле́знь 방사능증, 방사선병
лучеза́рный (형) 빛나는, 빛을 뿌리는, 찬란한; ~ое со́лнце 찬란한 태양
лучи́на (여) 나무개비
лучи́стый ①(물리) 방사, 복사: ② 빛을 뿌리는, 번쩍이는
лу́чше ① (хоро́ший 의 비교급) 더 좋다; ~ всех 가장 좋다 ② (хорошо́의 비교급) 너욱(더)잘, 다 훌륭히; ~ всего́(всех) 가장 잘(훌륭하게); как мо́жно ~ 될수 있는 대로 훌륭하게 ③ (술어로) 더 좋다; чем быстре́е, тем ~ 빠르면 빠를수록 더 좋다;больно́му сего́дня ~ 환자의 병세가 오늘 좀 나아졌다; тем ~ 그럴수록 (더) 좋다
лу́чший (형) ① 더 좋은, 제일 좋은 (훌륭한), 우수한 ② (명사로) 보다 좋은 것, 가장 좋은 것; перенима́ть ~ее 가장 우수한 것을 본받다; в ~ем слу́чае 최상의 경우에, 기껏해야; всего́ ~его! 안녕히 (작별인사)
лущи́ть (미완) ① 껍질을 벗기다, 바르다, 까다 ② 골길이하다, 수확 후에 갈다
лы́жи (복수) (단수 лы́жа (여)) 스키; ката́ться (ходи́ть) на ~ах 스키를 타다
лы́жник (남) 스키선수
лы́жный (형) 스키의; ~ый спорт 스키운동(경기); ~ые го́нки 스키경기
лыжня́ (여) 스키의 길, 스키자국
лысе́ть (미완) 대머리가 되다, 머리가 벗어지다
лы́сина (여) 대머리, 번대진 곳
лы́сый (형) ① 머리가 벗어진, 대 머리가 된 ② 벌거벗은, 민둥민둥한;~ая гора́ 민둥한 산
львёнок (남) 사자새끼
льви́ный (형) 사자의;~ая до́ля (가장) 큰 몫, 엄청난 몫
льви́ца (여) 암사자
льго́та (여) 특전, 특권, 특혜(特惠)
льго́тный (형) 특권있는, 특전이 있는, 면제받은:~ый прое́зд 무임승차; ~ые усло́вия 특혜조건
льди́на (여) 얼음덩이, 얼음장
льново́дство (중) 아마재배(亞麻栽培)
льноволокно́ (중) 아마섬유(亞麻纖維)

- 319 -

льнопряди́льный (형): ~ая фабрика 아마 방적공장

льнуть (미완) 들러붙다; ~ к матери 어머니에게 매달려 있다

льняно́й (형) 아마의; ~ое масло 아마기름; ~ое полотно 아마천

льстец (남) 아첨쟁이, 아첨꾼

льсти́вый (형) 알랑거리는, 아첨하는, 아부하는; ~ тон 아첨조

льсти́ть (미완) ① 알랑거리다, 아첨하다, 아부하다; ② 비위를 맞추다; ~ себя надеждой 기대를 걸다

любе́зность (여) 친절, 상냥한 것, 호의; откажите в ~и 호의를 저버리지 마십시오; сделайте ~ь 수고해 주십시오

любе́зный (형) 친절한, 산양한, 정다운, 곰상곰상한; будьте любезны 수고해 주십시오.

люби́мец (남) 귀염둥이

люби́мый (여) 사랑하는, 그리운, 마음에 드는; ~ое занятие 제일 좋아하는 일; ~ая вещь 소중히 여기는 것

люби́тель (남) ① 애호가, 좋아하는 자; ~ музыки 음악 애호가; ② 비전 문가, 아마추어; фотограф-~ 아마추어 사진가; актёр-~ 소인극 배우, 아마 추어 배우, 비전문배우

люби́тельский (형): ~ спектакль 비전 문 연극, 소인극

люби́ть (미완) ① 사랑하다, 애호하다, 좋아하다, 그리다; ~ спорт 체육을 애호하다; ② 요구하다; цветы любят солнце 꽃은 햇빛을 요구한다.

любо (술어)(+미정형) ~ посмотреть 보기가 좋다

любова́ться (미완) 즐겨보다, 황홀 하여 바라보다, 탄성을 지르다

любо́вник (남), **~ца** (여) 정부

любо́вно (여) 다정하게, 정답게, 사랑스럽게

любо́вный (부) 연애의, 애정(愛情)의, 정겨운; ~ое письмо 연애편지; ~ое отношение к чему ~에 대한 극진한 태도

любо́вь (여) ① 사랑, 애정, 연애, 러브(love), 아가페(그 agape); ~ к родине 조국에 대한 사랑; первая ~ 첫사랑, 첫애인; с ~ю 다정하게; ② 애착, 애착심, 취미; ~ к музыке 음악에 대한 취미, 음악에 대한 사랑; ~ к чтению 독서열

любозна́тельность (여) 지식욕, 향학열, 배우려는 열의

любозна́тельный (형) 지식욕이 많은, 향학열이 있는, 탐구심이 강한

любо́й (형) ① 온갖, 임의의, 매개의 어떤, ~든지; ~ой

человек 누구든지 다; ~ое дело 매사, 어떤 일이든; ② 임의(任意)의; в ~ое время 어느 때라도; в ~ой момент 임의의 시각에; ~ой ценой 어떤 희생을 무릅쓰고라도, 어떤 대가를 치르더라도,

любопы́тный (형) ① 호기심에 찬, 호기심이 많은; ② 재미있는, 흥미 있는; ~ слу́чай 재미있는 일

любопы́тство (중) ① 호기심, 탐구심; ② 흥미, 취미, 흥취(興趣), 만흥(漫興) 관심(關心),

лю́ди (복수) 사람들; ~ до́брой во́ли 선량한 사람들

лю́дный (형) 사람이 많은, 인구가 조밀한; ~ая у́лица 사람이 많이 다니는 거리

людое́д (남) 식인종, 야만, 미개

людско́й (형) 인간의, 사람의, 인적, 인성의; ~ой род 인류; ~ие ресу́рсы 인적자원(人的資源)

люк (남) 선박 화물칸 문, 뱃짐칸 입구, 선창구, 승강구

люкс (남) 호화로운 것, 사치스러운 것; каю́та ~ 특별선실

лю́лька (여) 요람(搖籃)

люмина́л (남) (약학) 루미놀(luminal)

люминесце́нция (여) 발광현상

лю́стра (여) 샹들리에(chandelier)

лю́тик (남) (식물) 미나리아재비, 물부지, 자구(自灸), 모근(毛董)

лю́тый (형) 흉악한, 맹악한, 잔인한, 모진(冒進), 혹심한; ~ый моро́з 혹한; ~ая не́нависть 천인공노, 치솟는 증오

люце́рна (여) (식물) 개자리

ляга́ть, ~ся (미완) (뒷발로) 차다, 제기다

лягу́шка (여) 개구리

ля́жка (여) 넙적다리

лязга́ть (미완) 쨍그렁 소리를 내다, 절커덩(절그럭) 소리를 내다, 쟁강 거리다; ~ цепя́ми 쇠사슬을 절그럭 거리다; ~ зуб-а́ми 이빨이 떡떡 마주 치다

ля́мка (여) ① 멜빵, 질빵, 걸빵, 바따위; ② 배끌이 줄; тяну́ть ~у 싫증나는 일을 하다

ля́пис (남) (화학) 초산은(硝酸銀), 질산은(窒酸銀):

ля́псус (남) 큰 실수, 망신(亡身), 잘못

ля́сы: точи́ть ~ 시시덕거리다, 실없는 말(소리)을 하다

М

мавзоле́й (남) 묘(墓), 능묘(陵墓); ~ Ленина 레닌묘
Маври́кий (남) 모리셔스(Mauritius)
Маврита́ния (여) 모리따니
магази́н (남) ① 상점, 가게, 점포; универсальный ~ 백화점; книжный ~ 서점; ② (무기의) 탄창(彈倉)
магази́нный (형) 상점의, 가게의, 점포의
магистра́ль (여) (철도, 전기 등의) 간선, 본선, 기선
магистра́льный (형) 간선의 본선의; ~ канал 간선, 운하
маги́ческий (형) 마술같은, 기적적인
ма́гия (여) 요술(妖術), 술법(術法)
магна́т (여) 대자본가; финансовые ~ы 금융대자본가들
магнези́т (남) 마그네사이트(magnesite) 고토석. 능고토석
магне́зия (여) (화학) 산화마그네슘(酸化 magnesium). 고토(苦土). 마그네시아(magnesia)..
магнети́зм (남) 자기, 자력, 자성, земной ~ 지구자기
магне́то (중) (물리) 마그네트론, 자전관; 자석발전기
ма́гний (남) (화학) 마그네슘(magnesium:. [12번:Mg: 24.31])
магни́т (남) ① 자석, 자철, 자성체, ② 자철광, 흡철석, 현석, ③ 지남석, 지남철, ④ 지남침, 자침, 나침, 나침반
магни́тный (형) 자기의, 자성의, 자력을 띤; ~ый железняк 자철광; ~ый полюс 자극; ~ая лента 녹음테이프
магнитофо́н (남) 녹음기(錄音機)
магно́лия (여) 목련화, 목련꽃, 목련
мажо́р (남) (음악) 대조(식)
ма́зать (미완) ① 바르다, 칠하다; ~ хлеб маслом 빵에 버터를 바르다, ② 더럽히다, 어지럽다
ма́заться (미완) ① (자기 몸에) ~를 바르다, 더러워지다 ② 묻어지다

- 323 -

мазня́ (여) ① 서툴게(되는대로)그린 그림(칠한 것) ② 함부로 어지럽게 쓴 글씨

мазу́т (남) 중유(重油 점성유(粘性油)

мазь (여) 연고, 고약; цинковая ~ь 안연 고약

майоне́з (남) 마요네즈(mayonnaise)

май (남) 5(오)월; Первое мая 5.1(오일) 절, 노동절

ма́йка (여) 러닝셔츠

майо́р (남) 소좌(少佐)

ма́йский (형) 5(오)월의;~ жук (곤충) 국동풍뎅이, 딱정벌레

мак (남) ① 양귀비(꽃). 양태진, 아편, 모르핀(morphine), ② 양귀비씨

макаро́нный (형) 마카로니(macaroni); ~ые изделия 마카로니류의 식료품

макаро́ны (복수) 마카로니(macaroni: 국수의 한 가지)

мака́ть (미완) 담그다, 잠그다, 적시다; ~ перо в чернила 펜에 잉크를 찍다

маке́т (남) 모형(模型), 모델(model); ~ местности 사판

макре́ль (여) 고등어; корейская ~ 평삼치

максима́льно (부) 최대한으로

максима́льный (형) 최대의, 최대한; 최고로.

ма́ксимум (남) 최대한도, 최대량; (부사) 최대한으로;

макулату́ра (여) ① (인쇄) 불량인쇄물 ② 헌종이, 못쓸 종이(책)

маку́шка (여) ① 꼭대기, 천정 ② 머리꼭대기; держать ушки на ~е 귀를 도사리고 듣다

Мал (Книга Пророка Малахии, 4장) 말라기서(Malachi書)

малахи́т (남) (광물) 공작석(孔雀石)

мале́йший (형) 아주(가장) 작은(자그 마한); не иметь ни ~его представления 전혀 알지 못 하다

малёк (남) 새끼고기

ма́ленький (형) ① 작은, 자그마한; че-ловек ~ого роста 키 작은 사람 ② 적은; ~ая порция 적은 적량 ② 사소한, 얼마 안되는, 보잘것없는; ④ 나 어린 ⑤ (명사로) 어린이, 아이; моё дело ~ое 나는 상관이 없다

мали́на (여) 멍덕딸기, 산딸기; 멍덕딸기나무

мали́новый (형) 산딸기(나무), 야생딸기, 멍덕딸기(나무)

ма́ло ① (부) 조금, 적게; сделал ~조금 하였다 ② (술어로) 적다, 부족하다, 모자라다; этого ~ 이것으로는 부족하다; ③ (кто, что, где, когда) 와 함께: ~ кто знает 알고 있는

사람이 적다(별로 없다); ~где бывал 가본 곳이 적다

мало~ 합성의 첫부분으로서 (적은)의 뜻을 부여한다.; малообразо́ванный 교양이 적은

малова́жный (형) 그리 중요하지 않은, 사소한, 하찮은

малова́то (부) (술어로) 좀 부족하다 (적다, 모자라다)

маловероя́тный (형) 가능성(확실성)이 적은, 믿기 어려운, 의심스러운

малово́дный (형) 물(물량, 수량)이 적은

малогабари́тный (형) 소형(小形), 꼬마, 크기가 적은

малогра́мотный (형) ① 불충분하게 읽고 쓰는 지식이 부족한, ② 서투르게 한(만든); ~ текст 서투른글 ③ (명사로) 지식이 부족한 사람

малодосту́пный (형) 다다르기(도달하기) 어려운; 알기 (이해 하기)어려운

малоду́шие (중) 소심성, 비겁성

малоду́шный (형) 소심한, 비겁한

ма́лое (중) 적은 것, 사소한 것; довольствоваться ~ым 적은 것에 만족하다; без ~ого 거의, 근, 약;

малозаме́тный (형) 겨우 눈에띄는, 잘 보이지 않은, 잘 나타나지 않은

малоземе́льный (형) 경지가 부족한, 부치는 땅이 적은 토지가 적은;~ ое крестьянство 토지적은 농민들

малозна́чащий, малозначи́тельный (형) 큰 의의가 없는, 대수롭지 않는

малоизве́стный; (형) 적게 알려진, 잘 알려지지 않은~ писатель 잘 알려지지 않은 작가, 무명작가의

малоизу́ченный (형) 잘 연구(탐구)되지 못한, 불충분하게 연구된

малоиму́щий (형) 재산이 적은, 가난한

малоквалифици́рованный (형) 자격이 낮은, 기능이 낮은, 자질이 부족한

малокро́вие (중) 빈혈증(貧血症)

малокро́вный 빈혈증에 걸린

малоле́тний (형) 나이어린, 소년;(명사) 소년, 소녀

малоле́ток (명), ~ка (남, 여) 어린이, 어린애, 소년, 아동

малоле́тство (중) 어린시절, 소년기, 유년(幼年)

малолитра́жный (형) 용적이 적은, 소형의; ~ автомобиль 소형자동차

малолю́дный (형) 사람이 적게사는, 인적이 드문; ~ая

улица сарам이 적은 사람
мало-ма́льски (부) 조금이라도
малома́льский (형) 아주 적은
маломо́щный (형) ① 체력이 약한, 힘이약한; ② 능력(출력,마력) 이 적은; ~ый дви́гатель 마력이 작은 원동기;
малонаселённый (형) 인구밀도가 낮은, 주민이 적은
малоо́пытный (형) 경험이 적은, 미숙한
малоподви́жный (형) 잘 움직이는 생활양식; ~ о́браз жи́зни 적게 움직 이는 생활양식
ма́ло-пома́лу (부) 조금씩, 점점, 점차
малопоня́тный (형) 이해하기 힘든
малопродукти́вный (형) ① 소출이 적은, 생산성이 낮은; ② 효과가 적은
малопроизводи́тельный (형) 생산력이 적은, 생산성 낮은
малоразви́тый (형) ① 덜 발전한, 발전수준이 높지 못한, ② 교양이 부족한, 시야가 좁은
малоро́слый (형) 키가 작은,, 꼬마
малосеме́йный (형) 가족(식솔)이 적은
малосодержа́тельный (형) 내용이 빈약한, 속이 빈약한
малосо́льный (형) 약간절인, 얼간한; ~ огуре́ц 약간절인 오이
ма́лость (여) 적은 량, 소량(小量)
малотира́жный (형) 간행부수가 적은, 발행 부수가 적은
малоупотреби́тельный (형) 드물게(적게) 쓰이는(사용되는); ~ое выраже́ние 드물게 쓰이는 표현
малоурожа́йный (형) 수확(소출)이 적은
малоце́нный (형) ① 가치가 적은; ② 큰 의의가 없는
малочи́сленный (형) (수적으로) 적은, 소수(小數)
ма́лый I (형) э́ти боти́нки мне ~ы́ 이 구두는 내게 작다; бесконе́чно ~ая величина́ (수학) 무한소; с ~ых лет 어렸을때; все от ~а до вели́ка 남녀노소를 막론하고;
ма́лый II (남)(말투) 젊은이, 청년, 소년
малы́ш (남) 어린이, 아기, 꼬마둥이
мальчи́к (남) 소년(少年), 사내아이
мальчи́шеский (형) 아이다운, 소년다운
мальчи́шество (중) 아이다운 행위, 어린애 같은 짓
мальчи́шка (남) ① 소년, 사내아이, ② 새내기, 신출내기
мальчуга́н (남) 소년(少年), 사내아이
малю́сенький (형) 몹시 작은, 아주 자그마한

малю́тка (남,여) 꼬마둥이, 갓난이, 애기, 아이
маля́р (남) 도장공(塗裝工), 페인트 공
маляри́йный (형) 말라리아, 학질; ~ кома́р 말라리아모기
маля́рия (여) 말라리아, 학질
ма́ма (여) 엄마, 어머니
ма́менькин (형); ~ сын; ~а дочь 응석받이
ма́монт (남) (고생물) 털코끼리, 맘모스
мандари́н (남) 귤; (만다린) 귤나무
мандари́новый (형) 귤; 귤나무
манда́т (남) 위임장, 신임장, 대표증
манда́тный (형); ~ая коми́ссия 자격 심사위원회
мандоли́на (여) 만돌린(mandolin)
манёвр (남) ① (군사) 기동작전; обхо́дный 우회 기동(전) ② 술책, 책동; ③ **~ы** (복수) (군사) 군사연습
манёвренность (여) 기동성, 기동력
манёвренный (형) ① (군사) 기동하는, 기동전; ~ая оборо́на 기동방어 ② 기동성 있는
маневри́ровать (미완) ① 기동하다 ② 술책을 쓰다, 꾀를 부리다
маневро́вый (형): ~ парово́з 차교환용 기관차, 환차기
мане́ж (남) ① 승마훈련장 ② 곡예무대
манеке́н (남) (상점, 양복점 등에서 쓰는) 마네킹, 인체모형
мане́ра (여) 버릇, 습성, 습관; ~а говори́ть 말버릇, 말씨
манже́та (여) ① 소매부리; ② (공학) 패킹(packing), 접시형 패킹
маникю́р (남) 미조술(美爪術) 네일하트, 매니큐어
маникю́рша (여) 미조사(美爪師)
манипули́ровать (미완) ① 술책을 쓰다, 내 돌리다 ② 손으로 조작하다, 손놀림하다
манипуля́ция (여) ① 술책, ② 손에의한 조각(법), 손놀림
мани́ть (미완) ① 손짓(눈짓)으로 부르다; ~ к себе́ 자기에게 오라고 손짓(눈짓)하다 ② 유인하다, 호리다
манифе́ст (남) 포고문, 선언서
манифеста́ция (여) 시위행진, 가두시위(街頭示威)
ма́ния (여) (의학) 조병, 망상; ~ вели́чия 과대망상
маки́ровать (미완, 완) 태만하다, 나태하다, 태공하다, 태 홀하다; ~ свои́ми обя́занностями 직무(의무)에 태만하다
ма́нный (형): ~ая крупа́ 밀싸래기 ~ая ка́ша 밀싸래기암죽
мано́метр (남) 압력계, 기압계(氣壓計), 고압계

мансáрда (여) 고미다락, 다락방
мáнто (중) (불변) 겉옷, 덧옷
манья́к (남) 미치광이
маразм (남) ① 수척, 쇠약; стáрческий ~ 노쇠 ② 퇴폐
марáл (남) (동물) 누렁이, 황구
марафóн (남) (체육) 마라톤
маргáнец (남) (화학) 망간(Mangan: 기호 Mn; 번호 25번)
маргáнцевый (형): ~ая рудá 망간관
маргáнцовка (여) ① 과망간산칼륨, ② 망간용액
маргари́н (남) 마르가린, 인조버터
мáрево (중) ① 아지랑이 ② 신기루
марина́д (남) ① 초침지역; ~ы 초절임(식료)품
марино́ванный (형) 향료를 섞어 초에 담근; ~ые грибы́ 초에 담근 버섯
маринова́ть (미완) ① 향료를 섞어 초에 담그다 ② 오래 끌다, 지연 시키다
марионе́тка (여) ① 인형; ② 괴뢰, 꼭두각시, 앞잡이
марионе́точный (형) 괴뢰의, 꼭두각시, 망석중이
мáрка I (여) ① 우표; 수입인지, ② 상표, 마크(mark), 레테르(letter), 트레이드마크(trademark) ~ стáли 강철의 마르, 강종
мáрка II (여) 마르크(독일 화폐단위)
мáркий (형) 더러워지기 쉬운
маркирова́ть (미완, 완) 표를 붙이다 (새기다, 찍다)
маркиро́вка (여) ① (상품에) 표를 붙이는 것 ② 상표
маркси́зм (남) 마르크스주의(Marx主義)
маркси́зм-ленини́зм (남) 마르크스-레닌주의
маркси́ст (남) 마르크스주의자
маркси́стский (형) 마르크스주의, 마르크스주의적인
маркси́стско-ле́нинский (형) 마르크스-레닌주의로
мáрля (여) 약천, 가제, 붕대
мармелáд (남) 마르멜라드, 젤리
мародёр (남) 약탈자(掠奪者), 약탈병
мародёрство (중) 약탈행위
Марс (남) (천문) 화성, 형혹성(熒惑星), 마르스(Mars)
март (남) 3(삼)월 : в ~е 3(삼)월에
марте́новский (형): ~ печь 평로, ~ая сталь 평로강
мáртовский (형) 3(삼)월(三月)에
марты́шка (여) 긴꼬리원숭이

ма́рш I (남) ① 행진, 행군, 진군; форси́рованный ~ 강행군; ② 행진곡; тра́урный (похоро́нный) ~ 장송곡

марш II (감) (구령); ша́гом ~ 앞으로 갓! бе́гом ~ 급보로 갓! на ме́сте ша́гом ~ 제자리걸음으로 갓!

марша́л (남) 원수(怨讐)

маршировáть (미완) 행진하다

марширо́вка (여) 행진(行進), 행렬, 행군, 행진훈련

маршру́т (남) 행진로, 행군길, 경로

маршру́тный: ~ое такси 정로택시

ма́ска (여) ① (형), 탈, 가면, 마스크(mask); 탈바가지; под ~ой чего ~의 가면을 쓰고; сбро́сить ~у 가면(탈)을 벗다; ② 면상(面像)

маскарáд (남) 가장무도회(假裝舞蹈會), 가면무도회

маскарáдный (형): ~костюм 가장 무도복

маскировáть (미완) 위장(변장)하다, 가장시키다

маскировáться (미완) 위장(가장)하다, 가면을 쓰다

маскиро́вка (여) ① 위장 ② 가장, 거짓꾸밈, 거짓

маскиро́вочный (형) 위장용의, 의장의; ~халáт 위장옷

маслёнка (여) ① 버터접시 ② 주유기

масли́на (여) ① 올리브나무 ② 올리브

масли́чный (형): ~ые культу́ры 기름 작물, 유지작물

ма́сло (중) ① 기름; сли́вочное ~ 버터; расти́тельное ~о 식물성기름; оли́вковое ~о 올리브기름

маслобо́йный (형): ~ заво́д 기름공장

маслоде́лие (중) 버터(기름)제조

маслоде́льный (형): ~ое произво́дство 버터(기름)제조업

масляни́стость (여) 기름기, 윤활성

масляни́стый 기름기 있는, 기름진

масляни́стый (형) ① 기름, 버터, 기름섞인; ② 유화

ма́сса (여) ① (물리) 질량; едини́ца ~ы 질량의 단위 ②; ~ы (복수) 대중; ③ чего 대량, 다수. 많은 것; ~ вопро́сов 문제는 아주 많다 ④ 물질, (원료되는) 혼합물;

масса́ж (남) 안마, 문지르기, 마사지(massage), 두드리기

массажи́ст (남), **~ка** (여) 안마전문가

масси́в (남) (지질) 단층괴; го́рный ~ 산괴

масси́вный (형) 육중한, 거창한, 중량이 무거운;

масси́рованный (형) 집중적이, 집결한

массови́к (남) 대중오락 사회자

массо́вка (여) ① 비밀소집회 ② 야유회, ③ 군중장면

ма́ссово-полити́ческий (형): ~ая работа 대중정치사업
ма́ссовость (여) 대중성, 군중성, 대중화
ма́ссовый (형) ① 대중, 군중, 대중적인, 군중 적인; ~ый ми́тинг 군중집회; ~ый герои́зм 대중적 영웅주의
ма́стер (남) 기능공, 숙련공, 명인; оруже́йный ~ 병기공; часово́й ~ 시계수리공, ~ спо́рта 체육명수
мастери́ть (미완) (손재주로) 만들다
мастери́ца (여) 숙련된 여성기능자, 솜씨 있는
мастерска́я (여) 제작소, 수리소, 공장; 분공장
мастерски́ (부) 솜씨있게. 능숙하게, 재치있게
мастерско́й (형) 솜씨있는, 능숙한, 재치있는
мастерство́ (중) ① 기능, 기교, 솜씨, 수완; ② 수공업, 업(業), сапо́жное ~ 구두 만들기, 제화업
масти́тый (형) 존경받는, 공적 받는, 고령
масть (여) ① (동물의) 털빛, 털색, всех ~ей 각양각색, 형형 색색 ② (트럼프의) 같은 꽃의 패
масшта́б (남) ① 축척, 척도; ~ 25 киломе́тров в сантиме́тре 1:2500000의 축척 ② 규모, 범위
масшта́бный (형) ① 축척의, 척도의, 비례척 ② 대규모
мат I (남)(장기에서) 통장; объяви́ть ~ 통장을 부르다
мат II (남) ① 돗자리, 거적자리 ② (체육용) 깔개
матема́тик (남) 수학자, 수학교원
матема́тика (여) 수학; вы́сшая(прикладна́я) ~고등(응용) 수학
материа́л (남) ① 재료, 원료, 자재, 제재; строи́тельный ~ 건제; уче́бные ~ы 교재; ~ для иссле́дования 연구자료
материали́зм (남) 유물론(唯物論)
материали́ст (남) ① 유물론자, ② 실무주의자
материалисти́ческий (형) 유물론의, 유물론적인; ~ая филосо́фия 유물론 철학
материа́льно (부) 물질적으로
материа́льно-техни́ческий (형) 물질 기술적인
материа́льный (형) ① 물질적인, 물적; ② ~ая часть (공학) 기술설비, 기재(機才); ~ый склад 기재창고
матери́к (남) 대륙, 뭍, 육지, 지상, 땅
материко́вый (형) 대륙의, 뭍의, 지면으로, 육지의; ~ый ве́тер 뭍바람; ~ые острова́ 뭍섬; ~ый шельф (지질) 대륙붕
матери́нский (형) 어머니, 어머니다운, 모성
матери́нство (중) 모성(母性); чу́вство ~a 어머니의 심정

- 330 -

(마음); охрана ~а и младенчества 모성과 어린의 보호

мате́рия (여) ① (철학) 물질; 실체 ② 천, 직물; шёлковая ~비단천, 견직물; шерстяная ~모직(천), 모직물

матёрый (형) (동물에 대하여) 다 큰, 힘이 왕성하는; ~ волк 다 큰 숭냥이 ② (사람에 대하여) 노련한, 경험이 많은; 판박은, 고칠수 없는~ враг 악질적인 원수

ма́тка (여) ① 자궁, 아기집, 자호, 포궁 ② (동물의) 어미, 암컷; пчелиная ~ 어미벌

ма́товый (형) 젖빛, 뿌연; ~ое стекло 젖빛유리

матра́с, матра́ц (남) 침대깔개

матриа́рхат (남) 모권제

ма́трица (여) (인쇄) 활자모형, 지형

матро́с (남) 해병, 선원(船員) 배사람

матч (남) 시합, 경기(競起), 게임; футбольный ~ 축구경기

мать (여) 어머니(모친), 모성; родная ~ 친어머니.

ма́узер (남) 모젤(권총)

мах (남): одним ~ом 단번에; дать ~у 실수하다

маха́ть (미완) 흔들다, 내젓다, 휘두르다; ~ рукой 손을 내젓다, 팔짓하다; ~ платком 손수건을 흔들다

махина́ция (여) 술책, 간계, 책략, 술수(術數), 방술

махово́й (형): ~ое колесо (공학) 관성바퀴, 플라이휠

махо́рка (여) 마라초(-艸)

махро́вый (형) ① 화판(꽃잎)이 많은; ~ый цветок 화판이 많은 꽃 ② (천에 대하여) 타월(towel); ~ая ткань 타월천; ~ое полотенце 타월수건; ③ (부정적 측면이) 노골적인, 극단적, 판박은; ~ый реакционер 극반동

ма́чеха (여) 의붓어머니, 후(後)어머니, 계모(繼母)

ма́чта (여) ① 돛대, 마스트; ② (텔레비전의) 탑, 방송탑

маши́на (여) ① 기계, 기구; швейная ~ 재봉기, паровая ~ 증기 기관; печатная ~ 인쇄기 ② 자동차 ③ 기관, 기구;

машина́льно (부) 기계적으로, 무의식적으로

машина́льный (형) 기계적인, 무의식 적인, 자동적으로

машиниза́ция (여) 기계화(機械化)

машини́ст (남) 기계운전공(운전사); 기관사(機關士)

машини́стка (여) 타자수(打字手)

маши́нка (여): пишущая ~ 타이프 라이터, 타자기

маши́нно-тра́кторный (형); ~ая станция, МТС 농기계 트랙터임대, 농기계 제작소

маши́нный (형) 기계, 기기; ~ое отделение 기계실; ~ое

ма́сло 기계기름; ~ая обрабо́тка 기계의 의한 가공
машинове́дение (중) 기계학, 기계공학
машинопи́сный (형): ~ текст 타자글
машино́пись (여) 타자치는 법, 타자치기
машинопрока́тный (형): ~ая ста́нция 농기계제작소
машинострое́ние (중) 기계제작
машинострои́тельный (형) 기계제작의; ~ый заво́д 기계(제작)공장; ~ая промы́шленность 기계제작 공업
мая́к 남 ① 등대, 등불대; ② (희망의) 등대, 서광(曙光)
мая́тник (남) (물리, 공학) 흔들이, 진동추; 떨개
мая́ться (미완) 괴로워하다, 고민하다, 고생하다
ма́ячить (미완) 아득히 보이다, 멀리서 아물거리다, 얼씬거리다
мгла (여) ① (구름, 연기등에 의한) 안개; пы́льная ~먼지안개 ② 어둠, 암흑; ночна́я ~ 밤 어둠
мгнове́ние (중) см. миг; в ~ о́ка 눈 깜짝할 사이에
мгнове́нно (부) 순식간에, 일순간에
мгнове́нный (형) 순간적인, 삽시간; ~ая смерть 급사
ме́бель (여) 가구, 집 세간(洗肝); ку́хонная ~ 부엌세간
ме́бельный (형) 가구, 세간살이; ~ магази́н 가구상점
меблиро́ванный (형) 가구(집세간)가 설치된(갖추어진)
меблирова́ть (미완,완) 가구를 갖추다, 집 세간을 갖추어 놓다(비치하다)
меблиро́вка (여) 가구의 설치(배치)
мегава́тт (남) (전기) 메가와트
мегаге́рц (남) (물리) 메가헤르츠
мегафо́н (남) 메가폰, 확성기(擴聲器)
мёд (남) 꿀, 벌꿀, 봉밀(蜂蜜), 청밀(淸蜜)
медали́ст (남), ~ка 메달을 받은 최우등생
меда́ль (여) 메달(medal), 상패, 기념패, 훈장; золота́я (сере́бряная, бро́нзовая) ~ь 금(은,동)메달
медальо́н (남) 목걸이
медве́дица (여) 암곰; Больша́я Медве́дица (천문) 큰곰자리; Ма́лая Медве́дица (천문) 작은곰자리
медве́дь (남) 곰, 웅(熊); бе́лый ~ 흰곰; бу́рый ~ 갈색 곰
медве́жий (형) 곰의; ~ья шку́ра 곰 가죽; ~ий у́гол 두메구석, 시골구석, ~ья услу́га 도리어 해로운 방조
медвежо́нок (남) 곰의 새끼
медеплави́льный (형): ~ заво́д 동제련공장(銅製鍊工場)

媒иа́на (여) (수학) 가운데선, 중앙선
ме́дик (남) 의사(醫師), 의학자(醫學者), 의대생
медикаме́нты (복수) 의약, 약품, 약제
медици́на (여) 의학; клиническая ~임상의학; судебная ~ 법의학
медици́нский (형) 의학의, 의료의; ~ий институт 의학대학; беспла́тная ~ая по́мощь 무상치료제; ~ая сестра́, медсестра́; ~ий осмо́тр, медосмо́тр; ~ий рабо́тник 의료일군, 간호사; ~ая ка́рта; ~ий пункт *см.* медпу́нкт 건강관리부
ме́дленно (부) 천천히, 찬찬히; 느리게, 느릿느릿, 더디게, 느적느적; 차차, 서서히; 어정어정, 노량으로, 살살, 슬슬
ме́дленный (형) 완만한, 느린, 천천한
медли́тельность (여) 굼뜬 것, 완만성, 늦장
медли́тельный (형) 굼뜬, 느릿느릿한, 늘쩡늘쩡한
ме́длить (미완) 우물쭈물하다, 움질거리다, 늦잡다
ме́дный (형) 구리, 동(銅); 구리로 만든; и~ая руда́ 동광석; ~ые де́ньги 구리돈(동화)
медо́вый (형) 꿀의, 꿀을 넣은; ~ый пря́ник 꿀을 넣은 과자; ~ый ме́сяц 결혼직후의 단꿈 같은 시절
медоно́сный (형); ~ые тра́вы 꿀이 있는 풀; ~ая пчела́ 꿀벌
медосмо́тр (남) 신체검사(身體檢査)
медпу́нкт (남) 위생소, 진료소(診療所)
медсестра́ (여) 간호원(看護員)
меду́за (여) 해파리
медь (여) 구리, 동(銅); листова́я ~동판(銅版)
межа́ (여) 밭두렁길, 논두렁길; 분계(선), 경계(선)
междоме́тие(중)(언어) 감동사(感動詞)
междоусо́бица (여) 내란(內亂)
междоусо́бный (형) ~ая война́ 국내전쟁,(동쪽상쟁의)내란
ме́жду (전) (+조, 생) ~사이에, ~가운데, ~간에; ~ дере́вьями 나무사이에; догова́риваться ~ собо́й 상호간에 약속 하다;
междугоро́дный (형) 도시들 사이의;
междугоро́дный (형) 국제적인; ~ое положе́ние 국제정세; ~ая обстано́вка 국제적 환경; ~ое пра́во 국제법
междуря́дный (형): ~ая обрабо́тка 중경 제초, 김매는 일.
межконтинента́льный (형) 대륙간의
межпланета́рный (형) 행성간의
мел (남) 분필, 백묵(白墨)
меланже́вый (형); ~ый комбина́т 혼방직 종합 공장; ~ая

пряжа 멜란지실, 혼방적실
меланхо́лик (남) 성격이 우울한 사람
меланхоли́ческий, ~ный (형) 우울한 짓, 우울한
меланхо́лия (여) 우울한 것, 울적한 것, 우울증(憂鬱症)
меле́ть (미완) 얕아지다; река ~ет 강물이 얕아진다
мелиора́тор (남) 토지개량 기술자, 토지개량자
мелиора́ция (여) 토지개량, 토지개량학;~ земель 토지개량
ме́лкий (형) ① 얕은, 해바라진; ~ая река 얕은 강 ② 작은, 잔, 자잘한; ~ий дождь 가랑비; ~ий почерк 잔글씨
ме́лко (부) ① 작게, 잘게; писа́ть ~ 글을 잘게 쓰다; паха́ть ~ 얕게 갈다 ③ (술어로) 얕다; здесь ~ 여기는 얕다(얕은 곳이다)
мелкобуржуа́зный (형) 소부르죠아지, 소자산계급적인, 소부르죠아(적인);~ый взгляд 소부르죠아적 견해
мелкови́дный (형) 물이 얕은, 수위가 낮은
мелкокали́берный (형) 구경이 작은; ~ая винто́вка 소구경 소총
мелкосо́бственнический (형) 사소한, 대단찮은, 마음이 좁은, 소소유자적;~ие интере́сы 소소유자적인 이해관계
мелкотова́рный (형): ~ое произво́дство 소상품생산
мелоди́чный (형) 곡조가 좋은, 듣기 좋은
мело́дия (여) 곡조, 음조(音調), 가락; гру́стная ~ 슬픈곡조
мелочно́й (형) ① 잡화, 잡화품;~ торго́вец 잡화상
ме́лочность (여) 쬐쬐한것, 너절한것, 좀스러운
ме́лочный (형) ① 쬐쬐한, 너절한, 좀스러운; ~ый хара́ктер 되바라진 성미; ② 사소한, 대수롭지 않은
ме́лочь (여) ① (집합) 잔돈; ② 시시한 것, 사소한 것; ③ 자질구레한 물건
мель (여) 여울, 여울살, 천탄; сесть на ~ 여울에 걸리다
мелька́ть (미완), мелькну́ть (완) 보였다 사라졌다가, 얼씬거리다, 사물거리다; ~ вдали́ 멀리에서 검실거리다
мелько́м (부) 퍼뜩, 언뜻, 얼핏, 슬쩍; ~ взгляну́ть 얼핏(슬쩍)보다보다; я ви́дел его́ ~ 나는 그를 잠간 만났다
ме́льник (남) 방아군, 방앗간 근로자, 방앗간 주인(主人)
ме́льница (여) 방앗간, 제분소; водяна́я ~ 물방앗간
мельхио́р (남) 양은(동과 니켈의 합금)
мельча́йший (형) 미세한, 아주 작은; до ~их подро́бностей 아주 자세히
мельча́ть (미완) (강 등이) 얕아지다

мельчи́ть (미완) 썰다, 부스러뜨리다, 잘게 만들다
мембра́на (여) (공학) 진동관, 공명관
меморандум (남) 비망록(備忘錄); 각서
мемориа́л (남) 기념관(記念館)
мемориа́льный (형); ~ая доска 기념관; ~ая комната 기념실
мемуа́ры (복수) 회상기(回想記), 회상록(回想錄)
ме́нее (부) ① (ма́ло의 비교급) 더 (보다)적게, 이하; знать ~ други́х 다른 사람보다 적게 알다; ~ двух ме́сяцев 두달 못 되게; ~ 50 рубле́й 50 루블 이하; не ~ ва́жно 못지않게 중요하다; тем не ~ 그렇지만, 그럼에도 불구하다
мензу́рка (여) 메스시린더, 눈금통
менинги́т (남) (의학) 뇌막염(腦膜炎)
меново́й (형): ~ая сто́имость 교환가치
менструа́ция (여) 월경, 달거리, 경도, 멘스(mens),
менто́л (남) (화학) 멘톨(menthone), 박하뇌(薄荷腦).
ме́ньше ① (ма́ленький의 비교급) 더(보다) 작은(어린) ② (ма́ло의 비교 급) 더 (보다) 작게(적게); не ~ чем за час 적어도 한 시간 전에 ③(술어로) 더(보다) 작다(어리다); он ~ всех 그는 누구보다도 키가 작다
ме́ньший (형) ① (ма́ленький의 최상급) 보다(가장) 작은 (약한, 어린); ② 막내인, 제일 아래인; ~ая дочь 막내딸
меньшинство́ (중) 소수, 소수파; остава́ться в ~е 소수를 차지하다; национа́льное ~о 소수민족
меню́ (중) (불변) 메뉴, 요리차림표
меня́ть (미완) ① 바꾸다, 교환하다, ② 갈다, 교체(교대)하다; ~ бельё 속옷을 갈아입다; ~ ста́рое обору́дование 낡은 설비를 갈아대다 ③ 변경시키다, 변화 시키다; ~ реше́ние 결정을 변경하다; ~ мне́ние 의견을 달리하다
меня́ться (미완) ① чем ~을 바꾸다, 교환하다; ~ роля́ми 서로 역을 바꾸다; ② 교대(교체)되다, 바뀌다; ③ 달라지다, 변하다, ~ в лице́ 안색이 변하다; ~ к лу́чшему 호전되다
ме́ра (여) ① 단위, 척도; табли́ца мер и весо́в 도량형표; ~а ве́са 중량의 단위; ~ длины́ 길이의 단위(척도); ② 한도; сверх ~ы 과도하게; в ~у 알맞게, 적당하게, 웬만큼 ③ 정도; в не́которой ~е 어느 정도 까지; в значи́тельной ~е 현저히, 상당히; ④ 방책, 대책, 조치, 수단; ~ы взыска́ния 책벌; ~ы предосторо́жности 예방수단, 방비책; принима́ть ~ы 조치를 취하다; по ~е возмо́жности 될 수 있는 대로;

мере́щиться (미완) 환각, 눈앞에 떠오르다(아물거리다)
мерза́вец (남) 더러운 놈(자식), 몹쓸 놈, 망물(亡物)
ме́рзкий (형) 가증스러운, 얄미운, 추악한
мерзлота́ (여) 동토(상태); райо́н ве́чной ~ы 연구동토대
мёрзнуть (미완) ① 얼다, 동결되다 ② (손발이) 곱아들다; но́ги мёрзнут 발이 곱아든다.
ме́рзость (여) 가증스러운 것, 추잡성, 추악성; говори́ть ~и 추잡한 말을 하다
меридиа́н (남) (지리) 자오선, 경선
мери́ло (중) 표준, 기준(基準), 척도
мерино́с (남) 메리노양, 메리노양털
мери́ть (미완) ① 재다, 측정(측량)하다; ~ температу́ры 온도(체온)를 재다 ② 입어보다, 신어보다; ~ на свой арши́н 자기생각대로 판단하다
ме́рка (여) ① 치수; снима́ть ~у 치수를 재다; по ~е 치수에 따라 ② 척도; подходи́ть ко всему́ с одно́й ~ой 동일한 척도로 모든 것에 대하다
ме́ркнуть (미완) ① 점차 빛을 잃다, 흐려지다; звёзды ~ут 별빛이 희미해지다 ② 사라지다, 떨어지다
Мерку́рий (남) (천문) 수성(水星), 진성(辰星). 머큐리.
мероприя́тие (중) 행사, 시책, 대책
мертве́ть (미완) ① 감각이 없어지다 ② 마비되다, 생기를 잃다
мертве́ц (남) 죽은 사람, 송장(送葬)
мёртвый (형) ① 죽은, 생면을 잃은; ~ое те́ло 주검, 송장 ② 생기없는, 활기를 잃은 ③ (명사) (남) 죽은사람, 송장
мерца́ние (중) 가물거리는 것, 반짝거리는 것
мерца́ть (미완) 가물거리다, 반짝거리다, 깜박이다, 까막거리다; звёзды ~ют 별들이 반짝거린다.
ме́сиво (중) ① 질적질척한 것, 죽탕, ② 혼합사료
меси́ть (미완) ① 이기다, 고수레하다; ~ гли́ну 진흙을 이기다 ②; ~ те́сто 반죽을 하다
места́ми (부) 군데군데, 여기저기에
месте́чко (중) 부락, 마을, 동네; 장소
мести́ (미완) ① 쓸다, 소제하다 ② 쓸어가다, 휘몰아 치다; мете́ль метёт 눈보라가 휘몰아친다.
местко́м (남) (ме́стный комите́т профсою́зов) (직장, 지방 등의) 직장노동 위원회
ме́стничество (중) 부서본위주의, 지방주의(地方主義)

ме́стность (여) ① 지대, 지역, 지형; болотистая ~ь 진펄지대; гористая ~ь 산악지대; открытая ~ь 개활지대; рельеф ~и 지형 ② 장소, 지역, 고장, 지방; в нашей ~и 우리 고장에; сельская ~ 농촌지역

ме́стный (형) ① 지방의, 지방적인; ~ые обычаи 지방풍습; ~ая продукция 특산 물품; ~ое время 지방시; ~ые органы власти 지방주권기관 ② 국부적인, 부분적인, 일부; ~ое повреждение (기계의) 일부의 고장; ~ое явление 국부현상

ме́сто (중) ① 자리; положить на ~о 제 자리에 두다; рабочее ~о 일자리; ② 곳, 군데, 장소; ~о происшествия (사건)현장; любом ~е 어디든지 ③ 자리, 좌석, 관람석; переднее ~ 앞자리; ④ 자리, 작위, 지위; хорошее ~ 좋은 일자리; ⑤ (짐의) 개 ⑥ (원문에서) 개소, 대목, 구절 ⑦ 지방; самое интерес-ное ~о 가장 재미있는 대목;

местожи́тельство (중) 거주지, 주소(住所), 살림터
местоиме́ние (중)(언어) 대명사(代名詞) 대이름씨
местонахожде́ние (중) 소재지(所在地)
местоположе́ние (중) 위치; 소재지
местопребыва́ние (중) 체류지(滯留地), 거류지, 거처(居處)
месторожде́ние (중) (지질) 산지, 매장지; ~ зо́лота 금산지
месть (여) 복수(復讐); жа́жда ~и 복수심
ме́сяц (남) ① 달, 월(月); три ~а 석달, 3개월; этот(текущий) ~ 이달; будущий ~다음달; прошлый ~지난달; каждый ~매달, 달마다; из ~а в ~다달이 ② молодой ~초생달
ме́сячник (남) 월간(月刊); ~ дружбы 친선월간
ме́сячный (남) 월간, 한달; ~ заработок 한달 노임; ~ доход 월수입; ~ срок 1개월단
мета́лл (남) 금속(金屬); благородные ~ы 귀금속
металли́ст (남) 금속노동자
металли́ческий (형) 쇠, 금속, 금속제; ~ие изделия 금속제품; ~ая посуда 쇠그릇
металлоло́м (남) 헌쇠, 고철, 금속부스러기
металлурги́я (여) 야금, 야금공업, 야금학
метаморфо́за (여) 근본적 변화, 큰 변화
мета́н (남) (화학) 메탄(가스), 소기
мета́ние (중) 던지기; ~ гранаты(диска) 수류탄(원반)던지기
метаста́з (남) (의학) (암, 육종 등의) 전이
мета́ть I (미완) ① 던지다, 팽개치다; ~ гранату 수류탄을 던지다 ②; ~ икру 알을 낳다(쏠다)

мета́ть II (미완) 시치다; ~ петли 단추 구멍을 감치다
мета́ться (미완) ① 이리저리 몸을 뒤치다, 몸부림(을) 치다, 허둥거리다 ② 싸다니다, 갈팡질팡하다; ~ в бреду 자반뒤집기(를) 하다
метафи́зика (여) 형이상학
мета́фора (여) (문학) 은유
метёлка (여) (식물) 고깔꽃차례, 원추화서
мете́ль (여) 눈보라
метео́р (남) (천문) 별찌, 유성(流星)
метеори́т (남) (천문) 별 찌돌, 운석
метеори́тный (형): ~ дождь 별 찌비, 별똥별, 별띠.
метеороло́г (남) 기상학자(氣象學者)
метеорологи́ческий (형) 기상, 기상학적인; ~ая ста́нция 기상관측소, 기상대; ~ая сво́дка 기상통보
метеороло́гия (여) 기상학(氣象學)
мети́л (남) (화학) 메틸(methyl), 목정(木精). 메틸기
мети́ловый (형)(화학);~ спирт 메틸 알코올(methyl alcohol)
мети́с (남) ① 잡종. ② 혼혈아
ме́тить I (미완) 표를 찍다, 표를 하다, 표적하다
ме́тить II (미완) в *кого-что* 겨누다; в цель 겨냥(을)하다; ~ в нача́льники 잠자리를 노리다
ме́титься (미완) в *кого-что* 겨누다, 조준하다, ~ в цель 목표물을 겨누다
ме́тка (여) ① 표(標), 표적, 표식, ② 기호(記號)
ме́ткий (형) ① 조준이 정확한, 백발백중 ② 딱(바로) 들어 맞게, 정확한, 적중한;~ое сравне́ние 적중한 비교
ме́тко (부) 백발백중으로, 적중하게, 딱(바로) 들어맞게; ~ ска́зано 딱 들어 맞게 말하였다
метла́ (여) (자루가 긴) 비, 마당비
мето́д (남) 방법, 방식; ~ обуче́ния 교수방법
мето́дика (여) 방법, 수단, 조치, 방식, 방안, 법식, 노우하우(know-how), 방법론; ~ преподава́ния 교수법
методи́ческий (형) ① 교수법의, 방법의, 방법적인
методи́чный (형) 규칙적인, 체계적인
методологи́ческий (형) 방법론적인
методоло́гия (여) 방법론(方法論)
метр (남) 미터(meter); 1m는 100츠 미터자
метра́ж (남) ① 미터로 표시하는 길이; ~ тка́ни 천의 미터길이 ② 평방미터로 표시하는 면적; ~ ко́мнаты 방의

- 338 -

평방미터
метрика (여) 출생증(出生證)
метрический I (형); ~ая система мер 미터법; ~ая единица 미터단위
метрический II (형): ~ое свидетельство 출생증
метро́ (중)(불변), **метрополите́н** (남) 지하철도
метропо́лия (여) 본토(本土), 종주국
мех I (남), 털가죽; лисий ~ 여우털가죽
мех II (남) (공학) 풀무; кузнечный ~ 대장간 풀무
механиза́тор (남) ① (농업) 기계운전공 ② 기계(화) 전문가, 기계화 기술자
механиза́ция (여) 기계화; комплексная ~ 종합적기계화; сельского хозяйства 농촌경지의 기계화
механизи́рованный (형) 기계화된
механизи́ровать (미완,완) 기계화하다; ~ трудоёмкие работы 품이 많이드는 작업을 기계화하다
механи́зм (남) ① (기계의) 내부장치, 구조, 기구; часовой ~ 시계의 내부장치; передаточный ~ 전동기구; ② 기관, 기구, 체계; государственный ~ 국가기구
меха́ник (남) ① 기계공, 기계기술자; инженер-~기계기사
меха́ника (남) 역학, 동역학; теоретическая ~ 이론역학; прикладная ~ 응용 역학; квантовая ~ 양자역학
механи́ческий (형) ① 역학의, 역학적인; ~ие законы 역학적 법칙 ② 기계의, 기계적인; ~ая рука 기계손; ③ 기계적인, 피상적인; ~ое запоминание 기계적 암송
механосбо́рочный (형): ~ цех 기계 조립직장
Ме́хико (남)(불변) _{г.} 메히꼬
мехово́й (형) 털가죽의, 모피의, 털가죽으로 만든; ~ая шапка 털모자; ~ое пальто 털외투, 슈바
меч (남) 검(劍), 긴 칼, 장검
ме́ченый (형) 표식이 있는, 표가 찍혀있는; ~ые атомы (화학) 표식원자
мече́ть (여) (회교) 사원(寺院)
мечта́ (여) ① 숙망, 염원, ② 환상, 공상; несбыточная ~ 몽상
мечта́тель (남) 공상가, 환상가(幻想家); 몽상자(夢想者)
мечта́тельный (형) 공상적인, 환상적인, 공상을 즐기는
мечта́ть (미완) 꿈꾸다, 공상하다, 몽상하다, 염원하다
меша́ть I (미완) 방해하다, 방해를 끼치다, 저지하다,

방해가 되다; не ~ет (미정형)해야한다, 필요하다 не ~ло бы почитать 읽어보았으면 좋겠다.

меша́ть II (미완) ① 섞다, 혼동하다 ② 젓다; ~ ка́шу 죽을 젓다

мешка́ть (미완) 우물쭈물 거리다, 늦장부리다, 움질거리다; ~ с отъе́здом 출발을 서들지 않다

мешкова́тый (형) 할랑할랑한, 품이 너무 넓은; ~ костю́м 품이 넓은 양복

мешкови́на (여) 마대, 천

мешо́к (남) 자루, 포대(布袋), 주머니, 섬; веще́вой ~ 배낭; спа́льный ~ 침낭; ~ цеме́нта 세멘트 포대

меща́нин (남) ① 소시민 ② 속물

меща́нский (형) 소시민적인; 속물적인; ~ие взгля́ды 소민적인 사상

меща́нство (중) ① 소시민근성, ② 소시민층(小市民層)

миа́змы (복수) 독기(毒氣), 악취(惡趣)

миг (남) 순간, 찰나, 일조일석; в (оди́н) ~순간에, 눈깜빡할 사이에

мига́ть (미완), **мигну́ть** (완) ① 깜박거리다, 삼박거리다; 눈짓하다 ② 반짝거리다, 가물거리다

ми́гом (부) 경각에, 살시간에, 재빨리

мигра́ция (여) 이동(移動), 이주(移住)

мигре́нь (여)(의학) 쪽머리아픔, 편두통

мизе́рный (형) 극히 작은, 미세한, 보잘것 없는; ~срок 아주 짧은 기간

мизи́нец (남) 새끼손가락, 새끼발가락

микро́б (남) 미생물(微生物)

микробиоло́гия (여) 미생물학

микродо́за (여) 미량(微量), 적은 분량

микрокли́мат (남) 미기호, 미세기호

микролитра́жный (형); ~ автомоби́ль 꼬마자동차

микроме́тр (남) (공학) 마이크로미터(micrometer), 측미계

микро́н (남) 미크론(micron: 미터의 100만분의 1)

микрооргани́зм (남)(생물) 미생물(微生物), 세균(細菌)

микроско́п (남) 현미경; электро́нный ~ 전자현미경

микроскопи́ческий (형) ① 현미경의 의한; ~ ана́лиз 현미경분석 ② 현미경 적인, 미세한

микрофо́н (남) 마이크, 송화기

микроэлеме́нты (복수) 미량원소

миксе́р (남) 혼합기(混合機)
миксту́ра (여) 물약, 섞음 물약
милитариза́ция (여) 군사화, 군국주의화
милитари́зм (남) 군국주의, 군벌주의
милитаризова́ть (미완,완) 군사화하다, 군국(주의)화하다
милитари́ст (남) 군국주의자, 군벌주의자
милитари́стский (형) 군국주의자적인, 군국주의적인; ~ое государство 군국; ~ая политика 군벌정치
милице́йский (형) 경찰의, 순경의, 사회안전원, 내무서원; ~ая форма 사회안전원의(내무서원의) 제복
милиционе́р (남) 경찰, 순경, 사회 안전원, 내무서원
мили́ция (여) 파출소, 지구대, 사회안전부, 내무서
миллиа́рд (남) 10(십)억
миллиа́рдер (남) 억만장자(億萬長者)
миллигра́мм (남) 미리그람(mg)
миллиме́тр (남) 미리미터(ml)
миллиметро́вка (여) 모눈종이, 방안지
миллио́н (남) 100만, 백만
миллионе́р (남) 백만장자(百萬長者)
ми́ло (부) 상긋이, 상냥스레, 빙그레; ~ улыбаться 빙그레 웃다, 미소하다, 생글거리다
милови́дный (형) 귀엽게 생긴, 빤빤하다; ~ое лицо 귀엽게 (빤빤하게) 생긴 얼굴
милосе́рдие (중) 자비심, 연민; проявлять ~е 자비심을 베풀다; ◇ сестра ~я 간호원(看護員)
милосе́рдный (형) 자비심이 있는, 인자한; ~ человек 인자한 사람
милости́вый (형) 관대한, 너그러운, 인자(자비)스러운
ми́лостыня (여) 동냥, 구걸, 걸식; собирать ~ю 동냥질하다, 걸식하다; просить ~ 빌어먹다
ми́лость (여) ① 은혜, 선심, 자비심, 은덕, 은총, оказать ~ 선심을 베풀다. ② 덕택, 혜택; ~и просим! 어서 오십시오!
ми́лый (형) ① 귀여운, 어여쁜, 곱상한, 곱살하다; ~ый ребёнок 귀여운 어린애; ~ая улыбка 정다운 미소 ② 사랑하는, 친근하다; ~ый друг 친근한 벗
ми́ля (여) 마일(mile: 1,609.4m); морская ~ 해리(1852 미터)
ми́мика (여) (안면) 표정(表情)
ми́мо ① (부) 지나서, 빗나가게
мимо́за (여) (식물) 함수초, 감응초, 미모사(mimosa)

мимолётный (형) 순간적인, 일순간, 꿈결 같은, 덧없는;
мимохо́дом (부) ① 지나가는 길에, 도중에 ② 겸사겸사, 슬쩍, 지나가는 김에;~упомяну́ть 지나가는 김에 언급하다
ми́на I (여) 지뢰, 지뢰포, 지뢰화, 수뢰; противота́нковая ~ 대전차지뢰; ② 박격포탄
ми́на II (여) (얼굴) 표정; недово́льная(ки́слая) ~불만족한 (쓴) 얼굴표정
минда́лина (여) (해부) 편도(선)
минда́ль (남) (식물): го́рький ~ 고편도(高扁桃)
минёр (남) (군사) 지뢰를 부설(해제) 하는 공병, 기뢰부설병, 수뢰병
минера́л (남) 광물(鑛物), 광석(鑛石)
минерало́гия (여) 광물학(鑛物學)
минера́льный (형) 광물질; ~ая вода́ 광물수, 광천수, 약수; ~ый исто́чник 광천, 온천; ~ые удобре́ния 광물질비료
миниатю́ра (여) 축소화, 축도, 작은그림; в ~е 작은 규모로
миниатю́рный (형) ① 축소의, 몹시작은; ~ое изда́ние 축소판 ② 앙증한; ~ая де́вушка 아릿다운 처녀
минима́льно (부) 최소한도로, 최하로
минима́льный (형) 최소의, 최소한, 최하의, 최저의
ми́нимум (남) ① 최소(최저)한도, 최소량, 최저량; прожи́точный ~ 최저생활비 ② 적어도, 최소한
мини́ровать (미완) 지뢰를 부설하다, 기뢰를 부설하다
министе́рство (중) 부, 성; ~ иностра́нных дел 외무성, 외교부;~ просвеще́ния 교육성, 교육부
мини́стр (남) 상, 부장, 장관; ~ иностра́нных дел 외무상, 외교 부장, 외무부장관; премье́р- ~ 총리; замес- ти́тель ~а 부상, 차관(次官); кабине́т ~ов 내각
ми́нный(형): ~ое по́ле 지뢰부설구역
минова́ть(완) ① (옆을) 지나가다, 지나쳐가다, 통과하여 지나가다 ② 피하다, 면하다 ③ 지나다, 끝나다
мино́га (여) 동물칠성장어
миноиска́тель (남) 지뢰탐지기
миномёт (남) 박격포, 근거리용 곡사포;
миномётчик (남) 박격포수, 방사포병
миноно́сец (남) 어뢰정, 기뢰정, 수뢰정; эскадре́нный ~ 구축함
мино́р (남) (음악) 소조
мину́вший (형) 지난, 지나간; ~год 지난해

ми́нус (남) ① (수학) 마이너스(minus), 덜기, 빼기(-); 부수; знак ~а 덜기표; де́сять ~ пять=пять 10(열) 덜기(빼기) 5 은 5이다 ② (불변) 영하; сего́дня ~ де́сять 영하 10도이다 ③ 결함, 부족점

мину́та (여) 분(分); без двадцати́ ~ пять 20분전 5시; пять ~ пе́рвого 12시 5분 ② 한순간; до после́дней ~ы 최후까지; в э́ту (нас-тоя́щую) ~у 이 순간에; ка́ждую ~у 매분; в любу́ю ~у 호시탐탐; в свобо́дную ~у 한가할 때에, 짬을 내어; одну́ ~у! 잠깐만 좀 기다리십시오! сию́ ~у 곧, 즉시; с ~ы на ~у 곧, 멀지 않아

мину́тный (형) ①: ~ая стре́лка (시계의) 분침 ② 일순간; ~ый успе́х 순간적인 성과; ~ое де́ло 간단한 일

мину́ть см. (완) ① минова́ть① ② 지나다; ему́ ~ло со́рок лет 그는 마흔 살이 되었다(마흔이 넘었다)

миока́рд (남) (해부) 심근; инфа́ркт ~а 심근경색

мир I (남) ① 우주, 세계 ② 지구, 세상, 세상; весь ~ 온 세계, 온 세상 ③ 계(界), 세계; живо́тный ~ 동물계; расти́тельный ~ 식물계; нау́чный ~ 과학계

мир II (남) ① 평화; движе́ние в защи́ту ~а 평화옹호운동; сохрани́ть ~ 평화를 유지하다; жить в ~е 화목하게 살다 ③ 강화조약; заключи́ть ~ 강화 조약을 체결하다

мира́ж (남) ① 신기루, 공중누각 ② 환상, 공상

мири́ть (미완) 화해시키다, 중재하다; ~ вражду́ющих 적대 쌍방을 중재하다

мири́ться (미완) ① с кем 화해하다, 화목해지다; ② с чем 관대히 대하다, 양해하다; ~ с недоста́тками 결점을 양해하다

ми́рно (부) 평화롭게, 화목하게, 사이 좋게

ми́рный (형) ① 평화적인, 평화로운; ~ый догово́р 평화(강화)조약; ~ое сосуществова́ние 평화적 공존 ② 평온(태평)한, 평안한; ~ое настрое́ние 평온한 기분(상태); ~ое вре́мя 태평세월, 평상시

мирова́я (여): пойти́ на ~ю 화해하다

мировоззре́ние (중) 세계관(世界觀)

мирово́й (형) 세계의, 세계적인; ~ая война́ 세계대전; ~ое госпо́дство 세계 제패; в ~ом масшта́бе 세계적 규모에서

миролюби́вый (형) 평화애호적인, 평화를 사랑하는; ~ая поли́тика 평화애호정책

миролю́бие (중) 평화애호, 평화를 사랑하는 것

миропонима́ние (중) 세계관(世界觀), 현실에 대한 이해
миросозерца́ние (중) 세계관(世界觀)
ми́ска (여) 사발, 바리, 밥통, 대접
миссионе́р (남) 선교사(宣敎師)
ми́ссия (여) ① 임무, 사명; возлага́ть ~ю на кого 에게 임무를 맡기다; освободи́тельная ~я 해방적인 사명 ② 공사관, 외교대표부 ③ 사절단; вое́нная ~я 군사 사절단
ми́стика (여) 신비주의, 신비로운 것
мистифика́ция (여) 기만, 속여 넘기기
мистици́зм (남) 신비주의, 신비론
мисти́ческий (형) 신비적인, 신비주의
ми́тинг (남) 군중대회, 집회, 결기모임
митингова́ть (미완) 모임을 가지다; 군중집회에 참가하다
митрополи́т (남) 대주교(大主敎)
миф (남) ① 신화 ② 꾸며낸 이야기
мифи́ческий (형) 신화의, 신화적인
мифологи́ческий (형) 신화학의, 신화 학적인, 설화적인.
мифоло́гия (여) 신화학, 신화; гре́ческая ~ 희랍신화
Мих (Кни́га Проро́ка Михе́я, 7장) 미가서(Book of Micah書)
мичма́н (남) 해군준위
мише́нь (여) ① 과녁(관), 목표; подви́жная ~ 움직이는 과녁, 이동목표 ② (조소, 공격의) 대상, 과녁받이; ~ для насме́шек 웃음거리
мишура́ (여) ① 금실과 은실 ② 허식(虛飾), 겉치레
Мк (Ева́нгелия от Ма́рка, 16장) 마가복음(Mark)
младе́нец (남) 갓난아이, 어린애; груд-но́й ~ 젖먹이, 유아
младе́нчество (중) 유년기(幼年期)
мла́дший (형) 나이가 보다 어린, 손아래; ~ий брат 동생, (사내)아우; ~ая дочь 막내딸; ② (직급, 지위 등이)보다 낮은, 하급(下級); ~ сержа́нт 하사; ~ нау́чный сотру́дник 급수 낮은 연구사
млекопита́ющие (복수) (동물) 포유류, 포유동물
мле́чный (형); Мле́чный Путь (천문) 은하수
мне́ние (중) ① 의견, 견해, 소견, 생각; обще́ственное ~е (사회)여론; по-мо́ему ~ю 내생각에는; обме́н ~ями 의견 교환; раз-деля́ть чьё ~е ~와 같은 의견을 가지다; ② 평가, 논정, 논평.
мни́мый (형) ① 가상적인, 허구적인 ② 거짓, 가짜의; ~ая боле́знь 꾀병; ~ые чи́сла (수학) 허수(虛數)

мни́тельность (여) 의심증, 의혹심
мни́тельный (형) 의심(증)이 많은
мни́ть (미완): мно́го ~ о себе́ 자고자대 하다, 자만하다
мно́гие ① (형) (복수) 많은, 다수, 여러; ~ лю́ди 많은 사람들을 ② (명사로) 많은(여러) 사람들; ~ так ду́мают 많은 사람들이 그렇게 생각 한다
мно́го ① (부) 많이, 많게, 다량으로; он ~ зна́ет; 그는 많이 알고 있다 ② (수사) 많은, 다수의 ~ книг 많은 책; ~ лет прошло́ 여러해가 지나갔다 ③ (술어로) 많다, 숱하다, 충분하다; у него́ друзе́й ~그에게는 친구가 많다 ④ (+형용사 비교급) 훨씬 더; ~ ме́ньше 훨씬 적다; ни ~, ни ма́ло 훨씬 적다
многобо́рец (남) (체육) 다종경기선수
многобо́рье (중) (체육) 묶음경기, 다종 경기
многовеково́й (형) 수세기, 옛날부터 내려온; ~ая исто́рия 장구한 역사
многово́дный (형) 수량(물)이 많은. 물이 넉넉한; ~ая река́ 물이 많은 강
многогра́нник (남) (수학) 다면체, 곡면체
многогра́нный (형) 다방면적인, 다양한
многоде́тный (형) 아이가 많은, 자식이 많은
мно́гое (중) 많은 것 во ~м 많은 점에 있어서
многожёнство (중) 일부다처제
многозначи́тельно (부) 뜻깊이, 의미깊게, 의미심장한
многозначи́тельный (형) ① 큰 의의 가 있는, 중대한 ② 의미 심장한, 뜻 깊은
многозна́чный (형) 1) (언어) 다의어: ② (수학) 많은 수, 다수의, 여러 수 ③ 다항의 ~ая фу́нкция 다가함수
многокварти́рный (형): ~ дом 세대가 많은 살림집(주택)
многокле́точный (형) (생물) 여러 세포, 다세포
многокра́тный (형) 여러 번(여러 차례)에 걸친, 수차
многоле́тний (형) ① 다년간, 여러 해에 걸친 ② (식물) 여러해살이; 다년생; ~ие расте́ния 여러해살이 식물,
многолю́дный (형) 사람이 많은
многоме́стный (형) 자리가 많은, 좌석이 많은
многомиллио́нный (형) 수백만, 수천수백만; ~ые ма́ссы 수천수백 만의 군중
многонациона́льный (형) 다민족; ~ое госуда́рство 다민족 국가

многообеща́ющий (형) (장래) 유망 하다; ~ий учени́к 장래 유망한 학생; ~ее нача́ло 유망한 시초
многообра́зие (중) 다양성, 다종다양한것; 각양각색
многообра́зный (형) 여러가지, 다양한, 다종다양한, 각양각색
многоотраслево́й (형) 부문이 많은, 다각적인
многосеме́йный (형) 식솔이 많은, 가족이 많은
многосло́вие (중) 말수가 많은 것, 수다스러운 것
многосло́вный 수다스러운, 말수가 많은, 말 많은
многоста́ночник (남) 여러기계를 동시에 조작하는 근로자, 여러기계 가동 공, 다기대공
многостволь́ный (형): ~ миномёт 방사포(放射砲)
многостепе́нный (형) 여러 단을 걸치는, 다단식
многосторо́нний (형) ① 다면의; ~яя при́зма 다면프리즘 ② 다방면적인; ~ий учёный 다방면적인 학자 ③ 다자주의 (多者主義); ~ое соглаше́ние 다자주의협정
многострада́льный (형) 많은 고통을 겪는, 천신만고, 괴로움 받는; ~ая жизнь 곤경을 많이 치른 생활
многоступе́нчатый (형) 다단식의; ~ая раке́та 다계단(식)로케트
многотира́жный (형) 부수가 많은; ~ое изда́ние 인쇄부수가 많은 출판물
многото́мный (형) 권수가 많은, 여러 권으로 된
многото́чие (중) 줄임표, 점선(點線)
многоуважа́емый (형) 마음속으로부터 존경하는, 경모하는
многоуго́льник (남) 다각형(多角形)
многочи́сленный (형) ① 수많은, 허다한, 무수한; ~ые фа́кты 수많은 사실들; ~ые слу́хи 숱한소문 ② 이원이 많은, 사람이 숱한; ~ый отря́д 대부대
многочле́н (남) (수학) 여러 마디식, 다항식(多項式)
многоэта́жный (형) 여러층, 다층, 고층
мно́жественный (형): ~ое число́ (언어) 복수(復水)
мно́жество (중) 다수, 많은 수, 다량; бесчи́сленное ~ 부지기수
мно́жимое (중) (수학) 곱 하이는 수, 피승수
мно́житель (남) (수학) 곱하는 수, 승수(乘數)
мобилизацио́нный (형) 동원의, 동원적인; ~ая гото́вность 동원준비; ~ый план 동원적 계획
мобилиза́ция (여) 동원; всео́бщая ~ 총동원(總動員)

мобилизо́ванный ① (형) 동원된 ② (명사)(남) 동원병력
мобилизова́ть (미완,완) 동원하다, 일떠세우다; 전시체제로 개편하다
мобилизу́ющий (형) 동원적인
моби́льность (여) 기동성, 기동력; больша́я ~ 강한 기동력
моби́льный (형) 기동적인, 기동성이 있는; ~ые части (군사) 기동부대
моги́ла (여) 무덤, 묘; бра́тская ~а 합장묘, 공동묘지; сойти́ в ~у 세상을 떠나다; свести́ в ~у 죽음으로 이끌다, 죽이다
моги́льный (형) 무덤, 묘의; ~ая плита́ 묘석, 상들; ~ый холм 분묘, 분상; ~ая тишина́ 아주 괴악한 정적
моги́льщик (남) ① 굿을 파는 사람 ② 매장자(埋葬者)
могу́чий (형) ① 거세찬, 위력적, 강력한, 강대한; ~ий пото́к 거세찬 흐름; ② ~ее телосложе́ние 튼튼한 몸(체격)
могу́щественный (형) 위력있는, 강대한, 강유력한
могу́щество (중) 위력, 강력, 강대
мо́да (여) 유행; входи́ть в ~у 유행하게 되다; выходи́ть из ~ы 유행서 떨어지다; по(после́дней) ~е (최신)유행에 따라
мода́льный (형) (언어): ~ые слова́ 양태어; ~ые глаго́лы 양태동사
моде́ль (여) ① 모델(model), 본보기, 견본(見本) ② 모형, 모형도; ~ь корабля́ 배의 모형, ③; автомоби́ль но́вой ~и 신모델의 자동차, 신형자동차
моде́льер (남) 견복제작인, 모델 제작인, 본(本)만든 사람
моде́льный (형) (신발, 옷이) 최신형 모델(견본)에 맞은
моде́рн (남) 최신식, 현대식.
модерниза́ция (여) 현대화, 근대화; ~ эконо́мики 경제의 현대화
модернизи́ровать (미완, 완) 현대화(근대화)하다;~ те́хнику 기술을 현대화 하다
модерни́зм (남) (문학) 근대사조, 현대사상(現代史上), 모더니즘(modernism)
мо́дник (남), **~ца** (여) 유행을 따르는 사람
мо́дничать (미완, 완) 멋을 부르다
мо́дный (형) ① 유행에 따르는(맞은), 신식; ~ое пла́тье 유행복; ② ~ое сло́во 유행어
модуля́ция (여) ① (음악) 전조 ② (물리) 변조(變調)
моё ① см. мой ② (명사로) (중) 나의 것; э́то ~ 이것은 나의 것이다

можжеве́льник (남) (식물) 노가주나무

мо́жет бы́ть (삽입어) 아마, 아마도, 혹, 혹시, 어쩌면; 대체로, 대개

мо́жно (술어로) ① ~할 수 있다; это ~ вы́полнить за два дня 이틀 동안에 해낼 수 있다 ② ~해도 좋다(되다); ~ войти́? 들어가도 좋습니까? 들어 갈만 합니까?

моза́ика (여) 쪽무늬 그림, 모자이크

мозг (남) 뇌(腦), 뇌수, 두골; головно́й ~ 머리 골, 뇌수; спинно́й ~ 등골, 척수; ко́стный ~ 뼈속, 골수; до ~а косте́й 뼈(속)에 사무친, 철천의

мозжечо́к (남) (해부) 소뇌, 작은골

мозжи́ть (미완) 쿡쿡 쑤시다; коле́но ~ 무릎이 지끈지끈 쑤시다

мозо́листый (형) 물집(못)이 많은 잡힌; ~ые ру́ки 못이 박힌 손

мозо́лить (미완) 굳은살이 박히게 하다, 물집이 생기게 하다; ~ глаза́ 성가시게 눈앞에 나타나서 싫증나게 하다

мозо́ль (여) 못, 물집; 티눈; 군살; натере́ть ~и 물집이 생기게하다, 못이 박하다; наступи́ть на люби́мую ~ь кому́ 아픈데를 찌르다

мой (명사로) (복수) мой (дома́шние) 친척들, 가족들; что-л. 나의 것들

мой (소유 대) (моя́ (여), моё (중), мой (복수)) 나의; ~ дом 나의 집; (명사로) (남) 나의 것; моя́ кни́га 나의 책; моё зе́ркало 나의 거울; мои́ кни́ги 나의 책들

мо́йка (여) ① 씻기, ② 씻개, 씻는 기계

мо́кнуть (미완) ① 젖다, 축축해지다; ~ под дождём 비에 젖다 ② (물 등에) 잠겨있다

мокрота́ (여) 가래, 담; отха́ркивать ~у 가래를 뱉다

мо́крый (형) 젖은, 축축한, 물에 적신; ~ый снег 축축한 눈; ~ое полоте́нце 젖은 수건; ~ые во́лосы 눅눅한 머리카락

мол (남) 해벽, 물결막이둑, 방파제, 방조제(防潮堤)

молва́ (여) 풍문, 평판, 바람결, 소문, 풍편, 풍평

моле́кула (여) (화학, 물리) 분자(分子)

молекуля́рный (형) ~ый вес 분자량

молибде́н (남) (화학) 몰리브덴

моли́тва (여) ① 기도, 예배 ② 기도문

моли́ться (미완) ① 기도하다 ② 숭배 (숭상)하다

моллю́ск (남) (동물) 연체동물, 조개

- 348 -

молниеносно (부) 순간적으로, 삽시 간에; 인차

молниеносный (형) 번개같이 빠른; ~ая война 전격(속)전

молния (여) ① 번개, 벼락 ② 쟈크; телеграмма ~ 지급전보

молодёжный (형) 청년, 젊은 사람들 이 쓰는(입는); ~ клуб 청년회관; ~ая бригада 청년작업반

молодёжь (여) (집합) 청년(남녀); учащаяся ~ 청년 학생들

молодеть (미완) 젊어지다

молодец (남) 장했오! 잘했소!, 좋아, 됐어, 잘한다

молодиться (미완) 젊어 보이려고 애쓰다

молодняк (남) ① (집합) 어린동물 ② 어린 나무숲

молодожён (남) ① 새서방, 신랑 ②:~ы (복수) 신혼부부

молодой (형) 젊은, 청소한; 경험이 적은(어린), 어린 (명사) (남) 신랑; ~ые (여) 신부; ~ые 신혼부부

молодость (여) 청년시절, 청년기, 젊은시절; 청춘

моложавый (형) 젊어 보이는, 애티가 나는

моложе (молодой의 비교급) 더 젊은 (젊게); он ~ меня на три года 그는 나보다 세살 더 젊다; выглядеть ~ своих лет 나이보다 젊어 보이다

молоко́ (여) 젖, 우유(牛乳); коровье ~ 소젖; козье ~ 염소젖; сгущённое ~ 졸임젖; порошковое(сухое) ~ 가루젖

молот (남) ① 망치, 마치; серп и ~ 낫과 마치; паровой ~ 증기마치 ② (체육) 쇠뭉치, 철추

молотилка (여) 탈곡기, 낟알터는 기계

молотить (미완) 마당질하다, 낟알 털기하다.

молоть (미완) 찧다, 제분하다; ~ языком 입방아를 찧다,

молотьба́ (여) 낟알털기, 마당질, 탈곡

молочная (여) 우유상점

молочник (남) 우유넣는 그릇

молочница (여) 우유판매원

моло́чно-товарный (형) ~ая ферма 우유제품을 생산하는 목장(牧場)

моло́чный (형) ① 젖의, 우유의, 밀크 의; ~ая корова 젖소; ~ые продукты 젖(우유제품) ② 젖을 넣은, 우유로 만든; ~ые блюда 우유요리; ~ая каша 젖넣은 죽; ~ый брат 젖동생; ~ая кислота (화학) 젓산; ~ый цвет 젖빛, 젖색

молча, молчаливо (부) 잠자코, 말없이, 가만히, 묵묵히; ~ соглашаться 묵인하다

молчали́вый (형) ① 말이 적은, 묵중한, 과묵한, ② 말

없는; ~ое одобрение 말없는 찬성, 묵인
молчание (중) 침묵, 묵언, 암묵, 불언불어; хранить (нарушать)~침묵을지키다(깨뜨리다); обходить~м 묵과하다
молчать (미완) 잠자코(묵묵히) 잇다, 침묵하다; 말 말어!
моль (여) 좀벌래
мольба́ (여) 애원, 애걸, 애걸복걸, 간청, 통사정; 탄원
мольбе́рт (남) ① 그림 버티개, ② 화가, 미술가, 화백
моме́нт (남) ① 모멘트, 때, 시기; в настоящий ~현재, в тот ~그때; в любой ~임의의 시각에; ② 기회, 계기; удобный ~ 좋은 기회; упустить ~ 기회를 놓치다 ③ 요소, 측면; положительный ~ 긍정적 요소(측면); в один ~순식간에
момента́льно (부) 일순간에, 순식간에, 곧, 찰나(刹那).
момента́льный (형) 순간적인, 순식간 의, 즉시적인; ~ый снимок 순간시진; ~ое действие 즉(등의) 즉효
мона́рх (남) 군주(軍主), 황제(皇帝)
монархи́зм (남) 군주정체, 군주제도, 군주정치
монархи́ст (남) 군주제도지지자, 군주제도 옹호자
монархи́ческий (형) 군주정체의, 군주제도의
мона́рхия (여) ① 군주정체, 군주제도; конституционная ~ 입헌군주 정치, ② 군주국(君主國)
монасты́рь (남) ① 절, 사찰, 선사, 사원, 승가, 절간; ② 수도승, 스님, 승려, 도를 닦는 중
мона́х (남) 중, 스님; 몽구리, 뭉구리; 승(僧) 산승; 빈도, 소승; постричься в ~и 중(승려)이 되다
мона́хиня (여) 수녀(修女), 여자중, 비구니
моне́та (여) ① 쇠돈, 주화; медная ~a 구리 돈, 동전; чеканить ~у 화폐를 주조하다; разменять ~у (큰돈을) 잔돈으로 바꾸다; мелкая ~a 잔돈 ② 돈, 화폐; принимать за чистую ~у 참말인줄 알다, 진실로 받아드리다
моне́тный (형): ~ двор 조폐국
моногра́фия (여) 전공논문
монолитность (여) 결속, 단결(斷結)
моноли́тный (형) 반석(철석)같으; ~ое единство 철석같은 통일
моноло́г (남) 혼자 말, 독백; роизносить ~ 독배를 하다
монополизи́ровать (미완, 완) 독점하다, 독차지하다, 외목장사하다
монополисти́ческий (형) 독점적인, 독점의, 전매의; ~ капитализм 독점 자본주의

монопо́лия (여) ① 독점(권), 전매(권), ② 독판치기
монопо́льный (형) 독점의, 전매의; ~ое положение 독점적 지위
моното́нный (형) 단조로운, 따분한, 천편일률적인
Монро́вия *г.* 몬로비아
монта́ж (남) ① (공학) 조립, 맞춤 ② (예술, 문학) 편성; музыка́льный ~ 편곡(編曲)
монта́жник (남) 조립공, 기계조립공
монте́р (남) 전공(專攻)
монти́ровать (미완) ① (공학) 조립하다 ② (예술, 문학) 편성하다; ~ кинофи́льм 영화필름을 편성하다
монуме́нт (남) 기념비, 기념탑
монумента́льный (형) ① 기념비적인, 웅장한; ~ое зда́ние 기념비적인 건물 ② 심오한; ~ое иссле́дование 심오한 건물
мора́ль (여) ① 도덕, 도의심; коммунисти́ческая ~ 공산주의 도덕, ② 훈계; чита́ть *кому* ~~에게 훈계하다
мора́льный (형) ① 도덕적인, 도의적인; ~ый о́блик 도덕적 풍모; ~ые при́н-ципы 도덕적 원칙; ~ый долг 도덕적 의무감 ② 정신적인; ~ое состоя́ние 정신상태; ~ые ка́чества 성품; ~ая подде́ржка 정신적인 지지
морато́рий (남) 중지; ~ на я́дерные взры́вы 핵폭발의 중지
морг (남) 사체실
морга́ть (미완), **~ну́ть** (완) ① (눈을) 깜박거리다(깜박이다) ② 눈짓하다; не ~ну́в гла́зом 주저함이 없다
мо́рда (여) (동물의) 낯바닥, 상판
мо́ре (중) 바다, ~해(海); вы́йти в ~е 바다로 나가다; в откры́том ~е 먼 바다 (원해, 공해)에; за ~ем 바다를 건너; ~е огня́ 불바다; ~е кро́ви 피바다
морепла́вание (중) 항해, 항행, 범주, 세일링(sailing)
моепла́ватель (남) 항해자, 항행자
морж (남) (동물) 바다코끼리
Мо́рзе: 모르스; а́збука ~ 모르스 전신부호; аппара́т ~ 모르스 전신기
мори́ть (미완) ① 소멸하다, 박멸하다, 죽여버리다; ~ таракано́в 바퀴벌레를 죽여버리다 ② 고생시키다, 맥빠지게 하다; ~ го́лодом 굶겨 고생시키다, 굶어 죽이다
морко́вь (여) 홍당무(우), 당근
моро́женое (중) 아이스크림
моро́женый (형) 냉동한; 언; ~ая ры́ба 냉동 물고기

- 351 -

моро́з (남) 추위; трескучий ~ 혹한; крепкий ~ 사나운 추위; пять граду-сов ~а 영하 5도

моро́зить (미완) ① 얼구다, 냉동하다; ② -ит (미인칭) 날씨가 추워진다(춥다)

моро́зный (형) 몹시, 추운, 추위가 심한; ~ая погода 강강한 일기; ~ый воздух 찬 공기

морозосто́йкий, морозоусто́йчивый (형) 내한성이 있는 (강한), 추위를 잘 이겨는; ~ые культуры 내한성작물

мороси́ть (무인칭): дождь ~т 비가 보슬보슬 온다, 보슬비가 내리고 있다

моросящий (형): ~ дождь 보슬비

моро́чить (미완): ~ голову 속이다, 우롱하다

морс (남) 과일즙으로 만든 청량음료

морско́й (형) ① 바다, ~ое течение 해류; ~ой ветер 해풍; ~ой климат 해양성기후 ② 해상, 해양; ~ой трнаспорт 해상운수 ③ 해군; ~ое училище 해군학교; ~ая пехота 해병대; ~ая болезнь 배멀미

морфе́ма (여) (언어) 형식형태소

мо́рфий (남) (의학) 모르핀(morphine); впрыскивать ~ 모르핀 주사를 놓다

морфоло́гия (여) (언어) 형태론(形態論) 형태변화체계

морщи́на (여) ① 주름살; глубокие ~ы 깊이 패인 주름살 ② (천, 종이 등의) 구김살

морщи́нистый (형) 주름살이 많은(진, 잡힌) 오글쪼글한; ~ая кожа 쭈그럭살

мо́рщить 찡그리다, 찌푸리다, 주름 살을 짓다

моря́к (남) 바다사람, 선원; 해병, 배사람

Москва́ (여) 모스크바(Moskva)

моски́т (남) (열대지방의) 모기

моско́вский (형) 모스크바의(Moskva)

мост (남) 다리, 교량, 가교; железнодорожный ~ 철(길) 다리, 철교; подвесной ~ 구름다리; разводить ~ 다리를 떼다; наводить(перебросить) ~ ~와 ~사이에 다리를 놓다

мо́стик (남) капитанский ~ 선교

мости́ть (미완) 깔다, 포장하다, 싸다, 꾸리다

мостки́ (복수) ① 널다리 ② (배를 대는) 부두다리 ③ 빨래널 ④ 널걸음길

мостова́я (여) 포장도로, 아스팔트도로

мостово́й (형): ~ кран (공학) 다리 기중기, 교량식기중기

мот (남) 낭비자
мота́льный (형):~ая машина 실감는 기계, 권선기
мота́ть I (미완) ① 감다; ~ ни́тки 살을 감다 ② 젓다, 흔들다; ~ голово́й 머리를 젓다; ~ на ус 머리에 새겨두다, 염두에 두다
мота́ть II (미완) 낭비하다, 허비하다, (헛되이)막써 버리다; ~ де́ньги 돈을 허투로 막쓰다(막써버리다)
мота́ться (미완) ① 흔들거리다, 너덜거리다 ② 싸대다, 바삐 돌아가다 (갔다왔다하다)
моти́в I (남) 곡조, 가락.
моти́в II (남) ① 동기, 이유; по ли́чным ~ам 개인적인 동기로서; ②논거; приводи́ть ~ы в по́льзу *чего* ~에 이롭게 논거를 내놓다
мотиви́ровать (미완,완) 동기(원인)를 설명하다, 이유를 대다
мотивиро́вка (여) ① 동기(이유)의 설명, ② 논거, 증명.
мото́вство́ (중) 낭비, 돈을 허투루 막쓰는것
мотого́нки (복수) (체육)오토바이경기
мото́к (남) 꾸리, 몽당이; ~ ни́ток 실꾸리; ~ про́волоки 쇠줄묶음
мотокро́сс (남) (체육) 오토바이 대륙 횡단경기
мото́р (남) 발동기, 전동기, 모터, 내연기관; запуска́ть (остана́вливать) ~ 발동을 걸다(끄다)
мотори́ст (남) 운전공, 모터공
мото́рный (형): ~ый ваго́н 전동차; ~ая ло́дка 모터배, 발동(기)선, 통통배
моторостро́ение (중) 발동기제작공업
мотоци́кл, мотоцикле́т (남) 오토바이, 모터서클
мотоцикли́ст (남) 오토바이 타는 사람; 모터찌클병
моты́га (여) 괭이 호미
мотылёк (남) 부나비, 불나방. 하루 살이, 밤나비
мох (남) 이끼, 녹태, 선태, 태선, 취태, 녹전, 창태, 매태
мохна́тый (형) ① 털이 북슬북슬한 ②;~ое полоте́нце 타올, 수건
моча́ (여) 오줌, 소변, 소수, 소용, 소마, 소피
моча́лка (여) 수세미
мочево́й (형): ~ пузы́рь 오줌깨, 오줌통, 방광
мочего́нный (형) 이뇨의: ~ое сре́дство 오줌(내기)약
мочеиспуска́ние (중) 오줌내기, 이뇨

- 353 -

мочёный (형) 물에 담근, 침을 담근
мочеполово́й (형) 비뇨생식기
мочи́ть (미완) ① 적시다, 축이다 ② 담그다, 불구다, 우리다; ~ я́блоки 사과를 담그다
мочи́ться (미완) 오줌을 누다, 소변을 보다
мо́чка (여) 귀불, 귀방울
мочь I ~할 수 있다; я могу́ пойти́ 나는 갈 수 있다; не могу́ бо́льше 더는 할 수 없다; спаси́бо, я могу́ и постоя́ть 고맙습니다, 저는 서있어도 괜찮습니다; вы мо́жете меня́ не заста́ть (на ме́сте, до́ма) 당신은 나를 만나지 못할 수 있습니다; мо́жет быть 아마 ~ 할지도 모른다
мочь II (여); во всю ~ь, изо все́й ~и; что есть ~и 있는 힘(전력)을 다하여, 힘껏; ~и нет мо́чи 맥이 없다, 못견디겠다
моше́нник (남) 사기군, 협잡꾼
моше́нничать (미완) 사기질하다, 협잡질하다, 속임질하다
моше́ннический (형) 사기적인, 협잡 하는, 사기군 같은
моше́нничество (중) 사기, 협잡, 속임수, 야바위, 기만
мо́шка (여) (곤충) 갈파리, 필라리아 모기, (모기·각다귀 등) 작은 곤충; 꼬마(등이). 진디등엣科)의 곤충
мошкара́ (여) (집합) 필라리아모기 들이
мощёный (형) 포장된; ~ая доро́га 포장도로
мо́щность (여) ① 위력, 강대성, 힘 ② 능력, 능률; 출력; 용량; на по́лную ~ь 만부하를 걸어; ② ~и (복수): энергети́ческие ~и 동력장치; произво́дственные ~и 생산설비
мо́щный (형) ① 강력한, 위력있는, 세찬, 힘이 대단하다; ~ый пото́к 세찬 흐름; ~ая промы́шленность 강(유)력한 공업 ② 출력(능력, 마력)이 높은; ~ый дви́гатель 용량이 큰 발동기; ~ый тра́ктор 마력이 높은 트랙터
мощь (여) ① 위력, 강대성, 힘, 세력; ~ страны́ 나라의 위력; боева́я ~ 전투력 ② 능력, 능률
мрак (남) 어둠, 암흑(闇黑)
мракобе́сие (중) 몽매주의(蒙昧主義)
мра́мор (남) 대리석(大理石)
мра́морный (형) 대리석의, 대리석으로 만든
мрачне́ть (미완) ① 음침해지다, 스산해지다, 쓸쓸해지다 ② 어두워지다, 흐려지다
мра́чный (형) ① 침울한, 쓸쓸한, 스산한; ~ое настрое́ние 우울한(수산한) 기분(마음) ② 캄캄한, 암담한, 암흑; ~ые времена́ 암흑시대, 암담한 세월

мсти́тель (남) 복수자; народные ~и 인민유격대(원들)
мсти́тельный (형) 복수심이 강한, 앙갚음하는
мсти́ть (미완) 복수하다, 앙갚음하다
мудрено́ (부): ~ реша́ть 해결하기 힘들다; не ~, что 응당 하다, 충분히 이해할만 하다; на тебя ~ угоди́ть 너의 비위를 맞추기는 거의 불가능하다
мудрёный (형) ① 이상한, 기묘한 ② 복잡한, 까다로운; ~ёная зада́ча 풀기 힘든 문제; у́тро ве́чера ~ене́е 하루 밤 자고나면 더 좋은 수가 생각나다
мудре́ц (남) 지혜로운 사람
мудри́ть (미완) 까다롭게 굴다, 꾸며 내다, 꾀를 부리다
му́дрость (여) 현명성, 지혜; жите́йская ~ь 처세술; зуб ~и 사랑니
му́дрый (형) 현명한, 영명한, 명철한
муж (남) 남편, 지아비, 남정네, 부(夫), 낭군
мужа́ть (미완) ① 어른 되다 ② 성장 하다, 강화되다
мужа́ться (미완) 기운(용기)을 내다, 정신을 차리다
му́жественный (형) 용감한, 강의한; ~ вид 호걸품; ~ хара́ктер 강의한 성격; ~ый посту́пок 용감한 행위
му́жество (중) 강의성, 용감성
мужи́к (남) 사나이, 남정(男丁)
мужско́й (형) ① 남자, 사나이 같은; ~а́я оде́жда 남자 옷 ② 남성(男性); ~о́й пол 남성; ~о́й род (언어) 남성
мужчи́на (남) 남자, 사나이
му́за (여) 창작적 영감
музе́й (남) 박물관, 기념관; истори́ческий ~ 역사박물관
му́зыка (여) 음악; ка́мерная ~а 실내악; симфони́ческая ~а 교향악; лёгкая ~а 경음악; инструмента́льная ~а 기악; писа́ть(сочиня́ть) ~у 작곡하다
музыка́льный (형) ① 음악의; ~ый инструме́н 악기; ~ая шко́ла 음악학교 ② 음악적인; ~ый го́лос 음악적인 목소리
музыка́нт (남) 음악가, 악사
му́ка (여) 고통, 괴로움, 고민
мука́ (여) 가루, 분말, 낟알(곡식)가루; пшени́чная ~ 밀가루; карто́фельная ~ 농말(가루)
мукомо́льный (형): ~ заво́д 제분공장
мул (남) 노새(수나귀와 암말과의 사이에서 난 변종)
мультипликацио́нный (형): ~ фильм 만화영화
мультиплика́ция (여) (영화) 만화영화 촬영, 만화영화

мумия (여) 미라, 미이라, 머미(mummy), 목내이(木乃伊)
мундир (남) 정복, 제복, 군복
мундштук (남) 물부리, 담배(궐련)물부리, 연취; 물뿌리개
муниципалитет (남) 지방자치국
муравей (남) 개미, 곡공충(郭公蟲).
муравейник (남) 개미집
муравьиный (형) 개미의; ~ая куча 개미집; ~ая кислота 개미산
мурашки (복수): по телу(спине) бегают ~소름이 끼친다
мурлыканье (중) (고양이 따위) 가르릉 거리는 것(소리)
мурлыкать (미완) (고양이가) 가르릉거리다
мускул (남) 힘살, 근육(筋肉)
мускулатура (여) 힘살, 힘살(근육) 계통(조직)
мускулистый (형) 근육이 잘 발달된(불끈불끈한)
мускульный (형) 힘살의, 힘줄의, 근육의;~ая сила 근력
мусор (남) 쓰레기, 검불
мусорный (형) ~ ящик 쓰레기통, 휴지통(休紙桶)
мусоропровод(남) 쓰레기를 버리는 구멍
муссон (남) 철바람, 계절풍(季節風)
мусульманин (남) 회교도, 마호메트교도, 이슬람교
мусульманский (형) 회교의, 이슬람교의
мусульманство (중) ① 회교, 이슬람교, 회회교, 마호메트교
мутация (여) (생리) 돌연변이
мутить (미완) ① (물 등을) 흐리다 ② (정신을) 흐리게 (몽롱케)하다 ③ (무인칭); меня ~т 구역질나다, 메스껍다; ~ть воду 일부러 혼란시키다(불안케하다)
мутнеть (미완) 흐려지다; сознание ~ет 정신이 몽롱해진다
мутный (형) ① 흐린, 우중충한, 혼탁한; ~ая вода 흙탕물; ② 몽롱한; ~ое сознание 몽롱한 의식
муторный (형) 흐리터분한; ~о на душе 기분이 흐리터분하다
муть (여) 흐린 것, 앙금, 물때
муфта (여) ① (옷의) 토시; меховая ~ 털토시, ② (공학) 끼움토시, 축잇개, 카프링
муха (여) 파리, 집파리, 가승; делать из ~и слона 침소봉대하다(작은 것을 크게 과장하다)
мухомор (남) 붉은 파리버섯
мучение (중) 고통, 고민, 괴로움

му́ченик (남), **~ца** (여) (늘) 고통(고생)받는 사람; 목숨을 바치는 사람; 수난자

мучи́тель (남) 학대자, 박해자

мучи́тельный (형) 괴로움, 고통스러운, 견들수 없는

му́чить (미완) 괴롭히다, 학대하다, 고통을 주다; совесть ~ 양심이 가책 된다

му́читься (미완) ① 괴로워하다, 고통을 받다; ~ от бо́ли 아파서 괴로워하다; ~ на реше́нием зада́чи 문제를 풀기에 몹시 애쓰다

мучни́стый (형) 가루를 포함한, 가루 같은, 전분을 포함한

мучно́й (형) 가루로 만든; ~ые изде́лия 가루붙이

му́шка (여) (군사) 겨눔못, 조성; взять на ~у (총을)겨누다

му́штра (여) ① 강제훈련 ② (군사) 교련

муштрова́ть (미완) 강제훈련하다, 엄격하게 교양하다; 교련하다

Мф (Ева́нгелия от Матве́я, 28장) 마태복음

мча́ть(ся) (미완) 내닫다, 달음박질하다, 힘차게 달리다 (질주하다); по́езд мчи́тся 기차가 달리고 있다

мы (인칭대) (복수) (нас (생,대), нам(여), на́ми(조), о нас (전))우리, мы дово́льны 우리는 만족하다; нам э́то интере́сно 우리에게는 이것이 재미있다; ~ с тобо́й 나와 너

мы́лить (미완) 비누칠하다; ~ ру́ки 손에 비누칠하다

мы́литься (미완) ① 자기 몸에 비누칠을 하다 ② 거품이 일다, 풀리다

мы́ло (중) 비누; туале́тное ~ 세수비누; хозя́йственное ~ 빨래비누

мылова́ренный:(형)~ заво́д 비누공장

мы́льница (여) 비누갑, 비누통

мы́льный (형) ① 비누의; ~ая пе́на 비누거품 ~ый пузы́рь 비누기포; ~ые ру́ки 비누칠한 손; ло́паться как ~ый пузы́рь 수포로 돌아가다

мыс (남) ① 곶, 갑, 갑(岬), 관(串), 갑각(岬角), 지각(地角), 육지 끝, 반도 ② 삐죽히 내민곶, 삐죽히 내민부분

мы́сленно (부) 속으로, 마음으로, 상상하여

мысли́мый (형) 될 수 있는, 있을 수 있는; ~ое ли э́то де́ло? 그럴 수가 있겠는가?

мысли́тель (남) 사상가, 철학가.

мы́слить (미완) ① 사고(사유.사색)하다; ② 생각하다 ③ 상상하다

мысль (여) ① 사유, 사색, 상념, ② 의도, 생각, 사상; задняя ~ 숨은 생각, 딴 의도; возникла ~ь 생각이 났다

мыслящий (형) 사고력이 있는, 사려 깊은, 생각있는

мытарство (중) 고생, 고통, 괴로움, 고난, 곤란, 노고, 곤곤, 천신만고; пройти через все ~а 고생을 다 겪다

мыть (미완) 씻다, 세척하다, 빨다, 들부시다, 씻가시다, 씻부시다, 씻어버리다, 들부셔내다, 가시다, 세제(세척, 척정)하다, 척제(척탕)하다: 닦다, 닦아내다

мыться (미완) 몸을 씻다, 목욕하다

мычание (중) 음매울음, 영각

мычать (미완) (소가) 음매하고 울다, 영각하다

мышеловка (여) 쥐창

мышечный (형) 힘살, 근육(筋肉); ~ая работа 심근;

мышиный 쥐, 쥐 같은; ~ цвет 쥐색

мышка (여) 겨드랑이; нести под ~ой 겨드랑이에 끼고 가져다

мышление (중) 사유, 생각, 사고, 정려, 정사, 사색

мышонок (남) 쥐새끼

мышца (여) (해부) 힘살 근육; сердечная ~ 심근

мышь (여) 쥐, 서생원; полевая ~ 들쥐; летучая ~ 박쥐

мышьяк (남) (화학) 비소(砒素)

мягкий (형) ① 부드러운, 폭신폭신한, 나스르르한; ~ий стул 폭신폭신한 의자 ② 만문한, 연한; ~ий хлеб 만문한 빵; ③ 차분한, 여낙낙한, 사분사분한 문문한; ~ий человек 문문한 사람; ~ий голос 부드러운 목소리

мягко (부) ① 무르게, 연하게, 부드럽게, ② 상냥하게, 사분사분하게, 사분하게, 싹싹하게, 여낙낙하게, 부드럽게, 보드랍게; 친절하게; 온화하게; 정답게; 착하게; ~ выражаясь (삽입어) 점잖게 말해서

мягкотелый (형) 의지가 약한, 성격이 연약한

мякина (여) 지푸라기, 부검지, 초개; 검불, 짚의 낱알, 또는 부서진 짚의 부스러기; на мякине не проведёшь 노장은 속일 수 없다

мякоть (여) (과일의) 살; ~ яблока 사과의 살

мямлить (미완) 머뭇하다, 우물쭈물 말하다

мясистый (형) ① 살기가 많은 ② 살진, 뚱뚱한, 통통한, 비대한, 퉁퉁한, 비만한.

мясник (남) 고기장수, 고기파는 사람

мясное (중) 고기요리

мясно́й (형) 고기의, 육류의; ~о́й суп 고기국
мя́со (중) 고기, 육류, 육(肉)붙이, 살, 살코기, 육류, 식용, 식용육, 어육; 버숫시리; говя́жье ~소고기;
мясокомбина́т (남) 육류꼼비나트
мясору́бка (여) ① 고기를 가는 기계 ② 살륙전
мя́та (여) 박하(薄荷) 영생이
мяте́ж (남) 폭동, 반란, 동란, 난리, 소요
мяте́жник (남) 폭동자, 반란자, 소요자
мя́тный (형): ~ые конфе́ты 박하사탕; ~ые ка́пли 박하수
мя́тый (형) 구겨진, 쪼글쪼글한; ~ое пла́тье 구겨진 옷
мять (미완) ① 구기다, 우글쭈글하게 하다 ② 눌려서 (비벼서) 연하게 하다, 잘크러뜨리다
мя́ться (미완) ① 구겨지다, 쪼그라지다 ② 머뭇하다, 여짓여짓하다
мяу́канье (중) (고양이의) 야옹야옹울다
мяу́кать (미완) (고양이) 야옹야옹울다
мяч (남) 공, 구(球), 볼(ball); футбо́льный ~ 축구공(볼)

Н

на I (전) ① (+대 및 전) ~위에, ~위에서; на столе 상위에; ② (위치를 표시) ~에; 남쪽에; ③ (+전) (동작의 장소를 표시), ~에서; ④ (+대) (방향을 표시) ~로, ~쪽으로; ехать на юг 남쪽으로 가다; ⑤ (+대) (기간을 표시) ~동안, ~간; отпуск на месяц 1개월간의 휴가; ⑥ (대.전) (때를 표시) ~에; на другое утро 다음날 아침; ⑦ (+전) (행동의 수단, 도구로 표시) ~를 타고, ~를; ехать на трамвае 전차를 타고가다; ⑧ (+생) ~에, ~에게; надевать пальто на ребёнка 아이에게 외투를 입히다; ⑨ (+생및 전) (근거, 조건을 표시) ~에 기초하여, ~로

на II (술어로) 받아라; на возьми! 자, 가져라

наба́вка (여) ① 인상, 추가; ② 추가금액, 증가액

набавля́ть (미완) 더 올리다(높이다), 증가하다; ~ це́ну 값을 더 올리다

наби́т (남) 경종; бить (ударя́ть) в ~ 경종을 치다(울리다)

набе́г (남) 습격, 침입; соверши́ть ~ 습격하다

набега́ться (완) 실컷 뛰어다니다, 너무뛰어다녀 피곤하다

набежа́ть (완) ① 마주치다, 부딪치다; волна́ ~ла на бе́рег 파도가 바닷가에 밀려들었다 ② 몰려들다, 군집하다

набекре́нь (부): одева́ть ша́пку ~모자를 비스듬히(비뚜로) 쓰다

на́бело (부): переписнпь ~정서하다

набережная (여) 해변도로, 강안도로

набива́ть (미완) 가득채우다, 다져넣다, 들어넣다, 처넣다

набива́ться (미완) 빼곡히 들어서다, 많이 모여들다

набира́ть (미완) ① 모집(징집)하다; ② (인쇄) 식자하다

набира́ться (미완) ① (용기, 힘등을) 가다듬다; ~ хра́брости 용감성을 내다; ~ сил 힘을 얻다 ② 많이 모여들다

наби́тый (형) 가득 채운, 가득 찬; ◇ ~ дура́к 일자 바보,

- 361 -

наблюда́тель (남) 관찰자, 감시자(군사) 감시병.

наблюда́тельность (여) 관찰력, 혜안,안광, 관찰력,통찰력

наблюда́тельный (형): ~ пункт 관측소 ② (사람에 대하여) 눈이 예민한(예리한), 관찰력이 있는

наблюда́ть (미완) ① 관찰(관측)하다 ② 살피다, 바라보다, 주시하다; ~ *за кем-чем* ~를 감시하다, ~를 감독하다

наблюде́ние (중) 관찰, 관측, 감시, 감독

набо́йка (여) 구두뒷창

на́бок (부) 잎으로, 한쪽으로; 비뚜로, 비딱하게

наболе́вший (형): ~ вопрос 절실한(초미의) 문제

набо́р (남) ① 일식, 한조, 한벌; ~ инструментов 공구한조; ~ кухонной мебели 부엌 세간일식 ② 모집, 징집; ③ (인쇄) 식자, 활자 추기, 문선; ~ слов 군소리

набо́рный (형): ~ая касса 활자함; ~ая машина 식자기

набо́рщик (남) (인쇄) 식자공; 문선공

набрести́ (완) на *кого-что* ~와 마주치다; ~ на след 발자국을 찾다

наброса́ть (완) ① 많이 던져놓다, 던져서 채우다 ② 얼추 그리다, 얼른 쓰다; ~ несколько слов 몇 마디를 얼른 적다

набро́сить (완) 덮다, 씌우다, 걸치다; ~ на себя плащ 비옷을 몸에 걸치다

набро́ситься (완) ① на *кого* ~에 성급하게 달라붙다; на *что*; ~ на еду 음식물에 (굶은 사람처럼) 달라붙다

набро́сок (남) ① 속사화, 초벌그림 ② 초안, 초고

набуха́ние (중) 부풀음, 부푸는 것, 부풀어 오르는 것

набуха́ть,(미완) **набу́хнуть** (완) ① 부풀다, 부풀어 오르다, 붓다; ② 젖어서 부풀다

Нав(Книга Иисуса Навина 24장) 여호수아

нава́га (여) (어류) 이치

нава́ливать (미완) ① 치쌓다, 더 쌓다, 처담다, 쌓아놓다, 뒤덮치다; ② (무인칭) навалило много снегу 눈이 많이 내려 쌓였다

нава́ливаться (미완) 덮치다, 기대어 누르다(밀다)

нава́лом (부): грузить ~ 산적으로 적재하다

нава́р(남) (끓인 음식위에 뜬) 기름기

нава́ристый (형) 기름기 많은, 기름이 진하게 뜬

навари́ть (완) (얼마만큼) ① 삶다, 끓이다 ② (공학) 용해하여 내다, 녹여내다

наведа́ться (완), **наве́дываться** (미완) 놀려오다, 찾아오다

наве́ки (부) 영원히, 영구히, 천추에

наве́рное (삽입어) 아마, 보건대; ~ так и бу́дет 아마 그렇게 될 것이다

наверняка́ (부) ① 틀림(엄임)없이, 반드시, ② 실수없이; де́йствовать ~ 실수 없이 행동하다

наверста́ть (완), навёрстывать (미완) 보충하다, 메우다; ~ поте́рянное вре́мя 잃은 시간을 보충하다

навёртываться (미완); слёзы ~ются на глаза́ 눈에 눈물이 글썽거린다

наве́рх (부) 위로, 위층으로, 상층으로; поднима́ться ~ 위로 올라 가다; скла́дывать ~ 올려쌓다

наверху́ (부) 위에(서), 위층에(서)

наве́с (남) 처마, 채양 ② 차일, 헛간

навеселе́ (부) 약간 취하여

наве́чно (부) 영원히, 영구히, 천추에

наве́шивать (미완) 걸다; ~ дверь 문을 걸다

навеща́ть (미완) 방문하다, 찾아오다, 들리다

навзничь (부); упа́сть ~나자빠지다

навзрыд (부): пла́кать ~ 목놓아 울다, 대성통곡하다

навигацио́нный (형) 항해의: ~ая ка́рта 항해도

навига́ция (여) ① 항해; 항해기; ② 항해술, 항해학

нависа́ть (미완), нави́снуть (완) ①드리워있다, 불숙나오다 ② 다가오다, 닥쳐오다; ~ла опа́сность 위험이 닥쳐왔다

навлека́ть (미완), навле́чь (완) 자아내다, 야기(초래)하다

наводи́ть (미완) ① 향하게 하다; ② 가리켜주다, 인도하다, 데려다주다; ③ (다리를) 놓다, 부설(가설)하다, 건너지르다

наво́дка (여) 조준, 겨눔; стреля́ть прямо́й ~ой 직접 조준으로 사격하다; ~а моста́ 가교, 다리놓기

наводне́ние (중) 큰물, 홍수, 대수(大水)

наводни́ть (완), наводня́ть (미완) 범람하게 하다, 넘치게 하다; ~ ры́нок това́рами 상품으로 시장을 뒤덮다

наво́дчик (남) (군사) 사수(射手)

наводя́щий (형): ~ вопро́с 유도질문

наво́з (남) 거름, 두엄

навози́ть (미완) 거름을 주다

наво́зный (형): ~ жук 말똥구리, ~ая ку́ча 거름(두엄)더미

наволо́чка (여) 베개잇

навостри́ть (완): ~ у́ши 귀를 기울이다(세우다, 쫑그리다)

навря́д ли (조) (의심과 부정의 뜻을 표시한다) 아마 ~않을

것이다

навсегда́ (부) 영원히, 영구히, 천추에 두고; раз и ~ 영영, 최종적으로

навстре́чу (부) 마주, 마주 향하여; вы́йти ~ на кому ~를 마주나가다; е́хать ~ друг дру́гу 서로 마주오다(가다);

на́вык (남) 숙련, 솜씨; приобрета́ть ~ 숙련을 쌓다

на́выкат(е) (부) : глаза́ ~ 퉁방울눈

навы́лет (부): пу́ля прошла́ ~ 총알이 꿰뚫어서 나갔다; быть ра́неным ~ 총알에 맞아 관통상을 입다

навы́тяжку (부): стоя́ть ~ 차렷자세로 서다

навью́чивать (미완), **навью́чить** (완) 바리(짐을) 지우다 (메우다)

навя́знуть (완) 끼어서 붙다; на-вя́зло в зубах 싫증났다

навя́зчивый (형) 부전부전한, 초근초근한

навя́зывать (미완) 강요하다, 우기다; ~ своё мне́ние 자기 의견을 강요하다; ~ вопро́с 문제를 들이밀다

нага́йка (여) 가죽채찍

нага́н (남) 나강 권총

нага́р (남) 불똥, 초농; снять ~со свечи́ 초에서 불똥 (초농)을 떼내다

нагле́ть (미완) 뻔뻔스러워(넉살스러워)지다, 파렴치해지다

нагле́ц (미완) 철면피(한), 뻔뻔스러운(파렴치한)사람

на́гло (부) 뻔뻔스럽게, 파렴치하게, 넉살스럽게, 어림성없이; вести́ себя́ ~ 뻔뻔스럽게(넉살스럽게)굴다

на́глость (여) 철면피, 뻔뻔스러운 것

наглота́ться (완) 많이 삼키다(들이켜다); ~ пы́ли 먼지를 많이 먹다

наглу́хо (부) 빈틈없이, 짬이 없다. 꽉; ~ закры́ть дверь 문을 꽉 닫다; ~ застегну́ться 단추를 다 채우다

на́глый (형) 뻔뻔스러운, 파렴치한, 철면피한; ~ое поведе́ние 파렴치한 행동

нагляде́ться (완) 마음껏(실컷)보다; не могу́ ~ на ~를 암만 보아도 싫증이 안 난다.

нагля́дно (부) 명료하게, 직관적으로, 뚜렷하게; ~ пока́зывать 열심히 보여주다

нагля́дность (여) 직관성있게, 명료성; для ~и 뚜렷하도록, 직관성있게 하기 위해서

нагля́дный (형) 여실한, 명료한, 직관(적인); ~ приме́р 뚜렷한 모범(실례); ~ая агита́ция 직관선전

нагнета́ть (미완) ① : ~ воздух 공기를 넣다(넣어 압축하다) ② ; ~ напряжён- ность 긴장상태를 격화시키다

нагное́ние (중) ① 곪기, 화농 ② 부스럼, 종기(腫氣)

нагнои́ться (완) 고름이 생기다, 화농하다; рана ~лась 상처가 곪았다

нагова́ривать (미완), **наговори́ть** (완); ① на *кого* ~에게 억울한 죄를 들씌우다(입히다), ~를 중상하다, ② 말을 많이하다;; ③ ~пласти́нку 녹음하다

наговори́ться (완) 마음껏 이야기하다

наго́й (형) 벌거벗은, 벌거숭이; ~ие дере́вья 벌거숭이 나무, ~ое те́ло 맨몸

на́голо (부) ① 벌거벗은, 알몸의, 가리지 않은, 드러낸: стричь ~ 막깎다, 막머리(중머리)로 깎다, ② (일·이야기 가) 사실 그대로의, 적나라한. ③ 닳아 무지러진, 써서 낡은. ④ 휑뎅그렁한, 세간이 없는(방), 꾸밈없는, 살풍경한.

на́голову 참패, 패주: разби́ть ~(적을) 완전히 격멸시키다 (처부수다), 전멸시키다, 산산이 부수다, 박살내다

нагоня́й (남) 질책, 책망; получи́ть ~ 질책을 받다

нагоня́ть (미완) ① 따라잡다 ② 따르다, 따라가다 ③ 몰아들이다, 몰아붙이다,(한곳에) 많이 모이다 ④ (어떤감정, 기분을) 자아내다, 일으키다; ~ стра́ху 공포를 자아내다

нагоре́ть (완) (무인칭): мне ~ло 나는 질책을 받았다(경을 쳤다)

нагороди́ть (완) 많이 먹다, 많이 쌓다; ~ вздо́ра (чепухи́) 쓸데 없는 말을 많이 하다

нагота́ (여) 알몸, 벌거숭이, 나체

нагото́ве (부): быть ~ 준비되어있다, 준비를 갖추다

нагото́вить (완) 저장(준비)하다; ~ дров на зи́му 겨울에 땔 나무를 (많이) 장만하다; ~ еды́ 음식을 많이 만들다

награ́бить (완) (많이) 훔쳐 모으다,

награ́да (여) 상(賞), 표창; прави́тельственная ~ 국가표창

награди́ть (미완), **награжда́ть** (미완) *кого чем* ~에게 ~을 수여하다, 표창 하다; ~ о́рденом 훈장을 수여하다

награжде́ние (중) 표창수여, 상수여, 수여식, 수상식

награждённый (남) 수훈자, 수상자

нагре́в (남), **нагрева́ние** (중) 가열, 데우는 것, 덥히는 것

нагрева́тельный (형): ~ые прибо́ры 가열기

нагрева́ть (미완) 데우다, 덥히다, 가열하다; ~ во́ду 물을 데우다; ~ ко́мнату 방을 덥히다

нагреваться (미완) 더워지다, 따스해지다, 가열되다
нагромождать (미완) 쌓아놓다, 쌓아올리다, 치쌓다
нагромождение (중) 덧게비, 무지, 퇴적; ~ камней 돌무지
нагрудник (남) ① (가슴에 대는) 턱받기 ② 흉갑(胸甲)
нагрудный (형): ~ знак 가슴에 붙이는표; ~ карман 가슴에 단 주머니
нагружать (미완), **нагрузить** (완) ① 싣다, 적재하다; ~ доверху 처싣다 ② (어떤일을) 메다, 책임지우다; 부담하다
нагрузка (여) ① 적재, 싣기 ② (공학) 부대; ставить под полную ~у 만부하를 걸다 ③ (전기) 전하; ④ 부담, 분공
нагрянуть (완) 뜻밖에 오다, 들이닥치다, 별안간에 일어나다; ~ули гости 손님들이 들이닥쳤다
нагуляться (완) 마음껏 놀다
над (전) (+조) ① 위에, 위에서; ② ~에 대한; ③ (동작과대상의 관계를 표시함): сидеть ~ задачей 문제를 푸는데 달라붙다
надавить (완), **надавливать** (미완) 누르다, 내리누르다
надвигаться (미완) 닥쳐오다, 다가오다, 박두다, 밀려오다
надвинуть (완): ~ шапку 모자를 눌러 쓰다
надвое (부) 두 쪽으로, 절반으로; бабушка ~ сказала (속담) 그렇게도 되는지 안 되는지 확실치 않다
надгробный (형): ~ая надпись 비문, 묘문; ~ый памятник 묘비, 묘갈
надевать (미완) ① 입히다, 신기다, 씌우다 ② 입다, 신다, 쓰다; ~ перчатки 장갑을 끼다; ~ очки 안경을 끼다
надежда (여) 희망, 기대; питать ~ 희망을 품다; подавать ~у 앞길(전도)이 유망하다
надёжный (형) ① 믿음직한, 미더운, 믿을만한, 확실하다 ② 굳건한, 단단한, 튼튼한
наделать (완) ① 많이 만들다 ② 저지르다; что ты наделал! 너 무슨일을 저질렀느냐! ~ ошибок 많이 오류를 범하다
наделить (완), **наделять** (미완) ① 나누어지다, 주다, 분배하다; ~ землёй 토지를 분배하여주다 ② 부여하다, 가지게 하다; ~ свойствами 특성을 부여하다
надеяться (미완) ① 희망을 걸다, 바라다, 기대하다; ~ на успех 성공을 기대하다 ② 의탁하다, 믿다; на него можно ~ 그를 믿을 수 있다
надзиратель (남) 감독관, 감독자, 감시인; тюремный ~ 간수, 옥리
надзирать (미완) за кем-чем ~를 감시(감독)하다

надзо́р (남) 감시, 감독, 감찰; находиться под ~ом 감시하에 있다

надко́стница (여) (해부) 뼈막, 풀막

надла́мывать (미완) ① 꺾다; ~ ве́тку 나무까지를 꺾다 ② 떨어뜨리다, 좌절시키다

надла́мываться (미완) ① 꺾어지다. 꺾이우다 ② 좌절되다; здоро́вье ~оми́лось 몸이 약해졌다

надлежа́ть (미완) (무인칭) (+미정형); ~ит вы́полнить 실행하여야 된다;~ит яви́ться 출두하지 않으면 안된다

надлежа́щий (형) 해당하다, 응당하다, 적절한, 적합한;

надло́м (남) 꺾인 자리; 좌절, 낙심

надло́мленный (형) 꺾어진; 좌절된. 꺾어진

надме́нный (형) 살똥스러운, 코가 높은, 건방진; ~ вид 교만한 태도

на́до ; ~ полага́т ~ 아마; так ему́ и ~ 잘코사니

надо́бность (여) 필요; по ме́ре ~и 필요에 따라; в слу́чае ~и 필요한 경우에는

надоеда́ть (미완) ① 싫증나다, 귀찮아지다, 물리다; ~ело игра́ть 놀기에 싫증이 났다; ② 시끄럽게 하다, 직접(작신)거리다; 볶아대다

надое́дливый (형) 시끄러운, 지궂은, 지꿎은, 깐작깐작한

надо́й (남); ~ молока́ 젖(짜는)량, 착유량(搾油量)

надо́лго (부) 오래(동안), 장기간, 길이 он уе́хал ~ 그는 오래동안 떠났다

надо́мный (형); ~ая рабо́та 가내부업, 가내공업

надоу́мить (완) 알게하다, 조언하다, 충고하다

надписа́ть (완), **надпи́сывать** (미완) ① 덧쓰다 ② 겹쳐 쓰다, 위에다쓰다 ~ а́дрес на конве́рте 봉투에 주소를 쓰다

на́дпись (여) 덧씀, 덧쓰기, 겉에 쓰는 것; надгро́бная ~ 비문, 묘문

надра́ть (완); ~ у́ши кому́ (처벌로) (귀를) 잡아채다(잡아 당기다)

надре́з (남) 약간 베어놓다

надре́зать (완), **надреза́ть, надре́зы-ва́ть** (미완) 약간 베어 놓다

надруга́тельство (중) 호된 모욕, 거친조롱, 모독

надруга́ться (완) 모욕하다, 모독하다, 망신시키다

надрыва́ть (미완) ① 약간찢다, 약간뜯다; ~ конве́рт 봉투 (윗모서리)를 약간뜯다 ② (지나치게 힘을 넣거나 과도한

노동으로) 꺾다, 해치다, 상하게하다; ~ здоровье 몸(건강)을 해치다; ~ голос 목소리를 상하게 하다

надрыва́ться (미완) ① (과로로 또는 무거운 것을 들어) 자기 몸을 상하게 하다, 꼬꾸라지다 ② 몹시 피곤해지다, 기진 맥진해지다; ~ от смеха 배를 그러안고 웃다

надсмо́трщик (남) 감독자, 감시인

надста́вить (완), **надставля́ть** (미완) 잇대다, 이어서 길게 하다, 덧대다, 덧놓다; ~ рукава́ 소매를 잇대어 길게 하다

надстра́ивать (미완), **надстро́ить** (완) 덧짓다, 위로 증축하다(높이다)

надстро́йка (여) ① 덧지은(중축된)부분 ② (철학) 상부구조; ба́зис и ~도태와 상부구조

надува́тельство (중) 야박위속, 사기; 기만

надува́ть (미완) ① 부풀다, 팽팽해지다;~ мяч 공에 바람을 넣다 ② 속여먹다, 야바위를치다; ~ гу́бы 부루퉁하다

надува́ться(미완) ① 부풀다, 팽팽해지다 ② 부루퉁해지다, 새무룩해지다, 부풀다

надувно́й (형): ~ая ло́дка 공기배; ~о́й матра́ц 공기마다라스

наду́манный (형) 꾸며낸, 지어낸; 인공적인

наду́мать (완) 결심하다, 마음먹다

наду́тый (형) ① 공기를 넣은 ② 부루퉁한, 새무룩한

надуши́ть(ся) (완) (자기 몸에) 향수를 뿌리다

наеда́ться (미완) 잘(많이,실컷)먹다; ~ досы́та 배불리 먹다;

наедине́ (부) 단 둘이서; 맞서서; ~ с собо́й 혼자서, 홀로

нае́здить (완) (얼마만큼의 시간, 거리를) 달리다, 주행하다

нае́здник (남) 기수(騎手), 말 탄사람

нае́здом (부): быва́ть ~잠시 들리다

наезжа́ть (미완) ① на кого́-что (타고 가면서) ~에 부딪치다, ~과 마주치다; ~ на столб 기둥에 부딪치다 ② (많이)모여들다

наём (남) ① 고용; ~ рабо́чих 노동자(들의); рабо́та по на́йму 삯벌이, 품팔이(집,방의) ② 세내기; сдава́ть в ~ 세 놓다

наёмник (남) 고용병, 앞잡이

наёмный (형) 고용(雇用)의, 고용된; ~ый рабо́чий 고용노동자; 삯벌이군 ② 세낸; ~ый дом 세집

нажда́к (남) 금강사(金剛砂)

нажда́чный (형) 사포의: ~ая бума́га 갈이종이, 연마지

нажи́ва (여) 덧두리, 이윤; лёгкая ~힘 안 드는 이윤

нажива́ть (미완) ① 모으다, 이익을 얻다, 벌이하다; ~

состояние 재산을 긁어모으다 ② (병,불행을) 얻다, 가져오다, 걸리다; ~ неприятность 자기에게 불행을 가져오다

наживаться (형) (미완) 덧두리다 쳐먹다, 많은 이윤을 얻다, 부자가 되다, 치부하다

наживка (여) (낚시) 미끼, 낚시 밥

наживной (형): ~ое дело (쉽사리)얻을 수 있는 일

нажим (남) ① 누르는 것 ② 압력, 강박, 강요; согласиться под ~ом кого ~의 압력밑에 동의하다

нажимать (미완) ① 누르다, 짓누르다 ② 압력을 가하다, 내리누르다, 독촉하다

назавтра (부) 이튿날로, 다음날에, 내일로, 익일로

назад (부) 뒤로; сделать ~ 한 발자국 뒤로 물러서다; ② 도로, 본래의 자리에; брать ~도로 찾다; получить ~되받다 ③ 이전에; два года тому ~ 2년 전에; взять свои слова ~ 먼저 말 한 말을 취소하다

название (중) 이름, 명칭, 칭호; ~е улицы 거리의 이름;

наземь (부) 땅바닥에, 마루 바닥에

назидание (중) 훈시, 교훈; в ~ 교훈으로

назидательный (형) 훈시적인, 교훈적인; ~ пример 교훈적인 실례

назло (부): делать ~ ~에게 약이 받게 하다

назначать (미완) ① 정(지정)하다, 규정하다; ~ цену 값을 부르다(정하다) ② 임명하다 ③ (약을) 처방하다, 처방 전을 주다

назначение (중) ① (기한, 장소 등을) 지정; ~е даты 날짜의 결정 ② 임명 ③ 처방; делать ~я (약을) 처방하다; место ~я 목적지; станция ~я 도착역

назойливый (형) 지긋은, 치근거리는, 깐작깐작한

назревать (미완), **назреть** (완) ① 여물다, 익다, 성숙되다 ② 절박(간절)하게 되다, 성숙되다; события ~ли 사건은 성숙되었다

назубок (부): знать ~ 통달하다; выучить ~ 암기하다, 잘 외우다

называть (미완) 이름을 주다(들다), (~ 하고)부르다, 명명하다; ~ себя кем ~라고 자칭하다

называться (미완) 명명되다, (~라고) 불리우다; как ~ется это дерево? 이 나무는 무엇이라고 합니까?

наиболее (부) 가장, 제일, 특히; ~ удобный 가장 편리하다

наибольший (형) 제일 큰, 최대; с ~им эффектом 최대의

효과를 내여
наи́вность (여) 소박성, 천진난만한 것
наи́вный (형) 수진한, 천진난만한; ~ ребёнок 천진한 (순진한) 어린이
наивы́сший (형) 가장(제일) 높은, 최고; в ~ей степени 최고도로
наи́гранный (완) 가면적인, 거짓
наигра́ться (완) 마음껏(실컷, 만끽) 놀다(놀이하다)
наизна́нку (부) 뒤집어(서); вывернуть ~뒤집다; надеть ~ 뒤집어 입다
наизу́сть (부): (вы)учить ~외우다; знать ~암기하다; 통달하다; читать ~ 암송하다, 내리외우다
наилу́чший (형) 가장(제일)좋은, 최상; ~ий результат 제일 좋은 결과;~им образом 가장 좋은 방법으로
наиме́нее (부) 가장적게; ~ трудный 가장쉬운; ~ интересно 보다 더(가장) 재미없다
наиме́ньший (형) 가장(제일) 작은, 최소; идти по линии ~ его сопротивления 가장 쉬운 길을 택하다
наискосо́к, наискосы́ (부) 비스듬히, 기웃이; положить ~ 비껴(어긋나게) 놓다; ~ от дома 집에서 엇비슷이
наи́тие (중): по ~ю 영감에 의하여, 본능적으로
наиху́дший (형) 가장(제일) 나쁜, 최악
найти́сь (완) ① 나타나다, 발견되다; ② 있다; не нашлось денег 돈이 없었다 ③ 당황하지 않다;
нака́з (남) 분부, 당부, 훈수
наказа́ние (중) 벌(罰), 체벌, 처벌, 제재; телесное ~е 채벌,
наказа́ть (완), **нака́зывать** (미완) 처벌하다; строго ~ 엄벌하다
нака́л (남) ① (공학) 작열 ② 극도, 극도의 긴장
накалённый (형) 극도로 긴장된
нака́ливание (중) 작열, 가열; лампочка ~я 백열전등
нака́ливать (미완) ① 달구다, 작열시키다; ~ докрасна 새빨갛게 달구다 ② 극도로 긴장시키다(격화시키다)
нака́ливаться (미완) ① 달다, 작열되다 ② 극도로 긴장 (격화)되다
накану́не ①(부) 그 전날에; ②(전) 전야에, 직전에, 앞에
нака́пать (완) (약을 등을) 방울방울 떨구다(떨어드리다), 한 방울 한 방울을 부어 채우다
нака́пливаться (미완) 쌓이다, 축적되다, 모이다

нака́чать (완), **нака́чивать** (미완); ~ воды (펌프로) 물을 퍼 올리다; ~ шину 타이어에 바람(공기)을 넣다

наки́дка (여) ① 걸치개 옷, 날개옷, ② 베개보

наки́пь (여) 속더껑이, 속더께, 물때

накла́д(남): быть (остаться) в -е 손실을 보다, 밑지다

накладна́я (여) 화물목록, 화물인도증, 짐 보냄표, 송장

накладно́й (형): ~ые во́лосы 덧머리; ~ые расхо́ды 잡비

накла́дывать (미완) 위에 놓다, 위로 매다(대다), 쌓아 올리다, 처담다; ~ повязку 붕대를 감다;

накле́ивать (미완) (풀로) 붙이다, 덧붙이다; ~ ма́рку на конве́рт 봉투에 우표를 붙이다

налеива́ться(미완) 붙다, 덧붙다

накле́йка (여) 붙이는 것; 딱지, 상표

накло́н (남) 경사(면); 경도

наклоне́ние (중) (언어); повели́тельное ~ 명령법; изъяви́тельное ~ 직설법; сослага́тельное(усло́вное)~ 가정법

накло́нно (부) 삐딱, 비슷이, 기웃이

накло́нность (여) ① 경향, 취미; име́ть ~ь к рисова́нию 그림 그리기에 취미를 가지다; ② 소질, 버릇; дурны́е ~и 좋지 못한 버릇

накло́нный (형) 기울어진, 경사진; ~ая пло́скость 경사면, 비탈면

наклоня́ть (미완) 숙이다, 기울이다. 굽히다, 구부리다

наклоня́ться (미완) 기울어지다, 쏠리다, 비딱거리다; 몸을 굽히다

накова́льня (여) 모루, 철침.

нако́жный (형): ~ые боле́зни 피부병;~ая сыпь 발진, 종기

наколо́ть (완) ① 꽂아서 붙이다, 끈으로 붙이다(달다) ② 찌르다, 찔려 상처를 내다 ③ (일정한 량을) 쪼개다; ~ дров 나무를 패다

наколо́ться (완) 찔리다, 찔리워 상하다~ на иго́лку 바늘에 찔리다

наконе́ц ① (부) 마침내, 드디어, 끝 끝내; ② (삽압어) 마지막으로, 끝으로; ~то! 됐다! 끝내! 이제야 됐군!

наконе́чник (남) ① 씌우개; ~ для карандаша́ 연필꽂개; ② 촉(觸), 끝; ~ стрелы́ 화살촉

накопи́тельство (중) 재물을 탐내는 것, 축재자의 탐욕

накопле́ние (중) ① 축적, 집적 ② 축적액

накра́пывать (미완) (비방울에 대하여); дождь ~ет 비가

- 371 -

듣기 시작 한다

накрича́ть (완)на кого ~를 큰 소리로 꾸짖다(욕하다)

накрути́ть (완), **накру́чивать** (미완) что на что ~에; 감다, (회화) 휘감하다, 감아띠다, 감아두다

накрыва́ть (미완) 덮다, 씌우다; ~ (на) стол 밥상(식탁)을 차리다

накрыва́ться (미완) ① чем ~로 덮이다 ② (자기 몸에) ~를 쓰다(걸쳐입다), ~로 덮다

накупа́ть (미완), **накупи́ть** (완) (얼마 만큼) 많이 사다, 사들이다 ~ книг 책을 많이사다

накури́ть(완) здесь наку́рено 여기는 담배연기가 자욱하다

налага́ть (미완) 지우다~штраф 벌금을 부과하다

нала́дчик (남) 조절수, 조절자, 정비공; ~ станков 기대공

нала́живать (미완) ① 정비(조정)하다, 고치다, 수리하다~ станок 기대를 정비하다(고치다); ② 조직하다, 꾸리다, 만들다; ~ сотрудничество 협조를 이룩하다(조직하다);

нала́живаться (미완) 정돈되다, 잘(제대로)되다, 이루어지다, 정상화되다

нале́во (부) 왼쪽으로, 왼편에, 좌측으로; сверну́ть ~ 왼편으로 돌다; (구령) 좌로 돌앗!

налега́ть (미완) ① 기대여 밀다(누르다); ② 전력을 다하다, 열심히 하다, 전력으로 달라붙다; ~ на учёбу 공부에 힘껏 달라붙다,

налегке́ (부) ① 가벼운 짐을 들고, 짐없이 ② 가볍게 차려입고, 옷을 간단 히 입고

налеза́ть (미완), **нале́зть** (완) ① (신발 이나 옷이) 맞다, 들어가다; ② (많이) 기어들다; ③ (밀려와) 덧놓이다

налёт (남) ① 습격, 내습, 기습; ② (쇠의) 녹; ③ 엷은 층; ~ пы́ли 먼지가 앉은 층; ~ на языке́ (의학) 혀이끼; с ~а(у) 지체없이, 준비없이

налета́ть(미완), **~еть** (완) ① (많은량이) 날아들다, 날아오다; ② (군사) 습격(기습,내습), 공격하다; ③ (바람,폭동이) 갑자기 불어오다 (나타나다);

налётчик (남) 강도배, 강탈자

налива́ть (미완) 부어넣다, 부어뜨리다, 쏟아붓다~ стака́н до краёв 잔이 찰찰 넘게 붓다

налива́ться (미완) ① (액체에 대하여) 흘러들다, 새어들다 ② 무르익다, 여물다; ~ кро́вью 피발이 서다

нали́вка (여) 과일술, 과실주; вишнёвая ~ 양벗술

налипа́ть(미완), **налипну́ть**(완) на что ~에 붙다, 달라붙다, 들어붙다; ~ла грязь на сапоги 진흙이 장화에 들어붙었다

налицо́ (부): (быть) ~ 있다, 출석하고 있다

нали́чие (중) ① 존재, 실재, 유무; ② 출석, 참석(參席)

нали́чность (여) ① 현금; ② 재고; ~ товаров 상품재고

нали́чный (형) 있는, 현존하는, 실재; ~ый состав (군대의) 현존인원; ~ые деньги 현금, 맞돈; за ~ый расчёт 현금으로

наловчи́ться (완) 익숙해지다, ~하는 씨(재치)를 보이다, 솜씨있게 (재빠르게)되다

нало́г (남) 세금, 세, 조세; подоходный 소득세; ~ плати́ть 세금을 물다; ~ облага́ть ~ом 세금을 물리다, 과세하다

нало́говый (형); ~ая система 세금제도

налогообложе́ние (중) (재정) 과세(課稅)

налогоплате́льщик (남) 납세자, 세금납부자

наложе́ние(중) ① ~ аре́ста на что ~를 차압하는 것; ~ штрафа 벌금의 부과, ② (의학): ~ швов 봉합; ~ повязки 붕대를 감는 것

налюбова́ться (완) 마음껏 즐겨보다, 실컷감상(구경)하다; не могу́ ~ на карти́ну 그림을 아무리 보아도 싫증이 나지 않는다.

нама́тывать (미완) 감다, 감아두다 (해체) 휘감다; ~ ни́тки 실을 감다; ~ (себе́) на ус (목적밑에) 보아두다, 염두에 두다

намёк (남) 암시, 시사, 귀띔; говори́ть ~ами 빗대어 말하다; 에둘러 말하다 то́нкий ~표현된 암시

намека́ть (미완), **намекну́ть** (완) 암시하다, 귀뜸을 해주다

намерева́ться (미완) ~려고하다, 기도(시도)하다, 마음을 내다; я ~юсь пойти́ 나는 가려고 하다

наме́рен (술어도) (+미정형) ~하려 한다, ~을 할 각정이다; ~ пое́хать 갈 각정이다

наме́рение (중) 기도, 시도; без всякого ~я 아무 생각도 없이, 우연히; с ~ем 일정한 의도하에, 일부러

наме́ренно (부) 고의로, 일부러, 우정

наме́ренный (형) 고의적인, 우정하는

намести́ (완) 쓸어 모으다, 휩쓸아오다; ве́тром ~ло́ мно́го сне́гу 바람에 눈이 많이 쓸어 모였다

намётанный (형): у него́ глаз ~ - 그는 재치있는 사람이다

намета́ть (완):~ ру́ку(глаз) 익숙케 되다, 솜씨잇게 되다

намётка (여) 시침질

намётка (여) (말체) 예정안, 속셈

намётывать (미완) 시침질하다, 시치다

намеча́ть (미완) ① 표식하다, 표식으로 정하다 ② (날자, 장소을) 지정(예정,예상)하다; ~ да́ту отъе́зда 출발 날자를 예정하다; ~ кандидату́ру 후보자를 지명하다

намеча́ться (미완) ① 예정(예견)되다 ② 약간(보일락말락) 나타나다, 정쟁 하다; ~ется улучше́ние 좋아질 것 같다

наме́ченный (형) 예정된, 지정된; ~ срок 예정된 기한

намно́го (부) 훨씬 더, 대단히 많이; он ~ ста́рше меня́ 그는 나보다 나이가 훨씬 많다

намока́ть (미완), **намо́кнуть** (완) 젖다, 축축해지다, 후줄근해지다

намола́чивать(미완), **намолоти́ть**(완)(일정한량을) 탈곡하다, 마당질하다

намоло́ть (완) ① (일정한 량을) 붓다, 찧다, 갈다; ~ му́ки 부어서 밀가루를 내다 ② 헛소리를 늘어놓다; ~ чепухи́ 부질없는 말을 많이 하다

намо́рдник (남) (개 또는 일부 동물의 아가리에 씌우는) 아가리 씌우개, 부리망

намочи́ть (완) 적시다, 추기다; ~бельё 빨래를 물에 담그다

наму́читься (완) 많은 고통을 겪다

намыва́ть (완) ① (흐름으로) 밀어가져오다, 충적시키다 ② 물에 일어 (서) 얻다;~ золото́го песку́ 사금을 일다

намывно́й (형) ① 충적된; ~ое зо́лото 사금; ~ая плоти́на 충적식둑

намы́ливать (미완), **намы́лить** (완) см. мы́лить; ~ го́лову кому́ ~를 몹시 책망하다(꾸짖다), 몰아세우다

намя́ть (완); ~ бока́ кому́ ~를 (마구)두들겨 패다

наниза́ть (완), **наниз́ывать** (미완) (일정한 량을) 꿰다, 꿰어 놓다; ~ грибы́ 버섯을 꿰다

нанима́ть (미완) ① кого́ ~ ~을 고용하다; рабо́чих 노동자들을 고용하다;②(집 등을) 세내다

нанима́ться(미완) 고용되다, 재용 되다, 품을 팔다

на́ново (부) 새로이, 다시

нано́с (남) ① (지질) 충적, 퇴적; **~ы** (복수) 퇴적물, 충적층; песча́ные ~ы 사주

наноси́ть (미완) ① 많이 가져오다; 휩쓸어오다, 밀어가져 오다; ве́тер нанёс сугро́б 바람에 눈더미가 생겼다(쓸어모았다), ② 끼치다, 주다, 안기다; ③ 표식(표기)하다; ~ на ка́рту 지도에 표식하다; ~ визи́т 방문하다

нано́сный (형):~ая почва 충적토
наоборо́т ① (부) 거꾸로, 뒤바꾸어; прочитать слово ~ 단어를 거꾸로 읽다 ② (부) (그와) 반대로; поня́ть ~ 반대로의 뜻으로 이해하다 ③ (삽입어) 도리어
наобу́м (부) 생각없이, 대강짐작으로, 어림잡아, 대충; отвеча́ть ~ 생각나는 대로 대답하다
наотма́шь (부): бить ~ 힘껏 손을 휘둘러서 때리다
наотре́з (부): отказывать ~ 단연코(딱) 거절하다
напада́ть (미완) ① 덤벼들다, 달려들다; 습격(공격, 침공)하다; ② 마주치다, 찾다; ~ на мысль 생각이 문득 떠오르다
напада́ющий (남) (체육) 공격수; центральный ~ 중앙 공격수, 센터 포오드;
нападе́ние (중) ① 습격, 공격, 침공; вооружённое ~е 무력 침공; ② (체육)공격; игро́к ~я 공격수; центр ~я 중앙공격수
нападки (복수) 비난, 공격; подверга́ться ~ам 비난을 당하다
напа́лм (남) 네이팜(napaim: 가솔린의 젤리화제), 나팜
напа́рник (남) 일을 같이 하는 사람, 짝패의 한사람
напа́сть (여) 불행, 불운, 재난
напе́в (남) 노래 가락, 선율(旋律)
напева́ть (미완) 조용히 노래 부르다
наперебо́й (부) 앞을 다투어, 말을 꺾어서; говори́ть ~앞을 다투어가며 말하다
наперевес (부): с винто́вкой ~ 총을 비껴들고
наперегонки́ (부) 앞을 다투어, 서로 앞서려고; бе́гать ~ 서로 앞을 다투어 달리다
наперекор (부) ① 반대로, 어긋나게 ② (전) (+여) ~에 거슬려(거역하다), ~ 반대하여; ~ веле́нию. вре́мени 시대의 요구(흐름)에 거역하여
наперере́з (부) 가로 건너, 앞을 가로 질러; бежа́ть ~ 가로 질러 뛰어가다
наперечёт(부) ① 모조리, 낱낱이; знать всех ~모든 사람을 모조리 알다; ② (술어로) 많지 않다, 드물다; тaкие лю́ди ~ 이런 사람들이 많지 않다
напёрсток (남) 골무
напи́льник (남) 줄, 줄칼; трёхгра́нный ~ 세모줄, 삼각 줄칼
написа́ние (중) 쓰기, 맞춤법, 철자법; правильное ~ 정확한 쓰기; раздельное ~ 띄어쓰기; слитное ~ 붙여쓰기

напи́ток (남) 음료; прохладительный ~ок 청량음료;

напи́ться (완) ① 흠뻑(실컷, 잘)마시다 ② 폭취하다

напиха́ть (완), **напи́хивать** (미완) 마구 밀어넣다(틀어 놓다), 처넣다, 처박다

наплева́ть (완) *см.* плевать; ему ~ на всё(это) 그는 이 모든 것을 거들떠 보려고도 하지 않는다(보지도 않는다)

наплы́в (남) (방문객 등이) 많이 들어 오는것(밀려드는 것), 인산인해; ~ заказов 주문의 쇄도

напова́л (부) 죽도록, 일기에; убить ~ 단방에 죽이다

наподо́бие (전) (+생) ~와 비슷한, ~과 유사한; скала ~ стены 벽과 비슷한 바위

напока́з (부): выставлять ~ 자랑삼아 보이다

наполня́ть (미완) 가득히 채우다 (붓다), 충만시키다; ~ портфель книгами 책으로 가방을 채우다

наполня́ться (미완) 가득차다, 충만되다

наполови́ну (부) 절반으로, 절반쯤; 얼마간; 불완전하게; дом ~ пуст 집이 반은 비었다

напомина́ние (중) ① 상기(회상)시키는 것 ② 예고, 경고

напомина́ть (미완), **напо́мнить** (완) ① 상기(회상)시키다; 예고하다; ② 비슷하게 보이다, 방불케 하다

напо́р (남) 중압(重壓), 압력(壓力); ~ воды 수압(水壓)

напори́стый (형) 끈기있는, 꾸준한, 억척스러운; ~ человек 무척 꾸준한 사람

напо́ртить (완) ① 못쓰게 만들다, 망치다 ② 해를 끼치다(주다)

напосле́док (부) 맨 나중에, 끝으로, 마지막으로

направле́ние (중) ① 방향, 방면, 방침; по ~ю к морю 바다로 향하여; ② 경향, 조류, 방향; 유파; ③ 파견; ~е на работу 임명 ④ 파견장

напра́вленность (여) 지향성, 경향성; идейная ~ 사상적 지향성

направля́ть (미완) ① 돌리다, 향하게 하다; ~ средства 자금을 들이밀다 ② 보내다, 파견하다; ~ больного к врачу 의사에게 환자를 보내다

направля́ться (미완) 향하다, 가다, 걸어가다, 돌려지다; ~ к лесу 숲으로 (향하여)가다

напра́во (부) 오른쪽으로, 오른편에, 바른쪽에; ~ от дороги 길 오른편에; (구령)уро 돌앗!; ~ равняйсь! (구령) 우로 나란히!

напрактикова́ться (완) в чём ~에 실용하게 되다, 익숙해 지다

напра́сно (부) 헛되이, 쓸데없이, 공연히

напра́сный (형) ① 헛된, 쓸데없는, 공연한; ~ый труд 헛수고; ② 근거없는, 이유없는; ~ая тревога 별걱정

напра́шиваться (미완): ~ется мысль 생각이 난다; ~ется вывод 결론이 저절로 나온다

наприме́р (삽입어) 예를 들면, 예컨대, 예를 들면

напрока́т (부) 세내어, брать ~ 세를 내다, 빌려쓰다; дава́ть ~ 세주다

напролёт (부): всю ночь ~ 밤새도록, 밤새껏, весь день ~ 온종일, 해종일

напроло́м (부) 만난을 무릅쓰고, 앞뒤를 가리지 않고, 온갖 어려움을 무릅쓰고

напропалу́ю (부) 뒷일을 생각하자 않고, 조금도 개의치 않고, 좋아질 가망이 없이

напро́тив ① (부) 건너편에; 맞은편에; ~ до́ма 집 맞은 편에; ② (부) 반대로; он всё де́лает ~그는 모든 것을 반대로 한다 ③ (삽입어) 도리어, 오히려, 그와 반대로

напряга́ть (미완) ① 긴장시키다 ②: ~ слух 귀를 도사리다; ~ зре́ние 눈초리를 도사리다; ~ внима́ние 주의를 집중시키다; ~ все си́лы 전력을 다하다

напряга́ться (미완) ① 긴장되다, 팽팽해지다; ② (있는) 힘을 다 모으다; все си́лы напрягли́сь 모든 힘이 집중 되었다

напряже́ние (중) ① 긴장, 팽팽함, 장력; ② (전기) 전압; ток высо́кого ~я 고압전류

напряжённо (부) 긴장하게

напряжённость (여) 긴장성, 긴장상태; ослабле́ние ~и 긴장상태 완화

напряжённый (형) ① 긴장된, 정력 적인; ~ые отноше́ния 긴장된 관계 ② 무리한, 벅찬; ~ая борьба́ 번찬 투쟁

напрями́к (부) ① 곧(똑)바로, 곧장, 곧추 ② 솔직히, 숨김없이; сказа́ть ~ 솔직히 말하다

напу́ганный (형) 겁먹은, 놀란; ~вид 놀란 기색

напуска́ть (미완) ① (많이) 들어가게하다, 들여보내다, (많이)넣다; ② 달려들도록 (쫓도록)부추기다(사축하다)

напуска́ться (미완) на кого́ ~에게 욕을 퍼붓다, 달려들어 꾸짖다

напускно́й (형) 가장한, 거짓, 부자연스러운; ~ая важность 거짓점잔

напу́тствие (중) 작별인사, 환송사, 떠나 보내면서 하는 당부(조언)

напу́тствовать (미완, 완) 배웅할 때 당부하다, 환송사를 하다

напуха́ть(미완), **напу́хнуть**(완) 붓다, 부풀어오르다, 성나다

напы́щенный (형) ① 거만한, 뽐내는; ~ вид 거만한 태도 ② (문제, 글이) 과장한, 분칠한, 분식한

напя́ливать (미완), **напя́лить** (완) 힘써 씌우다, 억지로 입다, 억지로 신다; ~ сапоги́ 겨우 장화를 쓰다

нарабо́таться (완) 많이(힘껏)일하다, 일을 해서 지치다

наравне́ (부) ① с кем ~와 같이, 동등하다 ② 나란히, 가지런히

нара́доваться (완) 마음껏 기뻐하다(즐기다); не могу́ ~ 나의 기쁨은 끝이 없다

нараспа́шку (부) 단추를 안 채우고, 앞섶을 헤치고; у него́ душа́ ~ 그는 소탈한 사람이다

нараста́ние (중) 누진, 증대, (점차적)장성

нараста́ть (미완), **нарасти́** (완) ① 누진(증대)되다, 강화되다, (점차적으로) 장성하다, 늘어가다, 쌓이다 ② на чём (덧) 자라나다

нарасхва́т (부): покупа́ть ~ 앞을 다투어 사다; продава́ться ~ 날개 돋힌듯이 잘 팔리다

нара́щивать (미완) ① 잇대어 길게 하다, 덧대다 ② 덧자라 나게 하다; ③ 증강하다, 증대시키다, 늘이다; ~ вооруже́ния 무력을 증강하다; ~ те́мпы 속도를 높이다

наре́зка (여) ① (나사못의) ② (무기의) 강선(鋼線)

нарека́ние (중) 나무람, 꾸짖음; 비난; вызыва́ть ~я 비난을 일으키다

наре́чие I (중) (언어) 부사(副詞)

наре́чие II (중) 사투리, 방언(放言)

нарза́н (남) 나르잔 약수(탄산수)

нарица́тельный (형) ①: ~ая сто́имость 액면가격, 명목가격 ②: ~ое и́мя (언어) 보통명사

нарко́з (남) ① 마취, 마취상태; ме́стный(о́бщий) ~ 국부(전신) 마취 ② 마취제

наркома́н (남) 마취제사용자, 마약 중독자

нарко́тик (남) 마취약(痲醉藥)

наркоти́ческий (형) ~ое сре́дство 마취제
наро́д (남) ① 국민, 인민, 민중, 백성; ② 민족 ③ 인민 대중, 사람들, 군중; здесь мно́го ~y 여기는 사람아 많다
наро́дно-демократи́ческий (형) 인민민주주의
наро́дно-освободи́тельный (형) 인민해방의
наро́дно-революцио́нный (형) 인민혁명의
наро́дность I (여) 준민족
наро́дность II (여) 인민성, 국민성
народнохозя́йственный (형) 국민경제의; 인민경제적인;
наро́дный (형) ① 인민의, 국민의, 민중의, 백성의, ~ая пе́сня 민요; ② 민족의; ③ (인민) 대중의, ④ 인민적인
народовла́стие (중) 인민정권(제)
народонаселе́ние (중) 인구(人口)
нарожда́ться(미완) ① 태어나다, 출생(탄생)하다 ② 나타나다, 산생되다, 출현하다
наро́ст (남) ① 더데 ② 혹, 옹두리
наро́читый (형) 일부러 한, 고의적인
наро́чно (부) ① 일부러, 고의로, 짐짓 ② 모처럼
нарсу́д (남) (наро́дный суд) 인민 재판소
нару́жное (중) (의학) 연고제. 외용약
нару́жность (여) 겉모양, 외모, 외관, 몰골; челове́к прия́тной ~и 풍채좋은 사람
нару́жный (형) ① 외면의, 외적으로, 바깥쪽; ~ая дверь 바깥문; ~ая стена́ 바깥벽; ② (의약) 외용; ~ое лека́рство 연고제, 외용약
нару́жу (부) 밖으로, 겉으로, 외면으로
нарука́вник (남) 덧소매
нару́чники (복수) 수갑, 쇠고랑; надева́ть ~ 수갑을 채우다
нару́чный (형):~ые часы́ 손(목)시계
наруша́ть (미완) ① 위반(위배)하다, 어기다; ~ обеща́ние 약속을 어기다; ② 문란케하다, 파괴하다; ~ мир 평화를 파괴 하다; ~ тишину́ 정적을 깨뜨리다
наруше́ние (중) ① 위반, 침해; 침범; ~ трудово́й дисципли́ны 노동규율위반; ~ грани́цы 국경침범; ② 파괴; ~ обме́на веще́ств 물질 대사의 파괴
наруши́тель (남) 위반자, 침범자, 교란자; ~ грани́цы 불법월경자; ~ поря́дка 질서교란자
нарци́сс (남) (식물) 수선화, 수선, 수선창, 배현, 아객
на́ры (복수) 침상, 판자로 만든 잠자리

нары́в (남) 부스럼, 종창, 종처

нарыва́ть (미완) 곪다, 부스럼이 나다

нарыва́ться (미완) ~와 마주치다, 우연히 조우하다; ~ ан мину 지뢰(수뢰)에 (우연히) 걸리다; ~ на неприятность 우연히 불쾌한 이를 당하다

наря́д I (남) 옷차림, 복장, 몸차람

наря́д II (남) ① 작업지시 ② 지령서, 영수증 ③ (군사) 임무; быть в ~е 임무수행 중에 있다

наря́дный (형) 화려한, 몸단장을 잘한, 멋진; ~ое платье 화려한 옷; ~ый вид 맵시있게 차린 겉모양

наря́ду (부)с кем-чем ~와 더불어, ~와 동시에; ~ с этим 이와 아울러; ~ со всеми 모든 사람들과 같이

наря́дчик (남) 작업지시를 주는 사람, (지난날에게)십장

наряжа́ть (미완) ① 고운 옷을 차려 입히다, 치상시키다 ② 변장시키다, 가장하다

наряжа́ться (미완) ① 차려입다, 치장하다, 몸단장하다; ② 변장하다, 가장하다

наса́дка (여) ① 낚시밥, 미끼; ② (공학) 주둥이, 덮개

насажда́ть (미완) 받아들이다, 도입하다, 보급하다; ~ дух 기풍을 세우다

насажде́ние (중) ① 나무심기, 재배; лесные 조림, 인공 조성림; ~я зелёные ~я 원림, 가로수 ② 도입, 보급

наса́живать (미완) 꽂아놓다, 꿰다, 씌우다, 달다; ~ червя на крючок 지렁이를 낚시에 꿰다; ~ топор на топорище 도끼를 도끼자루에 맞추다

насви́стывать (미완) (노래를) 휘파람으로 불다, 휘파람 불다

наседа́ть (미완) ① (먼지가) 끼얹히다, 쌓이다; ② 들이 닥치다, 지르밟다, 들이닥치다, 육박하다

насе́дка (여) 어미닭, 알을 안는 닭

насеко́мое (중) 곤충, 벌레; вредное ~ 해충

населе́ние (중) 인구; 거주민; городское ~е 시민; сельское ~е 농촌주민; плотность ~я 인구밀도

населённый (형): ~ пункт 부락, 주민지점

насели́ть (완), **~я́ть** (미완) ① 거주시키다; ② 살다, 거주하다

насе́ст (완) (닭들의) 홰; садиться на ~ 홰에 오르다

насе́чка (여) ① 잘게 새기는 것 ② 새긴 자리, 눈; ~ на напильнике 줄칼눈

наси́женный (형): ~ое место 오래 살던 곳, 오래 근무하여 마음이 붙은 곳

наси́лие (중) 폭력, 폭행, 강박; совершать (применять) ~ 폭력을 쓰다, 폭행을 (가)하다

наси́ловать (미완) ① 강제(강압)하다, 우격다짐하다 ② 강간하다, 겁탈하다

наси́лу (부) 겨우, 간신히; ~ вырвался 겨우 빠져나왔다

наси́льно 강제로, 강다짐으로, 우격다짐으로; ~ мил не будешь (속담) 억지사랑은 못한다.

наси́льственный (형) 폭력적인, 강압적인; ~ая смерть 횡사(뜻밖에 사고로 죽는다)

наскво́зь (부) 꿰뚫어서, 관통하여, ~ пробить (проколоть) 꿰뚫다, 관통하다; ~ промокнуть 흠뻑 젖다; ~ видеть кого-. 마음을 꿰뚫어보다

наско́лько (부) ① (의문을 표시) 얼마만큼, 얼마쯤, 어느 정도까지; ~ мне известно 내가 아는 한에는; ~ возможно 할 수 있는 대로; ② (관계를 표시) ~에 있어서는; настолько, ~ возможно 가능한데까지, 가능한 만큼

наскочи́ть (완) на что ~에 부딪다, ~와 마주치다, 충돌하다; ~ на мель 여울(여울살)에 들어붙다

наску́чить (완) 싫어지게 하다; 싫증하다; ~ло ждать 기다리기가 갑갑해 졌다

наслади́ться (완), **наслажда́ться** (미완) чем ~를 즐기다; ~ музыкой 음악 즐기다; ~ отдыхом 휴가를 누리다 (즐기다)

наслажде́ние (중) 향락, 쾌락, 즐거움; слушать с ~м 흐뭇해서 듣다

насла́иваться (미완) 층을 이루다, 쌓이다

насле́дие (중) 유산, 유물, 잔재; литературное ~ 문학유산; ~ прошлого 과거의 유산

насле́дить (완) 짓밟다, 자국투성이로 만들다

насле́дник (남) 상속자, 후계자, 계승자; законный ~ 법적상속자

насле́дование (중) ① 상속, 계승; право ~я 상속권 ② (생리) 유전(遺傳)

насле́довать (미완, 완) ① 상속하다, 계승하다, 물려받다; ~ имущество 재산을 상속하다 ②(생리)유전하다

насле́дственность (여) 유전(성)

насле́дственный (형) ① 상속의, 계승의; ~ое имущество 상속 재산 ②(생리) 유전(遺傳);~ая болезнь 유전병

насле́дство 유산, 유산물, 물려받는 재산; получать ~о 유산을 받다; получать по ~у 상속하다;

наслу́шаться (완) 많이(마음껏)듣다; ~ ра́зных расска́зов 여러 가지 이야기를 많이 듣다

наслы́шка (여) по ~е 소문대로, 남의 말에 의하여; знать по ~е 소문으로 알다

насма́рку (부): идти́ ~소문으로 돌아가다

на́смерть (부) ① 치명적으로, 죽도록; би́ться ~ 한사코 (결사적으로) 싸우다 ② 몹시, 대단히; перепуга́ться ~ 몹시 간을 먹다, 간이 덜렁하다(콩알만 해지다)

насмеха́ться (미완) над *кем-чем* ~를 조롱(조소, 희롱)하다. 비웃다

насмеши́ть (완) 웃기다, 웃게 하다

насме́шка (여) 조소, 조롱, 희롱, 남우세; осыпа́ть ~ами 조소를 퍼붓다, 희롱하다; говори́ть в ~у 조롱, 조소를 목적으로 이야기 하다

насме́шливый (형) 조롱하는, 비웃는, 농지거리하는; ~ая улы́бка 조소, 비웃음

насме́шник (남), ~ца (여) 비웃기 좋아하는 사람, 조롱하는 사람

насмея́ться (완) ① 마음껏(실컷)웃다 ② над *чем* ~를 조롱하다, 놀려대(주)다

на́сморк (남) 감기, 고뿔; получи́ть ~ 감기에 걸리다; хрони́ческий ~ 만성 고뿔, 만성감기

насмотре́ться (완) 실컷(많이) 보다 (구경하다)

насоли́ть (완) ① 소금을 넣다(치다) ② 불쾌하게 하다, 해를 끼치다

насо́с (남) 펌프(pump), 무자위, 폼프, 양수기; пожа́рный ~ 소방(소 화) 펌프; возду́шный ~ 공기펌프

насо́сный (형) ①: ~ая ста́нция 양수장 ②~ый по́ршень 피스톡식 펌프

наспе́х (부) 수박 겉핥기식으로, 바삐; де́лать ~ *что*를 후닥닥하다

наст (남) (눈의 표면에 생기는) 어름층, 언 눈의 표면(表面)

наста́вить I (완) ① 많이놓다(놓아두다, 세워놓다); ~ сту́льев 의자를 많이놓다 ② 겨누다, 조준하다; ~ револьве́р на *кого́* ~를 향하여 권총을 겨누다

наста́вить II (완) 가르쳐주다, 훈시하다; ~ на путь и́стинный 옳은 길을 제시하다

наставле́ние (중) 교훈, 훈시; читать ~я 훈계 (교훈)하다
наста́вник (남) 훈시자, 스승
наста́ивать I (미완) 주장하다, 우기다, 고집하다; 강청하다; ~ на своём 자기 의견을 고집하다
наста́ивать II (미완) 담그다, 우리다
насте́жь (부) raскры́ть ~활짝 열다
настига́ть (미완) ① кого ~를 따라잡다, 따라가다 ② 맞닥들다, 갑자기 만나다
насти́л (남) 깔개, 깔린 널판자
настила́ть (미완) 깔다, 펴다, 포장하다; ~ до́ски 판자를 깔다; ~ парке́т 쪽무이마루(바리케트)를 깔다
насто́й (남) 액기스, 우린물, 침출액; ~ ча́я 차물
насто́йка (여) ① 우림약, 액기스제; ~ йо́да 옥도정기 ② 과실주, 담근 술, 감홍주
насто́йчиво (부) 완강하게, 이악하게, 집요하게, 꾸준히; ~ спра́шивать 다짐 식으로 묻다; ~ рабо́тать над чем ~을 억척스럽게(꾸준히) 일하다
насто́йчивый (형) 완강한, 이악한, 끈기있는, 꾸준한
насто́лько (부) 그만큼, 그 정도로; ~, что 얼마나(어쩐지) ~한지; ~ жа́рко, что 어찌나 더운지; он~ слаб, что не мо́жет стоя́ть 그는 설 수 없으리만큼 쇠약하다, 그가 어찌나, 쇠약한지 서지도 못한다; э́то не ~ ва́жно 이것은 그다지 중요하지 않다
насто́льный (형) ~ая ла́мпа 탁상(전)등; ~ый календа́рь 탁상달력; ~ая кни́га 상용도서
настороже́ (부) 경계(조심)하여, 정신을 바싹 차리고; быть всегда́ ~항상 경각성을 늦추지 않고 있다
насторожи́ть (완) 조심하게 하다, 경계하게 하다; это меня́ ~ло 이것은 나를 경계하게 하였다; ~ть у́ши(слух) 귀를 쫑긋 세우다 (솟구다, 기우리다)
насторожи́ться (완) (사람이) 귀가 솔깃해서 엿듣다, 귀를 도사리다
настоя́ние (중) 강한 요구, 주장; по ~ю кого ~의 요구에 따라
настоя́тельно (부) ① 절실히, 긴요하게, 간절히, ~ тре́бовать 절실히 요구하다 ② 완고히, 완강하게
настоя́тельный (형) ① 절실(절박)한, 긴요한; ~ая про́сьба 간청 ② 완고한, 완강한; ~ая необходи́мость 절박한 필요성
настоя́ться (완) 우려지다, 침출되다; чай хорошо́ ~лся 차가

- 383 -

잘 우려졌다 (울어났다)

настоя́щее (중) 현재(現在)

настоя́щий (형) ① 현재, 지금; в ~ее вре́мя 지금, 현재 ② 참된, 참다운, 진정한; 진짜; ~ий друг 진정한 (참다운)벗; ③ в ~ей кни́ге 이 책에서; в ~ее вре́мя (언어) 현재

настрада́ться (완) 고생을 많이 하다, 몹시 괴로워하다

настра́ивать (미완) ① (악기의) 음을 맞추다, 조율하다 ② (기계를) 조절(조정)하다, 맞추다; ③ 추기다, 부추기다, 사촉하다; ~ кого́ про́тив кого́-чего́ ~로 하여금 ~에 대하여 반감을 갖게하다, ~로 하여금~를 반대하도록 추기다

настра́иваться (미완) на ~할 생각을 가지다(감정을 품다) ~할 각오가 있다

настри́г (남) ~ше́рсти 깎은 양털의 량

настрига́ть (미완), **настри́чь** (완) (일정한 량을) 깎다, 자르다

настро́го (부) 매우 엄격하게, ~ запрети́ть 엄금하다; стро́го ~극히 엄격하다

настрое́ние (중) ① 기분, 정신상태; пра́здничное ~ 명절맛; е быть в хоро́шем (плохо́м) ~ 기분이 좋다(나쁘다) ② 욕망(慾望), 마음; и име́ть(не име́ть) ~я де́лать что 할 욕망 (마음)이 있다(없다) ③ (복수) ~я 지향

настро́енный (형) быть ~ным про́тив ~에 대한 반감을 갖다(품다); я не ~ де́лать что ~할 마음이 없다

настро́йка (여) ① (악기의) 음을 맞추는 것, 조율 ② (기구, 기계 등의) 조절, 조정, 파장을 맞추는 것

настро́йщик (남) (음악) 조율사

наступа́тельный (형) 공격(적인), 진공, 진격; ~ый бой 공격전, 전격전; ~ое ору́жие 공격무기, 타격무기

наступа́ть I (미완) 되다, 도래하다, 닥쳐오다; ~и́ло ле́то 여름이 왔다(되었다); ~и́ла тишина́ 조용(잠잠)해 졌다

наступа́ть II(미완) на кого́-что 밟다; ~ на́ ногу кому́ ~의 발을 밟다

наступа́ть III (미완) (군사) 공격, 진공

наступле́ние I (여) (군사) 공격, 진공; 공세(攻勢)

наступле́ние II (중) (닥쳐) 오는 것, 도래; с ~м но́чи 밤이 되자; с ~м весны́ 봄이 오자

насты́рный (형) 부전부전한, 끈끈한, 끈적끈적한.

насу́пить (완); ~бро́ви 눈썹을 찡그리다

насу́хо (부) 바싹 마르게(깨끗이), 물기가 전혀 없게;

вытереть ~ 물기가 없도록 깨끗이 닦다

насу́щный (형) 절실한, 긴요한, 당면한; ~ая проблема 긴요한(당면한) 문제 ~ые интересы 절실한 이해관계

насчёт (전) (+생) *кого-чего* ~에 관하여(대하여); говорить ~ работы 사업에 대하여 말하다

насчита́ть (완), **насчи́тывать** (미완) ① 계산하다, 헤아리다, 세다, 셈치다, 고계하다; ~ать лишних пять рублей 5루블 더 많게세다 ② (일정한 수량을) 포함하다, 있다, 가지다; город ~ывает свыше миллиона жителей 도시인구는 백만 이상이다.

насчи́тываться (미완) 있다, ~에 달하다; в городе ~ваются сотни школ 시내에는 수백 개의 학교가 있다

насыпа́ть (미완), **насы́пать** (완) ① (액체·분말를) 뿌리다, 끼얹다; 흙(뿌리)다. на *что* ~에 뿌리다; ~ песку на дорожку 오솔길에 모래를 뿌리다 ② 따르다, 쏟다, 붓다, 흘리다, 쏟아 붓다, 넣다, 채우다, ③ 쌓다, 쌓아 우뚝하게 만들다, 세우다, 건축(건조·건설)하다, (도로·철도를) 부설하다; ~ холм 둔덕을 쌓다, ④ 가득하게 하다, 채우다, ~에 (잔뜩) 채워 넣다; ~에 내용을 채우다[채워 넣다]. ~에 충만하다, ~에 그득하다, ~에 널리 퍼지다[미치다].

на́сыпь (여) 둑, 축대(築臺); железнодорожная ~ 철길 둑

насы́тить (완) ① 배부르게 먹이다 ② 충족시키다 ③ 가득차게 만들다;

насы́титься (완) ① 배부르게(잔뜩) 먹다, 게걸스럽게 먹다, ② 포함되다, 머금다

насыще́ние (중) 배부르게 먹는 것;(화학) 포화(飽和)

насы́щенность (여) ① (화학) 포화도, 포화량; ② 충만성

насы́щенный (형) ① (화학) 포화된; ~ раствор 포화용액, ② 충만된, 되알진, 가득찬, 가득한, 내용이 풍부한; ~ый событиями год 사변이 많은(풍부한)해

натаска́ть (완), **ната́скивать** (미완) ① 마차로 나르다. ② (장소·용기에) 억지로(~을) 채워넣다, 다져(밀어)넣다

натащи́ть (완) (일정한 량을)(많이) 가져오다, 끌어오다; ~ мешков в подвал 자루를 지하실로 끌어들이다

натвори́ть (완) (좋지 않은 일을) 저지르다, 하다; что ты ~л! 아이구! 너 무슨 일을 저질렀니!

на́те *см.* на

нате́льный; ~ое бельё 속옷, 내의

натерпе́ться (완) 많이 겪다(당하다). 고통을 많이 하다,

몹시 괴로워하다; ~ го́ря 많은 슬픔을 겪어내다

нате́чь (완) 흘러들다, 스며들다, 고이다

натира́ть (미완) ① (고약 등으로) 문지르다.(문질러)바르다, 비비다; ② 발라(서) 윤이나게 하다. 닦다 ③ ~ мозо́ль 물집이 생기게 하다

натира́ться (미완) (고약 등으로) 몸에 문질러 바르다

нати́ск (남) 맹공격, 진격; 압력; под ~ом на́ших войск 우리 군대의 진격을 당하여

натолкну́ть (완) ① 밀어 부딪치게 하다, 맞닥뜨리게 하다 ② 암시하다, 유도하다; ~ на мысль 생각이 떠오르게 하다

натолкну́ться (완) ① на что ~에 부딪치다; ~와 맞추다, ~를 우연히 만나다; ② 우연히 얻어내다(찾아내다)

натоща́к (부) 빈속에, 맨입에, 식전에; принима́ть лека́рство ~ 빈속에 약을 먹다

натр (남) (화학) :е́дкий ~ 가성소다

натрави́ть (완), **натра́вливать** (미완) 추기다, 부추기다, 시촉하다

натрениро́ваный (형) 잘 훈련된

на́трий (남) (화학) 나트륨(natrium)

нату́ра (여) ① 천성, 소질, 본성, ② 자연 ③ (미술) 실물, 실경; ④: плати́ть ~ой 현물로 물다

натурализа́ция (여) (외국인 또는 국적없는 사람들의) 귀한

натурали́зм (남) (문학.예술) 자연주의

натурали́ст (남) ① 자연과학자 ② 자연주의자

натуралисти́ческий (형) 자연주의적인

натура́льный (형) ① 자연(적인), 자연스러운 ② 현물에 의한; ~ое хозя́йство 현물경리, ~ый нало́г 현물세 ③ 본래, ④ 천연, ~ мёд 자연산 꿀; ~ые смо́лы 천연수지; ~ый проду́кт 천연산(물)

натуропла́та (여) 현물보수

натурщи́к (남), **~ца** (여) 모델을 서는 사람, 모델

натюрмо́рт (남) 정물화, 정물사진

натя́гивать (미완) ① 잡아당기다, 죄다; ~ верёвку 밧줄을 팽팽하게 당기다 ② 잡아당겨 입다(쓰다, 신다)

натяже́ние (중) (공학) 장력

натя́нутый ① (형) 긴장된; ② (형) 부자연스러운, 위선적인; ~ая улы́бка 부자연스러운 미소

науга́д (부) 되는대로, 생각나는대로, 무턱대고

Нау́м (Кни́га Проро́ка Нау́мы, 3장) 나훔서(Nahum- 書)

наудачу (부) 요행을 바라고, 운명에 맡기여, 되는대로
наука (여) 과학; ~а и техника 과학과 기술; естественные ~ 자연과학
наутёк (부): пуститься ~ 달아나다, 내뛰다, 도주하다
наутро (부) 아침이면, 다음날 아침에
научить (완) ① *чему* 배워주다,(가르치다); ② ~하기로 대주다(조언하다)
научиться (미완) 배워알다, ~할 줄 알게되다, 습득하다
научно (부) 과학적으로
научно-исследовательский (형) 과학연구의; ~ий институт 과학연구소
научно-популярный (형): ~ая литература 과학기술통속도서; 과학지식 보급서적
научно-технический (형) 과학기술; ~ая информация 과학기술통보; ~ий прогресс 과학기술적진보
научный (형) ① 과학의; ~ые круги 과학계; ② 과학적인; ~ый коммунизм 과학적공산주의; ~ый сотрудник 연구 사, ~ое учреждение 과학기관
наушники (복수) ① 수화기 ②귀걸이
наушничать (미완) 고자질하다, 꽂아 넣다
наущение (중): по ~ю *кого* ~의 사촉 하에, ~의 부추김에 따라
нафталин (남) 나프탈린
нахал (남) 낯도깨비, 철면피한 자식
нахальный (형) 염치없는, 뻔뻔스러운
нахальство (중) 파렴치한(철면피한) 행위
нахватать (완) (많이) 잡아(어)
нахвататься (완): ~ знаний(сведений) 피상적인 지식을얻다
нахимовец (남) 나히모브(명칭) 해군유년학교 학생, 해군사관생도.
нахимовский (형): ~ое училище 나히모브(명칭) 해군유년학교
нахлебник (남) 식충이, 밥벌레
нахлобучивать(미완), **нахлобучить** (완) (모자를) 내려쓰다, 눌러쓰다, 들쓰다
нахлобучка (여): получить ~у 경을 치다, 질책을 받다
нахлынуть (완) ① 밀려들다, 쓸어 들다, 치밀다; ~ла волна 파도가 밀려왔다 ② 떠오르다, 내리밀다, 수많이 생기다; ~ли воспоминания 추억이 구름 피듯 머리에 떠올랐다

нахму́ривать (미완), **нахму́рить** (완): ~ бро́ви 눈썹을 찌푸리다; ~ лоб 이마살을 찡그리다

нахму́риться (완) ① 얼굴을 찡그리다 ② (날씨가) 흐려지다

находи́ть I (미완) ① 찾아내다, 알아내다, 발견하다; ~ гриб 버섯을 발견하다;~ вы́ход из положе́ния 출로를 찾다 ② 생각하다, 인정하다 нахожу́ ну́жным сказа́ть 말할 필요가 있다는 것을 인정하다 ③ 받다, 얻다; ~ утеше́ние в кни́гах 독서에서 위안을 받다; ~ удово́льствие в чём ~를 즐기다; ~ в себе́ моги́лу 죽다, 사망하다

находи́ть II (미완) ① (가면서) 마주치다, 부딪치다; нашла́ коса́ на ка́мень (속담) 낫이 돌과 맞서다 ② (가면서) 가리 우다, 덮다; ту́ча нашла́ на со́лнце 구름이 해를 가렸다 ③ (많이) 모여 들다 нашло́ ды́му 연기가 몰려나왔다; нашло́ мно́го наро́ду 사람들이 많이 모여왔다

находи́ться I (미완) ① (일정한 장소, 상태에) 있다; институ́т ~ся недалеко́ от до́ма 대학은 집에서 멀지 않은 곳에 있다 ② 머물러있다, 체류하다; ~ся под сле́дствием 심리를 받는 중이다; ~ся в командиро́вке 출장중이다

находи́ться II (완) 많이(실컷) 걸어다니다; 걸어서 지치다

нахо́дка (여) 찾은(얻는,주은)물건; бюро́ ~ок 습득물취급소

нахо́дчивость (여) 기지, 기민성

нахо́дчивый (형) 기지(가) 있는; ~ отве́т 역빠른 대답

нацеливать (미완) ① 겨누다, 조준하다 ② на что ~하려고 하다, ~할 목적을(목표를) 가리키다

наце́ливаться ① в кого́-что 겨누다, 조준하다; ② на что ~하려고 하다, ~할 목적(목표)을 가지다

наце́нка (여) 가격인상; с ~ой 가격을 인상하여

нацепи́ть (완), **нацепля́ть** (미완) ①(옷, 모자에) 꽂아놓다, 붙이다, 달다; ~ бант 리본을 달다 ② 걸다, 매달다

наци́зм (남) 나치즘, 독일파시즘

национализа́ция (여) 국유화

национализи́ровать (미완, 완) 국유화(국가화)하다

национали́зм (남) 민족주의

национали́ст (남) 민족주의자

националисти́ческий (형) 민족주의(적인); ~ая поли́тика 민족주의정책

национа́льно-освободи́тельный (형) 만족해방;~ое движе́ние

만족해방운동

национа́льность (여) ① 준민족 ② 민족; какой вы ~и? 당신은 어느 민족(사람)입니까? ③ 민족성

национа́льный (형) ① 민족의, 민족적인; ~ая культура 민족문화; ~ый вопрос 민족문제; ~ое меньшинство 소수민족; ② 국가의, 인민(국민)의; ~ый гимн 국가; ~ый флаг 국기; ~ доход 국민소득; ~ая независимость 민족적 독립

наци́ст (남) 나치스트, 독일파시스트

наци́стский (형) 나치스트의, 독일 파시즘으로

на́ция (여) 민족, 국민; 겨레, 동족, 동포; малая ~ 약소민족; ② 나라, 국가, 토우; Организация Объединённых Наций, ООН 유엔(UN), 국제연합기구

нача́ло (중) ① 처음, 시작, 개시, 시초, 초기, 첨; 첫번, 첫째, 첫쩨번, 첫머리, 맨처음, 첫출발, 첫발; ~ нового учеб-ного года 새 학년도의 시작; в самом ~е 맨 처음에 ② 기원, 본원, 발원, 시초, 근원, 연원; положи́ть ~о чему ~의 기원이 되다, ~을 시작하다; ③ 출발점, 지점; ~ у́лицы 거리의 시작; ④ 기초, 요인, 원칙; на доброво́льных ~ах 자원원칙에 의하여; организу́ющее ~о 조직적요인

нача́льник (남) 장(長), 장관, 책임자; ~ ста́нции 역장

нача́льный (형) ① 처음의, 시초의; ~ая то́чка (수학) 시(작)점, 원점 ② 초보의, 초보적인, 초급에, 초등의; ~ое образова́ние 초등교육; ③ 초기에; в ~ой ста́дии 첫 단계에

нача́льственный (형) 위엄있는, 상관다운, 위엄한, 근엄한

нача́льство (중) ① (집합) 상관들, 간부들, ② 상관의 권력 (권한); быть под чьим ~м ~의 지도하여(밑에)있다

начеку́ (부): быть ~준비(태세)를 갖추고 있다, 주의 깊게 하다

начерно́ (부): написа́ть ~초벌로 쓰다

начерта́ние (중) 모양, 도형; ~ иеро́глифа 획, 도식

начерта́тельный (형): ~ая геоме́трия (수학) 도학, 화법기하학, 입체도학

начётничество (중) 독경주의, 독경주의적 지식

начётчик (남) 독경주의자, 독경쟁이

начина́ние (중) 개시된 사업, 시작 하는 것; 발기

начина́ть (미완) 시작하다, 개시하다; ~ разгово́р 이야기를 시작하다; нача́ло накра́пывать 비방울이 듣기 시작하다

начина́ться (미완) 시작되다, 개시되다, 일어나다; начался́ но́вый год 새해가 시작되었다;

начина́ющий ① (형) 시작하는, 갓 착수한(들어선) ~ писатель 신진작가 ② (명사로) 시인, 초대, 초학자

начина́я (전): ~ с , от ~를 비롯하여

начини́ть (완), **начиня́ть** (미완) 채우다, 소를박다(넣다); ~ пирог мясом 고기를 만두에 넣다

начисле́ние (중) ① 가산, 계산 ② 가산금

начисли́ть (완), **начисля́ть** (미완) 가산하다, 계산하다; ~ проценты 이자를 가산하다

на́чисто (부) ①: переписать ~ 정서하다 ② 손금 보듯이, 전혀, 전적으로; ~отказался платить 지불할 것을 단연 거절하였다; ~ забыл 전혀 잊어버렸다

начистоту́ (부) 털어놓고, 솔직히; говорить ~ 까놓고 말하다

начи́танность (여) 많이 읽기, 다독

начи́танный (형) 책을 많이 읽는, 박식한; ~ человек 다독가

начита́ться (완) 많이 읽다, 실컷 읽다

наш (소유 대) (남), **на́ша** (여), **на́ше** (중), **на́ши** (복수) 우리, 우리들의; ~ дом 우리 집; наша школа 우리들의 학교; наше знамя 우리의 기발; в наше время 현재, 우리 시대에

нашаты́рный (형): ~ спирт 암모니아수

нашаты́рь (남) (화학) 염화암모니아;(의학) 암모니이수

наше́ (명사) (중) 우리 의 것

нашепта́ть (완), **нашёптывать** (미완) 소근소근 알려주다 (이야기하다), 소곤 거리다; 꽂아 넣다.

наше́ствие (중) 침입, 침략, 침습

на́ши ② (명사) (복수) 우리편, 우리사람(동지, 찬척, 동포)들; ~ выиграли 우리 편이 이겼다

нашива́ть (미완) на что 박음질하여 ~에 꿰매어달다(대다, 붙이다), 덧붙이다; ~ карман 호주머니를 달다; ~ заплату 헝겊을 대고 깁다

наши́вка (여) (군사) 완장, 금장

нашуме́вший (형) 떠벌리던, 화제 거리로 되였던

нашуме́ть (완) 물의를 일으키다, 화제 거리로 되다

нащу́пать (완), **нащу́пывать** (미완) ① 더듬어 찾아내다; ~ пульс 맥을 짚어 보다 ② 찾아내다; ~ почву 탐지해내다

наяву́ (부) 실제상, 현실적으로; как ~ 생시처럼

не (조) (뒤에 오는 단어의 뜻을 부정함): 부정, 부인, 취소; ~않다, ~(은) 아니다. ~이 아니고[아니라]; ~아닌[않은].

- 390 -

(~하지) 않다[말다]. ~아닌[않은] 것이 아닌[아니게]; ~않게. ~ 해서는 못 쓴다. ~은 아닌가, ~하지 않는가; не пришёл 오지 않았다; не видел 보지 못하였다; не холодно 춥지 않다; не (у)ходи 가지 말라; я не врач 나는 의사가 아니다

неаккура́тность (여) ① 차근차근하지 못한 것, 게저분한 것 ② 부주의, 부정확한 것

неаккура́тный (형) ① 차근차근하지 못한, 꺼벙한, 게저분한 ② 부정확한, 부주의하는

неактуа́льный (형)현실적가치가 없는

неантагонисти́ческий(형) ~ие противоречия 비적대적모순

неаппети́тный (형) 맛없는, 입맛을 돋우지 못 한

небезопа́сный (형) (어느 정도로) 안정 하지 못한

небезызве́стный (형) 잘 알려져 있는; 악명 높은

небезынтере́сный (형) 흥미없는

небережли́вый (형) 아끼지 않은, 절약하자 않은, 헙헙한

небе́сный (형) 하늘의, 천장의, 공중의 ~свод 하늘, 천장

неблагови́дный (형) 비난(꾸지람)을 받아야 할, 쑥스러운, 좋지 못한; ~поступок 비난 받을 짓(행동)

неблагода́рность (여) 은혜를 모르는 것, 맒은; чёрная ~ 배은망덕

неблагода́рный (형) ① 은혜를 모르는, 배은망덕한; ~труд 보상을 받지 못한 노력

неблагожела́тельный (형) 호의없는, 악의가 있는; ~ отзыв 악평

неблагонадёжный (형) ① 믿음성 없는, 믿을 수 없는 ② 불온한

неблагополу́чно (부) ① 순조롭지 못하게, 불쾌하게 ② (술어로) 순조롭지 못하다, 좋지 못하다, 일이 잘 안된다

неблагополу́чный (형) 순조롭지못한, 무사하지않은 불행한; ~исход дела 순조롭지 못한 사업의 결말

неблагоприя́тный (형) 불리한, 부정적인, 좋지 않은

неблагоразу́мный (형) 무분별한, 분별없는, 무모한, 머리 없는; ~поступок 경솔(무모)한 행위

неблагоустро́енный (형) 잘(문화적으로) 꾸려져있지 않은, 잘 정리되지 못한

не́бо (중) ① 하늘, 한울, 하날, 천(天), 천공, 공중, 창공, ② 신, 하느님, 천국; 닉원, 극락; 신들, 천인(天人).

нёбо (중) 입청장, 구개; твёрдое(мягкое) ~경(연) 구개

небога́тый (형) ① 부유하지 않은, 유족하지 못한; ~ человек

유족지 못한 사람 ② 풍부하지 않은, 제한된; ~ accortиment 제한된 품종

небоеспосо́бный (형) 전투력이 없는

небольшо́й (형) ① (량이) 많지 않은, 적은; (크기가) 크지 않은, 작은; (기간이) 오래지 않은, ② 제한된 ③ 중요하지 않은, 보잘것 없이; ~ с ~им, ~ею, сто рублей 100(백)여루블; с ~им 나이가 40(사십) 남짓하다

небосво́д (남) 하늘, 창공, 푸른 하늘, 창천

небоскло́н (남) 하늘가, 지평선

небоскрёб (남) 마천루, 고층건물

небре́жно (부) 되는대로, 범범하게, 꺼벙하게, 소홀하게

небре́жность (여) 꺼벙한 것, 범범한 것, 소홀, 무관심

небре́жный (형) 꺼벙한, 께자connect한, 범범한; 소홀한

небри́тый (형) 면도하지 않은

небыва́лый (형) 지금까지 있어본 적이 없는, 이제껏 없었던, 미증유의; ~ урожа́й 전례 없는 큰 풍년

небыли́ца (여) 꾸며낸(거짓)말(이야기), 허황한 말; расска́зывать ~ы 꾸며낸 이야기를 하다

небью́щийся (형) 쪼개지지 않는, 깨지지 않는;~ееся стекло́ 깨지지 않는 유리.

нева́жно (부) ① 변변치 못 하게, 그다지 좋지 않게; ② (술어도) 중요하지 않다; э́то ~ 일없다, 괜찮다

нева́жный (형) ① 중요하지 않는; 하찮은, 대수롭지 않은 ② 좋지 못 한, 나쁜

невдалеке́ (부) 멀지 않는 곳에, 근처에, 부근에

неве́дение (중) 모르는 것, 무식;находи́ться в ~и 모르다

неве́домый (형) 알지 못한, 알려지지 않은; ~ая си́ла 신비로운 힘

неве́жа (남, 여) 막된 사람, 까막눈이; 교양없는

неве́жда (남, 여) ① 무식쟁이, ② в чём ~를 모르는 사람; ~ в иску́сстве 기술을 모르는 사람

неве́жественный (형) ① 몽매한, 우매 한, 무식한; ② в чём ~를 모르는;~ в те́хнике челове́к 기술을 모르는 사람

неве́жливо (중) 무식, 몽매, 맹목;

неве́жливо (부) 무례하게, 예절없이

неве́жливость (여) 예절 없는 것, 버릇없는 것(짓).

неве́жливый (형) 예절없는, 버릇없는, 무례한, 거치른

невезе́ние (중) 비운, 재수 없는 것

неве́рие (중) 불신, 불신념, 신심이 없는 것, 의혹

неверно́ (부) ① 틀리게, 잘못, 부정확 하게; ~ понима́ть 잘못 이해를 하다, 오해하다; ~ сосчита́ть 잘못 세다 ② (술어로) 틀리다, 옳지않다, 부정확 하다

неве́рный (형) ① 틀린, 잘못된, 부정확한; ~ вы́вод 부정확한 결론; ② 믿지 못할, 불충실한, 배신적인

невероя́тно (부) ① 믿기 어려울 정도로, 엄청나게 ② 아주 비상하게, 극도로; ③ (술어도) 믿기 어렵다, 아주 비상하다

невероя́тный (형) ① 믿기 어려운 ② 상상외의, 비상한, 놀랄만한; ~ успе́х 놀랄만한 성과

неве́рующий (형) ① 종교를 믿지 않은, 신앙이 없는; ② (명사로) (남) 무신론자, 종교를 믿지 않은 사람

невесёлый (형) 불쾌한, 명랑하지 못한, 쓸쓸한

невесо́мость (여) 무중력; состоя́ние ~и 무중력상태

невесо́мый (형) ① 무게가 없는, 아주가벼운; ~ аргуме́нт 불철저한 논증

неве́ста (여) 약혼한 차녀, 약혼녀, 색시, 색시감

неве́стка (여) 형수, 제수, 며느리, 올케

невзго́да (여) 풍랑, 풍파, 가난신고, 고생

невзира́я (전) на что ~를 가리지 않고(무릎쓰고), ~을 본문하고, ~에도 불구하고; ~ на ли́ца 안면에 관계없이

невзлюби́ть (완) 싫어하게 되다, 원망 하게 되다

невзнача́й (부) 뜻밖에, 불의에, 우연히

невзра́чный (형) 볼품없는, 보잘것없는, 아름답지 못한;

невзыска́тельный (형) ① 요구성이 강하지 않은, 까다롭지 않은, ② 평범한, 소박한

неви́данный (형) 이제껏 없었던, 일찍이 있어보지 못한, 전례 없는, 미증유의; 희한한

неви́димый (형) 눈에 보이지 않는(띄지않는); ~ая цель 은폐된 목표

неви́нно (부) ① 죄 없이 ② 순진하게

неви́нный (형) ① 죄 없는, 무죄한, 무고한 ② 순진한; с ~ым ви́дом 모르는체하고 ③ 순결한, 숫된

невино́вность (여) 죄 없는 것, 무죄(無罪)

невино́вный (형) 죄 없는, 무죄한; призна́ть ~ым 무죄로 인정하다

невку́сный (형) 맛없는; ~ суп 맛없는 국

невменя́емость (여) (법률) 책임능력; быть в состоя́нии ~и 형사책임을 추궁할 수 없는 정신 상태에 있다

невменя́емый (형) ① (법률) 책임능력이 없는 ② 흥분하여 자제력을 잃은, 미친듯한.

невмеша́тельство (중) 불간섭; ~ во вну́тренние дела́ 내정불간섭, поли́тика ~а 불간섭정책

невмоготу́ (부) (술어로) 참을 수 없다, ~할 힘이 없다

невнима́ние (중), **невнима́тельность** (여) ① 부주의, 산만성, 방심, 태만, ② 생각이 없는, 분별없는. 부주의한, 생각이 못 미친. 경솔한, 조심성 없는, ③ 무관심[무심]한, (일이) 소홀한, 서투른, 적당히 해두는, ④ 불친절, 불손

невнима́тельный (형) ① 부주의한, 범범한; ② 불친절한, 불손한,

невня́тно (부): говори́ть ~알아듣지 못하게 말 하다

невня́тный (형) 똑똑하지 못한, 불명료한, 알아듣지 못할; ~ая речь 알아듣지 못할 소리, 혀 꼬부라진 소리

не́вод (남) 고기잡이 그물, 어망; забра́сывать ~ 그물을 치다(던지다)

невозде́ланный (형) 경작하지 않은, 일구지 않은; 황폐한

невозде́ржанный (형) 과도하게, 지나치게 하는, 넘쳐나는; ~ в пи́ще 음식을 알맞게 먹지 않는, 과식하는

невозмо́жно (부) (술어로) 불가능하다, ~할 수 없다; ~ вы́яснить 알아낼 수 없다; ~ сде́лать 할 수 없다

невозмо́жность (여) 불가능성, 실현 될 수 없는 것

невозмо́жный (형) 불가능한; ~ое де́ло 실현불가능한 일 ② 참지 못 할; 견딜 수없는; ~ая боль 견딜 수 없는 아픔

невозмути́мость (여) 침착성, 태연자 약한성

невозмути́мый (형) ① 침착한, 태연자 약한; ~ое выраже́ние лица́ 태연자 약한(얼굴의) 표현 ② 깨뜨릴 수 없는; ~ая тишина́ 괴괴한 정적

нево́лить (미완) 억지로 시키다, 강요 하다

нево́льник (남), **~ца** (여) ① 노예, 종 ② 죄수

нево́льно (부) 무의식적으로, 본의 아니게, 부지중

нево́льный (형) ① 뜻밖에, 우연한; 부지중의; 본능적인; ~ая оши́бка 뜻하지 않은 실수; ② 부득이한, ~ свиде́тель 우연한 목격자

нево́ля (여) 자유롭지 못한 것, 속박; 감금

невообрази́мый (형) 상상외의, 생각조차 할 수 없는; ~ая ра́дость 비할 데 없는 기쁨; ~ шум 대단히 떠드는 소리

невооружённый (형) 무장하지 않은, 무기를 가지지 않은; ~ым гла́зом 육안으로

невоспи́танный (형) 교양 없는, 예절 없는, 버릇(이) 없는

невосприи́мчивый (형) ① 감수성이 약한 ② (의학) 면역성 있는

невпопа́д (부) 맞지않게, 적절치 않게; отвеча́ть ~엉뚱한 대답을 하다

невразуми́тельный 깨닫지 못할, 이해하기 어려운(힘든);~ отве́т 이해가 힘든 대답

невралги́ческий (형) (의학) 신경통;~ие бо́ли 신경통

невралги́я (여) (의학) 신경통

невраете́ник (남) 신경(쇠약) 환자

невраете́ния (여) (의학) 신경(쇠약)증

невреди́мый (형) 손상(해)을 입지 않은, 상하지 않은; цел и ~무사하다

невро́з (남) (의학) 신경증;~ се́рдца 심장신경증

невроло́гия (여) (의학) 신경(병)학

невропато́лог (남) 신경병의사, 신경병리학자

невы́годный (형) ① 이득이 없는, 무익한, 이롭지 못한; 불리한, 해로운 ② 불편한, 나쁜

невы́держанный (형) 자제력이 없는. 성미가 급한, 침착 하지 못한

невыноси́мый (형) 참을수(견딜수) 없는, 참기 어려운; ~ая боль 참을 수 없는(참지 못할)아픔

невыполне́ние (중) 미달, 부족, 미만, 미도; ~ пла́на 계획미달;~ обяза́тельств 의무를 이행 하지 않는 것

невыполни́мый (형) 실행(수행, 이행, 완수)할 수 없는, 해내기 어려운

невырази́мый (형) 말로 표현할 수 없는, 표현하기 어려운, 이루 헤아릴 수 없는;~ая красота́ 형언할수 없는 아름다움

невырази́тельный (형) 표현성이 없는(풍부하지 못한), 무표정한;~ое лицо́ 무표정한 얼굴

невысо́кий (형) ① 높지 않은, 낮은 ② 좋지 않은(못한); ~ая оце́нка 좋지 못 한 평가

невы́ход (남) ~ на рабо́ту 결근; ~ кни́ги 책이 발행되지 않은 것

невы́ясненный (형) 밝혀지지 못한, 해명되지 못한, 알아내지 못한

негати́в (남) (사진) 원판, 종판, 음화

негати́вный (형) 부정적인, 부정의;~ая пози́ция 부정적 입장;~ое отноше́ние 부정적 태도

негде́ (부) (+미정형) ~할 곳(자리) 없다; ~ сесть 앉을 자리가 없다;~ доста́ть 구할 데가 없다
неги́бкий (형) 신축성(융통성) 없는; ~ ум 신축성이 없는 지혜
негигиени́чный (형) 비위생적인
негла́сный (형) 비밀리에 진행하는, 비공개; ~ надзо́р 비밀리에 하는 감시
неглубо́кий (형) ① 깊지 않은, 얕은, 옅은; ~ая таре́лка 해바라진 접시 ② 해발딱한, 심오하지 못한, 피상적인; ~ие зна́ния 얕은지식
него́дность (여) 쓸모(소용)없는 것, 무용지물; приходи́ть в ~쓸모 없게 되다; приводи́ть в ~쓸모 없게 만들다, 망치다
него́дный (형) ① 쓸모없는, 못쓸, 적합하지 않은 ② 나쁜, 저급한, 천한; вода́, ~ая для питья́ 먹지 못하는 물; ~ые грибы́ 먹을 수 없는 버섯
негодова́ние (중) 격분, 분개, 분노, 비분, 분완, 비탄, 분격, 개분, 비분강개; сде́рживать ~ 비분을 참다
негодова́ть (미완) 격분(분노,분개)하다, 통분하다
негоду́ющий (형) 분개하는, 격분에 넘친; ~ проте́ст 격분에 넘친 항의, ~ взгляд 격분에 찬 눈초리
негодя́й (남) 망종(亡終), 몹쓸 놈
негостеприи́мный (형) 손님을 좋아하지 않는, 잘 대접 지 않는, 냉대 하는, 반겨 맞아주지 않는
негр (남), **~итя́нка** (여) 흑인(黑人)
неграмо́тность (여) 문맹, 무지, 무식; ликвида́ция ~и 무맹퇴치, полити́ческая ~ь 정치적 암둔성
неграмо́тный (형) ① 문맹의, 무지한 ② 정통하지 못한, 서투른 ③ (명사로) (남) 문맹자
негритя́нский (형) 흑인의, 검둥이의
негро́мкий (형) 요란하지 않은, 소리가 낮은; ~им го́лосом 낮은 목소리로
неда́вний (형) 얼마전에 있는, 오래지 않은, 최근의; с ~их пор 요즈음부터, 최근부터, до ~его вре́мени 얼마 전까지
неда́вно (부) 얼마전에, 요즈음, 최근에; э́то случи́лось ~이일은 일어 난지 오래지 않다
недалёкий (형) ① 멀지않은, 불원한, 가까운; в ~ом бу́дущем 가까운 앞날에, 불원한 장래에; ② 시야가 좁은, 편협한
недалеко́ (부) ① 멀지 않은 곳에, 가까이에; ② (술어로)

(얼마) 멀지 않다, 가깝다

недальновидный (형) 근시안적인, 예견성(선견지명)이 없는; ~ая позиция 근시안적태도

недаро́м (부) ① 무근거하지 않게, 연고가 있어서; ~ он это сделал 그가 그것을 한데는 이유가 있다, 무턱대고한 것이 아니다; ~ говорится 연고가 있어서 하는 말이다; ② 헛되지 않게

недвижимость (여) 고정재산

недвижимый (형) 눈에 보이지 않는(뜨이지 않는); ~ая сторона луны 달의 보이지 않는 쪽(후면)

недвусмысленный (형) 애매하지 않은, 명료한, 명확한

недееспособный (형) 무능력한, 행동력이 없는, 무능한.

недействительный (형) 효력(효과)이 없는; признать ~ым 무효로 인정하다; билеты ~ы 표는 무효이다

неделикатный (형) 불손한, 점잖지 않은, 야비한

неделимый (형) ① 나눌 수 없는, 불가분의; ~ фонд 불분할 폰드 ② (수학) 완제되지 않은

недельный (형) 주의, 1(일)주일간, 주간의; ~ отпуск 1(일)주일간의 휴가; в ~ срок 1(일)주일동안

неделя (여) 주(週), 주일(週日), 1(일)주일간, 주간; ~я советских фильмов 소련영화 상영주간; в течении ~и 주간에; на будущей ~е 다음주(내주)(일)에; каждую ~ю 매주일, 주일마다; без году ~я 불과 며칠밖에 안 된다

недисциплинированность (여) 규률이 없는 것, 무규률성

недисциплинированный (형) 규률이 없는(느즈러진); 무규률적인; ~ый человек 해이한 사람

недоброжелательность (여) 악의, 악감, 적의

недоброжелательный (형) 악의(악감)를 품은; ~ое отношение 악의 품은 태도

недоброкачественный (형) (품)질이 나쁜(낮은); ~ый товар (품)질이 나쁜 상품, 불량품; ~ая вещь 불량한 물건

недобросовестность (여) ① 비양심적인 것, 불성실성 ② 소홀, 등한

недобросовестный (형) ① 비양심적인, 성실치 못한; ~ человек 비양심적인 사람; ② 소홀한, 건성건성한; ~ое отно- шение к делу 사업에 대한 소홀한 태도

недобрый (형) ① 선량하지 못한, 적의(악의)를 품은, 좋지 못한; питать ~ые чувства 나쁜 마음(악심)을 먹다 ② 불길한, 나쁜; ~ый час 불길한 시간(때); ~ая весть 불쾌한

소식

недова́ривать (미완), **недовари́ть** (완) 설삶다, 설끓이다

недове́рие (중) 불신임, 의심; пита́ть ~ к кому́ ~에게 대하여 의심을 품다; с ~м 믿지 못하는 태도로

недове́рчиво (부) 반신반의하게, 의심스럽게

недове́рчивость (여) 반신반의, 회의심, 회의감

недове́рчивый (형) 반신반의하는, 회의감을 품은; ~ое отноше́ние к кому́-чему́ ~에 대한 회의적인 태도

недове́сить (완), **недове́шивать** (미완); 모자라게 달다, 달아서 속이다; ~ сто гра́ммов 100그램이 모자라게 달다

недово́льный ① (형) 불만족한, 서운케 하는; 시들한, 시무룩한; ~ взгляд 불만의 시선 ② (명사) (남) 불평, 불만을 부리는 사람

недово́льство (중) 불만, 불평; 울분

недовыполне́ние (중) 미달, 채 끝내지 못하는 것

недовы́полнить (완) 채완수하지 못하다, 완료하지 못하다

недога́дливый (형) 눈치가 무딘, 총기가 빠르지 못한

недоговорённость (여) ① 완전한 보지못한 것, 합의가 없는 것 ② 미처 말하지 못한 것

недогру́зка (여) 적재부족, 적재부족량

недоде́лки (복수) ① 미완성부분, 다 해내지 못한 것 ② 흠점

недоде́лывать (미완) 다(끝까지) 미처 하지 않다, 채 완성하지 못하다

недоеда́ние (중) 굶주림, 굶기, 굶기, 식사부족

недоеда́ть (미완) ① 배를 곯다, 절반 굶어살다 ② 다 먹지 않다, 덜 먹다

недозволе́нный (형) 금지된, 용납 못할, 허용되지 않는; ~ приём 용납 못한 수단

недозрева́ть (미완), **недозре́ть** (완) 설익다, 데익다, 채 익지 않다

недои́мка (여) 미납세, 미납금, 채납세

недоко́нченный (형) 채 끝나지 않은, 미완성한

недо́лго (부) 잠시, 단기간에; ~ ду́мая 곧, 잠시 생각하여

недолгове́чный (형) 오래가지 못하는, 오래쓰지 못하는; 수명이 짧은, 오래 살지 못하는

недолю́бливать (미완) 좋아하지 않다, 달가워하지 않다, 마음에 들지 않다

недомога́ние (중) 불편한 것, 몸탈; чу́вствовать ~ 몸이

불편하다(편치 않다)

недомо́лвка (여) 빼놓은(빠진) 말, 채지 않은 말

недооце́нивать (미완), **недооцени́ть** (완) 과소평가하다; 낮잡다

недооце́нка (여) 과소평가, 불충분한 평가

недопла́та (여) ① 채 물지 않은 것 (미불금) ② 지불잔액

недоплати́ть (완), **недопла́чивать** (미완) 모자라게 물다, 다물지 않다

недополучи́ть (완) 덜 받다, 채 다 받지 못할, 참을 수 없는

недопусти́мый (형) 허용할 수 없는, 용납 못할, 참을 없는

недопуще́ние (중) 불허, 금지, 금(禁), 제한, 저지

недоразви́тый (형) ① 발육이 불완전한, 발육부족의 ② 지능이 떨어진, 잔잔한

недоразуме́ние (중) 오해, 곡해; рассе́ять ~е 오해를 풀다

недорого́й (형) 비싸지 않은, 녹은; по ~ цене́ 헐(한)값으로

недоро́д (남) 흉작(凶作)

недоро́сль (남) 둔한 젊은이

недосмо́тр (남) 불찰, 부주의; по ~у 불찰로 해서

недосмотре́ть (완) ① 잘 살피지(감시하지) 않다, 간과하다 ② 채 다보지 못하다

недостава́ть (미완) 모자라다, 부족하다; ~ёт о́пыта 경험이 부족하다; э́того ещё ~ва́ло! 야단났구나!

недоста́ток (남) ① 부족, 결핍, 미족, 결(缺), 궐(厥), ком чего́ ~의 부족 때문에 ② 결점, 결함, 부족점, 흠점, 나쁜점, 단점, 결함, 약점, 티, 흠(欠), 하자, физи́ческий ~ок 육체(적)결함; устраня́ть ~ки 결함을 고치다

недоста́точно ① (부) 불충분하게, 모자라게; ~ знать 잘 알지 못하다 ② (술어로): э́того ~이것으로는 불충분 하다 (모자라다)

недоста́точность (여) ① 불충분, 부족, 궁핍; за ~ю ули́к 증거불충분으로; ② (의학) 부족(중), 기능부족

недоста́точный (형) 부족한, 불충분한, 모자라는, 불완전한

недоста́ча (여) ① 부족, 결핍, 미족, 불충분, 미비, ② (검열시에 발로된) 현금(금액, 재산)부족; ~ де́нег в ка́ссе 금고의 현금부족

недостижи́мый (형) 달성할 수 없는, 다닫지 못할, 도달할 수 없는; ~ая цель 달성할수 없는 목적

недостове́рный (형) 믿을만한 것이 못되는, 믿기 어려운,

확실치 못한, 의심스러운

недосто́йный (형) ① 떳떳하지 않는, ~할 가치가 없는; ~ин внима́ния 주의를 끌만한 가치가 없는; ~ин како́го зва́ния ~의 칭호를 지닐 자격아 없다 ② 도덕이 없는, 해갈 궂은, 수치스러운; ~и́ное поведе́ние 비도덕적 행위,

недосту́пный (형) ① 이해하기 어려운, 납득할 수 없는 ② (값에 대하여) 너무 비싼

недосу́г (남) ① 다망한 것, 시간이 없는 것 ② (술어로) (+미정형) ~할 틈(짬시간)이 없다; мне~ э́тим занима́ться 나는 이것을 할 틈이 없다(겨를조차 없다)

недосчита́ться (완), **недосчи́тываться** (미완) ① 계산해서 부족을 발견하다 ② 모자라다, 부족하다

недосыпа́ть (완) 덜 쏟아넣다(쏟다), 모자라게 뿌려넣다, 충분히 붓지(쏟지) 못하다, 충분히 따르지 못하다

недосыпа́ть (미완) 선잠자다, 채(실컷) 자지 못하다, 사로 자다

недотро́га (남, 여) 자기를 건드릴 수 없게 하는 사람, 신경질적인 사람

недоумева́ть (미완) 이상하게 생각하다, 어쩔줄 모르게 하다, 잘 깨닫지 못하다

недоуме́ние (중) 몰라서 벙벙하는 것, 당황해하는 것; быть в ~и 어이가 없어서, 어쩔줄 몰라서

недоумённый (형) 몰라서 벙벙해하는, 당황케하는, 영문모를

недоу́чка (남, 여) 반쪽지식밖에 없는 사람, 학식이 깊지 못한 사람

недочёт (남) ① 결함, 부족점; ② 실수, 잘못, 실책, 과실, 실계, 실조, 실족, 착오, 미스테이크(mistake)

не́дра (복수) ① 땅속, 지하 매장물; ②: в ~х души́ 마음속 깊이

не́друг (남) 적, 원수(怨讐)

недружелю́бие (중) 적의, 불친절

недружелю́бный (형) 적의를 품은, 불친절한, 친절하지 못한

недру́жественный (형) 비우호적인, 우정없는

недру́жный (형) ① 화목하지 못한, 사이가 좋지 못한, ~ая семья́ 사이가 좋지 못한 가정 ② 손발이 안 맞는; ~ая рабо́та 손이 맞지 않은 알

неду́г (남) 병(病); тя́жкий ~ 중병

недурно (부) ① 괜찮게, 나쁘지 않게, 쏠쏠하게 ② (술어로) 괜찮다, 나쁘지 않다, 쏠쏠하다

недурной (형) 그리 나쁘지 않은, 괜찮은, 쏠쏠한; она ~a (собой) 그 여자는 괜찮게 생겼다(어여쁘다)

недюжинный (형) 비범한, 비상한; ~ талант 탁월한 재능

Неем (Книга Неемии, 13장) 느헤미야(Nehemiah書)

неесте́ственный (형) ① 부자연스러운, 꾸며낸, 지어낸 ② 괴이쩍은, 억지 된, 보통이 아닌, 이상한

нежда́нно (부): ~-негаданно 뜻밖에, 우연히

нежда́нный (형) 기다리지 않았던, 뜻밖의; ~ая встреча 우연한 상봉; ~ый гость 뜻밖의 손님

нежела́ние (중) 원하지 않는 것, 딱해하는 기색

нежела́тельный (형) 원하지 않는, 마음이 내키지 않는, 싫은

нежена́тый (형) ① 미혼, 장가가지 않은 ② (명사로) 독신, 총각, 장가가지 않은 사람

нежи́зненный (형) 비현실적인; 공상적인, 가상적인, 몽상적인.

нежило́й (형) 비현실적인; 공상적인; ~ дом 빈집, 거주(거처) 할 수 없는

не́житься (미완) (포러) 즐거움을 누리다, 안온함을 즐기다

не́жность (여) 정다움, 애정, 애무

не́жный (형) ① 애정에 넘친, 정다운, 흔흔한; ~ взгляд 상냥한 시선; ② 말랑말랑한, 연한, 부드러운; ~ый цвет 연한 빛, ③ (연) 약한; ~ое растение 연약한 식물

незабве́нный (형) 망각할 수 없는, 잊지못할; ~ друг 잊지 못할 벗

незабу́дка (여) (식물) 외지치(꽃), 물망초(勿忘草)

незабыва́емый (형) 잊을수 없는, 잊지못할; ~ое впечатление 잊을 수 없는 인상

незавершённый (형) 미진된, 미완성, 완수되지 못한

незави́дный (형) 부럽지 않은, 보잘것없는, 좋지 못한

незави́симо (부) ① ~ от чего ~에(~ 과는) 관계없이, ~을 막론하고; ~от этого 이것과는 관계없이 ② 독립하여, 자립적으로

незави́симость (여) 독립, 자립, 자주; 자주성, 자주독립; национальная ~ 민족적독립; экономическая ~ 경제적자립

незави́симый (형) 독립적인, 자주적인, 독자적인; ~ые страны 독립국가들

незави́сящий (형): по ~им от кого обстоятельствам 부득이한 사정으로, 어쩔 수 없는 사정으로

незада́чливый (형) 불운한, 운이 나쁜, 재수가 없는

незадо́лго (부): ~ до –하기하기 얼마 전에(조금 전에)

незаинтересо́ванный (형) 이해관계없는, 관심없는, 무관심한

незако́нно (부) 비법적으로

незаконноро́ждённый (형) ~(ребёнок) 사생아, 사생자,

незако́нность (여) 비법(성), 의법, 비법행위

незако́нный (형) 비법의, 불법의, 비법적인, 법에 어긋나는; ~ брак 비법적인 결혼; ~ сын 사생아

незако́нченный (형) 끝내지 않은, 미진된, 완성되지 못한

незамедли́тельно (부) 지체없이, 즉시, 곧, 바로, 바로 그때, 곧바로, 얼른, 잽싸게, 이내, 즉각, 빨리, 단박, 대뜸, 득달같이, 득달같게, 금시로, 당장, 즉속, 즉변, 입즉

незамени́мый (형) 바꿀 수 없는, 대치할 수 없는, 없어서는 안 될; ~ работник 누구와도 바꿀 수 없는 일꾼

незамерза́ющий (형): ~ий порт 부동항; ~ая жидкость 얼지 않는 액체, 부동액

незаме́тно (주) 눈에 뜨이지 않게, 슬쩍슬쩍, 슬그머니, 남모르게, 어느덧, 어느새; ~ прошла ночь 어느덧 밤이 지났다; ~ уйти 슬그머니 가버리다

незаме́тный (형) ① 눈에 띄지 않는, 잘 보이지 않는 ② 잘 아려지지 않는, 사소한; ~ человек 평범한 사람

незаму́жняя (여) 시집가지 않는 여자, 미혼녀, 처녀

незамыслова́тый (형) 단순한, 까다롭지 않은; 소박한; ~ узор 소박한 무늬

незаня́тый (형) 일이없는, 한가한, 빈; ~ое место 차지하지 않은 자리; ~ый дом 빈 집; я сегодня ~ 나는 오늘 바쁘지 않다

незапа́мятный (형): с ~ых времён 아득히 먼 옛날부터

незапертый (형) 자물쇠를 채우지 않은, 자물쇠를 걸지 않은

незапя́тнанный (형) 오점이 없는, 깨끗한, 더럽히지 않은; ~ая репутация 오점이 없는 명예

незара́зный (형) 전염되지 않는, 비전염성; ~ая болезнь 옮지 않는 병

незаслу́женно (부) 부당하게, 당치않게, 무고하게, 불합리하게, 옳지않게; ~ подвергаться нападкам 얼토당토아니한

비난을 받다

незаслу́женный (형) 부당한, 당치않은; 과분한;~ая награ́да 분에 넘치는 표창;~ое наказа́ние 부당한 처벌

незастрахо́ванный (형) 보험이 들지않은; ~ое иму́щество 보험이 들지않은 재산

незастро́енный (형) 집(건물)을 짓지 많은, 비어있는;~ уча́сток 빈땅, 공지

незауря́дный (형) 비범한, 걸출한, 특출한

незаче́м (부) 필요(이유)가 없다; ~ ходи́ть туда́ 그리로 다닐 필요는 조금도 없다, ~ и говори́ть 말할 필요가 없다, 두말할 것도 없다

незащищённый (형) 보호받지 못한, 무방비한, 보호 시설이 없는; ~ от ве́тра 바람막이하지 못한, 방풍장치를 하지 못한

незва́ный (형) 청하지 않은;~ гость 불청객(不請客)

незде́шний (형) 이 지방의 것이 아닌; 타지방; ~ челове́к 타곳사람

нездоро́виться (미완): ему́ ~ся 그는 몸이 편치 않다

нездоро́вый (형) ① 건강하지 못한, 병색이 있는, 앓은; ~ вид 앓은기색; ~ цвет лица́ 얼굴의 병색 ② 건강에 해로운; ~ кли́мат 유해한 기후 ③ 불건전한, 좋지못한; ~ая обстано́вка 좋지 못한 환경

незлопа́мятный (형) 원망하지 않는, 원한(앙심)을 품지 않는

незнако́мец (남), **~ка** (여) 낯선 사람, 초면객

незнако́мый (형) ① 알지 못 하는, 미지의, 모르는; ~ая доро́га 초행길; ~ые места́ 초면강산 ② (명사로) (남) 낯선(안면이 없는) 사람, 초면객

незна́ние (중) 무지, 무식; по ~ю чего́ ~를 몰라서(모르기 때문에); ~е дела́ 맹탕

незначи́тельный (형) ① 중요하지 않은, 대수롭지 않은, 보잘것없는, 시시한 ② 얼마 안 되는, 많지 않은, 적은; ~ые поте́ри 많지 않은 손해; ~ое большинство́ 얼마 안 되는 차이를 가진 다수

незре́лый (형) ① 익지 않은, 여물지 못한; ~ое я́блоко 익지 않은 사과 ② 미숙한; ~ый во́зраст 미성년

незыбли́мый (형) 확고부동한, 끄떡 없는, 견고한

неизбе́жно (부) 불가피하게.

неизбе́жность (여) 불가피성, 필연성

неизбе́жный (형) 불가피한, 면치 못한, 필연적인

неизве́данный (형) ① 답구해내지 않은, 알려지지 않은 ② 겪어보지 못한, 체험하지 못한

неизве́стно (부) ① 알지 못하게, 불명하게; пришёл ~ кто 누군지 모를 사람이 왔다; ② (술어로) 알지 못하다, 모르다; живёт ~ где 어디선지 모를데서 산다.

неизве́стность (여) 불명, 부정, 무소식; жить в ~и 남들이 모르게 산다.

неизве́стный (형) ① 알려지지 않은, 불명한, 남모르는; ~ое число 수학 미지수; ~ая песня 난데없는 노래 ② 이름 없는, 불명; могила Неизвестного солдата 무명전사묘; ~ый художник 이름 없는 화가

неизглади́мый (형) 기억에서 사라지 지 않은, 지울 수 없는, 잊을 수 없는; ~ое впечатление 잊을 수 없는 인상

неизлечи́мый (형) 고칠수 없는, 불치의; ~ая болезнь 불치의 병

неизме́нно (부) 변함없이, 여전하게, 확고부동하게

неизме́нный (형) ① 변하지 않는, 불변한, 굳어진; ~ые привычки 굳어진 습관 ② 충실한, 변함이 없는; ~ый друг 충실한 벗

неизмери́мый (형) ① 헤아릴 수 없는, 한량없는 ② 무한한

неизу́ченный (형) (아직) 연구하지 않은

неиме́ние (중) за ~м *чего* ~이 없어서(없기 때문에); за ~м лучшего 더 좋은 것이 없어서

неимове́рный (형) 믿기어려운, 이루 헤아릴 수 없는, 비상한, 대단한; ~ые трудности 상상할 수 없는 난관

неиму́щий (형) 재산이 없는, 무산; ~ класс 무산계급

неинтере́сно (부) ① 재미(흥미)없게 ② (술어로) 재미 (흥미) 없다

неинтере́сный (형) 재미(흥미)없는, 맛(멋)적은; ~ая вещь 지질한 물건

неискре́нний (형) 불성실한, 진실하지 못한

неискре́нность 불성실성; 무의성; 위선

неиску́сный (형) 솜씨없는, 서투른, 능숙하지 못한

неискушённый (형) 경험이 적은(적은) 노련치 못한, 서름한; ~ в политике 정치를 잘 모르는

неисполни́мый (형) 실행(집행)할 수 없는, 실현될 수없는; ~ое желание 실현될 수 없는 소원

неисполни́тельный (형) (임무를) 잘 집행(수행)하지 않는; ~ рабо́тник 하려 는 노력이 없는 일군

неиспо́льзованный (형) 쓰지않은, 사용하지 않은, 공뜬; резе́рвы 쓰지 않은 예비

неиспо́рченный (형) ① 썩지않은, ② 고장이 없는, 성한

неисправи́мый (형) 고칠 수 없는; 시정 못할; 고질이 된

неиспра́вность (여) ① 고장; ~ маши́ны 기계의 고장

неиспра́вный (형) ① 고장난; ~ механи́зм 고장난 기계; 근면치 못한, 게으른, 등한한

неисле́дованный (형) 탐구(탐사)되지 않은, 연구(조사) 되지 않은

неиссяка́емый (형) 무진장한, 부궁무진한, 다함없는; ~ исто́чник 무진장한 원천

неи́стовство (중) 미쳐 날뛰는 것, 광란, 광포

неи́стовствовать (미완) 미쳐날뛰다, 광란을 부리다, 광포 하게 굴다.

неи́стовый (형) 미친 듯, 날뛰는, 광란적인, 광포한

неисчерпа́емый (항) 무진장한, 무궁무진한, 다함없는; ~ые запа́сы 무진 장한 예비

неисчисли́мый (형) 무수한, 헤아릴 수 없는

нейло́н (남) 나일론(nylon)

нейрохирурги́я (여)(의학) 신경외과학

нейтрализа́ция (여) ① 중립화 ② (화학) 중화

нейтрализова́ть (미완,완) ① 중립화하다 ② (화학) 중화 시키다

нейтралите́т (남) 중립; соблюда́ть ~ 중립을 지키다

нейтра́льный (형) ① 중립의, 중립적인; ~ое госуда́рство 중립국(가); ~ое отноше́ние 중립적 태도; ~ая зо́на 중립지대 ② (화학) 중성(中性); ~ый раство́р 중성용액

нейтро́н (남) (물리) 중성자(中性子; 뉴트론.)

нейтро́нный (형) (물리) 중성자의, 뉴트론의; ~ая бо́мба 중성자탄

неказ́истый (형) 꾀죄죄한, 품이 없는, 보잘것없는; ~ наря́д 초라한 옷차림

некапиталисти́ческий(형): ~ путь разви́тия 비자본주의적 발전노정

неквалифици́рованный (형) 비숙련공, 숙련되지 못한, 무자격; ~ рабо́чий 미숙련공; ~ труд 미숙련노동

не́кий (미정 대) 어떤

- 405 -

не́когда I (부) (술어로) 시간이 없다; мне ~ чита́ть 나는 독서할 시간이 없다; мне о́чень ~ 나는 대단히 바쁘다

не́когда II (부) 한 때, 언젠가, 어느 때; ~ здесь бы́ло о́зеро 여기는 한때 못이었다.

не́кого (부정 대) (+미정형) 누구도 없다 не́кому, не́кем, не о ком ~ать 사람이 없다; ~посла́ть 보낼 사람이 없다

неколеби́мый (형) 확고부동한, 굳은

некомпете́нтный (형) ① 충분한 지식을 못가진, 충분하게 통달하지 못한 ② 권한(자격)이 없는; в э́том де́ле он ~ен 이일은 그의 직권밖에 있다

некорре́ктный (형) 예절 없는, 단정치 못한, 버릇없는

некото́рый (미정대) ① 그 어떤, 어느, 얼마간의, 다소간의, 약간의; че́рез ~ое вре́мя 얼마후; с ~ых пор 어느 때부터; в ~ой сте́пени 어느 정도까지; на ~ое вре́мя 얼마동안; в ~ых стра́нах 일부 나라들에서, ② (명사로) **~ые** (복수) 일부(어떤)사람들; ~ые из них 그들 중의 몇 사람

некраси́вый (형) ① 곱지않은, 아름답지 못한, 보기싫은 ② 좋지 못한, 나쁜; ~ посту́пок 좋지 못한(비열한) 행위

некроло́г (남) 추도문, 애도사

некста́ти (부) ① 때아닌 때에, 때맞지 않게; пришёл ~ 때아닌 때에 왔다 ② 알맞지 않게; ~ сказа́л 알맞지 않게 말하였다

некта́р (남) ① 감로, ② (식물) 꽃꿀 ③ 꿀원천

не́кто (미정대) 어떤 사람, 그 누가, ~ Ивано́в 어떤 이바노브라는 사람

не́куда (부) (+미정형) ~할 곳이 없다; ~ поста́вить 들자리가 없다; мне ~ пойти́ 나는 갈 것이 없다

некульту́рность (여) 비문화성, 교양이 없는 것

некульту́рный (형) ① 비문화적인, 문화수준이 낮은, 교양 없는; ~ый челове́к 미개한 사람 ② (식물) 야생; ~ые расте́ния 야생식물

некуря́щий (남) 담배 안 피우는 사람; ваго́н для ~их 금연차

нела́дно (부) ① 순조롭지 못하게, 좋지 않게 ② (술어로) 순조롭지 않다, 좋지 않다; здесь что́-то ~여기는 무엇인가 좀 순조롭지 못하다(이상 하다)

нела́ды (복수) 불화, 옥신각신; быть в ~ах 옥신각신 하다, 화목하지 못하다

нелега́льно (부) 비합법적으로, 비밀리에.

нелега́льный (형) 비합법적인, 비밀의 지하; ~ приезд 비밀리에 도착; переходить на ~ое положение 지하로 들어가다

нелёгкий (형) ① 가볍지 않은; ② 쉽지 않은, 어려운, 힘든

неле́пость (여) 엉터리, 허황한것; говорить ~и 황당무계한 소리를 치다

неле́пый (형) ① 부질이 없는, 엉터리 없는, 허황한; ~ ответ 엉터리없는 대답; ② 모양새(맵시)가 없는, 볼품 없는, 가소로운

неле́стный (형) 찬동치 못한, 부정적인, 좋지 않은; ~ отзыв 좋지 않은 평판

нелётный (형): ~ая погода 비행가기에 좋지 않은 날씨

нели́шне (부) (술어로)(+미정형) 헛된 일이 아니다, 나쁘지 않다, 좋다; ~ на- помнить 상기하는 것이 좋다

нело́вкий (형) ① 재주없는, 서투른, 재치없는, ~ое движение 둔한동작; ② 불편한, 거북한; ~ое молчание 거북한 침묵; попасть в ~ое положение 난처 (거북)해지다

нело́вко (부) ① 재치 없이, 서투르게 ② (술어로) 난처하다, 거북하다; ③ (술어로) 불편하다, 거북하다; ~ спрашивать 묻기가 거북하다

нело́вкость (여) 거북한 것, 불편한 것; испытывать ~ 거북한 감을 느끼다

нелоги́чный (형) 논리(사리)에 맞지 않은, 비논리적인, 조리 없는

нелоя́льность (여) 불충실하다, 충성하지, 못 하다

нельзя́ (부) (술어로) ① 불가능하다, ~ 할 수 없다; ~ не согласиться 동의하지 않을 수 없다 ② ~하여서는 안된다; так делать ~이렇게 해서는 안된다; ~ терять ни минуты 일분이라도 허비하여 서는 안 된다; как ~ лучше 더할 나위없이 훌륭하다; ~ли? ~할 수 없 을 까? ~ сказать, чтобы ~하리라고는 말 할 수 없다

нелюбе́зный (형) 불친절한, 상냥하지 못한

нелюби́мый (형) 싫은, 좋아하지 않은, 미워하는

нелюди́м (남) 공생원, 교제를 싫어하는 사람.

нелюди́мый (형) 교제를 싫어하는; 홀로지내기 좋아하는; ~ хара́ктер 꽁한 성미

нема́ло (부) ① 적지않게, 많이, 상당히, 페; прочитать ~ книг 적지 않은 책을 읽다 ② (술어로) 적지 않다;

немаловажный (형) 폐중요한, 중대한
немалый (형) 적지 않은, 상당한;
немарксистский (형) 비마르크주의 적인
нематериальный (형) 비물질적인
немедленно (부) 곧, 즉시, 인차
немедленный (형) 즉시의, 지체 없는, 신속한
немеркнущий (형) 영원히 빛을 뿌리는; 영생불멸의, 불멸의; ~ая слава 불멸의 영광
неметалл (남)(화학) 비금속(非金屬)
неметь (미완) ① 벙어리가 되다, 말 못하게 되다 ② 저리다, 마비되다, 감각을 잃다
немецкий (형) 독일의; ~ язык 독일어
немилосердный (형) 자비심없는, 사막한, 혹독한
немилость (여) 미움; впасть в ~ к кому ~의 미움을 받다, ~의 노여움을 사다
неминуемо (부) 불가피하여
неминуемый (형) 피할 수 없는, 불가피한
немногие (복수) 소수의 사람들, 일부 사람들
немногий (형) ① 많지 않은, 몇 개의, 일부; ② (명사) 일부 사람들, 소수의 사람들
немного (부) ① 적게, 조금, ② 약간, 좀, 가볍게
немногое (중) 많지 않은 것, 소수의 것
немногословный (형) 말이 작은, 몇 마디의, 수다스럽지 않은
немногочисленный (형) 소수의, 많지 않은, 굴지의
немодный (형) 유행에 맞지 않은(떨어진), 멋 적은
немой ① (형) 말 못하는 ② (명사) 벙어리, 아자 버버리;
немолодой (형) 젊지않은, 나이가 듬직한, 중년의
немота (여) 벙어리의 상태
немотивированный (형) 실증못하는; ~ое преступление 실증 못하는 범죄
немощный (형) 허약한, 노쇠한, 미약한, 힘이 빠진
немощь (여) 허약(虛弱), 무능력
немудрёный (부) (술어로) 무리가 아니다, 당연한일이다; это ~ое дело 그가 늦게 온 것은 당연하다
немыслимый (형) 상상할 수도 없는, 생각초자 할 수 없는; ~ое дело! 기기 괴이한 일이다!
ненавидеть (미완) 증오하다, 미워하다
ненавистный (형) 증오스러운, 가증스러운, 괘씸한; ~ враг

- 408 -

가증스러운 원수; ~ взгляд 증오(미움)에 찬 눈초리

не́нависть (여) 증오(심), 미움, 혐오감 вызывать ~ 미움을 사다

неглядный (형) 어여쁜, 깊이 사랑하는, 볼수록 귀여운

ненадёжный (형) ① 튼튼하지 못한, 공고하지 못한 ② 못미더운, 믿음성 없는

ненадо́бность (여) за ~ю 쓸데없이

ненадо́лго (부) 잠시(동안), 오래지 않아; он ушёл ~그는 잠간 나갔다

нападе́ние (중) договор о ~и 불가침 조약

ненаро́ком (부) 뜻하지 않게, 우연히 어떻게 돼서, 본의 아니게; упомянуть ~ 본의 아니게 언급하다

нена́стный (형) 흐리, 구질구질한, 궂은

нена́стье (중) 음산한(궂은) 날씨

ненасы́тный (형) 게걸스러운; 탐욕한, 만족을 모르는

ненау́чный (형) 비과학적인

ненорма́льный (형) 불규칙적인, 비정상적인, 이상한;미친

нену́жный (형) 쓸데(쓸모), 소용없는, 불필요한; разговор 불긴한 소리

необду́манно (부) 신중한 고려 없이, 더뻑, 소락소락하게; поступать ~ 뒤깨불다.

необду́манный (형) 신중히 생각지 않은, 호들갑스러운, 소락소락한

необеспе́ченный (형) ① 생활이 보장되지 않은, 구차한 ② (재정) 보증(담보)이 없는

необита́емый (형) 인적 없는, 사람이 살지 않는; ~ остров 무인도

необозна́ченный (형) 표식되지 않은, 표식이 없는

необозри́мый (형) 무연한, (호호) 망망한

необосно́ванный (형) 근거없는, 무근거한, 터무니없는; ~ слух 터무니없는 소문

необрабо́танный (형) ① 갈지않은, 가공하지 않은 ② 처리(연구)하지 못한

необразо́ванный (형) 교육을 받지 못한, 교양 없는

необрати́мый (형): ~ая реакция (화학) 비가역반응; ~ые процессы (물리) 비가역과정

необремени́тельный (형) 큰 부담으로 되지 않은, 힘들지 않은

необу́зданный (형) ① 억제되지 않는, 절재가 없는, 방종

Н

하는 ② 광란적인

необу́ченный (형) 훈련(교육)을 받지 못한

необходи́мо (부) (술어로) (+미정형) 필요하다, 반드시,꼭, ~해야 한다; это ~ сделать 이곳은 꼭 하여야 된다.

необходи́мость (여) 필요(성), 불가피성, 요구; по ~и 필요가 있어서; предметы первой ~и 일용필수품

необходи́мый (형) 필요한, 필수

необщи́тельный (형) 사교성(교제성)이 없는, 교제를 좋아하지 않는, 뚱한

необъясни́мый (형) 설명(해석, 이해)할 수 없는; ~ое желание 어쩔 수 없는 갈망

необъя́тный (형) ① 망망한, 광활한, 무연한, 막막한 ② 무궁무진한

необыкнове́нный (형) 보기 드문, 여간이 아닌, 비상한, 뛰어난

необыча́йный (형) 비상한, 놀랄만큼, 엉뚱한; ~ое волнение 비상하게 고조된 흥분(감동)

необы́чный (형) 보통이 아닌, 예외, 별쭝맞은, 유난한;

необяза́тельный (형) ① 의무적이 아닌, 필수적이 아닌, 그렇게 안해도 되는; ②; ~ человек 책임성이 없는 사람

неограни́ченный (형) 무한한, 무기한, 무제한한; ~ая власть 전권, 전제권; ~ый срок 무기(한)

неодина́ковый (형) 같지않은, 오룸조 롱한, 닮지않은

неодноква́тно (부) 누차, 재삼, 여러 번, 여러 차례의

неодноква́тный(형) 누차, 재삼, 여러 번, 몇 번이나, 여러 차례의

неодобре́ние (중) 불찬성, 비난

неодобри́тельно (부) 찬성(찬동)하지 않는; 비난하듯이

неодобри́тельный (형) 찬성(찬동)하지 않는, 비난하는

неодоли́мый (형) 극복할 수 (이겨낼 수) 없는, 필승불패의; ~ое желание 억제할 수 없는 소원(염원)

неодушевлённый(형) ~ый предмет (언어) 비활동체; ~ое имя суще-ствительное (언어) 비활동체명사; ~ая материя 무생물

неожи́данно (부) 뜻밖에, 불의에, 돌연히, 갑자기; 언듯, 문득문득

неожи́данность (여) ① чего 돌연한 것, 의외적인것 뜻밖, 의외; ~ встречи 뜻밖의 상봉; ② 불의의 사변, 의외의 사건, 별일; это для меня полная ~ 이것은 나에게 있어서 전혀 뜻하지 않은 일이다(뜻밖의 일이다)

- 410 -

неожи́данный (형) 뜻밖의, 불의의, 의외의, 난데없는
неоколониали́зм (남) 신식민주의
неоко́нченный (형) 끝까지 않은, 미완성, 불완전한
неологи́зм (남)(언어) 새말, 신조어.
нео́н (남)(화학) 네온
неопа́сный (형) ① 위험하지 않은, 안전한 ② 무해한
неопису́емый (형) 말할래야 말할수 없는, 말로 표현할 수 없는, 형언할 수없는
неопла́тный (형): я у вас в ~ом долгу 나는 당신에게 갚기 어려운 신세를 졌다
неопла́ченный (형) 값을 물지않은, 갚지못한; 보수가 없는; ~ труд 무보수 노동
неоплачива́емый (형): ~ о́тпуск 무보 수휴가
неопо́знанный (형) 신분이 불명한, 알아내지 못한
неопределённо (여) ① 막연히, 분명치 않게, 애매하게 ② 회피적으로, 솔직하게 못 하게
неопределённость (여) 확정하지 않은 것, 막연한 것, 불명확성
неопределённый (형) ① 확정치 않은, 드리없는, 막연한, 애매한 ② 회피적으로, 솔직하지 못한; ~ая фо́рма глаго́ла (언어) 동사의 미정형; ~ое местоиме́ние (언어) 미정대명사
неопровержи́мый (형) 반박(논박)할 수 없는; ~ое доказа́тельство 논박 할 수 없는 증거
неопря́тность (여) 꺼병한 것, 꾀죄죄 한 것
неопря́тный 꺼병한, 단정하지 못한, 꾀죄한
неопы́тность (여) 경험이 없는 것, 미숙한 것
неопы́тный (형) 경험이 없는(적은), 서투른, 미숙한
неорганизо́ванность (여) 비조직성, 무규율성
неорганизо́ванный (형) 비조직적인, 조직이 망라되지않은
неоргани́ческий (형) 무기(질); ~ое удобре́ние 무기질비료;
неосведомлённый (형) 정통(통달)하지 못한, 정보를 못 가진
неосвоённый (형): ~ые зе́мли 미개지, 미개척지
неосла́бно (부) 늦추지 않고, 부단히, 시종일관하게; ~ следи́ть за чем ~을 부단히 주시하다
неосла́бный (형) 늦추지 않고 하는, 끊임없는; ~ надзо́р 부단한 감시
неоснова́тельный (형) ① 무근거한, 근거가 없는(적은); 부당한; ② ~ый челове́к 경골한 사람

неосторо́жность (여) 조심스럽지 못한 것, 서투른 짓, 부주의

неосторо́жный (형) 조심스럽지 못한, 서투른, 엄벙한

неосуществи́мый (형) 실현할 수 없는, 수행할 수없는

неосяза́емый (형) ① 감촉(감각)할 수 없는, 느낄 수 없는; ② 극히 미세한; ~ые результаты 극히 적은 결과

неотврати́мость (여) 불가피성, 피할 수 없는 것

неотдели́мый (형) 떼놓을 수 없는, 불가분리의, 분리할 수 없는

неотку́да (부): мне ~ взять денег 나는 돈을 얻을 곳이 없다; ~ получать письма 편지가 올 곳이 없다

неотло́жный (형) 미룰 수 없는, 불가 분리의 분리할 수 없는; ~ая задача 초미의 문제; ~ая помощь 구급치료

неотлу́чно (부) 한시도 떨어지지 않고(떠나지 않고), 항상 같이

неотрази́мый (형) ① 논박(반박)하기 힘든, 격퇴하기 힘든 ② 강한, 큰; ~ое впечатление 잊지 못 할 강한 인상

неотсту́пно (부) 한시도 떨어지지 않고, 뒤로 물러서지 않고 집요하게; ~ ду́мать о чём ~에 대하여 집요하게 생각하다

неотчётливый (형) 똑똑치 못한, 뚜렷 하지 않은, 애매한, 분명하지 못한; ~ое произношение 명확하지못한 발음

неотъе́млемый (형) 떼낼 수 없는, 불가분리의

неофициа́льно (부) 비공식적으로

неофициа́льный (형) 비공식(적인); ~ источник 비공식 적출; ~ представитель 비공식대표

неохо́та (여) ①: говори́ть с ~ой 마지 못하게 말 하다 ② (술어로) ~할 마음이 안나다, ~할 마음이 내키지 않다, ~하고 싶지 않다, 싫다; ~а идти́ 갈 마음이 없다, 가고 싶지 않다

неохо́тно (부) 마지못해, 싫어하면서

неоцени́мый (형) 대단히 귀중한, 고상한

неощути́мый (형) 느낄수(감촉할 수) 없는; 미세한, 극히 사소한; ~ая поте́ря 극히 사소한 손실

непа́рный (형) 외짝이 된, 쌍이 아닌; ~ая о́бувь 짝신

непарти́йный (형) 당원이 아닌; 비당적인

непереводи́мый (형) 번역할 수 없는, 번역하기 어려운; ~ое выраже́ние 번역하기 힘든 표현

непереходный (형): ~ глаго́л (언어) 자동사

неписа́ный (형): ~ закон 관습상의 법칙
неплатёж (남) 지불, 지불하지 않은 것; 체납
неплатёжеспосо́бность (여) (재정) 지불무능
неплатёжеспосо́бный (형) (재정) 지불 능력이 없는, 지불 무능한
непла́тельщик (남) 체납자, 미납자
неплодоро́дный (형) 메마른, 비옥하지 않은
непло́тный (형) 빈틈없는, 헤실헤실한; ~ая ткань 설핀 천
непло́хо (부) 괜찮게, 나쁘지 않게, 웬만하게
неплохо́й (형) 나쁘지 않은, 괜찮은, 웬만한
непобеди́мость (여) 불패성
непобеди́мый (형) 불패의, 필수불패의, 백전백승의; ~ая а́рмия 상승군, 불패의 군대
неповинове́ние (중) 복종(군종)하지 않은 것, 불복, 반항
неповоро́тливость (여) (행동이) 굼뜬 것(느린 것), 완만성
неповоро́тливый (형) 굼뜬, 느린, 데퉁맞은, 완만한
непого́да (여) 나쁜 날씨, 사나운 날씨, 궂은 날씨
непогреши́мый (형) ① о ком 오류가 없는, 착오가 없는, 올바른 ② о чём 결함이(흠잡을 데가) 없다 정당한; ~ вы́вод 아주 정당한 결론
неподалёку (부) 멀지 않은 곳에, 근처에
неподатли́вый (형) ① 고집이 센, 완고한 ② 다루기(가공, 처리하다) 힘든
неподви́жно (부) 까딱않고,(조금도) 움직이지 않고
неподви́жность (여) 부동상태, 부동 자세
неподви́жный (형) ① 움직이지 않는, 부동, 불변; ② (시선,표정 등의) 까딱하지 않는; ③ 움직이기를 싫어하는, 굼뜬
неподгото́вленный (형) 준비가 없는, 준비(정비)되지 못한; 자격이 없는
неподде́льный (형) ① 진짜, 가짜가 아닌; ~ые докуме́нты 진짜문건 ② 진심, 긴장한; ~ая ра́дость 진심에서 우러나오는 기쁨
неподку́пный (형) 매수되지 않는, 청렴한, 청백한
неподоба́ющий (형) 온당치 못한, 어울리지 않는, 당치 않는; вести́ себя́ ~им о́бразом 적당하지 않게 행동하다
неподража́емо (부) 모방할 수 없게, 으뜸가게; 훌륭하게
неподража́емый (형) 흉내낼 수(모방 할 수) 없는, 무비의, 유일무이한, 으뜸가는

неподсу́дный (형) 재판의 관할에 속하지 않는
неподходя́щий (형) 적당(타당)하지 않는, 당찮은, 마땅찮은
неподчине́ние (중) 복종(순종)하지 않는 것, 불복
непозволи́тельно (부) 허용할 수 없게, 용납할 수 없게, 막되게; вести́ себя́ ~ 용인치 못하게 행동하다
непозволи́тельный (형) 허용할 수 없는, 용납할 수 없는, 막된
непознава́емость (여) 불가인식성
непоклади́стый (형) 딱딱한, 뻑뻑한; 얄망궂은
непоколеби́мый (형) 흔들리지 않는, 확고부동한, 불요불굴의, 댕댕한; ~ая уве́ренность 확고한 신심
непоко́рность (여) 불복종, 순종하지 않는 것, 불순종.
непоко́рный (형) 복종(정복, 순종)하지 않는, 굴복시킬 수 없는
непокры́тый (형) ① 뚜껑을 덮지 않은, 뚜껑이 없는; ② 지붕이 없는; ③ 모자(머리수건)를 쓰지 않은; с ~ой голово́й 맨 머리로
непола́дки (복수) ① 결함, 곤란; ② 불비, 고장; ~ в рабо́те маши́ны 기계작용의 불비(고장)
неполноправный (형) 완전한 권리를 못 가진
неполноце́нный (형) 가치가 모자라는, 열등한, 질이 낮은; ~ое пита́ние 영양 가치가 적은 음식
непо́лный (형) ① 채차지않은, 골막한; ~ый вес 부족한 중량; ② 불완전한 불충분한; ~ый рабо́чий день 불완전 취업(노동); ~ая сре́дняя шко́ла 초급중학교; ~ое предложе́ние (언어) 불완전문장
непоме́рно (부) 지나치게, 과도하게, 한량없는; 엄청난; 겨운
непоме́рный (형) 지나친, 과도한, 한량없는; 엄청난; 겨운
непонима́ние (중) 몰이해, 이해하지 못하는 것
непоня́тливый (형) 이해력이 약한, 우둔한, 눈치가 없는
непоня́тно ① (부) 이해할 수 없게, 불명하게; говори́ть ~ 알 수 없게 말하다 ② (술어로) 이해할 수(알 수) 없다, 이상하다
непоня́тный (형) ① 이해할 수(알 수)없는; ② 이상한, 괴이한; ~ слу́чай 이상한 사건
непоправи́мый (형) 고칠 수(가실 수) 없는, 시정(회복)할 수 없는, 돌이킬 수 없는; ~ая беда́ 가실 구 없는 피해

непоря́док (남) 무질서, 질서 문란, 난잡; ~ в рабо́те 사업에서의 무질서

непоря́дочный (형) 불명예스러운. 해볼꽃은, 야비한

непосвящённый (형) 잘 모르는, 조예 가 없는(깊지 못한)

непосеща́емость (여) 결석, 결석률

непоси́льный (형) 힘에 겨운(벅찬, 넘친), 고된

непосле́довательность (여) 논리가 일관되지 않은 것, 불철저성

непосле́довательный (형) 논리성이 없는, 조리없는, 불철저성; ~ челове́к 조리 없는 사람

непослуша́ние (중) 불순종, 불복종

непослу́шный (형) ① 말을 (잘)듣지 않는, 순종치 않는; ~ ребёнок 장난꾸러기 ② 다루기 힘든

непосре́дственно (부) 직접(적으로)

непосре́дственность (여) 자연성, 천진스러운 것, де́тская ~ 어린이의 천진 난만한 마음

непосре́дственный (형) ① 직접(적인); ~ый нача́льник 직계상관; ② 자연스러운, 구속받지 않는, 천진난만한

непостижи́мый (형) 이해(납득, 파악) 할 수 없는, 이해하기(알아내기)어려 운; уму́ ~о 전혀 이해할 수 없다

непостоя́нный (형) 변덕스러운, 변하기 쉬운, 가변적인; ~ челове́к 변덕쟁이,~ая пого́да 변덕스러운 날씨

непостоя́нство (중) ① 변덕, 변심 ② 가변성, 불안정성

непохо́жий (형) 닮지 않은, 비슷하지 않은

непочти́тельный (형) 불경스러운, 불손한, 얄망스러운; ~ое отноше́ние 불손한 태도

непра́вда (여) 거짓말, 허위, 가식

непра́вдивый (형) 거짓, 진실이 아닌, 정직(솔직)치 못한, 허위적인

неправдоподо́бный (형) 믿기 어려운, 진실답지 않은, 사식과 어긋나는; ~ слух 사실같이 않은 소문

непра́вильно (부) 옳지 못하게, 틀리게, 그릇되게

непра́вильный (형) ① 옳지못한, 틀린, 그릇된 ② 부정직, 부당한, 사실과 맞지 않는 ③ 규칙(규범)에 맞지않는, 비정상적인; ~ глаго́л (언어) 불규칙동사

неправомо́чный (형) (법률) 권한없는, 권능없는, 능력없는

непра́в: я был ~ 나는 틀렸다(잘 못했다, 옳지 않았다); вы ~ы 당신은 옳지 않습니다.

непракти́чный (형) ① 실용적이 못된, 실무가 없는,

실무에 밝지 못한; ② 실용성 이 없는, 불리한

непревзойдённый (형) ① 능가할 자 없는, 탁월한, 무적의, 무쌍의, 비길데 없는, 가장 완성된(훌륭한) ② 극도의, 극단한

непредви́денный (형) 생각밖의, 예상외의, 예견치 않던;

непредусмотре́нный (형) 예견(예상)하지 못한

непредусмори́тельный (형) 앞을 내다 보지 못하는, 예측 불가한

непрекло́нный (형) 불굴의, 불요불굴의, 굳센,

непрело́жный (형) ① 불변의, 확고 부동한; ~ый закон исторического разви-тия 움직일 수 없는 역사적 발전법칙 ② 자명한, 반박할 수 없는; ~ая истина 자명한 진리

непреме́нно (부) 꼭, 반드시, 틀림없이

непреодоли́мый (형) 극복할 수 없는, 이겨낼 수 없는;

непреры́вно (부) 끊임없이 부단히, 쉴새없이, 연속으로,

непреры́вный (형) 끊임없는, 부단한, 쉴새없는, 연속의, 연속적인; ~ая дробь (수학) 연분수(連分數)

непреста́нный (형) 끊임없는, 그칠 줄 모르는, 쉴새없는

неприве́тливый (형) ① 인사성 없는, 예절이 없는, 불친절한, 무뚝뚝한, ② 침울한, 우울한

непривлека́тельный (형) 매력 없는, 곱지 않은, 멋 적은

непривы́чный (형) 버릇되지 (습관되지,익숙하지)못한,

непригля́дный (형) 보기싫은, 뇌꼴 스러운, 볼품이 없는, 주제가 사나운; ~ая картина 추태

неприго́дный (형) 쓸데(쓸모, 소용) 없는, 알맞지 않는

неприе́млемый (형) 받아들일 수 없는, 접수 될수없는; ② 용납할 수 없는; ~ый поступок 허용할 수 없는 행동

непризна́нный (형) 공인되지 않은, 인정받지 못한

неприкоснове́нность; (여) ~ ли́чности 인권불가침; дипломати́-ческая ~ 외교관의 불가침

неприкоснове́нный (형) 불가침의, 건드릴 수 없는

неприкра́шенный (형) 장식되지 않은, 허식이 없는, 적나라한

неприкры́тый (형) 적나라한, 허식이 없는

неприли́чный (형) 버릇없는, 예절 없는, 상스러운; ~ое поведение 버릇 없는 행동; ~ые слова 상말

неприменение (중) 쓰지 않은 것, 사용(이용)하지 않은 것

непримири́мость (여) 융화되지 않은 것, 비타협버릇 없는 성; 상극

непримири́мый (형) ① 화해(융화)할 수 없는, 비타협적인; ~ая классовая борьба 비타협적인 계급투쟁

непринуждённо (부) 구속받지 않고, 자연스럽게, 가분가분; вести себя ~ 태도를 자연스럽게 가지다

непринуждённость (여) 자연스러운 것, 구속받지 않는 것

непринуждённый (형) 자연스러운, 구속받지 않는; ~ разговор 담소, 자연스러운 이야기

неприсоедине́ние (중) 불가담; политика ~я 불가담 정책

неприспосо́бленный (형) 적용될 줄 모르는, 적응될 줄 모르는; ~ челове́к 순응치 못하는 사람

непристо́йный (형) 잡스러운, 상스러운, 추접지근한; ~ые слова́ 상말, 잡소리; ~ое поведе́ние 추잡한 행동

непристу́пный (형) ① 점령할 수 없는, 난공불락의; ~ая кре́пость 난공불락의 요새 ② 접근하기 힘든, 엄엄한

непритво́рный (형) 자연스러운, 거짓(가장, 가식)없는,

непритяза́тельный (형) ① 욕심이 적은, 덤절덤절한, 까다롭지 않은 ② 담박한

неприхо́тливый (형) 소박한, 수수한

непричастность (여) 상관없는 것, 관계없는 것

непричастный (형) к чему ~에 상관 (관계)없는

неприязненный (형) 반감을 품은, 반목하는; ~ тон 반감이 어린 어조

неприязнь (여) 반감, 반목, 악감

неприятель (남) ① 적(敵), 원수 ② 적군

неприятельский (형) 적의 적군의

неприятно (술어로) 싫다, 불쾌하다; мне ~ э́то слы́шать 나는 이것을 듣기가 싫다(불쾌하다)

неприятность (여) 시끄러운(불쾌한) 일; 좋지않은 일; случи́лась ~ 불유쾌 한 일이 생겼다

неприятный (형) 마음에 들지 않는, 싫은, 꺼림칙한; ~ый случай 불유쾌한 사건; ~ое чу́вство 불쾌감

непрове́ренный (형) ~ые да́нные 검열되지 않은 자료

непрово́дник (남) (물리) 부도체, 절연체

непрогля́дный (형): ~ый мрак ~ая тьма 지척을 분간할 수 없는 어둠, 암흑; ~ая ночь 캄캄한 밤

непродолжи́тельный (형) 오래 계속 되지 않은

непродукти́вный (형) 비생산적인, 효과가 적은

непроду́манно (부) 충분한 고려가 없이, 소홀하게, 경솔하게; де́йствовать ~ 소홀하게 (경솔하게) 행동하다

- 417 -

непрое́зжий (형) 통행할 수 없는, 지나다니지 않는
непрозра́чный (형) 투명하지 못한
непроизводи́тельный (형) 비생산(적인), 쓸데없는; ~ый труд 비생산노동
непроизво́льно (부) 무의식적으로, 뜻하지 않게
непроизво́льный (형) 무의식적인, 본의아닌
непромока́емый (형) 방수의, 물기가 스며들지 않는; ~ый плащ 비옷
непромока́емость (여) 비침투성, 불투과성
непроница́емый (형) (물, 빛, 소리 등을) 통과(침투)시키지 않는, 속으로 새어 들어가지 않게 하는, 불투과성 있는
непропорциона́льный (형) 불균형, 불균형적인, 균등하지 못한
непросвещённый (형) 교육을 받지 못한, 몽매한
непрости́тельный (형) 용서 못할, 용서할 수 없는
непрото́чный (형): ~ое озеро 담수호, 담긴호수, 비방수호
непроходи́мый (형) ① 통과할 수 없는, 통행할 수 없는 ② 완전한
непро́чность (여) ① 불확고성, 불견고성, 튼튼(든든)하지 않은 것 ② 불안정성, 동요성
непро́чный (형) ① 튼튼치 못한, 무튼, 견고(공고)하지 못한 ② 불안정한, 동요 없는, 믿음성이 없는
неработоспосо́бный (형) 노동능력을 상실한, 노동할 수 없는, 일을 못하는
нерабо́чий (형): ~ий день 휴일, 쉬는 날; ~ее время 일하지 않는 사간; ~ее настроение 일하기 싫은 기분
раве́нство (중) 불평등; (수학) 부등식; знак ~а 부등호
неравноду́шный (형) ① 무심하지 않은, 둔하지 않은; ② 마음에 들어 하는; быть ~ным 동감하다; он ~ен к сладкому 그는 단 것을 좋아한다.
неравноме́рность (여) 불균형성, 불균등성, 파동성
неравноме́рный (형) 고르지 못한, 불균형적인, 불균등적인; ~ое движение 불균등한 운동
неравнопра́вие (중) 불평등(권)
неравнопра́вный (형) 고르지못한, 불균형적인, 불균등적인; ~ договор 불평등조약
неравноце́нный (형) 부등가성, 가치가 같지 않은, 같지 않은, 동등하지(균등하지) 않은, 부등의, 고르지 못한
нера́вный (형) ① 같지 않은, 동등하지 않은, 불평등한;

~ые силы 동등하지 않은 힘(세력) ② 상대가 되지 않는, 짝이 기우는(돌리는); ~ый брак 짝이 기우는 혼인

нерадивый (형) 불성실한, 게으른

неразбериха (여) 난잡, 난국, 혼란(混亂)

неразборчивый (형) ① 분간하기(알아 보기) 어려운 ② 가리지 않는, 까다롭 지 않은; ~в еде 음식을 가리지 않는

неразвитой (형) ① 발달(발전)되지않은, 발육이 불완전한 ② 몽매한, 무식한

неразговорчивый (형) 말(말수)이 적은, 입이 무거운

неразделённый (형): ~ая любовь 짝사랑

неразлучный (형) (항상) 떨어지지 않는, 항상 같이있는; ~ые друзья 단짝 친구들

неразорвавшийся (형); ~ снаряд 불발탄

неразрешённый (형) 해결되지(풀리지) 않은; ~ый вопрос 미(해)결문제

неразрешимый (형) 해결할 수 없는 풀수없는, 풀기(해결하기) 어려운; ~ая проблема 해결 할 수 없는 문제

неразрывно (부) 끊임없이, 끊을래야 끊을 수 없는, 불가분리적으로

неразрывный (형) 불가분리의, 끊을래야 끊을 수 없는, 깨뜨릴 수 없는; ~ая дружба 깨뜨릴 수 없는 친선; ~ая связь 끊을 수 없는 관계

неразумный (형) ① 어리석은 ② 분별없는, 무모한, 불합리한

нераспорядительность (여) 관리능력이 없는 것, 통재능력이 없는것(약한 것)

нерассудительный (형) 세심하지 못한, 사려깊지 못한, 무분별한

нерастворимый (형) 용해되지 않은, 풀리지 않은, 녹지 않은

нерасторопный (형) 날래지 못한, 굼뜬, 느렷느릿한

нерасчётливый (형) 아낄 줄 모르는, 절약하지 않은

нерациональный (형) 불합리한

нерв (남) ① (해부) 신경; зрительный ~ 시신경, ②: ~ы (복수) 신경으로; крепкие ~ы 굵은(튼튼한) 신경

нервировать (미완) 신경을 거슬리게 하다, 짜증나게 하다, 자증을 내다

нервничать (미완) 신경질을 부리다, 긴장을 쓰다

нервный (형) ① 신경의, 감각의; ~ая система 신경계통;

~ая ткань 신경조직 ② 신경성, 신경질 ③ 흥분된, 발작의, 발작적인; ~ая походка 흥분된 걸음걸이

нервозность (여) 신경질, 신경과민

нервозный (형) 신경이 날카로운(예민한), 신경을 날카롭게 만드는; ~ая обстановка 긴장된 분위기

нереальный (형) 비현실적인, 실현될 수 없는; 공상적인

нерегулярный (형) 불규칙적인, 정상적이 아닌

нередко (부) 드물지 않게, 흔히, 자주, 이따금

нерентабельность (여) 수익성이 없는 것, 수지가 맞지 않는 것

нерентабельный (형) 수익성(이익)이 없는, 수지가 맞지 않는

нерест (남) (물고기의) 알쓸이, 산란; период ~а 알쓸이철, 산란기

нерешительность (여) 비결단성, 주저; быть в ~и 주저하다, 서슴거리다

нерешительный (형) 결단성 없는, 더덜못한, 어줍은, 설미지근하다

нержавеющий (형) 녹슬지 않는; ~ая сталь 녹슬지 않는 강, 불수강, 스테인리스강(stainless鋼)

неровный (형) ① 고르지 않는, 평탄치 않은, 울퉁불퉁한, 거칠은; ~ая линия 굴곡선; ~ые зубы 가지런하지 못한 이 ② 변덕스러운; ~ий характер 변덕스러운 성격

нерпа (여) (동물) ① 바다표범, 물범, 바다호랑이, 수표 ② 강치, 해룡 ③ 물개, 바닷개, 해구, ④ 넝에

нерусский (형) 러시아사람 아닌

нерушимый (형) 확고부동한, 깨뜨릴 수 없는, 견고한; ~ая дружба 깨뜨릴 수 없는 친선

неряха (남, 여) 게저리, 펄꾼

неряшливость (여) ① 꾀죄죄한 것, 꺼병한 것 ② 너저분한 것, 소홀한 것

неряшливый (형) ① 꺼병한, 꾀죄죄한, 거렁맞은, 꾀죄죄한, 더러운, 지저분한 ② 헙렵한, 조합한, 조잡한

несамостоятельный (형) 자립성이 없는, 자주성이 없는, 독자성이 없는

несбыточный (형) 실현될 수 없는, 불가능한

несварение:~ желудка 소화불량

несведущий (형) в *чём* ~을 잘 모르는, 조예 (자식)가 없는

несвежий (형) ① 신성(생생)하지 못한 ② 어지러운

несвоевре́менный (형) 적당한 때가 아닌, 때 아닌, 적절치 못한

несво́йственный (형) 본성에 맞지 않는, 고유하지 않은, 어울리지 않는

несвя́зный (형) 연계가 없는, 조리없는, 토막으로 이루어진

несгиба́емый (형) 굽힐 수 없는, (불요)불굴의, 빳빳한; ~ая во́ля 기개

несгово́рчивый (형) 설복하기 어려운, 빡득빡득한, 완고한

несгора́емый (형): ~ шкаф 내화금고

несде́ржанный (형) 자제력이 없는, 참착하지 못한, 벌떡증이 나는, 성급한; ~ челове́к 격하기 쉬운 사람

несерьёзный (형) ① 경솔한, 헙겁한 ② 사소한, 시들한, 걸렁한; ~ разгово́р 실없는 말

несистемати́ческий (형) 불규칙적인

несказа́нно (부) 말할수 없이, 비상히; ~ обра́довался 몹시 기뻐했다

некла́дный (형) ① 여들없는, 모양새 없는 ② 조리가 없는

несклоня́емый (형) 어미[어형] 변화를 하지 않는: ~ое существи́тельное (언어) 불변명사

не́сколько I (부) 좀, 조금, 약간, 적게, 얼마간, 다소; ~ бо́льше 좀더 많이; ~ успоко́ился 지금 안심하였다

не́сколько II (수) 몇몇의, 약간의, 수개의; ~о раз 몇 번; ~о ме́сяцев 수개월; ~о миллио́нов 수백만

несконча́емый (형) 끝없는, 한이 없는, 쉴 새 없는

нескро́мность (여) 불손한태도, 겸손치 못한 것

нескро́мный (형) ① 불손한, 겸손치 못한 ② 무례한, 건방진

несло́жный (형) 복잡하지 않은, 간단한, 단수한

неслы́ханный (형) 지금까지 있어본 적이 없는; 미증유의, 전대미문의

неслы́шно (부) 소리 없이, 들리지 않게; подойти́ ~ 가만 사푼 다가서다, 살금살금 다가오다

неслы́шный (형) 들리지 않은, 조용한 идти́ ~ыми шага́ми 살금살금 걸어가다

несме́тный (형) 무수한, 헤아릴 수 없이 많은; 무진장한; ~ые бога́тства 풍요한 부원

несмолка́емый (형) 끊임 없이 올리는 그칠 줄 모르는;

~ые аплодисменты 그칠 줄 모르는 박수

несмотря́ (전) на *кого-что* ~에도 불구하고; ~ на это 그럼에도 불구하고; ~ни на что 어떠한 일이 있더라도, 만난을 무릅쓰고, 아무래도

несно́сный (형) 참을 수 없는, 견딜 수 없는, 시끄러운

несоблюде́ние (중) 불법, 준수하지 않는것, 위반

несовершенноле́тний (형) 미성년의;(명사) (남) 미성년자

несоверше́нный (형) 완전하지 못한, 완성하지 못한

несоверше́нство (주) 완전하지 못한 것. 미완성

несовмести́мость (여) 양립할 수 없는 것, 상극;

несовмести́мый (형) 양립(병립)될 수 없는; ~ые поня́тия 양립할 수 없는 개념

несовпаде́ние (중) 부합되지 않는 것, 불일치(不一致), 불일(不一); ~ взгля́дов 견해(의견)의 불일치

несогла́сие (중) ① 의견충돌, 의견불일치, ② 불찬성, 거절, ③ 불화, 불화합, 불합, 다툼, 싸움, 분쟁, 불협화음

несогла́сный (형) ① с *кем-чем* ~와 동의(찬성)하지 않는 ② 조화되지 않는. 맞지 않는 ③ 화목하지 않는, 불화한

несогласо́ванность (여) 불일치, 조화되지 않는 것, 합의 없는 것

несогласо́ванный (형) 불일치한, 조화되지 않는 ② 합의를 못 본, 합의되지 못한

несозна́тельность (여) 무의식, 자각성이 부족한 것

несозна́тельный (형) 무의식적인, 자각성이 없는(부족한)

несоизмери́мый (형) 비교할 수 없는, 공통성이 없는

несокруши́мый (형) 불패의, 깨뜨릴 수 없는, 확고한, 공고한

несомне́нно (부) 모름지기, 미상불(과 연), 아닌게 아니라, 틀림없이, 물론

несомне́нный (형) 의심할 바(나위, 여지)없는, 여부가 없는, 확실한

несообрази́тельный (형) 눈치(이해)가 빠르지 못한, 눈치 없는, 해망적인

несообра́зный (형) 무리한, 사리에 맞지 않는, 황당한, 엉뚱한; ~ вопро́с 엉뚱한 문제

несоотве́тствие (중) 부적당, 불상용

несоразме́рный (형) 불균형적인, 균형이 맞지않는, 상응되지 못한

несостоя́тельность (여) 근거가 없는 것; ~ до́водов 논거의

근거가 희박한 것

несостоя́тельный (형) ① 지불능력이 없는, 물질적으로 보장되지 못한 ② 논거가 희박한, 타당성이 없는

неспе́лый (형) 익지(여물지) 않은, 미숙한; ~ые фру́кты 풋과일

неспоко́йный (형) ① 불안한, 시끄러운, 뒤숭숭한; у меня́ ~о на душе́ 나는 마음이 조인다(들뜨다) ② 뒤설레이는, 동요하는; ~ое мо́ре 뒤설레이는 바다

неспосо́бность (여) 무능(력)

неспосо́бный (형) ① к чему́ 또는, на что ~할 힘(수)이 없는, 능력(소질)이 없는; ~ный к му́зыке 음악에 소질이 없는; ② 무능(력)한; ое ~ен э́то вы́полнить 그는 이것을 해낼 수가 없다

несправедли́вость (여) 부정의, 불공평, 부당성

несправедли́вый (형) 부정의, 불공평한, 불공정한, 부당한

непросто́ (부) 일정한 연고(까닭)가 있어서; он э́то сказа́л ~ 그가 그 말을 하는데는 이유가 있다

неспряга́емый (언어): ~ глаго́л 인칭불변화 동사

несравне́нный (형) 비할바없이 훌륭한(아름다운), 무비의, 유례없는; ~ тала́нт 비상한 재능

несравни́мый (형) ① 비교할 수 없을만큼 다른; ② 대단히 훌륭한(좋은), 무비의

нестерпи́мый (형) 참지 못할, 참을 수(견딜 수) 없는; ~ая оби́да 참을 수 없는 모욕

нести́ (미완) ① 나루다, 쥐고가다, 이고(메고. 지고. 안고) 가다, 가지고(가져)가다, ~ чемода́н 트렁크를 들고 가다 ② 당하다, 겪다, 입다; ~ убы́тки 손살을 입다 ③ 가져오다, 끼치다, 초대하다; ④ 몰아 치다; ⑤ (알을) 낳다; ~ отве́тст-венность 책임을 지다

нести́сь (미완) ① 치닫다, 나는 듯이 달리다, 질주하다; 빨리 날다; ② (소리, 노래, 등이) 들려오다 ③ 알을 낳다

нестроево́й I (형): ~ лес 비건축용재

нестроево́й II (형) (군사) 비전투의, 직접 권투에 참가하지 않는

несура́зный (형) ① 무의미한, 조리(터무니)가 없는 ② 어울리지 않는, 볼품 없는; ~ наря́д 볼품없는 옷차림

несусве́тный (형): ~ая чепуха́ 엉터리 말, 허튼 소리

несуще́ственный (형) 하찮은, 대수롭지 않은, 중요하지 않은; э́то ~о 이것이 중요하지 않다

несуществу́ющий (형) 존재하지(있지도)않는, 실지로 없는
несчастли́вый (형) 불행한, 불운(불우)한; ~ день 운수 나쁜 날
несча́стный (형) ① 불행한, 불운한, 불쌍한; ~ слу́чай 참사, 불상사, ② 가련한, 청승 궂은
несча́стье (중) 불행(不幸), 불상사; к ~ю 불행하게도
несчётный (형) 무수한, 헤아릴 수 없는, 한량없는.
несъедо́бный (형) ① 먹을 수 없는, 식용으로 되지 않는 못한; ~ые грибы́ 먹을 수 없는 버섯 ② 맛없는, 싫은
нет ① (부정) 아니다; 하나(한 사람)도 ~없는(않는, 아닌), 조금도(전혀) 없는. 어떤(약간의) ~도 없는. ~할 수는[수 가] 없다. ~이 없는, 결코~아니(않는), ~는 커녕 그 반대이.(게시에서) ~금지, 사절, ~반대; ~없음. ~ не пойду́ 아니오, 안가겠소; ~ ещё 아직 못되었다; ② (술어로) кого́-чего́ 없다, 존재하지 않는다; ничего́ ~ 아무것도 없다; его́ ~ до́ма 그는 집에 없다; ③ 아니(no)라고 하는 말; 부정; 거절, 부인. ④ ~하지는 않지만(그러나). ~이 아니고(아니 라), ~이 아닌(아니란)(것을), ~않(는)다는 (것을)
неакти́вный (형) 무묵뚝한, 불퉁스러운, 버릇없는, 퉁명스러운, 무뚝뚝한, 뚝뚝한, 빙퉁그러지는, 인정머리없는
нетерпели́вый (형) 참지 못하는, 성급한, 갈급해하는
нетерпе́ние (중) 참지 못하는 것, 성급해하는 것, 갈급증; ждать с ~м 손꼽아기다리다(고대하다)
нетерпи́мость (여) ① 용납할 수 없는, 융화하자 않는 것, 불상용 ② 참지 못 하는 것, 견딜 수 없는 것
нетерпи́мый (형) ① 허용(용납)하지 못할, 묵과할 수 없는 ② 참지 못하는, 참을성(관대성)없는
нетова́рищеский (형) 동지답지 못한, 비동지적인
нетороплиый (형) 조급해하지 않는, 완완한, 느럭느럭한, 유유한
нето́чность (여) 부정확성, 불확실성, 틀린 것
нето́чный (형) 부정확한, 정밀하지 못한; 확실치 못한
нетре́бовательный (형) ① 요구성이 강하지 않는, 까다롭지 않은 ② 관대한, 너그러운, 자비한
нетре́звый (형) 취한; в ~ом ви́де 취해서
нетро́нутый (형) 다치지(건드리지) 않은, 고스란한, 그대로 있는:
нетрудово́й (형): ~ые дохо́ды 불로소득
нетрудоспосо́бность (여) 노동 불능, 노동능력상실; 펜시

по ~и 노동능력 상실연금(보조금)

нетрудоспосо́бный (형) 노동능력을 잃은, (명사) 노동능력 상실자

нетто́ (형) (상품의 무게에 대하여) 정미중량; де́сять килогра́мм ~ 정미 (10 kg)십 킬로그램

неубеди́тельный (형) 설득력이 없는, 설복시킬 수 없는, 논거(이치)가 박약한

неуваже́ние (중) 존경하지 않는 것: ~ к роди́телям 불효; ~ к ста́ршим 손위 사람들에 대한 존경심부족

неуважи́тельный (형) ① 존경심이 없는(부족한) ② 대수롭지 않은; по ~ой причи́не 부당한 이유로

неуве́ренно (부) 자신감(확신성)이 없이, 확고하지 못하게

неуве́ренность (여) 신심(확신)이 없는 것, 동요성; ~ в себе́ 자신심이 없는 것

неуве́ренный (형) 자신심(확신성)없는: быть ~нным в чём ~에 대하여 확신을 못가지다; он ~н в себе́ 그는 자신 없다

неувяда́емый (형): покры́ть себя́ ~ой сла́вой 불멸의 영광을 지니게 되다

неувя́зка 어긋나는 것, 불일치(不一致)

неугомо́нный (형) 멈출 줄 모르는, 분주살 스러운, 피로를 모르는

неуда́вшийся (형) 이루지 못한, 실패한

неуда́ча (여) 실패, 실수, 불운: терпе́ть ~у 실패하다, 일이 깨어지다; ко́нчиться ~ей 실패로 돌아가다

неуда́чник (남) 실패자, 불운한 사람

неуда́чно (부) 성과 없이; 잘못

неуда́чный (형) ① 실패로 끝난, 성공하지 못한, 순조롭지 못한 ② 제구실을 못하는, 서투른

неудержи́мый (형) 막을 수 없는, 억제할 수 없는

неудиви́тельно (부) (술어로): ~, что ~ 할 것은 놀랄만(이상, 기이)한 일이 아니다; э́то и ~ 놀랄 것도 없다

неудо́бно (부) ① 불편하게 ② (술어로) 불편(거북)하다

неудо́бный (형) ① 불편한; ~ое кре́сло 불편한 안락의자 ② 거북한, 적절치 못한;

неудо́бство (중) ① 불편, ② 난처한 처지, 곤경; мири́ться с ~ами 불편한 점은 참다

неудовлетворённость (여) 불만족한 것, 불만

неудовлетворённый (형) 마음이 차지 않은, 시쁜, 시들한, 불만족한

неудовлетвори́тельно ① (부) 좋지않게(못하게), 불충분하게 ② (명사)(부변)(중) 낙제점수

неудовлетвори́тельный (형) 좋지못한, 불충분한; ~ая оце́нка 낙제점수

неудово́льствие (중) 불유쾌감, 불평; вы́разить своё ~ 자기 불평을 표현하다

неуже́ли (의문, 조) 아니 그래요? 정말인가? ~ э́то пра́вда? 과연 이것이 참말인가?

неузнава́емо (부) 몰라보게, 남모르게; ~ измени́лся 몰라보게 달라졌다

неузнава́емый (형) 알아보기 어려운, 몰라보게 변한

неукло́нно (부) 어김없이, 이악하게, 부단히

неукло́нный (형) 어김없는, 이악한, 부단한

неуклю́жий (형) 거북살스러운, 불편한, 여들없는, 굼뜬; ~ий дива́н 투박한 소파; ~ие движе́ния 둔한 동작

неукроти́мый (형) 억제(진정)할 수 없는, 막을 수 없는

неулови́мый (형) ① 붙잡을 수(만날 수) 없는 ② 감각할 수(느낄수)없는, 겨우 알아볼 수 있는; ~ая ра́зница 분간하기 어려운 차이

неуме́ло (부): ~ обраща́ться с чем ~을 설다루다

неуме́лый (형) 솜씨없는, 졸렬한, 서투른, ~ рабо́тник 솜씨가 서투른 일군

неуме́ренность (여) 과도한 것, 절도가 없는 것

неуме́ренный (형) 과도한, 지나친, 절도가 없는

неуме́стно (부) 맞지않게, 적절치않게; здесь э́то ~ 이것이 여기에서는 알맞지 않다

неуме́стный (형) 적절(온당)치 못한, 앙뚱한; ~ вопро́с 어울리지(온당치)않은 문제

неу́мный (형) 지혜 없는, 어리석은

неумоли́мый (형) 완고한, 무자비한, 사정없는; ~ зако́н 불변의 법칙

неумолка́емый (형) 끊임 없이 울리는, 그칠 줄 모르는

неумы́шленно (부) 뜻하지 않고, 불의에, 뜻밖에, 비의

неумы́шленный (형) 고의적이 아닌, 본의 아닌, 뜻하지 않은, 불의의; ~ обма́н 본의 아닌 기만

неупла́та (여) 미납, 체납, 납부(지불)하지 않는 것; в слу́чае ~ы 지불하지 않는 경우에

неупотреби́тельный (형) 쓰이지 않는, 사용(통용)되지 않는

неуравнове́шенный (형) 성질이 급한, 마음(성품)이 고르지 못한

неурожа́й (남) 흉작, 낮은 수확(소출)

неурожа́йный (형): ~ год 흉년

неуро́чный (형): ~ое время 규정외 시간; ~ая работа 시간외 노동, 연장 근로; в ~ый час 때 아닌 때에

неуря́дица (여) ① 불화, 알력; семейные ~ы 가정불화 ② 무질서, 혼란

неусоверше́нствованный (형) 완성(개량, 새선)되지 않은

неуспева́емость (여) 낙제, 낙후란 성적

неуста́нно (부) 꾸준히, 줄기차게, 부단히

неуста́нный (형) 꾸준한, 줄기찬, 부단한

неусто́йка (여) (재정) 위약금

неусто́йчивость (여) 동요성, 불안정성, 견실성; мора́льная ~ 도덕적불견실성

неусто́йчивый (형) ① 흔들리는, 불안정한, 견실치 못한 ② 변하기 쉬운; ~ая пого́да 변덕스러운 날씨 ③ 동요하는, 굳지 못한; ~ые элеме́нты 동요분자

неустраши́мый (형) 두려움(겁)을 모르는, 대담한

неуступчи́вый (형) 양보하지 않는, 꼬장꼬장한

неусы́пный (형) 물샐틈없는, 주의 깊은, 경각심 있는; ~ое наблюде́ние 물샐틈없는 감시

неутеши́тельный (형) 위안이 되지 않은, 반갑지 않은, 비참한, 좋지못한; ~ые изве́стия 마음을 놓을 수 없는 소식

неуте́шный (형) 위로할 수 없는; ~ое го́ре 가실 수 없는 슬픔

неутоми́мо (부) 꾸준히, 줄기차게, 굴함없이

неутоми́мый 꾸준한, 줄기찬, 지칠줄 모르는

неуч (남) 무식쟁이

неучти́вый (형) 존경심이 없는, 버릇없는, 인사상이 없는

неую́тный (형) 아늑(아담)하지 않은, 쓸쓸한, 스산한

неуязви́мый (형) ① 공격(습격)받지 않는 ② 나무랄데 없는, 흠잡을 수 없는; ~ое доказа́тельство 비난할 여지 없는 증거

нефри́т I (남) (의학) 신장염

нефри́т II (남) (광석) 연옥

нефтедобыва́ющий (형): ~ая промы́шленность 유전(채유) 공업

нефтеналивно́й (형): ~ое су́дно 유조선, 원유수송선

нефтеперего́нный (형) 원유증류, 원유가공; ~ заво́д 원유가공 공장

нефтеперераба́тывающий (형) 원유가공의, 제유의; ~ий заво́д 원유가공공장; ~ая промы́шленность 원유가공 공업

нефтехрани́лище (중) 석유 저장고, 원유저장고

нефть (여) 석유; 원유

нефтя́ник (남) 원유공업노동자

нефтяно́й (형) 석유의, 원유의; ~ая промы́шленность 석유(원유)공업, ~ая вы́шка 채유탑; ~ое месторожде́ние 유전;

нехва́тка (여) 부족, 결핍, 불충분, 미비(未備)

неходово́й (형): ~ това́р 잘 팔리지 않는 상품

нехоро́ший (형) 좋지못한, 나쁜, 불리한

нехорошо́ ① (부) 좋지 못하게, 나쁘게 ②(술어로) 좋지 못하다, 나쁘다

нехотя́ (부) 마지못해, 싫어하면서; де́лать ~ 마지못해 하다

нецелесообра́зный (형) 불합리한, 목적에 어긋나는, 적절치 않는

нецензу́рный (형) 상스러운, 잡상스러운; ~ые выраже́ния (слова́) 잡상스러운 말

неча́янно (부) 뜻하지 않고, 불의에. 우연히

неча́янный (형) 뜻하지 않은, 불의의, 우연한

не́чего I (부정 대)(не́чему (여), не́чем (조)) (+미정형) ~할 것이 없다; не́чему удивля́ться 놀랄 것이 없다

не́чего II (술어로) ~할 필요가 없다; об э́том и ду́мать ~ 이것에 대하여서는 생각할 필요조차 없다; ~ и говори́ть, что 하는 것은 말할 것도 없다

нечелове́ческий (형) 비인간적인, 참혹한; ~ие усло́вия 사람 못살 조건; ~ие уси́лия 초인간적 노력

нече́стность (여) 정직하지 못한 것, 불성실성

нече́стный (형) 정직하지 못한, 불성실성

нечёткий (형) 똑똑하지 않은, 아리송한, 막연한, 불명료한

нечётный (형): ~ое число́ 홀수, 기수; ~ый день 기일,

нечистокро́вный (형) 잡종, 혼혈

нечистопло́тность (여) ① 불결, 깨끗하지 않은 것, 비위생적인 것; ② 누추한 것, 비루한 것

нечистопло́тный (형) ① 단정치 못한, 깨끗찮은, 꾀죄죄한 ② 누추한, 비루 한, 해찰궂은

нечисто́ты (복수) 오물(汚物), 오수(汚水)

нечи́стый (형) ① 더러운, 불결한, 불순한 ② 거친,

- 428 -

조잡한; ③ 부정직한; 불성실한; у него совесть ~а 그는 양심이 깨끗지 못하다; быть ~ым на рук 손버릇이 나쁘다

не́что (미정 대) (생, 여, 조, 전 없음) 그 무엇, 그 어떤, 무엇인가; ~ вроде 와 비슷한 것, ~ 따위의 그 무엇; ~ странное 그 어떤 기이한 것; ~новое 새로운 그 무엇

нечувстви́тельный (형) ① 감각이 없는(둔한), 무감각한; ② 냉담한, 사정 없는, 쌀쌀한

нешу́точный (형) 농담이 아닌, 신중한

нея́вка (여) 결석, 출두하지 않는다

нея́сность (여) 불명확성, 애매한 것, 애매모호한 것

нея́сный (형) ① 불명확한, 똑똑치 못한, 희미한 ② 아리송한, 흐린, 흐리터분한; ~ое предчувствие 어렴풋 한 예감

ни ① (조, 접) (강조 조) (부정문장에서) ~도 нет ни одного человека 한 사람도 없다, ни слова не сказал 한마디도 말하지 않았다, ② (강조 조) (종속문에서, кто, что, куда, как 등과 함께) ~이라도, ~라 할지라도,; сколько ни говори 암만 말하여도, куда ни пойди 어디로 가든지 ③ (접) (종속 문에서 동종성분을 나열할 때 사용) ~도 ~ 도, нет ни газеты, ни журнала 신문도 잡지도 없다, ни то ни другое 이것도 아니고 저것도 아니다;

ни́ва (여) ① (곡식) 밭(田), 전야(田野) ② 활동무대

нивели́р (남) (측지) 수준기(水準器)

нивели́рование (중), **нивели́ровка** (여) ① 수준측량, 고저 측량 ② 균일화, 균등화

нигде́ (부) 아무데도, 어느 곳에도, 어디에서도; его ~ нет 그는 아무데도 없다

нигили́зм (남) 허무주의

нигили́ст (남) 허무주의자

ни́же ① (*ни́зкий*의 비교급) 더 낮다; она ~ меня ростом 그 여자는 나보다 키가 더 작다; ② (*ни́зко*의 비교급) 이하, 아래에; ~ он эвёт этажом –그는 1(한) 층 아래에서 살고 있다, ③ (부) 후에가서, 아래에, 다음에, как будет сказано ~ 아래에 서술하는 바와 같이 ④(전) (+생) 이하, 밑으로, 낮게, ~ у́ровня земли́ 지면보다 더 낮다

нижеизло́женный (형) 아래에 서술된

нижеподписа́вшийся (형) 아래(밑에)서명한, 서명날인 하는

нижеска́занный, нижесле́дующий (형) 다음과(아래와) 같은, 아래에 지적한

нижестоя́щий (형) (행정기구에 대하여) 아래, 하급; ~ие работники 아래 일군들; ~ая организация 아래조직

ни́жний (형) ① 아래에 있는, 아래의 ② 속이 있는; ~ее бельё 속옷, 내의

низ (남) 밑, 아래, 하부(下俯)

низверга́ть (미완), **низве́ргнуть** (완) ① 내려뜨리다, 넘어뜨리다, 투하하다 ② 전복하다, 뒤집혀 엎어지다. 뒤집어 엎다.

низверже́ние (중) 전복, 뒤집혀 엎어짐. 뒤집어 엎음.

низи́на (여) 낮은 땅

ни́зкий (형) ① 낮은, 작은; ~ забор 낮은 울타리; ~ое давление 저기압; ~ая температура 저온; ② 저급한, 나쁜, 낮은; ~ий уровень знаний 지식의 낮은 수준; ③ 천한, 비열한; ~ поступок 비열한 행동

ни́зко (부) ① 나직이, 나지막하게, 낮게; ~ лете́ть 나지막하게 날아가다; ② 천하여, 비열하게 ③ (술어로) 낮다

низкопокло́нник (남) 사대의자, 아첨쟁이

низкопокло́нство (중) 아부, 아첨, 맹종; 사대주의

низкопро́бный (형) ① 하등, 품질(이) 낮은 ② 저렬한

низкоро́слый (형) 키가 작은(낮은, 작달막한)

низкосо́ртный (형) 등급(품위)이 낮은, 품질이 나쁜

низлага́ть (미완), **низложи́ть** (완) 전복하다, 디집어 엎다

ни́зменность (여) (지리) 낮은 땅

ни́зменный (형) ① 지대가 낮은, 평야가 많은 ② 저렬한, 지더린

низово́й (형): ~ой работник 하부(아래)일군; ~ая организация 하부말단조직

низо́вье (중) 하류(지방)

ни́зость (여) 비열(저열, 야비)한 것

ни́зший (형) ① (*ни́зкий* 의 최상급) 가장 낮은, 최저 ② 하등(下等); ~ий тип животных 하등동물 ③ 초등; ~ее образование 초등교육 ④ 말단; ~ий о́рган 말단기관

ника́к (부) 결코, 도저히, 전혀; ~ нельзя́ ~ 도저히 불가능하다; не ожида́л 전혀 예상하지 않았다

никако́й (부정 대) ① 아무런, 여하한, 하등의; нет ~ наде́жды 아무 희망도 없다 ② (не와 결합하여) 절대로 ~ 아니다; ~ он не арти́ст 그가 무슨 배우 이겠소.

никели́рованный (형) 니켈로 도금한; ~ая крова́ть 니켈도금침대

ни́кель (남) 니켈(nickel. [28번;Ni:58.71])

никогда́ (부) 그 어느 때도, 아무 때에도, 한시도; 절대로; учи́ться ~ не по́здно 배우는 것은 언제라도 결코 늦지 않다; как ~ ра́ньше 그 어느 때 보다도

никоти́н (남) 니코틴(nicotine)

никто́ (부정 대) (никого́ (생, 대), никому́ (여), нике́м (조), ни о ком (전), 아무도, 한 사람도; ~ не пришёл 아무 사람도 오지 않았다; никого́ нет 아무도 없다

никуда́ (부) 아무데도, 아무데나, ~ не пое́ду 아무데도 가지 않겠다; э́то ~ не годи́тся 이것은 아무데도 소용이 없다; ~не го́дный 아무 쓸모도 없는

никуды́шный (형) 아무 소용도 없는, 껄렁한; ~ рабо́тник 나쁜 일군; ~ое поведе́ние 껄렁한 행동

ниотку́да (부) 아무데로부터, 어디서부터로, 어디서나; ~ нет изве́стий 아무데서도 소식이 없다

нипочём ① (술어로) *кому́* ~에게는 아무것도 아니다; ему́ всё ~ 그에게는 모든 것이 다 식은 죽 먹기다; ② (부) 절대로; ~ не прощу́ 절대로 용서 못 하겠다 ③ (부) 아주 싸게, 헐값으로

ниско́лько (부) 조금도; ~ не хо́лодно 조금도 춥지 않다

ниспроверга́ть (미완), **ниспрове́ргнуть** (완) ① 뒤집어 엎다, 엎어뜨리다, 전복하다; ~ самодержа́вие 전제제도를 전복하다 ② 전락시키다, 떨구다; ~ авторите́т 위신을 저락시키다

ниспроверже́ние (중) 전복

ни́тка (여) ① 실; вдева́ть ~у в иго́лку 바늘에 실을 꿰다; ② 줄기, 선; ~а ре́льсового пути́ 철도선; ~а реки́ 강줄기

Нитроглицери́н (남) (의학) 글리세롤의 삼진산에스테르, 니트로글리세린(nitroglycerin)

нить (여) ① 실; ② 실마리, 줄거리; ~ разгово́ра 이야기의 줄거리; проходи́ть кра́сной ~ю 기본 줄거리로 되다

ничего́ ① (부정 대) *см.* ничто́ (생, 대) ② (부) 괜찮게; ③ (술어로) 일없다, 괜찮다; ④ (술어로) 꽤 좋다, 나쁘지 않다, 괜찮다

ниче́й (부정 대) (남) (ничья́ (여), ничьё (중), ничьи́ (복수)) 누구의 것도 아닌; ничья́ земля́ 소유자가 없는 땅(토지); ничьи́ ве́щи 임자 없는 물건

ниче́йный (형) ① 누구의 것도 아닌; ~ая земля́ 완충시대 ② (체육) 비긴, 승부 없는; ~ый результа́т 무승부

ничко́м (부): падать ~ 거꾸러지다, 엎드리다; лежать ~ 엎드려 누워있다

ничто́ (부정 대) (ничего́ (생, 대) 아무 것도, 어느 것도, 어느 하나도, ничему́ (여), ниче́м (조), ни о чём (전)) ~ не помо́жет 도움이 될 것은 아무것도 없다;

ничто́жество (중) ① 앤생이, 너절한 사람 ② 너부랭이, 너절한 것

ничто́жный (형) ① 극히 작은(적은); ~ зарабо́ток 극히 낮은노임; ② 미세한, 보잘것없는, 껄렁한; ~ челове́к 쬐쬐한 사람

ничу́ть (부) 조금도, 전혀

ничья́ (명사) (여) (체육) 무승부, 비기는 것

ни́ша (여) 벽룸, 우묵벽

ни́щать (미완) 빈궁해지다, 가난해지다

ни́щая, ни́щенка (여) 거지, 비렁뱅이

ни́щенский (형) ① 거지의, 거지같은; ~ая сума́ 동냥 주머니; ~ий вид 거지꼴; ② 극히 작은; ~ая зарпла́та 극히 낮은 노임, 기아임금

ни́щенствовать (미완) ① 소매동냥 하다, 빌어먹다, ② 걸식하다, 몹시 가난하다.

нищета́ (여) 빈궁, 가난; кра́йняя ~ 토단

ни́щий (형) ① 구차한, 극빈한; ② (명사) 거지, 비렁뱅이

но́ (접) 그러나, 그런데, -나

нова́тор (남) 혁신자, 개혁자; ~ произво́дства 혁신자

нова́торский (형) 혁신적인

нова́торство (중) 혁신, 혁신운동

Но́вая Зела́ндия (여) 뉴질랜드

Но́вая Каледо́ния (여) 누벨 까레도니아

нове́йший (형) (но́вый의 최상급) 최신, 최신식; 근대;

нове́лла (여) (짧은) 단편소설

новизна́ (여) 생신한 것, 새로운 맛, 참신성

нови́нка (여) 신품, 새것; 새로 산 것; кни́жные ~и 새로 나온 책들

новичо́к (남) 햇내기, 신내기, 생둥이, 새사람, 신인; 초대; 신입생

новобра́нец (남) 신입대원, 신입병사

новобра́чные (복수) 갓 결혼한 부부, 신혼부부

нововведе́ние (중) 혁신, 개혁, 새 규정(규칙), 새로 도입된

нового́дний (형) 새해, 신년, 설맞이; ~ пода́рок 새해 선물

новокаи́н (남) (약학) 노보카인
новолу́ние (중) 초승달
новообразова́ние (중) ① 새로 생긴 것, 새 형태, 새 요소 ② (의학) 조직의 병적증식
новорождённый (남) 갓난아이, 갓난애, 갓난이; 갓난아기, 갓난 어린애, 갓난 어린이, 신생아, 신산아; 유아(乳兒)
новосёл (남) 새로 이사 온 사람, 신내기, 집들이한 사람
новосе́лье (중) 집들이; справля́ть ~ 집들이 턱을 내다
новостро́йка (여) ① 새 건물, 새 건축, 새 건설장 ② 새 건물, 새 집; шко́ла-~ 신설학교
но́вость (여) ① (새)소식, 기별, 뉴스(new);, ② 생생한 것, 새로 산 것; 새로운 발명(발견); ~и нау́ки и те́хники 과학과 기술상의 새 발명
но́вшество (중) 새것, 새로 도입된 것, 혁신(안)
но́вый (형) ① 새, 새로운; ② 근대, 근세; ~ая исто́рия 근세사; ③ 신형; автомоби́ль ~ой ма́рки 신형의 자동차 (신형자동차); Но́вый год 새해, 신년
новь (여) (농업) 처녀지, 개간지;
нога́ (여) ① 발(足), 족(足), 다리, 하지, 가랑이, 다리깽이, ② (가구, 기계의) 다리, 교량, 가교; идти́ в ~y 발맞추어가다
но́готь (남) 손톱, 쇠톱
но́жик (남) 칼, 칼날; о́стрый ~ 대단히 불쾌하다; быть на ~ах с кем 원수지간이다
но́жка (여) ① 발, 다리; пры́гать на одно́й ~е 한 다리로 껑충껑충 뛰다, 앙감질하다 ② (책상, 기구 등의) 다리
но́жницы (복수) 가위; садо́вые ~가지가위
но́жны (복수) 칼집
ножо́вка (여) (작은) 손톱, 쇠톱
ноздря́ (여) 코 구멍
нока́ут (남) (권투에서) 완전 넘어지다
нокда́ун (남) (권투에서) 맞아 넘어지다
номенклату́ра (여) ① 학술용어집, 전문용어집, 학명, 술어; ② 물품목록, 회계목록
но́мер (남) ① 번호, ~번, 호수; 순번, 넘버(number); ~ до́ма 주택번호; ② (잡지의) 호수, 호(號): специа́льный ~ 특간호, ③ (의복 같은 것의) 호수, 문수. ④ (여관에서) 방, 호실; 호실번호 ⑤ (음악회의) 곡목 종목
номеро́к (남) 번호표(番號票)
номина́л (남) (재정) 액면가격, 액면가, 액면

номина́льный (형) ① 공칭; ~ая высота 기준고도(높이), 표준고도(높이) ② 명의상, 명목상; ~ая зарплата 명목임금 ③ (재정) 액면; ~ая цена 액면가격

нора́ (여) (짐승의) 굴(堀), 소굴, 굴혈

но́рка (여) (동물) 구라파(미국)족제비, 밍크(mink)

но́рма (여) ① 기준량, 책임량, 비율; дневная ~а 하루 작업량(책임량); ② 규준, 규범; правовые ~ы 법률; всё вошло в ~у 모든것이 정상적으로 되었다

нормализа́ция (여) 정상화, 규범화, 기준화, 표준화

нормализова́ть (미완, 완) ① 정상화 하다, 정돈하다; ② 규범화하다, 규범을 세우다

норма́льный (형) ① 정상적인, 보통; ~ая температура 평온 ② (심리적으로) 건전한, 정상적인

нормати́в (남) 표준량, 기준량, 규범

нормати́вный (형) ① 기준(基準), 표준기준; ② 규범적인, 규범; ~ая грамматика 규범문법

норми́рова́ние (형) 기준설정, 표준화

норми́ро́ванный (형) 기준화된, 표준화된, 제정된; ~ рабочий день 제정된 노동시간

норми́рова́ть (미완, 완) 기준(량)을 제정하다, 규범화 하다; 한정하다; ~ работу 노동기준량을 정하다

норми́рово́вщик (남) 기준설정 전문가, 평가원

нос (남) ① 코, 융비, 융준; 비부, 콧물, 비수; ~ заложило 코가 막혔다; ② 부리; ③ 뱃머리; ④ (비행기의) 기수; водить за ~ 속이다; повесить ~ 낙심하다

носи́лки (복수) 들것, 담가(擔架)

носи́льщик (남) 짐꾼, 운반공

носи́тель (남) ① 소유자, 소지자; рабочий класс- ~ передовых идей 노동계급은 진보적사상의 소유자이다; ② ~ гриппа 감기의 보균자; ③ самолёт- ~ ядерного оружия 핵무기를 적재하는 비행기

носи́ть (미완) ① *см.* нести; ② 입다, 입고 다니다; 신다, 신고 다니다; 쓰다, 쓰고다니다; 끼다, 끼고다니다; такого платья сейчас не носят 그런 옷은 지금 유행이 아니다; ③ (이름, 직위 등) 가지고 있다; ~ фамилию мужа 남편의 성을 가지고 있다; ④ 품고있다, 가지고 있다.

носи́ться (미완) ① (이리저리, 여러방향으로) 떠들다, 날치다, 싸다니다, 뒤까불다; ② 입고 다니다, 쓰고 다니다; эта обувь долго ~ся 이 신발은 오래 신는다.

носки́ (복수) (목이 짧은) 양말
носово́й (형) ① 코, 부리의; ② 코에서 나오는; ~ой звук 코소리; ③ 뱃머리, (비행기의) 앞부분, 기수;~ая часть судна 뱃머리의; ~ой платок 손수건
носогло́тка (여) (해부) 비인두
носоро́г (동물) 서우(犀牛), 코뿔소
но́та I (여) (음악) ① 음부; ② 음(音), 음성; фальшивая ~ 틀린 곡조 ③ (복수)~ы 악보, играть по ~ам 악보를 보고 연주하다
но́та II (여) (외교) 각서; ~ протеста 항의문; 항의각서; обмен ~ми 각서교환
нотариа́льный (형) 공증; ~ая контора 공증소, 대서소
нотариус (남) 공증인(公證人), 대서인
нота́ция (여) 훈시(訓示), 설교(說敎); 견책(譴責); читать ~и 훈시하다; 경고 하다, 닦아주다
но́тный (형) ~ая бумага 오선지, 악보용지; ~ые знаки 음부, 소리표
ночева́ть (미완) 묵다, 숙박하다; ~уй те у нас 우리 집에서 주무십시오.
ночёвка (여) 숙박(宿泊)
ночле́г (남) 잠자리, 숙박소, 숙박
ночно́й (형) 밤, 야간(夜間); ~ое время 밤 시간, 밤사이;
ночь (여) 밤, 밤사이; спокойной(доб-рой) ~и 안녕히 주무십시오.
но́чью (부) 밤에; глубокой ~ 밤중(에)
но́ша (여) ①(들고, 지고, 메고) 가는 짐, 하물, 등짐 ② 부담, 걱정거리
ноя́брь (남) 11(십일) 월; седьмое ~я 11(십일)월 7(칠)일
ноя́брьский (형) 11(십일)월의
нрав (남) ① 마음씨, 성격, 성미, 기질 ② (복수) **~ы** 풍습, 풍속; ~ы и обычаи 관습
нра́виться (미완) 마음에 들다(마땅하다), 좋아하다; это мне ~ся 이것은 나의 마음에 든다.
нравоуче́ние (중) 훈계, 설교
нра́вственность (여) 도덕(성), 덕성
нра́вственный (형) ① 도덕적인, 덕이있는; ~ облик 도덕적 풍모 ② 정신적인
ну ① (감) (권유, 부추김을 표현하다) 자, 어서, 하여라; ну, рассказывай 자, 이야기하게 ② (의문 조) (흔히와 결합하여):

да ну? 그래? 정말? ③ (조) (해당한 단어의 의미를 강조한다) 그래, 그래서, 그런데; ну так что же! 그래서 어쨌단 말인가! ④ (조)(흔히 ~и (уж)와 결합하여 놀램, 감탄, 불만, 분개를 표현한다): ну и жара! 이런 더위라구야!; а ну тебя! 닥쳐!

ну́дный (형) 따분한, 싫증나는, 지긋지긋

нужда́ (여) ① 필요, 요구, 수요; испы́тывать ~у в чём ~필요로 하다,~이 요구되다; ② 가난, 빈곤;

нужда́емость (여) 필요(정도), 수요량

нужда́ться (미완) ① в ком-чём 필요로 하다, 요하다, 요구되다. ② 가난한 살림을 하다, 반궁속에서 살다,

ну́жно (술어로) кому-чему ① (+미정형) ~하여야 한다 (된다), ~하는 것이 필요하다; ② 있어야 한다, 필요 하다;

ну́жный (형) ① 필요한, 요구되는; ② 꼭 있어야 하는, 알맞은; ~ челове́к 없어서는 안 될 사람

нуль (남) ① 영(0), 무(無); ноль часо́в 영시; пять гра́дусов ни́же ~я 영하 5도 ② (수) 0;~ це́лых, две деся́тых 영점 이(0,2) ③ 가치 없는 사람; своди́ть к ~ю 무로 만들다

нумера́ция (여) 번호를 매기는 것, 번호달기; 번호; нечётная ~ домо́в 집의 기수번호

нумерова́ть (미완) 번호를 매기다 (달다, 붙이다)

нутро́ (중) ① 내장, 내부 ② 속심

ны́нешний (형) 현재의, 지금의, 오늘의, 오늘과 같은

ны́нче (부) 오늘에, 금일로, 이날에

нырну́ть (완), **ныря́ть** (미완) (무) 자맥질하다, 물속에 (뛰어)들어가다

ны́тик (남) 늘(투덜투덜)불평하는 사람, 불평쟁이

ныть (미완) ① 쑤시다, 시근거리다, 쏘다; зуб ноет 이가 아프다, ② 애처로운 소리로 말하다, 투덜거리다

нытьё (중) ① 쑤시는 것, 아픔 ② 늘 불평하는 말; (아이의) 흐느껴 우는 소리

нюа́нс (남) 색채(色彩)

нюх (남) ① 후각; ② 민감, 직감, 육감

ню́хать (미완) 냄새(맡다); ~ цветы́ 꽃을 냄새 맡다

ня́ньчить (미완) 어린애를 돌보다

ня́ньчиться (미완) 달래다; 안절부절 하고 돌아다니다

ня́ня (여) ① 보모 ② 보육원 ③ 간병인, 간병원

О

о I (об, обо) (전) ① (+전) ~에 대하여(관하여), ~에 대한 (관한); ② (대) (충돌, 접촉, 마찰을 표시함) ~에 ~에 대고

о II (감) ① 오!, 아!, 아이고!; о, я очень рад! 아! 정말 반갑습니다!; о, да! 그렇고 말구요!; о, нет! 원 천만에!; о, больно! 아이고 아파!

оа́зис (남) 오아시스

óба (수)(남, 중)**(óбе)** (여)(집합) 둘 쌍, 양쪽; ~ глаза́ 두 눈; ~ но́ги 두 다리; о́ба сы́на 두 아들; о́бе сто́роны 쌍방

обанкро́титься (완) ① 파산되다 ② 실패(파탄)되다

обая́ние (중) 매력, 매혹, 예교

обая́тельный (형) 매력있는, 매혹적인, 귀여운

обва́л (남) 허물어지는 것, 붕괴, (산)사태, сне́жный ~ 눈사태

обва́ливаться (미완), **обвали́ться** (완) 무너지다, 붕괴되다

обва́ривать (미완), **обвари́ть** (완) ① 데치다, 끓는 물을 붓다(끼얹다); ~ о́вощи 남새를(나물을) 끓는 물에 데쳐 내다 ② 끓는 물이나 더운 김에 데다

оберну́ть (완), **обвёртывать** (미완) 싸다, 감싸다, 치감다, 휘감다; ~кни́гу бума́гой 책을 종이에 싸다

обве́триться (완) 손, 얼굴 등이 바람에 거칠어지다

обветша́ть (완) 헐어지다, 낡아빠지다

обве́шивать (미완) 저울눈을 속이다, 중량(무게)을 속이다,

обвива́ть (미완) 둘러싸다(감다);

обвива́ться (미완) 감기다, 휘감기다

обвине́ние (중) ① 고소, 기소; ② (법학) 유죄판결

обвини́тель (남) 기소자, 고소자

обвини́тельный (형) 고소의, 기소의

обвиня́емый (형) 피고(인), 피소자

- 437 -

обвинять (미완) ① 비난하다, 꾸지람하다 ② 기소하다
обвисать (미완), **обви́снуть** (완) 처지다, 휘주근해지다, 늘어지다
обводи́ть (미완) ① 데리고 돌다; ② 선을 두르다, 줄을 치다, 동그라미 를 그리다; ③ 둘러 막다(치다, 파다)
обводне́ние (중) 물을 대는것, 관개
обводни́ть, обводня́ть 물을 대다
обволакивать(미완), **оболо́чь**(완) 구름이뒤덮다, 가리우다, 둘러 싸다
обворова́ть (완), **обворо́вывать** (미완) 훔쳐가다, 털어가다, 도적하다
обворожи́тельный (형) 황홀케 하는, 매혹적인, 매력적인
обвяза́ть (완), **обвя́зывать** (미완) 둘러매다, 둘러 동이다, 감아매다, 처매다
обглода́ть (완) 둘러가면서 갉아먹다, 쏟아서 먹다, 물어뜯다; ~мя́со с косте́й 뼈에 붙은 살을 물어뜯다
обгоня́ть (미완) ① 따라 앞서다 ② 통과하다
обгора́ять (미완), **~е́ть** (완) 불에 타다, 그슬리다; во́лосы ~е́ли 머리칼이 그슬렸다
обдава́ть (미완), **обда́ть** (완) ① 퍼붓다, 끼얹다; обда́ть холо́дной водо́й 찬물을 퍼붓다 ② 휩싸다; меня́ обдало́ хо́лодом 나는 갑자기 추워졌다
обдира́ть (미완) 벗기다
обди́рка (여): ~ри́са 쌀매갈이, 매조미
обду́мать (완), **обду́мывать** (미완) 깊이 (신중히) 생각(궁리) 하다, 파고들다; ~со всех сторо́н 앞뒤를 재다, 두루생각하다
обе́д (남) ① 점심(식사), 점심밥; ~из трех блюд 세 가지 요리의 점심; торже- ственный ~ 축하연; дать~ в честь кого́ ~를 위하여 오찬회를 베풀다(차리다, 마련 하다) ② 점심시간, 점심때; переры́в на ~ 점심, 참
обе́дать (미완) 점심을 먹다, 식사하다
обе́денный (형) 점심, 점심식사, 식사 용; ~стол 밥상, 식탁;
обезбо́ливание (중) 마취(麻醉), 진통
обезбо́ливать (미완) 진통시키다, 마취 시키다
обезво́живание (중) 물빼기, 탈수(脱水)
обезво́живать (미완) 물을 없애다(말리 다), 탈수하다
обезвре́дить (완), **обезвре́живать** (미완) 무해하게 하다, 해롭지 않게 하다; ~ми́ну 지뢰를 해제하다
обезгла́вить (완), **обезгла́вливать**(미완) ① 머리를 베다,

목을 잘라 죽이다 ② 우두머리를 없애 치우다
обездо́ленный (형) 운명이 쓰라린, 궁한, 헐벗고 굶주린
обезжи́ренный (형) 기름 (을) 뺀
обеззара́живание (중) 소독, 살균(殺菌)
обеззара́живать (미완), **обеззара́зить** (완) 소독(살균)하다
обезли́чивать (미완), **обезли́чить** (완) ① 책임진 사람이 없게하다(만들다); ~ рабо́ту 일을 책임진 사람이 없게 만들다 ② 개성을 빼앗다
обезли́чка (여) 개인책임회피
обезлю́деть (완) 인적(사람, 주민)이 없어지다, 무인지경이 되다
обезобра́живать (미완), **безобра́зить** (완) 보기싫게(밉게) 만들다, 불구로 만들다
обезопа́сить (완) 안전하게 하다, 위험 성)을 제거하다
обезору́живать (미완), **обезору́жить** (완) 무기를 빼앗다, 무장해제하다
обезу́меть (완) 미치다, 얼빠지다, 정신을 잃다; ~от испу́га 놀라서 어리벙벙해지다
обезья́на (여) 원숭이
обели́ск (남) 기념탑, 기념비
оберега́ть (미완) 지키다, 보호하다, 보위하다
оберну́ть (완) 다른 방향으로 돌리다; ~де́ло в свою́ по́льзу 일을 자기에게 유리한 방향으로 돌리다
обёртка (여) 포장종이, 포장(용)지
обёрточный (형):~ая бума́га 포장지
обескро́вить (완) ① 피를 없애다(뽑아버리다) ② 무력하게 하다; ~ врага́ 적을 약화시키다
обескура́живать (미완), **~ть** (완) 자신감을 잃게하다, 어리벙벙케 하다
обеспе́чение (중) ① 보장, 보증, 공급; материа́льное ~ 자재 공급(보장); ~ ми́ра 평화보장 ② 생활보장(수단); де́нежное ~ 생활보장금
обеспе́ченность (여) ① 보장정도, 공급정도 ② 풍족(유족, 부유) 한 것
обеспе́ченн‖ый (형) ① 보장(제공)된 ② 풍족(유족)한; материа́льно ~ая жизнь 물질적으로 보장된 생활
обеспе́чивать (미완), **обеспе́чить** (완) ① 보장(제공, 공급)하다 ② 바라지하다, 확보하다
обеспоко́ить (완) 불안(걱정, 초조)하게 하다, 폐(괴로움)를

끼치다
обесси́леть (완) 힘이 빠지다, 기진하다, 쇠약해지다; ~от усталости 허전해지다
обесси́ливать (미완), **обесси́лить** (완) 무력하게 하다, 힘이 빠지게 하다
обесцве́тить (완), **обесцве́чивать** (미완) 퇴색시키다, 색깔이 날다, 탈색하다, 색감을 빼다
обесцене́ние (중) 가치가 줄어지는 것, 값이 떨어지는 것
обесце́нивать (미완), **обесце́нить** (완) 값을 떨어뜨리다, 가치가 없는(적은) 것으로 만들다
обесче́стить (완) 명예를 더럽히다(손상 하다, 낮을 깎다)
обе́т(남): дать~ 맹세하다
обеща́ние (중) 약속, 다짐, 약조, 언약, 맹약, 맹세, 서약 дать торжественное ~е 맹세하다, сдержать ~ 약속을 지키다
обеща́ть (미완) ① 약속하다, 다짐하다; ② 기대(희망)를 가지게 하다; день ~ет быть ясным 날이 개일 가망이 있다
обжа́лование (중) (법률) 상소, 공소
обжа́ловать (완) 상소(공소)하다
обжи́г(남), **обжига́ние** (중) (공학) 소성, 배소
обжига́ть (미완) ① 주위를 태우다; ~ конец палки 막대기 끝을 태우다 ② 데다, 화상을 입히다; ~руку 손을 데다
обжига́ться (미완) 데다, 화상을 입다
обжо́ра (남,여) 대식가, 식충이, 게걸쟁이, 밥벌레, 밥보
обжо́рство (중) 과식, 지내먹기
обзавести́сь (완); **~оди́ться** (미완) 장만 하다, ~естись всем необходимым 필요한 것을 갖추어 놓다(얻다); ~оди́ться семьёй 가족을 이루다, 가정을 가지다
обзо́р (남) 개관, 개괄, 일람, 통론; международный ~ 국제정세개관
обзыва́ть (미완) ~라고 부르다; ~ дураком 바보라고 부르다
обива́ть (미완) ① чем ~를 대다, 붙여덮다; ~ досками 널판자를 대다 ② 쳐서 떨구다; ~ яблоки 사과를 떨구다;
оби́да (여) 노염, 모욕, 모욕감; быть в ~е 노염을 품다;
оби́дно ① (부) 모욕적으로; ② (술어로) 분하다
оби́дный (형) 모욕적인, 분한, 고까운, 노여운; ~ый упрек 모욕적인 비난; ~ые слова 노여워하는 말
обидчивый (형) 노여워하기 쉬운, 모욕을 느끼기 잘하는
обижа́ть (미완) 모욕하다, 노엽히다.
обижа́ться (미완) 노여워하다, 노여움을 타다, 노여움이

- 440 -

나다
оби́лие (중) ① 다수, 많은 량 ② 풍족, 풍만
оби́льно (부) 풍부히, 충분히, 넉넉히, 담뿍, 건하게; ~ накорми́ть 넉넉히(건하게) 먹이다
оби́льный (형) 풍부한, 충분한, 유족한, 푸짐한; ~урожа́й 대풍작; ~ у́жин 푸짐한 저녁
обиня́к (남) без ~ов 털어놓고; говори́ть ~ами 빙빙돌려 말하다, 암시하여 말하다
обита́тель (남) 거주자, 주민, 거민, 거류민, 사는 사람
обита́ть (미완) 살다, 거주하다; 서식 하다, 깃들다.
обихо́д (남) 관례, 습관, 일상생활; войти́ в ~ 일상 생활화 되다, 상용되게 되다; предме́ты дома́шнего ~а 가정용품, 세간
обихо́дный (형) 늘 쓰이는, 일상적인, 평범한; ~ые предме́ты 일용품; ~ые слова́ 늘쓰는 말
обка́пывать (미완) 주위를 파다
обка́тка (여) (공학) 시운전; прохо́дить ~у 시운전하다, 시운전중에 있다
обкла́дывать ① 둘러덮다, 주위에 놓다 ② 포장하다, 꾸리다, 싸다, ③ 포위하다. 에워싸다, 둘러싸다.
обко́м (областно́й комите́т) 주위원회
обла́ва (여) ① 몰이사냥; ~на медве́дя 곰몰이 사냥; ② 검거망, 포위수색; устра́ивать ~у 검거망을 펴다
облага́ть (미완): ~ нало́гом 세금을 부과하다(매기다), 과세하다
облагора́живать (미완), **~одить** (완) ① 고상(고결)하게 하다 ② (품질, 품종일) 개량 (개선)하다
облада́ние (중) 소유, 점유
облада́тель (남) 소유자, 점유자, 소지자, 가진사람, 임자, 소유주, 소유권자
облада́ть (미완) 가지고 있다, 소유하고 있다; 띠다, 지니다; ~ тала́нтом 재능(재간)을 가지고 있다
о́блако (중) 구름; кучевы́е ~а 더미구름, 뭉게구름
обла́мывать (미완) ① 끝(주위)을 꺾다 (부스러뜨리다); ~ сухи́е су́чья 마른 가지들을 꺾어치우다 ② 타이르다, 달래다, 순해지게 하다
областно́й (형) ① 지방의, 시골의; 지방민의 ② 주(州)의, 도의; 영토의. 주
о́бласть (여) ① 주(州), 지방, 지역, 지구, 지대; 행정구, 관구. ② 부문, 분야(分野); в ~и чего́.~ (분야)에 있어서

о́блачность (여) 구름층, 구름량, 구름이 낀 정도
о́блачный (형) 구름이 많은(낀), 흐린;~ день 흐린 날
облега́ть (미완) (옷이) 착 붙다, 꽉 들어앉다
облегче́ние (중) 경감, 완화, 유화; 완충, 안도감
облегчённо (부) 한시름 놓아, 마음을 놓고; ~ вздохну́ть 한시름 놓다, 마음을 놓다
облегчи́ть (완) ① 가볍게 하다, 쉽게하다, 헐하게 하다, ~ но́шу 짐을 덜다; ② 단순(간단)하게 하다
обледене́лый (형) 얼음으로 덮인, 얼음이 얼어붙은
обледене́ние (중) 붙어얼기, 착빙(-氷)
обледене́ть (완) 얼음으로 덮이다
облеза́ть (미완), **обле́зть** (완) ① 털 (머리카락)이 빠지다 ② 탈색하다
облека́ть (미완) ① 둘러쓰다, 뒤덮다 ② 부여하다, 주다
облени́ться (완) 게을러지다, 게으른 버릇이 붙다
облепи́ть (완), **облепля́ть** (미완) ① 사방에(온통, 가득) 들어붙다: грязь ~и́ла колёса 바퀴에 온통 진탕이 들어 붙었다 ② 주위에(가득) 바르다(붙이다), 발라붙이다
облета́ть (미완), **облете́ть** (완) ① 주위를 날아가다; 날아 돌아다니다 ② (소문이) 쫙(널리) 퍼지다: ~е́ла ра́достная весть 기쁜 소식이 쫙 퍼졌다 ③ (잎, 꽃잎이) 떨어지다, 지다
облечённый (형): ~ дове́рием 신임을 얻은; ~ вла́стью 권력을 가진
облива́ние (중) ① 퍼붓는 것, 끼얹는 것 ② 관수욕, 관수요법;~ холо́дные ~я 냉수욕
облива́ть (미완) ① 퍼붓다, 끼얹다; ② 쏟뜨려 더럽히다; ~ ска́терть черни́лами 상보에 잉크를 쏟다
облива́ться (미완) 자기 몸에 퍼붓다 (끼얹다); ~ слеза́ми 눈물을 흘리다;~ по́том 땀을 흘리다
облига́ция (여) 채권, 공채
обли́зывать (미완) 핥다, 핥아먹다, 맛보다, 쓸어이다, 핥아서 깨끗이 하다; па́льчики ~жешь 몹시 맛있다
обли́зываться (미완) ① 제 입술을 핥다, ② [동물이] 자기 몸을 핥다
о́блик (남) ① 용모, 모습, 본새, 모양새 ② 풍모, 품성;
облиспо́лком (남) (областно́й исполни́-тельный комите́т) 주집행위원회
облицо́вка (여) ① 겉씌우기, 겉바르기, 겉붙이기; ② 포장용 재료, 겉씌우는, 겉바르는데 쓰는 재료.

- 442 -

облицо́вывать (미완) 겉을 씌우다(바르다, 붙이다)
облича́ть (미완) 적발(폭로)하다, 공박하다, 치다; ~ несправедли́вость 부당성을 치다
обличе́ние (중) 적발, 폭로
обличи́тель (남) 적발자, 폭로자
обличи́тельный (형) 적발(폭로,공박)하는;
обло́жка (여) 책뚜껑, 책표지; 책가위
облока́чиваться (미완), **облокоти́ться** (완) 팔꿈치를 고이고 기대다
обломо́к (남) 파편, 조각
облуча́ть (미완) 햇빛(광선)을 쐬다, 투시하다; ~рентге́ном 렌트겐으로 투시 하다
облуче́ние (중) 투시, 조사; 방사선치료; до́за ~я 조사량
облюбова́ть (마음에 드는것을)골라잡다
обма́зать (완), **обма́зывать** (미완) ① 발라 붙이다, 사방 바르다(칠하다); ~ сте́ну гли́ной 매흙질하다 ② 더럽히다; ~ лицо́ са́жей 얼굴에 검댕 칠을 하다
обма́кивать (미완), **обмакну́ть** (완) 잠간 잠그다(적시다); ~ па́лец в во́ду 손가락을 물에 적시다; ~ перо́ в черни́ла 잉크를 찍다
обма́н (남) 속임, 기만, 협잡; занима́ться ~ом 속임질하다
обма́нчивый (형) 기만적인, 오해케하기 쉬운, 기만하기 (속여넘기기)쉬운: ~ые наде́жды 믿을 수 없는 희망
обма́нщик (남), **~ца** (여) 사기꾼, 거짓말쟁이, 기만자.
обма́нывать (미완) 속이다, 속여넘기다(먹다), 기만하다
обма́нываться (미완) 속다, 속아 넘어가다, 기만당하다; ~ в свои́х ожида́ниях 자기 기대에 어긋나 실망하다
обма́тывать (미완) 휘감다, 두르다, 처매다; ~ ше́ю ша́рфом 목에 목도리를 두르다
обма́хивать (미완) (부채같은 것으로) 부치다, 쓸다
обма́хиваться (미완) 부채질하다
обмеле́ние (중) 얕아지는 것
обме́н (남) 교환, 교체, 교류, 상환, 교역; ~ о́пытом 경험교환; ~ мне́ниями 의견교환; культу́рный ~ 문화교류; торго́вый ~ 교역; ~ веще́ств (생리) 신진대사
обме́ривать (미완), **обме́рить**(완), **обмеря́ть**(미완) ① 재다, 측정(측량)하다, ② 자를 속이다, 모자라게 속여 팔다
обмести́(완), **обмета́ть** (미완) 쓸다; ~пыль 먼지를 쓸어내다
обмета́ть (완), **обмётывать** (미완) гу́бы ~ло 입술이 헐었다

- 443 -

обмо́лвиться (완) ① 잘못(틀리게) 말하다 ② 한마디 비치다, 말하다

обмо́лвка (여) 틀리게 한 말, 실언

обмоло́т (남) 낟알털기, 마당질, 탈곡

обмора́живание (중) 동상

обморо́зить (완) 동상을 입히다; ~ у́ши 귀를 얼리다

обморо́зиться (완) 동상을 입다, 얼어서 상하다

о́бморок (남) 실신, 기절, 졸도, 혼절, 실혼; па́дать в ~ 기절(실신, 졸도)하다

обмо́тка (여) ① 감긴 물건; 감음줄 ② (전기) 코일, 권선 ③ ~и [복수]각반

обмундирова́ние (중) 제복, 군복[차림]

обмыва́ть (미완), обмы́ть (완) ~을 끼얹어 씻다; ~ ра́ну 상처를 깨끗이 씻어 내다

обнадёживать (미완), обнадёжить (완) 희망을 안기다 (북돋아주다)

обнажа́ть (미완) ① 벌거벗다; ~ го́лову 모자를 벗다 ② 노출하다, 드러내놓다, 발가벗겨놓다

обнажа́ться (미완) ① 벌거벗다 ② 드러나다, 노출되다, 노골화되다

обнажённый (형); ~ое те́ло 맨몸; ~ые дере́вья 벌거숭이 나무들; с ~ой голо́вой 맨머리바람으로, 모자를 쓰지 않고

обнаро́дование (중) 공포, 발포(發布)

обнаро́довать (완) 공포(광고, 발포)하다

обнаруже́ние (중) 발견, 폭로, 적발

обнару́живать (미완) ① 발견하다, 찾아내다; ~ оши́бку 오류를 발견하다 ② 폭로(적발)하다 ③ 드러내다, 드러내 보이다, 나타내다; ~ больши́е спосо́бности 대단한 재능을 나타내다

обнару́живаться (미완) ① 드러나다, 적발(발견)되다 ② 나타나다, 나타나 보이다, 들키다; 폭로되다

обнима́ть (미완) 부둥켜안다, 껴안다, 포옹하다

обнима́ться (미완) 서로 껴안다, 부둥켜안다, 포옹하다.

Обниша́ние (중) 빈궁화, 빈곤화(貧困-)

обновле́ние (중) 새로워지는 것, 갱신, 일신; 재생

обновля́ть (미완), обнови́ть (완) 갱신하다, 일신하다, 새롭게 만들다 (바꾸다); ~ пла́тье 새 옷을 처음으로 입다

обновля́ться (미완) 새로워지다, 갱신 (일신)되다

обноси́ть (미완) 둘러막다, 둘러싸다; ~сад и́згородью 울타리

로 정원을 둘러 막다

обноси́ться (완) 해어지다, 헐어지다

обно́ски (복수) [입어서] 헌(해어진) 옷, 해진 신발

обню́хать (완), **~ивать** (미완) 둘레둘레(주위에) 냄새를 맡다

обобща́ть (미완) 개괄하다, 총괄(총화)하다; 일반화하다

обобще́ние (중) 총괄(總括), 일괄, 개괄, 일반화

обобществле́ние (중) 사회화, 집단화

обобществля́ть (미완) 사회화하다, 집단화하다

обогати́тельный (형) :~ая фабрика 선광장, 광석다듬기공장

обогаща́ть (미완) ① 풍부히 하다, 부유(유족)하게 하다 ② (광업) 선광 하다

обогаща́ться (미완) ① 부유해지다, 부자가 되다; 풍부하게 되다 ② (광업) 선광되다

обогаще́ние (중) ① 풍부히 (부유케) 하는 것 ② (광업) 광석다듬기, 선광

обогрева́ть (미완), **обогре́ть** (완) 따끈하게(덥게)하다: ~ руки 손을 녹이다; ~ комнату 방을 덥게 하다(덥히다)

обогрева́ться (미완), **обогре́ться** (완) 몸을 녹이다

обо́д (남) 바퀴둘레

ободо́к (남) 둘레, 변두리

ободря́ть (미완) 기운을 돋우어주다, 북돋아주다, 격려하다, 힘을 주다

ободря́ть (미완) 기운(원기)이 나다, 팔팔해주다

обожа́ть (미완) ① 몹시 사랑하다(좋아하다) ② 경모(숭모)하다, 흠모하다

обожествля́ть (미완) 신(神)으로 모시다, 우상화하다

обо́з (남) 짐마차의 행렬(行列), 수송대(輸送隊), 치중대

обозна́ться (완) 잘못보다, 헛보다; 속다

обознача́ть (미완) ① 표식(표시)하다, 가리키다 ② 뜻하다, 의미하다, 의미를 가지다

обозначе́ние (중) ① 표시(表示), 표식(標式)[하는 것] ② 기호(記號), 부호(符號); условное ~ 부호

обозна́чить II (완) 보이게 되다, 눈에 뜨이다, 나타나다

обозрева́тель (남) (신문, 잡지 등의) 논평위원, 평론가, 논설위원

обозрева́ть (미완) ① 바라보다, 돌아보다 ② 개관(평론)하다

обозре́ние (중) ① 전망[조건] ② 개관, 평론; междунаро́дное ~ 국제정세개관

- 445 -

обо́и (복수) 도배종이(도배지), 벽종이; окле́ить ~ями 도배종이를 바르다

обо́йма (여) (군사) 탄알집

обокра́сть (완) 훔쳐가다, 털어가다, 도적하다; меня́ ~ли 나는 도적맞았다

оболо́чка (여) ① 껍질, 외피 ② 막

обольсти́ть (완), **~ща́ть** (미완) 유혹 하다; 홀리다

обольща́ться (미완) 유혹당하다, 홀리다; ~ успе́хами 성과에 현혹되다

обольще́ние (중) 유혹, 영혹, 현혹, 미혹, 현황

обомле́ть (완) 마음이 선듯하다, 아연해지다; ~ от испу́га 놀라서 어리둥절해지다

обоня́ние (중) 후각, 냄새감각; о́рган ~я 후각기관

обоня́ть (미완) 냄새를 맡다

обо́рванец (남) 헐벗은 사람

обо́рванный (형) 끊어진; 해어진, 낡은, 헌 것

оборо́на (여) ① 방어, 방위, 수세; ② 국방력, 보위력

обороните́льный (형) 방어, 방위; ~ые бои́ 방어전; ~ая ли́ния 방어선

оборо́нный (형): ~ая промы́шленность 국방공업; ~ая мощь 국방력

обороноспосо́бность (여) 국방력

обороня́ть[ся] (미완) 방어하다, 방위 (보위)하다

оборо́т (남) ① 회전(운동), 선회; повверну́ть ключ на два~ 열쇠를 두 번(두바퀴) 돌리다 ② (경제) 유통, 유동; ~ капита́ла 자본유통; пусти́ть де́ньги в ~ 자금을 투자하다 (유통시키다) ③ 뒤면, 이면; писа́ть на ~е 뒷면에 쓰다 ④ 말투, 표현; 구; прича́стный (дееприча́стный) ~ (언어) 형용동사(부동사)구; брать (взять) кого́ в ~ 되게 꾸짖다, 혼내다; де́ло принима́ет плохо́й ~ 일이 맞쳐간다

оборо́тный (형) ① (경제) 자금: ~ые сре́дства 유동자금; ~ капита́л 유동 자본 ②:~ая сторона́ 뒷면, 이면

обору́дование (중) ① 시설, 설치(설비)하는 것 ② 설비, 시설물, 장치[물], 비품; лаборато́рное ~ 실험실의 설비

обору́дованный (형) 설비를 갖춘

обору́довать (미완,완) 설비를 갖추다, 장비하다, 설치하다, 꾸리다

обоснова́ние (중) ① 근거(논거)대는 것, 입증; ② 논거, 증거, 논증

обосно́ванный (형) 근거(증거)가 있는(충분한); ~ое заключе́ние 확실한 증거가 있는 결론

обосно́вывать (미완) 입증하다, 근거(논거)를 대다, 증거로 삼다

обосно́вываться (미완) 자리 잡다, 붙박이다, 머물러 살다, 안접하다

обосо́бить[ся] см. обособля́ть [ся]

обособле́ние (중) ① 고립[화], 분리 ② (언어) 고립화; ~ второстепе́нных чле́нов предложе́ния 문장성분들의 고립화

обосо́бленно (부) 고립되어, 따로

обосо́бленный (형) ① 고립적인, 개별적인, 떨어진; ② ~оборо́т (언어) 고립화된

обособля́ть (미완) ① 고립(분리)되다 ② 따로떨어지게 하다

обособля́ться (미완) ① 고립(분리)되다 ② 따로 떨어지다

обостре́ние (중) 첨예화, 격화, 악화; ~боле́зни 병세의 악화; ~междунаро́дной напряжённости 국제긴장상태의 격화

обострённый (형) ① 첨예화된, 격화된, 긴장된 ② 더욱더 (보다 더) 예민해진(날카로와진); ~ый слух 예민해진 청각; ~ое внима́ние 날카로운 주목

обостря́ть (미완) ① 첨예화(격화)시키다; ~ обстано́вку 정세를 격화시키다 ② 날카롭게 하다, 돋우다; ~ боль 아픔을 심하게 하다

обостря́ться (미완) ① 첨예화(격화, 긴장)되다, 예민해지다, 날카로와지다; боле́знь ~и́лась 병세가 더쳤다 ② (얼굴이) 앙상 해지다

обо́чина (여) 길가, 길섶

обою́дный (형) 서로의, 호상간의; по ~ому согла́сию 서로의 합의에 의하여

обраба́тывать (미완) ① 가공(정련,정세)하다; ~ ко́жу 가죽을 가공하다 ② (땅을) 가다루다; 경작하다 ③ 다듬다, 손질하다; ~ о́вощи 남새(나물, 푸성귀)를 다듬다 ④ 정리하다, 처리하다

обраба́тывающий (형): ~ая промы́шленность 가공공업

обрабо́тка (여) ① 가공, 정련, 정제, 처리; ② 경작, 논밭갈이, 가다루기 ③ 손질, 정리; ~ ру́кописи 추고

о́браз (남) ① 모양, 모습, 모습 ② 영상, 형상 ③ 양식, 방법; ~ жи́зни 생활양식; каки́м ~ом 어떻게, 어떤 방법으로

образе́ц (남) ① 견본, 겨냥, 본보기, 견품, 겨냥, 표본, 샘플(sample), ~цы́ това́ров 상품 견본 ② 식(飾), 형(型), 모형,

모본; автомобиль нового ~ца 신형 자동차, ③ 모범, 본, 본보기, 귀감, 모범, 범례, ~ ец мужества 용감성의 모범; брать за ~ ~을 모범으로 삼다; служить ~ ом 모범으로 되다

о́бразность (여) 형상성, 형상(形象)

о́бразный (형) 형상적인, 비유적인; ~ая речь 형상적인 말

образова́ние I (중) 형성, 조성, 성립, 창립; ~ государства 국가의 형성

образова́ние II (중) 교육; высшее(среднее) ~ 고등(중등)교육

образо́ванность (여) 교육정도, 학식이 있는 것

образо́ванный (형) 교육(교양) 받은(있는); 유식한, 문명한; ~ челове́к 지식이 있는 사람

образова́ть[ся] *см.* образо́вывать[ся]

образо́вывать (미완) ① 이루다, 형성(조성)하다 ② 창설(창립, 창건)하다, 수립(결성)하다; ~ коми́ссию 위원회를 구성하다

образо́вываться (미완) ① 이루어지다, 발생하다, 생기다 ② 조성(형성)되다, 창설(창립)되다

образу́мить (완) 깨닫게 하다, 잘못을 타이르다, 정신 차리게 하다

образу́миться (완) 마음을 잡다, 분별 있게 되다, 깨닫다

образцо́вый (형) 모범적인, 시범적인, 본보기(모범)로 될만한; ~ая шко́ла 본보기학교, 시범학교

обра́зчик (남) 견본, 본보기, 견품, 표본, 샘플(sample)

обрамля́ть (미완) 테두리를 두르다

обраста́ть (미완), **~ти́** (완) (수염, 머리칼, 털이) 덥수룩하게 나다(덮이다)

обрати́мый (형) : ~ая реа́кция (화학) 가역반응(可逆反應)

обра́тно (부) 뒤로, 반대쪽으로, 되돌아, 도로받다

обра́тный (형) ① 돌아오는, 되돌아 가는; на ~ом пути 돌아가는 길에, 귀로에; ~ый ход 역행 ② 반대되는; ~ый смысл 반대의 뜻 ③ (수학): ~ая величина́ 역수; ~ая пропорциона́льность 반비례; ~ый биле́т 왕복표; ~ый а́дрес 발송인의 주소

обраща́ть (미완) ① 돌리다, 향하게 하다; ~ внима́ние 주위를 돌리다; ~ во ду в пар 물을 증기로 변화시키다; ~ в бе́гство 도망치게 하다

обраща́ться (미완) ① 돌다, 돌아서다, 향하다; ~лицом к окну́ 얼굴을 창문 쪽으로 돌리다; ③:~ с призы́вом 호소하다; ~ с про́сьбой 부탁하다, ~에게 청을 들다; ④ 변하다, 달라지다, 전변되다; ⑤ *с чем* 취급하다, 다루다 ⑥ *с кем* 대하다,

- 448 -

대우하다; ~ в бегство 허둥지둥 도망치다

обраще́ние (중) ① 호소[문], 요청문, 격문, 하소연, 호원, 청원; ② 대우, 취급; ③ 유통, 순환, 회전; денежное ~ 화폐순환; ④ (언어) 부름말, 호칭어(呼稱語)

обре́з (남): времени в ~ 시간이 촉박하다; денег в ~ 돈은 딱 자란다(조금도 여유가 없다)

обреза́ть (미완), **обре́зать** (완) ① 자르다, 무지르다, 동치다 ② 부상 시키다, 다치다; ~ руку 손을 베다 ③ 짧게 하다, 줄이다; ~ ногти 손톱을 깎다

обре́заться (완) 베어상하다(상처를 입다), 베다; ~ осколком стекла 유리 조각에 상하다(베다)

обре́зки (복수) 잘라버린 부스러기, 조각, 찌꺼기; ~ материи 자투리, 가위밥

обрека́ть (미완) на что ~할 운명을 지니게 하다, 운명 짓다, ~에 빠뜨리다; ~ на сме́рть 죽음의 운명을 지니게 하다; ~ на гибель 멸망할 운명에 빠뜨리다(처하게 하다)

обремени́тельный (형) 부담 되는, 힘든

обремени́ть (완), **обременя́ть** (미완) 부담을 주다, 부담 시키다, 시끄럽게 하다

обрести́ (완), **обрета́ть** (미완) 얻어내다, 가지게 되다, 찾아내다

обречённый (형) на ~ ~할 운명지워진 (운명을 지닌); ~ на гибель 멸망할 운명에 처하여있는

обрисова́ть (완), **обрисо́вывать** (미완) 묘사하다, 그리다; 서술하다; 형상하다

обруба́ть (미완), **обруби́ть** (완) 잘라 버리다, 자르다, 잘라내다; ~ ветки 나뭇가지를 자르다.

обру́бок (남) 잘라낸(베어낸) 토막(자 리); ~ дерева 나무쪽

обруга́ть (완) 상스럽게 욕설하다, 욕지거리하다

о́бруч (남) (통의) 테; (놀이감)굴렁쇠

обруча́льный (형) ~ое кольцо 약혼반지

обруче́ние (중) 예배당에서 약혼반지를 끼는 약혼식

обру́шиваться (미완) ① (불행, 재난이) 닥쳐오다; ~лась беда 뜻밖에 불행이 닥쳐왔다, ② на кого. ~에게 덤벼(달려) 들다, 들이덤비다; ~ на врага 원수에게 달려들다

обры́в (남) ① 낭떠러지, 절벽, 벼랑 ② 끊어진 곳, 절단된 곳; 끊어 지는 것, 절단

обрыва́ть (미완) ① 끊다, 잡아떼다, 잡아 찢다 ② (과일, 잎 등을) 뜯다, 따내다, 따다 ③ 중단하다, 멈추다,

O

그만두다; ~речь 말을 꺾어버리다(끊다); ~ разговор 이야기를 갑자기 그만두다

обрыва́ться (미완) ① 끊어지다 ② 떨어지다 ③ 중단(절단)되다, 끝나다

обры́вистый (형) ① 험한, 깎아 자른 듯한, 가파른; ~ бе́рег 벼루 ② 험준한

обры́вок (남) 끊어진 것, 조각; 단편; ~ки воспомина́ний 단편적인 추억

обры́згать (완), **обры́згивать** (미완) 끼얹다, 뿌리다; ~ водо́й 물을 뿌리다

обрю́зглый, ~ший (형) 살져 늘어진, 피부가 처진

обря́д (남) 식(式), 의식, 예식; сва́дебный ~ 혼사, 혼례

обсади́ть (완), **обса́живать** (미완) 주위에 심다; ~ доро́ги дере́вьями 가로수를 심다

обсервато́рия (여) 천문대, 기상천문대, 기후관상대

обсле́дование (중) ① 조사, 시찰, 검사; медици́нское ~ 의학감정 ② 탐구(探究)

обсле́довать (미완, 완) 조사(검사, 시찰)하다; 탐구하다

обслу́живание (중) ① 봉사, 뒤시중; 접대; предприя́тие бытово́го ~я 편의봉사시설; медици́нское ~ 의료봉사

обслу́живать (미완) ① 봉사(뒤시중)하다; 접대하다 ② 맡아다루다, 맡아 보다; ~ мно́го станко́в 많은 기대를 맡아다루다

обслу́живающий (형) : ~ персона́л 직원, 종업원(從業員)

обста́вить (완), **обставля́ть** (미완) ① 주위에 놓다, 둘러막다, 둘러싸다 ② 꾸미다, 차리다; ~ ко́мнату ме́белью 방에 가구를 가득히 갖추다

обстано́вка (여) ① 가구, 집세간, 방세간 ② 정세, 환경, 분위기, 형세; междунаро́дная ~ 국제정세

обстоя́тельно (부) ① 자세히, 정밀히 ② 점잖게, 신중하게

обстоя́тельный (형) ① 자세한, 세밀한 ② 점잖은, 신중한; ~ челове́к 빈틈없는 사람

обстоя́тельство (중) ① 일, 영문, 경우; **~а** [복수] 환경; семе́йные ~а 가정환경; чрезвыча́йные ~а 유사시; смотря́ по ~ам 사정(환경)에 따라 ② (언어) 상황어

обстоя́ть (미완): как ~я́т дела́? 일이 어떠합니까?; всё ~и́т благополу́чно 모든 일이 잘 되어간다

обстре́л (남) 사격, 포격, 포사격; попа́сть под ~ 사격을 당하다

обстре́ливать (미완), **обстреля́ть** (완) 쏘아갈기다, 쏘아지르다, 사격(포격)을 가하다; ~высоту́ 고지를 사격(포격)하다

обступа́ть (미완), **~и́ть** (완) 에워싸다, 둘러서다

обсуди́ть (완), **~жда́ть** (미완) 토의(논의,의논)하다; 고찰(검토)하다

обсужда́ться (미완) 토의(론의, 의논)되다; 심의(고찰)되다

обсужде́ние (중) 토의, 논의; 심의; ста́вить на ~ 토론에 붙이다

обсчита́ть (완), **обсчи́тывать** (미완) 셈을 속이다, 잘못 세여 적게 주다

обсы́пать (완), **обсыпа́ть** (미완) (가루를) 사방에 뿌리다, 끼얹다; ~пече́нье са́харом 과자에 사탕가루를 뿌리다

обсыха́ть (미완) 깨끗이(바싹) 마르다

обта́чивать (미완) [주위에] 깎다, 다듬질하다; ~ на станке́ 선반에 깎다; ~ ка́мень 돌을 반반하게(깎아) 다듬다

обтека́емый ~ая фо́рма (공학) 유선형

обтеса́ть (완), **обтёсывать** (미완) 매끈하다, (반반하게) 깎아다듬다; ~ бревно́ 통나무를 깎아 다듬다

обтира́ние (중) :~ холо́дной водо́й 냉수마찰

обтира́ть (미완) 씻다, 훔치다, 닦다, 깨끗이 하다, 씻다; ~ пот 땀을 씻다; ~ лоб платко́м 손수건으로 이마를 훔치다

обтира́ться (미완) ① 몸을 닦다(깨끗이하다, 씻다, 훔치다); ~ холо́дной водо́й 냉수마찰하다 ② (옷 등이) 해지다, 닳다; рукава́ обтёрлись 소매가 닳아 헤졌다

обто́чка (여) [외면] 선삭, 다듬질

обтрепа́ть (완) 헤뜨리다, 닳아 뜨리다

обтрепа́ться (완) 헤어지다, 너덜너덜 해지다

обтя́гивать (미완), **обтяну́ть** (완) *что, чем* ~에 ~을 씌우다, 싸개질하다 ② (옷이 몸에) 착 들어붙다, 꽉 들어맞다

обува́ть (미완) *что* ~을 신다; *кого́* ~에게 신기다

обува́ться (미완) 신을 신다

обувно́й (형) 신, 신발, 구두; ~ой ма гази́н 신발상점; ~ая фа́брика 신발공장

обувщи́к (남) 제화공, 신발공장의 근로자

о́бувь (여) 신, 신발, 구두; ле́тняя ~ 여름신[발]

обу́за (여) 부담, 중하; 걱정거리; быть ~ой для кого́ ~에게 부담(걱정거리)으로 되다

обузда́ть (완), **обу́здывать** (미완) 제지(제어,억제)하다, 얽어

매다; ~ гнев 분노를 억누르다

обусло́вленность (여) ① 제약성, 조건부 ② (원인에 대한) 의존성(依存性)

обусло́вливать (미완) ① 조건을 붙이다, 조건부를 내걸다, 제약하다 ② 원인으로 되다, 의존하다, 야기되다

обу́х (남) 도끼머리

обуча́ть (미완) ① 배워주다, 가르치다, 교수하다; ~ дете́й му́зыке 어린이들에게 음악을 배워주다 ② 연하다, 훈련시키다

обуча́ться (미완) 배우다, 연습되다;~чте́нию 읽기를 배우다

обуче́ние (중) 교육, 교수; 훈련, 수학; техни́ческое ~ 기술전수; совме́стное ~ 남녀공학; ~ чте́нию 읽기수업

обуя́ть (완) (어떤 감정 등) 사로잡다, 휩싸다; его́ ~л страх 그는 공포에 사로잡혔다

обхва́т (남) 아름, 둘레의 길이: бо́лее чем в [оди́н] ~ 아름 드리; в два ~а 두 아름되는

обхвати́ть (완), **обхва́тывать** (미완) 껴안다, 부둥켜안다

обхо́д (남) ① 순회, 순찰; ~ врача́ 회진 ② 두를 길, 우회로; идти́ в ~ 에돌아가다, 에위가다

обходи́тельный (형) 예절 밝은, 정중한

обходи́ть (미완) ① 주위를 돌다, ~에돌다, ~에돌아가다, 우회하다; ② 순찰하다; 회진하다; ③ (여러 곳을) 돌아다니다; ~ молча́нием 언급하지 않고 지나가다

обходи́ться (미완) ① 값이 가다, 경비가(돈이) 들다; ② с чем.~를 취급하다, 다루다 ③ с кем.~를 대우하다, 대하다 ④ без чего́ ~이 없어도 된다; без него́ трудно́ но́ ~ 그가 없이면 곤란하다; всё ~сь благополу́чно 만사가 무사하게 되었다

обходно́й, обходно́й (형) ~ путь 둘러 가는 길, ~에돌아가는 길, 우회로; ~ манёвр (군사)우회작전; обходно́й лист 수속카드

обхожде́ние (중) 대우, [사람을 대하는] 태도; ве́жливое ~ 정중한 태도

обша́ривать (미완), **обша́рить** (완) 사방으로 뒤지다(찾아 보다); ~ все углы́ 구석구석 다 뒤지다

обшива́ть (미완) ① 끝(테두리)에 돌아가며 꿰매다, 휘갑을 치다(하다) ② чем (널판, 철판 등을) 대다

обши́вка (여) ① 끝(테두리)에 돌아가며 꿰맨 것, 휘갑 ② 덧판, 외판; ~ су́дна 배쌈

обши́рный (형) 휘넓은, 광활한, 광범 위한

обшла́г (남) 소매부리, 소매동

обща́ться (미완) 교제하다, 사귀다; 접촉하다; ~ с людьми 사람들과 교제하다

общегосуда́рственный (형) 전국적인; в ~ом масштабе 전국적 범위에서

общедосту́пный (형) ① 통속적인, 받아 들일 수 있는, 평이한; ~ая лекция 통속 강연 ②: ~ая цена 아무나 살 수 있는 싼 값

общежи́тие (중) ① 기숙사, 합숙; за водское ~ 공장합숙 ② 공동생활

общеизве́стный (형) 일반이 다 아는, ~ факт 다 아는 사실

общенаро́дный (형) 전 국민적인; ~ое достояние 전체 국민의 재산(재부)

обще́ние (중) 교제, 사교, 연예; 접촉

общеобразова́тельный (형) 보통교육, 일반교육; ~ая школа 보통교육학교

общепри́знанный (형) 공인된; ~ та лант 일반이 인정하는 재능

общепри́нятый (형) 일반에 통용(인정)되는; ~ое мнение 일반에 인정된 의견

общереспублика́нский (형) 전공화국[적인], 공화국 전반의

общесою́зный (형) 전연맹, 전 소련

обще́ственник (남) 사회활동가

обще́ственно-поле́зный (형): ~ труд 사회적으로 유익한 노동, 사회활동

обще́ственность (여) ① 사회계, 사회 여론; научная ~ 과학계 ② [집합]사회 단체들; ~ завода 공장의 사회단체들

обще́ственно-экономи́ческий (형) 사회경제[적인]; ~ая формация 사회경제 구성태

обще́ственный (형) ① 사회의, 사회적인; ~ый строй 사회제도; ~ые отноше ния 사회관계; ~ая работа 사회 사업; ② 공유, 공동; ~ое здание 공공건물; ~ая собственность 공유재산, 공동소유; ~ый скот 공동가축; ~ые средст ва 공유자금

обще́ство (중) ① 사회; социалис-тическое ~ 사회주의 사회 ② 협회, 단체, ~회(-會); научное ~ 학회; Общество советско-корейской дружбы 러시아- 대한민국 친선협회

общеупотреби́тельный (형) 일반통용

о́бщий (형) ① 전반[적인]; ~ее собрание 총회 ② 공통[적인], 공동; ~ие ин тересы 공통적이해관계; ③ 일반[적인]; ~ее языкознание 일반언어학; ~ий итог 총화; ~ее количество 총수;

О

- 453 -

общи́на (여) (역사) 공동체; родова́я ~на 씨족공동체
общи́тельный (형) 사교를 잘하는(즐기는), 붙임성이 좋은, 성격이 좋은
о́бщность (여) 공통성, 일치; ~ инте́ресов 이해 관계의 공통성
объеда́ться (미완) 너무 많이먹다 과식하다; 지내 먹다, 처먹다; ~ я́блока ми 사과를 지내 먹다(처먹다)
объедине́ние (중) ① 통일, 합동, 결합, 단합 ② 연합체, 통합체, 동맹; про изво́дственное ~ 생산량합동기업소
объединённый (형) 통일(연합, 합동)의
объединя́ть (미완) ① 통일(연합, 통합, 합동)하다 ② 단결(결속)시키다, 묶어 세우다
объединя́ться (미완) ① 통일되다, 연합(합동)되다, ② 단결(결속)되다, 뭉치다
объе́дки (복수) 먹다 남은 찌꺼기
объе́зд (남) ① 순회; 순찰 ② 우회로
объезжа́ть (미완) ① 타고 에돌아가다, (휘돌아)우회하다 ② 타고 돌아다니다
объе́кт (남) ① 대상[물], 목표[물]; ~ иссле́дования 연구대상 ② 건설현장, 기업소; вое́нный ~ 군사시설 ③ (철학) 객체, 객관
объекти́в (남) 대물렌즈, 대물경; ~ микроско́па 현미경의 대물렌즈
объективи́зм (남) 객관주의; 객관성
объекти́вность (여) 객관성, 객관적실재
объекти́вный (형) ① 객관적인; ~ая причи́на 객관적인 원인; ~ая реа́ль ность 객관적실재; ~ая оце́нка 공정한 평가
объём (남) ① 체적, 용적 ② 범위, 크기, 량: ~производства 생산량, ~ гру́ди 가슴의 둘레
объёмистый (형) 체적(용량)이 큰; ~ая книга 부피가 큰 책
объявле́ние (중) ① 포고, 시명, 선고, 공포, 통고, ② (신문, 벽에서) 알림, 광고, 선전, 피알(P.R.); ~по ра́дио 라디오광고
объявля́ть (미완) ① 공포(포고,선포)하다; ~ войну́ 선전포고하다, ② 선언(선고)하다, 선명하다, 공포(공표)하다, ~ собра́ние откры́тым 개회를 선언하다 ③ 표명(표백)하다, 명백히 말하다, ~ бла года́рность 감사의 뜻을 표하다
объясне́ние (중) 설명, 해설, 해석, 설어, 신해, 해명,
объясни́тельный:~ая запи́ска 설명서
объясня́ть (미완) 설명하다, 해설하다, 해명하다

объясня́ться (미완) ① 자기처지를 설명하다, 자기의사를 설명(변명)하다 ② чем 설명(해명)되다, 원인으로 되다; З: ~ яться по-коре́йски 한국어(조선말)로 이야기하다, 한국말이 통하다; ~ яться в любви 사랑을 고백하다

объя́тия (복수) 포옹; заключи́ть в ~ 부둥켜안다, 끌어안다

объя́тный (형) 휩싸인; ~ пла́менем 불에 휩싸인; ~ стра́хом 공포에 사로잡힌

обыва́тель (남) 속물(俗物)

обыва́тельский (형) 속물적인; ~ие настрое́ния 속물근성

обыгра́ть (완), **обы́грывать** (미완) ~에서 이기다, 따다; ~ в футбо́л 축구[경기]에서 이기다

обыденный (형) 일상적인, 보통날; ~ая жизнь 일상 생활

обыкнове́ние (중) 풍습, 행습, 습관, 상례, 상습,

о́быск (남) 수색; дома́шний ~ 가택수색

обыска́ть (완), **обы́скивать** (미완) 수색하다, 수사하다, 뒤지다, кого. 몸을 뒤지다

обы́чай (남) 풍습, 관례; наро́дный ~ 민속; хоро́ший ~ 미풍

обы́чно (부) 보통, 통례로; как ~ 언제나(어느 때와) 같이; приходи́ть ра́ньше чем ~ 어느 때 보다 일찍 오다

обы́чный (형) ① 보통, 통례, 일상적인; ~год 예년; ~ у́ровень 보통수준; ~ челове́к 평범한 사람

обя́занность (여) 임무, 의무, 책임; служе́бные ~и 직무상 임무; во́инская ~ь 병역의무; исполня́ю-щий ~и 대리; э́то не вхо́дит в мои́ ~и 이것은 내가 맡아하는 것이 아니다,

обя́занный (형) ① [+미정형] ~할 의무가 있는, 책임이 있는; я обя́зан ему́ помо́чь 나는 그를 도와주어야 한다 ② кому́ чем 신세를 진, 은혜를 입은;

обяза́тельно (부) 꼭, 반드시, 모름지기

обяза́тельный (형) ① 의무적인, 필수적인 ② 필연적인; всео́бщее ~ое обуче́ние 전반적의무교육

обяза́тельство (중) 결의과제, 결의목표, 약속, 공약; брать (взять) на себя́ ~о 의무를 지니다; дава́ть ~о 결의를 다지다

обя́зывать (미완) ① 의무를 부과하다(지우다); его́ ~али уплати́ть 10 руб ле́й 그가 10 루블을 지불하도록 하였다

обя́зываться (미완) ① 의무를 다지다, 결의를 다지다, 서약하다; ~ храни́ть та́йну 비밀을 지킬 것을 서약하다

ова́л (남) 타원형, 계란형, 난원형; ~ лица́ 얼굴 윤곽

ова́льный (형) 타원형의, 계란형의, 난원형의, 동그란.

ова́ция (여) 박수갈채; бу́рная ~ 우레와 같은 박수갈채

овдове́ть (완) 홀아비(홀어미)로 되다
овёс (남) 귀밀, 귀리, 광맥, 연맥, 이맥, 작맥(雀麥)
ове́чий (형) 양(羊), 암양; ~ья шерсть 양털
овладева́ть (미완), овладе́ть (완) ① 점령(점유)하다, 탈취하다; ② (감정, 마음 등을) 바로잡다, 수습하다; 사로잡다; мной~л страх 나는 공포에 사로잡혔다; ③ 습득(소유)하다; ~ техникой 기술을 습득하다; ~ знаниями 지식을 소유하다
о́вод (남) 등에, 비망, 목망, 맹충
овощево́дство (중) 야채(남새.채소)재배, 야채학, 채소학
овощехрани́лище (중) 야채저장고
о́вощи (복수) 남새, 야채, 채소
овощно́й (형) 야채의, 채소의:~ магазин 야채(남새)상점
овра́г (남) 골, 골짜기
овся́ный (형) :~ая крупа 귀밀쌀; ~ая каша 귀밀죽
овца́ (여) [암]양, 면양
овцево́дство (중) 누에. 양잠업(養蠶業)
овча́рка (여) 집짐승 떼를 지키는 개
овча́рня (여) 양우리, 양사
овчи́на (여) 양털가죽, 양모피(羊毛皮)
ога́рок (남) 담배꽁초, 타다 남은 것
огиба́ть (미완) ① 에돌다, 휘돌다, 우회하다 ② 구부려서 두르다(돌려 매다, 씌우다)
оглавле́ние (중) 차례, 목록(目錄)
огла́ска (여) : предавать ~е 공개하다; получить ~у 알려지다
оглаша́ть (미완) 선고(공포,공시)하다, 알리다, 발표하다; ~ проект резолюции 결의안을 발표하다
оглаше́ние (중) 선고, 공개, 발표; ~ю не подлежит 비공개
огло́бля (수례의) 끌채
оглуши́тельный (형) (소리에 대하여) 귀청이 째질듯한, 귀를 멍멍하게 하는
оглуши́ть (완) ① (큰 소리로) 귀를 멍멍하게 하다 ② 기절하게 하다, 정신이 멍하게 만들다
огля́дка (여): без ~и ① 뒤도 안돌아보고; бежать без ~и 뒤도 안돌아보고 내뛰다 ② 부랴부랴; с ~ой 조심스럽게
огля́дывать (미완) 훑어보다, 돌아보다, 살펴보다; ~ с ног до головы 발끝부터 머리끝까지 훑어보다
огля́дываться (미완) ① 뒤를 돌아보다(돌이켜보다); ~ на прошлое 지난날을 돌이켜보다, 과거를 회고하다 ② 자기 주위를 돌아보다(살펴보다), 둘러보다

огнево́й (형) ① (군사) 화력, 사격; ~ая точка 화점; ~ая завеса 탄막; ~ые средства 화력기재 ② 불타는, 불같은

огнемёт (남) 화염방사기

огнеопа́сный (형) 불붙기 쉬운, 인화 성의; ~ые вещества 인화성의 물질

огнестре́льный (형) ~ое оружие 화력 무기 총포

огнетуши́тель (남) 소화기(消火器)

огнеупо́рный (형) 내화, 내화성; ~ кирпич 내화벽돌

о́го (감) 야! 아이구!

огова́ривать (미완) ① 중상(모함)하다, 걸고 나자빠지다 ② 미리약속하다(정하다), 조건을 붙여두다; ~срок работы 작업 기간을 미리 정하다

огова́риваться (미완) 말을 잘 못하다, 실언하다, 말실수하다

огово́рка (여) ① 미리 일러두는 조건, 보류조건; без ~ок 무조건 ② 실언, 말실수

оголте́лый (형) 분별없이 날뛰는, 미쳐 날뛰는, 포악한

огонёк (남) 열정, 혈기; работать с огоньком 정열적으로 일하다

ого́нь (남) ① 불, 불길; зажигать ~ 불을 켜다(달아놓다) ② 불빛, 등불 ③ (군사) 사격, 포화, 화력; открывать ~ 사격을 개시(가)하다 ④ 열정, 정열, 혈기 ⑤ (군령) ~! (구령)쏴!; игра с огнём 불장 난[소동]; между двух огней 진퇴양난

огора́живать (미완) 둘러치다, 둘러 막다; ~двор забором 뜰을 울타리로 둘러막다

огоро́д (남) 남새밭, 텃밭, 작은 채소밭

огоро́дничество (중) 남새재배

огоро́дный (형) 채소밭, 남새밭, 텃밭; ~ые культуры 남새작물

огорча́ть (미완) 슬프게(애타게)하다, 상심하게 하다

огорча́ться (미완) 슬퍼하다, 안타까워하다, 상심하다, 마음아파하다

огорче́ние (중) 슬픔, 상심; 유감, 번민; причинять ~ 슬프게(상심하게)하다

огорчённый (형) 슬픈, 기분이 상한, 서운한

огра́бить (완) 약탈(강탈)하다, 탈취하다

ограбле́ние (중) 약탈, 강탈

огра́да (여) 울타리, 담; каменная ~ [벽] 돌담

огради́ть (완), **огражда́ть** (미완) 막다, 지키다; ~ от волнений

흥분하지 않도록 하다
ограничение (중) 제한, 국한, 한정; ~ вооружений 군비제한
ограниченность (여) ① 국한성,제한성 ② 편협성, 협애성
ограниченный (형) ① 제한(한정)된, 적은 ② 시야가 좁은, 편협한, 옹색한; ~ человек 옹생원
ограничивать (미완) ① 제한(한정)하다, 구속하다 ② 한계를 이루다, 협애하게 하다
ограничиваться (미완) ① *чем* ~하는데 국한되다, 한하다, 그치다 ② 만족하다; нельзя ~ достигнутыми успехами 달성된 성과에 만족하여서는 안된다
ограничить[ся] *см* ограничивать[ся]
огромный (형) ① 커다란, 크나큰, 웅장한; ~ый дом 웅대한 집; ~ая сумма 거액; ~ые волны 집채와 같은 물결
огрызаться (미완), **огрызнуться** (완) ① (사람에 대하여) 거칠게(무뚝무뚝하게) 대답하다, 되받다 ② (개가) 물려고 짖다
огрызок (남) 깨물어 먹힌 토막, 찌기
огульно (부) ① 통털어, 털어놓고 ② 모두 같이(함께) ③ 덮어놓고; обвинять ~ 덮어놓고 비난하다
огульный (형) 덮어놓고 하는, 근거가 불충분한
огурец (남) 오이; свежий ~ 생생한 오이, 애오이; солёный ~ (소금에) 절인 오이
ода (여) 송시, 송가
одалживать (미완) 빌려주다, 대여주다
одарённый (형) 재능있는, 천재적인, 그릇이 큰
одаривать (미완), **одарить** (완), **одарять** (미완) ① 선사하다, 선물을 드리다 ② (재능, 특징을) 부여하다
одевать (미완) ① *что* ~을 입다(쓰다, 신다), ② *кого* ~에게 옷을 입히다(입혀 주다)
одеваться (미완) 옷을 입다, 옷차림 하다; нарядно ~ 매무시를 잘하다
одежда (여) 옷, 의복; 옷차림; верхняя ~ 겉옷; шить ~у 옷을 짓다(하다)
одеколон (남) 살결 물, 미안수
оделить, **оделять** (미완) (선물을) 나누어주다, 나눔질 하다; 분배 하여주다
одёргивать (미완) ① *что* ~을 아래로 잡아당겨서 반듯이 하다, 당겨내리다 ② *кого* ~을 못하게 하다(막다, 제어하다).
одержать (완), **одерживать** (미완) : ~ верх над *кем* ~을 이기다,

타승하다;~ победу 승리하다, 승리를 쟁취하다

одея́ло (중) 이불, 담요; ватное ~ 솜이불; детское ~ 포대기

оди́н ① (수) (남) (одна (여), одно (중), одни (복수)) 하나, 1(일), 한개;~ челове́к 한사람; одна́ кни́га 책 한권; ② (형) 1) 오직 하나의, 하나의; 2) 혼자, 홀로; он живёт ~ 그는 혼자 살고 있다 3) 같은, 동일한; жить в одно́м до́ме 한집에서 산다 ③ [대] 1) 하나, 한사람; 2) [미정대] 한, 어떤

одина́ково (부) 꼭같이, 똑같이, 동일 하게, 골고루

одина́ковый (형) 똑같은, 동일한; 가지 런한, 동등한

одинна́дцатый (수) 열한번째, 11(십일) 번째, 제 11(십일)

одинна́дцать (수) 11(십일), 열하나

одино́кий (형) ① 외로운, 고독한, 외딴, 동떨어진, 호젓한; ~ий дом 외딴집; ② 동떨어진, 고립된;~ое де́рево 독립수; ~ая жизнь 독살림 ③ (명사) (남) 독신자, 홀몸

одино́чество (중) 독신생활, 홀앗이, 고독; жить в ~е 외롭게 살다, 독신 생활을 하다; чу́вство ~а 고독감

одино́чка (남, 여) ① 독신자, 무의, 무탁자, 홀몸; жить в ~у 독신생활을 하다 ② 독방; в ~у 단독으로, 혼자서;

одино́чный (형) ① 단독; ~ая ка́мера 독방 ② 따로따로, 개별적인;~ые вы́стрелы 단발사격, 개별적인 사격

одио́зный (형) 혐오스러운, 괘씸한; ~ая ли́чность 괘씸한 사람

одича́ть (완) 야생화되다, 야만적으로 되다; 거칠어지다

одна́жды (부) 어느 날, 한때에, 한번은; ~ у́тром 어느 날 아침에

одна́ко (접) 그러나, 그렇지만, 그런데

однобо́кий (형) 일면적인, 편파적인

одновреме́нно (부) 동시에, 일시에; 한꺼번에

одновреме́нный (형) 동시적인, 같은 때의; два ~ых собы́тия 동시에 일어난 두 가지 사건

одного́дки (복수) 동갑

однодне́вный (형) 1(일) 일간, 하루 (동안).

однозна́чный (형) ① 뜻(의미)이 같은, 동의 ②: ~ое сло́во 단의어; ~ое число́ 한자리수

одноимённый (형) 이름이 같은

однокла́ссник (남),~ца(여) 동기생

одноклеточный (형) 단세포;~ organism 단세포생물

одноколе́йный (형) 단선; ~ая желе́зная доро́га 단선철도

однокомнатный (형) 단간짜리, 단간방, 원룸

однокýрсник (남),**~ца** (여) (대학에서) 동기생, 동급생

однолéтний (형) ① 1(일) 년간 ② 1(년)생; ~ее растение 1 (일) 년생식물

одномéстный (형) 단좌석, 한 자리; ~ самолет 단좌석비행기; ~ая каюта 일인 전용선실

однообрáзие (중) 단조로움, 천편일률

однообрáзный (형) 단조로운, 천편일률 적인, 모양이 같은; ~ая работа 단조로운 사업

одноро́дный (형) 동종의, 같은종류(성질)의, 유사한; ~ые члены предложения (언어) 문장의 동종성분

односло́жный (형) ① (언어) 단음절; ~ое слово 단음절단어 ② 외마디; ~ ответ 외마디 대답

односту́рчатый: ~ая дверь 외짝문

односторо́нний (형) ① 일면적인, 편파적인; ~ее обязательство 편파적공약; ② 단면의, 일면의, 한쪽만; 한면만; ~ее движение[транспорта](철도) 일방통행

однотúпный (형) 동류의, 같은종류의, 같은 유형으로.

однотóмник (남) 한권자리 책

однофамúлец (남),**~ица** (여) 성이 같은 사람

одноцвéтный (형) 단색, 같은 색; ~ая ткань 단색천

одночлéн (남) (수학) 단항식, 일항식

одноэтáжный (형) 단층의; ~ое здание 단층 건물

одобре́ние (중) ① 찬성, 찬동; 칭찬; выражать~ 찬성을 표시하다 ② 승인, 긍정, 시인

одобрúтельный (형) 찬성하는, 찬동 하는, 승인하는

одо́брить (완), **одобря́ть** (미완) ① 찬성(찬동, 칭찬)하다 ② 승인(긍정, 시인)하다

одолевáть (미완), **одолéть** (완) ① 이겨내다, 극복하다, 해내다 ② 이기다, 타승하다 ③ 사로잡다; ④ 깨치다, 습득하다

одолже́ние (중) 은혜, 친절; [с]делать ~ 은혜를 베풀어주다;

одувáнчик (남) 민들레, 금잔초, 지정

одутловáтый (형) 부은, 부석부석한, 좀 부은; ~ое лицо 부석부석한 얼굴

одухотворённый (형) 숭고한, 감정에 충만된, 영감을 받은

одушевлённый (형): ~ предмет (언어) 활동체

оды́шка (여) 숨이 차는(차하는 것), 숨가쁨; страдать ~ой 숨이 차하다 (가쁘다)

ожерéлье (중) 목걸이; жемчужное ~ 진주목걸이

ожесточа́ть (미완) ① 사나워지게 하다, 무정해지게 하다, 냉혹해지게 하다 ② 격분케 하다, 악에 받치게 하다

ожесточа́ться (미완) ① 사나워지다, 냉혹해지다, 무정해지되다 ② 격분하다, 악에 받치다

ожесточе́ние (중) ① 사나운 마음, 냉혹 ② 격분, 악의 ③: с ~м 완강하게

ожесточённый (형) 가열한, 치열한, 맹열한; ~ая борьба 치열한 투쟁; ~ая бом-бардировка 맹폭격

ожива́ть (미완) ① 되살아나다, 소생하다, 숨이 돌다; ② 다시 활기(원기)를 띠다 ③ 번화해지다

оживле́ние (중) ① 소생; 재생; ② 활기, 부활; ③ 번화가; ~ на улице 거리가 번화하다

оживлённо (부) 활기(생기)있게; ~ разг-оваривать 활기를 띠고 이야기하다

оживлённый (형) 활기(생기)있는, 활발한; 흥성거리는, 번화한; ~ая улица 번화한 거리

оживля́ть (미완) ① 살리다, 소생시키다, 되살아나다 ② 부활시키다, 원기(활기)를 띠게 하다, 추세우다; ~ рабо́ту 일에 신바람이 나게 하다

оживля́ться (미완) 활기(원기)를 띠다, 활발해지다

ожида́ние (중) ① 기다리는 것, 대기; зал ~я 기다실 ② 예상, 예정, 기대; обма-ну́ть чьи ~я 누구의 기대에 어긋나다;

ожида́ть (미완) ① 기다리다, 기대하다 ② 예상하다; как и сле́довало ~ 예상하던대와 같이

ожире́ние (중) 비대, 살지는 것

ожо́г (남) 화상;получи́ть ~ 화상을 입다

озабо́тить (완) 수고를 끼치다, 걱정 시키다

озабо́титься (완) 배려하다, 걱정(수고) 하다

озабо́ченность (여) 근심, 걱정, 염려

озабо́ченный (형) 근심스러운, 염려하는

озагла́вить (완), **~ливать** (미완) 제목을 달다(붙이다); ~ статью́ 논문에 제목을 달다

озада́ченный (형) 어쩔줄 모르는, 어리둥절한; 난처해하는

озада́чить (완),**~вать** (미완) 난처하게 하다, 어리둥절하게 하다; ~ть вопро́сом 물음으로 당황케 하다

озаря́ть (미완) 비추어 밝히다, 밝혀 주다, 비추다; меня́ ~ила мысль 나에게는 문뜩 생각이 떠올랐다

озаря́ться (완) 비추이다, 환해지다; ~ све́том 빛에 의하여 환해졌다

- 461 -

озвере́лый (형) 야수같이 사나운, 미쳐서 날뛰는; 야만적인; ~ враг 포악 무도한 원수

озву́чивать (미완),**-ть** (완) 발성화하다; ~вать фильм 영화를 발성화하다

оздорови́тельный (형): ~ая гимнастика 보건체조; ~ые мероприятия 보건시책, 건강증진 대책

оздорови́ть (완) ① 위생문화를(위생상으로) 개선하다 ② 건전하게 만들다; ~ обстановку 분위기를 건전케 하다

оздоровле́ние (중) 보건시설(위생물화) 의 개선

озелене́ние (중) 특화, 특구화; ~ городов 도시특화

о́зеро (중) 못, 호수; солёное ~ 짠물호수, 담수호

ози́мые (복수) 가을작물

ози́мый (형) 가을에 파종하는; ~ый сев 가을 붙임, ~ая пшеница 가을밀

озира́ться (미완) (휘) 돌아보다, 두루 살펴보다; ~ по сторонам 사방을 돌아보다(바라보다)

озлобле́ние (중) 악의, 앙심; 격분; говори́ть с ~м 악에 받쳐 말하다

озло́бленный (형) 악에 받친, 악의를 품은, 극악한

озлобля́ть (미완) 악에 받치게 하다, 그악하게 하다, 사나워지게 하다

озлобля́ться (완) 악에 받치다, 악이 오르다, 악의를 품다

ознакомле́ние (중) кого 알려주는 것; с чем 알아보는 것; ~ с планом работы 사업계획의 요해

ознаменова́ние (중): в ~ чего ...을 기념(으로) 하여

ознаменова́ть(완) 기념하다, 경축하다

ознаменова́ться (완) 특기되다, 수놓아 지다; истёкший год ~лся большими успехами 지난해는 커다란 성과로 빛났다

означа́ть (미완) 뜻하다, 의미하다, 뜻이 있다, 나타내다

озно́б (남) 오한; чу́вствовать ~ 오한이 나다

озо́н (화학) 오존(ozone)

озо́рик(남),**-ца** (여) 장난꾸러기

озорнича́ть (미완) 장난질하다

озорно́й (형) 장난이 심한, 장난치는

озо́рство (중) 장난질

ой (감) (놀라움, 고통, 기쁨, 유감을 표시) 아!, 아이구!, 어이!

оказа́ние (중) ~주는 것, ~하는 것, ~ по́мощи 원조(도움)를 주는 것; ~ поддержки 지지하는 것

ока́зывать (완) (일부 명사와 함께) ~하다, ~을 주다(끼치다); ~

внимание 주의를 돌리다; ~ влияние 영향을 주다
оказываться (미완) ① 있다, 존재하다; ② (어떤곳에) 나타나다, 나지다, ~에 빠지다, 있게 되다, 나서다; ③ (어떤상태에) 처하다, 직면하다, 빠지다, 당하다, ~하게 되다; ④ (무인칭) 명백해지다, 판명되다
окаменеть (완) ① 석화되다, 화석으로 되다, 땅땅해지다, 굳어지다 ② 뻥해지다, 굳어지다, 냉정해지다
окантовка (여) (옷이나 그림 등에) 테두른 선, 테두리선
окапывать (미완) см. 주위에 파다, 둘러파다
окапываться (미완) 전호(참호)를 파고 자리잡다
окатить (완) 끼얹어 씻다;~ хо лодной водой 격한 것을 진정시키다
океан (남) 대양, 해양; Тихий ~ 태평양
океанский (형) 대양; 해양; ~ паро ход 대양선
окидывать (미완), **окинуть** (완): ~ взглядом 훑어보다, 둘러보다, 시선을 던지다
окисление (중) (화학) 산화(酸化)
окислитель (남) (화학) 산화제(酸化劑)
окислять (미완) (화학) 산화시키다
окисляться (미완) (화학) 산화하다
окись (여) (화학) 산화물;~ углеро да 일산화탄소
оккупант (남) 강점자, 점령자
оккупационный (형) 점령, 강점;~ые войска 점령군
оккупация (여) 강점, 점령
оккупированный (형) 강점된, 점령된
оккупировать(미완,완) 강점(점령)하다
оклад (남) 노임 일정액, 노임액; месяч ный ~ 월로로 일정액; повышать ~ 노임 일정액을 높이다
оклеивать (미완), **оклеить** (완) 발라 붙이다, 바르다; ~ обоями 도배하다
оклик (남) 부르는(불러세우는) 소리
окно (중) ① 창문, 창; круглое ~о 둥근 창; ② 창문턱; на ~е лежит книга 창문 턱에 책이 놓여있다 ③ 구멍 ④ (일할 때에) 짬
оковы (복수) ① 쇠사슬, 철쇄, 수갑; ② 질곡, 구속; ~ рабства 노예의 쇠사슬
околачиваться(미완) 빈들거리다, 건달부리며 돌아다니다;
околдовать (완) ① 마술에 걸리게 하다, 마취시키다 ② 매혹되게 하다

о́коло (전,부) [+생] ① 곁에, 가까이에; 부근에, 근처에; сядь ~ меня́ 내 곁에 앉아; ~ го́рода 도시부근에; собира́ться ~ учи́теля 교원의 주위에 모이다; ② 약(約), 대략;~ трёх часо́в 약 세 시간

око́льный (형) (에)돌아가는, 우회하는; ~путь 돌음길, 우회로

око́нный (형) 창문; ~ая ра́ма 창틀; ~ое стекло́ 창유리

оконча́ние (중) ① 종결, 완료, 수료, 졸업; ~ сро́ка 기한 말; ② 끝, 마감 ③ (언어) 어미; падежно́е ~ 격어미

оконча́тельно (부) 최종적(종국적)으로, 완전히; реши́ть ~ 최종적으로 결정하다

оконча́тельный (형) 최종적인, 종국적인; ~ая побе́да 종국적 승리; прийти́ к ~ому реше́нию 결판을 내다

око́п (남) (군사) 전호, 참호

о́корок (남) ① 햄, 함 ② (돼지의) 넓적 다리고기

окра́ина (여) ① 끝 변두리; ~ дере́вни 마을 끝 ② 변방, 변강(지대)

окра́ска (여) ① 물들이기, 염색, 색칠 하기 ② 빛깔, 색깔; 채색

окра́шенный (형) 물들인; осторо́жно, ~о! 칠 주의!, 페인트 주의!

окре́стность (여) 부근, 주변, 근처; ~и го́рода 도시주변, 도시근처

окре́стный (형) 부근, 주변

о́крик (남) ① 부르는 소리, 외침소리; ~ часово́го 보초의 외침소리 ② 호령, 호통; гру́бый ~ 꾸짖는 소리

окри́кнуть (완) 불러 세우다, 큰 소리로 부르다

окрова́вленный (형) 피투성이의;~бинт 피투성이가 된 붕대

окро́шка (여) 오크로쓰까(냉국의 일종, 크와스와 잘게 썬 남새와 고기로 만든 요리)

о́круг (남) ① 지구, 구역, 구(區) ②: из бира́тельный ~ 선거구; вое́нный ~ 군관구

округли́ть (완), **округля́ть** (미완) ① 둥글게 하다 둥글리다 ② (수를) 반 올림하다, 정수로 계산하다(표시하다)

окружа́ть (미완) ① 에워싸다, 둘러싸다, 둘러막다; 포위하다 ② ~ внима́нием 잘 보살펴주다

окружа́ющий (형) ① 주위의, 주위에 있는, 부근; ~ая ме́стность 주위에 있는 지대; ② ~ие (복수) 주위의 사람들, 같이 있는 사람들; ③:~ее (중) 주위의 사물, 환경

окруже́ние (중) ① 포위하는 것, 둘러싸는 것 ② 환경,

주위의 사람들 ③ 포위, 포위망; попасть в~ 포위망에 들다
окружно́й (형) ① ~의 주위를 도는: ~ая желе́зная доро́га 순환선철도 ② 구(區)의: ~ая избира́тельная коми́ссия 선거구위원회
окру́жность (여) (수학) 원, 원둘레, 원주(圓周)
окрыли́ть (완), **окрыля́ть** (미완) 활기띠게 하다, 용기를 북돋우주다, 고취하다; ~ наде́ждой 희망을 북돋아 주다
окта́ва (여) (음악) 옥타브(음정을 나타내는 단위; 기호:Oc)
октя́брь (남) 10月(시월); в ~е 10月에
октя́брьский (형) 10月(시월)의;
окули́ст (남) 안과의사
окуля́р (남) 대안렌즈, 접안렌즈
окуна́ть (미완) (잠간동안) 잠그다, 담그다, 수장시키다
окуна́ться (미완) ① (잠간동안) 몸을 잠그다, 잠기다; ② 몰두하다, 붙박 하다; ~ в рабо́ту 사업에 몰두하다, 일에 붙박하다
о́кунь (남) 강농어, 농어
окупа́ть (미완) 보상하다, 갚[아주]다; ~расхо́ды на пое́здку 여비를 보상하다
окупа́ть (미완) ① 보상하다, 갚아지다; расхо́ды ~или́сь 비용이 보상되었다 ② 보답하다
окуро́к (완) 담배꽁다리(꼬투리), 꽁초
оку́тать (완), **оку́тывать** (미완) ① 둘러싸다, 감싸다; ~ть ше́ю шарфо́м 목에 목도리를 두르다 ② 뒤덮다, 휩싸다; тума́н ~л ро́щу 안개가 숲을 뒤덮었다
оку́чивание (중) 북주기, 흙으로덮기
оку́чивать (미완), **оку́чить** (완) 북을주다(돋우다); ~ карто́фель 감자에 북을 주다
ола́дья (여) (복수) ~и 기름떡(팬에 지진 기름빵의 일종)
олеа́ндр (남) (식물) 협죽도(夾竹桃. 유도화(柳桃花).)
оледене́ние (중) 빙결, 빙결, 동빙, 동결, 얼음으로 덮인 것
оленево́д (남) 사슴(을) 기르는 사람, 사슴 사유사(사양공_
оленево́дство (중) 사슴 사육(기르기)
оле́нь (남) 사슴, 녹(鹿), 녹소니;се́верный ~ 북극사슴, 순록
оли́ва (여) (식물) 올리브(나무); 감람나무, 올리브(열매)
оли́вковый (형) ① 올리브의, 감람의: ~ое ма́сло 올리브(감람)의 기름 ② :~ый цвет 암록색
олига́рхия (여) 과두정치; фина́нсовая ~ 금융 과두정치
олимпиа́да (여) 올림픽(경기) 대회

олимпи́йский (형) 올림픽(대회); ~ие игры 올림픽경기대회

оли́фа (여) 보일유

олицетворе́ние (중) ① 인격화 ② 체현, 화신

олицетвори́ть (완), олицетворя́ть (미완) 체현(인격화)하다

о́лово (중) ① 주석, 석놋쇠, 석(錫) ② 백철, ② 땜납, 동납철

оловя́нный (형) 주석(석)으로 만든, 주석의, 백철의, 동납철의.

о́лух (남) 멍텅구리, 머저리, 어리보기, 어림장이, 얼뜨기, 바보

ольха́ (여) 오리나무, 유리목, 적양

ом (남) 옴(ohm: 저항 기호 W)

ома́р (남) 바다가재, 대하(大蝦), 큰새우

омерзе́ние (중) 혐오감, 얄미움; испы́тывать~е 혐오감을 느끼다, 얄미워하다; до ~я 역겨울 지경으로

омерзи́тельный (형) ① 혐오스러운, 징그러운; ② ~ое настрое́ние 몹시 불쾌한 기분

омертвле́ние (중) 감각(지각)상실; ~ не́рва 신경마비

омле́т (남) 오믈렛(닭알지짐의 한가지)

омоло́живание, омоложе́ние (중) 젊어 지게 하는 것, 젊게 하는 법

омо́ним (남) (언어) 소리 같은 말, 동음이의어(同音異議語)

омрача́ть (미완) 침울하게(우울하게)하다

омрача́ться (미완) 침울(우울) 해지다, 흐려지다

о́мут (남) ① (강이나 호수의) 심연(深淵) ② 소용돌이

омыва́ть (미완) (지리) 둘러싸다; мо́ре ~ет о́стров 바다가 섬을 둘러싸고 있다

омыва́ться (미완) (바다, 대양으로) 둘러 싸이다

он (인칭대) (남) ① [н] его́ (생, 대), [н] ему́, [н] им (조), о нём (전); 그, 그이, 그분, 그 사람; ② 그것

она́ (인칭대) (여) ① ([н]её (생, 대), [н]ей (여), [н]е́ю 또는 [н]ей (조), о [н]ей (전)); 그 여자, 그, 그이, 그분; ~ ушла́ 그 여자는 갔다 ② 그것

онда́тра (여) (동물) 사향 쥐

они́ (인칭대) (복수) ① ([н]их (생, 대), [н]им (여), [н]и́ми (조), о них (전)); 그 사람들, 그들, 이네; ~ победи́ли 그들은 승리하였다; о них весте́й нет 그 사람 들에 대한 소식이 없다 ② 그것들

онколо́гия (여) 종양학(腫瘍學)

оно́ (인칭대) (남) ([н]его́ (생, 대), [н]ему́ (여), [н]им (조), о нём

(전));

ООН(Организация Объединённых Наций) (여)유엔(UN: United Nations) 국제연합(國際聯合).

опадáть (미완) 떨어지다; листья опали 나뭇잎이 떨어졌다

опáздывать (미완) ① 늦다, 늦게 오다, 지각하다; ~ на поезд 기차를 놓치다, 기차시간에 늦다 ② 지연되다

опáливать (미완), **опалить** (완) 약간 태우다, 그슬다; ~ курицу 닭을 불에 태우다

опасáться (미완) ① 두려워하다, 겁나하다, 무서워하다; ~ морозов 추위를 두려워하다 ② 우려하다, 불안을 느끼다

опасéние (중) 두려움, 위구(危懼); питать ~я 두려운 마음을 가지다;~я подтвердились 우려되는바가 확증되었다

опáсно (부) ① 위험하게 ② [술어] 위험하다, 위태롭다

опáсность (여) 위험, 위태로움; под вергаться ~и 위험에 처하다; пренеб регать ~ью 위험을 무릅쓰다

опáсный (형) ① 위험한, 위태로운; ~ая обстановка 위험한 정세 ②;~ая болезнь 위중(위독)한 병

опéка (여) 후견, 보호; брать под ~у 후견하에 두다

опекáть (미완) ① 후견하다 ② 보호하다, 보살펴주다; ~ младших 손아래 사람들을 돌보다

опекýн (남) 후견인(後見人)

опекýнство (중) 후견; 후견인의 의무

óпера(여)① 가극, 오페라 ② 가극극장

оперативность (여) ① 기동성, 행동력 ② 실무성

оперативный (형) ① 작전의;~ый план 작전계획 ② 기동적인, 능란한, 영활한; ③ ~ое вмешательство 수술

оперáтор (남) ① 기계(운전)공, 기계취급전문가 ② (영화) 촬영기사

операциóнная (여) 수술실, 수술장

операциóнный (형) 수술의, 수술용의;~ стол 수술대

операция (여) ① 수술; делать ~ю 수술하다 ② (군사) 작전; десантная ~ 상륙작전 ③ (매매, 무역등의) 업무, 거래 ④ (공학) 조작. 공작

опередить (완), **опережáть** (미완) (따라) 앞서다, 능가하다

оперéние (중) ① 깃; пёстрое ~ 아롱 아롱한 깃 ② (항공) хвойное ~ 꼬리날개

оперéтта (여) 경가극, 경극

оперировать (미완) ① 수술하다 ② 써먹다, 이용하다; ~ фактами 사실을 이용하다

- 467 -

опериться (완) ① 깃이나다, 깃으로 덮이다 ② 성숙해지다, 자립적인 사람으로 되다

оперный (형) 가극; ~ театр 가극극장

опечалить (완) 슬프게(서럽게)하다

опечалиться (완) 슬프게(서럽게)되다, 슬퍼(서러워)하다

опечатка (여) (인쇄) 오식; список замеченных ~ок 고침표, 정오표

опечатывать (미완) 봉인하다, 차압하다; ~комнату 방을 봉인하다

опешить (완) 어리둥절해지다, 흥미해 지다, 깜짝 놀라다

опий (남) 아편, 마약; 모르핀(morphine), 오픔(opium); 양귀비, 앵속, 검은약, 검은액, 아편 약담배.

опилки (복수) 톱밥, 쇠밥; древесные ~ 톱밥, 나무밥

опираться (미완) 기대하다, 의지하다; 의거(입각) 하다

описание (중) 묘사, 서술, 진술서

описательный (형) 서사적인, 서술적인

описка (여) 잘못 쓴 것, 오기

описывать (미완) ① 묘사(서술, 진술)하다 ② 기록하다; 목록을 만들다 ③ : ~ имущество (법률) 재산을 차압하다 ④ (수학) 외접시키다

опись (여) 명세서, 목록; инвентарная ~ 비품 명세서(목록)

опиум (남) ① 아편; курильщик ~a 아편쟁이; курить ~ 아편을 피우다 ② 중독, 아편

оплакивать (미완) 곡하다, 애도(탄식) 하다

оплата (여) ① 보수; ~ труда 노력보수 ② 지불; сдельная ~ 도급지불

оплаченный (형): телеграмма с ~ым ответом 답신요를 전불한 전보

оплачивать (미완) ① 내주다, 지불하다; 물다; ~ расходы по командировке 출장비를 내주다(지불하다); ~ счёт 계산서대로 지불하다; ~ труд 노력보수를 지불하다

оплодотворение (중) (식물, 생리) 수정, 정자받이, 태앙기; искусственное ~ 인공수정

оплодотворить(완), **оплодотворять**(미완) 수정(수태)시키다

оплот (남) 성채, 요새

оплошность (여) 잘못, 실수, 불찰; допустить ~ 실수하다, 잘못을 저지르다; исправить свою ~ 자기의 잘못을 바로잡다

оповестить (완), **оповещать** (미완) 알리다, 알려주다, 통지(통보)하다

оповеще́ние (중) 통지, 통보, 공시

опозда́ние (중) 지각, 지연, приходить с ~м 늦어오다

опознава́тельный (형) :~ые знаки 표식, 부호

опознава́ть (미완),~на́ть (완) 보고알다, 식별하다; ~нать убитого 죽은 사람을 보고 [누구인가를] 알아내다

опола́скивать (미완) 물을 끼얹어 씻다, 물로 가시다, 대강 대강 씻다

опо́лзень (남) 사태, 상태, 상황

ополча́ться (미완) ① 비난해(반대해) 나서다, 덤벼들다 ② 무장하여 전쟁에 일떠서다

ополче́ние (중) 의용군, 의용대; наро́дное ~ 민병

опо́мниться (완) ① 제정신이 들다, 정신을 차리다 ② 마음을 잡다, 생각을 고치다; ~сь пока не поздно! 늦잖 않으니까 이제라도 고쳐 생각하게!

опо́р (남): во весь ~ 전속력으로, 몹시 빨리; (말의) 네굽을 놓다

опо́ра (여) ① 기둥, 지주; то́чка ~ы 지점, 지냉점; ~ы моста́ 다리기둥 ② 발판; ③ 지지, 의존, 기둥; ~а семьи́ 가족의 기둥

опо́рный (형) ①:~ый пункт 거점 ②:~ая ба́лка (건설)받침보

опорожни́ть(완),~я́ть (미완) [텅]비게하다, 바닥을 드러내다

опосты́леть (완) 미워나다, 싫증나다, 역해지다

опошли́ть (완), опошля́ть (미완) 비속화(저속화) 시키다, 저열하게 하다

опоя́сать (완), ~ывать (미완) ① 매여주다, 띠다 ② 둘러 싸다; река́ ~ала го́род 강은 도시를 둘러쌌다

оппозицио́нный(형):~ая па́ртия 야당

оппози́ция (여) ① 반대, 반항 ② 반대파, 야당(파)

оппоне́нт (남) 반대토론자, 반론자, 반대자; официа́льный ~ [학위논문] 공식심사위원

оппортуни́зм (남) 기회주의

оппортуни́ст (남) 기회주의자, 타협 주의자

опра́ва (여) 테, 틀;~ для очко́в 안경테

оправда́ние (중) ① 무죄판결, ② 변명, 구실, 해명, 정당화 находи́ть ~ 변명을 하다

опра́вдывать (미완) ① 무죄로 인정(선고)하다 ② 정당화 하다, 변명하다 ③ 보답하다; ~дове́рие 신임에 보답 하다; не ~ наде́жд 기대를 어그러뜨리다

опра́вдываться (미완) ① (자기의 무죄를) 변명(증명)하다 ② (희망, 기대, 예언 등이) 실현되다

оправля́ть(미완) 단정히(반듯이)하다, 정돈하다; ~пла́тье 옷을 단정히 하다

оправля́ться (미완) ① оправлять ② 회복(완쾌)되다, 정상화 되다;~от боле́зни 병이 완쾌되다

опра́шивать (미완) ① (많은 사람들에게) 물어보다 ② 심문(신문)하다; ~ свиде́телей 증인을 심문하다

определе́ние (중) ① 판정, 결정, 규정; ~ цен 가격의 결정; ~ расстоя́ния 거리의 판정 ② 정의, 정식화; дать нау́чное ~ чего́ ~의 과학적인 정의를 내리다 ③ (언어) 규정어

определённо (부) 확정적으로, 명확하게, 똑똑히

определённость (여) 정확성, 명확성

определённый (형) ① 일정한, 확정한; в~ый час 일정한 시간(시각)에 ② 명확한; ~ый отве́т 명확한 답변을 하다 ③ 일정한; в~ых слу́чаях 어떤 경우에는

определя́ть (미완) ① 판정(감정)하다, 재다; ~расстоя́ние 거리를 판정하다; ② 밝히다, 해명하다; ~ боле́знь 진단을 내리다 ③ 확정(규정)하다; ~ день встре́чи 만날(상봉) 시간을 정하다 ④ 정의를 내리다

определя́ться (미완) ① 정해지다, 결정(확정,규정)되다; 명확히 ② 자기의 위치(방위)를 판정(규정)하다

опробова́ние (중) 시험, 시운전

опрове́ргать (미완), **опрове́ргнуть** (완) 반박(논박)하다; ~ ло́жное сообще́ние 허위보도를 논박하다

опроверже́ние (중) ① 반박, 논박 ② 반박문; вы́ступить с ~м 논박연설하다; официа́льное ~ 공식반박

опроки́дывать(미완), **~нуть** (완) 넘어뜨리다, 거꾸러뜨리다, 뒤집어엎다, 엎지르다; ~дывать навзничь 자빠뜨리다; волной ~нуло ло́дку 파도가 쳐서 보트가 뒤집혔다

опроки́дываться(미완), **~нуться**(완) 뒤넘다, 뒤번지다, 엎치다, 자빠지다

опроме́тчиво (부) 덤벙덤벙, 다빡다빡, 서투르게; поступи́ть ~ 경거망동하다

опроме́тчивый (형) 덤벙이는, 서투른, 호들갑스러운

опроме́тью (부) 부리나케, 다급하게; вы́бежать~ 부리나케 뛰어나가다

опро́с (남) 심문, 취조, 문초;~свиде́телей 증인의 심문

опро́сный(형): ~лист 질문서, 조사서

опротестова́ть (완), **~о́вывать** (미완) 항의하다, 공소하다

опроти́веть(완) 넌더리가 나다, 역증 나다, 싫어지다

опры́скивание (중) (물을) 뿌리는 것, 분무, 분사; (농업) 벌레 약의 분무

опры́скиватель (남) 분무기, 뿜이개; 안개뿜이; 애터마이저(atomizer); 스프레이어(sprayer); 스프링클러(sprinkler)

опры́скивать (미완), **~нуть** (완) (물 등을) 뿌리다, 치다; ~кивать дере́вья 나무에 벌레 약을 뿌리다

опря́тный (형) 단정한, 산뜻한, 꼼꼼한

о́птика (여) ① (물리) 광학 ② (집합) 광학기구; магази́н <Оптика> 안경방

оптима́льный (형) 가장 알맞은(적합한); в ~ые сро́ки 최적기에

оптими́зм (남) 낙관주의, 낙천성

оптимисти́ческий (형) 낙천적인, 낙관 주의적인

опти́ческий (형) ① 광학[적인]; ~ при-бо́р 광학기구 ② 시각, 눈의; ~ обма́н 눈의 착각

о́птовый (형) 도매; ~ая торго́вля 도매상업, 도거리흥정; ~ая цена́ 도매 가격, 도매 값

о́птом (부) ① 도매로, 도거리로 ② 통째로, 한데 묶어서

опубликова́ние (중) 발표, 공포

опубликова́ть (완), **опублико́вывать** (미완) 발포(공포)하다, 싣다; ~ зако́н 법령을 공포(발포)하다

опуска́ть (미완) ① 내리우다, 내려놓다, 처뜨리다 ② 넣다, 놓다; ③ 늦추다, 헤치다; ④ 빼놓다, 줄이다, 생략하다;

опуска́ться (미완) ① 내리다, 내려 오다(가다), 가라앉다; 내려앉다, 주저 앉다; 눕다; ~ на коле́ни 무릎을 꿇다 ② 타락하다, 곯아빠지다

опустоша́ть (미완) 황폐하게하다, 폐허로 만들다, 없애 버리다

опустоше́ние (중) 황폐화, 공허하게 만드는것

опустошённость (여) 공허감; духо́вная ~ 정신공허

опустоши́тельный (형) 황폐하는, 파멸적인

опу́тать (완), **опу́тывать** (미완) ① 얽어 매다, 둘러 감다, 둘러매다 ② 사로 잡다, 얽어매다, 끌어들이다

опуха́ть (미완), **опу́хнуть** (완) 붓다, 부어오르다; лицо́ ~ло 얼굴이 부었다

о́пухоль (여) 붓기, 부종, 종양; злока́чественная ~ 악성종양;

опу́шка (여): ~ [ле́са] 수풀언저리, 산림가

опыле́ние (중) (식물) 가루받이, 수분; 수정

опыли́ть (완), **опыля́ть** (미완) ① 수분시키다 ② [벌레]

- 471 -

약을 뿌리다; ~ виног-радник 포도밭에 약을 뿌리다

опыт (남) ① 경험, 경력; собственный ~ 체험; обмениваться ~ом с кем ~와 경험을 나누다 ② 실험, 시험; химичес кие ~ы 화학실험

опытность (여) 경험, 숙달

опытный (형) ① 경험있는, 노련한; 본데가 많은 ② 시험[적인], 실험; ~ участок 시험포전

опьянение (중) ① 취기, 술에 취하는 것 ② 도취, 황홀

опьянить (완), **~ять** (미완) (술에) 취하게 하다; 도취시키다, 황홀케 만들다; успех его ~ил 그는 성과에 도취하였다

опять (부) 다시, 다시 한번

орангутан, орангутанг (남) (동물) 성성이, 오랑우탄

оранжевый (형):~ цвет 오렌지색, 등색

оранжерея (여) 온실(溫室)

оратор (남) 웅변가, 연설자, 토론자

ораторский (형) 웅변; ~ое искусст во 웅변술

орать (미완) ① 고래고래 소리지르다(외치다), 들이지르다, 게목을 지르다 ② 호통치다, 꾸짖다

орбита (여) ① 궤도; земная ~а 지구 궤도; выводить на ~у 궤도에 들어서게 하다 ② 범위; ~а влияния 세력범위

орбитальный (형) 궤도의; ~ая научная станция 궤도과학정류소

орган (남) ① (해부) 기관; ~ы зре ния 시각 기관 ② (행정의) 기관; госу дарственные ~ы 국가기관 ③ 기관지; партийный ~ 당기관지 ④ 도구, 수단

орган (남) (음악) 풍금

организатор (남) 조직자, 주최자

организаторский (형) 조직자적인; ~ талант 조직자적재능

организационный (형) 조직[적인]; ~ое собрание 창립회의; ~ый вопрос 조직 문제

организация (여) ① 조직(하는 것), 창립, ② 단체, 조직

организм (남) 유기체, 생물; крепкий ~ 튼튼한 체질

организованно (부) 조직적으로, 집단적으로; 질서정연하게

организованность (여) 조직성

организованный (형) ① 조직적인, 조직된, 단합된; ~ым путём 조직적으로 ② 규을 있는

организовывать (미완) 꾸리다, 조직하다, 편성(마련)하다;~ кружок 소조를 조직하다;~ учебную группу 학급을 편성하다

организовываться (미완) ① 조직되다 ② 창설(창립)되다

органи́ческий (형) ① 유기체, 유기물; ~ие вещества 유기물질; ② 유기적인, 본질적인;~ая связь 유기적결합

оргбюро́ (중) (불변)(организационное бюро) 조직위원회

о́ргия (여) 떠들썩한 술판

орда́ (여)(역사) 악당, 무리, 오합지중

о́рден (남) 훈장: награждать ~ом 훈장을 수여하다

орденоно́сец (남) 수훈자, 훈장소유자

орденоно́сный (형) 수훈, 훈장을 받은(가지고 있는); ~ завод 훈장을 받은 공장

о́рденский(형)~ая книжка 훈장증명서

о́рдер (남) 명령서, 지령서, 영장; ~ на арест 체포명령서; ~ на жиллпо щадь 입사증, 주택사용허가증

ордина́та(여)(수학)세로자리표, 종좌표

орёл (남) ① (조류) 독수리, 수리 ② 호걸, 용사

орео́л (남) ① (발광체 주위에 생기는) 원광, 광휘 ② 영광, 명성

оре́х (남) ① 호두, 가래, 잣; 개암; зем- ляной ~ 땅콩 ② 호두 (가래, 잣) 나무

оре́ховый (형) 가래, 호두, 잣; ~ое дерево 가래나무, 잣나무, 호두나무 ② 가래나무로 만든

оре́шник (남) 개암나무숲

оригина́л (남) 원문, 원본, 원고; 원작품; ~книги 원서; ~ картины 원도

оригина́льный (형) ① 독창적인, 독특한, 기이한 ② 원본(原本), 원서(原書), 원고(原稿);~ текст 원문

ориента́ция (여) ① 방위판정 ② в чём 판단력, 분석력, 통찰력 ③ 사업(활동) 방향

ориенти́р (남) 방향표적물, 방위목표물

ориенти́ровать (미완, 완) ① 방향을 정하다, 방위를 판정하게 하여주다 ② в чём 정통하게 하다, 식별(판별)하도록 도와주다 ③ на что 어떤 목표에 향하게 하다; ~ на использование местных ресурсов 지방원천을 이용하는 방향을 취하게 하다

ориенти́роваться (미완, 완) ① 방향을 정하다, 방위를 판정하다 ② на кого- что. ~를 목표로(대상으로) 삼다 ③ в чём ~을 식별하다, 정통하다

ориентиро́вочно(부) 대체로, 대략적으로, 예비적으로

орке́стр (남) 관현악단, 악대, 오케스트라; симфонический ~ 교향악(단); духовой ~ 취주악(단); военный ~ 군악대

орлёнок (남) 새끼독수리

орли́ный (형) 독수리; ~ое пле́мя 용감한 세대; ~ый взгляд 날카로운 눈초리

орна́мент (남) 무늬, 문양, 장식

ороси́тельный (형) 관개(용); ~ый кана́л 관개수로

ороси́ть(완), **ороша́ть**(미완) ① 물을 대다; 관개하다 ② 추기다, 젖게하다; дождь ~зе́млю 비가 땅을 적주었다

ороше́ние (중) 관개(灌漑), 관수(灌水)

ору́дие (중) ① 도구, 기구, 공구; ~я произво́дства 생산도구 ② 수단, 무기 ③ (군사) 포(包), 대포 (大砲); дальнобо́йное ~е 먼거리표; стреля́ть из ~я 포를 쏘다, 대포를 놓다

оруди́йный (형) : ~ый ого́нь 포화; ~ая стрельба́ 포격, 포사격

ору́довать (미완) ① чем: 다루다, 쓰다; ло́вко ~ пило́й 톱을 솜씨있게 다루다 ② 행동(준동)하다, 행하다 (부정의미)

оруже́йный (형) 무기, 병기, ~ заво́д 병기공장

ору́жие (중) ① 무기, 병기, 총포; огнестре́льное ~ 화력무기, 총포; ② 수단(手段), 무기; сложи́ть ~ 항복하다

орфографи́ческий (형) (언어) 맞춤법, 철자법; ~ слова́рь 맞춤법사전, 철자법 사전

орфогра́фия (여) 맞춤법 (철자법)

орфоэпи́ческий (형) 표준발음법; ~ слова́рь 표준발음법사전

орфоэ́пия (여) 표준발음법

Ос (Кни́га Проро́ка Оси́и, 14장) 호세아서

оса́ (여) (곤충) 땅벌, 말벌

оса́да (여) 봉쇄, 포위(공격); снять ~у 포위를 풀다,

оса́дка (여) ① (건축물의) 내려앉기, 침하 ② (선박의) 흘수

оса́дки (복수) (기상) 강수량

оса́док (남) ① 침전물, 앙금, 찌끼; ~ в воде́ 물때; вы́пасть в ~ 앙금을 앉히다 ② 어지러운 인상, 여한

осажда́ть (미완) ① 포위공격하다; ~ кре́пость 요새를 포위하다 ② 시끄럽게 굴다, 귀찮게 조르다; ~ про́сьбами о ~해 달라고 귀찮게 조르다

оса́живать (미완) ① 멈추게 하다; ~ ло́шадь 말을 급히 세우다 ② 제지하다, 콧대를 꺾다;

оса́нка (여) 몸맵시, 자태; го́рдая ~ 떳떳한 자태

осва́ивать (미완) ① 개발(개간)하다; ~ но́вые зе́мли 새 땅을 개간하다 ② 깨치다, 습득하다

осва́иваться (미완)익숙해지다, 버릇되다, 습관되다

осведоми́тель (남) 통보자(通報者), 밀고자(密告者)

осведомлённость (여) 견문, 박식, 견식; 정통(正統)
осведомля́ть (미완) 알리다, 일러주다, 일러바치다
осведомля́ться (미완) 물어보다, 알아보다; ~ о здоровье 건강을 물어보다
освежа́ть (미완) ① 시원(상쾌)하게하다, 신선하게 하다 ② 새로이 하다, 갱신하다; ~ в памяти 추억을 새로이하다
освежа́ться (미완) ① 신선(선선)해지다, 맑아지다; воздух ~ился 공기가 신선해 졌다 ② 새로워지다, 갱신되다, 생생해지다; воспоминания ~ились 추억이 새로와 졌다
освети́тель (남): ~[сцены] 무대조명사
освети́тельный (형) 조명용, 조명; ~ая ракета 조명탄; ~ая аппаратура 조명기구, 조명장치
освеща́ть (미완) ① 비추다, 조명하다 ② 밝혀주다, 해명하다; ~ общее положение 일반사태를 해명하다
освеща́ться (미완) ① 비쳐지다, 조명 되다 ② 해명되다
освеще́ние (중) ① 비치기, 조명, 빛 ② 조명장치; электрическое ~ 전등 ③ 해명(解明)
освиде́тельствование (중) 심사, 검정; медицинское ~ 신체검사, 검진
освиде́тельствовать (완) 검증하다, 검정하다, 검진하다
освиста́ть (완), **освистывать** (미완) 휘파람으로 놀려대다 (조소하다)
освободи́тель (남) 해방자
освободи́тельный (형) 해방; ~ая армия 해방군;
освобожда́ть (미완) ① 해방하다, 석방하다, 놓다 ② 면제하다, 제외하다, 벗어나게하다; ③ 비우다, 비워주다; ~ комнату 방을 내다 (비우다) ④ 해임하다, 면직시키다; ~ от обязанностей(зани маемой должности)해임하다, 면직시키다
освобожда́ться (미완) ① 해방되다, 자유롭게되다 ② 벗어나다; ③ 비다; место ~дилось 자리가 비었다(났다);
освобожде́ние (중) ① 해방, 석방; ② 면제; ~ от налога 세금면제 ③: ~ от занимаемой должности 해임
освое́ние (중) ① 개간, 개발 ② 습득, 체득
оседа́ние (중) ① 가라앉기, 침전 ② 내려앉기, 침하
оседа́ть (미완) ① 가라앉다, 침전되다 ② (건물 등이) 내려앉다, 침하하다; ③ 정착하다
осе́длый (형) 머물러 사는: ~ое население 원주민
осёл (남) ① 당나귀, 나귀, 여마, ② 멍텅구리, 머저리, 어리보기, 어림장이, 얼뜨기, 바보

осени́ть (완) : ~ла мысль(идея) 생각이 문뜩 떠올랐다
осе́нний (형) 가을(철); ~ дождь 가을비; ~ сезон 가을철
о́сень (여) 가을, 가을철, 추절(秋節); всю ~ь 가을 내; на чало ~ 첫 가을
о́сенью (부) 가을에, 가을철에, 추절로
осётр (남) 철갑상어
осетри́на (남) 철갑상어의 고기
осе́чка (여) 불발(탄); давать ~y ① 불발이 되고 말다 ② 효과를 내지 못하다, 성공 못하다
оси́на (여) 사시나무
оси́новый (형) 사시나무
оси́ный (형) 땅벌의; ~ое гнездо 소굴(부정적 의미에서)
осироте́ть (완) ① 고아가 되다, 외로워지다 ② 텅비다; дом ~л без хозяи на 주인이 없어서 짐이 텅 비었다
оскверни́ть(완), **~я́ть**(미완) 더럽히다, 모욕(侮辱)하다; 망신시키다
оско́лок (남) 조각, 파편, ~ снаряда 포탄파편
оско́лочный (형) : ~ый снаряд 파편탄; ~ое ранение 파편상
оско́мина (여): набить ~у ① 입안이 떫다 ② 싫증난
оскорби́тельный (형) 모욕적인, 굴욕 적인, 모독하는; ~ тон 모욕적인 말투
оскорбле́ние (중) 모욕, 모독, 악설; под-вегаться ~ям 모욕을 당하다(주다)
оскорбля́ть (미완) 모욕(侮辱)하다, 굴욕 하다; 악설하다
оскорбля́ться (미완) 모욕을 느끼다, 몹시 노여워하다
оскудева́ть (미완), оскуде́ть (완) ① 가난해지다, 부족해지다 ② 빈약해지다, 쇠퇴하다
ослабле́ние (중) 약화, 쇠약, 완화; 경감; ~ дисциплины 규율의 약화; ~ международной напряжённости 국제긴장 상태의 완화
ослабля́ть (미완) ① 늦추다, 누그러 뜨리다, 덜다; ~ ремень 허리띠를 늦추다 ② 약화시키다, 완화시키다; ~ напряжённость 긴장상태를 완화하다, 긴장성을 풀다
ослепи́тельный (형) ① 눈부신, 어린; ~ый свет солнца 눈부신 햇빛 ② 놀랄만한, 찬란한; ~ая красота 놀랄만한 아름다움
ослепле́ние (중) ① 눈을 멀게 하는 것, 눈부시게 하는 것 ② 이성(분별)없는 행동, 맹목적인것; действовать в ~и 맹목적으로 행동하다 ③ 현혹

ослепля́ть (미완) ① 눈을 멀게 하다, 눈부시게 하다 ② 이성을 잃게 하다 ③ 현혹케 하다

осложне́ние (중) ① 복잡하게 되는 것, 복잡화 ② (의학) 합병증; вызывать(дать) ~ 합병증을 일으키다

осложня́ть (미완) 복잡하게 하다(만들다); 혼란시키다; ~ положение 사태를 복잡하게 하다

осложня́ться (미완) ① 복잡해지다, 착잡해지다; вопрос ~ился 문제가 복잡 해졌다 ② (의학) 합병증이 생기다; грипп ~ился воспалением лёгких 감기에 폐렴이 겹쳤다

ослу́шаться (완) 말을 듣지 않다, 순종하지 않다; ~ приказа 명령에 복종하지 않다(배반하다)

ослы́шаться (완) 잘못듣다, 헛듣다

осма́тривать (미완) ① 눈여겨보다, 훑어보다, 구경(관람, 참관)하다, 답사하다 ② 시찰(조사)하다 ③ 진찰(검진)하다; ~ больного 환자를 진찰하다

осма́триваться (미완) ① 자기주위를 살펴보다, 사방을 바라보다 ② 형편을 알아보다; ~ в новом городе 새 도시에 낯이 설다

осме́ивать (미완) 비웃다, 조롱(조소)하다

осме́ливаться (미완), **~ться** (완) (+미정 형) 감히 ~하다, ~할 용기를 내다; ~ спросить 감히 물어보다

осмея́ние (중) 비웃음, 조소, 조롱

осмо́тр (남) ① 구경, 견학, 참관, 관람 ② 시찰, 검사, 조사; ~ багажа 수하물의 검사 ③ (의학) 진찰, 검진; медицинский ~ 신체검사

осмотри́тельно (부) 조심스럽게, 신중하게; действовать ~ 조심스럽게 행동 하다

осмотри́тельность (여) 조심성, 신중성; проявлять ~ 자중하다

осмотри́тельный (형) 조심스러운, 신중한, 차근차근한

осмо́трщик (남) : ~ вагонов 검차원

осмы́сленный (형) 이지적인, 사려깊은, 이성적인; ~взгляд 이지적인 눈초리; ~ ответ 사려깊은 대답

осмы́сливать (미완), **осмы́слить** (완) 의미(뜻, 내용)를 깨닫다, 파악(이해) 하다, 납득하다

осна́стка (여) (배에) 밧줄설비, 삭구

оснаща́ть (미완) ① (배에) 밧줄설비를 갖추다 ② 기술기자재(무장)를 갖추다 ③ (에) 장비하다

оснаще́ние (여) ① (기술기자재를) 갖추는 것, 장비 ② 기술장비(설비, 장치); боевое ~ 작전장비

осно́ва (여) ① 기초, 기본, 토대; ~ экономическая ~a 경제적 기초; закладывать ~y 토대를 닦다; ② **~ы** (복수) 기본, 원리; ~ы марксизмалени низма 막스-레닌주의 기본; ~ы химии 화학의 기본 ③ (언어) 어간; на ~е чего ~의 기초위에서, ~에 근거하여(토대하여); лежать(быть) в ~е чего ~의 기본(태도)으로 되다; брать в ~y ~으로 삼다

основа́ние (여) ① 창립, 창건 ② (건축물의) 토대, 기초, 지반 ③ 근거, 이유; без ~я 근거도 없이; на каком ~и? 무슨 근거로? ④ (수학) 밑변, 밑수, 기본수 ⑤ (화학) 염기; до ~я 깡그리, 여지없이, 완전히; на ~и ~에 의하여

основа́тель (남) 창건자, 창립자

основа́тельно (부) 철저하게, 견실하게, 본격적으로; ~ изучить 철저하게 연구하다

основа́тельный (형) ① 튼튼한, 견고한 ② 근거 있는, 정당한; ~ый довод 정당한 논거 ③ 철저한, 심오한;~ое изучение 심오한 연구;~ый человек 견실한 인간

основно́е (중) 주요한 것, 주되는 것

основно́й (형) 기본적인, 주되는, 근본적인, ~ой вопрос 근본적 문제; ~ой закон 기본법, 기본법칙; ~ой текст 본문; ~ая цель 취지; в ~ом 대체로, 기본적으로

основополо́жник (남) 창시자, 창건자

осно́вывать (미완) ① 세우다, 창립(창건)하다; ~ больницу 병원을 세우다 ② на чём ~기초(근거)하다, 근거를 두다

осно́вываться (미완) ① на чём ~에 입각하다, 기초(근거)로 하다 ② где ~에 정착(정주)하다

осо́ба (여) 사람, 인물; известная ~ 이름있는 인물; подозрительная ~ 수상한 인물

осо́бенно (부) 특히, 특별히, 유달리

осо́бенность (여) 특색, 특수성, 특질; в~и 특히, 특별히

осо́бенный (형) ① 특별한, 특이한, 특수한; ~ый характер 특수한 성질 ② 별다른, 색다른, 유난스러운; ~ый вкус 색다른 맛; нет ничего ~ого 특별한 것은 아무것도 없다

особня́к (남) 독립가옥

особняко́м (부) 외따로, 동떨어져서, 홀로; держаться ~ 동떨어져있다

осо́бо (부) ① 따로따로, 남달리, 독특하게, 유다르게; рассматривать вопрос ~ 문제를 독특하게 보다 ② 특히, 별로; ~ не за́нят 별로 바쁘지 않다; ~ важный 특히 중요하다

осо́бый (형) ① 특별한, 남다른, 독특한; ~ое мнение 남다른

의견 ② 개별적인, 특수한, 별개, 별난; ~ый вопрос 별문제; ~ое место 딴자리; ~ое блюдо 별식; без ~ых происшествий 별고 없이; обращать ~ое внимание 각별한 주의를 돌리다 ③ 전문적인, 특수한, 독립; ~ый батальон 독립대대 ④ 큰, 유다른; без ~ых затру- днений 큰 난관이 없이

осознавать (미완), **~ать** (완) 각오(자각)하다, 인식하다;~ свою ответственность 자기책임을 인식하다

осока (여) (식물) 사초, 도깨비사초

осот (남) (식물) 사데풀

оспа (여) ① 천연두, 마마(媽媽); ветряная ~ 수두, 풍진; привить ~ 종두하다 ② 마마자리, 종두자리

оспаривать (미완) ① 논박(논쟁)하다, 다투다 ②: ~ первенство 선수권쟁탈 전을 벌리다, 앞을 다투다

оставаться (미완) ① 남다, 머물다; ~ваться на прежнем месте 눌러앉다 ② (어떤상태로) 남아있다; ~ваться верным своему долгу 시종 자기임무에 충실하다 ③ 있게 되다, 보존되어있다, 남아있다; осталось два билета 입장권 두장이 남아있다 ④ (어떤상태에) 빠지다, 처하다; ~ваться в долгу 빚에 빠지다; ~ваться без обеда 결식하다 ⑤ (+미정형) ~할 수밖에 없다; ничего не ~ётся , как согла ситься 동의할 수밖에 없다; счаст ливо ~ваться! 안녕히 계십시오!

оставить (완), **оставлять** (미완) ① 남기다, 남겨놓다, 남겨 두다; 두다; ② 그만두다, 둬두다, 중단하다; ~ работу 일을 그만두다 ③ 떠나다, 뜨다, 버리고 가다; ④ 내버려두다, 버리다; ~ семью 가족을 저버리다; ~ без внимания 내버려두다,

остальное (중) ① 다른 것, 나머지, 기타 ② ~ые 1) (복수) 다른 사람들 2) 다른 것들

остальной (형) 나머지, 다른, 남은

останавливать (미완) ① 멈추어 세우다, 중지(정지) 시키다, 멈추다, 밀막다; ~ машину 자동차를 멈추다; ② 억제(제지) 하다; 진정시키다, 멈추게 하다, 그치게 하다, 그만두게 하다; ④: на ком-чём ~ внимание. ~에 주의를 집중 시키다; ~ выбор ~를 선발하다

останавливаться (미완) ① 멈춰서다, 걸음을 멈추다, 멈칫 서다, 멎다, 서다; часы ~овились 시계가 섰다(멎었다) ② 정지(중지)하다, 그치다; работа ~ови лась 일이 중지되었다 ③ 머무르다, 들어묵다, 유숙하다; ④ на чём ~에 집중 되다, 머므르다; ~авливаться на основ ных моментах 중요한 요소에 집중되다; ни перед чем не ~авливаться ~할 것까지도

주저하지(서슴지) 않다, 그 어떤 난관도 뚫고나가다

оста́тки (복수) 뼈, 유골(遺骨), 유해

остано́вка (여) ① 멈추는 것, 정지, 중지; ~ поезда 정지, 정차 ② 정류장, 정류소, 정거장; коне́чная ~ 종점 ③ 잠시 머무르는 것(체류)

оста́ток (남) ① 나머지, 여분; 나머지 돈; ~ мате́рии 남은 천; ~ок жи́зни 여생 ② (수학) 나머지 ③ (복수) 유물, 유적, 잔재; ~ки ста́рого бы́та 옛 풍습의 잔재 ④ (복수) 폐물, 찌꺼기

остерега́ться (미완) 꺼리다, 조심(경계)하다; ~ просту́ды 감기에 조심하다

о́стов (남) ① 골각, 골조: ② 골격: ③ 골자

остолбене́ть (완) (놀라움, 충격등으로) 장승처럼서다, 마비되다, 얼먹다

осторо́жно (부) 조심히, 신중히, 살랑 살랑; ~ ступа́ть(идти́) 살살 걷다(걸어 가다); ~! 주의!

осторо́жность (여) 조심성, 신중성

осторо́жный (형) 조심스러운, 신중한, 소중한, 주의깊은

острие́ (중) ① 뽀족한 끝, 촉, 초리; ~ стрелы́ 활촉; ~ иглы́ 바늘끝; ~ каранда́ша 연필끝 ② 날; ~ бри́твы 면도날 ③ 예봉, 창끝; ~ критики 비판의 예봉

остри́ть I (미완) 갈다, 날카롭게 하다, 뽀족하게 하다

остри́ть II (미완) 핀잔을 주다, 익살스 러운 말을 하다

о́стров (남) 섬: ~а (복수) 열도

островоконе́чный (형) 끝이 뽀족한, 날카로운

острота́ (여) ① 예리성, 예민성; ~ слу́ха 청각의 예민성 ② 첨예성, 긴장성; ~ положе́ния 정세가 긴박한 것

остро́та (여) 재치있는 표현(말마디), 말재간, 날카로운 말

остроу́мие (중) 기지, 재변

остроу́мный (형) 재치있는, 기지있는, 영민(영리)한; ~ челове́к 기지 있는 사람

о́стрый (형) ① 예리한, 날카로운, 뽀족한; ~ый нож 잘 드는 칼; ② 민감한, 예민한; ③ 매우 짠, 얼얼한; ④ 극심한, 심한; ~ая боль 심한 아픔 ⑤ 긴장한, 날카로운; ⑥ 신랄한; ~ая кри́тика 신랄한 비판 ⑦ 급성;

остря́к (남) 말재간을 잘 부리는 사람, 재담쟁이

остуди́ть (완), **остужа́ть** (미완) 차게(식게)하다, 냉각하다

оступа́ться (미완), **оступи́ться** (완) ① 헛디디다, 빗디디다, 발을 헛디디다 ② 잘못하다, 과오를 범하다

- 480 -

остыва́ть (미완), **осты́ть** (완) ① 식다, 차지다; молоко ~ло 우유가 식어버렸다 ② 열이식다, 냉정해지다, 썰렁해지다

осуди́ть (완), **осужда́ть** (미완) ① 유죄판결을 내리다, 유죄로 선고하다 ② 규탄(비난)하다; 단죄하다 ③ на *что*, (+미정형): ~ён на гибель 멸망할 운명을 지니고 있다

осужде́ние (중) ① 유죄선고(판결) ② 규탄, 비난, 단죄

осуждённый (남) 유죄선고(판결)를 받은 사람

осуну́ться (완)(낮이) 파리해지다, 여위다

осуша́ть (미완) ① 말리다, 물(을)빼다; 배수하다; ~ боло́то 습지를 배수하다 ② 다 마셔버리다; ~ стака́н 잔을 내다

осуше́ние (중) 물빼기, 배수

осуществи́мый (형) 실행(실현)할 수 있는; ~ая мечта́ 실현할 수 있는 염원; ~ый план 실행할 수 있는 계획

осуществле́ние (중) 실현, 실행, 수행, 성취

осуществля́ть (미완) 실현(실행, 실시)하다; 성취하다; ~ на пра́ктике 실천적으로 실행(실현)하다

осуществля́ться (미완) 실현(실행,실시)되다; 수행되다; 성취되다; мечта́ ~илась 염원이 실현되었다

осчастли́вить (완) 행복하게 하다 (만들다), 행복을 주다

осыпа́ть (미완), **осы́пать** (완) ① 뿌리다, 끼얹다, 살포하다; ~ муко́й 가루로 뿌려서 덮다 ② 퍼붓다; ~ похвала́ 미 찬사를 퍼붓다; ~оскорбле́ниями 욕을 퍼붓다

осыпа́ться (미완), **осы́паться** (완) 떨어지다, 무너지다, 뿌려지다; цветы́ ~лись 꽃이 졌다

ось (여) ① 굴대, 차축 ② 축, 축선

осьмино́г (남) 문어, 꼴뚜기

осяза́емый (형) ① 감촉할 수 있는, 느낄수 있는 ② 뜻있는

осяза́ние (중) ① 촉각, 촉감; о́рганы ~я 촉관

осяза́ть (미완) 감촉(촉감)하다, 만지다

от, ото (전)(+생) ① (출발, 시발을 표시) ~에서, ~로 부터; отча́лить от бе́рега 기슭을 떠나다; ② (출처, 원천을 표시) ~에게서, ~ 한테서; получи́л письмо́ от ма́тери 어머니에게서 편지를 받았다 ③ (시간, 날자를 표시) ~부터, ~부; от трёх до пяти́ часо́в 3(세) 시부터 5(다섯) 시까지; письмо́ от пя́того а́вгуста 8(팔)월 5(오) 일부 서한 ④ (원인, 근거를 표시) ~ 때문에, ~인하여; от переутомле́ния 피로 때문에; петь от ра́дости 기뻐서 노래 부르다; умере́ть от воспале́ния лёгких 폐렴으로 죽다 ⑤ (소속을 표시) ~의; пу́говица от брюк 바지의 단추 ⑥ (제거, 방지를 표시) : сре́дство от ка́шля 기침약 ⑦ (제거되는 것,

벗어나는 것을 표시) ~에서, ~를; **очистить от грязи** 때(진탕물)를 씻다; **день ото дня** 날에 날마다, 나날이; **время от времени** 시시각각으로; **от всей души** 충심으로 부터

отапливать (미완) 덥히다, 따뜻하게 하다; ~ **дом** 집을 따뜻하게 하다

отапливаться (미완) 덥혀지다, 따뜻 하게 되다

отара (여) 양떼

отбавить (완), **отбавлять** (완) (일부 분을) 덜다, 떠내다, 부어내다, 감하다

отбегать (미완), **отбежать** (완) 뛰어물러나다, 뛰어달아나다, 달려물러서다

отбивать (미완) ① 물리치다, 격퇴하다; ~ **атаку** 공격을 물리치다 ② 치다, 쳐내다, ~ **мяч** 공을 맞받아치다 ③ 빼앗아내다, 탈환하다; **город у врага** 적에게서 도시를 탈환하다 ④ 가로채다, 호려내다 ⑤ 때내다, 족히다; ~ **горлышко бу тылки** 병목을 깨다 ⑥ 없애다; ~ **за пах** 냄새를 없애다 ⑦ 다쳐서 상하게 하다; ~ **руку** 손을 다치다

отбиваться (미완) ① 물리치다, 격퇴하다, 방위하다 ② 떨어지다, 빠져 나오다 ③ 떼어지다; ~ **от рук** 말을 듣지 않게 되다

отблеск (남) 반사광, 반사그림자

отбой (남) ① 격퇴, 쳐물리치기; ② 해제; **~й воздушной тревоги** 공습 경보해제; ~ **ко сну** 취침; **~ю нет** 너무 많아서 어찌할 도리가 없다, 귀찮을 만큼 많다

отбойный (형) ~ **молоток** (광산) 채탄용 팽이

отбор (남) 선발, 선정, 선출; **естест венный** ~ 자연도태

отборный (형) 우수한, 우량한; **~ые яблоки** (골라낸) 일등품 사과; **~ые войска** 정예부대

отборочный (형) 선발(선출)하기 위한; **~ые соревнования** 예선경기, 선발경기

отбрасывать (미완), **отбросить** (완) ① 내버리다, 집어던지다; ~ **не нужную вещь** 불필요한 물건을 팽개치다 ② 물리치다, 격퇴하여 내몰다, 물리쳐서 축출하다; ③ (생각 등을) 버리다; ~ **сомнение** 의혹을 버리다

отбросы (복수) 쓰레기, 폐물; **~ об щества** 사회의 쓰레기

отбывать (미완), **отбыть** (완) ① 떠나다, 출발하다 ②: ~ **срок службы** 임기가 차다, 현역(복무)을 수행하다; ~ **срок наказания** 복역하다, 징역을 치르다;

отвага (여) 과감성, 대담성, 용기

отва́живаться (미완),~ться (완) (что сделать) 감히 ~을 하다, 감행하다; не ~лся спросить 감히 갈 용기를 내지 못하였다
отва́жный (형) 과감한, 용감한, 호담한
отва́л I (남) 볏밥, 버러더미
отва́л II (남) : наесться до ~а 킷멋다, 실컷 먹고 물러나다
отва́ливаться (미완), отвали́ться (완) 떼어지다, 떨어지다; штукатурка ~илась 벽토가 떨어졌다
отва́р (남) (무엇을 끓여낸 것) 국물; рисовый ~ 입쌀미음; мясной ~ 고기국물; лекарственный ~ 탕약
отва́ривать (미완), отвари́ть (완) 삶다, 데치다(백숙하다); ~ грибы 버섯을 데쳐내다 (고소기); ~ая курица 삶은 닭
отварно́й (형) 삶은, 끓인; ~ое мясо 삶은 고기
отве́дать (완) ① 맛보다, 잡수다 ② 겪어보다, 체험하다
отверга́ть (미완), отве́ргнуть (완) 딱 거절(거부,사절)하다; 기각하다; 마다 하다; ~ требования 요구를 물리치다
отвердева́ть (미완),~еть (완) 굳어지다, 경화하다, 응결되다
отве́рженный (형) 버림받은, 배척당한; 외로운
отве́рстие (중) 구멍, 아가리, 틈, 짬
отвёртка (여) 나사돌리개
отвёртывать (미완) ① 돌려(비틀어)빼다, 돌려열다, 돌려뽑다; ~ гайку 암나사를 돌려빼다; ~ кран 코크를 비틀어열다 ② 옆으로 돌리다; ~ лицо 얼굴을 옆으로 돌리다, 외면하다
отвёртываться (미완) ① 얼굴을 돌리다, 외면하다, 돌아치다, 등지다 ② (나사못, 코크) 풀리다, 열리다 ③ 교제를 끊다
отве́с (남) ① 비탈진곳, 낭떠러지 ② 추, 연추
отве́сно (부) 곧추, 수직으로, 가파르게
отве́сный (형) 수직, 가파른; ~ая скала 깎아 자른 듯한 바위
отве́т (남) 대답, 회답; 답변; 응답 давать ~ 대답(해답,회답)하다 ② (수학문제풀이에서) 해답, 답 ③ : призвать к ~у 책임을 추궁하다; в ~ на что ~에 대한 대답으로
ответвле́ние (중) ① 곁가지 ② 갈래, 갈래길, 지선, 지류, 지맥, 분지; ~же лезной дороги 철도지선
отве́тить (완) см. отвечать ①, ②
отве́тный (형) 회답, 대답, 대응; ~ое письмо 회답편지 (서한); ~ые меры 대응조치; ~ый визит 답례방문; ~ый удар 보복타격
отве́тственность (여) 책임, 책임성; брать на себя ~ 책임을 지다; привлечь к ~и 책임을 추궁하다

отве́тственный (형) ① 책임지고 있는, 책임이 있는, 책임적인; ~ый реда́ктор 책임주필 ② 중대한, 극히 중요한; ~ый моме́нт 극히 중요한 시기

отве́тчик (남) (법률) 피고(인)

отвеча́ть (미완) ① 대답(회답,답변)하다; ~ на вопро́с 질문에 대답하다; ② 응답(호응)하다; ~ на призы́в(об раще́ние) 호응하다; ~ отка́зом 거절하다 ③ за что.~에 대한 책임을 지다; за кого.~대신에 책임을 지다; ④ 벌을 받다 ⑤ чему~에 맞다, 부합하다; ⑥: ~ чем на что. ~에 ~으로 보답하다.

отви́ливать (미완), **отвильну́ть** (완) 빠져나가다, 배슥배슥하다; ~ от пору́чения 위임에서 빠져나가다

отвинти́ть (완), **отви́нчивать** (미완) 돌려(비틀어) 빼다; 돌려뽑다; ~ га́йку 암나사를 돌려빼다.

отвиса́ть (미완), **отви́снуть** (완) 늘어지다, 처지다, 휘주근해지다; щёки ~ли 볼이 처졌다

отвлека́ть (미완) 다른 곳으로 이끌다(쏠리게 하다); ~ внима́ние 주의를 다른 곳으로 돌리게 하다

отвлека́ться (미완) ① (하던일, 생각을) 잠시 그만두다(중단하다) ② (이야기 등을 할 때에) 멀어지다, 벗어나다;~ от те́мы 화제에서 벗어나다

отвлечённый (형) ① 추상적인; ~ое поня́тие 추상적개념 ② 비현실적인; ~ый разгово́р 비현실적인 이야기(담화)

отво́д (남) ① 떼려가는것; ~ воды́ 물을 갈라대는것; ~ войск 철병, 철거 ② 항의, 반대; дать ~ кандида́ту 입후보자를 반대하다 ③ (법학) 배제; для ~а глаз 주의를 다른데로 돌리게 하기 위하여, 눈가림하기 위하여

отводи́ть (미완) ① 데려가다; ~ ребёнка в де́тский сад 어린애를 유치원에 데려가다; ② 거부(부인,기각)하다; ~ кандидату́ру 후보자를 반대하다 ③ 돌리다, 방향을 바꾸다; ~ глаза́ от ~ ~에서 시선을 다른 곳으로 돌리다; ④ 내주다, 배당하다; ~ го́стю ко́мнату 손님에게 방을 내주다(가다); кого ~을 데리고 가다

отвози́ть (미완) что ~을 실어가다, 운반하다

отвора́чиваться (미완) ① 얼굴(낯,고개)을 돌리다, 외면하다; 돌아서다, 등지다 ② 배슥배슥하다, 피하다

отврати́тельный (형) 징그러운, 역겨운, 얄미운, 패씸한; ~ за́пах 역한 냄새;~ посту́пок 추잡한 행동

отвраще́ние (중) 넌더리, 혐기, 혐오; пита́ть ~ к кому́-чему́ 진저리나다, 혐오감을 느끼다; вызыва́ть ~ 혐오감을 일으키다

отвыка́ть (미완), **отвы́кнуть** (완) 버릇이 없어지다(떨어지다); ~ кури́ть 담배피우는 습관이 없어지다; ~ от до́ма 집생각을 잊어먹다

отвя́зывать (미완) 풀어놓다, 풀다, 고르다; ~ верёвку 끈을 풀다

отвя́зываться (미완) ① 풀어지다 ② 빠져나오다, 떨어져 나가다; ~жись! 상관 하지 말라!

отгиба́ть (미완) 펴다; ~ страни́цу (접은) 책장을 펴다

отглаго́льный (형) (언어) 동사에서 파생한 ~ое существи́тельное 동명사

отгова́ривать (미완) *что де́лать* ~하지 않도록 달래다 (설복하다,말리다), 만류하다; ~от пое́здки 여행을 단념시키다

отгова́риваться (미완) ① 변명하여(구실을 붙여서) 거절하다 ② 빙자(평계)하다, 말막음하다

отгово́рка (여) 평계, 빙자, 구실

отголосо́к (남) ① 메아리, 산울림, 반향 ② 여파, 후과

отгоня́ть (미완) (어떤 거리에) 몰아내다, 쫓아버리다; ~ мух 파리를 몰다

отгора́живать (미완), **отгороди́ть** (완) 막다, 둘러막다, 울타리를 세우다, 담을 두르다

отгороди́ться (완) ① 울타리(담)로 막히다, 둘러막히다, 격리되다 ② 교제를 그만두다 (끊다)

отгружа́ть (미완), **отгрузи́ть** (완) 실어 보내다, 출하하다;

отгу́л (남) 중간휴식, 말미

отдава́ть (미완) ① 돌려주다, 도로주다, 반환하다, 게우다 ② 바치다; ~ все си́лы 모든 힘을 바치다 ③ (총, 포가) 뒤구르다 ④ 맡기다, 양도하다; ~ ребёнка в я́сли 아이를 탁아소에 넣다; ~ прика́з 명령을 내리다; ~замуж 시집보내다

отдава́ться (미완) *чему́*...에 전심하다, 자기를 내맡기다, 몰두하다 ② (소리에 대하여) 울리다, 돌아오다

отдале́ние (중) ① 멀어지는 것 ② 먼곳, 지방

отдалённый (형) ① 멀리 떨어진, 먼, 외진 ~ое про́шлое 먼 과거; ~ый райо́н 멀리 떨어진 지역 ② 인연이 먼, 어렴풋한; ~ый намёк 간접적인 암시; ~ое схо́дство 미미한 유사성

отдаля́ть (미완) ① 멀리(떨어지게) 하다, 떼어놓다 ② 뒤로 미루다, 물리다; ~ срок 기한을 미루다

отдаля́ться (미완) ① 멀어지다, 멀리가다 ② 사이가 떠지다(멀어지다), 엇갈리다

отда́ча (여) ① (총, 포의) 반충, 뒤걸음 ② 효를; дава́ть ~у

은을 내다 ③ 반환

отде́л (남) 부(部), 부서, 국(局); ~ ка́дров 간부부

отделе́ние (중) ① 분리, 구분 ② 지부, 지국, 지점, 과; райо́нное ~е бан ка 구역은행지점; ~е мили́ции 내무서 ③ (군사) 분대; команди́р ~я 분대장

отде́лка (여) ① 완성, 끝손질, 겉칠 ② 장식; кружевна́я ~ 레이스장식 ③ (옷, 모자등에 붙은) 장식품

отде́лочный (형) 완성의: ~ые рабо́ты 완성작업

отде́лывать (미완) ① 완성하다, 겉칠하다 ② 장식하다

отде́лываться (미완) ① от чего́. ~에서 벗어나다, 빠져 나오다, 배숙배숙하다 ② чем ~로 그치다; ~ цара́пиной 할퀸 자리만 나고 말다; ~ испу́гом 겁만 먹고 말다

отде́льно (부) 따로, 개별적으로

отде́льность (여): ка́ждый в ~и 각각, 저마다; в ~и 개별적으로,

отде́льный (형) ① 따로 떨어진, 개별적인; 분리된, 별개; в ка́ждом ~ом слу́чае 매 개별적인 경우에 ② 어떤, 일부

отделя́ть (미완) ① 뜨다, 때내다, 분리하다 ② 갈라놓다, 격리시키다 ③ 세간내다

отделя́ться (미완) ① 분리되다 ② 떨어지다 ③ 세간나다

отдёргивать (미완), **~нуть** (완) 잡아떼다, 잡아채다, 뿌리 치다; ~ ру́ку 손을 뿌리치다; ~ занаве́ску 커텐을 잡아당기다

отдира́ть (미완) 잡아 뜯다, 잡아떼다, 뜯어내다; 떼집다

отду́шина (여) ① 바람(환기,통기)구멍 ② 방출구, 통풍구

о́тдых (남) 휴식, 쉴 참, 몸살풀이; пра во на ~ 휴식의 권리; дом ~а 휴양소; день ~а 휴식일

отдыха́ть (미완) 쉬다, 휴식하다; ~ на ю́ге 남쪽에서 휴식하다

отдыха́ющий (남) 휴양객, 휴양새

отдыша́ться (완) 숨을 돌리다, 돌리다

отёк (남) 부종, 수종; ~ лёгких 폐수종

отека́ть (미완) (신체의 부분이) 붓다, 보삭거리다; но́ги ~ли 발이 부었다

оте́ль (남) 호텔, 여관(흔히 국제여관)

отепли́ть (완), **~я́ть** (미완) 덥히다, 난방장치를 하다

оте́ц (남) 아버지(부친), 어버이

оте́чественный (형) 국산의; ~ые това́ы 국산품; ~ая война́ 조국전쟁

оте́чество (중) 조국(祖國)

отжива́ть (미완) : ~ свой век (사람에 대하여)자기 시대(명)를

다 살다, 여명을 보내다; (습관 등에 대하여) 사라지다, 없어지다; 낡아빠지다, 낡아져버리다

отживший (형) 낡아빠진, 시대(유행)에 뒤떨어진

отзвук (남) ① 메아리, 산울림 ② 반응, 반향

отзвучать (완) 소리가 멎다(그치다)

отзыв (남) ① 평, 평판; 평정서; положительный ~ 호평; критический ~ 비평; книга ~ов 감상록 ② 호응, 응답

отзывать (미완) ① 소환하다 ② 부르다; ~ в сторону 옆으로 불러내다

отзываться (미완) ① 호응(응, 대답)하다; ~ на просьбу 요구에 수응하다; ~ на призыв 호응하다, 호소에 응하다 ② о ком-чём 평가하다, 평하다 ③ на ком-чём ~에 미치다, 영향을 주다; ~ на здоровье 건강에 영향을 주다

отзывчивость (여) 동정심, 인심

отзывчивый (형) 동정심있는, 인간성이 있는, 인정이 깊은(많은); ~ товарищ 동정심많은 동무

ОТК (남)(отдел технического контроля) 기술검사부

Откр(Откровение Иоанна Богослова, 22장,) 요한계시록

отказ (남) ① 거절, 거부; ~ от наследства 유산의 포기 ② 부인, 포기 получить ~ 거절(거부,사절)당하다;

отказывать (미완) ① 거절(거부,사절)하다, 물리치다, 불허하다; ② (고장으로) 멎다; мотор ~ал 모터가 멎었다

отказываться (미완) ① от чего ~을 거절하다, 마다하다, 물리치다; ~от поездки 여행을 거절하다 ② 포기하다;~ от мысли 단념하다; не откажусь (+미정형)~하는데 반대없다

откалывать I (미완) 패서(짜개서) 떼다(때내다), 족치다; ~ кусок сахару 사탕 조각을 깨여내다

откалывать II (미완) (꽂았던, 찔렀던 것을) 때내다, 뽑다; ~ булавку 빈침을 뽑다

откалываться I (미완) ① 짜개져 떨어지다, 깨져나가다, 족쳐부서지다 ② 떨어져나가다

откалываться II (미완) (꽂았던, 찔렀던것) 뽑아지다, 빠지다

откапывать (미완) ① 파내다, 발굴하다 ② 얻어내다, 찾아내다; ~ редкую книгу 희귀한 책을 발견하다

откармливать (미완) 살찌우다, 비육시키다; 기르다, 사육하다

откатить[ся] (완) см откатывать[ся]

откатывать (미완) 굴려옮기다, 굴려치우다; ~ в сторону 옆으로 굴려옮기다

откатываться (미완) ① 굴려가다 ② (군사) 퇴각하다, 후퇴하여 물러나다

откашливаться (미완), **~яться** (완) 기침을 하다, 가래를 뱉다; 기침하여 목청을 가다듬다

откинуться (완) 몸을 뒤로 젖히다; ~на спинку дивана 소파, 등받이에 기대다

откладывать (미완) ① 옆에 놓다, 따로 놓다 ② 미루다, 물리다, 연기하다; ~ дела 제치다; то и дело ~ 미기적미기적하다 ③ 저장(저축)하다, 보류하다 ④ (생물) 알을 낳다(쓸다);~в долгий ящик 질질 끌다, 내버려두다

отклеивать (미완) (붙인것을) 떼다, 때내다; ~ марку 우표를 떼다

отклеиваться (미완) (붙인것이) 떨어지다, 들썩하다; марка ~илась 우표가 떨어졌다

отклик (남) ① 호응, 대응, 응답 ② 반향 ③ 평판; 평정서 ④ 감응

откликаться (미완), **откликнуться** (완) ① 맞소리를 지르다(내다), 부름에 응답하다 ② 호응하다; ~ на просьбу 요구에 수응하다

отклонение (중) ① (옆으로)기울어지는 것, 탈선, 편차 ② 부결, 거부

отклонять (미완) ① 옆으로 기울이다 ② 거부(거절)하다; 부결하다

отклоняться (미완) ① 한쪽으로 기울어지다, 치우치다 ② 빗나가다; ~ от темы 제목(화제)에서 벗어나다

отколотить (완) ① 처서 때다, 두드려 열다; ~ крышку ящика 궤짝뚜껑을 두드려열다 ② 때리다, 구타하다, 두드려 패다

откорм (남) (잘 먹여) 살찌우기, 비육

откормленный (형) 살찌우기, 비만

откос (남) 비탈, 경사(면); пустить поезд под ~ 기차를 전복하다

откреплять (미완) ① (붙인 것을) 떼다; (맨 것을) 풀다; ~ значок 휘장을 떼다 ② 제적하다

открепляться (미완) ① (붙인것이) 떨어지다; (맨것이) 풀어 지다 ② 제명(제적)되다

откровенно (부) 털어놓고, 솔직하게, 공공연하게; говорить ~ 털어놓고 말하다

откровенность(여)솔직성, 노골적인것

открове́нный (형) ① 솔직한, 숨김없는; ~ое призна́ние 솔직한 고백 ② 공공연한, 설설한, 노골적인; ~ый грабёж 노골적인 약탈

открути́ть (완), **откру́чивать** (미완) 돌려(비틀어) 빼다; ~ га́йку 암나사를 틀어빼다

открыва́ть (미완) ① 열다, 펼치다; ~ окно́ 창문을 열다; ~ дверь 문을 열다 ② 펴다; ~ зо́нтик 우산을 펴다; ~ глаза́ 눈을 뜨다 ③ 밝히다, 발견하다; ~ за́лежи руды́ 광층을 발견하다 ④ 개시(개설)하다, 개최하다; ~ собра́ние 개회하다; ~ шко́лу 개교하다 ⑤ 시작(개시)하다; ~ ого́нь (군사) 사격을 시작하다 ⑥ 개통하다, 보내다; ~ во́ду 물을 보내다; ~ ду́шу 심정을 토로하다; ~ глаза́ *кому на что* 일깨워주다; ~ счёт 1) (은행에서) 예금하다; 2) (체육) 첫 점을 획득하다(받다, 타다)

открыва́ться (미완) ① 열리다, 펼쳐지다; 펴지다; ~взо́ру 한눈에 안겨오다 ② 개시(개설,시작)되다, 조업되다 ③ 털어놓다, 자백(고백)하다 ④ 폭로(발각)되다, 드러나다, 들켜나다 ⑤ (상처가) 덧나다, 도지다

откры́тие (중) ① 개시, 개설, 여는것; ~ собра́ния 개최, 개막; ~ движе́ния 개통; ~ вы́ставки 개관 ② 발견, 발명, 발각; де́лать ~ 발견(발명)하다

откры́тка (여) : [почто́вая] ~ 엽서

откры́то (부) ① 숨김없이, 거리낌없이, 털어놓고; ② 공개적으로, 노골적으로, 공공연히;

откры́тый (형) ① 열린, 펼쳐진; ~ая дверь 열린 문 ② 드러난, 가리우지 않은; ~ое пла́тье 가슴이 드러나보이는 의복; ③ 광활한; ~ое по́ле де́ятельности 광활한 활동무대 ④ 노골적인, 노출된, 공공연한; ~ый грабёж 노골적인 약탈; ⑤ 솔직한; ~ый хара́ктер 설설한 성미; ⑥ 공개; ~ое парти́йное собра́ние 공개당의 (당산) 노천; ~ые го́рные рабо́ты 노천광산채굴; (언어): ~ый слог 열린마디, 개음절; ~ый вопро́с 미해결 문제; под ~ым не́бом 한지에

отку́да (부) ① (의문) 어디로부터, 어디서, 누구한테서; ~ ты идёшь? 너는 어디서 오니? ② (관계대) 그곳으로부터 ~하는, 어디로부터 ~하는지; не зна́ю, ~он пришёл 그가 어디로부터 왔는지 모르겠다; ~ ни возьми́сь 난데없이

отку́да-либо, отку́да-нибудь (부) 어디 서든지, 어디선가

отку́да-то (부) 어디선인지

отку́поривать (미완), **отку́порить** (완) (병) 마개를 뽑다(열다)

откуси́ть (완), **отку́сывать** (미완) ① 물어뜯다(끊다), 잘라

먹다; ~ кусок хлеба 빵 조각을 잘라먹다 ② (집게 등으로)끊다, 끊어내다

отлагательство (중) : это не тер пит ~а 지연 시킬 수 없는 일이다; без всяких ~ 지체 없이

отламывать (미완) 쪼개서떼다, 꺾어서떼다, 쪼개다, 부러뜨리다

отлёт (남) (새들의) 날아가는 것; (비행기의) 출발, 이륙; жить на ~e 떨어져 살다

отлетать (미완), **отлететь** (완) ① 날아 가다, 출발하다 ② 떨어지다; пуго вица ~ела 단추가 떨어졌다 ③ (충격, 타격 등으로) 튀다, 튀어나가다; мяч ~ел от стены 공이 벽에 튀어났다

отлив (남) 썰물

отливать I (미완) ① 쏟아 덜다, 따르다; ~ воду из стакана 잔에서 물을 좀 따르다

отливать II (미완) (공학) 주조하다

отливка (여) ① 주조 ② 주물, 주물품; стальная ~ 강주물

отлипать (미완), **отлипнуть** (완) (붙인 것이) 떨어지다

отличать (미완) 구별(분별)하다, 식별 하다

отличаться (미완) ① 다르다, 차이가 있다; 식별되다; ~ как небо от зем ли 천양지차이다 ② 뛰어나다, 특출하다, 공훈을 세우다; ~ храбростью 용감성으로 뛰어나다 ③: ~ в бою 전투에서 뛰어난 공적을 세우다

отличие (중) ① 차이, 다름, 차별; в ~е от ~와 달리 ② 공적, 공로; за боевое ~ 전투공로; диплом с ~ем 최우수졸업장

отличительный (형) ① 식별용의; ~ые знаки 식별표식 ② 특이한, 특유한, 특징적인, 특수한; ~ое свойство 특질

отличник (남), **~ца** (여) ① 최우등생 ② 모범일군, 모범노동자; круглый ~к 전 과목 최우등생

отлично (부) ① 참 좋게(훌륭하게) ② (술어로) 참 좋다, 훌륭하다; всё будет ~ 모든것이 참 좋게 될 것이다 ③ (명사로) (불변) (중) 5(오)점(5(오)단계 채점법에서), 최우등, 만점; учиться на ~ 최우등성적으로 공부하다

отличный (형) ① 다른, 차이있는, 특수한 ② 훌륭한, 특출한, 뛰어난

отлогий (형) 약간 경사진, 비탈진

отложение (중) (지질) 침전지층, 퇴적; ледниковые ~я 빙하지층; жировые ~я 지방비대

отлучаться (미완), **-иться** (완) 외출 하다, 자리를 떠나다; ~иться на час 한 시간 동안 외출하다

отма́лчиваться (미완) 침묵을 지키다, 답변을 피하다

отма́хиваться (미완), **отмахну́ть** (완) ① (어떤 것을 쫓으려고) 흔들다; ~ веткой от комаров 가지를 흔들어 모기를 쫓다 ② 무관심하게 대하다; 손을 젓다; ~ от решения вопроса 문제 해결에 무관심하게 대하다

отмежева́ться (완), **отмежёвываться** (미완) 인연을 끊다, 분리되다, 배척 하다

о́тмель (여) (기슭의) 여울; песчаная ~ 사탄, 사주

отме́на (여) 폐지, 폐기, 철폐, 해제; ~ наказания 책벌해제

отмени́ть (완), **отменя́ть** (미완) 폐지(폐기)하다, 철폐(해제) 하다, 취소하다; ~ закон 법령을 폐지하다; ~ спек такль 연극을 중지하다

отме́ривать(미완), **~ить**(완), **~ять** (미완) 재다; 재어 끊다 (끊어내다); ~ить три метра ткани 천을 3(삼) 미터 끊어내다

отмести́(완), **отмета́ть**(미완) ① (옆으로) 쓸어버리다, 쓸어내다; ~ сор в угол 쓰레기를 구석에 쓸어버리다 ② (거짓말, 남의 논거 등을) 뿌리치다, 물리치다, 배척하다

отме́тка (여) ① 표(標), 표식, 표적; ② 점(點), 점수, 평점

отмеча́ть (미완) ① 표식을 두다, 표식 하다 ② 기입(기록, 등록)하다; ~ вы ход на работу 출근을 등록하다 ③ 언급하다, 가리키다, 지적하다; ④ 경축(기념)하다

отмеча́ться (미완) ① 등록하다; ~ в списке избирателей 선거자 명부에 등록하다 ② 발로되다, 나타나다; отмечаются ошибки 결함이 발견되곤 한다

отмира́ние (중) ① (생리) 죽어버리는 것, 탈락(脫落); ② 조락(凋落), 소멸(消滅); ~ государст ва 국가의 조락

отмира́ть (미완) ① 죽어버리다, 시들어버리다 ② 조락 하다, 탈락하다, 사라지다

отмора́живать (미완), **~озить** (완) 동상을 입히다, 얼리다; ~озить палец 손가락 은 얼리다

отмще́ние (중) 앙갚음, 복수, 보복

отмыва́ть (미완), **отмы́ть** (완) 말끔히 씻다(가시다); ~ руки 손을 씻다; ~ грязь 흙을 씻어버리다

отмыва́ться (미완), **отмы́ться** (완) 씻기워 없어지다, 씻어서 깨끗해지다

отмы́чка (여) 걸쇠, 결쇠작하는 쇠갈구리

отнима́ть (미완) ① 빼앗다, 약탈(강탈)하다 ② (시간을) 요구하다, 소비하다, 소모하게 하다; работа отняла много времени 일에 많은 시간이 들었다 ③ (수술할 때)절단하다,

- 491 -

떼버리다 ④ 치우다, 떼다; ~ лестницу от стены 사다리를 벽에서 치우다(떼다) ⑤ (수학) 덜다, 감하다; ~ от груди 젖을 떼다

отниматься (미완) 마비되다; язык отнялся 혀가 놀지 않았다

относи́тельно (부) ① 비교적(으로), 어느 정도, 상대적으로; ~ споко́йно 비교적(으로) 고요하다 ② (전)(+생) ~에 관하여(대하여), ~에 관한(대한); сообщение ~ *каких-л.* событий 사태에 관한 통보

относи́тельность (여): теория ~и (물리) 상대성원리

относи́тельный (형) ① 상대적인, 상관적인 ② (언어) : ~ое местоиме́ние 관계대명사

относи́ть (미완) ① *куда, кому*: 가져가다, 날라다주다; ~ письмо́ на по́чту 우편국에 편지를 가져가다 ② 옮겨놓다, 대어놓다; ~ забор к дороге 울타리를 길 쪽으로 내움기다 ③ (바람이나 흐름으로) 밀려가다, 몰아가다; ло́дку отнесло́ тече́нием 배가 물결에 밀려 내려갔다 ④ 소속(포 함) 시키다, 간주하다

относи́ться (미완) ① к *кому-че му*-를 대하여, 태도를 취하다; как вы к этому [вопросу] ~есь? 이 문제에 대한 당신의 태도는 어떻습니까?; ~ся вни мательно 주의깊게 대하다 ② 관련되다, 관계를 가지다; это к делу не ~ся 그것은 이 문제와 관계가 없다 ③ 속하다

отноше́ние (중) ① к *кому-чему* 태도, 입장; 견해(見解); коммунисти́ческое ~е к труду́ 노동에 대한 공산주의적 태도 ② 연계, 관계, 상관; не име́ть никако́го ~я 얼도당토않다, 아무런 상관이 없다 ③ 비율(比率), 비례(比例); ④ (복수): ~я 관계, 사이, 인연; дипломати́ческие ~я 외교관계; в ~и *кого-чего,* по ~ю к *кому-чему* ~에 관하여(관한), ~에 대하여; во всех ~ях 모든 점에서

отны́не (부) 지금부터, 앞으로

отню́дь (부) 결코, 전혀, 조금도; ~ нет 전혀 아니다

отобража́ть (미완) 반영(체현, 묘사)하다

отобража́ться (미완) 반영(체현, 구현) 되다, 나타나다

отображе́ние (중) 반영, 체현, 묘사

отовсю́ду (부) 여러곳으로부터, 이르는 곳마다에서, 방방곡곡에서, 사방에서

отогрева́ть (미완) 덥히다, 녹이다; ~озя́бшие ру́ки 언 손을 녹이다

отогрева́ться (미완), **отогре́ться** (완) 언몸을 녹이다, 자기

몸을 녹이다

отодвига́ть (미완) ① (약간) 밀어내 놓다, 물리다; ~стул 걸상(의자)을 밀어놓다 ② 연기하다, 미루다; ~ срок 기한을 연기하다; ~ на задний план 뒤로 미루다

отодвига́ться (미완) ① 드리다, 물러나다, 물러서다, 물러 앉다 ② 연기 되다

отодра́ть (완) ① см. отдирать ② 치다, 패다, 갈리다; ~розгами 채찍으로 호되게 때리다

отож[д]ествле́ние (중) 동일시

отож[д]ествля́ть (미완) 동일시하다; ~ два понятия 두개의 개념을 동일시하다

отозва́ние 소환;~ посла 대사의 소환

отопле́ние (중) 난방, 난방장치; паро вое ~ 증기난방

оторопе́ть (완) 어리둥절해지다, 당황해지다, 얼먹다

отпада́ть (미완), **отпа́сть** (완) ① 떨어지다; ручка опять ~а 손잡이가 또 떨어졌다 ② (의욕,소원,의의등이) 없어지다, 사라 지다; необходимость ~ла делать что. ~할 필요가 없어졌다; желание ехать ~ло 떠날 생각이 없어 졌다

отпеча́ток (남) 자국, 자취, 흔적; ~ па-льца 지문; наложить свой ~ 흔적을 남겨놓다; ~ времени 시대적 특징

отпеча́тывать (미완) ① 인쇄(프린트) 하다, 타자하다, 타자를 치다;(사진) 인화하다 ② 흔적을 남기다

отпива́ть (미완) (조금,약간) 마시다; ~ глоток 한 모금을 마시다

отпи́ливать(미완), **отпили́ть**(완) (톱으로) 켜버리다, 잘라서 떼다, 자르다

отпира́ть (미완) 열다; ~ комнату 방(쇠)를 열다; ~ замок 자물쇠를 열다

отпира́ться (미완) ① (쇠가) 열리다 ② 물리치다, 거절하다, 자기 죄과를 부인하다

отпла́та(여)갚음, 대거리, 앙갚음, 보복

отплати́ть (완), **отпла́чивать** (미완) 갚다, 갚아 들이다, 대거리하다, 복수 하다

отплы́вать (미완), **отплы́ть** (완) 헤엄쳐물러나다, 헤엄쳐 나가다; 출항하다; пароход ~л 배가 떠났다

отпове́дь (여) 항변, 반박, 꾸짖음; дать ~ 꾸짖다, 배격하다

отпо́лзать (미완), **~ти́** (완) 기어 물러 나다, 기어나가다

отпо́р (남) 반격, 배격, 배척 давать ~ 물리치다, 반격(배격, 배척)하다; вст реча́ть ~ 반격(배격, 배척)을 하다

отправи́тель (남) 보내는 사람, 발신자, 발송인
отпра́вка (여) ① 보내는 것, 발송, 파견 ② 출발; ~ поезда 기차의 출발, 발차
отправле́ние (중) ① 보내는 것, 발송 ② 출발; ~e поезда 발차 ③: заказ ные ~я 등기우편물
отправля́ть (미완) ① 보내다, 떠나 보내다; ~ письмо 편지를 보내다 ② 발송(송달)하다 ③ 출발시키다, 파견하다; ~ поезд 기차를 출발시키다
отправля́ться (미완) 떠나다, 출발하다, 가다; (기차가) 발차하다; ~ться на прогулку 산보하러 떠나다; поезд ~ется 기차는 출발한다.
отправно́й (형): ~ пункт 출발점
отпра́шиваться (미완), **отпроси́ться** (완) 외출허가를 받다; ~ с работы 조퇴승인을 받다
отпры́гивать (미완), **отпры́гнуть** (완) 뛰어 물러서다, 뛰어 물러나다
о́тпрыск (남) ① 후손, 자손 ② 어린싹
отпря́нуть (완) 펄쩍 물러나다, 후닥닥 뛰어 물러서다
отпу́гивать (미완), **отпугну́ть** (완) ① 놀라서 물러나게 하다 (쫓아버리다) ② 두려워하게 하다
о́тпуск (남) ① 판매, 팔아넘기기; ~ товаров 상품의 판매 ② 휴가; очеред ной ~ 정기휴가; декретный ~ 산전휴가; брать ~ 휴가를 받다; нахо-диться в ~e 휴가중이다
отпуска́ть (미완) ① 내보내다, 나가게 하다; ~детей гулять 아이들을 산보 보내다 ② 놓아주다, 놓아보내다; ~ на волю 석방하다, 놓아주다 ③ 내어주다, 팔다; ~ товар 상품을 팔다(팔아넘기다) ④ 지출하다; ~ средства 자금을 지출하다 ⑤ 늦추다; ~ ремень 띠를 늦추다; ~ бороду(волосы) 턱수염 (머리칼)을 기르다
отпускни́к (남) 휴가받은 사람
отпускно́й (형) ① 휴가; ~oe время 휴가 기간 ② : ~ая цена 인도가격 ③ (복수): ~ые 휴가비
отрабо́танный (형): ~ пар 쓰고난 증기; ~ газ 버릴가스, 페가스
отрабо́тать (완) ① 일을 끝마치다 ② (일정한 시간) 일하다; ~ восемь часов (여덟) 시간을 일(노동)하다 ③ 일로 갚다; ~ долг 자기 빚을 일로 갚다 ④ 숙련(체득)하다; ~ ружейные приёмы 총 다루는 법을 배우다(체득하다)
отра́ва (여) 독약, 독; ~ для мышей 쥐약

отравле́ние (중) ① 독해, 중독; ~ га́зом 가스중독 ② 독살

отравля́ть (미완) ① 중독시키다; 독살하다 ② 독약을 치다 (뿌리다, 썩다) ③ 해독을 끼치다

отравля́ться (미완) 중독되다, 중독되어 죽다; 음독자살하다, 독약을 마시다

отравля́ющий (형) 독있는, 유독한; ~ ие вещества́ 독물, 유독물질; ~ий газ 유독가스, 중독가스

отра́да (여) 즐거움, 기쁨, 위안, 만족

отра́дный (형) 즐거운, 기쁜, 위안을 주는; ~ый факт 유쾌한 사실; ~ое изве́стие 기쁜 소식

отража́тель (남) (공학) 반사체, 반사기, 반사경

отража́ть (미완) ① (물리) 반사하다 ② 반영(표현)하다 ③ 물리치다, 격퇴하다; 맞받아치다 ~ нападе́ние 공격을 격퇴하다

отража́ться (미완) ① 비치다, 반사되다 ② на ком-чём ~에 영향을 미치다(주다); ~ на здоро́вье 건강에 영향을 주다 ③ 나타나다, 반영(표현)되다; на лице́ отрази́лась ра́дость 얼굴에 기쁨이 떠돌다

отраже́ние (중) ① (물리) 반사, 그림자; у́гол ~я 반사각 ② 반영; 표현 영상 ③ 격퇴; ~е ата́ки 공격의 격퇴

отрази́ть[ся] (완) см отража́ть[ся]

о́трасль (여) 부문, 부분, 분야, 분과; ~и наро́дного хозя́йства 인민경제의 여러 부문들

отраста́ть (미완), ~ти́ (완) 자라다, 나다; борода́ отрасла́ 턱수염이 자랐다

отрасти́ть (완), **отра́щивать** (미완) 자래우다, 기르다; ~ усы́ 수염을 기르다

отре́з (남): ~ на пла́тье 옷감, 옷천; ~ на костю́м 양복감

отреза́ть, **отре́зать** (미완) ① (종이 등을) 잘라내다, 자르다; (빵 등을) 베내다, 베다; ② (신체의 부분을) 절단하다 ③ 막다, 차단하다; ~ путь к отступле́нию 퇴로를 잘라대답하다

отрезвля́ть (미완) ① 술에서 깨우다, 깨게하다 ② 제정신이 들게 하다

отре́зок (남) ① 조각; 토막 ② 부분; ~ вре́мени 토막시간

отрека́ться (미완) ① 단념하다, 거부 (포기)하다; ~ от своего́ мне́ния 자기의 의견을 단념하다 ② ~ от престо́ла 퇴위하다

отре́пья (복수) 누더기, 헌옷

отрече́ние (중) 단념, 포기; ~ от прес- то́ла 퇴직

отрица́ние (중) ① 부인, 부정, 거절 ② (언어) 부정사
отрица́тельный (형) ① 부정적인, 부정 (반대)하는; ~ый ответ 부정적대답; (수학): ~ое число 부수; ~ый заряд (물리) 음전하 от ~ого пок ~는 행동; ~ый отзыв 악평
отрица́ть (미완) 부인(부정)하다, 거부하다
о́трог (남) (산줄기의)지맥, 모롱이
отро́сток (남) ① 새싹, 곁순, (작은) 곁가지 ② 분기, 돌기
о́трочество (중) 소년시절
отруба́ть (미완) ① 잘라내다; ~ ветку 나뭇가지를 자르다 ② 잘라말하다
о́труби (복수) 겨, 벼겨, 밀기울
отры́в (남) 분할, 분리; в ~е от чего ~과 동떨어져서, ~를 떠나서; учиться без ~а от производства 일을(계속)하면서 공부하다; с ~ом от произ водства 일을 중단하여, 일을 임시로 그만두고
отрыва́ть (미완) 때내다, 떼다, 잡아떼다, 잡아뜯다; ~ пуговицу 단추를 잡아떼다 ② : ~ глаза от книги 책에서 눈을 떼다; ~от работы 일을 중단시키다
отрыва́ться (미완) ① 떨어지다; пуговица оторвалась 단추가 떨어졌다 ② (잠간) 그만두다, 중단하다; ~ от действительности 현실을 떠나다 ③ ~от книги 책에서 눈을 떼다
отры́висто (부) 띠엄띠엄, 딱딱끊어서; говорить ~ 띠엄띠엄 말하다
отры́вистый (형): ~ая речь 띠엄띠엄 하는 말씨; ~ый смех 딱딱멎는 웃음 (소리)
отрывно́й (형) : ~ календарь (한 장씩 뜯는) 일력, 달력
отры́вок (남) 토막, 일부분;~ из ро мана 소설의 한토막; ~ текста 단편
отры́вочный (형) ① 단편적인, 토막으로 이루어진; ~ые сведения 토막소식 ② 딱깍 멎는(끊어지는)
отры́жка (여) 트림, 게트름
отря́д (남) ① 부대, 대, 분단; передовой ~ 전위대; партизанский ~ 유격대 ② : пионерский ~ 삐오네르단
отряди́ть (완) кого-что ~을 보내다, 파견하다
отря́дный (형) 부대, 부대용의, 분단
отряхива́ть (미완), **-ну́ть** (완) 털다; хнуть снег 눈을 털다
отсве́чивать (미완) 비치다, 반사광을 내다
отсе́в (남) ① 채질풀무질 ② 제명, 제거; 퇴학
отсе́ивать (미완) ① 채질하다, 풀무질 하다, 채로 치다 ②

고라뽑아치우다; 퇴학(제거)시키다; ~ неуспевающих студентов 성적이 떨어진 학생(낙재생)을 퇴학시키다

отсека́ть (미완), **отсе́чь** (완) ① 잘라 떼내다, 잘라내다; ~ сухую ветку 마른 나뭇가지를 잘라내다 ② 절단하다

отсиде́ть (완) ①: ~ ногу 다리가 저리다 ②: ~ срок 감금되어 (일정한 시간을) 보내다, 형기를 끝마치다 ③ 일정한 시간 앉아있다; ~ концерт 음악회시간을 다 보내다

отска́кивать (미완), **отскочи́ть** (완) ① 껑충뛰어 물러나다, 뛰어 돌아오다; ~ очить назад 뒤로 뛰어 물러나다; мяч ~ очил 공이 튀어났다 ② 떨어지다; пуговица ~ла 단추가 떨어졌다

отслужи́ть (완) ① 근무를 마치다, 퇴직하다; (일정한 기간) 일하다, 복무하다; ~ три года 3(삼)년간 복무하다 ② (도구, 역축 등이 오래 써서)못쓰게 되다

отсове́товать (완) 타이르다, 말리다, ~하지 말라고 충고하다; ~ уезжать 떠나가지 말라고 충고하다(타이르다)

отсро́чивать (미완), **отсро́чить** (완) ① 연장하다; ~ паспорт 여권의 기한을 연장하다 ② 연기하다, 미루다; ~ платежи 지불을 연기하다

отсро́чка (여) 연기, 유예; 기한연장; дава́ть ~у 연기받다; получа́ть ~у 연기받다

отстава́ние (중) 뒤떨어지는 것, 낙후

отстава́ть (미완) ① 뒤떨어지다, 뒤지다, 낙후하다 ② 들썩하다, 떨어 지다; обои ~али 도배지가 떨어졌다 ③ (시계가)늦다, 뜨다; мои часы ~ают на пять минут 내 시계는 5(오)분 늦다

отста́вить (완) ① см. отставля́ть ② :~! (구령) 그만! 다시!

отста́вка (여) 퇴역; 퇴직, 사직, 면직; уходи́ть в ~у 퇴역 (사직)하다; пода́ть в ~у 사표를 제출하다; полковник в ~е 퇴역 대좌; ~а правительства 정부의 사직

отставля́ть (미완) (옆에) 옮겨놓다, 밀어 내놓다; ~ стул от стены 의자를 벽에서 치워놓다

отста́ивать (미완) ① 지키다, 방위 하다; ~ Ро́дину 조국을 지켜내다(방위 하다) ② 고수(수호, 옹호)하다, 지켜 싸우다; ~ мир 평화를 고수하다; ~ свои права 자기 권리를 지켜 싸우다

отста́лость (여) 낙후성, 뒤떨어진 것

отста́лый (형) 뒤떨어진, 낙후한; ~ые взгляды 낙후된 견해; ~ая страна́ 뒤떨어진 나라, 후진국

отстаю́щий (형) ① 뒤떨어진, 낙후한; ~ ученик 뒤떨어진 학생 ② (명사로) (남) 낙후생, 낙오자(落伍者)

отстёгивать (미완), **отстегну́ть** (완) ① (단추 등을) 벗기다; ~ крючо́к 걸단추를 벗기다 ② (호크, 단추 등으로 채운것을) 헤치다; ~ воротни́к 깃을 헤치다

отсто́й (남) *см.* осадок

отстоя́ть (완) : ~(на расстоя́нии) 떨어져있다

отстра́ивать (미완) 다 짓다(만들다, 건설하다), 준공하다, 건설을 끝내다 ② 다시 짓다, 개축하다

отстране́ние (중) 해임, 면직

отстраня́ть (미완) ① 물리치다, 제치다; 멀리하다; ~ ру́ку 손을 제치다 ② 해임하다, 면직시키다

отстраня́ться (미완) ① 비키다, 비켜서다, 자빠지다; ~ от маши́ны 자동차를 비키다 ② 피하다, 벗어나다; ~ от отве́тственности 책임을 피하다(면하다)

отстре́ливаться (미완) 맞쏘아대다, 맞총질하다

отступа́ть (미완), **отступи́ть** (완) ① 물러서다, 물러나다; ~ на шаг 한걸음 물러서다 ② (군사) 퇴각(후퇴)하다 ③ 버리다, 위반하다, 포기(취소)하다; ~ от зако́на 법령을 위반하다; ~ от свои́х взгля́дов 자기의 의견을 버리다(포기하다) ④ пе́ред кем-чем: 주저앉다, 뒤걸 음질치다; ~ пе́ред тру́дностями 난관 앞에서 물러서다

отступле́ние (중) ① (군사) 후퇴, 퇴각 ② 위반, 파격, 탈선; ~ от пра́вил 규칙위반

отсу́тствие (중) ① 없는 것, 결여 ② 결석; в его́ ~ 그가 없을 때에; за ~м кого́-чего́ ~이 없어서

отсу́тствовать (미완) ① 결석하다; ~ на собра́нии 회의에 결석하다 ② 없다

отсу́тствующий (형) ① (отсутствовать의 능동현재) ② 무관심한, 냉담한; ~ий взгляд 멍청한(무표정한) 얼굴 ③ (명사로) (남) 결석자; ~ие (복수) 결석자들

отсчёт (남) 계산 하는 것, 재는 것, 공제, 수 읽기

отсчита́ть (완), **отсчи́тывать** (미완) 세어내다, 계산하여 떼어내다, 계산하다; ~ от до́ма пять шаго́в 집으로부터 5(오)보를 재다

отсыпа́ть (완), **отсыпа́ть** (미완) (일부 분을) 쏟다, 쏟아내다

отсю́да (부) ① 이곳으로부터, 여기로부터 ② 따라서, 이로부터; ~ сле́дует 그렇기 때문에

отта́лкивать (미완) ① 밀치다 ② 반감을 일으키다

отта́лкивающий (형) 아니꼬운, 역한, 싫은; ~ за́пах 역한 냄새; ~ий вид 아니꼬운 모습

оттáскивать (미완) (옆으로) 끌어내다, 끌어가다

оттéнок (남) ① 색채, 색조 ② 뉘앙스

оттеня́ть (미완) ① 음영(흑백)을 뚜렷하게 하다 ② 더욱 (보다) 뚜렷나타내다, 명백히 하다, 강조하다

оттéпель (여) 눈 녹이는 날씨

оттесни́ть (완), ~я́ть (미완) (한쪽으로) 밀어내다, 밀쳐서 물리다, 구축하다; (군사) 퇴각시키다, 물리쳐서 몰아 내다 (물러나게 하다)

оттирáть (미완) ① 비벼서 없애다, 닦아내다, 곱게 닦다; ~ грязь 흙을 비벼서 떨어뜨리다 ② 비벼서 감각을 회복시키다; ~ снегом обмороженное ухо 언 귀를 눈으로 비비다

о́ттиск (남) (인쇄) 인쇄지, 인쇄한(찍어낸) 종이, 동판화; корректурный ~ 교정지

оттопы́риваться (미완) 삐죽 나오다, 불룩해지다

оттýда (부) 그곳으로부터, 거기로부터

оття́гивать (미완) ① 잡아당기다, 끌어내다 ② 지연시키다, 연기하다

оття́жка (여) 지연, 연체

отупéние (중) (머리가) 둔해지는 것, 멍청한것

отучáть (미완) от *чего* ~의 버릇을 그만두게 하다(버리게 하다); ~ от курения 담배를 끊게 하다

отучáться (미완) 버릇을 그만두다(버리다), 버릇을 고치다.

отхлы́нуть (완) 뒤로 밀려나가다, 흘러(쏟아져) 나가다; 물러나다; толпа ~нула 군중이 밀려나갔다

отхóд (남) ① 물러서는 것, 출발; до ~а поезда 발차 전에 ② (군사) 후퇴, 퇴각 ③ 이탈, 탈선

отходи́ть (미완) ① 물러서다, 물러가다, 갈라지다 ② 떠나다, 출발하다 ③ 출발하다 ④ (군사) 후퇴(퇴각, 퇴진)하다 ⑤: пятно отошло 얼룩이 없어졌다; замёрзшие руки отошли 얼었던 손이 녹았다

отхóды (복수) 폐물, 찌꺼기; ~ производства 폐설물

отхóжий (형): ~ий промысел 계절적 품팔이; ~ее место 뒷간,

отцвести́ (완), отцветáть (미완) 꽃이지다, 시들다

отцепи́ть (완), ~ля́ть (미완) (연결한 것과 달라붙은 것과 걸린 것을)떼다, 풀다, 벗기다; ~ паровоз 기관차를 떼다

отцепи́ться (완), ~ля́ться (미완) (연결된 것, 붙었던 것이) 떨어지다, 풀리다, 벗겨지다

отцóвский (형) 아버지의, 어버이의, 어버이다운;~ий дом 아버지의 집;~ая любовь 어버이사랑

отцовство (중) 부자관계

отча́иваться (미완) 절망에 빠지다, 절망하다, 자포자기하다

отча́ливать (미완),**~ить** (완) 떠나다, 출항하다; лодка ~ила от берега 보트는 기슭을 떠났다

отча́сти (부) 어느 정도, 얼마쯤, 부분적으로; ~ он прав 얼마쯤 그는 옳다

отча́яние (중) 절망, 자포(자기), 실심; приходить в ~ 절망에 빠지다

отча́янно (부) 맹렬히, 필사적으로; ~ защища́ться 필사적으로 방어하다

отча́янный (형) ① 절망적인, 절망에 빠진; ~ый шаг 절망적 조치 ② 필사적인, 맹렬한; ~ое усилие 필사적노력 ③ 가망없는; ~ое положение 가망없는 상태 ④ 용맹한, 무모하리만치 용감한

отчего́ (부) 왜, 어째서; ~ он не пришёл 어째서 그가 오지 않았니?

отчество (중) 부칭

отчёт (남) 사업보고(총화,총결), 보고; политический ~ 정치보고; финансовый ~ 재정지출보고; делать ~ 보고하다; [от] давать себе ~ в чём ~을 인식하다, 똑똑히 알다.

отчётливо (부) 똑똑히, 뚜렷이

отчётливый (형) 똑똑한, 뚜렷한, 선명한, 명료한

отчётно-выборный (형): ~ое собрание 결산선거회의

отчётность (여) ① (부기) 결산, 결산문건 ② 보고제, 보고절차

отчётный (형) ①: ~ год 총결년간 ②: ~ период 총결기간;~ доклад 총결보고

отчи́зна (여) 고국, 고향, 조국; любовь к ~е 조국에 대한 사랑, 조국애

отчи́м (남) 이붓 아버지, 계부

отчисле́ние (중) ① 공제; ~я 공제액; ~я от прибыли 이익공제금 ② 면직, 제명; 퇴학

отчи́слить (완), **отчисля́ть** (미완) ① 공제하다, 제하다 ② 면직시키다, 제명하다; 퇴각하다

отчита́ть (완) 책망(질책)하다, 닦아 내다, 꾸지람하다

отчита́ться (완), **отчи́тываться** (미완) в чём 사업(결산)보고를 하다

отчужда́ть (미완) ① (법학) 몰수하다, 징발하다 ② (사이에

대하여) 멀게하다, 소원케 하다

отчужде́ние (중) ① (법률) 몰수, 징발 ② 사이가 뜬 것, 냉담한 것, 간격

отшатну́ться (완) 물러나다, 물러서다, 비껴서다

отше́льник (남) 은둔자, 은거자; жить ~ом 은거(은둔) 생활을 하다

отши́б (남): на ~е 외따로, 떨어져, 홀로

отшлифова́ть (완), **-о́вывать** (미완) ① 번들번들하게 갈다, 연마하다 ② (재능 등을) 닦다, 탁마하다

отшути́ться (완), **отшу́чиваться** (미완) 농담삼아 대답하다, 슬쩍 농담으로 피하다

отщепе́нец (남) 탈퇴자, 전향자; 변절자

отщипну́ть (완), **отщи́пывать** (미완) 집어뜯다, 집어뜯어 내다

отъе́зд (남) (차, 배 등을 타고) 출발; день ~а 떠나는 날; быть в ~е 일시 어디로 떠나서 없다

отъезжа́ть (미완), **отъе́хать** (완) ① (일정한 거리를 타고) 떠나다, 출발 하다 ② 벌어지다, 벌어져 틈이 생기다

отъя́вленный (형) 이골이 난, 악명 높은, 판박은; ~ вор 날도적놈; ~него дяй 악명높은 악한

отымённый (형) (언어) 파생어의, 명사에 서 파생한

отыска́ть (완), **оты́скивать** (미완) 찾아 내다, 얻어내다

офице́р (남) 군관, 장교

официа́льно (부) ① 공식적으로; заявля́ть ~ 공식적으로 성명하다 ② 격식에 따라, 형식적으로

официа́льный (형) ① 공식(적인);~ый докуме́нт 공문서; ~ый визи́т 공식 방문 ② 공인, 격식(형식)을 차리는, 공식적인; ~ый реко́рд 공인기록; ~ое приглаше́ние 공식적인 초청 ③ 형식 적인, 격식(형식)을 차리는;~ тон 공식 적어조

официа́нт, **~ка** (여) 접대원

оформи́тель (남) 장식하는 사람, 무대 장치가

оформле́ние (중) ① 수속, 격식의 부여; ~ докуме́нтов 서류의 작성수속 ② 꾸밈새, 장식

оформля́ть (미완) ① 형태(격식)를 부여하다, 장식하다, 꾸미다 ② 수속 하다, 격식대로 작성하다; ~ докуме́нты 문건을 작성(수속)하다; ~ на рабо́ту 취직수속하다

оформля́ться (미완) ① 형성(완성)되다 ② 격식대로 작성되다, 수속되다; ~ на рабо́ту 취직(일자리)수속을 하다 (끝내다)

офсе́т (남) 오프셋(offset), 오프셋인쇄
офсе́тный (형) 오프셋(인쇄법)의: ~ая печать 옵셋 인쇄
ох (감) 오!, 오이!, 아!, 아이구!
оха́пка (여) 한 아름; ~ дров 장작 한아름
оха́ть (미완) 아이구(오)하고 소리치다, 끙끙하다; 탄식하다
охва́т (남) 망라, 끌어넣는 것, 인입; (군사)의 측우회, 포위
охвати́ть (완), **охва́тывать** (미완) ① 껴안다, 안다 ② 휩싸다, 휩쓸다, 사로잡다; его ~ла ра́дость 그는 기쁨에 휩싸였다; пла́мя ~ло весь дом 집은 불길에 휩싸였다 ③ 망라(인입)하다, 포함시키다, 폭발하다 ④(군사) 익측을 우회하다
охладева́ть (미완), **~еть** (완) к ко́му-чему́ 냉담해지다, 엇갈리다, 흥미가 없어지다, 마음이 내키지 않다; ~ к рабо́те 사업 열의가 식다
охлади́ть(완), **~жда́ть**(미완) ① 차게하다, 식히다, 냉각하다 ② 진정시키다, 식히다; ~дить пыл 열의를 식히다
охлажде́ние (중) ① 식히기, 냉각 ② 냉담, 간격
охмеле́ть (완) ① (술에) 취하다 ② 도취하다, 취하다
охо́та I (여) 사냥, 수렵; ~а на за́йца 산토끼사냥; ходи́ть на ~у 사냥가다
охо́та II (여) 의욕, 욕망; 취미; от би́ть ~у к чему́ ~.에 대한 의욕(마음)을 없애다; нет ~ы идти́ 나갈 마음이 없다
охо́титься (미완) ① 사냥하다, 잡이를 하다 ②: ~ за ре́дкой кни́гой 희귀한 책을 찾아다니다
охо́тник (남) 사냥군, 포수
охо́тничий (형) 사냥용, 사냥; ~ий сезо́н 사냥철; ~ье ружьё 사냥총; ~ья соба́ка 사냥개
охо́тно (부) 즐거이, 기꺼이, 자진해서
о́хра (여) : кра́сная ~ 대자석
охра́на (여) ① 경비, 보위, 지킴; ~а здоро́вья 보건; ~а труда́ 노동보호 ② 경비대, 수비대; пограни́чная ~а 국경경비대; выставля́ть ~у 경비를 세우다, 경비대를 배치하다
охране́ние (중) (군사) 경비대, 위병대; боево́е ~ 전투경계; сторо-жево́е ~ 전초
охра́нник (남) 호위원, 보위원, 수비 대원
охра́нный (형): ~ отря́д 위병대, 수비대; ~ая гра́мота 특별 보호증
охраня́ть (미완) 지키다, 보호(보위,수호)하다; (군사) 경비하다
охри́пнуть (완) 목이 쉬다, 목소리가 쉬다

оцара́пать (완) 할퀴다, 긁다

оцара́паться (완) (자기 몸에) 할퀴인 (긁힌) 자리를 내다, 허비우다

оце́нивать (미완), **оцени́ть** (완) ① 값을 매기다(부르다), 가격을 정하다 ② 평가(평정)하다, 판단을 내리다

оце́нка (여) ① 가격사정 ② 평정, 평가 ③ 평점, 점수; ставить ~y 점수를 매기다

оце́нщик (남) 평가자, 가격평정자 (사정자)

оцепле́ние (중) 둘러싼(포위한) 사람들 (부대)

оцепля́ть (미완) 둘러싸다, 포위하다

оцинко́ванный (형) 아연칠한, 아연 도금을 한; ~ое железо 함석, 아연철

оцинкова́ть (완) 아연칠하다, 아연 도금을 하다

оча́г (남) ① 난로, 아궁이 ② 발원지; ~ войны 전쟁발원지; дома́шний ~ 자기 집, 자기 가정

очарова́ние (중) 매혹, 매력; поддаваться ~ю чего 매혹되다, 황홀케 되다

очарова́тельный (형) 매혹적인, 매력적인, 탐스러운, 아릿다운; ~ го́лос 매력있는 목소리; ~ пейза́ж 아기자기한 풍경

очарова́ть (완), **очаро́вывать** (미완) 호리다, 황홀케 하다, 매혹하게 하다

очеви́дец (남) 목격자, 입회자; быть ~ цем 목격하다, 입회하다

очеви́дно (부) ① (삽입어) 아마, 보건대; 틀림없이 ② (술어로) 명백하다, 완연하다

очеви́дность (여) 자명한것; со всей ~ю 극히 명백하게, 의심할바 없이

очеви́дный (형) 자명한; 완연한, 극히 명백한, 두 말할 것도 없는;

о́чень (부) 매우, 참, 썩, 대단히, 몹시; ~ рад 대단히 기쁘다; ~ хорошо́ 참 좋다; не ~ хорошо́ 그다지 좋지 않다

очередно́й (형) ① 당면한, 선차적인; ~ые зада́чи 당면한 과업 ② 다음, 순번; ~ой но́мер газе́ты 신문의 다음 호 ③ 정기, ~ой о́тпуск 정기휴가

о́чередь (여) ① 순서, 차례; по ~и 순서에 따라, 돌림식으로; стоя́ть в ~и 줄에 서다 ② (군사) 연발사격; в пе́рвую ~ь 우선, 무엇보다 먼저

о́черк (남) ① 오체르크, 수필; путево́й ~ 기행문 ② 개요

очерни́ть (완) 더럽히다, 악평(비방)하다

очерта́ния (복수) 윤곽, 외형; 언저리
очечни́к (남) 안경집
очи́стка (여) ① 청소, 소제, 세척; ② 정화;
очи́стки (복수) (깎은) 껍질, 찌꺼
очища́ть (미완) ① 깨끗이 하다, 청결히 하다, 청소하다, 소제하다 ② (껍질을) 벗기다, (껍질을) 깎다; ~ я́блоко 사과껍질을 벗기다 ③ (화학, 금속) 정화하다, (화학, 금속) 정제 하다, (화학, 금속) 정류하다, 정선하다
очки́ (복수) 안경; надева́ть(носи́ть) ~ 안경을 쓰다(걸다)
очко́ (중) 점, 득점, 점수; набира́ть ~и 득점하다, 점수를 따다
очковтира́тельство (중) 사기, 속임
очну́ться (완) ① (제)정신이 들다, 정신을 차리다 ② 깨다, 눈뜨다
о́чный (형) :~ая ста́вка 대면심문; ~ое обуче́ние 주간교육
очути́ться (완) где에 빠지다, 처하게 되다, 있게 되다; ~ в тру́дном положе́ нии 곤경에 빠지다, 난처하게 되다
оше́йник (남) (동물의) 목소리
ошеломи́ть (완), **ошеломля́ть** (미완) 아연케 하다, 휘두르다, 얼떨떨하게 만들다
ошеломля́ющий (형) 아연케하는, 휘두르는. (심히) 놀라운; ~ успе́х 놀라운 성과
ошиба́ться (미완), **ошиби́ться** (완) ① 잘못하다, 오류를 범하다, 틀리다 ② 오해하다, 잘못 생각하다, 오발하다
оши́бка (여) 잘못, 틀림, 오류, 실수, 과오; допуска́ть ~у 과오를 범하다, 오류를 범하다, 잘못하다;
оши́бочный (형) 그릇된, 틀린, 잘못된, 그르친, 실수한, 실족한; ~ое мне́ние 그릇된 견해
ощипа́ть (완), **общипы́вать** (미완) (닭, 새의) 털을 뜯다
ощу́пать(완), **ощу́пывать** (미완) 어루만지다, 만져보다, 더듬다
о́щупь (여): на ~ 홈착홈착, 더듬어서; иска́ть на ~ 홈착홈착 거리다, 더듬어 보면서 찾다
ощути́мый, ощути́тельный (형) ① 감촉할수 있는, 느낄수 있는 ② 눈에 띄우는, 현저한, 대단한; 대단한 손해
ощути́ть(완), **ощуща́ть** (미완) 느끼다, 감촉하다, 감각하다
ощуще́ние (중) 감각, 느낌, 감촉, 감정, 정서; 감응, 촉발, 촉감, 지각; ~ сча́стья 행복감; ~ оби́ды 모욕감

П

па (중) 춤의 스텝, 걸음새
павильо́н (남) ① 진열관(실), 전람관(실); вы́ста́вочный ~ 전람관, 진열관; ② (공원 등의) 정자, 벤치; ③ (영화, 사진의) 촬영자, 촬영실(撮影室)
павли́н (남) 공작새, 공작, 문금(文禽)
па́водок (남) 시위, 물이 붙는 것, 큰물
па́вший ① пасть의 능동과거 ②(명사로): **~ие** (복수) 전사자
па́года (여) (불교의) 탑(塔)
па́губно (부) 몹시 해롭게, 파멸적으로; ~ отража́ться 악영향을 주다, 매우 해롭다
па́губность (여) 극히 해로운 것, 파멸
па́губный (형) 극히 해로운, 죽음(파멸)을 가져오는
па́даль (여) 죽은 짐승
па́дать (미완) ① 떨어지다; ② 넘어지다, 자빠지다; 꺼꾸러지다; 쓰러지다; ③ (눈, 비가) 내리다, 오다 ④ (머리칼, 이빨이) 빠지다; ⑤ (수위, 온도, 가격) 낮아지다, 저하되다; ⑥ 몫으로 되다, 부담으로 지워지다; ⑦(안개, 이슬이) 내리다
паде́ж (남) (언어) 격(格); имени́тельный ~ 주격; роди́тельный ~ 생격; ко́свенные **~и** 사격; склоня́ть по **~ам** 격변화시키다.
падёж (남) 집짐승의 죽음
паде́жный (형) (언어) 격식; **~ое** оконча́ние 격어미; **~ые** фо́рмы 격형태
паде́ние (중) ① 낙하, 추락 ② 저하, 감소; ③ 쇠퇴, 저락 ④ 붕괴, 멸망, 몰락, 함락
па́дкий (형) 몹시 좋아하는, 탐내는; ~кий на де́ньги 돈을 탐내는; он ~ок до сла́дкого 그는 단것을 몹시 좋아한다
па́дчерица (여) 이붓 딸.
падь (여) 깊은 산골짜기, 계곡

паево́й (형) : ~взнос 출자금, 배당금

паёк (남) ① 배급식량; ② 배급물자, 공급물자;

па́зуха (여) ① 품(裏); из-за ~и 품속에서; ② (해부) 안, 강; лобноя ~a 전두강; носо ва́я ~a 코안, 비강;

пай (남) 출자금, 몫; (이익) 배 당금; вступительный ~ 가입금; кооперативный ~ 협동조합출자금;

па́йка (여) (공학) 납땜, 납접; 땜(한) 자리

па́йщик (남), **~ца** (여) 주주, 출자한 사람

паке́т (남) ① (종이) 꾸러미; 곽, 소포; ~молока 한통의 우유 ② 봉지, 봉투 ③ 공문봉투; ④ (전문) 묶음, 속; инди видуаль-ный [перевязочный] ~ 개인붕대, 붕대꾸러미

па́кля (여) 아마(삼)부스러기

пакова́ть (미완) 짐을 꾸리다, 짐을 포장하다, 짐을 싸다

па́костить (미완) ① 어지럽히다, 더럽히다 ② 못쓰게 하다, 망치다 ③ 해를 끼치다, 못된 짓을 하다

па́костник (남), **~ца** (여) 더러운(해로운) 짓을 하는 사람; 음란한 사람

па́костный (형) ① 더러운, 너절한, 비열한; ~ поступок 비열한 행위 ② 해를 끼치는; ~человек 해를 끼치는 사람

па́кость (여) ① 더러운 것, 추잡한 것 ② 비열한 짓

пакт (남) 조약; ~ о ненападении 불가침조약; заключить ~ 조약을 체결 하다

паланки́н (남) 가마, 교자

пала́с (남) (표면에 털이 없는) 양탄자

пала́та (여) ① 의원, 의회; нижняя ~ 하원: верхняя ~ 상원; ② 관리소; тор говая ~ 무역(상업)회의소; ~ мер и весов 도량형 검사국; книжная ~ 도서 관리소

пала́тка (여) ① 천막, 장막, 텐트(tent); ② 가게, 매점, 노점; 상품진열대, 신문매점·공중 전화실·광고탑·

пала́точный (형) 천막의, 장막의, 텐트의; ~ городок(лагерь) 야영천막

пала́ч (남) 교형리, 사형집행인; 억압자, 잔인무도한자

па́левый (형) 연한 황색, 미색, 베지색

палёное (중) 겉이 탄 것; пахнет~ым 타는 냄새가 난다

палёный (형) 그슬린, 겉이 탄

палеоли́т (남) 구석기시대

палеонтоло́гия (여) 고생물학

па́лец (남) ① 손(발)가락; большой ~ руки 엄지 손가락; указательный ~ 집게 손가락, 둘쨰손가락; средний ~ 가운데

손가락; безымянный ~ 약지손가락; показывать ~м 손가락질 하다 ② (공학) 못, 고정 못; смотреть сквозь ~ы 못 본체 하다

палиса́дник (남) (울타리에 둘러쌓인 집 앞의) 작은 정원

пали́тра (여) ① 팔레트, 물그림판 ② 색그림법, 채색법 ③ (예술가의) 표현 수법

пали́ть I (미완) ① 그슬리다, 불에 그을다; ~ить гуся 거위를 불에 그슬리다(튀하다) ② (해별이)쪼이다; солнце ~ит 해별이 내려쪼인다

пали́ть II (미완) (일제)사격하다; ~ из пушек 포사격을 하다

па́лка (여) 막대기, 몽둥이; 지팡이; ходить, опираясь на ~у 지팡이에 의지하여 걷다; из-под ~и 강제적으로, 억지로,

пало́мник (남), **~ца** (여) 순례자(巡禮者)

пало́мничество (중) 순례; 명승고적에로의 유람(여행)

па́лочка (여) ① 작은 막대기; ② **~и** (복수) 젓가락; туберкулёз ная ~ 결핵균; кишечная ~ 대장균

па́лтус (남) 넙치, 광어, 비목어

па́луба (여) 갑판; верхняя ~ 윗 갑판; нижняя ~ 아래갑판

пальба́ (여) 발사, 잦은(일제)사격

па́льма (여) (식물)종려나무; кокосо вая ~ 야자수; финиковая ~ 대추야자나무; ~первенства 승리의 영예

па́льмовый (형) 종려나무; ~ая ветвь 종려나무가지(평화의 상징)

пальпа́ция (여) (의학) 촉진

пальто́ (중) 외투; надеть ~ 외투를 입다; носить(ходить в) ~ 외투를 입다(입고 다니다)

па́льчик (남) (палец의 지소-애칭) 작은 손(발)가락; мальчик с ~ 꼬마동이; ~и оближешь 1) 대단히 맛있다 2) 구미가 돈다,

пали́щий (형) 몹시더운, 찌는 듯한; ~ие лучи солнца 뙤약볕, 찌는 듯이 내려 쪼이는 햇볕

памфле́т (남) 풍자정론소품

па́мятка (여) 주의서; 해야할 일거리를 적은 목록(지도서)

па́мятник (남) ① 기념비, 동상; надгробный ~ 묘비 ② 기념물, 고적; ~и старины 유물, 유적; ③ 옛 문헌, 고서적, 옛 작품; ~и письменности 서사 문화의 (옛)문헌

па́мятный (형) ① 잊지 못할, 잊을 수 없는; ~ый день 잊지 못할 날 ② 잊지않기 위한, 기억하기 위한; ~ая книжка 기록장 ③ 기념; ~ая медаль 기념메달

па́мятовать (미완) 기억하다; ~уя о чём-л. ~을 잊지 않고, ~을 기억하면서

па́мять (여) ① 기억, 기억력; хранить в ~и 기억하다, 기억해 두다, ② 기념, 추억; подарить на ~ь 기념으로 선사하다;

пан (남) (폴스까나 제정시기 우크라이나의) 지주, 귀족, 신사; ~ илипропал (либо~, либо пропал) 성공하느냐 실패 하느냐, 될 대로 돼라

пана́ма (여) (파나마의 축소) 모자

пана́мка (여)(панама의 축소)(채양이 달린 아동용) 여름모자

панаце́я (여) 만병통치약, 만능약

панба́рхат (남) 엷은 비로도, 우단, 벨벳(velvet)

пандеми́я (여) 전염병, 염병; 돌림병, 시체병, 유행병

пане́ль (여) ① 걸음 길 ② (건축) (판넬) 벽판 ③ (공학) 판, 조종판, 배전판

пане́льный (형) 판넬의; ~ дом (판넬) 벽판으로 지은 집

панибра́тский (형) 친밀한, 흉허물없는, 스스럼없는, 친한.

панибра́нство (중) 허물없는 사이, 친교, 친밀하다, 친하다, 일견구하다, 일면여구하다

па́ника (여) 당황망조, 혼비백산, 공포, 혼란; поднимать (наводить, сеять) ~у 혼란을 일으키다; впасть в ~у, под даться ~е 혼비백산하다; в ~е 혼비백산하여

паникёр (남) 겁쟁이, 비겁분자, 유언 비언을 퍼뜨리는 자

паникова́ть (미완) 당황조하다, 겁을먹다, 공포에 사로 잡히다

панихи́да (여) (종교) 공약, 추도; гражданская ~ 추도식

пани́ческий (형) ① 공포, 당황망조한; ~ страх(ужас) 크나큰 공포, 혼비백산 ② 겁이 많은, 겁에 질린

панкреати́т (남) (의학) 췌장염

панно́ (불변) (중) ① (벽, 천정의) 장식판; мозаичное ~ 쪽모이벽화 ②(건축) 벽장화

панора́ма (여) ① 전경 ② 전경화 ③ (군사)포의 포대경, 조준경

пансио́н (남) ① (제정 러시아 및 일부 자본주의국가들의) 기숙 학교 ② 기숙사, 하숙집, 여관

пансиона́т(남) (휴양하기 위한) 여관, 휴양소(의 일종)

пантео́н (남) 위임묘;(고대로마의) 만신묘

панте́ра (여) 표범, 돈점박이

пантокри́н (남)(의학) 녹용조합제, 강장제, 보혈제

пантоми́ма (여) 몸짓(손짓)극, 무언극

па́нты (복수) 녹용, 용(茸), 대각

па́нцирный (형) 갑각의:~ корабль 거북선

па́нцирь (남) ① 갑옷 ② (동물, 갑추의) 등갑, 갑각; черепаший ~ 거북의 등껍데기 ③ (공학)철갑, 장갑, 보호판

па́па I (남) 아빠, 아버지

па́па II (남) 법왕; ~ри́мский 로마법왕

папа́йя (여) 파파야나무

папа́ха (여) (높은) 털모자; генера́льская ~ 장군모자

папа́ша (남) 아버지, 아버님.

папи́рус (남) ① (열대산) 갈, 갈대. ② 파피루스종이 ③ 파피루스종이에 쓴 옛문헌

па́пка (여) ① 종이끼우개, 서류철; ~ для дел 문서철 ② 판종이 뚜껑, 마분지표지, 두터운 표지

па́поротник (남) 고사리, 궐채

Пар 1 (Первая книга Паралипоменон, 29장) 역대상

Пар 2 (Вторая книга Паралипоменон, 36장) 역대하

пар I (남) ① 김, 증기; водяной ~ 수증기 ② 입김; ~ идёт 입김이 난다 ③ 안개 ④ (증기목욕탕의) (목욕용)증기; подда́ть ~у (목욕탕에서)온도를 높이다, 증기를 올리다; с лёгким ~ом! 목욕을 잘 하였습니까!; ~ косте́й не ломит (속담) 아무리 더운들 뼈까지 익을까? ◇ на всех ~ах 빨리, 쏜살같이; 전속력으로

пар II (남) 묵이는 밭, 휴경지; земля́ под ~ом 묵이는 밭, чистый ~ (여름철에 묵인) 손질을 한 묵인밭; чёрный ~ (여름철에 묵인) 아주 많은 손질을 한 밭; вспы́шка~ов 묵인 밭의 밭갈이

па́ра (여) ① (한) 켤레; ~а обу́ви (бо ти́нок, сапо́г, чуло́к, перча́ток) 신발(구두, 장화, 양말, 갑갑) 한 켤레; ② (둘씩 짝으로 된 것)두 개, 한 쌍; ③ 두개; ~а я́блок 사과 두알; ④ (두개의 같은 부분으로 되어있는 물건)한 개, 한 짝; ~а но́жниц 가위 한개; ~а щипцо́в 집게 한개; ~а брюк 바지 한 벌; супру́жес кая ~ 부부; влюблённая ~ 서로 사랑하는 남녀(연인) ⑥ (술어로) 짝(쌍)이 맞다; он те-бе не ~а 그는 너와 짝이 맞지 않는다. на ~у 둘이서, 함께; ~а пустяко́в 식은 죽먹기, 대수롭지 않은 일, 큰 힘이 들지 않은 일; позво́льте мне сказа́ть ~у слов 내 한 마디 이야기 합시다; в ~е с кем-л ~와 함께

пара́бола (여) ① (수학)포물선 ② 탄도

пара́граф (남) 절(節), 항(項), 단락; 부호(§); разби́ть на ~ы 절로 가르다

пара́д (남) 열병식; 시위행렬, 행진; вое́нный ~ 열병식; физкульту́рный ~ 체육선수들의 행진; принима́ть ~ 열병식을

사열하다; при полном (при всём) ~е 잘 차려입고

пара́дное (중) 정문(출입구), 현관

пара́дность (여) 웅장하고 화려한 것

пара́дный (형) ① 열병식; 예식; ~ое шествие 행렬, 행진; ~ая форма, ~ый костюм, ~ое платье 예복 ② 정문; ~ый подъезд 정문(출입구), 현관

парадо́кс (남) ① 파라독스(paradox), 역설, 궤변; ② 기이한 현상

парадокса́льность (여) 궤변, 자가당착

парадокса́льный (형) ① 역설적인; ~ый вывод 역설적인 결론 ② 믿기 어려운, 기이한, 기괴 망측한; ~ое явление 기이한 현상

парази́т (남) ① (생물) 기생충; 기생식물 ② 도식자, 기생충 ③ 몹쓸놈, 빌어먹을놈(욕할 때 쓰는 말)

паразити́зм (남) ① 붙어살이, 기생 ② 기생적 생활(근성)

паразити́ровать (미완) ① (생물) 붙어살다, 기생하다 ② 기식하다, 기생적 생활을 하다

паразити́ческий (형) 기생적인; ~образ жизни 기생생활양식

парализо́ванный ① (парализовать의 피동과거) ② (형) 마비된, 못쓰게 된

парализова́ть (완, 미완) 마비시키다, 무력하게 하다

парали́ч (남) 마비, 중풍; его разбил ~, он разбит ~ом 그는 중풍에 걸렸다

параллелепи́пед (남) (수학) 평행육면체

параллели́зм (남) ① 평행 ② 일치, 유사, 상응 ③ 이중, 반복; ~ в работе 사업에서의 이중(반복) ④ (문학) 대구(법)

параллелогра́мм (남) (수학) 평행사변형

паралле́ль (남) ① (수학) 평행선; про вести ~ь 평행선을 긋다 ② (지리)위선; 위도; 38-ая ~ь 삼팔선 ③ 비교, 대비; провести ~ь между чем-л. ~과 ~을 대비 하다.

паралле́льно (부) ① 평행으로, 병렬로 ② ~와 동시에;~ с этим 이와 동시에

паралле́льный (형) (수학) 평행; ~ая линия 평행선; ~ые брусья (체육) 평행봉; ~ое соединение (전기) 병렬접속

пара́метр (남) ① (수학) 파라메트론(parametron), 매개 변수, 보조변수 ② (물리, 공학) 결수, 정수

паранджа́ (여) (민속) (회교도 여자가 남들 앞에서 얼굴을 가리는) 면사포, 차도르, 빠란자

парано́ик (남) (의학) 편집광환자

- 510 -

парано́йя (여) (의학) 편집광, 망상증, 파라노이아
парапе́т (남) 난간
парати́ф (남) (의학) 파라티부스
парафи́н (남) 파라핀(paraffin)
парафи́рование (중) (외교관계) ~가 조인(하는 것), 엠오유(MOU)체결; ~ догово́ра 조약의 조인
парафирова́ть (완, 미완) (외교관계) ~가 조인되다
парашю́т (남) 낙하산; пры́гать с ~ом, спуска́ться на ~е 낙하산으로 내리다; раскрыва́ть ~ 낙하산을 펴다; прыжо́к с ~ом 낙하산 낙하
парашюти́зм (남) ① 낙하산 하강술, 하강 ② 낙하산 경기
парашюти́ст (남), **~ка** (여) 낙하산병.
парашю́тный (형) 낙하산; ~ деса́нт 낙하산부대
паре́ние (중) ① 찌는 것 ② 증기목욕을 하는 것, 사우나
паре́ние (중) (날개를 펴고) 떠있는것, 비행(飛行)
па́реный (형) 찐, 데친; дешевле ~ой репы 헐값이다, 눅거리이다; про́ще ~ой ре́пы 식은죽 먹기다
па́рень (남) ① 젊은이, 청년; па́рни и де́вушки 청년남녀 ② 사람, 사내, 남자; он хоро́ший ~ 그는 좋은 사람(사내) 이다; весёлый ~ 유쾌한 사내; руба́ха~ (숨김없고 소박하고 사심없는)솔직한 사람
пари́ (물변) (중) 내기; держа́ть ~ 내기를 하다, 내기를 걸다; вы́играть ~ 내기에 이기다
пари́к (남) 덧머리, 가발
парикма́хер (남) 이발사, 이용사
парикма́херская (여) 이발소, 이발관
пари́лка,~ьня (여) ① 증기욕실, 증기탕 ② (공장의) 증기실
пари́ровать (완,미완) ① 마주치다, 물리치다, 격퇴(반격)하다 ② 되받아 말하다, 항변(논박)하다
парите́т (남) ① 평등, 동등, 균일, 대당, 대등, 무차별, 평준, ②(경제) 등가, 가격평형, 같은가격(가치). 값이같음.
парите́тный (형) 동등한, 균등한, 동격; на ~ых нача́лах 같은(동등한) 원칙(표준)에서, 동등한 자격으로, 동등하게
па́рить (미완) ① 찌다, 익히다, 덥히다, (증기로) 익히다, 데치다; ~ о́вощи 남새를 데치다 ② 증기찜을 하다, 증기소독을 하다; ~ бельё 속옷을 증기소독하다, ③ (증기목욕탕에서) 땀내다, 한증하다, 사우나, ④ (무인칭)무덥다; пари́т перед грозо́й 소나기직전에는 무덥다
пари́ть (미완) ① 날개를 편채 하늘 높이 날다(떠있다);

- 511 -

орёл ~т в небе 독수리가 날개를 펴고 공중에 떠돈다 ② 공상에 잠기다; ~ть в облаках 공상에 잠겨 있다

па́риться (미완) ① (парить ①의 피동) (증기로) 익혀지다 ② 증기목욕을 하다 ③ 햇볕을 쬐다, 일광욕을 하다, 과도한 일광욕으로 인하여 녹초가 되다 ④ 진땀을 빼다 ⑤ 열심히 수행하다

парк I (남) 공원, 유원지; ~ культу́ры и о́тдыха 문화휴식공원; разби́ть ~ 공원을 만들다

парк II (남) ① (전차, 버스, 자동차, 비행기의) 차고; авто́бусный (таксомото́рный) ~ 버스(택시) 사업소 ② 총수, 총체, 대수; автомоби́льный(тра́кторный) ~ 자동차(트랙터) 총수 (대수) ③ (군사) 탄약(기술기자재) 이동 창고

парке́т (남) (바닥에 까는) 쪽매널; 쪽모이판, 쪽매널마루; настила́ть ~ 쪽매널을 깔다

парке́тный (형) 쪽매널의; ~ пол 쪽모이판, 쪽매널마루

парла́мент (남) 국회, 의회; член ~а 국회의원

парламента́рий (남) 국회의원(國會議員)

парламента́рный (형) 의회적; ~ый строй 의회제도; ~ая респу́блика 의회제공화국

парламентёр (남) (교전쌍방으로부터 회담에파견되는) 군사대표

парла́ментский (형) 국회의, 의회의; ~ие вы́боры 국회(의회) 선거; ~ая систе́ма 의회제도, 국회제도

парна́я (여) 증기욕실

парни́к (남) 온상(溫床), 온실(溫室)

парнико́вый (형) 온상의, 온실의; ~ые огурцы́ 온상오이

парни́шка (남) 소년(少年), 총각아이

парно́й (형) (우유, 고기) 신선한, 신선하고 따뜻한; ~ое молоко́ 방금 짠 우유, 신선하고 따뜻한 우유; ~ое мя́со 신선한 고기

па́рный (형) ① 짝(쌍)을 이루는, 두 짝으로 된, 두 개로 된 ② 복식, 2 인조; ~ое ката́ние 복식 피겨

парово́з (남) (증기) 기관차(機關車)

парово́зный (형) (증기) 기관차

парово́й (형) ① 증기, 증기로 움직이는; ~ая маши́на 증기기관; ~о́й котёл 보이라, 증기가마; ~о́е отопле́ние 증기난방; ~ая турби́на 증기터빈 ② 증기로 찐; ~ая котле́та 증기가쯔레쯔

пароди́йный (형) 광시, 풍자적; ~ стиль 광시(풍자)문체

пароди́ровать (미완, 완) 풍자적으로, 피상적으로 모작하다, 모사하다, 조롱하여 모사하다

- 512 -

пароди́ст (남) 광시(풍자)작가
паро́дия (여) ① (문학) 광시(狂詩)(어떤 작품에서의 결함을 풍자적으로 묘사한 작품) ② 외곡된 모방
паро́ль (남) 군호, 암호(暗號)
паро́м (남) 나룻배
паро́мный (형) 나룻배; ~ая перепра́ва 나루터; 나룻배
паро́мщик (남) 나룻배 사공
парообра́зный (형) 김모양, 증기상
парообразова́ние (중) (공학) 기화, 증발, 증기형성
паропрово́д (남) (공학) 증기(도)관
парохо́д (남) 기선, 배; пассажи́рский ~ 손님 배, 여객선; океа́нский ~ 대양기선; букси́рный ~ 견인선; ~-рефри́жератор 냉선선; е́хать ~ом(на ~е) 기선을 타고 가다
парохо́дный (완) 여객선; ~ое сообще́ние 항로 교통, 여객면; ~ый гу-до́к 기선의 고동
парт~ (합성어의 첫 부분으로서) 당; партста́ж 당년근, 단경력
па́рта (여) (의자가 달린) 학생책상
партакти́в (남) ① 핵심당원, 당열성자 ② 당열성자회의
партбиле́т (남) 당원증(黨員證)
партбюро́ (불변) (중) 당위원회(黨委員會); секрета́рь ~ 당비서
партвзно́сы (복수) 당비(黨費)
партвзыска́ние (중) 당책벌
партгру́ппа (여) 당분조
парте́р (남) (극장아래층) 대중석, 일반석
партие́ц (남) 당원(黨員)
партиза́н (남) 유격대원, 빨찌산
партиза́нить (미완) 유격투쟁을 하다
партиза́нка (여) 여성유격대원
партиза́нский (형) 유격, 빨찌산; ~ий отря́д 유격대;
партиза́нщина (여) 무계획적사업, 주먹구구식사업; 무규율적인 행동
парти́йно-госуда́рственный (형) 당 및 국가
парти́йность (여) 당성; 당별, 당소속
парти́йный (형) ① 당, 당적인; ~ая ор-ганиза́ция 당단체, 당조직; ~ая дисципли́на 당 규율; ~ый биле́т 당원증; ② 당에 속하는, 당원인 ③ (명사) (남) 당원(黨員)
партиту́ра (여) (음악) 보보, 총악보
па́ртия (여) ① 당(黨), 정당(政黨): вступи́ть в ~ю 입당하다; исключа́ть из ~и 출당시키다; ② 조(組), 부대, 일행, 그룹,

무리; геологическая ~я 지질탐사대 ③ 파(派), 당파, 파벌 ④ (물품의) 한조, 일정한량, 뭉테기; ⑤ (음악) 성부, 음부(音符); (가극에서 독창의) 역 ⑥ (놀음)한판; 패(敗);

парткабине́т (남) 당 자료실, 당연구실

партко́м (남) 당위원회(黨委員會); бюро ~а 당집행위원회

пртнёр (남), **~ша** (여) ① 상대방, 상대자; 같이 일하는(노는) 사람 ② (놀음의) 참가자; 성원

парто́рг (남) 당비서, 당책임자

парторганиза́ция (여) 당단체, 당조직;

партпросвеще́ние (중) 당교양(사업)

партсобра́ние (중) 당회의

партста́ж (남) 당년대, 당경력

партучёба (여) 당학습

партячейка (여) 당세포

па́рус (남) 돛, 돛천; подня́ть ~а 돛을 달다; убра́ть ~а 돛을 걷다; идти́ под ~ами 돛을 달고 가다; на всех ~ах 전속력으로

паруси́на (여) 삼베, 돛천

паруси́новый (형) 삼베, 돛베; ~ые ту́фли 삼베신

па́русник (남) 돛배, 범선(帆船)

па́русный (형) 돛의, 돛이 달린; ~ая ло́дка 돛배, 소범선; ~ое су́дно 돛배, 범선; ~ый спорт, ~ые соревнова́ния 돛배(요트)경기

парфюме́рия (여) (집합) ① 향료품, 향수, 화장품 ② 향료품 (화장품)제조

парфюме́рный (형) 향료, 화장품의; ~ магази́н 화장품(향료) 상점

парча́ (여) 금란, 금(은)실로 수놓은 비단

парши́веть (미완) ① 옴에 걸리다, 비루먹다; 헌데가 나다 ② 너절해지다, 더러워지다

парши́вый (완) ① 옴이 옮은, 비루먹은 ② 헌데가 난, 부스럼이 난; 더러운, 너절한 ~ая овца́ всё ста́до по́ртит, ~ую овцу́ из ста́да вон (속담) 미꾸라지 한 마리가 온 웅덩이 물을 흐린다.

пас (남) (체육) (공의) 패스(pass), 연락; то́чный ~ 정확한 연락

па́сека (여) 꿀벌치기 터, 양봉장

па́сечник (남) 꿀벌치기 공, 양봉장주인

пасквиль (남) 비방하는 글, 중상하는 글 (작품), 훼방문

па́смурный (형) ① 흐린, 음산한; ~ый день 흐린날 ② 우울한, 침울한; ~ое лицо́ 우울한 얼굴

пасова́ть I (미완) (체육) 공을 패스하다

- 514 -

пасова́ть II (미완) 물러서다, 굴복하다; ~ перед тру́дностями 난관 앞에 굴복 하다

па́спорт (남) ① 신분증; заграни́чный ~ (외국에 가는) 여권; дипломати́ческий ~ 외교여권; служе́бный ~ 공무여권 ② [техни́ческий] ~ [автомоби́ля] 자동차등록증 ③ (구조, 설비의) 설명서; ~ станка́ 기계설명서

паспортный (형) 신분증의: ~ый стол(отдел) 신분증(여권) 발급부; ~ый режим,~ая система 신분증(여권)제도

пасса́ж (남) ① 통로식 장마당, 골목시장 ② (음악) 작품의 일부

пассажи́р (남),~ка (여) 손님, 여객

пассажи́рский (형) 손님(용), 여객; ~поезд 여객차, 여객열차; ~ва́гон 객차

пасса́т (남) 무역풍(貿易風)

пасси́в (남) ① (부기) 빚, 부채, 채무 ② (언어) 피동사 ③ 결점, 결함(缺陷)

пасси́вность (여) 소극성, 소극적인 태도

пасси́вный (형) ① 소극적인; 무관심한; ~ый челове́к 소극적인 사람; ~ое отношение к ~에 대한 소극적인 태도; ~ая оборо́на (군사) 수세방어 ② (언어) 피동; ~ая фо́рма 피동형 ③ (경제) 부채; ~ый бала́нс вне́шней торго́вли (무역에서의) 수입초과

па́ста (여) (화장, 요리 등에서 쓰는) 연제, 연고, 분마고; зубна́я ~ 치약

па́стбище (중) 목장, 방목지, 풀밭; го́р ное ~ 산간목장

пасте́ль (여) ① 그림에서 쓰는 묽은 색연필 ② 파스텔화, 크레파스화

пастериза́ция (여) 살균법, 멸균법

пастеризо́ванный (형) ① (пастеризовать의 피동과거) ② (형) 균을 죽인, 살균법을 실시한

патеризова́ть (미완, 완) 살균하다, 균을 죽이다, 살균법을 쓰다; ~ молоко́ 우유를 살균하다

пасти́ (미완) 놓아먹이다, 방목하다;~скот 집짐승을 방목하다

пасти́ла (여) 과일 엿, 제리

пасти́сь (미완) (풀밭에서)풀을 뜯어먹다

па́стор (남) 목사(牧師), 신부(神父)

пасту́х (남) 목동(牧童), 방목공

пасту́ший (형) 목동의, 방목공의; ~ ья сумка (식물) 냉이

пасту́шка (여) 방목공(여자)

пасть I (완) ① 죽다, 전사하다; ② 전복(함락)되다 ③ (도덕적

으로)타락되다; ~ духом 낙심하다, 기가죽다,
пасть II (여) (짐승의) 아가리
пастьба́ (여) 놓아먹이기, 방목
па́сха (여) (종교) 부활제(復活祭)
пасыно́к (남) ① 의붓아들 ② (농업) 곁순(一筍)[곁쑨]
пате́нт (남) ① 특허, 특허장; ~ на изобретение 발명특허(권) ② 신임장, 허가증, 허가증
патенто́ванный (형) 특허의, 특허있는; ~ое средство 특허약
патентова́ть (미완) 특허를 주다(받다), 특허권을 주다(받다); ~ изобретение 발명 에 특허를 주다(받다)
пате́тика (여) 감동력, 감동적인; 격동 적인 어조, 격정
патети́ческий (형) 감동적인, 열정적인, 흥분된; ~ тон 감동적인 어조
патефо́н (남) 전축, 축음기; заводить ~ 축음기의 태엽을 감다
патиссо́н (남) (식물) 구루과산
па́тока (여) 진한 단물, 당밀, 엿당
патологи́ческий (형) ① (의학) 병리학; ~ая анатомия 병리해부학 ② 병적인, 기형적인;~ое явление 병적현상
патоло́гия (여) ① 병리학; общая ~ 일반병리학 ② 병적성격, 기형성
патологоанато́м (남) 병리해부학자
патриа́рх (남) ① (종교) 총주교 ② 원로, 웃사람, 웃어른, 노장
патриарха́льный (형) ① 가부장; ~ый строй 가부장제도 ② 낡은, 인습적인; ~ый обычай 인습 ~ые нравы 인습적인 (소박한) 풍속
патрио́т (남) ① 애국자, 애국주의자 ② 아주 사랑하는 사람
патриоти́зм (남) 애국주의, 애국심, 국가를 사랑하는 마음
патриоти́ческий (형) 애국, 애국주의적, 애국자,
патро́н I (남) ① 탄알, 총탄; 탄피, 약통 ② (전등의) 소케트 ③ (공학) 고정원통, 자끼, 기대물리개
патро́н II (남) ① 상관; 주인 ② 보호자(保護者), 비호자
патрона́жный (형): ~ая сестра (가정의료 복무) 간호사
патронта́ш (남) 탄띠, 탄갑
патру́бок (남) (공학) 분출관; 접촉관, 접합관, 연결관
патрули́рование (중) 순찰, 순시(巡視)
патрули́ровать (미완) 순찰(순시)하다
патру́ль (남) 순찰대; 순찰선; 순찰병
патру́льный (형) ① 순찰, 척후; ~ая служба 순찰근무; ~ое судно 순찰선; ~ый катер 경비정;~ый самолёт 순찰기 ②

(명사로)(남) 순찰병, 순찰원

па́уза (여) ① 끊기; 잠간 멈추는 것, 중단; 침묵, 휴지 ② (음악) 쉼표

пау́к (남) 거미

паути́на (여) ① 거미줄; плести ~y 거미줄을 치다 ② 올가미, 구속; опутать *кого-л*.~ой вра~를 허위의 올가미로 얽어매다

па́фос (남) ① 감격, 열정, 격정; говори́ть с ~ом 감격(열정)적으로 말하다 ② 기백

пах (남) 자개미

па́ханый (형) 일군의, 경작한, 경작하는; ~ое по́ле 일군 땅

па́харь (남) 밭갈이하는 사람, 농군, 농부

паха́ть (미완) (논, 밭을) 갈다, 경작(기경)하다

пахну́ть (미완) ① 냄새나다, 냄새를 풍기다 ② 느껴지다; ~ет ссо́рой 다툼 (싸움)질할 것 같다; ~ет по́рохом 전쟁의 위기가 닥쳐왔다, 화약 냄새가 풍긴다

паха́та (여) ① 논(밭갈이, 경작, 개간 ② 부침땅, 갈이땅

па́хотный (형) ① 경작의; ~ая земля́ 부침땅, 경지, 농경지; ~ая пло́щадь 갈이 땅, 경지면적 ② 밭갈이하는데 쓰는; ~ый инвента́рь 농기구, 농쟁기

па́хта (여) 버터를 제조한 후 남은 찌꺼기

паху́честь (여) 향기, 향기를 뿜는것

паху́чий (형) 향기로운, 향내풍기는, 냄새나는; ~ая трава́ 향긋한 풀

пацие́нт (남), **~ка** (여) (치료 담당의사의 입장에서) 환자, 병자

пацифи́зм (남) (부르죠아적인) 평화주의

па́че (부):~ ча́яния 기대와 달리; 뜻밖에, 뜻하지 않게, 예견치 않게; тем ~ 더운기, 하물며

па́чка (여) ① (동일한 물품의) 묶음, (한) 봉지, 뭉치; ~ бума́ги 종이 한 묶음; ~ пи́сем 편지 한 묶음; ~ де́нег 돈 한 뭉치; ~сигаре́т 담배 한갑 ② (연극) (여자의) 발레무용복; ~ми 한패 한패씩, 한조 한조씩

па́чкать (미완) ① 더럽히다; ~ пла́тье 옷을 더럽히다 ② 손상(훼손)시키다; ~ и́мя(репута́цию) 명예를 손상시키다 ③ 어지럽게 그리다, 더럽게 쓰다; ~ ру́ки 손을 더럽히다 (좋지 못한 일에 참여하여 명예를 손상시키다)

па́чкаться (미완) ① 더러워지다 ② 얼굴에 흙칠하다, 명예를 손상시키다

па́шня (여) 갈이땅, 부침땅, 경작지

паште́т (남) 들새고기나 돼지고기(간) 등을 탕쳐서 만든

서양요리
пая́льник (남) 납땜인두, 납땜도구
пая́льный (형) : ~ая лампа 납땜용 등
пая́ние (중) 납땜
пая́ный (형) 납땜질한
пая́сничать (미완) 우스게 놀다, 어리광대 노릇하다
пая́ть (미완) 납땜(질)하다, 납으로 때다
пая́ц (남) ① (연극) 광대 ② 우습게 노는(구는) 사람
ПВО (противовоздушная оборона) 대공 방어
певе́ц (남), **-́ица** (여) 가수(歌手)
певу́н (남), **-́ья** (여) 노래를 좋아하는(잘 부르는) 사람, 노래 애호가
певу́честь (여) 노래와 같이 음률적인 것, 듣기좋게 울리는 것
певу́чий (형) ① 노래를 즐기는 ② (노래와 같이) 음률적인; ~ го́лос 우아한 목소리
пе́вчий (형) : ~ие пти́цы 명금
пе́гий (형) (동물에 대하여) 반점이 있는, 얼룩이 진
педаго́г (남) 교육자, 교육가, 교원
педаго́гика (여) 교육학
педагоги́ческий (형) 교육의; ~ий институ́т 사범대학; ~ая пра́ктика 교육실습
педа́ль (여) 발판, 디디개, 발걸이; ~ь велосипе́да 자전거 발걸이; нажа́ть на все ~и 전력을 (모든 수단을) 다하다
педа́нт (남) 깐깐한 (틀에 박힌) 사람
педанти́зм (남), **-́ичность** (여) 현학, 깐깐한 것, 틀에 박힌 것
педанти́чный (형) 현학적인, 깐깐한, 틀에 박힌
педиа́тр (남) 소아과 의사
педиатри́я (여) 소아과(의)
пединститу́т (남) 사범대학(師範大學)
педсове́т (남) 교원협의회, 교원평의회
педучи́лище (중) 사범전문학교
пейза́ж ① 풍경, 경치 ② 풍경화 ③ (문학) 자연묘사
пейзажи́ст (남), **-ка** (여) 풍경화가
пейза́жный (형) 풍경의; ~ая жи́вопись 풍경화, 산수화
пека́рня (여) 빵(굽는)집, 빵공장
пе́карь (남) 빵굽는 사람
пе́кло (중) ① 무더위 ② (백열전, 논쟁, 소동이) 한창 벌어지는 곳; попа́сть в са́мое ~ 한창 벌어지고 있는데 뛰어들다
пелена́ (여) ① 보, 휘장, 씌우개 ② 막, 장막; ~ тума́на 안개

- 518 -

의 장막; (слов но(точно)): ~ (с глаз) упала (спала) 드디어 잘못을 깨닫게 되었다

пелена́ть (미완): ~ ребёнка 어린애를 포대기에 싸다,
пеленга́тор (남) 방위측정기, 전파방향탐지기
пеленгова́ть (미완) 방위를 측정하다
пелёнка (여) 기저귀, 애기싸개; с ~нок 어려서부터
пелика́н (남) 사다새, 펠리컨(pelican).
пельме́ни (복수) 고기만두
пельме́нная (여) 고기만두식당
пе́мза (여) 속돌, 부석
пе́на (여) (물)거품 (수포); с ~ой у рта 입에 거품을 물고, 몹시 성이 나서
пена́л (남) 연필통, 연필갑
пена́льти (중) (축구에서) 페널티킥
пе́ние (중) ① 노래하는것; (새가) 우짖는 것 ② 노래소리; 우짖는 소리; хоровое ~ 합창(合唱)
пе́нистый (형) 거품이 많은, 거품이 부그르르한
пе́ниться (미완) 거품이 지다(일다)
пеницилли́н (남) 페니실린(penicillin)
пе́нка (여) (유유, 진단제 등의) 웃꺼풀, 더껑이; снимать ~и 남의 등골을 쳐먹다
пенопла́ст (남) 기포 가소물, 발포(發泡), 스티롤
пе́ночка (여) (조류) 솔새, 산솔새
пенсионе́р (남), **~ка** (여) 사회보장자
пенсио́нный (형): ~ое обеспечение 사회보장제; ~ая книжка 연금증; достичь ~ого возраста 사회보장 연한이 되다
пе́нсия (여) 연금, 사회보장금, 보조금; 사회보장, 노후보장; получать ~ю, быть на ~и 사회 보장을 받다; уйти(выйти) на ~ю 사회보장으로 넘어가다; персональная ~я 공로자보장
пенсне́ (불변) (중) 코안경, 무테안경
Пентаго́н (남) 미국방성, 펜타곤
пень (남) (나무) 그루, 그루터기; корчевать пни 나무그루를 뽑다; стоит как ~ 멍하니 서있다; делать через ~ колоду 굼뜨게 (이럭저럭, 서투르게)하다
пенька́ (여) 삼, 대마(섬유)
пенько́вый (형) 삼으로, 대마의; ~ канат 삼바
пе́ня (여) (연체) 벌금
пеня́ть (미완): ~ть на кого-что. ~을 탓하다, 나무라다, 꾸짖다
пе́пел (남) 재; обратить в ~ел 잿더미로 만들다; подняться из

~ла жеѵдеми속에서 일떠서다, 복구되다
пепелище (중) 잿더미, 불탄 곳
пепельница (여) 재털이
пепельный (형) ① 재의 ② 재빛, 회색
пепсин (남) 펩신
первейший (형) 첫째가는, 일차적으로; ~ая задача 일차적(선차적) 과업, 첫째 가는 과업
первенец (남) ① 첫아이, 맏아들 ② 첫 성과, 첫 열매
первенство (중) ① 첫 자리, 제1위; ② 선수권(쟁탈시합); ~ мира 세계선수권대회; ~мира по футболу 세계축구선수권대회
первенствовать (미완) 첫 자리를 차지하다, 제1위를 하다
первичность (여) 일차성, 선차성
первичный (형) ① 최초의, 첫단계; ~ая медицинская помощь 일차 의료봉사 ② 초급; ~ая организация 초급단체
первобытнообщинный (형): ~ строй 원시공동체
первобытный (형) ① 원시적인; ~ый человек 원시인; ~ое общество 원시사회 ② 낙후한; 미개한; ~ая техника 낙후한 기술; ~ые нравы 미개한 풍습
первое (중) 국(점심의 첫 번째 음식)
первоисточник (남) ① 근원, 기원 ② 원서, 원작
первоклассник (남), **~ца** (여) (초등학교)1학년생
первоклассный (형) 일등급, 일류; ~ая техника 일등급의 기술
первокурсник (남), **~ца** (여) (전문, 대학)1학년생
Первомай (남) 5.1(오일)절
первомайский (형) 5.1.(오일)절;
первоначально (부) 최초에, 원래
первоначальный (형) ① 최초, 본래; ~ый план(проект) 초안, 원안; ② 초보적인; ~ые сведения 초보적(기초적) 지식
первооснова (여) 본원, 기본
первооткрыватель (남) 개척자, 선구자
первоочередной (형) 일차적인, 선차적인, 긴급한
первопричина (여) 기본(근본) 원인
первопроходец (남) 개척자, 선구자
первопуток (남) 첫 썰매길;
перворазрядник (남), **~ца** (여) (체육) 1(일)급 선수(先手)
перворазрядный (형) 일급의, 일류의
первосортный (형) ① 일등(급)으로, 최우량종의; ~ый товар, ~ая продукция 일등품 ② 우수한, 일류
первостепенный (형) 가장 중요한, 첫째가는, 일차적인

пе́рвый (형) ① 제일, 첫째; ~ый но мер 제 1 번, 제1호; ~ый том 제1권, 상권; ~ый этаж 일층; ~ое число 초하루; ~ого числа 초하루(날)에; в ~ых числах марта 삼월초에; ~ая мировая война 제1 차 세계대전, ② 최초, 첫, 처음; ~ый этап 첫단계; ~ая встреча 첫 상봉, 초면; ~ое впечатление 첫 인상 ③ 가장좋은 (훌륭한), 일등(급); ~ый уче ник 최우등생; ~ый блин[всегда] комом (속담) 첫술에 배부를까; в ~ую голову 우선, 제일 먼저; ~ым делом(долгом) 우선, 무엇보다도 먼저; в ~ую очередь 제일먼저, 무엇보다도 먼저

пергáмент (남) 유산종이

пере- (접두) ① "건너", "넘어"의 뜻 (예: перепрыгнуть 뛰어(넘다)건너다) ② "고쳐", "다시", "달리"의 뜻 (예: переделать 고쳐만들다, перекрасить 다시(달리)칠하다) ③ "너무", "지나치게"의 뜻(예:пересолить 소금을 너무많이치다) ④ "많은 것을", "모두", "전 부", "모조리"의 뜻(예: перечитать 많이 (전부) 읽다; пере- мыть 모두(많이) 씻다; перетрогать 많은 것을 다치다, 만지다 ⑤ "둘로", "조각으로"의 뜻 (예: перерубить 쪼개다; переломить 꺾다) ⑥ (조사 -ся와 함께) "서로" 또는 "많은 사람과"의 뜻(예: перессориться (많은 사람과 또는 서로) 다투게(싸우게)되다)

переадресовáть (완), **~óвывать** (미완) 새(다른) 주소에 보내다(돌리다)

переаттестáция (여) 재심의, 재 평정

перебазировáть (미완, 완) 이동시키다

перебазировáться (미완, 완) 이동하다, 배치를 변경하다, 재배치되다

перебегáть (미완), **~жáть** (완) ① 뛰어건너다, 뛰어 건너가다 (오다), 뛰어옮아가다(오다);~через дорогу 길을 뛰어건너다.; ② (적의 편에) 넘어가다, 도망하다, 도주하다; ~ кому-л. доро́гу (남바라는 것을) 가로채다, 선손을 쓰다, 발등걸이하다

перебéжка (여) ① (군사) 약진; ② (체육) 재경주

перебéжчик (남), **~ца** (여) 적의 편에 넘어간자, 월경자, 투항자, 월북자

перебинтовáть (완), **~óвывать** (미완) 붕대를 (다시)감다

перебирáть (미완) ① 갈라(골라)내다; ~ ягоды 딸기를 고르다 ② (차례로) 다치다, 만지다; (악기의 줄을) 타다 ③ 지나치게 많이 가지다 ④ (인쇄) 다시 식자하다

перебирáться (미완) ① 넘어가다, 건너다; ~ на другой бе́рег 저쪽기슭으로 건너가다; ~ через ручей 개울을 건너 가다 ②

이사(이동)하다, 주소를 바꾸다; ~ на новую квартиру 새집으로 이사하다

переби́ть (완) ① (많이, 모두) 죽이다; ~ врагов 적을 많이 (모조리) 죽이다 ② (많은 것을) 부시다, 깨다, 분쇄하다; ~ всю по- суду 그릇을 모조리 깨뜨리다 ③ (팔, 다리를) 꺾다; ~ руку 손(팔)을 꺾다 ④ 말을 꺾다(중단시키다); ~ оратора 연설자의 말을 중단시키다; не пере бивай меня 내 말을 막지 말아!

переби́ться (완) ① (많이) 깨지다; вся посуда перебилась 그릇이 모두 깨졌다 ② 겨우 살아나가다, 간신히 입에 풀칠하여 살아오다;

перебо́й (남) ① 중단, 파동성; ~и в снабжении 공급의 파동성, 중단; работа с ~ями 자주 중단되는 일(작업) ② : пульс с ~ями 비정상적인 맥박

переболе́ть (완) ① (병을) 앓다, 겪다, 병 치례하다 ② (많은 병을) 앓다

перебо́рка (여) 칸막이, 격벽; водонеп роницаемая ~ 방수벽

переборо́ть (완) ① (많은 사람을) 물리치다, 이기다; ~ всех соперников 모든 적수(경쟁자)를 이기다 ② 이겨내다, 억제 (극복)하다; ~ страх 무서움을 이겨 내다; ~ себя 자제하다

переборщи́ть (완) (말, 행동에서) 지나치다, 도를 넘다

перебра́нка (여) 욕지거리, 말다툼, 말씨움, 아귀다툼

перебра́сывать (미완) ① 넘겨 던지다 ② 걸치다, 걸머지다; ③ (다리를) 놓다 ④ (필요이상 멀리) 지나치게 멀리 던지다 ⑤ 속히 이동(이송, 수송)하다; ⑥ (다른 일에) 넘기다, 조동시키다;

перебра́сываться (미완) ① 뛰어넘다 ② 재빨리 옮겨가다; 이동(이송, 수송)되다 ③ 퍼지다; ④ 서로 던지다, 주고받다; ~ться мячом 공을 주고받다, 패스하다

переброси́ться (완)~ несколькими словами 몇 마디 말을 주고받다

перебро́ска (여) 이동, 이송, 수송;~ войск 군대의 이송

перева́л (남) ① 고개, 산마루, 령; ~ 고갯길 у 령을 넘는 것, 재를 넘는 것

перева́ливать (미완) ① (쌀가마니 따위를) 옮기다, 옮겨싣다, 넘기다 ②(고개를) 넘어(지나, 건너)가다

перева́ливаться (미완) 비틀거리다, 기우뚱거리다, 휘청거리다;~ с боку на бок 뒤뚱거리다, 비틀거리다

перевали́ть (완) (시간, 나이, 량이)넘다, 지나다; ~ило за полночь (무인칭) 자정이 지났다;

перева́лочный (형) 옮겨싣는, 싣기위한; ~ пункт 옮겨싣는 곳
перева́ривать (미완) ① 다시 삶다 ② 지나치게 삶다 ③ 소화하다; не ~ *кого-что-л.* 을 싫어하다, 참지 못하다
перева́риваться (미완) ① 다시 삶아지다 ② 너무(지나치게) 삶아지다 ③ 소화되다; пища хорошо ~ется 소화가 잘 된다
перевари́ться(완) ① 삶아~лась 소화가 잘 되었다
переверну́ть (완) ① 뒤집다, 돌리다; ② 뒤집어엎다;
переверну́ться (완) ① 뒤집히다, 몸을 돌리다; ② 몹시 변해지다, 달라지다
переве́с (남) ① 우세, 우월한 것; численный ~ 수적우세; ② 초과량, 여분; доплатить за ~ 초과량에 대하여 더 지불하다
переве́шивать I (미완) 옮겨 걸다
переве́шивать II (미완) ① 다시 달다(저울질하다) ② 무게가 더 나가다; он ~ет меня 그는 나보다 무게가 더 나간다
переви́дать,~и́деть (완) ① (많은 것, 많은 사람을) 보다 ② (많은 것을) 겪다, 보고 체험하다;
перево́д (남) ① 이동, 조동; ② 번역, 통역; ③ 번역문; ④ 송금; телеграфный ~ 전신송금
переводи́ть (미완) ① 옮기다, 이동(조동)시키다; ② 돌리다; ~ стрелку часов 시계 바늘을 돌리다 ③ 진급시키다; ④ 번역(통역)하다; ⑤ (우편, 은행을 통하여) 송금하다
переводи́ться (미완) ① 옮겨가다, 이동(이사)하다; ② 번역되다 ③ 없어 지다, 사라지다, 박멸되다
перево́дной (형) ① 송금용; ~ бланк 송금용지 ② 번역; ~ая литература 번역문학; ③: ~ые картинки 전사화
перево́дческий (형) 통역, 번역원; ~ ое дело, ~ая работа 번역(통역) 사업
перево́дчик (남),**~ца** (여) 통역(원)
перевози́ть (미완) ① 나르다, 운반(수송)하다; ~ по железной дороге 철도로 수송하다; ~ детей на дачу 아이들을 별장으로 보내다 ② 건너주다, 도하시키다
перевози́ться (미완) ① 운반(수송)되다 ② 옮겨가다, 이동(이전)하다
перево́зка (여) 운반, 수송; 도하; ~а пасса-жиров(грузов) 여객수송, 화물수송; плата за ~у, стоимость ~и 운임, 운반비
перево́зчик (남) 뱃사공, 나룻배사공
переволнова́ть (완) 몹시 불안케 하다, 흥분시키다
переволнова́ться (완) 몹시 흥분(근심) 하다, 몹시불안해하다
перевооружа́ть (미완) ① (군사) 재무장 하다, 무장을 갱신

하다 ② 재장비하다

перевооружа́ться (미완) ① (군사) 재무장되다, 무장을 갱신하다 ② 재장비되다

перевооруже́ние (중) 재무장, 재장비, 무장의 갱신

переворо́т (남) ① 정변, 혁명; госуда́рственный ~ 정변 ② 급변, 대변동, 변혁, 전환; ~ в нау́ке 과학에서의 변혁 (혁신)

переворо́шить (완) ① (모두, 많이) 뒤집어 엎다, 들추어 놓다; ~ се́но 말린 풀을 뒤적여 놓다 ②:~ в па́мяти 기억을 더듬다

перевоспита́ние (중) 재교양, 재교육; 사상을 개조하는 것

перевоспита́ть (완) 재교양하다, 재교육하다, 사상을 개조하다

перевоспита́ться (완) 재교양 받다, 사상이 개조되다

переврать (완) 잘못 전하다, 왜곡하다; ~ содержа́ние чего́ ~의 내용을 왜곡하여 전하다

перевы́борный (형) 재선거, 재선; ~ая кампа́ния 재선거운동, 임기선거

перевы́боры (복수) ① 재선, 재선거 ② (조직의) 회기선거

перевыполне́ние (중) 초과수행, 초과완수; ~ пла́на 계획의 초과완수, 계획을 넘쳐 수행하는 것

перевы́полнить (완), **~ыполня́ть** (미완) 초과완수하다, 넘쳐 수행하다

перевыполня́ться (미완) 초과완수되다

перевя́зка (여) 붕대를 감는 것; ~а ра́не-ных 부상자들에게 붕대를 감아주는 것; сде́лать ~у 붕대를 감아주다

перевя́зочная (여) 치료실

перевя́зочный (형) 붕대의; ~ый пункт 치료실; ~ые материа́лы 붕대

перевя́зывать (미완) ① 붕대를 감아 주다; ~ ра́ну 상처에 붕대를 감다 ② 얽어매다, 묶다; ~ паке́т верёвок 꾸러미를 끈으로 묶다

переги́б (남) ① 꺾는 것, 접는 것, 구부림 ② 꺾은(접은)자리 ③ 편향, 탈선; не допуска́ть ~ов 편향을 범하지 않다

перегиба́ть (미완) ① 꺾어 접다, 구부리다, 굽히다; ~ лист бума́ги попола́м 종이를 절반으로 접다 ② 지나치다, 편향을 범하다, 탈선하다; он перегну́л в свои́х тре́бова-ниях 그는 지나친 요구를 하였다; ~ па́лку 지나친 극단에 빠지다

перегиба́ться (미완) 꺾어 접히다, 구부러지다

перегля́дываться (미완), **~яну́ться** (완) 서로 눈짓하다, 사로 마주보다, 눈길이 마주치다

перегнива́ть (미완), **~и́ть** (완) ① (완전히) 썩다; навоз ~ил 거름이 잘 썩었다 ② 썩어 끊어지다

перегова́риваться (미완) (간단한) 말을 주고받다; ~ с сосе́дом 옆 사람과 말을 주고받다

переговори́ть (완) 말을 주고받다, 상담(협의)하다, 간단히 말하다; ~ по телефо́ну 전화로 말하다

перегово́рный (형) 전화의:~ый пункт 전화통화소

перегово́ры (복수) ① 회담; 담판; ~ о переми́рии 정전담판; вести́ ~ 회담하다 ② 의견교환; 대화, 담화

перего́н (남) (철도) (역과 역간의) 구간

перего́нка (여) ① (화학) 증류; сухая ~ 건류; ~ не́фти 원유증류 ② 몰아 옮기는 것

перегоня́ть (미완) ① 앞서다, 능가하다; ~я друг дру́га 앞을 다투며; ② 몰아가다, 몰아 옮기다 ③ 증류하다; ~ть не́фти 원유를 증류하다; ~ть сухи́м спо́собом 건류하다

перегора́живать (미완) ① 칸을 막다, 칸막이로 막다; ~ ко́мнату 방에 간을 막다 ② 막다, 방해하다; ~ доро́гу 길을 가로막다

перегора́ть(미완)**-е́ть**(완) 타서 못쓰게 되다, 타서 끊어 지다

перегоро́дка (여) 칸막이, 격벽, 사이벽

перегре́в (남)(물리) 과열

перегрева́ть (미완) 지나치게 데우다

перегрева́ться (미완) 너무(지나치게) 데워지다, 지내 덥혀 지다

перегре́ться (완) **~на со́лнце** 햇볕을 너무 오래 쪼여 탈을 만나다, 일사병에 걸리다

перегружа́ть (미완), **~зи́ть** (완) ① 옮겨 싣다 ② 지나치게 많이 싣는 것, 지나 치게 부하(부담)을 주다; ~ рабо́той 너무 부담을 주다, 과중한 부담을 안기다

перегру́зка (여) ① 옮겨 싣는 것 ② 지나치게 많이 싣는 것, 지나친 부담 ③: **~и** (복수) 과부하; переноси́ть ~и 과부하를 감당하다

перегруппирова́ть (완) 다시 분류(편성, 배열)하다;~ войска́ 군대를 재편성하다

перегруппирова́ться (완) 재배열 되다, 재편성 되다.

перегруппиро́вка (여) 재배열, 재편성, 재분류; ~ сил 역량의 재편성

перегрыза́ть (미완), **~зть** (완) 물어(갉아서) 끊다; ~ ни́тку зуба́ми 이발로 실을 물어 끊다

перегрыза́ться (완) 개싸움 하다, 서로 물어뜯다

пе́ред (**передо, перед, предо**) (전) (+조) ① (장소, 공간을 표시) ~앞에; ~ окнами клумба 창문 앞에 꽃밭이 있다; ② (대상을 표시) ~앞에; ~에 대한; ~ нами стоят большие задачи 우리들 앞에는 중대한 임무가 나서고 있다; ~ нашей молодёжью открыта дорога 우리 청년들 앞에는 길이 열려져 있다; ③ (시간을 표시) 전에, 앞서; ~ пос туплением в институт 대학에 입학하기 전에; ④ (비교할 때) ~에 비하여; что я ~ ним? 그에 비하여 나는 아무것도 아니지; ~ лицом ~을 직면하고; ~ носом 코앞에서, 면전에서; ~ тем как ~하기 전에

перёд (남) 앞(쪽), 앞부분, 전면; ~ дома 집의 앞쪽(앞부분)

передава́ть (미완) ① 넘겨주다, 전하다, 양도하다 ② 알리다, 전달하다, 전하다; ③ 방송(방영)하다; ~ лекцию по радио 방송강의를 하다 ④ 내맡기다, 양도하다

передава́ться (미완) ① 전해지다, 옮다; 유전되다; грипп легко ~ется ок ружающим 돌림(유행)감기는 주위사람들에게 쉽게 전염 된다; ② 넘어가다

передаточный (형) :~ый механизм 전동(연동)장치

переда́тчик (남) 라디오송신기

переда́ча (여) ① 넘겨주는 것, 전하는 것 ② 알리는 것, 전달 ③ 방송, 방영, 송신 ④ 내맡기는 것, 양도 ⑤ (체육) 연락 ⑥ (공학) 전동장치; коробка передач 변속기(함) ⑦ 차입물, 전달품

передвига́ть (미완) ① 옮기다, 이동시키다; ② 다른 날로 옮기다, 미루다; ~ сроки 기한을 연기하다

передвига́ться (미완) ① 옮다, 이동하다, 움직이다 ② 걸어(타고)돌아다니다; ③ 운행하다 ④ (기한이) 연기되다

передвиже́ние (중) ① 옮기는 것, 이동 왕래; ~ войск 군대의 이동; средства ~я 교통수단 ② 운행, 전진

передви́жка (여) 옮기는 것, 이동

передвижно́й (형) 이동(식)의; ~ая выс тавка 이동 전람회

переде́л (남) ① 재분할 ② (공학) 재처리, 재용해

передели́ть (완) 다시 나누다, 재분배 하다, 재분할하다

переде́лка (여) ① 개작, 개조, 변경; отдать в ~у 고쳐달라고 맡기다 ② 개작된 물건, 개작된 작품 попасть в ~у, побывать в ~е 혼나다, 욕보다, 많은 시련을 겪다

переде́лывать (미완) 고쳐 만들다; 개작(개조)하다; ~ платье 달린 옷을 고쳐만들다 ② (많은 일을) 하다, 완수하다; пе ределать много дел 많은 일을 해 치우다

переде́лываться (미완) ① 고쳐지다, 개작(개조)되다 ② 달라지다, 변하다

передёргивать (미완) ① 끌어당기다 ② (트럼프에서) 속임수를 쓰다 ③ 사실을 외곡하다; ④ (무인칭) (고통,공포등으로) 경련이 일어나다, 얼굴을 찡그리다 его передёр-нуло от боли 그는 아파서 얼굴을 찡그렸다, 오만상을 지었다

передержа́ть (완), **~е́рживать** (미완) ① 지나치게 오래 두어(놓아)두다; ~ яйцо́ в кипятке́ 계란을 끓는 물에 너무오래 넣어 두다 ② 너무 오래 머무르게 하다

переде́ржка (여) ① 너무 오래 두어(놓아)두는 것 ② (사진의) 노출(현상) 과도 ③ 외곡;(트럼프 등에서) 속임수

передислока́ция (여) 배치변경

пере́дний (형) 앞, 선두, 앞부분;~план 전경, 전면

пере́дник (남) 앞치마, 행주치마

пере́дняя (여) 현관, 앞방

передова́я (여) ① 전선, 전방, 제일선(진지) ② 사설, 머리글

передове́рить(완), **~еря́ть** (미완) ① 위임된 것을 다시 맡기다 ② 전권을 위임하다

передоверя́ться (미완) 전권을 위임하다

передови́к (남) 모범노동자, 모범 농장원, 모범일군, 혁신자

передови́ца (여) 사설, 머리글

передово́й (형) ① 앞선, 선진적인; 진보적인; ② 모범; ③ 전방;~ая статья́(см. передовица) 사설, 머리글

передохну́ть(완)숨을 돌리다, 잠간 쉬다

передра́знивать (미완), **~азни́ть** (완) 흉내내다, 놀려주다, 골려주다

передра́ться (완) (많은 사람과. 서로간에) 싸우다, 개싸움하다

переду́мать (완), **~ывать** (미완) ① 고쳐생각하다 ② 많이 (꼼꼼히) 생각하다

переды́шка (여) 숨쉴짬, 숨돌릴사이(틈), 소유식; без ~и 쉴새없이; не дава́я ~и 쉴(숨돌릴)짬을 주지 않고; получи́ть ~у 쉴짬을 얻다

перееда́ние (중) 지내먹기, 과식

перее́да́ть (미완) 지내(지나치게) 먹다, 너무 많이 먹다

перее́зд (남) ① 이동, 이사 ② 건너길

переезжа́ть (미완) ① 옮겨가다, 이주(이사)하다; ~ в но́вый дом 새집으로 이사하다 ② 건너가다, 지나가다; ~ че́рез реку́ 강을 건너가다

пережа́ривать (지나치게) 볶다, 지지다

пережа́риваться (미완) (지나치게) 볶아지다, 익다
прежда́ть (완) (기회가 올 때까지, ~이 그칠 때까지) 기다리다 ; ~ дождь(грозу) 비(소나비)를 긋다
пережива́ние (중) 고민; 속을 썩이는것
пережива́ть (미완) ① 겪다, 맛보다, 체험하다; ~ ра́дость 기쁨을 맛보다; ~ тяжёлое вре́мя 어려운 시기를 겪다; ~ подъём 앙양기에 있다; ~ кри́зис 공황을 겪다 ② (불안, 흥분 등으로) 고민하다, 애타다, 속을 썩이다
пережи́тое,~итое 겪은(체험한) 일
пережи́ток (남) 잔재; 유습, 옛(날)풍습; ~ки в созна́нии люде́й 인간의 의식속에 있는 잔재;
пережи́ть (완) ① ~보다 더 오래 살다; ② 참아내다;
перезабы́ть (완) 다 잊어버리다
перезва́нивать (미완) ① 전화를 다시걸다 ② (많은 사람들에게 여러 곳에) 전화를 걸다
перезимова́ть (완), **~о́вывать** (미완) 겨울을 나다
перезнако́мить (많은사람을 서로 또는 많은 사람에게) 소개하다, 인사시키다
перезнако́миться (완) (많은 사람과 또는 그들 상호간에) 사귀다, 인사를 하다
перезре́лый (형) 지나치게 익은
перезре́ть (완) ① 지나치게 익다 ② 제나이가 지나다
переигра́ть (완) ① 다시 놀다(연주 하다); ~ па́ртию в ша́хматы 장기를 한판 다시 두다 ② (다른 사람보다) 잘 놀다, (노름에서) 이기다
переизбира́ть (미완), **~ра́ть** (완) 다시 선거하다, 재선하다
переизбира́ться (미완) 재선되다
переизбра́ние (중) 재선(再選)
переиздава́ть 재판하다, 개정판을 내다
переизда́ние (중) ① 재판, 개정판을 내는 것 ② 재판, 개정판
переименова́ние (중) 개칭, 개명(改名)
переименова́ть(완),**~о́вывать**(미완) 이름을 고치다, 개칭하다
переина́чивать (미완), **~ить** (완) 변경하다, 고치다, 다르게 만들다; ~ить фра́зу 문구를 바꾸다(고치다)
перека́ливать (미완), **~али́ть** (완) 너무(지나치게) 달구다; 너무 달구어 못쓰게 하다
перека́пывать (미완) ① 다시 파다 ② 죄다 파다 ③ (홈, 도랑 등을) 가로 질러 파다
перека́рмливать (미완) 지나치게 먹이다, 과식시키다

перека́тываться (미완) 굴러 옮아가다

перекача́ть(완),**~а́чивать**(미완)(펌프로) 뽑아옮기다,퍼옮기다

переквалика́ция (여) 새 자격의 부여, 새 기능의 부여

переквалифици́роваться (미완,완) 전문 직업을 바꾸다, 새 자격(새기능)을 소류하다, 새로운 전문직업을 배우다

переки́дной (형): ~ мост 구름다리; ~ календарь 탁상일력

переки́дывать (미완) ① 던져 넘기다; 걸치다; ~ мост через реку 강에 다리를 놓다 ② (차례로 모두) 던지다, 던져 옮기다

переки́сь (여) 과산화물; ~ водорода 과산화수소

перекла́дина (여) 가름대,(체육) 철봉

перекла́дывать (미완) ① 옮겨놓다 ② 떠밀다, 전가하다; ~ ответственность на другого 다른 사람에게 책임을 떠밀다 ③ 끼우다, 삽입하다; ~ посуду соломой 식기사이에 짚을 넣다 ④ 너무 많이 넣다; переложить соли в суп 국에 소금을 너무많이 치다 ⑤ 다시쌓다, 고쳐쌓다

перекле́ивать (미완), **~ть** (완) ① 옮겨붙이다 ② 고쳐(다시)붙이다

перекли́каться (미완), **~и́кнуться** (완) ① 서로 부르며 호응하다 ② 서로 비슷한 점이 있다

перекли́чка (여) ① 서로 부르며 대답하는 것(소리) ② 점명, 점검; делать ~y 점검하다

переключа́тель (남) 여닫게, 개폐기, 스위치

переключа́ть (미완) ① 스위치를 돌리다, 흐름을 바꾸다 ② 돌리다, 전환 시키다;

переключе́ние (중) ① 스위치를 돌리는 것 ② 흐름 바꿈 ③: ~ на что-л ~에로 돌리는 것

переко́с(남) 우그러진 것, 찌그러진것

перекоси́ться(완) ① 우그러지다, 휘어들다, 구부러지다, 비뚤어지다; дверь ~лась 문이 휘어들었다 ② (얼굴이) 이그러지다, 찡그러지다;

перекочёвать (완), **~ёвывать** (미완) ① 유목하면서 자리를 옮기다, 유목지를 옮기다 ② 주소(일자리)를 옮기다

перекошённый (형) 찌그러진, 비뚤어진

перекра́ивать (미완) ① 고쳐 마르다, 다시 재단하다; ~ брюки 바지를 고쳐 자르다 ② 변경시키다, 근본적으로 개조하다 (뜯어 고치다)

перекра́сить (완) ① 고쳐(다시)물들이다(칠하다); ~ забор 울타리를 다시 칠하다; ~ в жёлтый цвет 노란색을 들이다 ② (많이, 모두) 물들이다, 칠하다; ~ все двери 모든 문에 색칠을

하다

перекра́ситься (완) ① 다른 색을 들이다; ~ в жёлтый цвет 노란색을 들이다 ② 가장하다

перекрести́ться (완) 십자를 긋다

перекрёстный (형) 교차한; ~ый огонь 교차사격; ~ое опыление (생물) 이화수분;~ый допрос 집중심문

перекрёсток (남) 네거리, 교차점

перекре́щиваться (미완) 사귀다, 교차하다

перекрича́ть (완) (남의 목소리를) 소리쳐 억누르다

перекрыва́ть (미완) ① 다시(고쳐)덮다; ~ крышу 지붕을 고쳐 잇다 ② 능가(초 과)하다; ~ рекорд 기록을 깨뜨리다 ③ 막다, 가로막다; 차단하다; ~ реку 강을 막다

перекры́тие (중) ① 다시(고쳐)덮는 것(씌우는 것) ② (건축) 층막, 지붕

перекувырну́ться (완) 거꾸러지다, 엎어지다, 곤두박질하다, 재주넘다

перекупа́ть (미완),~и́ть (완) ① (팔기위하여) 사들이다 ② 매점하다, 판 것을 도로사다; 가로채서 사다

переку́пщик (남), ~ца (여) 거리장사군, 중간상인, 매점자, 전매자

переку́р (남) (담배한대 피우기 위한) 휴식(休息), 잠시휴식.

перекури́ть (완) 잠간 휴식하면서 담배를 피우다

перекуси́ть (완) ① 물어 끊다; ~ нитку 실을 물어 끊다 ② 요기하다, 시장기를 끄다; ~ перед дорогой 길 떠나기 전에 간단한 식사를 하다

перелеза́ть (미완), ~езть (완) ① 기어 넘다; ~ через забор 담을 기어 넘다 ② (애써)옮아가다

перелёт (남) ① 날아 옮아가는 것; 날아 넘는 것 ② (항공) 먼 거리 비행 ③ (탄알, 포탄이) 목표보다 멀리 떨어지는 것

перелета́ть (미완), ~е́ть (완) ① 날아 옮아가다(오다) ② 날아넘다; мяч ~ел через забор 공이 담을 넘어갔다 ③ (목표, 목적물을 지나가서) 떨어지다, 착륙하다

перелётный (형): ~ые птицы 철새

перелива́ние (중) 옮겨 붓는 것; ~ крови 피 넣기, 수혈(輸血)

перелива́ть (미완) ① 옮겨 붓다; ~кровь больному 환자에게 수혈하다 ② 넘어 나게 붓다 ③ 다시(고쳐)주조하다

перелива́ться (미완) ① 흘러 옮아가다, 흘러넘치다; ~ через край 넘쳐흐르다 ② 갖가지 빛을 뿌리다, 아롱지다, 갖가지 음조로 울리다; ~ всеми цветами радуги 7색 무지개 빛으로

빛나다

перелиста́ть(완), **~и́стывать**(미완) (책장 등을) 뒤지다, 대충 뒤적이다; 대략 훑어보다

перелицева́ть(완) (옷을) 뒤집어 고쳐 만들다; 뜯어고치다, 새것처럼 만들다

перелицо́ванный(형) (옷 등을) 뒤집어 고쳐만든다

перелицо́вка(여)(옷의) 뒤집어짓기

перелови́ть(완)(많이, 모두) 잡다, 체포하다

переложе́ние(중) ① 자기말로 옮겨 쓰기; 번역, ② 개작, ③ (음악) 변조, 이조

перело́м(남) ① 꺾는 것, 굴절, ② 꺾어진곳, 굽이돌이 ③ 고비, 전환, 급변,④ (의학):~(кости) 골절, 뼈부러지기,

переломи́ть(완) ① 꺾다, 부러드리다 ② (의지, 관습 등을) 급변시키다; 극복(억제)하다; ~ себя́ 자신을 억제하다; 자기 생각 (행동)을 변경하다

переломи́ться(완) ① 꺾어지다, 부러지다 ② 급변하다; 굽어들다

перело́мный(형) 전환, 급변;~моме́нт 전환기

перема́заться(완) 몹시 더러워지다: ~ в кра́ске 물감에 더러워지다

перема́лывать(미완) ① 제분하다 ② 되갈다 ③ 부시다, 분쇄하다

перема́нивать(미완),**~ани́ть**(완)(자기에) 끌어넣다(낚아가다)

перема́тывать(미완) 되감다, 다시(고쳐)감다, 옮겨감다

перемежа́ть(미완) 엇바꾸다, 교체하다; ~ рабо́ту с о́тдыхом 사업과 휴식을 적당히 배합하다

перемежа́ться(미완) 엇바뀌다, 교체 되다; снег ~лся с гра́дом 눈과 우박이 엇바뀌며 내렸다

переме́на(여) ① 변화, 변경, 변동; ~ декора́ций 무대장치의 변경, 무대도구의 교체 ② (학교에서) 휴식시간; больша́я ~ 긴 휴식

перемени́ть(완) 바꾸다, 갈아대다, 변경하다; ~ кварти́ру 주택을 바꾸다;~ мне́ние 의견을 변경하다

перемени́ться(완) 변하다, 달라지다, 바뀌다; ве́тер ~лся 바람이 바뀌었다; пого́да ~лась 날씨가 변하였다, ~ ться в лице́ 얼굴색이 달라지다, 안색이 변하다

переме́нный(형) 가변적인, 변하기쉬운, 변동되는, 교류의; ~ый ток (전기) 교류

переме́нчивый(형) 변하기 쉬운, 변덕스러운

переметну́ться (완) (변절하여) ~의 편에 넘어가다, 전향하다
перемеша́ть (완) 섞다, 혼합하다, 뒤범벅을 만들다; ~ свои и чужие книги 자기 책과 남의 책을 뒤섞다
перемеша́ться (완) ① 뒤섞이다, 혼합되다, 뒤범벅이 되다; все книги ~лись 책들이 모두 뒤섞이었다 ② 착잡해지다, 혼돈되다
переме́шивание (중) 혼합(混合)
переме́шивать (미완) 버무리다; (잘) 이기다; 혼합하다, 섞다; ~ гли́ну 진흙을 잘 이기다
перемеща́ть (미완) 옮기다, 이동시키다
перемеща́ться (미완) 옮아가다, 자리를 옮기다, 이동하다
перемещённый (중) 자리를 옮기는 것, 이동
перемещённый: ~ые ли́ца 해외이주민
перемига́ваться (미완), ~игну́ться (완) (서로) 눈짓하다
переми́рие (중) 정전, 휴전; заключи́ть соглаше́ние о ~и 정전협정을 체결하다
перемножа́ть (미완), ~о́жить (완) 곱하다
перемоло́ться (완) 가루가 되다; переме́-летсямука́ бу́дет (속담) 찧노라면 가루가 된다.
перемыва́ть (미완), ~ы́ть (완) ① 다시 씻다 ② (모조리, 많이) 씻다; ~ ко́сточки кому́-л. ~의 흠을 보다, 악다구니를 퍼붓다, 소문을 돌리다
перемы́чка (여) ① 가름대, 연결재 ② 물막이, 둑; морска́я ~ 해안제방 ③ (공학) 가로날
перенаселе́ние (중), перенаселённость (여) 인구과잉, 사람이 지나치게 많은 것
перенима́ть (미완) 본받다, 모방하여 받아들이다, 본 따다; ~ поле́зный о́пыт 유익한 경험을 본받다; ~ привы́чки (다른 사람의) 습관을 본 따다
перено́с (남) ① 옮겨놓는 것 ② 미루는 것, 연기 ③ 단어의 일부를 다른 줄로 옮기는 것; 옮길 때 쓰는 부호(-)
переноси́ть I (미완) ① 옮겨놓다, 옮기다 ② (많은 것을, 모두, 여러 번에) 날라 옮기다, 운반하여 옮기다 ③ 미루다, 연기하다; ④ 단어의 일부를 다른 줄로 옮겨쓰다
переноси́ть II (미완) 참다, 견디다 ◇ не ~ кого́-чего́ ~이 싫다(역증나다)
переноси́ться (미완) ① (급속히) 옮아 가다, 이동하다 ② (생각이 딴 곳, 다른 데로) 옮아가다, 넘어가다
переноси́ца (여) 코허리, 콧대, 미간

переносный (형) ① 움직이는, 움직일 수 있는; 이동할 수 있는, 가동(성)의. 이동식, 휴대용의, 운반할 힘이 있는, ② (언어) 비유적인; 전의의, 전용의, 수식이 많은, 화려한; ~ое значение전의; в ~ом смысле 전의로

переносчик (남) (병균) 전파자; ~ма́лярии 학질의 매개자

переночева́ть (완) 밤을 보내다(새우다), 숙박하다

перенумерова́ть (완),**~о́вывать** (미완) (일련) 번호를 고쳐 매기다

переобору́дование (중) 재장비, 설비갱신

переобору́довать (미완, 완) 재장비하다, 설비를 갱신하다

переобува́ть (미완) ① 갈아 신기다; ~ ребёнка 아이에게 신(양말)을 갈아 신기다, ② 갈아신다, 벗었다가 다시 신다; ~ сапоги́ 장화를 다시 신다

переобува́ться (미완) 갈아신다, 다시 신다

переодева́ть (미완) ① 갈아입히다; ~ ребёнка 어린애에게 옷을 갈아입히다 ② 갈아입다 ③ 변장(가장)시키다

переодева́ться (미완) ① 갈아입다; ~ в но́вое пла́тье 새 옷으로 갈아입다 ② 변장(가장)하다

переоде́тый (형) 변장한

переориента́ция (여) 방향전환, 목표(방향)를 바꾸는 것

переориенти́роваться (미완, 완) 목표(방향)를 바꾸다(고쳐 취하다), 방향을 전환하다

переосвиде́тельствование (중) 재검사, 재진찰(再診察)

переосвиде́тельствовать (미완, 완) 재검사(재진찰)하다

переосмы́сливать (미완), **~ть** (완) 재인식(재평가)하다, 고쳐 해석하다, 다른 의의를 부여하다

переосна́стить (완), **~ща́ть** (미완) 재장비 하다; ~стить су́дно 선박의 장구를 새로 갖추다

переохлажда́ть (미완) 지나치게 냉각 하다(식히다)

переохлажда́ться (미완) 너무차다; 지나치게 냉각되다

переохлажде́ние (중) ① (물리) 급냉과냉 ② 지나치게 식히는 것(식는 것)

переоце́нивать (미완), **~ить** (완) ① 재평가(재사정)하다 ② 과대평가하다; ~ить свои́ си́лы 자기 힘을 과대평가 하다

переоце́нка (여) ① 재평가, 재사정 ② 과대평가(過大評價)

перепа́д (남) (공학) 낙차(落差)

перепада́ть (미완) ① 때때로 내리다 ② (흔히 무인칭) 차례지다, 몫으로 되다; ему́ немно́го ~ет 그는 약간 이득을 보고 있다

перепа́лка (여) ① 다툼질, 말다툼 ② 총질, 맞불질
перепаха́ть (완), **~а́хивать** (미완) ① 되갈다, 다시 갈다 ② (많은 것을) 다 갈다 ③ (밭을 갈다가 길 등을) 못쓰게 하다; ~ доро́гу 길을 갈아 못쓰게 하다
перепа́чкать (완) 몹시 더럽히다; ~ ру́ки черни́лами 잉크에 손을 더럽히다
перепа́чкаться (완) 몹시 더러워지다
перепе́л (남) 메추리, 메추라기
перепелена́ть (완) (젖먹이를) 애기싸개로 고쳐싸다, 기저귀를 갈아 채우다
перепёлка (여) 메추리(암컷)
перепеча́тать (완), **~ывать** (미완) ① 재인쇄하다, 재판하다, 전재하다 ② 찍다, 타자하다; ~ать ру́копись 원고를 (타자기로) 옮겨 찍다
перепи́ливать (미완), **~и́лить** (완) 톱으로 켜서 자르다
перепи́ска (여) ① 복사; 베껴(고쳐)쓰기; ~а на маши́нке 타자기로 옮겨 찍는 것 ② 편지거래; вести́ ~у с кем ~와 편지거래를 하다 ③ 왕복서한 ④ 서한집
перепи́счик (남), **~ца** (여) 필사원
перепи́сывать (남) ① 베껴쓰다, 고쳐 쓰다 ②: ~ на́бело 정서하다 ③: ~ (на маши́нке) (타자기로) 찍다, 타자하다 ④ 목록(명단)을 작성하다
перепи́сываться (미완) 편지거래하다
пе́репись (여) 목록작성, 명단작성, 전반적조사; ~ населе́ния 인구조사
переплави́ть I (완) ① 다시 녹이다, 용해하다; ② (많이, 모두) 용해(가공) 하다
переплави́ть II (완) 떼몰이하다, 벌목하다; ~ лес 목재를 벌목하다
переплавля́ть I II *см.* **переплави́ть** I
переплани́ровать (미완, 완) 계획을 고쳐세우다, 계획을 변경시키다; 설계를 고치다
переплати́ть (완), **~а́чивать** (미완) ① 너무 많이 물다, 비싸게 물다; ~ за кни́гу 책값을 비싸게 물다 ② 지불에 돈을 허비하다
переплёт (남) ① 제본, 제책 ② 표지, 장정; ко́жаный ~ 가죽 표지 ③ 창틀, 살창, 틀 ④ 곤경, 궁지; попа́сть в ~ 곤경에 빠지다
переплета́ть (미완) ① 제본(장정)하다 ② 엮다, 땋다 ③ 다시

- 534 -

짜다(엮다)
переплета́ться (미완) 엉키다, 얽히다
переплётный: ~ цех 제책(제본)직장
переплётчик (남), **-ца** (여) 제책공, 제본공
переплыва́ть (미완), **~ы́ть** (완) 헤엄쳐서 (타고)건너다
переподгото́вка (여) 재교육, 재양성, 재훈련
переполза́ть (미완), **~ти́** (완) ① 기어서 넘다(건너다); ~ти через доро́гу 길을 기어건너다 ② 기어서 옮겨가다
перепо́лненный (형) 가득찬, 초만원을 이룬; ~ авто́бус 초만원을 이룬 버스
перепо́лнить (완) ① 차고 넘치게 하다 ② 초만원을 이루다; ~ ча́шу (терпе́ния) 더는 참지 못하게 하다
перепо́лниться (완) 차고 넘치다; се́рдце ~лось ра́достью 가슴은 기쁨에 차서 넘쳤다
переполо́х (남) 야단, 소동, 소란, 난동; произвести́ (подня́ть) ~ 야단법석 하게하다, 소동을 일으키다, 야단을 치다; подня́лся ~ 야단이 났다
переполоши́ть (완) 소동을 일으키다
перепо́нка (여) (해부) 막(膜), 고막, 복막, 세포막; бараба́нная ~ 귀청, 고막; пла́вательная ~ (오리발 등의) 발가락 사이막
перепо́ртить (완) (많은, 모든 것을) 못쓰게 만들다, 망치다; ~ мно́го кро́ви 많은 걱정을 끼치다, 몹시 불쾌하게 하다
перепра́ва (여) ① 건너는 것, 도하 ② 나루터, 도하장소; бой за ~у 도하전 ③ 도하시설 (떼, 배, 다리 등)
перепра́вить I (완) ① 건너다, 건너 보내다; ~ на друго́й бе́рег 저쪽 기슭으로 건너보내다 ② 보내다, 부치다; ~ письмо́ 편지를 보내다
перепра́вить II (완) ① 고치다; ~ сло́во 잘못 쓴 단어를 고치다 ② (많이, 모두) 고치다
перепра́виться (완) 건너다, 도하하다, 넘어가다; ~ че́рез ре́ку 강을 건너다; ~ че́рез го́ры 산을 넘다
перепродава́ть (미완) (샀던것을) 되넘기다, 되거리하다
перепроизво́дство (중) 과잉생산; кри́зис ~a 과잉 생산 공황(난국)
перепры́гивать (미완), **~нуть** (완) ① 뛰어넘다, 건너뛰다; ~нуть че́рез кана́ву 도랑을 건너뛰다; ~нуть че́рез забо́р 담을 뛰어넘다 ② 뛰어서 자리를 옮기다
перепу́г (남) с ~у 몹시 놀라서, 질겁하여

перепу́ганный (형) 몹시 놀란, 질겁한
перепуга́ть (완) 몹시 놀라게 하다.
перепуга́ться (완) 몹시 놀라다
перепу́тать (완) ① (모두, 많이) 헝클다; ~ ни́тки 실을 헝클다 ② 뒤섞다, 혼란시키다; ~ кни́ги 책들을 뒤섞어놓다 ③ 헷갈리다, 혼동하다; ~ адреса́ 주소를 헷갈리다
перепу́таться (완) ① 뒤엉키다, 헝클어지다; ни́тки ~лись 실이 뒤엉켰다(헝클어졌다) ② 혼돈되다; мы́сли ~лись 생각이 혼돈되었다
перепу́тье (중) 갈림길(기로); на ~ 갈림 길에 서서, 어느 것을 택할지 몰라서
перераба́тывать (미완) ① 가공하다 ② 소화하다 ③ (다시) 고치다; 개작하다 ④ 시간외노동을 하다; ~ два часа́ 두 시간 과외노동을 하다 ⑤ 과로하다
перераба́тываться (미완) ① 가공되다 ② 소화되다 ③ 고쳐지다; 개작되다
перерабо́тка (여) ① 가공, ② 개작; 윤색 ③ 과외노동
перераспределе́ние (중) 다시(달리) 나누는 것, 재분배
перераспредели́ть (완), **~я́ть** (미완) 다시(달리)나누다, 재분배하다
перераспределя́ться (미완) 다시(달리) 나누어지다, 재분배되다
перераста́ние (중) ① 장족의 발전 ② 전환 ③ 능가(凌駕)
перераста́ть (미완), **~и́** (완) ① ~보다 더 커지다; сын переро́с отца́ 아들이 아버지 보다 키가 더 커졌다 ② 장성발전하다 ③ 능가하다; ~и́ своего́ учи́теля 자기의 선생을 능가하다 ④ ~으로 변하다(전환하다) ⑤ 나이가 지나다
перерасхо́д (남) ① 초과지출, 초과소비 ② 지출초과액; су́мма ~a 지출초과액
перерасхо́довать (완,미완) 초과소비(초과지출)하다; ~ электроэне́ргию 전기를 초과소비하다
перерасчёт (남) 재계산, 재회계; произве-сти́ ~ 계산을 고쳐하다
перерва́ть (완) 끊다, 절단하다; ~ ве рёвку 끈을 끊다
перерва́ться (완) 끊어지다
перерегистра́ция (여) 재등록, 재기록
перерегистри́ровать (미완, 완) 재등록 하다, 재기록 하다
перере́зать (완), **перереза́ть** (미완) ① 자르다, 절단하다; ~ верёвку 노끈을 끊다 ② (길을) 막다, 차단하다; ~ путь

неприятелю 적의 앞길을 막다

перереза́ться (완), **~еза́ться** (미완) 잘라지다, 끊어지다; ~ проволока легко перере-залась 쇠줄은 쉽게 끊어졌다

перерисова́ть (완), **-овывать** (미완) ① 복사하다, 베껴 그리다, 전사하다 ② (그림을) 다시 그리다

переродиться (완), **~жда́ться** (미완) ① 완전히 달라지다, 변모되다, 근본적으로 변화되다 ② 본래의 성질을 잃어버리다, 퇴화하다, 변질(변생)하다

перерожде́ние (중) ① 근본적 변화, 변모; ② 퇴화, 변질

переруба́ть, **~и́ть**(완) 자르다, 쪼개다

переруга́ться (완) (많은 사람과 또는 서로) 싸우다, 다투다

переры́в (남) 중단, 휴식, 휴식기간; обе́денный ~ 점심 시간; без ~а 쉬지 않고; сде́лать ~ в рабо́те 1) 작업 중에 휴식을 하다 2) 일을 중단하다; ~ на 10 ми-ну́т 10(십)분간휴식

переры́ть (완) ① 온통 파헤치다 ② 가로질러 파다; ~ доро́гу 길을 가로질러 파다 ③ (찾느라고)뒤지다 뒤지다; ~ все ве́щи в чемода́не 트렁크에 있는 물건을 온통 다 뒤지다

пересади́ть (완) ① 옮겨 앉히다, 옮겨 놓다; 갈아 태우다 ② 옮겨심다, 떠옮기다; ~ ри́совую расса́ду 벼모를 내다 ③ 이식하다; ~ ко́жу 피부이식수술을 하다

переса́дка (여) ① 옮겨놓는 것 ② 갈아타기, 갈아타는 것; е́хать без ~и 직행하다, 갈아타지 않고 가다 ③ 옮겨심기 ④ (의학) (뼈, 살등의) 옮겨 붙이기, 이식수술; ~а ко́жи 피부이식

пересдава́ть (미완), **~а́ть** (완) : ~ экза́мен 시험을 다시 치다

пересда́ча (여) : ~ экза́мена 재시험

пересека́ть (미완) ① 가로질러 건너가다 ② 가로막다, 차단하다 ③ 끊다, 통과하다; ~ ли́нию фи́ниша 결승선을 끊다

пересека́ться (미완) ① 사귀다, 교차하다 ② (서로) 엇걸리다

переселе́нец (남) 이주민, 이주자, 이민

переселе́ние (중) 이주, 이사, 이민

пересели́ть (완) 이주(이사)시키다

пересели́ться (완) 옮겨가다; 이주(이사)하다; ~ в го́род 도시로 이사하다

переселя́ть[ся] см. пересели́ть[ся]

пересе́сть (완) ① 옮겨 앉다 ② 갈아타다; ~ на по́езд 기차에 옮겨 타다

пересече́ние (중) ① 사귐 ② 교차점; то́чка ~я (ли́ний) (선들의) 교차점; на ~и доро́г 길의 교차점에서, 갈림길에서

пересечённый (형): ~ая ме́стность 기복지대, 고르지 못한

지대

переси́ливать (미완), **~ить** (완) 이겨내다, 극복하다; ~ить страх 무서움을 극복하다

переска́з (남) ① (읽은 것의 내용을 자기 말로 하는) 진술, 서술 ② 이야기

пересказа́ть (완), **~ывать** (미완) ① (들은 것, 읽은 것을 자기 말로) 이야기 하다 ② (차례로, 자세히) 이야기하다

пересма́тривать (미완) ① 다시보다 ② 재검토(재심의)하다 ③ 수정(개정)하다

пересмо́тр (남) ① 재검토, 재심의 ② 수정, 개정(改定)

пересоли́ть (완) ① 소금을 너무치다; ~ суп 국에 소금을 너무치다 ② 도를 넘다, 지나치다; ~ в шутках 농담이 지나치다

пересо́хнуть (완) 너무(바싹) 마르다; в горле ~ло 나는 목이 말랐다

пересо́хший (형) 바싹 마른

переспе́лый (형) 지내(너무) 익은, 무르 익은, 물씬하게 익은

переспе́ть (완) 지내 익다, 너무(물씬하게)익다

переспо́рить (완) 논쟁에서 이기다, 논쟁을 통해 납득시키다; ~ всех 모든 사람과 농쟁하여 이기다

переспра́шивать (미완), **~оси́ть** (완) 다시묻다(물어보다), 되짚어 묻다

переcсо́рить (완) (많은 사람을) 서로다르게 하다, 싸움붙이다

переcсо́риться (완) (많은 사람 또는 서로) 다투게 되다, 싸우게 되다

переста́вить (완), **~авля́ть** (미완) ① 옮겨놓다; ~ сту́лья 의자를 옮겨놓다 ② 바꾸어놓다;

перестано́вка (여) ① 옮겨(바꾸어)놓는 것 ② (수학) 순열

перестара́ться (완) 너무(지나치게) 애쓰다, 공연히 노력하다

переста́ть (완) ① 그만두다, 노래를 그만두다 ②(비, 눈 등이) 멎다, 그치다; дождь переста́л 비가 멎었다(그쳤다)

перестила́ть, ~ла́ть (완) 다시 깔다

перестра́ивать (미완) ① 고쳐짓다, 재건하다; ~дом 집을 고쳐 짓다 ② 고치다, 개작(개편)하다; ~ план 계획을 고치다 ③ 고쳐 세우다, 정렬하다; ~ ряды 대열을 고쳐 세우다

перестра́иваться (미완) ① 조직(편성)이 고쳐지다, 개편되다 ② (자기의 사업질서, 활동방향, 견해 등을) 변경하다 ③ 파장을 바꾸다; ~на коро́ткие во́лны 라디오를 단파에 맞추다

перестрахова́ться (완) 책임을 회피하다

перестрахо́вка (여) 책임회피, 책임전가

перестрахо́вщик (남) 책임회피자, 책임 전가자

перестре́лка (여) 교전, 교차사격, 사격전

перестро́йка (여) ① 고쳐짓는 것, 재건 ② 재조직, 재편성, 개편 ③ (사업질서, 활동방향, 견해 등의) 변경 ④ 파장변경, 파장을 새로(달리) 맞추는 것

переступа́ть (미완), **~и́ть** (완) ① 넘다, 건너서다; ~ить (через) поро́г 문턱을 넘어서다 ② 걸음을 옮기다; ~ с ноги́ на́ ногу (한자리에서) 두발을 차례로 들었다 놓았다하다 ③ 어기다, 위반 하다; ~ить зако́н 법을 위반하다

пересу́ды (복수) 뒷공론, 시비, 뒤말

пересчёт (남) 환산; в ~е на что-л. ~으로 환산하여

пересчита́ть (완), **~и́тывать** (미완) ① (많은 것을, 모두) 세다, 계산하다 ② 다시 세다(계산하다) ③ 환산하다

пересыла́ть (미완) ① 보내다, (우편으로) 부치다; ~ де́ньги 돈을 부치다 ② 배달하다

пересы́лка (여) ① 보내는 것, (우편으로) 부치는 것, 발송; ~ де́нег 송금 ② 배달

пересыпа́ть (완), **~ыпа́ть** (미완) ① 옮겨 넣다, 쏟다; ~ыпа́ть зерно́ в мешо́к 낱알을 자루에 쏟아 넣다 ② 너무 많이 넣다 ③ (사이에) 뿌리다; ~ыпа́ть ве́щи нафтали́ном 물건에 좀약을 뿌리다

перета́скивать (미완), **~щи́ть** (완) 옮기다, 옮겨놓다, 끌어 옮기다; ~ кни́ги в другу́ю ко́мнату 책들을 다른 방에 옮겨 놓다; ~ ло́дку к бе́регу 쪽배를 기슭으로 끌어오다

перетащи́ться (완) (힘겹게) 옮겨가다, 자리를 옮기다

перетере́ть (완) ① 비벼서 끊다 ② (모조리, 다) 닦다; ~ все о́кна 창문을 모두 닦다

перетере́ться (완) 쓸리어 끊어지다; ~ верёвка перетёрлась 밧줄이 쓸려서 끊어졌다

перетерпе́ть (완) ① (많은 난관을) 이겨 내다; ~ и го́лод, и хо́лод 굶주림도 추위도 이겨내다 ② 참아내다; ~ боль 아픔을 참아내다

перетира́ть[ся] см. перетере́ть[ся]

перетру́сить (완) 몹시 겁내다, 질겁하다

перетря́хивать (미완), **~ну́ть** (완) 흔들어 털다

перетя́гивать (미완), **~ну́ть** (완) ① 끌어 옮기다 ② 끌어 당기다, 유인하다; ~ на свою́ сто́рону 자기편으로 끌어당기다 ③ 다시 조이다(잡아매다) ④ 꽉 매다, (다시) 잡아당겨 매다; ~ ремни́ 가죽띠를 다시 잡아죄다

переубеди́ть (완), **~жда́ть** (미완) 의견을 변경시키다, 견해를 바꾸다, 신념을 변경시키다, 설복하다, 설득시키다

переу́лок (남) 골목, 옆 골목

переутоми́ть (완) 몹시 피곤케 하다

переутоми́ться (완) 몹시 피곤케 하다, 기진맥진해지다

переутомле́ние (중) (극도의) 피로, 기진맥진, 과로

переутомля́ть[ся] *см.* переуто миться

перечёт (남) (상품) 실사(實事)

переу́чивать (미완) 재교육하다, 다시(달리) 가르치다

переу́чивать (미완) 재학습하다, 다시(달리) 배우다

переучи́ть[ся] *см* переучивать[ся]

переформирова́ть, **~овывать** (완), (미완) 개편하다, 재조직(재편성)하다

перехва́ливать (미완), **~али́ть** (완) 지나치게 칭찬(찬양, 찬미)하다

перехвати́ть (완), **~а́тывать** (미완) ① (따라가) 붙잡다, 가로채다 ② 졸라매다, 죄다 ③ 잠시 꾸다(빌리다) ④ 요기하다, 간단히 먹다

перехитри́ть (완) 꾀가 ~보다 더하다; ~ врага́ 적의 꾀를 넘겨질다

перехо́д (남) ① 넘어(건너)가는 것, 이행, 이동; ~ от социали́зма к комму низму 사회주의로부터 공산주의에로의 이행 ② 조동; в связи́ с ~ом на другу́ю рабо́ту 다른 직무에 조동되는 것과 관련하여 ③ 통로, 복도, 길, 통행길, 통도; подзе́мный ~ 지하통로 ④ 변화, 전환

переходи́ть (미완) ① 건너오다(오다), 넘어가다(오다) ② (장소, 일자리를) 옮기다, 이동하다, 옮겨가다(오다); ~ в со седнюю ко́мнату 옆방으로 옮기다 ③ 진급하다; ~ на тре́тий курс 3학년에 진급하다 ④ ~의 관하에 들어가다, 넘어가다; власть пере-шла́ в ру́ки трудя́щих ся 주권은 근로자들의 수중에 넘어왔다 ⑤ 이행하다; ~ в наступле́ние 공격에로 넘어가다 ⑥ 변하다; шторм перешёл в урага́н 폭풍은 태풍으로 넘어갔다

перехо́дный (형) 통로; ~ люк 통로문

перехо́дный (형): ~ пери́од 과도기; ~ мо́стик (건너다니는) 다리

пе́рец (남) ① 고추, 후추; кра́сный(стручко́вый) ~ 고추; чёрный ~ 후추 ② 고추(후추)가루, 고추양념

пе́речень (남) 목록; ~ книг 도서목록; ~ вопро́сов 문제의 열거

перечёркивать (미완), **~еркну́ть** (완) (쓴, 그린 것을) (모두) 지워 버리다, 그어버리다

перече́сть (완) см. пересчитать; по пальцам можно ~ 얼마 안 된다, 많지않다, 손가락으로 곱을(셀)수 있다; всех не ~ 매우 (상당히) 많다

перечёт (남) знать на~ 모조리 (죄다) 알다

перечисле́ние (중) ① 열거(列擧) ② (부기) 계산액(計算-)

перечи́слить (완), **~исля́ть** (미완) ① 세다, 열거하다; ~ присутствующих 참가자들을 호명하다; ~ по пальцам 손가락으로 꼽으며 세다 ② (부기) 다른 계산에 넣다 ③ ~에 돌리다, (다른 부류에) 소속시키다

перечита́ть,~и́тывать (미완) 다시 읽다

перечи́ть (미완) 엇서다, 반항하다

пере́чница (여) 고추(후추)가루단지

переша́гивать (미완),**~агну́ть** (완) ① (걸어서) 넘다, 넘어서다, 넘어가다 ② 위반하다 ③ (감정을) 극복하다

переше́ек (남) (지리) 끼인땅(지협)

перешёптываться (미완) 속삭이다, 쏘곤쏘곤하다, 귀속 말로 말하다

перешива́ть (미완), **~и́ть** (완) 고쳐 만들다, 다시(달리)깁다; ~ пальто 외투를 고쳐 만들다

переэкзамено́вка (여) 재시험

периге́й (남) (천문) 근지점(近地點)

пери́ла (복수) 난간(欄干)

периме́тр (남) (수학) (다각형의) 주위

пери́на (여) (침대 깔개위에 까는) 깃요 (속에 깃을 넣은) 요

пери́од (남) 시기, 기간, 시대; послевоенный~ 전후 시기; переходный ~ 과도기;~ расцвета 번영기, 개화기

периодиза́ция (여) 시대(시기)구분

пери́одика (여) (집합) 정기간행물

периоди́чески (부) 정기적으로

периоди́ческий (형) 주기적인, 정기적인; ~ая печать 정기 간행물; ~ая система (элементов) 원소주기계; ~ая дробь (수학) 순환소수

периоди́чность (여) 주기성(週期性)

перипе́тия (여) ① (작품에서 주인공의 운명의) 급격한 변화 ② 파란곡절; жизненные ~и 생활의 파란곡절

периско́п (남) 잠망경, 정찰경

перисталькика (여) (생리) 연동

пери́стый (형) ~ые облака 솜털 같은 구름, 비단구름

перитони́т (남) (의학) 복막염

перифери́ческий (형) ① 말초; ~ий нерв 말초신경; ~ая нервная система 말초신경 계통 ② (수학) 원주, 원둘레, 주변

перифери́я (여) 지방(地方), 지역, 시골, 주군(州郡), 주현(州縣), 외방(外方); жить на ~и 지방에서 살다; работать на ~и 지방기관에서 일하다

перл (남) ① 걸작 ② 엉터리

перламу́тр (남) 진주 패, 자개

перламу́тровый (형) 자개

перло́вка (여) 보리쌀

перло́вый (형): ~ая крупа (진주모양으로 찧은) 보리쌀; ~ая каша 보리밥, 보리죽

пермане́нт 파마; сделать ~ 파마하다

пермане́нтный (형) 부단한, 영구적인, 항구적인; ~ое развитие 부단한 발전

перна́тые (복수) 새들, 날짐승, 조류

перо́ I (중) ① 깃, 깃털 ② (물고기의) 지느러미 ③ (파, 마늘의) 잎사귀

перо́ II (중) ① 펜촉 ② 붓, 필봉;взяться за ~ 붓을 들다 ③ 문체, 필치; владе́ть ~м 글을 잘 쓰다 ④ (공구의) 촉 проба пера 습작, 처녀작

перочи́нный: ~ нож 접칼, 주머니칼

перпендикуля́р (남) 수직선; опустить ~ 수직선을 긋다

перпендикуля́рный (형) 수직의(垂直)

перро́н (남) 역개찰구, 플래트홈

пе́рсик (남) ① 복숭아나무 ② 복숭아, 복사, 복숭; 도실

пе́рсиковый (형) 복숭아의, 복사의, 복숭의; 도실의

персо́на (여) ① 인물, 인사; важная ~а 권위자 ② 사람, 손님; обед на 10 ~ 10명분의 점심(오찬); (своей) собственной ~ой (야유) 스스로, 몸소; ~а грата 환영하는 인물; объявить ~ой нон грата 환영할 수 없는 인물로 선포하다

персона́ж (남) 등장인물

персона́л (남) 인원, 직원, 종업원; обслуживающий ~ 종업원, 봉사일군;технический ~ 기술일군

персона́льно (부)개별적으로, 개인적으로

персона́льный (형) ① 개별적인, 개인적인; ~ое приглашение 개인적 초청; ~ая пенсия 특별(공로자)보조금; ~ый пенсионер 특별(공로자)보조금을 받는 사람 ② 인원, 직원; ~ый состав 총인원

перспекти́ва (여) ① 전망; ② 원경; ③ 원근화법, 투시화; в

~e 앞으로, 전망적으로, 장래에

перспекти́вный (형) ① 전망; ~план 전망계획 ② 전망있는, 유망한; ~ра ботник 유망한 일군 ③ 원근화법, 투시화법

пе́рстень (남) 보석반지

пертурба́ция (여) 급격한 변동, 동란

Пе́ру (중)(불변) 페루

перфора́тор (남) 구멍뚫이기계, 천공기

перфора́ция (여) ① 구멍뚫이, 천공; ② (필림, 카드의) 구멍

пе́рхоть (여) 비듬, 두구, 두설, 풍설, 운지

перча́тка (여) 장갑; наде́ть(снять) ~и 장갑을 끼다(벗다)

перчи́ть (미완) 고추(후추)가루를 치다; ~ суп 국에 고추(후추)를 치다

пёрышко (중) перо́ I 의 축소 - 애칭

Пе́сни (Кни́га Пе́сни Пе́сней Соломо́на, 8장) 아가서(雅歌書)

пёс (남) ① 개, 수캐 ② 개같은 자식, 놈

пе́сенка (여) (пе́сня의 지소-애칭) 짤막한 노래; 동요; его́(моя́, твоя́, их) ~ спе́та 그의 세상(생활, 득세하던 때, 행복)이 끝장났다, 제 볼장을 다 보았다

пе́сенник (남) ① 노래집, 가요집, 가사집 ② 작사자, 작곡가

песе́ц (남) 북극여우

пескарь (남) (어류) 모래무치

пе́сня (여) 노래, 가요; наро́дная ~ 민요; колыбе́льная ~ 자장가; ле́бединая ~ 마지막(최후의) 걸작

песо́к (남) ① 모래; ме́лкий ~ 잔모래 ② 모래땅, 모래판 ③ (са́харный) ~ 사탕 가루; стро́ить на песке́ 튼튼치 못한 기초위에 세우다, 사상누각을 세우다

песо́чница (여) ① (아이들이 노는) 모래터 ② (기관차의) 모래통

песо́чный (형) ① 모래의; ~ые часы́ 모래시계 ② 모래빛; ~ый цвет 모래빛 ③ ~ое пиро́жное (푸슬푸슬하게 반죽한 것으로 만든) 과자

пессими́зм (남) ① 비관주의, 비관론 ② 비관, 낙망, 실망

пессими́ст (남) ① 비관론자, 염세주의자 ② 우울한 사람

пессимисти́чески (부) 비관적으로; ~ смотре́ть 비관하다

пессимисти́ческий (형) 비관주의적인, 염세주의적인; 절망적인, 낙망한, 우울한; ~ взгляд 염세적견해

пессимисти́чный (형) 염세적; ~ взгляд 염세적견해

пест (남) 공이, 절구공이

пе́стик (남) (식물) 암꽃술

- 543 -

пестици́д (남) (화학) 살충제
пестова́ть (미완) 교육(육성)하다, 기르다
пестре́ть (미완) ① 알락달락해지다, 여러가지 색깔을 띠다 ② 알락달락하게 보이다
пестри́ть (미완) (무인칭) 얼른거리다
пестрота́ (여) 여러 가지 색, 형형색색; ~ окра́ски 여러 가지 색깔
пёстрый (형) ① 알락달락한; ~ая мате́рия(ткань) 알락달락한 천 ② 각양각색, 잡다한
песча́ник (남) (광물) 모래바위, 사암
песча́ный (형) 모래가 많은; ~ бе́рег 백사장, 모래로 덮인 기슭
песчи́нка (여) 모래알
1 Петр (Первое послание Петра, 5장) 베드로전서
2 Петр (Второе послание Петра, 3장) 베드로후서
пети́т (남) (인쇄) (8포인트의) 작은 활자
пети́ция (여) 청원서, 탄원서
петли́ца (여) ① 영장 ② 단추구멍
петля́ (여) ① 코, 매듭; завяза́ть ~ю 실코를 맺다 ② 올가미, 덫; влезть(попа́сть) в ~ю, оказа́ться(очути́ться) в ~е 올가미 속으로 기어들어가다; 곤경에 빠지다 ③ 단추구멍; обмета́ть ~ю 단추 구멍을 감치다 ④ 문설주 ⑤: (мёртвая) ~я 공중회전 хоть и ~ю лезь(полеза́й) 골탕을 먹었다, 궁지에 빠졌다
петля́ть (미완) 빙글빙글 돌아가다
петру́шка (여) 미나리(의 한 가지)
пету́х (남) 수탉; встава́ть до ~ов 이른 새벽에 일어나다
петь (미완) ① 노래부르다, 노래하다; ~ пе́сню 노래를 부르다; ~ хо́ром 합창하다 ② (새가) 지저귀다; ~ с чужо́го го́лоса (자기주견이 없이) 남의 의견으로 말하다
пехо́та (여) 보병: морска́я ~ 해병대, 해군특전대
пехоти́нец (남) 보병(步兵); морско́й ~ 해병대원(海兵隊員)
пехо́тный (형) 보병(步兵)
печа́лить (미완) 슬프게 하다, 서글프게 하다
печа́литься (미완) 슬퍼하다, 서글프다, 쓸쓸해하다
печа́ль (여) ① 슬픔, 설움, 비애(悲哀) ② 시름, 근심
печа́льно (부) ① 슬프게, 구슬프게, 서글프게 ② (술어로) 슬프다; ~, но э́то так 슬프지만(유감스럽지만) 할 수 없는 일이다
печа́льный (형) 슬픈, 서러운, 서글픈; 비참한, 유감스러운

печа́тание (중) 인쇄(印刷), 프린트
печа́тать (미완) ① 인쇄(출판)하다 ② (출판물에) 싣다 ③ (타자기로) 찍다
печа́таться (미완) ① 인쇄(출판)되다 ② (출판물에) 실리다
печа́тник (남), ~ца (여) 인쇄공(印刷工)
печа́тный (형) ① 인쇄, 인쇄용; ~ая маши́на 인쇄기계; ~ый цех 인쇄직장 ② 인쇄된, 출판된; ~ые материа́лы 출판된 자료
печа́ть (여) ① 인쇄; офсе́тная ~ 옵세트인쇄; пло́ская ~ 평판인쇄 ② 출판물 ③ 도장, 인장; поста́вить ~ 도장을 찍다 ④ 흔적; оста́вить свою́ ~ на чём-л. ~에 흔적을 남기다
печёнка (여) 간, 간장(肝腸), 간과 창자.
печёный (형) 구워진, 구운, 군; ~ карто́фель 군감자
пе́чень (여) 간, 간장(肝腸)
пече́нье (중) (구운) 과자
пе́чка (여) 페치카(pechka), (벽)난로, 난로, 슈미네(cheminee)
печни́к (남) 페치까공, 페치까수리공
печно́й (형) 페치까의; ~ое отопле́ние 페치까난방
печь I (미완) ① 굽다; ~ хлеб 빵을 굽다 ② 무덥게 쪼이다;
печь II (여) ① 난로, 곤로, 페치까 ② (공업용)로; (до́менная) ~ 용광로; элект-ри́ческая ~ 전기로
пешехо́д (남) 걷는 사람, 보행자, 걸어다니는 사람
пешехо́дный (형) 보행; ~ый мост 인도교, 보행다리
пе́ший (형) 걸어가는, 보행(步行)
пе́шка (여) ① (장기의) 졸, 졸병(卒兵) ② 시시한 사람, 졸자, 무용지물
пешко́м (부) 걸어서; идти́ ~ 걸어가다
пеще́ра (여) 굴, 동굴(洞窟)
пиани́но (중) 피아노; игра́ть на ~ 피아노를 치다
пиани́ст (남), ~ка (여) 피아노연주가
пивна́я (여) 맥주집
пивно́й (형) ① 맥주의; ~ая бо́чка 맥주통; ~ой бар 맥주집 ② (명사로) : ~ая (여) 맥주집
пи́во (중) 맥주, 비어(beer)
пивоваре́нный (형) : ~ заво́д 맥주공장
пигме́й (남) ① 난쟁이 ② 인간쓰레기, 보잘것없는 사람
пигме́нт (남) (생리) 색소, 물씨
пигмента́ция (여) (생리) 색소침착, 색소 형성
пиджа́к (남) (남자용) 양복저고리
пижа́ма (여) ① 잠옷, 자리옷 ② 환자복

пик (남) ① (산)봉우리, 산마루 ② (발전에서의) 최고 절정, (일시적인 급격한) 상승, 증대, 격증 ③ (불변) (형): час ~, часы ~ (출퇴근 시간의) 혼잡한 (복잡한) 때
пи́ка (여) 창
пика́нтный (형) ① (맛이) 자극적인, 매운, 찌르는 ② 흥분시키는, 미묘한, 유혹적인
пика́п (남) (여객화물겸용) 소형자동차
пике́т (남) ① (군사) 보초, 초병. 보초병. ② (파업시의) 규찰대; забастовочный ~ 파업규찰대;
пики́рование (중) (항공) 급강하, 수직강하
пики́ровать (완, 미완) (항공) 급강하하다
пики́роваться (미완) с кем-л. 서로 비꼬아 말하다, 서로 편잔을 주다, 서로 흠보다
пики́рующий (형): ~ бомбардировщик 급강하폭격기
пикни́к (남) 들놀이, 야유회(野遊會)
пила́ (여) 톱; пилить ~ой 톱으로 켜다
пилёный (형) (톱으로) 켜낸; ~ сахар 각사탕.
пили́ть (미완) ① (톱으로) 켜다, 톱질 하다; ~ дрова 나무를 톱으로 켜다 ② 잔소리로 못살게 굴다
пи́лка (여) ① 톱질 ② 작은 톱; 줄칼
пиломатериа́лы (복수) (켜낸) 목재
пило́т (남) 비행사, 조종사(操縱士)
пилота́ж (남) 비행술, 조종술
пилоти́рование (중) 비행조종
пилоти́ровать (미완) (비행기를) 몰다, 조종하다
пило́тка (여) 비행모, 군모(軍帽)
пилю́ля (여) 알약, 정제, 환약, 환제, горькая ~ я 불쾌한 일;
пина́ть (미완) (발로) 차다
пингви́н (남) (조류) 펭귄(새)
пинг-понг (남) 탁구(卓球)
пине́тки (복수) (어린이용) 만만한 가죽신
пино́к (남) 발로 차는 것
пинце́т (남) 핀셋트, 동집게
пио́н (남) 함박꽃, 작약화, 함박.
пионе́р (남) ① 삐오네르 ② 선구자, 개척자
пионервожа́тая (여), ~ый (남) 삐오네르 지도원
пионе́рия (여) (집합) 삐오네르들
пионерла́герь (남) 삐오네르야영소
пионе́рский (형) 삐오네르의; ~ галстук 삐오네르 넥타이

пипе́тка (여) 피페트
пир (남) 술잔치, 주연(酒筵); устро́ить ~ 주연을 베풀다
пирами́да (여) ① (수학) 각추(角錐) ② 피라미드(pyramid)
пира́т (남) 해적, 날강도
пира́тский (형) 해적의;~ие де́йствия 해적행위
пири́т (남) 황철광, 누렁철광
пирова́ть (미완) ① 술잔치를 차리다, 주연을 베풀다 ② 경축하다
пиро́г (남) 삐로그 (만두의 한 가지)
пирогравю́ра (여) 인두그림; 목판화
пиро́жное (중) 생잔자
пирожо́к (남) ① 만두(의 한 가지); ~ с мя́сом 고기만두; ~ с капу́стой 양배추 만두; ~ с варе́ньем 쩐만두 ② пиро́г의 축소(애칭)
пиро́метр (남) 고온계, 고온오도계
пироте́хник (남) 연화사
пироте́хника (여) 연화술
пирс (남) 잔교, 계선장, (돌출부) 부두
пиру́шка (여) 소연회, 작은파티
пи́ршество (중) 큰잔치, 호화로운 주연
писа́рь (남) 필사원; 서기(書記)
писа́тель (남),**~ница** (여) 작가(作家), 글쓴이, 집필자
писа́ть (미완) ① 쓰다, 작문하다; ~ карандашо́м 연필로 쓰다 ② 집필하다 ③ 편지하다; он ча́сто пи́шет нам 그는 우리에게 자주 편지를 한다, ④ 그림 그리다
писа́ться (미완) ① 쓰이다; как пи́шется э́то сло́во? 이 단어는 어떻게 쓰입니까? ② 써지다; сего́дня легко́ пи́шется 오늘은 글이 잘된다, 오늘은 붓이 잘 나간다
писк (남) 삑삑거리는 소리
пискли́вый (형) 삑삑거리는, 새되고 날카로운
пистоле́т (남) 권총(拳銃); ~-пулемёт 기관단총
писто́н (남) ① 뇌관 ② (공학) 피스톤
писчебума́жный (형): ~ магази́н 문구류 상점, 문방구.
пи́счий (형):~ая бума́га 필기종이
письмена́ (복수) 문자(文字)
пи́сьменно (부) 글로, 서면으로
пи́сьменность (여) 글자, 문자; 문헌
пи́сьменный (형) ① 글로 쓰는, 서면; ~ экза́мен 필답시험 ② 필기용, 쓰기 위한; ~ стол 책상; ~ прибо́р 필기도구

письмо (중) ① 편지, 서한; открытое ~ 공개서한 ② 문자 ③ 쓰기, 필체; учиться ~у 쓰기(서법)를 배우다

письмоно́сец (남) 우편통신원

пита́ние (중) ① 보육, 양육, 먹이는 것; недоста́точное ~ 영양부족 ② 식사, 음식물; диети́ческое ~ 의료식사; уси́ленное ~ 영양분이 많은 식사 ③ 식생활; обще́ственное ~ 사회급양 ④ 공급, 급양

пита́тельность (여) 영양가치, 영양소

пита́тельный (형) 영양이 있는; ~ые вещества́ 영양물질

пита́ть (미완) ① 먹이다, 먹여 기르다 ② 공급하다; ~ го́род электроэне́ргией 도시에 전력을 공급하다 ③ 느끼다, 품다; ~ наде́жду 희망을 품다; ~ иллю́зии 환상을 가지다

пита́ться (미완) ① 먹다, 먹고 살다; ~ ри́сом 쌀을 먹고 살다 ② 식사하다; ~ в столо́вой 식당에서 식사하다

пито́мец (남) 육성된(양육받은) 사람, 제자

пито́мник (남) ① 모판, 양묘장 ② 종축장

пито́н (남) (동물) 금사, 바위 왕 구렁이

пить (미완) ① 마시다; ~ чай 차를 마시다 ② 술을 마시다 ③ 잔을 들다, 축배를 들다; ~ за здоро́вье кого́-л ~의 건강을 위하여 잔을 (축배를) 들다

питьё (중) ① 마시는 것; го́дный для ~я 마실 수 있는 ② 음료

питьево́й (형) 음료수의, 마실 수 있는, 식수; ~а́я во́да 음료수

пиха́ть (미완), **пихну́ть** (완) ① 꽉 떠 밀치다 ② 막 밀어 (쑤셔)넣다

пи́хта (여) 전나무, 분비나무

пичка́ть (미완) 억지로(무리하게 많이) 먹이다; ~ ребёнка сластя́ми 어린애에게 단 것을 너무 많이 먹이다

пи́шущий (형) ~ая маши́нка 타자기

пи́ща (여) ① 음식, 먹을것; горя́чая ~ 더운 음식 ② 양식, 자료; духо́вная ~, ~ для ума́ 정신의 양식; дава́ть пи́щу чему́, для чего́ ~을 촉진하다, 조장시키다

пища́ть (미완) ① 삑삑소리를 내다 ② 삑삑거리는 목소리로 이야기하다

пищеваре́ние (중) 소화; расстро́йство ~я 소화불량; о́рганы ~я 소화기관

пищевари́тельный (형) 소화의; ~ые о́рганы 소화기관

пищево́д (남) 식도, 밥줄, 식관

пищево́й (형) 음식, 식료품; ~ые проду́кты 식료품; ~ая

- 548 -

промышлен-ность 식료품공업

пия́вка (여) 거머리, 수질, 흡혈귀, 뱀파이어(vampire)

Плач(Книга Плач Иеремии, 5장) 예레미야 애가

пла́вание (중) ① 헤엄, 헴; 수영, 유영; ② 항해, 해항, 항행, 항양; 행선, 주항, 범주, 세일링(sailing);

пла́вательный(형): ~ бассе́йн 수영장

пла́вать (미완) ① 헤엄치다; ② 뜨다, 떠있다, 떠다니다; ③ (배를) 타고 다니다; 항행하다;

плави́льный (형) 용해; ~ая печь 용해로; ~ый цех 용해직장

пла́вить (미완) 녹이다, 용해하다

пла́виться (미완) 녹다, 용해되다

пла́вка (여) ① 용해 ② 용해량, 용해물

пла́вки (복수) (체육) ① (남자용) 수영복, 수영팬티 ② (체육 팬티속에 입는) 속팬티

пла́вкий (형) 용해되기 쉬운; ~ металл 풀림성(가용성) 금속

пла́вкость (여) 풀림성, 가용성

плавле́ние (중) 녹임, 용해; то́чка ~я 용해점; температу́ра ~я 용해온도

плавле́ный (형): ~ сыр 연한 치즈

плавни́к (남) 지느러미

пла́вно (부) 유유히, 천천히, 유창하게; ~ течь 유유히 흐르다

пла́вный (형) ① 유유한, 빠르지 않은; ~ое тече́ние 유유한 흐름 ② 유창한; ~ая речь 유창한(고르고 부드러운) 말 ③ 가볍고 부드러운; ~ые движе́ния(~ая похо́дка) 가볍고 부드러운 동작(걸음 걸이)

плаву́честь (여) 부력성

плаву́чий (형) 물에 떠있는; ~ий док 뜬 도크; ~ий мост 배다리; ~ий кран 기중기배

плагиа́т (남) ① 본따쓰기, 표절; соверша́ть ~ 남의 글(작품)에서 본따 쓰다, 표절하다 ② 표절행위

плагиа́тор (남) 표절자, 남의 작품을 본따 쓴 사람

пла́зма (여) (물리) 플라즈마

плака́т (남) ① 선전화, 포스터 ② 광고, 프랑카드

пла́кать (미완) 울다, 눈물을 흘리다; хоть плачь 울어도 시원치 않다, 아무리 애를 써도 ~할 수 없다

пла́каться (미완) 한탄(불평)하다, 애석 해하다, 하소연하다

пла́кса (남, 여) 울보, 우지, 눈물단지

плакси́вый (형) ① 잘(자주) 우는; ~ый ребёнок 울보, 울남, 울녀 ② 울먹울먹 한, 울음섞인; ~ го́лос 울먹울먹한 목소리

плаку́чий (형): ~ая ива 수양버들, 수양 버드나무
пла́менный (형) 열렬한, 정열적인, 불타는; ~ приве́т 열렬한 인사
пла́мя (중) ① 불길, 화염; вспы́хнуть пла́менем 불길이 확 타오르다, 이글이글 타오르다 ② 정열, 열정, 열렬; 열성
план (남) ① 계획; генера́льный ~ 총계획 ② 안, 방안; уче́бный ~ 과정안 ③ 설계도, 평면도, 도안; ④ 요지, 요강, 개요; ⑤ 계획서; ⑥ 관점, 견지
планёр (남) 활공기(滑空機), 글라이더.
планери́зм (남) 활공술, 활공기조종술
планери́ст (남),**~ка** (여) 활공기조종사, 활공기비행사
планёрка (여) 생산협의회
плане́та (여) 행성(行星), 떠돌이별, 유성, 혹성(惑星)
планета́рий (남) 천상의
планиме́трия (여) 평면기하학
плани́рование I (중) 계획화, 계획작성
плани́рование II (중)(항공) 공중활주
плани́ровать I (미완) ① 계획을 작성하다, 계획화하다 ② 설계(계획)하다 ③ 계획대로 하다 ④ 계획에 포함시키다
плани́ровать II (미완) 공중활주하다
плани́ровка (여) ① 계획화, 계획작성 ② 계획, 설계
пла́нка (여) ① 판, 널판, 판대기; 금속판 ② (орденская) ~, ~ (орденских лен-точек) 약장
планкто́н (남)(생물) 떠살이생물
пла́новость (여) 계획성
пла́новый (형) 계획. 계획적인; ~ое хоз-я́йство 계획적인 경제; ~ая рабо́та 계획대로 하는 사업; ~ый отде́л 계획부
планоме́рно (부) 계획적으로, 계획성있게; ~ рабо́тать 계획적으로 일하다
планоме́рный (형) 계획적인, 계획성 있는
планта́тор (남) 농장주(農場主)
планта́ция (여) (특수작물을 재배하는) 대농장; таба́чная ~ 담배 농장, 담배 재배장; ча́йная ~ 차농장
планше́т (남) ① 지도가방, 지도끼우개 ② 지도게시판, 평면측량기의 평판
пласт (남) 층, 지층, 광층; ~ по́чвы 토양층; лежа́ть ~ом (또는 как ~) 꼼짝 안하고 반듯이 누워 있다
пла́стик (남) 소성재료
пластили́н (남) 기름흙, 석고

- 550 -

пласти́на (여) 판(板), 금속판

пласти́нка (여) 축음기소리판, 축음기판

пласти́ческий (형) ① (의학) 정형; ~ая операция 정형수술 ② 소성; ~ая масса 합성수지, 플라스마스

пластма́сса (여) 합성수지, 플라스마스; изделие из ~ы 수지제품

пластма́ссовый (형) 플라스마스; ~ые изделия 수지제품

пла́стырь (남)(의학) 굳은 고약, 고약; 반창고

пла́та (여) ① 지불, 지발, 지급 ② 노임, 임금, 보수; 사용료; заработная ~ 노임; входная ~ 입장료; ~ за электричество 전기사용료; ~ за обучение 학비

плата́н(남)(식물) 방울나무, 플라타나스

платёж (남) ① 지불 ② 지불액

платёжеспосо́бность (여) 지불능력, 구매력

платёжеспосо́бный (형) 지불능력(구매력)있는

платёжный (형) 지불, 지불금; ~ баланс 수지실적,

плате́льщик (남) 지불인

пла́тина (여) 백금(白金)

плати́ть (미완) ① 물다, 지불하다; ~ на личными 현금으로 지불하다 ② чем за что 갚다, 앙갚음하다; 보답하다;

пла́тный (형) ① 돈을 무는, 유가(有價); ~ вход 유료입장 ② 노임을 받는, 유급

пла́то (중) 고원(高遠), 대지(大地)

плато́к (남) 수건; головной ~ 머리수건; носовой ~ 손수건

платони́ческий (형) 순정신적인, 추상 적인; ~ие мечты 실현불가능한 공상

платфо́рма (여) ① 역홈, 홈, 플래트홈 ② 단, 대 ③ (철도) 무개화차 ④ 정강, 강령

пла́тье (중) ① (여자들의) 달린옷, 원피스; вечернее ~ 야회복 ② (집합) 옷, 의복, 복장; готовое ~ 지은옷

платяно́й (형) 옷; ~ой шкаф 옷장; ~ая щётка 옷솔

плафо́н (남) 등갓

плац(남)(군사) 연병장(練兵場) учебный ~ 연병장(練兵場)

плацда́рм (남) 작전근거지, 교두보, 거점

плацка́рта (여) 좌석권, 침대권

плацка́ртный (형): ~ вагон 좌석지정차

плач (남) ① 울음; детский ~ 어린애의 울음 ② 울음소리

пла́чевный (형) ① 서러운, 애처로운 ② 불행한, 가련한; ~ое положение 가련한 처지 ③ 한심한, 보잘것없는; ~ый резу-

- 551 -

льтат 비참한 결과

плашмя́ (부) 넙적하게; упасть ~ 벌렁 나가넘어지다, 펄썩 엎어지다; кла́стькирпи́ч ~ 벽돌을 눕혀쌓다

плащ (남) 비옷, 우의, 우비, 우장옷, 레인코트(rain-coat)

плащ-пала́тка (여) 우비겸용천막

плебисци́т (남) 일반투표, 인민투표

плева́ть (미완) ① (침, 가래를) 뱉다 ② на кого́-что 무시하다; ~ на всё 무엇이든 꿈만하게 여기다; ~ в потоло́к 아무것도 안하다, 빈둥빈둥 놀다

плева́ться (미완) 자주 침(가래)을 뱉다, 사방(망탕)침(가래)을 뱉다

пле́вра (여) (해부) 육막, 흉막, 늑막

плеври́т (남) 육막염, 늑막염(肋膜炎)

плексигла́с (남) 투명한 소성재

племенно́й (형) ① 종족, ② (가축에 대하여) 순종, 우량종; ~о́й бык 종자소, 씨소; ~о́й скот 종축; ~а́я фе́рма 종축장

пле́мя (중) ① 종축; ② 세대 на ~ (농업) 번식 (종자)용으로 씨를 받으려고; без ро́ду и пле́мени (без ро́ду, без пле́мени) 출신을 알 수 없는

племя́нник (남) 조카, 유자, 종자, 질아, 질자, 가질, 사질,

племя́нница (여) 조카딸, 질녀.

плен (남) 포로; взять в ~ 포로하다; попа́сть в ~, быть (оказа́ться) в ~у 포로되다

плена́рный (형) 전원이 참석하는; ~ое заседа́ние 전원회의, 총회(總會)

плени́тельный (형) 매혹적인, 황홀한

плени́ть (완) ① 포로하다 ② 마음을 끌다, 황홀케 하다

плени́ться (완) 매혹되다, 황홀해지다; ~ красото́й 아름다움에 매혹되다

плёнка (여) ① 껍질, 외피 ② 엷은 막, 박막 ③ (사진에서) 필림, 영화필림

пле́нник (남), ~ца (여) 포로(捕虜)

пле́нный (형) 포로(捕虜)

плену́м (남) 전원회의(全員會議)

пле́сень (여) 곰팡이; покры́ться ~ю 곰팡이가 쓸다

плеск (남) 철썩거리는 파도(물)소리

плеска́ть (미완) ① 철썩거리다 ② на кого́-что-л. 튀기다, 뿌리다, 끼얹다 ③ 붓다, 쏟다

плеска́ться (미완) ① 철썩거리다 ② 서로 물을 끼얹다,

물장난 하다; **дети плещутся в воде** 아이들이 물장구를 친다
плесневеть (미완) 곰팡이가 쓸다
плести (미완) ① 엮다, 뜨다, 땋다; ~ **корзину** 광주리를 엮다 ② 술책(음모)을 꾸미다
плестись (미완) 천천히 가다; ~ **в хвосте** (또는 **в обозе**) 뒤꼬리를 따르다
плетёный (형) 뜬, 엮은, 땋은, 결은; ~**ая корзина** 바구니, 광주리
плеть (여) ① (식물의) 덩굴, 넝쿨, 줄기, 넌출, 만연경, ② (꼬아서 만든) 채찍, 채; 편태(鞭笞)
плечевой (형) ~ **сустав** 어깨관절
плечики (복수) 옷걸이, 의가(衣架)
плечистый (형) 어깨가 넓은(벌어진)
плечо (중) ① 어깨, 견부, 견두; ~**ом к** ~**у** 어깨겯고, 어깨를 나란히 하고; **нести на** ~**е** 어깨에 메고 가다 ② (공학) 팔; **по** ~**у кому**: (힘, 능력에 대하여) 알맞다; **не по** ~**у кому**의 힘에 겨웁다; **с** ~ **долой** (이 이상 더 생각할 것 없다)
плешивый ① (형) 대머리진, 머리가 벗어진 ② (명사로) (남) 대머리, 민머리, 번대머리, 머리가 벗어진 사람
плешь (여) 머리가 벗어진곳, 대머리
плеяда (여) (한시대의) 거인(위인)과 그의 일파
плиссированный (형) ~**ая юбка** 주름치마
плита (여) ① 판(板); 금속판, 철판; **мраморная** ~ 대리석판 ② 곤로; **газовая** ~ 가스곤로
плитка (여) ① (네모난) 작은 판(판대기); ~ **шоколада** (판) 쵸콜레트 한판대기 (개) ② 곤로 ③: (**керамическая**) ~ 타일
плов (남) 필래프, 육반(쌀에 고기· 야채를 섞어 기름에 볶은 다음 수프로 쪄서 향료를 가미한 요리). 비빔밥, 볶음밥
пловец (남), ~**чиха** (여) 수영선수, 헤엄치는 사람, 수영가
плод (남) ① 열매, 과일 ② 태아 ③ 결과, 결실, 산물
плодить (미완) (많이) 낳다, 번식시키다
плодиться (미완) (많이) 나타나다, 번식(증식)하다
плодовитость (여) ① 다산성, 열매를 많이 맺는 것, 번식력이 강한 것 ② (문학) 왕성한 창작력
плодовитый (형) ① 열매를 많이 맺는, 번식력이 강한 ② 창작력이 있는
плодоводство (중) 과수재배업
плодовый (형) ① 과일, 열매; ~**ый сад** 과일원 ② 과일로 만든; ~**ые кон сервы** 과일통졸임

плодоноси́ть 열매를 맺다, 결실하다

плодоовощно́й (형) 과일남새

плодоро́дие (중) 비옥도, (땅이) 걸고 기름진것

плодоро́дный (형) 비옥한, 기름진; ~ая земля́ 기름진(비옥) 땅

плодотво́рно (부) 보람(효과)있게

плодотво́рный (형) 보람있는, 효과적인, 성과가 많은

пло́мба (여) ① (이발을 때는) 채움감, 충전물 ② 연봉, 연표

пломби́р (남) 얼음보숭이, 아이스크림

пломбирова́ть (미완) ① (이를) 때다; ~зуб 이를 땜하다 ② 연봉하다; ~ваго́н 차량을 연봉하다

пло́ский (형) 평평한, 평탄한, 넙직한; ~ая пове́рхность 평면; ~ая кры́ша 평평한 지붕; ~ая печа́ть 평판인쇄

плоского́рье (중) 고원지대

плоскогу́бцы (복수) 평집게

плоскосто́пие (중) (의학) 마당발, 평발

пло́скость (여) ① 평면, 면; накло́н ная ~ь 경사면 ② 견지, 관점; в дру го́й ~и 다른 측면에서

плот (남) 뗏목, 떼; вяза́ть ~ 떼를 뭇다

плотва́ (여) (어류) 잉어과의 민물고기

плоти́на (여) 제방, 둑, 물둑, 뚝; сооружа́ть ~у 제방을 쌓다

пло́тник (남) 목수(木手), 목공(木工)

пло́тничать (미완) 목수일을 하다

пло́тно (부) 빽빽이, 꽉, 딱딱게, 밀접히; ~ закры́ть дверь 문을 꽉 닫다

пло́тность (여) 밀도, 농도; ~ населе́ния 인구밀도

пло́тный (형) ① 빽빽한, 조밀한, 좀좀한; ~ая ткань 배계 짠 천 ② ~ый за́втрак(обе́д, у́жин) 푸짐한 식사

плотого́н (남) 뗏사공, 뗏목타는 사람 떼몰이군, 유벌공

плотоя́дный (형) 육신의, 고기를 먹는; ~ое живо́тное 육신동물

плоть (여) 육체, 살; войти́ в ~и кровь 피와 살이 되다

пло́хо (부) ① 나쁘게, 서투르게 ② (사태, 형편이) 나쁘다, 좋지 않다(못하다); де́ло ~ 일은 시시하게 되었다

плохо́й (형) ① 나쁜, 좋지 않은 ② 너절한, 고약한, 더러운, 비도덕적인

площа́дка (여) (크지 않은) 펄지, 광장, 작업장; спорти́вная ~ 운동장; де́тская ~ 아동유희장; строи́тельная ~ 건설장

пло́щадь (여) ① 면적; ~ треуго́льника 삼각형의 면적; обраба́тываемая ~ 경작자, 경작면적; ② 광장; центра́льная ~

중앙광장; ③ жилая ~ 살림집면적

плуг (남) 보습, 쟁기

плут (남) ① 협잡군, 사기군 ② 교활한자

плута́ть (미완)(길을 잃고) 헤매다, 방황하다

плутокра́тия (여) 재벌(금권)정치

Плуто́н (남)(천문) 명왕성(冥王星)

плыву́н (남)(지리) 앙금층, 침전층

плыть (미완) ① 헤엄치다, 떠가다, 흐르다 ② (배를) 타고 가다, 항해하다; ~ на пароходе 기선을 타고가다 ③ 떠오르다, 떠가다; луна плывёт по небу 달이 중천에 떠간다; ~ в руки 손에 굴러들어오다, 얻기(훔치기)헐하다; ~ по течению 추세에 따라 행동하다; ~ против течения 흐름을 거슬러 나가다

плюс (남) ① (수학) 더하기부호, 플러스(부호: 더하기. 또는 그 기호인 '+'의 이름. 덧셈표.); два ~ три (будет) пять 2(이) 더하기 3(삼)은 5(오)다 ② 우점, 긍정점

плюш (남) 긴털비로도

плю́шка (여) 호떡; 계란빵

плющ (남) (식물) 담장나무, 담쟁이, 담쟁이덩굴

пляж (남) 모래톱이 있는 강변(해변); морской ~ 해수욕장

пляса́ть (미완) 춤추다; ~ под чужую дудку 남 장단에 춤추다

пля́ска (여) 춤, 무용(舞踊)

пневмати́ческий (형) 공착공기에 의한; ~ молот 공기마치

пневмони́я (여)(의학) 폐렴(肺炎)

по I (전)(+ 여) ① (장소, 방향을 표시) ~으로, ~을, ~따라; идти по дороге 길을 가다; ② (분야, 범위를 표시) ~에 대한, ~에 있어서; учебник по химии 화학교과서; ③ (근거를 표시) ~에 의하여, ~에 따라, ~대로; работать по плану 계획에 의하여 (계획대로) 일하다; по расписа нию 시간표 대로; ④ (원인을 표시) ~때문에, ~로 인하여; по болезни 병으로 인하여; ⑤ (수단을 표시) ~으로; послать по почте 우편으로 보내다; ⑥ (시간을 표시) ~마다; по утрам 아침 마다 ⑦ (분량, 값을 표시) ~씩; дать по одному яблоку 사과 한알씩 주다;

по II (+ 대) ① (시간을 표시) ~까지; с мая по август 5월부터 8월까지; ② (분량, 값을 표시) ~씩; мы получили по два рубля 우리는 2루블씩 받았다; по десять человек 열사람씩; по пять рублей штука 한 개에 5루블씩

по III (+전) ① (시간을 표시) ~후, ~이후; по окончании средней школы я поступил в институт 중학교를 졸업한후 나는 대학에 입학했다; по приезде в де ревню 농촌(시골)에 도착 하자; по окончании дежурства 당직을 끝내고 ② (대상을 표시) ~을; скучать по дому (гоgorod)집을 그리워하다

побагрове́ть (완) 검붉게 되다, 진홍색으로 물들다

побаива́ться (미완) 좀 두려워하다, 겁내다, 우려하다

поба́ливать (미완) 조금(가끔) 아프다

побе́г I (남) 도주, 도망, 탈출; ~ из тюрьмы 탈옥

побе́г II (남) (식물) 싹, 순; 덩굴; дава́ть ~и 싹이 나오다

побегу́шки (복수): быть на ~ах 잔심부름을 하다

побе́да (여) ① 승리; одержа́ть ~y, доби́ться ~ы 승리하다; одержа́ть ~у над враго́м 원수를 쳐부수다; ② 성과

победи́тель (남),**~ница** (여) ① 승리자 ② (체육) 우승자 ③ 당선자

победи́ть (완) ① 승리하다, 이기다; ~ врага́ 적을 타승하다 ② 이겨내다, 극복하다; ~ за́суху 가물을 이겨내다

побе́дный (형) 승리, 개선; до ~ого конца́ 완전히 승리할 때까지

победоно́сный (형) ① 백전백승의, 승리적인 ② 자신만만한, 확신성 있는; с ~ым ви́дом 자신만만하게

побежа́ть (완) ① 뛰다, 달리다; 뛰기(달리기) 시작하다; ~ть вперёд 앞으로 뛰다 ② 패주하다, 도망치다

побеждённый (형)(명사) (남) 패전자, 패배자

побеле́ть (완) 희어지다, 희게 되다

побели́ть(완) 흰칠을 하다, 회게 칠하다

побе́лка (여) 회게 칠하는 것; 표백

побере́жье (중) 바다가, 연안; черно́ морско́е ~ 흑해연안

побере́чь (완) ① 거두어두다, 건사(보관, 보존)하다 ② 돌보다, 잘 보살피다; ~ больно́го 환자를 돌보다

побере́чься (완) 주의(조심)하다, 제몸을 돌보다; не поберёгся и простуди́л ся 주의하지 않았더니 감기에 걸렸다

побеспоко́ить (완) 근심시키다, 불안케 하다, 걱정을 끼치다

побеспоко́иться (완) ① 근심(걱정)하다 ② 미리 생각하다

побира́ться (미완) 빌어먹다, 동냥하다

поби́ть (완) ① 때리다, 치다 ② 죽이다 ③ 이기다, 승리하다 ④ 깨다, 마스다; ~ посу́ду 그릇을 깨다

поби́ться (완) 깨지다, 마사지다

поблагодари́ть (완) 감사를 드리다, 감사 하다

побла́жка (여) 묵과, 지나친 관대; дава́ть ~y 지나치게 관대히 대하다, 융화하다

побли́же(бли́зко의 비교급)좀 더 가까이

поблизости (부) 가까이, 가깝게, 바투, 바투이, 바특하게, 가직하게, 근처에, 부근에; ~ от города 도시가까이

побольше ① (много의 비교급) 좀 더 많이 ② (большой의 비교급) 좀 더 큰

поборник (남) 지지자, 수호자, 옹호자

побороть (완) ① 이기다, 승리하다; ~ врага(противника) 원수를 때려 부수다 ② 극복(억제)하다; ~ страх 무서움을 극복하다; ~ себя 자제하다

поборы (복수) 과중한 세금, 가렴잡세

побочный (형) 부차적인; ~ый продукт 부산물; (화학) ~ая реакция 부반응

побояться (완) 두려워하다, 무서워하다, 겁이 나서 망설이다

побранить (완) 좀 꾸짖다, 나무라다

побратим (남) ① 이형제 ② 가까운 벗

по-братски (부) 형제적으로

побрести (완) 천천히 걸어가다, 겨우걸어가다, 허둥지둥 걸어가다

побрить (완) 면도하다, 수염깎다.

побриться (완) (자기 수염을) 면도하다

побросать (완) ① 막 내던지다 ② 내버려두다

побрызгать (완) 조금 뿌리다, 끼얹다

побрякушка (여) 딸랑이

побудительный (형): ~ый залог, ~ая форма(глагола) (언어) (동사의) 지시형

побудить (완) ~하게하다, 시키다, 명령하다; ~ уехать 떠나도록 하게하다

побудка (여) (군사) 기상(신호)

побуждение (중) 의도, 충동, 동기, 자극; честные ~я 정직한 의도; по собственному ~ю 자발적으로

побывать (완) ① (많은 곳을) 방문하다, 갔다 오다, 다녀오다, 머무르다 ② 참가 하다; ~ на войне 전쟁에 참가하다 ③ (어떤 상태에 얼마동안) 있다

побывка (여) (주로 근무자에 대하여): приехать домой на ~у 단기휴가로 집으로 오다

побыть (완) 잠간 들리다(머무르다)

повадиться (완) ① ~하는 버릇이 붙다, 습관되다 ② 자주 다니는 버릇이 붙다; ~лся к нам каждый день ходить 매일 우리에게 들리곤 하다

повадка (여) (나쁜) 버릇, 습성, 습관

пова́дно (부): чтобы не было ~ 되풀이 하지 않도록, 두 번 다시 안하도록

повали́ть (완) 밀려들다, 쏟아지다; снег ~л 눈이 펑펑 쏟아진다.; дым ~л из трубы 굴뚝에서 연기가 뭉게뭉게 피어 오른다.; народ ~л на площадь 사람들이 광장으로 밀려들기 시작하였다

повали́ться (완) 나가쓰러지다, 나자 빠지다
пова́льно (부) 모두, 모조리, 전반적으로
пова́льный (형) 전반적인
поваля́ться (완) ① (조금) 딩굴다 ② (한동안) 누워있다
по́вар (남) 요리사(料理師), 취사원
пова́ренный (형) 요리; ~ая книга 요리책; ~ая соль 소금
поварёшка (여) 국자(麴子)
повари́ха (여) 요리사, 취사원(여자)
по-ва́шему (부) 당신의 소원(의견)대로; как ~? 당신의 의견은 어떻습니까?; пусть будет ~, будь ~ 당신 마음대로 합시다
поведа́ть (완) 알려주다, 이야기하다, 아뢰다
поведе́ние (중) 몸가짐, 품행, 행동, 행실
повезти́ I (완) ① 나르다, 가지고 (데리고) ② 수송(운반)하다
повезти́ II (완) 운이 트다, 운수가 좋다; ему́ ~ло 그는 운수가 좋았다; не ~ло 운수가 나빴다; вот не ~ло! 참 재수 없군!; если ~ёт 재수가 좋으면, 기회가 좋으면
повелева́ть (미완) ① 다스리다, 지배(지휘)하다 ② 분부(명령)하다
повеле́ние (중) 분부(分付), 명령(命令)
повеле́ть (완) 분부(명령)하다
повели́тель (남), **~ница** (여) ① 군주, 통치자, 지배자 ② 권세가, 세력자
повели́тельный (형); ~ая форма,~ ое наклонение (언어) 명령법
пове́ренный (남): (временный) ~ в делах 대리대사
пове́рить (완) ① 믿다 ② что-кому 믿고 말하다, 고백하다; ~ свою тайну 자기의 비밀을 고백하다; поверь(те)! (확신시킬 때) 정말입니다, 그렇지요!
пове́рка (여) (인원) 점검, 점호; вечерняя ~ 저녁 점검
поверну́ть (완) ① 돌리다, 회전시키다; ~ кран 수도꼭지를 돌리다 ② (방향을) 바꾸다, 돌리다; ~ разговор 이야기(화제)를 돌리다;~ за угол 모퉁이를 돌다
поверну́ться (완) ① 돌다, 돌아서다 ② 향하다, 전환되다; дело ~лось к лучшему 사태는 호전되었다

по́верх (전) 우애; смотреть ~ очков 안경 너머로 보다
пове́рхностно (부) 피상적으로, 경솔하게
пове́рхностный (형) ① 표면, ② 피상적인, 경솔한, 천박한
пове́рхность (여) ① 표면; ~ воды 수면; ~ шара 구면; ~ земли 땅의 표면, 지표 ② 겉면, 바깥면, 외부; сколь зить по поверхности (문제의 본질은 보지 않고) 피상적으로 보다, 수박 겉핥는 식으로 하다
пове́рху (부) 위에, 위에서
пове́рье (중) 미신, 속신
повесе́леть (완) 유쾌(명량)해지다
повесе́лить(완) (한동안) 유쾌하게 하다
повесе́литься (완) (한동안) 유쾌히 시간을 보내다
по-весе́ннему (부) 봄날처럼
пове́сить (완) ① 걸다, 매달다 ② 교수형에 처하다; ~ нос 낙심하다, 시름에 잠기다
пове́ситься (완) 목을 매고 자살하다
повествова́ние (중) 서술, 기술;(문학) 설화; 소설, 이야기
повествова́тельный (형) 설화의, 옛이야기의, 민담의, 민간 설화의:~ое предложение (언어) 광고문, 알림문, 서술문
повести́ (완) ① 데리고 가다, 인도하다 ② : ~ разговор 말 (이야기)하다, 이야기 하기 시작하다; ~дело 일을 하다 ③ чем-л. 움직이다, 흔들다; ~ бровями 눈썹을 찡그리다; (и) глазом не ~ (누구의 의견, 말에) 아무런 관심도 돌리지 않다
повести́сь (완) ① 사귀다 ② 습관으로 되다; исстари так повелось 예로부터 관습이 이러하다;
пове́стка (여) ① 의정, 토의일정; ~а дня 의정, 토의일정; включить в ~у (дня) 의정에 포함시키다; снять с ~и (дня) 의정에서 빼다 ② 통지서, 소환 장, 호출장
по́весть (여) 중편소설
пове́трие (중) ① 전염병 ② 큰 유행
пове́шение (중) 교살, 교수형
пове́ять (완) ① 불다, 불기시작하다 ② 느껴지다, 일어나다;
повздо́рить (완) 싸우게(다투게)되다, 말다툼(언쟁)하다
повзросле́ть(완) 어른이 되다, 성숙하다
повида́ть (완) ① (많은 것을) 보다, 겪다, 체험하다 ② 만나다
повида́ться (완) с кем..~만나다
по-ви́димому (삽입어로) 아마, 아마도, 혹, 혹시, 어쩌면; 대체로, 대개, 보건데; весна, ~, будет ранняя 아마 봄이 일찍

올 것 같다

пови́дло (중) 쨈, 과일쨈

пови́нность (여) 의무, 임무, 직분; трудовая ~ 노동의무, 부역

пови́нный (남) 죄있는(죄진) 사람

повинова́ться (미완) 복종(순종)하다; ~ приказу 명령에 복종하다

повинове́ние (중) 복종, 순종, 맹종, беспре́кословное ~е 절대적 신봉; слепое ~е 맹종; быть в ~и кого-л ~에게 복종하다;

повиса́ть (미완), **пови́снуть** (완) ① 걸리다, 매달리다; ~ на руках 손에 매달리다 ② (날아가는 것이 공중에) 떠있다; ~ в воздухе (사업이) 미해결로 (미정으로) 남아 있다

повле́чь (완) 후과를 가져오다, 결과를 빚어내다

повлия́ть (완) ① 영향을 주다 ② 설득(확신) 시키다

по́вод I (남) ① 구실, 기회; дать ~ 구실을 주다 ② 동기, 원인; по какому ~у 무엇 때문에; по ~у чего ~ 와 관련하여

по́вод II (남) 고삐, 말고삐; быть на ~у у кого.~에 얽매여있다, 하라는 대로 하다

поводо́к (남) (개를 끌고다니는)개끈(사슬)

по-вое́нному (부) 군대식으로

повозиться (완) над чем-л: 골몰하다; часа два ~лся над задачей 숙제를 푸는데 약 두 시간이나 골몰하였다

пово́зка (여) 달구지, 수레

поворо́т (남) ① 회전, 방향전환; ② 굽이, 굽이 돌이; на ~е (дороги) 커브길, 길 굽이돌이에서 ③ 급변, 전환;

поворо́тливый (형) 재빠른, 민활한, 기민한

поворо́тный (형): ~ моме́нт 전환기

повреди́ть (완) ① 해하게 하다 ② 상하게 하다, 못쓰게 만들다; ~ ногу 다리를 상하다, 한쪽 다리를 다치다

повреди́ться(완) 못쓰게 되다, 고장나다

поврежде́ние (중) ① 고장, 손해, 손상, ② 고장난 곳, 상처

повремени́ть (완) 얼마동안 기다리다

повреме́нный (형): ~ая опла́та 시간당 임금지불

повседне́вно (부) 매일, 날마다, 나날이, 맨날, 만날, 연일(連日), 전일(全日), 삼백예순날; 늘, 항상, 언제나

повседне́вный (형) 매일매일, 일상적인, 늘 볼 수 있는; ~ая жизнь 일상생활; ~ый костю́м 막날 입는 옷

повсеме́стно (부) 가는 곳마다에서, 방방 곡곡에서

повсеме́стный (형) 어디서나 볼 수 있는, 각처

повста́нец (남) 폭동자, 반란자

повстанческий (형) 폭동자, 반란자
повстречать (완) (우연히) 만나다
повстречаться (완) 만나다, 마주치다
повсюду (부) 가는 곳마다에서, 방방 곡곡에서
повтор (남) 되풀이, 반복(反復)
повторение (중) ① 되풀이, 반복 ② 복습
повторно (부) 재차, 다시한번 더, 반복 하여
повторный (형) 거듭(되는), 다시한번 되풀이하는
повторять (미완) ① 되풀이(반복)하다, 되뇌다 ② 복습하다;
повторяться (미완) 되풀이(반복)되다
повышать (미완) ① 높이다, 증가시키다; ② 올리다; ③ 등용(승급) 시키다; ~ по службе 승급 시키다
повышаться (미완) ① 높아지다, 제고되다 ② 올라가다; температура ~ется 온도가 올라간다. ③ 등용(승급)되다
повышение (중) ① 높이는 것, 제고, 향상, 증가, 인상; ~ квалификации 자질향상; ~ зарплаты 임금인상 ② 등용, 승급
повышенный (형)(형) 보다 높은, 더 많은; 향상된, 개선된;
повязать (완) (양끝을 매서) 씌우다, 입히다; 매여주다; ~ платок 수건을 쓰다; ~ голову платком 머리에 수건을 씌우다;
повязаться (완) (끝을 매어) 쓰다, 두르다, 입다; ~ платком 수건을 쓰다
повязка (여) ① 팔띠, 완장 ② 붕대; наложить(снять) ~y 붕대를 감다(풀다)
поганка (여) (식물) 독버섯
погасить (완) ① 끄다 ② (부채 등을) 상환하다
погаснуть (완) 꺼지다
погашение (중) 상환; ~ займа 부채의 상환
погибать (미완), **погибнуть** (완) 죽다, 전사하다, 멸망하다, 사라지다
погладить (완) ① 다리다 ② 쓰다듬다, 어루만지다
поглотить (완), **~щать** (미완) ① 삼키다, 흡수하다, 빨아들이다; ② 마음을 끌다, 사로잡다 ③ (시간, 노력을) 요구하다
поглощение (중) 삼키는 것, 흡수, 빨아들이는 것
погляде́ться (완) (자기모습을) 보다; ~ в зеркало 거울을 들여다보다
погля́дывать (미완) ① 때때로 바라 보다 ② 돌보다, 감시하다
погнать (완) 쫓기 시작하다, 추격하다
погнаться (완) ① 따라(쫓아)가다, 추격하다 ② 탐내다,

- 561 -

추구하다
погну́ть (완) 휘다, 구부러뜨리다
погну́ться (완) 구부러지다, 휘다
погова́ривать (미완) ① (가끔) 이야기 하다 ② 소문을 놓다, 논의하다
поговори́ть (완) (잠시) 이야기하다; 의논(상담,담화) 하다
погово́рка (여) 격언(格言), 속담(俗談)
пого́да (여) 날씨, 일기; хоро́шая(плоха́я) ~а 좋은(나쁜) 날씨; стои́т тёплая ~а 따뜻한 날씨가 계속되고 있다
пого́дный (형) 일기, 날씨;~ые усло́вия 일기조건
пого́жий (형) 날씨가 좋은, 맑은; ~ день 좋은(맑은) 날씨
поголо́вно (부) 모두, 모조리, 남김없이
поголо́вный (형) 하나도 남김없는
поголо́вье (중) (집짐승의) (총)마리수
пого́н (남) (군사) 견장(肩牆)
пого́ня (여) ① 뒤따라가는 것, 추격 ② 추격대, 추격하는 사람
погоня́ть (미완) 몰다, 내몰다, 몰아대다; 재촉(독촉)하다
погоре́лец (남) 화재당한 사람, 화재 이재민
погоре́ть (완) ① (한동안) 타다, 불붙다 ② 가물로 타다 ③ 화재를 당하다
погорячи́ться (완) 분격하다, 격하다
погранзаста́ва (여) 국경초소; 국경지대
пограни́чник (남) 국경경비대원
пограни́чный (형) ① 국경, 국경지대; ~ый райо́н 국경지대; ② 국경경비; ~ая заста́ва 국경초소;~ый отря́д 국경경비대
по́греб (남) 움, 움집, 움막.
погребе́ние (중) 매장, 장례
погрему́шка (완) 딸랑이 장난감
погре́шность (여) ① 잘못, 오유, 과오; допусти́ть ~ 잘못 (실수) 하다 ② (기계 등의) 오차, 편차
погро́м (남) 대대적인 학살(약탈)
погро́мщик (남) 대학살의 조직자(참가 자); 반동배외주의자
погружа́ть (미완) ~에 잠그다(빠뜨리다, 묻다); ~ те́ло в во́ду 몸을 물에 잠그다
погружа́ться (완) ① ~에 잠그다(빠지다, 묻히다); 물에 잠기다 ② (어떤 상태에) 빠지다;~в чте́ние 독서에 열중하다
погру́зка (여) 짐싣기(상차); 적재
погру́зочный (형) 짐을 싣는, 적재; ~ые рабо́ты 짐싣는 작업;

- 562 -

~ая машина 적재기

погря́знуть (완) ① (흙탕에) 빠지다 ② 곤란에 빠지다, 난처하게 되다; ~ в долга́х 빚에 얽매이다 ③ (나쁜 습관에) 빠지다; ~ в развра́те 방탕한 생활에 빠지다

погуби́ть (완) 죽이다, 해치다, 망치다

погуля́ть (완) (한동안) 놀다, 산보하다

под(подо) (전) I (+대, 조) ① (방향, 장소를 표시) ~밑에; поста́вить под стол 책상밑에 놓다; находи́ться под столо́м 책상밑에 있다 ② ~ 가까이에, 부근에; под окно́м 창문앞에, под Москво́й 모스크바부근(근방)에 ③ (지도, 영향) ~밑에, ~하에; находи́ться под влия́нием 영양하에 있다 ④ (쓰기 위하여) ~용; ме́сто под постро́йки 건설 부지; э́тот сара́й под се́но 이 헛간은 마른 풀을 두는 헛간이다

под II (+대) ① (나이, 시간을 표시) 가까이, 직전에; под у́тро 동틀 무렵에, 이른 아침에; под ве́чер 저녁에, 저녁 무렵에 ② ~ 소리에 맞추어, ~ 소리를 들으면서: танцева́ть под му́зыку 음악에 맞추어(음악을 들으면서) 춤을 추다; ③ ~과 꼭 같이: отде́лать под мра́мор 대리석과 꼭같이 만들다 ④ (담보로) взять де́ньги под распи́ску 영수증을 쓰고 돈을 받다

под III (+조) ① (단어, 표현의 뜻을 해명할 때): что вы име́ете в виду́ под э́тим сло́вом? 이 단어를 당신은 어떻게 이해합니까? что понима́ется(что вы понима́ете) под э́тим те́рмином? 이 술어를 어떻게 이해해야 합니까? ② (이름, 제목, 명칭을 표시할 때) ~이라는, ~이라고; рома́н под назва́нием(Ро́дина) (고향) 이라는 장편소설; он опубликова́л свои́ статьи́ под псевдони́мом 그는 필명으로 자기 논문들을 발표하였다;

подава́ть (미완) ① 가져다주다(드리다); ~ пальто́ 외투를 가져다드리다 ② (음식 물을) 내놓다; ~ обе́д 점심식사를; ~ лес на стро́йку 건설장에 재목을 대다 ④ 제출하다; наде́жды подаю́тся 희망이 보이다, 가망이 있다, 유망하다

подава́ться (미완) ① 움직이다, 물러서다, 비켜서다 ② 떠나가다, 출발하다 ③ 공급되다 ④ 제출되다; пода́ться не́куда 몸 둘 곳이 없다, 진퇴양난이다

подави́ть (완) 진압(탄압,억압)하다; 억누르다, 압도하다

подави́ться(완) 목이 메다, 목에 걸리다

подавле́ние (중) 진압, 탄압, 억압

подавле́нный (형) 우울한; ~ое настрое́ние 침울한 기분,

подавля́ющий (형) 압도적인, 다수의; ~ее большинство́ 압도적 다수

пода́вно (부) 하물며, 물론이지: а я и ~ 나야 물론이지

пода́льше (부) 좀 더 멀리; от греха ~ 화를 입지 않도록

подари́ть (완) 선사하다, 선물로 드리다

пода́рок (남) 선물, 손씻이, 물선, 사의, 사례, 선사품, 폐물, 프레젠트(present); получить в ~ 선물로 받다; сделать ~ кому ~에게 선물하다(선물을 드리다)

подáтливый (형) 만만한, 문문한, 유순한; ~ человек 유순한 사람

пода́ть (여) 인두세, 조세

пода́ча (여) ① 내주는 것, 제공 ② 제출 ③ (체육) 처넣기

пода́чка (여) ① 먹이, 사료 ② 동냥; выпра́шивать ~и 동냥을 구하다; подая́ние (중) 동냥

подба́вить (완), подбавля́ть (미완) 더넣다(붓다), 첨가(부가)하다

подба́дривать (미완) 기운을 돋구어주다, 힘을 내게 하다, 격려하다

подбега́ть (미완), ~жа́ть (완) 뛰어가다 (오다), 달려가다(오다)

подберёзовик (남) (식물) (자작나무숲에 자라는) 돌버섯(의 일종), 차가버섯

подбива́ть (미완) ① 밑에 박아붙이다; ~ каблуки́ 구두뒤창을 대다 ② 격추(격파) 하다 ③ 타박상을 입히다 ④ 추기다

подбира́ть (미완) ① 줏다, 수집하다 ② 골라내다, 선발하다 ③ 단정히하다; ~ во́лосы 머리를 빗다

подбира́ться (미완) ① (선발되어) 구성(형성)되다 ② 몰래 다가 가다(오다), 기어들다

подбо́р (남) ① 선발, 선택, 분류; ~ ка́дров 간부선발 ② 선택한 것, 수집(물) (как) на ~ (형태, 품질이) 꼭 같은

подборо́док (남) 아래턱

подбра́сывать (미완), ~осить (완) ① 위로(밑으로) 던지다; ② 남몰래 던지다 (놓다); ~осить письмо́ 편지를 몰래놓다 ③ 더 던지다(넣다), ④ 추가 공급 하다, 투하하다

подва́л (남) ① 지하실, 땅광, 설레(cellar); ② (신문의) 아랫단 기사

подва́льный (형) ① 지하(실)의; ~ое помеще́ние 지하실 ② (신문의) 아래단

подведе́ние (중):~ ито́гов 총화짓는것

подве́домственный (형) 관하, 소속, 권한에 속하는

подвезти́ (완) ① (차에 태워) 바래다(데려다주다); ~ до дере́вни 마을까지 태워 다주다 ② 실어가다(오다), 운반하다

подверга́ть (미완) 받게(당하게)하다, 입히다; ~ обсужде́нию 심의에 붙이다; ~ сомне́нию ~에 의심을 품다;

подверга́ться (미완) 당하다, 받다; ~кри́тике 비판을 받다

подверну́ть ① 걷어 올리다, 걷다; ~ рукава́ 소매를 걷어 올리다; ② 집어(밀어)넣다 ③ 더 조이다(돌리다); ~ га́йку 너트를 더 조이다; ~ но́гу 다리를 접질리다 (상하다)

подверну́ться (완) ① 접히다, 밀려들어 가다 ② 곱질리다; 꼬이다; нога́ ~ лась 다리를 접질렸다 ③ 우연히 만나다, 눈에 띄다; ~лась интере́сная кни́га 흥미 있는 책이 눈에 띄었다

подвесно́й (형) ~ая доро́га (공중) 삭도; ~о́й мост 구름다리

подве́шивать (미완) 걸다, 매달다

по́двиг (남) 공훈, 위훈, 위업

подви́жность (여) 기동성, 기민성

подви́жный (형) 날랜, 민첩한, 기민한

подвиза́ться (미완) (일정한 부문에서) 종사(활약, 활동)하다

подвинти́ть (완) 좀 더 조이다

подви́нуть (완) ① (좀) 옮겨놓다, 움직이다, 끌어가다(오다); ~ стул 의자를 좀 옮기다 ② 추진(진척)시키다; ~ де́ло 일을 추진시키다

подви́нуться (완) (조금) 옮아가다 (오다), 다가가다(오다); 추진(진척)되다; де́ло ~лось 일이 진척 되었다

подвла́стный (형) 예속된, 부속된, 관하

подво́да (여) 말달구지, 수레, 짐마차

подводи́ть (미완) ① 끌고가다(오다), 데리고 가다(오다), 접근시키다; ② (밑에) 놓다, 설치하다; ③ 곤경에 빠지게 하다, 속이다; ~ това́рища 동무를 곤경에 빠뜨리다, 동무를 속이다; ~ито́ги 총화(총결)짓다

подво́дник (남) ① 잠수함승무원 ② 잠수부, 잠수원

подво́дный (형) ① 물밑에(수중에있는); ~ые расте́ния 물밑식물, 수저식물; ~ый ка́мень 암초 ② 물밑으로 가는, 잠수; ~ая ло́дка 잠수함; ~ый ка́бель 해저전선

по-дво́е (부) 둘씩, 두 사람씩

подво́й (남) (농업) 대목, 접밑그루, 그루목

подво́х (남) 간책(奸策), 모략(謀略)

подвя́зать, **подвя́зывать** (미완) ① (밑에) 달아(잡아)매다 ② 싸(동여)매다 ③ 더 뜨다

подгада́ть (완) 제시간에 해내다

подгиба́ть (미완) 구부리다, 접다, 꺾다; ~ но́ги под себя́ 꿇어앉다; ~ край листа́ 책장을 (꺾어)접다

подгляде́ть (완), **~я́дывать** (미완) 엿보다, 몰래 들여다보다
подгова́ривать (미완), **~ори́ть** (완) 부추기다, 사주하다, 꾀다
подголо́сок (남) ① 뒤따라 곡조를 되풀이하는 목소리 ② 졸개
подгоня́ть (미완) ① 몰아가다(오다); (밑으로) 몰아넣다 ② 재촉하다, 서두르게 하다; ~ отстаю́щих 뒤떨어진 사람들을 재촉하다 ③ 맞추다, 맞게 하다
подгора́ть (미완), **~е́ть** (완) (밑이, 밑으로부터) 타지다, 타다; 눋다, 탄내가 나다; мо-локо́ ~е́ло 우유는 탄내가 났다
подготови́тельный (형) 예비의; ~ый факульте́т 예비학부; ~ое отделе́ние 예비과
подгото́вить (완) ① 준비하다, (미리) 마련하다; ② 준비시키다 ③ 양성하다, 훈련시키다
подгото́виться (완) 준비하다, 자신을 준비시키다
подгото́вка (여) ① 준비, 마련 ② 양성, 훈련; ③ 지식, 경험;
полгото́вленность (여) 준비(정도)
подгото́вленный (형) 준비된, 잘 훈련된, 미리 준비한
подгреба́ть(미완), **~сти́**(완) ① 긁어모으다 ② (노를)저어가다 (오다); ~ к бе́регу 노를 저어 기슭으로 가다(오다)
подгру́ппа (여) ① 소조, 조(組), 소그룹 ② 아류, 아족(亞族)
подда́кивать (예, 예)하다, 동의하다
по́дданная (여), **~ый** (남) 공민, 국민; иностра́нный ~ый 외국국민
по́дданство (중) 국적; приня́ть ~ 국적에 들다, 국적을 받다
подда́ть (완): ~ жа́ру 더욱 열성을 내다, 더욱 마력을 가하다
подда́ться (완) ① чему́ (어떠한 상태, 처지에) 빠지다; 영향을 받다, 굴하다; ② на что 양보 (동의)하다, 믿다; ③ 저항하지 않다, 잡히다 ④ (어떠한 작용으로) 변하다, 말을 듣다; дверь с трудо́м поддала́сь 문이 겨우 열렸다
подде́лать(완) 위조(모조)하다;~ по́дпись 수표를 위조하다
подде́лка (여) ① 위조, 모조 ② 위조물, 모조품
подде́лываться (미완) ① под кого́- что 흉내 내다; 가장하다 ② к кому́ 발라 맞추다, 아부하다
подде́льный (형) 가짜, 위조, 모조한; ~ докуме́нт 위조문건
поддержа́ть (완), **подде́рживать** (미완) ① 붙들다, 부축하다; ② 지지(동의, 찬동)하다; ③ 원조(지원, 고무)하다 ④ 유지하다
подде́ржка (여) ① 부축하는 것, 받치는 것 ② 지지, 찬성, 지원; 원조, 고무 ③ 유지, 보존)
поде́йствовать (완) ① 작용하다 ② 영향을 주다

поде́лать (совер.): что ~ешь? 어떻게 하겠는가; 어쩔 도리가 없다; ничего не ~ешь 1) 어쩔 도리가 없다 2) 그렇게 할 수밖에 없다

подённый 날품; ~ая работа 날품팔이

поде́ржанный (형) 낡은, 헌

подешеве́ть (완) 싸지다, 녹아지다, 값이 내리다

поджа́ривать (미완) 볶다, 지지다, 굽다

поджа́риться (미완) 볶아지다, 구워지다

поджа́ристый (형) 잘 볶아진, 잘 구워진

поджа́рка (여) 볶은음식

поджа́рый (형) 여위고 홀쪽한

поджа́ть (완): ~ под себя ноги 꿇어앉다; ~ губы 입을 딱 다문다; ~хвост (자기 행동에서) 자신감을 잃다, 위축되다

поджелу́дочный (형): ~ая железа (해부) 췌장

подже́чь (완) ① 불을 붙이다 ② 불을 놓다, 방화하다

поджига́тель (남) 방화자, 불을 지른 사람; ~ войны 전쟁 도발자

поджига́тельский (형) 도발적인

поджида́ть (미완) 기다리다, 대기하다

поджима́ть; сроки ~ют 기한이 끝나가고 있다

поджо́г (남) 방화(放火)

подзаголо́вок (남) 소제목, 보충제목

подзадо́ривать (미완), **~ить** (완) 추기다, 선동하다

подзарабо́тать (완) 돈벌이하다, 보충적으로 벌다

подзаты́льник (남): давать(получать) ~и 뒤통수를 치다(얻어 맞다)

подзащи́тная (여),**~ый** 남 변호의뢰인, 변호를 받는 사람

подземе́лье (중) 땅속굴, 지하실

подзе́мный(형) 지하; 땅속; ~ые работы 지하노동

подзо́рный (형):~ая труба 망원경

подзыва́ть 불러오다 (손짓으로) 부르다

подка́пывать (미완) 밑을 파다

подка́пываться (미완) под кого-что ① 파고(뚫고)들어가다 ② 헤치다; 오유(약점)를 들추어내다

подкарау́ливать(미완), **~ить**(완) (은밀히) 감시하다, 매복하여 기다리다

подка́рмливать (미완) ① 잘 먹이다, 영양가(영양부) 있는 음식을 더 먹이다 ② 덧거름을 주다

подкати́ть (완) ① 가까이 굴려가다(오다); ~ бревно 통나무를

굴려가다(오다) ② (타고 빨리) 도착하다; ~ к самому дому 바로 집 앞에 도착하다

подкача́ть (완) ① (물, 공기 등을) 펌프로 더 넣다(붓다) ② (기대에) 어긋나다

подка́шиваться (미완): ноги ~ются(от усталости) 지칠대로 지치다, 몹시 피로하다

подки́дыш (남) 개구멍받이, 내 버린 아이

подкла́дка (여) 안, 안감, 안찝, 속감, 내공; ~пальто 외투안

подкла́дывать (미완) ① 밑에 놓다(받치다) ② 더 넣다, 보태다 ③ 몰래 놓다

подкле́ивать (미완), **~ть** (완) (풀로) 밑에(뒷면에) 붙이다, 덧붙이다

подключи́ть (완) 이어놓다, 연결하다; 가담(포함)시키다

подключи́ться (완) ① 이어지다, 연결 되다 ② 가담하다, 합류되다

подко́ва (여) 말굽쇠, 징, 편자

подкова́ть (완), **подко́вывать** (미완) ① 징을 박다, 편자를 신기다 ② 필요한 예비지식을 주다

подко́жный (형) 가죽밑; 피부밑; ~ое впрыскивание 피하주사

подкоми́ссия (여) 분과위원회

подкомите́т (남) 소(분과)위원회

подко́п (남) ① 밑(아래)을 파는 것 ② 갱도, 지하도; вести(устроить) ~ 갱도를 파다 ③ 음모, 간책, 암해

подко́рмка (여) ① 덧먹이 ② 덧거름; производить ~у 덧거름을 주다

подкоси́ться (완) 오금을 못추다; у него ноги ~лись 그는 다리가 떨렸다

подкра́дываться (미완)(남몰래) 다가들다, 접근(잠입)하다

подкра́сить (완) ① 약간 칠하다, 색칠하다; ~ стены 벽에 색칠을 하다; ② 물을 들이다, 염색하다

подкра́ситься (완)(입술, 볼 등에) 약간 칠하다(바르다)

подкрепи́ть (완) ① 더욱 튼튼히 하다, 보강하다 ② 안받침 하다, 확증하여주다

подкрепи́ться (완)(먹거나 마셔서) 힘을 내다

подкрепле́ние (중) ① 보강, 강화 ② 먹어서 기운을 내는 것 ③ (군사) 증원부대, 지원부대

подку́п (남) 매수

подкупа́ть (미완) ① 매수하다; 뇌물을 주다; (돈을 써서) 자기편으로 만들다 ② 호감(동정)을 사다; ~ всех своей искренностью자기의 진정으로 모든 사람들의 호감을 사다

подла́диться (완), **~жива́ться** (미완) к кому-чему ① ~에 맞추다; ~живаться к шагу 걸음을 맞추다 ② 아첨하다, 발라 맞추다

по́дле (전) 곁에, 옆에, 가까이에

подлежа́ть (미완) чему,-ит рассмотре́нию 심의에 붙이게 되어있다; не -ит сомне́нию 의심할 바 없다

подлежа́щее (중) (언어) 주어(主語)

подлеза́ть (미완), **подле́зть** (완) 밑으로 기어들어가다

подлета́ть (미완), **~ет** (완) ① (가까이) 날아오다, 접근하다 ② 뛰어(달려)오다 ③ 날아들다, 날아오르다; мяч ~ел до потолка́ 공이 천정까지 뛰어올랐다

подле́ц (남) 비열한 놈, 더러운 놈

подлива́ть (미완) 더 붓다

подли́вка (여) 소스(양념장의 한가지) мя́со с ~ой 소스를 친 고기

подли́за (남, 여) 아첨쟁이, 아첨꾼

подлиза́ться (완), **подли́зываться** (미완) к кому 발라맞추다, 아첨하다

по́длинник (남) 원본, 원문, 원작, 원화; ~ докуме́нта 문서의 원본; чита́ть в ~е 원문을 읽다

по́длинно (부) 진정으로, 참말로

по́длинный (형) ① 진정한, 진실한, 참된; ~ый учёный 참된 학자 ② 진짜, 원작; ~ый докуме́нт 원본; с ~ым ве́рно (공식문건에서) 원문과 같음

подли́ть см. подливать; ~ ма́сла в ого́нь 붙는 불에 키질하기

по́дло (부) 비굴(비열, 너절)하게

подло́г (남) 위조(僞造), 인조, 모조

подло́жный (형) 위조의, 인조의, 가짜; ~ докуме́нт 위조문건

по́длость (여) ① 비열성 ② 비열한 행동, 너절한 행동; сде́лать ~ 비열한 짓을 하다

по́длый (형) 비열한, 너절한, 더러운

подма́зать (완) ① (좀) 바르다, 칠하다; 밑에 바르다 ② 매수하다

подма́заться (완) 아첨(아부)하다

подмасте́рье (남) 견습공, 조수

подме́на (여) ① 슬쩍 바꾸는 것 ② 교대, 임시대리 하는 것

подмени́ть (완), **~я́ть** (미완) ① 슬쩍 바꾸다(갈아놓다) ② 대신(대리)하다

подмёрзать (미완), **подмёрзнуть** (완) ① (약간) 얼다 ② 얼어서 약간 못쓰게 되다; ③ (무인칭) 얼음이 얼다; на дворе подмёрзло 밖에는 얼음이 얼어붙었다

подмести (완), **~тать** (미완) ① 쓸다, 청소하다 ② 밑으로 쓸어 넣다

подметить (완) 알아내다, 발견하다; ~ недостатки 결함을 알아내다

подмётка (여) 신발창, 구두창; в ~и не годиться кому ~의 발밑에도 못간다

подмигивать (미완), **подмигнуть** (완) 눈짓하다, 눈을 끔적이다)끔벅이다

подмога (여) 도움, 원조, 조력, 가조, 부조; 협조, 제휴;

подмокать (미완), **подмокнуть** (완) (밑으로부터) 젖다, 약간 젖다, 젖어서 상하다

подмораживать (미완), **~озить** (완) (무인칭) 더 추워지다; к вечеру ~озило 저녁녘에 더 추워졌다

подмостки (복수) ① 널마루, 대 ② 무대, 스테이지

подмоченный ~ая репутация 나쁜(깨끗하지 못한) 평판

подмывать (미완) ① (몸의 아랫도리를) 씻어주다 ② (약간) 씻다

подмываться (미완) (자기의 엉덩이, 살 등을) 씻다

подмышка (여) 겨드랑이 (격변화 할 때 띄어씀): под мышку, под мышкой, под мышки, под мышками); взять под мышку 겨드랑이에 끼다; нести книгу под мышкой 책을 겨드랑이에 끼고 가다; болит под мышкой(под мышками) 겨드랑이가 아프다; платье порвалось под мышкой 옷의 겨드랑이가 터졌다

подневольный (형) ① 예속된 ② 강제; ~ труд 강제노동

поднимать (미완) ① 들다, 올리다, 쳐들다; ~ тяжести 무거운 것을 들어 올리다; ② (일으켜) 세우다; ~ упавшего 넘어진 사람을 일으켜 세우다 ③ 떠나게(가게)하다, 출동시키다 ④ 궐기시키다, 고무하다 ⑤ 높이다, 올리다 ⑥ 일으키다; ⑦ 개간하다; ⑧ 돋구다, 적극화하다; ~дух 사기를 돋구다; ~ шум 소동을 일으키다; ~ голову 되살아나다, 용기를 내다

подниматься (미완) ① 오르다, 올라 가다(오다); ~ на гору 산에 오르다 ② 일어나다, 일어서다; ~ с постели 잠자리에서 일어나다 ③ 궐기하다, 떨쳐서다 ④ 높아지다

подноготная (여) 숨은 진실, 음폐된 진상

подножие (중) 밑부분, 아래쪽; y ~я горы 산기슭에서

подножка (여) (자동차, 전차, 객차 등의) 발디딤대, 발판

подно́жный (형): ~ корм ① 방목지의 목초 ② 공짜음식
подно́с (남) 쟁반
подноси́ть ① (손으로) 가져다주다(오다), 나르다, 운반하다; ~ ребёнка к окну 어린애를 창문가로 안아가다 ② 갖다 드리다, 대접하다; ~ цветы 꽃다발을 드리다
поднырну́ть (완) 밑으로 자맥질하여 들어가다
подня́тие (중) ① 올리기, 올리는 것, 높이는것; ~ фла́га 기발을 올리는 것 ② 제고, 향상
подобра́ть (미완) 타당(적당)하다; как ~ет 적당하게; так поступать не ~ет 그런 행동은 적당하지 않다; ему не ~ет так говорить 그가 이렇게 말하는 것은 타당하지 않다
подоба́ющий (형) 적당한;~им образом 적당하게
подо́бие (중) 닮음, 유사, 같은 모양 по образу и ~ю 꼭같이
подо́бный (형) ① 비슷한, 같은 ② 그러한, 이런; ~ое поведение 그러한 행동 и тому ~ое (약재료 и т.п.) 기타 등등; ничего ~ого 전혀(결코) 그렇지 않다
подобостра́стный (형) 비굴한, 아부하는, 맹종맹동하는
подобре́ть(완) 더 선량해지다, 착해지다
подобру́-поздоро́ву (부): уходите ~! уби-райся (уходи) ~поздорову 혼나기 전에 썩 물러가라, 좋게 말할 때 가거라!
подогрева́ть (미완) 데우다, 덥히다, 가열하다
подогрева́ться (미완) 데워지다, 가열되다
пододвига́ть (미완) (움직여, 밀어) 접근 시키다, 옮기다
пододвига́ться (미완) 가까이 앉다, 바로 가서다(다가앉다), 접근하다
пододея́льник (남) 이불거죽
подожда́ть (완) ① (잠시) 기다리다, 좀 대기하다 ② 좀 미루다, 연기하다 ③ (명령형) подожди(те) 잠간만
подозрева́емый (남) 의심받는 사람, 혐의 대상
подозрева́ть (미완) ① 의심하다, 수상히 여기다 ② 혹시 ~ 지나 않았는가 생각 하다; я ~ю что он заболел 나는 그가 병이 나지나 않았는가 생각한다.
подозрева́ться (미완) 의심을 받다
подозре́ние (중) 의심, 의혹, 혐의; быть под ~ем, быть на ~и 의심을 받다; рассе́ять ~я 의혹을 풀다
подозри́тельно(부) 의심쩍게, 수상하게
подозри́тельный (형) ① 의심스러운, 의심이 가는, 수상한; ~ челове́к 수상한 사람 ② 의심많은;~ хара́ктер 의심많은 성격
подоко́нник (남) 창문턱, 창문가

подо́л (남) 옷자락; ~ю́бки 치마자락

подо́лгу (부) 오래동안

по-дома́шнему (부) 집에서처럼, 제집처럼

подо́нок (남) 찌꺼기, 인간쓰레기

подопе́чная (여),~ый (남) 피후견인

подоплёка (여) 이면, 내면, 숨은 비밀; ~a собы́тий 사건의 이면; знать ~y 숨은 비밀을 알다

подопы́тный (형) 실험용의; ~ые живо́т-ные 실험용동물

подорва́ть (완) ① (밑으로부터) 뜯어(찢어)내다 ② 폭파하다, 터뜨리다 ③ 해치다, 훼손하다; ~ здоро́вье 건강을 해치다; ~ авторите́т 위신을 훼손하다

подорва́ться (완) ① 폭파되다, 폭팔로 죽다; ~ на ми́не 지뢰에 걸려 파괴되다(죽다): здоро́вье подорвало́сь 건강이 나빠졌다

подорожа́ть (완) 비싸지다, 값이 오르다

подоро́жник (남) (식물) 길짱구

подоси́новик (남) (식물) 돌버섯(의 한가지)

подосла́ть (완) ① 몰래보내다, 은밀히 파견하다 ② 더 보내다, 보충파견하다

подоспева́ть (미완), ~е́ть (완) ① 닥쳐오다 ② 제때에 (때마침) 오다

подотчётный (형) ① 전도(가불)하는; ~ая су́мма,~ые де́ньги 전도금, 가불금 ② 보고할 의무(책임)이 있는

подо́хнуть (완) (동물이) 죽다

подохо́дный (형); ~нало́г 소득세

подо́шва (여) ① 발바닥; 신바닥, 신창; ко́жаная ~ 가죽창 ② 밑바닥, 바닥; ~ горы́ 산기슭

подпа́сть (완): ~ под влия́ние кого́ ~의 영향을 받다, 영향하여 들어가다

подпева́ть (미완) ① (뒤따라) 받아 부르다; ~ ба́сом 저음으로 받아부르다 ② 맞장구를 치다, 장단을 맞추다, 엉너리치다

подпи́ливать (미완), подпили́ть (완) ① 톱으로 밑을 베다 ② 톱으로 짧게 자르다 ③ 덧톱질하다

подписа́ние (중) 서명(書名), 조인

подписа́ть (완) ① 서명하다, 조인하다 ② (밑에)써넣다, 기입하다 ③ 예약자에 포함시키다, 신청자수에 포함시키다;~ на журна́л 잡지 예약자속에 포함시키다

подписа́ться (완) ① 수표를 하다, 서명하다 ② 예약(신청, 주문)하다; ~ на газе́ту 신문을 예약하다

подпи́ска (여) ① 예약, 신청, 주문 ② 서약서
подписно́й (형) 예약의; ~ая цена 예약가격
подпи́счик (남), ~ца (여) 구독자, 예약자, 신청자, 주문자; постоянный ~к 고정구독자(신청자)
по́дпись (여) 수표, 서명; поставить(свою) ~ 수표를 발급하다
подплыва́ть (미완), **~ыть** (완) 헤엄쳐 (배로) 다가가다(오다)
подпо́л (남) 움, 지하실, 광
подполза́ть (미완), **~ти́** (완) ① 기어서 다가가다(오다) ② 밑으로 기어들다
подполко́вник (남) 중좌
подпо́лье (중) ① 지하운동, 지하공작; работать в ~ 지하에서 일(공작)하다; ② 지하실
подпо́льный (형) 지하의, 비밀의; ~ая работа 지하공작, 비밀공작; ~ая организация 지하조직, 비밀단체
подпо́льщик (남),**~ца** (여) 지하공작원
подпо́рка (여) 받치개, 기둥, 섶
подпояса́ть (완) 허리에 띠를 띠워주다
подпояса́ться (완) 허리에 띠를 띠다, 허리에 띠를 두르다
подпра́вить (완),**~авля́ть** (미완) 약간 고치다, 좀 보수(수리)하다
подпры́гивать, **~нуть** 깡충깡충(껑충껑충)뛰다; ~нуть от радости 기뻐서 껑충껑충 뛰다; ~ивая на одной ноге 한발로 깡충깡충 뛰어, 앙감질하여
подпуска́ть (미완), **~ти́ть** (완) 가까이 오게 하다, 접근시키다
подраба́тывать (미완), **~отать** (완) ① 더 벌다, 보충적 수입을 얻다 ② 더 잘 연구하다; 손질하여 완성하다; ~ вопрос 문제를 더 잘 연구하다
подража́ние (중) ① 본 따는 것; 모방, 모조; ② 모조물
подража́тель (남) 모방자(模倣者)
подража́ть (미완) *кому-чему* ① 본따다, 흉내내다 ② 모방하다; ③ 모범을 따르다, 뒤를 따라하다;
подразделе́ние (중) ① (군사) 구분대 ② 구분, 세분
подразделя́ть (미완) (작게) 나누다, 구분하다, 세분하다
подразделя́ться (미완) (다시,작게) 나뉘어지다, 구분(세분)되다
подразумева́ть (미완) 생각(이해)하다, 염두에 두다; что вы под этим ~ете? 이것으로써 당신은 무엇을 말하려 하십니까?
подразуме́ваться (미완) ① (말하지 않아도) 짐작(이해)되다, 의미가 있다; это само собой ~ется 이것은 스스로 명백하다,

подраста́ть (미완) 자라나다, 성장하다
подраста́ющий: ~ее поколение 청소년, 자라나는 세대, 하이틴(high teen)
подра́ться (완) 싸우다, 서로 때리다
подреза́ть, подре́зать (미완) ① 자르다, 잘라서 짧게 하다; ~ дере́вья в саду́ 정원의 나무를 잘라서 고르게 하다 ② 짧게 베다(깎다); ~ во́лосы 머리를 짧게 깎다
подрема́ть (완) (잠시 동안) 졸다, 눈을 붙이다
подро́бно (부) 자세히, 상세하게
подро́бность (여) ① 세밀성 ② 세부, 사소한 것; вдава́ться в ~и 세밀 한데까지 언급하다; во всех ~ях 아주 상세하게
подро́бный (형) 상세한, 자세한
подро́сток (남) 소년, 소녀, 미성년
подруба́ть (미완), ~и́ть (완) ① 밑을 자르다(찍다) ② (찍어, 잘라) 짧게 하다
подру́га (여) 여자동무, 벗
по-друго́му (부) 다르게, 달리
по-дру́жески (부) 친구답게, 동지적으로
подружи́ться 친해지다, 우정을 맺다
подру́жка (여) подру́га의 애칭; 벗; ~ неве́сты 신부의 들러리
подру́ливать, подрули́ть (항공) (지상으로 활주하여) 접근하다, 가까이 몰고 가다
подру́чный ① (형): ~ инструме́нт 상비용 도구 ② (명사로) (남) 조수, 방조자
подры́в (남) ① 폭파, 폭발 ② 파괴, 훼손
подрывни́к (남) 발파공, 폭파수
подрывно́й (형): ~ая де́ятельность 파괴 행위, 파괴활동
подря́д I (남) 정부, 청부계약; рабо́тать по ~у 정부계약에 따라 일하다
подря́д II (부) ① 연거푸, 줄곧, 연속 적으로 ② (всё, все와 함께) 모조리, 남김없이
подряди́ться (완), ~жа́ться (미완) 정부를 맡다, 고용되다
подря́дчик (남) 청부업자, 청부인
подсади́ть, подса́живать ① (도와서) 태우다, 앉히다; ~ стару́шку в ваго́н 노인을 차안으로 모셔 올리다 ② 함께 (같이) 넣다 ③ (식물을) 더(보태여) 심다
подсве́чник (남) 초대, 초청
подсе́ка (여) 부대밭
подсели́ть (완), ~я́ть (미완) 함께살게 하다, 동거시키다

подсе́сть (완) 옆에(가까이) 앉다; ~ к столу 책상(식탁)가까이 앉다

подсе́чный (형): ~ое земледе́лие 부대밭 농사, 화전농사

подсиде́ть (완), **подси́живать** (미완) 해하다, 흉계를 꾸미다, 모함하다

подска́зка (여) 귀띔(질), 암시

подска́зывать (미완) ① 대주다, 귀띔해주다 ② 암시해주다

подска́кивать (미완), **~очи́ть** (완) ① 깡충 뛰어오르다 ② 갑자기 높아지다 ③ 빨리 뛰어 다가가다. 빨리 뛰어 오다.

подслепова́тый (형) 시력이 약한, 근시가 심한

подслу́шивание (중) 도청, 몰래듣는 것

подслу́шивать (미완) 몰래 듣다, 엿듣다, 도청하다

подсма́тривать 엿보다, 들어다보다

подсме́иваться (미완), **~я́ться** (완) 놀려주다, 조소하다, 조롱하다.

подсне́жник (남) (식물) 눈꽃, 갈란투스

подсо́бный (형) 부차적인; ~ое хозя́йство 부업경리; ~ый рабо́чий 노무자(勞務者); ~ый про́мысел 부업

подсозна́тельный (형) 본능적인, 무의식적인

подсо́лнечник (남) 해바라기, 꽃시계, 향일화, 솔레유(soleil),

подсо́лнечный (형) 해바라기의, 꽃시계의: ~ое ма́сло 해바라기 기름

подсо́лнух (남) ① 해바라기, 꽃시계, 규곽, 규화, 해자부레기, 해자부리, 하가 우리 ② : семечки (~а) 해바라기 씨

подсохну́ть (완) ① (서서히) 마르다, 조금 마르다; грязь во дворе́ ~ла 뜨락의 진창이 약간 말랐다 ② (상처가) 좀 낫다, 아물다

подспо́рье (중) 도움, 방조, 원조, 조력

подста́вить (완) ① 밑에 놓다(받치다) ② 가까이 옮겨놓다, 권하다, 내놓다;~ но́гу(но́жку) кому́(방해하여)곤경에 빠뜨리다

подста́вка (여) 고임목, 받침목

подставно́й (형) 가짜의: ~ой свиде́тель 가짜증인; ~ое лицо́ 괴뢰, 허수아비

подстака́нник (남) 찻잔 받침

подста́нция (여) 변전소(變電所)

подстёгивать (미완), **~егну́ть** (완) ① 때려몰다 ② 재촉하다, 서두르게 하다

подстерега́ть (미완),**~е́чь** (완) 잠복하여 기다리다, 숨어서 살피다

подстила́ть (미완) 밑에 펴놓다(깔다)

подсти́лка (여) ① 깔개 ②: соломенная ~ 깔개짚

подстра́иваться (미완) к кому ~의 장단에 맞추어 행동하다

подстрека́тель (남) 선동자, 사촉자

подстрека́тельство (중) 선동, 사촉(唆囑), 부추김

подстрека́ть (미완) 부추기다, 꼬드기다, 선동하다, 도발하다; ~ к ссоре 싸움하게 부추기다

подстрели́ть (완) (총으로 쏘아) 부상을 입히다

подстри́чь (완) (조금) 깎다; ~ во́лосы 머리를 치다(다스리다)

подстри́чься (완) 머리를 치다(깎다)

подстро́ить (완) 몰래 꾸미다; ~ неприя́тность 불쾌한 일을 몰래 꾸미다

подстро́чный (형): ~ перево́д 직역(直譯), 축자역

подступа́ть (미완), ~и́ть (완) ① 접근하다, 바싹 가까이 가다 (오다) ② 치밀다, 북받치다; слёзы ~и́ли к горлу 울음이 북받쳐 올라왔다

подступи́ться (완): к нему́ не ~ 그에게 접근할 수 없다

по́дступы (복수) 근처, 접근하는 길; на ~ах к го́роду 도시의 근처에서, 도시로 접근하는 길에

подсуди́мая (여), ~ый (남) 피소자

подсу́дный (형) 재판관할

подсу́нуть (완) ① (밑에) 넣다, 밀어넣다 ② 몰래(가만히) 넣다(놓다) ③ (상대방을 가만하여 나쁜 물건을) 주다, 안겨주다

подсчёт (남) ① 계산 ② (흔히 복수) 총화, 결산 ◇ по приблизи́тельным ~ам 대략적 계산으로 보아

подсчита́ть, ~и́тывать 계산(결산)하다

подтасова́ть, ~о́вывать (미완) ① (트럼프 등을) 속임수를 쓰며 치다 ② 외곡하다; ~о́вывать фа́кты 사실을 외곡하다

подтаци́ть (미완) 끌어다놓다

подтверди́ть (완) 확인(확증, 실증)하다

подверди́ться 확인(확증, 실증)되다

подтвержде́ние (중) 확인, 확증, 증거; в~ чего́ ~의 증거로써

подтёк (남) 멍; 멍든 곳

подте́кст (남) (말, 글의) 숨은 뜻, 속대사

подтере́ть (완), подтира́ть (미완) 물기 없게 닦다, 씻다

подтолкну́ть ① 가볍게 밀다(밀치다) ② 재촉(추동)하다, 서두르게 하다, 내몰다

подтру́нивать (미완) над кем ~을 비웃다, 조롱(야유)하다

подтя́гивать (미완) ① 꼭죄다, 졸라 매다, 팽팽하게 하다; ~

пояс 허리띠를 꽉 조이다 ② 끌어가다(오다), 끌어 당기다 ③ (군사) 모으다, 집결시키다 ④ (규률을) 죄다, 강화하다 ⑤ (노래를) 따라(받아) 부르다

подтя́гиваться (미완) ① 띠로 꽉 죄다; ~ ремнём 혁띠를 꽉 죄다 ② 현수하다, 매달려 몸을 올리다 ③ (군사) 집결(집중)되다 ④ (사업이) 더 훌륭히 수행되다, 더욱 규율적으로 되다

подтя́жки (복수) 멜빵, 걸빵, 박다위

поду́мать (완) ① 생각하다 ② 잠시(좀) 생각하다

поду́маешь (감) (조롱, 야유, 홀시를 나타냄); подумаешь, какой умник 원, 두 번만 똑똑했다간 큰일 나겠다

поду́мывать (미완) ① (때때로) 생각 하다 ② ~하려고 하다, ~할 작정이다

подурне́ть (완) 좀 보기 흉하게 되다, 미워지다

поду́шка (여) ① 베개 ② (공학) 받치개, 고이개, 베개, 침목; кислоро́дная ~ 의료용 산소 흡입기

подхали́м (남) 아첨쟁이, 아부꾼

подхалима́ж (남) 아첨(阿諂), 아부

подхвати́ть (완), ~а́тывать (미완) ① 잡다, 받다, 붙들다, 들다; ② (병에) 걸리다; ③ (남의 생각, 말 등을) 이용하다, 가져다 쓰다 ④ (노래를) 따라(받아) 부르다, ⑤ 지지하다, 받아물다; ~ инициати́ву 발기를 지지하다

подхо́д (남) ① 접근(지); 가까이 가는 길 ② 취급방법; 태도, 입장; кла́ссовый ~ 계급적 입장

подходи́ть (미완) ① 가까이 가다(오다), 다가서다, 접근하다; ~ к окну́ 창문에 다가서다 ② 착수하다 ③ 대하다, 취급 하다; уме́ть ~ к лю́дям 사람들을 대할 줄 알다 ④ 알맞다, 적합하다; ~ к концу́ 끝나다, 끝나가다

подходя́щий (형) 알맞은, 적당한; ~ее де́ло 알맞은 일; ~ий моме́нт 적당한 순간(시기)

подча́с (부) 때때로, 이따금

подчёркнутый (형) 특별한; ~ое внима́ние 남다른(유달리 다른) 관심

подчеркну́ть (완) ① 밑줄을 긋다; ② 강조하다, 힘주어 말하다

подчине́ние (중) ① 종속, 예속, 복종; быть в ~и 복종되어 있다 ② (언어) 종속(從屬)

подчинённый (형) 얽매인, 종속적인;(명사) (남) 부하, 하부

подчини́тельный (형) (언어) 종속어; ~ый сою́з 종속 접속사; ~ая связь 종속적 연계

подчинить (완) ① 종속시키다, 복종시키다 ② 소속시키다; 관할 하에 두다

подчиниться ① 복종되다; ~ приказу 명령에 복종하다 ② 배속되다

подчистую (부) 모조리, 다, 남김없이

подшефный (형) 지원을 받는, 후원을 받는

подшивать (미완) ① 꿰매다, 대다; 박음질하다 ② (함께) 철하다;~документы 문서를 철하다

подшивка (여) ① 꿰매는 것, 철하는 것 ② 철한 것; ~ газет 신문철

подшипник (남) 축 받치개, 베어링; шариковый ~ 볼베어링

подшутить (완), **подшучивать** (미완) над кем-чем 조롱하다, 비웃다, 놀려주다

подъезд (남) ① 접근 ② 통로; ~ к реке 강으로 뻗은 통로 ③ 출입구; 현관;парадный ~ 정문

подъездной (형): ~ путь 인입선

подъезжать (미완) ① 도착하다, 다가가다(오다), 접근하다 ② (좋은 기회를 노려) 간교하게 요청(제의)하다

подъём (남) ① 올라가는 것; 올리는 것, 높이는 것 ② 오르막, 올림받이; крутой ~ 가파른 오르막 ③ 일어나는 것, 기상 ④ 앙양, 향상, 발전; ⑤ 흥분, 격동, 감격; говорить с ~ом 흥분하여 말하다 ⑥ 발등, 신등; лёгок(тяжёл) на ~ 엉치가 가볍다(무겁다)

подъёмник (남) 승강기, 엘리베이터, 리프트(lift), 쟈끼

подъёмный (형): ~ый кран 기중기; ~ая машина 승강기

подыскать (완), **подыскивать** (미완) (적당한 것을) 찾다, 구하다, 탐구하다

подытоживать (미완), **~ть** (완) 결산하다, 총화를 짓다

подышать (완) чем (잠시) 숨쉬다, 호흡하다; ~ свежим воздухом 신선한 공기를 잠시마시다

поедать (미완) 먹다

поединок (남) 결투, (두 사람의) 시합, 격투, 싸움; ~ боксёров 권투 시합

поёживаться (미완) (몸을) 옹그리다; ~ от холода 추워서 몸을 옹송그리다

поезд (남) 기차(汽車), 열차(列車); ехать ~ом 기차로 가다; скорый ~ 급행열차;товарный ~ 화물차

поездить (완) 돌아다니다; ~ по стране 국내를 여행하다

поездка (여) 여행, 유람, 견학;совершить ~у 여행을 하다

пое́сть (완) ① 식사를 하다; (좀) 먹다, 요기하다 ② (모조리, 죄다) 먹다; мыши поели всю крупу 쥐들은 낟알을 다 먹어버렸다 ③ 쏠다, (쏠아서) 못쓰게 하다; моль поела мех 좀이 털을 먹었다

пое́хать (완) (타고) 떠나다, 가다

пожа́ловать 찾아오다, 방문하다; прошу ~ (놀러) 오십시오; пожалуйте сюда 어서 이리로 오십시오 добро ~ 환영합니다,

пожа́луй (삽입어) 아마도, ~지도 모른다, ~일 수도 있다; я, ~, приду 내가 오기로 하지; он, ~, уехал 그는 떠났을 것이다

пожа́луйста (조) ① 제발, 어서; дайте, ~, воды 물을 좀 주십시오; ② 예, 좋습니다, 어서 그러십시오; скажи[те] ~! (놀람, 불만을 표시하는 말) 아니 무어라고요, 도대체 어떻게 된다고요!

пожа́р (남) ① 화재, (붙는)불; лес- ной ~ 산불; тушить ~ 불을 끄다 ② 불길; ~ войны 전쟁의 불길

пожа́рник (남) 소방대원

пожа́рный (형) ① 화재, 화재를 끄기위한; ~ая команда 소방대; ~ая машина 소방차; ~ый кран 소화전 ② (명사) (남) 소방 대원; в ~ом порядке 막 서둘러, 부랴부랴; на всякий ~ый слу-чай 만일의 경우를 생각하여

пожа́тие (중): ~ руки 악수

пожела́ние (중) ① 희망, 축원; шлю вам наилучшие ~я 만복이 있기를 축원한다. ② 요구, 제의

пожелте́вший (형) 누런, 노래진

пожелте́ть (완) 노래지다, 노래지다

поже́ртвование (중) 희사금, 기부금

пожива́ть (미완) 살아가다, 지내다; как[вы] ~ете? 어떻게 지내십니까?; жить ~ть (오래 동안) 살다, 살아가다

пожи́виться (남을 희생시켜) 이득을 보다; ~ чужим добром 남의 덕을 입다

пожи́зненный (형) 종신; ~ое заключение 종신금고형

пожило́й (형) 나이가 지긋한; ~ человек 나이가 지숙한 (지긋한), 중년의 사람

пожима́ть (미완) 쥐다, 움켜쥐다, 잡다, 악수하다; ~ друг другу руки 서로 손을 잡다, 악수하다. ~ плечами 어깨를 으쓱하다

пожина́ть (미완) 거두다; ~ плодысвоих трудов 자기 노력의 열매를 거두다; ~ славу 영광을 지니다;

пожира́ть 게걸스럽게 먹다, 처먹다 ~ глазами(взглядом)

뚫어지게 보다
пожи́тки (복수) 가장집물, 자질구레한 세간
по́за (여) ① 몸가짐, 자세; в разных ~x 여러 가지 자세로 ② 거드름, 허세
позавтракать (완) 아침을 먹다, 밥을 먹다, 아침식사를 하다
позавчера́ (부) 그저께
позади́ ① (전) (+생) 뒤에; сиде́л ~ меня 내 뒤에 앉았다 ② (부) 뒤에, 뒤쪽에서; он сиде́л ~ 그는 뒤에 앉았다
позапро́шлый (형): ~ год 재작년
позва́ть (완) 부르다, 청하다
позволе́ние (중) 허가, 허락 с вашего ~я 죄송합니다만,
позво́лить (완), **позволя́ть** (미완) ① 허락하다, 허가하다, 허용하다; ② ~하게 하다; обстоя́тельства не позво́лили уе́хать 사정이 떠나지 못하게 하였다
позвоно́к (남) 등뼈, 추골
позвоно́чник (남) 등뼈대, 척추(脊椎)
позвоно́чные (복수) 척추동물
позвоно́чный (형): ~ые живо́тные 척추동물
по́здний (형) 때늦은; ~яя о́сень 늦은 가을; до ~ей но́чи 밤늦게까지; ~им ве́чером 저녁 늦게
по́здно (부) ① 때늦게; ~ о́сенью 늦은 가을에; ~ ве́чером 저녁 늦게 ② 늦게; ~ встать 늦게 일어나다; я́блоки созре́ли ~ 사과는 늦게 익었다
поздоро́ваться (완) 인사하다
поздоро́виться (완): ему́ не ~ся 그는 불쾌한 일이 생길 것 같다, 난처한 지경에 빠질 것이다
поздрави́тельный (형) 축하의; ~ая телегра́мма 축전; ~ый а́дрес 축문, 축하문
поздравле́ние (중) 축하, 경하, 경축, 하례, 치하, 감축, 하송
поздравля́ть (미완) 축하하다; ~ с пра́здником 명절을 축하하다; ~ с Но́вым го́дом 새해를 축하하다
позёмка (여) 낮추 땅위를 휩쓰는 눈보라
пози́ровать (미완) ① 자세를 취하다 ② 거드름을 피우다
позити́вный (형) 긍정적인, 호의적인; ~ые результа́ты 긍정적인 결과
позитро́н (남) (물리) 양전자(陽電子), 소립자(素粒子).
позицио́нный (형) 위치, 진지; ~ая оборо́на 진지방어(전)
пози́ция (여) 위치; (복수) ~и 진지, 전투지역, 입장, 견해
познава́емость (여) 인식성, 인식가능성

познава́тельный (형) 인식하는, 알 수 있는, 인식할 수 있는; 알기 쉬운, 가까이하기 쉬운.

познава́ть (미완) ① 인식하다 ② 잘 알다, 이해하다 ③ 느끼다, 맛보다

познава́ться (미완) 알게 되다, 판명되다 друзья́ ~ю́тся в беде́ (속담) 참된 벗은 어려운 때에 안다

познако́мить[ся] *см.* знако́мить[ся]

позна́ние (중) ① 인식, 인지, 의식, 감지, 분별, 판단, 판별 ② **~я** (복수) 지식, 앎, 견식, 학식, 견문, 견식; 학문; 소양;

позоло́та (여) 도금(鍍金), 도금칠

позолоти́ть (완) 도금하다, 도금칠하다

позо́р (남) 수치, 창피, 불명예; вы́ставить на ~ 웃음거리로 되게하다, 수치를 당하게 하다

позо́рить (미완) 모욕하다, 수치를 당하게 하다; ~ до́брое и́мя ~의 명예를 더럽 히다

позо́риться (미완) 수치(창피)를 당하다, 웃음거리가 되다

позо́рный (형) 수치스러운, 망신스러운, 창피한; ~ посту́пок 창피한 짓

позы́в (남) (생리적) 욕망, 충동

позывны́е (복수) (방송에서) 호출신호

поимённо (부) 이름별로, 명부에 따라; вызыва́ть ~ 점명하다

поимённый (형): ~ спи́сок 명부, 명단

пои́мка (여) 붙잡는 것, 체포

по-ино́му (부) 달리, 다르게, 다른 방법으로

поинтересова́ться (완) ① 알아보다 ② 관심을 가지다, 흥미를 가지다

по́иск (남) ① 찾아내는 것, 탐색, 수색, 탐지, ② 탐사사업, 조사사업 ③ (군사) 정찰, 정탐

поиска́ть (완) (한동안) 찾다, 탐색하다

поиско́вый (형) 탐색; ~оспаса́тельная слу́жба 탐색구출근무

пои́стине (부) 실로, 참말로, 그야말로

пои́ть (미완) (물 등을) 먹이다, 먹여주다 ~корми́ть 부양하다, 양육하다

по́йма (여) 강가의 낮은 지대, 범람지역, 침수지대

пойма́ть (완) 붙잡다, 붙들다

пойти́ (완) ① 가다, 찾아가다, 떠나다 ② (눈, 비가) 내리다, 오기 시작하다; дождь пошёл 비가 오기 시작했다 ③ 나오다; 흐르다; кровь пошла́ 피가 나왔다; дым пошёл 연기가 났다;

пока́ ① (부) 아직도, 당분간; ~ не зна́ю 아직 모른다 ② (접)

~는 한, ~는 동안, ~할 때까지; ③ (조) 안녕히; ну, ~ 그럼, 안녕히, 그럼 또 보세!; ~ что аз ещё아직도, 아직은 좀처럼

показ (남) 보이는 것;~ нового фильма 새 영화 상영
показа́ние (중) ① 증언, 진술; дава́ть ~я 증언하다 ② 증명, 증거 ③ (계량기의) 눈금표시
показа́тель (남) ① 지표, ② (수학) 보임수, 지수
показа́тельный (형) ① 특징적인, 전형 적인; э́то ~o 이것은 의미심장하다(특징적이다) ② 모범적인; ~ый уро́к 모범수업
показа́ть (완) ① 보이다, 보여주다 ② 나타내다 ② 가리키다, 지적하다 ③ 증언(진술)하다 ④ 본때를 보이다;; я ему́ покажу́! 어디두고보자
показа́ться ① *см.* каза́ться ② 나타나다, 보이다; луна́ ~лась 달이 떠올랐다 ③ 출석하다 ④ (피, 눈물 등이) 나오다 ⑤ (자기자신을) 보이다; ~ться врачу́ 의사한테 보이다
показно́й (형) ① 본보기로 되는, 견본; ~о́й това́р 시제품, 견본 ② 겉 모양뿐인; ~ая ро́скошь 겉치레, 허식
пока́тость (여) 비탈, 경사(면)
пока́тый (형) 비탈진, 경사진
покача́ть[ся] *см* кача́ть[ся]
пока́чиваться 흔들리다, 흔들거리다; 약간 흔들리다, 비틀거리다, 비틀거리며 나아가다; идти́, ~ясь 비틀거리며 가다
покачну́ть (완) (약간) 흔들다, 흔들어 기울어뜨리다
покачну́ться (완) ① (약간) 흔들리다, 기울어지다 ② 악화되다, 나빠지다
пока́шливать (미완),**~ять** (완) (드문드문, 조금씩) 기침하다
покая́ние (중) 후회, 참회; отпусти́ть ду́шу на ~ 방임하여두다
поки́нутый (형) 외로운, 버림받은, 사람이 떠난, 내버린
поки́нуть (완) ① 버리다, 내버려두다 ② 떠나다, 떠나가다; ~ зал заседа́ний 회의장에서 퇴장하다 ③ 그만두다; ~ на произво́л судьбы́ 운명에 내맡기다, 내버려두다
поклада́я : рабо́тать не ~ рук 부지 런히(쉬지 않고) 일하다
покла́дистый (형) 온순한, 순진한, 착한; ~ хара́ктер 유순한 성격
покла́жа (여) 짐, 화물(貨物)
покло́н (남) ① 절, 인사 ② 인사, 축하
поклоне́ние (중) 숭배, 예찬
покло́нник (남),**~ца** (여) ① 숭배자
поклоня́ться (미완) *кому-чему* 신으로 모시다, 숭배하다

поко́вка (여) 단조품
поко́иться (미완) ① 묻혀있다, 안치 되어있다 ② 기초하다, 근거하다
поко́й (남) ① 안정, ② (물리) 정지, 부동상태; не дава́ть ~я кому́ 불안케 하다, 괴롭히다; оста́вить в ~е 내버려두다,
поко́йник (남), ~ца (여) 죽은 사람, 고인
поко́йный ① (형) 돌아간, 죽은 ② (명사) ~ый (남), ~ая (여) 고인
поколе́ние (중) 세대; молодо́е ~е 청년, 젊은 세대; ны́нешнее ~е 현대의 사람들, 현세대; бу́дущие ~я 후대, из ~а в ~е 대대손손, 자자손손, 대를 이어
по-коммунисти́чески (부) 공산주의로
поко́нчить (완) ① с чем 끝장내다 ② 그치다, 그만두다; ~ войно́й 전쟁을 그치다(그만두다) ③ с кем 소멸하다, 죽이다
по-коре́йски (부) 한국말로, 한국어로
покоре́ние (중) 정복(征服), 정벌.
покори́тель (남) 정복자, 정벌자.
покори́ть (완) ① 정복하다 ② 복종시키다 ③ 마음을 끌다, 홀리게 하다
покори́ться (완) ① 정복되다 ② 복종 하다, 굴복하다; не ~ися врагу́ 적에게 굴복할 수 없다 ③ 순종하다, 타협하다; ~ться свое́й у́части 자기 운명에 순종 하다
поко́рно (부) 공손히, 겸손하게
поко́рность (여) 공손한 것, 순종
поко́рный (형) 공손한, 순종(복종)하는
поко́с (남) ① 풀베기; 풀 베는 때 ② 풀 베는 곳
покоси́ться (완) 휘다, 구부리다, 기울어지다; 곁눈질하다
покра́ска (여) 칠하는 것, 염색(染色), 색칠하는것
покрасне́ть (완) 붉어지다
покрасова́ться (완) 뽐내다, 우쭐대다
покри́кивать (미완) (이따금) 소리치다, 고함치다
покро́в (남) ① 겉껍질, 표면층; ко́жный ~ (해부) 살갗, 피부, 외피; под ~ом но́чи 밤중에
покрови́тель (남), ~ница (여) 보호자, 비호자(庇護者)
покрови́тельство (중) ① 비호, 보호, 후원; по́льзоваться ~м ~의 보호를 받다 ② 장려(獎勵), 후원(後援)
покрови́тельствовать (미완) кому-чему 비호(보호, 후원)하다
покро́й (남) (옷의) 본, 형; 재단법; мо́дный ~ 유행식
покрыва́ло (중) 덮개, 씌우개; ~ для посте́ли 침대보

- 583 -

покрывать ① 덮다, 씌우다; ~ стол скатертью 상에 상보를 씌우다 ② (머리에) 쓰다, 씌우다; ~ голову платком 머리에 수건을 쓰다 ③ 칠하다, 바르다

покрываться (미완) ① 덮이다; земля ~ется снегом 땅이 눈으로 덮인다. ② 덮다, 쓰다; ~ одеялом 이불을 덮다; ③ (표면에) 뒤덮이다; ~ морщинами 주름살이 덮이다

покрышка (여) ① 씌우개, 뚜껑 ② 고무다이야; (뿔의) 가죽외피

покупа́тель (남), **~ница** (여) 구매자, 사는 사람

покупа́тельный (형): ~ая способность 구매력, 살힘

покупа́тельский (형): ~ спрос 구매자들의 수요(요구)

покупа́ть (미완) 사다, 사들이다

поку́пка (여) ① 사는 것, 구입; идти за ~ами 물건을 사러 가다 ② 사온 물건

поку́шать (완) ① 식사하다 ② (좀) 먹다, 맛보다

покуша́ться (미완) ① на *кого* 살해하려 하다, 살인을 기도하다, 암살을 기도하다 ② на *что* ~을 빼앗을 흉계를 꾸미다

покуше́ние (중): ~ [на жизнь] 살인기도, 암살기도

пол I (남) 마루, 방바닥; деревянный ~ 널빤지를 깐 바닥; настилать ~ 마루를 깔다; на ~у не валяется 그렇게 혼한 것이 아니다

пол II (남) 성(性); мужкой ~ 남성; женский ~ 여성; лица обоего пола 남여(들), 남자들과 여자들

пол- (합성어의 첫 부분으로서) 〈반〉, 〈절반〉의 뜻; полгода 반년; на полпути 중도에

пола́ (여) (옷의)자락; из-под ~ы 비밀리에, 몰래

полага́ть (미완) 생각하다 (간주)

полага́ться ~하여야 되다, ~하게 되어있다; здесь полагается снимать обувь 여기에서는 신발을 벗어야 된다; здесь курить не полагается 여기서는 담배를 피워서는 안된다;

пола́дить (완) 사이가 좋아지다; не ~ли между собой 서로 사이가 틀렸다

полго́да 반년(半年), 반년동안; через ~ 반년 후에

по́лдень (남) 한낮, 정오; до полудня 오전에; после полудня 오후에

по́лдник (남) (점심과 저녁사이에) 간식

по́ле (중) ① 들, 벌판 ② 밭, 전야; рисовое ~ 논; суходольное ~ 밭 ③ 마당, 공간; магнитное ~ 자기마당 ④ 넓은 지역, 마당; лётное ~ 이륙장; футбольное ~ 축구장 ⑤ 분야, 범위; ~

деятельности 활동분야; ~боя(битвы,сражения,брани) 전투마당
полево́дство (중) 농산업, 농작물재배
полево́дческий (형) : ~ая бригада 농산 작업반
полево́й (형) ① 들, 밭, 전야; ~ые цветы 들꽃; ~ые работы 전야작업, 밭일, 논일 ② 야전; ~ая почта 야전우편
полеза́щитный (형): ~ые насаждения 바람막이숲, 방풍림, 경지보호림
поле́зный (형) ① 유익한, 유용한; ~ые ископаемые 유용광물 ② 유효한; ~ая площадь 유효면적
поле́мика (여) 논쟁; вступать в ~у 논쟁을 시작하다
поле́но (중) 장작개비, 장작(長斫)
полёт (남) 나는 것, 비행(飛行)
полете́ть (완) ① 날아가다; ворона ~ла в лес 까마귀가 숲으로 날아갔다 ② (비행기를 타고) 길을 떠나다 ③ 빨리 뛰어가다 ④ 떨어지다 ⑤ 빨리 지나 가다
поле́чь (완) ① (곡식의 대가) 땅으로 구부러지다, 넘어지다, 눕다 ② (많은 사람들이) 죽다, 전사하다, 목숨을 바치다
полжи́зни (여) 반생(半生), 반평생(半平生)
по́лзать (미완) ① 기다, 기어 다니다. ② 굽실거리다
ползко́м (부) 기어서
ползти́ ① 기다, 기어가다(오다) ② (천천히) 가다, 움직이다 ③ (식물이) 뻗다, 뻗어 올라가다 ④ (천이) 낡아서 처지다
полива́ть (미완) ① (물을) 주다, 치다, 뿌리다; ~ цветы 꽃에 물을 주다 ② 물을 대다, 적시다, 관수하다
поливитами́ны (복수) 폴리비타민
поливно́й (형) 물을 주는, 관수용
поливо́чный (형) : ~ая машина 물자동차, 관수기
полиго́н (남) (군사) 사격장, 포사격장
полигра́фист (남) 인쇄공, 인쇄전문가
полиграфи́ческий (형) 인쇄의; ~ая промышленность 인쇄공업
полигра́фия (여) 인쇄술(印刷術)
поликли́ника (여) 종합 진료수
полиме́р (남) 합성수지, 중합체(重合體)
полимериза́ция (여) 합성수지화, 중합
полиме́рный (형) 합성수지(合成樹脂)
полиомиели́т (남) (의학) 척수백질염
поли́п (남) 폴리프
полирова́льный (형):~ станок 갈이반
полиро́ванный (형) 닦은, 연마한, 매끈매끈한

полирова́ть (미완) 닦다, 연마하다
полиро́вка (여) 연마(硏磨), 갈이, 윤내기; 광택(光澤)
полисме́н (남) 경관(警官), 경찰관
поли́т~ (합성어의 첫 부분으로서)<정치>의뜻; 예: политработник 정치일군
политбюро́ (중) 정치국
политде́нь (남) 정치 학습날
политехни́ческий (형) 공업의: ~ институт 공업대학; ~ музей 공업박물관
политзаключённый (남) 정치범(政治犯)
политзаня́тие (중) (흔히 복수) 정치학습(政治學習)
политиза́ция (여) 정치화(政治化)
поли́тик (남) 정치인, 정치가(政治家)
поли́тика (여) ① 정치 ② 정책; ~ партии 당정책; вне́шняя ~ 대외정책; экономи́ческая ~ 경제정책
политико-воспита́тельный (형) 정치 교양의(政治敎養)
политинформа́тор (남) 정치보도원
полити́ческий (형) 정치(政治), 정치적인
политотде́л (남) 정치부(政治部)
политрабо́тник (남) 정치일군
политучёба (여) 정치학습
политэконо́мия (여) 정치경제학
политэмигра́нт (남) 정치망명가
полифони́ческий (형): ~ая му́зыка 다성음악
полице́йский (형) ① 순경의, 경찰의, 경찰관의; ~ уча́сток 경찰서 ② (명사) (남) 경관, 순사, 경찰관
поли́ция (여) ① 경찰, 경관; 경찰대 ② 경찰서
поли́чное (중): по́йман с ~ым 현행범으로 체포되었다; пойма́ть с ~ым 현장에서 붙잡다(체포하다)
полиэтиле́н (남) 폴리에틸렌(polyethylene)
полк (남) 연대
по́лка (여) ① 시렁; кни́жная ~ 책꽂이 ② (열차안의) 침대
полко́вник (남) 육군대령, 연대장, 대좌
полково́дец (남) 지휘관, 사령관, 장군
полково́й (형) 연대의
полково́дческий (형) 군의 지도력의, 군대 지휘력의: ~ое иску́сство 지도력
полне́ть (미완) 살찌다, 뚱뚱해지다
по́лно (술어로) (+미정형) 그만해; ~ пла́кать 그만 울어; ~ спать

- 586 -

그만 자라

по́лно (부) 매우 많다; там было~ народа 저기에는 사람이 많았다

полновла́стный (형) 전권을 가진, 완전한 권력을 가진

полново́дный (형) 물이 가득찬, 물이 많은

полнокро́вный (형) ① 혈기왕성한 ② 보람찬, 활기띤; ~ая жизнь 보람찬 생활

полнолу́ние (중) 보름달, 둥근달

полнометра́жный (형): ~ фильм 표준 길이의 영화

полномо́чие (중) 전권, 권한; 대표권; превышать ~я 권한의 범위를 넘어서다, 월권행위를 하다

полномо́чный (형) 전권을 가진; ~ представитель 전권대표

полнопра́вный (형) 완전한 권리를 가진, 완전한 자격을 가진; 당당한

полностью (부) 완전히, 모조리 제림으로 и ~ 전적으로

полнота́ (여) ① 완전, 완전성, 완비; ~ власти 완전한 권력 ② 최고도, 절정, ③ 살진 것, 비대한 것; нездоровая ~ 병적인 비대증

полноце́нный (형) ① 충분히 가치 있는, 완전한, 존중할만한 ② 규격대로의

по́лночь (여) 야밤, 한밤중; далеко за полночь 한밤중이 훨씬 지나서

по́лный (형) ① 찬, 가득 찬 ② 완전한, 충분한 ③ 극도, 한창 ④ 살진, 뚱뚱한 ~ ымпоπο 꽉차있다, 가득 차있다; в ~ой мере 충분히; ~ым ходом 전속력으로

по́ло (중): водное ~ (체육) 수구

полови́на (여) ① 반(半), 절반; более ~ы 절반이상; в два с ~ой раза 2배반이나; первая(вторая) ~ игры 전(후)반전; ~а третьего 2시반; ~а я́блока 사과반쪽

полови́нчатый (형) 불철저한, 애매한

полови́ца (여) 마루널, 대청마루

поло́вник (남) 국자, 극비: 구기, 작자

полово́дье (중) 범람, 큰물, 홍수

половой I (남) 성(性), 성적인; ~ ой орган 생식기; ~ая жизнь 성생활; ~ая зрелость 성적인 성숙

половой II (형) 마루; ~ая щётка 마루(닦는)솔; ~ая тряпка 마루걸레

поло́г (남) ① 휘장, 장막 ② 연막, 막

поло́гий (형) 가파르지(가파롭지) 않은, 경사가 심하지 않은

положе́ние (중) ① 위치, 장소, ② 지위; социальное ~е 사회적 지위 ③ 자세, 태도, ④ 정세, 상태; 환경, 분위기; междунаро́дное ~е 국제정세 ⑤ 처지, 입장, ⑥ 규정, 규칙, 법규; ~е о вы́борах 선거 규정; о́бщее ~е 총칙 ⑦ 명제, 원리; хозя́ин ~я 주도권을 쥔 사람; быть(оказа́ться) на высоте́ ~я 요구에 충분히 응하다; быть в(интере́сном) ~и 임신 중이다

поло́женный (형) 규정된

положи́тельно (부) 긍정적으로

положи́тельный (형) ① 긍정적인, 호의적인, ② 좋은, 적극적인 ③ (물리) 양 ④ (수학) 정수

положи́ть; сказа́ть, положа́ ру́ку на се́рдце 솔직히 말하다, 손을 가슴에 대고 말하다; как бог на́ душу поло́жит 생각 나는대로, 제멋대로

положи́ться (완) 굳게 믿다, 신뢰하다

по́лоз (남)(썰매, 발구의) 채, 발; 미끄럼대

поло́мка (여) 고장, 파손, 파괴

полоса́ (여) ① 줄, 선, 줄무늬 ② 길쪽 한조각, 띠철 ③ 지대, 지역; чернозёмная ~ 흑토지대 ④ (시간의 한 토막) 시간, 시기 ⑤ (인쇄)(인쇄한) 한 페지

полоса́тый (형) 줄이 난, 줄무늬가 있는; ~ая ткань 줄이 간 천

поло́ска (여) полоса́의 축소; ткань в ~у 줄이 간 천

полоска́ние (중) ① 행구는 것 ② 양치; 양치물

полоска́ть (미완) ① 행구다; ~ бельё 빨래를 행구다 ② 양치하다; ~ рот по́сле еды́ 식사 후에 양치하다

полоска́ться (미완) ① 물장구치다 ② (바람에) 흔들리다, 휘날리다; поло́щутся паруса́ 돛이 펄럭인다.

по́лость (여) 강, 실; ~ рта 입안, 구강

полоте́нце (중) ① 수건, 세수수건; посу́дное ~ 행주

полотёр (남) 바닥청소부, 마루소제부

полотни́ще (중)(옹근 폭의) 큰 천 조각

полотно́ (중) ① 베천, 평직천; ② (길, 철도의) 노반, 둑 ③ 화폭, 그림

полотня́ный (형) 베천

поло́ть (미완) 김매다, 제초하다

полпо́рции 절반 몫, 반 사람분

полпути́ (불변) 도중, 중도; на ~ 도중(중도)에서

полсо́тни 오십(五十)

полти́нник (남) 50(오십) 꼬뻬이까

- 588 -

полтора́ 한 개반; ~ часа́ 한 시간 30(삼십)분; ни два, ни ~ 밥도 아니고 죽도 아니다

полтора́ста (수) 백오십, 150

полуавтомати́ческий (형) 반자동화

полуботи́нки (복수) 단화

полуго́дие (중) 반년, 6개월; пе́рвое(второ́е) ~ 상(하) 반년

полугоди́чный,~овой (형) 반년간의

полуголо́дный (형) 굶다 싶이 하는; ~ ое существова́ние 반기아생활

полугра́мотный (형) 교양정도가 낮은, 문맹에 가까운, 겨우 읽고 쓰기나 하는

полуде́нный (형): ~ зной 대낮의 무더위

полузащи́та (여) (체육) 중앙방어

полузащи́тник (남) (체육) 중앙수비수

полукру́г (남) 반원(半圓), 반원형(半圓形)

полуме́ра (여) 불철저한 대책, 일시적인 모면책

полумёртвый (형) 거의 죽은, 생기없는

полуме́сяц (남) 반달, 반월(半月)

полумра́к (남) 어스름, 어두컴컴한 어둠

полуо́стров (남) 반도(半島)

полупроводни́к (남) 반도체(半導體)

полустано́к (남) 작은 정거장

полутёмный (형) 어스레한, 어두어둑한

полуфабрика́т (남) 반제품(半製品)

полуфина́л (남) 준결승전

получасово́й (형) 반시간(半時間)

получа́тель (남) 인수자(引受者)

получа́ть (미완) ① 받다, 접수하다, 인수하다 ② 얻다, 생산하다, 제조하다

получа́ться (미완) ① 되다 ② (결과가) 나오다, 얻어지다; 생기다, 차려지다

полуша́рие (중) 반구(半球)

полушерстяно́й (형) 반모직의

полушубо́к (남) 짧은 털외투

полцены́ : за ~ 헐(절반)값으로

полчаса́ (여) 반시간(半時間)

полчища́ (복수) (적에 대하여) 대군

полый (남) 속이 빈

полы́нь (여) 쑥, 다북쑥, 애초(艾草)

полыха́ть (미완) 활활 불타다
по́льза (여) 이익(利益), 유익, 소득
по́льзование (중) 이용(利用), 사용(社用); ли́чное ~ (개인)전용(全用)
по́льзоваться (미완) ① 쓰다, 이용(사용)하다 ② 받다, 얻다;
по́лька (여) ① 뽈스까여자 ② 뽈까춤, 뽈까무도곡
по́льский (형) 뽈까 춤의
полюби́ть (완) ① 사랑하다 ② 즐기다, 좋아하다
полюби́ться (완) 마음에 들다, 사랑받다
по́люс (남) ① 극(極), 남북극, 극지; Се́верный (Ю́жный) ~ 북극(남극)극 ② 극단, 상극
поля́к (남), ~и (복수) 뽈스까사람(들)
поля́на (여) (숲속의) 작은 초원(공지)
поляриза́ция (여) (물리) 편극(偏極), 분극(分極), 극성화
поля́рник (남) 북극탐사대원
поля́рность (여) ① (물리) 국성도 ② 대립, 상극, 정반대
поля́рный (형) ① 극의, 대립의;~ый круг 극권 ② 상반되는
пома́да (여) 포마드, 향유, 머릿기름; губна́я ~ 루즈(rouge), 립스틱(lip-stick) 입술연지
пома́лкивать (미완) 침묵을 지키다, 입을 다물다
помаха́ть (완), пома́хивать (미완) (한동안, 여러 번) 흔들다
помёрзнуть (완) 얼어 죽다, 얼어서 상하다, 얼다
помести́ть (완) ① 놓다, 넣다; ~ в гости́нице 여관에 들게 하다 ② (신문 등에) 싣다, 게재하다
помести́ться 자리잡다, 앉다, 들어가다; все кни́ги ~лись 모든 책이 들어갔다
поме́стье (중) 영지(領地), 장원(莊園)
по́месь (여) ① 잡종(雜種) ② 혼합(물)
помёт (남) ① (짐승의) 똥, 배설물; пти́чий ~ 새똥 ② 한배에서 낳은 새끼, 같은 엄지의 새끼
поме́та (여) 주해, 부호, 표기(標記), 기호(記號)
поме́тка (여) 표식(標式)
поме́ха (여) 방해(妨害), 지장; 장애물(障碍物); служи́ть ~ой 방해되다, 방해를 놓다
помеча́ть (미완) 표식을 하다, 기호를 달다, 부호를 달다
помеша́тельство (중) 정신이상, 광증(狂症), 발광(發狂)
помеша́ться (완) ① 미치다, 정신이상이 생기다 ② ~에 열중하다; ~ на му́зыке 음악에 열중하다
помеще́ние (중) ① 넣는 것 ② 싣는 것 ③ 건물, 집, 방(房);

помещи́к (남) 지주, 받침대.
помидо́р (남) 토마토, 일년감
поми́лование (중) 면죄(免罪), 대사, 용서
поми́ловать (완) 용서하다, 죄를 삭감 하다, 특사를 베풀다
поми́мо (전) (+생) ~밖에, ~이외에
поми́нки (복수) 제사, 향사(享祀), 향화(香火), 제향(祭享)
помину́тно (부) 끊임없이, 자꾸, 쉴새없이, 줄곧, 잇달아, 내쳐, 연이어, 연달아, 계속, 내내, 이어, 잇대어, 죽,
по́мнить (미완) 기억하다, 잊지않고있다; не по́мню 생각나지 않는다; не ~ себя́ 제정신을 잃다, 어찌할바를 모르다
по́мниться 기억나다, 잊혀지지 않다;
по́мнится (삽입어로) 아마, 기억하건대
помно́гу (부) 많이, 대량적으로
помножа́ть (미완), **помно́жить** (완) 곱하다, 승하다, 배로하다
помога́ть (미완) ① 도와주다, 방조하다 ② 효과를 내다, 효력을 내다
по-мо́ему (부) 내 생각에는
помо́и (복수) 구정물, 구지렁물, 고지랑물, 꼬장물, 꾸정물,
помо́йка (여) 구정물구덩이, 구정물통, 오물통
помо́йный (형): ~ая я́ма 구정물 구덩이; ~ое ведро́ 구정물통
помо́лвка (여) 약혼, 혼약, 혼약약속, 결혼약속, 혼인예약
помо́ст (남) 대, 단
помо́щник (남) ① 조수, 방조자 ② 보좌관 ③ 부책임자
по́мощь (여) 도움, 방조, 원조; ока́зывать ~ 도와주다, 방조를 주다; ~ на дому́ 왕진; пе́рвая ~ 응급치료; ско́рая ~ 급급차
по́мпа (여) 펌프(pump), 무자위, 폼프, 양수기
помча́ться (완) 빨리 내달리다, 내뛰다, 질주하다
помыка́ть (미완) 못살게 굴다, 자기 마음대로 막 다루다, 학대하다
по́мысел (남) 생각, 의도, 상념(想念)
помышля́ть 생각(염려)하다, 마음먹다
помяну́ть (완) ① 회상하다, 추억하다 ② 추도(추모)하다
помя́тый (형) 꾸겨진, 우글쭈글한
помя́ть (완) 꾸기다, 쭈그러뜨리다
помя́ться (완) ① 구겨지다 ② 우물 쭈물하다, 머뭇거리다, 동요하다
пона́добиться (완) 요구되다; е́сли ~ся 만일 요구된다면
понапра́сну (부) 공연히, 부질없이, 쓸데없이
понаслы́шке (부) 얻어들어서, 들은 풍월로; знать ~ 얼빤히

알다

по-настоящему (부) 본격적으로, 정식으로, 실제로

поневоле (부) 부득이, 하는 수 없이, 억지로

понедельник (남) 월요일

понемногу (부) ① 조금씩, 조금 ② 점차

понижение (중) 낮아지는 것, 낮추는 것, 저하

понизить (완) 낮추다, 인하하다

понизиться (완) 낮아지다, 내려가다, 저하되다

понизу (부) 아래에, 밑에; 땅에 가깝게

поникнуть (완) 숙이다, 굽어들다

понимание (중) ① 이해(력), 깨달음, 납득, 용납, 수긍, 긍수, 각득, ② 견해, 생각, 의견, 의사, 의향, 아견

понимать (미완) 알다, 이해하다 ② 인정(평가)하다

по-новому (부) 새로운 식으로, 새롭게

понос (남) 설사, 액변, 물찌똥, 배쏘개

поносить I (완) (한동안) 입다, 쓰다, 신다; 들고 다니다, 휴대하다

поносить II (미완) 비방하다, 욕설하다, 욕설을 퍼붓다

поношение (중) 비방(誹謗), 욕설(辱說)

поношенный (형) 해진, 헌

понравиться (완) 마음에 들다

понтон (남) ① 가교용 너벅선, ② 배다리, 뜬다리, 부교,

понтонный (형) 부교의, 배다리의: ~ мост 배다리

понукать (미완) 부추기다, 재촉하다

понурить: ~ голову 머리를 숙이다

понурый (형): ~ вид 상심한 모습, 우울한 모습

поныне (부) 지금까지, 오늘에 이르기 까지

понятие (중) ① 개념, ② 이해; иметь ~е 이해하다 ③ 견해; ~я не имею 전혀 모른다.

понятливый (형) 이해가 빠른, 똑똑한, 영리한

понятно (부) ① 명백히 ② (삽입어로) 물론, 틀림없이; ~, он недоволен 물론 그는 불만족해 한다. ③ (술어로) 알만하다, 명백하다

понятный (형) ① 명백한, 이해가 되는, 이해할만한 ② 정당한, 근거 있는; ~ое дело (삽입어로) 물론

понятой (남) 입회자, 증인

понять; дать ~ 알아차리게 하다, 깨우쳐주다

пообедать (완) 점심을 먹다

пообещать (완) 약속하다

поодаль (부) 약간 떨어져서, 좀 멀리
поодиночке (부) 하나씩, 한사람씩; 따로따로; разбить ~ 각개 격파하다
поочерёдно (부) 차례로, 순서로
поощрение (중) ① 장려, 격려 ② 표창; получить ~ 표창을 받다
поощрительный (형) 장려하는; 표창
поощрить (완), **~ять** (미완) ① 장려(격려)하다 ② 표창하다
поощряться (미완) ① 장려되다, 격려를 받다 ② 표창되다
поп (남) 신부(神父), 사제, 승려(僧侶)
попадание (중) (군사) 명중; прямое ~ 명중탄, 직탄(直彈)
попадать[ся] см. попасть[ся]
попарно (부) 짝(쌍)을 지어, 쌍쌍이
попасть (완) ① 맞다, 명중하다 ② 가다, 가게(있게)되다; как ~ на вокзал? 역으로 가려면 어떻게 가야 합니까? ③: ~ под дождь 비를 맞다 ④ (징벌, 처벌을) 받다, 당하다 ⑤: как попало 되는대로; кто (что) попало 누구(무엇이)든지간에 상관 없이; где попало 아무데서나; куда попало 이방대고, 아무데나; какой попало 어떤 것이나 상관없이
попасться (완) ① ~에 걸리다; ~ в капкан 합정에 빠지다 ② 들키다, 폭로되다, 탄로나다 ③ 맞들리다, 맞부닥치다; ~ навстречу кому-л. ~와 맞다들다 ④ 손에 들어오다
поперёк ① (전)(+생) 가로(질러); ② (부) 옆으로, 가로; 거슬러, 반대로; резать ~ 옆으로 베다
попеременно (부) 번갈아, 서로서로 교대하여; дежурить ~ 교대하여 수직을 서다
поперечный (형) 가로지른, 가로놓여 있는; ~ое сечение 횡단면, 가로 지른면; ~ая пила 동가리톱
поперхнуться (마시다가) 사레들리다
поперчить 고추(후추)가루를 약간 치다
попеть (완) (한동안) 노래 부르다
попечение (중) быть на ~и 보호를 받다
попирать (미완) 짓밟다, 유린하다
пописать (완) (한동안) 쓰다; ничего не попишешь 어찌할 도리가 없다
попить (완) (조금) 마시다
поплавок (남) 낚시찌, 띄움표
поплакать (완) (한동안) 울다
поплатиться (완) 벌을 받다, 갚음을 당하다; ~ жизнью

- 593 -

생명을 잃다

поплести́сь (완) 겨우 걸어가다

попли́н (남) 포프린

попльı́ть (완) 헤엄치다

попо́зже (부) ① 좀 있다가 ② 좀 늦게

попо́йка (여) 술판, 주연

попола́м (부) 절반씩, 동등하게; дели́ть ~ 절반씩 나누다, 이등분하다

по́ползень (남) (조류) 동고비(동고빗과의 작은 새. 날개 길이 70-85mm. 숲에 삶. 등은 청회색, 배는 희며, 꽁지는 짧고 밤색의 점이 있음. 나무를 잘 탐. 익조(益鳥)임.)

поползнове́ние (중) 숨은 의도(기도)

поползти́ (완) 기어가다

пополне́ние (중) ① 보충(補充), 보강(補强) ② 보충인원, 보충부대, 증원대

пополни́ть (완) 보태다, 늘이다, 보충하다, 보강하다

пополни́ться (완) 보충되다, 보태어지다

пополу́дни (부) 오후에, 점심후에

поправи́мый (형) 고칠 수 있는, 만회할 수 있는, 수습할 수 있는

попра́вить (완) ① 고치다 ② (~의 잘못을) 고쳐주다 ③ 바로잡다, 정돈(수습)하다 ④ 회복하다

попра́виться ① (자기) 잘못을 고치다 ② (건강이) 회복(개선)되다; хорошо́ ~ за ле́то 여름동안에 몸이 잘 회복되다

попра́вка (여) ① 수정안; внести́ ~y 수정을 가하다 ② (병의) 회복; дела́ иду́т на ~y 일이 잘 되어간다

попрактикова́ться (완) (한동안) 실습하다, 연습하다

по-пре́жнему (부) 여전히, 이전과 같이

попрёк (남) 잔소리, 꾸짖음

попрека́ть (미완), **~ну́ть** (완) 꾸짖다, 잔소리하다, 책망하다

по́прище (중) (활동) 분야(分野), 활동무대; на нау́чном ~ 과학분야에서

попро́сту (부) : ~ говоря́ 바로(솔직히) 말하면

попроша́йка (여) 거지; 달라고 졸라대는자, 구걸하는 자

попроша́йничать (미완) ① 빌어먹다, 걸식하다 ② 간청하다, 강청하다, 구걸하다, 조르다

попроща́ться (완) 작별인사를 나누다, 작별하다

попуга́й (남) 앵무새, 앵무, 농금(籠禽), 혜조(慧鳥)

популяриза́ция (여) 보급, 대중화, 군중화, 통속화

популя́рность (여) ① 인기, 호평, 선호도; пользоваться ~ю 인기가 있다, 인기를 끌다 ② 통속성

популя́рный (형) ① 인기있는, 유명한 ② 대중적인, 통속적인; ~ журнал 대중 (통속)잡지

попурри́ (중) 혼성곡

попусти́тельство(중) 묵과, 방임, 융화

попусти́тельствовать (미완) 묵과(방임, 융화)하다

по́пусту (부) 쓸데없이, 공연히; ~ тратить время 공연히 시간을 허비하다

попу́тно (부) 동시에, 겸사겸사, 겸두 겸두, 겸지겸지, 겸사로; 겸디겸디; ~ спросить 겸하여 묻다

попу́тный (형) ①: ~ый ветер 순풍 ② 도중에 있는 ③ 부수적인, 참고적인; ~ое замечание 참고삼아 주는 의견

попу́тчик (남), ~ца (여) ① 길동무, 길벗, 동행, 동행친구, 동행자 ② 동반자, 동행인, 동행자(同行者)

попыта́ть (완) ~ счастья 요행을 바라고 해보다

попыта́ться (완) 해보다

попы́тка (여) ① 해보는 것, 시도, сделать(предпринять) ~у 해보다, 시도하다 ②: ~и 책동; отчаянные ~и 발악적 책동

попя́тный (형) 뒤로 향한; ~ое движение 후진운동; идти на ~ую (이미 한 약속, 결정 등에서) 물러서다, 잘라먹다

по́ра (여) ① (살가죽의) 땀구멍, (잎의) 기공 ② 미세한 짬(틈)

пора́ (여) ① 때, 시절, 시기; дождливая ~ 장마철; в ту пору 그때에, 그 시기에 ② (술어로) ~갈 때가 왔다; ~ идти 갈 때가 되었다; ~ домой 집으로 갈 때가 되었다; на первых ~х 처음에, 첫시기에; до каких пор 언제까지;

порабо́тать (완) (한동안) 일하다

поработи́тель (남) 압제자, 독재자

поработи́ть (완), ~ща́ть (미완) 노예화하다, 예속시키다

порабоще́ние (중) 노예화, 예속(隸屬)

поравня́ться (완) ~와 나란히 되다

пора́довать (완) 기쁘게 하다

пора́доваться (완) 기뻐하다

пораже́ние (중) ① 패배, 실패; потерпе́ть ~ 패배하다 ② 상처(傷處); 손상(損傷), 기능장애(機能障礙)

порази́тельный (형) 놀랄만한, 비상한, 특이한, 경이적인

порази́ть (완) ① 타격을 가하다, 찌르다; 격파(타승)하다; ~ врага 적을 격파하다 ② (병이) 침범하다 ③ 놀라게 하다, 강한 인상을 주다

- 595 -

порази́ться (완) (심히) 놀라다, 경탄하다; ~ красото́й 아름다움에 경탄하다
по-ра́зному (부) 서로 다르게, 각이하게
пора́нить (완) 다치다, 부상을 입히다
пора́ньше (부) 좀 더 일찍
порасти́ ① (한동안) 자라다 ② 우거지다, 무성하다; ~ траво́й 풀이 무성하다
порва́ть (완) ① 찢다 ② 끊다
порва́ться ① 찢어지다 ② 끊어지다
поре́з (남) 베어진 자리, 상처
пореза́ть (완) ① 베다, 자르다, 썰다 ② 베여 상처를 내다; ~ ру́ку 손을 좀 베다
пореза́ться (완) 다치다, 부상당하다; ~ стекло́м 유리에 다치다
порезви́ться (완) (한동안) 까불거리다, 떠들며 장난하다
поржа́веть (완) 녹이 쓸다
порисова́ть (완) (잠시) 그림을 그리다
по́ристый (형) 잔구멍이 많은, 숭숭한
порица́ние (중) 비난, 질책, 욕설(辱說)
порнографи́ческий (형) 색정의
порногра́фия (여) ① 음란한 것 ② 색정문학
по́ровну (부) 꼭 같이, 똑같이
поро́г (남) ① 문턱, 문지방 ② 한계, 계선 ③ 여울목
поро́да (여) ① (동식물의) 종(種), 종류; ло́шадь хоро́шей ~ы 우량종의 말 ② 바위(돌), 광물; пуста́я ~a 버럭; осадо́ч-ная ~a 수성암
поро́дистый (형) 순수혈통, 우량종
породи́ть (완), порожда́ть (미완) ① 낳다 ② 일으키다, 야기하다; ~ мно́го толко́в 많은 논의를 일으키다
порожде́ние (중) 산물, 결과
поро́жний (형) (속이) 빈; ~ий ваго́н 빈차; перелива́ть из пусто́го в ~ее 쓸데 없는 짓을 하다, 공담을 하다
порожня́к (남) 빈 차, 빈 마차[트럭].
порожняко́м (부) 빈 차로, 아무것도 싣지않고, 헛되이, 공허하게.
по́рознь (부) 따로따로; жить ~ 따로 살다
порозове́ть 붉어지다, 장미색을 띠다
поро́й (부) 때때로, 이따금
поро́к (남) ① 흠집, 결함, 흉터, 흠, 하적, 상처, 흠점, 결점
поросёнок (남) 새끼돼지, 어린돼지

по́росль (여) ① 싹, 싹눈, 눈, 새싹, 움, 순(筍), 새순(-筍), 맹아, 출아(出芽), ② 어린 나무(숲) ③ 젊은 세대

поро́ть I (미완) 재봉선을 뜯다; ~ ста́рую ю́бку 낡은 치마의 재봉선을 뜯다; ~ чушь(вздор, еру́нду, глу́пости) 허튼 소리를 하다; ~ горя́чку 덤비다

поро́ть II (미완) 때리다, 매질하다

по́рох (남) 화약, 약, 연초, 초약, 합약; держа́ть ~ сухи́м 방위태세를 갖추다

порохово́й (형) 화약의, 연초의, 초약의, 합약의,

поро́чить (미완) ① 명예를 훼손시키다, 모독하다 ② 비방하다, 훼방하다

поро́чный (형) ① 비도덕적인 ② 그릇된~ круг 1) (논리) 순환논법 2) 궁지, 곤경

порошо́к (남) ① 가루; зубно́й ~ 치분 ② 가루약; стере́ть в ~ 호되게 족치다

порт (남) 항구, 항만, 포구(浦口), 부두; вое́нный ~ 군항; речно́й ~ 강항구, 강항; ры́бный ~ 어항

порта́л (남) 정문(正門), 대현관, 앞현관

порта́льный (형); ~ кран 문형기중기

портати́вный (형) 간편한, 휴대용; ~ая пи́шущая маши́нка 휴대용타자기

портве́йн (남) 포트와인(독한 포도주)

по́ртить (미완) 못쓰게 하다(만들다), 해치다, 망치다, 그르치다; ~ настрое́ние 기분을 나쁘게 하다

по́ртиться (미완) 나빠지다, 못쓰게 되다, 상하다

портни́ха (여) 여자 재봉사

портно́й (남) 재봉사, 양복사

порто́вый (형) 항구의, 항만의, 부두의; ~ый го́род 항구도시; ~ые сооруже́ния 항만구조물; ~ый сбор 항만사용세, 입항세

портре́т (남) 초상화, 초상(肖像)

портрети́ст (남) 초상화가, 인물화가

портсига́р (남) 담배갑

портфе́ль (남) ① 손가방, 책가방 ② 접수한 원고 ③ (자본주의 나라들에서의) 상(장관. 대신)의 직위; мини́стр без ~я 무임소장관

портье́ра (여) 휘장, 창가림

порти́нка (여) 발싸개, 각반; 가죽 각반.

поруга́ние (중) 모독(冒瀆), 모욕(侮辱)

поруга́нный (형) 모독(모욕)당한

поруга́ть (완) (한동안, 조금) 나무라다, 욕하다, 망신을 주다

поруга́ться (완) 다투다, 싸우다; 관계를 끊다

пору́ка (여) 보증, 담보, 현보; взять на ~и 보증서다; кругова́я ~а 연대보증(連帶保證)

по-ру́сски (부) ① 러시아어로; ② 러시 아식으로

поруче́ние (중) ① 분공; партийное ~е 당적분공 ② 위임, 위탁; по ~ю ~의 위임에 의하여, ③ 부탁, 당부

поручи́тель (남) 보증인(保證人)

поручи́тельство (중) 보증(保證)

поручи́ть ① 맡기다, 위임하다, 부탁하다 ② 부탁하다, 당부하다

поручи́ться (완) 보증서다

пору́чни (복수) 난간, 손잡이

порха́ть (미완) 나풀나풀 날아다니다

по́рция (여) ① 규정량, 정량, ② 상(한사람분의 음식, 요리); дайте две ~и риса и куриного супа 밥과 닭고기 국을 두상 주십시오.

по́рча (여) ① 손상 ② 변질(變質), 부패

по́рченый (형) 썩은, 못쓰게 된

по́ршень (남) 피스톤(piston)

поршнево́й (형) 피스톤의: ~о́й дви́гатель 피스톤기관; ~о́е кольцо́ 피스톤 링크

поры́в (남) ① 돌발; ~ ве́тра 갑작바람 ② 충동; в ~е гне́ва 분이 치밀어서

порыва́ться (미완) ~하려고 하다, ~하려고 애쓰다.

поры́вистый (형) ① 급작스러운; ~ый ве́тер 돌풍 ②: ~ые движе́ния 돌발적인 동작 ③: ~ый хара́ктер 격하기 쉬운 성격

поря́дковый (형): ~ое числи́тельное 순서수사; ~ый но́мер 순번

поря́док (남) ① 질서; привести́ в ~ок 정리하다, 정돈 하다; привести́ себя́ в ~ок 자기 몸가짐을 단정히 하다; быть в по́лном ~ке 질서정연하다 ② 순서, 순차; по ~ку 차례로 ③ 절차; ~ок голосова́ния 투표절차 ④ (군사) 대열 ⑤ 성질; явле́ния одного́ ~ка 동일한(성질의) 현상 ⑥ (술어로) 옳다, 좋다; в ~ке веще́й 예사롭다, 정상이다, 당연하다

поря́дочно (부) 상당히, 퍽이나, 꽤많이

поря́дочный (형) ① 정직한, 예절바른, 점잖은: ~ че-лове́к 예절바른 사람 ② 상당한, 대단한

поса́дка (여) ① 심기 ②: ~и (복수) 심어 놓은 나무 ③ (기차, 배, 비행기 등을) 타는 것 ④ 착륙; соверши́ть ~у 착륙하다 ⑤

(공학) 맞춤, 감합 ⑥ (체육) 몸가짐, 몸체의 위치

поса́дочный (형) ①: ~ый материал 묘목 ② (항공): ~ая площадка 착륙장; ~ый талон 자리표

посвети́ть (완) (잠시) 비치다, 비쳐주다

посветле́ть (완) 밝아지다, 환해지다

посви́стывать (미완) 휘파람을 불다, 휘휘 소리를 내다

по-своему (부) ① 자기 멋(마음)대로 ② 자기로서는, 자기 딴에는; 자기식으로, 자나름으로

посвяти́ть (완), **~ща́ть** (미완) ① ~에 바치다 ② (내막을) 알려주다

посвяще́ние (중) 올리는 글월, 헌시

посе́в (남) ① 씨뿌리기, 파종 ② 씨 뿌린 밭; 뿌린 씨

посевна́я (여) 씨뿌리기(철), 파종시기

посевно́й (형) 파종의; ~ая площадь 파종면적; ~ое зерно 씨앗, 종곡

поседе́ть (완) 머리가 세다, 백발이 되다

поселе́ние (중) ① 이주, 옮겨살이, 이거; 이민 ② 주민지대 ③ 부락, 촌락, 마을, 동네, 이락, 촌리, 향보, 촌방

посели́ть (완) 이주(이사)시키다

посели́ться (완) 자리잡다, 이주하다, 이사하다

посёлок (남) 부락, 촌락; 동네; рыбачий ~ 어촌; рабочий ~ 노동자구(부락)

поселя́ть[ся] см. поселить[ся]

посереди́не (부) ① (부) 복판에, 한가 운데, 중간에 ② (전) (+생) 한가운데

посети́тель (남) 손님, 관람자, 방문객

посети́ть (완) 찾아가다(오다), 방문하다, 참관하다, 견학하다

посеща́емость (여) 출석률, 관람자수

посеще́ние (중) 방문, 출석, 관람, 참관; ~ больного 병문안,

посигна́лить (완) 신호하다

посиде́ть (완) (잠간) 앉아있다

поси́льный (형) 힘에 맞는; ~ый труд 힘에 맞는 노동; ~ая задача 할 수 있는 과업

посине́ть (완) 푸르러지다, 새파래지다

поска́кать ① 내달리다 ② (말이) 뛰어 가다, 달리다

поскобли́ть (완) (약간) 깎아내다

поскользну́ться (완) (발이) 미끄러지다

поско́льку (접) ~하는 만큼(이상), ~하기 때문에; ~ ты согласен, я не возражаю 자네가 동의하는 이상 나는 반대하지 않네.

послабле́ние (중) 융화, 묵과; сде́лать ~ 융화(묵과) 하다
посла́нец (남) 사절, 파견된 사람
посла́ние (중) ① 서한(書翰) ② 헌시
посла́нник (남) 공사(公社)
посла́ть (완) ① 보내다, 파견하다, 파송하다; ~ за до́ктором 의사를 데리러 보내다; ~ обра́тно 되돌려 보내다 ② 보내다, 부치다; ~ по по́чте 우편으로 보내다
по́сле (부) 후에; ~ расскажу́ 후에 이야기 하겠다 ② (전) (+생); ~ обе́да 점심후에; ~ того́ как ~한 다음(후에)
послевое́нный (형) 전후에, 앞뒤로
последи́ть (완) 살피다, 감시하다, 주시 하다
после́дний (형) ① 마지막, 마감, 최후; ~ий день о́тпуска 휴가의 마지막 날; в ~ий раз 마지막으로, 최후로 ② 최근, 최신; в ~ее вре́мя 요즘에, 최근에; в (за) ~ие го́ды 근년에, 최근년간에; отда́ть ~ий долг 조의를 표시하다
после́дователь (남) 계승자, 후계자
после́довательно (부) 철저히, 일관하게, 철두철미
после́довательность (여) ① 순차성 ② 일관성, 철저성
после́довательный (형) ① 철저한, 시종 일관한 ② 사리에 맞는, 논리 정연한
после́довать (완) 따르다, 따라가다
после́дствие (중) 후과; приводи́ть к серьёзным ~ям 엄중한 후과를 초래하다
после́дующий (형) 뒤에(그다음에) 오는
послеза́втра (부) 모레, 재명일, 명후일, 익익일
послело́г (남) (언어) 후치사
послеопераци́онный (형) 수술후, 수술 한 다음의
послеполётный (형) ~ые обсле́дова-ния 비행후의 검사
послеродово́й (형) 산후에, 출산후에
послесло́вие (중) 뒷글, 맺는말
посло́вица (여) 속담, 격언, 이언
послужно́й (형) ~ спи́сок 경력서
послуша́ние (중) 순종, 복종(服從)
послу́шно (부) 순순히, 온순하게
послу́шный (형) 말을 잘 듣는, 온순한
посма́тривать (미완) ① (이따금) 보다(바라보다) ②: ~ по сторона́м 사방을 힐끔힐끔 살펴보다 ③:~ за кем-чем. ~(들)보아주다
посме́иваться (미완) (약간, 몰래) 웃다, 비웃다

посме́нно (부) 교대로, 번갈아, 엇바꾸어
посме́нный (형) 교대로(번갈아, 엇바꾸어)하는; ~ое дежурство 교대당번제
посме́ртный(형) : ~ое издание 유고출판
посме́ть (완) (+미정형) 감히 ~하다
посмеши́ть (완) 약간 웃기다
посме́шище (중) 웃음거리; выставитьна ~ 조롱하다, 놀려주다, 웃음거리가 되게 하다
посмея́ться (완) ① (한동안) 웃다 ② : ~ над кем-чем 비웃다, 조롱하다
посо́бие (중) ① 참고서; учебное ~ 교재; ② 보조금
пособи́ть (완) 도와주다
посо́бник (남) 공범자, 공모자
посо́бничество (중) (법학) 방조범, 공범, 공모
посове́товать (완) 권고하다
посове́товаться (완) 의논하다
посовеща́ться (완) 협의(의논)하다
посоде́йствовать 도와주다, 협력하다, 이바지하다
посо́л (남) 대사(大使); чрезвычайный и полномочный ~ 특명전권대사
посоли́ть (완) ① 소금을 치다 ① 소금에 절이다
посо́льство (중) 대사관
посохну́ть (완) 시들어버리다
посочу́вствовать (완) 동정(동감)하다
поспа́ть (완) (한잠) 자다
поспе́ть I (완) ① 익다, 여물다 ② (음식이) 다 되다, 익다, 다 끓다
поспе́ть II (완) 때맞게 가다(오다); ~ на поезд 가치시간에 맞게 가다(오다)
поспеши́ть (완) 바삐 행동하다, 서두르다
поспе́шно (부) 바삐, 급히, 서둘러
поспе́шный (형) 급한, 조급한, 덤비는
поспо́рить (완) ① (한동안) 말다툼하다, 논쟁하다 ② 내기를 걸다, 내기하다
посрами́ть (완) 망신시키다, 모욕하다
посрами́ться (완) 망신(亡身)하다, 수치(修治)를 당하다
посреди́ ① (부) 가운데, 복판에, 중간에 ② (전) (+생) 한가운데, 복판에
посре́дник (남) 중개인, 중매자, 거간군

посре́дничество (중) 중개, 중재, 간거질
посре́дственно (부) 평범하게, 보통으로, 쓸쓸하게
посре́дственный (형) 평범한, 보통
посре́дством (전)(+생) ~을 통하여, ~에 의하여
поссо́рить (완) 다투게(싸우게)하다
поссо́риться (완) 다투다, 싸우다
пост (남) ① 초소, 보초; 초병 ② 지위, 직책, 지위(地位)
поста́вить I (완) 세우다
поста́вить II (완) 공급(납입)하다
поста́вка (여, 흔히 복수) 공급, 납입
поставщи́к (남) 공급자, 납입자; 조달자
постаме́нт (남) 받침대
постанови́ть (완) 결정(결의)하다
постано́вка (여) ① 연출, 상연, 공연, 실연, ② 설정, 제정, 설립, 수립, ③ 조직(방법) ④ 연극(演劇)
постановле́ние (중) 결정(서); 지령
постано́вщик (남) 연출가(演出家)
постара́ться (완) 애쓰다, 노력하다
постаре́ть (완) 늙다, 늙어가다
по-ста́рому (부) 종전(원래)대로; 구식으로, 옛날처럼, 그전식으로
постели́ть (완) 펴다, 깔다
посте́ль (여) 이부자리; 잠자리; 침대; постелить ~ь 이부자리를 깔다; встать с ~и 잠자리에서 일어나다
посте́льный (형): ~ые принадле́жности 이부자리, 침구; ~ое бельё (침대보나 베갯잇 등) 침구용 백포
постепе́нно (부) 점차, 점점, 차차로
постепе́нность (여) 점차성
постепе́нный (형) 점차적
постесня́ться (완)(+미정형) 어려워하다, 꺼려하다, 수줍어하다
постига́ть (미완), пости́гнуть (완) ① 알아내다, 포착(파악)하다 ② 닥쳐오다, 생기다; его́ пости́гло несча́стье 그에게는 불행이 닥쳐왔다
постира́ть (완) 빨래하다, 씻다
по́стный (형) ① 기름기가 없는; ~ое мя́со 기름기 없는 고기 ② 침울한, 갑갑한; ~ая физионо́мия 찌뿌등한 얼굴
постово́й (형) 보초(병)
посто́льку (접) (부문장의 поско́льку와 대응함) ~만큼, ~는 한; поско́льку реше́ние при́нято, ~ и необходи́мо его́ выполня́ть

결정이 채택되었으니만큼 그것을 집행해야 한다; ~ постольку 어물어물, 되는 대로

посторони́ться (완) 물러서다, 비켜서다

посторо́нний (형) ① 인연(관계) 없는; ~ий челове́к 남; без ~ей по́мощи 남의 방조없이 ② 부차적인; ~ий вопро́с 부차 적 문제 ③ (명사로) (남) 외래자; ~им вход воспрещён 성원외에 드나들지 마시오.

постоя́нно (부) 끊임없이, 부단히, 항상, 언제나

постоя́нный (형) ① 끊임없는, 부단한, 항시적인, 변함없는 ② 고정(상설)적인; ~ое ме́сто 고정좌석; ~ая вы́ставка 상설 전람회; ~ый комите́т 상설위원회; ~ый член 정회원, 고정회원 ③ 한결같은; ~ый хара́ктер 한결같은 성격; ~ый ток 직류; ~ая величина́ (수학) 상수; ~ый капита́л 불변자본

постоя́нство (중) ① 한결같은 것, 확고 부동성 ② 불변성, 항구성(恒久性)

постоя́ть (완) ① (한동안) 서있다; 주둔 하다 ② (명령형): посто́й[те] 잠간만 기다려(주시오); (삽입어로) 가만, 가만 있자 ③ за кого́-что-л: 지키다; ~ за себя́ 자기의 신념(의견)을 주장하다

пострада́вший ① пострада́ть의 능동 과거 ② (명사)**-ий** (남), **-ая** (여) 피해자, 이재민

постри́чь (완) (머리, 손톱 등을) 깎다; 깎아주다; ~ во́лосы 머리를 깎다

постри́чься (완) 머리를 깎다, 이발하다

построе́ние (중) ① 건설 ② 구조, 구성 ③ 이론, 학설 ④ (군사) 대형(편성)

постро́йка (여) 건설, 건조, 건축, 구축, 영조, 조영, 건축물,

постскри́птум (남) 추신, 덧씀

посту́кивать (미완) 가끔 두드리다

постула́т (남) 가정, 공리

поступа́тельность (여) 점진성, 전진(진 보)적인것

поступа́тельный (형) : ~ое движе́ние 전진운동

поступи́ть (완) ① 입학하다, 들어가다, 취직하다; ~ в институ́т 대학에 입학하다; ② 들어오다, 입수하다; ③ 행동하다; как ~? 어떻게 하면 좋을까?

поступи́ться (완) 양도하다, 양보하다; ~ свои́ми интере́сами 자기의 이익을 희생 시키다

поступле́ние (중) ① 입학, 취직, 들어 가는 것 ② 들어오는 것, 입수 ③ 수입, 입금

поступо́к (남) 행위, 행동, 소행
по́ступь (여) 걸음걸이, 발걸음, 보조
постфа́ктум (부) 일이 끝난 후에
постыди́ный (형) 창피한, 수치스러운, 망신스러운,
посты́лый (형) 싫으난, 미워난
посу́да (여) (집합) 그릇, 식기(食器), 용기(容器); кухонная ~ 취사도구; чайная ~ 차그릇; фарфоровая ~ 사기그릇
посуди́ть (완): ~e сами 생각해보시오
посу́дный (형): ~ое полотенце 행주
посули́ть (완) 약속하다
посуши́ть (완) (한동안) 말리다
посуши́ться (완) (한동안) 마르다
посчастли́виться (완) (무인칭) 운수가 좋다, 잘되다; мне ~лось попасть на премьеру 나는 요행히 첫 공연을 볼 수 있었다; не ~лось 운이 나빴다
посы́лка (여) ① 보내는 것, 파견, 파송, ② 소포, 보내온 물건; быть на ~x 심부름 하다
посы́льный (남) 연락병; 심부름꾼
посыпа́ть (완, 미완) 치다, 뿌리다, 흩뿌리다, 흩날리다, 살포하다, 산포하다; ~хлеб сахаром 빵에 사탕을 치다; ~ дорожку песком 길에 모래를 깔다
посяга́тельство (중) 침해, 훼손; ~ на жизнь 암살기도
посяга́ть (미완), ~нуть (완) на кого-что 침해(살해, 훼손) 하려했다; ~ на чужую жизнь 살해를 기도하다; ~на чью-л. свободу ~의 신변을 구속하다
пот (남) 땀, 한시리, 진시리; весь в поту 온통 땀투성이다; ~ льёт градом 구슬땀을 흘린다. в ~е лица 땀을 흘리며, 열심껏;
пота́йнай (형) 비밀의(秘密), 숨은; ~ход 비밀통로
потака́ть (미완) 눈감아주다, 모르는체하다, 묵인하다; ~ ребёнку в шалостях 아이의 장난을 모르는체하다
потанцева́ть (완) (한동안, 잠간) 춤추다
пота́совка (여) ① 싸움질, 드잡이 ② 때리기, 매질, 구타
пота́ш (남) 탄산칼륨(炭酸 Kalium)
потащи́ть (완) 끌다, 끌고 가다
по-тво́ему (부) ① 너의 의견대로 ② 너 하고 싶은대로
потво́рство (중) 융화, 묵과, 묵인, 추동
потво́рствовать (미완) кому-чему 융화(묵과)하다, 눈감아 주다, 추동하다
потёк (남) (액체가 흐른) 흔적

потёмки (복수) 어둠, 암흑; чужая душа~ (속담) 열길 물속은 알아도 한길 사람 속은 모른다.
потемнеть (완) 어두워지다
потенциал (남) ① 잠재력, 숨은 힘 ② (전기) 전위, 전기자리량 ③ 포텐샬
потенциальный (형) ① 잠재적 ② 가능한, 예상되는 ③ 포텐샬
потенция (여) 잠재능력, 잠재력
потепление (중) 따뜻해지는 것, 더워 지는 것
потеплеть (완) 따뜻해지다, 더워지다
потереть (완) 문지르다, 문질러바르다
потери (복수) ① 손실, 손해; понести большие ~и 큰 손해를 입다; убрать урожай без ~ь 허실없이 거두어들이다 ② (군사) 손실, 사상자수
потерпевший ① потерпеть의 능동과거 ② (명사로) **~ий** (남), **~ая** (여) 피해자, 이재민, 재난민
потерпеть ① 참다, 견디다 ② 당하다; ~ поражение 피해 하다; ~ аварию 고장 (사고)나다, 파손되다, 조난당하다; ~ неудачу 실패하다;~ убыток 손해를 입다
потеря (여) ① 상실, 분실, 손실 ② 분실물
потерянный (형) 가망 없는, 전망을 잃은
потерять (완) 잃다
потеряться (완) 없어지다
потеть (미완) ① 땀이나다, 땀을 흘리다 ② над чем 몹시 애쓰다; ~ над задачей 문제를 풀기에 애를 쓰다 ③ (김이 서려) 흐려지다
потеха (여) ① 심심풀이, 오락, 놀이, 장난; ② 우스운(재미나는) 일 ③ (술어로) 우습다, 재미있다; вот ~! 아이 우습구나!
потечь (완) 흐르다
потешать (미완) 웃기다, 심심하지 않게 하다
потешаться (미완) ① 즐기다, 심심풀이하다 ② над кем-чем 놀려주다, 회롱하다
потешный (형) 우스팡스러운, 우스운
потихоньку (부) ① 조용히, 고요히, 잠자코. ② 몰래, 슬그머니, 가만히, 살짝, 남몰래, 남모르게, 암암리 ③ 천천히, 찬찬히; 느리게, 느릿느릿, 더디, 더디게, 느럭느럭; 차차, 조금씩, 서서히; 어정어정, 노량, 노량으로, 살살, 슬슬
потный (형) 땀이 밴
потогонный (형) ① 땀을 빼는 ② 피땀(고혈)을 짜내는

поток (남) ① 물살이 빠른 강(시내, 개울) ② 흐름 ③ 흐름식 생산법.
потолок (남) ① 천정, 꼭대기, 정점, 정상, ② (항공) 상승한도 ③ 최대치, 극상, 최고, 최상; 난상, 태상; с ~ка взять 아무 근거없다.
потолстеть (완) 뚱뚱해지다
потом (부) 그다음에, 그후에
потомок (남) ① 자손, 후손 ② ~ки (복수) 후대들
потомственный (형) 세습적인, 대대로 내려오는, 대대로 물려받은
потомство (중) 자손들, 자식들, 후손들,(집합) 후대들
потому ① (부) 그러므로, 그런 고로, 고로, 따라서, 그런 까닭에, 그러한 까닭으로, 그런 까닭으로, 그런즉, 그러한즉, 그래서, 그렇기에, 그러니, ② (접) ~ что 왜냐하면 ~때문이다; неем, ~ что не хочу есть 먹고 싶지 않아 안 먹는다.
потонуть (완) 물에 빠지다, 침몰하다
потоп (남) 큰물, 대홍수(大洪水)
потопление (중) 격침, 침몰, 침닉, 침륜, 몰닉, 엄몰
поторапливать (미완) 서두르게 하다, 재촉하다
поторапливаться (미완) 서두르다
потопговаться (완) 값을 흥정하다
поточить (완) 살짝 갈다, 약간 갈다
поточный (형): ~ метод 흐름식방법
потратить (완) 써버리다, 소비하다, 지출하다
потратиться (완) 다 소비되다(나가다)
потребитель (남) 소비자
потребительский (형) ① 소비자의 ②: ~ая кооперация 소비협동조합
потребление(중) 소비; товары широкого ~я 일용품,
потреблять (미완) 소비하다, 쓰다
потребляться (미완) 소비되다
потребность (여) ① 수요, 요구 ② 욕망, 열망
потрёпанный (형) ① 헤어진, 너덜너 덜한 ② 초췌한, 후즐근한; ~ вид 초췌한 모습
потрепать (완) ① 헤뜨리다, 헐어뜨리다 ② (약간) 헝클다, 흔들어 잡아당 기다, 쥐어뜯다
потрескаться (완) 틈이 나다
потрескивать (미완) 탁탁 소리를 내다, 우지끈거리다
потрогать (완) 만지다, 다치다

- 606 -

потроха́ (복수) 내포, 내장
потроши́ть (미완) ① 배를 타고 내장을 꺼내다 ② 속에 든 것을 빼내다
потруди́ться (완) 일하다, 노력하다
потряса́ющий (형) 놀라운, 격동적인
потрясе́ние (중) ① 심각한 충격, 격동 ② 파란, 파국, 근본적 변화
потрясти́ (완) ① (몇 번) 흔들다, 털다 ② 뒤흔들다, 진동시키다 ③ 격동시키다, 강한 인상을 주다
по́туги (복수) ①: родовые ~ 진통 ② 긴장된 노력
потупи́ть (완): ~ взор 눈을 내리깔다; ~ голову 머리를 숙이다
потупи́ться (완) 고개를 숙이다
потусторо́нний (형): ~ мир 저승
поту́хнуть (완) (불이) 꺼지다
поту́хший (형): ~ вулкан 휴화산, 사화산
потя́гиваться 지친 몸(팔다리)을 쭉 펴다, 기지개하다
поу́жинать (완) 저녁을 먹다
поуча́ть (미완) 가르치다, 타이르다, 훈시하다, 가르키다
поуче́ние (중) ① 가르치는 것 ② 훈계
поучи́тельный (형) 교훈적인, 배울 점이 많은, 유익한
поучи́ть (완) (얼마동안) 배우다; 배워 주다, 가르치다
поучи́ться (완) (한동안) 배우다, 공부 (학습)하다
поха́бный (형) 상스러운, 조잡한, 천한; ~ые слова 상소리
похвала́ (여) 칭찬, 찬사
похва́льный (형) 훌륭한, 찬양할만한
похити́тель (남) 도적, 납치자, 약탈자
похи́тить(완), **похища́ть** (미완) 훔치다, 납치(약탈, 탈취)하다
похище́ние (중) 납치, 걸도, 탈취
похлёбка (여) 걸죽한(걸쭉한)국
похме́лье (중) : в чужом пиру ~ 다른 사람의 잘못으로 생기는 불쾌한 일
похо́д (남) ① 행군; туристический ~ 관광행군 ② 원정; крестовый ~ 십자 군원정 ③ 관람, 방문; коллективный ~ 집체 관람 ④ 운동, 투쟁
походи́ть (미완): на кого что 닮다, 비슷하다
похо́дка (여) 걸음새, 걸음걸이
похо́дный (형) 행군의 행진의.
походя́ (부) ① 걸으면서, 급히, ② 겸해서, 지나는 결에
похожде́ния (복수) 모험, 엽기적인 사건

похо́же (삽입어) 아마 ~는 것 같다; ~, он не придёт 그는 아마 오지 않을 것 같다

похо́жий (형) ① 닮은; ребёнок, ~ на мать 어머니를 닮은 아이; ② 비슷한; они похожи друг на друга 그들은 서로 비슷하다 ни на что не похоже 아무데도 못쓰겠다

по-хозя́йски (부) 주인답게, 실속있게

похолода́ние (중) 추위지는 것; завтра ожидается ~ 내일은 날씨가 추워질 것이 예견 된다

похолода́ть (완) 추워지다

похоро́нный (형) ① 장례의, 장의의; ~ый марш 장송곡 ② (명사로) **~ая** (여) 사망통지

похоро́ны (복수) 장례식(葬禮式)

по-хоро́шему (부) 호의적으로, 좋도록

похуде́ть (완) 여위다, 야위다 수척해지다, 살 빠지다, 마르다, 파리해지다, 야우다, 초췌해지다, 상해하다

поцара́пать (완) 할퀴다; 허비다

поцелу́й (남) 키스(kiss), 입맞추기

почасово́й (형) ~ая оплата 시간에 의한 지불

поча́ток (남) ~ кукурузы 강냉이이삭

поча́ще 좀더자주, 종종, 누누이, 빈번히

по́чва (여) ① 토양, 토지, 땅; глинистая ~ 점토질 토양 ② 지반, 근거 на ~e чего-л. ~때문에; зондировать ~у (~할 가망이 있는가를) 미리 알아보다, 타진하다; терять ~у под ногами 자신심을 잃다, 의거할 토대를 잃다

почве́нный (형) 토양의, 흙의.

почвове́дение (중) 토양학(土壤學)

по-челове́чески (부) 인간답게

почём (부) (값이) 얼마인가? ~ я́блоки? 이 사과는 얼마인가?

почему́ (부) 왜, 어째서; вот ~ (바로) 그렇기 때문에

почему́-либо (부) 그 어떤 까닭이 있어서

почему́-нибудь (부) (어쨌든) 까닭이 있어서

почему́-то (부) 웬일인지, 무슨 까닭인지

по́черк (남) ① 글씨, 필적; разборчивый ~ 읽기 쉬운 필치 ② 수법, 솜씨

почерпну́ть (완) ① 푸다, 뜨다 ② 얻다

по́чести (복수) 경의의 표시; отдавать ~ 경의를 표하다

почёсываться (미완) 긁적거리다

почёт (남) 명예, 존경, 존중; пользоваться ~ом и уважением 존대와 존경을 받다; орден <Знак Почё́та> 명예훈장

почётный (형) 명예의; ~ый член 명예 회원; ~ая обязанность 영예로운 의무; ~ый караул 명예위병대; ~ый президиум 명예주석단; ~ый гость 귀빈; ~ое место 윗자리, 영예로운 자리, 상좌; ~ое звание 명예칭호

почечнокаменный (형): ~ая болезнь 신장결석증

почи́н (남) ① 발기, 발단, 주동 ② 마수걸이, 첫시작

почини́ть (완) 고치다, 수리하다

почи́нка (여) 고치는 것, 수리, 수선

почита́ние (중) 존경, 존중; 숭배, 숭상

почита́тель (남), **~ница** (여) 숭배자

почита́ть I (완) (잠시) 읽다

почита́ть II ① 존경하다, 존중하다 ② 숭배하다, 숭상하다

почи́тывать (미완) (때때로) 읽다

по́чка I (여) 눈, 싹; ~и распускаются 눈(싹)이 튼다

по́чка II (여) 콩팥, 신장; воспаление ~ек 신장염

по́чта (여) ① 우편국, 우체국 ② 우편; послать ~ой(по ~е) 우편으로 보내다 ③ (도착한) 우편물

почтальо́н (남) 우편통신원

почта́мт (남) 중앙우체국

почте́ние (중) 경의, 존경

почте́нный (형) ① 존경할만한, 훌륭한; ~ во́зраст 고령

почти́ (부) 거의

почти́тельный (형) ① 공손한 ②: на ~ом расстоя́нии 상당히 멀리

почти́ть (완) ① 경의를 표하다; ~ па́мять кого́-л. ~를 추모하다 ②: ~ свои́м прису́тствием 몸소 참석해주시다

почто́вый (형) 우편의, 우체국의; ~ая ма́рка 우표; ~ый я́щик 우편함, 우편통

почу́вствовать (완) 느끼다

почу́вствоваться (완) 느껴지다

пошатну́ться (완) ① 흔들리다, 기울어지다, 약해지다 ②: здоро́вье ~лось 건강이 나빠졌다

пошевели́ть (완) 움직이게 하다

пошевели́ться (완) (약간) 움직이다

поши́вка (여) 재봉, (옷)깃는 것

по́шлина (여) ① 세금, 세돈, 세전, 조세, 공조, 공납; тамо́женная ~ 관세, ② 수속료, 수수료, 거래세, 보수, 사례, 급료; 커미션(commission) 팁, 행하(行下)

по́шлость (여) ① 비속성, 속물근성 ② 비속한 말

пошлый (형) 저속한, 비속한, 야비한, 상스러운
пошутить (완) 농담하다, 우스운 말을 하다, 익살부리다
пощада (여) 용서, 관대, 사면, 용납, просить ~ы 용서를 빌다; не давать ~ы кому-л. ~를 용서하지 않다
пощадить (완) 용서하다
пощёчина (여) : дать ~у 뺨을 때리다, 귀싸대기를 치다
поэзия (여) 시(詩), 시문학, 시작품
поэма (여) (장편) 서사시(敍事詩)
поэт (남) 시인(詩人)
поэтесса (여) 여류시인(女流詩人)
поэтика (여) ① 시학, 시론 ② 작시법
поэтический (형) 시의, 시적으로; ~ое произведение 시작품; ~ий дар 시창작 재능
поэтому (부) 그러므로, 그렇기 때문에
появиться (완) ① 나타나다, 보이다 ② 생기다, 발생하다; ~ на свет 태어나다, 출생하다
появление (중) 나타내는 것, 출현
пояс (남) ① 띠, 허리띠 ② 허리; по ~ 허리까지 ③ 지대; тропический ~ 열대; растительный ~ 식물대; спасательный ~ 구명대; заткнуть за ~ 훨씬 앞서다, 능가하다
пояснение (중) 설명, 해석(解釋), 주석
пояснительный (형) 해설의, 설명의, 주석의; ~ая записка 설명서(說明書)
пояснить,~ять (미완) 설명하다, 해석 하다, 주석을 달다
прабабушка (여) 증조할머니, 증조모, 외증조할머니
права (복수): [водительские] ~ 운전 면허증
правда (여) ① 진리, 진실, ② 정의, 공정, 정당한 행동; стоять за ~у 정의를 고수하다 ③ (부) 사실, 정말로 ④ (술어로) 그렇다, 정말이다; по ~е говоря 사실대로 말하면;
правдиво (부) 사실그대로, 진실하게
правдивость (여) 진실성, 성실성, 정직성
правдивый (형) 진실한, 성실한, 정직한
правдоподобно (부) 진실하게, 참되게, 올바르게, 거짓없게, 순수하게, 신실하게, 그럴듯하게
правдоподобный (형) 진실다운, 그럴듯한
правило (중) ① 규칙, 법칙, ② (흔히 복수) 규정, 원칙 ③ 행동규범, 관습 как ~о 보통, 통례로; по всем ~ам 규정대로
правильно (부) ① 옳게, 정확히 ② (술어로) 옳다, 그렇다; ~ли это? 이것이 옳은가? ~! 옳다

пра́вильность (여) 정확성, 정당성
пра́вильный (형) ① 옳은, 정확한, 규칙적인, ② 규정대로의, 원칙적인 ③ 정당한 ④ (수학) 변과 각이 서로 같은; ~ треуго́льник 정삼각형
прави́тель (남) ① 통치자, 집권자, ② (복수) 지배층
прави́тельственный (형) 정부의.
прави́тельство (중) ① 정부(政府) ② (집합) 정부성원들
пра́вить (미완) *кем-чем* ① 다스리다, 통치(지배)하다 ② 운전하다; ~ маши́ной 차를 몰다 ③ 고치다, 교정(교열)하다
пра́вка (여) ① 시정, 수정, 교열 ② (인쇄) 교정, 돌려꽂기 ③ 갈기
правле́ние (중) ① 통치, 지배, 관리, ② 관리위원회, 관리부(管理部), 이사회(理事會)
пра́внук (남) 증손자, 외증손자
пра́внучка (여) 증손녀, 외증손녀
пра́во I (중) ① 법(法), 법률, 법칙, 법률, 규칙, 법규, 율법; госуда́рственное ~ 국가법; междунаро́дное ~ 국제법; гражда́нское ~ 민법; уголо́вное ~ 형법 ② 권리, 권한, 능력, 권능, 자격; ~ на труд(о́тдых) 노동(휴식)에 대한 권리; ~ на образова́ние 교육을 받을 권리; име́ть ~ 권리를 가지다; лиши́ть ~ 권리를 박탈하다.
пра́во II (삽입어) 정말, 참말, 진언; я, ~, не зна́ю, что де́лать 어떻게 해야 할지 나는 정말 모르겠다.
правово́й (형): ~ые но́рмы 법규범
правоме́рный (형) 정당한, 합법적인, 합리적인
правомо́чный (형) 권한이 있는
правонаруше́ние (중) 법률위반, 위법
правонаруши́тель (남) 법률위반자, 범죄자
правописа́ние (중) 맞춤법, 표기법
правосла́вие (중) 희랍정교
правосла́вный (형) 희랍정교
правосу́дие (중) 사법(기관)
правота́ (여) 정당성, 정의, 옳은 것.
пра́вый I (형) ① 오른, 오른쪽, 우측, ② (정치) 우익, 우경 ③ (명사): ~ые (복수) 우익분자들; ~ая рука́ 가장 충직한 방조자, 오른 팔
пра́вый II (형) ① 옳은, 정당한; (흔히 간단형) она́ была́ права́ 그 여자는 옳았다; вы соверше́нно ~ 당신이 전적으로 옳습니다. ② 죄없는, 무고한; призна́ть *кого́-м* ~м ~를 무죄를

인정하다

пра́вящий (형) 지배, 집권; ~ие круги 지배층; ~ая партия 여당, 집권당(執權黨)

пра́дед (남) ① 증조할아버지, 외증조 할아버지 ② (복수): наши ~ы 우리 선조(조상)들

пра́зднество (중) 축전, 경축행사

пра́здник (남) ① 명절(名節), 기념일; новогодний ~ 설명절; первомайский ~ 5. 1 (오일)절 ② 쉬는날, 휴일 ③ 명절놀이, 명절잔치 ④ 기쁜(뜻깊은)날 ⑤ 명절 기분

пра́здничный (형) ① 명절의 ② 화려한, 즐거운; ~ое платье 화려한 옷; ~ое настроение 명절 기분

празднова́ние (중) 경축; 경축행사, 기념 행사; ~ Пер-вого Мая 5. 1(오일)절 기념 (행사); ~ 40-й годовщины 40(마흔) 돌 경축 (기념) (행사)

пра́здновать 경축(기념)하다; ~ Новый год 설을 쇠다

пра́здность (여) 허송세월, 무위도식

пра́здный (형) ① 먹고노는, 무위도식하는 ② 무익한, 실없는; ~ разговор 공담

пра́ктика (여) ① 실천; 실지, 현실; на ~е 실제로 ② 실습; производственная ~а 생산실습 ③ 연습, 경험

практика́нт (남), **~ка** (여) 실습생, 견습생, 견습공(見習工)

практикова́ть (미완) 실천하다, 실천에 적용하다

практи́ческий (형) ① 실천의, 실무의; ~ая деятельность 실천활동; ~ая работа 실무사업; ~ий работник 실무일군; ~ое значение 실천적의의; ~ие занятия 실습; ~ое применение 실천적적용, 실지응용; ~ие меры 실천적 대책 ② 응용의

практи́чный (형) ① 실무에 밝은, 이해 타산에 밝은 ② 편리한

прах (남) ① 먼지, 티끌 ② 유골, (고인의 영구를 태운) 재; всё пошло прахом 다 수포로 돌아갔다

пра́чечная (여) 빨래집, 세탁소

пра́чка (여) ① 세탁공 ② 삯빨래하는 여자

преа́мбула (여) (문건의) 서문

пребыва́ние (중) 체류; во время ~я 머무르는 동안, 체류기간에; страна ~я 주재국

пребыва́ть (미완) ① 체류하다 ② (어떤 상태에) 처해있다; ~ в унынии 우울해 있다

превали́ровать (미완) над кем-чем 우세하다, 압도하다

превенти́вный (형) 예방(豫防)

- 612 -

превзойти (완) ① 능가하다, 우세하다 ② 넘다, 초과하다; ~ [самого] себя 기대 이상으로 수완을 나타내다

превозмога́ть (미완),**~очь** (완) 이겨(견디어)내다, 극복하다; ~очь боль 아픔을 이겨내다

превознести́ (완),**~оси́ть** (미완) 매우 높이 평가하다, 지나치게 찬양하다

превосхо́дно (부) 훌륭히, 우수하게

превосхо́дный (형) 아주 좋은, 훌륭한, 우수한; ~ая степень (언어) 최상급

превосхо́дство (중) 우월성, 우위, 우세; военное ~о 군사적 우위; чувство ~а 우월감

превосходя́щий (형): ~ие силы 우세한 역량

преврати́ть (완) ~о́ 만들다, 변화시키다, 전환시키다

преврати́ться (완) ~о́ 되다, 변화되다

превра́тно 그릇되게, 옳지 않게; ~ понимать 오해하다; ~ толковать 외곡하다, 그릇되게 해석하다

превра́тный (형) 그릇된, 외곡된

превраще́ние (중) 변화, 전환

превы́сить, превыша́ть (미완) ① 넘다, 초과하다 ② 통과(돌파)하다; ~ свои пол-номочия 월권행위를 하다

превы́ше (부) : ~ всего 무엇보다 중요하다, 가장 귀중하다

превыше́ние (중) 초과, 능가; ~ власти 월권행위

прегра́да (여) 장애(물), 난관

прегради́ть (완), **~жда́ть** (미완) 가로막다, 차단하다; 방해하다, 난관을 조성하다

преда́ние (중) 전설, 구비전설, 옛말

пре́данно (부) 충실히, 충성스레

пре́данность (여) 충실성, 충성(심)

пре́данный (형) 충실한

преда́тель (남) 배반자, 변절자, 반역자

преда́тельский (형) 배신적인, 반역적인

преда́тельство (중) 배신행위, 변절, 배반

преда́ть (완) ① 배반(변절)하다 ② чему 당하게(처하게) 하다; ~ суду 재판에 걸다; ~ огню и мечу 무자비하게(가혹 하게) 소탕하다; ~ земле 매장하다

преда́ться (완) чему 잠기다, 몰두하다

предвари́тельно (부) 미리, 사전에

предвари́тельный (형) 예비적인, 선결적인; ~ое ус-ловие 선결조건; ~ая продажа 예매; ~ое следствие 예심

предве́стник (남) ① 예언자, ② 전조, 징조
предвеща́ть (미완) ① 예언(예고)하다 ② 예감을 주다, 징조로 되다
предзя́тый (형) 선입감에서 나오는; ~ое мнение 선입견, 편견(偏見)
предви́дение (중) 예견성, 예견; в ~и чего ~을 예견하고
предви́деть (미완) 예견하다, 예측하다, 예상하다
предвкуша́ть (미완) 미리부터 느끼다, 예감하다
предводи́тель (남) 지도자, 대장, 우두머리
предвосхити́ть (완), **~ища́ть** (미완) 미리(앞서)하다, 먼저 알아차리다, 추측(예견)하다
предвы́борный (형) 선거전; ~ая кам- пания 선거운동
предго́рье (중) 산기슭, 저산지대
преде́л (남) ① 경계, 한계, 범위, 영역; за ~ы города 시외로; в ~ах года 한 해 동안에; в ~ах возможного 할 수 있는 한에 있어서 ② 최대한도, 극도, 극한; доходить до ~а 극도에 달하다 ③ (수학) 극한, 극한치; до ~а 극도로; выйти за ~ы 한계를 넘어서다; положить ~ 그치다, 제한하다
преде́льно (부) 극도로, 완전히, 극단적으로
преде́льный (형) 극도, 최대, 최고; ~ый срок 최대기한; ~ая скорость 최고속도
предзнаменова́ние (중) 전조, 징조
предика́т (남) ① (논리) 빈사 ② 술어
предикати́вный (형) 술어적, 풀이말로
предисло́вие (중) 머리말, 서문
предлага́ть ① 제의하다, 제안하다 ② 권하다, 권고하다 ③ 위임하다, 맡기다; ~ тост 축배를 들것을 제의하다
предло́г I (남) 구실, 핑계; под ~ом чего ~을 구실로 삼아; под тем или иным ~ом 이러저러한 구실을 붙여
предло́г II (남)(언어) 전치사
предложе́ние I (중) ① 제의, 제안; по ~ию кого ~의 제의에 의하여; внести ~е 제의하다; 제안을 내놓다; рационализаторское ~е 창의고안 ② (경제) 공급
предложе́ние II (중) (언어) 문장(文章); повествователь- ное ~ 알림문, 서술문; вопросительное ~ 물음문, 의문문; глав-ное ~ 주문; придаточное ~ 부문
предло́жный (형): ~ый падеж 전치격; ~ое управление 전치사를 가진 격지배
предма́йский (형) 5.1절을 앞둔

предме́стье (중) 교외촌
предме́т (남) ① 사물, 물건, 물품; ~ы первой необ-ходимости 생활필수품; ~ы домашнего обихода 가정 용품, ② 대상, 문제, 제목; ~ разговора 화제; ③ 과목, 학과목; на этот ~ 이에 대하여서는; на какой ~? 왜? 무엇 때문에?
предме́тный (형) ① 사물, 물체; ② 대상; ③ 제목, 실물; ~ указатель 색인, 찾아보기; ~урок 실물교수
предназнача́ть (미완) 마련해놓다, 지정 하다
предназнача́ться (미완) 마련되어있다, 지정되다
предназначе́ние (중) 사명(使命), 임무
предназначе́нный (형): ~ для ~을 위한, ~용; ~ для обучения 교수용
преднаме́ренный (형) 고의적인
предначерта́ние (중) 계획, 의도
предначерта́ть (완) 규정하다, 지적하다, 지시하다
пре́док (남) 조상(祖上), 선조(先祖)
предопредели́ть (완), **~я́ть** (미완) 미리 결정짓다; ~ить успех 성공을 미리 담보하다
предоставле́ние (중) 주는 것, 제공, 부여, 이바지.
предоставля́ть (미완) ① 주다, 제공하다, 부여하다, ~ слово 언권을 주다; ~ возможность 가능성을 주다; ~ право 권리를 주다 ② 맡기다, 허가(위임)하다, ~ самому(самим)себе 내버려 두다
предостерега́ть (미완) 경고하다, 미리 주의를 주다; ~ от опасности 위험성을 경고하다
предостереже́ние (중) 경고, 경계, 주의; получить ~ 경고를 받다
предосторо́жность (여) ① 경계, 예방, 조심; ② 예방책, 방비책; меры ~и 예방책
предосуди́тельный (형) 그릇된, 비난 받을만한
предотврати́ть (완), **~ща́ть** (미완) 방지하다, 예방하다, 미리막다, 피하다.
предотвраще́ние (중) 방지, 예방
предохране́ние (중) 예방, 미리막기, 방지
предохрани́тель (남) 안전장치, 보호장치, 안전기
предохрани́тельный (형) 예방의, 안전의; ~ое средство 예방약; ~ый клапан 안전판
предохрани́ть,~я́ть 예방하다, 방지하다, 미리보호하다
предписа́ние (중) ① 지령, 명령; 지시문, 지령서; ② 지시,

처방; по ~ю врача 의사의 처방에 의하여, 의사의 지시에 의하여

предписа́ть (완), **предпи́сывать** (미완) ① 지시(명령)하다 ② 처방을 내리다

предпле́чье (중) 팔뚝

предполага́емый (형) 예정(예상)되는

предполага́ть (미완) ① 예상하다, 추측하다, 예정하다 ② ~하려고 생각하다; что вы ~ете делать? 당신은 무엇을 하실 생각입니까?

предполага́ться (미완) 예상하다, 추측되다, 예기되다

предположе́ние (중) ① 예상, 추측, 짐작; стро́ить ~я 이런저런 추측들을 하다; ② 안(案), 구상(構想)

предположи́тельный (형) 예상되는

предположи́ть: предположим, что ~ 이라고 하자

предпосла́ть (완) 앞서(미리) 말하다

предпосле́дний (형) 끝에서부터 두 번째; ~ но́мер журна́ла 지난 잡지

предпосы́лка (여) 전제(前提), 조건(條件)

предпоче́сть (완), **~ита́ть** (미완) 더 좋아하다; что вы ~ита́ете? 당신은 무엇을 더 좋아하니까?; я – ита́ю оста́ться до́ма 나는 집에 있는 편이 더 좋다;

предпочте́ние (중) : отдава́ть ~ кому-чему ~을 더 좋아하다

предпра́здничный (형) 명절전날

предприи́мчивость (여) 진취성, 사업의욕

предприи́мчивый (형) 정력적인, 진취성(내밀성) 있는

предпринима́тель (남) 실업가, 기가가

предпринима́тельство (중) 기업활동; ча́стное ~ 개인기업

предпринима́ть (미완) 실행(수행)하다; ~ме́ры 대책을 취하다 (세우다); ~ де́йствия 행동을 취하다

предпринима́ться (미완) 실행되다, 수행되다, 취해지다

предприя́тие (중) ① 기업, 공장; ~ бытово́го обслу́живания 편의 봉사시설 ② 사업, 일, риско́ванное ~ 모험적인 일 ③ 계획, 기도

предпусково́й (형) 조업전의

предрасполага́ть (미완) 욕망을 품게 하다, 기분을 가지게 하다

предрасположе́ние (중) 소질, 경향, 취미; ~ к му́зыке 음악에 대한 소질; ~ к туберкулёзу 결핵에 걸리기 쉬운 체질

предрассве́тный (형) 첫새벽의, 꼭두새벽에, 이른새벽,

신새벽, 꼭두식전, 청신, 여명
предрассу́док (남) 편견(偏見), 벽견
предреша́ть (미완), **~и́ть** (완) 미리 결정하다, 미리해결하다
предродово́й (형) 해산전의
председа́тель (남) ① 위원장, 의장; 회장 ②: ~ правления 관리위원장
председа́тельство (중) : под ~м ~의 사회 아래
председа́тельствовать (미완) 위원장(의장)의 직책을 수행하다
председа́тельствующий (남) 사회(자)
предсе́рдие (중)(해부) 심방, 염통방
предсказа́ние (중) 예언(豫言), 예고(豫告), 참언(讖言).
предсказа́ть, предска́зывать (미완) 예언하다, 예고하다
предсме́ртный (형) 죽기직전, 임종(臨終)
представи́тель (남) ① 대표, 대표자, 대리자, ② 대변인(代辯人) ③ 표본(標本)
представи́тельный (형) 대의제(도); 위풍있는, 위엄있는
представи́тельство (중) ① 대표하는 것 ② 대표부; право ~а 대표권
предста́вить (완) ① 내놓다, 제출하다 ② 소개하다 ③ 추천하다, 내신하다; ④ 주다, 일으키다; ⑤: ~ себе́ 상상하다; нельзя́ себе́ ~ 상상도 할 수 없다 ⑥ 묘사하다, 제시하다, 보여주다
предста́виться (완) ① 자기소개를 하다 ② *кем-чем* ~체하다; ~ больны́м 앓는체 하다 ③ 생각(상상)되다; ~ возмо́жным 가능하다고 생각되다 ④ 생기다, 나타나다
представле́ние (중) ① 제출, ② 소개, 추천; ③ 상연, 연극; дава́ть ~е 상연하다 ④ 표상, 관념; 이해, 지식; дава́ть ~е о чём. ~을 이해시키다; не име́ть никако́го ~я 아무런 표상도 없다; в моём ~и 내 보기에는, 나의 생각에는 ⑤ 묘사(描寫)
представля́ть 대표하다: ~ть [собо́й 또는 из себя́] ~이다, 되다; это ~ет собо́й ре́дкое явле́ние 이것은 드문 현상이다
предста́ть (완) (앞에) 나타나다, 나서다; ~ пе́ред судо́м 법정에 나서다
предстоя́ть (미완) (미래에) 있다, 예견되다
предстоя́щий (형) 앞으로 있을, 앞에 나서고 있는, 당면한
предсъе́здовский (형) 대회전, 황갑경기
предубежде́ние (중) 편견(偏見), 선입감; относи́ться с ~м 편견(선입감)을 가지고 대하다

- 617 -

предугада́ть (완), ~а́дывать (미완) 예측하다, 짐작하다, 미리 알아내다

предупреди́тельность (여) 친절(親切), 눈치 빠른 것.

предупреди́тельный (형) ① 예방, 경고; ② 친절한, 눈치 빠른

предупреди́ть (완), ~жда́ть (미완) ① 예고하다, 경고하다 ② 예방하다, 미리막다 ③ 미리하다, 먼저하다, 앞지르다; ~ дить собы́тия 사건을 앞질러 처리하다

предупрежде́ние (중) ① 예고, 경고, 미리 알림; без ~я 예고없이; вы́говор с ~ем 견책 ② 예방, 방지

предусма́тривать (미완), ~отре́ть (완) 예견하다, 미리 타산(도려)하다

предусмотри́тельно (부) 예견하는

предусмотри́тельность (여) 예견

предусмотри́тельный (형) 예견 있는

предчу́вствие (중) 예감(豫感)

предчу́вствовать (미완) 예감하다, 미리 느끼다

предше́ственник (남) ① 선행자; ② 선배, ③ (농업) 앞그루

предше́ствовать (미완) 선행하다, 앞서다; э́тому ~л ряд собы́тий 이에 앞서 일련의 사건들이 있었다.

предше́ствующий (형) 앞의, 이전의, 앞전에

предъяви́тель (남) 제출자, 제시자, 제기자

предъяви́ть ① 제출하다, 제시하다, 보여주다 ② 제기하다

предъявле́ние (중) ① 제출, 제시; ② 제기(提起)

предыду́щий (형) ① 앞선, 앞의, 지난; ~ий год 지난해, 전해; ~ий ме́сяц 지난달, 전(번)달; ~ая страни́ца 앞 페이지; ~ий электропо́езд 앞서간 전동차 ② 위에서 말한, 상술한

прее́мник (남) 계승자

прее́мственность (여) 계승(階乘)

прее́мственный (형): ~ая связь 계승적 연계

пре́жде ① (부) 이전에; как и ~ 종전과 같이 ② (부) 우선; ~ поду́май, а пото́м говори́ 우선 생각하고 다음에 말해라 ③ (전)(+생) ~보다 먼저, 앞서; пришёл ~ всех 제일 먼저 왔다; ~ сро́ка 기한전에; ~ всего́ 무엇보다도 먼저, 우선; ~ чем. ~하기 전에

преждевре́менный (형) 시기상조; 때 이른; ~ые ро́ды 조산(早産)

пре́жний (형) 이전, 종전; в ~е времена́ 이전에, 옛 날에

президе́нт (남) ① 주석, 대통령; ② 총재, 사장; ~Акаде́мии

наук 과학원 원장
президиум (남) ① 상임위원회, 상무 위원회 ② 주석단 ③ 집행부
презирать (미완) 멸시하다, 업신여기다, 넘보다, 깔보다
презрение (중) ① 멸시, 경멸, 경시; ② 홀시, 무관심
презрительный (형) 업신여기는, 멸시하는, 경멸하는
преимущественно (부) 주로, 특히, 기본적으로
преимущественный (형): ~ое право 특권
преимущество (중) ① 우월성, 우수; иметь ~ 우월하다, 우점을 가지다 ② 우선권, 특권
прейскурант (남) 정가표, 가격일람표
преклонение (중) 숭배, 숭상, 예찬(禮讚)
преклонный (형): ~ возраст 고령
преклоняться (미완) ① 숭배하다, 예찬하다 ② 고개를 숙이다
прекословить (미완) 말대답하다, 엇 서다, 반박하다
прекрасно ① (부) 매우 훌륭하게 ② (술어로) 퍽 좋다, 훌륭하다, 아름답다
прекрасный (형) 아름다운, 훌륭한, 매우 좋은, 아주 예쁜; в один ~ день 어느 날, 한번은
прекратить (완) 그만두다, 중지시키다
прекратиться (완) 그치다, 멎다
прекращение (중) 중지, 중단, 폐지
прелестный (형) 아름다운, 매혹적인, 탐스러운; ~ уголок 경치가 아름다운 고장
прелесть (여) ① 아름다움; 매력, 마력, 매혹, 고혹, 매직 (magic) ② (복수): ~и 좋은점, 우수점
преломить[ся] см. преломлять[ся]
преломление (중) 굴절(屈折), 굴곡(屈曲); угол ~я 굴절각
преломлять (미완) 꺾다, 굴절시키다
преломляться (미완) 꺾이다, 굴절되다
прелый (형) 썩은, 뜬
прельстить (완), **~щать** (미완) 꾀이다, 유혹하다, 마음을 끌다; 흐리다, 흘리다
прелюдия (여) 전주곡, 서곡
премиальный (형) ① 표창; ② (명사): ~ые (복수) 상금(賞金)
премировать 표창하다, 상금을 주다, 상을 주다, 상품 주다
премия (여) 상(賞), 상금(賞金), 상품
премьер (남) ① 총리 ② 주역배우
премьера (여) 첫공연, 시연회

премье́р-мини́стр (남) 내각수상
пренебрега́ть (미완) ① 넘보다, 경시(경멸)하다 ② 주의를 돌리지 않다, 등한시하다, 홀시하다; ~ опа́сностью 위험을 두려워하지 않다
пренебреже́ние (중) ① 경시, 경멸; ② 무관심
пренебрежи́тельно (부) 경멸하여; ~ относи́ться 멸시적으로 대하다
пренебрежи́тельный (형) 멸시하는
пре́ния (복수) 토론; выступи́ть в ~х 토론하다, 토론에 참가하다
преоблада́ние (중) 우세, 압도(壓度)
преоблада́ть (미완) 우세하다, 압도하다
преоблада́ющий (형) 우세한, 압도적; ~ее влия́ние 주되는 영향; ~ий тип 흔히 있는 형
преобрази́ть (완) 변화하다, 변형하다, 면모를 일신하다, 개조하다
преобрази́ться (완) 변화되다, 변형되다, 면모가 일신되다, 개조되다
преобразова́ние (중) ① 개혁, 변혁; ② 개조, 전환 ③ 개편
преобразова́тель (남) ① 개조자 ② (전기) 전환기, 변류기
преобразова́ть(완), **~о́вывать** (미완) ① 개혁(개조,전환)하다 ② 개편하다 ③ 전환시키다; ~ уравне́ние 방정식을 변환시키다
преодоле́ние (중) 극복(克復), 타승
преодоле́ть (완) 이겨내다, 극복하다
препара́т (남) ① 표본 ② 약제, 약품
препина́ние (중) : зна́ки ~я 구두점
препира́тельство (중) 쓸데없는 논쟁, 지루한 논쟁
препира́ться (미완) (시시한 일로) 논쟁 하다
преподава́ние (중) 교수, 수업, 교육
преподава́тель (남), **~ница** (여) 교원 (敎員), 선생(先生)
преподава́тельский (형) 교원(敎員); ~ коллекти́в 교원집단
преподава́ть (미완) ① 가르치다, 교수하다 ② 교원으로 일하다, 교편을 잡다
преподава́ться (미완) 교수가 진행되다
препода́ть (완) : ~ уро́к(сове́т) 교훈을 주다, 충고을 주다
преподнести́,~оси́ть (미완) ① 삼가드리다, 증정하다 ② (뜻하지 않은 일을) 꾸미다, 알리다 ③ 내놓다, 서술하다
препя́тствие (중) ① 장애, 방해; служи́ть ~м 장애로 되다 ②

- 620 -

장애물

препя́тствовать (미완) 방해하다

прерва́ть (완) ① 중지하다, 끊다 ② 중단시키다, 멈추다, 되채다

прерва́ться (완) 끊어지다, 중지되다, 중단되다

пререка́ние (중) 대꾸질, 말다툼, 논쟁

пререка́ться (미완) 대꾸질하다, 다투다, 논쟁하다

преры́вистый (형) 중단되고 하는, 연관성이 없는

пресече́ние (중) 저지, 중지, 차단

пресе́чь 저지시키다, 중지시키다, 중단시키다, 가로막다, 차단하다

пресле́дование (중) ① 뒤쫓는 것, 추격 ② 박해;

пресле́дователь (남) ① 추격자 ② 박해자

пресле́довать (미완) ① 뒤를쫓다, 추격하다 ② 박해하다 ③ 괴롭히다, 뒤따르다 ④ 추구하다; ~ цель 목적을 추구하다

пресловутый (형) 악명높은

пресмыка́ться (미완) 아첨하다, 굴복하다, 굽실거리다

пресмыка́ющиеся (복수) 파충류

пресново́дный (형) :~ые рыбы 민물고기, 담수어

пре́сный (형) ① 짠맛이 없는 ② 싱거운

пресс (남) ① 프레스, 압착기(壓搾機)

пре́сса (여) ① 정기간행물, ② 기자들, 출판보도일군들

пре́ссинг (남) (체육) 대인방어

пресс-конфере́нция (여) 기자회견

прессова́ть (미완) 압착(압축)하다

прессо́вка (여) 프레스화, 압착(壓着)

преста́релый (형) ① 나이 많은, 매우 늙은 ② (명사): **~ый** (남) 상늙은이; дом для ~ых 양로원(養老院)

прести́ж (남) 위신(威信); подрыва́ть ~ 위신을 떨어뜨리다

престо́л (남) 왕좌, 왕위; вступи́ть на ~ 즉위하다

преступа́ть, ~и́ть : ~ зако́н 법을 위반 하다

преступле́ние (중) ① 위법행위, 범죄; соверши́ть ~е 죄를 짓다 ② 해로운 짓 на ме́сте ~я 범죄현장에서

престу́пник (남), **~ца** (여) 범인, 죄인, 범죄자

престу́пность (여) 범죄행위, 범죄들, 범죄건수

престу́пный (형) 범죄, 범죄적인; ~ое де́йствие 범죄행위

претворе́ние (중) : ~ в жизнь 구현, 실현

претвори́ть, ~я́ть: ~ в жизнь 구현하다, 실현하다, 관철하다.

претенде́нт (남) 희망자

претендовать (미완) 요구하다, 청구하다, 탐내다
претензия (여) ① 요구, 청구; ② 불평, 불만 ③ человек с ~ями 야심가; быть в ~и на *кого.*~에 대하여 불만을 가지다.
претерпевать, ~еть (완) ~ изменения 변경되다
претить (미완) 싫어지다
преткновение (중): камень ~я 장애물
Претория (여) 프레토리아
преть (미완) 썩다, 뜨다
преувеличение (중) 과장, 과대
преувеличенный (형) 과장된
преувеличивать (미완), ~ть (완) 과장하다
преуменьшать, ~еньшить (미완), ~еть (완) 과소평가하다, 경시하다
преуспевать (미완), ~еть (완) ① 크게 성공하다, 성과를 거두다 ② 전기가 좋다, 잘 살다
префектура (여) 현(縣)(지사의 관구).
префикс (남)(언어) 앞붙이, 접두사
преходящий (형) 일시적인
прецедент (남) 전례(前例)
при (전) (+전) ① 부근에, 곁에, 가까이; ~ станции 정거장 부근에; ② 소속, 부속, 주재; ясли ~ заводе 공장 탁아소; ③ ~때에, ~하에; ~ жизни 살아있을 때에, 생전에; ④ ~있는데서; ~ мне 내 앞에서; ~ всех 모든 사람들 앞에서 ⑤ ~ 환경에서; ~ при сильном ветре 세찬 바람이 부는 데서 ⑥ ~불구하고; ~ при всём том 그럼에도 불구하고; ~при случае 기회가 있으면; быть при смерти 사경에 처하다
прибавить (완) ① 첨가하다, 추가하다, 증가하다; ~ шагу 발걸음을 재촉하다; ② 보태어 말하다, 더 쓰다 ③ 더하다; к семи ~ пять 7에 5를 더하다; в весе 몸무게가 늘다
прибавиться (완) 첨가되다, 가해지다, 붙다, 많아지다; день ~лся 낮이 길어 졌다; воды в реке ~лось 강물이 불었다
прибавка (여) 첨가(添加), 부가(附加); ~ к зарплате 가급금
прибавление (중) 증가, 첨가(添加)
прибавочный (형): ~ая стоимость 잉여가치(剩餘價値)
прибегнуть (완) 의거하다, 매달리다; ~ к силе 폭력을 쓰다; ~ к помощи 원조에 매달리다
прибежать (완) 뛰어오다, 뛰어가다, 달려오다, 달려가다
приберегать (미완), ~ечь (완) 모아두다, 저장하다, 저축하다, 장만해두다
приближение (중) ① 접근; 앞당기는 것 ② (수학) 근사치

приближённый (형) ① 근사한, 대략적인; ~ое значе́ние 근사치 ② (명사): ~ый (남) 측근자
приблизи́тельно (부) 대략, 약
приблизи́тельный (형) 대략적인, 근사한
прибли́зить (완) ① 접근시키다 ② 앞당기다
прибли́зиться (완) ① 가까워지다, 가까이가다, 가까이 오다. ② 닥쳐오다, 다가오다, 가까워 오다
прибо́й (남) 바닷가에 부딪치는 파도; шум ~я 부딪치는 파도소리
прибо́р (남) ① 기구, 도구, 장치, ② 한조의 도구
приборостроение (중) 기구제작
прибра́ть (완) ① 정돈(정리)하다; ~ ко́мнату(в ко́мнате) 방안을 정돈하다 ② 거두다, 치우다, 집어넣다, 치워놓다; ~ к рука́м 자기손에 넣다, 횡령하다
прибре́жный (형) 연안; ~ая полоса́ 연안지대; ~ое пла́вание 연안항법
при́быль (여) ① 이윤, 이익; извлека́ть ~ 이윤을 얻다 ② 첨가, 증가
прибыльность (여) 수익성
прибыльный (형) 이익이 있는, 이윤이 있는, 유리한, 벌이가 좋은, 수지가 맞는
прибы́тие (중) 도착(到着)
прибы́ть (완) ① 도착하다 ② 증가되다, 붇다; вода́ прибыла́ 물이 불었다
прива́л (남) (행군도중의) 휴식; 휴식터; устро́ить ~ 휴식하다
прива́ривать (미완), **привари́ть** (완) 용접하다, 때 붙이다
привере́дливый (형) 까다로운, 타발(타박)이 많은, 가리는 것이 많은
привере́дничать (미완) 까다롭게 굴다
приве́рженец (남) 신봉자, 지지자
приве́рженность (여) 신봉; 애착(愛着)
привернуть (완), **привёртывать** (미완) 틀어맞추다; (나사로) 고정시키다
приве́с (남) 무게의 증가량
приве́т (남) ① 인사; 축하; 환영 ② (불변): ~! 안녕하시오!
приве́тливо (부) 친절하게, 반가이, 호의적으로
приве́тливый (형) 친절한, 호의적인, 인사성있는
приве́тственный (형) 환영하는; ~ое сло́во, ~ая речь 환영사

приве́тствие (중) 인사, 인사의 말; 환영사; обменяться ~ями 인사를 나누다

приве́тствовать (미완) ① 인사(환영)하다 ② (제의 등을) 환영 (찬동)하다

привива́ть (미완) ① (나무를) 접하다, 접목(접지)하다 ② (식물을) 풍토에 맞게 순화(순응)시키다 ③ 접종하다 ④ 키우다, 기르다, 습득시키다; ~ любовь к чтению 독서열을 키우다

привива́ться (미완) ① 접목(유착)되다 ② 풍토에 순화(순응)되다 ③ 접종되다 ④ 습관(일반화)되다

приви́вка (여) ① 접목, 접지; ② 접종; ~а оспы 종두; делать ~у против чего. ~의 예방접종을 하다

привиде́ние (중) 유령(幽靈)

привилегиро́ванный (형) ① 특권있는; ~ класс 특권계급 ② 우선적인, 특허

привиле́гия (여) ① 특권, 우점 ② 특허권(特許權)

привинти́ть (완), **приви́нчивать** (미완) (나사못 등으로) 고정시키다

приви́ть[ся] см. привива́ть[ся]

при́вкус (남) 가미된 맛, 덧맛, 뒤맛; 특징적인 맛(경향)

привлека́тельный (형) 매력있는, 매혹 적인, 마음을 끄는

привлека́ть (미완) ① 끌어들이다, 끌어 당기다 ② (관심, 주의 등을) 끌다; ~ внима́ние 주의를 끌다; ~ к себе внима́ние 관심을 모으다 ③ (책임 등을) 지우다, 추궁하다; ~ к отве́тственности 책임을 추궁하다 ④ 쓰다, 이용하다

привлече́ние (중) 인입, 끌어들이는 것

привнести́ (완), **привноси́ть** (미완) 부가(부여,첨가,첨부)하다

при́вод I (남)(공학) 전동(원동) 장치

при́вод II (남)(법률) 구류(拘留)

приводи́ть ① 데리고오다 ② 이끌다, 유도하다; ~ к побе́де 승리에로 이끌다 ③ (정신적 및 육체적 상태에) 빠지게 하다, 이르게 하다; ~ в смуще́ние(замеша́тельство) 당황케 하다; ~ в я́рость(бе́шенство) 분노케 하다; ~ в отча́яние 실망(절망)케 하다 ④ 들다(인증)하다; ~ приме́р 예를 들다; ~ в чу́вство (себя) 제정신이 들게 하다; ~в поря́док 전동하다; э́то к добру́ (ни к чему́ хоро́шему) не приведёт 이것은 좋지 못하게 끝장 날 것이다

приводно́й (형): ~ реме́нь 전달대

приво́з (남) ① 반입, 수입; ② 반입품, 수입품

привози́ть 가져오다, 날라오다, 실어오다, 반입하다, 수입하다

привозно́й (형) 반입한, 수입한; ~ това́р 수입품

приво́й (남) 접붙이기, 접지되는 가지

привокза́льный (형) ~ая пло́щадь 역전광장

приво́лье (중) ① 광야(廣野); степно́е ~ 광활한 초원 ② 자유로운(안락한) 생활

приво́льный (형) ① 넓은, 광활한 ② 자유로운, 안락한; ~ая жизнь 안락한 생활

привста́ть (완, 약간, 반쯤) 일어서다, 일어나다

привыка́ть (미완), **привы́кнуть** (완) ① 버릇(습관)되다; ра́но встава́ть 일찍 일어나는데 버릇되다 ② 익숙해지다; ~ к това́рищам 동무들과 낯익어지다

привы́чка (여) ① 버릇, 습관, 습성; войти́ в ~у 버릇되다; по ~е 버릇으로 ② 숙련, 기능

привы́чный (형) ① 습관적인, 버릇된 ② 보통, 잘 알려진; ~ое явле́ние 보통현상 ③ 익숙한, 낯익은; ~ая рабо́та 익숙한 일

привя́занность (여) ① 애착, 애착심; ② 애착의 대상

привяза́ть (완) ① 매다, 묶다; 얽어매다 ② 애착을 느끼게 하다

привяза́ться (완) ① 매어지다; 얽어 매이다 ② 애착을 느끼다 ③ 시끄럽게 달라붙다, 싫증나게 굴다

при́вязь (여) 띠, 사슬, 줄; соба́ка на ~и 매어놓은 개

пригиба́ть (미완) 휘어 뜨리다.

пригиба́ться (미완) 휘다, 굽혀지다

пригла́дить (완), **~живать** (미완) 딱 붙게하다; ~ во́лосы 머리 칼을 쓰다듬어 붙이다

пригласи́тельный (형) ~ биле́т 초대장, 초대권

пригласи́ть (완), **~ша́ть** (미완) ① 초대(초청)하다; ~си́ть в го́сти 손님으로 초대하다 ② 참가하게 하다, 권하다 ③ 불려오다, 초빙하다

приглаше́ние (중) ① 초대, 초청, ② 권고, 요청; 초빙; ③ 초대장, 초대권

пригля́дывать (미완) 돌보다; 감시하다; ~ за детьми́ 아이들을 돌보다

пригля́дываться (미완) ① 주의깊이 보다, 주시하다 ② 눈에 익다, 버릇되다; ~ к рабо́те 일에 버릇되다, 일이 눈에 익다

пригляну́ться (완) 마음에 들다; он нам ~лся 보기에 그는

- 625 -

우리 마음에 들었다

пригово́р (남) ① 판결, 선고; оправда́тельный(обвини-тельный) ~ 무죄(유죄)선고; сме́ртный ~ 사형선고; вы́нести ~ 판결(선고)을 내리다 ② 결정, 결의

приговори́ть, **~éть** (완) 선고(판결, 언도)하다; ~ к сме́ртной ка́зни 사형을 언도하다

пригоди́ться (완) 쓸모 있다, 쓸만하다, 필요(유용)하다

приго́дность (여) 쓸모있는 것, 유용성

приго́дный (형) 쓸모있는, 쓸만한, 유용한

пригоня́ть (미완) ① 몰아오다(가다) ② 맞추다, 들어맞게 하다; ~ кры́шку 뚜껑을 맞추다

пригоря́ть, **~éть** (완) ① 눋다, 타다, 탄내가 나다 ② 눌어붙다; рис ~ел к котлу́ 밥이 가마에 눌어붙었다

при́город (남) 교외, 시외; в ~ах Москвы́ 모스크바 교외에서

при́городный (형) 교외의, 시외의, 외각, ~ по́езд 교외열차

при́горок (남) (산 밑의) 언덕

приго́ршня (여) 한줌, 한움큼;[полны́ми] ~ми 듬뿍, 잔뜩

пригорю́ниться (완) 슬퍼하다, 비애에 잠기다

пригото́вить (완) ① 준비하다, 마련 하다 ② (음식) 끓이다; (밥을) 짓다; ~ обе́д 점심식사를 준비하다 ③ 장만하다; ~ дров к зиме́ 겨울나이 장작을 장만하다 ④ 만들다

пригото́виться (완) 준비하다, 모든 준 비를 갖추다; ~ к пра́зднику 명절준비를 하다

приготовле́ние (중) ① 준비, 마련하는 것 ② (흔히 복수) 준비작업, 차비;~я к отъе́зду 떠날 차비, 출발준비

пригрози́ть (완) 위협하다, 으르렁대다

придава́ть (미완) ① 첨가하다, 덧붙이다 ② (어떤 특징. 특성 등을) 가지게 하다, 부여하다;~ значе́ние 의의를 부여하다

придави́ть (완) 내리누르다, 짓누르다

прида́ное (중) (신부의) 지참품(持參品)

прида́ток (남) ① 부가물, 부속물; ② (의학) 부속기관, 하수체 быть(стать) ~ком 부속물(예속물)로 되다

прида́точный (형) : ~ое предложе́ние (언어) 부문(部門)

прида́ча (여) : в ~у 그밖에, 게다가, 그 외에

придвига́ть (미완) ① 가까이 끌어오다(가다), 가까이 옮기다, 접근시키다; ~ к себе́ стул 의자를 자기한테로 끌어 당기다 ② (시간, 기일을) 앞당기다; ~ сро́ки 기한을 단축하다

придвига́ться (미완) ① 가까이 오다(가다), 가까워지다, 접근하다 ② (시일이) 가까워오다.

приде́лать (완), **~ывать** (미완) ① 붙이다, 덧붙이다, 덧대다; ~ ручку к корзине 바구니에 손잡이를 붙이다 ② 증축하다, 덧붙여 짓다

придержа́ть(완), **придерживать**(미완) ① 움직이지(떨어지지) 않게 붙들어(잡아)주다 ② (당분간) 사용하지않고 두다, 간수하여 두다

придерживаться ① (좀, 약간) 쥐다, 잡다, 기대다; ~ за перила 난간에 기대다 ② (방향을 잡고) 가다; ~ правой стороны 오른쪽을 가다 ③ 견지(의거)하다, 지키다

придираться (미완) ① 흠잡다, 트집하다, 까탈잡다; ~ к каждому слову 말마다 마다 트집을 걸다 ② 구실로 잡다

приди́рка (여) 트집, 꼬투리, 흠, 까탈, 가탈; 무리난제; пустые ~и 공연한 트집

приди́рчивый (형) 트집을 잡기 좋아하는, 흠을 잘 잡는, 까탈부리는.

придумать, **~ывать** (미완) 생각해내다, 꾸며내다, 고안하다; ~ать отговорку 거절할 구실을 생각해내다

придыха́ние (중)(언어) 기음, 대기음

придыха́тельный(형): ~ звук(согласный) (언어) 기음,거센소리

приеда́ться (미완) 싫증나다

прие́зд (남) 도착(到着)

приезжа́ть (미완) (타고) 오다, 도착하다

прие́зжий (남) 다른 곳 손님, 다른 곳에서 온 사람

прие́м (남) ① 접수, 받는 것; ~ за-явлений 신청서의 접수 ② 접견; ③ 연회; устроить ~ 연회를 베풀다 ④ 섭취, 복용 ⑤ (один, два, несколько 등과 함께) 번, 회; в один ~ 한번에, 단번에

приемле́мый (형) 시인(허용)할만 한, 타당한, 접수될 수 있는

приёмная (여) 응접실, 접수실

приёмник (남) ① (무선)수신기, 수상기, 수화기 ② 임시 수용소, 맡아보는 곳

приёмный (형) ① 접수하는, 받아들이; ~ый день 면회날; ~ые часы 면회시간; ~ое отделение: ~ый покой 입원실 ②: ~ая радиостанция 수신국, 수신소 ③: ~ый отец 양아버지; ~ый сын 양아들; ~ая дочь 양딸; ~ые экзамены 입학시험; ~ая комиссия 신입생모집위원회

приёмщик(남),**~ца** (여) 접수자, 검수인

приёмыш (남) 양아들, 양딸

прие́сться (완) 싫증이 나다; мне это ~ лось 나는 이것에

싫증이 났다

прижигáние (중) (의학) 지지기

прижигáть (미완) (자극성이 강한 약품 따위로) 바르다, 지지다; ~ рáну йóдом 상처에 옥도정기를 바르다

прижимáть ① 누르다, 대다; 끌어안다 ② 박해하다

прижимáться (미완) 꽉 안기다, 바싹 붙다, 밀착되다

приз (남) 상(賞), 상품(賞品), 상금(賞金); соревновáния по гимнáстике на ~ газéты <Москóвские нóвости> <모스크바 새소식> 신문배쟁탈 체조경기대회

призадýматься (완), **~ываться** (미완) 깊이 생각하다, 생각에 잠기다

призвáние (중) ① 사명, 임무; найти́ своё ~ 자기의 보람찬 활동 분야를 찾아내다; ② 취미, 소질, 경향; ~ к мýзыке 음악에 대한 취미

приземи́стый (형) ① 다부진, 옹골찬, 오달진 ② 작은, 낮은

приземлéние (중) 내리기, 착륙(着陸)

приземли́ться (완), **~яться** (미완) 내리다, 착륙하다

призёр (남) 수상자, 상을 탄 사람; ~ соревновáний 경기대회 수상자

при́зма (여) ① (물리) 프리즘(prism), 삼릉경, 삼릉파리, 능경, ② (수학) 각기둥, 3각 기둥, 각주, 각도, 모기둥, 각통

признавáть ① 알다, 알아보다 ② 동의(인정, 승인)하다; ~ полéзным 유익 하다고 인정하다 ③ 결론을 내리다

признавáться (미완) ① 고백하다, 자백 하다, 자인하다 ② (삽입어로): призна-вáться (또는признаю́сь) 솔직히 말해서

при́знак (남) ① 표식, 특징, 징표; служи́ть ~ом 표식으로 되다 ② 징조, 전조; ~и болéзни 병중상; не по-давáть ~ов жи́зни 살아있는 기색이 보이지 않다

признáние (중) ① 인정, 승인, 공인; получи́ть ~ 승인을 얻다 ② 고백, 자백, 자인; ③ 인기, 호평; пóльзоваться ~м 호평을 받다

при́знанный (형) 알려진, 공인된, 이름난; ~ факт 주지의 사실

признáтельность (여) 사의, 감사

признáтельный (형) 감사의 정을 담은, 호의를 품은; я вам óчень ~ен 대단히 고맙습니다.

призовóй (형) 상; ~ые местá 입상등수, 상을 받은 등수; пéрвое ~ое мéсто 제1위

при́зрак (남) ① 환영, 유령; ② 환상, 망상

при́зрачный (형) ① 환상적인, 가상적인 ② 희미한, 아리송

아리송한

призы́в (남) ① 부름, 호소, 하소연; откликнуться на ~ 호소에 호응하다 ② 구호(口號)

призыва́ть (미완) ① 부르다, 호소하다; ~ к защите родины 조국을 보위할 것을 호소하다; ~ на помощь 도와달라고 부르다 ② 요구하다; ~ к порядку 질서를 지킬 것을 요구하다

призывни́к (남) 징집(입대)대상자, 징집 (초모)된 사람

призывно́й (형) 징집하는, 초모되는; ~ во́зраст 징집(초모)나이

при́иск (남) 채광장, 광산; золоты́е ~и 금광, 금점판

прийти́сь; как придётся 형편을 보아서, 이럭저럭; ~ кста́ти 알맞다, 적절하다, 때맞추다;~ ко двору́ 알맞다, 어울리다

прика́з (남) ① 명령, 지령; ② 명령서, 지령서

приказа́ние (중) 지령(指令), 명령, 지시

приказа́ть(완), **прика́зывать** (미완) ① 명령(분부,지시)하다; ~ останови́ть ма-ши́ну 차를 세우라고 명령하다 ② 맡기다, 위임하다; как прика́жете 당신의 마음대로; приказа́л до́лго жить 죽었다

прика́лывать (미완) 핀으로 붙이다(달다); ~ бант 리본을 핀으로 달다

прика́рмливать (미완) 보태어 먹이다; ~ младе́нца ка́шей 젖먹이에게 암죽을 보태어 먹이다

прикаса́ться (미완) 손대다, 다치다, 건드리다, 대다

прикати́ть (완) ① 굴려오다 ② (타고) 오다, 도착하다

прики́дывать (미완) (대략적인 것을) 계산하다; ~ на счётах 산판을 대략 튀겨보다; ~ в уме́ 속궁리(타산)해보다

прики́дываться (미완) ~는체 하다; 가장하다; ~ больны́м 앓는체하다;~ незна́ющим 모르는체 하다

прикла́д (남) ① 개머리판; ② 심지감(옷을 지을때 드는 안감, 단추 등)

прикладно́й (형) 응용, 실용적인; ~ые нау́ки 응용과학; ~ая матема́тика 응용수학; ~ая лингви́стика 응용언어학 ~ое иску́сство 공예미술

прикле́ивать (미완) (풀로) 붙이다

прикле́иваться (미완) 붙다, 달라붙다

приключе́ние (중) ① 사건, 사고, 일 ② 기이한 사건, 모험(冒險)

приключе́нческий (형) 모험적인

приключи́ться (완) 생기다, 일어나다, 발생하다; ~лась неприя́тность 불쾌한 일이 생겼다

прикова́ть(완), прико́вывать(미완) ① 단접하다 ② 쇠사슬로 매다 ③ 꼼짝 못하게 만들다; ~ внима́ние 관심을 끌다

прикола́чивать (미완), ~оти́ть (완) 못박아 붙이다

прикомандирова́ть (완), ~о́вывать (미완) 임시로 파견하다, 임시로 배치 하다, 임시로 배속시키다

прико́нчить(완) 끝장을 내다; 죽이다

прикоснове́ние (중) 손대는것; 접촉

прикрепи́ть (완) ① 붙이다, 달다, 고정시키다 ② 붙어놓다, 소속(배속)시키다

прикрепи́ться (완) ① 붙다, 고정되다 ② 등록되다

прикрепле́ние (중) ① 붙이는 것, 고정시키는 것 ② 소속시키는 것 배속 시키는 것 (登錄)

прикрыва́ть (미완) ① 덮다, 씌우다, 가리다, 숨기다 ② 감추다 ③ 비스듬히 닫다; ~ дверь 문을 비스듬히 해두다 (꽉 닫지 않다) ④ 막다, 엄호하다; ~ наступле́ние 공격을 엄호하다

прикрыва́ться (미완) ① 덮다, 몸을 가리다 ② 숨기다

прику́ривать (미완), прикури́ть 담뱃불을 붙이다

прила́вок (남) 매대

прилага́тельное(중): [и́мя] ~ 형용사

прила́дить (완), ~жива́ть (미완) 맞추다, 달다

приласка́ть (완) 귀여워하다

прилега́ть (미완) ① 딱(달라)붙다 ② 잇닿아 있다, 인접해 있다

прилежа́ние (중) 열심(熱心), 노력, 근면

приле́жный(형) 부지런한, 꾸준한, 근면한

прилепи́ть (완) ① 붙이다; ② 달다, 매달다

прилепи́ться (완) 붙다

прилёт (남) 날아오는 것, 착륙(着陸)

прилета́ть (미완), ~е́ть (완) ① 날아오다 ② 급히 오다, 바삐 달려오다

приле́чь (완) ① (잠시) 눕다 ② 누워(엎드려) 숨다

прили́в (남) ① 밀물 ② 흘러드는 것, 충만; ~ кро́ви 충혈

прили́вный (형): ~ое тече́ние 밀물흐름; ~ая волна́ 미세기물결, 조석파; ~ая электроста́нция 조수력발전소

прилипа́ть(미완), прили́пнуть (완) ① 들어붙다, 달라붙다 ② 졸졸 따라다니다, 시끄럽게 굴다

прили́ть (완) ① 흘러들다 ② 피발이 서다

прили́чие (중) 예의, 예절, 예법; для(ра́ди) ~я 예의상

прили́чный (형) ① 예절바른 ② 알맞은, 어울리는 ③ 상당한, 꽤 많은, 꽤 좋은; ~ая сумма денег 상당한 금액

приложе́ние (중) ① 부록 ② 경주, 집중 ③ 응용 ④ (언어) 동격어

приложи́ть (완) ① 가져다 대다; ~ руку ко лбу 이마에 손을 대다 ② 덧붙이다, 첨가(첨부)하다 ③ 경주(집중)하다; ~ все силы 모든 힘을 바치다(기울이다) ④ 적용(응용)하다

приложи́ться (완): остальное приложится 나머지는 제대로 되리라

примаза́ться(완), **~ываться**(미완) 끼어들다, 가담(가입,참가) 하다

прима́нка (여) 미끼, 고기밥

примене́ние (중) ① 사용, 이용 ② 적용

примени́тельно (부): ~ к местным условиям 지방조건에 맞추어

примени́ть (완), **~я́ть** (미완) ① 쓰다, 사용(이용)하다 ② 적용하다

применя́ться (미완) 사용(이용)되다

приме́р (남) ① 예, 실례; привести ~ 예를 들다 ② 모범, 본보기; брать ~ 모범을 받다; личным ~ом 이신작식의 모범으로 ③ (수학에서) 실례(實例)

приме́рка (여) ① 입어(신어)보는 것 ② 시침(바느)질, 가봉

приме́рно (부) ① 모범적으로 ② 대략, 약; ~ 100 человек 약 100명; ~ в это время в прошлом году 지난해 이맘때에

приме́рный (형) ① 모범적인, 훌륭한, 칭찬할한, 가상한, 나무랄데 없는, 빼어난, 뛰어난, 완벽한; ~ ученик 모범학생 ② 대략적인, 근사한

примеря́ть (미완) 입어(신어)보다

при́месь (여) ① 섞인 것, 혼합물 ② 보태는 것, 덧붙이

приме́та (여) ① 표식, 특징, 징표, 표징, 표지; 징조, 빌미, 조짐, 징후, 전조, 조상, быть на ~е 관심의 대상이 되다, 감시대상이 되다

примеча́ние (중) 주, 주해, 주석, снабди́ть ~ями 주석을 달다

примеча́тельный (형) 주목할만한, 뛰어난, 비상한

примеша́ть (완), **приме́шивать** (미완) 타다, 섞다, 혼합하다, 뒤섞다, 합하다, 한데섞다, 짬뽕하다, 뒤버무리다, 뒤섞이다

примире́ние (중) 화해(和解), 화회(和會), 사화(私和), 하위

примири́ть (완) 화해시키다

примири́ться ① 화해하다 ② 복종하다, 순종하다, 좇다,

- 631 -

따르다, ③ 참다, 견디다, 안간힘 쓰다, 안추르다, 인내하다, 감내하다, 감인하다; 이겨내댰, 억제하다

примити́вный (형) ① 단순한, 간단한 ② 유치한, 조잡한, 문화성이 없는

примкну́ть (완) 가담하다, 거들어주다; ~ к большинству́ 다수의 편에 들다

примо́рский (형) 연해의, 해변의, 바닷가; ~ куро́рт 해안 정양소

Примо́рский край 연해변강

примо́рье (중) 연해지방, 해안지대, 바닷가, 연해변, 해안,

Примо́рье (중) 연해주

примо́чка (여) ① 물약찜질 ② 찜질용 물약

примча́ться (완) 바삐(빨리) 달려오다

примыка́ть ① *см.* примкну́ть ② 잇닿아 있다, 인접해 있다

принадлежа́ть (미완) ① 속하다, 속해 있다 ② 소속되다, 성원으로 되다

принадле́жность (여) ① 부속물, 부속품, 용구 ② 소속 ③ 속성, 특질

принижа́ть (미완), **прини́зить** (완) 낮추보다, 저하시키다, 과소평가하다; ~ значе́ние 의의를 저하시키다

принима́ть (미완) ① 받다, 접수하다, 받아가지다, 수납하다, 수령하다, ② 담당하다, 책임지다, 걸머지다 ③ 받아들이다, 들어주다, 허락하다; ④ 맞다, 만나다; 접견하다; ~ посети́теля 손님을 맞다(만나다) ⑤ 동의(접수)하다, 동조하다, 찬성하다, 찬동하다 ⑥ 채택하다, 택하다, 가려내다, 가려뽑다; ⑦ за кого-что (옳게 혹은 잘못) 보다, 생각(간주)하다; ~ за знако́мого 아는 사람인줄로 알다; ~ в штыки́ 적대시하다

принима́ться ① 착수하다, 시작하다, 손대다, ~ за рабо́ту 일에 착수하다; ~ чита́ть 읽기시작하다 ② за кого́ 교양(훈계)하기 시작하다; 타이르다, 구슬리다, 설득하다, ③ 뿌리박다, 싹트다, 움나다, 움돋다, 움트다, 싸나다, 발아하다,

приноравливать (미완) 맞추다, 상응시키다, 맞게하다, 맞도록하다

приноравливаться (미완) 적응하다, 순응하다, 순화하다, 조화하다, 융화하다, 버릇되다, 습관되다, 습성되다,

приноси́ть (미완) ① 가져가다(오다), 가지어 가다; 가지고 가다, 집어가다, 들고가다, ② 새끼치다, 낳다, 번식하다, 산란하다, 번육하다; ③ (결과를) 가져오다, 끼치다; ④

(일부명사와 함께) ~하다; ~ благода́рность 감사를 드리다; ~ извине́ния 사과하다

принуди́тельный (형) 강요하는, 강권적인, 강용적인, 강작적인, 강청하는, 면강하는, 강제적인; ~ые рабо́ты 강제 노동

принуди́ть (완), **принужда́ть** (미완) 강요하다, 강권하다, 강청하다, 강제하다, 억지로 ~하게 하다; ~ прийти́ 오게 하다

принужде́ние (중) 강요, 강제, 강권, 강용, 강작, 강청, 면강; без ~я 자발적으로

принц (남) 친왕, 왕자(王子)

при́нцип (남) ① 원칙, 원리, 규칙, 법(法), 법칙, 본칙, 기본명제 ② 주의, 주견, 주장, 설(說), 이론, 이즘(ism); в ~е 대체로, 원칙상, 기본적으로

принципиа́льность (여) 원칙성(原則性)

принципиа́льный (형) ① 원칙적인; ~ вопро́с 원칙적문제 ② 한결같은, 시종 일관한, 철저한; ~ челове́к 철저한 사람 ③ 기본적인

приня́тие (중) ① 접수, 인수 ② 채용, 채택 ③ 승인, 수락

приободри́ть (완) 고무해주다, 원기를 북돋아주다

приободри́ться (미완) 힘이나다, 원기를 내다, 기운을 내다

приобрести́ (완), **-та́ть** (미완) 가지다, 얻다, 획득하다, 손에 넣다; ~сти́ о́пыт 경험을 얻다; ~сти́ хоро́шую репута́цию 좋은 평(가)를 받다

приобрете́ние (중) ① 얻는 것, 획득, 구입 ② 획득물, 구입품 (購入品)

приобща́ть ① 접촉(참가)시키다, 입인하다 ② 첨부하다, 덧붙이다

приобща́ться (미완) 접촉(참가)하다, 입인되다; ~ к нау́ке 과학에 종사하다

приобще́ние (중) 접촉, 상접 교섭, 촉접, 참가; 입인; 종사

приорите́т (남) ① (발명, 연구 등에서) 앞선 것, 제1위 ② 우선권, 우위; ~ за на́ми 우리에게 우선권이 있다 ③ (흔히 복수) 중점; ~ы в экономи́ческом разви́тии 경제발전의 중점

приостана́вливать (미완), **-ови́ть** (완) 멈추다, 그치다, 멎다, 굿다, 서다, 중지시키다, 정지시키다, 지체시키다; ~ ови́ть наступле́ние проти́вника 적의 공격을 좌절시키다

приостанови́ться (완) 멎다, 중지(정지,지체)되다; рабо́та ~лась 작업은 중단 되었다

приостано́вка(여), **приостановле́ние**(중) 정지, 중지, 중단, 정침, 정폐, 준좌, 준지, 중지, 중도이폐, 반도이폐, 중동무이

приоткрыва́ть (미완) 조금 열다
приоткрыва́ться (미완) 조금 열리다
припа́док (남) 발작(發作), 소발작(小發作), 발광(發狂); в ~ке гнева 노기등등 하여, 기세등등하여.
припаса́ть (미완), ~ти́ (완) 장만(저축, 준비)해두다
припа́сы (복수) 예비품, 예비물자; съестные ~ 식량, 식료품
припая́ть (완) 땜하여 붙이다
припе́в (남) 후렴(後斂), 후념(後念), 리프레인(refrain)
припева́ючи (부): жить ~ 근심걱정 없이 (호강하게) 살아가다
припека́ть (미완) (햇볕이) 내려 쪼이다
припи́ска (여) ① 덧쓰기 ② 등록, 편입
припи́сывать (미완) ① 덧써넣다 ② 등록하고 편입시키다 ③ ~에 귀착 시키다, ~ 탓으로 보다; ~ незнанию 무식한 탓이라고 보다
приплати́ть, припла́чивать 더 (추가) 지불하다
приплод (남) (짐승의) 새끼; давать большой ~ 새끼를 많이 낳다
приплыва́ть (미완), ~ы́ть (완) (헤엄쳐) 오다, (배로) 오다, 와닿다, 떠오다
приподнима́ть (미완) 약간 쳐들다; 약간 일으키다
приподнима́ться 약간 일어나다, 몸을 약간 일으키다
припо́днятый (형) ① 흥분된, 북받치는, 들뜨는, 들뜨이는, 들썽거리는, 들썽대는, 들썽하는, 들썽들썽하는, 넋오르는; ② 고상한, 격조높은; ~ый стиль 고상한 문체
приполза́ть, ~ти́ (완) 기어오다(가다), 기어들다
припомина́ть (미완), припо́мнить (완) ① 회상하다, 돌이켜 생각하다, 돌이켜 보다, 생각나다 ② 앙심을 먹다, 원한을 품다, 원을 품다, 양분을 가지다, 앙앙지심을 가지다
припра́ва (여) 양념, 조미료; 고명; 양념감, 양념거리, 꾸미
припра́вить (완), ~авля́ть (미완) 양념치다, 조미료를 넣다, 고명을 넣다.
припря́тать (완), ~ывать (미완) 거두어 두다; (만일을 위하여) 감추다, 숨기다
припу́гивать (미완), припугну́ть (완) 조금 놀래다, 위협하다
прирабо́ток (남) 부수입(副收入)
прира́внивать (미완), прира́внять (완) 같이보다, 동일시하다; 나란히 놓다
приро́да (여) ① 자연, 천연, 진(眞), 자연계 ② 본질, 본바탕, 근본, 본성, 성래, 천성; от ~ы 본래, 날 때부터

приро́дный (형) 자연의, 천연의, 본질의; ~ые богатства (ресурсы) 자연부원

прирост (남) 증대, 증가; 증가량

приручать(미완), **~ить**(완) 길들이다

присаживаться(미완) (잠시) 앉다.

присвое́ние (중) ① 수여, 증정; ~ почётного звания 명예칭호수여 ② 횡령, 괴대, 약취

присво́ить(완) ① 수여하다; ~ звание 칭호를 수여하다 ② 떼어막다, 횡령(약취)하다

приседа́ние (중) 무릎을 굽히는 것.

приседа́ть (미완) 무릎을 굽히다, 무릎을 굽혔다폈다하다

присе́сть 무릎을 굽히고 앉다

прискака́ть (완) ① 깡충깡충 뛰어오다 ② (말을 타고) 달려오다

приско́рбие (중): с ~ем 통탄하여, 슬픈마음으로; к ~ю 유감스럽게도, 슬프게도

присла́ть (완) 보내오다

прислони́ть (완) 기대다, 기대어놓다

прислони́ться (완) 기대다, 기대어서다 (앉다)

прислу́га (여) ① 하녀, 하인, 심부름꾼 ② (군사) (집합) 사격조원, 포수

прислу́живать (미완) ① 시중을 들다, 심부름하다, 봉사하다 ② 비위를 맞추다

прислу́жник (남) 앞잡이, 끄나풀, 주구; 정보원, 첩자

прислу́шаться (완), **~иваться** (미완) ① 귀아듣다 ② 고려하다; ~иваться к го́лосу ~의 목소리에 귀를 기울이다 ③ 귀에 익다; ~иваться к уличному шуму 거리의 소음에 습관되다

присма́тривать (미완) ① 찾다, 얻어내다; ~ себе́ рабо́ту 일자리를 얻다 ② 돌보다, 보살피다; ~ за детьми́ 아이들을 돌보다 ③ 감시하다, 감독하다

присма́триваться (미완) ① 눈여겨보다, 살피다, 주시하다 ② 눈에 익다, 버릇 (습관)되다; ~ к рабо́те 일에 익숙해지다, 일이 손에 익다

присмире́ть (완) 조용(온순)해지다

присмо́тр (남) 감시(監視), 감독(監督)

присоедине́ние (중) ① 연결, 결합 ② 통합, 병합 ③ 가담, 합류

присоедини́ть (완) ① 잇다, 연결하다 ② 통합하다, 병합

하다 ③ 포함시키다, 소속시키다, 가담시키다
присоедини́ться (완) ① 합치다, 연계를 맺다 ② 편들다, 동의(가담)하다; ~ к общему мне́нию 전체의 의견에 동의하다
присоса́ться (완) 달라붙다
приспе́шник (남) 앞잡이, 주구
приспоса́бливать (미완) 적응시키다, 적용(이용)할 수 있게 하다
приспоса́бливаться (미완) 적응하다, 버릇(습관)되다, 익숙해지다
приспособле́ние (중) ① 설비, 장치, 시설, 부대설비, 설치; ② 적응, 순응; 순화, 조화, 응화
приспосо́бленность(여)적응성(適應性)
приспосо́бленчество (중) 보신주의
приспособля́емость (여) 적응력, 적응하는 힘.
приспуска́ть (미완), **~ти́ть** (완) 내리우다, 낮추다; ~ти́ть флаг 기발을 조금 내리 우다
пристава́ть (미완) ① 달라붙다, 묻다 ② 치근거리다, 성가시게 굴다
приста́вить (완) ① 대어(기대어)놓다, 기대어우다; ~ стол к стене́ 책상을 벽에 바싹 붙여놓다 ② 덧붙이다, 잇다 ③ (살피기 위해) 사람을 붙이다
приста́вка (여) (언어) 앞붙이, 접두사, 머리가지, 앞가지, 접두어(接頭語)
приста́льно (부) 유심히, 뚫어지게, 눈여겨
приста́льный (형): ~ый взгляд 뚫어지게 바라보는 눈초리; ~ое внима́ние 긴장된 주의
приста́нище(중) 피난처, 안식처(安息處)
при́стань (여) 부두(埠頭), 정박장
пристёгивать, **~егну́ть** (완) (단추를 채워) 달다
пристра́ивать (미완) 증축하다, 잇달아 짓다
пристра́стие (중) ① 열중, 골몰, 몰두; ② 편견, 치우친 생각,
пристрасти́ться (완) 열중하다
пристрели́ть (완) 쏴죽이다
пристро́иться (완) ① 자리잡다 ② 붙다, 끼이다; 한목들다 ③ 취직하다 ④ 나란히 대열을 짓다
пристро́йка (여) ① 증축 ② 옆채, 딴채
при́ступ (남) ① 발작 ② 돌격; взять ~ом 돌격으로 (일격으로) 점령하다
приступа́ть, **~и́ть** (완) 시작(착수)하다, 달라붙다

присуди́ть (완), **~жда́ть** (미완) ① 언도(처분)하다 ② 수여하다; ~дить учёную степень 학위를 수여하다

присужде́ние (중) ① 언도, '선고'의 구법상의 이름. ② 수여

прису́тствие (중) 참석, 참가, 참여, 출석; в ~и всех 모든 사람이 있는데서; в ~и кого ~가 입회한 가운데; не теряя ~я духа 침착하게

прису́тствовать (미완) 참석하다, 출석하다, 참가하다, 끼다, 끼어들다

прису́тствующий (남) 참가자, 출석자

прису́щий (형) 고유한, 독특한

прися́га (여) 선서, 맹세, 맹서; военная ~a 군인선서; принять ~y 선서하다

присяга́ть (미완), **~нуть** (완) 선서(선약) 하다

притаи́ться (완) 숨다

притащи́ть (완) 끌고오다, 끌어오다

притвори́ться (완), **~ятся** (미완) ~는체 하다; ~иться спящим 자는체하다

притесне́ние (중) 박해, 억압, 압제, 압박, 억제, 제압, 위압

притесня́ть (미완) 박해(억압)하다

притихну́ть (완) 잠잠(조용)해지다

прито́к (남) ① 흘러 오는 것 ② 지류, 물줄기, 분파

прито́м (접) 그밖에, 또한, 뿐만아니라

прито́н (남) 소굴, 굴, 굴혈, 근거지, 소혈, 와굴 적굴,

прито́рный (형) ① 얄팍한, 역한, 너무 단 ② 치근거리는, 지나치게 친절한

притра́гиваться,~онуться (완) 살짝 만지다, 다치다

притупи́ть[ся] (완), **~лять[ся]** (미완) ① 무디다 ② 둔해지다; зрение ~илось 시력이 약해졌다

притяже́ние (중) 인력(引力) 공간적으로 떨어진 물체끼리 서로 끌어당기는 힘.; закон земного ~я 지구인력의 법칙(法則)

притяза́ние (중) ① 요구, 주장 ② 야망(野望)

приукра́сить (완), **~шивать** (미완) ① 약간 장식하다 ② (미화) 분식하다, 분칠(과장)하다

приуменьша́ть,~еньшить 줄이다, 덜다, 감소시키다

приумножа́ть,~ожить 증가시키다

приуны́ть (완) 좀 악심하다, 기가 죽다

приуро́чивать (미완), **~ть** (완) (시간, 기일을; 시간, 기간에) 일치(적응)시키다, 정하다; ~отъезд к весне 봄에 떠나기로 작정(정) 하다

приуса́дебный (형) 집 부근, 집 근방; ~ый участок 개인 텃밭; ~ое хозяйство 개인터밭, 개인경리

приуча́ть (미완) (습관을) 길러주다, 버릇을 붙여주다; ~ к чтению 독소하는 버릇을 길러주다

приуча́ться (미완) 버릇(습관)되다

прифронтово́й (형) 전선부근; ~ая полоса 전선지대

прихвосте́нь (남) 앞잡이, 주구

прихо́д (남) ① 도착, 도래(到來) ② 수입(收入); 입금(入金)

приходи́ть (미완) ① 오다, 도착하다 ② 찾다, 찾아오다 ③ 닥쳐오다, 돌아오다 ④ 이르다, 도달하다; ~ к выво́ду 결론에 이르다 ⑤ 휩싸이다; ~ в восторг 환회에 휩싸이다; ~ в голову 생각나다, 머리에 떠오르다; ~ в себя 제 정신이 들다

приходи́ться (미완) ① 맞다, 알맞다, 얼맞다; 걸맞다, 어울리다, 적당하다, 적합하다, 적절하다, 적격이다, 적정하다, 적실하다; ~ по вкусу 취미에 맞다, ② 해당되다; он мне приходится дядей 그는 나에게 아저씨뻘이 된다. ③ ~하지 않으면 안된다, 해야하다; ему приходится уезжать 그는 떠나가지 않으면 안된다. ④ ~하게되다; им приходилось туго 그들은난처하게 되었다; на каждого приходится по рублю 매인당 1루블씩 차례지게 된다

прихо́жая (여) 전실(專室)

прихо́ть (여) 변덕, 벤덕, 도섬, 변사, 괴벽, 엉터리없는 요구

прихра́мывать (미완) (다리를) 약간 절다

прице́л (남) ① 겨누는 것, 조준, 겨냥; ② 조준기, 조척; брать(взять) на ~ 1) 겨누다 2) 주의를 집중 하다

прице́ливаться,~ться (완) 겨누다, 조준 하다; 노리다

прице́льный (형) : ~ огонь 조준사격

прице́ниваться, прице́ниться (완) 금을 보다, 값을 묻다

прице́п (남) 연결차 трактор с ~ом 연결차를 단 트랙터

прицепи́ть (완) 달다, 매달다, 달아매다, 늘어뜨리다, 붙이다

прицепи́ться (완) ① 매달리다, 달라 붙다 ② 트집잡다

прича́л (남) 부두, 선창(艙); 석, 섰; 선착장, 정박장

прича́ливать (미완), **~ть** (완) 닿다, 정박하다

прича́стие (중) (언어) 형동사

прича́стность (여) 관여, 참여, 관련

прича́стный (형) ① ~에 관여하는(관계되는) ② (언어) 형동사; ~ оборот 형동사구

причём ① (접) 그리고, 게다가, 또한 ② (부) 왜, 무슨 까닭에; ~ здесь я? 내가 무슨 상관이 있는가?

причеса́ть (완) 빗다; 빗겨주다
причеса́ться (완) 머리를 빗다
причёска (여) 머리의 꾸밈새
причи́на (여) 원인, 이유, 동기, 계기, 요인, 모티브(motif), 까닭, 영문, 빌미; uvaжи́тельная ~ 정당한 이유
причини́ть (완), **~я́ть** (미완) 일으키다, 끼치다; ~ить убы́тки 손실을 끼치다, ~ить боль 고통을 주다, 아프게 하다; ~я́ть беспоко́йство 근심을 끼치다, 불안케 하다
причи́слить (완), **причисля́ть** (미완) 포함시키다; 가산하다, 인정해주다
причита́ться (미완): ему́ ~ется сто рубле́й 그에게 백루블을 물어야(주어야) 한다
причу́да (여) 변덕(變德), 괴벽(怪癖)
причу́дливый (형) ① 기묘한 ② 변덕스러운, 괴벽한
пришвартова́ться (완) 와닿다, 정박하다
пришива́ть (미완), **~и́ть** (완) ① (꿰매어) 달다 ② 못박다, 못박아붙이다
пришпи́ливать (미완), **~ть** (완) (핀 따위로) 달다, 꽂다
прищеми́ть (완), **~ля́ть** (미완) 끼우다, 누르다; ~ить па́лец две́рью 문틈에 손가락을 끼우다
прищу́ривать (미완), **~ть** (완): ~ть глаза́ 눈을 가늘게 뜨다, 실눈을 짓다
прищу́риться (완) 눈을 가늘게 뜨다, 실눈을 짓다
прию́т (남) 피난처(避難處), 안식처
приюти́ть (완) 피난처를 제공하다, 안식 처를 제공하다
приюти́ться (완) 피난(避難)하다, 의지하다; 휴식처를 얻다
прия́тель (남), **~ница** (여) 벗, 친구, 친우
прия́тельский (형) 친한, 친구다운
прия́тно (부): ~ слы́шиться 듣기 좋다
прия́тный (형) ① 유쾌한, 반가운; ~ая но́вость 반가운 소식 ② 구수한, 맛좋은; ~ый на вкус 맛이 좋은 ③ 마음에 드는; ~ый челове́к 마음에 드는 사람; ~ая му́зыка 마음에 드는 음악
про (전) (+대) ① ~에 대하여(대한); расска́зывать про войну́ 전쟁에 대한 이야기하다; расска́з про войну́ 전쟁에 대한 이야기 ② ~을 위하여(위한); э́то не про вас 이것은 당신을 위한 것이 아니다
про́ба (여) ① 시험, 실험, 검사; ~ пи́щи 검식 ② 분석자료, 시료, ③ 품위(品位)
пробе́г (남) ① 달리기, 주행, ② 주행거리

пробегать, ~жать ① 뛰어지나가다; (일정한 거리를) 뛰다, 달리다 ② 지나 가다; дрожь ~жала по спине 등골이 오싹했다 ③ 대충 읽다, 쭉 훑어보다, 스쳐보다

пробе́л (남) ① 빈자리, 여백, 공백, (글줄사이의) 간격 ② 결함, 빠짐

проби́рка (여) 시험관

проби́ть (완) ① (쳐서, 때려) 뚫다; ~ сте́ну 벽을 뚫다 ②치다; пробило два часа 시계는 두시를 쳤다; ~ себе́ доро́гу(путь) 자기의 길을 개척하다

проби́ться (완) ① 뚫고나가다, 돌파하다; ~ сквозь толпу́ 군중속을 뚫고 나가다 ② 돋아나다 ③ (한동안) 골머리를 앓다, 힘들이다 ④ 근근히 살아가다

про́бка (여) ① 마개 ② 코르크, 나무껍질 ③ 혼잡, 몰킨 장애물; образовалась ~ 교통장애가 났다, 혼잡이 일어났다 ④ (전기) 휴즈의 일종

пробле́ма (여) 문제

про́бный (형) ① 시험용 ② 시범; ~ полёт 시험비행; ~ камень 시금석

про́бовать (미완) ① 맛보다 ② 해보다; ~ чита́ть 읽어보다 ③ 시험(시도)하다; ~ свои́ си́лы 자기 힘을 시험해보다

пробо́ина (여) (터진)구멍, 파열구

проболта́ть (완) (한동안) 입방아를 찧다

проболта́ться(완) 누설하다, 입밖에 내다

пробо́р (남) 가리마; сде́лать ~ 가리마를 타다

пробра́ться (완) ① 겨우나가다 ② 몰래(슬그머니) 들어가다 (오다)

пробуди́ть (완) ① 깨우다 ② 불러 일으키다

пробуди́ться (완) ① 잠을 깨다 ② 소생하다; приро́да ~лась 만물이 소생했다 ③ 나타나다; ~ся интере́с 흥미가 생겼다

пробужде́ние (중) ① 깨어나는 것 ② 각성, 소생

пробы́ть (완) (한동안) 묵다, 머무르다, 체류하다

прова́л(남) ① 구덩이, 갱(坑), 갱참, 갱함 ② 낭패; потерпе́ть ~ 낭패를 보다 ③: ~ па́мяти 기억력상실

прова́ливать (미완) : (명령형)~й! 물러가!

провали́ть ① 망치다, 실패하게 하다 ② 낙제시키다

провали́ться (완) ① 떨어지다, 빠지다 ② 무너지다, 허물어지다 ③ 실패하다; ~ на экза́мене 시험에서 낙제하다 ④ 없어지다, 사라지다; куда́ ты провали́лся? 도대체 어디 갔는가?; как сквозь зе́млю ~ 온데간데없이 사라지다.

проведать (완) ① 찾아가다, 방문하다 ② 알아내다, (소문을 듣고) 알다
проведение (중) ① 관철, 수행; ② 부설, 가설
проверить (완) 검열(檢閱)하다
проверка (여) 검열(檢閱), 검사(檢査)
проветривать (미완), **~ть** (완): ~ть комнату(помещение) 방안의 공기를 갈아 들이다, 환기시키다
провиант (남) 식량, 군량
провизия (여) 식료품, 식량
провиниться (완) 잘못하다, 실수하다, 죄를 짓다
провинность (여) 잘못, 죄(罪)
провинция (여) ① 지방, 시골; 벽지 ② (행정단위) 도, 성
провисать, провиснуть (완) 휘다, 처지다, 늘어지다
провод (남) 전선(電線), 도선(導線)
проводимость (여) 전도성(傳導性)
проводить I (미완) ① 관철(진행, 수행, 실시)하다; ~ в жизнь 실현하다 ② 부설(가설)하다 ③ 안내(인솔)하다 ④ (시간을) 보내다; ~ каникулы 방학을 보내다 ⑤ 속이다; его не проведёшь 그는 속이지 못할 것이다 ⑥ 쓰다듬다; ~ рукой по столу 손으로 책상을 쓸다 ⑦ 긋다; ~ линию 선을 긋다
проводка (여) ① (전선을) 늘이는 것, 배선(配線); ② 전선(戰線)
проводник (남) ① 안내원, 안내자 ② 열차원(列車員)
проводник II (남) ① (공학)전도체 ② 보급자(補給者)
проводы (복수) 전송, 송별
провожатый (남) 안내자, 동행자; 호송 하는 사람
провожать ① 바래다, 바래주다, 전송하다 ② 보내다 ③ 안내하다; ~ глазами(взглядом) 눈으로 바래다
провоз (남) 수송, 운수
провозгласить (완), **~шать** (미완) 선포(선언)하다; 고창하다, 부르다
провозглашение (중) 선포, 선언; 고창
провозить ① 나르다, 운반(수송)하다 ② 가지고가다; ~ книги в чемодане 책을 트렁크에 넣어 가지고가다
провокатор (남) 밀정, 도발자
провокационный (형) 도발적인
провокация (여) 도발, 도발행위
проволока (여)쇠줄; колючая ~ 가시줄
проворный (형) 재빠른, 날랜, 민첩한

проворонить (완)(멍청해 있다가) 놓치다

провоцировать (미완) 도발하다, 선동하다, 부추기다

прогадать (완) (잘못계산(타산)해서) 불리하게 되다; 오산하다; 손해보다

проглатывать (미완), **~отить** (완) ① 삼키다 ② 꾹 참다, 누르다 ③ 빨리 읽다

проглядеть (완) ① 훑어보다 ② 못보고 놓치다 ③ (한동안) 살펴보다; все глаза ~이 빠지게 기다리다, 몹시찾다

проглядывать (미완), **проглянуть** (완) 보이다, 나타나다; солнце проглянуло 해가 나타났다

прогнить (완) 다 썩다, 썩어빠지다

прогноз (남) 예측, 예언; ~ погоды 일기예보; краткосрочный(долгосрочный) ~ 단기(장기)예보

прогнозировать (미완, 완) 예측하다, 예언하다

прогнуть (완) 구부리다, 구부러뜨리다

прогнуться (완) 휘다, 굽어들다

проговорить (완) 말(발음,발언)하다; (한동안)말(이야기)하다

проговориться (완) 안할 말을 하다, 누설하다

проголодать (완) 허기지다, 배고파하다, 시장하다, 출출하다, 허출하다.

прогонять (미완) ① 내쫓다 ② 내몰다

прогорать, ~еть (완) ① 다 타다 ② 타서 못쓰게 되다 ③ (한동안) 타다, 불붙다 ④ 파탄되다, (일이) 틀어지다

прогорклый (형) 쓴맛이 도는, 아린

программа (여) ① 강령; 정강, ② 계획, 얽이, 기획, 심산, ③ 일정; ~ пребывания 방문일정 ④ 방송순서; ~ телепередач 텔레비전방송순서 ⑤ 상연순서; ~ концерта 공연프로 ⑥ учебная ~ 교수요강 ⑦ (공학) 프로그램, 목록.

программный (형) ① 강령적인, 기획적인 ② (공학) 프로그램의, 목록의:~ое управление 프로그램조종

прогресс (남) 전진, 진보

прогрессивный (형) ① 선진적인, 진보적인 ② 누진, 누천; 승진; ~ налог 누진세

прогрессировать (미완) ① 더해지다; болезнь ~ует 병이 더해가고 있다 ② 전진하다, 발전하다

прогрессия (여) (수학) 급수; арифмети- ческая ~ 산수(같은차) 급수; геометрическая ~ 기하급수

прогрызать (미완), **~зть** (완) 쓸어서 구멍을 내다

прогул (남) 무단결근, 결석

прогу́ливать (미완) 결근(결석)하다

прогу́ливаться (미완) 천천히거닐다, 산보하다, 나돌아다니다.

прогу́лка (여) 산보, 산책

прогу́лочный (형) 유람의, 세상구경의, 관광의; ~ теплоход 유람선(遊覽船)

прогу́льщик (남),**~ца** (여) 무단결근자

прогуля́ть ① (한동안) 산보하다 ② 결근하다, 결석하다

продава́ть (미완) ① 팔다, 판매하다 ② 배반(변절)하다

продава́ться (미완) ① 팔리다, 판매되다 ② 매수되다, 넘어가다

продаве́ц (남), **~щица** (여) ① 판매원 ② 파는 사람, 장수군

прода́жа (여) 판매, 매매, 매출.팔기; ро́зничная(опто́вая) ~ 소매(도매)

прода́жность (여) 매수되기 쉬운것

прода́жный (형) ① 판매의, 매매의, 매출의; ~ая цена́ 판매가격 ② 매수할 수 있는, 뇌물로 듣는

продвига́ть (미완) ① 밀어놓다, 옮겨놓다 ② 전진(촉진, 발전)시키다 ③ 승급시키다, 승진시키다.

продвига́ться (미완) ① 전진하다, 향하다 ② 진척되다 ③ 승급하다

проде́лать (완) ① 수행(완수)하다 ② 뚫다, 구멍내다; ~ дверь в стене́ 벽을 뚫고 문을 내다

проде́лка (여) (흔히 복수) 장난; 계교

продержа́ть (완) ① (한동안) 잡고 있다 ② (어떤 상태에) 두어 두다 ③ (한동안) 잡아두다, 있게 하다.

продержа́ться (한동안) 지탱하다, 견디다, 견지하다

продёрнуть (완) 꿰다, 뚫다, 꿰뚫다

проде́ть 꿰다, 꽂다, 끼우다; ~ ни́тку в иго́лку 바늘에 실을 꿰다

продле́ние (중) 연장, 연기; ~ сро́ка 기한연기

продли́ть (완) 연장하다, 지연시키다

продово́льственный (형) 식량의, 식료품의; ~ые това́ры 식료품; ~ый магази́н 식료품 상점

продово́льствие (중) 식량, 식료품

продолгова́тый (형) 길쭉한, 갸름한

продолжа́тель (남) 계승자, 후계자

продолжа́ть (미완) 계속하다; 이어지다, 꼬리를 물다, 잇다, 이어나가다, 늘이다.

продолжа́ться 계속(지속)되다; 연장되다, 미루다, 늘여지다

продолжение (중) 계속, 연속, 지속, 영속, 속속; 연장; ~ следует 다음호에 이음(계속)

продолжительность (여) (계속되는) 시간(기간), 지속성; средняя ~ жизни 평균수명; ~ холодов 추위의 지속성

продолжительный (형) 오래 계속되는, 장기적인, 지속적인; ~ая болезнь 오랜 기간의 병

продольный (형) 세로, 세로 놓인; ~ый разрез 세로단면; ~ая волна 세로고파

продрогнуть (완) 몹시 얼다, 오한이 나다

продукт (남) ① 산물, 생산품, 제품 ② 결과, 산물 ③: ~ы (복수) 식료품

продуктивно (부) 효과적으로, 능률높이

продуктивность (여) 생산성, 생산능률

продуктивный (형) 생산적인, 생산성 높은

продуктовый (형): ~ магазин 식료품 상점

продукция (여) ① 제품, 생산물 ② 생산량, 생산고

продумать (완), **~ывать** (미완) ① 깊이 생각하다, 신중히 고려하다 ② (한동안) 생각하다

продырявить (완) 구멍을 뚫다

проезд (남) ① 통행, 통과; ~ воспрещён 통행금지 ② 통로, 골목길

проездить ① 여비로 쓰다 ② (한동안) 타고다니다

проездной (형): ~ билет 차표, 승차권

проездом (부) 지나가는(오는) 길에, 도중에; побывать ~ в Москве 지나가는 길에 모스크바에 들리다

проезжий (형) ① 통행용의; ~ая дорога 차길 ② (명사) (남) 통행인, 여행자

проект (남) ① 설계도; 계획, 구상 ② 안, 초안; ~ резолюции 결정서초안

проектировать (완) 설계(계획)하다

проектный (형) 설계의, 구상의, 디자인

проекция (여) 투영, 사영, 영사

проесть (완) ① 먹는데 소비하다 ② 쏠아(과먹어)구멍을 내다

проехать (완) (타고) 지나가다, 통과하다; ~ остановку 정류소를 통과해버리다

прожевать, прожёвывать (미완) 잘(충분히) 씹다

прожектор (남) 조명등, 탐조등

прожечь (완) 태워서 뚫다(구멍을 내다)

прожиточный (형): ~ минимум 최저생 활비

прожи́ть (완) ① 살다, 생활하다 ② 써없애다; ~ мно́го де́нег 많은 돈을 소비하다

прожо́рливый (형) 많이 먹는, 게걸스러운.

прожужжа́ть (완): ~ [все] у́ши 듣기 시끄럽게 굴다

про́за (여) 산문(散文), 줄글

проза́ик (남) 산문작가

прозаи́ческий (형) ① 산문의,② 평범한

про́звище (중) 별명; дава́ть ~ 별명을 붙이다

прозвуча́ть (완) 울리다, 들리다; ~л вы́стрел 총소리가 울렸다

прозева́ть (완) (기회를) 놓치다; ~ удо́бный слу́чай 좋은 기회를 놓치다

прозорли́вость (여) 통찰력

прозорли́вый (형) 예견성(통찰력) 있는

прозра́чность (여) 맑음도, 투명성

прозра́чный (형) 맑은, 투명한

прозяба́ть (미완) 겨우 살아가다, 허송 세월하다

проигра́ть (완), **прои́грывать** (미완) ① 지다, 패하다, 실패하다 ② 손해보다, 잃다 ③ (한동안) 놀다

про́игрыш (남) 실패; 손실, 손해; оказа́ться в ~е 지다, 손해보다

произведе́ние (중) ① 작품 ② (수학) 적

производи́тель (남) ① 생산자 ② (농업) 종축, 종자말

производи́тельность (여) 생산능률, 생산성; ~ труда́ 노동생산능률

производи́тельный (형) 생산적인; ~ые си́лы 생산력

производи́ть (미완) ① 만들다, 생산하다, 제작하다 ② 하다; ~ о́пыт 실험하다 ③ 일으키다, 야기시키다; ~ де́йствие 효력을 나타내다; ~ на свет 낳다

произво́дная (여) (수학) 도함수

произво́дный (형) 파생적인;~ое сло́во (언어) 파생어(派生語)

произво́дственник (남), ~ца (여) 생산자

произво́дственный (형) 생산의, 제조의; ~ые отноше́ния 생산관계; ~ая пра́ктика 생산실습; ~ый стаж 사업년한; ~ая гимна́стика 보건체조

произво́дство (중) 생산, 산출, 제조; ору́дия ~а 생산도구; сре́дства ~а 생산 수단; спо́соб ~а 생산방식; ~ осуществле́ние 실시, 수행

произво́л (남) ① 제멋, 자의; по[своему́] ~у 제멋대로 ② 전횡, 만행; твори́ть ~ 행패를 하다; оста́вить(бро́сить) на ~ су- дьбы́ 될대로 되라고 내버려두다

произво́льно (부) 자유로이, 제멋대로, 마음대로, 자의적으로
произво́льный (형) ① 자유로운 ② 자의적인; ~ вы́вод 자의적인 결론
произнести́, ~оси́ть (미완) ① 발음하다 ② 말하다
произноше́ние (중) 발음(發音); 발음법
про́иски (복수) 책동(策動), 음모(陰謀)
происходи́ть (미완) ① 생기다, 일어나다, 발생하다 ② 태어나다 ③ 퍼지다
происхожде́ние (중) ① 발생, 유래, 기원 ② 출신(성분);
происше́ствие (중) 일, 사건(事件), 사고
пройти́сь (완) ① (몇 걸음) 걷다, 거닐다, 산보하다 ② 다듬다, 손질하다
прок (남) 이익(利益); про́ку нет 무익하다; идти́ в ~ 쓸모가 있다; знать ~ в чём... 알다
прокажённый (남) 문둥이, 나병환자
прока́за (여) 문둥병, 나병, 한센씨병(Hansen氏病), 한센병
прока́зы (복수) 장난질
прока́зник (남), ~ца (여) 장난꾸러기
прока́зничать (미완) 장난질하다
прока́т I (남) 세주기, 임대, 세내기, 임차; брать(взять) на ~ 세를 내고 쓰다
пркат II (남) ① 압연(壓延) ② 압연품
прокати́ть (완) ① 태우고 돌아다니다 ②: ~ ми́мо (타고) 빨리 지나가다 ③ 굴리다
прокати́ться (완) ① 타고 돌아다니다 ② 울리다, 울려 퍼지다 ③ 굴러가다
прока́тка (여) 압연(壓延), 굴리기.
прока́тный (형) 압연(壓延), 구르는; ~ый стан 압연기; ~ая сталь 압연강재; ~ый цех 압연직장
прока́тчик (남) 압연공(壓延工)
прока́тывать (미완) 압연하다
прокипяти́ть (완) 잘(충분히) 끓이다
проки́сать, проки́снуть (완) 시어져 상하다, 쉬다
прокла́дка (여) ① 부설, 해도작업 ② (공학) 패킹(packing)
прокла́дывать (미완) 부설(시설)하다; ~ путь к. ~에로의 길을 개척하다
проклама́ция (여) 선전(선동)삐라, 격문
проклина́ть, ~я́сть ① 저주하다 ② (호되게) 욕하다
прокля́тие (중) ① 저주 ② 욕설(辱說)

прокля́тый (형) 저주로운, 가증스러운, 그 망할놈의
проко́л (남) ① 찔러뚫는 것 ② 맞구멍
проколо́ть (완) 꿰찌르다, 찔러구멍을 뚫다
прокорми́ться (완) 살아가다, 먹고살다
прокра́дываться, ~сться (완) 기어들다, 잠입하다
прокурату́ра (여) 검찰소, 검사국
прокуро́р (남) 검사; генеральный ~ 검사총장
пролега́ть (미완) (길 따위가) 놓이다, 통하다, 지나가다; дорога ~ет через лес 길이 숲속을 통하여있다
пролеза́ть (미완), **проле́зть** (완) 기어 들다, 잠입하다
проле́т (남) ① 사이(거리) ② (철도) 구간
пролетариа́т (남) 프롤레타리아트(Proletariat), 무산계급
пролета́рий (남) 프롤레타리아, 무산자
пролета́рский (형) 프롤레타리아
пролета́ть (미완), **~е́ть** (완) ① 날아지나 가다 ② 빨리 지나가다, 스쳐지나가다
проли́в (남) 해협(海峽)
проливно́й (형): ~ дождь 큰비, 소나기, 소낙비
проли́ть (완) 흘리다, 쏟다
проли́ться (완) 쏟아지다, 흐르다
проло́г (남) ① 머리말, 머리시, 머리막 ② 시작, 발단(發端)
проломи́ть (완) (깨어, 마사) 뚫다
проломи́ться (완) 무너앉다, 꺼지다, 뚫어지다
пролонги́ровать (미완, 완) 연기하다
прома́х (남) ① 헛맞는 것; дать ~ 빗쏘다, 빗맞히다 ② 잘못, 실수; допустить ~ 실수하다
прома́хиваться (미완), **промахну́ться** (완) ① 헛(빗)맞히다 ② 잘못(실수)하다
промедле́ние (중) 지연, 지체; без ~я 지체없이
промежу́ток (남) 사이, 간격, 중간; большой ~ времени 오랜기간
промежу́точный (형) 중간의, 사이의
промелькну́ть (완) ① 피뜩 나타났다 사라지다 ② 간신히 나타나다(보이다)
променя́ть (완) 바꾸다; ни на кого тебя не ~ю 누구보다도 네가 그중 낫다
промерза́ть, промёрзнуть (완) (깊이 속까지) 얼다
промока́тельный (형): ~ая бумага 압지
промока́ть, промокну́ть (완) 온통(흠뻑) 젖다; ~ до нитки(또는

- 647 -

до костей) 속속드리 젖다, 물참봉이 되다

промо́лвить (완) 말하다, 되뇌이다

промолча́ть (완) 말없이 있다, 대답하지 않다, (한동안) 침묵하다

промота́ть (완) 낭비(허비, 탕진)하다

промочи́ть (완) 흠뻑 적시다(축이다)

промтова́ры (복수) 공업품(工業品)

промтова́рный (형): ~ магази́н 공업품 상점

промча́ться (완) ① 나는 듯 달려가다 ② 빨리 지나가다, 질주하다

промыва́ние (중) 씻기, 세척

промыва́ть (미완) ① 씻다, 씻어내다 ② (화학) 소금기를 뽑다

про́мысел (남) ① 영업(營業), 업(業); морско́й ~ел 수산업 ② (흔히 복수) 채취(채굴) 부문기업소; го́рные ~лы 광산, 채광장

про́мысловый (형): ~ое су́дно 고기잡이 배, 어선..

промы́шленность (여) 공업; тяжёлая(лёгкая) ~ 중(경)공업; добыва́ющая(обраба́тывающая) ~ 채취(가공)공업

промы́шленный (형) 공업의; ~ый ро-бот 공업용 로보트; ~ые това́ры 공업품

пронести́ (완) ① 나르다, 운반해가다 ② 가지고 가다, 들고 지나가다

пронести́сь (완) ① 나는 듯 달려가다 ② 빨리 지나가다 ③ 빨리 퍼지다

пронзи́тельный (형) ① 귀청을 째는 듯 한, 새된; ~ визг 새된 소리 ② 날카로운, 쏘아보는; ~ взгляд 날카로운 눈길

пронзи́ть (완) 찌르다, 꿰뚫다

пронза́ть, пронизыва́ть (미완) ① 꿰다, 꿰여서 달다 ② 스며들어가다

пронизывающий (형) 속까지 스며드는, 날카로운; ~ ве́тер 칼바람; ~ хо́лод 살을 에이는 듯한 추위

проникнове́ние (중) ① 스며드는 것, 침투; 침입 ② 통찰, 이해, 체득

проникнове́нный (형) 신심에 찬, 진지한, 다정한

прони́кнуть (완) ① (새어) 들어가다, 침투하다, 스며들다 ② 퍼지다, 보급 되다, 침투되다 ③ 통찰하다, 간파하다

прони́кнуться (완) 일관(충만)되다; ~ чу́вством до́лга 의무감에 넘치다

проница́тельность (여) 통찰력

проница́тельный (형) : ~ взгляд 날카 로운 눈길; ~ ум 명석한 두뇌

проню́хать (완), **~ивать** (미완) 알아내다, 탐지하다

проо́браз (남) 원형, 원상; 미래의 모범

пропага́нда (여) 선전, 광고

ропаганди́ровать (미완) 선전(광고)하다

пропаганди́ст (남) 선전원

пропангади́стский (형) 선전의, 광고의; ~ая работа 선전사업

пропа́жа (여) ① 없어(잃어)지는 것, 상실, 분실 ② 분실물

пропа́лывать 김을 매다; ~ огурцы 오이 밭을 김매다

пропа́сть (여) ① 낭떠러지, 심연 ② 큰差이 ③ (술어로) 무수히 많다; там народу ~ 거기는 군중들이 무수히 많다 ④ (감) тьфу, ~! 제기랄, 에의 분하군!

пропа́сть (완) ① 없어지다, 사라지다, 없어지다, 자취를 감추다; ~ без вести 행방불명되다 ② 망하다, 죽다, 시들다 ③ 헛되이 지나가다, 보람없이 끝나다; 못쓰게 되다; весь день пропал 온 하루가 헛되이 지나갔다

пропа́щий (형) ① 다 틀려진, 가망없는 ② 바로잡을 수 없는, 타락한

пропе́ллер (남) 프로펠러(propeller)

пропе́ть (완) 노래 부르다.

прописа́ть (완) ① (거주 등을) 등록 하다 ② 처방을 내다; ~ лекарство 약을 처방해주다, 약처방을 쓰다

прописа́ться (완) 거주를 등록하다, 거주등록이 되다

пропи́ска (여) 거주등록

прописно́й (형) ~ая буква 대문자; ~ая истина 자명한 리치

про́писью (부): написать число ~ 수를(숫자로써가 아니라) 글자로 쓰다(적다)

пропи́сывать[ся] *см.* прописать[ся]

пропита́ние (중) 음식물; зарабатывать на ~ 밥벌이하다

пропита́ть 먹이다; 담그다; ~ маслом 기름을 먹이다

пропита́ться (완) 젖다, 스며들다; 충만 되다; ~ запа-хом 냄새가 배다

пропи́ть ① 술마시는데 다 써버리다 ② 술로 망치다

проплыва́ть (미완), **~ыть** (완) 헤엄치다; 헤엄쳐서(떠서) 지나가다

пропове́дник (남) ① 전도사, 선교사 ② 보급자, 선전자

пропове́довать ① 전도(설교)하다 ② 선전(보급)하다

про́поведь (여) ① 설교; 훈계 ② 선전

прополаскивать (미완) ① 헹구다 ② 양치질하다

прополза́ть (미완), **~ти** (완) ① 기어가다, 기어지나가다 ② 기어들다

пропо́лка (여) 김매기, 제초작업

пропорциона́льно (부) 균형있게, 비례하여, 균형적으로

пропорциона́льный (형) ① 균형적인, 균형잡힌, 조화된 ② 비례하는; прямо (обратно) ~ые величины (수학) 정(반) 비례수

пропо́рция (여) ① 균형 ② (수학) 비례, 비율, 요율, 율(率) 비례식; арифметическая ~ 산수비례

про́пуск (남) ① 통과시키는 것 ② 통행증 ③ 결석 ④ 생략한(빼놓은, 줄인) 개소, 공백(空白)

пропуска́ть (미완) ① 통과시키다 ② 길을 내주다; ~ детей вперёд 아이들에게 길을 내주다; ~ на выста́в-ку 전람회에 입장시키다 ③ 허가(인인)하다 ④ 누락하다, 빼놓다; ~ строчку 한줄을 빼(넘겨) 놓다 ⑤ 놓치다, 잃다 ⑥ 결석하다; ~ уро́к 수업에 결석하다 ⑦ 새다; кла́пан пропуска́ет 변이 샌다; ~ ми́мо уше́й 귀담아듣지 않다, 귀둥으로 듣다

пропускно́й (형): **~а́я спосо́бность** 통과능력; **~о́й пункт** 통지지점

прора́б (남) 시공(현장)지도원

прораба́тывать, **~отать** (완) ① (한동안) 일하다 ② 세밀히 검토(조사, 심의)하다 ③ 호되게 비판하다, 혹평하다

прорабо́тка (여) ① 검토, 조사, 심의 ② 호된비판

прораста́ние (중) 싹트기, 움트다

прораста́ть (미완), **~и́** (완) 싹트다, 뚫고 돋아나오다

прорва́ть (완) ① 찢어서 구멍을 내다; ~ чуло́к 양말에 구멍을 내다 ② (물이) 허물어뜨리다; ~ плоти́ну 뚝을 무너 뜨리다 ③ 돌파하다; ~ ли́нию оборо́ны 방어선을 돌파하다

прорва́ться (완) ① 찢어져서) 구멍이 나다 ② 무너지다, 터지다; плоти́на прорвала́сь 뚝이 터졌다 ③ 타개하다, 돌파해나오다(나가다)

проре́зать (완), **~еза́ть** (미완) ① 베어서 구멍을 내다, 도려내다 ② 횡단(판통) 하다

проре́заться(완), **~еза́ться**, **~езыва́ться** (미완) (이가) 돋아나다

проре́ктор (남) 부총장, 부학장(副學長)

проре́ха (여) ① 구멍, 터진(쩨진) 곳 ② 잘못, 결함

проржа́веть (완) 녹이쓸어 구멍이 나다

проро́к (남) 예언자, 선견자, 선견지인, 선지자(先知者)

проро́ческий (형) 예언적(豫言的)

пророчи́ть (미완) 예언하다

проруба́ть (미완), **~и́ть** (완) ① 찍어 해치다, 찍어서 구멍을 내다; ~ить стену 벽에 구멍을 내다 ② 나무를 찍어 통로를 내다

про́руб (여) 얼음구멍

проры́в (남) ① 터지는 것 ② 타개, 돌파 ③ 터진곳, 돌파구

проры́ть (완) 파다, 굴절(굴착)하다

просве́т (남) ① 어슴프레한 빛 ② 희망, 광명 ③ 사이, 간격

просвети́тель (남) 계몽가, 계몽주의자

просвети́тельный (형) 계몽(啓蒙)

просвети́ть I (완) 비추어보다, 투시하다

прсвети́ть II (완) 계몽(계발)하다

просве́чивание (중) 투시(透視), 염력

просвеще́ние (중) ① 교육, 교양; 계몽, 계발; министерст-во ~я 교육부, 교육성

просвещённый (형) 문화수준이 높은, 개명한, 교양 있는

про́седь (여) (군데군데섞인) 센(흰)머리 카락

просе́ка (여) (나무를 찍어낸) 숲속 길

просёлок (남) 촌길

просёлочный (형): ~ая дорога 촌길

просе́ять (완) 채로 치다, 채질하다

просиде́ть, просижи́вать (일정한 시간) 앉아있다

проси́тель (남) 신청자(申請者), 청원자

проси́ть (미완) ① 부탁하다, 청하다 ② 초청(초대)하다

проска́льзывать (미완), **~ользну́ть** (완) ① (스쳐) 지나가다, 기어(숨어)들다 ② 얼핏 엿보이다

проскочи́ть ① 빨리(뛰어)지나가다 ② (뚫고) 들어가다

просла́вить (완) 명성을 떨치게 하다, 찬미하다

просла́виться (완) 이름을 떨치다(날리다), 유명해지다

просла́вленный (형) 이름난, 저명한

проследи́ть (완) ① 뒤따르다, 미행하다 ② 연구(고찰, 조사)하다

просле́довать (미완) 가다, 향하다, 지나가다

прослези́ться (완) 눈물짓다, 눈물을 흘리다

просло́йка (여) ① 층, 사이층, 얇은 층 ② 사회계층

прослужи́ть (완) (일정한 기간) (내처) 복무(근무)하다; 사용되다, 쓰이다

прослу́шать (완), **~ивать** (미완) ① 듣다, (처음부터 마지막까지) 다 듣다 ② (의학) 청진하다, 들어보다 ③ 듣지

못하다, 듣지 못하고 놓치다
прослы́ть (완) 알려지다, 이름나다
просмо́тр (남) 살펴보는 것, 검열, 검사, 감상; ~ фи́льма 영화감상회
просмотре́ть (완) ① 살펴보다, 검열 (검사)하다; 감상하다;~ но́вый фильм 새 영화를 보다(감상하다); ② 훑어보다; ~ 못보고 빠뜨리다 (놓치다), 간과하다
просну́ться (완) ① 잠을 깨다, 눈을 뜨다 ② 깨어나다, 활기를 띠다; го́род ~лся 거리가 활기를 띠었다
про́со (중) 기장
просо́вывать (미완) 들이밀다, 밀어넣다
просо́хнуть (완) 마르다
просочи́ться (완) ① 스미다, 스며 나오다, 새다 ② 뚫고 (새어) 들어가다 ③ 퍼지다, 전파되다
проспа́ть (완) ① (한동안) 자다 ② 지내자다, 늦잠을 자다 ③ 잠을 자서 놓치다
проспе́кт I (남)(크고 넓은) 거리, 대통로
проспе́кт II (남) ① 초안, 개요 ② 안내서 ③ 목록(目錄)
просро́ченный (형) 기한이 넘은
просро́чить (완) 기한을 넘기다
проста́вить (완), **~ля́ть** (미완) 적다, 써넣다; ~ить да́ту 날짜를 매기다
простира́ться (미완) ① 펼쳐져있다, 전개되어있다 ② 뻗치다, 향하다
проститу́тка (여) 갈보, 매음부, 매춘부
проститу́ция (여) 매음, 매춘
прости́ть (완) ① 용서하다 ②(명령형) прости[те] 미안합니다, 실례합니다;(항의, 반대의 뜻) 천만에
прости́ться (완) ① 작별하다, 작별인사를 나누다 ② 단념(포기)하다; ~ с мечто́й 공상을 버리다
про́сто (부) ① 간단히, 단순하게 ② (술어로) 간단하다; э́то о́чень ~ 이것은 매우 간단하다 ③ (조) 참, 정말, 전혀; ~ чу́до! 참 굉장하구나! ④ (조) 단지, 그저; он э́то сде́лал ~ по привы́чке 그건 그저 습관으로 했을 따름이다
простоду́шие (중) 소박성, 순박, 순진
простоду́шный (형) 소박한, 순진한, 순박한
просто́й I (형) ① 단일한, 단순한; ~ое воспроиз-во́дство 단순재생산 ② 간단한 ③ 소박한 ④ 보통, 평범한; ~ое предло-же́ние (언어) 단순문; ~ое число́ (수학) 소수; ~ым

- 652 -

глазом 육안으로

простой II (남) ① 머무름 시간(기간) ② (기계의) 작업정지

простокваша (여) 쉰(엉긴) 우유

простор (남) ① (무연한) 공간; ~ы вселенной 우주공간; степные ~ 무연한 초원 ② 자유(自由), 자유로움

просторечие (중) 속된말, 속어

просторный (형) 넓은, 널찍한, 휑덩그렁한; ~ый дом 널찍한 집; ~ое платье 헐렁헐렁한 옷

простота (여) ① 단일성, 단순성 ② 편이성 ③ 소박성 ◊ святая ~ 천진 난만한 사람

простоять (완) ① (일정한 시간) (내처) 서있다, 멎어있다 ② 지속(유지)되다

пространный (형) 장황한, 상세한, 긴

пространство (중) ① 공간, 공계; ~ и время 공간과 시간; безвоздушное ~ 진공; космическое ~ 우주공간 ② (두 물체사이의) 빈자리 ③ 지역, 지대

прострелить (완) 쏘아서 뚫다

простуда (여) 감기, 고뿔, 한질, 풍한

простудиться (완), **~жаться** (미완) 감기에 걸리다

простудный (형): ~ые заболевания 감기, 감모성질환

проступок (남) 잘못, 살책, 위반행위

простыня (여) 하불, 홑이불

просушивать (미완), **просушить** (완) 잘(충분히, 바싹) 말리다

просушиться (완) 바싹 마르다

просчёт (남) 오산; 실패, 간과

просчитать (완) 계산(검산)하다, 집계를 놓다

просчитаться (완) 오산(실패)하다

просыпать, **просыпать I** (미완) (가루 따위를) 쏟뜨리다, 헤뜨리다

просыпаться I (미완), **просыпаться** (완) 쏟아지다, 헤뜨려 지다

просыхать см. просохнуть

просьба (여) 요청, 청원, 부탁, 요구; по его ~е 본인의 요청에 의하여

проталкивать (미완) 밀어넣다, 들이밀다

проталкиваться (미완) 밀어 헤치며 지나가다

протаскивать (미완), **протащить** (완) ① 끌고 지나가다, 끌어들이다 ② (좋지 못한 방법으로) 끌어들이다

протез (남) 교정기구(의족, 의수, 의치, 의안 등); 정형기구;

зубные ~ы 의치

протекать (미완) ① 흐르다, 흘러 지나가다 ② 스며들다, 새다, 새어들다 ③ (시간이) 지나가다, (사건, 상태가) 경과하다

протекция (여) 보호, 비호, 소개; оказать ~ю кому. ~를 비호해주다

протереть (완) ① 닦다, 씻다, (문질러서) 깨끗이 하다 ② 비벼서 꿰뜨리다 (창을 내다)

протест (남) ① 반항, 항의, 반대 ② 항의서, 공소(公所)

протестантство (중) 신교(新敎)

протестовать (미완) 반항하다, 항의하다, 반대하다

против (전) (+생) ① 맞은편에서; ~ дома 집 맞은 편에 ② 거슬러, 맞받아, ~ течения 흐름에 거슬러 ③ 반대하여, 맞서; ~ врага 적에 맞서서, 적과 맞서서; ~ совести 양심에 거슬리게 ④ 없애는; средство ~ насе-комых 살충제 ⑤ (술어로) 반대다, 반대한다; я ~ 나는 반대다

противень (남) 번철, 후라이팬

противиться (미완) 엇서다, 버티다, 저항(반항, 반대)하다

противник (남) 적, 원수; 적수, 적군

противный (형) ① 맞은편의; противная сторона 상대방 ② 싫은, 미운, 추한, 역한; ~ запах 역한 냄새

противоборство (중) 대결, 대립, 반항

противовес (남): в ~. ~에 대립되게, ~와는 반대로, ~와 달리

противовоздушный (형): ~ая оборона 대공, 대공방어

противогаз (남) 방독면, 가스마스크

противодействие (중) 반작용, 역반응, 저항, 대립(對立)

противодействовать (미완) 반작용하다, 방해(저항,대립)하다, 맞서다

противоестественный (형) 부자연스러운, 자연스럽지 못한, 어색한

противозаконный (형) 비법적인; ~ые действия 위법(불법) 행위

противолодочный (형) : ~ корабль 구축함, 구잠함

противопожарный (형) 불을 끄기 위한; ~ое оборудование, ~ая установка 불끄는 설비

противоположность (여) 반대, 대립; 대립물; в ~, ~와는 반대로(달리)

противоположный (형) ① 맞은편, 건너편 ② 반대되는, 대립되는, 상반되는; ~ое мнение 반대의견

противопоставить (완) ① 대립(대치)시키다 ② 대비(대조)

하다.

противопоставле́ние (중) ① 대립, 대치; ② 대비, 대조

противораке́тный (형): ~ая оборо́на 대(對)로케트방어

противоречи́вый (형) 모순(矛盾)되는, 모순이 있는

противоре́чие (중) ① 모순; кла́ссовые ~я 계급적모순 ② 반항; дух ~я 반항심, 반항정신 ③ 대립, 충돌

противоре́чить (미완) ① 반대(반박, 항의)하다 ② 모순되다, ~와 어긋나다

противоспу́тниковый (형) 위성요격의; ~ое ору́жие 위성요격무기; ~ая систе́ма 위성요격체계

противостоя́ние (중) 양립, 대립

противостоя́ть (미완) ① 맞서다, 대항하다 ② 양립(대적)하다, 대립(적대)되다

противота́нковый (형) 대전차, 반전차; ~ое ору́дие 반전차포

противохими́ческий (형) 반화학

противоя́дие (여) 해독제, 항독소

протира́ться (미완) 닳아서 떨어지다, 창이 나다

проткну́ть (완) 꿰찌르다

протоко́л (남) ① 기록, 회의록, 조서; соста́вить ~ 조서를 꾸미다; ② 논죄장; ③ 의정서; подписа́ть ~ 의정서를 조인하다

протоко́льный (형) ① 기록; ② 의례; ~ отде́л 의례국, 의례부; ~ визи́т 의례방문

прото́н (남) 양성자, 프로톤

протопла́зма (여) 원형질

проторённый (형): ~ая доро́га 밟아 다져진 길; идти́ по ~ой доро́жке 늘 하던 대로하다, 관례대로 하다

прототи́п (남) 원형(原形)

прото́чный (형) 흐르는; ~ая вода́ 흐르는 물

протухну́ть (완) 썩다, 썩은 냄새를 풍기다

протяже́ние (중): на ~и ~에 걸쳐; ~동안에; на ~ пяти́ киломе́тров 5키로에 걸쳐; на всём ~и 전 구간에서; на ~и трёх дней 3일간에

протяжённость (여) 거리, 연장선

протя́жный (형) 긴, 느린, 느리고 오랜

протяну́ть ① (줄, 전기줄 등을) 늘이다, 가설하다, 부설하다 ② 내밀다, 뻗치다; ~ ру́ку 손을 내밀다(내들다)

протяну́ться (완) ① 뻗다 ② 손을 내밀다 ③ 오래 걸리다 (계속되다)

проучи́ть (완) 혼내다, 벌주다

профа́н (남) 문외한(어떤 부문에서), 무식한 사람

профессиона́л (남) ① (높은 수준의) 전문가, 직업적 일군 ② 직업선수

профессиона́льный (형) ① 직업의, 직업상; ~ые боле́зни 직업병; ~ый сою́з 직업동맹, 노동조합 ② 직업적인

профе́ссия (여) 직업(職業), 업(業)

профе́ссор (남) 교수(敎授)

профила́ктика (여) ① 방역사업, 예방(豫防) ② 예비점검

профилакти́ческий (형) ① 예방의; ~ие ме́ры 예방(방역)대책; ~ая рабо́та 방역 사업 ② (공학): ~ий осмо́тр 예비점검

профили́рующий (형) ~ие дисципли́ны(предме́ты) 기본전문학과목들

про́филь (남) ① 옆모습; 측면(윤곽) ② (공학) 단면(도); 테두리, 형강, 프로필 ③ 직종; специали́сты разли́чного ~я 여러 직종의 전문가들

профко́м (남) (профсою́зный комите́т) 직업연맹위원회; председа́тель ~а 직업 연맹위원장

профо́рг (남) (профсою́зный организа́тор) 직업연맹반장, 직업연맹조합

профорганиза́ция (여) (профсою́зная организа́ция) 직업연맹단체, 노조단체

профсою́з (남) (профессиона́льный сою́з) 직업연맹; 노동조합

профсою́зный (형) 노동조합(勞動組合)

профтехучи́лище (중) 직업기술학교

проха́живаться (미완) 나돌아 다니다

прохла́да (여) 서늘한 기운, 선선한 기운; у́тренняя ~ 아침 서늘한 기운

прохлади́тельный (형) 상쾌한, 후련한, 생각하는: ~ые напи́тки 청량음료

прохла́дный (형) ① 서늘한, 선선한, 시원한; ~ день 서늘한 날씨 ② 냉담하는, 무관심한

прохо́д (남) ① 통과, 통행 ② 통로, 출입구; за́дний ~ (해부) 밑구멍, 항문(肛門)

проходи́мец (남) 협잡꾼, 사기꾼

проходи́мость (여) 통과능력

проходи́ть (미완) ① 가다, 지나가다; ~ ми́мо до́ма 집 옆을 지나가다 ② (소문 따위가) 퍼지다; прошёл слух 소문이 퍼졌다 ③ (머리에) 떠오르다 ④ 멎다; дождь прошёл 비가

멎었다 ⑤ 배워서 떼다, 마치다
прохо́дка (여) (광업) 굴진(掘進)
проходна́я (여) 접수실
прохо́дчик (남) 굴진공, 굴착기공
прохо́жий (남) 통행인, 길손; спроси́ть у ~его 길가는 사람에게 물어보다
процвета́ние (중) 개화, 융성, 번영
процвета́ть (미완) 번영(융성, 개화)하다
процеди́ть (완) 거르다, 여과시키다; ~ че́рез си́то 채로 치다; ~ сквозь зу́бы 입속말로 중얼거리다, 내뱉듯 말하다
процеду́ра (여) ① 수속, 절차; ② (흔히 복수) 치료법, 처치, 조작
проце́нт (남) ① 퍼센트 ② 이자, 이율
проце́сс (남) ① 과정(過程), 행정, 경과 ② 공정; произво́дственный ~ 생산공정 ③ 병세(病勢), 경과(經過), 염증(炎症); ~ в лёгких 폐렴 ④ 소송; суде́бный ~ 재판소송
проце́ссия (여) 행렬(行列), 행진(行進)
про́чий (형) ① 기타, 나머지, 다른 ② (명사로): ~ее (중) 기타의 것, 나머지 것; ~ие (복수) 나머지 사람들; и ~ее 기타 등등; ме́жду ~им ~하는 김에, 겸사겸사, 하여,
прочи́стить (완) (속, 틈 등을) 씻어내다, 소제하다
про́чность (여) 질긴 것, 견고성, 세기
про́чный (형) ① 질긴, 든든한, 튼튼한, 견고한; ~ая ткань 질긴 천 ② 공고한, 확고한, 믿을만한; ~ый мир 공고한 평화
прочу́вствовать (완) 감독하다, 체험 하다, 느끼다
прочь ① (부) 한옆으로, 저리로; пошёл ~ отсю́да! 여기서 썩 물러가라! ② (술어로) 비켜라, 물러나라; ру́ки ~! 손을 떼라; не ~ отдохну́ть 휴식하는데 동감이다, 휴식할 의향이 있다
проше́дший (형) 지난; ~ее вре́мя (언어) 과거(過擧)
проше́ние (중) ① 요청, 청원 ② 청원서
прошепта́ть (완) 소곤거리다, 귀속 말로 말하다
прошлого́дний (형) 지난해, 작년
про́шлый (형) ① 지난, 전번; в ~ом году́ 지난해에; на ~ой неде́ле 자닌 주에 ② (명사로): ~ое (중) 과거(생활), 지난 날; в ~ом 과거에, 지난날에, 옛날에; далёкое ~ое 먼 옛날; де́ло ~ое (삽입어) 이미 지나가 버린 일이다
проща́льный (형) 작별, 고별, 이별; ~ визи́т 작별방문
проща́ние (중) 작별, 이별; 작별인사; на ~ 이별 하면서, 작별에 앞서

проща́ть (미완) (명령형) ~й! 안녕히; 잘 있으라; 잘 가라; ~йте! 안녕히 계십시오; 안녕히 가십시오

проще́ние (중) 용서; проси́ть ~я 용서를 빌다; прошу́ ~я 실례합니다.

проявитель (남) (사진) 현상약, 현상액

прояви́ть (완) ① 나타내다, 발휘하다; ~ герои́зм 영웅주의를 발휘하다; ~ интере́с 흥미를 나타내다 ②: ~ плёнку 필림을 빼다(현상하다)

прояви́ться (완) 나타나다, 보이다, 표시되다; 현상되다

проявле́ние (중) ① 발현, 표현, 표시, 발휘; ② 현상

проясни́ться (완), **~я́ться** (미완) ① 밝아지다, 해명되다; положе́ние ~илось 사태가 판명되었다 ② (날씨가) 개이다; не́бо ~ило́сь 하늘이 개었다

пруд (남) 늪, 못

пружи́на (여) ① 용수철, 태엽, 스프링 ② 동력, 원동력; гла́вная ~ 주동력

прут (남) ① 나무초리, 채, 회초리 ② 쇠줄조각

пры́гать (미완), **~нуть** (완) ① 뛰다, 뜀뛰다; ~ че́рез барье́р 장애물을 뛰어넘다 ② 뒤다; мяч хорошо́ ~ает 공이 잘 튄다.

прыгу́н (남) 뜀뛰기선수

прыжо́к (남) 뜀뛰기, 도약; ~ в длину́ 멀리뛰기; ~ в высоту́ 높이뛰기; ~ с шесто́м 장대 뛰기; тройно́й ~ 삼단도; соревнова́ния по прыжка́м 도약경기

пры́скать (미완) 뿌리다, 끼얹다, 치다

пры́снуть 흘러(쏟아져)나오다; 웃음보를 터뜨리다, 폭소하다

пры́ткий (형) 날랜, 날쌘, 약삭빠른

прыть (여) : мча́ться(бежа́ть) во всю ~ 전속력으로 달리다

прыщ (남) 부스럼, 뾰루지, 여드름

пряде́ние (중) 실낳이, 방적(紡績)

пряди́льный (형) 방적의; ~ый стано́к 방적기; ~ая фа́брика 방적공장

пряди́льщик (남), **~ца** (여) 방적공

пря́жа (여) 실, 방사

пря́жка (여) (혁) 띠고리

пря́лка (여) 물레, 방차

пря́мо (부) ① 직선으로, 곧바로, 곧바르게; идти́ ~ 곧바로 가다; ② 직접; пойду́ ~ к нему́ 그한테 직접 가겠다 ③ 솔직히, 털어놓고, 숨김없이; скажу́ ~ 털어놓고 말하겠다 ④ (조)과연, 정말, 참말; он ~ геро́й 그는 과연 영웅이다; ~ удиви́тельно

정말 놀랍다

прямой (형) ① 곧은; ~ая линия 직선 ② 직접; ~ые выборы 직접선거; поезд ~ого сообщения 직통열차 ③ 솔직한; ~ой человек 솔직한 사람 ④ 노골적인; ~ой вызов 노골적인 도전; ~ой угол 직각; ~ая кишка 곧은 밸, 직장; ~ передача(~ая трансляция, ~ой репортаж) 실황중계 (하는 것); ~ой путь 곧은길, 지름길; ~ое дополнение (언어) 직접보어

прямолине́йный (형) ① 직선의, 똑바로, ② 성미가 곧은, 솔직한, 고지식한; ~ человек 고지식한 사람

прямота́ (여) 솔직성, 정직, 곧은 성미

прямоуго́льник (남) 직사각형

прямоуго́льный (형) 직각(直角)의; ~ тре-угольник 직각삼각형

пря́ник (남) 쁘랴니크(향료를 둔 과자)

пря́ность (여) 양념감

пря́ный (형): ~ запах 얼얼하고 향기로운 냄새

прясть (미완) 실을 뽑다

пря́тать ① 감추다, 숨기다 ② 간수 하다, 거두어두다

пря́таться (미완) 숨다, 자취를 감추다

пря́тки (복수) 숨박꼭질; играть в ~ 숨박꼭질하다, 음밀히 행동하다

Пс (Псалтирь, 151편) 시편(Psalms 詩篇)

псевдо~ (합성어의 첫 부분으로서 <가짜>, <사이비>라는 뜻) 예: псевдонаучный 사이비과학적인

псевдони́м (남) 필명, 가명, 가짜이름

психиа́тр (남) 정신병의사(精神病醫師)

психиатри́ческий (형): ~ая лечебница(больница) 정신병원

психиатри́я (여) 정신병학; 정신병치료법

пси́хика (여) 심리, 정신(상태); детская ~ 아동심리; здоровая ~ 건전한 정신상태

психи́ческий (형) ① 심리의, 마음의, 정신의; ~ие болезни 정신병(精神病) ②: ~ая атака 심리전(心理戰)

психо́з (남) 정신병, 정신착란, 정신이상

психо́лог (남) ① 심리학자 ② 인간 심리에 밝은 사람

психологи́ческий (형) 심리; 심리학적인

психоло́гия (여) ① 심리학 ② 심리, 심리상태(心理狀態)

птене́ц (남) 새 새끼

пти́ца (여) 새; домашняя ~ 가금(嘉禽); важная ~ 대단한 인물

птицево́дство (중) 가금업(家禽業)

птицефа́брика (여) 닭공장, 가금공장

- 659 -

птицеферма (여) 가금목장
пти́чий (형) 새의, 조류의; ~ий двор 가금 우리; ~ье гнездо 새둥지; на ~ьих правах 불안정한 처지에서; только ~ьего молока нет 없는 것이 없다
пти́чник (남) ① 가금우리 ② 가금 사양공
пти́чница (여) 가금사양공(여자)
пу́блика (여)(집합) ① 관중, 청중 ② 사람들, 군중;
публика́ция (여) ① 발표, 공포, 공시; ② 광고(廣告)
публикова́ть (미완) 발포하다, 공포하다, 공시하다
публици́ст (남) 정치평론가
публици́стика (여) 정치평론(문학)
публицисти́ческий (형) 정치평론
публи́чный (형) 공개적인; ~ая лекция 대중강연
пу́гало (중) 허수아비
пуга́ть (미완) 놀래다, 위협하다, 으르대다
пуга́ться (미완) 놀라다, 겁내다, 혼나다
пугли́вый (형) 소심한, 겁 많은, 무서움을 잘타는
пу́говица (여) 단추
пуд (남) 푸드(pud; 러시아의 중량단위; =16.3키로)
пуде́ль (남) 삽사리, 삽살개
пу́дра (여) 분, 분가루; сахарная ~ 보드라운 사탕가루
пу́дреница (여) 분갑(粉匣), 분곽
пу́дрить (미완) 분칠하다; ~ лицо 얼굴에 분을 바르다
пу́дриться (미완) (자기얼굴에) 분을 바르다
пузырёк (남) ① (작은) 유리병, 장식병 ② (작은) 거품, 기포
пузы́рь (남) ① 거품(기포) ② 물집 ③ 막랑; мочевой ~ 방광; жёлчный ~ 담낭 ④ (공기, 물, 얼음 등을 넣는)주머니; плавательный ~ 부레; ~ со льдом 얼음주머니
пук (남) 묶음, 단, 아름, 뭉치; ~ соломы 짚단
пулево́й (형)총탄; ~ая стрельба 총사격
пулемёт (남) 기관총(機關銃);станковый ~ 중기관총
пулемётный (형) 기관총의; ~ огонь 기관총사격
пулемётчик (남) 기관총수
пульвериза́тор (남) 분무기, 살포기
пульс (남) ① 맥, 맥박; щупать ~ 맥을 짚어보다 ② 속도, 움직임, 약동; ~ общественной жизни 사회생활의 움직임
пульса́ция (여) 맥박, 고동, 파동
пульси́ровать (미완) 맥동하다, 맥박 치다, 고동치다
пульт (남) ① 조종대; 배전판 ② (음악)보면대

пу́ля (여) 총알, 실탄.
пункт (남) ① 점, 지점; опорный ~ 거점; исходный ~ 출발점; населённый ~ 주민지점 ② 조항, 조목, 조
пункти́р (남) 점선
пунктуа́льность (여) 정확성, 치밀성
пунктуа́льный (형) 매우 정확한, 깐깐한
пунктуа́ция (여) 구두법, 구두점
пунцо́вый (형) 진홍색의, 스칼렛의
пупо́к (남) 배꼽, 어복(於腹)
пурга́ (여) 눈보라, 취설, 설풍
пури́зм (남) 외래어배척
пурпу́рный (형) 진홍빛으로, 진홍의
пуск (남) 조업개시; 시동, 발동; 발사
пусково́й (형) : ~ объект 조업개시대상; ~ механизм 시동장치
пусте́ть (미완) 비게되다, 비어지다, 인적이 끊어지다
пусти́ть (완) ① 놓다, 놓아주다 ② 들여놓다, 통행(출입)을 허가하다 ③ 움직이게하다, 시동(발동)시키다; ~ завод 공장을 돌리다 ④ 던지다; ~ камень(또는 ка́м-нём) 돌을 던지다 ⑤ 돋아나다, 뻗다; ~ ростки 싹트다; ~ в ход 작용(가동, 발동, 조업)시키다; ~ в дело(в оборот) 사용(통용)하다; ~ в обращение 유통(통용)시키다; ~ в продажу 판매하다
пусти́ться (완) ① 향하다, 떠나다; ~ в путь 길을 떠나다 ② 시작하다; ~ бежать 달리기 시작하다; ~ в пляс 춤추기 시작하다
пустова́ть (미완) 비어있다
пусто́й (형) ① 빈; ~ой чемода́н 빈 트렁크; ~ая поро́да (광업)버럭 ② 헛된, 실속(내용)없는; ~ое де́ло 헛된(시시한) 일; ~ые разгово́ры 쓸데없는 말, 빈말; ~ая тра́та 낭비 ③ (명사로): ~ое (중) 쓸데없는 일(말)
пустосло́вие (중) 허튼말, 빈말
пустота́ (여) ① 빈 것 ② 실속(내용)없는 것 ③ 빈곳, 공허.
пустоте́лый (형) 속이 빈, 속이 궁근
пустоцве́т (남) 헛꽃, 수꽃
пу́стошь (여) 황무지, 황야
пусты́нный (형) ① 황무지의, 황야의 ② 인적기 없는
пусты́ня (여) ① 사막 ② 황야, 무인지경
пусты́рь (남) 빈터, 공지, 황야
пусть ①(조)(동사 1, 3인칭 단수, 복수와 함께) ~하게하라(해두라), ~해도 좋다; ~ войдёт 들어오게 하라; ~ бу́дет так 그렇게

헤두라, 그렇다고 하자; ~ он придёт завтра 그로 하여금 내일 오게 하라; ~ делает, что хочет 하고 싶은대로 하게 하라; ② (접) ~라고 하자; 비록 ~더라도; ~он ошибся, но ошибку можно исправить 그가 잘못했다고 하자, 그러나 잘못은 고칠 수 있다; задача ~ трудная, но выполнимая 비록 어렵기는 하나 해낼 수 있는 과제다 ③ (조) 좋다, 그래라; ну ~, я согласен 그럼 좋아, 나는 찬성이야

пустя́к (남) ① 하찮은(사소한, 보잘것없는)일 ② 하찮은 물건 ③ (흔히 복수) (술어로)괜찮다, 일없다; ~и, всё уладится 괜찮아(염려 말라), 다 해결돼

пустяко́вый (형) 하찮은, 사소한, 보잘것없는

пу́таница (여) 혼란(混亂), 뒤엉킴

пу́таный (형) 이치에 맞지 않는, 갈피를 잡을 수 없는, 조리 없는, 앞뒤가 맞지 않는

пу́тать (미완) ① 헝클어뜨리다, 뒤섞어 놓다 ② 갈피를 못잡게 말하다 ③ 헛갈리다; ~имена 이름을 헛갈리다.

пу́таться (미완) ① 헝클어지다, 뒤섞이다, 엉키다 ② 헛갈리다, 혼란되다

путёвка (여) ① 파견증; по комсомольской ~е 공천파견장을 받고 ②: ~а в санаторий (дом отдыха) 요양권, 휴양권 ③ 운행증

путеводи́тель (남) 안내서

путево́й (형) ① 여행, 유람; ~ые записки (заметки) 기행문, 여행기 ② 선로; ~ой обходчик 선로원 ③: ~ ой лист 운행증

путём (전) (+생) ~함으로써, ~하는 방법으로; ~ сок-ращения 축소하는 방법으로

путепрово́д (남) 구름다리, 입체교, 육교

путеукла́дчик (남) 선로 부설차

путеше́ственник (남) 여행가, 여행자

путеше́ствие (중) 여행; отправляться в ~ 여행을 떠나다

путеше́ствовать (미완) 여행하다

пути́на (여) 성어기, 고기가 많이 잡히는 시기

путч (남) 폭동, 정변, 반란

пу́ты (복수) 멍에, 질곡

путь (남) ① 길, 도로, 통로; ~и сообщения 교통로; водные ~и 물길, 항해수로 ② 철길, 선로; двухколейный ~ь 복선; запасный ~ь 예비선 ③ 길을 떠나다 с, отправиться в ~ь 길을 떠나다 ④ 길, 노정, 진로; славный ~ь 영광스러운 길 ⑤ 방도, 방법; идти новыми ~ями 새로운 방도를 택하다; таким ~ём

이러한 방법으로; по ~и 1) 가는 길에, 도중에 2) 같은 길로, 같은 방향으로

пух (남) 솜털; 보푸라기; в ~ и прах 여지없이, 산산이; ни пуха ни пера 성공을 바라오, 아무쪼록 잘하시오
пухнуть (미완) 붓다, 부어오르다, 부풀다
пуховой (형) 솜털
пучина (여) ① 소용돌이; 심연, 심해, ② 도탄, 곤궁, 구렁텅이; ~ бедствий 불행의 구렁텅이
пучок (남) ① 묶음, 단, 아름 ② (물리) 묶음, 속; ~ лучей 광속, 광선묶음
пушинка (여) 한오리의 솜털; 보푸라기
пушистый (형) ① 털이 복슬복슬한 ② 아주 부드러운; ~ые волосы 부드러운 머리카락
пушка (여) 포(砲), 대포; стрелять из ~и 포를 쏘다,
пушнина (여) 털가죽; 모피류
пушной (형): ~ зверь 털짐승; ~ товар 털가죽제품
пушок (남) 부풀, 보풀
пчела (여) 꿀벌, 벌
пчелиный (형) 꿀벌의; ~ый улей 벌통, 꿀벌집; ~ая матка 왕벌; ~ый мёд 꿀
пчеловод (남) 양봉공, 양봉업자
пчеловодство (중) 양봉, 양봉업
пшеница (여) 밀(참밀.)
пшеничный (형) 밀의, 참밀의
пшённый (형) 기장쌀의: ~ая каша 기장죽, 기장밥
пшено (중) 기장쌀(찧어서 껍데기를 벗긴 기장 열매.)
пыл (남) ① 열기, 고열; ② 열성, 격정; юный ~ 젊은 혈기; в ~у сражения 전투가 한창일 때에
пылать (미완) ① 활활 타오르다 ② 달아오르다, 붉어지다, 화끈해지다 ③ 불타다; ~ гневом 분노에 타다
пылесос (남) 흡진기, 진공청소기
пылить ① 먼지를 일구다 ② 먼지투성이로 만들다
пылиться (미완) 먼지가 쌓이다, 먼지가 끼다, 먼지가 일다
пылкий (형) 열정적인, 열렬한, 격하기 쉬운
пыль (여) 먼지, 티, 티끌, 미진, 흙진, 설진; смести ~ 먼지를 쓸다 ~ в глаза пустить 속여 넘기다, 업어 넘기다
пыльный (형) 먼지 낀, 먼지투성이.
пыльца (여) 꽃가루, 화분, 예분
пытать (미완) ① 고문하다, 고통을 주다 ② 캐어묻다

пыта́ться (미완) 해보다, 애쓰다, 시도하다; ~ оправда́ться 변명하려고 애쓰다

пы́тка (여) ① 고문, 고신, 고형, 고타, 고략, 맹태 ② 고통, 괴로움

пытли́вый (형) 탐구심이 강한, 파고 드는.

пыхте́ть (미완) 씨근거리다, 헐떡거리다, 숨가빠하다

пы́шный (형) ① 화려한, 호화로운; ~ наря́д 화려한 옷차림 ② 북실북실한, 보드라운; ~ снег 보드라운 눈

пьедеста́л (남) (조각상 등의) 대

пье́са (여) ① 희곡(작품), 각본 ② (음악) 소품, 소곡

пьяне́ть (미완) ① 취하다 ② 도취하다

пья́ница (남, 여) 술꾼, 주정뱅이

пья́нство (중) 술타령, 주정질; 폭음

пья́нствовать (미완) 몹시 술을 마시다, 주정을 부리다,

пья́ный (형) ① 술취한, 만취한 ② (명사) (남) 술취한 사람, 술꾼

пюпи́тр (남) 악보대, 보면대

пюре́ (중) 퓌레(puree; 남새, 과일 등을 숙수쳐서 만든 요리)

пядь (여): не отда́ть ни пя́ди 한치도 (털끝만치도) 내주지 (양보하지) 않다

пя́та (여): по ~ам 바싹 뒤 쫓아서; под ~ой 악압 밑에; с головы́ до ~ 머리에서 발끝까지

пятёрка (여) ① 5, 다섯 개 ② (5계단채점법에서) 5(오)점 ③ 다섯으로 이루어진 대상물(5인조, 5루블, 5번선의 전차, 버스)

пя́теро (수) (집합) 5(다섯), 다섯명, 다섯개; ~ ученико́в 다섯명의 학생; ~ сане́й 썰매 다섯개

пятибо́рец (남) 5(오) 종경기선수

пятибо́рье (중) 5(오)종경기

пятидесятиле́тие (중) ① 50년 ② 쉰돌

пятидесятиле́тний (형) ① 50년간 ② 쉰 돌; 쉰살 된

пятидеся́тый (형) 50번째, 제50

пятиконе́чный (형) ~ая звезда́ 오각

пятиле́тка (여) 5(오) 개년계획

пятиле́тний (형) ① 5(오)년간; ~ план 5개년계획 ② 다섯 돌; ~ ребёнок 다섯 살 난 아이

пятисо́тый (형) 500번째, 제500

пя́титься (미완) 뒤 걸음 치다, 물러서다

пятиуго́льник (남) 오각형(五角形)

пя́тка (여) 발뒤축; показа́ть ~и 달아나다, 도주하다; наступа́ть

на ~и 따라잡다
пятна́дцатый (수) 15번째, 제15
пятна́дцать (수) 열다섯, 15
пятни́стый (형) 얼룩짐이 진, 반점이 섞인, 점이 박힌
пя́тница (여) 금요일(金曜日)
пятно́ (중) 얼룩점, 반점(斑點); солнечные пятна 태양의 흑점
пя́тый (수) 다섯째, 제5
пять (수) 다섯, 5(오)
пятьдеся́т (수) 쉰, 50(오십)
пятьсо́т (수) 500(오백)

Р

раб (남) 노예(奴隷), 노복, 종
рабовладе́лец (남) 노예소유자
рабовладе́льческий (형) 노예의, 노복의 ~ строй 노예제도
раболе́пный (형) 비굴한
раболе́пствовать (미완) 아부굴종하다, 비굴하게 굴다, 추종하다
рабо́та (여) ① 일, 사업, 작업, 노동, 활동; ② 일터, 작업장, 직장, 근무처, 근무지, 근무장소; ③ 일감; ④ ~ы (복수) 공사, 작업; ⑤ 작품, 제작품, ⑥ 일솜씨, 손질; тонкая ~а 세공
рабо́тать (미완) ① 일하다, 사업하다; ② 움직이다, 조종 하다, 놀리다, ③ 동작(작용, 가동)하다
рабо́тник (남), ~ца (여) ① 일군, 노력자; партийный ~к 당직자; ② 머슴, 일군, 담살이, 고노(雇奴), 머슴꾼
работоспосо́бность (여) 노동능력
работоспосо́бный (형) 일할 수 있는, 노동능력이 있는
рабо́чая (여) 노동자(여자), 근로자
рабо́че-крестья́нский (형) 노동의, 근로의
рабо́чий I (남) 노동자(勞動者)
рабо́чий II (형) ①: ~ий класс 노동계급 ② 일하는; ~ий день 노동일; ③ (동물에 대하여) 부리는, 유익한 일을 하는; ④ (공학) 유익한 작용을 하는; ⑤ 작업용, 사무용;
ра́бский (형)① 노예 ② 비굴한; ~ая покорность 맹종 맹동;
ра́бство (중) ① 노예살이 ② 노예상태 ③ 노예제도
рабы́ня (여) 노예(奴隷)(여자)
ра́венство (중) ① 평등(平等), 균등(均等); ② (수학) 등식 (equality); знак ~а 등식(=)
равне́ние (중) ① (군사) 정렬; ② 따라서는 것,
равни́на (여) 평야, 평원, 평지, 산지(山地), 고지

ра́вно ① (술어로) 같다, 동일하다; три плюс семь ~ десяти 3 + 7 = 10 ② (접) ~와 마찬가지로; всё ~ 어쨌든; 이러나저러나 마찬가지이다

равнобе́дренный (형): ~ треугольник 이등변삼각형

равнове́сие (중) 균형, 평형; вое́нное ~ 군사적 균형

равноде́йствующий (형): ~ая си́ла (물리) 합성력, 합력(合力)

равноде́нствие (중) 낮과 밤의 길이가 같은 때, 춘분(春分) весе́ннее ~ 춘분(3월 21일); осе́ннее ~ 추분(9월 23일)

равноду́шие (중) 무관심(성), 냉정(冷情), 냉담(冷淡)

равноду́шный (형) 무관심한, 냉정한, 냉담한

равнозна́чный (형) 동등한; 동일한, 같은 뜻을 가진.

равноме́рно (부) 균등하게, 고르게

равноме́рность (여) 균일성, 균등성

равноме́рный (형) 균등한, 고른; ~ая ско́рость 등속도

равнопра́вие (중) 평등권(平等權), 동등권(同等權)

равнопра́вный (형) 평등한, 동등한

равноси́льный (형) 동등한, 동일한

равноце́нный (형) (값, 질, 가치, 중요 성이) 같은, 동등한

ра́вный (형) 같은, 동등한, 동일한

равня́ть (미완) ① 동등(균등,동일)하게 하다 ② с кем-чем ~, 동등하게 취급 (평가)하다

равня́ться (미완) ① 나란히 서다, 평형; равня́йсь! 나란히! ② 모범을 따르다, 본받다; ~ на передовико́в 혁신자들을 본받다 ③ ~이다; два́жды три равня́ется шести́ 이삼은육 (2×3=6)

рад (술어로) ① 기쁘다, 반갑다; ② (+미정형) ~했으면 하다, ~하고 싶어하다; ~ отдохну́ть, да не́когда 좀 쉬었으면 하나 시간이 없다; ~ стара́ться! 즐겨하렵니다; [и] сам не ~ (제가 한 노릇이나) 후회막심하다, 유감천만이다

рада́р (남) 레이더, 전파탐지기

ра́ди (전) (+생) ① ~을 위하여; ~ о́бщего де́ла 공동사업을 위하여 ② ~때문에; ~ чего́? 무엇 때문에?; ~ бо́га 제발

радиа́тор (남) ① 방열기, 라디에이트; ② 냉각기, 냉동응축기

радиа́ция (여) ① 방사, 복사; ② 방사선, 방사열

ра́дий (남) (화학) 라듐(radium)

радика́л I (남) ① (수학) 뿌리식, 근식; 뿌리표, 근호(√); знак ~а 뿌리표(√) ② (화학) 기, 원자국(原子國)

радика́л II (남) 과격파, 급진당원

радика́льный (형) ① 급진적, 급진파의, ② 결정적인, 근본적인; ~ые ме́ры 철저한(결정적인) 대책

радикули́т (남) (의학) 척수신경근염
ра́дио (불변) (중) ① 라디오, 무선전신, 무선전화 ② 라디오방송; ③ 라디오(수신기)
радиоакти́вность (여) 방사능(放射能), 방사성(放射性)
радиоакти́вный (형) 방사성의; ~ое загрязнение 방사성오염
радиовеща́ние (중) 라디오방송
радиоволна́ (여) (물리) 무선전파
радиогра́мма (여) 무선전보(無線電報); 라디오(를 통한) 전달
радиозо́нд (남) 라디오 존드, 무선고공 기상관측기
радиокомите́т (남) 방송위원회, 방송국
радио́ла (여) 전축라디오
радиолока́тор (남) 전파탐지기
радиолока́ция (여) 전파탐지
радиолюби́тель (남) 라디오애호가
радиома́чта (여) 라디오안테나, 방송탑
радиомая́к (남) 무선등대
радиомонта́ж (남) 라디오몬따쥬
радионавигацио́нный (형) : ~прибор 무선항해기구
радионавига́ция (여) 무선항해
радиопеленга́тор (남) 방향탐지기
радиопереда́тчик (남) 무선송신기
радиопереда́ча (여) 라디오방송;
радиоприёмник (남) 라디오(수신기)
радиореле́йный (형) : ~ая связь 중계 무선통신
радиосвя́зь (여) 무선통신; 무선연락
радиосе́ть (여) 방송망, 무선전신망
радиосигна́л (남) 라디오(무선)신호
радиослу́шатель (남) 라디오청취자
радиоста́нция (여) 무선전신국; 무선 라디오 방송국
радиосту́дия (여) (라디오)방송실
радиотелеско́п (남) 라디오망원경
радиотерапи́я (여) (의학) 방사요법
радиоте́хник (남) 라디오기술자, 무선공학전문가
радиоте́хника (여) ① 라디오공학, ② 라디오기술
радиоу́зел (남) ① (중계) 방송실(放送室) ② 라디오관리국
радиофика́ция (여) 라디오보급, 라디오설비의 설치
радиофици́ровать (미완, 완) 라디오 설비를 설치하다
ради́ст (남), **~ка** (여) 무전수, 무선전신수
ра́днус (남) ① (수학) 반경 ② 범위, 구역

ра́довать (미완) 기쁘게(즐겁게)하다
ра́доваться (미완) 기뻐하다, 반가워 하다
радо́н (남) (화학) 라돈(radon)
radо́новый (형): ~ источник 라돈천
ра́достно (부) ① 기쁘게, 반가이, 즐겁게 ② (술어로) 기쁘다, 반갑다, 즐겁다
ра́достный (형) 기쁜, 반가운, 즐거운
ра́дость (여) ① 기쁨 ② 기쁜 일; 기쁨의 대상
ра́дуга (여) 무지개, 천궁, 채동, 홍예, 채홍, 제궁
ра́дужный (형): ~ые надежды 즐거운 희망
раду́шие (중) 친절
раду́шно (부) 친절하게, 다정하게
раду́шный (형) 친절한
раз I (남) ① 한 번; три раза 세번(이나); каждый ~ 매번 ② (불변) 하나; ~, два, три 하나, 둘, 셋;
раз II (부) 어느 날, 하루는, 한 번은;
раз III (접) (= если) ~면, 일단 ~한 이상; ~ обещал сделал 일단 약속한 이상은 해야 해
разба́вить (완), **~вля́ть** (미완) 묽게(연하게)하다, 타다, 섞다
разбаза́ривать (미완), **~ть** (완) ① 팔다, 팔아버리다 ② 낭비(허비), 탕진)하다
разбе́г (남) 뛰어넘기(오르기)위하여 달리는 것; 속력을 내는 것, 달리던 기운;
разбега́ться (미완), **~жа́ться** (완) ① 뛰어넘기(오르기) 위하여 달리다; 속력을 내다 ② (많은 사람들이) 사방으로 뛰어가다, 뿔뿔이 흩어지다 ③ (생각이) 산만해지다, 집중되지 않다;
разбинтова́ть (완), **~о́вывать** (미완) 붕대를 풀다
разбира́ть (미완) ① 분해하다 ② 다 사다(가지다) ③ 정리(정돈)하다; 유별(구분)하다 ④ 심의(검토)하다 ⑤ 판별하다
разбира́ться (미완) ① 자기 물건을 정리하다 ② 이해(해명, 요해)하다, 분석 하다, 음미하다; ~ в деле 사건을 요해 하다
разби́тый (형) ① 깨어진, 금이 간, 이가 빠진; ~ое стекло 깨어진 유리 ② 못쓰게 된, 파손된 ③ 기진맥진한, 기운이 진한; чу́вствовать себя́ ~ым 심한 피곤을 느끼다
разби́ть (완) ① 깨뜨리다, 마스다, 깨다; ~ посу́ду 그릇을 깨다 ② 상하게(다치게) 하다 ③ 못쓰게 만들다 하다, 격파(분쇄) 하다; ⑤ (부분으로) 쪼개다, 나누다 ⑥ 포치하다, 치다;
разби́ться (완) ① 깨지다, 부서지다, 쪼개지다 ② 갈라지다, 구분되다 ③ (자기 몸을) 다치다, 상하다 ④ 못쓰게 되다,

- 670 -

헐다 망그러지다
разбогате́ть (완) 부자가 되다
разбо́й (남) 강탈, 약탈, 약취, 탈취; морско́й 해적행위
разбо́йник (남) ① 강탈자, 강도; ② 장난꾸러기.
разбо́йничать (미완) 강도(강탈)질하다
разбо́йничий (형) 강도, 갱; ~ья ша́йка 강도단
разболе́ться (완) ① 심하게 앓다 ② (몸의 한부분이) 아프다, 아파하다
разболта́ть I (완) 누설(漏泄)하다, 입 밖에 내다
разболта́ть II (완) (흔들어) 뒤섞다, 헐겁게 하다
разбомби́ть (완) 폭격하다, 폭탄을 던지다
разбо́р (남) ① 분해, 분석, ② 선택, 분류, ③ 심사, 심의
разбо́рка (여) ① 분해, 해체, ② 분류선별 ③ 정리, 정돈
разбо́рчивый (형) ① (선택함에) 몹시 까다로운, 요구성이 강한 ② 똑똑한, 알기쉬운; ~ по́черк 알기 쉬운 글씨
разбра́сывать (미완) ① (사방에) 뿌리다 ② (사방에) 헤쳐 (널어)놓다
разбра́сываться (미완) 많은일을 벌려놓다, 많은 일에 손을 대다, 동시에 많은 것을 하다
разбреда́ться (미완), **~сти́сь** (완) 뿔뿔이 (산산이) 흩어져가다
разбро́д (남) 불화, 불일치; иде́йный ~ 사상적 불일치
разбро́санный (형) ① 분산된, 흩어진, 사방에 널려있는 ② 산만한, ③ 혼란된, 무질서한
разбры́згивать (미완) (액체를) 뿌리다, 분무하다
разбуди́ть (완) 깨우다
разбуха́ть (미완), **разбу́хнуть** (완) ① 부풀다, 팽창되다 ② (비상히) 늘어나다, 커지다
разбушева́ться (완) ① 사나와지다, 기승을 부리다 ② 야단치다, 지랄부리다
разва́л (남) 붕괴, 와해, 혼란
разва́лина (여) ① (복수);~ы 폐허 ② 쓸모없는 인간, 폐인;
развали́ть (완) ① 파괴하다, 허물다, 깨뜨리다 ② 망치다, 파탄시키다; ~ рабо́ту 일을 망쳐버리다
развали́ться (완) ① 허물어지다, 헤쳐지다, 와해(붕괴, 파괴) 되다 ② 망쳐지다; де́ло ~лось 일이 망쳐졌다 ③ 되는대로 앉다(눕다); ~ться на сту́ле 의자위에 퍼더버리고 앉다
разва́ривать (미완) 푹 삶다, 끓이다, 고다, 만들다
разва́риваться (미완) 푹 삶아지(고아)지다
ра́зве ① (조) 과연, 정말; ~ он прие́хал? 참말 그가 왔어요?

- 671 -

② (조)~ㄹ 가? ③ (조) 다만, 오직; ④ (접)~지만 않으면
развева́ть (미완) 펄럭이게 하다
развева́ться (미완) 휘날리다, 나붓기다, 펄럭이다
разведа́ть (완) ① 알아내다, 탐색(탐지) 하다 ② 정찰하다 ③ 탐사(시굴)하다
разведе́ние (중) ① 번식, 양식, 재배 ② (불을) 피우는 것, 불 때는 것
разве́дка (여) ① (군사) 정찰, ② 정찰대 ③ 정보(첩보) 기관 ④ (지질) 탐사, 시굴;(현지)답사(踏査)
разве́дочный (형) 정찰의, 탐사의
разве́дчик (남) ① (군사) 정찰병, ② 첩보원, 정보원, ③ 정찰기, ④ 탐사자, 탐사대원
разве́дывательный (형) ① 정찰 ② 정보(첩보);~ые органы, ~ая служба 정보기관, 첩보기관;~ые данные 기밀자료
развенча́ть (완), **развенчива́ть** (미완) 위신을 떨어뜨리다, 명예를 훼손시키다
развёрнутый (형) ① 전면적인, 대규모적인 ② 전개된, 상세한
разверну́ть (완) ① 펴다, 펼치다, 풀다; 벗기다, 열다 ② 전개(발휘)하다, 발전 시키다 ③ 돌리다, 회전시키다; ~ танк 탱크를 돌리다 ④ 열다, 설치하다
разверну́ться (완) ① 퍼지다, 펼쳐 지다; 벗겨지다, 열리다 ② 전개(발휘, 발전)되다 ③ 돌다, 방향을 바꾸다
развёрстка (여) 배당, 배분, 분배 (노력의) 배치
развёртывание (중) ① 전개, 발휘, ② 설치
развесели́ться (완) 유쾌해지다
разве́систый (형) 가지가 무성한
развесно́й (형) (저울에) 달아서 파는
развести́сь I (완) 이혼하다
развести́сь II (완) 많아지다, 번식되다
разветвле́ние (중) 분기(점), 갈림목
разветвлённый (형) 갈래가 많은, (여러 곳으로) 갈라진
разветвля́ться (미완) 가지가뻗다, 무성해지다; 갈라지다
разве́шать (완), **~ивать** (미완) (사방에) 걸다
разве́ять (완) ① 흩날려버리다; ② 가시다, 없애버리다
развива́ть (미완) ① 발전시키다 ② 발달(성숙)시키다, 키우다, 기르다; ③ 전개(확대, 심화) 하다; ④ (곤, 묶은, 뜬 것을) 풀다;
развива́ться (미완) ① 발전되다 ② 발달하다, 성숙되다 ③

- 672 -

끈(많은, 뜬)것이 풀리다

развива́ющийся (형) 개발도상에 있는, 발전도상의

развилка (여) на ~е доро́г 갈림길에서

развинти́ть (완)(나사못을 뽑고) 분해하다

развинти́ться (완) ① (나사못이) 풀리다, 헐거워지다 ② 자제력을 잃다, 혼란되다

развитие (중) 발전, 발달, 전진, 성숙

развито́й (형) 발전된, 발달한; ② 발전된, 성숙한, 유식한;

развлека́ть (미완) 즐겁게 하다; 위안하다, 시름을 잊게 하다

развлека́ться (미완) 놀다, 즐기다; 시름을 잊다

развлече́ние (중) 오락, 유희, 심심풀이

развод (남) 이혼(離婚), 헤어짐

разводи́ть I (미완) ① 각기 제자리로 보내다 ② (군사) (초소에) 세우다; ③ 이혼 시키다 ~пилу́ 톱날을 세우다

разводи́ть II 녹이다, 용해시키다, 섞다, 타다, 희박하게 하다; ~ кра́ску оли́фой 뺑끼에 보일유를 타다

разводи́ть III ① (동식물을) 기르다, 키우다; 번식시키다; ~ свине́й 돼지를 기르다 ② (불을) 피우다(때다); ~ пусты́е разгово́ры 빈소리들을 늘어놓다

разводно́й (형): ~ мост 여닫음(개폐)식 다리; ~ ключ 맞나사 나사빼개

разводя́щий (남) 보초장

развози́ть (미완) 여러 곳에(각기 제자리에) 수송(운반, 배달)하다;~ по дома́м 집집에 배달하다

разволнова́ться 몹시 흥분하다, 불안해하다, 설레다

разворовать(완), **~овывать**(미완) 몽땅도적질해가다, 훔치다

разворо́т (남) ① 방향전환(方向轉換) ② (표지등의) 안, 안쪽

разворо́тить (완) ① 산산이 해뜨려 놓다 ② 깨뜨려 허물다;

развра́т (남) 방탕(放蕩), 부화, 타락

развра́тник (남), **~ца** (여) 방탕아(放蕩兒), 타락분자

развра́тный (형) 음탕한, 타락한, 방탕한

развраща́ть (미완) ① 타락시키다, 방탕하게 하다 ② 버릇을 잘못 가르치다, 응석을 받아주다

развраща́ться (미완) 타락하다, 방탕 (부화)해지다

развраще́ние (중) 타락시키는 것; 방탕(放蕩), 부화

развращённый (형) 방탕한, 타락한, 부화한

развяза́ть (완) 풀다, 열다, 끄르다; ~ войну́ 전쟁을 일으키다; ~ру́ки 마음대로 행동하게 하다

развяза́ться(완) 풀리다 ~ться с де́лом 일을 다 해버리다;

развя́зка (여) 결말(結末)

развя́зно (부) 어렴성(체면)없이, 주제넘게; вести(держать) себя ~ 건방지게 굴다

развя́зность (여) 어렴성(체면)없는것

развя́зный (형) 체면없는, 뻔뻔스러운, 비위좋은

разгада́ть ① 풀다, 알아맞히다 ② 알아차리다, 알다

разга́дка (여) ① 풀기, 해답, ② 알아맞히기, 알아차리기

разга́р (남) 한창, 정점(頂點); уборка в самом ~е 가을걷이가 한창이다

разгиба́ть (미완) 펴다, 똑바르게 하다

разгиба́ться 펴지다, 허리를 펴다, 똑바르게 되다

разгильдя́й (남), **~ка** (여) 머저리, 게으름뱅이

разгильдя́йство (중) 태만성

разглаго́льствовать (미완) 지껄이다, 빈소리치다, 떠벌리다

разгла́дить(완), **~жива́ть**(미완) (구겨진 것을) 펴다, 다리다, 바로잡다; ~ утюгом 다림질하다

разгла́живаться (미완) 바로잡히다, 고르게 되다

разгласи́ть, **~ша́ть** (미완) 투설하다, 입밖에 내다

разглаше́ние (중) 투설, 말을 돌리는것

разгляде́ть(완), **~я́дывать** (미완) ① 꼼꼼히 보다, 살펴보다, 주시하다 ② 알아내다, 발견하다, 찾아내다

разгнева́нный (형) 격노한, 노발대발한

разгнева́ть (완) 몹시 성내게 하다, 노발대발케 하다

разгнева́ться (완) 격노(노발대발)하다

разгова́ривать (미완) 말(이야기, 담화) 하다

разгово́р (남) ① 이야기, 회화, 대화; вести ~ 이야기(담화)하다 ②: ~ы (복수) 소문, 풍문; пойдут ~ы 소문이 돌 것이다 никаких ~ов! 변명하지 말고 시키는 대로 하라!;

разговори́ться (완) ① 이야기하기 시작하다 ② 이야기에 열중하다, 신이 나서 이야기하다

разгово́рник (남) 회화집

разгово́рный (형) 회화; 일상용어; ~ый язык, ~ая речь 입말, 회화어; ~ый стиль 입말체, 회화체

разгово́рчивый (형) 말을 좋아하는, 수다스러운

разго́н (남) ① 해산(시키는 것) ② 내닫던 기운, 속력, 가속 ③ 주행거리

разгоря́ть, ~ться ① 타 번지다, 확확 타오르다 ② 빨개지다, 화끈 달다; щёки ~елись 뺨이 빨개졌다

разгороди́ть(완) 칸을 막다; ~ комнату 방에 칸을 막다

разгорячи́ться 신이 나다, 격하다, 화끈 달아오르다.
разгра́бить (완) 약탈(강탈)하다
разграниче́ние (중) ① 경계의 확정 ② 경계선, 경계, ③ 구획(區劃), 구분(區分); ~ поня́тий 개념의 구분
разграни́чивать (미완), **~ть** (완) ① 경계선을 긋다, 경계를 정하다 ② (사업, 개념의) 한계를 규정하다, 구획(구분) 하다
разгреба́ть (미완), **~сти́** (완) (갈퀴 따위로) 긁어 헤치다, 파헤치다, 헤집다; ~ зе́млю 땅을 파헤치다
разгро́м (남) ① 파멸, 격멸, 괴멸; по́лный ~ 전멸 ② 파괴
разгроми́ть (완) 격멸하다, 부시다, 분쇄하다
разгружа́ть (미완), **~ть** (완) ① 짐을 부리다; ~ ваго́н 짐차에서 짐을 부리다 ② (부과 된 일, 과중한 부담을) 덜어(벗겨)주다
разгружа́ться (미완) ① 짐을 풀다 ② 잡다한 일에서 벗어 나다
разгру́зка (여) 짐을 부리는 것, 덜어주는 것
разгрыза́ть (미완), **~зть** (완) 이빨로 까다(깨다), 빠작빠작 씹어 먹다
разгу́л (남) 광분(狂奔), 횡행(橫行)
разгуля́ться (완) ① 마음껏 활동하다 (놀다) ② (날씨가) 개이다
раздава́ть (미완) 나누어주다, 분배하다, 배포하다, 부여하다
раздави́ть (완) ① 짓눌러(짓밟아) 죽이다, 뭉개다; ~ паука́ 거미를 밟아 죽이다 ② 짓부시다, 억누르다
разда́ться (완) 울리다; ~лся вы́стрел 총소리가 울렸다
разда́ча (여) 분배, 부여, 배급
раздва́иваться(미완),**раздво́иться**(완) 둘로나뉘다(갈라지다)
раздева́лка (여) 옷 보관실, 탈의실
раздева́ть (미완) 옷을 벗기다
раздева́ться (미완) 옷을 벗다
разде́л (남) ① 분할, 분배 ② 편, 부
раздела́ться (완) ① 결산(청산)하다; ~ с долга́ми 빚을 청산 하다 ② 끝장을 내다, 결판을 내다, 복수하다
разделе́ние (중): ~ труда́ 분업
раздели́ть (완) ① 나누다, 분할(분배)하다 ② ~을 같이하다 ③ (수학) 나누다, 제하다
раздели́ться (완) 나뉘다, 갈라지다, 분할되다
разде́льно (부) ① 따로따로; 별개로; ~ жить 따로따로 살다, 별거하다 ② 갈라서, 떨어서; ~ писа́ть 떠어쓰다.
разде́льный (형) 별개, 갈라진

- 675 -

раздира́ть (미완) ① (잡아) 찢다, 째다, 뜯다 ② 아프게 하다, 괴롭히다; ③ 분열(이간)시키다

раздо́быть (완) 구하다, 얻다

раздо́лье (중) ① 넓다, 넓은 곳, 광야 ② 안락, 자유

раздо́р (남) 불화, 반목, 알력; се́ять ~ 불화의 씨를 뿌리다

раздоса́довать (완) 분(忿)하게 하다, 격분시키다

раздража́ть (미완) 격분시키다, 초조하게하다; 자극하다

раздража́ться (미완) ① 격분하다, 초조해지다 ② 자극받다, 염증이 생기다

раздраже́ние (중) ① 초조, 흥분, 격분; с ~м 초조하여, 흥분하여 ② 자극

раздражённо (부) 화가 나서, 성이 나서, 결이 나서

раздражённый (형) 흥분된, 격분한

раздражи́тельность (여) 신경질

раздразни́ть (완) 놀려주어 성나게 하다, 골려주다, 약을 올려주다; ~ соба́ку 개를 성내우다

раздро́бленность (여) 세분성, 분산성

раздро́бленный (형) ① 분쇄된, 부스러진 ② 소규모적인, 분산적인

раздува́ть (미완) ① (불을) 불다, 불어 일으키다 ② 부풀어 오르게 하다 ③ 선동하다, 키질하다, 과장하다, 허풍치다. ④ (불어) 날리다, 휘날리다

раздува́ться (미완) 부풀다, 팽팽해지다; 붓다, 부어오르다

разду́мать (완) 생각을 바꾸다, 그만 두다, 단념하다

разду́мывать (미완) (깊이) 생각하다, 심사숙고하다, 골돌이 생각하다

разду́мье (중) 심사숙고(하는 것); глубо́кое ~ 심사숙고

разду́тый (형) ① 부어오른, 불룩한 ② 지나치게 큰(많은), 팽창한; 과장된

разжа́лобить (완) 측은한 감을 불러 일으키다, 동정심을 자아내다

разжа́ловать (완) 강직시키다

разжа́ть (완) (들어쥐었던, 물렸던 것을) 벌리다, 펴다, 놓다; ~ ру́ки 손을 펴다; ~ рот 입을 벌리다

разжа́ться (완) (조였던, 줄였던, 눌렸던 것이) 벌려지다, 열리다, 펴지다; кула́к ~лся 주먹이 펴졌다

разжева́ть(완), **~ёвывать** (미완) ① 씹다, 깨물다 ② 되씹어 말하다(설명 하다)

разже́чь (완), **~ига́ть** (미완) ① 피우다, 타오르게 하다; ~

огонь 불을 피우다 ② 도발하다; ~ войну 전쟁을 도발하다 ③ 키질하다, 격화시키다

развонить (완) 입 밖에 내다, 소문을 퍼뜨리다

разинуть (완) (입, 아가리를) 쩍 벌리다, 열다; ~ рот 주둥아리를 놀리다 ② 멍청하니 바라보다, 멍하니 서있다, 정신이 팔리다 ③ (놀라서, 의아해서) 입을 쩍 벌리다

разиня (남, 여) 멍청이, 얼뜨기, 얼떨떨한 사람

разительный (형) 놀랄만한, 경탄할만한

разить (미완) 치다, 격파하다

разлад (남) ① 불일치, 무질서, 보조가 맞지 않는 것 ② 불화, 반목, 알력

разлазиться (미완), **разлезться** (완) 흔솔이 터지다; 처지다, 해지다

разлетаться, ~ется (완) ① 날아헤쳐 지다, 날아흩어지다; птицы ~елись 새들은 사방으로 날아가 버렸다 ② 산산조각이 나다 ③ (희망이) 사라지다, 없어지다 ④ 내닫다 ⑤ (소식, 소문이) 빨리 퍼지다

разлив (남) ① 범람, 큰물(홍수) ② (여러그릇에) 갈라 붓는 것

разливать (미완) ① (여러 그릇에) 나누어 붓다, 따르다 ② 흘리다, 쏟뜨리다 ③ 퍼뜨리다

разливаться (미완) ① 쏟아지다, 흘러넘다 ② 넘치다, 범람하다 ③ 쫙 퍼지다, 번져가다

разлиновать (완), **~овывать** (미완) 줄(칸)을 치다(긋다);

различать (미완) 구별(분간, 식별)하다

различаться 차이나다, 구별되다; ~ длиной 길이가 다르다; ~ по возрасту 나이가 차이가 있다

различие (중) 차이, 차별, 구별; ~е во взглядах 의견상의 знаки ~я 식별표식

различно (부) 여러 가지로, 각이하게, 구별되게

различный (형) ① 여러가지, 각이한; ② 서로 다른, 같지 않은; ~ые мнения 서로다른 의견

разложение (중) ① 분해, 분할; ② 와해, 부패(腐敗), 타락

разложившийся (형) ① 썩은, 썩어 빠진 ② 부패한, 타락한, 와해된

разложить (완) ① (사방에) 갈라놓다, 진열하다, 배열해 놓다; ② 펴놓다; ③ 할당하다, 분담시키다 ④ 분해(분할)하다 ⑤ 와해(붕괴)시키다, 타락(부패)시키다

разложиться ① 가지고물품을 벌려놓다, 배열해놓다 ②

разло́м (남) ① 파열, ② 꺾인(부서진) 자리
разлома́ть (완) ① 꺾다, 까부시다 ② 허물다, 무너뜨리다
разлома́ться (완) 부서지다, 파괴되다, 깨뜨러지다
разломи́ть (완) 쪼개다, 꺾다
разломи́ться (완) 쪼개지다, 꺾어지다, 깨뜨러지다
разлу́ка (여) 이별(생활); жить в ~е 갈라져(떨어져) 살다
разлуча́ть (미완) 이별시키다, 갈라지게 하다
разлуча́ться (미완) 이별하다, 헤어지다
разлучи́ть[ся] см. разлуча́ть[ся]
разлюби́ть (완) ① 사랑하지 않게 되다, 싫어지다 ~에 대한 사랑을 끊다 ② 싫증을 느끼다
размагни́тить (완) 자성을 없애다
размагни́титься (완) 자성이 없어지다
разма́зать (겉면에) 온통 바르다(칠하다, 더럽히다)
разма́заться (겉면에) 온통 발라지다 (칠해. 더럽히다)
разма́тывать (미완) (감은, 꼰 것을) 풀다
разма́тываться (감은, 꼰 것이) 풀리다, 풀어지다
разма́х (남) ① 규모, 범위; ~ строи́тельства 건설의 규모 ② 전개력; ③ 진폭, 진동범위
разма́хивать (미완) 휘두르다, 휘젓다;
разма́хиваться (미완) ① 번쩍 쳐들다, 힘껏 휘두르다 ② 크게 계획을 세우다, 판을 크게 벌리다
размежева́ние (중) 경계를 정하는 것, 한계를 정하는 것, 범위를 정하는 것
размежева́ть (완) 분계선을 긋다, 범위를 정하다
размежева́ться (완) ①(토지의) 경계를 정하다 ② 상호간에 범위(한계)를 가르 다 ③ 견해(태도)를 밝히고 갈라지다
размельча́ть, ~и́ть (완) 잘게 바스라(부스라)뜨리다
разме́н (남) (잔돈으로) 바꾸는 것; 교환; ~ де́нег 잔돈으로 바꾸는 것; ~ кварти́ры (жилпло́щади) 주택교환
разме́ниваться; на ме́лочи 사소한 일에 머리를 쓰다
разме́нный (형): ~ая моне́та 잔돈, 잔전
разменя́ть (완) ① (잔돈으로) 바꾸다 ② (주택을) 교환하다
разменя́ться (완) 교환하다, 서로 바꾸다; 주택을 교환하다
разме́р (남) ① 크기, 치수, 문수; ~ ко́мнаты 방의 크기; ~ костю́ма 양복의 치수; ~обу́ви 신발의 문수 ② 규모, 범위, 정도; ③ 금액, 액수; ~ зарпла́ты 노임액수 ④ (문학) 운율; (음악) 박자

разме́ренный (형) 유창한, 유유한, 율동적인; ~ая похо́дка 유유한 걸음 걸이

разме́рить (완), **~еря́ть** (미완) ① 측정하다;~еря́ть ме́сто для постро́йки 건축기지를 측정하다 ② 크기(정도)를 정하다

размеси́ть(완)뒤섞다, 이기다, 반죽하다

размести́ть (완) ① 배치하다, 배열하다, ② 분배하다, 할당하다; ~ капита́л 자본을 여러 곳에 투자하다

размести́ться 배치되다, 자리잡다, 자리를 차지하다; удо́бно ~ в ваго́не 차칸에 편안히 자리잡고 앉다

разме́тить, ~еча́ть (미완) 표를 하다, 표식을 하다

размеша́ть (완), **~е́шивать** (완) (쉬으라고) 젓다, 뒤섞다, 저어녹이다;~ са́хар в ча́е 차에 탄 사탕을 저어녹이다

размеще́ние (중) 배치

размини́ровать 지뢰(기뢰, 수뢰)를 해제(제거)하다

разми́нка (여) (체육) 준비운동

размину́ться ① 어긋나다, 엇갈리다; ~ с това́рищем 동무와 길이 어긋나다 ② 서로 스치다, 어기다

размножа́ть (미완) ① 새끼치다, 번식(증식)시키다 ② 증가시키다 ③ 등사(프린트)하다

размножа́ться (미완) ① 새끼치다, 번식되다 ② 늘다, 증가되다; 많아지다 ③ 등사(프린트)되다

размноже́ние (중) ① 번식, 생식; полово́е ~ 양성생식 ② 증가, 증식 ③ 등사, 프린트

размока́ть, ~о́кнуть 습기차서 부풀다, 눅눅해지다

размо́лвка (여) 말다툼, 사소한 언쟁

размоло́ть (완) 가루로 붙다, 찧다

размочи́ть (완)(액체에) 담그어 부풀게(무르게)하다

размыва́ть, ~ы́ть (물결이) 씻다, 씻어 무너뜨리다

размышле́ние (중) 명상, 생각(사색)에 잠기는 것; дать вре́мя на ~ 생각할 시간(틈)을 주다

размышля́ть 궁리(생각)하다, 사색(심사 숙고)하다

размягча́ть, ~и́ть 연하게(무르게)하다

размя́кнуть (완) ① 연해(부드러워, 물렁해)지다 ② 녹초가 되다 ③ (마음이) 너그러워지다

разнести́сь (급속히) 퍼지다, 전파 되다, 울리다

разнима́ть (미완) ① 말리다, 떼놓다; ② 분해(해체) 하다, 분리시키다

разни́ться (미완) 차이나다

ра́зница (여) ① 차이 ② 차액, 차; кака́я ~? 무엇이 다른가?

마찬가지가 아닌가?

разнобо́й (남) 불일치, 의견상이;

разногла́сие (중) ① 의견상이 ② 모순(矛盾), 불일치; ~я в показаниях свиде-телей 증언의 불일치

разноголо́сица (여) 불일치(不一致), 의견상이(意見相異)

разноѓое (중) 잡일

разнообра́зие (중) 다양성(多樣性)

разнообра́зить (완) 다양하게 하다

разнообра́зный (형) 다양한, 여러 가지, 각양한

разречи́вый (형) 서로 모순되는, 반대되는; ~ые слухи 모순되는 소문

разноро́дный (형) 여러 가지, 각종

разноси́ть (미완) ① 배달(배포)하다; ② 퍼뜨리다, 전파하다; ③ 여러곳에 기입하다 ④ 파괴(분쇄)하다 ⑤ 비난(책망,욕설) 하다 ⑥ (무인칭) 부풀다, 붓다;

разносторо́нний (형) ① 다방면적인, 다양한 ② (수학)~ий треугольник 이등 변삼각형

ра́зность (여) (수학) 차(差), 계차(階差)

разно́счик (남), **~ца** (여) ① 배달원, 통신원; ~ газет 신문통신원 ② 도부 장사, 행상인 ③ 전파자, 유포자

разноцве́тный (형) 알락달락한, 잡색

разноше́рстный (형) 혼합된;~ая публика 오합지졸

разну́зданный (형) 횡포무도한, 방종한 제멋대로 노는

ра́зный (형) ① 여러가지, 다양한; ② 다른, 상이한

разоблача́ть (미완) 폭로(적발)하다, 까밝히다

разоблаче́ние (중) 폭로(暴露), 적발

разобща́ть (미완) 분리하다, 이간시키다

разобщённый (형) 연계가 없는, 분리된

ра́зовый (형) 1회 유효;~ билет 1 회권, 1회 유효표

разогна́ть (완) ① 쫓아버리다, 해산 시키다 ② 내쫓다, 해고하다 ③ 전속력으로 달리게 하다, 재촉하다;

разогре́ть (완) 데우다, 가열하다; ~ обед 점심을 데우다

разогре́ться (완) 더워지다, 가열되다, 뜨거워지다

разоде́тый (형) 곱게 차려입은

разоде́ть (완) 곱게 차려 입히다

разоде́ться (완) 곱게 차려입다

разодра́ться (완) ① 찢어지다, 째지다, 폐지다 ② 몹시 싸우다

ра́зом (부) ① 단번에, 단숨에 ② 곧, 즉시에

- 680 -

разомкнуть (완) ① (연결된 것을) 떼어 내다 ② (전류를) 끊다, 절연시키다 ③: ~ ряды (군사) 산개시키다
разомкнуться (완) (연결된 것이) 떼어지다
разорвать (완) ① 찢다, 째다; ~ письмо 편지를 찢다 ② 파열(폭발)시키다 ③ 끊다, 단절하다
разорваться (완) ① 찢어지다, 째지다 ② 폭발하다, 터지다;
разорение (중) ① 파산, 영락 ② 파괴, 몰락, 황폐(荒幣)
разорённый (형) ① 파산된, 영락된 ② 파괴된
разорительный (형) 파산(영락)시키는, 황폐화시키는
разорить (완) ① 파산(영락)시키다 ② 파괴하다, 황폐하게 하다
разориться (완) 파산(몰락)하다, 빈궁에 빠지다
разоружение (중) ① 무장해제, ② 군비축소
разоружить (완) ① 무장해제시키다, 군비를 축소(철폐)시키다 ② 투쟁의욕을 마비시키다
разоружиться (완) ① (자신의) 무장을 해제하다, 군비를 축소(철폐)하다 ② 투쟁의욕을 잃다
разослать (완) ① (여러 곳에) 보내다; ~ письма (여러 곳에) 편지를 보내다 ② 모조리 파견하다
разостлать (완) (표면전체에) 깔다, 펴다; ~ ковёр 양탄자를 깔다
разочарование (중) 실망, 환멸
разочарованный (형) 실망한, 낙심한, 환멸(幻滅)을 느끼는
разочаровать 실망케 하다, ~에 환멸을 느끼게 하다
разочароваться(완),**~овывать[ся]** (미완) 실망하다, 환멸을 느끼다
разрабатывать (미완) ① 개발하다; ~ новые виды оружия 새로운 종류의 무기를 개발하다 ② 작성하다; ~ план 계획을 작성하다 ③ 채굴(채광)하다 ④ 갈다, 경작하다 ⑤ 연마하다
разрабатываться (미완) ① 개발되다 ② 작성되다 ③ 채굴(채광)되다 ④ 개간(경작)되다
разработка (여) ① 개발; ② 작성; ③ 캐기, 채굴; 광석 채굴, 채광; открытая ~ 노천채굴 ④ 개간, 경작
разравнивать 평평하게 하다, 고르게 하다, 반반하게 하다
разразиться (완) 돌발하다; ~лась гроза 심한 소나기가 쏟아졌다; ~ться смехом 폭소를 터치다, 웃음통을 터치다
разрастаться (미완), **~ись** (완) ① 무성하다 ② 늘다, 확장(확대, 증식)되다

- 681 -

разре́з (남) ① 절단, 절개 ② 절단면, 단면(도) ③ (수학) 절단 선 ④ (광업) 노천채굴장

разреза́ть (미완), **разреза́ть** (완) ① 베다, 자르다, 썰다; ~ хлеб 빵을 썰다 ② (의학) 째다, 절개하다; ~ опухоль 종기를 째다(절개하다)

разреша́ть[ся] см. разреши́ть[ся]

разреше́ние (중) ① 허가; дава́ть ~e 허가하다; получа́ть ~e 허가를 받다; без ~я 허가없이 ② 허가증 ③ 해결

разреши́ть (완) ① 허가하다, 허락하다 ② 해결하다; ~ пробле́му(вопро́с) 문제를 해결하다 ③ 풀다, 해소하다; ~ сомне́ния 의심을 풀다

разреши́ться (완) 풀리다, 해소되다; сомне́ния ~лись 의심이 풀렸다

разрисова́ть (완) 그림으로 장식하다; 채색하다

разро́зненный (형) 흩어진, 분산적인, 불일치한

разруба́ть, ~и́ть(완) (여러 토막으로) 찍다, 베다, 자르다, 토막치다; ~ де́рево 나무를 토막토막 자르다

разру́ха (여) (경제생활에서) 파괴, 파탄, 혼란(混亂)

разруша́ть (미완) ① 파괴하다 ② 붕괴시키다, 와해하다 ③ 못쓰게 만들다; ~ здо-ро́вье 건강을 해치다

разруша́ться (미완) ① 파괴되다, 허물어지다 ② 깨지다, 파탄되다, 붕괴(와해)되다 ③ 못쓰게 되다

разруше́ние(중) 파괴, 붕괴, 와해(蛙鼈)

разру́шенный (형) 파괴된

разруши́тельный (형) 파멸적인, 파괴적인;~ая си́ла 파괴력

разры́в (남) ① 단절, 결렬, 절교; ② 폭발, 파열; ~ снаря́да 포탄의 폭발 ③ 절단된(터진)곳; ~ се́рдца 심장파열

разрывно́й (형) : ~ой снаря́д 폭발탄;~ая пу́ля 파열탄

разрыва́ться (완) 울음을 터뜨리다, 목놓아 울다

разры́ть (완) 파다, 파헤치다

разрыхли́ть, ~я́ть (흙 따위를) 부드럽게 하다

разря́д I (남) ① 범주, 종류, 부류; ② 등급; ③ (체육) 급수 ④ (수학) 자리; ци́фра пе́рвого ~а 첫 자리 수

разря́д II(남): электри́ческий ~방전

разряди́ть (완) ① 퇴탄하다, 탄환을 꺼내다 ② (전기) 방전 시키다 ③ (긴장을) 풀다, (긴장성을) 늦추다

разря́дка (여) ① 완화, 완충; ② 방전(妨電)

разря́дник (남), **~ца** (여) (체육) 급수소유자

разубеди́ть(완) 신념(의도)을 바꾸게 하다, 마음 돌려세우다

разубеди́ться (완) 신념(의도)을 바꾸다, 마음을 다시먹다, 생각을 달리하다

разува́ть (미완) 신발을 벗기다;

разува́ться (미완) 신발을 벗다

разуве́рить (완) 신심(확신)을 버리게 하다, 믿지 않게 하다

разуве́риться (완) 믿음(신심, 확신)을 잃다, 믿지 않게 되다

разузнава́ть, ~а́ть (자세히) 알아내다, 탐지하다

разукра́сить (완), **~шивать** (미완) 장식 하다

разукрупне́ние (중) 세분화

разукрупни́ть (완), **~ять** (미완) 세분하다, 보다 작은 단위로 나누다

ра́зум (남) 이성, 이지, 지혜; ум за ~ зашёл 분별이 없어 졌다, 자제력(판단력)을 잃었다

разуме́ться (미완) ① ~의 의미로 이해되다; ② -ется (삽입어) 물론, 말할 것도 없이; ~ется, он придёт 물론 그는 올 것이다

разу́мный (형) ① 이성적인, 이지적인 ② 합리적인, 분별있는

разу́тый (형) (신발 따위를) 벗은

разу́чивать (미완), **разучи́ть** (완) (연습하여 점차) 외우다, 암기하다

разу́читься (완) (기능, 관습을) 잊어 버리다; ~ игра́ть на роя́ле 피아노 연주법을 잊어버리다

разъеда́ть (미완) 좀먹다, 녹쓸다

разъедине́ние (중) 분리(分利), 분열

разъедини́ть (완) ① 떼다, 분리(분열) 시키다, 절단하다; ~ провода́ 전선을 절단하다 ② 헤어지게(갈라지게) 하다

разъеди́ниться (완) 떼어(끊어, 떨어) 지다

разъе́зд (남) ① 헤어져가는 것 ② (철도) 대피역, 대피지점 ③ (군사) 기병 정찰대

разъезжа́ть (미완) 타고 돌아다니다, 여행하다

разъе́хаться (완) ① (여러 방향으로) 떠나다, 출발하다 ② 헤어지다, 이별하다 ③ 서로 스쳐지나가다, (길을) 어기다, 어긋나다

разъярённый (형) 분노한, 격분한

разъяри́ть (완), **~ять** (미완) 분노케(격분케) 하다

разъясне́ние (중) 해명, 설명, 해설

разъясни́ть (완), **~ять** (미완) 설명(해설, 천명)하다

разыгра́ть (완) ① 제비를 뽑아정하다 ② 놀리다, 골려주다

③ (놀음에서) 결판을 내다
разыгра́ться (완) ① 사나워지다, 세차지다 ② 놀음에 몰두하다
разыска́ть (완) 찾아내다, 수색하다, 탐색하다
разыска́ться (완) 나지다, 찾게 되다, 발견되다
рай (남) 낙원, 천국; 극락, 유토피아(utopia), 파라다이스
райо́н (남) ① 구역 ② 지방, 지구, 지대;
райони́рование (중) 구역으로 나누는 것
райо́нный (형) 구역
рак I (남) 가재; показать, где ~и зи-муют 본때를 보이다,
рак II (남) (의학) 암(癌), 종양; ~ желудка 위암
раке́та (여) ① 유도탄, 마사일(missile); ② 신호탄, 예광탄;
раке́тка (여) (체육) 정구채, 탁구채
раке́тный (형) 로케트, 미사일; ~ые войска 미사일부대
раке́тоносец (남) 미사일정(로케트를 장비한 군함, 잠수함)
ра́ковина (여) 조가비; ушная ~ (해부) 귀 바퀴
раку́рс (남) ① 축소도, 축도, 줄인그림 ② 배경축소(법)
раку́шка (여) 조가비, 조개의 껍데기. 조개껍데기. 조개껍질.
ра́ма (여) 틀; оконная ~ 창틀; ② 가대, 대;
ра́мка (여) ① 작은 틀, 작은 테두리 ②: ~и (복수) 범위, 한계, 테두리; выйти за ~и. ~의 범위를 벗어나다;
ра́мпа (여) 각광(脚光)
ра́на (여) 상처, 부상, 생채기; лёгкая(тяжёлая) ~ 경(중)상
ранг (남) 급, 등급, 지위
ране́ние (중) 상처, 부상
ра́неный (남) 부상자, 부상병
ра́нец (남) 멜가방, 배낭
ра́нить (미완, 완) 부상시키다, 상처를 입히다
ра́нний (형) ① 이른, 초기, 조기; ~ee ýтро 이른 아침; ~ий сев 조기 씨뿌리기, 조기파종, ② 올, 일찍 익는
ра́но (부) ① 일찍이, 이르게 ② (술어로) 이르다; ещё ~ обе́дать 아직 점심 먹기에 이르다; ~ или поздно 조만간에
ра́ньше (부) ① ра́но의 비교급) 더 일찍기; ② 이전에, 그전에 ③ 전에; ④ 먼저, 우선
ра́порт (남) 보고, 보고서, 통지; пода́ть ~ 보고하다
рапортова́ть (미완, 완) 보고하다
рапсо́дия (여) (음악) 광상곡(rhapsody)
ра́са (여) 인종; жёлтая(бе́лая, чёрная) ~ 황(백,흑)인종(-人種)
раси́зм (남) 인종주의(人種主義)

- 684 -

расист (남) 인종주의자
расистский (형) 인종주의적인
раскаиваться (미완) 뉘우치다, 후회하다; ~ в своих поступках 자기의 행실을 뉘우치다
раскалённый (형) 작열한, 시뻘겋게 단
раскалить (완) (시뻘겋게) 달구다, 작열 시키다
раскалиться (완) 시뻘겋게 달다, 작열 되다
раскат (남) : ~ грома 우르릉거리는 우뢰소리
раскачать (완) ① 흔들다, 흔들어놓다; ~ качели 그네를 흔들다 ② 흔들리게(놀게)하다
раскачаться (완) 흔들리다, 흔들거리다, 놀다, 움직이다
раскаяние (중) 뉘우치는 것, 후회, 참회
расквартировать, ~овывать (완) (숙소에) 배치하다
расквитаться (완) ① 회계를 마치다, 청산하다 ② 복수(보복)하다, 결판을 짓다
раскидывать I (미완) ① 뿌려던지다 ② 늘어(헤뜨려)놓다, 되는대로 놓다 ③ 사방에 벌려놓다
раскидывать II (미완) ① 쪽 펴다, 쪽 벌리다; ~ руки 팔을 쪽 펴다 ② 치다, 펼치다; ~ палатку 천막을 치다
раскидываться (미완) 활개를 쪽 벌리고 눕다, 팔다리를 쪽 펴고 눕다 ② 펼쳐지다
раскинуть (던져서)펴놓다, 펼치다; ~ сеть 그물을 던지다; ~ ковёр 탈담요를 펴다;~ умом (또는 мозгами) 생각해보다.
раскинуться (완) 널려져 있다, 흩어져있다, 산재하다
раскладной (형) 접었다 펼쳤다 할 수 있는; ~ой стол 펼칠 수 있는(개폐식으로 되어있는)상(식탁);~ая кровать 접침대
раскладушка (여) (가벼운) 접침대
раскладывать 접었다 펼쳤다하다
раскладываться 접었다 펼쳤다 할 수 있다
раскланиваться, ~яться (완) 인사하다, 절하다
расклеивать (미완) ① 떼다, 뜯다 ② 사방에 붙이다
расклеиваться (미완) ① (붙인 것이) 떨어지다; конверт расклеился 봉투가 떨어졌다 ② 잘못되다, 파탄되다 ③ 앓다, 기운을 잃다, 나른해지다
расковырять (완) ① 긁어 뜯다; ~ болячку 부스럼을 긁어 뜯다 ② 우비어(호비어, 쑤셔) 넓히다;
раскол (남) 분열(分列); вносить ~ 분열시키다
расколачивать (미완), **~отить** (완) ① 때려(두드려) 뜯다; ~ ящик 상자를 쳐서 열다 ② 깨뜨리다, 까부시다

- 685 -

расколо́ть (완) ① 패서 짜개다, 까부시다, 부서뜨리다; ~ дрова 장작을 패다 ② 분열시키다

расколо́ться (완) ① 쪼개지다, 짜개지다, 부서지다 ② 분열되다

раско́льник (남) 분열주의자

раско́льнический (형) 분열을 일으키는, 분열적인

раскопа́ть (완) ① 파헤치다, 파내다, 발굴하다; ~ курган 고분을 발굴하다 ② 찾아내다

раско́пка (여) ① 파내는 것; ~и (복수) 발굴, 발굴 작업;

раскоше́ливаться (미완), ~**ться** (완) 돈을 쓰다(아까지 않게 되다), 비용을 지출하다

раскра́ска (여) ① 채색(彩色), 색칠 (色漆) ② 색무늬

раскрасне́ться 새빨개지다, 붉어지다, 홍조(紅潮)를 띠다

раскра́шивание (중) 색칠(色漆), 채색 (彩色), 채색하여 그리는 것

раскра́шивать (미완) 여러가지 색으로 색칠하다, 채색하여 그리다

раскрепости́ть (완), ~**щать** (미완) ① (농노의 신분으로부터) 해방하다 ② (구속, 명에에서) 해방하다; ~ женщин 여성들을 해방하다

раскрепоще́ние (중) (예속상태로부터의) 해방(解放)

раскритикова́ть (완) (날카롭게) 비판 하다, 혹평하다

раскрича́ться (완) 고함치다, 고래고래 소리를 지르다

раскроши́ть (완) 부서뜨리다

раскроши́ться (완) 부서지다

раскрути́ть (완) ① 끈,묶은 것을 풀다 ② 급회전을 시키다

раскрути́ться (완) ① (끈, 묶은 것이) 풀리다 ② 급회전하다

раскры́тие (중) ① 여는 것, 펴는 것 ② 폭로, 적발

раскры́ть (완) ① 열다, 펴다, 풀어헤치다; ② 밝혀내다, 드러내다, 폭로(적발) 하다, 노출시키다

раскры́ться (완) ① 열리다, 드러나다, 나타나다, 노출되다 ② 발각(적발, 폭로) 되다

раскупа́ть, ~и́ть (완) (많은 사람이) 다 사들이다

раскупо́ривать, раскупо́рить (미완) (마개, 뚜껑 등을) 열다, 뽑다, 빼다;~ буты́лку 병마개를 뽑다

раскуси́ть, раску́сывать ① 깨물어 부서뜨리다; ~ оре́х 개암(잣)을 까뜨리다 ② 잘 알아채다, 요해하다

расовый (형) 인종(人種); ~ая дискримина́ция 인종차별

распа́д (남) ① 붕괴, 파탄, 몰락; ② 분열, 해체

распаде́ние (중) ① 붕괴 ② 분열, 해체
распакова́ть (완) (짐, 포장 등을) 풀다
распакова́ться (완) ① (자기의) 짐을 풀다 ② 풀어지다;
распа́сться (완) ① 분해(분리, 붕괴) 되다; ② 분산(해체, 파괴) 되다; кружок ~лся 소조는 해체 되었다
распаха́ть (완), **распа́хивать** (미완) 갈다, 일구다, 개간하다, 경작하다
распа́хивать, распахну́ть (완) 활짝 열어놓다, 젖히다, 개방하다; ~ воро́та(дверь, окно́) 대문(문,창문)을 활짝 열어놓다;
распахну́ться (완) ① 활짝 열리다, 개방되다; дверь ~лась 문이 활짝 열렸다 ② 옷자락을 열어젖히다
распа́шка (여) (농업) 개간, 경작(耕作)
распашо́нка (여) 갓저고리, 젖먹이의 셔츠
распая́ть (완) 납땜한 곳을 녹여 때다 (뜯다)
распая́ться (완) 납땜이(녹아) 떨어지다
распева́ть (미완) ① 노래를 부르다, 소리높이 유쾌히 노래하다 ② 노래연습을 하다
распелена́ть (완) 기저귀를 풀다, 애기 싸개를 풀다; ~ ребёнка 어린애의 기저귀를 풀다(끄르다)
распелена́ться (완) 기저귀를 벗다, 포대기서 풀려나오다
рапечата́ть (완), **~ывать** (미완) ① 개봉하다, 봉인을 떼다; ② 타자기로 찍다, 등사(프린트) 하다
распи́ливать (미완), **распили́ть** (완) 톱으로 켜서 쪼개다 (짜개다)
расписа́ние (중) 시간표(時間表)
расписа́ться (완) ① 수표(서명)하다 ② 자인(인정)하다
расписка (여) 영수증(領收證); выдать ~у 영수증을 내주다
расписно́й (형) 색칠한, 그림으로 장식한
распла́вить (완) 녹이다, 용해하다
распла́виться (완) 녹다, 용해되다
распла́каться (완) 눈물을 흘리다, 울기시작하다, 몹시울다
распласта́ться (완) 넙적눕다(엎드리다), 늘어지다; ~ по земле́ 땅바닥에 몸을 넙적대고 드러눕다
распла́та (여) ① 지급, 지불, 지출; ② 징벌, 복수
расплати́ться (완),**~а́чиваться** (미완) ① 지불하다, 갚다; ~ с долга́ми 빚을 청산하다 ② 복수하다
расплеска́ть (완) 액체를 사방에 튀게하다, 엎지르다, 쏟뜨리다
расплеска́ться (완) (사방에) 튀다, 쏟아지다

расплести (완) (엮은, 꼰 것을) 풀다
расплестись (완) (엮은, 꼰 것이) 풀리다
расплодить (완) ① (동식물을) 새끼치 다, 번식(증식)시키다 ② (불필요한 것이 많이) 늘어나게 하다
расплодиться (완) ① 새끼치다, 증식하다 ② (불필요한 것이 많이) 늘다, 퍼지다
расплывчатый (형) 애매한, 똑똑치 않은
расплыться (완) ① (잉크) 피다, 번지다, 배다; ② 뚱뚱해지다, 부풀다; ③ 웃음이 떠돌다, 히죽해 지다
распознавать, **~ать** (완) ① 분간(인식, 식별)하다; ~ болезнь 병을 진단하다 ② 알아내다, 탐지해내다
располагать (미완) *кем-чем* ~을 소유하다, ~이 있다; 관리하다; ~ временем 시간이 있다
располагаться (미완) ① 있다, 자리 잡고 있다 ② 자리를 차지하다, 배치 되다
расползаться (미완), **~тись** (완) ① 사방으로 기어가다, (기어서) 흩어지다 ② 낡아서 떨어지다, 찢어지다
расположение (중) ① 배치, 배열; ② 진지, 위치, ③ 배치 순서 ④ 동정, 호의, 호감; чувствовать (питать) ~e к кому ~에게 호감을 가지다, ⑤ к чему 경향, 기호, 취미
расположенный ① расположить의 피동과거 ② (형) 호의를 품는, 동정 하는; он к вам очень ~ 그는 당신에게 호의를 품고 있다 ③ к чему 경향이 있는, 지향하는 하려고 하는
расположить (완) ① 배치(배열)하다 ② 마음을 쏠리게 (돌리게) 하다, 호의를 가지게 하다
распорка (여) (건축) 버팀대, 가름대, 조임대
распороть (완) ① (혼솔, 꿰맨 것을) 뜯다, 풀다 ② 베다, 가르다, 뜯어내다; ~ брюхо 배를 가르다
распороться (완) (혼솔이) 터지다, 뜯어지다;
распорядитель (남) 관리자, 처리자, 지휘자
распорядительность (여) 지휘수완, 지휘(관리, 처리)하는 능력
распорядительный (형): ~ человек 지휘에 능한 사람
распорядок (남) 제정된 질서; правила внутреннего ~ка 내부규정, 내부규칙; ~ок дня 일과
распоряжаться (미완) ① 지시(명령)하다 ② 처리(처분, 관할) 하다, 가지고 있다
распоряжение (중) 지시, 지령, 명령; иметь что-л. в своём ~и ~을 가지고 있다, 관할하고 있다

распоясаться, ~ываться (미완) ① (자신의) 띠를 풀다 ② 불손(무례)해 지다, 뻔뻔스럽게(제멋대로) 굴다

расправа (여) 세제, 처벌, 진압; кровавая ~ 학살

расправить (완) ① 곧게 하다, 주름(살)을 펴다; ~ проволоку 쇠줄을 곧게 하다 ② (팔, 다리를) 펴다; ~ крылья 행동을 개시하다, 자기의 능력을 발휘하다

расправиться I (완) 펴지다, 곧게 되다

расправиться II (완) с кем-чем.~ 처단(제재)하다 ② 처리하다, 해제 끼다;~с делами 일을 다 해제끼다

распределение (중) ① 분배, 배급, 배정. ② 배치

распределитель (남) ① 배급소, ② (공학) (가스, 증기의) 분배기, 분포기; 배전기

распределительный (형): ~ пункт 배급소; ~ щит (전기) 배전반

распределить (완) ① 분배(배당)하다 ② 분공(분담)하다; ~ часы занятий 수업시간을 분담하다 ③ (졸업후에) 배치 (파견)하다

распределиться (완) ① 분배(배당)되다, 나뉘어지다 ② 분공(분담)되다 ③ (졸업 후에) 배치(파견)되다

распродажа (여) 팔아넘기기

распродать (완) (많은 물품을 여러사람들에게) 죄다 팔아 버리다, 다 팔다

распространение (중) 보급, 전파, 유포 получить широкое ~ 널리 보급되다

распространённый ① распространить 의 피동과거 ② (형) 보편적인;~ое мнение 보편적인 견해;

распространитель (남) 보급자, 전파자; ~ печати 출판물 보급원

распространять (미완) ① 보급(전파, 유포)하다 ② 확대 (확장)하다; ~ своё влияние 자기의 세력을 확대하다

распространяться (미완) ① 퍼지다, 보급(전파, 유포)되다 ② 넓어지다, 확대 (확장)되다

распрощаться (완) ① 작별하다, 헤어지다 ② 버리다, 결별 하다;~с мечтой 공상을 버리다

распря (여) 분쟁(分爭), 불화, 알력

распрягать (미완) 마구를 벗기다, 수레에서(말,소를) 풀어 놓다

распрямить (완) 곧게하다(펴다); ~ проволоку 쇠줄을 곧게 펴다

распрямиться (완) 곧게 되다, 펴지다; лист ~лся 종이장이 반반해졌다

распустить (완) ① 해산(해체)시키다, 놓아주다, 흩어지게 하다; ② 풀다, 늦추다; 풀어헤치다, 펼치다 ③ 버릇을 굳히다, 풀어놓다; ④ (액체에) 풀다, 녹이다 ⑤ (유언비어, 소문 등을) 퍼뜨리다, 전파시키다

распуститься (완) ① 싹(움, 눈) 트다 ② 규율 없이 되다, 방종해지다, 자제력을 잃다

распутать (완) ① 풀다; ② 풀어 놓아)주다

распутаться (완) 풀어지다

распутица (여) 길이 나빠지는 계절(봄의 눈이, 가을에 비가 오는 시기)

распутник (남), **~ца** (여) 방탕한자

распутный (형) 방탕한, 음탕한

распутство (중) 방탕한 생활양식; 음탕한짓

распутье (중): быть на ~ 갈림길에서 헤매다, 망설이다, 주저하다

распухать (미완), **распухнуть** (완) ① 붓다, 부풀어 오르다; щека распухла 뺨이 부었다 ② (지나치게) 늘어나다, 증가되다

распущенность (여) ① 안일해이, 방종, ② 방탕, 음탕

распущенный ① (형) 버릇없는, 규율이 해이한 ② 방탕한, 음탕한

распыление (중) ① 뿌리는 것, 분무, 분산 ② 낭비

распылитель (남)(공학) 분무기, 분무 장치.

распылить (완), **~ять** (미완) ① (공학) 뿜다, 뿌리다; ~ нефть 석유를 뿌리다 ② 부스러뜨리다 ③ 분산시키다

распыляться (미완) ① 뿜어지다, 세분 되다 ② 분산되다; силы ~лись 역량이 분산되었다

рассада (여) 모, 모종(某種); рисовая ~а 모, 벼모; капустная ~а 양배추모; высаживать(рассаживать) ~у 모를 내다,

рассадить (완) ① 자리에 앉히다; ~ гостей 손님들을 자리에 앉히다 ② 따로따로 앉히다 ③ 옮겨심다, 모를 내다, 이식하다

рассадник (남) ① (농업) 모판, 온상 ② 발생지, 발원지

рассаживаться (미완) 제자리에 앉다, 자리잡다; ~ по местам 각각 제자리에 앉다

рассасываться (미완) ① (부스럼, 종기 등이) 가라앉다, 없어지다 ② 점차 흩어(줄어, 없어)지다;

рассве́т(남) ① 새벽, 동틀 무렵; встать на ~е 새벽에 일어나다 ② 초기(初期), 첫 시기, 여명기
рассвета́ть (미완)날이 밝다, 동이 트다
рассе́ивать (미완) ① (씨를) 뿌리다 ② 분산시키다; ~ свет 빛을 분산시키다 ③ 해산시키다 ④ (감정, 생각을) 지워버리다, 해소시키다, 풀어버리다;
рассе́иваться (미완) ① 사방에 분산 되다 ② 분산되다 ③ 흩어져가다, 해산 하다, 분산패주하다 ④ (감정, 생각이) 풀리다, 해소되다
расселе́ние (중) ① 여기저기 이주(거주)시키는 것 ② 따로 따로 거주시키는 것, 별거
рассели́на (여) (좁고 깊은) 골짜기
рассели́ть (완) ① (여러 곳에) 이주(거주)시키다, 자리 잡게 하다 ② 따로따로 거주시키다, 별거시키다
рассели́ться (완) ① (여러곳에) 이주 (거주)하다, 자리 잡고 살다 ② 따로 따로 거주하다, 자리 잡고 살다
рассерди́ть (완) 성나게 하다
рассерди́ться (완) 성나다, 노하다, 화내다
рассе́рженный (형) 성난, 격분한, 화난
рассе́сться ② 허물없이(자리를 널찍이 잡고) 앉다
рассе́чь (완) ① 짜개다, 자르다, 베다; ~ свиную тушу 돼지의 각을 뜨다 ② 심한 상처를 입히다
рассе́янно (부) 멍하니, 정신없이, 멍청해서; ~ смотреть 멍하니 바라보다; ~ отвечать 생각없이 대답하다
рассе́янность (여) 부주의, 산만성, 멍청한 것;
рассе́янный (형) 멍청한, 산만한; ~ взгляд 멍청한 눈길
расска́з (남) ① 이야기 ② 단편소설
расска́зчик(남), **~ца**(여) 이야기하는 사람, 설화자; 이야기군
расска́зывать (미완) 이야기하다; ~ сказку 옛말을 하다,
расслабля́ть (미완) 약하게 하다, 몹시 쇠약케 하다
расслабля́ться (미완) 마음을 늦추다, 마음을 놓다
рассле́дование (중) 조사, 탐색, 수사;~ дела 사건의 조사
рассле́довать (미완, 완) (전면적으로) 조사하다, 탐색하다
расслы́шать (완) 알아듣다, 분간하여 듣다
рассма́тривать (미완) ① 들어다보다, 살펴보다 ② 간주하다,~으로 생각하다 ③ 심의(연구), 고찰, 검토)하다
рассмеши́ть (완) 웃기다, 웃음을 자아 내다
рассмея́ться (몹시) 웃기 시작하다, 웃음을 터뜨리다
рассмотре́ние (중) 심의, 연구, 고찰, 검토, 주시

- 691 -

рассо́л (남) 소금물, 염류의 용액
рассо́рить (완) 절교시키다, 다투고 헤어지게 하다
рассо́риться (완) 절교하다, 다투고 헤어지다
рассортирова́ть (미완) 분류(선별)하다, 종류별로 가르다
рассо́хнуться(완) 말라서 터지다(금이가다), 쪼개지다
расспра́шивать(미완), ~оси́ть(완) 캐묻다, 자세히 물어보다
расспро́сы (복수) (캐묻는) 물음;
рассредото́чение (중) 분산, 분산배치, 산개(散開)
рассредото́чивать(미완), ~ть(완) 분산(배치)하다, 산개(분산)시키다
рассро́чивать (미완), ~ть (완) (지불 등의) 기한을 몇 단계로 나누다
рассро́чка (여) 분할지불, 할부, 월부; продова́ть в ~у 월부(할부)로 팔다
расстава́ние (중) 작별(作別), 이별(離別)
расста́вить (완), ~авля́ть (미완) ① 놓다, 배치(배렬)하다; ~ часовы́х 보초병을 배치하다 ② 벌리다
расстано́вка (여) ① 배치, 배열, 정열; ~а сил 역량배치 ② 배열순서 ③ 중단, 단절; чита́ть с ~ой 사이를 두면서 낭독하다
расста́ться (완) ① 헤어지다, 작별(이별)하다 ② 버리다, 포기(단념)하다;~ с привы́чкой 나쁜 버릇을 버리다(없애다)
расстегну́ть (완) 단추를 벗기다; 열어제치다;
расстегну́ться (완) ① (자기 옷의) 단추를 벗기다; 열어제치다 ② 벗겨 지다; пу́говица ~лась 단추가 벗겨졌다
расстели́ть (완) (표면전체에) 깔다, 펴다;
расстели́ться (완) 펴지다, 깔리다;
расстоя́ние (중) 거리, 간격; кратча́йшее ~е 최단거리; на одина́ковом ~и 동일한 간격을 두고 ② 동안, 사이
расстре́л (남) 총살(銃殺)
расстре́ливать(미완), ~еля́ть (완) ① 총살하다 ② 맹렬한 사격으로 소멸하다 ③ 탄약을 다 쏴버리다
расстро́енный ① расстро́ить의 피동 과거 ② (형) 마음이 상한, 불쾌해하는 ③ 파괴된, 쇠약해진
расстро́ить (완) ① 마음(기분)을 상하게 하다, 괴롭히다 ② 파산시키다, 해치다, 큰 손해를 끼치다; ③ 파탄시키다, 방해하다, 깨뜨리다 ④ 혼란시키다;
расстро́иться (완) ① 마음(기분)이 상하다 ② 파산되다, 상하다; 틀려지다, 파탄되다 ④ 혼란되다

- 692 -

расстро́йство (중) ① 혼란, 무질서 ② 파탄, 파산, 실패, ③ (건강상태의) 손상, 장애; нервное ~ 신경쇠약; ~ желу́дка 설사 ④ 낙심, 번민, 불쾌(不快)

расступа́ться (미완), **~иться** (완) ① 길을 내주다, 옆으로 비키다 ② (땅, 물 등이) 쪼개지다, 갈라지다

рассуди́тельность (여) 판단력, 신중성, 세심(細心)

рассуди́тельный (형) 세심한, 신중한, 사려깊은

рассуди́ть 시비를 가리다, 판결하다, 결론짓다

рассу́док (남) 이성, 분별; ~ку вопреки́ 상식에 어긋나게

рассужда́ть ① 판단하다, 생각하다; ② 담화하다, 논의하다

рассужде́ние (중) ① 판단, 생각, 고찰 ② (복수) 의논, 토론

рассчита́ть (완) ① 계산하다 ② 타산(고려)하다 ③ 해고하다, 면직시키다

рассчита́ться (완) ① 셈을 치르다, 청산하다 ② 복수(보복)하다 ③ (군사) 번호를 부르다;

рассчи́тывать ① *см.* рассчита́ть ② 바라다, 기대하다, 타산 하다; ③ 희망하다, 믿다;

рассы́лка (여) 발송, 배달, 파견

рассы́льный (남) 배달원

рассыпа́ть (미완), **рассы́пать** (완) ① (여기저기) 뿌리다, 흘리다 ② (가루 등을) 나누어넣다

рассыпа́ться(미완), **рассы́паться**(완) ① (여기저기) 쏟아지다, 흩어지다 ② 분산(산개)되다 ③ 파탄되다 ④ 찬사(등을) 퍼붓다; ~ в похвала́х 찬사를 퍼붓다

рассы́пчатый (형) 퍼석퍼석한, 부서 지기 쉬운

растаска́ть, раста́скивать ① 가져(끌어)가다; ~ всю ме́бель 가구를 모조리 가져가다 ② 훔쳐가다

растащи́ть (완) ① 모조리 가져(끌어)가다 ② 모조리 훔쳐가다 ③ 갈라놓다

растая́ть (완) (눈, 얼음이) 녹다

раство́р (남) ① (화학) 용액, 용액; ② 혼합물(混合物)

растворимость (여) 가용성

растворимый (형) 가용성, 녹는, 용해되는;

раствори́тель (남) (화학) 용매, 용제

раствори́ть I (완) ① 녹이다, 용해하다 ② 혼합하여 이기다 (개다)

раствори́ть II (창문 등을) 활짝 열어 제끼다, 벌리다

раствори́ться I (완) ① 녹다, 용해되다 ② 혼합되다 ③ 사라지다, 자취를 감추다

раствори́ться II (문 등이) 활짝 열리다, 개방되다
расте́ние (중) 식물(植物)
растенниево́дство (중) 식물재배(업); 농예학, 식물재배학
растере́ть[ся] см. растира́ть[ся]
растерза́ть (완) 갈래갈래 찢어버리다; 찢어죽이다
расте́рянно (부) 벙벙해서, 당황해서; 멍청하니
расте́рянность (여) 당황(唐慌), 어쩔 줄 모르는 것
расте́рянный (형) 당황해하는; ~ взгляд 당황해하는 눈길
растеря́ть (완) (점차적으로) 잃다, 잃어 버리다
растеря́ться (완) 당황해하다, 어찌할 줄 모르다; ~ от ра́дости 기뻐서 어쩔 줄 모르다(어쩔 바를 모르다) ② (점차적으로) 잃어지다, 없어지다, 분실되다
расте́чься (완) ① 사방으로 흘러나다 ② (잉크가) 피다; черни́ла растекли́сь 잉크가 피었다 ③ 퍼지다, 나타나다
расти́ (미완) ① 자라다, 크다, 성장하다 ② 증가(증대)되다, 커지다 ③ 강화(제고)되다, 높아지다 ④ 발전하다; 완성 되어 가다
растира́ние (중) 문지르기, 마찰(摩擦)
растира́ть (미완) ① 비비다, 문지르다, 마찰하다 ② 갈아서 (비벼서) 가루로 만들다;
растира́ться ① (자기 몸을) 마찰하다; ~ по-лоте́нцем 수건으로 마찰하다 ② 비벼서 가루가 되다
расти́тельность (여) ① 식물, 초목, 식물계; тропи́ческая ~ 열대식물 ② 식물성, 식물질
расти́тельный (형) ① 식물; ~ый мир 식물계 ② 식물성; ~ое ма́сло 식물성기름
расти́ть (미완) ① 기르다, 양육(재배)하다; ~ дете́й 아이들을 양육하다 ② 육성하다; ~ ка́дры 간부들을 육성하다 ③ 발전(완성)시키다; ~ тала́нт 재능을 발전시키다
растле́нный (형) 썩어빠진, 부패한, 타락한;
растолка́ть (완) ① 밀어 헤치다; ② 흔들어 깨우다
растолкова́ть (완), **~овывать** (미완) (상세히) 해설(설명, 해석) 하다, 잘 일깨 워주다
растоло́чь (완) 찧다, 부스러뜨리다
растолсте́ть (완) 몹시 살찌다(뚱뚱해지다, 몸이 나다)
растопи́ть I (완) 불을 지피다(피우다, 때다)
растопи́ть II (완) 녹이다, 용해하다
растопи́ться I (완) 불이 지펴지다(피워지다)
растопи́ться II (완) 녹다, 용해되다

- 694 -

растопта́ть (완) 짓밟다, 꾸겨놓다

расторга́ть (미완), **расторгну́ть** (완) ① (조약 등을) 폐기(파기)하다 ② ~ брак 파혼하다

расторже́ние (중) 폐기(廢棄), 파기(破棄); ~ бра́ка 파혼

расторо́пный (형) 재빠른, 민첩한, 민활한

расточа́ть (미완) ① 낭비(탕진)하다; ~ вре́мя 시간을 낭비하다 ② (찬사 등을) 아끼지 않다

расточи́тель (남) 낭비자(浪費者), 탕진하는 사람

расточи́тельность (여) 낭비, 탕진(蕩盡)

расточи́тельный (형) 낭비(탕진)하는, 헤프게 쓰는

расто́чный (형): ~ стано́к 보링반

растравля́ть (완), **~авли́вать, ~авля́ть** (미완) ① (상처 등을) 자극하다 ② 아픈데를 찌르다, ③ 약이 오르게 하다

растранжи́рить (완) 낭비하다, 모두 쓰다

растра́та (여) ① 낭비, 헛되게 쓰다 ② 국가재산의 탐오, 부정지출 ③ 탐오 돈 (재물);

растра́тить ① 낭비하다, 몽땅 쓰다; ~ чужи́е де́ньги 남의 돈을 모두 쓰다 ② 탐오하다, 부정 지출하다

растра́тчик (남) ① (공급. 공동재산) 탐오자 ② 낭비자

растрево́жить (완) ① 몹시 불안하게 하다 ② (상처를) 자극하여 아프게(도지 게) 하다

растрево́житься (완) 몹시 불안해하다(걱정하다)

растрёпанный (형)헝클어진, 너덜너덜한

растрепа́ть (완) ① (머리칼 등을) 헝클 어뜨리다 ② (책, 학습장 등을) 너덜너 덜하게 만들다, 못쓰게 만들다

растрепа́ться (완) ① 헝클어지다, 무질 서해지다 ② 너덜 너덜해지다, 못쓰게 되다

растре́скаться (완), ~иваться (미완) (여러군데) 터지다(금이 가다, 트다)

растро́ганный (형) 감동된

растрога́ть (완) 감동시키다, 감격케 하다

растрога́ться (완) 감동(감격)되다

растяже́ние (중) ① 잡아 늘이는 것 ② (공학) 당김, 장력 ③ 늘어나는 것

растя́нутый (형) 장황한, 지나치게 늘어진, 연장된

растяну́ть (완) ① 잡아당기다, 잡아펴다; ~ сыру́ю ко́жу 생가죽을 늘이다 ② 탄성을 약하게 하다, 켕기게 하다 ③ 길게 산개(전개)시키다

растяну́ться (완) ① 몸을 펴고 눕다. ② 벌떡 나가

- 695 -

넘어지다; ③ 늘어나다, 길어지다 ④ 확대되다, 늘어지다

расфасова́ть, ~о́вывать 나누어넣다, 포장하다

расформирова́ние (중) 해산(解散), 해체(解體), 폐지(廢止)

расформирова́ть, ~о́вывать 해산(해체, 폐지)하다

расха́живать (미완) 천천히 왔다갔다 하다

расхва́ливать (미완), **~али́ть** (완) 극구찬양하다, 매우 칭찬하다

расхвата́ть (완), **~а́тывать** (미완) 재빨리 붙잡다, 몽땅 쥐다 (가지다, 사다)

расхвора́ться 앓다, 앓기 시작하다, 병이 심해지다

расхити́тель (남) 횡취자, 절취자

расхи́тить, расхища́ть 다 훔쳐내다, 횡령(절취)하다

расхище́ние (중) 훔쳐내는 것, 횡령, 절취

расхлеба́ть (완), **~ёбывать** (미완) (뒤엉킨 사건 등을) 해결(해명)하다, 풀다, 처리 하다

расхля́банность (여) 절도 없는 것, 무규률성

расхля́банный (형) 절도(주책)없는

расхо́д (남) ① 지출, 경비, 비용; дохо́ды и ~ы 수입과 지출; ② 소비, 소비량, 사용량; ~ то́плива 연료소비량 ③ (부기장부의) 지출란; прихо́д и ~ 수입란과 지출란

расходи́ться I (미완) ① 헤어지다, 흩어지다; 퍼지다; ② 팔리다, 없어지다 ③ 녹다, 용해되다 ④ (길이) 어긋나다 ⑤ 이혼(이별)하다 ⑥ 떨어지다, 갈라지다 ⑦ (의견이) 다르다, 상이하다, 일치하지 않다;

расходи́ться II (완) ① 걷는데 버릇(습관)되다 ② 왔다 갔다하기 시작하다

расходова́ние (중) ① 지출, 지불(支拂) ② 소비(消費)

расхо́довать (미완) ① 지출하다, 쓰다 ② 소비하다

расхожде́ние (중) ① 갈라지는 것, 분기 ② (광선 등의) 분산, 방사 ③ 퍼지는 것 ④ 어기는 것, 어긋나는 것 ⑤ 불일치, (의견 등의) 상이, 모순; ~ во взгля́дах 견해의 상이

расхола́живать (미완), **~оди́ть** (완) 열(성)을 식히다, 냉정해지게 하다, 실망케 하다

расхоте́ть (완) 싫어지다, 싫증나다

расхоте́ться (완) 싫어지다, 싫증나다

расхохота́ться (완) 웃음보를 터뜨리다, 껄걸 웃어대기 시작하다

расхра́бриться (완) 용기를 내다, 결심하다

расцара́пать (완) 할퀴다, 째다

расцвести́ (완) ① 꽃이 피다 ② 번영(융성,개화)하다 ③ 피다, 명랑해지다

расцве́т (남) ① 개화, 만발 ② 융성(기), 번영(기), 개화(기)

расцве́тка (여) 색(色), 색의 배합

расце́нивать(미완), **расцени́ть** (완) ① 값을 정하다 ② 평가(평정)하다

расце́нка (여) ① 값을 정하는 것, 가격 사정; ② 공정가격, 평가가격; 규정된 품값(임금)

расцепи́ть (완) (연결된 것을) 떼어/풀어, 벗어 놓다, 분리시키다; ~ ваго́ны 차량을 떼어놓다

расцепи́ться (완) (연결된 것이) 분리되다, 떨어지다, 풀어지다

расчеса́ть (완) ① (빗으로) 빗다 ② 긁다, 긁어서 상처를 내다

расчёска (여) (머리) 빗

расчёт (남) ① 계산, 셈 ② 지불, 청산, 결산; 해고(퇴직)할 때 임금청산 ③ 타산, 예정, 생각 ④ 이득, 이익; ⑤ 절약; ⑥ (군사) 포병분대 성원, (기관총) 사수(射手); приня́ть в ~ 고려(타산, 예상)하다

расчётливость (여) 타산(성), 주도 세밀성)

расчётливый (형) ① 아껴 쓰는, 절약하는 ② 신중한, 세심한, 타산적인

расчётный(형) ① 계산(용) ② 노임 지불

расчи́стить (완) 깨끗이 하다, 소제(청소)하다

расчи́стка (여) 소제(掃除), 청소, 제거

расчлене́ние (중) 분열, 해체, 분해

расчлени́ть (완), **~я́ть** (미완) 분리(해체, 분해)하다; ~ на составны́е ча́сти 구성 부분으로 나누다

расшата́ть (완) ① 흔들어놓다 ② 동요하게하다, 손상(파괴)하다; ~ здоро́вье 건강을 파괴하다

расшата́ться (완) ① 흔들리다 ② 문란 해지다, 뒤흔들리다, 파괴되다; здоро́вье ~лось 건강이 나빠졌다

расшевели́ть (완) ① 흔들어놓다 ② 자극하여 활동하게 만들다

расшиби́ть (완) 타박상을 입히다;

расшиби́ться (완) 타박상을 입다, 상하다, 다치다

расшире́ние (중) ① 확대, 확장, 증대 ② 팽창(膨脹)

расши́ренный (형) 확대의, 확장의;

расширя́ть (미완) 넓히다, 확장(확대,증대,팽창)하다;

расширя́ться 넓어지다, 확장(확대, 증대, 팽창)되다
расши́ть ① (꿰맨 것을) 뜯다; ② 수놓아 장식하다;
расшифро́вывать (완), **~о́вывать** (미완) ① (암호를) 풀다, 해독하다; ② (알아보기 힘든 것을) 알아 맞히다, 해명하다
расшифро́вываться (미완) 풀리다, 해독되다
расшнурова́ть (완) 끈을 풀다(늦추다);
расшнурова́ться (완) 끈이 풀리다;
расщедри́ться (완) 후하게 대하다, 후해지다, 손이 크게 행동하다
расще́лина (여) ① 좁은 골짜기(협곡) ② 넓은 틈(금, 구멍)
расщепи́ть (완) ① 쪼개다; ~ доску 널판자를 쪼개다 ② 잘게 쪼각(토막)을 내다 ③ 분해하다, 분열시키다
расщепи́ться (완) ① 쪼개지다, 갈라지다; ② 잘게조각(토막)이 나다 ③ 분해 (분열)되다
расщепле́ние (중) 분열; ~ а́томного ядра́ 원자핵분열
ратификацио́нный (형): ~ая гра́мота 비준서(批准書)
ратифика́ция (여) 비준(批準)
ратифици́ровать (미완, 완) 비준하다
ра́тный (형) 군사, 전투; ~ по́двиг 전투위훈
ратова́ть (미완) 주장하다, 싸우다
ра́унд (남) (체육) (권투에서의) 1(한) 회전(回轉);
рафина́д (남) 모사탕, 덩어리사탕
рафини́рование (중) 정제, 정련
рафини́рованный (형) 정제한; ~ое ма́сло 정제한 기름
рафини́ровать (미완, 완) 정제(정련, 제련)하다; ~ медь 동을 제련하다
рахи́т (남) (의학) 구루병, 곱삿병
рацио́н (남) ① (일정한 기간부의) 음식 (식량); 먹임량 ② (말, 소 등의) 하루분 먹이정량
рационализа́тор (남) 창의고안작성자
рационализа́торский (형) ~ое предложе́ние 창의고안, 합리화안; ~ое движе́ние 생산합리화운동
рационализа́ция (여) 합리화(운동)
рационализи́ровать (미완, 완) 합리화 하다
рациона́льно (부) 합리적으로
рациона́льный (형) ① 합리적인 ② (수학) 유리;
ра́ция (여) 라디오송수신기, (이동식) 라디오 방송국
рвану́ться (완) 갑자기 다리다, 내빼다
рва́ный (형) 헤어진, (갈기갈기) 찢어진, 형체없이 뚫어진; ~ая

одежда 누더기옷

рвать I ① 뜯다, 따다; ~ цветы 꽃을 꺾다 ② 찢다, 째다 ③ 잡아채다, 가로채다 ④ 끊다 ⑤ 폭파하다

рвать II (миан) (무인칭) 게우다, 토하다;

рваться (миан) ① 찢어지다, 째지다 ② 못쓰게 되다, 폐지다, 끊어지다; ③ 지향하다, 열망 하다;~에로 돌진하다

рвач (남) 욕심쟁이, 탐욕주의자

рвачество (중) 탐욕, 탐욕주의적행동

рвение (중) 열심(熱心), 열중, 열성(熱誠)

рвота (여) ① 게우기 구토, 토하기 ② 게운 것, 토한 것

рвотное (중) (의학) 구토제

реабилитация (여) ① 명예회복 ② 권리회복(복권)

реабилитировать (миан, ван) ① 명예를 회복시키다; ② 권리를 회복시키다, 복권시키다

реагировать (миан) ① 반응(반작용) 하다 ② 대하다, 태도를 취하다, 응대 하다

реактив (남) (화학) 시약(試藥)

реактивный (형) 분사식;~самолёт 제트기, 분사식 비행기

реактор (남) ① (물리) 원자로, 원자가마, 원자반응기; ~ на тяжёлой воде 중수로 ② (공학) 반응기

реакционер (남) 반동분자, 반동파

реакционный (형) 반동적인

реакция I (여) 반동(파)

реакция II (여) ① 반응, 반작용, ② 방향(方向), 반영(反影)

реализация (여) ① 실현, 실행(實行), 현실화(現實化) ② 팔아 넘기기, 판매(販賣), 매매(賣買)

реализм (남) ① 현실적 태도; 현실 주의; 타산 ② (문예) 사실주의; социалистический ~ 사회주의적 사실 주의

реализовать ① 실현(실행, 실시)하다 ② (경제) 팔아넘기다, 실현하다;~товар 상품을 실현하다

реалист (남) ① 현실주의자; ② (문예) 사실주의자

реалистический (형) ① 현실주의적인, 현실적인 ② 사실주의적인

реалистичность (여) ① 현실성 ② 사실성(事實性)

реальность (여) ① 현실, 실재 ② 현실성, 실재성;

реальный (형) 실지의, 현실적인; ~ый социализм 현실적인 사회주의;~ая действительность 현실;

реанимация (여) 소생, 회생; отделение ~и 소생과

ребёнок (남) 아이, 어린이; грудной ~ 젖먹이(아이)

ребро́ (중) ① 갈비(뼈) (늑골) ② 모서리, 가장자리;
ре́бус (남) (수수께끼의 일종) 글자풀이, 그림 맞추기
ребя́та (복수) ① 아이들, 어린이들 ② 젊은이들, 동무들, 동료들
ребя́ческий (형) ① 아이다운, 어린이다운 어린애 같은, 유치한, 철없는; ~ посту́пок 유치한 행동
ребя́чество (중) 유치한(철없는 어린애 같은) 행동
рёв (남) ① 울부짖는 소리 ② 울음, 통곡하는 소리
рева́нш (남) (전쟁, 경기에서) 복수(전)
реванши́зм (남) 복수주의, 복수주의 자의 정책(정신)
реванши́ст (남) 복수주의자
реванши́стский (형) 복수주의적
реве́нь (남) (식물) 장군풀
реве́ть (미완) ① 울부짖다, 노호하다 ② 엉엉 울다.
ревизиони́зм (남) 수정주의(修正主義)
ревизиони́ст (남) 수정주의자
ревизиони́стский (형) 수정주의적
ревизио́нный (형): ~ая коми́ссия 검사 (검열)위원회
реви́зия (여) ① 검사, 검열, 조사 ② 재검토, 수정;
ревизова́ть (미완, 완) ① 검사(검열. 조사)하다 ② 재검토(수정)하다
ревизо́р (남) 검사원, 검열관, 검찰관
ревмати́зм (남) 관절염, 류마치스
ревма́тик (남) 관절염환자, 류마치스 환자
ревмати́ческий (형) 관절염, 류마치스
ревмокарди́т (남) 류마치스성 심장염
ревни́вец (남) 새암바리, 질투쟁이
ревни́во (부) 샘하여, 계염스럽게, 질투하여
ревни́вый (형) ① 계염스러운, 질투 심이 센, 시새움 많은 ② 열성스러운, 열중한
ревнова́ть (미완) 질투(시기)하다
ре́вностно (부) 열심히, 열중하여
ре́вностный (형) 열성적인, 열중하는
ре́вность (여) ① 질투, 시기, 시새움 ② 열심, 열성, 열중
револьве́р (남) (구식연발) 권총
революционе́р (남), ~ка (여) 혁명가
революциони́зирование (중) 혁명화
революциони́зировать (미완, 완) 혁명화하다
революциони́зироваться (미완, 완) 혁명화되다

революцио́нность (여) 혁명성(革命性)

революцио́нный (형) 혁명적인, 개혁적인, 혁신적인, 변혁적인; 쿠데타의; ~ое движение 혁명운동

револю́ция (여) 혁명, 개혁, 혁신, 변혁; 쿠데타

ревю́ (불편) (중) (연극) 레뷰

ре́гби (불변)(중) (체육) 투구(投球), 럭비

регенера́ция (여) ① (공학) 재생, 축열 ② (생물) 재생

регио́н (남) (일정한) 지역

региона́льный (형) 지역적인; 몇 개 인접국가에 관계되는

регистра́тор (남) 등록원, 기록원, 서기

регистрату́ра (여) 등기소, 등록소, 기록소

регистра́ция (여) 등록, 등기, 기입; ~ брака 결혼등록

регистри́ровать (미완) 등록(등기,기입)하다

регистри́роваться (미완) ① 등록(등기, 기입)되다 ② 결혼등록을 하다

регла́мент (남) ① 회순, 회의진행절차; установи́ть ~ 회순을 정하다 ② 규정(規定), 규칙(規則), 법규(法規)

регламенти́ровать (미완, 완) 규정(규칙, 법규)을 제정하다

регламенти́роваться (미완, 완) 규정 되다

регла́ментный (형) 규정에 의한, 규칙적인

регла́н (남) 레글랑식 외투 (어깨와 소매가 통으로 된 것)

регре́сс (남) 퇴보(退步), 퇴화, 후진

регресси́вный (형) 퇴화하는, 퇴보하는, 역행(逆行)하는

регресси́ровать (미완) 퇴보(퇴화, 역행)하다

регули́рование (중) 정리: ~ у́личного движе́ния 교통정리

регули́ровать (미완) ① 정리하다 ② 조절하다, 조정하다; ~ взаи́мные отноше́ния 상호관계를 조정하다;

регулиро́вка (여) ① 조절, 조정(調停) ② 정리(整理)

регулиро́вщик (남), **~ца** (여) ① 교통 안전원, 교통정리원 ② 조절자; 조절기

регуля́рно (부) 규칙(정상, 정기)적으로

регуля́рный (형) ① 규칙(정상, 정기) 적인; ② 정규, 상비; ~ые войска́ 정규군, 상비군

регуля́тор (남) 조절기

редакти́рование (중) ① 편집 ② 교열

редакти́ровать (미완) ① 교열하다 ② 편집하다

реда́ктор (남) 교열원, 편집원; гла́вный ~ 주필;

редакцио́нный (형) 편집의; ~ая колле́гия 편집국, 편집위원회; ~ая статья́ 편집국, 논설

реда́кция (여) ① 교열, 편집, ② 편집부, 편집국; гла́вная ~ 총편집국 ③ 편집부청사 ④ (고친) 본문; но́вая ~ 새본문;

реде́ть (미완) 희박해지다, 적어지다

реди́с(남)**-ка**(여) 쥐무우, 붉은봄무우

ре́дкий (형) ① 드문, 희박한 ② 보기 드문, 희귀한; ~ое явле́ние보기 드문 현상; ~ая кни́га 희귀한 책

ре́дко (부) 성기게, 드문드문하게, 늘쩡하게, 엉성하게, 거칠게, 설핏하게, 성깃하게, (보기) 드물게; э́то ~ быва́ет (встреча́ется) 이것은 보기드문 일이다

редкоземе́льный (형) : ~ элеме́нт 희토류원소(稀土類元素)

редколле́гия (여) 편집위원회, 편집국

ре́дкостный (형)(보기) 드문, 희귀한

ре́дкость (여) ① 보기 드문 현상, 진기한 것 ② 희귀한 물품; музе́йная ~ 골동품, 진품; на~ 매우, 대단히, 극히;

реду́ктор (남) ① (공학) 감속기, 감압기 ② (화학) 환원장치; 환원제

реду́кция (여) ① 단순화, 간소화, 감소, 약화 ② (생물) 퇴화 ③ (공학) 감속, 감압 ④ (언어) 약화(현상)

ре́дька(여) 무 надое́л ху́же го́рькой ~и 신물이 난다, 진절머리가 난다

рее́стр (남) ① 목록, 차례, 조목, 목차, 서목, 색인; ~ иму́щества 재산목록 ② 등록부, 장부

режи́м (남) ① (국가) 통치제도; демократи́ческий ~ 민주주의제도 ② 질서, 규정, 규칙, 법; ~ дня 일과; ③ (활동, 작업, 존재) 조건, 상태; рабо́чий ~ маши́ны 기계의 작업조건, 작업상태; ~ эконо́мики 절약 제도, 긴축정책

режиссёр (남)(무대, 영화) 연출가, 감독(監督)

режессу́ра (여) 연출(演出)

ре́жущий(형) ~ инструме́нт 절삭공구

ре́заный (형) : ~ уда́р (체육) 깎아치기; ~ мяч 깎아친 뽈

ре́зать (미완) ① 베다 ② 수술하다 ③ 들다; ④ 죽이다; 잡다, 도살하다 ⑤ 파다, 새기다 ⑥ 몹시 아프다;

ре́заться (미완) 이가 나오다;

резви́ться (미완) 뛰놀다, 장난하다

ре́зво (부) 기세 좋게 내달리다: ло́шадь ~ бежи́т

ре́звый (형) ① 쾌활한, 장난 궂은; ~ ребёнок 장난꾸러기 ② 빠른, 주력이 강한; ~ конь 주력이 강한 말

резеда́ (여)(식물) 목서초

резе́рв (남) ① 예비, 준비; 상비, 예비력, 예비품;

- 702 -

производственные ~ы 생산예비; ② (군사) 예비대, 예비군, 예비병; трудовые ~ы 노력 후비

резе́рвный (형) 예비의, 후비의, 준비의, 예행의, 상비의;

резервуа́р (남) 저장기, 탱크; ~ не́фти 석유탱크

резе́ц (남) ① 쇠칼, 바이트 ② 조각칼 ③ 앞이

резиде́нт (남) ① 망책, 관첩두목 ② 거류민 ③ 통감

резиде́нция (여) 숙소, 관저, 저택

рези́на (여) 고무; тяну́ть ~у 일을 질질 끌다.

рези́нка (여) 고무지우개, 고무줄

рези́новый (형) 고무의, 수지의, 탄성의;

ре́зкий (형) ① 날카로운, 세찬; ~ий ве́тер 세찬 바람 ② 급격한, 비약적인; ③ 지독한, 너무 센, 강렬한; ~ий за́пах 지독한 냄새 ④ 신랄한, 맵짠, 날카로운, 난폭한

ре́зко (부) ① 급격히, 비약적으로; ② 심히 현저히; ~ отлича́ться 현저한 차이 나다. ③ 신랄하게, 날카롭게

резно́й (형) : ~ые украше́ния 새겨서 만든 장식

резня́ (여) 살육, 학살; крова́вая ~ 피비린내 나는 학살

резолю́ция (여) ① 결정, 결의; ② 결재

резона́нс (남) ① (물리) 겨떨림, 공진; 겨울림, 공면, 반향; ~ то́ков 전류공진 ② 반향, 반영

резона́тор (남) 공명기, 공진기

резонёр (남) 설교쟁이, 장황하게 훈시하기를 즐기는 사람

резонёрствовать (미완) 지루한 훈시를 늘어놓다, 지루하게 논의하다

резо́нный (형) 사리에 맞는, 까닭있는

результа́т (남) ① 결과(結果), 결말(結末); ② 성과, 성적;

результати́вный (형) 결과(성과)를 가져오는, 결판 짓는

резь (여) 쿡쿡 쏘는 아픔; ~ в живо́те 복통

резьба́ (여) ① 새김, 조각, 조각물; ~ по де́реву 나뭇새김,

резюме́ (불편) (중) 요지, 요약; 결론; де́лать ~ 요약하다

резюми́ровать (미완,완) 요약하다, 요지를 말하다; 결론을 짓다

рейд I (남) ① (군사) 습격, 기습; ② 불의의 검열

рейд II (남) (해양) 배터; 선장가, 정박장;

ре́йка (여) ① 올림대, 좁은 널빤지 ② 표척; 수준척 ③ (공학) 라크

рейс (남) ① 항로; 주행; 항행; де́лать ~ы 항행(운행)하다 ② 비행기길, 항로(航路), 항공로

ре́йсовый (형) 정기의, 규칙적으로;

рейсфеде́р (남) 제도펜
ре́йсшина (여) (제도용) T 형자
рейту́зы (복수) ① (여자와 어린애의) 뜨개양말바지 ② 홀래바지, 승마바지
река́ (여) 강; ~Во́лга 볼가강
реквие́м (남) (음악) 추도곡, 추도가
реквизи́ровать (미완, 완) 징발(몰수, 징집)하다
реквизи́т (남) 무대도구, 소도구
рекла́ма (여) ① 광고, 선전 ② 공연 프로;
реклами́ровать (미완, 완) ① 광고(선전)하다 ② 지나치게 칭찬하다
рекла́мный (형) 광고의, 선전의
рекогносциро́вка (여) ① (군사) 정찰 ② 예비탐사
рекоменда́тельный (형) 추천의, 소개의, ~ое письмо́ 추천서, 소개장, 소개서
рекоменда́ция (여) ① 소개, 추천, ② 추천서, 소개장, 평의서; ② 권고, 제의; ~я врача́ 의사의 권고
рекомендова́ть (미완, 완) ① 평의하다, 추천하다; ② 권고(제의)하다; ③ 소개 하다
рекомендова́ться (미완, 완) 통성하다
реконструи́ровать (미완, 완) ① 개건(개조)하다 ② (원상으로) 회복(복구)하다
реконстру́кция (여) ① 개량 개조 ② 원상복구
реко́рд (남) 기록; установи́ть ~ 기록을 세우다;
реко́рдный (형) 기록적인, 최고
рекордсме́н (남), **~ка** (여) (체육) 기록 보유자;
ре́ктор (남) (종합대학) 총장; (대학) 학장(學長)
ректора́т (남) (대학, 종합대학) 교무행정부
реле́ (불변) (중) (전기) 계전기(繼電器)
реле́йный (형) (전기) 계전기의(로)
религио́зный (형) ① 종교, 종교적인; ~ые пред рассу́дки 종교적인 편견 ② 신을 깊이 믿는
рели́гия (여) 종교; христиа́нская ~ 기독교;
рели́квия (여) 귀중한 유물; семе́йные ~и 가정유물, 가보
рели́кт (남) (고대의 유물로서 남아있는) 유기체, 잔존물
рели́ктовый (형) 보다 오랜 시대의 유물로서 남아있는
релье́ф (남) ① (지절) 기복, 높낮이; ~ морско́го дна 바다밑 기복 ② 부각
релье́фно (부) 두드러지게, 명료하게

рельефный (형) ① 부각된, 두드러진 ② 명료한, 인상 깊은

рельс (남) 레루, 선로, 철길

рельсы (복수) 레루, 선로, 궤도

ремень (남) ① 가죽끈; подпоясаться ~нём 가죽띠를 허리에 띠다 ② 가죽 벨트(멜띠) ③ (공학) 피대, 벨트

ремесленник (남) ① 수공업자 ② 틀에 박힌 사람

ремесленный (형) ① 수공업, 수공업적인, ② 틀에 박힌, 창의성이 없는

ремесло (중) 수공업, 직업; сапожное ~ 제화업

ремилитаризация (여) 재무장

ремонт (남) 수리; капитальный ~ 대보수, 대수리; текущий ~ 소수리; ~ обуви 신발수리; ~ одежды 옷수리

ремонтировать (미완) 수리하다

ремонтник (남) 수리(선)공, 정비공

ремонтный (형) 수리하는, 정비하는;

ренегат (남) 변절자, 반역자, 배신자

рента (여) (경제) 지대, 임대료, 임차료; земельная ~ 지대

рентабельность (여) 수익성

рентабельный (형) 수익성이 있는, 이익이 나는; 채산이 맞는

рентген (남) ① 렌트겐 광선, 엑스 광선 ② 렌트겐 투시; ③ 렌트겐(방사선량의 측정단위)

рентгеновский (형) 렌트겐; ~ кабинет 렌트겐실;

рентгенограмма (여) 렌트겐사진

рентгенографический (형): ~ анализ 렌트겐 촬영에 의한 분석

рентгенография (여) 렌트겐 촬영

рентгенолог (남) 렌트겐 의사(전문가)

рентгеноскопия (여) 렌트겐투시

рентгенотерапия (여) 렌트겐요법

реорганизация (여) 개편(改編), 재조직, 재편성(再編成)

реорганизовать 개편하다, 재조직하다, 재편성하다

реостат (남) (전기) 가감저항기

репа (여) (식물) 순무(십자화과의 한해); проще пареной ~ы 식은죽 먹기; дешевле пареной ~ы 헐값, 대단히 싸다

репарация (여) 배상(금), 변상(辨償)

репатриант (남), **~ка** (여) 귀국동포

репатриация (여) (포로, 이주민, 망명자 등의) 본국소환,

귀국

репатрии́ровать (미완, 완) (포로, 이주민 등을) 송환하다, 귀국시키다

репатрии́роваться (미완,완) (포로, 이주민 등이) 본국에 송환되다, 귀국하다

репе́йник (남) (식물) 우엉, 가시털

репертуа́р (남) ① 상연(연주) 목록 ② (한 사람의) 배역목록

репети́ровать (미완) ① 시연(연습)하다 ② 학습을 도와주다; ~ учени́ка 학생의 공부를 지도하다

репети́тор (남) (학습을 도와주는) 가정교사

репетицио́нный (형) : ~зал 연습실

репети́ция (여) 시연, 연습; генера́льная ~ 시연회, 총연습

ре́плика (여) 답변, 대꾸, 지적의 말; подава́ть ~у 대꾸하다

репорта́ж (남) ① 현지보도, 보도기사 ② 실황방송; вести́ ~ 실황방송하다

репортёр (남) (현지) 보도기자

репресси́вный (형) 탄압, 억압; ~ые ме́ры 탄압조치,

репресси́ровать 탄압하다, 억압하다; 징벌하다

репре́ссия (여) 탄압, 징벌; подверга́ть ~ям 탄압(징벌)하다;

репроду́ктор (남) 확성기, 고성기

репроду́кция (여) ① 복사, 복제, 모사 ② 복사물, 모사물

репти́лии (복수) (생물) 파충류

репута́ция (여) 평, 평판, 명성; по́льзоваться хо-ро́шей ~ей 좋은 평을 받다, 평이좋다; поро́чить ~ю 명예를 훼손하다;

ре́пчатый (형) : ~лук 둥글파, 옥파

ресни́ца (여) 속 눈썹, 안 아미

респу́блика (여) ① 공화국; сою́зная ~ 가맹공화국; автоно́мная ~ 자치공화국 ② 공화제, 공화정체

республика́нец (남) 공화당원, 공화주의자

республика́нский (형) ① 공화국; (소련에서) (가맹) 공화국 ② 공화제; ~ая па́ртия 공화당

рессо́ра (여) 판용수철, 스프링

реставра́тор (남) (예술작품의) 수복가

реставра́ция (여) ① (예술) 수복, 수리; ~ карти́ны 그림의 수복 ② (전복된 제도의) 복고(부흥)

репставри́ровать (미완,완) ① 수복(수리)하다 ② (전복된 제도를) 복고(부흥)시키다

рестора́н (남) 식당; 요리점, 요리집; ваго́н-~ 식당차

ресу́рсы (복수) 자원; 부원; лю́дские ~ 인적자원
рети́вый (형) 씩씩한, 원기있는
ретирова́ться (완, 미완) 퇴각하다, 후퇴하다; 사라지다, 가버리다
рето́рта (여) (화학) 레또르트
ретранслирова́ть (미완, 완) 중계하다
ретранслирова́ться (미완, 완) 중계 되다
ретрансляцио́нный (형) 중계의: ~ая радиоста́нция 중계방송국
ретрансля́ция (여) (중계점에서 증폭 하는) 중계
ретрогра́д (남) 보수주의자, 복고주의자, 반동분자
ретроспекти́вный (형) 회고적인, 지난 날(과거)의 것을 서술하는; броса́ть ~ взгляд 지난날을 돌이켜보다
ретуши́ровать (미완, 완) 수정하다, 완성하다
ре́тушь (여) (사진) (원판, 인화의) 수정, 완성
рефера́т (남) (작품, 논문 등 내용의) 개괄적 서술(보고)
реферати́вный (형) (서적, 논문 등 내용을) 개괄하는, 함축하는, 요약하는; ~ журна́л 학술통보
рефере́ндум (남) 인민(국민)투표, 일반투표
рефере́нт (남) 참사, 심사위원(審査員)
рефери́ (불변) (남) (체육) 심판원
рефери́рование (중) 개괄적으로 서술 하는 것
рефери́ровать 개괄적으로 서술(보고) 하다
рефле́кс (남) (생리) 반사, 반사작용; усло́вный ~ (безусло́вный) ~ 조건(부조건) 반사
рефле́ктор (남) (천문, 물리) ① 반사기, 반사경 ② 반사망원경
рефо́рма (여) ① 개혁; земе́льная ~ 토지개혁 ② 개정; ~ правописа́ния 맞 춤법개정
реформа́тор (남) 개혁자, 개조자
реформи́зм (남) 개량주의
реформи́ровать (미완, 완) 개혁(개조, 개정)하다
реформи́ст (남) 개량주의자
реформи́стский (형) 개량주의적인, 개량주의자
рефра́ктор (남) 굴절망원경
рефра́кция (여) 굴절, 굴곡
рефрижера́тор (남) ① 냉기기, 냉동장치, 냉각기: ② 냉동차, 냉동선, 냉동화차
рефрижера́торный (형) 냉동; ~ое су́дно 냉동선,

рецензе́нт (남) (과학, 음악, 문학작품에 대한) 비평가, 논평가

рецензи́ровать (미완) 비평하다, 논평(평론)하다

рецензи́я (여) 평, 비평, 논평, 서평

реце́пт (남) ① 약처방, 처방전; вы́писать ~ 처방전을 쓰다 ② 처방, 만드는 법, 방법서; 해설서

рециди́в (남) ① (의학) 재발 ② 반복, 재현, 재생

рецидиви́ст (남), **~ка** (여) 전과자, 재범자

речево́й (형) 말, 언어, 발음; ~ аппара́т 발음장치

речитати́в (남) (음악) 레시타티브

ре́чка (여) 내, 시내, 개울

речни́к (남) 하천운수일군

речно́й (형) 강, 하천; ~о́й порт 강항구, 강항, 하천항; ~ое судохо́дство 하천 항행; ~ая ры́ба 강물고기

речь (여) ① 언어행위 ② 말, 언어; ③ 연설; ④ 이야기, 담화; ча́сти ре́чи (언어) 품사; прямая ~ 직접화법; ко́свенная ~ 간접화법; и ре́чи быть не мо́жет 말조차할 수 없다,

реша́ющий (형) 결정적인, 가장 중요한; ~ая побе́да 결정적 승리; пра́во ~его го́лоса 결의권,

реше́ние (중) ① 결심, 결의; приня́ть ~ 결심을 채택하다 ② 결정, 판결; суде́бное ~ 판결 ③ 해결, 해답

решётка (여) ① 창살, 문살 ② 불판 ③ 바자, 울타리; посади́ть за ~у 투옥하다, 감금하다; сиде́ть за ~ой 투옥되다,

решето́ (중) 채; просе́ивать че́рез(ск-воз) ~ 채질하다

реши́мость (여) 결심, 결의, 각오; по́лный ~и 결의에 충만된

реши́тельно (부) 서슴없이, 결정적으로, 단호히; ~ приня́ть ме́ры 서슴없이 대책을 취하다; ~ заявля́ть 단호하게 성명 하다; ~ де́йствовать 단호한 행동을 취하다

реши́тельность (여) 결단성, 과감성, 확고부동

реши́тельный (형) ① 단호한, 과감한 ② 결정적인

реши́ть (완) ① 결심하다; ② 결정하다 ③ 풀다, 해결하다;

реши́ться (완) ① 결심(결정)하다; ~ лся е́хать 떠나기로 (떠날 것을) 결심했다 ② 풀리다, 해결되다;

рея́ (여) (해양) 활대

ре́ять (미완) ① 나부끼다, 펄럭이다; ре́ют знамёна 기발이 나부끼고 있다 ② 유유히 떠돌다(날다)

ржаве́ть (미완) 녹이슬다;

ржа́вчина (여) 녹의; покрыва́ться ~ой 녹슬었다

ржа́вый (형) 녹슨, 녹슬은
ржано́й (형) 호밀의, 호밀로 만든; ~хлеб 호밀빵
ржать (미완) ① (말이) 울다 ② 크게 껄껄웃다
рикоше́т (남) ① 반발, 무엇에 맞고(부딪쳐서) 튀어나는 것 ②: ~ом (복사로) 맞고, 튀어나서, 간접적으로
ри́кша (여) 인력거, 인력거군
Рим (Послание к Римлянам, 16장) 로마서(Romans)
ри́мский (형) 로마의; ~ие цифры 로마숫자;
ринг (남) (체육) 링, 권투장, 권투 경기장
ри́нуться (완) 돌진하다, 돌입하다
рис (남) ① 벼 ② 입쌀; ③ 밥; варить ~ 밥을 짓다
риск (남) 모험, 위험: 위급; идти(пойти) на ~ 모험하다
ри́ска (여) 금자리, 새긴 자리, 표지선
рискну́ть (완) (+미정형) (되건 안되건) ~해보다; ~л спроси́ть (되건 안되건) 물어보았다
риско́ванный (형) 모험적인, 위태로운, 위험한 ~ый шаг 모험적인 행동; ~ое предприятие 위태로운 기도
рискова́ть (미완) ① 모험하다 ② 돌보지 않다, 무릎쓰다; ~ жизнью 목숨을 내걸다
рисова́ние (중) 그림그리기, 도화
рисова́ть (미완) ① (그림을) 그리다; ~ с нату́ры 사생하다 ② (글로) 묘사 하다, 그리다
рисова́ться (미완) ① 보이다, 나타나다 ② 멋을 피우다, 태를 부리다, 환심을 사려고 꾸미다
рисово́д (남) 벼재배자, 벼농사전문가, 벼농사군, 벼농사하는 사람
рисово́дство (중) 벼재배, 벼농사;
рисово́дческий (형) 벼농사를 짓는
ри́совый (형) 벼, 입쌀의; ~ое поле 논; ~ая каша 쌀밥, 이밥,
рису́нок (남) ① 그림; акваре́льный ~ 수채화; ② 무늬, 문양 ③ 모습, 윤곽, 외형
ритми́ческий (형) 율동, 율동적인; ~ая гимна́стика 율동체조
ритми́чно (부) ① 규칙적으로 ② 율동적으로
ритми́чность (여) ① 규칙성 ② 율동성
ритми́чный (형) ① 규칙적인, ② 율동적인
ритуа́л (남) 예식, 식전
риф (남) 암초; кора́лловые ~ы 산호초
ри́фовый (형) : ~ое отложе́ние 초상 쌓임물

ри́фма (여) 운, 운자
рифмо́ванный (형) 운을 단, 운을 맞춘
рифмова́ть (미완) 운을 달다(맞추다)
робе́ть (미완) 겁내다, 떨다
ро́бкий (형) 겁많은, 소심한
ро́бко (부) 소심하게, 겁나면서
ро́бость (여) 소심성, 겁
ро́бот (남) 로보트, 로봇.
роботиза́ция (여) 로보트화
робототе́хника (여) 로보트기술
ров (남) 도랑, 참호; противотанковый ~ 반땡크호
рове́сник (남), **~ца** (여) 동갑, 동년생, 동년배
ро́вно ① (부) 평평(반반)하게; 고르게, 가지런히 ② (조) 바로, 꼭, 정확하게; ~ в десять часо́в 정각 10시에; ③ (조) 전혀; ~ ничего́ не по́нял 전혀 아무것도 몰랐다
ро́вный (형) ① 평탄한, 평평한, 반반한; 매끈한; ② 고르게, 조용한; ~ый пульс 고르게 맥박
ровня́ (남, 여) 동등한 사람;
ровня́ть (미완) 평탄하게, 평평하게 하다; 고르게 하다.
рог (남) ① 뿔 ② 뿔피리
рога́тка (여) ① 고무총 ② 장애물
рога́тый (형) 뿔이 있는; ~ скот 뿔이 있는 집짐승
рогови́ца (여)(해부) 각막, 안막; ~ гла́за 각막(角膜)
рого́жа (여) 거적, 멍석
род (남) ① 씨족 ② 가문, 일가, 세대, 대; из ~а в ~ 대대손손 ③ 출신 ④ 종류, 형, 류; ⑤ (생물) 속 ⑥ (언어) 성; мужско́й ~ 남성; же́нский 여성; ~ сре́дний 중성; вся́кого ~ 각종; в не́котором ~е 어느 정도, 얼마간;
роди́льный (형) : ~ дом 산원
роди́мый (형) : ~ое пятно́ 타고난 기미, 잔재, 유물
ро́дина (여) ① 조국, 고국, ② 고향, 본고장, 본고향,
роди́нка (여) (타고난) 기미.
роди́тели (복수) 부모(父母)
роди́тельный : ~ паде́ж (언어) 생격
роди́тельский (형) 부모(父母); ~ий комите́т 학부형위원회;
роди́ть (미완, 완) ① 낳다 ② 일으키다 ③ 수확을 내다;
роди́ться (미완, 완) ① 태어나다, 출생하다, 탄생하다 ② 나타나다, 생 기다; родила́сь мысль 생각이 떠올랐다 ③ (곡식이) 자라다, 익다, 열매를 맺다

родни́к (남) ① 샘 ② 원천, 출발점
родико́вый (형) 샘; ~ая вода 샘물
родно́й (형) ① 친(親), 육친; ~ оте́ц 친아버지; ~ брат 친형, ② 고향, 자기가 태어난; ~ край 고향; ~ го́род 고향도시 ③ 조국(祖國), 모국; ~ язы́к 모국어 ④ 친근한, 정든
родны́е (복수) 친척들, 한혈육
родня́ (여) 친척(들)
родово́й (형) ① 씨족의; ② 가문 ③ 류(類);
рододе́ндрон (남) 진달래, 두견화
родонача́льник (남) ① 선조, 조상 ② 창시자, 창건자
родосло́вная (여) 계보, 족보
ро́дственник (남) 친척, 친족; да́льний(бли́зкий) ~ 먼(가까운) 친척; ~ по отцу́ 아버지편, 친척
ро́дственный (형) ① 친족, 종족, 동족; ~ые языки́ 친족어; ~ые свя́зи(отноше́ния) 혈족관계 ② 유사한 연계가 가까운
родство́ (중) ① 친족관계 ② 동족성, 친족성, 친근성
ро́ды (복수) 해산; тру́дные(лёгкие) ~ 난(순)산
ро́жа (여) ① 낯바닥, 상관대기 ② (의학) 단독(單獨)
рожда́емость (여) 출생률(出生率)
рожде́ние (중) ① 출생, 탄생; день ~я 생일; год ~я 난해; ме́сто ~я 출생지, 난곳; ② 발생, 산생
рождество́ (중) 크리스마스, 성탄제; пра́здновать ~ 크리스마스를 맞다
роже́ница (여) 산모(産母)
рожо́к (남) ① 작은 뿔 ② 뿔피리 ③ (젖꼭지가 달린) 젖병 ④ 구두숟
рожь (여) 호밀, 호맥, 라이, 보리.
ро́за (여) 장미(꽃)
роза́рий (남) 장미꽃밭
ро́зги (복수) 매질, 채찍질
розе́тка (여) (전기) 로제트, 접속구
ро́зница (여) 소매(상품), 산매; продава́ть в ~у 소매하다
ро́зничный (형) 소매의, 산매의; ~ая прода́жа 소매
рознь (여) ① 반목, 불화, 적의 ② (술어로) 다르다, 차이나다, 구별 되다; челове́к челове́ку ~ 각인각색
ро́зовый (형) ① 장미꽃 ② 장미색, 분홍빛; ~ые мечты́ 낙천적인 공상; смотре́ть сквозь ~ые очки́ 또는 ви́деть всё в ~ом све́те(цве́те) 모든 것을 낙천적으로 보다(생각하다),
ро́зыгрыш (남) ① 경기, 시합; ~ ли́чного(кома́ндного)

первенства 개인(단체)선수권, 쟁탈전 ② 추첨, 제비
ро́зыск (남) 수사, 탐색, 수색;уголовный ~ 범죄수사부
рои́ться (미완) ① (벌 따위가) 떼를 짓다, 떼를 지어 날다 ② 많은 것이 연속 몰키다
рой (남) ① (벌, 모기 등의) 떼, 무리; ~ воспоминаний 구름 피듯 떠오 르는 회상
рок (남) 운명, 숙명 (주로 불행한); злой ~ 비운
роково́й (형) ① 숙명적인, 불운한, 피할수 없는 ② 운명을 결정하는 ③ 파멸적인, 치명적인
ро́лик (남) ① 로라, 소원형의 기계부분품 ② (가구의 발에 다는) 도르래, 굴개 ③ (전기) 애자
ро́ликовый (형) 구르는, 회전하는: ~ые коньки 롤러 스케이트; ~ый подшипник 롤러 베어링
роль (여) ① 역할; игра́ть большу́ю (ва́жную) ~ 중요한 역할을 놀다; ② 구실, 임무; ③ 역, 배역; игра́ть ~ 역을 놀다, 배역을하다 ④ (한 등장인물이 맡은) 대사; вы́учить свою́ ~ 자기가 맡은 역의 대사를 외우다;
ром (남) 람주 (술의 종류)
рома́н (남) ① 장편소설 ② 사랑관계, 로맨스, 연가(戀歌)
романи́ст (남) 장편소설가
рома́нс (남) (음악) 로맨스(romance)
рома́нский (형) ① 고대 로마문화를 기초로 한 ② 로마(문화); ~ие языки́ 로마어군; ~ая филоло́гия 로마어문학
романти́зм (남) 낭만주의(浪漫主義)
романти́к (남) ① 공상가, 낭만적인 사람 ② 낭만주의자, 로맨티시
рома́нтика (여) 낭만(주의), 로맨티시즘, 낭만주의.
романти́ческий (형) 낭만의, 낭만적인, 낭만주의
романти́чность (여) 낭만성
романти́чный (형) 낭만적인
рома́шка (여) ① (식물) 사슴국화 ② 사슴국화(꽃을 말린) 가루(약으로 씀)
ромб (남) 능형, 마름형
роня́ть (미완) ① 떨어뜨리다 ② (잎, 머리칼을) 떨구다, 잃다
ро́пот (남) 불평, 투덜거림
ропта́ть (미완) 불평을 말하다, 투덜 거리다
роса́ (여) 이슬; коси́ть по ~е 이슬이 마르기전에 베다
роси́нка (여) 이슬방울;

роси́стый (형) 이슬진, 이슬 맞은; 이슬이 많이 내리는
роско́шно (부) ① 호화롭게, 사치스럽게, 화려하게 ② 아주 훌륭하게
роско́шный (형) ① 호화로운, 사치스러운, 화려한 ② 아주 훌륭한, 굉장한
ро́скошь (여) ① 호화, 사치, 화려, ② 사치품
ро́слый (형) 키가 큰, 장대한, 성장한
ро́спись (여) ① 채색, 색칠; ② 벽화(壁畵)
ро́спуск (남) 해산(解散), 해체(解體)
росси́йский (형) 러시아의 Росси́я (여) 러시아(Russia)
россказни(복수) 거짓말, 헛소리, 날조
ро́ссыпь (여) ① 흩어져(널려)있는 것 ② (복수) (지질) 모래 광석밭; золоты́е ~и 사금층(砂金層)
рост (남) ① 성장; 발육, ② 장성, 발전; 증가, 증대 ③ 키, 신장; ④ 이자;
ростовщи́к (남) 고리대금업자
ростовщи́ческий (형) 고리대금의, 고리대금업자
ростовщи́чество (중) 고리대금업, 고리대업, 돈놀이
POCTо́к (남) ① 쌀의 눈, 맹아; ② 접목(接木), 접지(接枝)
рот (남) ① 입 ② (동물의) 주둥이, 아가리, 부리 ③ 식수
ро́та (여) 중대; команди́р ~ы 중대장
ротапри́нт (남) 소형 옵셋 인쇄기
рота́тор (남) 회전식등사기
ротацио́нный (형) 인쇄의: ~ая маши́на 윤전기
ро́тный (형) 중대의, 4개소대의
ротозе́й (남) ① 멍청이 ② 한가한 구경군
ротозе́йничать (미완) 산만하게 굴다, 멍청해 있다
ротозе́йство(중)산만한 것, 멍청한 것
ро́тор (남) 돌개; 회전기, 원통
ро́хля (남, 여) 둔한(맥빠진) 사람, 멍청이
ро́ща (여) 숲, 수림(樹林)
роя́ль (남) 그랜드 피아노
рту́тный (형) 수은의
ртуть (여) 수은(水銀: [80번: Hg :200.6])
руба́нок (남) 대패
руба́ха, руба́шка (여) 적삼, 셔츠, 루바슈까(rubashka)
рубе́ж (남) ① 경계, 국경; за ~о́м 외국에서; е́хать за ~ 외국으로 가다 ② 경계선; 출발진지
руберо́ид (남) (건축) 루베로이드(방습, 내화건재의 일종)

рубе́ц (남) ① 상처자리, 허물, 흠집; ② 솔기
руби́льник (남) (전기) 칼날개폐기, 스위치; включить (выключить) ~ 스위치를 넣다(끄다)
руби́н (남) 홍보석, 홍옥(紅玉)
руби́новый (형) ① 홍보석 ② 선홍색
руби́ть (미완) ① 베다, 찍다, 패다; ③ 썰다; ~ капусту 양배추를 썰다 ③ (나무집을) 짓다, 세우다
ру́бище (중) 누데기옷, 헌옷
ру́бка I (여) (해양) 갑판실, 조종실, 사령실
ру́бка II (여) ① 베는 것, 찍는 것, 패는것; ② 써는 것
рублёвый (형) 한 루블짜리
ру́бленый (형) ① 잘게 다진(썬); ② 통나무로 지은;
рубль (남) 루블 (소련화폐단위)
ру́брика (여) ① (신문, 잡지 등에서의) 표제, 제목 ② 단락, 란, 항, 절(節)
руга́нь (여) 욕설, 욕, 꾸중
руга́тельство (중) 상말, 쌍소리, 비어
руга́ть (미완) 꾸짖다, 나무라다, 책망 하다
руга́ться (미완) ① 욕설(욕지거리)하다, 욕설을 퍼붓다 ② 서로 욕질 하다
руда́ (여) 쇠돌, 광석(鑛石); железная ~ 철광석(鐵鑛石)
рудни́к (남) 광산(鑛山)
руднико́вый (형) 광산의
ру́дный (형) 광석의; ~ый слой 광층; ~ая жила 광맥,
рудово́з (남) 광산운반선.
рудоко́п (남) 광부(鑛夫), 광산노동자
рудоподъёмник (남) 광석승강기
руже́йный (형) 보총의, 소총의; ~ выстрел 총소리,
ружьё (중) 총(銃), 보총; охотничье ~ё 사냥총; стрелять из ~я 총을 쏘다; заряжать ~ё 장탄하다; в ~ё! 잡아총!
руи́ны (복수) 폐허(廢墟)
рука́ (여) 손, 팔; левая(правая) ~а 왼(오른)손; механическая ~а 기계손; идти ~а об ~у с кем.~와 손에, 손을 맞잡고 나아가다; быть(находи-ться) в ~ах у кого ~의 손아귀에 있다, 장악 되어있다; взять (брать, захватить) в [свои] руки 자기 손에 틀어쥐다, 장악하다; взять себя в руки 자제하다; передать из рук в руки 직접전하다; руки прочь! 손을 떼라!; руки вверх! 손들 엇! сидеть, сложа руки 수수방관하다, 팔짱을 끼고 앉아있다; прибрать к ~ам 앗아 가지다,

- 714 -

рука́в (남) ① (옷) 소매 ② 지류 ③ 호스, 분출관, 바람관; спустя́ ~а 되는대로

рука́вица (여) 벙어리장갑

руководи́тель (남) ① 지도자, 영도자; ② 책임자;

руководи́ть ① 지도하다, 영도하다 ② 지휘하다, 관리하다

руково́дство (중) ① 지도, 영도; ② 지휘, 관리, ③ 지도서, 안내서, 참고서 ④ (집합) 지도자들, 간부들, 책임자들; 지도부

руково́дствоваться (미완) чем ~을 지침으로 삼다 ~에 의거하여 행동 하다 ~를 따르다

руководя́щий (형) ① 지도(영도)적인; ~ая роль 지도적 역할 ② 가르쳐주는; ~ие указания 교시

рукоде́лие (중) ① 손일(주로 여성들의 바느질, 뜨개질), 수예 ② 수예품, 수공품

рукоде́льница (여) 수예가, 수공예, 수공예의 명수

рукоде́льничать (미완) 수공예를 하다, 수작업을 하다

рукокры́лые (복수)(동물) 박쥐목

рукомо́йник (남) 세면기, 세면대

рукопа́шная (여) 육박전, 싸움질

рукопа́шный (형); ~ бой 육박전

рукопи́сный (형) ① 손으로 쓴, 베낀 ② 초고, 사본

ру́копись (여) ① 원본, 수사본, 수고 ② 원고), 초고

рукопожа́тие (중) 악수; кре́пкое ~e 굳은 악수;

рукотво́рный (형) 사람이 만든, 인공

рукоя́тка (여) 손잡이, 자루

рулево́й (형) ① 키; ~ое колесо́ 키돌리개, 타륜 ② (명사로) 키잡이, 조타수

руле́тка (여) 줄자, 띠자, 타래자

рули́ть (미완) ① 키를 잡다(다루다, 돌리다) ② (항공) (지상에서) 활주하다

руло́н (남) 덩어리, 통구리, 두루마리;

руль (남) (배, 비행기, 자동차의) 키, 타, 핸들, 조종간, 손잡이; без руля́ и без ветри́л 명확한 방향없이,

румб (남) ① (천문) 나침판방위 ② (측량) 상한각

румя́на (복수) 연지(臙脂)

румя́нец (남) 홍조, 홍안, 붉은빛; покрыва́ться(залива́ться) ~цем 홍조를 띠다, 붉어지다

румя́ниться (미완) ① 연지를 찍다 ② 홍조가 떠오르다

- 715 -

③ 노르무레하게 익다
румя́ный (형) 홍조를 띤, 붉은
руно́ (중) 양털, 양모(羊毛), 울(wool)
рупо́р (남) ① 송화관, 전성관, 고깔나팔관 ② 전자파, 대변인
руса́к (남) 회색토끼, 멧토끼
руса́лка (여) 인어(人魚)
ру́сло (중) ① 강바닥, 하상(河上), 물길, 강줄기 ② 방향, 방침, 노선
русоволо́сый (형) 아마빛 머리칼
ру́сская (여) ① 러시아사람 (여자) ② 러시아춤; пляса́ть ~ую 러시아춤을 추다
ру́сские (복수) (~ий (남), ~ая (여)) 러시아사람(들)
ру́сский (형) ① 러시아의; ~ язы́к 노어, 러시아말 ② (명사) 러시아사람
ру́сый (형) 아마 빛, 연한 갈색, 누르스름한
рути́на (여) 낡은 풍습, 케케묵은 틀, 침체, 보수
рутинёр (남) 고루한 사람, 보수적인 사람
Руфь (Кни́га Руфь 5장) 룻기(- 記, Book of Ruth 케투빔)
ру́хлядь (여) (집합)(낡아서 못쓰게 된) 헌세간, 넝마
ру́хнуть (완) ① 허물어지다, 와르르무너지다 ② 붕괴(파탄, 와해)되다
руча́тельство (중) 보증, 담보(擔保)
руча́ться (미완) 보증(담보)하다, 책임지다
руче́й (남) ① 내, 개천, 개울 ② 흐름; пла́кать в три ручья́ 또는 слёзы теку́т ручьём 눈물이 비오듯 흐르다
ру́чка (여) ① 펜대, 철필대 ② 손잡이, 자루
ручно́й (형) ① 손, 팔; ② 손으로 하는 (움직이는), 수동; ③ 손으로 만든(지은), 수공; ④ 손에 드는 휴대용;
руши́ть ① 무너뜨리다, 허물다 ② 빻다, 바수다
руши́ться ① 허물어지다 ② 파탄(좌절, 소멸)되다
ры́ба (여) ① 물고기; морска́я ~ 바다물고기; пресново́дная ~ 민물고기 ② 생선(고기); 물고기요리;
рыба́к (남) 어부(漁夫), 고기잡이
рыба́лка (여) ① 고기잡이, 어로; ② 고기잡이터
рыба́цкий (형) 어로(어부)의, 고기잡이의; ~ посёлок 어촌
рыба́чий (형) 고기잡이 어부; ~ья ло́дка 고기잡이배
рыба́чить (미완) 고기잡이하다, 어업에 종사하다
рыба́чка (여) ① 고기잡이꾼, 어부(여자) ② 어부의 처

рыбёшка (여) 잔물고기, 고기새끼
ры́бий (형) 물고기; ~ий жир 간유, 물고기기름; ~ья чешуя 물고기비늘; ~ья кость 물고기뼈(가시)
ры́бка (여); золотая ~ 금붕어
ры́бник (남) 어업전문가, 어로일꾼
ры́бный (형) ① 고기고기의; ② 물고기로 만든,
рыбово́д (남) 양어전문가, 양어사
рыбово́дство (중) 양어(養魚)
рыбово́дческий (형) 양어업
рыбокомбина́т (남) 물고기가공공장
рыбоконсе́рвный (형) 물고기통조림
рыболо́в (남) 낚시질군, 고기잡이군
рыболове́цкий (형) 고기잡이를 업으로 하는
рыболо́вный (형) 고기잡이의, 어업의; ~ое судно 고기배
рыболо́вство (중) 고기잡이, 어로(漁撈), 어업(漁業)
рыбоохра́на (여) 어류보호(魚類保護)
рыбопито́мник (남) 양어장
рыбоподъёмник (남) (인공으로 설치된) 물고기의 통로
рыбоприёмный (형) 잡은 물고기를 넘겨받는
рыбопроду́кты (복수) 수산물, 물고기 제품, 수산식료품
рыбопромысло́вый (형) 수산, 어업; ~ая артель 수산협동조합; ~ый поиск 어군탐색; ~ый флот 어선대
рыбопромы́шленный (형) 수산, 어업; ~ая база 수산기지;
рыбохо́д (남) 물고기의 통로
рыбопромхоз (남) 수산사업소
рыво́к (남) ① 급격한(발작적인) 동작 ② (체육) 끌어올리기
рыда́ние (중) 통곡, 흐느껴 우는 것
рыда́ть (미완) 흐느껴 울다, 목메어 울다, 통곡하다
ры́жий (형) 주홍색, 주홍색머리칼(털)
ры́ло (중) ① (짐승의) 주둥이; свиное ~ 돼지주둥이 ② (사람의) 상판, 낯바닥, 얼굴, 면상
ры́нок (남) 시장, 저자, 장마당; внутренний(международный) ~ 국내(국제)시장; ~сбыта 판매시장
ры́ночный (형) 시장의, 저자의, 장시의;
рыса́к (남) 잘 달리는 말, 준마
ры́скать (무엇을 찾으려고) 뛰어돌아다니다, 헤매다, 싸다니다; ~ по полям 벌판을 헤매고 돌아다니다
рысь I (여) 스라소니, 토표(土豹)

рысь II (여) 속보(速步), 구보(驅步)

ры́сью (부) ① 속보로, 구보로; ② 빨리, 줄달음쳐서; пустился ~ 빨리 달렸다

рытвина (여) (길바닥의) 수레바퀴에 패인 자리, 비에 씻긴 움푹한 곳

рыть (미완) 파다, 파헤치다, 파내다

рыться (미완) в *чём* ~을 파헤치다, (샅샅이) 뒤지다, 뒤져내다; куры роются в навозе 닭이 두엄을 파헤친다.

рыхлитель (남) 중경기

рыхлить (미완) (흙을) 보드랍게 하다

рыхлый (형) ① 부드러운, 부푸른, 푸슬푸슬한; ~ая земля 푸슬푸슬한 흙 ② 시들부들한, 물렁물렁한, 무기력한

рыцарь (남) ① 중세기의 기산, 무사 ② 헌신적인(무사다운) 사람

рыча́г (남) 지렛대, 공간(空間)

рыча́ние (중) 으르렁거리는 소리, 울부짖음

рыча́ть (미완) ① (짐승이) 으르렁거리다, 울부짖다 ② 으르다, 두덜 거리다

рья́но (부) 열심히, 열중하여, 맹렬히

рья́ный (형) 열중하는, 매우 열성적인, 열렬한

рюкза́к (남) 배낭(背囊)

рю́мка, рю́мочка (여) (발이 달린) 유리술잔

ряби́на (여) ① 마가목 ② 마가목열매

ряби́ть (미완) (무인칭) (눈앞이) 아물(얼른, 가물)거리다; в глазах рябит 눈이 아물거리다

рябо́й (형) ① 얽은; ~ое лицо 얽은 얼굴 ② 얼룩진, 얼룩 얼룩한; ~ой телёнок 얼룩송아지

ря́бчик (남) 들꿩, 야생꿩

рябь (여) ① 잔물결 ② 아물(가물)거리는 것

ряд (남) ① 줄, 행렬, 대렬; ② (복수) 대렬, 대오; ③ 계열, 일련;

ряди́ться ① 단정하다, 차려입다 ② 변장하다, 가장하다

рядово́й (형) ① 평범한, 보통; 지휘 간부가 아닌; ② (명사)(남) ① 평범한 사람, 보통사람(일군) ② 병사, 전사

ря́дом (부) ① 나란히, 옆에; сесть ~ 나란히 앉았다; ② 근처에, 이웃에; 아주 가까이;

ря́са (여) (승려가 입는) 가사, 법의

ря́ска (여) (식물) 개구리밥

C

с(со) (전) I (+생) ① ~에서, ~부터, ~로 붙: вставать со стула 의자(걸상)에서 일어나다; с утра 아침부터 ② ~ 때문에, ~로 인하여; с радости 기뻐서; со стыда 부끄러워서

с(со) II (+ 대) 약, 거의; с неделю 약 한 주일간; яюлоко с кулак 주먹만한 사과

с(со) III (+ 조) ①~와, ~와 함께; говорить с друзьями 동무들과 이야기 하다; ②~으로, ~로써; уехать с первым поездом 첫차로 떠나가다 ③ ~러, ~려고; пришёл с просьбой 부탁하러 왔다

сабля (여) 군도, 장검; ~рыба 칼치

саботаж (남) 태만, 태업, 태공; заниматься ~ем 태만하다

саботажник (남) 태만자, 태공분자

саботировать(미완, 완) 태업(태공)하다

саванна (여) 사반나, 열대지방의 대초원

сад (남) ① 과수원 ② 정원, 뜰 ③ 공원, 꽃동산;

садизм (남) 잔인한 짓을 즐기는 것

садист (남), **~ка** (여) 잔인무모한 짓을 즐기는 사람

садиться (미완) ① 앉다, 걸터앉다; ~ на стул 의자에 앉다: садитесь! 앉으시오! ② 타다; ~ на поезд(в автобус) 기차(버스)에 타다 ③ 시작하다; ④ (해, 달) 지다 ⑤ 내려앉다, 착륙하다

садовник (남) 원예사(園藝師)

садовод (남) 원예가, 원학자

садоводство (중)① 원예 ② 원예학

садовый (형) ① 정원의, 정원용의 ② 정원에서 자라는 ③ 원예의; ~ участок 과수 밭뙈기

садок(남)① 채그물 ② 양어 못 ③ 우리

сажа (여) 검댕, 철매, 그을음

сажать (미완) ① 심다 ② 앉히다. 앉게하다, 자리를 권하다 ③ 태우다 ④ 착륙 시키다

са́женец (남) 나무모, 묘목(苗木)
саза́н (남) 잉어, 이어(鯉魚)
са́йра (여) 꽁치, 추광어, 추도어
саквоя́ж (남) 여행용 손가방(들가방)
саксофо́н (남) 색소폰(saxophone)
сала́зки (복수) 썰매, 미끄럼대
салама́ндра (여) 도롱이, 도롱농, 사의
сала́т (남) ① (식물) 상추, 부루 ② 샐러드(요리), 생채
са́ло (중) ① 비게기름, 지방 ② 비게 (소금에 절인 돼지비게)
сало́н (남) ① 객실, 웅접실, 사교실; ② (버스, 전차 등의) 객석 ③ 이발실, 이발관 ④ 미술 전람회관
салфе́тка (여) ① 상수건 ② 조그마한 상보
Са́львадор (남) 살바도르
са́льдо (중)(불변) 남은 돈(액), 차액, 잔고
са́льный (형) ① 기름이 묻어서 더러워진 ② 음탕한
сальто́ (중)(불변) 공중회전
салю́т (남) ① 예포, 축포; ② (군사) 경례(예포,축포, 기발게양 등으로 표시하는) ③: ~! 인사를 받으라!
салютова́ть (미완, 완) ① 예포축포를 쏘다 ② 경례하다
сам (남) (~а (여), ~и (복수)) (규정대) ① 자기, 자신, 자체, 친히 ② 자기자신이, 저절로, 스스로, 자기혼자 ③ (명사) (남) 주인, 마님; само собой разумеется 자명하다, 두말할 것 없다,
саме́ц (남) 수컷, 수놈
са́мка (여) 암컷, 암놈
самобы́тный (형) 독창적인, 독특한; ~ тала́нт 독특한 재능
самова́р (남) 사모와르; поста́вить ~ 싸모와르에 불을 피우다; сиде́ть за ~ом 차를 마시다
самовлюблённый (형) 자고대하는, 자기 만족하는
самовнуше́ние (중) 스스로 자기를 부추기는 것
самово́льничать (미완) 제멋대로 놀다, 방종하다, 전횡하다
самово́льный (형) ① 제멋대로 구는, 방종한, 전횡하는, ② 자의적인, 승낙이 없이 하는
самовоспита́ние (중) 자체수양
самовоспламене́ние (중) 자연발화, 자연연소
самовосхвале́ние (중) 자찬
самого́н (남) 집에서 술, 곡주, 밀주
самогоноваре́ние (중) 밀주하는 것; занима́ться ~м 밀주하다
самого́нщик (남), ~ца (여) 밀주하는 사람, 밀주장사
самодви́жущийся (형) 자동의

самоде́лка (여) 개인이로 만든 물건, 수공품(手工品)
самоде́льный (형) 자기 집에서 만든
самодержа́вие (중) 전제제도, 전제정치
самоде́ятельность (여) ① 창의, 발기, ② 예술소조
самодисципли́на (여) 자율, 자제
самодово́льно (부) 자만자족하여, 자만하여, 스스로만족하여
самодово́льный (형) 자만자족하는, 자기만족하는
самодово́льство (중) 자기만족, 자만심
самоду́р (남) 무지막지한 폭군, 전횡자, 독재자
самоду́рство (중) 무지막지한 폭군행세, 전횡, 방종
самозащи́та (여) 자기방위, 자위
самозва́нец (남) 자침자
самока́т (남) 롤러자전거
самокри́тика (여) 자기비판
самокрити́чно (부) 자기비판적으로
самокрити́чный (형) 자기비판적인
самолёт (남) 비행기, 날틀, 붕익, 에어플레인(airplane), 은익
самолюби́вый (형) 자부심이 강한, 자존심이센
самолю́бие (중) 자부심, 자존심(自尊心)
самомне́ние (중) 자고자대, 자만, 자부
самонаде́янность (여) 자기과신; 자만
самонаде́янный (형) 자신을 지나치게 믿는 자기를 과신하는, 자만하는
самообеспече́ние (중) 자급
самооблада́ние (중) 자제력, 침착성, 냉담성;
самообма́н (남) 자기기만
самообольще́ние (중) 자기망상, 환상, 과대망상;
самооборо́на (여) 자기방위, 자위(自爲)
самообразова́ние (중) 자습(自習), 독학
самообслу́живание (중) 자기시중, 자체봉사, 자기일을 자기가 하는 것
самообуче́ние (중) 자습, 독학
самоопределе́ние (중) 자결, 결정, 해결; пра́во на́ций на ~ 민족자결권
самоотве́рженно (부) 헌신적으로, 자기 희생적으로
самоотве́рженность (여) 헌신성, (자기) 희생성, 희생정신
самоотве́рженный (형) 헌신적인, 자기 희생적인
самоотво́д (남) 자신에 대한 입후보 추천의 사퇴 (거부)
самоподгото́вка (여) 자체학습, 자체훈련

самопожертвова́ние (중) (자기) 희생성(犧牲性), 자기희생
самопроизво́льный (형) ① 자연발생적인, 저절로 일어나는 ② 자의적인, 자발 적(自發的)
саморо́док (남) ① 천연광(天然鑛), 자연광, ② 천재(天災)
самосва́л (남) (자동하차식) 화물자동차
самосозна́ние (중) 자각, 각성, 자의식;
самосохране́ние (중) 자기보존; инстинкт ~а 자기보존의 본능
самостоя́тельно (부) 자립적으로, 독립적으로, 자주적으로
самостоя́тельность (여) ① 자립(성), 독립(성), 자주(성), ② 독자성; хозя́йственная ~경영상독자성
самостоя́тельный (형) ① 자립(독립)적인, 자주적인; ~ая национа́льная эконо́мика 자립적 민족경제; ~ая ли́ния, ~ый курс 자주로선 ② 독자적인; ~ая рабо́та 독자적 사업
самосу́д (남) 사형, 극형, 생명형, 대살, 대명; 물고
самотёк (남) 방임상태, 방임; пусти́ть[де́ло] на ~ (일을) 되는대로 방임하다, 될대로 되라고 방임하다
самотёком (부) 자연발생적으로, 저절로, 무계획적으로;
самоуби́йство (중) 자살(自殺)
самоуби́йца (남, 여) 자살자(自殺者)
самоуваже́ние (중) 자존심(自尊心)
самоуве́ренно (부) ① 자신있게, 자신만만하게 ② 자기를 과신하여
самоуве́ренность (여) ① 자신감, 자신 만만한 것 ② 자기파신
самоуве́ренный (형) ① 자신 있는, 자신 만만한 ② 자기를 과신하는
самоуправле́ние (중) 자치제, 자치권; ме́стное ~ 지방자치제
самоупра́вство (중) 전횡, 제멋대로 구는 것, 독단
самоутвержде́ние (중) 자기긍정
самоутеше́ние (중) 자기위안
самоучи́тель (남) 자습서, 자습지도서
самоу́чка (남, 여) 독학자, 자습자; худо́жник ~ 독학한 화가
самохо́дный (형) 자행의
самоцве́т (남) 천연보석
самоце́ль (여) 목적 그 자체, 최후목적
самочи́нный (형); ~ые де́йствия 독단적인(자의적인) 행동
самочу́вствие (중) 건강상태; 기분; как ва́ше ~? 건강(기분)이 어떻습니까?
самура́й (남) 사무라이

са́мый (규정 대) ① (형용사 최상급을 형성함) 가장, 제일; ~ хоро́ший 가장 좋은; ② 바로, 맨 э́та са́мая кни́га 바로 그 책
санато́рий (남) 요양소(療養所); путёвка в ~ 요양권
санато́рный (형) 요양의; ~ое лече́ние 요양치료
сандале́ты (복수) 샌들(sandals)
санда́лии (식물) 샌들, 백단향
санда́ловый (형); ~ое де́рево 백단나무
са́ни (복수) 썰매, 발구; е́хать на ~ях 썰매를 타고 가다
санинстру́ктор (남) 위생지도원
санита́р (남), ~ка (여) 간병인; (군사위생병)
санита́рный (형) 위생의
са́нки (복수) 썰매; ката́ться на ~ах 썰매를 타다
санкциони́ровать (미완, 완) 비준하다, 승인하다, 찬성하다
са́нкция (여) ① 인가(認可), 비준(比準), 결재; получи́ть ~ю 결재를 받다 ② (법률) 제재; примени́ть ~и 제재를 가하다
са́нный (형); ~ путь 썰매길
са́ночник (남), ~ца (여) (체육) 족구선수
санпропускни́к (남) 위생방역소
санскри́пт (남) (언어) 범어, 산스크리트어, 천축어(天竺語)
сантехни́к (남) 위생시설 수리공
сантехника (여) 위생설비
сантиме́тр (남) 센치미터(cm)
санузе́л (남) 위생실, 위생편의시설, 화장실(목욕탕, 변소)
санча́сть (여) (санитарная часть) 의무실, 군의대, 위생대
санэпидемста́нция (여) 위생방역소
сап (남) (의학) 비염(鼻炎)
са́па (여); тихо́й ~ой 몰래, 가만히
сапёр (남) (군사) 공병(工兵)
сапёрный (형) (군사) 공병의; ~ый батальо́н 공병대대;
сапоги́ (복수) 장화; в ~ах 장화를 신고
сапожки́ (복수) 작은 (부드러운) 장화
сапо́жник (남) 구두쟁이, 구두수리공, 제화공(製靴工)
са́псан (남) 푸른 매, 송골매, 해동청
сапфи́р (남) 청옥(靑玉), 사파이어
сара́й (남) 허간, 고간, 고간(庫間), 창고(倉庫)
саранча́ (여) 메뚜기, 누리; (집합) 메뚜기떼, 누리떼
сарафа́н (남) 사라판(소매없이 만든 여자 옷), 망또, 숄.
сарди́на (여) 정어리, 은어, 사딘
сардине́лла (여) 정어리속

са́ржа (여) 주단 (천), 비단천, 공단
сарка́зм (남) 살기에 찬 조소(조롱) 날카로운 풍자
саркасти́ческий (형) 조소하는, 풍자적인
сарко́ма (여) (의학) 육종
сателли́т (남) 앞잡이, 추종자
сати́н (남) (천의 한 가지) 인조공단
сати́ра (여) ① 풍자, 야유, 조소 ② 풍자작품, 풍자문학
сатири́к (남) 풍자작가
сатири́ческий (형) 풍자의, 풍자적인; ~ая коме́дия 풍자희극
сатура́тор (남) 포화기
Сату́рн (남) (천문) 토성(土星), 진성(鎭星), 오황(五黃)
са́уна (여) 증기탕
са́хар (남) 사탕
сахари́н (남) 사카린
са́харница (여) 사탕그릇
са́харный (형) 사탕의, 설탕의; ~ая свёкла 사탕무우; ~ый тро́сник 사탕수수; ~ая пу́дра 사탕가루; ~ая боле́знь 당뇨병
сахаро́за (여) 사카린제, 당질의, 설탕 같은
сачо́к (남) 후리그물
сба́вить, сбавля́ть (미완) ① (값, 수량을) 떼내다, 덜다; ~ це́ну 값을 깎다 ② 줄다, 감소되다; ③ 단축하다, 낮추다; ~ срок 기한을 단축하다; ~ тон 어조를 낮추다
сбаланси́ровать (완) 균형을 잡다
сбе́гать (완) 급히 갔다 오다; ~ за хле́бом 빵을 사러갔다오다
сбежа́ть (완) ① 뛰어내려가다(오다); ~ с горы́ 산에서 뛰어내려오다; ② (물이) 흘러내리다, 흘러떨어지다; (눈 등이) 녹아내리다 ③ 도망치다, 탈주하다 ④ (액채가 끓을때) 흘러넘다; молоко́ сбежа́ло 우유가 끓어 넘었다.
сбежа́ться (완) 몰려들다, 달려 모이다
сберега́тельный (형); ~ая ка́сса 예금 취급소, 은행; ~ая кни́жка 저금통장
сбереже́ние (중)(복수) 저금(貯金), 저축금
сбере́чь (완) ① 보존(보관, 저장)하다; ~ си́лы 힘을 축적하다 ② 저축(저금)하다; ~ де́ньги 돈을 저축하다 ③ 기억해 두다, 마음에 새겨두다
сберка́сса (여) 저금취급소
сберкни́жка (여) 저금통장
сби́вчивый (형) 앞뒤가 맞지 않는
сбить (완) ① (쳐서, 때려서) 떨구다, 떼내다, 넘어뜨리다,

- 724 -

물리치다; ② 없애다, 낮추다; ③ 헷갈리게 하다

сбиться (완) ① 떨어지다, 벗겨지다; ② 헷갈리다; ③ 생각이 딴데로 돌다, 화제를 헷갈리다 ④ 혼란(모순)에 빠지다, 앞뒤가 맞지 않다 ~ с ног 기진맥진하다, 파김치가 되다

сближение (중) ① 접근 ② 친하게 되는(하는) 것, 친교 (둘을 맺는 것) ③ 유사성, 공통성

сблизить (완) ① 접근시키다, 가깝게 하다 ② 친하게 하다, 친근케 하다

сблизиться (완) ① 접근하다, 가까워 지다 ② 가깝게 사귀다, 친근해지다, 합심하다

сбой (남) 실수(失手), 중단(中斷)

сбоку (부) 옆에 (서), 곁에 (서)

сболтнуть (완) 잘못 말하다, 실언하다; ~ лишнее 쓸데없는 말을 하다

сбор (남) ① 모으기, 수집, 채집; ~ металлолома 파철수집; ② 따기, 수확; ③ 집합, 모임, 집회; место ~a 집합장소; ④ 소집, 집합; ⑤ 요금, 징수금; ⑥ (복수) 준비, 차비; ~ы в догогу 길 떠날 차비, 여행준비 ⑦ лагерный ~ 야영훈련

сборище (중) ① 오합지중, 난장판, 군질 ② 모임, 집회

сборка (여) ① 여 조립; ~a машины 기계조립 ② (의복의) 주름; юбка в ~y 주름잡은 치마

сборник (남) ① 선집; ~ статей 논문집; ~ стихов 시집; ② (물. 액체를 담아두는) 그릇, 용기, 탱크

сборный (형) ① 집회의, 모이는; ② 조립의, 조립식의; ③ 종합의, 혼합의; ④(명사): **~ая** (여) 종합팀

сборочный (형): ~ цех 조립직장

сборщик (남) ① 수집자, 채집자, 징수자 ② 조립공

сбрасывать (미완) ① 내려던지다, 투하하다; ~ бомбы 폭탄을 투하하다 ②(날쌔게) 벗어던지다; ~ одежду 옷을 벗다

сбрасываться (미완) (뛰어) 내리다

сбривать (미완), **сбрить**(완) 면도하다, 면도칼로 밀다, 수염깎다.

сброд (남) (집합) ① 우연히 모인 사람 (잡물), 어중이떠중이 ② 인간쓰레기들; всякий ~ 온갖 쓰레기들

сбруя (여) 마구

сбыт (남) 판매(販賣); иметь хороший ~ 잘 팔리다

сбыть (완)① 팔아치우다, 판매하다; ② (시끄러워서)처리하다;

сбыться (완) (예언, 희망, 기대이) 맞우 떨어지다, 실현되다, 현실화되다; мечта сбылась 숙망이 이루어졌다

свадебный (형): ~ обряд 결혼식
свадьба (여) 결혼(식); 혼인잔치
свалить (완) ① 넘어(자빠)뜨리다; болезнь ~ла его 그는 앓아누웠다 ② (한곳에) 쏟아 박다, 뒤섞어놓다, 되는대로 막 쌓다; ③ 넘겨씌우다, 들씌우다, 전가하다; ④ (무거운짐 등을) 벗어 던지다; ~ть ношу с плеч 졌던 짐을 벗어 던지다
свалиться (완) ① 떨어지다, 추락하다; ② 넘어(쓰러)지다; ③ ~ с ног 나가쓰러지다; дерево свалилось 나무가 넘어졌다; ④ 병에 걸려눕다; ⑤ 불의에 닥쳐오다
свалка (여) ① 오물장, 쓰레기터 ② 싸움질, 난투(亂鬪)
сваривать (미완) 용접하다, 땜질하다
свариться (미완) 용접되다, 납땜되다
сварить (완) ① 끓이다, 삶다; ~ мясо(курицу) 고기(닭)를 삶다; ~ рис 밥을 짓다 ②(공학) 용접하다, 납땜되다
свариться (완) 끓다, 삶아지다, 껴지다; мясо ~лось 고기가 삶아졌다; каша ~ лась 밥이 되었다
сварка (여) 용접(鎔接), 땜, 납땜
сварливый (형) 깽알거리는, 말썽부리는
сварочный (형): ~ые работы 용접작업
сварщик (남), **~ца** (여) 용접공
свастика (여) 파씨즘의 상징표식
сват (남) ① 사돈 ② 중매군, 중매자
сватать (미완) 중매하다, 중매를 서다
свататься (미완) (남자에서) 청혼하다, 구혼하다
сватовство (중) 중매(中媒), 중신
сватья (여) 안사돈, 사돈댁
сваха (여) 중매군, 중매자(여자)
свая (여) 말뚝; забивать ~и 말뚝을 박다
сведение (중) ① 보도, 정보, 통지, 소식; ② 공포, 통지; ③ 지식, 조예
сведущий (형) 조예가 깊은, 통달한
свежесть (여) ① 신선한 것 ② 서늘한 공기;
свежий (형) ① 신선한, 생생한, 방금 만든; ② 시원한; ~ий воздух 시원한 공기 ③ 선선한, 서늘한; ④ 깨끗한; ~ее бельё 깨끗한 내의 ⑤ 새로운, 새롭다; ~ие новости 새소식
свезти (완) ① 실어모으다 ② 실어(데려)가다 ③ 실어내리다 ④ 실어내 가다, 운반해가다
свёкла (여) 뿌리근대; сахарная ~ 사탕무
свёкор (남) 시아버지, 시부, 시아버님.

- 726 -

свекро́вь (여) 시어머니, 시모
сверга́ть (미완), све́ргнуть (완) 타도 (전복)하다, 뒤집어엎다
сверже́ние (중) 타도(他道), 전복(顚覆)
свери́ть (완) 맞추어보다, 대조하다
сверка́ть (미완), ~ну́ть(완)번쩍(반짝)이다, 번뜩거리다, 빛나다
сверли́льный (형); ~ стано́к 불반
сверли́ть (미완) ① 구멍을 뚫다, 드릴 공공하다 ② 파먹다 ③ 쿡쿡 아프게 하다
сверло́ (중) (공학) 구멍뚫이, 기계송곳
сверну́ть (완) ① 둘둘 말다, 돌돌 감다; 접다 ② 줄이다, 축소하다 ③ 들다; ④ 벗어나다; ~ с доро́ги 길에서 벗어나다
сверну́ться (완) ① 돌돌 (둘둘) 말리다(감기다), 저하다 ② 오그라지다, 웅그라지다; ③ 응송(應訟).
све́рстник (남), ~ца (여) 동년배, 등갑
свёрток (남) 봉지, 꾸러미; 보집, 뭉치
свёртывание (중) ① 줄이는 것, 단축 ② 웅결, 엉기는 것;
сверх (전) (+생) ① 위에; ② ~외에, 초과하여; ③ ~와 반대로;
сверхвысо́кий (형) 최고의, 최상의; ~ое давле́ние 초고압; ~ое напряже́ние (전기) 초고압(超高壓)
сверхда́льний (형) 초원거리의
сверхзвуково́й (형) 초음속의; ~ая ско́рость 초음속
сверхмо́щный (형) 최강력의; ~ый дви́гатель 최강력발동기;
сверхни́зкий (형); физика ~их температу́р 극저온 물리학
сверхпла́новый (형) 계획외의, 계획을 초과하는
сверхприбы́ль (여) 초과이윤
сверхскоростно́й (형) 초고속도의
свеохсро́чный (형) ① 기한초과의; ② 매우 긴급한;
сверху́ ① (부) ~위에(서), 표면에; ② (부) 위로부터, 위에서; ③ (부) 상부로부터, 우로부터; ④ (건) (+생) 위에; ~ до́ма 집의에; ~ до́низу 위에서 아래까지
сверхуро́чно (부) 시간외에, 과외로;
сверхуро́чный (형) 시간외의, 과외의; ~ая рабо́та 시간외작업
сверхъесте́ственный (형) 초자연적인; ② 기적적인, 놀라운
сверчо́к (남) 귀뚜라미
сверше́ние (중) ① 실행, 실현, 거행; ② 쟁취, 성과
сверши́ться (완) 이룩되다, 실현되다
све́сить (완) 드리우다,
све́ситься (완) ① 드리워지다, 매달리다 ② 축 늘어지다;
свести́ (완) ① 데려가다; ② 데리고(부측하여)내리다; ③

вергнуть,제거하다; ④ (무인칭) 비뚤어지다, 쥐가나다, 경련이 일어나다, ~ счёты с кем 보복하다; ~ в могилу 애태워죽이다

свести́сь (완) к чему ~에 귀착되다, ~로 되다; ~ на нет (к нулю) 없어지다, 영이 되다; ~ к минимуму 최소한도로 국한 되다

свет I (남) ① 빛, 광선; солнечный ~ 햇빛: лунный ~ 달빛 ② 불, 등불: зажечь(погасить) ~ 불을 켜다(끄다), чуть ~ 동이 트자; ни ~ ни заря 동트기 전에: в ~е чего ~에 비추어

свет II (남) 세계, 세상: весь ~ 온세상: по всему ~у 온세계에(걸쳐서): всему ~у известно 온세상 사람들에게 알려져 있다; выпустить в ~ 출판하다:

света́ть (미완) 먼동이 트다, 날이 밝다

светло́ (중) ① 천재 ② 명인, 거장

свети́льник (남) ① 남포등, 등잔(燈盞) ② 가로등(街路燈)

свети́ть (미완) ① 빛나다, 비치다, 번쩍이다, 반짝이다: солнце светит 해가 비친다. ② 비쳐주다

свети́ться (미완) ① 훤하게 비치다; 빛을 뿌리다: ② 반짝이다, 빛나다:

светле́ть (미완) 밝아지다, 개이다, 훤해 지다:

светло́ (부) ① 밝게, 환하게, 훤하다; ② (술어로) 밝다, 환하다: на дворе ~ 밖이 환하다

све́тлый (형) ① 밝은, 환한, 훤하다: ② 맑은, 투명한; ③ 빛깔이 연한(맑은), 산뜻한 ④ 명랑한, 즐거운, 유쾌한; ⑤ 명철한, 통찰력이 센: ~ый ум 총명한 지혜

светля́к, ~ячок (남) 개똥벌레, 반디불

светобоя́знь (여) (의학) 수명증, 눈부심증(-症)

светово́й (형) 빛의, 광선의: ~ой луч 광선: ~ой сигнал 광선신호: ~ая реклама 네온사인

светомаскиро́вка (여) 불가림, 등화관제

светому́зыка (여) 광선음악

светофи́льтр (남) 빛 가리개, 여광기, 색가리개

светофо́р (남) (교통정리용 광선) 신호등(信號燈), 색등신호기

свето́ч (남) ① 해불 ② 향도자, 향도성

светочувстви́тельный (형) 감광의: ~ая бумага 감광지,

светя́щийся (형) 빛을 내는, 발광의

свеча́ (여) ① 초, 양초: зажечь ~у 초불을 켜다 ② (공학) 점화전, 발화전 ③ (광도의 단위) 촉

свида́ние (중) ① 면회, 상봉 ② (애인의) 상봉, 서로 만나는 것: идти на ~е (애인) 만나러가다; до ~я 안녕히 계십시오 (가십시오); до скорого ~я (속한 시일 내에) 다시 만납시다.

свиде́тель (남), **~ница** (여) 증인, 목격자, 입회자

свиде́тельский (형): ~ие показания 증인의 진술(陳述)

свиде́тельство (중) ① 증언, 입증, 증명 ② 증거(물): ③ 증명서: ~ о рождении 출생증: медицинское ~ (건강) 진단서

свиде́тельствовать (미완) ① 증명(증언, 입증)하다; ② 확인(공증)하다: ~ подпись 서명을 확인하다

свина́рка (여) 돼지사육자(여자)

свина́рник (남) 돼지우리

свине́ц (남) 연(鉛), 납, 땜납

свини́на (여) 돼지고기

сви́нка I (여) (의학) 이하선염, 귀밑샘염

сви́нка II (여): морская ~ 얼룩 쥐, 모르모트

свиново́дство (중) 돼지치기

свино́й (형) ① 돼지의: ② 돼지고기로 만든

свинома́тка (여) 어미돼지

свинофе́рма (여) 돼지목장

сви́нский (형):~ посту́пок 추잡한 행동

сви́нство (중) 비열한 짓, 야비한 행동

свинцо́вый (형) 연*, 연으로 만든: ~ая руда́ 연광:

свинья́ (여) ① 돼지 ② 돼지같은(더러운)놈; подложи́ть ~ю кому ~에게 불쾌한(비열한) 짓을 하다

свире́ль (여) 피리, 통소

свире́по (부) 사납게, 표독스럽게, 횡포하게

свире́пствовать (미완) ① 미쳐 날뛰다, 발광(발악)하다 ② (자연현상이) 사납게 굴다, 날치다: моро́з(бу́ря) ~ет 추위(폭풍우)가 사납다

свире́пый (형) ① 사나운, 횡포한, 난폭한: ~ взгляд 사나운 눈초리 ② 몹시 성난, 격노한 ③ 맹렬한: моро́з 심한 추위

свиристе́ль (여) 황여새, 노랑연새, 왐라

свиса́ть (미완), **сви́снуть** (완) 드리우다, 축 늘어지다, 처지다:

свист (남) ① 휘파람 ② (휘파람을 방불케하는) 새소리 ③ 휘휘하는 소리: ~ ве́тра 바람이 휘휘부는 소리

свисте́ть (미완), **сви́снуть** (완) ① 휘파람불다 ② (호각, 기적 등으로) 소리를 내다:③ 휘휘소리를 내다

свисто́к (남) 호각, 고동

сви́та (여)(왕·귀족의) 수행원, 종자들. 호송자[대], 호위자(들)

сви́тер (남) 스웨터. 세타

свить (완) ① 꼬다, 역다, 들다: ~ гнездо́ 둥지를 틀다 ② 둘둘 말다(감다):~ бума́гу в тру́бку 종이를 둘둘 말다

свихну́ться (완) ① 미치다, 머리가 돌다: ~ с ума 미치다, 정신이 나가다 ② 그릇된 길로 떨어지다

свищ (남) (의학) 상한구멍, 누공

свобо́да (여) 자유: ~a слова(печати, совести) 언론(출판, 신앙)의 자유 выпускать на ~y 석방하다

свобо́дно (부) ① 자유롭게 ② 유창하게

свобо́дный (형) ① 자유로운 ② 구속(제한)되지 않는: ③ 빈, 쓰지 않는: ④ 널찍한, 헐렁헐렁한 ⑤ 짬이 있는, 한가한:

свободолюби́вый (형) 자유를 사랑하는, 자유애호적인

свод I (남) 전서(典書): ~ законов 법전

свод II (남) (전축) 둥근천장, 궁륭

сво́дка (여) 종합보고, 종합보도: оперативная ~ 전투정황보고: ~ погоды 일기예보

свобо́дный (형) ① 종합적인, 총괄한; 혼성의: ~ые данные 종합자료 ② 배다른: ~ые братья 배다른 형제

сво́дчатый (형) 아치형*, 무지개모양으로 된:

своё (중) 자기의 것

своево́лие (중) 제멋대로 하는 것, 독단(獨斷), 전횡(專橫)

своево́льничать (미완) 제멋대로 행동 하다, 전횡을 부리다

своево́льный (형) 제멋대로 하는, 전횡을 부리는

своевре́менно (부) 제때에, 시기적절하게

своевре́менность (여) 제때, 시기적절한 것

своевре́менный (형) 제때의, 시기적절한

своекоры́стие (중) 사리사욕, 이기심, 탐욕(貪慾)

своенра́вный (형) 변덕스러운, 자기배짱만 부리는, 제멋대로 행동하는:~ человек 고집통이, 완고한 사람

своеобра́зие (중) 독특한 것, 고유한 특성(특색, 특질)

своеобра́зный (형) 독특한, 특이한, 고유한, 색다른.

свой (소유대) ① 자기의, 자체의: делать ~ими силами 자기 힘으로 하다: ② 고유한, 독특한, 독창적인: ③ 적절한, 알맞은: ④ 친근한, 친척의, 집안의: ~й человек 우리(자기) 사람 ⑤ (명사): ~й (남) 집안사람, 우리(자기)사람: ⑥ (명사) ~ё (중) 자기의 것: добиться ~его 자기 희망을 실현하다, 소원을 성취하다: по ~ему 제맘대로, 제멋대로: ~его рода 일종의: в ~ём роде 일정한 관점에서 불 때:

сво́йственный (형) 고유한, 특유한

сво́йство (중) 특성, 속성, 특질

свора́ (여) ① (개, 승냥이의) 무리, 떼 ② 악당(惡黨)

свора́чивать (미완), **~оти́ть** (완) ① 방향을 돌리다 ② 굴려

옮기다; горы ~отить 큰 (힘들) 일을 해제끼다.
свыкнуться (완) 익숙해지다, 버릇(습관) 되다
свысока́ (부) 거만하게: смотреть ~ 나지리 보다, 깔보다
свы́ше ① (전) (+생) 이상: ~ пяти часов 다섯시간 이상 ② (부) 위(상부)로부터: по распоряжению(предписанию) ~ 위(상급)의 지시에 따라
связа́ть (완) ① 매다, 잇다, 묶다: ~концы 두 끝을 매다: ② 결합시키다, 연결시키다 ③ 관계(연계)를 가지게 하다; ④ 속박하다, 부담을 지우다 ⑤ 뜨다: ~ парчатки 장갑을 뜨다
связа́ться (완) ① 매이다, 이어지다, 묶이다 ② 연락하다, 연계를 가지다, 결합되다: ③ 사귀다, 교제(관계)하다 ④ (좋지않은이에) 달라붙다
связи́ст (남), **~ка** (여) ① 통신병(通信兵) ② 체신부분 일군
свя́зка (여) 묶음, 뭉치, 꾸러미, 단: ~ ключей 열쇠묶음: ② (해부) 이음줄, 인대: голосовые связки 성대 ③ (언어) 계사
свя́зник (남) 첩자(諜者)
свя́зно (부) 조리있게
связной (남) 연락병, 전언병
свя́зный (형) 조리있는, 논리 정연한, 앞뒤가 맞는
свя́зующий:~ее звено 연결하는 고리
связь (여) ① 연락, 연결, 결합; ② 관계, 연계: ③ 교제, 친교; 애정관계 ④ (복수) 연줄, 배경; ⑤ 통신, 연락: телефонная ~ь 전화통신: средство ~и 통신수단; в~и с чем ~~과 관련하여
свя́то (부) 숭고(거룩)하게, 신성하게
свято́й (형) ① 신성한, 성스러운, 숭고한: ~ долг 신성한 의무 ② 깨끗한, 순결한, 고결한
святы́ня (여) ① 성물, 성지, ② 보배, 소중하고 신성한 것: беречь как ~ю 장중보옥처럼 소중히 하다
свяще́нник (남) 목사(牧師), 성직자
священнослужи́тель (남) 승려(僧侶)
свяще́нный (형) ① 신적인, 신성한: ~ые книги 성서, 성전 ② 신성한, 거룩한, 성스러운: ~ая война 성전
сгиб (남) ① 굴곡; 구부리는 것, 구부림 ② 굽히는 (굽은, 접은) 곳: на ~е 굽은데에서, 접은데에서
сги́нуть (완) 사라지다, 없어지다; 죽다: ~ бесследно 자취도 없이 사라지다
сгла́дить (완) ① 펴다, 반반하게 하다: ~ морщины 구김살을 펴다 ② 완화하다, 없애다: ~противоречия 모순을 완화하다
сгла́диться (완) ① 펴지다, 반반해지다 ② 완화되다, 없어

지다: первое впечатление ~лось 첫인상이 사라졌다
сгнить (완) 썩다, 부패하다
сгноить (완) 썩이다, 부패시키다
сговор (남) 공모, 결탁: вступить в ~ с кем ~와 결탁하다: в ~е с кем ~와 짜고(결탁하여)
сговориться (완) ① 공모하다, 결탁하다 ② 합의에 이르다, 합의를 보다
сговорчивый (형) 말이 잘 통하는, 고집을 쓰지 않는
сгорание (중) ① (불) 타기, 연소 ② 화학적 분해
сгорать (미완) 화학적 분해를 하다, 분해되다.
сгорбиться (완) 등이 굽다, 구부정 해지다
сгореть (완) ① 타 없어지다, 다 타다 ② (가물에) 타마르다 (햇빛에) 타다(데다) ③ 뜨다, (쌓아두어) 썩다 ④ 지나친 노력, 급병 등으로(쇠진하다, 녹다, 죽다);
сгоряча (부) 결김에, 흥분해서, 격해서
сгребать (미완), **~сти** (완) ① 긁어모으다 ② 긁어내리다: ~бать снег с крыши 지붕에서 눈을 긁어내리다 ③ (와락 또는 서투르게) 움켜쥐다, 얼싸안다:
сгружать (미완), **~зить** (완) 짐을 부리다(내리다)
сгруппировать (완) ① 그룹을 만들다, 집단을 형성하다; 그룹을 나누다 ② 한데 모으다
сгруппироваться (완) 그룹을 모으다
сгустить (완): ~ краски 과장하다
сгруститься 진해(걸어)지다, 엉기다
сгусток (남) 응결물, 멍울, 엉긴 멍어리: ~ крови 엉긴 피멍이
сгущённый (형): ~ое молоко 졸인것
сдавить (완), **сдавливать** (미완) ① 누르다, 조이다: ~ горло 목을 누르다 ② (마음, 가슴을) 짓누르다, 아프게 하다
сдать (완) ① 맡기다, 넘기다 ② 세주다, 빌려주다: ~ комнату 방을 세주다: ③ 시험에: 통과하다, 시험에 합격하다; ④ 거슬려 주다: ⑤ 수매시키다: ⑥ 쇠약해지다, 늙게 되다 ⑦ (기계) 못쓰게 되다, 멎다
сдаться (완) 항복(투항) 하다, 굴복하다: ~ в плен 투항하여 포로가 되다
сдача (여) ① 인도(人道), 넘기는 것; 납부(納付), 납입(納入): ~ хлеба 곡물 납부 ② 거스름돈 ③ 항복(降伏)
сдвиг (남) ① 이동, ② 전진, 진척 ③ 변동, 변혁 ④ (지질) (평이) 단층
сдвинуть (완) ① 옮겨놓다, 밀어 움직이다: ② 붙여놓다,

가까이 놓다(움직여) 접근시키다:
сдви́нуться (완) ① 자리에서 움직이다, 옮겨가다 ② 가까이 옮겨가다, 접근 되다;~ с места 추진 (진척)되다
сдво́ить (완) 이중으로(겹으로) 되게 하다:
сде́лка (여) ① 거래, 계약, 협정: торговая ~а 팔고사기계약: заклю́чить ~у 계약을 체결하다 ② 공모: вступи́ть в ~у 공모하다;~а с со́вестью 양심을 홍정하는 것,
сде́льно (부) 도급제로:~ рабо́тать 도급제로 일하다
сде́льный (형) 도급제의: ~ая рабо́та 도급제 노동: ~ая опла́та 도급제임금
сде́льщина (여) 도급제(都給制), 도급임금제; 도급노동
сде́ржанно (부) 침착하게, 신중하게, 절도 있게
сде́ржанность (여) 침착성, 자제력, 절도
сде́ржанный (형) ① 침착한, 신중한 ② 평온한, 날카롭지 않은
сдержа́ть (완) ① 견디어내다: ~ на́тиск 공세를 견디어내다 ② 제지하다, 억제 하다, 참다: ~ смех (слёзы) 웃음 (눈물)을 참다 ~ сло́во (또는 обеща́ние) 약속을 지키다:~ кля́тву 맹세를 지키다
сдержа́ться (완) 자제하다, 자기를 억제(제지)하다
сдёрнуть (완) (잡아당겨) 벗기다, 벗겨 버리다, 집어치우다
сдо́бный (형): ~ый хлеб, ~ая бу́лка (우유, 버터, 계란을 섞어 반죽하여 만든) 흰빵, 케이크
сдо́хнуть (완)(동물이) 죽다; 뒈지다
сдружи́ться (완) 친하다, 친숙해지다
сдува́ть (미완), **сдуть** (완) 불어서 날리다, 날려버리다
сеа́нс (남) 상영
себесто́имомть (여) 원가, 본전(本錢): сниже́ние ~и 원가저하
себоре́я (여) (의학) 피지(皮脂)
себя́ (재귀 대) 자기, 자신, 자신, 자체: про ~я́ 속으로, 마음 속으로: сам(сама́,само́) по ~е́ 자체로, 그 자체로, 다른 것과 관계없이: сам (сама́, само́) собо́й 저절로, 스스로:~е на уме́ 속심이 있다
себялю́бие (중) 이기주의, 자기본위
сев (남) 씨뿌리기, 파종
се́вер (남) ① 북, 북쪽, 북방 ② 북부지방: на ~е 북부지방에서 Кра́йний Се́вер 북극지방
се́верный (형) 북의, 북쪽의, 북방의: ~ый ве́тер 하늬바람, 북풍: Се́верный морско́й путь 북빙항로
се́веро-восто́к (남) 동북(東北)

се́веро-за́пад (남) 서북(西北)

севооборо́т (남) 그루돌림, 그루바꿈, 윤작(輪作)

сего́дня (부) ① 오늘: ~ ве́чером 오늘 저녁에 ② 현재(懸在), 지금; не ~за́втра 곧, 오늘 내일 일간에

сего́дняшний (형) 오늘*, 현시기*: ~ий день 오늘:

сегрега́ция (여) 유색인종차별, 격리주의

седе́ть (미완) 머리가 세다, 백발이 되다

седина́ (여) ① 흰 머리칼, 백발, 흰털 ② (복수) 노년, 노령; дожи́ть да седи́н 오래 살다, 백발이 될 때까지 살다

седла́ть (미완) 안장을 얹다: ~ коня́ 말에 안장을 얹다

седло́ (중) ① (말, 자전거 등의) 안장: сади́ться в ~ 안장에 올라왔다 ② (공학) 자리쇠

седо́й (형) 머리가 세다, 백발의: ~ые во́лосы 흰머리카락, 센머리: ~о́й стари́к 백발노인; ~а́я старина́ 태고, 아득한 옛날

седо́к (남) ① 마차의 승객 ② 말탄 사람

седьмо́й (수) 일곱째의, 제 7의: ~ое число́ 7 일; быть (чу́вствовать себя́) на ~ом не́бе 더 없는 행복(만족)을 느끼다

сезо́н (남) 철, 계절, 시절: дождли́вый ~ 장마철: куро́ртный ~ 정양계절: охо́тничий ~ 사냥철

сезо́нный (형) ① 계절에 따르는, 계절적인, 철에 맞는: ~ това́р 철에 맞는 상품 ② 정기*: ~ биле́т* 정기차표

сей (지시 대) 이: на ~ раз 이번에는: до сего́ вре́мени 또는 до сих пор 이때까지, 지금까지: по сей день 오늘까지; сию́ мину́ту 지금 곧, 이제 곧, 당장에; ни то ни сё 죽도 아니고 밥도 아니다: ни с того́ ни с сего́ 아무런 까닭도 없이, 무턱 대고,

се́йнер (남) 저인망선, 건착선

сейсми́ческий (형) ① 지진의: ~ая волна́ 지진파도 ② 지진이 잦은: ~ая зо́на 지진이 잦은 지대

сейсмо́граф (남) 지진계(地震計)

сейф (남) ① (내화) 금고 ② 금고실

Сейше́льские острова́ (복수) 세이쉘

сейча́с (부) ① 지금, 이제: ② 곧, 이제 곧: ③ 방금, 바로 이제: он ~ здесь был 그는 방금 여기에 있었다.

сека́нс (남) (수학) 시컨트(secant)

сека́тор (남) 가지가위

секре́т (남) ① 비밀, 비결: держа́ть в ~е 비밀로 하다, 비밀에 붙이다: вы́дать ~ 비밀을 누설하다: ~ успе́ха (성공의 비결) ② 비밀장치

секретариа́т (남) ① (기관, 단체의) 서기국, 사무국 ② (회의의)

서기부

секрета́рша (여) (여자) 서기(書記)

секрета́рь (남) ① 비서: ② 서기: ли́чный ~ 개인비서 ③ 서기관: ④ 사무장: отве́тственный ~ 서기장

секре́тно (부) 몰래, 가만히, 비밀리에;(соверше́нно ~) 극비

секре́тный (형) 비밀의, 기밀의:~ докуме́нт 기밀문건

секре́ция (여) (생리) 분비: вну́тренняя ~ 내분비

сексуа́льный (형) 성적인, 색정적인

се́кта (여) ① 교파 ② 종파, 분파, 파벌

секта́нт (남) ①(어떤) 교파의 신도 ② 종파분자

се́ктор (남) ① 부분, 부문: социалисти́ческий ~ 사회주의적 (경제) 부문 ② 구역, 지역 ③ 부(剖), 국(局) ④ (수학) 부채형

секу́нда (여) 초(秒): 시간·각도·위경도에서 1 분의 1/60).

секу́ндный (형): ~ая стре́лка 초침

секундоме́р (남) 초(秒)시계.

се́кция (여) ① 분과, 부; 분과회의 ② 부분, 부문 ③ 매대; ④ (체육) 소조, 써클 ⑤ (공학) 부분

селёдка (여) 청어(青魚), 비어

селезёнка (여) (해부) 지라, 비장

се́лезень (남) 수오리

селе́ктор (남) 선택기, 설별기

селекционе́р (남) 선종학자, 종축개량 전문가

селекцио́нный (형): ~ая рабо́та 선종 (종축개량) 사업

селе́кция (여) ① 선택; ② 도태 ③ 제종(학), 종축개량(학)

селе́ние (중) 마을, 촌락, 동네

сели́тра (여) 초석, 질산칼륨

сели́ть (미완) 이사(거주, 이주) 시키다.

сели́ться (미완) 이사 (거주, 이주) 하다

село́ (중) 농촌, 큰 마을; ни ~у ни к го́роду 왕철갈다

сельдере́й (남) (식물) 셀러리

сельдь (여) 청어(青魚) как ~и в бо́чке 콩나물 들어서듯, 발 드려노을 여지없이

се́льский (형) 농촌의, 마을의: ~ий учи́тель 마을선생; ~ое хозя́йство 농업, 농촌경리

сельскохозя́йственный (형) 농업의: ~ая страна́ 농업국가:

сельсове́т (남) 농촌 소비에트(소련의 행정말단단위)

сема́нтика (여) (언어) ① 뜻, 의미, ② 의미론(意味論)

семафо́р (남) 신호기, 신호장치, 신호기등

сёмга (여) 연어(鰱魚)

семе́йный (형) ① 가정의, 가족의: ~ая жизнь 가정생활; ② 가정을 가진, 결혼한: ~ый человек 가정을 가진 사람
семе́йственность (여) 가족주주의
семе́йство (중) ① 가정, 가족: прибавление ~а 생남, 생녀 ② (생물) 과: ~о кошек (또는 кошачьчьих) 고양이과
семена́ (복수) 씨앗, 종자(種子)
семени́ть (미완): ~ ногами 발을 재게놀리다, 잰걸음으로 가다
семенно́й (형) 씨앗의, 종자의: ~ая жидкость 정액
семеново́дство (중) 채종업, 육종업, 종자 개량업; 종자학
семёрка (여) ① 수자 7, 일곱 ② 7점 ③ 제 7호 전차 (버스)
се́меро (수) 일곱명, 일곱개: ~ ребят 일곱명의 아이들
семе́стр (남) (대학, 전문학교에서의) 학기: первый ~ 1학기
семе́чко (중) ① 씨, 씨앗 (복수) 해바라기 씨
семидеся́тиление (중) 70 (칠십) 년 ② (일흔) 돌
семидесятиле́тний (형) 70년(돌, 살)의: ~ старик 70 (일흔) 살난 노인; ~ дуб 70 (칠십)년 묵은 참나무
семидеся́тый (수) 제70(칠십)의, 이른번 째의
семиле́тка (여) ① 7 (칠) 년째 학교 ② 7(칠)개년계획
семиле́тний (형) ① 7 (칠) 년간의: ~ план 7 (칠)개 년계획 ② 일곱살의: ~ ребёнок 일곱 살된 아이
семими́льный (형): идти вперёд ~ыми шагами 급속도로 전진 (발전)하다
семина́р (남) ① 학과토론 ② 강습(회)
семина́рия (여) 신학교(神學校)
семна́дцатый (수) 제17(십칠)의, 열일곱
семна́дцать (수) 17 (십 칠), 열일곱
семь (수) 7 (칠), 일곱
се́мьдесят (수) 70 (칠십), 일흔
семьсо́т (수) 700 (칠백)
семья́ (여) 가정, 가족; 세대: глава ~и 세대주: член ~и 식솔,
семья́нин (남) 살림꾼
се́мя 중 씨, 씨앗, 종자(種子)
сена́т (남) (일부 국가의) 상원의원
сена́тор (남) 상원의원, 국회의원
Сенега́л (남) 세네갈
се́ни (복수) (러시아 농가의) 현관
се́но (중) 말린 풀, 건초: косить ~о (말린 풀로 쏠) 풀을 베다:
сенова́л (남) 말린 풀 저장고
сенокопни́тель (남) 말린풀 퇴적기

сенокос (남) ① (말린 풀을 장만하기 위한) 풀베기: начался ~ 풀베기가 시작되었다 ② 풀베기철 ③ 풀베기터, 풀밭

сенокосилка (여) 풀베는 기계

сенсационный (형) 큰 파문을 일키는: ~ая новость 큰 파문을 일으킬만한 새소식

сенсация (여) ① 큰 파문: вызвать ~ю 큰파문을 일으키다 ② 일대사건, 큰 파문을 일으키는 사건

сентиментализм (남) 감상주의(感傷主義)

сентиментальный (형) ① 감상적인 ② 간상주의적인

сентябрь (남) 구월(九月), 9월

сентябрьский (형) 구월(九月)의

сепаратизм (남) 분리(分離)주의

сепаратист (남) 분리(分離)주의자

сепаратный (형) 단독적인(單獨的-): ~ые выборы 단독선거:

сепаратор (남) (공학) 분리기, 선별기

сепсис (남) (의학) 폐혈증, 부폐증

сера (여) (화학) 유황(硫黃)

сервант (남) (낮은) 찬장

сервиз (남) 한 조: столовый ~ 식기 한 조: чайный ~ 차 그릇

сервировать (미완, 완) (상, 음식을) 차리다: ~ стол 밥상을 차리다

сервировка (남) ① 봉사 ② 봉사기관

сервис (남) ① 봉사 ② 봉사기관

сердечно (부) 충심으로, 전심으로

сердечно-сосудистый (형): ~ая система 심장혈관 계통

сердечный (형) ① 심장의: ~ая недостаточность 심장기능부전 ② 친절한, 따뜻하고 정다운

сердито (부) 성이 나서, 화가 나서, 표독스럽게

сердитый (형) ① 성난, 격분한: ~ взгляд 성난 눈초리, 화가 어린 눈초리 ② 역정을 잘 내는

сердить (미완) 노하게 (성나게)하다

сердиться (미완) 노하다, 성나다

сердце (중) ① 심장, 염통: ~ бьётся 심장이 고동친다. ② 마음, 가슴: ~ радуется 마음이 기쁘다 ③ 심장부, 중심지; ~не лежит к *кому-чему* 마음이 끌리지 않다.

сердцебиение (중) 심장의 고동, 심계항진

сердцевина (여) ① 고갱이, 속, 심;② 핵심(核心)

серебристый (형) 은빛의, 은빛 같은

серебро (중) ① 은 ② 은그릇, 은세공품

серебря́нный (형) 은의, 은으로 만든
середи́на (여) 복판, 중앙(中央), 중간: ~ сентября́ (9월 중순)
сержа́нт (남) 중사: ста́рший (мла́дший) ~ 상(하)사
сержа́нтский (형): ~ соста́в 하사관
сери́йный (형): ~ое произво́дство 계열생산
се́рия (여) ① 계열, 조(組); ② (영화의) 부(部): пе́рвая ~ 1 (일) 부, 전편 ③ 총서, 연속출판물
серни́стый (형) 아황산의, 유황을 함유한:
се́рный (형) 유산의, 유황의: ~ая кислота́ 유산: ~ый колчеда́н 황철광
сероводоро́д (남) 유화수소
се́рость (여) ① 무미한 것, 내용이 빈약한 것 ② 비문화성
серп (남) 낫: ~ и мо́лот 낫과 마치
сертифика́т (남) 증명서, 증서
се́рый (형) ① 회색*, 재빛*, 뽀얀, 부읫한 ② 무미건조한 ③ 문화성이 낮은
серьга́ (여) 귀걸이, 귀엣고리, 귀고리, 이환, 이어링(earring)
серьёзно (부) 진지 (신중)하게
серьёзный (형) 신중한, 진지한
се́ссия (여) 회의, 정기회의: [экзаменнацио́нная] ~ 시험기
сестра́ (여) ① 누이, 언니, 누나, 누님, 매씨, (여)동생: мла́дшая ~ 누이 동생: ста́ршая ~ 누나 ② 간호원
сесть (완) ① 앉다, 걸터앉다 ②: ~ на по́езд(в такси́) 기차 (택시)를 타다 ③ 시작하다: ④ (해달이) 지다 ⑤ 내려앉다, 착륙하다
се́тка (여) ①그물 ② 구럭, 망태기
сетова́ние (중) 원망, 불평, 한탄
сетова́ть (미완) 원망 (불평, 한탄) 하다
сетча́тка (여) (해부) 그물막, 망막
сеть (여) ① 그물: ② 망(網): железнодоро́жная ~ 철도망: электри́че-ская ~ 회로망 ③ 함정, 덫, 그물: попа́сть в ~ 그물 (덫)에 걸리다
сече́ние (중) ① 단면: попере́чное ~ 횡단면: кони́ческое ~ 원추단면 ②(의학) 절개: ке́сарево ~ 자궁절개(해산) 술
сечь (미완)① 베다, 자르다 ② 갈기다, 후려치다:
се́чься (미완) ① (털이) 바스러지다 ② (천의) 실이 풀리다, 찢어지다
се́ялка (여) 파종기, 씨뿌리는 기계
се́ять (미완) ① (씨앗을), 뿌리다, 씨뿌리다, 파종하다: ~

пшеницу 밀을 심다(파종하다) ② 전파하다, 퍼뜨리다: ③ 채로 치다: ~ муку 가루를 채로치다 что посеешь, то и пожнёшь (속담) 콩심은데 콩나고 팥 심은데 팥난다

сжа́литься (완) над кем. ~을 동정하다 (가엾이 여기다)
сжа́тие (중) 압축(壓縮), 압착(壓着)
сжа́тый I (형) ① 압축된: ~ый кулак 꽉 틀어쥔 주먹: ~ые губы 꽉 다문 입술 ③ 함축된: ④ 단축된:
сжа́тый II (형) 가을한, 추수한: ~ая рожь 추수한 쌀보리
сжать I (완) ① 압축하다 ② 꽉 틀어 쥐다(다물다): ③ 함축 (축소) 하다 ④ 단축하다: ~ сроки 기한을 단축하다
сжать II (완) (곡식을) 베다, 가을하다, 추수하다
сжа́ться (완) ① 압축되다 ② 꽉 쥐어지다(단물어지다) ③ 옴츠리다: ~ от холода 추위에 몸이 옴츠리다
сжечь (완), **сжига́ть** (미완) 불살라버리다, 태우다
сжиже́ние (중) 액화(液化), 액체화
сжи́ться (완) ① 어울리다, 친숙해지다: ② 손에익다, 익숙해 지다: ~ с работой 일에 익숙해지다
сза́ди (부) 뒤에서(부터): ② (전) (+생) ~의 뒤에(서): он сел ~ меня 그는 내 뒤에 앉았다
сига́ра (여) 엽궐련, 여송연
сигаре́ты (복수) 담배, 궐련, 상사초
сигна́л (남) ① 신호; 경보, 부호 ② 경고: послужить ~ом 신호, 경고 단서가 되다
сигнализа́ция (여) ① 신호, 경보 ② 신호장치, 신호기 ③ 신호체계, 신호망
сигнализи́ровать (미완, 완) ① 신호하다 ② 신호를 주다, 경고하다
сигна́льный (형) 신호의, 시그날의: ~ый флажок 신호기: ~ая лампа 신호등: ~ое устройство 신호장치
сиде́нье (중) (앉는) 자리
сиде́ть (미완) ① 앉아있다 ② 붙어있다: ③ 머무르다, 감금되어 있다 ④ за чем (앉아서) ~을 하고있다: ⑤ (옷이 몸에) 맞다
сиде́ться (미완) (무인칭): не сидится дома 집안에 앉아 있을 수 없다, 밖으로 나가고만 싶다
сидя́чий (형) ① 앉은, 앉아있는: ② 한 자리에 오래 앉아서 하는: ③ 앉는, 앉기 위한: ~ие места 앉는 자리, 좌석
си́ла (여) ① 힘: олбладать большой ~ой 큰 힘을 가지다: что есть ~ы (또는 изо всех ~) 힘껏, 있는 힘을 다하여: ②: ~а

тяжести 중력; ~а инерции 관성력; ~а трения 쏠림힘, 마찰력: ~а тока 전력; ~а света 광도: движущая ~а 추동력: жизненная ~а 생활력: лошадиная ~а 마력 ③: **~ы** (복수) 역량, 세력: производительные ~ы 생산력: ④: **~ы** (복수) 병력, 군대, 무력: военно-воздушные ~ы 공군 ⑤ 효력, 효능: решение вступило в ~у 결정이 효력을 나타 냈다: потерять ~у 효력을 잃다 ⑥ 강제, 주먹다짐: применять ~у 주먹다짐하다; в ~у чего ~로 말미암아, ~ 때문에: от ~ы 기껏해야 [быть] под ~у 힘 (능력)에 알맞다, 감당할 수 있다

силач (남) 힘장사, 장골(壯骨)

силикат (남) 규산염

силиться (미완)(+미정형) 애쓰다, 애써 ~하려 하다

силовой (형) 힘의; 동력의:~ая установка 동력장치

силой (부) 강제로, 억지로

силок (남) 올가미

силос (남) 풀김치

силосование (중) 풀김치로 만드는 것

силосовать (미완, 완) 풀김치로 만들다

силуэт (남) ① 검은 반면 영상, 측면 영상 ② 윤곽, 음영

сильно (부) ① 몹시, 아주, 대단히 ② 세게 ③ 훌륭하게, 재간 있게

сильный (형) ① 힘이 센, 강한, 억센: ② 유력한, 심한, 큰: ③ 굳센: ~ая воля 굳센 의지 ④ 세찬, 심한: ⑤ 우수한, 재능있는: ~ студент 우수한 학생

симбиоз (남)(새물) 함께살이

символ (남) ① 상징 ② 기호, 부호

символизировать (미완, 완) 상징하다, 상징으로 되다

символизм (남) 상징주의(象徵主義)

символика (여) ① 상징적의의, 상징적 표현 ② (집합) 상징

символист (남) 상징주의자(象徵主義者)

символический (형) 상징의, 상징주의적

символичный (형) 상징적인,

симметрично (부) 대칭적으로

симметричность (여) ① (수학) 대칭 ② 균형성, 조화, 조화성

симметричный (형) ① (수학) 대칭 ② 균형이 잡힌, 조화된

симметрия (여) ① (수학) 대칭: ось ~и 대칭축 ② 균형 (이 잡힌 것), 조화 ③(생물)마주나기, 대생

симпатизировать (미완) 동정(공감)하다, 호감을 가지다, 애착을 느끼다

- 740 -

симпати́чный (형) 정이 드는, 호감을 주는, 인상이 좋은
симпа́тия (여) 동정, 호감, 애착(愛着)
симпо́зиум (남) 토론회(討論會)
симпто́м (남) ① 징조, 징후 ② (의학) 증상, 증세
симптомати́чный (형) 징조의
симули́ровать (미완, 완) *что* ~ 체하다, ~척하다: ~ боле́знь 앓는체하다
симуля́нт (남), **~ка** (여) 꾀병쟁이, 엄살쟁이
симфони́зм (남) (음악) 교향악예술
симфони́ческий (형) 교향악의: ~ий орке́стр 교향악단: ~ая му́зыка 교향악
симфо́ния (여) ① 교향곡 ② 조화, 화음: ~ кра́сок 색채의 조화
сингармони́зм (남) (언어) 모음조화
синдика́т (남) (경제) 신디케이트
синдро́м (남) (의학) 증후군, 종합증상
синева́ (여) ① 푸른색, 푸른 것 ② 푸른 공간, 푸른 하늘
синеку́ра (여) 한직 (낡은 사회의 판직)
сине́ть (미완) ① 푸른빛을 띠다, 파래지다: ② 푸르게 보이다, 푸르스름하게 보이다
си́ний (형) 푸른, 파란: ~ее не́бо(мо́ре) 푸른 하늘(바다)
сини́ца (여) 박새, 백협조(白頰鳥)
сино́ним (남) 뜻이 같은 말, 동의어
синоними́чный (형) 뜻이 같은
синоними́я (여) (언어) 뜻이 같은 말
сино́птик (남) 기상예보자, 일기예보원, 일기예보전문가
синта́гма (여) (언어) 통합(統合)
синта́ксис (남) 문장론
синтакси́ческий (형) 문장론적인
синте́з (남) ① 종합 ② (화학) 합성
синтези́ровать (미완, 완) ① 종합하다 ② (화학) 합성하다
синтети́ческий (형) ① (화학) 합성의: ~ий каучу́к 합성고무: ~ое волокно́ 합성섬유 ② 종합*, 종합적인
синтомици́н (남) 신토미찐
си́нус (남) (수학) 사인(sine), 시누스
синхрони́я (여) ① 동시성(同時性) ② (언어) 공시태(共時態)
синхро́нность (여) ① 동시성, 동기성, 동조성 ② 동기발생
синхро́нный (형) 동시의: ~ перево́д 동시통역: ~ дви́гатель 동기전동기

си́нька (여) ① 푸른 물감 ② 푸른색 도면 복사지, 청사진
синя́к (남) 퍼렇게 맺힌 멍
сиони́зм (남) 유태복고주의
сиони́ст (남) 유태복고주의자
сиони́стский (형) 유태복고주의적
си́плый (형): ~ голос 목쉰소리
сире́на (여) 고동, 기적, 사이렌
сире́невый (형) 연보라빛의
сире́нь (여) 라일락, 넓은 잎 정향나무
Си́рия (여) 수리아
сиро́п (남) 진단물, 시럽(syrup)
сирота́ (남, 여) 고아: кру́глый ~ 양부모를 잃은 아이
сиротли́вый (형) 쓸쓸한, 외로운, 고독한
систе́ма (여) ① 체계: привести́ в ~у 체계화하다: со́лнечная ~а (태양계) ② 제도, 체계, 조직: избира́тельная ~а 선거제도: ка́рточная ~а 배급제도 ③ 계통, 기관: на́рвная ~а 신경계통: все ~ы рабо́тают норма́льно 모든 계통들이 정상적으로 일하고 있다 ④ 질서, 순서, 절차: стро́гая ~а в рабо́те 엄격한 사업 질서: ⑤ 부문, 계통: ⑥ 구조, 식; 형;
систематиза́ция (여) ① 체계화, 계통화 ② 분류, 계통적 배열
систематизи́ровать (미완, 완) ① 체계(계통)화하다 ② 분류하다, 계통적으로 배열하다
системати́чески (부) ① 체계적으로 계통적으로 ② 늘, 계속
системати́ческий (형) ① 체계적인 계통 적인 ② 계속적인, 부단한 ③ (동식물) 분류학의
си́тец (남) 꽃천
си́то (중) 채
ситуа́ция (여) 정세, 사태
си́тцевый (형) 꽃천*, 꽃천으로 지은
си́филис (남) (의학) 매독(梅毒)
сия́ние (중) 광휘로운 빛, 광채(光彩); се́верное ~ 북극광
сия́ть (미완) ① 비치다, 빛나다, 반짝이다: звёзды ~ют 벌들이 반짝인다. ② 기쁨을 금치 못하다
сказа́ние (중) 옛이야기, 전설(傳說)
сказа́ть (완) ① 말하다, 이야기하다 ②: ска́жем (삽입어) 이를 테면, 말하자면; кста́ти ~ 겸하여 말한다면: мо́жно ~ (삽입어) 말하자면: к сло́ву ~ 덧붙여 말한다면
ска́зка (여) ① 옛말, 옛날이야기 ② 동화 ③ (복수) 꾸며낸 이야기, 거짓말

- 742 -

ска́зочный (형) ① 옛말의, 옛말 같은 ② 놀랄만한
сказу́емое (중) (언어) 술어(術語), 풀이말
ска́зываться (미완) 나타나다, 반영되다; 영향을 주다
скака́лка (여) 줄넘기
скака́ть (미완) ① 뛰다, 달음박질하다, 질주하다 ② 뛰놀다
скаково́й (형): ~ая ло́шадь 경마용 말
скала́ (여) 바위, 암석; 벼랑, 낭떠러지
скали́стый (형) 바위가 많은: ~ые го́ры 바위산
ска́лить (미완): ~ зу́бы 1) 이빨을 드러 내다, 2) 웃다, 비웃다
ска́лка (여) (반죽을 미는) 밀대
скальп (남) 머리피부
ска́льпель (남) (작은) 수술칼, 둥근칼
скаме́йка (여) 긴 걸상, 공원의자, 긴 의자, 벤치(bench)
сканда́л (남) ① 누추한 일, 더러운 사건; ② 추잡한 싸움, 추태: устро́ить ~ 추태를 부리다
сканда́лист (남), ~ка (여) 싸움꾼, 추태를 부리는 사람
скандали́ть (미완) 추잡한 싸움을 벌리다, 추태를 부리다; 싸우다, 다투다
сканда́льный (형) ① 추잡한, 창피한 ② 추잡하게 싸우기를 즐기는 ③ 비방적인, 중상적인: ~ая хро́ника 중상적인 기사
ска́пливать[ся] см. скопи́ть[ся]
скарб (남) 가정집물건, 세간(살이)
скарлати́на (여) 성홍열(猩紅熱)
скат I (남) 비탈, 경사면, 내리받이
скат II (남) (어류) 가오리, 홍어
скат III (남) (공학) 차바퀴, 차륜
ската́ть (완) ① 말다, 감다: ~ бума́гу в тру́бочку 종이를 돌돌 말다 ② 굴리어 둥글게 빗다(만들다)
ска́терть (여) 상보; ~ю доро́га 어서 가십시오, 말리지 않은 데니
скати́ть (완) 굴려 내리우다: ~ ка́мень с горы́ 산에서 돌을 내려굴리다
скати́ться (완) 굴러내리다, 굴러떨어 지다, 미끄러내리다;
скафа́ндр (남) 잠수복; 우주(비행사)복
ска́чки (복수) 경마(競馬)
скачкообра́зный (형) 비약적인, 급격한
скачо́к (남) ① 뜀 ② 비약; 급변
ска́шивать (미완) (풀을) 베다
сква́жина (여) 뚫은 구멍: бурова́я ~ 시추구멍, 발파구멍;

нефтяная ~ 유정, 석유정
сквер (남) 소공원(小公園)
скве́рно (부) 추잡(너절) 하게
скверносло́вить (미완) 상스러운 말을 하다
скве́рный (형) 더러운, 나쁜, 추잡한:
сквози́ть (미완) ① (구멍이나 틈새로) 바람이 새어 들어오다: ② 내비치다 ③ 기색이 엿보이다(느껴지다)
сквозно́й (형) ① 관통*, 꿰뚫고 지나가는: ~ая рана 관통상 ② 직통의: ~ой поезд 직통열차
сквозня́к (남) 틈새바람: проснуться на ~е 틈새바람을 맞고 감기에 걸리다
сквозь (전) (+대) 뚫고: ~ туман 안개를, 뚫고: смотреть ~ щель 틈사이로 엿보다; смотреть ~ пальны 못 본체하다, 용화하다,
скворе́ц (남) 찌르레기
скеле́т (남) ① 뼈대, 골격(骨格) ② 골조
ске́птик (남) 윗 사람이 많은 사람
скепти́чески (부) 의심스럽게
скепти́ческий (형) 의심스러운
скетч (남) (연극) 짧은극, 묶음극
ски́дка (여): 에누리; делать ~ку 에누리하다: не делать никаких ~ок 조금도 에누리하지 않다.
ски́дывать (미완), **ски́нуть** (완) ① 내려 던지다: ② 값을 깎다, 에누리 하다 ③ 벗다, 벗어던지다
скипида́р (남) 테레빈유, 송지유
скирд (남), **~а́** (여) 낟가리, 더미, 노적가리: ~[а] риса (벼 낟가리)
скирдова́ть (미완) 낟가리를 가리다
скиса́ть (미완), **ски́снуть** (완) ① 시어지다, 쉬다 ② 풀이 죽다, 원기를 잃다
скита́лец (남) 방랑객, 유랑자
скита́ние (중) 방랑, 유랑(流浪)
скита́ться (미완) 방랑하다, 유랑하다, 떠돌아다니다
склад I 남 ① 창고, 고간, ② 저장, 한곳에 많이 쌓아둔 물건
склад II (남) 됨됨이, 생김새, 기질: люди особого ~а 특수한, 기질을 가진 사람들
скла́дка (여) ① 주름, 주름살; 구김살: сделать ~у 주름을 잡다: юбка в ~у 주름을 잡은 치마, 주름치마 ② 땅주름
складно́й (형) 접었다 폈다하는:~ нож 접칼
скла́дный (형) ① 잘 생긴, 균형이 잡힌 ② 조리있는:

- 744 -

скла́дчина (여): устроить ~у 공동출자 하다: купить в ~у 추렴을 해서사다

скле́ивать (미완) (풀 등으로) 붙이다

скле́иваться (미완) 붙다, 들어붙다

склеп (남) 돌방, (지하실로 된) 분묘

склеро́з 남 경화증(硬化症)

скло́ка (여) 말썽, 옥신각신, 불화, 개싸움

склон (남) 경사, 비탈, 자드락: на ~е горы 산비탈에서; на ~е лет 늘그막에, 노년에

склоне́ние (중) ① (언어) 격변화 ② (물리) (자기) 편차

скло́нность (여) 취미, 소질

склоня́ть (미완) ① 기울이다, 수이다 ② 설복하다, 권고하다, ~하도록 마음을 돌리다 ③ (언어) 격변화시키다, 격에 따라 변화시키다

склоня́ться (미완) ① 기울어지다, 수그 러지다: ветви ~ются над водой 나뭇 가지들이 물위에 드리우고 있다 ② (어떤 의견 등을) 받아들이다, 수긍하다 ③ 격변화되다, 격에 따라 변화되다.

скло́чник (남), **~ца** (여) 말썽군, 말썽쟁이, 싸움꾼

скля́нка (여) (작은) 유리병, 약병

ско́ба (여) ① 손잡이쇠, 고리 ② 꺾쇠

ско́бка (여) 묶음표, 괄호: взять в ~и 묶음표 안에 넣다: открыть (закрыть) ~и 묶음표를 열다(닫다): круглые (квадратные) ~и 반달 (꺾쇠) 묶음표

скобли́ть (미완) 밀어깎다, 긁어내다

сковорода́ (여) 지짐판, 번철, 후라이팬

ско́вывать (미완) ① 벼리다, 벼려서 만들다 ② 잇다, 단접하다 ③ 구속하다, 행동을 제어하다 ④ 얼구다: мороз сковал реку 추위에 강물이 꽁꽁 얼었다.

сковырну́ть (완) 긁어뜯다

скола́чивать (미완), **~оти́ть** (완) ① 두드려 맞추다 (붙이다), 만들다: ② 못다, 조직 (편성)하다 ③ 모으다, 축적하다

сколо́ть (완) ① 때려서 (때어내다): ~ лёд 얼음장을 때어내다 ②(삔침 등으로) 철하다, 연결하다.

сколь (부) 얼마나?: ~красивы горы! 얼마나 아름다운 산이냐!

скольже́ние (중) 미끄럼, 지치기

скользи́ть (미완) 미끄러지다; 지치듯 지나가다: ~ по льду 얼음을 지치다; ~ по поверхности 피상적으로 관찰하다,

ско́льзкий (형) ① 미끄러운, 미끈미끈한, ② 의심스러운,

- 745 -

믿을수 없는; ③ 까다 로운, 난처한, 애매한:

ско́лько (술어로) (무인칭): здесь ~ 여기는 미끄럽다: сегодня ~ 오늘은 길이 미끄럽다

скользя́щий (형): ~ гра́фик 고정되지 않은 작업진행표

ско́лько (대), (부) ① 얼마, 몇: ~ тебе́ лет? 너는 몇 살이니? ② 얼마나 많은: ~ уго́дно 마음껏, 실컷: ~ лет, ~ зим! 참 오래간만입니다!

ско́лько-нибудь (부) ① 얼마간, 얼마쯤: дать ~ де́нег 돈을 얼마쯤 주다 ② 어느정도

скома́ндовать (완) 구령지다, 호령하다

ско́мканный (형) 꾸겨진

ско́мкать (완) ① 꾸기다, 꾸겨 뭉치다; ② 되는대로 해치우다, 망치다, 그르 치다

сконфу́женно (부) 무안해서

сконфу́женный (형) 무안해 하는

сконча́ться (완) 서거하다, 사망하다, 돌아가다:

скопи́ть (완) 모으다, 축적하다

скопи́ться (완) ① 모이다, 축적되다; ② 모여들다, 집결되다

ско́пище (중) 군중, 군집, 오합지중

скопле́ние (중) 운집, 무리, 떼

скорбе́ть (미완) 슬퍼하다, 애도하다

ско́рбный (형) 슬퍼하는, 애도의

скорбь (여) 슬픔, 비애(悲哀)

скоре́е, скоре́й ① (ско́рый 및, ско́ро의 비교급) (보다) 더 빠른, (보다) 더 빨리: как мо́жно ~ 될수록 더빨리 ② 이왕이면, 차라리: ~ умрём, чем сдади́мся 차라리 죽을지언정 투항하지는 않을 것이다.

скорлупа́ (여) 껍질, 껍데기: ~ яйца́ 닭알 껍질, 계란껍질

скорня́к (남) 털가죽 가공공

ско́ро (부) ① 오래지 않아, 곧 ② 급속히

скорогово́рка (여) ① 빠른 말: говори́ть ~ой 빨리 말하다 ② 빨리 발음하기 힘든 음들의 연속

скоропали́тельный (형) 너무 조급한: ~ое реше́ние 조급한 (경솔한) 결정

скорописный (형) 흘려 갈겨 쓴

скоропись (여) 흘린 (글씨) 체: писа́ть ~ю 흘려 쓰다

скоропортя́щийся (형) 썩기 쉬운; 말라 죽는; 죽을 운명의, 빨리 썩는, 생명이 짧은: ~ груз 변질성 화물

скоропости́жно (부) 급성병으로, 불의에, 뜻밖에

скоропости́жный (형): ~ая смерть (또는 кончина) 급살, 불의의 서거

скороспе́лый (형) ① 올되는, 조숙하는: ② 조급한, 지나치게 성급히 만든: ~ый вы́вод 선불리 내린 결론

скоростно́й (형) ① 속도의:~ бой 속전의: ② 고속도의: ~ ме́тод строи́тельства 고속도 건축법: ~ подъёмник(лифт) 고속 기중기 (고속 승강기)

ско́рость (여) 속도, 속력: разви́ть ~ 속도를 내다: ~ в час 시속: ~ враще́ния 회전 속도: ~ тече́ния 유속

скоросшива́тель (남) 서류철(書類綴)

скорпио́н (남) (동물) 전갈(傳蝎)

ско́рый (형) ① 빠른, 속력이 빠른: ~ый по́езд 급행열차, 급행(차) ② 지나치게 서두르는, 성급한 ③ 멀지 않은: в ~ом вре́мени 오래지 않아; ~ая по́мощь 1) 구급차 2) 구급소:

скоси́ть (완) (풀, 곡식 따위를) 베다

скот (남) (집합) (네발가진) 집짐승, 가축

скоти́на (여) 집짐승

ско́тник (남), **~ца** (여) 집짐승 사육공

ско́тный (형): ~ двор 집짐승우리

сктобо́йня (여) (집짐승) 도살장(屠殺場)

скотово́д (남) 집짐승사육자, 축산노동자

скотово́дство (중) 축산업, 목축업(牧畜)

ско́тский (형) ① 집짐승의 ② 비열한, 추악한 더러운

скра́сить (완), **~шива́ть** (미완): 아름답게하다, 미화하다(부정적인 것이 눈에 뜨이지 않게하다) ~шивать недоста́тки 결함을 속이다

скре́жет (남) 빠드득 소리, 새된 소리

скрежета́ть (미완) 빠드득 소리를 내다: ~ зуба́ми 이를 뿌드득 갈다

скре́пер (남) 평토기, 긁개(삽)

скре́пка (여) 그르쁘,(종이) 물리개

скрепля́ть (미완) ① 붙이다, 죄어메다. ② 튼튼히 연결시키다, 고정시키다 ③ 서명하여 확증(인증)하다: ~ догово́р 조약에 조인하다; ~ скрепя́ се́рдце 싫어하면서, 싫은 것을 참고

скрести́ (미완) ① 긁다, 허비다, 할퀴다 ② 비벼서 (문질러) 닦다

скрести́сь (미완) 할퀴어 소리를 내다, 긁는 소리를 내다

скрести́ть (완) ① 엇걸다, 교차시키다, 십자형으로 놓다: ~ ру́ки на груди́ 두 팔을 십자형으로 가슴에 놓다 ② (새들을)

- 747 -

교배(교미)시키다, 수분시키다
скреще́ние (중) 교차(점)
скре́щивание (중) (생물) 교배, 교미(交尾)
скрип (남) 삐걱거리는 소리
скрипа́ч(남), **~ка**(여) 바이올린연주가
скрипе́ть (미완) ① 삐걱거리다 ② 생명을 겨우 유지하다
скри́пка (여) 바이올린
скро́мничать (미완) 겸손하게 굴다, 사양하다
скро́мно (부) 겸손 (소박, 수수)하게
скро́мность (여) 겸손성, 수수한 것
скро́мный (형) ① 겸손한 ② 얌전한, 수줍어하는 ③ 소박한, 검박한: вести́ ~ый о́браз жи́зни 소박한 생활을 하다 ④ 변변치 못한, 박한:
скрупулёзно (부) 아주 세밀하게
скрупулёзный (형) 아주 세밀한, 정밀한
скрути́ть (완), **скру́чивать** (미완) ① 꼬다, 말다, 비틀다: ~ верёвку 밧줄 꼬다 ② 매다, 묶다, 결박하다
скру́чиваться (미완) 꼬이다, 말리다, 비틀리다
скрыва́ть (미완) 숨기다, 감추다, 은폐 하다:
скрыва́ться (미완) 숨다, 자취를 감추다, 사라지다:
скры́то (부) 물래, 비밀리에, 숨어서
скры́тность (여) 속을 주지 않는 것, 털어놓지 않는 것
скры́тный (형) 속을 주지 않는, 털어 놓지 않는, 묵묵한
скры́тый (형) 숨은, 비밀의
скря́га (남, 여) 깍쟁이, 구두쇠
ску́дный (형) ① 빈약한, 부족한: ② 가난한, 구차한
ску́ка (여) ① 갑갑증, 권태: от ~и (또는 со ~и) 심심풀이로, 갑갑해서, 심심해서, 권태로 말미암아: ② 우롱
скула́ (여) 광대뼈
скула́стый (형) 광대뼈가 나온
скули́ть (미완) ① (개가) 가련하게 울다 ②(사람이) 하소연하다, 울상을 하다, 울다
ску́льптор (남) 조각가
скульпту́ра(여) ① 조각 (품) ② 조각술
ску́мбрия (여) 고등어, 청어, 고도어
скупа́ть (미완), **~и́ть** (완) 죄다 사들이다, 많이사다(사들이다)
скупи́ться (미완) 깍쟁이부리다, 지나 치게 아끼다
ску́пка (여) 사는 것 사들이는 것, 수매
скупо́й (형) ① 인색한, 깍쟁이부리는 ② 빈약한

скýпость (여) 인색한 것, 깍쟁이근성
скучáть (미완) ① 권태를 느끼다, 답답(심심)해하다 ② 그리워하다: ~ по дому 집생각을 하다
скýчно (부) ① 갑갑하게, 진저리나게, 재미없이 ② (술어로) 심심하다, 갑갑하다, 적적하다
скýчный (형) ① 재미없는, 따분한, 지루한, 싫증나는; 장황한; 끈덕진, ② 감갑(울적) 해하는
слабéть (미완) 약해지다, 잠잠해지다:
слабúтельное (중) 설사약, 지사제, 설사제:
слáбо (부) 약하게, 미약하게
слабовóльный (형) 의지가 약한, 마음이 약한
слабосúльный (형) 동력이 약한, 마력이 적은
слáбость (여) ① 약한 것; 나약성 ②(육체적) 힘의 부족, 허약, ③ 약점, 모자람, 결점, 단점, 취약점 ④ (버리기 힘든) 버릇 습관, 경향
слабоýмие (중) 정신박약, 지력쇠퇴
слабоýмный (형) 머리가 나쁜
слабохарáктерный (형) 성격이 무른, 나약한
слáбый (형) ① 약한, 힘(맥)없는; ② 허약한, 쇠약한: ③ 미미한, 불충분 한: ④ 나약한, 주대가 없는: ⑤ 재능이 부족한: ⑥ ~ый мотор 마력(동력)이 약한 전동기 ~ое место 약점
слáва (여) 영광, 명예, 명성, 영예: ② 평판, 소문, 명성: дурная ~а 악평, ③ (차양할 때 쓰는 말) 영광이 있으라: ~а героям! 영웅 들에게 영광이 있으라!: на~у 멋지게, 훌륭하게
слáвить (미완) ① 찬양(찬미, 칭찬)하다 ② 나쁜 소문을 퍼뜨리다
слáвиться (미완) 이름나다, 명성을 떨치다
слáвный (형) ① 영광스러운, 영예로운 ② 훌륭한, 아주 좋은, 마음에 드는
славослóвить (미완) 지나치게 찬양하다, 찬미하다, 편잔을 주다
слагáемое (중) (수학) 더해질 수
сладúть (완) ① 처리하다: ② 잘 다루다: 이기다, 극복; не ~ с детьми 아이들을 다루지 못하다
слáдкий (형) 단, 달콤한; 기분이 좋은; ~ сон 달콤한 잠
слáдкое (중) 단것;(기본식사 후에 내놓는) 과일이나 당과류
слáдость (여) ① 단 것, 단맛 ②: ~и (복수) 당과류, 단음식
слажéнность (여) 질서정연한, 행동의 일치
слажéнный (형) 손발이 맞는, 행동일치가 보장된, 통일된,

- 749 -

질서가 정연한:~ая работа 손발이 맞는 작업
сла́йд (남) 환등필림
слáлом (남) 장애물스키(타기)
сламоми́ст (남) 장애물 스키선수
слáнец (남) 짜개바위, 편암
слáнцевый (형) 편암의
сластёна (남, 여) 단 것을 좋아하는 사람
слать (미완) 보내다, 발송하다
слаща́вый (형) 달코무레한, 달착지근한; 알랑거리는
слéва (부) ① 왼쪽에 ② 왼쪽에서부터
слегка́ (부) 좀, 약간, 가볍게; 살짝
след (남) ① 발자국 ② 자취, 흔적;③ 신바닥, 구두바닥
следи́ть (미완) за кем-чем ① (움직이는 것을 시선으로) 뒤따라
보다, 살피다: ② 주시하다: ③ 돌보다, 보살피다: ④ 뒤따르다,
추적하다: ~ за шпио́ном 간첩 의 뒤를 따르다
сле́дователь (남) 예심원
сле́довально (접) 그리하여, 따라서, 그러기에: ~, я прав?
그러나 나는 옳지?
сле́довать (미완) ① за кем-чем 뒤를 따라가다, 좇다 ② 가다
③ : кому-чему 지침으로 삼다, 모범을 따르다 ④ 나오다: как
~ует 빈틈없이, 충분히, 훌륭하게, 응당하게
сле́дом (부) 바짝 뒤따라서
сле́дствие I (중) 결과, 결말
сле́дствие II (중) 취조, 조사, 예심: вести́ ~ 취조 하다
сле́дующий (형) ① 다음*, 뒤에 오는: в ~ раз 다음번에: на ~
день 다음날에: ~ авто́бус 뒤에 오는 버스 ② (규정 대) 다음과
같은, 다음*
слéжка (여) 감시, 미행; 밀정노릇
слеза́ (여) 눈물: со ~ми на глаза́х 두 눈에 눈물이 글썽해서:
залива́ться ~ми 눈물을 흘리다: доводи́ть до слёз 울리다, 울게
하다; слёзы подступи́ли к го́рлу 울음이 북받쳤다
слези́ться (미완): глаза́ ~ятся от ды́ма 연기 때문에 눈물이
난다
слёзно (부): ~ проси́ть 애걸복걸하다
слёзный (형):~ая про́сьба (애원, 애걸)
слезоточи́вый (형): ~ая бо́мба 최루탄: ~ый газ 최루성가스
слезть (완) ① 기어내리다, 내려오다: ~ с де́рева 나무에서
내려오다; ~ с кры́ши 지붕에서 내려오다 ② (차에서) 내리다
③ 벗겨지다, 빠지다:ко́жа слезла́ 가죽이 벗겨졌다

слепень (남) (곤충) 등에
слепец (남) 눈먼사람, 소경
слепить I (미완) 눈부시게 하다, 눈을 못보게 하다, 눈을 못뜨게 하다: солнце ~т глаза 햇빛에 눈이 부시다
слепить II (완) ① (석고 등으로) 빚어 만들다 ② (풀로) 붙이다
слепнуть (미완) 눈이 멀다, 소경이 되다
слепо (부) 맹목적으로
слепой (형) ① 눈이 먼, 보지 못하는: ~ой старик 눈먼 노인 ② 맹목적인, 분별없는
слепота (여) ① 눈이 먼 것, 앞 못 보는 것 ② 암둔, 무지: политическая ~ 정치적 암둔성, куриная ~ 밤눈(어둠) 증, 야맹증
слесарь (남) 철공: ~-сборщик (금속제품의) 조립공, 완성공
слёт (남) 대회, 회의
слететь (완) ① 날아 내리다; 벗겨져 떨어지다: ~ла шапка 모자가 벗겨져 날아났다 ② 날아나다: бабочка ~ла с цветка 나비가 꽃에서 날아났다
слететься (완) 날아(모여)들다
слечь (완) 앓아눕다
слива (여) ① 오얏 ② 오얏나무
сливать (미완) ① 옮겨붓다, 한데 쏟아 모으다 ② 합치다, 통합하다
сливаться (미완) ① (한 흐름으로) 합치다, 합류하다: два ручья ~ются в речку 두 줄기의 시내물이 합쳐서 강을 이룬다. ② 하나가 되다, 합쳐 지다 ③ 통합(융합)되다
сливки (복수) 소젖의 기름, 크림.
сливочный (형): ~ое масло 버터
слизистый (형): ~ая оболочка 점막
слизь (여) 점액, 진액
слипаться (미완), слипнуться (완) ① 서로 맞붙다: листы бумаги слиплись 종이장이 서로 맞붙었다, глаза слипаются (몹시 잠이 와서) 눈이 맞붙는다 (감긴다)
слитно (부) 합쳐서, 붙여서: писать ~ 붙여쓰다
слитный (형) 한데 붙인, 결합된: ~ое написание 붙여쓰기
слиток (남) 쇠덩어리, 강피
сличать (미완), ~ить (완) 대비(대조) 하다
слишком (부) 너무, 지나치게
слияние (중) 합치기, 통합, 합류

- 751 -

слова́рик (남) 어휘집, 소사전(小辭典)
слова́рный (형): ~ состав [язык] 어휘 (구성)
слова́рь (남) ① 사전: ② 어휘
словеќствовать (여) 문화, 구전 (서사) 문학
слóвник (남) (사전류의) 올림말구성, 올림말표
слóвно (접) 마치 ~처럼(같은): петь ~ соловей 마치 꾀꼬리처럼 노래하다: ~ мёртвый 마치 죽은듯이
слóво (중) ① 단어, ② 말, 언어: ③ 이야기, 말, 회화: ④ 연설, 변론: ⑤ 언론, 발언권: свобода ~a 언론의 자유: взять ~o 발언권을 얻다 ⑥ 약속: дать ~o 약속하다: ⑦: ~a (복수) 빈말공부, 빈소리, 공담: ⑧: ~a (복수) 가사: словоимене́ние (중) 단어변화
слóвом (삽입어) 한마디로(말해서)
словообразова́ние (중) 단어 만들기, 단어조성
словопроизво́дство (중) 파생어조성
словосложе́ние (중) 단어합성
словосочета́ние (중) 단어결합: усто́йчивое (свобо́дные) ~я 공고한 (자유로운) 단어결합
словоупотребле́ние (중) 단어의 사용, 단어의 사용법
словофо́рма (여) 단어형태
слог (남) 소리마다, 음절(音節)
слогово́й (형) 소리마다의, 음절의: ~ое письмо́ 음절문자
сложе́ние (중) ① 더하기, 가하기 ② 합성. 구성, 구조 ③ 몸생김, 체격
сложи́ть (완) ① 쌓다, 모아놓다, 한데넣다; ② 접다, 접어 개다: ③ 합(合)하다, 더하다: ④ 짓다, 작성하다: ⑤ 내리다, 내려 놓다, 제거하다: ⑥ 벗다, 벗기다, 떼 내다: ⑦ 쌓아서 만들다:
сложи́ться (완) ① 이루어지다, 형성되다 ② 성숙되다, 자리가 잡히다 ③ 추렴하다, 같은 돈을 내다
сло́жно (부) ① 복잡하게 ②(술어로) 복잡하다, 착잡하다
сло́жность (여) 복잡성; в о́бщей ~и 도합
сло́жный (도형) ① 합성*, 복합*: ~ое сло́во 합성어: ~ое предложе́ние (언어) 복합문 ② 복잡한, 착잡한:
слои́стый (형): ~ые облака́ 층구름
слой (남) ① 층(層), (겹겹이) 쌓인 것, 포개진 것 ② 계층, 사회층: широ́кие слои́ населе́ния 광범한 주민층
сломи́ть (완) ① 꺾다, 부러뜨리다 ② 이기다, 좌절시키다: сломя́ го́лову 부리나케, 부랴부랴

- 752 -

слон (남) 코끼리; ~а не приметить 제일 중요한 것을 보지 못하다
слоновый (형) 코끼리*: ~ая кость 상아
слоняться (미완) 빈둥거리다, (일없이) 거닐다: ~по улицам 거리를 빈둥거리다
слуга (남) ① 하인, 심부름꾼 ② 충복; 봉사자(奉仕者)
служанка (여) 하인(下人), 종, 노복
служащий (남) 사무원(事務員)
служба (여) ① 복무, 근무: ② 일, 일터, 직무: ③ 계통, 부서, 기관: ~а пути (철도) 보선계통: ~а связи 연락부, 통신부:
служебный (형) ① 근무성*, 직무*: ~ый долг, ~ые обязанности 직무: ② (언어) 보조적인: ые слова 보조적 단어
служение (중) 복무, 봉사(奉仕)
служитель (남):~ культа 종교인, 승려
служить (미완) ① 복무하다, 이바지하다, 봉사하다: ② 일하다, 근무하다 ③ чем ~의 역할을 하다, ~로 되다(되어 있다): ~ доказательством 증거로 되다
слух (남) ① 청각 ② 음감 ③ 소문, 풍문:
слуховой (형) 청각의:~ аппарат 보청기(補聽器)
случай (남) ① 경우: в таком ~е 그렇다면, 그런 경우에는: ② 기회, 찬스: пользуясь ~ем 이 기회를 이용하여, 이 기회에: ③ 일, 사건, 사고: дело ~я 우연한 일 от ~я к ~ю 드문드문, 이따금: в ~е чего 무슨 일이 있으면: при ~е 기회가 오면
случайно (부) 우연히; не ~ 우연한 일이 아니다
случайность (여) ① 우연성 ② 우연한 일
случайный (형) 우연한의, 우연적인
случать (미완) 교미시키다
случиться (완) ① 일어나다, 발생하다: ② (무인칭)(+미정형) 기회가 있다
слушание (중): ~дела (법학) 사전심의
слушатель (남) ① 듣는 사람, 청취자 ② 청강생
слушать (미완) ① 듣다, 청취하다; ~ музыку 음악을 듣다 ② (법학) 심의 하다 ③ 강의를 받다;④ 말을 듣다, 복종하다;
слушаться (미완) 말을 듣다, 복종하다; ~ родителей 부모의 말을 듣다;слушаюсь 알았습니다.
слыхать (현재형 없음) ① 듣다; 감촉 하다; не ~л выстрела 총소리를 듣지 못 하였다 ② (미정형으로, 무인칭): ничего не ~ть 1) 아무것도 들리지 않는다. 2) 아무 소식도 없다
слышать (미완) ① 듣다, 들리다: он не ~ит 1) 그는 듣지 못한다, 2) 그는 귀가 먹었다 ② (접속사 что와 함께)

- 753 -

소식(소문)을 듣다: я ~ал, что он скоро приедит 나는 그가 멀지 않아 온다는 소식을 들었소;

слы́шаться (미완) 들리다, 올리다:

слы́шимость (여) 들리는 것

слы́шно (술어로, 무인칭) ① 들리다: 소식이 있다; что ~[нового]? 무슨(새) 소식이 없는가

слы́шный (형) 들리는, 들을 수 있다

слюда́ (여) 돌비늘, 운모

слюна́ (여) ① 침, 타액 ②: слюни (또는 слюнки) текут 군침이 돈다,(매혹적인 대상에 대하여) 침을 질질 흘린다.

слюни́ть (미완) 침을 바르다

сля́коть (여) ① (비나 진눈가비가 온 뒤의) 진창, 진땅 ② 궂은 날씨, 진날

сма́зка (여) ① (기름 등을) 바르는 것, 기름치기, 주유 ② 윤활유, 윤활제

сма́зливый (형) 고운, 예쁜

сма́зчик (남) 주유공

сма́зывать (미완) чем 바르다, 칠하다; ~ маши́ну 기계에 기름을 치다

смакова́ть (미완) ① 맛있게 먹다(마시다) ② 흡족해하다, 흥거워하다

сма́нивать (미완), **смани́ть** (완) 꾀어내다, 유혹하다

сма́хивать (미완), **смахну́ть** (완) 털다, 털어버리다

сме́жный (형) 인접한, 근접한; ~ые дисципли́ны 인접과목; ~ые углы́ (수학) 접각

смека́лка (여) 머리가 잘 도는 것, 이해력이 빠른 것, 촉기가 빠른 것

смека́ть (미완), **~ну́ть** (완) 알아채다, 눈치채다, 궁리(통찰)하다

сме́ло (부) 용감하게, 대담하게

сме́лость (여) 용감성, 대담성, 용기

сме́лый (형) 용감한, 대담한, 담이 큰

смельча́к (남) 용감한 사나니, 용사

сме́на (여) ① 바꾸는 것, 교체; ~ впечатле́ний 인상의 엇바뀜; ② 교대(시간), 대거리; рабо́тать в три ~ы 3교대로 일하다; ③ 교대반; пе́рвая(втора́я) ~а (학교의) 오전(오후)반 ④ (야영의) 기; ⑤ (갈아입을) 옷 한 벌; две ~ы белья́ (갈아입을) 두벌의 내의

смени́ть (완) ① 바꾸다, 교체하다 ② 교대(대신)하다

смениться (완) ① 교체되다, 갈리다; ~ с дежурства 당번을 인계하다 ② 바뀌어 지다, 엇바뀌다

сменный (형) ① 바뀌는, 갈아대는;~ ое колесо 갈아대는 바퀴 ② 교대의;~ая работа 교대작업

сменщик (남) 교대운전수, 교대승무원, 교대기능공

смеркаться (미완) 어슬어슬해지다, 날이 저물다, 땅거미지다

смертельно (부) 죽을 지경으로, 극도로; ~ ранен 치명상을 입었다;~ устать 아주 지치다

смертельный (형) ① 치명적인, 파멸적인 ② 극도의; ~ая усталость 극도의 피로 ~ый случай 사망사건

смертность (여) 사망률(死亡率)

смертный (형) ①;~ая казнь 사형;~ый приговор 사형언도; ② 결사적인; подняться на ~ый бой 결사전 에 나서다

смертоносный ;~ое оружие 살인무기

смерть (여) ① 죽음, 사망 ② 파멸, 멸망; до ~и 극도로, 죽을 지경으로, 아주

смерч (남) ① 돌풍(돌개바람의 한종류)② 회오리바람

смеситель (남)(공학) 혼합기, 교반기

смести (완) ① 쓸어버리다, 소탕하다 ② 쓸어 모으다; ~ мусор в кучу 쓰레기를 한곳에 쓸어 모으다.

сместить (완) ① 해임시키다 ② 옮기다, 바꾸다, 변경하다

сместиться (완) 비뚤어지다, 자리(위치)가 바꾸어지다

смесь (여) 섞임물질, 혼합물

смета (여) 예산, 채산; ~ расходов 지출예산; составлять ~у 예산을 세우다 (작성하다)

сметана (여) 우유크림

сметливый (형) 눈치(총기)빠른, 영리한

сметь (미완) (+미정형) 감히~하다; не ~ войти 감히 들어가지 못하다; не смей (+미정형)~할 생각을 말라

смех (남) 웃음(소리); показаться со ~у 허리가 끊어지게 웃다 ② 웃음거리; поднять на ~ 조롱하다

смехотворный (형) 우스운, 가소로운

смешанный (형) 혼성의, 혼합된, 섞여진; ~ лес 혼성림

смешать (완) ① 섞다, 혼합하다 ② 뒤섞다, 혼탁시키다. ③ 혼동하다, ~을 ~으로 잘못 생각하다

смешаться (완) ① 섞이다, 호합되다 ② 휩쓸려 들어가다, 북새통에 슬그머니 끼어들다; ~ с толпой 군중 속에 휩쓸려 들어가다

смешание (중) 혼합(混合); 혼란, 혼동

смеши́ть (미완) 웃기다
смешно́ (부) ① 우습게 ② (술어로) 우습다, 웃음이 난다
смешно́й (형) 우스운, 가소로운
смеще́ние (중) ① 위치변화, 비뚤어지는 것 ② 해임, 면직
смея́ться (미완) ① 웃다 ② над кем-чем ~를 비웃다, 조롱하다.
смири́ться (완) 순종하다
сми́рно (부) ① 온순 (공손) 하게 ② (구령) 차렷!
сми́рный (형) 온순한, 공손한, 얌전한
смола́ (여) (나무의) 진(津), 타르(tar), 수지: сосновая ~ 송진;
смолка́ть (미완), **смо́лкнуть** (완) 잠잠해 지다
смо́лоду (부) 젊었을 때부터
смолча́ть (완) 말을 안하다, 대답을 하지 않다, 침묵하다
сморка́ться (미완) 코를 풀다
сморо́дина (여) ① 까치밥 ② 까치밥 나무
смота́ть (완) 감다; ~ нитки в клубок 실을 꾸리에 감다; ~ удочки 뺑소니치다
смотр (남) ① 사열, 열병, 시찰 ② 사회적 심사, 전람, 축전
смотре́ть (미완) ① 보다; 쳐다보다 ② 구경(열람)하다 ③ 검열(사열)하다; 진찰 하다 ④ за кем-чем 보살피다; 감시하다
смотре́ться (미완) 자기를 보다; ~ в зеркало 거울을 들여다 보다
смотри́тель (남) 감독자, 감시원; 책임자
смотрово́й (형) ① 보기 원하는; 감시 용의, 관찰용의; ~ая площадка 전망대; ~ая щель 감시창 ② 사열의, 열병의
смочи́ть (완) 축이다, 적시다, 녹녹하게 하다
смрад (남) 악취, 고약한 냄새
сму́глый (형) 거무스레한
сму́та (여) 분쟁, 알력; сеять ~у 혼란을 조성하다
смути́ть (완) 무안(난처) 하게 하다
смути́ться (완) 무안(난처,당황)해하다, 어쩔할 바를 모르다
сму́тный (형) 희미한, 막연한, 어렴풋한; ~ые очертания 희미한 둘레
смуще́ние (중) 무안(난처)해하는 것
смущённый (형) 무안 (난처) 해하는. 어쩌 할바를 모르는
смысл (남) ① 뜻, 의미, 내용 ② 목적, 의의; в этом нет ~а 이것은 의의가 없다 ~ здравый ~ 건전한 판단력; в по́лном ~е сло́ва 완전히; 완전한, 참다운
смы́слить (미완) в чём ~을 알다, 이해 하다
смы́ть (완) ① 씻다, 씻어버리다 ② 쓸어가다, 씻어 내려가다.

- 756 -

смыться (완) ① 씻어지다, 씻어 없어지다 ② (슬며시, 갑자기) 사라지다, 없어지다

смычка (여) ① 연계 ② (공학) 연결점

смычный (형) (언어); ~ые согласные 터짐소리; ~ощелевые согласные 파찰음

смычок (남) (악기의) 활, 궁(弓)

смышлёный (형) 이해가, 빠른, 영리한, 사리에 밝은

смягчать (미완) ① 부드럽게 (연하게) 만들다 ② 완화시키다, 경감하다 ③ 누그리게 하다

смягчаться (미완) ① 부드러워지다, 연하여지다 ② 완화 (경감) 되다, 덜해지다 ③ 누그러지다, 유순해지다

смягчающий (형); ~ее[вину] обстоятельство (법학) 죄과를 경감할 수 있는 사정

смягчение (중) 완화(緩和), 경감(輕減)

смятение (중) 당황(망조, 혼락)

смятый (형) 구겨진

смять (완) ① 구기다 ② 짓밟다

смяться (완) 구겨지다, 쭈글쭈글해지다

снабдить (완). **~жать** (미완) *кого-что чем* ① ~에(게) ~을 공급하다, 대주다 ② 달다, 보충하다, 덧붙이다;~дить книгу комментарием 책에 주해를 달다

снабжаться (미완) *чем* ~을 공급받다

снабжение (중) 공급, 보급; ~ населения продовольствием 주민에 대한 식량공급

снайпер (남) 저격수

снаружи (부) 밖으로부터, 외부로부터; 밖에서, 바깥에서

снаряд (남) ① 포탄; артиллерийский ~ 포탄, 대포알 ② 기구, 도구; 기계, 설비; гимнастический ~ 체육기구

снарядить (완), **~жать** (미완) 차비를 하여주다; ~дить *кого* в путь 길 떠날 차비를 하여주다

снаряжаться (미완) 차비하다; ~ в путь 길 차비를 하다

снаряжение (중) ① 차비, 준비, 장비; ② 장비품, 장구, 도구

снасть (여) ① (집합) 도구, 기구, 연장; рыболовная ~ 어구 ② (복수)(해양) 바줄 (설비)

сначала (부) ① 처음에, 먼저, 우선 ② 다시(한번), 새로, 처음부터

снег (남) 눈, 설(雪); ~ идёт (выпал) 눈이 내린다(내렸다); как ~ на голову 마른 벼락인양, 청천벽력인 듯, 아닌 밤중에 홍두께 내밀듯

снеги́рь (남) 피리새, 멋장이새
снегови́к (남) 눈사람
снегово́й (형); ~ая вода 눈석이
снегозадержа́ние (중) 눈두기
снегозащи́тный (형) 눈을 막기 위한
снегоочисти́тель (남) 눈치기차
снегопа́д (남) 눈이 오는 것, 눈이 내리는 것
снегу́рочка (여) (옛말에 나오는) 눈(송이) 처녀, 백설공주
снежи́нка (여) 눈송이
сне́жный (형) ① 눈의; ~ые хло́пья 함박눈; ② 눈이 쌓인; ~ая доро́га 눈길; ~ый сугро́б 눈더미; ~ые зано́сы 바람에 불려서 쌓인 눈뭉치; ая зима́ 눈이 내리는 겨울 ~ая ба́ба 눈사람
снежо́к (남); игра́ть в ~ки 눈싸움을 하다
снести́ (완) ① 가져가다, 나르다 ② 가지고 내려가다, (아래로) 나르다; ③ (물, 바람이) 휩쓸어가다 ④ 헐어치우다; ~ дом 집을 헐어치우다 ⑤ 참다, 참아내다; ~оби́ду 모욕을 참다
снести́сь (완) 연락 (교섭)하다, 연계를 가지다
снижа́ть (미완) 낮추다, 내리우다, 저하시키다, 인하하다; ~ це́ны 가격을 인하하다; ~ себесто́имость 원가를 낮추다.
снижа́ться (미완) ① 내리다, 낮아지다, 저하하다, 줄다 ② 내리다, 착륙하다
сни́зу (부) 아래로부터, 밑으로부터; прислу́шиваться к кри́тике ~. 밑으로부터의 비판을 귀담아듣다
снима́ть (미완) ① 벗다; ~ пальто́ 외투를 벗다 ② 집어 내리다, 치우다; ~ карти́ну со стены́ 그림을 벽에서 떼다 ③ 해임(제명) 하다 ④ (사진을) 찍다, 촬영하다
снима́ться (미완) ① 벗겨지다, 떨어지다 ② 떼어내다 ③ 사진을 찍다, 촬영되다
снимо́к (남) 사진, 촬영; сде́лать ~ 사진을 찍다
сниска́ть (완) 얻다, 획득하다; ~ чьё расположе́ние ~의 호의를 얻다
снисходи́тельность (여) 관대성, 너그러움, 호의, 어질다.
снисходи́тельный (형) 관대한, 너그러운, 호의적인
снисхожде́ние (중) 관대성, 관대한(너그러운) 태도; 관대한 처분
сни́ться (미완) 꿈꾸다, 꿈에 보이다; мне сни́лся сон 나는 꿈꾸었다
сно́ва (부) 다시, 또다시, 재차, 새로
снова́ть (미완) (분주히) 왔다갔다하다

сновиде́ние (중) 꿈
сногшиба́тельный (형) 놀라운, 경탄할, 아연 실색케 하는
сноп (남) (곡식의) 단, 묶음
сноповяза́лка (여) 단 묶는 기계
сноро́вка (여) 솜씨, 수완, 숙련
снос (남); ~ до́ма 집 헐물기
носи́ть (완) 떼드리다, 해어뜨리다; ~ о́бувь 신발을 떼드리다
сно́ска (여) (난외) 주석(註釋)
сно́сный (형) 그리 나쁘지 않은, 괜찮은
снотво́рное (중) 잠약, 수면제
сноха́ (여) 며느리(님), 새애기, 새애기, 며늘아기, 자부,
сноше́ние (중) 교제, 왕래, 연계, 교섭; отде́л вне́шних ~й 대외부
сня́тие (중) ① 떼내는 것, 벗기는 것, 내리는 것 ②; ~ урожа́я 가을걷이, 수확 ③; ~ ко́пии 복사, 모사 ④ 철회, 해소
соа́втор (남) 공동저자, 공동 집필자
соа́вторство (중) 공동집필, 공동저술
соба́ка (여) 개; охо́тничья ~ 사냥개
соба́чий (소유형); ~ья конура́ 개집, 개 우리
собесе́дник (남), **~ца** (여) 대화자, 말동무
собесе́дование (중) 담화, 좌담회
собира́тельный (형) 집합적인, 종합적인
собира́ть (미완) ① 모으다, 수집하다 ② 징수하다, 받다 ③ 거두다, 수확하다; ④ 조립 하다 ~ в доро́гу 길 떠날 준비를 시키다; ~ на стол 식탁을 차리다
собира́ться (미완) ① 모이다, 모여들다, 집합하다 ② 소집되다, 열리다 ③ 길 차비를 하다; ④ (+ 미정형) ~을 하려고 하다; ~ уе́хать 떠나려하다
собла́зн (남) 꾀임, 유혹; вводи́ть в ~ 꾀다, 유혹하다; подда́ться ~у 꾀임에 빠지다, 유혹되다
соблазни́тельный (형) 유혹적인, 매혹 적인
соблазни́ть (완) ① 꾀다, 호리다, 유혹하다 ② на что 유혹하다, ~할 생각을 내게 하다
соблазни́ться (완) ① 유혹에 빠지다, 유혹되다, 홀리우다 ② ~할 생각이 나다
соблюда́ть (미완) 준수(엄수)하다, 지키다 ~пра́вила 규칙을 준수하다; ~ дисципли́ну 규율을 지키다

соблюде́ние (중) 준수, 지키는 것
соболезнова́ние (중) 애도, 동정; вы́разить ~ 애도의 뜻을 표하여주다
соболе́зновать (미완) *кому-чему* 애도의 뜻을 표하다, 동정하다
со́боль (남) (동물) 검은담비 (모피)
собо́р (남) ① 대사원 ② 종교회의
собра́ние (중) ① 회의, 모임, 집회; ② 전집전서; ③ 수집한 것, 수집첩, 표본집 ④ (선거기관으로서의) 회의; национа́льное ~ 국민의회; законода́тельное ~ 입법회의;
со́бственник (남) 소유자, 임자
со́бственнический (형) 소유자의, 소유자적근성의
со́бственно ①: ~ говоря́ (삽입어) 사실어, 사실은, 사실인즉 ②(조) 자체, 바로 ~ го́род 도시자체
со́бственность (여) 소유; 재산; 소유물; госуда́рственная, (ли́чная, ча́стная) ~ 국가(사회, 개인, 사유) 재산
со́бственный (형) ① 자기소유의; ~ая кни́га 자기 책 ② 자기의, 자신의, 자기에게 고유한; ③ 자기 손으로 만든 ④ 자체의; и́мя ~ое (언어) 고유명사; ~ый корреспонде́нт 본사기자; жить на ~ый счёт 자비로 살다
собы́тие (중) 일, 사변, 사태, 변(變), 변고, 변동, 난리,
сова́ (여) 부엉이, 부엉새
сова́ть (미완) 집어(밀어)넣다; (되는 대로 또는 슬며시) 쑤셔넣다, 들이밀다; ~ ве́щи в чемода́н 트렁크에 물건을 밀어넣다; всю́ду ~ свой нос 아무데나 참견하다;
сова́ться (미완) ① 들어가다, 기어들다; ~ вперёд 앞으로 나서다 ② 참견하다, 중뿔나게 굴다 ~ в чужи́е дела́ 상관없이 일에 참견하다
соверше́ние (중) 수행, 집행, 실현
соверше́нно (부) 아주, 전적으로, 완전히; ~ ве́рно 전적으로 옳다; ~ случа́йно 완전히 우연적이다;
совершенноле́тие (중) 성년; дости́гнуть ~я 성년이 되다
совершенноле́тний (형) ① 성년이 된 ② (명사); **~ий** (남), **~яя** (여) 성인, 어른
соверше́нный (형) ① 완벽한, 완전무결한 ② 완전한, 절대적인, 알짜*; ~ вид (언어) 완료태
соверше́нство (중) 완전무결, 완벽
соверше́нствование (중) 완성, 개선
соверше́нствовать (미완) 완성하다, 더욱 완전하게 하다

совершéнствоваться (미완) 완성(개선)되다, 더욱 완전하게 되다

совершúть (완) 수행(실현, 완수)하다; ~ подвиг 위훈을 세우다; ~ ошибку 실수하다, 과오를 범하다; ~ преступление 죄를 짓다

совершúться (완) 일어나다, 수행되다, 실현되다, 완수되다; ~лось важное событие 중대한 사건이 일어났다

сóвестливый (형) 양심적인, 양심있는

сóвестно (술어로,무인칭) *кому* 양심에 부끄럽다, 수치스럽다; как вам не ~! 부끄럽지도 않습니까!

сóвесть (여) 양심, 양치; с чистой ~ью 순결한 마음으로;

совéт I (남) 권고, 조언, 충고; дать хороший ~ 좋은 충고(조언)를 주다; последовать ~у 충고를 따르다;

совéт II (남) ① 소련, 소비에트; ② 회의; 평의회, 이사회, 위원회; Совет Безопастности ООН 유엔안보리이사회; специализированный ~ 학위논문발표 평의회; научный ~ 과학평의회; учёный ~ 학술평의회; военный ~ 군사 위원회

совéтник (남) ① 고문(관) ② 참사; ~ посольства 대사관 참사

совéтовать (미완) 권고(충고)하다

совéтоваться (미완) 의논(협의)하다

совéтский (형) ① 소련의; Советское правительство 소련정부; Советская армия 소련군대; ② 소비에트의;

совéтчик (남) 충고자, 조언자, 의논할 사람

совещáние (중) 협의회, 회의; производственное ~ 생산협의회

совещáтельный (형) 의논의; ~ орган 심의기관

совещáться (미완) 협의(의논, 상담)하다

совладáть (완) *с кем-чем* 감당해내다, 억제하다; ~ с собой 자제하다

совместúмый (형) 양립(병존)할수 있는

совместúтель (남) 겸임자(兼任者)

совместúтельство (중) 겸임, 겸직; работать по ~у 겸임하다, 겸임하여 일하다, 일을 겸하다

совмéстно (부) 함께, 공동으로

совмéстный (형) 공동의, 함께의; ~ое коммюнике 공동 콤뮤니케; ~ый фильм 합작영화

совмещáть (미완) 겸하다, 겸임하다, 겸비하다

совмещáться (미완) ① 동시에 진행(집행)되다 ② 결합

(일치)되다, 합쳐지다
совмеще́ние (중) ① 결합, 일치; 겸비 ② 겸임(兼任)
сово́к (남) 뜰삽, 꼬마삽, 꽃삽; ~для му́сора 쓰레받기
совоку́пность (여) 총체, 전체
совпада́ть (미완) ① 때를 같이하여 일어나다(진행되다) ② 일치하다, 합치되다
совпаде́ние (중) 일치, 합치, 공통성
соврати́ть (완) 유혹하다, 타락시키다, 길을 잘못들게 하다;~ с пути́ и́стинного 그릇된 길에 빠뜨리다,
совра́ть (완) 거짓말하다
совреме́нник (남) 현대인; 동시대인
совреме́нность (여) ① 현시대, 현실 ② 현대성, 현대적인 것
совреме́нный (형) ① 현대*, 현대적인, 현대식* ② *кому-чему* 시대가 같은, 동시대*
совсе́м (부) 전혀, 완전히, 전적으로, 아주
совхо́з (남) 국영농장, 꼴호즈
согла́сие (중) ① 동의, 승낙, 찬동; ② 합의, 의견일치 ③ 화목(和睦), 친목(親睦)
согласи́ться (완) ① 동의(승낙)하다 ② 합의(의견일치)를 보다
согла́сно (전) (+여) ~에 따라, ~에 의하여, ~대로; зако́ну 법에 따라, ~ра- споряже́нию 지시대로
согла́сный I (형) ① на что 찬성(동의)하는; ②; с кем-чем 의견을 같이 하는, 견해가 일치하는;
согла́сный II (형) ① 자음*; звук 자음 ② (명사)자음
согласова́ние (중) ① 합의 ② 일치, 조화 ③ (언어)(성, 수, 격의) 일치
согласо́ванно (부) 합의하여, 일치하게, 보조를 맞추어
согласо́ванность (여) 합의, 일치, 조화, 균형성
согласова́ть (완) ① 합의를보다 ② 일치(통일,조화)시키다 ③ (언어)(성, 수, 격 등을) 일치시키다
согласова́ться (미완, 완) ① 일치(부합)되다 ② (언어) 일치하다
соглаша́тель(남)타협분자, 절충주의자
соглаша́тельство(중) ① 타협, 절충주의
соглаше́ние (중) ① 협정, 조약; ② 합의;
согна́ть (완) ① 쫓아버리다, 쫓다, 몰아내다 ② (쫓아서 한곳)

согну́ть (완) 구부리다, 꼬부리다

согну́тый (형) 구부려진, 휜

согну́ться (완) ① 구부려지다, 꼬부라지다, 휘다; проволока лась~ 쇠줄이 휘었다 ② 등이 꼬부라지다

согре́вать (미완) ① 데우다, 쪼이다 ② 위로하다, 마음을 따뜻이 하여주다

согре́ваться (미완) 데워지다, 따뜻해지다, 몸이 녹다

со́да (여) 소다; каустическая ~ 가성소다

соде́йствие (중) 협력, 협조

соде́йствовать (미완, 완) 협력하다, 협조하다, 촉진시키다

содержа́ние (중) ① 내용 ② 함유량; ③ (서전, 잡지의) 차례 ④ 부양(비)

содержа́тельный (형) 내용 깊은, 내용이 풍부한

содержа́ть (미완) ① 먹여 살리다, 부양하다; ② 가두어 두다, 구금하다 ③ (어떤 상태에) 있게 하다, 유지하다; ④ 함유(포함) 하다

содержа́ться (미완) ① 함유되다, 포유되다, 있다 ② 갇혀있다, 구금되어 있다, 수용되어있다

содержи́мое (중) 들어있는 것, 내용물

содокла́д (남) 보충보고

содра́ть (완) (껍질 등을) 벗기다

содрога́ние (중) 몸서리 приводить в ~ 몸서리치게 하다

содрога́ться (미완) 몸서리치다

соде́ружество (중) ① 단합, 우의, 상호협조; ② 동맹, 동지화; социалистическое ~ 사회주의적 협동체

со́евый (형) 콩의*; ~ый соус 간장; ~ая паста 된장*; ~ое масло 콩기름

соедине́ние (중) ① 이음, 결합, 연합 ② 연결(점), 이음(목) ③ (군사) 연합부대 ④ (화학) 화합물(化合物)

соединённый (형) 연합의, 연합한

Соединённые Штаты Аме́рики(США) (복수) 미국(美國), 미합중국

соедини́тельный (형) 결합용, 연결용; ~ая ткань (해부) 결체 조직; ~ый союз (언어) 연결접속사

соединя́ть (미완) ① 연결(결합,접합)하다 ② 잇다, 매다; концы провода 전선을 잇다 ③ (화학) 화합하다 ④ (전화) 연락을 맺다

соединя́ться (미완) ① 이어지다, 연결 (결합단결) 되다 ② (화학) 화합되다 ③ (전화로) 연락하다, 연락을 가지다

сожале́ние (중) 유감, 애석함; с ~ем 유감하게도; без ~я 유감없이, 태연스럽게, к ~ю (삽입어) 유감스럽게도

сожале́ть (미완) 유감하게 여기다, 후회하다, 애석하게 생각하다; я о́чень ~ю, что ~나는 ~을 매우 유감스럽게 생각한다

сожже́ние (중) 불태우는 것, 소각, 화장

сожи́тельство (중) 동거(생활)

созва́ть (완) ① 소집하다; 소집하다 ② 불러모으다, 초대하다; ~ госте́й 손님들을 초대하다

созве́здие (중) (천문) 성좌(星座)

созвони́ться (완) 전화로 연락하다

созву́чный (형) 적응하는, 순응하는; 순화하는, 조화되는; произведе́ние, ~ое эпо́хе 시대의 요구에 맞는(적응한. 조화된) 작품

создава́ть (미완) 만들다, 창조(창작·창설)하다; 조성하다

создава́ться (미완) 이루어지다, 창조(창작·창설)되다; 조성되다

созерца́ние (중) 관찰, 명상, 목상

созерца́ть (미완) 명상에 잠기다, 관찰하다

созида́ние (중) 창조(創造), 창설(創設)

созида́тельный (형) 창조적인, 건설적인

сознава́ть (미완) 깨닫다, 자각하다, 인식하다

сознава́ться (미완) в чём 고백(자인, 인정)하다; ~ в свое́й оши́бке 자기의 과오를 인정하다

созна́ние (중) ① 의식, 자각; кла́ссовое ~ 계급 의식; ~ до́лга 의무의 자각 ② 정신; потеря́ть ~ 실신하다; прийти́ в ~ 정신을 차리다

созна́тельно (부) ① 의식(자각)적으로 ② 일부러, 고의적으로

созна́тельность (여) 각성, 자각성, 의식성

созна́тельный (형) ① 의식(자각)적인; 각성된 ② 고의적인

созрева́ние (중) 익는 것, 성숙

созрева́ть (미완), еть (완) 익다, 여물다, 성숙하다

созы́в (남) (회의, 대회 등의) 소집

соизмери́мый (형) ① 대비 할 수 있는 ② (수학) 약분 할 수 있는

соиска́ние (중) 학원 등의 청구

со́йка (여) (조류) 어치, 언치새

сойти́ (완) ① 내리다 ② 벗어나다, 엇나가다, 벗나가다; ③ 벗겨지다, 없어지다; ④; за *кого-что* 비슷하다, 같아; сойдёт! 아하! 됐다!; сойдёт и так 이렇게 해도 좋다; ~ с ума 미치다, 정신이 나가다

сойти́сь (완) ① 만나다; 모이다, 집합하다 ② 사귀다, 친밀해지다 ③ 일치하다

сок (남) 즙(汁), 액(液) фруктовый ~ 과일물;

со́кол (남) (조류) 매, 참매, 송골매

сокраща́ть (미완) ① 짧게하다, 줄이다, 단축(생략)하다 ② 해고(해직) 시키다

сокраща́ться (미완) ① 짧게지다, 줄어지다, 단축되다 ② 축소 (삭감) 되다 ③ (수학) 약분되다 ④ (생리) 수축되다

сокраще́ние (중) ① 단축, 축소, 삭감; ~ срока 기한단축; ~ штатов 인원(정원) 축소; ~ иероглифов 한자의 간략화 ② 생략표기; условие ~ 괄호, ③ 줄임, 생략; ④ (생리) 수춘 ⑤ (수학) 약분(約分); ~ дроби (약분)

сокращённо (부) 간략하게

сокращённый (형) 줄인, 단축한, 간략한, 생략한

сокрове́нный (형) 마음속깊이 품은; ~ое желание 숙망

сокро́вище (중)(복수) 보물, 보배, 귀중품

сокро́вищница (여) 보물고

сокруша́ться (미완) 슬퍼하다, 상심하다, 속을 태우다

сокруши́тельный (형) 섬멸(파멸)적인, 파괴(멸망)적인

сокруши́ть (완) 짓부시다, 격멸(격파, 분쇄)하다

солга́ть (완) 거짓말하다

солда́т (남) 병사(兵士), 전사(戰士)

солда́тский (형) 병사의; 병사다운

солёный (형) ① 소금에 절인, 염장한 ②; ~ые огурцы 오이절임, 절인오이 ③ 염분이 있는; ~ое озеро 짠물호수, 함수호

соле́нья (복수)(집합) 절인 음식

солида́рность (여) 단결, 연대성

солида́рный (형) ① 단결한, 연대성을 보여주는, 공감하는 ②; ~ая ответственность 연대적인 책임, 연대책임

соли́дный (형) ① 듬직한, 권위있는; ~ый человек(учёный) 듬직한 사람(학자); ~ое учреждение 큼직한(권위있는) 기관 ② (크기가) 상당한; ~ая сумма 상당한 금액 ③ 속실있는, 기초가 든든한

соли́ст (남), **~ка** (여) 독창가수, 독주가, 독무가

- 765 -

соли́ть (미완) ① 소금을 치다 ② 절이다, 염장하다; ~ ры́бу 물고기를 소금에 절이다

со́лнечный (형) ① 대량의; ~ые ва́нны 일광욕 ② 해가 난, 청정한; ~ый день 맑은 날; ~ая ко́мната 해가 드는 방

со́лнце (중) 해, 태양(太陽); восхо́д ~а 해돋이; ~e сади́ться 해가 진다; на ~e 해볕에

солнцепёк (남) 양지(쪽)

со́ло (불변) ① 독창, 독창곡 ② 독주(곡); ~ на виолонче́ли 첼로독주

солове́й (남) 꾀꼬리, 금의공자, 황작

соло́ма (여) 짚; копна́ ~ы 짚가리

соло́менный (형) 짚*, 짚으로 만든 ~ая шля́па 밀짚모자; ~ая кры́ша 짚을 이운 지붕

соло́минка (여) 지푸라기, 검불

Соломо́новы острова́ (복수) 솔로몬 군도

солони́на (여) 소금절인 고기(소고기)

соло́нка (여) 소금그릇

солончаки́ (복수) 간석지, 염성토양

солончако́вый (형); ~ые зе́мли 간석지

соль (여) ① 소금 ② (화학) 염(鹽)

со́льный (형) 독창의, 독주의

соля́нка (여) ① 매운 고기국(물고기국) ② 양배추를 쩌서 고기(물고기, 버섯)를 섞어 만든 요리

соляно́й (형); ~ые разрабо́тки 들소금캐는 곳; ~о́й пласт 소금(염)층

соля́ный (형); ~ая кислота́ 염산

соля́рий (남) 일광욕실

сом (남) 메기, 언어(鯷魚), 점어(鮎魚)

сомкну́тый (형); ~ые ряды́ 밀집대렬

сомкну́ть (완) 빽빽하다, 좁히다; ~ ряды́ 대열을 좁히다

сомкну́ться (완) 뭉쳐지다, 좁혀지다; ряды́ ~лись 대열이 밀집되었다

сомнева́ться (미완) в ком-чём 의심하다, 의혹을 품다

сомне́ние (중) 의심, 의혹; 위구; рассе́ять все ~я 모든 의심을 풀다; его́ взя́ло ~e 그는 의심에 사로 잡혔다;

сомни́тельный (형) 의심스러운, 수상한, 애매한

сомножи́тель (남) (수학) 곱해질 수(피승수), 인수(因數)

сон (남) ① 잠, 수면; погрузи́ться в ~ 푹 잠들다; ② 꿈; ви́деть сон (сны) 꿈을 꾸다; ви́деть во сне 꿈에서 보다; ~

- 766 -

сбы́лся꞉ кум이 맞았다

сона́та (여) (음악) 소나타

сонли́вость (여) 졸리는 것

со́нный (형) 잠자고 있는; 잠에 취힌; ~ая артерия (해부) 경동맥

соно́рный (형); ~ые согласные 유향 자음

со́ня (남, 여) 잠꾸러기, 잠보

соображе́ние (중) ① 이해, 이해력 ② 의견, 생각, 궁리

сообрази́тельность (여) 명석한 이해력(판단력)

сообрази́тельный (형) 이해력이 빠른, 영민한

сообрази́ть (완) ① 알아차리다, 짐작(궁리)하다 ② 판단(이해)하다

сообра́зно (부); ~ с обстоятельствами 정세에 부합되게

сообща́ (부) 공동으로, 힘을 합쳐서

сообща́ться (미완) ① 전해지다, 보도되다, 발표되다 ② 서로 통하다, 연결 되어있다

сообще́ние (중) ① 보도, 통신, 통지; по ~ям газет 신문 보도에 의하면 ② 교통, 운수, 연락; министерство путей ~я 교통성; железнодорожное ~е 철도연락; воздушное ~е 항공연락

соо́бщество (중) 집단, 공동체, 조합; международное ~ 국제공동체(유엔을 달리이르는 말)

сообщи́ть (완) ① 전하다, 알리다, 통지하다 ② 보도하다, 통보하다; ~ по радио 라디오로 보도하다

соо́бщник (남), **~ца** (여) 공모자, 공범자

сооруди́ть (완), **~жа́ть** (미완) 짓다, 세우다, 건설하다;

сооруже́ние (중) ① 건설, 건축, 축성, 가설; ~е телефонной линии 전화선가설 ② (흔히 복수) 건축물, 구조물, 시설(물); ирригационные ~я 관개시설

соотве́тственно (부) 해당(상응)하게, 알맞게 ① (부) 각각 ② (전) (+여) ~ дале; де́йствовать ~ приказу 명령대로 행동하다

соотве́тственный (형) 해당한, 적당한

соотве́тствие (중) 일치, 적응, 상응; приводить в ~е 일치(부합)시키다; в ~и с чем. ~에 맞게 (적응하게)

соотве́тствовать (미완) 일치(부합)하다, 맞다, 알맞다; ~ действи́тельности (фактам) 현실(사실)과 일치하다

соотве́тствующий (형) 해당한, 알맞는 ~ие органы 관계기관들; ~им образом 적당(적합)하게, 알맞은 방법으로

соотéчественник (남), **~ца** (여) 동포
соотнестú (완), **~осúть** (미완) 대조(대비)하다, 상호 연관시키다
соотносúться (미완) 상관되다, 상호연관 되다
соотношéние (중) ① 상관, 상호연관; ~ сил 역량관계 ② 균형, 비등; установить правильное ~ 균형을 바로잡다
сопéрник (남), **~ца** (여) 적수, 경쟁자
сопéрничать (미완) ① 경쟁하다 ② 상대가 되다, 적수가 되다
сопéрничество (중) 경쟁(競爭)
сопéть (미완) 식식거리다, 코를 골다
сóпка (여) 야산(野山), 작은 산; (원통의) 소화산
соплó (중) (공학) 주둥이, 분출구(噴出口), 분출하는 구멍.
сóпли (복수) 콧물, 비수(脾髓), 비액
сопляк (남) (회화) 코흘리개
сопоставúмый (형) 비교할 수 있는, 대비할 수 있는
сопостáвить (완) 비교(대비)하다, 대조하다, 견주다
сопоставлéние (중) 비교, 대비, 대조
сопрáно (불변) (중) (음악) 소프라노(soprano), 여성고음; 여성고음가수
сопредéльный (형) 인접의; ~ые страны 인접국가들
соприкасáться (미완), **~оснýться** (와) с кем-чем ① 닿다, 맞대다 ② 잇닿다, 잡히다; поля ~асаются 밭들이 잇닿아 있다 ③ 접촉하다, 관계를 가지다
сопроводúтельный (형); ~ое письмо 동봉한(함께 넣어 보내는) 편지
сопроводúть (완), **~ждáть** (미완) ① 수반(동반)하다, 같이 따라가다; 호송 하다 ② 첨부 (첨가)하다
сопровождáться (미완) чем 동반되다; 동시에 일어나다; дождь ~лся грозой 번개치며 비가 왔다
сопровождéние (중) ① 동행, 동반, 수반; 호송, ② 반주
сопротивлéние (중) ① 저항, 반항, 대항; ② (물리) 저항
сопротивляемость (여) 저항력
сопротивляться (미완) кому-чему 저항(반항), 대항) 하다
сопýтствовать (미완) кому-чему ① 동행(동반)하다 ② 동시에 일어나다
сор (남) 먼지, 쓰레기
соразмéрно ① (부) 알맞게 ② (전) (+여) ~에 알맞게(사용하게)

- 768 -

соразмеря́ть (미완) 사용(균등)하게 하다, 어울리게 하다; 조화시키다
сора́тник (남) 전우(戰友), 동지
сорване́ц (남) 심한 장난꾸러기
сорва́ться (완) ① 떨어지다 ② 벗어지다, 놓여나다; ③ 파탄되다, 실패 하다; де́ло ~ло́сь 일이 파탄되었다
са́рго (중)(불변) 수수
соревнова́ние (중) ① 경쟁, 다툼, 경합; 추축, 각축; **~я** (복수)(체육) 경기, 시합
соревнова́ться (미완) ① 경쟁하다 ② 경기(시합)하다
сори́ть (미완) ① 어지럽히다, 더럽히다 ② 낭비하다, 되는 대로 써버리다; ~ де́ньгами 돈을 낭비하다
со́рный (형); **~ая трава́** 잡풀
сорня́к (남) 잡풀
со́рок (수) 40 (사십), 마흔
соро́ка (여) 까치, 희작(喜鵲)
сороково́й (수) 제 40 (사십)*, 마흔*
сорокопу́т (남) 개고마리, 때까치
соро́чка (여) ① 셔츠 ② 속치마
сорт (남) ① 품질: пе́рвый ~ 일등품 ② 품종; ③ 종류
сортирова́ть (미완) 분류(선별)하다; 종류별로 가르다
сортиро́вка (여) 분류, 선별, 고르기
сортиро́вочный (형) 분류하는, 선별하는, 가르는; **~ая маши́на** 선별기; **~ая ста́нция** (~ая орка́) 차무이역, 조차역
сортиро́вщик (남), **~ца** (여) 선별공, 분류원
сортово́й (형); **~ое зерно́** 우량종자
соса́ть (미완) 빨다, 빨아내다(먹다); ~ грудь 젖을 빨다
сосе́д (남) ① 이웃 (삶) ② 결사람
сосе́дка (여) ① 이웃 여인 ② 결사람
сосе́дний (형) 옆에 있는, 이웃의; 인접한; **~яя ко́мната** 옆방; **~ие стра́ны** 이웃(주변)나라들, 인접국가들
сосе́дский (형) 이웃의, 이웃사람의
сосе́дство (중) 이웃, 인접; жить по ~у 이웃에 살다
соси́ска (여) (복수) 소시지 (sausage)
со́ска (여) 고무젖꼭지
соска́бливать (미완) 긁어서 없애다
соска́кивать (미완) ① 뛰어내리다 ② 떨어지다, 탈선하다
соска́льзывать (미완) 미끄러져 내려가다(떨어지다)
соско́к (남)(체육) 뛰어내리기

соску́читься (완) 그리다, 그리워하다; ~ по отцу́ 아버지를 그리다

сослага́тельный (형); ~ое наклоне́ние (언어) 가정법

сосла́ть (완) 유형(유배) 보내다, 추방하다, 귀향을 보내다

сосло́вие (중) 신분

сослуживец (남) (기관의) 동료

сослужи́ть (완); ~ слу́жбу 봉사하다, 부탁을 들어주다, 이익을 주다, 유익한 역할을 놀다

сосна́ (여) 소나무, 솔, 솔나무, 육송

сосно́вый (형) 소나무의; ~ый лес 솔밭, 송림; ~ая смола́ 송진

сосня́к (남) 솔밭, 솔숲, 송림(松林)

сосо́к (남) 젖꼭지, 유두

сосредото́чение (중) 집중, 집결; ~ войск 군대의 집결

сосредото́ченно (부) 집중적으로, 주의 깊게, 몰두하여

сосредото́ченный (형) 여념이 없는; ~ ого́нь 집중사격

сосредото́чиваться (미완), **~ться** (완) 마음을 가다듬다, (생각, 주의 등이) 집중(집결되다)

соста́в (남) ① 구성, 조성, 성원; 성부; хими́ческий ~ 화학적 성분 ② 열차; това́рный ~ 화물열차, 열차

состави́тель (남) ① 저자, 편찬자 ② (철도) 열사, 조성원

составле́ние (중) 작성, 편찬, 저작

составля́ть 미완; ① 나란히 놓다, 잇대어 놓다; ② 작성(편찬, 저작)하다; ~ прое́кт 초안을 작성하다; ③ 못다, 조직(형성, 구성)하다 ④ ~에 달하다

составно́й (형) 조립식의

соста́риться (완) 늙다

состоя́ние (중) ① 상태, 정세, 형편; ② 기분, 정신 상태 ③ 재산; быть в ~и (+미정형) ~을 할수 있다

состоя́тельный (형) 부유한, 재산이 있는, 돈이 많은;

состоя́ть (미완) ① из кого́-чего́ ~으로 구성되어있다, 이루어지다; кварти́ра ~ит из двух ко́мнат 살림집은 두 칸으로 되어있다; ② в чём ~ят обя́занности? 의무는 무엇인가?; в это́мто и ~ит вся тру́дность 바로 여기에 모든 곤란이 있는 것이다 ③ ~의 성원으로 있다 ④ ~의 상태에 있다

состоя́ться (완) 진행되다, 이루어지다

сострада́ние (중) 동정(심)

состри́ть (완) 익살을 부리다

состри́чь (완) 깍아버리다

состыкова́ться (완) 결합하다

состяза́ние (중) 경기, 시합

состяза́ться (미완) 경기(시합) 하다; 경쟁하다

сосу́д (남) ① 그릇, 용기 ② (해부) 맥관; кровеносные ~ы 핏줄, 혈관

сосу́лька (여) 고드름, 빙주(氷柱)

сосуществова́ние (중) 공존(共存)

сосуществова́ть (미완) 공존하다

сосчита́ть (완) 세어보다, 계산하다

со́тня (여) ① 100 (백)개 ② 100 루블 (지폐) ③; ~и (복수) 다수, 다량

сотру́дник (남) ① 직원, 일군, 근무자; ~ посо́льства 대사관성원 (관원) ② 동료; нау́чный ~ 연구사

сотру́дничать (미완) ① с кем 합작(협조, 협력)하다 ② (신문, 잡지 등에 정상적으로) 기고하다, 공무원으로 일하다

сотру́дничество (중) ① 협조, 협력 ② 기고 (寄稿)

сотряса́ть (미완) 뒤흔들다, 진동시키다

сотряса́ться (미완) 뒤흔들리다, 진동하다

сотрясе́ние (중) 진동; 강한 충동; ~ мо́зга 뇌진탕

со́ты (복수) 벌개, 벌의 집; мёд в ~ах 벌개 안의 꿀

со́тый (수) ① 100 (백) 번째*; одна ~ая 100 (백) 분의 1 (일)

со́ус (남) 소스; сое́вый ~ 간장

соуча́стие (중) 공모(共謀), 결탁

соуча́стник (남), **~ца** (여) 공모자, 공범자, 연루자

соуче́ник (남), **~ца** (여) 글동무, 동창생

Соф (Книга Пророка Софонии, 3장) 스바냐(zephaniah書)

софи́стика (여) 궤변(詭辯)

Софи́я (여) 2. 소피아(Sofia)

соха́ (여) 나무쟁기, 구식쟁기

со́хнуть (미완) ① 마르다 ② 시들다, 말라죽다 ③ 여위다, 마르다

сохране́ние (중) 보존, 보관, 유지; о́тпуск с ~ем (без ~я) содержа́ния 유급(무급) 휴가

сохрани́ть (완) ① 보존(간직,보관)하다; ~ здоро́вье 건강을 보존하다 ② 고수하다, 지키다; ③ 보유하다

сохрани́ться (완) ① 보존(보관, 유지)되다 ② (건강, 정력 등이) 유지되다 ③ 살아나다

сохра́нность (여) 보존, 보관, 보호; в ~и 무사히
соцве́тие (중) (식물) 송이 꽃
соцдогово́р (남) 사회주의경쟁계약
социа́л-демокра́т (남) 사회민주당원
социали́зм (남) 사회주의(社會主義)
социали́ст (남) 사회주의자. 사회당원
социалисти́ческий (형) 사회주의의, 사회주의적(인)
социа́льный (형) 사회의; ~ое обеспече́ние 사회보장; ~ое положе́ние 사회성분; ~ое страхова́ние 사회보험
социа́лог (남) 사회학자(社會學者)
социологи́ческий (형) 사회학의, 사회학상의; 사회문제의. 사회학적인
социоло́гия (여) 사회학(社會學)
соцсоревнова́ние (중) 사회주의 경쟁
соцстра́х (남) 사회보험(社會保險)
сочета́ние (중) 결합(結合), 배합, 조화
сочета́ть (미완, 완) 결합(배합) 하다, 결부(조화) 시키다;
сочета́ться (미완,완) ① 결합(배합,경비)되다 ② 조화되다
сочине́ние (중) ① 저서, 작품; собра́ние ~й 전집, 작품집 ② (학교에서) 글짓기, 작문 ③ (글, 음악 등이) 짓는 것
сочини́ть (완), **~я́ть** (미완) ① (글, 음악 등을) 짓다, 창작(저작)하다 ② 꾸며내다, 날조하다
сочи́ться (미완) 방울방울 흘리(스미) 나오다, 새다
сочлене́ние (중) ① 접합(接合) ② 매듭, 관절(貫節)
со́чный 형; ① 즙이 많은, 물기(수분)가 많은 ② 진한, 짙은 ~е кра́ски 진한색
сочу́вственно (부) 동정하여; ~ относи́ться к кому́ 동정하다
сочу́вствие (중) 동정(심)
сочу́вствовать кому́-чему́ 동정하다
сою́з (남) ① 동맹, 연맹; ~ рабо́чих и крестья́н 노농동맹; профессиона́льный ~ 직업동맹 ② 조합, 결사; свобо́да ~ов 결사의 자유 ③ (언어) 접속사(接續詞)
сою́зник (남) 동맹자(同盟者)
сою́знический (형) 동맹자의; ~ие отноше́ния 동맹관계
сою́зный (형) ① 동맹의 ② 가맹의; ~ая респу́блика 가맹공화국 ③ (언어) ~ое сло́во 접속어
со́я (여) 콩, 대두; 상태(上太)
спад (남) 주는 것, 저하, 약화, 감소
спада́ть (미완) ① 떨어지다, 벗겨지다 ② 줄다, 낮아지다,

저하(감소) 되다; ③ 드리우다, 축처지다

спазм (남) (의학) 경련, 가들기

спайка (여) ① 납땜(질); 납땜한곳 ② 유착(된곳) ③ 연계

спалить (완) 태워버리다

спальный (형); ~ый вагон 침대차; ~ое место 잠자리; ~ый мешок 침낭

спальня (여) 침실(寢室), 침방, 침소

спартакиада (여) 체육대회, 경기대회

спасательный (형) 구원의; ~ый отряд 구호대; ~ая шлюпка 구명정; ~ый пояс 구명대

спасать (미완) 살려주다, 구원하다, 구출하다

спасаться (미완) от кого-чего 구원되다, 모면하다; ~ от опасности 위험을 면하다

спасение (중) 구원, 구조, 구출(救出)

спасибо (조) (술어로) 고맙습니다, 감사합니다; большое ~ 대단히 감사합니다; ~ вам за помощь 도와주어서 감사합니다

спаситель (남) 구원자, 구제자

спать (미완) 있다, 잠자다, 잠자고 있다; крепко ~, ~ крепким(мёртвым) сном 세상모르고 자다; укладывать ~ 잠재우다

спаться (미완) кому 잠이 오다; мне не спиться 나는 잠이 오지 않는다.

спаянность (여) 단결, 결속, 통일

спаянный (형); [крепко] ~ коллектив 굳게 단합된 집단

спаять (완) (납땜질하여) 붙이다

спевка (여) 합창연습

спектакль (남) 연극, 공연; дневной ~ 낮 공연; любительский ~ 소인극(전문배우가 아닌 사람들이 하는 연극)

спектр (남) 스펙트르, 분광(分光)

спектральный (형); ~ анализ (물리) -분광(스펙트르) 분석

спектрограмма (여) 분광사진(分光寫眞), 스펙트르사진

спектрограф (남) 분광사진기

спектроскоп (남) 분광기(分光器)

спектроскопия (여) 분광법, 분광학

спекулировать (미완) ① 투기하다, 간상행위를 하다 ② 기화로 삼다

спекулянт (남), ка (여) 투기군, 투기 업자, 간신배

спекуляция (여) 투기, 간상행위

спе́лость (여) 성숙(정도)
спе́лый (형) 익은, 여문, 성숙한
сперва́ (부) 처음에는, 먼저, 우선
спе́реди (부) 앞에; 앞으로부터
спе́рма (여) (생리) 정액
спеси́вый (형) 거만한, 건방진, 교만한
спесь (여) 교만, 거만; сбить ~ с кого 콧대를 꺾다
спеть I (미완) 익다, 여물다
спеть II (완) (노래) 부르다
спе́ться (완) ① 화음되다; ② 합의를 보다, (행동의) 일치를 보다, 합의에 이르다
специализа́ция (여) ① 전문화, ② 학과(學科); 전공과목
специализи́рованный (형); 전문화된, 전문적인; ~ совет 학위논문발표평의회
специализи́роваться (미완, 완) ~을 전공하다; ~ по литерату́ре 문학을 전공하다
специали́ст (남) 전문가
специа́льно (부) 특별히; 전문적으로
специа́льность (여) 전공, 전문; 본업, 직업
специа́льный (형) ① 전문의; ~ое образова́ние 전문교육 ② 특별한, 특수한; ~ый корреспонде́нт 특파기자
спе́ции (복수) 양념, 조미료(調味料)
специ́фика (여) 특성, 특수성, 특징
специфика́ция (여) 명세서, 설명서
специфи́ческий (형) 독특한, 특수한
спецо́вка (여) 작업복(作業服)
спецоде́жда (여) 작업복(作業服)
спе́чься (완) ① 엉기다, 응결하다 ② (공학) 소결하다
спеши́ть (미완) ① 서두르다, 바빠하다; ~с рабо́той 일을 빨리 끝내려고 서두르다; ~ домо́й 집으로 바삐가다
спе́шиться (완) 말에서 내리다
спе́шка (여) 서두르는 것, 빨리하는 것; в ~е 몹시 서둘러서; к чему́ ~а? 왜 이렇게 서두릅니까?
спе́шно (부) 빨리, 급히, 바삐, 서둘러; э́то на́до ~ сде́лать 이것은 서둘러 해야겠다.
спе́шный (형) 급한; ~ое де́ло 급한 일; в ~ом поря́дке 급히
спидо́метр (남) 속도계(速度計)
спи́ливать (미완), **спили́ть** (완) ① 켜다, 자르다; ~ де́рево 나무를 켜다 ② (줄칼로) 쓸다

спина́ (여) 등; взвалить на ~у 등에 지다; лежать на ~е 반듯이 눕다; стать(повернуться) ~ой к кому-либо 등지고 서다

спи́нка (여) (어린이, 작은동물, 곤충의) 등, (의자의) 등받이 등

спинно́й (형) 등*; ~ мозг 등골, 척수; ~ хребет 척주, 등뼈, 척추

спира́ль (여) ① (수학) 타래선, 라선; 나사선 나선형물체 ② (항공, 공학) 나사 (라선) 강하

спиро́метр (남) (의학) 폐활량계

спирт (남) 알콜, 주정

спиртно́й (형) 알콜의; ~ые напитки 주정음료

спиртовка (여) 알콜등잔

списа́ть (완) ① 베껴쓰다 ② 훔쳐쓰다, 따쓰다, 표절하다 ③ 지출된 것으로 기입하다; 폐기물로 등록하다; ~ в расход 지출된 것으로 기입하다

списа́ться (완) 편지연락하다, 편지로 약속하다

спи́сок (남) 명단, 명부, 목록; ~ки избирателей 선거자 명단

спи́ться (완) 주정뱅이가 되다

спи́хивать (미완), спи́хнуть (완) 밀치다, 밀어서 떨어뜨리다(내려뜨리다), 밀어 넣다.

спи́ца (여) ① (바퀴, 우산의) 살; ② 뜨개바늘; вязать на ~х 뜨개질하다

спи́чечный (형) 성냥의; ~ая коробка 성냥갑

спи́чка (여) ① 성냥개비 ② (복수) 성냥

сплав I (남) 합금(合金)

сплав II (남) 떼몰이, 유벌; ~ леса 목재유벌

спла́вить I (완) 합금(合金)하다

спла́вить II (완) 유벌하다, 떼몰이하다

сплани́ровать (완) 계획하다

спла́чивать (미완) ① 결속시키다 ② 때를 뭇다

спла́чиваться (미완) 뭉치다, 단결(합심)하다, 결속되다

сплести́ (완), ~та́ть (미완) ① 뜨다, 엮다, 얽다 ② 꼬아 (엮어) 연결시키다

спле́тни (복수) 뒤말썽, 뜬소문, 중상

спле́тник (남), ~ца (여) 시비군, 말공부쟁이

сплетнича́ть (미완) (남에 대하여 이러쿵 저러쿵) 시비하다, 뜬소문을 퍼뜨리다

сплоче́ние (중) 단결, 결속

сплочённость (여) 단결, 단합

- 775 -

сплочённый (형) 단결된, 단합된
сплошно́й (형) ① 연속적인, 꽉들어찬 ~ лёд 얼음판 ② 전적인, 순전한, 완전한; ~вздор 순전한 허튼 소리
сплошь (부) ① 끊임없이, 틈없이, 촘촘히 ② 전면적으로, 완전히; ~ и рядом 대단히 자주, 거의 늘
сплю́нуть (완) ① 침을 뱉다. ② 뱉아내다
сплю́снутый (형) 납작한, 놀리어 납작해진
сплю́снуть (완)(눌러, 두드려) 납작하게 하다
сплю́щенный (형) 납작하게 된
сплю́щивать (미완), **~ть** (완)(눌러, 두드려) 납작하게 하다
сподви́жник (남) 전우(戰友), 위훈을 함께 세운 사람
споко́йно (부) ① 고요히, 조용히, 가만히 ② 편안히 ③ 침착히
споко́йный (형) ① 고유한, 조용한, 잔잔한 ② 평안한, 침착한 ③ 순한; ~ой но́чи 안녕히 주무십시오.
споко́йствие (중) 안심, 안녕, 침착, 고요한 마음
спола́скивать (미완) 헹구다; ~ бельё 빨래를 헹구다
сполза́ть (미완), **~ти** (완) ① 기어(미끄러져) 내리다 ② (굴러) 떨어지다, 전락되다
сполна́ (부) 전부(全部), 완전히
спонта́нный (형) 저절로 생기는, 자연 발생적인; ~ое измене́ние 자연적 변화
спор (남) ① 논쟁 ② 말다툼, 분쟁, 싸움 ③ 겨룸, 경쟁; на ~ 내기를 하여
спо́ра (여) (생물) 균알, 포자(胞子)
спо́рить (미완) ① 논쟁(논의)하다 ② 말다툼하다 ③ 경쟁하다 ④ 내기 하다, 내기를 걸다
спо́риться (미완) 잘되어가다, 직척되다; рабо́та ~ся 일이 잘 진척된다
спо́рный (형) 논쟁대상이 되는; ~ый вопро́с 논쟁문제; ва́ше мне́ние ~о 당신의 의견은 논쟁할만하다
спорт (남) 체육; занима́ться ~ом 운동하다; ви́ды ~а 경기종목
спортгородо́к (남) 체육촌
спортза́л (남) 체육실, 실내운동장, 실내경기장
спорти́вный (형) 체육의; ~ые соревнова́ния 경기; ~ый костю́м 운동복, 체육복; ~ая площа́дка 운동장
спортинвента́рь (남) 체육기구
спортклу́б (남) 체육구락부

спортплоща́дка (여) 운동장(運動場)
спортсме́н (남) 선수, 체육인(體育人)
спо́соб (남) 방법, 방식, 수단, 방도; ~ употребле́ния 사용법; ~ произво́дства 생산방식
спосо́бность (여) ① (복수) 재능, 재간, 수완, ② 능력, 힘, покупа́льная ~ 구매력
спосо́бный (형) 재능(재간, 재주) 있는, 유능한
спосо́бствовать (미완) ① 돕다, 방조(협조)하다 ② 촉진시키다
споткну́ться (완), **~ыка́ться** (미완) ① 걸채다, 걸리다; споткну́ться о поро́г 문턱에 걸채다 ② 애로, 난관 등에 부닥치다, 걸리다 ③ 실수하다
спохвати́ться (완) 문뜩 생각나다; во́время ~ 제때에 생각나다
спра́ва (부) 오른쪽에; 오른쪽으로부터
справедли́во (부) 공정 (정당) 하게
справедли́вость (여) 정의, 도리, 정당, 공정성; отда́ть ~ кому-чему 정당하게 평가해 주다
справедли́вый (형) ① 정당한, 공정한, 공명정대한 ② 정의의; ~ая война́ 정의의 전쟁
спра́вка (여) ① 증명서; ~а о состоя́нии здоро́вья 건강진단서 ② 문의; обраща́ться за ~ой 알아보다, 문의하다
справля́ться (미완) ① с чем 감당(처리)하다, 해제끼다; ~ с рабо́той 일을 해제끼다 ②; с кем-чем 이겨내다, 타승하다 ③ 알아보다; ~ по телефо́ну 전화로 알아보다
спра́вочник (남) 편람, 안내서; телефо́нный ~ 전화번호책
спра́вочный (형); ~ое бюро́ 물음칸, 안내소, 문의소; ~ое посо́бие 참고서
спра́шивать (미완) ① 묻다, 질문(문의)하다 ② с кого (책임을) 묻다, 추궁하다
спри́нтер (남) 단거리선수
спри́нтерский (형) 단거리*; ~ бег 단거리달리기
спровоци́ровать (완) 도발하다, 부추기다
спрос (남) 수요, 요구; ~ и предложе́ние 수요와 공급; удовлетворя́ть ~ 수요를 충족시키다
спросо́нок, **~ья** (부) 잠이 채 깨지 않아서, 잠결에
спрут (남) 문어, 대팔초어, 낙지
спры́гивать (미완), **~нуть** (완) 뛰어내리다, 내리뛰다
спры́скивать (미완), **~нуть** (완) (뿌려서. 뿜어서) 적시다,

축이다; ~нуть бельё 빨래를 축이다
спряга́ть (미완) (언어) (동사를) 변화 시키다
спряга́ться (미완) (언어) 변화되다
спряже́ние (중) (동사의) 변화
спря́тать (완) 감추다, 숨기다
спря́таться (완) 숨다
спу́гивать (미완), **спугну́ть** (완) (놀래워) 쫓다, 달아(날아)나게 하다; ~ птиц 새들을 놀래워 쫓다
спуд (남); ① извле́чь изпод ~а 써먹다, 사용하다 ② держа́ть под ~ом 쓰지 않고 보관해두다
спурт (남) (체육): [фи́нишный] ~ 마감 달리기
спуск (남); ① 내리는 것, 내리우는 것, 내려놓는 것; ~ корабля́ на во́ду 진수, 배떠우기 ② 내리막(길), 구배 ③ 방아쇠 не дава́ть ~у кому́ 용서하지 않다
спуска́емый (형); ~ аппара́т 하강기구
спуска́ть (미완) ① 내리우다, 내려놓다, 내려보내다; ~ плот 떼를 띄우다 ② 풀어놓다, 놓아주다; ~ куро́к 방아쇠를 당기다; спустя́ рукава́ 되는대로, 날치기로, 어름어름
спуска́ться (미완) ① 내리다, 내려가다, 하강하다, 떠내리다; ~ с горы́ 산에서 내리다; ~ по ле́стнице 층층 대로 내려오다 ② 깃들다, 내리다; спусти́лись су́мерки 황혼이 깃들었다 спусти́лся тума́н 안개가 끼었다
спустя́ (전) (+대) 지나서, 후에; ~ год 일년 지나서; ~ не́сколько дней 며칠 후에; ~ не́которое вре́мя 얼마 후에
спу́тник (남) ① 길동무, 동행자; 필연적인 사물 ② (천문) 위성; иску́сственный ~ 인공위성; запусти́ть ~ 위성을 쏘아 올리다; го́род-~ 위성도시
спя́чка (여) (동물들의) 겨울잠, 동면
срабо́таться (완) (일에서) 보조가 맞다, 손이 맞다
сравне́ние (중) 비교, 대비; 비유; по ~ю с кем-чем ~에 비하여
сра́внивать I (미완) ① 비교(대조, 대비)하다, 비겨보다 ② 비유하다
сра́внивать II (미완) 그르게(반반하게, 가지런하게) 하다; ~ по́ле 밭을 고르게 하다
сравни́тельно (부) 비교적(으로)
сравни́тельный (형) 비교의; ~ая сте́пень (언어) 비교급
сража́ться (미완) 싸우다, 투쟁하다
сраже́ние (중) 싸움, 전투(戰鬪)

срази́ть (완) ① 쳐서 꺼꾸러뜨리다, 쳐서 (쏴서) 죽이다 ② 몹시놀라게 하다, 아연실색케 하다

сра́зу (부) ① 곧, 즉시에 ② 단번에

срам (남) ① 수치, 치욕 ② (술어로) 수치다, 망신이다; какой ~! 무슨 수치야!

срами́ть (미완) 망신시키다, 창피를 주다; ~ при лю́дях 사람들 앞에서 망신시키다 ② 모욕적으로 욕질하다

срами́ться (미완) 망신하다, 창피를 당하다

сраста́ться (미완), **~ись** (완) 융합(유착) 되다, 합쳐지다

сраще́ние (중) 융합, 유착, 접합

сра́щиваться (미완)(공학) (용접, 납땜) 연결되다, 붙다

среда́ I (여) 수요일(水曜日), 수(水)

среда́ II (여) ① 환경; окружа́ющая ~ 주원환경; социа́льная ~ 사회적 환경 ② 계층 ③ 매질

среди́ (전) (+생) ① 복판에(서), 가운데; ~ пло́щади 광장 복판에서; ~ но́чи 밤중에; ~ книг 책가운데는; ② 사이에, 중에, 속에; ~ нас 우리들 중에는; дом ~ сосен 솔밭 속에 있는 집; ~(средь) бе́ла дня 대낮에, 백주에

средиземномо́рский (형) 지중해 연안

среднеазиа́тский (형) 중앙아시아

средневеко́вый (형) 중세기의

средневеко́вье (중) 중세기(中世紀)

среднегодово́й (형) 년평균의

среднеме́сячный (형) 월평균의

сре́дний (형) ① 가운데의, 중부의, 중간의; 보통의; ② 평균의; ~ий у́ровень 평균수준; ~ий урожа́й 평균수학; ~ее образова́ние 중등교육; ~яя шко́ла 중학교; ~ий род (언어) 중성; в ~ем 평균 (하여)

средото́чие (중) 중심(점), 집중점

сре́дство (중) ① 수단, 방법, 방책; ~а произво́дства 생산 수단; ② 약(藥), 약품, 약제; ③ (복수) 돈, 자금;

срез (남) 자름면, 절단면(切斷面)

сре́зать (완), **среза́ть** (미완) 자르다, 잘라내다, 끊다

срисова́ть (완), **~о́вывать** (미완) ① 베껴그리다, 복사하다, 모사하다 ② 사생하다

срок (남) ① 기간, 기한; дли́тельный ~ 장기간; в коро́ткий ~ 단기간 내에; ~ обуче́ния 수업 년한; к ~у, в ~ 기한내에, ~ом на оди́н год 1(일)년 기한으로; ② 시일, 기일;

сро́чно (부) 급히, 긴급히, 손히

сро́чный (형) ① 급한, 긴급한, 지급*; ~ая телеграмма 지급전보; ② 기한부의, 정기의; ~ый вклад 정기예금

сруб (남) 귀틀(집)

сруба́ть, ~и́ть (완) ① 베이다, 잘라내다; 채벌하다; 까내다 ② (통나 무로) 쌓다, (집을) 짓다

срыв (남) 파탄, 결렬, 좌절; 실패, 파국; вести к ~у 파국에로 이끌어가다

срыть (완) (소복한데를) 파서 반반하게하다; (파서, 폭파하여) 없애치우다

сса́дина (여) (피부, 살 등이) 긁힌(뜯긴) 자리

сcaди́ть I (완); **сса́живать** (미완) ① 내리워주다, 내려놓다 ② (기차 등에서) 내리우다

сcaди́ть II (완) (피부 등을) 할퀴다; 긁다, 벗기다; ~ ногу до крови 피가 나도록 발을 할퀴다

ссо́ра (여) 다툼, 싸움, 불화; быть в ~е 사이가 나쁘다

ссо́рить (미완) 다투게(싸우게) 하다, 불화를 일으키다

ссо́риться 미완 싸우다, 다투다, 말다툼하다

СССР(불변)(Союз Советских Социалистических Республик) 소련(蘇聯), 소비에트 사회주의 공화국연맹

ссу́да (여) 대부, 대여, 대부금, 꾸어준 돈;

ссуди́ть (완) 대부하다, 대여하다; ~ большу́ю су́мму 큰 금액을 대부하다

ссу́дный (형) 대부의; ~ капита́л 대부자본; ~ проце́нт 대부리자

ссыла́ться (미완); на *кого-что* ① 인용하다, 인증하다; ② 구실로 삼다; ~на боле́знь 병을 구실로 삼다

ссы́лка I (여) ① 유형, 정배, 추방; ② 유형지, 유배지: жить в ~е 유형(정배)살이 하다

ссы́лка II (여) ① 인용, 인증(引證); ② 인용문(引用文)

ссы́льный (남) 추방된 자, 유배자, 유형수(流刑囚)

ссыпа́ть (완), **ссыпа́ть** (미완) ① 쏟아(뿌려)넣다; ② 저장하다; 납부하다

ссыха́ться (미완) ① (말라서) 줄다, 오그라들다 ② (말라서) 굳어지다, 땅땅해지다

стабилиза́тор (남) (공학) 안전기(安全器) 안전장치

стабилиза́ция (여) 안정, 안정화, 고정, 고착

стабилизи́ровать (미완, 완) 안정(고정, 고착)시키다

стабилизи́роваться (미완, 완) 안정(고정, 고착)되다

стаби́льность (여) 안정성, 안정도

стаби́льный (형) 안정된, 고착된; ~ уче́бник 국가지정 교과서

ста́вить (미완) ① 세우다, 세워놓다, 놓다, 두다; ~ столб 기둥을 세우다; ~ це́лью 목적을 세우다; ② 조직(실시, 상연)하다; ~ о́пыты 실험을 하다 ③ 찍다; ~ печа́ть 도장을 찍다; ~ знак препи-на́ния 구두점을 찍다; ~ по́дпись 서명을 하다; ~ термо́метр 체온기를 겨드랑이에 끼우다

ста́вка I (여) 본부, 최고사령부, 사령부

ста́вка II (여) ① 치른(댄)돈; ② (재정) 임금, 세금을 ③ 기대, 타산; де́лать ~у на кого́-что́ ~을 타산하다

ставле́нник (남) 앞잡이, 괴뢰, 졸개

ста́вни (복수) 결창, 덧창

стадио́н (남) ~ 경기장(競技場)

ста́дия (여) 단계; находи́ться в ~и изуче́ния 연구중에 있다

ста́до (중) (동물의) 무리, 떼; ~ ове́ц 양떼

стаж (남) (활동,근무의) 연한; трудово́й ~ 노동연한; парти́йный ~ 당해연한;

стажёр (남) 견습생, 실습생(實習生), 견습공(見習工)

стажирова́ться (미완) 실습하다, 생산실습을 하다, 견습공으로 일하다

стажиро́вка (여) 현장실습, 생산실습, 견습(見習)

ста́йер (남) (체육) 장거리선수, 먼거리(달리기) 선수

ста́йерский (형) (체육) 장거리, 먼거리의; ~ бег 먼거리 달리기

стака́н (남) 컵, 잔, 고뿌; пить из ~а 잔으로 마시다

сталагми́т (남)(광물) 돌순, 석순(石筍)

сталакти́т (남)(광물) 돌고드름, 종유석

сталева́р (남) 용해공, 제강공

сталелите́йный (형) 제강의; ~ заво́д 제강소(製鋼所)

сталепла́вильный (형); ~ая печь 제강로, 강철용해로

сталепрока́тный (형) 강철압연의; ~ цех 강철압연직장

ста́лкивать (미완) ① 떠밀다, 밀어넣다, 밀쳐 버리다; ~ ло́дку в во́ду 배를 물에 밀어넣다 ② 충돌시키다, 마주치게 하다

ста́лкиваться (미완) ① 충돌하다, 부딪치다 ② с ке́м-че́м 만나다, 마주치다

ста́ло быть (삽입어) 그런즉, 따라서

сталь (여) 강철; нержаве́ющая ~ 불수강; специа́льная ~ 특수강

стально́й (형) ① 강철의; ~ая плита 강판 ② 강철같은, 억센; ~ая воля 강철같은 의지
стаме́ска (여) 끌, 조각칼,(조각용) 정.
стан I (남) 몸통, 몸집, 체구: тонкий ~ 호리호리한 몸집
стан II (남) ① 임시거처: полевой ~ (농사철의) 야외숙영지 ② 진영; вражеский ~, ~ врага 적진
стан III (남) 대, 받침대; прокатный ~ 압연기
станда́рт (남) ① 규격, 기준, 표준; ② (진부한) 틀, 도식
стандартиза́ция (여) 규격화, 표준화, 규격통일
станда́ртный (형) ① 규격에 맞는, 표준적인; ② 진부한, 틀(판)에 박힌;~ые фразы 틀에 박힌 말
станкостроéние (중) 공작기계제작
станкостроитéльный (형); ~ завод 공작 기계공장
становлéние (중) 형성
стано́к (남) 대, 공작기계; токарный ~ 선반; ткацкий ~ 직포기; френзерный ~ 밀링머신반; печатный ~ 인쇄
стато́чник (남), ~ца (여) 기대공
станцева́ть (완) 춤추다.
станцио́нный (형) 역의, 정거장의
ста́нция (여) ① 역(驛), 정거장; узловая ~ 분기역; конечная ~ 종착역, ~ отправления 떠나는 역, 출발역; ~ назначения 지정역; ② (봉사, 연구기관): телефонная ~ 전화국; опытная ~ 시험장, 시험농장; метереологическая ~ 기상대, 관측소 ③ 정류소; орбитальная ~ 궤도정류소
ста́пель (남) ① (해양) 배무이대, 선대, 선가대 ② 비행기 조립대
стара́ние (중) 노력, 고심; 열성, 열심; приложить все ~я 모든 힘을 다 기울이다
стара́тельно (부) 정성껏, 열심히
стара́тельный (형) 부지런한, 근면한
стара́ться (미완) ① 노력하다; ② ~ хочешь 애쓰다; ~ удержать 붙잡아 두려고 애쓰다
старéйшена (여) 연장자; 추장(酋長)
старéние (중) ① 늙는 것, 노쇠; ② 낡은 것
старéть (미완) ① 늙다, 노쇠하다; ② 낡다
стари́к (남) 늙은이, 노인
старина́ I (여) ① 옛적, 옛날, 고대: в ~у 옛날에 ② 옛날풍습, 고물, 골동품; любитнль ~ы 골동품애호가
старина́ II (남) 영감(슈監)

- 782 -

старинка (여) : по ~е 옛날식으로, 낡은 방식대로
старинный (형) ① 옛날의, 오랜, 과거부터 내려오는 ② 구식의; ~ обычай 낡은 풍습
стариться (미완) 늙다, 늙어지다
старожил (남) 한 공장에서 오래산 사람; 본토배기
старомодный (형) 구식의, 시대에 뒤떨어진
староста (남) 책임자; 학급장, 반장
старость (여) 늙음, 노년; на ~идет 늘그막에 가다
старт (남) 출발선, 출발점; на ~! (선수에게 출발선을 차지하라는 구령으로) 준비!
стартёр (남) ① 출발신호수 ② (공학) 시동기, 시동전동기
стартовать (미완, 완) 출발하다
старуха (여) 노파(老婆), 할머니
старушка (여) 할머니, 노파(老婆)
старческий (형) 늙은이의, 노인의
старше (형) 나이가 더 위인; 더 오랜
старший (형) ① 손위의; ~ий брат 형, 맏형; ~ая сестра 누나; ~ий сын 맏아들 ② (직위, 청호에서) 상급의; ~ий преподаватель 상급교원; ~ий научный сотрудник 상급 연구사; ~ий лейтенант 상위; ~ий сержант 상사 ③(명사)(남) 어른; 상급, 책임자
старшина (남) (군사) ① 특무상사, (해군에서) 중사(中士) ② 사관장, 중대장; ~ роты 중대사관장
старшинство (중) ① 나이(연장) 순서; по ~у 연장 순으로 ② 관등급순서
старый (형) ① 늙은; ~ый человек 늙은사람 ② 오랜; ~ый друг 오랜 친구, 옛 친구; ~ый солдат 노병 ③ 낡은, 헌, 못쓰게된 ④ 옛날의, 과거에 있은; ~ый адрес 이전의 주소; ⑤ 묵은; ~ый картофель 묵은 감자
старьё (중) (집합) 낡은 (헌) 물품, 고물, 헌옷 가지
старьёвщик (남) 넝마장사, 고물상
стаскать (완), **стаскивать** (미완) (모든 것을 한데) 나르다, 끌어 모으다; ~ всё в кучу 모든 것을 한데 날라 무더기로 쌓아놓다
статика (여) ① (물리) 정역학; ② 부동, 불변, 정지
статистик (남) 통계학자, 통계일군
статистика (여) 통계
статистический (형) 통계의; ~ие данные 통계자료
статный (형) 체구가 잘 생긴, 날씬한

статуэ́тка (여) 작은 조각상

ста́туя (여) 조각상, 전신상; бронховая ~ 동상

стать (완) ① 되다; он стал лётчиком 그는 비행사가 되었다; стало хо́лодно 추워졌다; ему́ ста́ло ве́село 그는 즐거워졌다; ② ~기 시작하다; ③ 서다; ~ на но́ги 일어서다; ④ 멎다; ⑤ (일 따위에) 붙다, 착수하다; ~ за стано́к 기대에 붙다;

ста́ться(완) 되다, 생기다; что с ним сталось? 그에게 무슨 일이 생겼나?

статья́ (여) ① 논설, 기사, 논문; ② 항목, 조항, 조목

стациона́р (남) 상설기관(常設機關)

стациона́рный (형) ~ое лечение 입원치료

ста́чечный (형) 파업의

ста́чка (여) 파업(罷業); всеобщая ~ 총파업

стащи́ть (완) ① 끌어가다; 끌어 모아놓다; ② 잡아 벗기다; ~ перча́тку с руки 손에서 장갑을 당겨 벗기다; ③ 훔치다, 도적질해가다

ста́я (여) 무리, 떼

ста́ять (완)(눈, 얼음이) 녹아없어지다

ствол (남) ① 나무줄기 ② 총신, 포신

ство́рка (여) 문짝(두 쪽으로 된 문의 한 쪽)

стеари́н (남) (화학) 스테아린(stearin)

сте́бель (남) 줄기, 대

стёганный (형) 솜을 두고 누빈; ~ое одея́ло 누비이불

стега́ть I (미완) 후려치다, 갈기다

стега́ть II (미완) 누비다

стека́ть (미완) 흘러내리다, 흘러들다

стека́ться (미완) 흘러들다 ② 모여오다, 모여들다

стекло́ (중) ① 유리; око́нное ~ 창문 유리 ② 유리제품

стеклогра́ф (남) 등사기, 복사기

стекля́нный (형) 유리*, 유리로 만든

стеко́льный(형); ~ заво́д 유리공장

стеко́льщик (남) 유리를 넣는 사람, 유리공

стелла́ж (남) 책시렁, 책꽂이, 선반

сте́лька (여) 신깔개

стемне́ть (완) 어두워지다

стена́ (여) ① 벽, 바람벽, 담장, 성벽 ② 장벽, 장애물

стенгазе́та (여) 벽보(壁報)

стенд (남) ① 전시대, 전람대, 진열대 ② (공학) 시험대,

- 784 -

조립대
сте́нка (여) 벽장(壁欌)
стенно́й (형); ~ые часы́ 벽시계
стеногра́мма (여) 속기록(速記錄)
стенографи́ровать (미완) 속기하다
стенографи́ст(남), **~ка** (여) 속기자
стенографи́я (여) 속기 (술), 속기법
степе́нный (형) ① 점잖은, 침착한, 진중한 ② 나이 지긋한
сте́пень (여) ① 정도, 한도; в вы́сшей ~и 최고도로 ② 급(級), 등급; ③ 학위; учёная ~ь кандида́та(до́ктора) нау́к 준박사(박사) 학위; присуди́ть учёную ~ь 학위를 수여하다; ④ (수학); возведе́ние в ~ь 제곱하기; сравни́тельная ~ь (언어) 비교급; превосхо́дная ~ь (언어) 최상급
степно́й (형) 초원의, 들판의
степь (여) 초원(草原), 들판, 스텝
стереозву́к (남) 입체음향(立體音響)
стереоме́трия (여) 입체 기하학
стереоскопи́ческий (형) 입체의
стереоти́п (남) ① 연판 ② 진부한 것, 판에 박힌 것, 상투적인 것
стереоти́пный (형) ① 연판의; ② 언제나 되풀이되는, 판에 박힌; ~ое выраже́ние 판에 박힌 표현
стереофони́ческий (형) 입체발성의
стере́ть (완) ① 씻다, 훔치다, 닦아 치우다, 지워버리다; ② стёр но́гу 발 가죽이 벗겨졌다; ~ с лица́ земли́ 없애버리다, 전멸(근절) 시키다
стере́ться (완) ① 지워지다, 벗겨지다 ② 쏠리다, 닳다
стере́чь (미완) 지키다, 지켜보다
стержéнь (남) 대, 자루, 축(軸)
стерилиза́тор (남) 멸균기, 소독기
стерилиза́ция (여) ① 멸균(법); ② (의학) 불임법, 피임법
стерилизова́ть (미완, 완) ① 멸균(살균, 소독)하다 ② 임신 못하게 하다
стери́льный (형) ① 소독한, 살균된 ② (생물) 생식능력이 없는
стерля́дь (여) 작은 철갑상어
стерпе́ть (완) 참다, 견디다
стесне́ние (중) 부끄러움; без ~я 허물없이; без вся́кого ~я

아무런 사양도 없이
стесни́тельный (형) 불편해하는, 거북해하는, 난처해하는
стесни́ть (완), **~я́ть** (미완) 배좁게 하다, 배좁게 살게 하다
стесня́ться (미완) 불편(곤란,거북)해 하다, 꺼리다, 망설이다; не ~йтесь! 사양마십시오!, 어려워 마십시오!
стетоско́п (남) 청진기(聽診器)
стече́ние (중) 군집, 합류; ~ обстоя́тельств 조성된 정세
стили́стика (여) 문체론
стилисти́ческий (형) 문체론적
стиль (남) ① 양식, 형식, 격식; архитекту́рный ~ 건축양식; ② 작풍, 방식; ~ в рабо́те 사업작풍 ③ 문체(文體)
сти́мул (남) 자극, 동기, 충동, 충동력
стимули́ровать (미완, 완) 자극(고무)하다, 충격을 주다, 활기를 띠게 하다
стипендиа́т (남) 장학생, 급비생, 장학금을 받는 학생
стипе́ндия (여) 장학금(奬學金)
стира́льный (형) 세탁용의, 빨래의; ~ая маши́на 세탁기, 빨래하는 기계
стира́ть (미완) 빨다, 빨래하다, 씻다: ~ бельё 내의를 빨다
стира́ться (미완) ① 때가지다; 빨래가 잘되다 ② 세탁중에 있다
сти́рка (여) 빨래, 세탁
сти́скивать (미완), **~нуть** (완) 누르다, 꽉지다; ~нуть зу́бы 이를 악물다
стих (남) ① 시(詩), 시행(詩行), 시구(詩句); бе́лый ~ 무운시; ② (복수) 시(詩);сбо́рник ~ов 시집
стихи́йно (부) 저절로, 자연발생적으로
стихи́йный (형) ① 자연의; ~ое бе́дствие 자연재해 ② 자연발생적인, 맹목적인
стихи́я (여) ① 자연현상, 자연력: борьба́ со ~ей 자연력과의 투쟁; ② 익숙한 환경
сти́хнуть (완) 잔잔(고요, 조용)해지다; ве́тер стих 바람이 잔잔해졌다
стихосложе́ние (중) 시짓기, 작시법
стихотворе́ние (중) 시(詩), 시가, 가집, 시영, 존영, 귀영; ~ в про́зе 산문시(散文詩)
стла́ть (미완) 깔다, 펴다
стла́ться (미완) 퍼지다; 깔리다; 펼쳐지다; тума́н сте́лется 안개가 낀다

сто́ (수) 100, 백(佰)

стог (남) 가리. 낟가리

сто́имость (여) ① 가치, 값어치; ② 값, 가격

сто́ить (미완) ① 값을 가지다, 값나가다; ско́лько ~т? 값이 얼마입니까?; кни́га ~т три воны́ 책값은 3원이다; ② 가치를 가지다, 값이 있다; ③ ~을 요구하다; ~т большо́го труда́ 많은 노역을 요구한다. ④ (+ 미정형) 할만하다; ~т посмотре́ть 볼만하다: не ~т спеши́ть 덤빌(서두를) 필요는 없다

сто́йка I (여) ① 자세: ~ (сми́рно) 차렷 자세 ② (체육) 거꾸로 서기

сто́йка II (여) ① 기둥, 받침대 ② 판매대

сто́йкий (형) ① 견고한, 오래 견디는 ② 강의한, 견실한; ~ хара́ктер 강의한 성격

сто́йко (부) 완강(강인)하게

сто́йкость (여) 견고성, 강의성(剛毅性)

сто́йло (중) (축사안의 간막은) 칸

сток (남) ① 흘러내림, 유출, 배출; ② 뺄 물길, 배수로, 수채물구멍, 낙수받이

стол (남) ① 상(床), 책상, 밥상; пи́сьменный ~ 책상; ② 식사, 요리, 음식; спра́вочный ~ 안내소

столб (남) 기둥, 주(柱), 가주, 버팀목; пограни́чный ~ 국경경계표

столбе́ц (남) (페이지의) 란, 줄, 열

столбня́к (남) (의학) 파상풍(破傷風)

столе́тие (중) ① 100(백)년, 1(일)세기: двадца́тое ~ 20(이십)세기 ② 100(백) 돌, 백주년

столе́тний (형) 100(백)년의, 백살의

столи́ца (여) 수도(首都), 서울

столи́чный (형) 수도의, 서울의

столкнове́ние (중) 충돌(衝突)

столо́вая (여) ① 식당 ② 식당방

столо́вый (형): ~ая ло́жка 숟가락; ~ый прибо́р (한사람분의) 식기

столп (남) ① 탑(塔) ② 저명한 활동가, 대가(大家)

столпи́ться (완) 모여들다, 몰리다

столпотворе́ние (중) 혼잡, 무질서, 난장판

столь (부) 그리, 그렇게도, 그토록

сто́лько(부) ① 그만큼 ② 그렇게까지

столя́р (남) 목공(木工), 목수(木手)
столя́рный (형); ~ые работы 목수일
стомати́т (남) (의학) 입안염, 구내염
стомато́лог (남) 구강의사, 구강의학자
стоматоло́гия (여) 구강학(口腔學)
стон (남) 신음(소리)
стона́ть (미완) 앓는소리를 하다, 앓음 소리를 치다, 울부짖다
стоп (감) (구령으로) 섯!, 그만 (두어)!
стопа́ (여) 발바닥; идти по ~м кого ~의 모범을 따르다
сто́пка (여) ① 차곡차곡 놓은 것, 묶음; ② (작은) 술잔
сто́птанный (형) (신발에 대하여)(닳아서) 비뚤어진
стопта́ть (완) (신발을) 닳게 (비뚤어지게) 하다
сторгова́ться (완) ① 값을 매기다(정하다), 흥정이 되다 ② 합의되다
сто́рож (남) 수위, 경비, 감시원
сторожево́й (형) 경비*; ~ой пост 보초소; ~ая вышивка 망루; ~ое судно 경비선, 단속선
сторожи́ть (미완) 지키다, 경비(감시)하다
сторо́жка (여) 초소, 감시소
сторона́ (여) ① 쪽, 방향, 편(便); с ле́вой ~ы 왼쪽으로부터; ② 지방, 고장; на чужо́й ~е 이국 땅에서; ③ 면(面); лицева́я ~а 앞면; оборо́тная ~а 뒷면; ④ (성질의) 측면; сла́бая ~а 약점 ⑤ 관점, 견지; со всех сторо́н 각 방면으로부터; со все́й ~ы 자기로서는; с одно́й ~ы 한편으로는
сторони́ться (미완) ① 비키다, 물러서다 ② 피하다, 멀리하다
сторо́нник (남) 옹호자, 지지자, 찬성자(贊成者)
сто́чный (형): ~ые во́ды 버릴 물, 구정물, 오수; ~ая кана́ва 배수로
стоя́нка (여) ① 정지, 정박; ② 정차장, 정박소 ③ 유숙지, 거처
стоя́ть (미완) ① 서있다 ② 있다, 위치하다; ③ 제기되다; ④ 지키다, 고수하다; ⑤ на чём 주장하다 ⑥ 멎어있다, 정박(정류) 하고있다; ⑦ (동일한 상태가) 계속(지속) 되다; ⑧ ~의 편에 서다; ~ять за пра́вое де́ло 정의의 편에 서다
стоя́чий (형) ① 서있는, 곧추세워진 ② 흐르지 않는, 고인; ~ая вода́ 고인물
стра́да (여) 농번기(農繁期); 바쁜 철

страда́льчиский (형) 괴로운, 고통스 러운, 어려운, 힘든
страда́ние (중) 괴로운, 고민, 고통; испытывать ~я 고통을 겪다
страда́тельный (형); ~ залог (언어) 피동형, 입음형
страда́ть (미완) ① 고통을 겪다, 고민하다; ~ от боли 아파서 고통을 겪다 ② чем 앓다 ③ за *кого-что* 가슴아파하다; ④ 손실(피해)을 입다(당하다), ~ от наводнения 큰물의 피해를 입다
стра́жа (여) 무장경비대, 호위병, 초병; быть (стоять) на ~е 지키다, 수호하다
страна́ (여) 나라, 국가(國家)
сирани́ца (여) 페지(廢止); на ~х газет 신문지상에서
стра́нник (남) 나그네; 방랑자(放浪者)
стра́нно (부) ① 이상(기이) 하게 ② (술어로) 이상하다
стра́нный (형) 이상한, 괴이한
стра́нствовать (미완) 돌아다니다, 여행하다; 방랑하다, 자꾸 자리를 옮 기다
стра́стный (형) ① 열정적인, 열렬한; ~ая речь 열정적인 열설 ② 애정에 불타는
стра́сть (여) 열정, 열망; ~ к чтению 독서욕, 독서열
страте́г (남) 전략가(戰略家)
стратеги́ческий (형) 전략적인
страте́гия (여) 전략(戰略)
стратосфе́ра (여) 성층권(成層圈)
стра́ус (남) 타조(駝鳥)
страх (남) 공포, 무서움, 두려움, 불안함; чувство ~а 공포심, 공포감; дрожать от ~а 무서워서 떨다
страхова́ние (중) 보험; ~ жизни 생명보험; ~ имущества [от огня] 화재보험; государственное(социальное) ~ 국가(사회)보험
страхова́ть (미완) ① 보험을 체결하다; ② 예방하다 ③ (체육, 곡예에서) 안전대책을 세우다
страхова́ться (미완) ① 보험에 들다 ② 자기를 보호하다
страхо́вка (여) ① 보험금 ② 보험료 ③ 안전보장
страхово́й (형) 보험의; ~ взнос 보험료
страши́ть (미완) 무서워하게 하다, 겁나게 하다
страши́ться (미완) *чего* 무서워하다, 겁내다
стра́шно (부) ① 무섭게 ② 아주, 몹시, 지독히 ③ (술어로) 무섭다

стра́шный (형) ① 무서운, 무시무시한 ② 지독한, 대단한; ~ насморк 지독한 감기
стрекоза́ (여) 잠자리
стрела́ (여) ① 화살; пусти́ть ~у 활을 쏘다; лета́ть как ~а 화살처럼(쏜살같이)날다 ② (기중기의) 팔 ③ (식물)(꽃)줄기
стре́лка (여) ① 바늘, 지침; ~а часо́в 시계바늘; ~а ко́мпаса 지남침; перевести́ ~у 바늘을 돌리다; ② (철도) 전철기; перевести́ ~у 전철기를 돌리다
стрелко́вый (형) ① 사격의; ~ые соревнова́ния 사격경기 ② 보병의; ~ый батальо́н 보병대대
стрело́к (남) 사격수, 사수(射手)
стрело́чник (남) (철도) 전철운전수
стрельба́ (여) 사격, 사격소리, 총소리
стре́льбище (중) 사격장, 사격연습장
стреля́ть (미완) ① 쏘다; ~ть из ружья́ 총을 쏘다 ② 쏘아 죽이다 ③ 쑤시다; ~ет в пра́вом у́хе 오른 귀가 쑨다
стремгла́в (부) 부리나케
стреми́тельно (부) 급히, 쏜살같이, 신속히
стреми́тельный (형) 급격한, 신속한, 몹시 빠른
стреми́ться (미완) ① 지향하다, 갈망 하다; ② 노력하다, 애쓰다, ③ 내달리다
стремле́ние (중) 지향, 갈망; ~ к учёбе 배움에 대한지향,
стре́мя (중) 등자
стремя́нка (여) 사다리, 줄사다리
стрептомици́н (남) 항생제, 마이신, 스트렙토마이신
стрептоци́д (남) 방선균의 하나, 스트렙토마이신
стресс (남) ① 스트레스(stress), 긴장, ② 교합력
стре́ха (여) 처마, 추녀, 첨아
стриж (남) 칼새
стри́женый (형) (머리를) 짧게 깎은
стри́жка (여) ① 머리깎기 ② 머리 깎는식; коро́ткая ~ 단발머리 ③ 털깎기; ~ ове́ц 양의 털을 깎는 것
стричь (미완) 깎다; 치다; ~ во́лосы 머리를 깎다; ~ но́гти 손톱을 깎다
стри́чься (미완) 머리를 깎다, 이발 하다
строга́льный (형): ~ стано́к 평삭반
строга́ть (미완) 대패질하다
стро́гий (형) ① 엄격한; ~ий вы́говор 엄중경고 ② 엄밀한

③ 단정한; ~ие черты лица 단정한 용모

стро́го (부) ① 엄격하게, 엄하게; ~ говорит 엄한 투로 말한다; ② 엄밀하게, 정밀히 ③ 단정하게; ~ настрого 아주 엄하게, 매우 엄격히

стро́гость (여) ① 엄격성, 엄하게; ② (복수) 엄준한: 대책(조치,질서); ввести больши́е ~и 엄격한 질서를 세우다

строево́й I (형): ~ лес 건축용 목재

строево́й II (형) (군사): ~ая подгото́вка 대열훈련: ~о́й шаг 정보

строе́ние (중) ① 건축물, 물건, ② 구조, 구성, 조직: ~ а́тома 원자의 구조

строи́тель (남) 건설자

строи́тельный (형) 건설의, 건축의;~ая площа́дка 건설장:

строи́тельство (중) ① 건설, 건축; ② 건설장; ③ 건설, 창조: ~ социали́зма 사회주의 건설

стро́ить I (미완) ① 짓다, 세우다, 건설(건축, 건조)하다 ② 창조하다 ③ 세우다: ~ пла́ны 계획을 세우다

стро́ить II (미완) 정렬시키다, 대열을 정돈하다: ~ полк 연대를 정렬시키다

стро́иться I (미완) ① 건설되다 ② 자기 집을 짓다

стро́иться II (미완) 정렬하다, 대열을 짓다

строй I (남) ① 제도, 법제, 시스템; социалисти́ческий ~ 사회주의제도, ② 구성, 체계: граммати́ческий ~ 문법구조

строй II (남) 대렬, 대오: встать в ~й 대열에 서다; вы́йти из ~я 대열에서 나오다; пе́ред ~ем 대열 앞에서; вы́йти из ~я 쓸모없이(못쓸게) 되다; вступи́ть в ~й 조업하다

стро́йка (여) ① 건설, 건축 ② 건설장

стройматериа́л (남) 건재(建材)

стро́йтельный (형) ① 정연한; ~ые ряды́ 정연한정연한 대열; ② 날씬한, 균형이 잡힌

строка́ (여) 줄, 글줄, 행(行)

стропи́ло (중) 서까래, 연목(椽木)

стропти́вый (형) 고집이 센, 심술궂은

строфа́ (여) (문화) (시의) 절(節)

строчи́ть (미완) ① 박음질하다, 재봉침으로 박다 ② (글을) 빨리(서둘러) 쓰다 ③ (자동총으로) 점발사격하다

стро́чка I (여) 줄, 글줄, 행(行)

стро́чка II (여) 박음질

строчно́й (형);~ая бу́ква 소문자

стру́жка (여) 대패밥, 절삭밥, 쇠밥
стру́иться (미완) 흐르다; 풍기다
структу́ра (여) 구조, 구성, 기구, 얼개, 구상
структурали́зм (남) (언어) 구조주의
структурали́ст (남)(언어) 구조주의자
структу́рный (형) 구조의; ~ый анализ 구조적 분석
струна́ (여) (악기의) 줄, 끈, 실
стру́нный (형) 현악의, 취주악; ~ инструмент 현악기; ~ оркестр 현악단
струп (남) 더뎅이, 부스럼 딱지; покрываться ~ьями 더뎅이가 앉다
стру́сить (완) 무서워하다, 겁나하다
стручко́вый (형) 꼬투리가 달린; ~ перец 남주 고추
стручо́к (남) 꼬투리; бобовый ~ 콩꼬투리
струя́ (여) (물, 공기, 가스의) 흐름; ~ воды 물줄기
стря́пать (미완) ① 음식을 만들다(차리다), 요리하다 ② 짓다, 쓰다; 조작하다
стряпня́ (여) ① 음식, 요리 ② 거치른(서투른, 더러운) 글
стря́хивать (미완), стряхну́ть (완) 털다
студе́нт (남), ~ка (여) (대)학생
студе́нческий (형) (대)학생*; ~ое общежитие 대학생기숙사; ~ий билет 학생증
студе́нь (남) 식혀서 묵처럼 엉기게 만들 곰(보쌈, 족편과 비슷함)
студи́ть (미완) 식히다, 차게 하다
сту́дия (여) ① 제작실, 방송실; 화실; 조각실; 스튜디오; ② 예술학교(미술, 무용, 음악 등)
сту́жа (여) 혹한, 지독한 추위
стук (남) ① 두드리는 소리 ② в дверь 노크, 손기척
сту́кнуть (완) ① (탕, 뚝뚝) 치다, 때리다, 두드리다; ~ в окно 창문을 두드리다 ② (회화) (나이가) 되다; ему ~ло шестьдесят лет 그는 예순 살이 되었다
сту́кнуться (완) 부딪치다, 마주치다
стул I (남) 의자, 걸상
стул II (남) (의학) 대변(大便); 배설물
сту́па (여) 절구(絶句)
ступе́нь (여) 단계; поднять работу на новую ~ 사업을 새로운 단계로 끌어 올리다
ступе́нька (여) 단, 계단, 층계; каменная ~ 디딤들, 디딤단

спупи́ть (완) 걷다, 밟다; ~ через поро́г 문턱을 넘어 디디다
сту́пка (여) (작은) 절구
ступня́ (여) ① 발 ② 발바닥
стуча́ть (미완) ① 두드리다; ~ в дверь 문을 두드리다 ② 고동(맥박) 치다; се́рдце ~ит 가슴이 두근거리다
стуча́ться (미완) 문을 두드리다
стушева́ться (완) 당황해지다, 겁나하다
стыд (남) ① 부끄러움 ② 수치, 창피
стыди́ть (미완) 수치를 느끼게하다, 창피를 주다, 무안해 하게 하다
стыди́ться (미완) 부끄러워하다, 창피해 하다
стыдли́вость (여) 부끄러움, 수줍음
стыдли́вый (형) 부끄러워하는, 수줍어하는, 쟁피해 하는.
сты́дно (술어로) 부끄럽다; мне ~ за тебя́ 나는 너 때문에 부끄럽다
стык (남) ① 접합, 용접, 맞땜; ② 인접점, 분기점, 접합점, 이음줄
стыко́вка (여) 결합(結合)
сты́нуть, стыть (미완) 식다, 차지다
сты́чка (여) ① (짧은) 전투 ② 충돌, 다툼
стюарде́сса (여) (비행기) 안내원
стя́гиваться (미완) (많이) 집결하다, 모이다
стя́жка (완) ~을 얻다, 획득하다.
стя́нуть (완) ① 졸라매다 ② (끝을) 잇다 ③ 모이다, 집결(집합) 시키다
суббо́та (여) 토요일(土曜日)
суббо́тник (남) 토요노동
субсиди́ровать (미완, 완) 보조금을 주다
субси́дия (여) 보조금(補助金)
субста́нция (여) ① 물질(物質) ② 실태약(물)
субстра́т (남) ① 기질(基質), 수매질 ② 하층(下層)
субти́тр (남) 자막(字幕)
субтро́пики (복수) 아열대지방
субтропи́ческий (형) 아열대의: ~ кли́мат 대기후(大氣候)
субъе́кт (남) ① (철학) 주체, 주관; ② (어떤 행동, 파정의) 주체(主體), 주인(主人)
субъективи́зм (남) ① (철학) 주관주의; 주관적 관념론 ② 주관성, 자기본위
субъекти́вность (여) 주관성(主觀性)

субъекти́вный (형) 주관의, 주관적인
сувени́р (남) 기념품(紀念品)
суверените́т (남) 자주권; национальный ~ 민족적 자주권
суверéнный (형); ~ое государство 주권국가
суглини́стый (형); ~ые почвы 모래 진흙땅
сугли́нок (남) 모래진흙
сугро́б (남) 눈 무더기, 눈 더미, 눈구덩이
сугу́бо (부) 대단히, 지극히
Суд (Книга Судей Израилевых 21장) 사사기(士師記)
суд (남) 재판; 재판소, 법정: Верховный ~ 최고재판소
суда́к (남) (어류) 수다크(농어과의 한 가지)
суде́бный (형) 재판의*; ~ процесс 재판소송
суде́йский (형) (채육) 심판원*; ~ая коллегия 심판위원회
суде́йство (중) (채육) 심판(審判)
суди́мость (여) (법학) 전과
суди́ть (미완) ① 재판(판결)하다; ~ преступника 범인을 재판하다; ② 판단(논단, 단정)하다; 생각(추측)하다 ③ 비난하다 ④ (채육) 심판하다
суди́ться (미완) ① ~와 재판하다 ② 재판받다
су́дно (중) 선박, 배, 선척; пассажирское ~ 여객선; ~ на подво́дных крыльях 수중익선, 수중날개배
судове́рфь (여) 조선소
судово́й (형) 배*, 선박*; ~ые огни 배등불; ~ой журнал 항해일지
судо́к (남) 찬합
судопроизво́дство (중) 재판소송
судоремо́нтный (형) 배수리*
су́дорога (여) 경련, 쥐(살)
су́дорожный (형) ① 경련적인 ② 발작적인; 안절부절한
судострое́ние (중) 선박건조, 선박건조업, 배무이
судострои́тель (남) 조선기사, 조선공, 선박기사
судострои́тельный (형); ~ завод 조선소
судоустро́йство (중) 재판제도, 재판소구성법
судохо́дный (형) 항해 가능한, 항행이 가능한, 항행할 수 있는
судохо́дство (중) 항행, 항해
судьба́ (여) 운명, 팔자, 숙명
судья́ (남) ① 판사; ② (채육) 심판원; главный ~ 주심; ~ на линии 선심, 부심; ~ международной категории

국제심판원
суеве́рие (중) 미신(迷信)
суеве́рный (형) 미신*, 미신적인
суета́ (여) ① 허망한 것, 보람없는 것 ② 무사분주한 것; работать без ~ы 조용히 일하다
суети́ться (미완) 덤비다, 부산을 떨다, 부산히 돌아치다, 동분서주하다
суетли́во (부) 부산하게, 분주히
суетли́вый (형) 부산한, 부산하게 돌아치는, 수떨한
сужде́ние (중) 견해, 의견, 판단
суже́ние (중) ① 좁히는 것 ② 축소, 제한감소 ③ 좁아진 곳
сужива́ть (미완) 좁히다
сужива́ться (미완) 좁아지다
сук (남) ① 큰 (굵은) 나뭇가지; ② 옹이; доска без сучьев 옹이가 없는 널판자
су́ка (여) 암캐
сукно́ (중) 나사(천); положить под ~ (신청서, 청원서 등을) 깔아버리다
суко́нный (형) 나사의
сули́ть (미완) 약속하다
сульфа́т (남) (화학) 유산염
сульфи́д (남) (화학) 유물염, 황화물
сульфи́т (남) (화학) 아황산염(亞黃酸鹽)
сумасбро́д (남) 미치광이
сумасбро́дный (형) 망령된, 망령스러운
сумасбро́дство (중) 망령, 미치광이 것
сумасше́дший (형) ① 미친; ~ий дом 정신병원 ② (명사로); ~ий (남), ~ая (여) 미치광이
сумасше́ствие (중) 정신착란, 미치는 것
сумато́ха (여) 북새통, 소동(騷動)
сумбу́р (남) ① 혼란, 혼동; ② 어수선함, 북새통
сумбу́рный (형) 혼란된, 갈피를 잡을 수 없는
су́мерки (복수) 황혼(黃昏), 어스름, 땅거미, 종말(終末)
суме́ть (완) (+미정형) 할 줄 안다, 할 수 있다; ~ отве́тить 대답할 줄 알다; не ~ отве́тить 대답할 줄 모르다
су́мка (여) 가방, 주머니; да́мская ~ (부인용) 손가방; 핸드백
су́мма (여) ① 총액, 총계; о́бщая ~а 총액; в ~е 합하여,

합계하여 ② 금액(金額)

сумма́рный (형) 합계의, 총계의; ~ое коли́чество 총수

сумми́ровать (미완, 완) ① 합하다, 합계를 내다, 총계를 내다 ② 종합하다, 총괄하다; ~ все да́нные 모든 자료를 종합하다

су́мрак (남) 으스름, 어스레한 어둠

су́мрачный (형) ① 어스레한, 어둑어둑한; ~ лес 어둑컴컴한 수림 ② 우울한, 침울한, 음침한

сунду́к (남) 궤, 장롱, 뒤주

суперобло́жка (여) 겉표지

суперфосфа́т (남) 과인산 비료

суппо́рт (남) (공학) 왕복대; 바이트대 받침대

супру́г (남) ① 남편, 지아비, 남정네, 부(夫), 바깥양반, 서방, ②; ~и (복수) 부부, 가시버시, 내외, 부처,

супру́га (여) 부인(婦人), 처(妻)

супру́жеский (형) 부부*

супру́жество (중) 부부생활, 결혼생활, 부부관계

сургу́ч (남) 봉랍(封蠟)

сурди́нка (여) (음악) 약음기; под ~у 슬그머니, 조용히

Сурина́м (남) 수리남

суро́вый (형) ① 혹독한, 가혹한, 무자비한; ② 준엄한; ③ 엄한, 무뚝뚝한 사람; ~ый челове́к 엄한사람

суррога́т (남) 대용품, 가짜 제품, 대품, 대물

сурьма́ (여) (화학) 안티몬(Antimon) [51번: Sb:121.75])

су́сло (중) 맥아즙, 엿기름 [엿끼—] 보리에 물을 부어 싹이 튼 다음에 말린 것《엿과 식혜를 만드는 데 씀》

суспе́нзия (여) (화학) 현탁액

суста́в (남) 뼈마디, 관절, 매듭; воспале́ние ~ов 관절염,

су́тки (복수) 하루, 일주야(24시간); дво́е су́ток 2 (이) 주야

суто́лока (여) 혼잡, 복색, 뒤범벅판

су́точный (형) 하루 동안의; ~ запа́с продово́льствия 하루분의 식량예비

суту́литься (미완) 등을 굽히다

суту́лый (형) 등이 굽은

суть (여) 본질, 진수, 요점; по ~и де́ла 실지에 있어서는

суфлёр (남) (연극) 대사를 섬겨주는 사람

су́ффикс (남) (언어) 뒤붙이, 접미사(接尾辭)

суффикса́ция (여) 접미사법

суха́рь (남) 건빵, 가게, 구멍가게

суховей (남) 가뭄바람
суходе́льный (형); ~ые поля 밭
сухожи́лие (중) 힘줄, 근육
сухо́й (형) ① 마른, 건조한; ~ая ветка 마른 나뭇가지; ② 여윈, 파리한; ③ 냉담한, 매몰스러운; ~ое вино (완전히 발효시켜서 만든 포도주); ~ой закон 금주법
сухопу́тный (형) 육지의, 땅, 뭍; ~ые войска 육군(陸軍)
сухофру́кты (복수) 말린 과일, 건과일
сухоща́вый (형) 여윈 수척한
сучкова́тый (형) 옹이가 (많이) 있는
сучо́к (남) ① (작은)나뭇가지 ② 옹이
су́ша (여) 육지, 뭍; на ~е и на мо́ре 육지와 바다에서
сушёный (형) 말린, 건조시킨; ~ая ры́ба 말린 물고기
суши́лка (여) 건조기, 건조장치; 건조실, 건조대
суши́льный (형) 말리는, 건조용의; ~ шкаф 건조함
суши́ть (미완) ① 말리다, 건조시키다 ② 여위게 하다
суши́ться (미완) ① 마르다; бельё су́шится 빨래가 마르고 있다 ② 젖은 옷을 입은 채 마르다
су́шка I (여) 말림, 건조(乾燥)
су́шка II (여) (작은) 가락지 빵(건빵의 한 가지)
суще́ственный (형) 본질적인, 진수가 되는
существи́тельное (중) 명사(名詞), 이름씨
существо́ I (중) ① 생명체, 인간, 동물: живо́й ~а 생명체; ② 존재, 인물; стра́нное ~о 괴상한 존재
существо́ II (중) 본질, 본바탕, 근본, 본성, говори́ть по ~у 화제를 돌리지 않고 말하다; [говоря́] по ~у 사실은 ~
существова́ние (중) 존재, 생존(生存)
существова́ть (미완) ① 있다, 존재하다, 현존하다; ② 살아가다, 생활하다
существу́ющий (형) 현존의; ~ поря́док 현존질서
су́щий (형); ~ая пра́вда 참말 옳은 말이다; ~ие пустяки́ 전혀 쓸 때 없는 말(일)이다
су́щность (여) 본질(本質), 본성
сфабрикова́ть (완) 날조 (조작)하다
сфе́ра (여) ① 영역, 범위; ~ де́ятельности 활동범위, ~ обслу́живания 봉사영역; ~ влия́ния 영향범위, ② 구, 구면
сфери́ческий (형) 구면의, 구형의
сформули́ровать (완) 정식화하다
сфотогрофи́ровать (완) 사진을 찍다, 촬영하다

сфотографи́роваться (완) 사진을 찍다, 촬영하다
схвати́ть (완) ① 잡다, 붙잡다, 덥석쥐다 ② 병을 얻다; ~ на́сморк 감기에 걸리다 ③ 포착 (파악)하다
схва́тка (여) ① 싸움, 격투, 결투, 투쟁; жа́ркая ~ 백열전, 백병전 ②; **-и** (복수) (의학) 진통
схе́ма (여) ① 도표, 도해, 도형; ② 도식, 틀; ③ 약도, 요약; 해설도, 설계도.
схемати́ческий (형) 도표로 표시한; 약도의, 도형의, 도식의
схемати́чный (형) 개략적인; 도식적인
схлыну́ть (완) ① (물이) 찌다, 줄다 ② (군중이) 즉시에 흩어져 사라지다
сходи́ть I (미완) ① 내리다, 내려가다: ~ с по́езда 기차에서 내리다 ② (얼룩이)사라지다, (가죽등이) 벗어지다
сходи́ть II (완) 갔다 오다, 왕복
схо́дни (복수) 부두다리; 발판, 사다리
схо́дный (형) ① 유사한, 비슷한 ② (가격 등이) 맞춤한, 적당한; по ~ой цене́ 맞춤한 값으로
схо́дство (중) 유사성, 비슷한 것, 일치
сце́на (여) ① 무대, 단(壇), 스테이지(stage); выступа́ть на ~е 무대에서 출연하다 ② (연극) 장(章) ③ 장면, 광경, 씬(scene); ④ 말다툼, 싸움; семе́йная ~а 가정싸움
сцена́рий (남) ① 영화문학 ② 연출대본
сценари́ст (남) 영화문학 작가
сцени́ческий (형) 무대의, 단(壇); ~ое иску́сство 무대예술
сцепи́ть (완) 연결하다
сцепи́ться (완) ① 연결되다 ② 맞붙어 싸우다
сце́пка (여) 연결, 연계, 연락, 연합, 결합, 접속
сцепле́ние (중) ① 연결, 결합, 연계, 연락, 결부, 접속, 소절(紹絕) ② 연결기, 연결장치
счастли́вец (남) 행복한 사람, 행운아
сча́стливо (부) ① 행복하게 ② 무사히; сча́стливо [остава́ться]! 안녕히 계십시오!
счастли́вый (형) ① 행복한; ~ая жизнь 행복한 생활 ② 운이(재수가)좋은 ③ 성공적인, 훌륭한; ~ого пути́! 안녕히 가십시오!
сча́стье (중) ① 행복; ② 행운, 요행, 성공; попыта́ть ~я 요행수를 바라고 해보다; к ~ю (삽입어) 다행히
счёт (남) ① 셈, 계산, 셈, 연산; 산출, 카운트(count); ②

(경기, 시합 등의) 득점; ③ 계산서; уплатить по ~у 계산대로 지불하다; в конечном ~е 결국; в два ~а 단번에,
счётный (형) ① 계산의, 셈하여; ~ая машина 계산기; ~ая линейка 계산자 ② 부기의, 회의의;~ый работник 회계원
счетовод (남) 부기원, 회계원(會計員)
счетоводство (중) 부기, 회계(會計)
счётчик (남) ① 계산원, 통계원, ② 계기; электрический ~ 전력계; ~ Гейгера 가이거 계수관
счёты (복수) 수판, 주산; считать на ~ах 주산을 놓다
счистить (완) ① 긁어(닦아, 씻어, 털어) 버리다; ~ грязь с сапог 장화에 묻은 진흙을 씻어 버리다 ② (껍질 등을) 깎다, 벗기다
считать (미완) ① (셈을) 세다 ② 계산하다, 통계를 내다 ③ 생각(간주) 하다
считаться (미완) ① (돈 관계를) 청산하다, 셈을 치르다 ② 셈 (고려)에 넣다, 존중히 여기다; ③ 알려져 있다
сшибать (미완), **~ить** (완) 쳐서 떨어뜨리다, 때려(밀어) 넘어뜨리다
сшивать (미완), **сшить** (완) (바느질 하여)잇다, 꿰매다;. ~ куски ткани 천 조각들을 잇다
съедобный (형) 먹을 수 있는, 식용*;~ гриб 먹는 버섯
съёжиться (완) 몸을 웅그리다
съезд (남) 대회(大會)
съездить (완) 타고 갔다오다
съёмка (여) ① 찍다, 촬영 ② 측량, 측도
съёмщик (남) ① 빌려 쓴 사람, 차용자; ~ квартиры 주택차용자 ② 측량기사
съестной (형); ~ые припасы 양식
съесть (완) 먹다, 먹어버리다 ② 침식하다
съехать (완) ① (타고) 내려가다(오다) ② 떠나가다, 이사하여가다 ③ (미끄러져) 내려앉다, 옆으로 움직이다
съехаться (완) ① (각곳에서) 많이 모여들다 ② 이사하여 같이 살게 되다
сыворотка (여) (의학) 혈청, 피말강이, 혈장, 플라스마
сын (남) 아들, 자식, 아들딸, 자녀; 아이, 애; 소생,
сыпать (미완) ① 가루(분말. 모래)를 쏟아넣다(붓다) ② 연속으로 보내다(말하다); ~ вопросами 진물을 퍼붓다
сыпаться (미완) ① 가루가 쏟아지다, 가루가 떨어지다, 모래따위가 쏟아지다, 모래따위가 떨어지다; ② (말소리가)

들려오다

сыпно́й (형) ~ тиф 발진티푸스, 장미진, 장티푸스, 장질부사(腸窒扶斯)

сыпь (여) (의학) 발진(發疹), 꽃

сыр (남) 치즈(cheese), 건락(乾酪)

сыре́ть (미완) 습해지다, 축축해지다

сыре́ц (남); шёлк-~ 생명주실; хлопок-~ (씨가 있는) 목화

сы́ро (술어로) 물기(습기)가 있다, 축축하다; здесь ~ 여기는 축축하다

сыро́й (형) ① 물기(습기)있는, 축축한 ② 설익은, 선, 끓이지 않은, 익지 않은; ~ое яйцо 생 닭알, 날계란; ~ое мясо 날고기

сы́рость (여) 누기, 물기, 습기, 수기, 수분(水分)

сырьё (중) 원료, 소재, 원자재, 원재료; 재료, 자재

сырьево́й (형) 원료의, 재료의, 밑감 의, 소재의, 원재료의, 원자재의; ~ая база 원료기지

сыска́ть (완) 찾아내다

сы́тно (부) 배부르게, 푼푼하게

сы́тный (형) 배부르게 하는, 영양분이

сы́тый (형) ① 배부른 ② 살찐 ③ 먹을 것이 많은, 풍부한

сыч (남) (조류) 올빼미: 계효, 산효, 야묘, 올빠미

сы́щик (남) 형사, 밀정, 염탐, 정탐, 탐정, 밀탐, 염탐꾼, 정탐꾼, 첩자, 간자, 간첩, 스파이(spy)

сэконо́мить (완) 절약하다, 아끼다

сюда́ (부) 여기로, 이리로

сюже́т (남) ① 화제, 토픽, 논제, 제목, 이야깃거리; 표제, 주제, 문제, 제목, 연제, 화제. ② (극·소설의) 줄거리, 각색, 구상.

сюи́та (여) (음악) 묶음곡, 조곡(弔哭), 조상하여 곡함.

сюрпри́з (남) ① 뜻하지 않은 선물 ② 불의의사건, 뜻밖의 일

сюрреали́зм (남) (문학예술에서) 초현실주의: 쉬르레알리슴.

Т

таба́к (남) 담배, 상사초; 궐련, 권연, 권연초, 개꼬리,
табаке́рка (여) 담배갑
табаково́дство (중) 담배재배
таба́чный (형) 담배의
та́бель (남) 근무표, 출근부; ~[успеваемости] 성적증명서
табле́тка (여) 알약, 정제, 환약, 환제, 약환
табли́ца (여) 표(表), 일람표; ~ умножения 구구표
табло́ (중) (불변) (체육) 점수판
та́бор (남) (접시의) 무리
табу́н (남) (말, 사슴 따위의) 떼
табуре́тка (여) (등받이가 없는) 걸상
тавро́ (중) (불변) 낙인(烙印)
тавтоло́гия (여) 같은 말 되풀이
таёжный (형) 밀림의, 타이가(침엽수림 지대).
таз I (남) 대야, 세면기(洗面器)
таз II (남) (해부) 골반(骨盤)
Таила́нд (남) 타이, 태국
таи́нственный (형) ① 신비한, 이상한; 정체모를; ② 숨은, 은폐된, 비밀의 ③ 비밀일 있는 듯한
таи́ть (미완) 감추다, 숨기다, 비밀에 붙이다
таи́ться (미완) ① 숨어있다 ② 내보이지 않다;
тайга́ (여) 밀림(密林), 원시림(原始林)
тайко́м (부) 비밀리에, 남몰래, 감쪽 같은, 남이 모르게
тайм (남) (체육); пе́рвый ~ 전반전; второ́й ~ 후반전
таймéнь (남) (어류) 자치
та́ймер (남) (초)시계
та́йна (여) 비밀, 기밀, 비; 시크릿;
тайни́к (남) 숨겨(감추어) 두는 곳, 비밀고, 비밀장소; в ~ах

души 마음속 깊이
тайно (부) 남몰래, 비밀리에
тайный (형) 비밀의
тайфун (남) 태풍(颱風)
так (부) ① 그렇게, 이렇게, 이와 같은, 고렇게, 그러하게, 그토록, 그만큼, 그다지; ② (술어로); ~ ли? 그런가?; не ~ ли? 그렇지않은가?, ③ (부) 그만큼, ~할 정도로, 그정도로; ④ (부) 그리, 그저 그렇게; ⑤ (부) 별생각 없이; ⑥ (접) 그래, 그런즉, 그러니까; ⑦ (조) 참; он ~ хорошо говорит! 참 그는 말을 잘 해! ⑧ (조) 약, 거의; лет ~ десять тому назат 약 십년전에; ⑨ (접) 그러나;
такелаж (남) (해양) 밧줄설비, 삭구
также (부) 역시, 또한; 역(亦) 과연, 동시에, 같은 때에;
таков (규정 대) (술어로) 그러하다, 이러하다
таковой (규정 대) 그러한, 이와 같은; 바로 그러한
такой (규정 대) ① 그러한, 바로 그런, 이러한 ② (성질의 정도를 강조) 아주 대단한, 그토록;,
такой-сякой (규정 대) 그 따위; ах, он ~! 야, 그 따위 놈 봐라
такой-то (미정대) 아무개, 그 어떤, 모
такса (여) 정가, 공정가격(公定價格)
такси (중) 택시(taxi), 영업용 승용차
таксист (남) 택시운전수
таксомоторный (형) ~ парк 택시 사업소
так-сяк (술어로) ① 견딜만하다 ② 쑬쑬하다, 보통이다
такт I (남) (음악) ① 박자, 소절 ② 율동, 리듬(rhythm)
такт II (남) 절도; с [большим] ~ом (아주) 절도있게
тактик (남) 전술가(戰術家)
тактика (여) 전술, 작전, 전략
тактический (형) 전술의, 전술적인
тактичность (여) 절도, 요량
тактичный (형) 절도있는 요량있는, 기민한
талант (남) ① 재능, 재간, 능력; ② 천재, 재간동이
талантливый (형) 재능있는, 재간있는 천재적인.
талисман (남) 부적, 호신부
талия (여) 허리; тонкая ~ 가는 허리, 개미허리
талмудист (남) 독경주의자
талон (남) 표(票), 전표, 물자 구입권; ~ на питание 식권
талый (형) 녹은; ~ый снег 녹은 눈; ~ая вода 눈석이(물)

тальк (남) 활석(滑石)

там ① (부) 거기에, 저기에, 그곳에; ② (부) 후에, 다음에, 차차; ③ (조) (какой, где, когда, куда 등의 뒤에 놓여서 의혹, 멸시감을 표시) какие ~ у него дела 그한테 일은 무슨 일이 있대

тамбу́р (남) (여객차의) 승강대

тамо́женник (남) 세관원, 세관리

тамо́женный (형) 세관의: ~ый досмотр (контроль) 세관수속; ~ая декларация 세관증서; ~ый сбор 관세

тамо́жня (여) 세관(稅官)

тамо́шний (형) 그곳*, 저기*

тампо́н (남) (의학) 지혈면(止血綿)

там-сям (부) 가는 곳마다에, 도처에

та́нгенс (남) (수학) 탄젠트(tangent)

та́нго (중) (불변) 탱고춤(tango-) (사교 무도의 일종)

танде́м (남) (좌석이 세로로 놓인) 2 (이)인용 자전거

та́нец (남) ① 춤, 무용; 무도; вечер ~цев 무도회; ②; **~цы** (복수) 무도회, 댄스-파티(dance party)

танк (남) 탱크, 전차(戰車)

та́нкер (남) 기름배, 유조선(油槽船)

танки́ст (남) 탱크병, 전차병

та́нковый (형) 탱크의, 전차의

танцева́льный (형) 춤의, 무용의, 무도의; ~ый вечер 무도회; ~ая музыка 무도곡; ~ый зал 무도장

танцева́ть (미완) 춤추다; 무도하다; ~ с кем ~와 (짝이 되어) 춤을 추다

танцо́вщик (남), **-ца** (여) 무용가

танцо́р (남) 춤추는 사람, 춤출줄 아는 사람

та́почки (복수) (뒤축이 없는) 단화; 운동화;

та́ра (여) 포장물, 포장용기

тарака́н (남) 바퀴벌레

тара́н (남) 육탄돌격, 동체육박

тара́нить (미완) 들이받다; 돌파하다, 쳐뚫다.

тарато́рить (미완) 잘 지껄이다

таре́лка (여) 접시; не в своей ~е 기분이 좋지 않다

тари́ф (남) 세율(稅率), 요금(율)

таска́ть (미완) 끌다, 당기다, 끌어 나르다; (무거운 것을) 들고가다(오다) (머리칼, 귀 등을 아프게 잡아당기다);

тасова́ть (미완) (트럼프 등을) 치다, 섞다

татуиро́вка (여) 문신, 먹침; де́лать ~y 문신을 넣다
тахта́ (여) 등받이 없는 소파
та́чка (여) 밀차, 작은 짐수레 딸따리
тащи́ть (미완) ① 끌다, 끌어가다 끌어오다(당기다, 끌어내리다); ② 가져가다(오다); ③ 데리고 가다; ④ 뽑다, 뽑아내다
тащи́ться (미완) ① 느리게(겨우) 걸어가다(오다) ② (가고 싶지 않은, 먼 길을) 가다
та́яние (중) 녹는 것; ~льда 얼음녹이
та́ять (미완) ① (눈, 얼음이) 녹다 ② 점차 사라지다, 줄어가다: запа́сы та́ют 예비가 줄어들고 있다.
тверде́ть (미완) 굳어지다, 경화되다, 응고되다
тверди́ть (미완) 되뇌다, 늘 같은 말을 하다(되풀이하다)
твёрдо (부) 굳게, 튼튼히
твердоло́бый (형) 우둔한, 어리석은
твёрдость (여) ① 굳은 것, 견고성 ② 견인성; ~ ду́ха 불굴의 정신
твёрдый (형) ① 굳은, 딴딴한, 고체의 ② 굳은, 억센, 확고한, 불굴의; ~ый знак (언어)(문자(ъ)의 이름) 경음부;
тверды́ня (여) 요새, 성새
тво́й (소유 대) ① (남) (твоя́ (여), твоё (중), твои́ (복수) 너의, 당신의, 자네의, 그대의; ② (명사), твоё (중) 너의 것):
творе́ние (중) 작품, 창작품, 창조물
творе́ц (남) 창조자, 창시자
твори́тельный (형) ~ паде́ж 조격
твори́ть (미완) ① 창조(창작)하다 ② ~하다, 수행하다
твори́ться (미완) ① 일어나다, 발생하다, 수행되다 ② 창조되다, 만들어 지다
творо́г (남) 우유비지, 뜨보로그; со́евый ~ 두부
тво́рческий (형) 창조적인, 창작적인
тво́рчество (중) 창조, 창작, 창작활동; 창조물
т.е. (то есть) 즉, 다시 말하면
теа́тр (남) ① 극장; опе́рный ~ 가극, ② 연극, 연극단
театра́л (남) 연극애호가
те́зис (남) ① 명제 ②; ~ы (복수) 강령, 방침, 규범
тёзка (남, 여) 이름이 같은 사람
текст (남) 본문(本文), 원문(原文); ~ телегра́ммы 전보문
тексти́ль (남) (집합) 직물, 천
тексти́льный (형) 방직의; ~ый комбина́т, ~ая фа́брика

방직공장: ~ые изделия 천류, 직물(류)

текстильщик (남), **~ца** (여) 방직공

теку́честь (여) 유동, 유동성(流動性)

теку́чка (여) 일상적인, 사소한 일

теку́щий (형) 현재의, 당면한; ~ий год 올해, 이(번)해;

телеви́дение (중) 텔레비전(방송);

телевизио́нный (형) 텔레비전의: ~ая передача 텔레비전방송; ~ый центр 텔레비전방송국

телеви́зор (남) 텔레비전, TV수상기;

теле́га (여) 수레, 마차, 소달구지, 말달구지

телегра́мма (여) 전보, 전문; дать ~у 전보를 치다

телегра́ф (남) ① 전신; ② 전신국

телеграфи́ровать (미완, 완) 전보로 알리다

телеграфи́ст (남), **~ка** (여) 전신수, 전신기수

телегра́фный (형) 전신의; ~ ая связь 전신연락; ~ый столб 전주, 전보대; ~ое агенство 통신사

теле́жка (여) ① 손수레, 밀차, 구루마; ② (공학) 가동부, 이동창치

телезри́тель (남), **~ница** (여) (텔레비전) 시청자

теле́кс (남) 텔렉스

телемеха́ника (여) (기계의) 원격조종 (법); 원격공학

телёнок (남) 송아지, 소새끼

телеобъекти́в (남) 망원렌즈

телепереда́ча (여) 텔레비전방송

телеско́п (남) 천체망원경

телета́йп (남) 텔레타이프

телефи́льм (남) 텔레비전영화

телефо́н (남) ① 전화, 전화기; ② 전화번호

телефони́ст (남), **~ка** (여) 교환수

телефо́нный (형) 전화의;

телефоногра́мма (여) 전화통지문, 전화지시문

телеце́нтр (남) 텔레비전방송국

те́ло (중) ① 몸, 신체; голое ~ 나체; ② 물체: твёрдое (жидкое, газообразное) ~ 고체(액체, 기체); держать кого в чёрном теле 구박하다, 박해하다

телогре́йка (여) 솜옷

телосложе́ние (중) 몸집, 체격(體格)

Тель-Ави́в (남) г. 텔아비브

тельня́шка (여) (줄무늬 있는 해군용) 속셔츠, 해군셔츠

теля́тина (여) 송아지고기
теля́тник (남) 송아지 외양간
теля́тница (여) 송아지 사육자
теля́чий (소유형) 송아지의: ~ восто́рг (야유) 지나친 (무근거한) 화희
тем ① см. тот ② (부) (비교급과 함께) 더욱 (더) ③ (집) чем..., тем... 하면 할수록 더;~ бо́лее 하물며, 더구나;
те́ма (여) 제목(題目); 주제; 문제
тема́тика (여) 주제의 체계 (총체)
темати́ческий (형) 주제로 나눈, 주제별로 된
тембр (남) 음색(音色), 음질(音質)
темне́ть (미완) ① 어두워지다; (색깔이) 거매지다; ② 날이 저물다 (어두워지다); ③ 검게 보이다.
темно́ (부) ① 어둡게, 검게, 어렴풋이 ② (술어로) 어둡다; бы́ло ~ 어두웠다; на у́лице ~ 밖은 어둡다
тёмно- (합성어의 첫 부분으로서 더 진한 뜻); тёмно-зелёный 검푸른; тёмнок-расный 검붉은; тёмноголубой 진한 남색의,
темнота́ (여) ① 어둠 ② 무식, 무지, 무지몽매
тёмный (형) ① 어두운, 캄캄한; ② 검은; ③ 음울한; ④ 나쁜, 의심스러운; ⑤ 무식한, 몽매한;
темп (남) 속도(速度); бы́стрыми ~ами 급속도로
темпера́мент (남) ① 성질, 기질, 체질; ② 정열, 열정
темпера́ментный (형) 정열적인; ~ый челове́к 정열적인 사람; ~ая речь 정열적인 연설
температу́ра (여) ① 온도, 기온; ~а кипе́ния 비등점; ② 체온; небольша́я ~а 미열; изме́рить ~у 체온을 재다; ③ (건강치 못한 때의) 열(熱); у меня́ ~ы нет 나는 열이 없다.
те́мя (중) 머리꼭대기, 정수리
тенденцио́зность (여) 경향성(傾向性)
тенденцио́зный (형) 경향적인, 선입견을 가진
тенде́нция (여) (사상) 경향(傾向), 동향(動向), 추세(趨勢)
тендр (남) (체도) 연료차(燃料車)
тени́стый (형) 그늘이 많은 지는.
те́ннис (남) 정구(庭球); насто́льный ~ 탁구
тенниси́ст (남), ~ка (여) 정구선수; 탁구선수(卓球先手)
тенни́сный (형) 정구(庭球)의; ~ корт 정구장; ~ мяч 정구공
те́нор (남) ① 남성고음, 테너(tenor) ② 남성고음가수
тень (여) ① 그늘, 음지, 음영; ② 그림자
теодоли́т (남) 경위의, 경위기

теоло́гия (여) 신학(神學)
теоре́ма (여) 정리; доказа́ть ~у 정리를 증명하다
теоре́тик (남) 이론가(理論家)
теорети́чески (부) 이론적으로
теорети́ческий (형) 이론적인, 이론상
тео́рия (여) ① 이론, 학리, 원리; революцио́нная ~я 혁명적 이론 ② 학설, 설(說), 논(論); ~я позна́ния 인식론
тепе́рь (부) ① 지금, 현재; ② 다음은, 이제부터
тепле́ть (미완) 따뜻해지다
тепли́ца (여) 온실(溫室)
тепли́чный (형) 온실의, 온실에서 기른
тепло́ I (중) ① 온기, 영도이상 온도; 따뜻한 날씨 ② (물리) 열(熱)
тепло́ II (부) ① 따뜻하게; ~ оде́ться 옷을 따뜻하게 입다; ② (술어로) 따뜻하다; сего́дня ~ 오늘은 날씨가 따뜻하다
теплово́з (남) 내연기관차, 디젤기관차(機關車)
теплово́й (형) 열의; ~ое излуче́ние 열복사; ~ая электроста́нция 화력 발전소
теплоёмкость (여) 열용량; уде́льная ~ 비열
теплоизоля́ция (여) 열절연, 보온(保溫)
теплолюби́вый (형); ~ые расте́ния 호온성식물
теплопрово́дность (여)(물리) 열전도도
теплота́ (여) ① 열(熱), 열량; едини́ца ~ы 열량단위 ② 부드러운(따뜻한) 마음씨
теплоте́хника (여) 열공학
теплофика́ция (여) 중앙난방화, 열공급화
теплохо́д (남) 내연기관선, 발동선
теплоцентра́ль (여) 열공급소, 중앙난방
теплоэлектроста́нция (여) 화력발전소
тёплый (형) ① 따뜻한, 따끈따끈한; ② 방한용의; ③ 따뜻한, 친절한; ~ый приём 친절한 환대; ~ое тече́ние 난류;
теплы́нь (여) (회화) 온기, 따뜻한 날씨; на у́лице ~ 밖이 따뜻하다
терапе́вт (남) 내과의의(內科醫師)
терапе́втика (여) 치료학(治療學)
терапевти́ческий (형) 내과(학)*
терапи́я (여) 치료(법)
тереби́ть (미완) ① 잡아끌다, 잡아당기다 ② 시끄럽게 굴다; ~ кого́ вопро́сами 귀찮게 계속 질문하다.

те́рем (남) 대궐(大闕)
тере́ть (미완) ① 비비다, 문지르다 ② (채칼로) 채치다. (채판에) 문대다(갈다); ~ на тёрке 채칼(채판)에 갈다
тере́ться (미완) ① 자기 몸을 비비다 ② ~에 대고 비벼대다; ③ 시끄럽게 붙어(따라) 다니다
терза́ться (미완) 괴로워하다
тёрка (여) 채칼
те́рмин (남) (전문) 술어, 학술용어
терминоло́гия (여) (총체적인) (전문) 술어, 전문용어; научная ~ 학술용어
терми́ческий (형) 열의, 열에 의한; ~ая обработка металла 금속의 열처리
термодина́мика (여) 열역학(熱力學)
термо́метр (남) ① 체온기, 체온계; ② 온도계, 한난계
те́рмос (남) 보온병(保溫甁)
термоста́т (남) 온도조절기, 항온기
термоя́дерный (형) 열핵의; ~ая реакция 열핵반응
терни́стый (형); ~ путь 곤난의 길
терпели́во (부) 참을성 있게
терпели́вый (형) 참을성있는, 인내력있는
терпе́ние (중) 참을성, 인내력; запастись ~м 참다, 견디다
терпе́ть (미완) ① 참다, 견디다 ② 당하다
терпе́ться (미완); не терпиться (+ 미정형) ~하고 싶어 못 견디겠다; не терпится сказать 말하고 싶어 못 견디겠다
терпи́мость (여) 참을성 있는 태도
терпи́мый (형) ① 참을 수 있는; ② 관대한
террако́товый (형); ~ цвет 등갈색
терра́са (여) ① (벽이 없는) 마루방 ② (지리) 단구(段丘)
террасиро́ванный (형); ~ые поля 다락방
террико́н (남) 버럭산, 퇴적 덩어리
территориа́льный (형) 영토의; ~ая целостность 영토정복
террито́рия (여) 영토, 국토, 지역; ~ завода 공장구역
терро́р (남) 테러, 폭행(暴行)
террори́ст (남), **~ка** (여) 테러분자
террористи́ческий (형) 테러의; ~ акт 테러행위
теря́ть (미완) ① 잃다, 상실하다 ② 줄다; ~ в весе 무게가 줄다; ③ 허비하다, 손해보다; ~ время 시간을 허비하다
теря́ться (미완) ① 없어지다, 사라지다, 상실되다 ② 당황해하다, 어찌 할 바를 모르다

тёс (남) 엷은 널판지

теса́ть (미완) 깎다, 깎아 다듬다

тесёмка (여) 끈, 옷고름

тесни́ть (미완) ① 조이다; ② 밀어내다, 구축하다;

тесни́ться (미완) 비좁게 서다(자리잡다); ~ у вхо́да 들어오는 출입구에 비좁게 서다

те́сно (부) ① 좁게, 빽빽하게; ② (술어로) 좁다, 협소하다; здесь ~ 여기는 좁다; ~ в плеча́х (의복) 어깨가 좁다

теснота́ (여) 좁은 것, 배좁은 것

те́сный (형) ① (자리가) 좁은, 비좁은, 협소한; ② (의복, 신발 등이) 좁은, 빽빽한; ③ 빽빽한 촘촘한, 밀집한; ~ые ряды́ 빽빽한 대열; ④ 긴밀한; ~ая связь 긴밀한 연계

тест (남) 시험검사, 지능검사, 검정; проводи́ть ~ 시험하다, 검정하다

те́сто (중) 반죽; меси́ть ~ 반죽하다

тесть (남) 가시아버지, 장인(丈人)

тесьма́ (여) 끈, 테이프천

те́терев (남) 메닭

тётка (여) ① 고모, 이모; ② (일반적으로) 나이먹은 여자

тетра́дь (여) 학습장, 필기장; о́бщая ~ 잡기장; но́тная ~ 악보장(樂譜帳)

тётя (여) ① 고모, 이모 ② 아주머니

техми́нимум (남) (техни́ческий ми́нимум) (최저) 기술지식

те́хник (남) 기수; 기술자(技術者)

те́хника (여) ① 기술; ② 수법, 방법; 기교; ③ (집합) 기술장비, 기재, 설비; боева́я ~ 전투기재; ~ безопа́сности 노동안전

те́хникум (남) 기술전문학교

техни́ческий (형) ① 기술의; ② 기술적 측면에 복무하는

техно́лог (남) 공정기사

технологи́ческий (형) 공학의; 공정의; ~ий проце́сс 기술공정, 제작과정; ~ий институ́т 공과대학

техноло́гия (여) ① 공학 ② (기술) 공정, 제작법, 제작기술; ~ произво́д-ства 생산공정

тече́ние (중) ① 흐름; плыть по ~ю (про́тив ~я) реки́ 강의 흐름을 따라(흐름을 거슬러) 헤엄치다: ве́рхнее ~ 상류; ни́жнее ~ 하류; морско́е ~ 해류; тёплое ~ 난류; холо́дное ~ 한류; ② 사조; литерату́рное ~ 문학사조

течь I (미완) ① 흐르다, ② 새다, 흘러나오다, 새어나오다: ③ (시간등이) 지나가다, 흘러가다

- 809 -

те́чь II (여) ① 새는 것 ② 새는 구멍:
те́шить (미완) 즐겁게 해주다
те́шиться (미완) ① 즐기다, 만족을 얻다 ② над *кем-чем* 골려주다, 조롱하다
тёща (여) 가시어머니, 장모(丈母)
ти́гель (남) (공학) 도가니
тигр (남) 범, 호랑이
тигрёнок (남) 범 새끼
тигри́ца (여) 범(암컷) 암펌
тигроло́в (남) 범 사냥꾼
тик (남) (의학) (안면, 어깨 등의) 경련
тика́нье (중) 째깍거리는 소리
тика́ть (미완) (시계가) 째깍 소리를 내다
ти́льда (여) 물결표(~)
Тим 1 (Первое послание к Тимофею, 6장) 디모데전서
Тим 2 (Второе послание к Тимофею, 4장) 디모데후서
ти́на (여) (늪, 논의 물밑에 개흙과 섞여 깔려있는) 가래, 감탕
тип (남) ① 형(形), 유형, 식(式), 양식; ② (동식물 분류에서의) 문, 류(類); ③ (문학, 예술) 전형; ④ (보통 부정적 특성을 가진) 사람, 놈; проти́вный ~ 추한 사람
типи́чность (여) 전형성
типи́чный (형) ① 전형적인; ② 틀림없는; ③ 흔히 볼 수 있는; ~ая оши́бка 흔히 보는 실수
типово́й (형) 표준적인, 규격적인; ~о́й прое́кт 표준설계
типогра́фия (여) 인쇄소, 인쇄공장
типологи́ческий (형) 유형학적인; ~ая классифика́ция языко́в 유형적언어분류
типоло́гия (여) 유형학, 유형별분류
тир (남) 사격장, 사격실
тира́ж I (남) 추첨: очередно́й ~ 정기 추첨 ~ вы́йти в ~ 낡아빠지다, 쓰이지 않게 되다
тира́ж II (남) (발행) 부수(部數)
тира́н (남) 폭군(暴君); 학대자
Тира́на (여) 티라나
тире́ (중) (불변) 풀이표
тиски́ (복수) ① 압착기, 바이스; ② 박해, 억압; зажа́ть в ~ 박해하다, 억압하다
тисне́ние (중): [узо́рчатое] ~ 무늬찍기
Тит (Послание к Титу, 3장, 259쪽) 디도서

титáн (남) ① 거장, 대가 ② (공학) 물 끓이는 큰 가마 ③ (화학) 티탄(Titan)

титани́ческий (형) 거대한, 강대한

ти́тр (남) 자막(字幕)

ти́тул (남) ① 작위, 칭호; ② 표제, 제목; ③ (인쇄) 속표지(屬標紙)

ти́тульный (형); ~лист 속표지

тиф (남) (의학) 티푸스(typhus), 발진

ти́хий (형) ① 고유한, 조용한; ② 온순한, 얌전한 ③ 느린; ~ий ход 느린 속도; идти ~им шагом 천천히 걷다;

ти́хо (형) ① 고요히, 조용히; ② 온순 하게, 얌전하게; ③ 천천히, 느리게; ④ (술어로) 고요(잠잠)하다; в комнате ~ 방안은 조용하다

тихо́нько (부) ① 조용히, (소리) 낮게 ② 슬그머니, 몰래

тихо́ня (남, 여) 샌님, 온순한 사람

тихоокеáнский (형) 태평양의

ти́ше (명령의 뜻으로): ~! 조용 하라!, 조용히!

тишинá (여) 고요함, 정숙, 정막, 정적; соблюдать ~у 침묵을 지키다; нарушать ~у 정막을 깨뜨리다

тишь (여) 정막, 정적; на море ~ 바다는 잔잔하고 고요 하다

ткань (여) ① 천, 직물; хлопчатобумажная ~ 면직물; шерстяная ~ 모직물 ② (해부) 조직; мышечная ~ 근육조직

ткать (미완) (천을) 짜다

тка́цкий (형); ~ станок 직포기

ткач, **~иха** (여) 직포공

тле́ние (중) ① 썩는 것; ② 약하게 타오르는 것

тлетво́рный (형) 유해한, 부패 타락시키는

тлеть (미완) ① 썩다 ② 약하게 타다

тля (여) (곤충) 진디물

то (접) ① (사물, 현상이 서로 바꿔 이는 것을 표시): то ~, то ~ 때로는 ~ 때로는 ~; то один, то другой 이사람 저 사람 번갈아 가면서; не то ~, не то ~ 어느 것인지 분간할 수 없다; не то дождь, не то снег 비가 오는지 눈이 오는지 분간할 수 없다; ② (если와 함께 쓰여): если так, то я не согласен 만약 그렇다면 나는 동의할 수 없다; а то 그렇지 않으면; то и дело 계속, 끊임 없이, 부단히

-то (조) (강조해소 지적할 때 쓰임): этогото я и хотел 나는 바로 이것을 원했다; в том-то и дело 바로 그것이 문제

이다; знать-то знаю 알기는 안다

тобо́й, тобо́ю *см.* **ты**

това́р (남) 상품), 물품(物品)

това́рищ (남) 동무, 동지(同志)

това́рищеский (형) ① 동지적인, 우호적인; ~ие отношения 우호적인 관계; ② 친선적인; ~ий матч 친선경기

това́рищество (중) ① 우호적 관계; чувство ~а 우의적 감정, 친근감; ② 조합(組合)

това́рный (형) ① 상품의; ~ый склад 상품창고; ~ое зерно 상품곡물 ② 화물의; ~ый поезд 화물열차; ~ый вагон 짐차,

товарове́д (남) 상품취급자

товарове́дение (중) 상품학(商品學)

товарообме́н (남) 상품교환

товарооборо́т (남) 상품유통

тогда́ (부) ① 그때에, 당시; ② 그러면, 그런 경우에는; устал?~ отдохни 피곤하니? 그러면 휴식하렴; ~ как 오히려, 반대로

то есть (접) 즉, 다시 말하면

тожде́ственный (형) 꼭 같은, 동일한, 동등한

тожде́ство (중) 동일(同一), 동등(同等)

то́же (부) 역시, ~도; он ~ уехал 그도(역시 떠나갔다)

ток I (남) 전류; ~ высокого напряжения 고압전류; переменный ~ 교류; постоянный ~ 직류

ток II (남) 탈곡장

тока́рный (형); ~ станок 선반

то́карь (남) 선반공

токсико́з (남) (의학) 중독(中毒)

токси́н (남) 독소(毒素), 독(毒)

токси́чность (여) 독성(毒性), 독력

токси́чный (형) 독성*, 유독한

толк (남) ① 뜻, 의미, 요령; не добиться ~у 뜻을 이해하지 못하다, 요령을 알지못하다; ② 쓸모, 이익; не выйдет никакого ~у (이것은) 아무데도 쓸모가 없을 것이다;

толка́ние (중); ~ ядра 포환던지기

толка́ть (미완) ① 밀다, 밀치다 ② 추동하다, ~하게 하다; ~ на преступле́ние 범죄를 짓게 하다

толка́ться (미완) ① (서로) 밀치다, 떼밀다 ②; ~ в дверь 문을(열려고)밀다 ③ 일없이 돌아다니다, 빈둥거리다

то́лки (복수) 소문, 풍설

толкова́ние (중) ① 풀이, 해석, 주석, 해설, 설명; ② 해설문(解說文)

толкова́ть (미완) ① 풀이(해석,주석)하다, 해설하다 ② 설명 하다, 알게 하다; ③ 말하다, 이야기하다; ~ о дела́х 사업에 대하여 이야기하다 ④ 운운하다

толко́вый (형) ① 이해력이 빠른; ② 알기쉬운; 뜻풀이의, 주석; ~ слова́рь 뜻풀이사전, 주석사전

то́лком (부) 알기 쉽게, 명료하게

толку́чка (여) 난장판

толокно́ (중) 귀밀가루

толо́чь (미완) 찧다, 부스러뜨리다 ~ во́ду в сту́пе 헛수고를 하다

толпа́ (여) 군중(群衆), 대중(大衆)

толпи́ться (미완) 군집하다, 떼를 지어모이다, 무리를 이루다

толсте́ть (미완) 살이 지다, 몸이 나다, 뚱뚱해지

то́лстый (형) ① 굵은, 두꺼운, 두터 운; ~ая па́лка 굵은 막대기; ② 살진, 뚱뚱한; ~ый челове́к 뚱뚱한 사람,

толстя́к (남) 뚱뚱보, 뚱뚱이

толчея́ (여) 혼잡(混雜), 난장판

толчо́к (남) ① 쿡, 밀치는 것, 충격; ② 진동; подзе́мные ~ки 지진; ③ 자극(刺戟), 충동(衝動)

толщина́ (여) 굵기, 두께, 두터이

толь (남) 펠트지, 물막이 종이, 방수지

то́лько (조) ① 다만, 오직; он ~ э́того жела́ет 그는(오직) 이것만을 바라고 있다; ② (~бы와 함께 희망을 표시) бы не заболе́ть 않지만 말았으면 ③ (접); как ~(лишь) ~하자 마자; как ~ он придёт, мы уе́дем 그가 오자 마자 우리는 떠나겠다 ④ (접); не ~, но и ~ 뿐만아니라 ~도; ~ что 방금; ~ и всего́ 오직 뿐이다

том (남) 권(券), 분책(分冊), 책(冊); пе́рвый ~ 제 1권; кни́га в четырёх ~ах 4 권으로 된 책

тома́т (남) 토마도 소스

тома́тный (형): ~ сок 토마도즙

томи́тельный (형) 괴로운, 고통스러운

томи́ть (미완) ① 괴롭히다, 괴롭게 하다 ② 찌다

томи́ться (미완) 괴로워하다, 애타 하다, 지치다

тон (남) ① 음(音), 음향; ② 어조: ③ 색조; све́тлые ~а 밝은 색조

тона́льность (여) ① 음조, 음률; ② 색깔, 색채, 색조
тонзилли́т (남) (의학) 편도선염
то́нкий (형) ① 가는, 얇은; ② 섬세한, 미묘한 ③ 예민한, 민감한; ④ (소리가) 높은, 깨지는듯 한
то́нкость (여) ① 가는 것, 얇은 것 ② 미묘, 세부, 섬세
то́нна (여) 톤(ton)
тонна́ж (남) ① 톤수, 총톤수 ② 배수톤수 ③ 적재톤수
то́нус (남) ① (근육조직의) 긴장; ② 장력, 생활정력(기백)
тону́ть (미완) ① (물에) 빠지다, 가라앉다, 침몰하다; ② ~속에 파묻히다, 잠기다, 보이지 않게 되다; до́ма то́нут в зе́лени 집이 숲에 잠겨있다
топа́з (남) (광물) 황옥(黃玉)
топа́ть (미완) 발을 뚜벅뚜벅 디디다;
топи́ть I (미완) ① (난로 따위를) 피우다, 불을 때다 ② (불을 때서) 덥히다
топи́ть II (미완) 녹이다
топи́ть III (미완) 침몰시키다, 가라 앉히다; 물에 빠뜨려 죽이다
топи́ться I (미완) 불이 피다; печь то́пится 난로에 불이 피어 있다.
топи́ться II (미완) 녹다
топи́ться III (미완) 물에 빠져 죽다, 투신자살하다
то́пка (여) ① (난로 등을) 피우는 것 ② 불칸, 화실
то́пкий (형) 빠지기 쉬운; ~ое ме́сто 수렁진 곳, 진창
топлённый (형); ~ое молоко́ 데운 우유
то́пливо (중) 연료; жи́дкое(твё-рдое) ~ 액체 (고체) 연료
топо́граф (남) 지형학자, 지형측량자
топографи́ческий (형);~ая съёмка 지형측량
топогра́фия (여) ① 지형학, 지형측량술; ②지형(地形)
то́поль (남) 백양나무; пирамида́льный ~ 포프라 나무
топоними́ка (여) (총체로서의) 지명
топо́р (남) 도끼
топо́рище (중) 도끼자루
топо́рщиться (미완) ① 곤추서다 ② (동물이) 웅크리고 털(가시 등)을 곤추 세우다
то́пот (남) 발걸음 소리, 발굽소리
топта́ть (미완) 밟다, 짓밟다, 밟아서 더럽히다
топта́ться (미완) 밥보하다, 뭉개다; ~ на ме́сте 제자리걸음 하다.

торгаш (남) 장사치, 장사꾼
торгашеский (형); ~ дух 소상인 근성
торги (복수) 경매
торговать (미완) 장사하다, 매매하다, 판매하다; ~ хлебом 빵장사를 하다;~ в розницу 소매하다;~ оптом 도매를 하다
торговаться (미완) 흥정하다
торговец (남) 상인(商人), 장사꾼
торговля (여) 상업, 장사, 무역; частная ~ 개인상업;
торговый (형) 상업의, 무역의, 통상의 ~ая сеть 상업망;
торгпред (남) (торговый представитель) 무역대표, 무역대표부, 수석대표
торгпредство (중)(торговое представи-тельство) 무역대표부
торжественно (부) 엄숙히, 성대히, 장엄하게
торжественность (여) 엄숙성, 성대한 것
торжественный (형) ① 경축의; ~ое заседание 경축회의, 기념보고회, ② 엄숙한
торжество (중) ① 승리, 개선; ② (승리의) 기쁨, 환희; ③ (복수) 경축행사, 축전.
торжествовать (미완) ① 승리하다; ② 기뻐하다
торжествующий (형) 환희에 휩싸인
тормашки (복수) полететь вверх ~ами 곤두박질하다
торможение (중) ① 제지, 제동; ② (생리) 억제
тормоз (남) 제동기; ручной ~ 손제동기
тормозить (미완) ① 제동하다, 제동을 걸다; 속도를 죽이다; ② 지연시키다, 방해하다; ③ (생리) 억제하다
тормозной (형) 브레이크(brake), 제동의; ~ой кран 제동변,
торопить (미완) ① 재촉하다, 서둘게 하다; ~ с ответом 대답을 재촉하다; ② 촉진하다, 추진하다
торопиться (미완) 바삐 서두르다;
торопливо (부) 바삐 성급하게
торопливый (형) 바삐 서두르는, 성급한
торос (남) 빙산(氷山), 얼음산
торпеда (여) 어뢰(魚雷), 수뢰(水雷)
торпедировать (미완,완) 어뢰로 공격하다; 파탄시키다
торпедный (형); ~ катер 어뢰정(魚雷艇)
торс (남) 사람의 몸통, 체통
торт (남) 토트(과자의 한 가지)
торф (남) (광업) 이탄(泥炭), 토탄
торфоразработки (복수) 이탄채굴장

торфя́ник (남) 이탄지(泥炭地)
торфяно́й (형) 이탄의, 니탄의; ~ое болото 이탄진펄,
торча́ть (형) ① 솟다, 위로 뻗치다, 돌출하다, 삐죽 나오다; ② (귀찮게, 계속) 참석하다, 삐치다, 나타나다.
тоска́ (여) ① 애수, 우울; ② 그리는 마음, 동경, 그리움;
тоскли́вый (형) 슬픈, 우울한
тоскова́ть (미완); по кому-чему ~을 그리워하다
тост (남) 축배(祝杯); 축배를 들다
тот, (지시 대) (남) «та (여) то (중) те (복수)» ① 그, 저; ~ челове́к 그(저) 사람; та кни́га 그 책; ② то (중) (복합접속사의 구성속에 들어감); 예; благодаря́ тому́, что ~로 인하여, по ме́ре того́ как ~함에 따라; ввиду́ того́, что ~ 때문에; в то вре́мя, как ~ ~할 때에; для того́, что́бы ~하기 위하여; до того́, что ~할 정도로; до тех пор, пока́ ~할 때까지; за то, что ~때문에; из-за того́, что ~ 때문에, ~ 탓으로;
тота́льный (형) 전체적인, 전반을 포괄하는
тотча́с (부) 곧, 즉시에. 금방(今方)
точи́ло (중) 숫돌, 연마기, 갈이반
точи́льный (형); ~ ка́мень 숫돌, ~ стано́к 연마석, 그라인더
точи́льщик (남) 연마공
точи́ть (미완) ① 갈다, 깎다; ~ нож 칼을 갈다; ~ каранда́ш 연필을 깎다; ② 선반으로 깎다; ~ дета́ли 부속품을 깎다.
то́чка I (여) ① 점(占), 지점: ~а опо́ры 지행점; ~а кипе́ния 비등점, 끓는점; ② (언어) 종지부, 점(點); ста́вить ~у 종지부를 찍다; ③ (군사) 화점; ④ (술어로) 그만이다, 마감이다, 끝장이다; ~а в ~у 정확히
точка́ II (여) 가는 것; ~ конько́в 스케이트 날을 가는 것.
то́чно I (부) ① 정확히; ② (тако́й, так, тот 와 함께) 꼭, 바로, 똑; ~ така́я же кни́га 꼭 같은 책
то́чно II (접) 마치 ~듯이(~처럼, ~같이): он ~ ребёнок 그는 마치 어린애 같다
то́чность (여) 정확성, 정밀성; в ~и тако́й 꼭 같다
то́чный (형) ① 정확한, 정밀한; ② 깐깐한, 차근차근한;
точь-в-точь (부) 꼭, 똑 같이, 정확히, 틀림없이
тошни́ть (미완) 구역질이 나다, 메스껍다; меня́ ~т 나는 메스껍다
то́шно (부) (술어로) ① 구역질이 난다; ② 싫다, 밉다, ③ 답답하다
тошнота́ (여) 메스꺼움, 구역질, 욕지거리; испы́тывать ~у

구역질나다
тошнотво́рный (형) ① 구역질이 나게 하는; ② 보기 싫은, 아주 불쾌한
то́щий (형) ① 여윈, 약한; ② 척박한, 빈약한, 보잘것없는
трава́ (여) 풀, 잡초, 잡풀, 기음, 무초; сорная ~ 잡초,
трави́ть (미완) ① 독살하다; ② 중독시키다, 병들게 하다; ③ (짐승이) 짓밟다; скот травит посевы 짐짐승이 싹이 돋아난 밭을 짓밟고 있다.
тра́вля (여) 박해(迫害), 인신공격
тра́вма (여) (의학) 외상, 손상; психи́ческая ~ 정신외상;
травмати́зм (남) 외상; произво́дст-венный ~ 산업외상,
травмати́ческий (형) 외상(外相)(성)
травмо́лог (남) 외상전문외과의사
травматологи́ческий (형); ~ пункт 외상구급소, 응급실
травматоло́гия (여) 외상학
травми́ровать (미완, 완) 외상을 입히다
травопо́льный (형); ~ севооборо́т 목초그루 바꿈
травосе́яние (중) 먹이 풀씨붙임
травоя́дный (형) 풀을 먹는, 초식의; ~ые живо́тные 초식동물
траге́дия (여) ① 비극; ② 비참한 일
траги́зм (남) ① (문화) 비극성; ② 비참한 것, 궁지(窮地)
тра́гик (남) 비극배우(悲劇俳優)
трагикоме́дия (여) (문화) 희비극
траги́чески (부) 비참하게
траги́ческий (형) ① 비극적인; ② 비참한
традицио́нный (형) 전통적인
тради́ция (여) 전통
траекто́рия (여) ① 궤적, 자리길; 바퀴자국; ② 탄도; крута́я ~ 곡사탄도
тракт (남) 큰길, 대도로; желу́дочно-кише́чный ~ (해부) 소화기관
тракта́т (남) 논문(論文), 논설(論說)
трактова́ть (미완) ① 해석하다, 이해하다; ~ по-но́вому 새로운 식으로 해석하다; ② 논의하다
тракто́вка (여) 해석(解析), 해설(解說)
тра́ктор (남) 트랙터(tractor)
тракторист (남), **~ка** (여) 트랙터 (tractor) 운전수
тра́кторный (형) 트랙터의(tractor)

тракторостроение (중) 트랙터 제작공업(tractor 製作工業)
трал (남) 트롤(trawl), 저인망
тра́льщик (남) ① 트롤선, 저인망선 ② 소해정(掃海艇)
трамбова́ть (미완) 다지다, 고르게 하다, 튼튼히하다
трамва́й (나) 전차(電車)
трамплин (남) ① (체육) 발판; 도약대 ② (어떤 행동의) 출발점, 지점
транжи́рить (미완) 탕비(허비)하다
транзи́стор (남) 휴대용 반도체 라디오, 반도체 3극 소자
транзи́т (남) ① (철도,해양) (제 3국을 경유하는) 통과, 운송; ② 직통수송
транзи́тный (형) 통과의;~ пассажир 통과여객
транквилиза́тор (남) (의학) 신경안정제, 정신안정약
тра́нс (남) (의학) 실신(혼수) 상태
тра́нс- (합성어의 첫 부분으로서 (통과), (경유), (초월)의 뜻)
трансатлантический полёт 대서양횡단비행; транссибирская магистраль 시베리아 횡단철도
транскрибировать (미완, 완) ① 어음(음운)을 전사하다 ② 전자하다
транскри́пция (여) ① (언어) 기호, 어음전사법, 음운전사법; ② (음악) 편곡(編曲)
транслировать (미완, 완) 중계방송 하다
транслитерация (여) (언어) 전자법
трансля́ция (여) 중계, 중계방송; прямая ~ 실황중계
трансми́ссия (여) 전동장치, 전동축
транспара́нт (남) ① 프랑카드; ② (글줄을 곧게 쓰려고 줄 칸 친) 종이 받치개
трансплантация (여) 이식, 이식술
транспорт (남) ① 운수, 수운; ② 수송, 운송수단, 수송차; ③ (군용) 수송선(輸送船)
транспорта́бельный (형) 운반할 수 있는
транспортёр (남) ① 콘베아 ② (군용) 장갑자동차
транспорти́р (남) 분도기(分度器), 측각기(測角器), 각도자
транспортировать (미완, 완) 수송(운반) 하다
транспортиро́вка (여) 수송(輸送), 운반, 운송
транспортный (형) 수송의; ~ое судно 수송선, 운반선; ~ый самолёт 수송기; ~ые средства 수송 (운수) 수단
трансформа́тор (남) 변압기(變壓器)
трансформа́торный (형)(전기);~ая подстанция 변전소

трансформа́ция (여) 변형(變形), 변화
трансформирова́ть (미완, 완) 변형시키다
трансформирова́ться (미완, 완) 변형되다
транше́я (여) ① 교통호 ② (군사) 참호, 전호
трап (남) (비행기, 배의) 승강대, 사다리
трапе́ция (여) ① (수학) 제형 ② (곡예 등의) 그네
тра́сса (여) ① 길, 도로; ② (항공, 항행의) 경로, 항로
трасси́рующий (형);~ая пу́ля 예광탄
тра́та (여) ① 소비, 지출: [пуста́я] ~ вре́мени 시간낭비; ② (복수) 손해, 손실
тра́тить (미완) 쓰다, 소비(지출)하다;~ де́ньги 돈을 쓰다;
тра́улер (남) 트롤선, 저인망선; морози́льный ~ 냉동선
тра́ур (남) ① 조문, 조의, 애도; день ~а 애도일; ② 상복, 상장; носи́ть ~ 상복을 입다, 상장을 띠다
тра́урный (형) 조상의, 조문의;~ое заседа́ние 추도회
трафаре́т (남) ① (글자나 그림을 따낸) 형판; ② 틀, 고정격식
трафаре́тный (형) 틀에 박힌, 진부한
трахе́я (여) (해부) 숨통, 호흡기관
трахо́ма (여) 트라코마(trachoma)
тре́бование (중) ① 요구; по ~ю 요구에 따라; ② (복수) 규정, 기준; ③ 청구서, 요청서
тре́бовательность (여) 요구성, 엄격성
тре́бовательный (형) 요구성이 강한, 엄격한
тре́бовать (미완) ① 요구하다 ② 불러내다
тре́боваться (미완) 요구되다, 필요하다
трево́га (여) ① 불안; 소동); 야단법석; его́ охвати́ла ~а 그는 불안에 휩싸였다; ② 경보; возду́шная ~а 공습경보:
трево́жить (미완) ① 불안케하다 ② 폐를 끼치다, 방해하다 ③ 건드리다
трево́житься (미완) 불안을 느끼다, 근심하다, 속태우다
трево́жно (부) 불안(조마조마하게)
трево́жный (형) 불안한, 조마조마한: ~ый го́лос 불안에 찬 목소리; ~ые слу́хи 불안스러운 소문
треволне́ние (중) 심한 불안
тре́зво (부) 사려 깊게, 성실하게
трезвомы́слящий (형);~ челове́к 정상적인 사고력을 가진 사람
трезво́н (남) 뜬소문; 소동: подня́ть ~ 소동을 일으키다

тре́звость (여) ① 맑은 정신; ② 술을 마시지 않는 것, 금주; общество ~и 금주협회; ③ 사려가 깊은 것

тре́звый (형) ① 취하지 않은, 맑음; ② 술을 마시지 않은, 금주하는 ③ 사려가 깊은, 신중한; ~ взгляд 신중한 견해

трек (남) (체육) (자전거) 경주로

трелёвочный (형) 목재를 나르는

трель (여) (음악) 굴림(떨림)소리

тре́нер (남) (체육) 훈련지도원

тре́ние (중) ① 쏠림, 마찰; ② 저항; сила ~я 저항력; ③ 알력, 충돌, 불화

тренированный (형); ~ организм 잘 단련된 육체

тренирова́ть (미완) ① 훈련시키다 ② 단련시키다; ~ те́ло 몸을 단련하다

тренирова́ться (미완) ① 연습하다 훈련하다 ② 훈련을 받다

трениро́вка (여) ① 연습, 훈련; ② 단련; аутогенная ~ 자기 단련

тренога́ (여) 삼발이, 삼각대

трено́жник (남) 삼발이

трепана́ция (여) (의학) 개두술, 천두술, 두개골절개술

трепа́нг (남) 해삼(海蔘)

трепа́ть (미완) ① 잡아뜯다, ② 못쓰게 하다; ③ 가볍게 두드리다; ~ не́рвы 신경질나게 하다

трепа́ться (미완) ① 께지다 ② 지껄이다, 허튼 소리를 하다

трепа́ч (남) 허풍쟁이

тре́пет (남) ① 떨림, 진동; ② 전율, 공포; привести́ кого́ в ~ 전율케 하다

трепета́ть (미완) ① 흔들리다, 떨다; ли́стья трепещу́т 잎사귀가 떤다; ② 떨리다; ~ от у́жаса 공포에 떨리다

треск (남) ① 우지끈 뚝딱하는 소리; ② 요란한 언사, 소동

треска́ (여) 대구(大口; 물고기)

тре́скаться (미완) 트다, 틈(짬)이 나다, 갈라지다; ко́жа на рука́х ~ется 손이 튼다.

трескотня́ (여) 떠들썩한 잡담, 쓸데 없는 말(이야기)

треску́чий (형); ~ие фра́зы 내용 없는 말; ~ий моро́з 지독한 추위

тре́снуть (완) 터지다, 쪼개지다, 금이 가다, 틈이 나다; (표면, 피부가) 트다

трест (남); строеленьный ~ 건설사업소
третейский (형); ~ суд 중재원, 중재재판
третий (수) ① 세 번째*, 셋째*, 제 3 (삼)* ② (명사로); ~ье (중) 식후과다
третировать (미완) 홀시(경시, 멸시) 하다
треть (여) 3 (삼) 분의 1 (일)
треугольник (남) 삼각형(三角形)
трёхдневный (형) 3 (삼) 일간*
трёхкомнатный (형) 세칸짜리*
трёхлетний (형) ① 3(삼)년간의, ② 세 살난;
трёхмесячный (형) 3(삼) 개월간*
трёхсотый (수) 300 번째~
трёхфазный (형); ~ ток 삼상교류
трёхэтажный (형) 3 (삼)층의
трещать (미완) ① (터지면서) 우지끈 뚝따닥소리를 내다 ② 끊임없이 소리를 내다 ③ 쉴세없이 지껄이다
трещина (여) 틈새, 짬, 균열(均熱)
три (수) 셋, 3 (삼)
трибун (남) 웅변가(雄辯家)
трибуна (여) ① 연단 ② 관람석
трибунал (남) (특수한) 재판기관; военный ~ 군사재판소
тривиальный (형) 범속한, 진부한, 저속한
тригонометрия (여) (수학) 삼각(법)
тридцатый (수) 서른째*, 제 30(삼십)*
тридцать (수) 서른, 30 (삼십)
трижды (부) 세 번*, 3(삼) 회, 3(삼) 중
трико (중) (불변) ① (선수, 곡예배우의) 뜨개옷 ② (여자용) 메리야스, 아래내의, 언드웨어
трикотаж (남) 뜨개천, 메리야스; 뜨개옷 뜨개(메리야스) 제품; шерстяной ~ 털실 뜨개 옷
трикотажный (형) 뜨개의, 뜨개질의; ~ые изделия 뜨개(메리야스) 제품
трилогия (여) 3 (삼) 부작
тринадцатый (수) 열셋째의, 제 13 (십삼)의
тринадцать (수) 열셋, 13 (십삼)
Тринидад и Табаго 트리니대드 토바고
трио (중) 삼중주, 삼중창; инструментальное ~ 기악삼중주
триста (수) 300 (삼백)
тритон (남) 도롱뇽, 도롱이

триу́мф (남) 개선; 대승리, 대성과
триумфа́льный (형) 개선의; ~ый марш 개선행진곡
тро́гательно (부) 감동적으로, 감명깊게
тро́гательный (형) 감동적인, 감격적인, 감명깊은
тро́гать (미완) ① 다치다, 만지다; рука́ми не ~! 손을 대지 말 것! ② 건드리다, 시끄럽게하다; 간섭하다; не тронь его́ 그를 내버려두어라; ③ 감동(흥분) 시키다
тро́гаться (미완) 떠나다, 움직이다; ~ в путь 길을 떠나다;
тро́е (수) 셋; ~ бра́тьев 세형제; ~ су́ток 3 (삼) 주야
тро́йка (여) ① (숫자) 3 ② 3 (삼) 점, 보통 (5 계단 채점에서)
тройно́й (형) ① 3 (삼) 배*, 세배* ② 세겹*
тройня́ (여) 삼태자
тро́йственный (형) 3각*; ~ вое́нный сою́з 3각 군사동맹
тролле́йбус (남) (무궤도) 전차(電車)
томб (남) (의학) 혈전(血戰)
тромбо́н (남) (음악) 트롬본(악기의 한 가지)
тромбофлеби́т (남) (의학) 혈전성정맥염
трон (남) 왕좌(王座), 왕위(王位)
тропа́ (여) 오솔길, 좁은길; го́рная ~ 산길
тро́пик (남) ① 회귀선; ~ Ра́ка(Козеро́га) 북(남) 회귀선; ② ~и (복수) 열대, 열대지방; в ~ах 열대지방에서
тропи́нка (여) 오솔길, 좁은 길
тропи́ческий (형) 열대(지방)의; ~ кли́мат 열대기후; ~ по́яс 열대
тропосфе́ра (여) 대류권(對流圈)
трос (남) 쇠밧줄
тро́сник (남) 갈, 갈대, са́харный ~ 사탕수수
трость (여) 지팡이, 지팽이
тротуа́р (남) 걸음 길, 보도(步道), 인도(人道)
трофе́й (남) 노획품; вое́нные ~и 전리품
трофе́йный (형) 노획의; ~ое ору́жие 노획 무기
труба́ (여) ① 관, 통; водопрово́дная ~а 수도관; ② 굴뚝, 연통; дымова́я ~а 굴뚝; ③ 나팔; игра́ть на ~е 나팔을 불다;
труба́ч (남) 나팔수
труби́ть (미완) ① во что (나팔 등을) 불다 ② (나팔 등에 대하여) 울리다, 소리나다; ③ (나팔로) 신호하다; ~ить сбор 소집나팔을 불다; ④ 떠들다, 지껄이다
тру́бка (여) ① (각종) 관; рези́новая ~а 고무관; дрена́жная

- 822 -

~a 배수관 ② 대통, 골통대; ③ (전화의) 수화기; взять (снять) ~y 전화를 받다; 수화기를 들다; положить(повесить) ~y 전화를 끊다, 수화기를 내려놓다

трубопровод (남) 도관(陶管)
трубочист (남) 굴뚝소제부
труд (남) ① 노동, 노력; физический(умственный) ~ 육체(정신)노동; квалифицированный ~ 숙련노동; ② (복수) 일, 사업; 노력, 수고; положить(затратить) много ~a(~ов) 많은 일을 하다, 많은 수고를 하다: напрасный ~ 헛수고 ③ 노작, 저서, 작품; ④ (복수) (과학) 논문집, 저작집, 학보; без ~a 쉽게; с ~ом 겨우, 애써
трудиться (미완) ① 일하다, 노동(근무)하다 ② над чем 노력하다, 힘쓰다
трудно (부) (술어로)+미정형) 어렵다, 힘들다, 곤란하다; ~ объяснить 설명 하기 어렵다;
трудность (여) ① 힘든 것, 어려운 것 ② 애로, 난관;
трудный (형) 어려운, 힘든, 곤란한; ~ая работа 힘든 일
трудовой (형) ① 노동의; ~ое законодательство 노동법; ② 근로의; ~ое население 근로자; ③ 노동하여 얻은; ~ая книжка 노동수첩, 근로수첩,
трудодень (남) 노력일
трудоёмкий (형) 고된, 많이 드는
трудолюбивый (형) 근면한, 부지런한
трудолюбие (중) 근면, 노동애호
трудоспособность (여) 노동능력
трудоспособный (형) 일할 수 있는. 노동능력 있는
трудоустройство (중) 노동알선, 일자리 알선
трудящийся (형) ① 근로하는; 자기 노력으로 살아가는; ② (명사로) 근로자(勤勞者)
труженик (남), **~ца** (여) 근로자, 노력자
труп (남) 주검, 송장, 시체(屍體)
труппа (여) 연극(발레, 곡예) 배우단
трус (남) 겁쟁이, 비겁한자
трусить (미완) ① 무서워하다, 겁내다 ② перед кем-чем 두려워하다
трусиха (여) 겁쟁이
трусливо (부) 비겁(소심)하게
трусливый (형) 겁 많은, 비겁한, 소심한
трусость (여) 겁, 비겁성, 소심

тру́сы (복수) 반바지, 체육(수영)팬티
тру́тень (남) ① 수벌; ② 게으름뱅이, 건달꾼
труха́ (여) 검부러기, 부스러기
трухля́вый (형) 썩어 문드러진
трущо́ба (여) ① 빈민굴, ② (밀림속) 통행이 곤란한곳
трюк (남) ① 요술, 묘한 재주 ② 꾀, 술책(術策)
трюм (남) 짐칸, 선창
трюмо́ (중) (불변) 경대
тря́пка (여) ① 헝겊, 천 조각, 누더기 ② 걸레; вытирать ~ой 걸레로 닦다 ③ 칠판 지우게
тряси́на (여) 진펄, 수렁
тря́ска (여) 흔들리는 것
трясти́ (미완) ① 흔들다, 쥐여(잡아) 흔들다 ② 털어내다 ③ *чем* 내젓다; ~ хвосто́м 꼬리를 젓다
трясти́сь (미완) ① 흔들리다, 떨다, 동요하다; ② над *кем-чем* 극진히 보살피다; ③ над *чем* 아끼다, 아껴 쓰다;
туале́т (남) ① 위생실, 화장실, 변소; ② (주로 여자) 옷; ③ 몸단장(세수하고 옷 입고 머리 빗는 일);
туале́тный (형); ~ое мы́ло 세수비누; ~ая бума́га 위생종이;
туберкулёз (남) 결핵, 결핵증; ~ лёгких 폐결핵
туберкулёзный (형) 결핵의, 결핵성; ~ больно́й 결핵환자
ту́го (부) ① 꽉, 팽팽(빡빡)하게; ② 어렵게, 느리고 힘들게; ③ (술어로) кому́ 생활 어렵다, 처지가 곤란하다.
туго́й (형) ① 팽팽한, 탄력이 있는, 비싼 쥔; ~ая струна́ 팽팽한 줄; ② 꽉 찬, ~о́й мешо́к 가득찬 포대
туда́ (부) 거기로, 저기로; биле́т ~ и обра́тно 왕복표; ~ и доро́га кому́ 그렇게 되는 것이 당연한 일이다
тужи́ть (미완) 슬퍼하다
тужу́рка (여) 덧저고리
туз (남) ① 트럼프의 끝수가 제일 높은 패; ② 거물(巨物), 권력자; фина́нсовые ~ы́ 금융계의 거물
тузе́мец (남) 본토배기
тузе́мный (형); ~ое населе́ние 토착민
ту́ловище (중) 몸통, 동체(胴體)
тулу́п (남) 자락이 긴 털외투
туляреми́я (여) (의학) 메토끼병
тума́н (남) ① 안개; густо́й ~ 짙은 안개 ② 애매(모호) 한 것; напусти́ть ~у 불명료하게 하다
тума́нный (형) ① 안개 낀 ② 불명료한, 몽롱한; ~ взгляд

몽롱한 눈길
тýмбочка (여) (침대곁에 놓아두는) 작은 장
тýндра (여) 툰드라지대(tundra地帶), 동대토, 동토, 동원대
тунея́дец (남) 건달꾼, 기생충
тунея́дство (중) 건달, 기생충생활
тунне́ль (남) 굴 (길), 차굴, 터널
тупе́ть (미완) ① (칼 등이) 무디다 ② (감각, 지력 등이) 두해지다
тупи́к (남) ① 막다른 골목 (길); ② 궁지; оказа́ться в ~е 궁지에 빠지다; ③ (철도) 막힘선
тупи́ца (남, 여) 둔재
тупо́й (형) ① 무딘, 뭉툭한; ② (감각, 두뇌 등이) 둔한; ③ 무표정한, 무의미한; ~о́й у́гол (수학)무딘각, 둔각
тýпость (여) ① 무딘 것 ② 둔한 것 ③ 무표정, 무감각
тур (남) ① (경연, 경기 등에서 매 참가 자가 한번씩 승부를 다루는 일): пе́рвый ~ 제1(일)차경연(경기); заключи́тельный ~ 최종경연, 결승경기; ② 단계; пе́рвый ~ вы́боров 선거의 제1(일)단계; ③ 한 바퀴 도는 것; 일주(여행)
турба́за (여) 관광기지
турби́на (여) (공학) 터빈(turbine)
тури́зм (남) 관광 (여행), 유람
тури́ст (남), **~ка** (여) 관광객, 관광단원, 유람객
туристи́ческий (형) 관광의; ~ похо́д 관광 행렬
тури́стский (형) 관광객의; ~ое снаряже́ние 관광여행용구
турни́к (남) (체육) 철봉대
турни́р (남) 시합, 경기, 경쟁; ша́хматный ~ 장기시합
турпохо́д (남) 관광행군
тýскло (부) 흐리게, 희미(몽롱) 하게
тýсклый (형) ① 흐린, 윤기가 없는; ② 선명하지 못한, 어슴푸레한;~ свет 어슴푸레한(희미한) 빛; ③ 생기 없는;
тускне́ть (미완) 흐려지다, 윤기가 없어지다, 생기없게 되다
тут (부) ① 여기에, 여기서 ② 이때, 그때 이런 경우에
тýтовый (형); ~ое де́рево 뽕나무;~ая планта́ция 뽕밭
туф (남) (지질) 석회암(石灰巖)
тýфли (복수) 구두, 단화; да́мские ~ 여자구두
тýхлый (형) 상한, 썩은 냄새나는
тýхнуть I (미완) (불이) 꺼지다
тýхнуть II (미완) 상하다, 썩다, 썩어서 냄새나다

ту́ча (여) ① 검은구름; ② 다수(多數), 큰 무리
ту́чный (형) ① 뚱뚱한, 살진; ② 비옥한, 기름진
туш (남) 환영곡; сыгра́ть ~ 환영곡을 울리다
туши́ть I (미완) (불을) 끄다:~ свет (ла́мпу) 등불을 끄다
туши́ть II (미완) (제김에) 찌다: ~ мя́со 고기를 제김에 고다
тушка́нчик (남) (동물) 날쥐
тушь (여) 먹, 묵(墨), 먹물, 먹즙
ту́я (여) 누운 측백나무
тща́тельно (부) 면밀히, 꼼꼼히, 차근차근
тща́тельный (형) 면밀한, 꼼꼼한, 차근차근한
тщеду́шный (형) 허약한
тщесла́вие (중) 공명심, 허영심
тщесла́вный (형) 공명(허영)심이 강한 허영에 뜬
тще́тный (형) 헛된, 쓸데없는, 무의한
ты (인칭 대) (тебя́ (생, 대), тебе́ (여), тобо́й 또는, тобо́ю (조), тебе́ (전)) 너, 자네, 그대, 당신; ну тебя́! (시끄럽게 굴지 말구) 물러가라!
ты́кать (미완) ① 찌르다, 꽂다; ② 들이밀다, 들이 박다; ~ в нос 꾸짖다, 비난(절책)하다; ~ па́льцем 손가락하다
ты́ква (여) 호박, 남과, 호박꽃
ты́квенный (형) 호박*; ~ые семена́ (호박씨)
тыл (남) ① 뒤쪽; ② 후방(後方)
тылово́й (형) 후방*; ~ые ча́сти 후방부대
ты́сяча (여) 또는 (수) ① 천(千); ② (복수) 다수, 다량; ③ (복수) 막대한 돈(금액); нажи́ть ~и 막대한 돈을 벌다
тысячеле́тие (중) ① 천년간 ② (복수) 수천년간 ③ 천돌
тысячеле́тний (형) 천년(간)*
ты́сячный (수) ① 천번째* ②; одна ~ая 천분의 일
тычи́нка (여) 수꽃술
тьма (여) 어둠, 암흑(暗黑)
ТЭЦ (теплоэлектроцентра́ль) 중앙난방 겸용 화력 발전소
тюбете́йка (여) 쮸베 쩨이까(수놓은 작은 모자)
тю́бик (남) (치약, 고약 등을 넣은 금속제의) 튜브(tube)
тю́бинг (남) (공학) 류빙
тюк (남) 퉁구리, 묶음, 꾸러미, 덩어리
тюле́нь (남) (동물) 넝에
тюль (남) 레이스천(lace-)
тюльпа́н (남) 튤립(tulip), 울금향
тюре́мный (형) 감옥의; ~ое заключе́ние 구금

тюре́мьщик (남) 간수(看守)
тюрьма́ (여) 감옥; посадить в ~у 투옥하다;
тюфя́к (남) (짚, 건조 등을 넣은) 포단, 참대, 깔개
тя́га (여) ① 견인, 견인력; ② (공학) 당김대, 연결기; ③ 지향(志向), 동경(憧憬)
тяга́ться (미완) 경쟁하다
тяга́ч (남) (강력한) 견인차, 견인트랙터
тя́гостный (형) 보기도 괴로운, 불쾌한;
тя́гость (여); быть в ~ кому 괴롭히다, 부담을 주다
тяготе́ние (중) ① (물리) 인력, 중력; ② 애착, 지향
тяготе́ль (미완) ① к кому-чему 끌리다, 쏠리다; ② над кем-чем 위압 (억압, 우세) 하다
тяготи́ть (미완) 괴롭히다, 부담(불편)을 주다
тяготи́ться (미완) кем-чем 괴로움 (고통)을 느끼다
тягу́чий (형) ① 늘어날 수 있는 ② 끈적끈적한 ③ (목소리, 말 등이) 느릿느릿한, 서두르지 않는
тя́жба (여) ① 민사소송 ② 말다툼, 언쟁(言爭)
тяжело́ (부) 무겁게; (술어로) 무겁다, 힘들다, 어렵다
тяжелоатле́т (남) 역기선수
тяжелова́тый (형) 묵직하다
тяжелове́с (남) (체육) 중량급선수
тяжелове́сный (형) ① 중량이 무거운, 육중한 ② (문체 등이) 세련되지 못한, 이해하기 어려운
тяжёлый (형) ① 무거운; ② 어려운, 힘든, 품이 많이 드는; ③ 무거운, 경쾌하지 못한, (천 등이) 탁탁한; ④ (성격,냄새가) 불쾌한; ⑤ 엄중한; ⑥ (병이) 중한, 위급한
тя́жесть (여) ① 무게, 중량, 무거운 것; ②; сида ~и 인력, 중력 ③ 무거운 짐 (물건)
тяну́ть (미완) ① 끌다, 잡아당기다; ② 늘이다, 늘어놓다; ③ 내밀다, 뻗치다; ④ 유인하다, 마음을 끌다; ⑤ 끌어 내다, 뽑다; ⑥ 훔치다, 도적질하다; ⑦ 무게가 나가다; ⑧ 질질 끌다; ⑨ 길게 끌면서 노래 부르다
тяну́ться (미완) ① 늘어나다 ② 기지개하다 ③ 펼쳐지다, 뻗다; ④ 오래 끌다; ⑤ 줄을 지어 가다 ⑥ к кому-чему 끌리다, 쏠리다; ⑦ 향하다
тяну́чка (여) ① 엿, 엿가락, 엿가래 ② 우유 기름사탕
тя́пка (여) 호미(김맬 때 쓰는 농기구의 하나)
тя́п-ля́п: ~ и гото́во 일을 되는대로 빨리 해치웠다.

У

у *предлог (род)* ① 곁에, 부근에, 가까이에, 곁을(지나서), 지나서, (때가) 흘러가서; у окна 창문곁에; ②. ~을 잡고; ③. ~앞에; ④ ~에게; у меня 나에게; ⑤ ~의; ножка у стола 책상의 다리; ⑥ ~에서; ⑦ ~에게서, ~한테서, ~로 부터;

убавля́ть *несов.*, **уба́вить** *сов.* ①. 줄이다, 덜다, 졸이다; 줄게하다, 덜어내다, ② 줄다, 졸다 작아지다, 적어지다; 감(減)하다, 감량하다, 감모(축소.감소)되다;

убавля́ться *несов.*, **уба́виться** *сов.* ①. 줄다, 덜어지다, 감소되다; ② 단축(축소.삭감)되다, 짧아지다;

убаю́кивать, убаюкать *(вин)* (잠)재우다.

убега́ть *несов.*, **убежа́ть** *сов.* ① 뛰다, 달려가다, 달리다, 뛰어가다, ② 도망(탈주, 도주)하다; ③ 끊어넘다; ④ 빨리 멀어지다; ⑤ 멀리 뻗어있다.

убеди́тельно *нар.* ① 설득력있게, 뚜렷이, 믿을만하게; ② 간절하게, 강하게; ~ просить 간청하다.

убеди́тельность *ж.* 설득력, 확실성, 간절한 것.

убеди́тельн‖ый *прил.* ① 설복시키는, 믿을만한; ~ый тон 설복시키는 어조; ② 간절한; ~ая просьба 간청.

убежда́ть *несов.*, **убеди́ть** *сов. (вин)* ① 확신(설득)시키다; ② ~도록(게끔)설복하다;

убежда́ться *несов.*, **убеди́ться** *сов.* ~을 확신(장담)하다;

убежде́ни‖е ① 설득, 설복, 타 이르는 것; ② 확신, 확인, 장담, ③ ~я мн 지조, 신념, 세계관, 견해.

убеждённо *нареч.* 확신있게, 자신있게;

убеждённость *ж.* 확신(성), 신념(성).

убеждённость I. *прич. от* убеждать 확신하는, 굳게믿는,

убеждённость II. *прил.* 확신하는, 굳게믿는, 의심치않는;

- 829 -

убе́жищ||е *с* ① 피난처, 은신처; политическое ~е 정치 피난처; ② *воен* 대피호, *(блиндаж)* 엄폐부.

убере́чь *сов (вин от род) разг.* 보살피다, 돌보다

убере́чься *сов.(от род)* 자신을 돌보다, 자기 몸을 조심하다; ~ от болезни 병들지 않도록 조심하다.

убива́ть *несов.*, **уби́ть** *сов.* ① 죽이다, 살해하다, 살인하다, ② 지우다, 없애다, 지워(뭉개.없애)버리다, 멸살(말소.소멸)하다, ③ 실망(낙심.절망)하다 실의하다, 실지(낙망.낙담)하다, ④ 허비(낭비.소비.소모)하다

убива́ться *несов., сов.* ~을 몹시 슬퍼하다, ~을 괴로워하다.

уби́йствен||ый *прил.* ① 치명적, 살인적, ② 참기어려운, 유해로운; ③무서운, 비상한, 극단적; ~ая жара 혹서

уби́йство *с* 살인, 살해, 살육, 시해,학살

уби́йца *м., ж.* 살인자(殺人者), 살해자(殺害者).

убира́ть *несов.*, **убра́ть** *сов. (вин)* ①. 거두다, 모으다, 모아들이다, 수집(수거)하다, 거둘(갹출.추렴)하다; ② 치우다, 떼버리다, 제거하다, 치다, 없애다, 해고하다, 물러나다, ③ 수확하다, 거두다, 거두어들이다; ④ ~ паруса 돛을 내리다; ~ вёсла 노를 거두다; ⑤ ~에 넣다; ~ бумаги в ящик. 서류를 서랍안에 넣다(감추다); ⑥ 정돈하다, 소제하다, 청소하다, 깨끗이하다; ⑦ 장식하다, 꾸미다, 꾸리다

убира́ться *несов., убра́ться сов. разг.* ① 가버리다, 사라지다, 없어지다, 숨다, 소실(소멸)하다; 자취를 감추다, 꼬리를 감추다, 둔적(은적)하다, 잠적하다; ② 거두다, 정돈하다, 모양내다, 꾸미다, 다듬다, 치장하다

уби́т||ый I *прил.* ① 죽은, 살해(학살)된, 도살된; ② 실망적, 낙심한; ~ый горем 불행에 싸인;~ый вид 낙심한 모습.

уби́т||ый II *м.* 피살자, 전사자; ~ые и раненые 사상자;

ублажа́ть *несов.*, **ублажи́ть** *сов. (вин) разг.* ~의 비위를 맞추다, ~을 만족 하게(기쁘게)하다.

убо́гий I. *прил.* ① 불구, 병신이 된, ②간난한, 빈궁한; ③ 빈약한, 보잘것없는.

убо́гий II. *м (калека)* 불구자. 병신, 기인, 기형아, 기형자

убо́жество *с* ① 불구, 병신; ② 빈곤, 가난, 빈궁, 빈약; ③ 빈약, 부족, 불충실, 불완전, 보잘것없는

убо́й *м* 도살, 도륙, 학살, 도축.

убо́р *м. уст.* 옷차림, 복장, 장식; ◊ головно́й ~ 모자.

убо́ристый *прил.* ① 촘촘한, 빽빽한; ② (인쇄, 필적, 활자) 세밀한, 글자의 간격이 촘촘한; ~ почерк 촘촘한 필적

- 830 -

убо́рка ж. ① 수확, 수확기, 추수기, ② 청소, 정돈.
убо́рная ж. ①(배우들의) 분장실, 의상실; ② 변소, 화장실.
убо́рочн∥ый прил. 수확의; **~ая страда** 추수때, 수확기,
убо́рщи∥к м., **~ца** ж. 치우는 사람, 청소부.
убра́нство с.(наряд) 옷차림, 치장, 장식(품); 복장.
убыва́ть несов., **убы́ть** сов. ① 줄다, 감소되다, 축소되다; (о силах) 약해지다; (о воде) 찌다; ② 가다, 떠나다
у́быль ж 감소, 감량, 감쇄, 감손, 소모, 소비, 손실, 손상, 손해, **идти́ на ~** 줄다, 줄어지다, 감소되다; (о воде) 찌다.
убы́т∥ок м 손해, 손(損), 밑짐, 누(累), 손실, 손상; 결손, 불이익, 마이너스(minus), 출혈; 끽휴, 실리;
убы́точн∥ый прил. 손해의, 손해보는, **~ая торго́вля** 손해보는 장사; **~ое произво́дство** 손해보는 생산.
уважа́емый I. прил. 존경하는, 높이는, 받드는
уважа́емый II. м 여보시오!.
уважа́ть несов. (вин) 존경하다; 존중하다;
уваже́ни∥е с 존경, 경의, 공경, 존대, 숭상, 숭배, 존중,
уважи́тельн∥ый прил. ① 정당한, 올바른, 옳은, 합당; **~ая причи́на** 정당한 이유; ② 존경하는.
ува́жить сов. (вин) разг. ① 받아들이다, 고려하다; ② 염려하다, ~ 에게 존경을 표하다.
ува́лень м разг. 게으름뱅이, 동작이 느런사람, 게를뱅이,
ува́риваться несов., **увари́ться** сов. ①. 충분히 무르다 (삶아지다); ② 끓여서 쫄다(졸이다)
уведомле́ние с ① 통지, 통고, 통보, 보고, 통첩, ② 통지서, 알림장, 통첩서, 안내장;
уведомля́ть несов., **уве́домить** сов. (вин) ~에게 통지(통보) 하다; (о предл) ~을 통지(통보)하다;
увекове́чивать несов., **увекове́чить** сов. (вин) 영구화하다, 불후하게 하다
увеличе́ние с 증가, 증대, 증다, 확장; 확대
увели́чивать несов., **увели́чить** сов. (вин) ①증가(증대)하다, 늘다, 늘어나다, 붙다, 불어나다, 많아지다, 늘이다, 확장하다; ② 확대 하다; фо́то **~** 사진을 확대하다.
увели́чиваться несов., **увели́читься** сов. ① 증가(증대)되다, 불어나다, 늘어나다, 확장되다; ② 확대되다.
увеличи́тельн∥ый прил. 확대하는, 확장하는; **~ый аппара́т** 확대기; **~ое стекло́** 확대경.

увели́чить(ся) *сов.* ① ~에게 ~을 씌우다, 표창하다; ② 성과적으로 끝내다(완성하다);

увенча́ться *сов.* (*тв*) 끝나다, 끝장나다, 종료되다, 완료되다, 종식하다, ~ успе́хом ~하는데 성공하다,

увере́ние *с* (*в предл*) 보증, 확언.

увере́нно *нареч*. 확신성있게, 자신있게; ~ говори́ть 확신성있게 말하다.

увере́нност∥ь *ж* 확신(성), 자신(성)

уве́рен∥ный *прил.* ① 확신하는, 굳게믿는, 자신있는; ② 견고한; ◊ бу́дьте ~ы! 의심하지 마시오!

уве́ровать *сов.* (*в вин*) ~을 확신하다, 굳게 믿다.

увёрт∥ка *ж* (회피, 도피하기 위한) 꾀, 간계, 술책;

увёртливый *прил.* ① 재빠른, 약빠른; ② 약은, 교활하여 잘 피하는

увёртываться *несов.*, **уверну́ться** *сов.* (*от род*) ~을 피하다 (비키다), ~을 회피하다;.

увертю́ра *ж муз.* 서곡, 전주곡.

уверя́ть *несов.*, **уве́рить** *сов.* 확신시키다, 믿게하다, 설득하다; ~ в свое́й правоте́ 자기의 정당성을 확신시키다.

увеселе́ни∥е *с* ① 즐겁게(유쾌하게) 하는 것; ② *мн*. ~я 오락, 유희; массовые ~я 대중적 오락.

увесели́тельн∥ый *прил.* 즐겁게하는, 구경하는, 유람의; ~ая пое́здка 유람 여행.

увеселя́ть (*вин*) 즐겁게 하다, 유쾌하게 하다.

уве́систый *прил.* ① 매우(아주) 무거운, 들기 힘든; ② 강한, 힘있는; ~ уда́р 강한 타격.

уве́чить *сов.* (*вин*) ① 불구로(병신을, 장애자로) 만들다; ② 망치다, 못쓰게 하다.

уве́читься *сов.* 불구로되다, 병신이 되다.

уве́чье *с* 불구, 병신; нанести́ ~ кому́-л. ~을 불구로 만들다, ~을 못쓰게 만들다.

уве́шать *сов.* (*вин тв*) ~에 --을 가득 걸다(달다); ~ сте́ну карти́нами 벽에 그림을 가득 걸다.

увеща́ние *с* 설복, 설득, 훈계.

увеща́ть *несов.*, **увещева́ть** *сов.* 설복(설득)하다, 훈계하다.

увида́ть *сов.* (*вин*) *разг*. (*встре́тить*) 보다, 만나보다

увида́ться *сов. разг*. 만나다, 만나보다.

увили́вать *несов.*, **увильну́ть** *сов.* (*от род*) *разг*. (*т.ж. перен.*) ~을 회피하다; ~을 피하다

увлажня́ть *несов.,* **увлажги́ть** *сов. (вин)* 습하게 하다, 축축하게 하다.

увлека́тель‖ный *прил.* 매우 재미있는, 매우 흥미있는; ~ое зрелище 매우 흥미있는 광경.

увлека́ть *несов.,* **увле́чь** *сов. (вин)* ① (이)끌어가다, *(т.л человека)* 데려가다; ② 열중하게 하다, 몰두하게 하다; ③ 반하게하다, 사랑에 빠지게 하다.

увлека́ться *несов.,* **увле́чься** *сов. (тв)* ①~에 열중하였다, 몰두하였다; ② 반하다, 정들다, 사랑에 빠지다.

увлека́ющийся *прил.* ① ~ человек 열중하는 사람; ② 잘 반하는, 매혹 되는.

увлече́ние *с* ① 황홀, 감탄, 감동, 감격; ② 열중, 몰두, 흥; ③ 반하는 것, 매혹 되는 것.

увлечённый *прил.* 열중하는, 몰두 하는.

уводи́ть *несов.,* **увести́** *сов. (вин)* ① 끌어가다, 데려가다; ② 훔쳐가다, 유괴하다.

увози́ть *несов.,* **увезти́** *сов. (вин)* ① 실어가다, 가지고 가다, *(т.л. людей)* 데려가다; ② 훔쳐가다.

уво́льнение *с (рабочего)* 해고; 해임, 면직, 외출;.

увольни́тельная *ж воен.* 외출증.

увольня́ть *несов.,* **уво́лить** *сов.* ① 해고하다, 해임시키다, 면직시키다; ② 면하게하다, 벗어나게하다, 해방하다

увольня́ться *несов.,* **уво́литься** *сов. (о рабочем)* 해고되다; 해임되다, *(о служащем)* 면직되다

увы́ *междо.* (한탄, 유감을 나타내는 감동사) 아이고 슬프다.

увяда́ние *с.* 시드는 것.

увяда́ть *несов.,* **увя́нуть** *сов.* ① 시들다, 마르다, 건조되다, 증발하다; ② 생기를 잃다, 빛을 잃다, 활기를 잃다

увя́дший *прил.* ① 시들은, 마른; ② 생기를 잃은, 활기를 잃은.

увяза́ть *несов.,* **увя́знуть** *сов.* ①~에 빠지다, 박히다; ② 걸리다, 걸려들다, 빠지다; увязнуть в долгах 빚에 걸리다.

увя́зывать *несов.,* **увяза́ть** *сов. (вин)* ① 포장하다, 싸다, 꾸리다, 묶다, 매다, ② 합치시키다, 결부시키다.

увя́зываться *несов.,* **увяза́ться** *сов.* ① 포장되다, 꾸려지다, 묶여지다; ② 결부되다, 합치되다; ③) (시끄럽게) ~의 뒤를 따르다, ~에(게) 붙어다니다

уга́дывать *несов.,* **угада́ть** *сов. (вин)* 알아맞히다, 추측하다, 측량하다;.

- 833 -

уга́р *м* ① 탄내, 타는 냄새; ② 탄산가스 중독; ③ 열(熱), 열광; *военный* ~ 전쟁열; в пьяном ~е 술기운에 열이올라서.

уга́рный *прил.* ① 탄 내가 나는, (*содержащий угар*) 탄내가 찬; ② ~에 미쳐 정신이 없는; о ~ газ 일산화탄소

угаса́ние *с* ① 꺼지는 것; ② 없어 지는 것; 소멸, 사멸.

угаса́ть *несов.*, **уга́снуть** *сов.* ① 꺼지다, 죽다; ② 사라지다, 꺼지다, 잠잠해지다; гнев угас 분노의 감정이 꺼졌다.

углево́д *м био., хим.* 탄수화물, 함수탄소, 당질(糖質)

углеводоро́д *м хим.* 탄화수소.

углекислота́ *ж хим.* 탄산가스, 이산화 탄소.

углеки́слый *прил. хим.* 탄산, 탄산을 함유하는; ~ газ 탄산가스

улено́сный *прил.* 석탄이 있는, 석탄이 매장된;

углеро́д *м хим.* 탄소(炭素)

углероди́ст∥ый *прил.* 탄소를 함유한, 탄소의;

улеродн∥ый *прил.* 탄소의; ~ые соединения 탄소 화합물.

углова́тый *прил.* ① 모진, 모난; ② 딱딱한, 거칠은; 서투른, 둔한

углов∥о́й *прил.* ① 모진, 모난; ② 모퉁이(구석)에 있는; ③ *мат. физ.* 각, 측각; ~о́й градус 각도;

угломе́тр *м* 측각기, 분도기, 각도계.

углубле́ние *с* ① 깊게 하는 것, 깊이 들어가는 것; ② 오목한 곳, 구멍, 웅덩이; ③ 심화, 심화화.

углублённ∥ый *прил.* ① 쑥(오목)들어간; ② 심오한, 그윽한, 깊숙한, (응숭)깊은; ③ 열중한, 몰두한, 빠지다, 빠져들다

углубля́ть *несов.*, **углуби́ть** *сов.* (*вин*) ① 깊게하다, 깊이 하다, 깊이파다; ② 심화시키다, 심오하게 하다; ③ 심각하게 만들다; ~ противоречия 모순을 심각하게 하다.

углубля́ться *несов.*, **углуби́ться** *сов.* ① 깊어지다, 깊이 되다; ② 가라앉다, 내려가다; ③ 깊이 들어가다; ④ 심화 되다, 심각해지다; ⑤~에 열중하다, ~에 몰두하다

угляде́ть *сов. разг.* ①~ 찾아내다, 발견하다, 연구해 내다, (*понять*) 알아내다, 수출하다, 깨닫다; ② 살펴보다, 살피다, 돌아보다, 둘러보다;

угна́ться *сов. (за тв)* ①~을 뒤따라 가다; ② *разг.* ~을 따라 잡다; в работе за ним не ~ 사업에서 그를 따라 잡을 수 없다.

угнета́тель *м.* 박해자, 압박자, 억압자.

угнета́ть *сов. (вин)* ① 압박하다, 억압하다, 억누르다, 짓누르다, 위압하다, ② 괴롭히다, 고통스럽게 하다.

угнета́ющий *прил.* 괴로운 마음을 짓누르는, 답답한, 갑갑한, 울(鬱)하다, 우울한

угнете́ние *с* ① 압박, 억압, 압제, 압박, 억제, 억륵, 제압, 위압; ② 의기소침한 상태, 압박감, (*депрессия*) 우울증

угнетё́нн∥ый I *прил.* ① 압박(억압) 당하는; ② 우울한, 침울한, 울적한, 수울한, 의기소침한

угнетё́нн∥ый II *м* 피압박자.

угова́ривать *несов.*, **уговори́ть** *сов.* ~할 것을 설복하다, ~할 것을 설득 하다; ② 달래다, 위안하다, 위로하다.

угова́риваться *несов.*, **уговори́ться** *сов.* (с тв + инф) *разг.* ~할 것을 약속하다;

угово́р *м* ①설득, 설복, 세복; ② 약속, 약(約); 다짐, 약조, 맹약, 맹세, 서약; 약정, 계약, 조약; согла́сно ~у 약속대로.

уго́д∥а *ж*: в ~у (*кому-чему-л.*) ~에게 유리하게; (*кому-л.*) ~의 마음에 들도록

угоди́ть *сов.* ①~에 빠지다, ~에 들어가다, ~에 처하다 (빠지다), ② ~에 부딛치다; ③ ~에 맞다 (맞히다), (*о пуле*) ~에 명중하다

уго́дливый *прил.* (*о тоне*) 아첨하는, 알랑거리는, 아양 부리는; ~ челове́к 알랑거리는 사람.

уго́дно I. *в знач. сказ.* (*дат*) 필요하다, 긴(緊)하다, 긴요하다, 절실하다, 소용되다, 요구되다, 원하다, 바라다

уго́дно II. *частица с мест. или нареч.:* кого́ ~ 누구든지; где ~ 어디서든지; куда́ ~ 어디로 든지; что ~ 무엇이든지;

уго́дный *прил.* (*дат*) ~의 마음에 맞는, ~의 마음에 드는, ~의 마음에 흡족 하게 하여주는

уго́дь∥е *с* 유용지, 이용지; *лесное* ~е 삼림; *ры́бные* ~я 어장.

угожда́ть, **угоди́ть** (*дат, на вин*) 비위를 맞추어 주다, ~을 만족시키다; ~ на чей-л. вкус ~의 비위를 맞추다.

у́гол *м* ① 모, 모퉁이, 모서리; 구석, 귀퉁이, 코너; ② 방의 한 구석; ③ 거처, 피신처, 안식처; ④ *мат.* 각(角), 각도; под прямым угло́м 직각으로; ~ отраже́ния 반사각.

уголо́вник *м* ① 형사범, 잡범; ② 형법 전문가.

уголо́вн∥ый *прил.* 형사범, 형법, 형률; ~ое преступле́ние 형사범죄; ~ый ко́декс 형법전

уголо́вщина *ж разг.* ① 형사 범죄, 형사사건; ② 형사범, 잡범.

уголо́к м уменьш. (от угол) 구석; ◊ красный ~ 선전실; живой ~ 생물 연구소.

у́голь м 석탄, 콜(coal), 흑(黑)다이아; каменный ~ 석탄; бурый ~ 갈탄; древесный ~ 목탄, 숯; ◊ белый ~ 백탄, 수력

угольник м ① 삼각자, 직각자, 곡척, 트라이앵글(triangle), 세모자, 삼각정규; ② 삼각철판.

уго́льн||ый прил. 석탄의; ~ый бассейн 탄전

уго́льщик м ① 탄부, 숯쟁이; ② 숯 굽는 사람.

угомони́ть сов. (вин) разг. 조용하게 하다, 진정시키다.

угомони́ться сов. разг. ① 조용해지다, 진정하다; ② 자다 잠자다, 취침하다; 가라앉다

уго́н м. 납치, 훔쳐가는 것.

угоня́ть несов., **угна́ть** сов. ① 몰아가다, 끌어가다, 몰고 가다, 몰다, 쓸어가다, 휩쓸어가다, 싹쓸어가다; ② 납치하다, 붙들어가다, 잡아가다, 훔쳐가다.

угора́зди||ть сов. разг.: как вас ~ло туда пойти? 누가 당신으로 하여금 거기로 가도록 부추 겼는가?

угора́ть несов., **угоре́ть** сов. ① 탄산가스에 중독되다; 탄산가스에 중독 되어 죽다; ② 정신 빠지다.

угоре́лый прил. разг.: как ~ 미치광이처럼; бежать как ~ 정신없이 달리다.

у́горь I. м (рыба) 뱀장어. 장어; 마리, 마리어, 백선

у́горь II. м (на коже) 여드름; лицо в угря́х 여드름이 난 얼굴.

угоща́ть несов., **угости́ть** сов. 권하다, ~에게 ~을 대접하다

угоща́ться несов., **угомти́ться** сов. (тв) 대접(접대)받다

угоще́ние с ① 대접, 영접, 접객, 환대, 접대, 하탑; ② 대접(영접)하는 음식.

угро́бить сов. ① 죽이다, 거꾸러뜨리다, 꺼꾸러뜨리다, 넘어뜨리다, 고꾸라뜨리다, 궂히다, 살해하다, 살인하다, 도살하다; ② 망치다, (машину и т. п.) 못쓰게 하다

угрожа́||ть ~을 ~으로 위협하다;.

угрожа́ющ||ий прил. ① 위험한, 위태한; ~ее положение 위험한 상태; ② ~ий жест 위협적인 손짓.

угро́з||а ж 위협, 협위, 협박, 공갈, 위급, 위험천만, 누란

угрозы́ск м (уголовный розыск) 형사 수사국.

угрызе́ни||е с: ~я совести 양심의 가책.

угрю́мый прил. ① 우울한, 침울한, 찌무룩한, 찌뿌둥한, 찌뿌드드한; ② 음침한, 어둑어둑한, 어두운, 암흑의

уда́в м зоол. 보아(구렁이), 왕뱀, 큰 뱀.

уда́||**ва́ться** несов., **уда́ться** сов. ① 성공하다, 성과적으로 나타나다; ② ему все ~ется 그는 모든 일이 잘 된다

удави́ть сов. (вин) ~의 목을 눌러 죽이다, ~을 교살하다.

удави́ться сов. разг. 목을 매어 죽이다.

удале́ни||**е** с ① 멀어지는 것, 멀리 떨어지게 하는 것; ② 없애는 것, 제거, 뽑는것; ③ 쫓는 것

удалённый прил. 먼, 멀리, 떨어진, 원거리.

удале́ц м разг. 대담한사람, 용사.

удало́й прил. 대담한, 용감한, 당찬; ~молоде́ц 당찬 사나이.

у́даль ж 대담성, 용감성, 용맹.

удаля́ть несов., **удали́ть** сов. ① 멀리(떨어지게)하다; ② 없애다, 제거하다; ③ 뽑다, 빼내다 ④ 가게하다, 내보내다 쫓다, 추방하다.

удаля́ться несов., **удали́ться** сов ① 멀리하다, 떨어지다, 멀어지다, ~에서 벗어나다; ② 가다, 떠나다.

уда́р м ① 치는 것, 때리는 것, 타격; ② 치기, 때리기, 슛, 차기; ③ 불행, 재난; ④ 치는소리, 때리는 소리; ⑤ воен. 타격, 공격, 습격; ⑥ мед. 뇌졸중, 풍증;

ударе́ние с ① 악센트, 강세, 어조, 음조, 강음, 양음; ② 단어를 힘을 주어 발음하는 것; ③ 역점, 힘점, 중점, 주안점; 강조, 강조점; ④ 강조, 역점, 주장, 힘, 역점, 무게, 중점.

уда́рник I м ① 격침; ② 타악기 연주자.

уда́рник II м (передовик) 돌격대원, 돌격작업 반원

уда́рн||**ый** I. прил. ① 때리는, 두드리는; ② 돌격, 돌격하는

уда́рн||**ый** II. прил. ① 긴요한, 긴급한, 중요한; ② 돌격, 습격, 돌진, 돌관, 충봉; ~ая рабо́та 긴급작업

уда́рить несов., **уда́рить** сов. ① ~을 치다, ~을 두드리다; ② 정신적으로 타격을 가하다(주다), 마음을 아프게 하다; ③ 치다, 두드리다, 울리다; ④ 신호를 하다; ⑤ 소리가 나다, 울다; ⑥ 불의에 공격하다, 습격하다;

уда́риться несов., **уда́риться** сов. ① ~에 부딛다(부딛히다); ② (в вин) ~에 열중하다, ~에 빠지다, ~에 몰두하다; ③ удариться в бегство 달아나다, 내 달리다.

уда́ч||**а** ж 행운, 성공, (успех) 성과; больша́я ~а 대 성공;

уда́чливый прил. 신수좋은, 운이좋은; 성과적.

уда́чно нареч. ① (успешно) 성과적으로, 성공적으로; ② (подходящий) 알맞게, 좋게, (хороший). 잘

- 837 -

удва́ивать *несов.*, **удво́ить** *сов.* (*вин*) ① 2(두) 배로하다, 배가 하다; ② 현저히 강화(증대)하다;

удва́иваться *несов.*, **удво́иться** *сов.* ① 두 배로 되다, 배가되다; ② 강화 되다.

удво́енный *прил.* ① 두배로 된, 배가된; ② 강화된, 증대된.

уде́л *м* 운명, 숙명, 팔자; счастливый ~ 행운.

уде́льн∥ый *прил. физ.* 비교; ~ый вес 1) 비중, 2) *перен.* 역할, 의의; ~ая теплоемкость 비열, 비열용량.

уделя́ть *несов.*, **удели́ть** *сов.* (*вин*) 나누어주다, (*время и т.п.*) 할당하다; ~ *кому-л.* внимание ~에게 주의를 돌리다.

у́держ *м разг.*: без ~у 억제할 수 없게, 그냥;

удержа́ни∥е *с* ① 유지; 견제, 견철, 상제; 방해; ② (*удержанная сумма*) 공제액;

уде́рживать *несов.*, **удержа́ть** *сов.* (*вин*) ① (넘어지지 않도록) 버티다, 받치다; ② 저지하다; ③ 남기다; ④ 못하게하다, 제지 하다, 방해하다; ⑤ 억제하다, 누르다, 참다; ⑥ 간직하다; ⑦ 고수(견지)하다; ⑧ 공제하다.

уде́рживаться *несов.*, **удержа́ться** *сов.* ① 넘어지지 않고 서있다, 남다; ②~을 참다; удержаться от слёз 눈물을 참다.

удесятери́ть(ся) *несов.* **удесяти́рить** *сов.* ① 십배로 하다, 열배로 증가시키다; ② 훨씬 강화(증대)하다.

удешевля́ть *несов.*, **удешеви́ть** *сов.* (*вин*) 값을 내리다

удиви́тельно I. *нареч.* 놀랍게, 놀랄만하게, 대단히, 매우

удиви́тельно II. *в знач.сказ.безл* 놀라운 일이다, 이상하다

удиви́тельный *прил.* ① 놀라운, 놀랄만한, 이상한; ② 훌륭한, 가상한; ③ 굉장한, 비상한.

удивле́ни∥е *с* 놀라움; ◊ [всем] на ~е 아주(놀랄만 큼) 훌륭하게.

удивля́ть *несов.*, **удиви́ть** *сов.* (*вин*) 놀래다;

удивля́ться *несов.*, **удиви́ться** *сов.* ~에 놀라다(경탄하다), ~을 이상히 여기다.

удила́ *мн.* 재갈, 마함(馬銜), 함륵(銜勒).

удили́ще *с* 낚싯대, 낚대, 낚시.

уди́льщик *м* 낚시꾼, 강태공(姜太公)

удира́ть *несов.*, **удра́ть** *сов. разг.* 뺑소니 치다.

уди́ть *сов.* (*вин*) 낚다, 낚시질하다.

удлине́ние *с* ① 길게하는 것, 길어지는 것; ② 연장.

удлинённ∥ый *прил.* 길쭉한, 갈쭉한; ~ое лицо 길쭉한 얼굴.

удлиня́ть *несов.*, **удлини́ть** *сов.* (*вин*) ① 길게하다, 늘리다, 증대하다, 증진(증폭)하다; ② 연장하다, 늘이다; 미루다

удлиня́ться *несов.*, **удлини́ться** *сов.* ① 길어지다, 늘어나다; ② 길어지다, 연장되다;

удо́бно I. *нареч.* 편리하게, 편하게, 손쉽게, 쉽게, 편안하게, 순편하게,

удо́бно II. *в знач. сказ. безл* ① 편리하다, 편하다, 손쉽다, 쉽다; ② 적당하다, 편리하다; ③ ~ 하여도 괜찮다

удо́бн‖ый *прил.* ① 편리한, 편안한; ② 적당한, 알맞는, 편리한;

удобовари́мый *прил.* ① 잘소화되는, 소화하기 쉬운; ② 이해하기 쉬운.

удобочита́емый *прил.* 읽기쉬운.

удобре́ни‖е *с* ① 비료를 치는 것, 거름 주기, 거름을 내는 것; ② 비료, 거름, 두엄, 두엄, 퇴비, 구비, 녹비,

удобря́ть *несов.*, **удо́брить** *сов.* 비료를 치다, 거름 (퇴비)을 뿌리다, 두엄을 내다, 거름을 내다

удо́бств‖о *с* 편리, 편의; дом со всеми ~ми 모든 설비를 갖춘집, 문화주택; для ~а *кого-л.* ~의 편리를 위하여.

удовлетворе́ние *с* ① 충족, 만족 시키는 것; ② 만족감; с ~м 만족감을 가지고, 만족하여.

удовлетворённость *ж* 만족, (*чувство*) 만족감

удовлетворённый *прил.* ① 만족한, 만족스러운; ② 실현, 실행된.

удовлетвори́тельно I. *нареч.* 만족하게, 원만히, 충분히, 넉넉히, 충족히, 흡족히

удовлетвори́тельно II. *с нескл.* 3(삼)점.

удовлетвори́тельный *прил.* 만족할 만한, 만족스러운, 원만한, 느그러운

удовлетворя́ть *несов.*, **удовлетвори́ть** *сов.* ① 만족시키다, 충족시키다; ② ~을 만족하게 하다, ~을 흡족하게 하다. ③ ~에 알맞다, ~에 부합되다; ④ ~에 공급하다, ~에 보장하다.

удовлетворя́ть *несов.* **удовлетвори́ться** *сов.*(*тв*) ~에 만족해 하다.

удово́льствие *с* ① 만족, 즐거움, 기쁨; ② 오락, 유희, 놀이, 유흥, 유락, 놀이, 게임(game); 레크 리에이션; ◊ жить в своё ~ 근심 걱정없이 살다.

ухо́д *м* (*птица*) 후투디, 오디새

удо́|й м ① 착유량; суточный ~й 일주간의 착유량; ② 착유, 날유-(挽乳) 젖짜기; молоко вечернего ~я 저녁에 짠 우유.

удо́йность ж ① (젖소의) 비유 능력; ② см. удой.

удорожа́ние с 가격인상, 값이 오르는 것, 등귀, 인상,

удорожа́ть несов., **удорожи́ть** сов. (вин) 값(가격)을 올리다. 가격을 인상하다.

удорожа́ться несов., **удорожи́ться** сов. 값이오르다, 가격이 오르다, 등귀하다.

удостава́ть несов., **удосто́ить** сов. ①. (вин род) ~에게~을 수여하다,~에게~을 주다; ② ~에게 관심을 돌리다; ~ кого-л. ответом ~에게 회답을 주다.

удоста́иваться несов., **удосто́иться** сов. ~을 받다, 가지다;

удостовере́ни|е с ① 증명, 확인; ② 증명서, 증서

удостоверя́ть несов., **удостове́рить** сов. (вин) 증명하다, 확증하다; ~ по́дпись 서명을 인증하다.

удостоверя́ться несов., **удостове́риться** сов. 확신하다, 확인하다, 확신하게 되다.

удосу́жить(ся) сов. (+инф.) разг. ~할 틈을타다, ~할 짬을 얻다; не досу́жился прочита́ть 읽을 짬이 없었다.

удочеря́ть несов., **удочери́ть** сов. (вин) ~을 양딸로 삼다, ~를 양녀로 삼다

у́дочк|а ж 낚시도구,

удружи́ть сов. (дат) разг ① ~을 친절히 하다, ② ~에게 손해를 끼치다, ~에게 폐단을 끼치다.

удруча́ть несов., **удручи́ть** сов. (вин) 몹시 괴롭히다, 낙심 시키다, 슬프게 하다

удруча́ющий прил. 괴로운 답답한.

удручённый прил. 낙심한, 슬픔에 잠긴, 낙망한, 낙망한, 낙담한, 상심한

удуши́ть сов. (вин) ① 교살하다, 질식 시키다; ② 억압하다, 진압하다.

удушли́в|ый прил. ① 숨막히는, 숨이 막힐듯한, 무더운, 후덥지근한, 찌는듯한; ② 질식시키는; хим. 질식성; ~ый газ 질식성 가스.

уду́шь|е с 호흡곤란, 천식; при́ступ ~я 천식의 발작.

уедине́ние с ①고독하게 하는 것; ② 고독, 외로움.

уединённ|ый прил. 고독한 외로운 외따른; 궁벽한 인적이 없는

- 840 -

уединя́ться *несов.*, **уедини́ться** *сов.* 고독하게 되다, 쓸쓸하고 외롭게 되다.

уезжа́ть *несов.*, **уе́хать** *сов.* 떠나다, 출발하다, 가버리다; ~ из ~~을 떠나다; ~ куда-л. ~으로 떠나다

уж I. *м. зоол.* 율모기(뱀과의 하나).

уж II. 참말로, 정말로; 매우 ~ много работы 참 말로 할 일이 많다; ~ я не знаю 나는 정말 모르오

у́жас I. *м* ① 공포, 두려움, 무서움, 불안, 암귀; ② 비참한 처지, 참상; ③ 무서운 것, 끔직스러운, ④ 놀라움, 경이;

у́жас II. *нареч.* 무섭게, 몹시, 매우, 아주, 극히, 대단히, 퍽, 무척, 상당히, 굉장히, 꽤, 썩, ~ как холодно 아주 춥다; ◊ какой ~! 끔찍해라!; до ~а 무섭게,

ужаса́ть *несов.*, **ужасну́ть** *сов.* (вин) 공포를 느끼게 하다, 몹시 놀래우다.

ужаса́ться, **ужасну́ться** 공포를 느끼다, 몹시 무서워하다

ужаса́ющий *прил.* ① 무서운, 두려운, 공포를 주는; ② 나쁜, 비참한.

ужа́сно I. *нареч.* ① 무섭게, 두렵게, 끔찍하게; ② 몹시, 극도로; ~ холодно 몹시 춥다; ~ рад 매우 기쁘다;

ужа́сно II. *в знач. сказ. разг.* 무섭다, 두렵다, 떨리다, 끔찍하다; это ~! 끔찍해라!

ужасну́ть(ся) *сов. см.* ужасаться

ужа́сный *прил.* ① 무서운, 두려운, 무시무시한; ② 비상한, 극도의, 지독한; ③ 매우 나쁜, 고약한

уже́ *нареч.* ① 벌써, 이미; ② 벌써, 이미, 진작, 오래 전에; ③ 이미, 기위, 기이; 앞서, 미리, 기왕, ~теперь 지금은 이미; ~ в старину 이미 옛날에.

ужива́ться *несов.*, **ужи́ться** *сов.* (с тв) ~와 사이에 좋게 살다, ~와 화목하게 지내다.

ужи́вчивый *прил.* 잘 사귀는, 사교성 있는, 사교성이 좋은.

ужи́мк‖и *мн.* (*ед.* -а *ж*) 부자연스러운 몸짓.

у́жин *м* 저녁, 저녁식사, 만찬회.

у́жинать *несов.*, **поу́жинать** *сов.* 저녁식사하였다, 저녁을 먹었다.

узаконе́ние *с* 합법화(合法化), 법제화 (法制化).

узаконя́ть *несов.*, **узако́нить** *сов.* (вин) 합법화 하다, 법제화하다, 법적으로 인정하다; 정확 하게 여기다

узд‖а́ *ж* 굴레, 기미, 기반; надевать ~у на лошадь 말에 굴레를 씌우다; ◊ держать *кого-л.* в ~е ~을 구속하다

уздечка *ж см.* узда

уздцы: под ~ 재갈 가까이 말굴레를 쥐고.

у́зел I. *м* ① 매듭, 매잡이, 맺음, 결(結); 끝장, 결말, 단락, ② 초점, 중점, 포커스(focus), ③ 교차점, 분기점; ④ *радиотрансляционный* ~ 중계 방송국; ~ *обороны* 방어의 요점; ⑤ *анат.* 절, 결절; *нервный* ~ 신경절; ⑥ *тех.* 결속소, 부분 조립품; ⑦ *свёрток* 보따리; ◊ *морской* ~ 밧줄(삭구)을 매는 법.

у́зел II. *м мор.* 노트(knot: 배의 속도를 나타내는 단위. 한 시간에 1해리, 곧 1,852m를 달리는 속도를 1노트라 함.)

у́зк∥ий *прил.* ① 좁은, 가는; ~*ая колея* 협궤; ② 좁은, 협착한; ③ *перен.* 제한된 협소한; ④ *перен.* 편협한, 도량이 좁은

узковедомственный *прил.* 기관 본위 주의적; ~ *подход* 기관본위 주의적 태도.

узколе́йка *ж разг.* 협궤철도.

узколе́йный *прил.* 협궤(狹軌) ↔ 광궤(廣軌)

узколо́бый *прил.* ① 이마가 좁은; ② *перен. разг.* 협소한, 도량이 좁은, 마음이 좁은.

узкоплёночный *прил.* 좁은 필름의(으로); ~ *фотоаппарат* 좁은 필름 사진기.

узлов∥о́й *прил.* ① 분기점, 중심점; ② *перен.* 기본적, 중심적, 주요한; ~*ой вопрос* 기본문제.

узнава́ть *несов.,* **узна́ть** *сов.* ① 알다, 알아보다; ② 밝혀내다, 폭로하다; ③ 체험하다; ④ 알아보다;

у́зник *м уст.* 죄수, 수인, 계수, 초수, 수도

узо́р *м,* (*вышивка*) 수놓은 무늬

узо́рчатый *прил.* 무늬가 있는, (*вышитый*) 수놓은

у́зость *ж* ① 좁은 것, 협소, 협착, 편협; ② 도량이 좁은 것, 제한성

узурпа́тор *м* 탈취자, 찬탈자.

узурпи́ровать *несов.исов.*(*вин*) 탈취하다, 찬탈하다, 빼앗다

у́зы *мн.* 유대(紐帶); ~ *дружбы* 친선의 유대

уйгу́р *м,* -**ка** *ж см.* уйгуры 위구르(Uigur)

у́йма *ж разг.* 다수, 다량; ~ *народу* 많은 사람.

ука́з *м* 정령, 칙령, 칙명, 어명; 명(命), 영(令) 명령, 지시.

указа́ни∥е *с* ① 가리키는 것; ② 지적, 손가락질; 지목, 교시, 지시; **дать** ~**я** 교시하다, 지시를 주다

ука́занный *прил.* 지정된, 지적된; 규정된

- 842 -

указа́тель *м* ① 목록, 차례, 목차, 색인, 찾아보기, 인덱스; ② 안내서, 가이드; ③ 지시기, 지시바늘, (*стрелка*) 지침; ④도로표지, 도로 표지판, 이정표.

указа́тельн∥ый *прил.* 가리키는, 지시하는, 지적하는; ~ая стрелка 지침; ~ое местоимение *лингв.* 지시대명사; ◊ ~ый палец 집게 손가락.

ука́зк∥а *ж* ① 지시봉; ② 지시, 가르침;

ука́зывать *несов.*, **указа́ть** *сов.* ①가리키다, 지적하다; 길을 가리키다; ~ на север 북쪽을 가리키다; ② ~을 인용하다; ③ 교시하다, 지시를 주다; ④ 지정하다, 정하다.

укати́ть *сов.* ① 굴려보내다, 굴리다; ② 떠나다, 가버리다.

укати́ться *сов.* 굴러가버리다.

ука́тывать *несов.*, **уката́ть** *сов.* (*вин*) 롤러로 고르게 하다, 궁글대(굴림대, 롤(roll)로 고르게 하다

ука́чивать *несов.*, **укача́ть** *сов.*) ① 흔들어 재우다 (잠자게 하다); ② его укачало 그를 흔들어서 멀미하게 하였다

укла́д *м* ① 양식, 생활질서; ② *эк.* 경제형태

укла́дка *ж* 기초를 닦는 것; 부설; 쌓아 올리는 것; 단장.

укла́дывать *несов.*, **уложи́ть** *сов.* ① 뉘다, 누이다, 눕히다, 눕게하다, 넘어 뜨리다; ② 재우다, 잠들게 하다; ③ 정돈하다, 갈무리하다, 정리하다, 안돈하다; ④ 머리를 빗다, 머리를 단장하다; ⑤ 꾸리다

укла́дываться *несов.* I, **уложи́ться** *сов.* ① 출발 차비를 하였다, 떠날 준비를 하였다, 짐을 꾸리다; ② ~에 들어 가다; ~의 지면을 차지하다. ③ (일정한 기간내에) 끝내다;

укла́дываться *несов.* II, **увле́чься** *сов.* 눕다, 드러눕다, 침와하다; улечься в постель 침대에 눕다;

укло́н *м* ① 경사도, 경사, 경사지, 비탈, 기울기, 비스듬함, 기움, 내리받이; ② 경향, 쏠림, 기울어짐, 편향, 한쪽으로 치우 침; ③ *перен.* 편중, 불균형

уклоне́ние *с* ① 옆으로 비끼는 것; ② *перен.* 회피(回避), (*от обязанности*) 기피; (*от темы*) 벗어 나는것.

укло́нчивый *прил.* 회피적, 애매한; ~ ответ 회피적인 대답, 애매한 대답.

уклоня́ться *несов.*, **уклони́ться** *сов.* (*от род*) ①~을 피하다, ~을 면하다; ②~을 회피하다, ~을 기피하다; ③ 옆으로 비끼다 ④~에서 벗어나다

уключи́на *ж* 노걸이, 노받이, 클러치(clutch), 놋좆(櫓—).

укол *м* ① 찌르는 것; ② *мед.* (피하)주사; сделал кому-л. ~ ~에게 주사를 놓다.

уколо́ть *сов.* (*вин*) ① 찌르다, 꽂다; ~ ногу 발을 찌르다; ② *перен.* 골04주다, (*нанести обиду*) 모욕하다

уколо́ться *сов.* 찔리다, 자기몸을 찌르다, 자기손을 찌르다.

укомплектова́ть *сов.* ① 편성하다, 엮다, 이루다, 짜다; ② 보충하다, 채우다, 보태다, 대봉치다

уко́р *м* 비난, 힐난, 비난공격, 지탄, 인신공격, 책망, 책(責), 꾸지람, 질책, 책문, 힐문, 힐책;.

укора́чивать *несов.*, **укороти́ть** *сов.* 짧게하다, 줄이다, 단축하다, 줄어들다, 수축하다; ~ рукава 소매를 줄이다;

укора́чиваться *несов.*, **укороти́ться** *сов.* ① 짧아지다, 줄어들다; ② 단축 되다.

укореня́ться *несов.*, **укорени́ться** *сов.* ① 뿌리를 박다, 뿌리가 내리다; ② 견고해지다, 확립되다, 굳게서다; 굳게 세우다, 뿌리를 박다;

укори́зна *ж* 비난, 힐난, 질책, 책망, 책(責); 꾸지람

укори́зненно *нареч.* 비난(힐난)하여, 책망(질책)하여.

укори́зненный *прил.* 책망(질책)하는, 비난(힐난)하는, ~ взгляд 책망의 눈초리.

укоро́ченный *прил.* 단축된, 축소된

укоря́ть *несов.*, **укори́ть** *сов.* 꾸짖다, 책망하다, 나무라다, 책잡다; ~ в легкомыслии 경솔하다고 책망하다.

уко́с *м с.-х.* 풀을 베어놓은 량.

укра́дкой *нареч.* 슬며시, 남몰래, 살며시; ~ бросить взгляд 시선을 살며시 남몰래 던지다; ~ плакать 남몰래 울다.

украша́тельство *с* 허식, 겉치레, 허울, 헛치레, 겉치장

украша́ть *несов.*, **укра́сить** *сов.* ① 장식하다, 치장하다, 꾸미다; ② 실속있게 하다, 착실하게 만들다.

украша́ться *несов.*, **укра́ситься** *сов.* ① 장식되다, 꾸미다, 가장하다, 변장하다, ② 실속있게되다, 착실하게 되다.

украше́ние *с* ① 장식, 꾸밈새, 치례, 장식, 장비, 치장, ② 장식품, 장식물; ③ 자랑, 자랑으로 삼는 것.

укрепле́ни∥е *с* ① 강화, 견고, ② 축성물, 방어시설, 요새, 요새지; линия ~й 방어 시설선.

укреплённый *прил.* ① 강화된, 견고된; ② *воен.* ~ район 요새지.

укрепля́ть *несов.*, **укрепи́ть** *сов.* ① 더욱 튼튼히하다, 강화하다, 굳건히 만들다; 견고화하다; ② 튼튼하게 하다,

- 844 -

증진시키다; ③ 지원하다, 돕다; ④ 강력하게 하다, 유력하게 하다, 위력하게 하다.

укрепля́ться *несов.,* **укрепи́ться** *сов.* ① 더욱 공고해지다, 견고하고 튼튼하다 강화되다; ② 더튼튼(강건)해지다, 건강해지다, 튼튼해지다; 건전해지다; ③ 확립되었다; ④ 더욱 강력하게 되다, 더욱, 유력하게 되다, (*о влиянии*) 더욱 영향력있게 되다; ⑤ *воен.* 방비가 더 강화되다

укро́мн‖ый *прил.* 외딴곳, *(тихий)* 한적한, 호젓한, 한갓진, 고요한; ~ое месте́чко 한적한 곳, 외딴 곳.

укро́п *м. бот.* 회향풀. 시라(蒔蘿)(의 열매. 잎) (향미료)

укроти́тель *м,* **~ница** *ж.* 길들이는 사람, 조련사.

укроща́ть *несов.,* **укроти́ть** *сов.* ① 길들이다, 조련하다, 훈련시키다; 순종(복종)하게 하다; ② 억제하다, 억누르다, 참다, 순종하게 하다, 수순하게 하다;

укроще́ние *с* ① 길들이기, 길들이는 것; ② 억제, 규제, 제한(制限).

укрупне́ние *с* 확대, 확장, 통합, 병합;

укрупнённый *прил.* 보다 확대(확장)된, 확장된, 통합된;

укрупня́ть *несов.,* **укрупни́ть** *сов. (вин)* 보다 확대하다, 확장하다, 통합하다

укрыва́тельство *с* 범인은닉, 장물은폐.

укрыва́ть *несов.,* **укры́ть** *сов. (вин)* ① 덮다, 씌우다, 덮어 씌우다, 싸다; ~ кого́-л. одея́лом ~에게 이불을 덮어 주다; ② 은폐하다 가리다, 숨기다, 감추다, 은비하다, 비호하다

укрыва́ться *несов.,* **укры́ться** *сов.* ① 몸에 두르다, 덮다, 덮어주다, 덮어두다; ② 숨다, 달아나다, 도피하다, 피난하다, *(от чего-л.)* ~을 피하다, ~에 숨다; ③ 피하다, 피신하다, 도망가다, 달아나다, 긋다;

укры́ти‖е *с* ① 덮는 것, *(покрытие)* 씌우는 것; ② 방공호, 엄폐소, 대피소; в ~и 대피소(방공호) 안에.

укры́ться *сов. см.* укрыва́ться

у́ксус *м* 식초, 초(醋), 빙초산, 순수한 아세트산.

у́ксусн‖ый *прил.* (식)초; ~ая кислота́ *хим.* 초산; ~ая эссе́нция 식초산 에센스(엑스).

уку́с *м* ① 무는 것, 쏘는 것; ② 물린자리, 쏘인 자리.

укуси́ть *сов. (вин)* 물다, *(о насекомом)* 쏘다

укута́ть(ся) *сов. см.* уку́тываться

уку́тывать *несов.,* **уку́тать** *сов.* 꽁싸주다, 감싸다

- 845 -

укутываться *несов.,* **укутаться** *сов.* (자기의) 몸을 감싸다; ~ во *что-л.*~을 푹 뒤집어 쓰다.

улавливать *несов.,* **уловить** *сов.* ① 감각있다, 감촉있다, 이해하다; ②: ~ удобный момент 좋은 기회를 잡다.

улаживать *несов.,* **уладить** *сов.* (*вин*) 처리하다, 치르다, 치러내다, 가말다, 재량하다, 알아하다; 일보다 해결하다, 풀다, 해내다; 조정하다, 조정하다; 화해 시키다.

улаживаться *несов.,* **уладиться** *сов.* 처리되다, 풀리다, 해결되다; 조정되다, 화해되다;

улáмывать *несов.,* **уломáть** *сов.* 겨우설득하다, 간신히 설득했다.

улей *м* ① 벌집, 봉소, 봉방, 벌의 집 벌통, 꿀벌을 치는 통; ② 벌 한통.

улетáть *несов.,* **улетéть** *сов.* ① 날아가다, 날다, 비상다, 떠나가다, ② 사라지다, 희미해지다; 자취를 감추다, 흩어지다, 없어지다, 떨어지다, ③ 지나다, 움직이다, 나아가다, 가다, 통과하다

улетýчиваться *несов.,* **улетýчиться** *сов.* ① 증발하다, 휘발하다, 기화하다, ② (점차, 몰래) 사라지다, 없어지다, 떨어지다.

улéчься *сов.* ① 가라(내려)앉다, 침강(침전.침하)하다, 엄몰하다; ② 조용(약)해지다, 가라앉다, 잠잠해지다.

улизнýть *сов. разг.* 뺑소니치다.

улúтк‖**а** *ж* 유죄증거, 유죄증명, 유죄 증거물; прямые и косвенные ~и 직접적 및 간접적 증거.

улúтка *ж зоол.* 달팽이, 산와, 와우(蝸牛), 여우(蠡牛).

улиц‖**а** *ж* ① 거리, 가로, ~/~(街) ~거리; идти по ~е 거리로 가다; ② 큰거리, 중심가, ③ 밖, 바깥, 바깥세상, 속세;

уличáть *несов.,* **уличúть** *сов.* (*вин в предл*) 죄상을 증명하다, 실증하다, 밝히다, 폭로하다

улúчн‖**ый** *прил.* 거리의, 시가지의, 가두의; ~ое движение 시가지의 통행, 시내교통; ~ая демострация 가두시위.

улóв *м.* 어획(량).

уловúмый *прил.* (*ощутимый*) 인지할 수 있는, 지각할 수 있는 (*слухом*) 들리는, 청취할 수 있는, 가청의, 알아 들을 수 없는말, 들리지 않는말.

улóвка *ж.* 교묘한 수단, 책략, 간계;

улучáть *несов.,* **улучúть** *сов.* (*вин*) 때를 엿보다; улучить момент 좋은 기회를 타다.

улучи́ть *сов. см.* улучать

улучша́ть *несов.*, **улу́чшить** *сов.* (*вин*) 개선하다, 개량하다, (*рекорд*) 갱신하다

улучша́ться *несов.*, **улу́чшиться** *сов.* 좋아지다, 개선되다, 갱신되다

улучше́ние *с* 개선, 개량, 수정, 정정, 경정, (*качества*) 제고; (*положения*) 호전(好轉).

улу́чшенный *прил.* 우량, 우수한.

улыба́ться *несов.*, **улыбну́ться** *сов.* ① 미소짓다, 생긋생긋 웃다, (*дат*) ~을 보고 미소짓다(생글 생글 웃다); ② 행복을 약속하다, 성공을 약속하다, 운이좋다

улы́бк‖**а** *ж* 미소, 스마일; с ~ой [на лице] (얼굴에) 미소를 띠고.

ультимати́вый *прил.* 최후 통첩적, 단호하게.

ультима́тум *м* ① 최후통첩; ② 위협적인 요구.

у́льтра *м, ж неск. полит.* 극우파 정치가.

ультра- *часть сложн. сл. с знач.* ① «*сверх*» 초(超); ультразвуковой 초음파, 초음속; ② (*крайний*) 극도;

ультразву́к *м физ* 초음파

ультразвуково́й *прил.* ① 초음파의; ② *ав.* 초음속의.

ультракоро́тк‖**ий** *прил.* 초단; ~ие волны *физ.* 초단파

ультракоротковолно́вый *прил.* 초단파의, ~ приёминик 초단파 수신기.

ультракра́сн‖**ый** *прил. физ.* 적외; ~ые лучи 적외선, 넘빨강살, 열선, 암열선

ультрапра́вый *прил.* 극우, 극우적.

ультрафеоле́тов‖**ый** *прил. физ.* 자외의 ~ые лучи 자외선, 넘보라살, 근외선, 화학선

ум *м* I. 지혜, 슬기, 눈썰미, 분별력, 예지, 두뇌, 머리, 슬기, 지능, 사고력; блестящий ~ 탁월한 지혜;

ум II. *перен.* (*о человеке*) 총명한 사람, 지혜로운 사람, 슬기로운 사람, 재치있는 사람;

умалишённый I. *прил.* 미친, 발광한, 발작한.

умалишённый II. *м* 미친사람, 광인, 정신병자, 발작한 사람

ума́лчива‖**ть** *несов.*, **умолча́ть** *сов.* ~에 대하여 침묵을 지키다, ~에 대하여 말을 하지 않다, ~을 가추어 두다

умаля́ть *несов.*, **умали́ть** *сов.* (*вин*) 저하시키다, 훼손시키다; ~ чье-л. авторитет 명예를 훼손시키다.

уме́лец *м* 솜씨있는 일군, 익숙한 일군, 숙련공

уме́ло *нареч.* 솜씨있게, 능숙하게, 익숙하게.

уме́л∥ый *прил.* 익숙한, 능숙한, 숙달된, 숙련된, 솜씨있는; ~ые ру́ки 능숙 한 솜씨; ~ое руково́дство 능숙한 지도

уме́ние *с* 숙련, 숙달, 정통.

уменьша́емое *с мат.* 피감수(뺄셈에서 덜리는 수; 10-6=4 에서의 10).

уменьша́ть *несов.*, **уме́ньшить** *сов.* 줄이다, 감하다, 감소하다, 축소하다; ~ уменьша́ется 지출을 감소시키다; ~ ско́рость 속력을 늦추다.

уменьша́ться, уме́ньшиться 줄다, 감소하다, 축소되다; 약해지다.

уменьше́ние *с* ① 감소, 축소, 감량; 약화; ② 축소량, 감소량.

умнтши́тельн∥ый *прил.* ① 감소하는, 축소하는; ~ое стекло́ 축소렌즈; ② *линг.* 축소; ~ый су́ффикс 축소 접미사; ③ ~ое и́мя 애칭 아명.

уме́ренно *нареч.* 알맞게, 적당하게, 걸맞게, 어울리게.

уме́ренность *ж* (взгля́дов) 알맞는 것, 적당한 것, 온건성; (чувств) 절제, 조절, 통어, 제어, 극기(克己)

уме́ренн∥ый *прил.* ① 알맞는, 적당한; ② *геогр.* 온화한; ③ *полит.* ~ая поли́тика 온건정책.

уме́рший *м* 죽은사람, 고인.

умерщвля́ть *несов.*, **умертви́ть** *сов.* ① 죽이다, 살해하다, 학살하다, 교살하다, 교수하다, 교륙하다, 액살하다; (ядом) 독살시키다; ② 감정을 억제하다.

умеря́ть *несов.*, **уме́рить** *сов.* 제한(한정)하다, 감소하다, 줄다, 줄어들다, (чувства) 억제하다, 억누르다, 참다

уме́стно I. *нареч.* 때마침, 제때에, 적시에;

уме́стно II. *в знач. сказ. безл.* 적시적이다.

уме́стн∥ый *прил.* 적시적, 적당한, 적절한; ~ый вопро́с 적시적인 문제; счита́ть ~ым 적절하게 여기다.

уме́∥ть (+инф.) ~할 줄 알다; не ~ть (+инф.) ~할 줄 모른다.

умеща́ть *несов.*, **умести́ть** *сов.* (вин) 모두(죄다) 넣다, (кни́ги и т. п.) 꽂다.

умеща́ться *несов.*, **умести́ться** *сов.* 모두 들어가다, 모두다 자리 잡다

умеле́ние *с* 감동, 느낌, 감격, 감복, 감명; 흥분;

уми́лостивить *сов.* 인자해지게 하다, 동정의 마음을 일으키게 하다;

уми́льный *прил.* ① 귀여운, 사랑스러운, 감동적; ② 아첨하는, 알랑거리는.

умиля́ть *несов.*, **умили́ть** *сов.* 감동 시키다, 감격시키다.

умиля́ться *несов.*, **умили́ться** *сов.* 감동하다, 감격하다, 느낌을 받다, 감격(감복.감명.흥분)하다

умира́ние *с* 죽는 것, 죽음, 사(死), 사세, 사망, 입몰, 끝장, 인간이별, 별세, 입적, ме́дленное ~ 천천히 죽는 것.

умира́ть *несов.*, **умере́ть** *сов.* ① 죽다, 사망하다 *вежл.* 돌아가다, 전사하다; ② *тк. несов.*: ~ со сме́ху 우스워서 죽을 뻔 하였다; ③ 사라지다, 없어지다; ◊ хоть умри́ 죽어도, 꼭, 반드시.

умира́ющий *м.* 죽어가는 사람.

умиротворе́ние *с* 진정, 조정, 진적, 진성, 진실, 정직

умиротворя́ть *несов.*, **умиротвори́ть** *сов.* (*вин*) 진정시키다, 조정하다.

умиротворя́ться *несов.*, **умиротвори́ться** *сов.* 진정하다, 조정되다.

умне́ть *несов.*, **поумне́ть** *сов.* 영리해지다, 셈이들다; 현명해지다.

у́мник *м разг.* ① 영리한 사람, 재간둥이; ② 영리한체 하는 사람, ③ 영리한 소년, 고분고분한 소년.

у́мница *м, ж разг.* ① 영리한 사람, 재간둥이; ② 영리한 아이.

у́мничать *разг.* ① 영리한체 하다; ② 잘난체 하다.

умножа́ть *несов.*, **умно́жить** *сов* 승하다, 곱하다; ~ 2 на 3 (*увеличивать*) 2 를 3 으로 승하다(곱하다)

умножа́ться *несов.*, **умно́житься** *сов.* 증가하다, 늘어나다, 증대하다.

умноже́ни‖е *с* ① *мат.* 승법, 곱하기; табли́ца ~я 구구표; ② 증대, 증가; ~е дохо́дов 수입의 증가;

у́мн‖ый *прил.* 영리한, 지혜로운, 슬기로운, 재간있는,

умозаключе́ние *с* 추리, 예측, 추론 짐작, 예상, 예료,

умозри́тельн‖ый *прил.* 사변, 사변적; ~ый ме́тод 사변적 방법; ~ая филосо́фия 사변 철학.

умо́лк *м* [говори́ть] без ~у 쉴새 없이 찌껄이다

умолка́ть *несов.*, **умо́лкнуть** *сов.* ① 조용해지다, 잠잠해지다, 고요해지다, 멎다; ② 중지하다, 만두다, 멈추다,

умоля́ть *сов.* 간청하다, 애걸하다, ~ *кого-л.* о прощении ~의 용서를 빌다.

умопомеша́тельство *с* 광증, 미친병, 미친증, 전광, 광질, 발광, 발작, 창광

уморительный *прил. разг.* 우습기 짝이없는, 우스꽝스러운.

умори́ть *сов. (вин) разг.* ① 죽이다; ② 지치게하다, 피곤하게 하다, 괴롭히다; ③ ~ кого-л. со смеху 허리가 끊어질(배꼽빠질) 정도로 웃다.

у́мственн∥ый *прил.* 정신, 정신적, *(мозговой)* 두뇌; ~ые способности 지력, 지능; ~ый труд 정신노동.

умудрённый: ~ опытом 경험이 많은.

умудря́ться *несов.*, **умудри́ться** *сов.* (+ инф.) разг. ~ 할 수 있다, ~ 한적이 있다.

умча́ть *сов. (вин)* ~을 싣고 빨리 달아나다.

умча́ть∥ся *сов.* ① 빨리(급히)달아나다, ② 빨리 흘러가다, 지나가다; ~лось детство 어린시절이 빨리 흘러 갔다.

умыва́льник *м* 세면대, 세면기.

умыва́ть *несов.*, **умы́ть** *сов.* ① 세수시키다, 씻어주다; ② 씻다; ◊ ~ руки 손을 떼다, 책임을 벗다.

умыва́ться *несов.*, **умы́ться** *сов.* 세수하다.

у́мыс∥ел *м* 기도, 음모, 계도, 도모, 은모, 암계, 암모.

умы́шленно *нареч.* 고의적으로, 일부러.

умы́шленн∥ый *прил.* 고의적, 일부러 하는;

унасле́довать *сов.* ① 물려받다, 유산으로 받다, 계승하다; ② 계승자로 되다, 계승 하다.

универма́г *м* 백화점.

универса́л *м (работник)* 만능기술자.

универса́л∥ия *ж*: языковые ~и лингв. 언어의 보편적 특질.

универса́льн∥ый *прил.* ① 다방면적, 일반적; ② 만능, 전능, 능통; ~ый сверлильный станок 만능볼반

университе́т *м* 종합대학.

университе́тск∥ий 종합대학의; ~ое здание 종합 청사.

унижа́ть *несов.*, **уни́зить** *сов.* 업신여기다, 인격을 모욕하다; *(умалять)* 훼손하다, 저하시키다.

унижаться *несов.*, **уни́зиться** *сов.* 비굴해지다, 비하하다.

униже́нно *с* 천시, 천대, 푸대접, 박대, 홀대, 냉대, 모욕, 멸시, 모멸, 능욕, 능멸, 곤욕, 모독, 오손, 손상

униже́нно, уни́жённо *нареч.* 모욕(멸시), 모멸을 참으면서, 천시(천대)를 받으면서.

- 850 -

уни́женн||ый *прил.* ① 천대(천시) 받는, 목욕당한; ② 굴욕적, 멸시적; ~ая про́сьба 굴욕적인 요청.

унизи́тельный *прил.* 천시하는, 업신여기는, 굴욕적.

уника́льный *прил.* 유일한, 휘귀한

уни́кум *м* 유일한 것, 휘귀한 것, (*о кни́ге*) 진서, 진귀, 지중, 진중, 귀중

унима́ть *несов.*, **уня́ть** *сов.* ① 조용하게 하다, 진정(진적) 시키다; ② 중지하다, 그만두다, 멈추다, 말다, 물시하다, 집어쑤다, 걷어치우다, 정지하다, 그치다, 억제하다, 억누르다, 참다; ~ кровотече́ние 지혈하다.

унима́ться *несов.*, **уня́ться** *сов.* ① 진정되다, ② 중지되다, 정지되다, 멎다; 억제되다.

унисо́н *м муз.* 제주, (*в пе́нии*) 제창; пкть в ~ 제창하다; ◊ в ~ 일치하게.

унита́з *м.* (화장실의) 변기, 매화틀, 요강, 야호.

унифика́ция *ж.* 통일, 일원화.

унифици́ровать *несов. и сов.* 통일하다, 일원화하다; ~ правописа́ние 맞춤법을 통일하였다, 철자법을 통일하다

уничижи́тельный *прил.* 비칭의, 낮춤말; ~ су́ффикс *линг.* 비칭(낮춤말) 접미사.

уничтожа́ть *несов.*, **уничто́жить** *сов.* ① 없애다, 소탕하다, 쓸어버리다(없애다) 박멸(섬멸.폐지)하다, ② 없애다, 까머다, 깝살리다, 치우다, ③ 다 먹다, 다마시다; ④ 멸시하다, 깔보다, 업신여기다, 낮춰보다

уничтожа́ющ||ий *прил.* ① 섬멸적, ② 날카로운; ~ая кри́тика 날카로운 비판; ③ 멸시하는; ~ий взгляд 멸시에 찬 눈초리.

уничтоже́ние *с* 박멸, 섬박, 살멸, 섬멸, 소탕, 소양, 일소.

уноси́ть *несов.*, **унести́** *сов.* ① 가져가다, 날아가다, 메고 가다; (*на спине́*) 지고가다; (*на голове́*) 이고가다; ~ что-л. с собо́й ~을 가져가다; ② 몰래 가져가다, 훔쳐가다, ③ 떠내려가다, (*ве́тром*) 날려갔다;

уноси́ться *несов.*, **унести́сь** *сов.* ① 빨리멀어지다, 날아가 버리다; ② 빨리 달려가다(가버리다); ③ (환상,생각,마음) 이 달리다; ④ 지나가다, 흘러가다.

унты́ *мн.* (*ед.* унт *м*) 속에 털을 댄 장화.

унывá||ть *несов., сов.* 낙심하다, 침울해지다; не ~й! 낙심하지 말아라!

уны́ло I. *нареч.* 침울하게, 우울하게, 음울하게, 침통하게, 슬프게.

уны́ло II. *в знач. сказ. безл.* 쓸쓸하다, 침울하다, 우울하다.

уны́лый *прил.* ① 침울한, 우울한, 음울한, 수울한, 우결한, ② 쓸쓸한, 외로운, 적적한, 고적한, 우울한, 음산한.

уны́ни∥е *с* 침울, 우울; впадать в ~е 침울해 지다; наводить ~е 우울하게 하다; быть в ~ 침울하다.

упа́д *м*: до ~у 기진 맥진 할 때까지.

упа́док *м*. 쇠퇴, 감퇴, 쇠잔, 쇠멸, 쇠망, 쇠모, 쇠진, 피폐.

упа́дочнический *прил.* 퇴폐적, 음란적; ~ ие настроения 퇴폐적 기분, 음란한 마음.

упа́дочничество *с* 퇴폐주의

упа́дочн∥ый *прил.* 퇴폐적으로; ~oe искусство 퇴폐적 예술; ~oe настроение 퇴폐적 기분.

упакова́ть *сов. см.* упаковывать и паковать

упако́вка *ж* ① 포장, 싸개, 싸개질, 곤포 싸는 것; ② 포장재료, 포장지, 포지, 과지, 포장 용지.

упако́вочн∥ый *прил.* 포장하는, 포장용; ~ая бумага 포장지.

упако́вщи∥к *м*, **-ца** *ж*. 포장공.

упако́вывать *несов.*, **упакова́ть** *сов.* (*вин*) 싸다, 꾸리다, (*груз, багаж*) 싸다, 꾸리다.

упира́ть *несов.*, **упере́ть** *сов.* ① 버티다, 받치다; упереть палку в стену 막대기를 벽에 받쳤다; ② ~을 강조하다, 힘주어 말하다.

упира́ться *несов.*, **упере́ться** *сов.* ① ~에 기대다; ② ~에 저항하다, ~에 대항하다, ~을 고집하다, (*упрямиться*) 주장하다; ~ на своём 자기 의견을 고집하다, 자기의 의견을 주장 하다; ③ ~을 부딪치다.

упи́танность *ж*. 영양상태.

упи́танный *прил.* 살찐, (*о ребёнке*) 포동포동한

упла́та *ж* 납부, 납입, 지불

упла́чивать *несов.*, **уплати́ть** *сов.* (*вин*) 납부하다, 물다, 지불하다, (*долг*) 갚다, 돌려주다, 되돌려주다, 반환하다, 반납하다; 보답하다, 보상하다, 배상하다; уплатить по счету 계산서 대로 지불하다; ~ наличными 현금으로 지불하다.

уплотне́ние *с* ① 굳게하는 것, 밀집시키는 것; 굳게 다지는 것; 시간의 단축 거주자의 수를 증가 하는 것; ② 박킹, 밀폐; ③ *мед.* 경결(硬結), 굳다.

уплотня́ть *несов.*, **уплотни́ть** *сов.* ① 배게놓다, 밀집시키다; ② 굳게하다, 굳게 다지다; ③ 좁히다, 비좁게 하다; (*время*); 단위 시간을 집약하다; ④ 거주자의 수를 증가하다.

уплотня́ться *несов.*, **уплотни́ться** *сов.* ① 조밀해지다, 촘촘하고 빽빽해지다, 좁혀지다; 밀집해지다; ② 굳어지다, 단단해지다; ③ (단위당) 시간의 능률이 높아지다.

уплыва́ть *несов.*, **уплы́ть** *сов.* ① 떠내려가다; 헤엄쳐가다; ② 천천히 떠내려 가다, 멀어지다; ③ 지나가다, 경과하다.

упова́ть *несов. и сов.* (на *вин*, + *инф.*) *уст.* ~을 기대하다, ~을 굳게 믿다

уподобля́ть *несов.*, **уподо́бить** *сов.* (*вин дат*) ~에 비기다, ~와 비슷하게 하다.

уподобля́ться *несов.*, **уподо́биться** *сов.* (*дат*) ~와 비슷해지다, ~ 을 닮다, ~처럼되다.

уроѐн∥ие *с* 도취, 심취, 열중, 매료, 도취, 매혹, 골몰, 몰닉, 몰두; в ~е успеха 성과에 대하여 도취하여; рабо́тать с ~ем 열중하여 일하다.

упои́тельный *прил.* 환희에 넘치는, 감탄하게 하는; 훌륭한, 아름다운.

уполза́ть *несов.*, **уползти́** *сов.* 기어가다.

уполномо́ченный *м* 전권대표, 전권 대표자.

уполномо́чивать *несов.*, **уполномо́чить** *сов.* (*вн. на вн., вн.+ инф.*) ~에게 전권을 부여하다;

упомина́ние *с* 언급, 언송; 이야기, 얘기, 논평, 말, 지적, 손가락질, 지목, 지남, 지점.

упомина́ть *несов.*, **упомяну́ть** *сов.* ~에 대하여 언급하다, ~에 대하여 말하다, 약간 언급하다.

упо́мнить *сов. разг.* (*вспомнить*) ~을 기억하다, ~을 상기하다.

упо́р *м* ① 버티는 것, 받치는 것; ② 지주, 받치개.

упо́рн∥ый *прил.* ① 완강한; ~ая борьба́ 완강한 투쟁; ~ая учёба 꾸준한 학습, ② 완고한, 집요한; ③ 고질, 고집, 집요 된; ~ ка́шель 고질 기침, 만성기침.

упо́рство *с* 완강, 완강성, 완고, 고집, 집요

упо́рствовать *несов.* 주장(고집)하다; ~을 고집하다.

упорхну́ть *сов.* ① 날아가다, 날아가버리다; ② 휙 떠나가다.

упоря́дочение *с* 정리, 정돈.

упоря́дочивать *несов.*, **упоря́дочить** *сов.* 정리하다, 정돈하다, 갈무리하다, 안돈하다, 정상화하다

упоря́дочиваться *несов.*, **упоря́до-читься** *сов.* 정리되다, 정돈되다, 갈무리되다

употреби́тельн||ый *прил.* 널리 쓰이는, 널리 사용되는, 통용; ~ые слова 널리 쓰이는 단어들.

употребле́ни||е *с* 사용, 이용, 통용;

употребля́ть *несов.*, **употреби́ть** *сов.* 쓰다, 이용하다, 사용하다, 적용하다; ~ все усилия 모든 노력을 다하다

употребля́ться *несов.*, **употреби́ться** *сов.* 이용되다, 사용되다, 쓰이다.

управле́ние *с* ① 관리, 관할, 관구, 담당, 콘트롤(control); ② 관리국, 관리부, 청사; ③ 조종장치; ④ 지배, 통치, 감독, 처리, 지휘

управле́нческ||ий *прил.* 관리; ~ие расходы 관리비용; ~ий аппарат 관리기구

управля́емый *прил.* 유도의, 조종의, 유도하는, 조종하는;

управля́ть *несов., сов.* ①~을 관리하다; ~을 통치하다; ② ~을 좌우하다, ~을 좌지우지하다; ③ ~을 지배하다.

управля́ться *несов.*, **упра́виться** *сов.* ①~을 처리하다, ~을 치르다, ~을 치러내다, ~을 재량하다; ② 이겨내다.

управля́ющий *м* 관리인, 주임, 지배인; ~ делами 사무장.

упражне́ние *с* ① 연습, 훈련, 단련; ② 연습문제, 과제.

упражня́ть *сов.* (вин) 연습(연수훈련)시키다, 훈련하다, 연마하다; 단련 시키다; ~ па́мять 기억력을 발전시키다.

упражня́ться ~을 연습하다, ~을 실습하다

упраздне́ние *с* 폐지, 폐제, 파생, 혁파; 해체, 해산, 해부, 분해; *(закона, договора)* 폐기, 방기, 출폐

упраздни́ть *сов.*, **упраздня́ть** *сов.* 폐지하다, 폐제(파생)하다; 해체하다, 폐기(출폐)하다

упра́шивать *несов.*, **упроси́ть** *сов.* 간청하다, 탄원하다, 부탁하다; упроси́л пойти́ со мной в теа́тр 나와 같이 극장에 갈것을 부탁하였다.

упрёк *м* 견책, 꾸중, 나무람, 비난, 책망; с ~ом 책망하여, 비난하여; ◊ бро́сить ~ *кому-л.* ~을 책망 하다(비난하다);

упрека́ть *несов.*, **упрекну́ть** *сов.* (вин в предл) 나무라다, 꾸짖다, 책망하다, 비난하다; ~ кого́-л. в небре́жности ~을 무성의 하다고 비난하다.

упроче́ние *с* 공고화, 공공히 하는 것;

упро́чивать *несов.*, **упро́чить** *сов.* ① 공고히 하다, 튼튼히 하다; ~ своё положение 자기의 지위를 공고히 하다; упрочить мир 평화를 공고히 하다; ② 확립하다.

упро́чиваться *несов.*, **упро́читься** *сов.* ① 공고 해지다, 튼튼해지다, 굳건해지다; ② 확립되다, 굳게되다, 굳게 세우다;

упроща́ть *несов.*, **упрости́ть** *сов.* (*вин*) 단순하게하다, 간단하게하다, 평이하게하다, 간소화하다, 비속화 하다

упроща́ться *несов.*, **упрости́ться** *сов.* 단순하게되다, 간단하게되다, 간소화 되다.

упроще́ние *с* 단순화, 간단화, 비속화.

упру́гий *прил.* ①탄성이 있는, 탄력이 있는; ② 경쾌한.

упру́гост∥ь *ж* ① 탄력이 있는 것; ② 탄성, 탄력성;

упря́жка *ж* 줄에 매인 여러 마리(개,사슴); собачья ~ 개 썰매;

упря́жн∥ой *прил.*: ~ая лошадь 매워서 부리는 말.

у́пряжь *ж* 마구(馬具).

упря́мец *м разг.* 고집쟁이.

упря́миться *сов.* 고집쓰다, 때를쓰다;

упря́мо *нареч.* (*упорно*) 고집스레, 완고하게.

упря́мство *с* 완고, 강팍, 고집, 끈질김.

упря́мый *прил.* ① 고집이 센; ② 완고한, 완강한, 집요한

упря́тать *сов.* ① 잘 감추다, 숨겨두다; ② 쏠어넣다, 처넣다, 처박다; ~ *кого-л.* в тюрьму ~ 을 투옥하다.

упуска́ть *несов.*, **упусти́ть** *сов.* ① 떨어뜨리다, 추락하다, 낙하하다; ② 놓아버리다, 놓치다, 떨구다, 내려놓다; ③ 놓치다, 잃다, 놓아버리다, 차타하다.

упуще́ние *с* 부주의, 실수; 빼 놓는 것; (*по службе*) 태만

ура́ *межд.* 만세(소리)

уравне́ние *с* ① 동등하게 하는 것, 평등하게 되는 것, 평등화, 균등; ~ в правах 권리의 평등화; ② *мат.* 방정식; интегральное ~ 적분 방정식.

ура́внивать *несов.* I. **уравня́ть** *сов.* 꼭 같게하다, 평등하게 하다, 균등하게 하다; ~ *кого-л.* в правах ~의 권리를 평등하게 하다.

ура́внивать *несов.* II. **уровня́ть** *сов.* 고르게 하다, 평평하게 하다.

ура́вниваться *несов.*, **уравня́ться** *сов.* 평등하게 되다, 균등하게 되다.

уравнове́шинность *ж* 침착성, 절제성.

уравнове́шенный *прил.* 침착한, 절제있게, 절도있는.

уравнове́шивать *несов.*, **уравнове́сить** *сов.* ① (중량을) 균등하게 하다; ② 균등하게 하다, 평등하게 하다, 평형을 잡다.

уравнове́шиваться *несов.*, **уравнове́ситься** *сов.* ① (중량이) 균등하게 되다; ② 균등하게되다, 평등하게 되다, 일치하다.

урага́н *м* 태풍, 폭풍; *перен.* 급격한 발전(발현);

урага́нный *прил.* ① 태풍의, 폭풍의; ~ ве́тер 태풍, 폭풍, ② 맹렬한; ~ ого́нь *воен.* 맹사격.

уразуме́ть *сов.* 이해하다, 해독하다.

ура́н *м хим.* 우란, 우라늄(uranium; 92 번, U: 238. 029)

ура́н *м астр.* 천왕성(天王星: 태양계의 일곱째 행성).

ура́нов∥ый *прил.* 우라늄의, 우란의; ~ая руда́ 섬우란광; ~ая бо́мба 우라 늄탄.

ураниза́ция *ж* 대도시화(化)

урва́ть *сов.* ① (갑자기) 찢어내다, 뜯어내다; ② 겨우 획득하다(얻다); ~ свобо́дную мину́ту 짬을 얻다.

урду́ *м нескл.* (язык) (파키스탄의 공용어) 우르두어.

урегули́рование *с* 조절, 조정; ~ конфли́кта 쟁의의 조절.

урегули́ровать *сов.* (вин) 조정하다, 조절하다, 정리 하다.

уреза́ть *несов.*, **уре́зать** *сов.* ① 잘라서 줄이다(축소하다); ② 축소하다, 삭감하다, 감소하다, 줄게하다, 덜다,

урезо́нивать *несов.*, **урезо́нить** *сов.* 타이르다, 설복하다, 설득하다.

уреми́я *ж мед.* 요독증(尿毒症).

уре́тра *ж анат.* 요도, 요도관, 수뇨관, 오줌길, 오줌줄

уретри́т *м мед.* 요도염(尿道炎).

у́рна *ж* ① 유골함, 유해함; ② 투표함; ③ 휴지통.

у́ров∥ень *м* ① 수준, 정도, 레벨(level) (станда́рт, но́рма) 표준, 기준, 준칙, 규격, 준거; ② 다림판.

уро́д *м* ① 불구자, 병신; ② 흉한사람, 흉골, 추남, 추부, 나한, 추녀; ③: нарнвст-венный ~ 무례한.

уроди́ться *сов.* 여물다, 익다, 야물다, 무르익다, 난숙하다, 숙란하다; ② 태어나다, 태나다; 출생하다, 탄생하다.

уро́дливость *ж* 기형성.

уро́дливый *прил.* ① 불구, 기형적, 볼꼴 사나움, 기형; ② 보기 싫은, 흉한, ③ 외곡된, 비정상적

уро́довать *несов.*, **изуро́довать** *сов.* ① 불구(병신으)로 만들다, 타락시키다, 망치다; 흉하게 하다, 보기싫게 하다, 추악하게 하다, 추잡하게 하다, ② *перен.* 왜곡하다, 곡해하다, 비틀다, 꾸미다.

уро́дство *с* ① 불구, 기형성; ② 보기흉한 것, 추잡, 추악, 추예; ③ *перен.* 외곡, 조작, 날조, 곡해.

урожа́й *м* 수확, 소출, 소득, 수확고; 풍작, 풍숙, 풍등, 상작; плохой (*низкий*) ~ 흉작; богатый (*хороший*) ~ 풍작.

урожа́йность *ж* 수확량, 수확능력; ~ с гектара 헥타르당 수확량; выоская(*низкая*) ~ 높은(낮은) 수확능력;

урожа́йный *прил.* 풍작, 다수확; ~ год 풍년; ~ сорт 다수확 품종.

уроже́н‖**ец** *м*, **-ка** *ж* 출신, 출신자; он ~ец Москвы 그는 모스크바 출신이다.

уро́к *м* ① 수업, 학습, 학업, 공부, (*учебный час*) 수업(학습)시간; ② (*задание*) 과제, 문제, 의무, 작업목표, 목표, 목표량, (*домашнее*) 숙제, 현안, ③ *перен.* 교훈, 교도, 귀감, 가르침, 배움, 경험; 타산지석

уро́лог *м* 비뇨기과 의사.

урологи́ческий *прил.* 비뇨기과학의.

уроло́гия *ж* 비뇨기과(泌尿器科)

уро́н *м* (*ущерб*) 손해; (*потеря*) 손실; наносить ~ 손해를 주다, (*терпеть*) 손해를 입다.

уро́чный *прил.* 시간을 정한, 시간, 일상적; ~ая работа 시간노동; ~ый час 정한시간, 규정된시간.

урча́ть (*о животном*) 꼬르꼬르 하다; (*о воде*) 졸졸소리를 내다; (*в животе*) 꾸룩꾸룩 소리를 내다

уры́вками *нареч. разг.* 짬짬이, 이따금, 때때로; заниматься ~ 짬짬이 공부를 하다.

урю́к *м* 말린살구.

ус *м см.* **усы́;** ◊ китовый ~ 고래수염.

уса́дьба *ж* ① 농장, 농원, 농촌의 저택; ② 토지, (별장·정원이 있는) 사유지, (고무·차·포도등의) 재배지, 대저택, 장원 영주의 저택; ③ 주택 지구; ④ 경영 및 주택 중심지; ⑤ *разг.* 텃밭.

уса́живать *несов.*, **усади́ть** *сов.* ① 앉히다; ② ~을 ~하게 하다; ③ (*растениями*) 가득심다;

уса́живаться *несов.*, **усе́сться** *сов.* ① 앉다, 자리잡다; ② ~을 시작하다, ~에 착수하다;

уса́тый *прил.* 코수염이 많은.

усва́ивать *несов.*, **усво́ить** *сов.* ① 습관 (습성)을 붙이다, 버릇(인)을 들이다, 관습을 붙이다, 본을 따다; усвоить дурную привычку 나쁜버릇이 들다; ②섭취하다, 습득하다, 이해하다, 해독하다; ③소화하다, 삭이다.

усвое́ние *с* ① 습득, 습유, 습취, 취득, 이해, 해독; ② 습관을 붙이는 것, 버릇, 인,; ③ 소화, 이해

усвоя́емость *ж* ① 이해력; ② 소화률.

усе́ивать *несов.*, **усе́ять** *сов.* (вин тв) 빽빽하다, 촘촘하다, 다닥다닥(오밀조밀)하다, 삼삼(밀밀.조밀)하다, 소삼(삼렬.족족)하다, 총총(빽빽)하다, 배다, 산재하다, 흩어져 있다, 널려 있다,;.

усе́рдие *с* 열심, 열성, 열정, 열성성, 열의, с~м 열심히.

усе́рдный *прил.* (*прилежный*) 열성적, 성실한, 착실한, 부지런한, 꾸준한.

усе́рдствовать 열심(열렬,맹렬)히 하다.

усечённ‖ый II. *прил. мат.*: ~ый конус 원추대; ~ая пирамида 각추대.

усиде́ть *сов* ① 앉아 배기다; ② 머물러있다, 잠시 체류하다

уси́дчивость *ж* 끈기, 참을성, 인내.

уси́дчивы *прил.* 끈기가 있는, 참을성이 있는, 인내가 강한.

у́сики *мн.* (*ед.* усик) ① 작은 코수염; ② 촉수; ③ 권수.

усиле́ние *с* ① 강화, 격화; 심화, (*болезни*) 악화; (*армии*) 증강; ② *физ.* 증폭; ~ звука 음향 증폭.

усиле́нн‖ый II. *прил.* ① 강도가 센; ~ая работа 강도가 센 노동; ② (*настойчивый*) 완강한 집요한.

уси́ливать *несов.*, **уси́лмть** *сов.* ① 강화하다, 강하게 하다, 확대하다; 격화(격렬.증강)하다; *физ.* 증폭하다; ~ звук 음향을 증폭하다, 음을 확대하다.

уси́ливаться *несов.*, **уси́литься** *сов.* 강하게 되다, 강화되다, 증대되다, 격화되다, 결렬되다, 확대되다, 증폭되다; 세차지다, 강해지다.

уси́ли‖е *с* 노력, 힘, 일, 노심, 무력, 품, 에너지; тщетный ~я 헛된 노력; сделать над собой ~е 자신을 억제하다.

усили́тель *м физ.* 증폭기(增幅器. 앰플리파이어), 확성기, 고성기, 라우드스피커(loud speaker); ~ для воспроизведения звукозаписи 녹음 증폭기, 녹음 확대기.

ускака́ть *сов.* 1. 껑충껑충 뛰어가다; 2.말을 타고 뛰어가다.

ускольза́ть *несов.*, **ускользну́ть** *сов.* ① 미끄러져가다; ~ из рук 손에서 미끄러져나가다; ② 슬쩍가버리다, 슬그머니 가버리다; ③ 피하다; он ускользнул от объяснений 그는 설명을 피했다; ④ 눈에 걸리지 않다; ускользну́ть от внима́ния кого-либо ~의 주의를 끌지 않다.

ускользну́ть *сов.* см ускользать

ускоре́ние *с* ① 촉진, 재촉, (*срока*) 기한 단축; ② *физ.* 가속, 가속도.

ускоренн∥ый II. *прил.* 더 빠른, 급격한; 속성; ~ый курс 속성교육, 강습;

ускори́тель *м* ① *физ.* 가속기, 가속장치; электронов 전자 가속기; ② *хим.* 촉진제, 가속촉매, 가속촉매제

ускоря́ть *несов.*, **уско́рить** *сов.* (*вин*) ① 촉진하다, 죄어치다, 죄치다, 다그치다, 더빠르게 하다; ② 시간을 앞 당기다, 시간을 단축하다;

ускоря́ться *несов.*, **уско́риться** *сов.* ① 더 빨라지다; движение ускорилось 운동이 빨라지다; ② 가까와 지다, 빨라 지다; мой приезд ускорился 나는 예정보다 더 빨리 도착하였다.

усла́ть *сов.*(*вин*) (먼곳에) 보내다, 파견하다; 내보내다

уследи́ть *сов.* ~을 감시하다, ~을 돌보다; 주시하다;

усло́ви∥е *с* ① 조건, 요건, 규정, 여건, 용건, 조항; ② 요구조건; **~я** *мн.* (*обстановка*) 조건, 필요조건, 요소; ④ 계약함의; нарушить ~е 계약을 위반하다

усло́вленн∥ый *прил.* 약속한, 약정한; ~ая дата 정한 날짜.

усло́вливаться *несов.*, **усло́виться** *сов.* ~을 약속하다, ~할 것을 약속하다, ~하기로 하다; о ценах 가격을 약정하다;

усло́вно *нареч.* 조건적으로, 조건부로.

усло́вность *ж* ① 조건적인 것; ② 공허한 관습, 인습.

усло́вн∥ый *прил.* ① 약속, 약속한; ~ый знак 약속기호; в ~ое время 약속한 시간에; ② 조건부가 있는, 조건부; ~ое согласие 조건부가 있는 합의; ③ 가정적; ~ая линия 가정적인; ④ 상징적; ⑤ *лингв.* 조건;~ое предложение 조건부문.

усложня́ть *несов.*, **усложни́ть** *сов.* (*вин*) 복잡하게 하다 (만들다).

усложня́ться *несов.*, **усложни́ться** *сов.* 복잡하여지다.

услу́г∥а *ж* ① 방조, 원조; плохая ~а 해로운 방조; ② **~и** *мн.* 심부름; ③ **~и** *мн.* 봉사; коммунальные-и 공공 시설물; ◊ к вашим ~ам 부탁이 있으면 말씀해 주십시오.

услужи́ть *сов.* ~을 방조하다, ~을 봉사하다, ~을 돕다.

услу́жливый *прил.* 시중들기를 좋아하는, 친절한.

усма́тривать *несов.*, **усмотре́ть** *сов.* ① 살피다, 보다, 살펴보다, 뜯어보다, 둘러보다, 관망하다, 관찰하다, ② 간파하다, 발견하다; усмотре́ть оши́бку 잘못을 간파하다.

усмеха́ться *несов.*, **усмехну́ться** *сов.* 미소짓다; доброду́шно ~ 상냥하게 미소를 짓다; го́рько ~ 쓴 웃음을 짓다

усме́шк‖а *ж* 조소, 비웃음, 조롱; посмотре́ть на *кого-л.* с ~ой ~을 비웃으면서 쳐다보다.

усмире́ние *с* ① 길들이는 것, 순하게 하는 것, 온순하게 만드는 것; ② 진정, 진압, 압경, 공제.

усмиря́ть *несов.*, **усмири́ть** *сов.* (*вин*) ① 길들이다, 하다, 온순하게 하다; ② 진정하다, 진압하다.

усмиря́‖ться *несов.*, **усмири́ться** *сов.* (*о шалуне*) 순해지다, 온순해 지다, 착해지다.

усмотре́ни‖е *с*: по ~ю *кого-л.* ~의 마음대로; де́йствовать по своему́ ~ю 자기의 생각(의견, 마음)대로 행동하다; на ва́ше ~е 당신의 재량에 맡깁니다.

усну́ть *сов.* ① 잠들다, 묻히다; ② (물고기가) 죽다; ◊ ~ ве́чным сном 죽다.

усоверше́нствование *с* (*улучшение*) 완성, 수성, 성수, 성취, 완료, 훌륭, 개선, 개량, 수정, 정정, 경정(更訂).

усоверше́нствованный *прил.* 완성된, 개선된, 개량된

усомни́ться *сов.* (*в предл*) ~을 의심하다; ~ в лю́дях 사람들을 의심하다; ~ в пра́вильности 정확성을 의심하다.

упева́емость *ж* 성적.

успева́ть *несов.*, **успе́ть** *сов.* ① ~할 시간이 있다, ~할 수 있다; ② 제때에 오다, 제때에 도착하다, 때마침 오다, 때마침 도착하다; ③ 공부 잘한다, 성적이 우수하다, 성적이 좋다.

успева́ющий *прил.* 공부 잘하는, 성적이 좋은; ~ учени́к 공부 잘하는 학생.

успе́ется *сов. безл. разг.* 아직 시간이 있다, 서두를 필요가 없다.

успе́х *м* ① 성공, 성취, 성과, ② 호평, 인기, 평판, 선호도, 평(評), 평가, 명문, 소문, 비평, 세평, 세상평판, ③ **~и** *мн.* 성적; ④ *воен.* 전과, 성과; ◊ с ~ом обходи́ться без *чего-л.* ~이 없어도 행동하다(성공하다); с тем же ~ом 그렇게, 그런식으로.

успе́шно *нареч.* 성과적으로, 성과있게, 성공적으로; ~ учи́ться 공부 잘하다.

успе́шный *прил.* 성과가 좋은, 성과적으로, 성공적.

успока́ивать *несов.*, **успоко́ить** *сов.* ① 안심시키다, 마음을 진정시키다, 진정하다(시키다), 가라앉히다, 고요 하게 하다, 격려하다; ② 조용하게 하다; ③ 덜하게 하다, 감하게 하다, *(чувства, переживания)* 가라 앉히다

успока́иваться *несов.*, **успоко́иться** *сов.* ① 안심하다, 진정하다, 마음놓다, 가라앉히다, 고요하게하다; ② 조용해지다, 잠잠해지다, 고요해지다; ③ ~에 만족해하다, ~을 흐뭇하게 여기다; ④ 가라앉다; ⑤ 잔잔(잠잠)해지다

успокое́ние *с* 안심, 안도, 휴의, 휴녕, 휴신, 휴심; 방심, 방념, *(чувств)* 진정 가라앉는 것; *(боли)* 덜하게 하는 것;

успокои́тельный *прил.* 안심시키는, 진정시키는; ~ое изве́стие 좋은소식; ~ое сре́дство 진정제

уста́ *мн. уст.* 입, 입술; из ~в ~а 사람 저 사람 입을 거쳐; всех на ~ах 모두가 말하고 있다

уста́в *м* 규약, 협약, 규칙, 규정, 규율; 헌장

устава́ть *несов.*, **уста́ть** *сов.* 피곤하다, 지치다, 피로를 느끼다; не ~а́я де́лать *что-л.* 쉴새없이, 줄곧

уставля́ть *сов.* **уста́вить**; ② *разг.*: ~ глаза́ на кого-л. ~에게(~에로) 시선을 돌리다

уста́виться *сов.* ~에게(~에로) 시선을 돌리다

уставля́ть *несов.*, **уста́вить** *сов.* ① 세워놓다, 두다, 배치하다 꽂아놓다, ② 가득놓다;

уставля́ться *несов.*, **уста́виться** *сов.* ① 놓이다, 들어가다, 진입하다, 들다; ② ~에 눈(시선)을 돌리다

уста́лост∥ь *ж* 피곤, 피로; от ~и 피곤 하여.

уста́лый *прил.* 피곤(피로)한 일에 지친

уста́л∥ь *ж*: без ~и 쉬지않고, 피곤을 모르고; не знать ~и 피곤을 모르다

устана́вливать *несов.*, **установи́ть** *сов.* ① 세우다, 놓다, 두다, 설치(시설.가설)하다; ② 조직하다, 만들다, 판짜다; 실시(실행.실천)하다, 시행하다, ③ 제정(설정)하다,정하다, 결정(선정)하다 *(правила)* 규정하다, 규정짓다, 밝히다; ④ 세우다, 달성하다; ⑤ 확증(확인) 하다, 밝혀내다; ~ фа́кты 사실을 확인하다.

устана́вливаться *несов.*, **установи́ться** *сов.* ① 잡히다, 붙잡히다, 체포되다, 억눌리다; ② 좋아지다, 호전되다; ③

서다, 잡히다, 형성되다

устано́вка *ж.* ① 설치, 설비, 시설, 설정, 가설, ② 장치, 설비, 설치; ③ 지령, 지휘명령, 통지, 지시, 지적, 명령; ④ 방향, 방위, 방소.

установле́ние *с* ① 확립, 수립, 설립; 제정; ② 확인, 확증, 확거, 실증, 명증, 신증, 명증, 명징; ~ фа́кта 사실의 확인

устано́вленный *прил.* 정해진, 제정된 규정된; ~ час 제정된.

устарева́ть *несов.*, **устаре́ть** *сов.* 낡아지다

устаре́лый *прил.* 낡은, 낡아진, 오래된, 노후된, 뒤떨어진, 낙후한; соверше́нно ~ 낡아빠진

устила́ть *несов.*, **устла́ть** *сов.* ~에 ~으로 깔다 (덮다);
у́стно *нареч.* 구두로, 구술로.

у́стн‖ый *прил.* 구두, 구술, 구술; ~ый отве́т 구답; ~ый экза́мен 구답 시험; ~ая речь 구어(口語: 입말), 회화어

усто́‖й *м* ① 교대; ② 지주, 받침; ③ ~и *мн.* (осно́вы) 지반, 기반; ~и о́бщества 사회의 지반

усто́йчивость *ж* ① 안정성, 견고성; ② 고정성, 불변성

усто́йчивый *прил.* ① 안정한, 안정이 잡힌, 흔들거리지 않는; ② 불변한, 고정된, 안정한; ③ 확고한, 결실한;

устоя́ть *сов.* ① 서있다; ② 이겨내다 견디다, ~에 굴하지않다; не ~ пе́ред *чем-л.* ~을 이겨내지 못하다

устоя́ться *сов.* ① 잔잔해지다, 맑아지다, ② 안정되다, 고정화되다

устра́ивать *несов.*, **устро́ить** *сов.* ① 짓다, ~ 하다, 만들다, 이루다, 조직(작성.제조)하다, ② 조직(마련)하다, 꾸리다, 차리다, 베풀다, 장만하다; ③ 정돈(정리)하다, 바로잡다; ④ 일으키다; ⑤ устро́ить *кого́-л.* на рабо́ту ~을 취직 시키다; ⑥ 보장해주다, 제공해 주다; ⑦ 만족하게 하다, 마음에 들다;

устра́иваться *несов.*, **устро́иться** *сов.* ① 정리되다, 잡히다; ② 자리를 잡다, 거주하다, 살다, 머물다; ③ 취직하다

устране́ние *с* ① 제거, 소멸, 퇴치; ② 해임, 해직

устраня́ть *несов.*, **устрани́ть** *сов.* ① 제거하다, 퇴치하다; ② 해임하다, 해직하다

устрани́ться, устрани́тся *сов.* (от *род*) ~에서 물러서다, ~을 피하다

устраша́ть *несов.*, **устраши́ть** *сов.* (вин) 무서워하게 하다, 위협 하다

устраша́ться *несов.*, **устраши́ться** *сов.* (род) ~을 먹다,

겁이나다

устремле́ние *с* 지향, 의향, 생각, 뜻, 의도

устремля́ть *несов.*, **устреми́ть** *сов.* ① 돌리다, 돌진시키다; ② 돌리다, 집중하다 기울이다;

устремля́ться *несов.*, **устреми́ться** *сов.* ① 급히가다, 돌진하다, 돌입하다, 돌격하다, 치돌하다, 육박하다, (*сверху*) 내려꽂다; (*о жидкости*) 밀려흐르다, ②~을 지향하다, ~을 향하여 있다, ~에[게] 쏠리다; ③ ~에 집중되다

у́стрица *ж зоол.* 굴. 굴조개, 석(石)굴, 모려, 석화.

устро́йство *с* ① 건축, 창립, 설립 조직, 마련; 정리; ~на работу 취직; ② 기구, 체제, 조직, 조직체; ③ 구조, 구성; ④ 기계장치, 설비, 시설, 부대설비, 설치; вентиляционное ~ 통풍장치; подъёмное ~ 기중 (승강)설비

усту́п *м* (*в стене, в скале*) 턱진 곳; (*ступень*) 단.

уступа́ть *несов.*, **уступи́ть** *сов.* ① 양보하다, 내어주다 (*права*) 양도하다; ~ ме́сто 자리를 양보하다; ② 복종(굴종) 하다, 굽히다; ③ (~보다) 못하다, 비교가 안되다; ④ 깎아팔다, 눅게 팔다;

усту́пи́тельный *прил. лингв.* 양보의, 사양의; ~ сою́з 양보 접속사

усту́пк∥а *ж* ① 양보, 양선, 사양, 양도, 양여, 양두, 이전, ② 양보, 용인; идти́ на ~и 양보하다; ③ 값을 깎는 것, 에누리, 감소, 절감, 축사, 축도, 할인, прдать с ~ой 값을 낮추어서 팔다

усту́пчивость *ж* 양보심, 순종, 복종, 순응, 순복

усту́пчивый *прил.* 양보심이 많은, 순종하는

у́стье *с* ① 하구(河口); ② 입구(入口); ~ ша́хты 갱구

усугубле́ние *с.* 심각화, 진지; 절박.

усугубля́ть *несов.*, **усугуби́ть** *сов.* 더하다 강화하다, 심화하다.

усугубля́ться *несов.*, **усугуби́ться** *сов.* 심각화 되다, 강화 (심화) 되다

усы́ *мн.* (*ед.* ус. *м*) ① (코) 수염; ② 수염 촉수; ③ 권수

усыновле́ние *с* 양자로 삼는 것

усыновля́ть *несов.*, **усынови́ть** *сов.* (*вин*) 양자로 삼다

усыпа́ть *несов.*, **усы́пать** *сов.* ① 뿌리다, 끼얹다, 퍼붓다 усы́пать двор песко́м 마당에 모래를 펴다; ② 많다 총총하다

усыпля́ть *несов.*, **усыпи́ть** *сов.* ① 잠 재우다; ② 마취

시키다; ③ 약화 시키다, 무디게하다; ~ бдительность 약화 시키다, 무디게하다; ④ 죽이다, 독살하다

усыха́ть *несов.,* **усо́хнуть** *сов.* ① 말라서 줄다, 바싹 마르다 마르다; ② 여위다, 파리해지다; 늙어서 키가줄다

ута́ивать *несов.,* **утаи́ть** *сов* ① 감추다, 침묵을 지키다; ~ факты 사실을 묵과 하다; ② 숨기다, 감추다, 기이다, 비밀로 하다, 은닉하다, 은폐하다; ③ 훔치다, 횡령하다

ута́йк‖**а** *ж разг.*: без ~и 털어놓고

ута́птывать *несов.,* **утопта́ть** *сов.* (*вин*) (*площадку и т.п.*) 밟아다지다, 닦다

утащи́ть *сов.* ① 끌어가다, 옮겨가다; 가져가다; ② 슬그머니 가져가다, 훔치다

у́тварь *ж собир.* 도구, 기구; домашняя ~ 가재구

утверди́тельно *нареч.* 긍정적으로

утверди́тельный *прил.* ① 긍정적, 호의적, 수긍으로; ~ый ответ 긍정적인 대답; ② 긍정문; ~ое предложение 긍정문.

утвержда́ть *несов.,* **утверди́ть** *сов.* ① 확언하다, 단언하다, 주장하다; ② 든든히(견고하게)세우다, 확립하다, 굳게 서다; 굳게 세우다; ③ 확신(확인)시키다, ~을 굳게하다; ④ 가결하다, 결재하다, 재가하다; 허락하다, 승락하다.

утвержда́ться *несов.,* **утверди́ться** *сов.* ① 든든히 서다, 공고(견고)해지다, 확립되다; ② 믿다, 확신하다, 신뢰하다;

утвержде́ние *с.* ① 든든히 서는 것, 확립 ② 결재승인, 비준; ~ в должност 임명비준; ③ 확언, 단언, 주장, 논증

утека́ть *несов.,* **уте́чь** *сов.* ① 새다, 흘러 가버리다; ② 흘러 가다, 지나가다, 경과하다; много воды утекло с тех пор 오랜 세월이 지나갔다

утёнок утёнок *м* 새끼오리, 오리새끼

утепле́ние *с* 따뜻하게 하는 것, 방한

утепля́ть *несов.,* **утепли́ть** *сов.* (*вин*) (*устанав-ливать отопление*) 따뜻하게 하다, 방한장치를 하다, 난방장치를 하다

утерпе́‖**ть** *сов.* 견디어 내다, 참아내다; я едва ~л, чтобы не рассмея́ться 나는 웃어버리지 않고는 견딜수 없었다

уте́ря *ж* (*документов*) 상실, 분실, 유실, 실물, 유류, 서실

утеря́ть *сов.* (*вин*) (*документы*) 잃다, 상실하다 분실(유실, 실물)하다

утеря́ться *сов.* 잃어지다, 상실되다 분실되다, 유실되다.

утёс *м* 벼랑, 낭떠러지, 벼루, 절벽, 단애, 천(遷), 절애,

уте́чка *ж* 누수, 새서 주는 것, 흘러서 주는 것, (*электроэнергии*) 도중손실; ~ информации 누설

утеша́ть *несов.*, **уте́шить** *сов.* ① 달래다, 위안(위로)하다; ~ в несчастье ~의 불행을 위안하다; ② 기쁘게 하다.

утеша́ться *несов.*, **уте́шиться** *сов.* 위안을(위로를) 얻다; утешиться мыслью о том, что ~ ~ 한다는 생각에서 위안을(위로를) 찾다(얻다)

утеше́ние *с* ① 위안, 위로; ② 기쁨

утеши́тельный *прил.* 위안을 주는, 위로가 되는 기쁜, 반가운

утилизи́ровать *несов. и сов.* (*вин*) 쓰다, 이용(사용)하다.

утилита́рный *прил.* 공리적, 실용적.

у́тиль *м собир.* 폐물, 못 쓰는 물건.

ути́н‖**ый** *прил.* 오리의; ~ое яйцо́ 오리알; ~ая фе́рма 오리공장; ~ая похо́дка 오리걸음

утира́ть *несов.*, **утере́ть** *сов.* (*вин*) 씻다; ~ слёзы 눈물을 씻다; утереть нос кому-л. 자기의 우월성을 보이다

утира́ться *несов.*, **утере́ться** *сов.* 자기 얼굴을 씻다

утиха́ть *несов.*, **ути́хнуть** *сов.* ① 고요해지다; ② 그치다, 자다; ③ 가라 앉다; ④ 안심하다

утихоми́рить *сов.* 진정시키다, 가라 앉히다

утихоми́риться *сов. разг.* 진정하다, 가라앉다; 약해지다.

у́тк‖**а** *ж* ① 오리, 집오리, 가압; ди́кая ~ 물오리; ② 헛소문, 허위 보도; газе́тная ~а 신문의 허위보도

уткну́ть *сов.* ① 짚다, 지르다; ② 돌리다

уткну́ться *сов.* ① 박다, 파묻다; ② 몰두하다; ~ в кни́гу 독서에 몰두하다

у́тлый *прил.* 든든치 못한; ~ чёлн 든든치 못한 배

уто́к *м текст.* (피륙의) 씨실, 씨, 씨줄

утолще́ние *с* ① 굵게(두껍게) 하는 것; ② 굵은(두꺼운)곳

утоля́ть *несов.*, **утоли́ть** *сов.* ① 만족시키다 덜다; 끄다; ② 덜어주다, 완화시키다, 경감시키다

утоми́тельный *прил.* 피로하게 하는, 고단한;

утомле́ние *с* 피곤, 피로

утомлённый II. *прил.* 피곤한, 피로한;

утомля́ть *несов.*, **утоми́ть** *сов.* 피곤하게(고단하게) 하다, 지루하게 하다

утомля́ться *несов.*, **утоми́ться** *сов.* 피곤해지다, 피로하다

утонча́ть *несов.*, **утончи́ть** *сов.* ① 가늘게 하다, (*кожу и* *т.п.*) 얇게 하다; ② 세련시키다.

утончённый II. *прил.* 세련된, 섬세한; ~ вкус 세련된 취미

утопа́ть *несов.*, **утону́ть** *сов.* ① ~에 잠기다(가라앉다) ~에 빠져죽다; ② 빠지다, 파묻히다; ~в неrý 눈속에 빠지다; ③ ~에 잠기다; ~ в роскоши 사치에 빠지다;

утопа́ющий м 물에 빠진사람, 익사자; ~ и за соломинку хватается *посл.* 물에 빠진 놈은 지푸라기라도 잡는다

утопи́зм *м* 공상성, 공상적 이론

утопи́ст *м* 공상적 사회주의자

утопи́ческий *прил.* ① 이상향, 낙원; 이상세계, 이상지, 꿈나라; 파라다이스(paradise), ② 공상적, 가상적, 몽상적; ③ 유토피아(utopia), 이상향, 이상사회, 낙원, 천국(天國)

уто́пия *ж* ① 이상향; ② 공상적 이론, 유토피아설; ③ 유토 피아작품

уто́пленни‖**к** *м*, ~**ца** *ж* 물에 빠져죽은 사람

уточне́ние *с* ① 보다 정확(명료)하게 하는 것; ~ значения слова 단어의 의미를 정확하게 하는 것; ② 정정

уточня́ть *несов.*, **уточни́ть** *сов.* (*вин*) 정확하게(명료하게) 하다; уточнить термин 술어를 정확하게 하다

утра́ивать *несов.*, **утро́ить** *сов.* (*вин*) 3(삼)배로 늘이다 (증가하다)

утра́иваться *несов.*, **утро́иться** *сов.* 3(삼) 배로 늘다

утрамбо́вывать *несов.*, **утрамбова́ть** *сов.* (*вин*) (*ногами*) 다지다, 밟아지다; (*площадки и т.п.*) 닦다

утра́т‖**а** *ж* ① 상실(喪失), 잃어버림. 없어짐, 사라짐; ~a трудоспособности 노동능력 상실; ② 손실, 손상, 손해, 수손; ③ понести ~y 손실을 당하다

утра́чивать *несов.*, **утра́тить** *сов.* (*вин*) 잃다, 상실하 여다; утратить силу (действие) 효력을 상실하다

у́тренний *прил.* 아침의, 오전의; ~яя заря 아침 노을; ~яя зарядка 아침 체조; ~яя смена 오전교대

у́тренник *м* ① 오전공연; ② 아침 추위.

утри́рованный II. *прил.* 과장된, 떠벌리는; (*искаженный*) 외곡된.

утри́ровать *несов. и сов.* 과장하다, 외곡하다, 바르집다, 버르집다, 풍치다, 허풍 떨다, 떠벌리다.

у́тр‖**о** *с* 아침, 여명, 아침녘, 아침때, 조기, 조조; 새벽, 신단, 신조, (*время до полудня*) 오전, 상오, 여명술; ра́ннее ~o 이른 아침; пять часов ~a 오전 다섯시;

- 866 -

утроб‖**а** *ж* 자궁, (아이배는 곳으로서의) 배, 태내, (*о животе*) 뱃안, 뱃속; в ~е матери 어머니의 뱃안에서

утробный *прил.* ① 자궁의, 자궁안에 생기는, утробный плод (포유 동물, 특히 사람의 임신 3개월이 넘은) 태아, ② 속이 빈, 공동의, 속으로 깊은데(깊숙이)있는, утробный смех 포복 절도, 홍소(哄笑), ③ 뱃안에서 일어나는; биол. 태내, ~ период развития зародыша 태내발육기

ýтром *нареч.* 아침(오전)에; сегодня 오늘 아침에; ~ вчера (завтра) ~ 어제(내일) 아침에

утруждáть *сов.* (*вин*) 수고시키다, 폐를 끼치다; ~ кого-л. просьбой 부탁으로 ~에게 폐를 끼치다

утю́г *м* 다리미, 울두, 화두, 아이론(iron); электрический ~ 전기다리미; ~ гладить ~ом 다리미로 다리다

утю́жить *сов.* 다리다, 다림질 하다

утя́тина *ж разг.* 오리고기

уф *межд.* 야!, 아야!, 아이쿠!, 큰일 났군!, 기필코(놀람·맹세를 나타냄); ~, как душно! 야, 참 무덥구나! уф, ну и тяжёлая сумка! 아이쿠, 이 가방이 무겁구나!

ух *межд.* ① 앗, 어, 아(놀람·기쁨·공포 등의 강한 감정). 아, 오, 아이고, ух ты! 야아아(놀 라움·기쁨·고통 등을 나타냄) ② 퍽, 펑, 쿡

ухá *ж.* 생선국, 잡탕의 일종(조개. 생선에 감자· 양파를 곁들여 끓인 것)

ухáб *м* 깊은 구멍, (가로·포장 도로 등에 생긴) 둥근웅덩이, 돌개구멍, 홈타기, 홈챙이

ухáбистый *прил.* (길) 울퉁불퉁한; (수레가) 덜컹덜컹하는, 홈타기가 많은

ухáживать *несов., сов.* ① 돌보다, 아이보다, ~에게 젖을 먹이다, 키우다, 양육하다. ~을 시중하다, ~을 돌보다, ~을 간호하다, ~을 손질하다; ② ~을 붙좇아 다니다, 뒤를 따라다니다

ухвати́ть *сов.* ① (붙)잡다, 들어쥐다; ~ за руку 팔을 잡다; ② 알아 차리다, 포착하다

ухвати́ться *сов.* (*вин*) ① (붙)잡다; ② 빨리 ~에 착수하다, 빨리 ~을 시작하다, ~에 달라붙다; ③ ~에 달라붙다 (매달리다);

ухвáтка *ж разг.* ① 솜씨, 동작; ② 꾀, 날랜 동작; ③ 행동, 태도.

ухитри́ться *сов. см.* ухитряться, (+*инф*) ~용하게 하다(해내다);

ухищре́ни∥е *с* 꾀, 잔꾀, 잔재주, 수, 계책, 모략, 교계, 계략, 책략, 모략, 책모;

ухищря́ться *сов.* 꾀를 부리다, 책략을 쓰다

умы́лка *ж разг.*코웃음

ухмыля́ться *несов.*, **ухмыльну́ться** *сов. разг.* 비죽이 웃다, 코웃음 을 짓다

у́хо *с* 귀(오관의 하나로 얼굴 좌우에 있어 청각을 맡은 기관), *анат.* 이(耳), 신호, 귀때기, 이부, 귓바퀴; сре́днее ~ 중이; вну́треннее ~ 내이; говори́ть на ~ 귓속말을 하다; ~ ре́жет 귀가 아프다; в уша́х звени́т 귀가 운다;

ухо́д I. *м* 출발, (с до́лжности) 떠나는것 퇴직; (из семьи́) 출가; пе́ред са́мым ухо́дом 떠날 때에,

ухо́д II. *м* 시중, 수발, 수종, 잔심부름, 심부름; 간호, 병구완, 병시중, 앓이시중, 간병, 시병, 시탕; 손질,

уходи́ть *несов.*, **уйти́** *сов.* ① 가다, 떠나다 출발하다; ② 몸을 피하다 달아나다, 도망하다, 도주하다; ③ ~을 버리다; ④ ~에서 벗어나다, ~을 면하다(피하다); ⑤ ~을 그만두다, 퇴직하다, 퇴임하다, 사직하다; ⑥ 지나가다, 경과 하다 ⑦ 소비되다, 걸리다, 들다; ⑧. часы́ ушли́ вперёд 시계가 빠르다; за неде́лю часы́ ушли́ на семь мину́т 한 주일에는 시계가 7(칠)분 빨랐다; ⑨ ~에 몰두하다(열중하다, 몰두하다); ⑩ ~을 향하여 뻗다(놓이다) доро́га ухо́дить вдаль 길이 먼곳으로 뻗었다,

уху́дшать *несов.*, **уху́дшить** *сов.* (вин) (더욱) 나쁘게 하다, 나빠지게하다, 도지게하다, 덧나게하다, 악화시키다, 심하지게하다, 더해지게하다

уху́дшаться *несов.*, **уху́дшиться** *сов.* 더 나빠지다, 더 악화 되다, 도지다, 덧나다, 더치다, 심해지다, 더해지다

уху́дшение *с* 악화; ~ отноше́ний 관계의 악화

уцеле́ть *сов.* 무사히 남다, 무난히 살아남다;

уценённ∥ый ~ые това́ры 인하된 값으로 판매하는 상품, 할인가격으로 판매된 상품.

уцепи́ться *сов.* ① ~을 잡아 매달리다, ~을 잡다(쥐다); ② ~에 달러붙다(매달리다);

уча́ствовать *несов.* ~에 참가하다, 참여하다, 참석하다, ~에 가담하다; ~에 출연하다; ~ в соревнова́нии 경쟁에 참가하다; ②~에 참가하다

уча́сти∥е *с* ① 관여, 참여, 관계, 참가, 가담, 함께 일하기, 협력, 합작, 공저, 공동연구, 협조, 제휴 ② 할당, 분담,

- 868 -

부담; 출자(비율), ~에 이해관계를 갖다, ~에 관계하고 있다. ③ 호의, 찬성, 동감, 공명, 관심, 흥미, 감동, 흥취, 염려, 걱정, 이해관계,

уча́стков‖ый I. *прил.* 구역의, 구의, 구우의, 지역의; ~ая избирательная комиссия 지역구 선거 위원회

уча́стко́вый II. *м разг.* 구역담당 사회 안전원

уча́стливо *нареч.* 인정깊게, 동정 어리게

уча́стливый *прил.* 동정심이 많은, 이해심이많은, 동정어린, 가엾게여긴

уча́стник *м* 참가자, 참가인, 공범자; ~ войны 전쟁참가자;

уча́сток *м* ① 구역, 구(區), 지역, 지구, 지대, ② (표면의) 부분, 작전구역, 작전지, 작전지역; ④ 분야, 부문, 경지, 부분, 부류; ⑤ 구역; ⑥ 선로구; ⑦ 파출소, 경찰서

у́часть *ж* 운명, 숙명, 팔자; горькая ~ 비운 разделить чью-л. ~ 운명을 같이 하다

учаща́ть *несов.*, **участи́ть** *сов.* ① 빈번하게(잦게) 하다; ② 빠르게 하다

учаща́ться *несов.*, **участи́ться** *сов.* ① 빈번하여지다, 잦아지다; ② 빨라지다

учащённый *прил.* ① 빈번한, 잦은; ② 빠른

уча́щийся *м* 학생; (*в вузе*) 대학생

учё́б‖а *ж* 공부, 학습, 수업; военная ~а 훈련;

уче́бник *м* 교과서; ~ истории 역사교과서

уче́бн‖ый *прил.* ① 학습의, 수업의, 교수, 교육; ② 연습, *воен.* 훈련; ~ый самолёт 연습기; ~ый батальон 훈련 대대;

уче́ние *с.* ① 공부, 글, 글공부, 학습, 학문, 학업; 연구, 교수; отдать в ~е 공부시키다, 공부하러 보내다; ② 훈련, 단련, 연마, 연습, 교련; ③ 학설;

учени́‖к *м*, **-ца**, *ж* ① 학생, 배우는이, 학도, 생도, ② 견습공, 수습공; ③ 제자, 문하생, 문제, 교화생,

учени́ческ‖ий *прил.* ① 학생의, 생도의, 배우는 사람; ~ая тетрадь 학생 노트; ② 미숙한, 유치한

учени́чество *с* ① 학생생활 학생시절; ② 기능(기술)교육

учёность *ж* 박식, 유식, 박학, 박학다식, 해박,

учёный I. *прил.* ① 박식한, 해박한, 유식한, 박학한; ~ый человек 박식한 사람; ② 과학의; ~ый совет 과학 평의회; ~ая степень 학위; ③ 훈련받은, 연마한, (*о животных*) 길들인, 단련된, 연습된.

учёный II. *м* 학자, 학문인, выдающийся ~ый 뛰어난 학자

учёт *м* ① 계산 (*упорядочение*) 정리; ~ товаров 상품정리; магазин закрыть на ~ 이 상품은 정리중이다; ② 고려; ③ 등록; военный ~ 군사등록; взять *кого-л.* на ~ ~을 등록하다;

учётн∥ый *прил.* ① 등록, 등기, 등부; ~ая карточка 등록카트; ② *фин.* 할인; ~ый банк 할인 은행

учётчи∥к *м*, **-ца** *ж* 계산원, (*регистратор*) 등록원

училище *с* [전문]학교; медицинское ~ 의학학교; военное ~ 사관(군관)학교

учинять *несов.*, **учинить** *сов.* ~을 하다(감행하다); (*скандал*) 빚어내다, ~을 만들어내다; учинить расправу над *кем-л.* ~을 단단히다

учитель *м*, **-ница** *ж* ① 교원, 교육자, 교직자, 교사, 사부, ② 선생, 선생님, 스승,

учительская *ж* 교무실, 교원실

учительск∥ий *прил.* 교사; ~ая деятельност 교사활동

учительство *с* ① 교사(교원)직업(생활); ② 교원들, 교원집단

учительствовать *несов., сов.* 교원생활을 하다, 교편을 잡다

учитывать *несов.*, **учесть** *сов.* ① 계산하다, 헤아리다, 셈하다, 세다, 셈치다, 고계하다, 결산하다; ② ~을 고려하다, ~을 염두에 두다; учесть опыт 경험을 고려하다; учесть вексел *фин.* 수형을 할인하다

учить *сов.* ① ~을 ~에게 가르치다(배우주다); ~ *кого-л.* грамоте 글을 ~에게 가르치다(배우주다) (*вин +инф.*) ~에게 ~하는 것을 가르치다; ~ *кого-л.* играть на рояле ~에게 피아노를 치는 것을 가르치다; ② ~을 길들이다, 양육하다; ③ 훈시하다, ④ 교시하다, 가르치다, 지도하다, 교육하다, 교수하다, 강의하다; ⑤ 습득하다, 배우다; ~уроки 학과를 복습하다; ~ стихотворение 시를 외우다

учиться *сов.*① ~을 배우다(공부하다); ~ музыке 음악을 습득하다; ~ корейскому музыку 한국어를 배우다; ② 공부하다, 배우다 ~ в школе 학교에서 공부하다; он учиться в Москве 그는 모스크바에서 공부한다

учредительн∥ый *прил.* 창립의, 설립의; ~ый съезд 창립대회;~ое собрание 헌법 제정회의

учредить *сов. см.* учреждать

учреждать *несов.*, **учредить** *сов.* ① 창립(창설)하다; ~ общество 협회를 창설하다; ② 제정하다, 정하다; ~ премия

상을 제정하다

учреждедéни‖е *с* ① 창립, 창설, 창건; 제정; ② 기관, 시설, государственное ~е 국가 기관, культурно-бытовые ~я 문화후생 시설

учтивый *прил.* (*о человеке*) 인사성이 있는 사람, (*о поведении*) 정중한

учуять *сов* ① 냄새를 맡고 알다; ② 알아차리다

ушанка *ж разг.* 털모자

ушат *м* (손잡이가 위에 있는) 물통

ушиб *м.* ① 다치는 것, 타박상을 입는 것; ② 다친자리, (синяк) (다쳐서 생긴) 멍, 타박상

ушибать *несов.*, **ушибить** *сов.* (вин) 다치다

ушибаться *несов.*, **ушибиться** *сов.* 다치다, 타박상을 입다; ушибиться о порог мутёнк에 다치다

ушибить(ся) *сов. см.* ушибать(ся)

ушивать *несов.*, **ушить** *сов.* (вин) [바느질하여] 좁히다, 줄이다

ушко *с уменьш* (*от* ухо) 작은 귀

ушко *с см.* ушко, (иголки) 바늘귀; (сапога) 손잡이 꼭지; (пуговицы) 단추구멍

ушник *м* (врача) *разг.* 이과의

ушн‖ой *прил.* 귀의; ~ая сера 귀에지, 귀지; ~ой врач 이과의

ущелье *с* 골짜기, 골짝, 골, 산골짜기, 곡지, 협간, 협곡, 계학, 계곡, 협간

ущемление *с* ① 제한; ~ грыжи *мед.* 헤르니아 감돈

ущемлять *несов.*, **ущемить** *сов.* ① 끼다, 꼭 잡다, 끼우다; ущемить палец дверью 문에 손가락이 끼다; ② 제한 하다, 억제하다; ~ права 권리를 제한하다; ③ 훼손시키다; ~ самолюбие 자존심을 훼손시키다

ущерб *м* 손해, 손실; материальный ~ 물질 손해; без ~а для сяоэго 사업에 손실없이; нанести ~ 손해를 주다

ущипнуть *сов.* (вин) 꼬집다

уют *м* 안락; домашний ~ 가정적 안락

уютный *прил.* 아늑한, 안락한, 아담한

уязвимость *ж* 상하기 쉬운 것

уязвимый *прил.* 상하기 쉬운

уязвлять *несов.*, **уязвить** *сов.* ① 상하게 하다; ② 모욕하다

уяснять *несов.*, **уяснить** *сов.* (вин) 이해하다, 명백히 하다, 요해하다, 깨닫다, 알다; 알아주다,

Ф

Ф фон; фунт ; фут 줄임말

фа *с. нескл. муз.* 파(fa: 1) 장음계의 제4째 음. 단음계의 제6째 음의 계이름; 2) F'음의 이탈리아 음이름. 우리나라 음이름 바'와 같음): ключ fa 파 낮은 음자리표(F bass clef).

фабзавко́м *м.* 공장연합 노동조합의 최하급기관

фабко́м *м.* 공장 위원회

фаблио́, фабльо́ *с. нескл. лит.* (중세 12~13 세기 프랑스의) 우화시(익살맞은 풍자 이야기).

Фабрика *ж.* 공장, 제조소; суконная ~ 방직공장;

фа́брика-ку́хня *ж.* 조리공장

фабрика́нт *м.* 공장주, 제조업자.

фабрика́т *м.* 완제품, 공장제품.

фабрика́ция *ж.* (*прям. и перен.*) ① 제작, 구성, 위조, 조립; ②. 꾸밈, 날조, 거짓(말); 위조물 (문서); 조립 부품

фабрикова́ть, сфабрикова́ть (*вн.*) ①*тк. несов.* 공장에서 대량으로 제조(제작)하다; 생산(제작)하다; ② 제조(조립)하다; (부품을) 규격대로 만들다; 가공품으로 만들어내다,

Фа́брить, нафа́брить (*вн.*) *уст.* 염색하다

фабри́чно-заводск∥о́й *прил* 제조공장의

фабри́чн∥ый I ① *прил* 공업(산업)근로자의, 제조(가공) 공업에 종사하는; ② (*некустарный*) 공업, 산업

фабри́чный II *м. скл. как прил. уст.* 공장 근로자.

фа́була *ж. лит.* (극. 소설의) 줄거리, 각색, 구상.

фавн *м. миф.* 목신(牧神)

фаво́р *м. тк. ед.* 역성, 후원, 총애: **~и́т** *м.* 앞잡이, 노예. 총애받는사람(부하, 여자); **~ити́зм** *м.* 정실주의; **~и́тка** *ж.* ток fаvorit. 마음에 드는 사람.

фавори́т *ж.* ① 마음에 드는 사람, ② 총애, 총아. ③ (경마에서) 인기있는 말; ④ (스포츠에서 인기있는) 선수(팀)

фаго́т *м. муз.* 바슨(bassoon 목관악기), 파곳토(fagotto), 파곳; (풍금. 오르간의) 낮은음 음전, 목제의 저음악기.

фаготерапия *ж. мед.* 식이요법, 식균치료 식세포 요법

фаготи́ст *м.* Фагот 의 연주가, 바슨 취주자.

фагоци́т *м. биол.* 식세포(食細胞:백혈구)

фа́з||а *ж.* (발달.변화의) 단계, 국면. (물건. 문제의) 면(面), 상(相). 상(像). (음파. 광파.교류 전류의) 위상, 상. 반응시기

фаза́н *м.* 꿩, 야계; **~ий** *прил.* к фазан.

фа́зис *м.* (발달.변화의) 단계, 국면. (물건. 문제의) 면, 상.

фа́зн||ый *физ.* 단계의, 국면의. 면(面), 상(相), 위상, 상(像).

фа́зов||ый *прил. к фаза;* **~ая скорость** (전파.해파의) 위상속도

фазо́метр *м. физ., тех.* 상차계, 위상계, '계기', 미터법의 '미터' 또는 운율학의 '각수'의 뜻

фазотро́н *м. физ.* 파조트론(하전입자 가속 장치의 일종).

фай *м. текст.* ① 파유(물결 무늬진 비단). ② 옆무늬가 들어 있는 견직물의 일종.

файдеши́н [-дэ-] *м. текст.* 고급 견직물의 일종.

фак факультет 의 약어.(대학의 학부)

фа́кел *м.* ① 횃불; 호롱불, 간데라; 회중전등; 토치램프 (납땜에씀); ② 연료 분출. (태양의) 백반(白斑)

фа́кел||ьный *прил.* к факел 횃불; **~ное шествие** 횃불행렬.

факельщик *м.* ① 횃불을든 상여꾼; ② 방화범인, 불나게 하는, 방화의, *razг.*선동적인

факи́р *м.* (회교.바라문.힌두교의) 동냥중. 탁발승, 행자, 수도승. 고행자.(인도의) 기술, 고행자

факси́миле *с. нескл.* 팩시밀리(facsi-mile) (책.필 적.그림의) 모사, 복사, 복사전송장치; 사진전송, 전송사진.

факт *м.* ① (발생한. 발생하고 있는) 사실, 실제(의 일), ② 진실, 진상 경우, 사례. 사정, 입장, 상태, 상황;

факти́ческ||и *нареч.* ① 현실로, 실제로. 실제적으로, 실용적으로, ② 사실상, 거의 사실이나 다름없이, 사실상, 실질적으로.

факти́ческий *нареч.* ① 현실의, 실제의, 실재하는; ② 사실의, 실제의; 사실에 입각한; 실제상의, 실질적인,

факти́чный *прил.* 사실의, 사실에 입각한; 실제의; 믿을 만한, 확실한, 근거가 있는

Фактографи́ческий *прил.* 믿을 만한, 확실한, 근거가 있는, 진정한, 진짜의.

фактогра́фия *ж.* 사실의 단순한 기술(~에 불과하다는 생각).

фа́ктор *м.* ①요인, 요소, 인자; ②식자계장; ③*мат* 인수, 인자; ④브로커;

факто́рия *ж.* ①유럽상인의 식민지 거류단; ② (소련연방 북부지방에서) 사냥꾼과의 거래소

факто́тум *м.* 맡기는 일은 무엇이든지 하는 사람(집사 등).

факту́ра *ж.* ① (예술. 음악.시의) 수법, 기교 ② 송장.

факультати́вный *прил.* 임의의, 수의의, (과목이) 선택의; ~ уче́бный предме́т 선택과목

факульте́т *м.* (대학의) 학부, 분과, 학과(科)

фал *м. мор.* 마룻줄(돛.기 따위를 올리고 내림).

фала́нга I *ж. истү* ① (고대그리스의) 방진; ② 밀집부대, 밀집대형, 대열; ③ 프랑스의 푸리에가 주장한 공산제 사회의 단위(약 1,800 명으로 구성된).

фала́нга II *ж анат.* 지골(指骨: 손가락뼈)

фала́нга III *ж зоол.* 지골(指骨), 지골(趾骨)

фа́лда *ж.* (연미복. 프록코트. 대례복의) 뒤쪽 소매자락, 여성복의 자락

фа́линь *м. мор.* 배를 매는 밧줄.

фалли́ческий *прил.* 음경의, 남근숭배의, 남근모양의, 남근을 상징 하는.

фалло́пиев: ~a труба́ *анат.* 나팔관, (수)란관.

фа́ллос *м.*, **фа́ллус** *м.* (생산력을 상징하는) 남근상.

фалре́п *м. мор.* 난간줄, 배에서 작은 배를 끌어 올리거나 내리는데 사용하는 밧줄.

фальсифик∥а́т *м.* 가짜물건, 위조품; **~а́тор** *м.* 위조자, 날조자; **~а́ция** *ж.* ① 위조, 날조, 가장, 모조; 위조품, 모조품; ② 변조, 가짜, 모(위)조품, 위작

фальсифици́рованн∥ый *прил. и прич.* 위조 하다. 날조하다. 모조하다; **~ое** ма́сло 위조 기름, 가짜 버터

фальсифици́ровать *несов. и сов.* (вн.) (서류 따위를) 위조 (변조)하다, 속이다, 왜곡하다.

фальстарт *м. спорт.* 부정출발, 신호전의 스타트, 플라인.

фальц *м. тех.* ①사개, 은촉홈; 은촉붙임, 사개맞춤, 금속판의 홈을 파서 접합함. ② 홈(문지방). 레코드판의);

바퀴 자국; (활자의) 밑홈. ③ 주름, 접은 자리; 층(層), 제본용의 연접포, 접지선.

фальцева́льн∥ый: ~ая маши́на *полигр.* 접는사람[것]; 접지기

фальцева́ть (*вн.*) *тех.* ① 사개 맞춤을 하다, 은촉붙임 하다; 은촉붙이 되다, ~에 홈을 파다[내다]; ② 접다; 접어 포개다, 종이를 가지런히 접다; ③ 이어[꿰매어, 철하여] 맞추다;~에 틈을 (상처 자국, 주름)을 내다.

фальце́т *м. муз.* 팔세토, 가성, 가성을 쓰는 가수 [이야기꾼]

фальцо́вка *ж.* ① 접는, 접을 수 있는; ② (천의) 솔기, (판자의) 맞춘 곳, 이음매.

фальцо́в∥очный *прил.* к фальцо́вка; **~щик** *м.*, **~щица** *ж.* 접지공(接地工), 접는 사람[것]; 접지기(摺紙機).

фальшбо́рт *м. мор.* 방파제, 방파난간.

фальши́в∥ить, сфальши́вить ① (감정.사상.목적을) 숨기다, 감추다, 속이다; 꾸미다, ~인 체하다; 위선적으로 행동 하다, 속이다, 부정하게, 잘못되어; 거짓으로, ~하는 체하다; ② 가락이 안 맞아; 곡조가 맞지않게 노래하다, 연주하다; **~ка** *ж. разг.* 위조문서, 사기, 협잡.

фальшивомоне́тчик *м.* 위조자, 모조자, 화폐 위조자, 화폐 주조자.

фальши́в∥ый *прил* 그릇된, 틀린, 부정확한, 잘못된; 가짜의, 위조의, 겉치레의, 그릇되는, 날조의; ~ые во́лосы 가발; ~ые зу́бы 틀니

фальшки́ль *м. мор.* 붙임 용골(龍骨).

фальшь *ж. тк. ед.* ① 허위(성), 기만성, 불신, 거짓말, 잘못, ② 곡조가 맞지 않는 노래(연주), 예술의 규범에 벗어난 일

фами́лия *ж.* ① 성(姓). как его́ ~? 그의 성은 무엇입니까?; ② *уст.* 가문, 혈통, 친족, 친척, 일가, 가족.

фами́льн∥ый *прил* 가계의, 가족(용)의, 가정의

фамилья́рничать (*с тв.*) *разг.* 친(밀)한, 가까운, 허물없이 지내다, 거리낌없이 굴다.

фамилья́рно *нареч.* 예의의, 예의 바르게; 격식을 차리는, 공손하게, 엄숙하게

фамилья́рн∥ость I *ж. см.,* фамилья́-рный

фамилья́рн∥ость II *ж.* 멋대로의(방자한) 행동, 무간함, 허물없음, 스스럼(무람)없음; **~ый** *прил.* 격식을 차리지 않는, 마음을 터놓은, 허물없는; 버릇없는, 예의없는;

фанабе́рия *ж. разг.* 자부, 자만, 거만, 불손(不遜).

фанати́зм *м.* 광신, 열광, 열중; 광신적인 행위,

фана́тик *м.* 광신자(狂信者), 열광자, 맹목적 귀의자.

фанати́ч∥еский *прил* 광신적인, 열광적인, 맹목적으로 귀의하는; **~ка** *ж. к* фанатик. **~ность** *ж.* 광신, 열광, 열중; **~ный** *прил.* 광신[열광]적인, 열중하는.

фанда́нго *с. нескл.* 3 박자의 스페인 무용의 일종; 그 무곡, 무도회.

фане́р∥а *ж.* (합판용의) 박판, (베니어) 단판, 베니어 합판, 덮는 널빤지; 건축(가구용) 합판, 베니어판; **~ный** *прил. к* фанера: ~ная перегородка 베니어판 칸막이하다; ~ный лист 얇은 베니어판.

фа́нза I *ж.* 중국 빈민의 오막살이, 농가

фа́нза II *ж.* (*ткань*) 일종의 얇은 비단 또는 화학 섬유의 천; 직물(얇은 명주 따위), 사(紗); (한 장의) 얇은 천(거즈),

фант *м.* 벌금, 과료(fine); 추징금; игра́ть в ~ы 벌금놀이.

фантазёр *м.*, **~ка** *ж.* 꿈꾸는 사람, 공상가, 몽상가, 망상가

фантази́ровать, сфантази́ровать ① *несов.* ~한 꿈을 꾸다, 몽상하다, 공상에 잠기다; ② *разг.* 몽상 에서 만들어 내다, 창작하다, 퍼뜩생각이 들다; ③ *тк. несов. муз.* 즉석에서 노래(연주)하다, (시.음악.축사.연설) 즉석에서 하다(만들다); 즉흥 연주하다

фанта́зия *ж.* ① 공상, 몽상, 환상; 상상(력), 창작력, 구상력, ② 몽상, 백일몽; ③ 악의없는 거짓말, 사소한 거짓말, 꾸며낸 이야기, 허구, 날조; ④ *разг* 잘 변하는 마음, 일시적인 생각, 변덕; ⑤ *муз.* 환상곡, 접속곡

фантасмагори́ческий *прил* 주마등같이 변 하는 광경(환영. 꿈. 공상 따위의)

фантасмаго́рия *ж.* 환상, 환영, 주마등같이 변하는 광경; 시시한 이야기, 무의미하고. 어리석은 일; 여러 가지 형상을 비쳐 보이는 놀이, 실루에트.

фанта́ст *м.* 환상가, 몽상가, 공상가; 상상력이 발달한 사람; **~ика** *ж.* ① 공상, 환상; ② *собир. разг* 허구, 꾸민 이야기, 가공의 이야기; **~и́ческий** *прил* 환상적인, 몽환(공상)적인, 기상천외의, 황당무계한, **~и́чность** *ж.* 공상적. 환상적. 기괴한 공상, 기상천외의 생각을 하는 사람, 기발한 인물; **~и́чный** 터무니없는, 엄청난

фанто́м *м.* 환영, 환상; 요괴, 유령; 팬텀전폭기(기종은 F-4 등이 있음)

фанфа́ра *ж. муз.* ① 팡파르, (트럼펫등의) 화려한 취주, 구리로 만든 취주악기의 이름; ② (*труба*) 장중한 나팔의 취주.(군대용)나팔, 나팔신호.

фанфаро́н *м.* 자만가, 호언장담하는 사람; **~а́да** *ж.* 흰소리, 허세, 자만, 호언장담; **~ить** *разг.* 자랑하다, 자만하다, 허풍떨다, 호언장담하다; **~ство** *с.* 자랑, 프라이드, 과긍, 자과, 허풍(虛風), 풍, 큰소리, 홍감, 헛장, 자랑거리

фа́ра *ж.* (자동차의) 헤드라이트; (배의) 장등(檣燈).

фара́да *ж. эл.* 패럿(전기용량의 실용단위; 기호 F)

фарадиза́ция *ж. мед.* 유도 전기 요법.

Фарао́н I *м. ист.* (고대 이집트의) 왕, 파라오

Фарао́н II *м. карт.* 은행(카드 놀이의 일종), 파로(카드도박의 일종); 순경의 별명.

фарва́тер [-тэ] *м. мор.* 방해받지 않는 통로, (강. 하구의) 항로, 수로, 물길

Фаренге́йт *м.* 화씨 온도계; термометр ~а 화씨 온도계(略: F., Fah(r); 50, 60 *и т.д.* по ~y 화씨 50, 60 도(度)(부호°)

фаринги́т *м. мед.* 인두염(咽頭炎).

фарисе́й *м. ист.* ① 바리새인 교인; ② 위선자; **~ский** *прил. ист.* 바리새인[주의]의; 허례를 중시하는, 위선의. 위선(자)적인; **~ство** *с.* 바리새주의, 바리새파; 형식주의, 위선, 독선, 위선적인 행위

фармако́лог *м.* 약리학자, 약물학자; **~и́ческий** *прил.* 약리학의, 약물학의

фармаколо́гия *ж.* 약물학, 약리학.

фармакопе́я *ж.* 약전(藥典), 조제서

фармаце́вт *м.* 약사 약제사, **~ика** *ж.* ①약학(藥學), 조제약, 의약, 약; ②조제법; **~и́ческий** *прил.* 제약(학)의, 약사의; 약제의

фарма́ция *ж.* 조제술, 약학, 제약업; 약국.

фарс *м.* 소극, 어릿 광대극, 익살극, 익살, 우스개;

фарт *м. разг.* 운, 운수, 행운, 요행; **~и́ть, пофарти́ть** *безл. разг.*: ему ~ит 그는 운이좋다; **~о́вый** *разг.* ① 운이 좋은; ② 훌륭한, 뛰어난, 좋은, 굉장한, 대단한; ~овый 파렌 좋은 친구(동아리)

фа́ртук *м.* 에이프런, 앞치마, 행주 치마; 마차에서 쓰는 가죽 무릎덮개; (영국국교 주교의) 무릎덮개 천.

фарфо́р *м. тк. ед.* ①자기, 도자기 원료(정제된 백색점토); ② *собир.* (изделия) 도자기.

фарфо́ров∥ый 자기로 만든, 깨지기쉬운; ~ая глина 고령토,

фарцо́вщ∥ик *м. разг.*, **~ица** *ж. разг.* 암상인, 건달(일정한 직업없이 암거래 따위로 살아가는 자)

фарш *м.* ① (소로 쓰이는) 양념하여 다진고기, 잘게간 고기; ② 잘게 썰어서 채워 넣은 요리.

фарширо́ванный *прич. и прил.* (생선에다) 잘게 간 고기를 채워 넣다.

фарширова́ть, зафарширова́ть *сов.* (*вн.*) ~에 채우다, ~에 채워넣다, 메우다, 틀어막다.

фас *м.* 정면, 표면; 앞, 앞면; сфотографи-роваться в ~ (*фр.*) 앞면사진.

фаса́д *м.* (가옥의) 정면, 전면; ~ы магазинов 가게 정면.

фасе́т *м.* ① (결정체.보석의) 작은면, 깎은 면, 마면, 소면, 절면; ② (곤충 복안의) 소안면, 홑눈;

фа́ска *ж. тех.* ①칼의 날이 선 쪽. ② (각재의) 굴림면.

фасова́ть (*вн*) 꾸리다, 포장하다, 짜임새있게[예쁘게]담다, 싸다, 묶다, 포장하다, 저울에 달아 포장하다,

фасо́в∥ка *ж.* 정량 포장 작업, (식품. 제품 등을) 팔기 전에 포장하다(봉지에 넣다). **~очный** *прил.* 짐꾸리기, 포장하는, 패킹의; ~очный цех 포장부서.

фасо́вщик *м.* 짐 꾸리는 사람; 포장공.

фасо́ль *ж.* ①양고기와 콩의 스튜; ② *собир.* 강낭콩.

фасо́н *м.* ① 유행, 패션, 유행의 형식, 시대의 기호; ② (의복. 모자의)형(形), 꼴, 본, 지음새, 형, 형태, 모양;

фасо́н∥истый *разг.* 유행의, 유행을 따른, 당세풍의, 현대식의, 유행의; 스마트한; **~ить** *разг.* (복장. 태도의) 스마트함, 화사함; 멋부림, 점잔빼는, 못마땅한.

фасо́нн∥ый *тех.* ~모양을 한, 형에 맞추어 만든, 분에 따른, 본을 넣어 만든, 모양, 형상, 외형, 윤곽.

фат *м. уст.* 멋장이, 맵시꾼, 멋을 내는 사람.

фата́ *ж.* 신부(새색시)의 베일, 긴베일

фатали́зм *м.* 숙명론(宿命論), 운명론.

фатали́ст *м.* 숙명론자, 운명론자. **~ический** *прил* 숙명적인; 숙명론(자의)

фата́льн∥ость *ж.* 숙명, 천명; 인연, 불가피성, 숙명인 것; **~ый** *прил* 숙명적인, 운명의[에 관한]; 피할 수 없는.

фа́та-морга́на *ж.* 신기루(蜃氣樓).

фатова́т∥ость *ж. уст.* 멋, 맵시, 모양; **~ый** *прил уст.* 멋부린, 모양을[맵시를] 낸 호기를 부리는, 독선적인.

Ф

фатовско́й *прил уст.* 번드르르하게 차린, 멋장이 다운.
фатовство́ *с. уст.* 멋부림, 겉치레꾼.
фа́тум *м. тк. ед.* 숙명, 운명, 악운, 운(運), 비운.
фа́уна *ж.* (일정한 지방 또는 시대의) 동물군(相), 동물구계; (한 지방. 시대의) 동물지(誌) 한지방(지질학적 시기)의 동물상.
Фа́уст-патро́н *м. воен.* 기갑(장갑), 기갑부대[사단], 전차, 성채 공격용의 포탄.
фаце́ции *мн. лит.* 해학, 익살.
фашиз||а́ция *ж.* 파쇼화; **~и́ровать** *несов. и сов.* (вн.) 파쇼화시키다.
фаши́зм *м.* 파시즘(2차대전 전의 이탈리아 국수당의 주의; 널리 독재적 국가주의).
фаши́н||а *ж.* 나뭇단, 섶나무. **~ный** *прил. к* фашина; ~ная да́мба (참호의 벽·둑의 흙이 흘러 내리는 것을 막는) 나뭇단 둑, 섶나무 댐, 장작단 둑.
фаши́ст *м.,* **~ка** *ж.* 파시즘 신봉자, 파시스트 당원, 국수주의자, 파쇼, 독재자; **~ский** *прил* 파시스트당(원)의, 파시즘의, 파시즘을 신봉하는;
фаэто́н *м.* ①쌍두 4륜 마차; 페이 튼형 자동차; ② 파에톤(Phaëthon); ③ 가벼운 2인승 노천 마차.
фая́нс *м. тк. ед.* ① 고령토, 도토(陶土); ② *собир* 광택이 나는 고급도자기, 파양스 도자기(광택이 나는 고급 채색의), 델프트도자기(네덜란드 Delft 산(産) 도기) 도기
фая́нсов||ый *прил. к* фая́нс; ~ая таре́лка 광택이 나는 고급 접시; ~ заво́д 고급 도자기 생산 공장
февра́л||ь *м.* 2월; в ~е э́того го́да 2년; в ~е про́шлого го́да 지난해 2월; в ~е бу́дущего го́да 다음해 2월.
февра́льский *прил.к* февра́ль 2월의; ~ день 2월의 하루;
федера́л||изм *м.* 연방제도, 연방조직; 연방주의; **~и́ст** *м.* 연방주의자; **~и́стский** *прил* 연방주의 자의
федера́льн||ый *прил* 동맹의, 연합의, 연방(정부)의, 연방제의; на ~ых нача́лах 연방주의[신조]로서
федерати́вн||ый *прил* 연방(정부)의, 합중국의
федера́ция *ж.* 동맹, 연합, 연맹, 연방제, 연방정부;
феери́ческ||ий, фееричн||ый *прил* 매혹적인, 황홀케 하는, 혼을 빼앗는, 매혹시키는, 황홀케하는;
фее́рия *ж.* ① 몽환극; ②선경, 몽화경; ③매혹시키는 시야, 황홀케 하는 시야.

фейерве́рк *м.* 불꽃(놀이), 봉화(烽火).

фека́льный *прил.* 배설물의, 대변의, 찌꺼기, 분뇨의, 분뇨 사용의.

фелла́х *м.* (이집트·시리아 등의) 농부, 인부, 토착농민.

фельдма́ршал *м.* 육군원수(略: F.M.).

фельдма́ршальский *прил.* ~ жезл 원수의 지휘봉.

фельдфе́бель *м. ист.* 상사, 특무 상사

фе́льдшер *м.,* **~ица** *ж.* 의사의 조수, 간호사, (~шер) 간호장. **~ский** *прил.* к фельдшер.

фельдъе́герск‖ий *прил.;* ~ая связь 국가 군대의 통신, 보도, *или* 사자(使者); 심부름꾼

фельдъе́герь *м.* 연락병(중요한 서류를 전달 하는), 전령, 급사(急使), 특사, 밀사, 스파이

фельето́н *м.* 신문의 칼럼(정치.사회.문학.과학등의 문제를 풍자적으로 또는 흥미 본위로 취급하는), 소품문, 토픽란; **~и́ст** *м.,* **~и́стка** *ж.* 신문칼럼(토픽)의 필자; **~ный** *прил.* к фельетон; ~ный стиль 가벼운 문필 스타일.

фелю́га *ж. мор.* 펠러커션(船)(지중해연안의 세대박이 삼각돛의 작은 배) (흑해). 지중해의 소형범선, 돛단배.

Феми́да *ж. миф.* ① 테미스(법과 정의의 여신). ②. 정직, 정의, 공도.

фемин‖и́зм *м.* 여권주의, 남녀동권주의; 여권 신장론; **~и́ст** *м.,* **~и́стка** *ж.* 여권 신장론자, 여권주의자, 남녀동권론자, 여성해방론자; **~и́стский** *прил.* 여권 신장론(자)의.

фен *м.* 헤어드라이어.

фён *м.метеор.* ① 산악지방의 건조한 난풍. ②전기를 사용하는 두발 건조기. ③ 분(중국의 척도 단위).

фенацети́н *м. фарм.* 해열제의 하나.

фе́никс *м.* 불사조(不死鳥)(600 년마다 스스로 불 에 타죽은 후 그 잿더미 속에서 다시 소생하는 신화 속의 새).

фени́л *м. хим.* 페닐기(基)

фено́л *м. хим.* 페놀, 석탄산; **~овый** *прил.* к фенол.

феноло́гия *ж. биол.* 생물 계절학

феноме́н *м.* ① 현상, 상황, ② 보기드문 인물, 사물; **~али́зм** *м.* 현상론, 실증주의, 경험주의; **~а́льный** *прил.* 현상의[적인], 현상에 관한, 보기드문 이상의;

феноменоло́гия *ж. филос.* 현상학.

фео́д *м. ист.* (봉건시대의) 영지, 봉토, 봉건영지

феода́л *м. ист.* ① 영주(領主), 봉건군주; ② 봉건론자; **~иза́ция** *ж.* 봉건화, 봉건제도의 형성; **~и́зм** *м.* 봉건제도.

феода́льно-крепостни́ческий *прил.*: ~ гнёт 농노의 신분(농노제도) 억압 (압제)

феода́ль∥**ный** *прил.*; **~ая раздро́бленность** 봉건(제도)의 분열.

ферзь *м. шахм.* (장기) 여왕(女王).

фе́рма I *ж. с-х.* ① (소련연방에서) 꼴호즈 또는 쏘호즈 안에 있는 특정농장; ② (일반적으로) 농장 (자작농 또는 소작농의), 농원; ③ 농업 연구소; моло́чная ~ 낙농장.

фе́рма II *ж. стр.* 대들보, 도리, 거더, 트러스, 형구.

ферма́та *ж.* 페르마타, 늘임표 연음기호, 코로나(corona).

ферме́нт *м. биол., хим.* 효소, 효모; **~а́ция** *ж. биол., хим.* 발효, 발효(작용); **~и́ровать** *биол., хим.* 발효하다.

фе́рмер *м.* 농부, 농민, 농업가, 농장주, 농장경영자, 소작농민; **~ский** *прил. к* фе́рмер; **~ский дом.** 농가; **~ство** *с.* ① 농업, 농장경영 ② 농부, 농민, 농장주. **~ша** *ж.* 여자농장주, 농장주의 처.

фермуа́р *м. уст.* ① 걸쇠, 버클, 죔쇠, 메뚜기, 훅, 물건의 이음매를 연결하는 쇠붙이; ② 이음매가 있는 목걸이; 목각용 구멍을 뚫은 끝.

ферромарга́нец *м.* 페로망간, 망간철.

феррросили́ций *м.* 페로실리콘, 규소철.

ферроспла́в *м.* 철과 다른물체의 합금.

феррохро́м *м.* 페로크롬, 크롬철.

ферт *м. разг.* 맵시꾼;

Фес 1 (Пе́рвое посла́ние к Фессалоники́йцам, 5 장) 대살로니가 전서

Фес 2 (Второ́е посла́ние к Фессалоники́йцам, 3 장) 대살로니가 후서

фе́ска *ж.* 터키모(帽)(붉은색, 검은술이 달렸음)

фестива́ть *м.* (음악. 연극) 축제, 축제일 기념제, 향연,

фесто́н *м.* ①가리비의 껍질(옛날성지순례의 기념장으로 쓰인); ②꽃줄(잎.잎.리본 등을 길게이어 양끝을 질러놓은 장식); **~чатый** *прил.* 가리비

фети́ш *м.* 주물, 물신(야만인이 숭배하는 나뭇조각, 동물등); 미신; 맹목 적인 숭배의 대상.

фети́ш∥**изи́ровать** *сов. (вн.)* ~을 맹목적으로 숭배하다, 열광하다, 우상화하다; **~и́зм** *м.* ① 주물숭배; ② 우상숭배, 맹신; **~и́ст** *м.* ①주물 숭배자, 배물교. ② 맹신자

фетр *м.* 고급펠트, 모전; **~овый** *прил.* к фетр 고급펠트의
фефёла *ж. разг.* 못생기고 뚱뚱한 여자.
фехтова́льн||**ый** *прил.* 검도의, 펜싱의; ~ зал 검도도장; ~ое искусство 펜싱의 기술; ~ая маска 펜싱(검도)의 마스커
фехтова́льщик *м.* 검도, 펜싱 선수.
фехтова́ни||**е** *с.* 검도(劍道); 펜싱 учитель ~я 펜싱 사범.
фехтова́ть *несов.* 검술을 하다, 칼로 싸우다.
фешене́бельн||**ость** [-нэ-] *ж.* 유행에 따른 것, 유행의 본질; **~ый** [-нэ-] *прил.* 유행의 유행을 따른, 당세풍의
фешене́бельный, *прил. лен, льна* 유행에 따른, 우아한.
фе́я *ж. миф.* ① 선녀, 요정 ② 매혹적인 미녀
фи *межд.* 피! 흥!(경멸의 표시)
фиа́кр *м.* (프랑스에서) 소형사륜 역마차.
фиа́л *м.* 작은 유리병, 물약병, (고대 그리스의) 얕은 큰 술잔; 커다란 잔.
фиа́лка *ж.* 제비꽃, 오랑캐꽃, 이야초, 바이올렛(violet); альпийская ~ 시클라멘(cyclamen)
фиа́лков||**ые** *мн. скл. как прил. бот.* 비올라, 제비꽃속의 식물; **~ый** *прил.* 비올라의; ~ый корень 흰붓꽃의 뿌리, 향기나는 창포의 뿌리(향료, 의약으로 쓰임)
фиа́ско *нескл.* 완전한 실패.
фи́бра I *ж. анат., бот.* 섬유질, 파이버(fiber); всеми ~ми души 극도로, 온몸으로.
фи́бра II *ж.* '섬유, 섬유 조직, 섬유소, 섬유종'의 뜻의 결합사
фибри́лла *ж.* 원섬유
фибри́н *м.* 피브린, 섬유소.
фи́бровый *прил.* 파이버의; ~ чемодан 섬유질의 여행가방, 파이버의 슈트 케이스
фибро́зный *анат., бот.* 섬유질의.
фибро́ма *ж. мед.* 섬유종(纖維腫)
фи́га *ж.* ① (*плод*) 무화과(無花果); 무화과 모양의 것; ② (*дерево*) 무화과 나무;.
фигаро́ *с. нескл.* 부인용의 소매 없는 옷.
фи́гли, ~ми́ги *ж.* 익살맞음, 속임수, 희롱.
фигля́р *м. уст. разг.* 요술장이, 도화사; 익살꾼, 어릿광대; (*перен.*) 짐짓 점잔빼는 사람, 새침데기; ~**ить, ~ничать** *разг.* 익살 부리다; **~ство** *с. разг.* 익살, 해학.
фи́гов||**ый** *прил.* 무화과의; ~ое дерево 무화과나무

фигу́р‖**а** *ж.* ① 형(形), 모양, 모습; 형태, 형상 ② *карт.* 그림카드, (카드의) 그림패(킹. 퀸. 잭);

фигура́льн‖**о** *нареч.* 비유적(상징적)으로, 은유적으로; **~ость** *ж.* 비유적; 전의, 전용; **~ый** *прил* 비유적인; 전의의, 전용의, 은유적인; ~ое выражение 비유적 말의 수사; 비유적용법

фигура́нт *м. театр.* 단역, 엑스트라(배우); (연극. 영화에서 대사없는) 뜨내기역, 단역(배우); **~ка** *ж. театр.* 엑스트라, 보조 출연자.

фигури́ровать *несов.* (어떤일에) 참가, 출장하다.

фигури́ст *м.*, **~ка** *ж. спорт.* (댄스.스케이트의) 피겨, 스케이트의 피겨 선수.

фигу́рка *ж.* 작은조상, (금속.도기제의) 작은상(像); 자기제품, 자기조상

фигу́рн‖**ый** *прил* 모양(그림)으로 표시한, 도시된, 무늬가 (의장이) 있는, 형용이 많은, 수식이 있는;

фигуря́ть *сов.* 꾸미다.

фидеи́зм *м.* 신앙철학.

фидеи́ст *м.* 신앙철학자.

фи́дер *м. тех.* ① 원료 공급 장치, 깔때기, 급유기, 급광기 ② 송전선, 급전선.

фи́жмы *мн.* (고래수염만든)속버팀; 그것으로 부풀린 스커트

фи́зик *м.* 물리학자. 물리학 교사, 물리학 학생(學生).

фи́зика *ж.* ① 물리학(物理學). ②자연과학;

фи́зико-географи́ческий 지구 물리학의.

фи́зико-математи́ческий *прил* 물리 수학의; ~ факультет (대학의) 이학부, 이공계학부.

физиогно́мика *ж.* 인상학, 관상학, 관상술(觀相術).

физио́граф *м.* 지문학자(地文學者)

физиогра́фия *ж.* 지문학(地文學)

физиокра́т *м. эк.* 중농주의자; **~ический** *прил эк.* 중농주의의, 중농주의

физио́лог *м.* 생리학자; **~и́ческий** *прил* 생리학의; ~ический раствор 생리적 식염액[수]

физиологи́ческий *прил* ① 생리학의, ② 생리의. ③ 추잡한 노골적인. ~ идеализм 생리유심론

физиоло́гия *ж.* 생리학; 생리기능 [현상]

физиономи́ст *м.* 골상가, 관상가

физионо́мия *ж.* 용모, 인상; 표정, 안색, 사람, 특성, 특징.

физиотерапевти́ческий *прил* 물리요법의

физиотерапи́я *ж. мед.* 물리요법.

физи́ческ∥ий *прил.* ①물리학의, 물리학적인, 물리학상의; ② 물질의, 형이하의; ③ 신체의, 육체의; ④ 성관계의

физкульту́ра *ж.* 체육(略: Р.Е. [Р.Т.]); **~ник** *м*, **~ница** *ж*. 운동가, 경기자; **~ный** *прил.* 날씬한

физкульту́рка *ж.* 운동복, 체육복, 츄리닝.

физкульту́рник *м.* 운동선수; **~ница** *ж.* 체육가, 체조가, 스포츠맨, 체육학교 학생

физма́т *м.* 이학부(理學部)

физфа́к *м.* 체육학부.

фиколо́гия *ж.* (식물의)조류학(藻類學)

фикомице́ты *м.* 조균류(藻菌類)

фикс: идея ~ 고정관념, (한가지 일에의) 열중.

фикса́ж *м.* ① 정착액, 염착제, 정착제; ② 채색제, 색유제

фиксати́в *м. жив.* 염착제(染着劑), 정착액.

фикса́тор *м. тех.* (톱니바퀴의 역회전을 막는) 톱니멈춤쇠, 걸쇠, 빗장, 고정제, 고정기

фиксатуа́р *м.* 머리기름, 포마드, 염착제.

фикса́ция *ж.* 고착, 고정, 정착; 색이 바래지 않게 함

фикси́∥ровать, зафикси́ровать ① (вн.) 붙이다, 고정(고착) 시키다, 결정하다; (일시.가격을) 정하다; (무엇을 어떤위치에) 놓다, 두다, 안치(정치, 설치)하다; 안정시키다; ② ~을 지긋이보다; ~ внима́ние (на пр.) 주의를 집중하다.

фикти́вн∥ость *ж.* 허구, 가공; **~ый** *прил* 허구의, 가공의; 가짜의, 위조[모조]의; ~ый капита́л *эк.* 고정 자본

фи́кус *м. бот.* 무화과 나무의 일종.

фи́кция *ж.* 소설; 꾸민 이야기, 가공의 이야기, 허구, 가공, 꾸밈

фил- 사랑의 뜻.

фил 친구, 호의를 가진 사람.

филантро́п *м.* 박애가, 박애주의자, 자선가; **~и́ческий** *прил* 박애(주의)의, 인정많은, 인자한; **~ия** *ж.* 박애, 인자, 자선; **~ка** *ж.* к филантро́п

филантропи́зм *м.* 박애주의, 박애사업.

филармони́ческий *прил муз.* 음악 애호의.

филармо́ния *ж.* 음악애호회, 음악 보급회.

филатели́ст [-тэ-] *м.* 우표수집[연구]가; **~и́ческий** [-тэ-] *прил* 우표수집(연구.애호)의; ~и́ческое о́бщество 우표수집(연구.애호)회

филателия [-тэ-] *ж.* 우표, 지폐수집.

филе́ I *с. нескл.* ① 소허릿고기의 윗부분; ② *кул.* 필레 살(소. 돼지의 연한 허리 고기, 양의 허벅지살); рыбное ~ (가시를 발라낸) 생선의 저민 고기; ③ (새의) 가슴고기.

филе́ II *с. нескл.* (*вышивка*) 올을 뽑아 얽어만든 레이스의 일종, 그물 무늬의 천에 한 자수.

филе́йн‖ый I *прил.* ~ая часть (소 따위의) 허리고기

филе́йн‖ый II *прил.* ~ая игла 올을 뽑아 얽어 만든 레이스의 일종

филёнка *ж.* 판벽널, 머름.

филёр *м.* (*сыщик*) 탐정(探偵), 형사 (刑事)

филиа́л *м.* 지국, 지점, 출장소, 지부, 지점, 지사

филиа́ция *ж.* 직속관계, 종속관계.

филиа́льн‖ый: *прил.* ~ое отделение 지부,지국,지점,출장소

филигра́н *м.* ①철사세공. ②(종이의) 투시.

филигра́нн‖ый (*прям. и перен.*) ① 철사세공의, ②매우 정밀한, 세밀한; ~ая работа (금은의) 가는 줄세공 작업.

филигра́нь *ж.* ① (금은의) 가는 줄세공, 선조세공, 섭새김 세공; 섬세한 장식물, 깨지기 쉬운 장식물; ② 수위표; (종이의) 내비 치는 무늬.

фи́лин *м.* 수리부엉이(올빼밋과의 새, 각치, 곡록응, 피치,

Фили́пп *м.* 남자의 이름.

фили́ппика *ж.* (*речь*) 탄핵, 매도 연설.

филисте́р *м.* 속인, 속물; **~ский** *прил* 속물적인, 교양 없는.

филисте́рство *с.* 속물근성, 실리주의, 무교양, 소시민 기질.

филло́дий *м.* 가엽(假葉).

филлоксе́ра *ж. зоол.* 포도의 해충.

филло́фора *ж.* 우뭇가사리, 적색해조의 일종(한천원료).

филогене́з *м. биол.* 계통발생(개체발생), 계통학, 종족발달.

филогенети́ческий *прил биол.* 계통 발생의, 종족의

филоге́ния *ж.* 계통학(系統學)

филоде́ндрон [-дэ-] *м. бот.* 필러덴 드론(屬)의 (관엽) 식물(토란과; 열대아 메리카 원산).

фило́лог *м.* 문헌학자, 언어학자; 문헌학 학생; **~и́ческий** *прил* 언어학의, 문헌학의;~и́ческий факультет 대학의 문과.

филоло́гия *ж.* 문헌학(文獻學).

фило́н *м. разг.* 게으름장이; **~ить** *разг.* 게으름을 피우며 지내다, 빈둥거리다.

филосо́ф *м.* 철학자, 철인(哲人)

- 886 -

философ||ия *ж.* 철학, 형이상학; **~ски** *нареч.* 철학적으로; **~ски** *прил.* 철학의

философский *прил.* 철학의; 생각이 깊은; 철학자 특유의

философствование *с.* 철학(哲學)

Философствовать *несов., сов* 철학적으로 연구(사색)하다; 철학자인 체하다, 철학적으로 해석(설명) 하다.

филумени́ст *м.* 성냥갑(레테르)수집가, 레테르,상표수집가

филумени́я *ж.* 레테르, 상표수집.

фильдеко́с [-дэ-] *м. текст.* 라일실(외올의 무명실), 그 직물, 릴로 만든실, 나사, 가스사(絲); **~овый** [-дэ-] *текст.* 라일실의.

фильдепе́рс [-дэ-] *м. текст.* 고급 메리야스를 만드는 비단실, 페르시안 실; **~овый** [-дэ-] *прил. текст.* 페르시안 실의, 비단실의

филье́ра *ж. тех.* (금속의) 판; 판금, 늘인 쇠

фи́лькин: ~a грамота *разг.* 필자의 무식을 나타내는 듯한 문서.

фильм *м. (в разн. знач.)* ① 필름, 사진의 필름, 감광막; ② 영화의 필름; ③ 영화; немой ~ 무성 필름; звуковой ~ 유성필름; *разг.* 발성영화, 토키; цветной ~ 칼라필름.

фильмоско́п *м.* 환등필름 영사기.

фильмоте́ка *ж.* 영화 소재 수집실.

фильтр *м.* 필터, 여과기, 여과제, 여과판, 여광기, 차광기; *рад.* 체; 체질하는사람; 상세히 조사하는 사람, 검사, 도태; световой ~ 라이터, 점등[화]기

фильтр||а́т *м.* 여과액; **~а́ция** *ж.* 여과.

фильтрова́льный *прил.* 여과용의; ~альная бумага 여과지(紙), 거름종이; **~а́ние** *с.* 필터, 여과; 여과판(板)

фильтрова́ть *сов. (вн.)* ① 여과하다, 거르다; ②검사하다, 도태하다; ③ 선택하다

фимиа́м *м.* 향(香), 향냄새(연기), 훈향, 향연, 방향;

фина́л *м.* 피날레, 끝악장, 종악장, 종곡, 최후의 막

фина́льный *прил.* 결산의, 마지막의, 최종의, 최후의, 종국의, 궁극적인; ~аккорд 말끝의, 음절 끝

финанс||и́рование *с.* 재정, 재무; **~и́ровать** *несов. и сов. (вн.)* ~에 자금을 공급(융통)하다; ~에 융자하다; **~и́ст** *м.* 재정가; 재무관, 금융 업자; 자본가, 전주

финанси́ровать *несов.* рую, руешь 자금을 공급, 융통하다. 융자하다.

финанси́ст *м.* 재정가, 이재가, 재정학자, 금융자본가, 대자본가.

фина́нсов‖ый *прил.* 재정(상)의, 재무의, 재계의, 금융상의; ~год 회계연도; ~ отдел 재무국;

фина́нсы *мн.* ① 재정, 재무, 회계; ② *разг.* 돈, 화폐

фи́ник *м.* 대추야자.

фи́ников‖ый *прил.* к фи́ник; ~ая пальма 대추야자나무.

фининспе́ктор *м. (финансовый инспектор)* 재무 감독관.

финифть *ж.* 에나멜, 법랑(琺瑯).

фи́ниш *м. спорт.* ① 결승점, 골인; (경마장의) 결승점(의 표주); прийти к ~у 결승점에 도착하다; ②

фини́шировать *несов. и сов.* 결승점에 도달하다, 결승점까지 일정한 거리를 뛰다.

фи́нишн‖ый *прил.* 결승선의; рвать ~ую ленточку 결승선 테이프를 끊다; ~ый столб 결승대; ~ая черта 결승선.

фи́нка *ж. разг. (нож)* 핀란드 칼, 귀밑까지 내려오는 둥글고 평범한 모자, 북방의 말

финн *м.* (인종적으로) 핀 종족; *см.* финны

фи́нны *мн.(ед.* финн *м.,* фи́нка *ж.)* 핀란드 사람(들)

финно́з *м. вет.* 홍역, 마진; 풍진, (돼지.소의) 포충증, 핀네우충병; **~ный** *вет.* 홍역의, 홍역에 걸린; (돼지.소가) 포충증에 걸린; ~ое мясо 포충증에 걸린 고기살

фи́нно-уго́рский *прил.* 핀우고르(족)의

фи́нский *прил.* 핀란드의, 핀란드인의

фи́нский *прил.* 자색의, 자주빛의; ~ый цвет 자색, 자주빛.

финт *м.* ① 책략, 계교, 속임수, 묘기; ② 페인트, 양동작전; (적을 속이기 위한) 견제행동, 견제공격.

финти́ть *разг.* ① 속이다, 교활하게 행동하다, 체하다; ② *перед кем* 아첨하다, 알랑거리다.

финтифлю́шка *ж. разг.* ① 하찮은 일(물건), 시시한 것, ② 허튼소리, 요설(饒舌).

фи́ны-шампа́нь *м.* 고급코냑(꼬냑, 브랜디).

фиоле́т *м.* 보라색 염료.

фиоле́товый *прил.* 보라색의; ~ цвет 보랏빛.

фио́рд *м. геогр.* 피오르드, 협만(峽灣).

фиоритура *ж. муз.* 꾸밈음, 장식음, 장식적 변주; 점잔을 빼는 정교한 말투.

фи́рм‖а *ж.* 상회, 상사, 회사, 기업체; **~енный** *прил.* к фи́рма; ~енный знак 트레이드마크.

фирн *м. геол.* 만년설(萬年雪).

фисгармо́ния *ж. муз.* 소형 오르간, 페달식 오르간.

фиск *м. фин.* (옛 로마의) 국고, 로마황제의 내탕금, 국가의 재산.

фиска́л *м. разг.* 고자질 하는 자, 밀고자, 남의 표정을 감시하는 자, (뾰뜨르 대제시대의) 행정 감독관

фиска́лить *м. разг.* 고자질하다, 밀고하다.

фиска́льн||ый *прил. фин.* 국고의; 재정상의, 회계의, 국고재화의; **~ое право** 회계법

фиста́шка *ж.* ① 피스타치오, 그 열매(식용), (피스타치오 같은) 향기로운 맛, 담황록색; ② 피스타치오 나무

фиста́шник *м.* 피스타치오(옻나뭇과의 관목)

фиса́шков||ый *прил.* ① 피스타치오의; **~ое дерево** 피스타치오의 나무; ② (*о цвете*) 담 황록색

фи́стула *ж. мед.* 누관(瘻管), 누(瘻), 인공관.

фистул||а́ *ж. муз.* 가성을 쓰는 가수; **петь ~ой** 가성을 쓰는 가수(이야기꾼)

фити́ль *м.* ① (양초,램프의) 심지; ② (폭뢰, 포탄의) 신관, (폭파에 쓰는) 점화, 도화선, 퓨즈

фити́н *м. фарм.* 파이틴(백색 분발의 마그네슘 칼슘염)

фито||биоло́гия *ж.* 식물생태학; **~геогра́фия** *ж.* 식물 지리학; **~патоло́гия** *ж.* 식물 병리학; **~хи́мия** *ж.* 식물화학.

фитогеогра́фия *ж.* 식물 지리학.

фитогормо́н *м.* 식물 호르몬

фитогра́фия *ж.* 식물지.

фито́лит *м.* 식물의 화석.

фитонци́д *м.* 피똔찌트(파, 마늘, 고추냉이 등과 같은)

фито́ниды *м.* 피똔찌트(원생동물 휘발성 물질)

фитопалеонтоло́гия *ж.* 식물 화석학

фитопатоло́гия *ж.* 식물 병리학.

фитохи́мия *ж.* 식물화학(植物化學)

фитопланкто́н *м.* 식물 플랑크톤.

фитотерапи́я *ж.* 약용 식물 요법.

фитотро́н *м.* 인공 기후실.

фитофа́г *м.* 초식동물(草食動物).

фи́тофтора *ж.* 식물에 기생하는 균의 일종; 이것에 기인하는 감자의 병.

фитоцено́з *м.* 식물군락(植物群落).

фитоценоло́гия *ж.* 지구 식물학.

фитю́лька *ж. разг.* 사소한 것, 작은 물건; (*о человеке тж.*) 난쟁이, 꼬마(둥이), 키가 작은 사람, 말라깽이

фи́шка *ж.* (카드 놀이 등에서) 메탈, 칩, 득점에 사용 되는 뼈 조각, 금속조각.

флаг *м.* 기(旗), 국기; госуда́рственный ~ 국기; *мор.* 국기; 군기, 함기, 선박기; спусти́ть ~ 기를 내리다 항복하다,

флагду́к *м. мор.* 기포(旗布), 장식 천.

флаг-капита́н *м.* 기함의 함장, 함대참모장

фла́гман *м.* ① 함대 사령관, ② 기함(旗艦); ③ 지도자, 리더, 지휘관; ~ский кора́бль 기함; *ав.* 지휘기.

флаг-офице́р *м.* 해군장관(將官)(장관이 탄 군함에 그 위계를 표시하는 장관기(旗)를 닮); (함대) 사령관(略: F.O.).

флагшто́к *м.* 깃대(旗-), 기간, 번간(幡竿), 기(旗)

фла́жн||**ый** *прил.* 기의, 깃발의.

флажо́к *м.* 작은 기; сигна́льный ~ 신호기

флажоле́т *м. муз.* 플래절렛(구멍이 여섯 개인 피리); (파이프 오르간의) 플래절렛 음전(音栓), 플래지오레트 (오르간의 음을 나타내는 나무 못판 의 이름).

флако́н *м.* 병, 술병, 가느다란 목의 병, 작은병, 장치병; ~ духо́в 향수병.

флама́нд||**ец** *м.*, **~ка** *ж.* Flanders 사람, 플랑드르인(프랑스, 벨기에, 네덜란드), **~ский** *прил.* Flanders(사람·말)의; ~ский язы́к 플랑드르 언어.

флами́нго *с. нескл. зоол.* 홍학(紅鶴), 플라밍고

фланг *м. воен.* 측면, 익(翼), 외측, 옆쪽;

фланго́в||**ый** I. *прил. к* фланг; ~ая ата́ка 측면 공격.

фланго́в||**ый** II. *м. как сущ.* 대열의 옆에 있는 사람.

флане́левка *ж.*, 플란넬면(綿) 플란넬, 플란넬로 만든 수병의 상의(上衣)제복.

флане́лев||**ый** *прил. к* флане́ль; ~ая шерсть 플란넬면(綿)

флане́ль *ж.* 플란넬면(綿) 플란넬.

фланёр *м. уст. разг.* 빈둥거리는 사람, 태만자, 건달(乾達).

фла́нец *м. тех.* 플랜지(관) (레일의) 발, (차 바퀴의) 볼록한 테두리.

флани́ровать *несов. уст. разг.* 산책하다, 어슬렁 거리다, 빈둥거리다, 허송세월하다.

фланк *м. воен.* (부대.함대의) 익(翼) 측면; 보루의 측면.

фланки́рова‖**ние** *с. воен.* 익(翼), 측면; **~ать** *несов. и сов.* (*вн.*) ~의 측면에 서다; ~의 옆에 있다; ~에 접하다, ~의 측면을 지키다

фла́т *м.* 두루마리로 된것이 아닌 따로따로 된 인쇄지.

фла́тов‖**ый** *прил.*: ~ая бумага 개별 인쇄지; *см.* флат.

флеби́т *м. мед.* 정맥염(靜脈炎).

флеболо́гия *ж. мед.* 정맥학(靜脈學)

фле́гма *ж.* ① *мед. уст.* 점액, 담(痰) 점액질; ② 느리고 둔함, 둔중, 냉담; ③*разг.* 점액질의 사람, 느리고 둔함, 둔중, 냉담한 사람. ④ 증류의 잔액 (류)물.

флегма́тик *м.* ① 느리고 둔한 사람, 둔중인, 냉담한 사람, ②점액질적인 사람.

флегмати́чный *прил.* 점액질의; 냉담 한, 느릿한, 냉정한; 담(痰)이 많은, 느리고 둔함, 둔중, 개의치 않는.

флегмо́на *ж. мед.* 봉와직염, 급성결체직염

фле́йт‖**а** *ж.* 플루트, 저, 피리, 횡적; **~и́ст** *м.*, **~и́стка** *ж.* 저[피리] 부는 사람, 플루트 연주자

фле́ксия *ж. лингв.* 굴절, 활용, 어형변화, 어미변화

фле́ксор *м. анат.* 굴근(屈筋), 신근 (伸筋)

флексу́ра *ж. геол.* (지층의) 습곡, 만곡, 장염전

флекти́вн‖**ый** *прил.* 굴절이(어미변화가)있는; 악양의; ~ое окончание 어형변화에 쓰이는 어미; ~ые языки 굴절(언)어

флёр *м.* ① 축면사, 크레이프, 엷고 투명한 천(주로비단의), 사(紗); ② 베일, 면사포, 엷은 베일.

флёрдора́нж *м.* 오렌지꽃(순결의 표시), 향등화

Флп (Послание к Филиппийцам, 4 장) 빌립보서

флибустье́р *м. ист.* ① 해상 모험자, 해적, 밀수입자, ② 17 세기 서인도 제도의 해적, ③ 의사진행 방해(연설)자; 불법 침입자.

фли́гель *м.* ① 물림, 퇴, 날개, 익(翼) 익벽; 측면에 세운 건축, 곁채, 딴채; ② 그랜드 피아노의 옛 이름.

фли́гель-адъюта́нт *м. воен. уст.* 황제의 전속부관, 대통령 비서실장

флинтгла́с *м. тех.* 납유리, 플린트 유리(crystal glass)

флирт *м.* (남녀의) 새롱거림, 장난삼아 하는 연애, 남녀가 노닥거리는 것.

флиртова́ть *несов., сов.* (남녀가) 노닥거리다, 새롱거리다, 시시덕거리다, 농땅치다, '불장난' 하다

Флм (Послание к Филимону, 3 장) 빌레몬서;

флокс *ж. бот.* 플록스(꽃창포과(科)의 화초).

флора *ж.* ① (한지방이나 한시대 특유의) 식물상(相), 식물군, 식물구계, 식물지(誌) 식물계, ② 플로라(여자이름), (로마신화) 꽃의 여신.

флори́н *м. (монета)* 플로린 화폐(1) 1252 년 Florence 에서 발행한 금화. 2) Edward 3 세 시대에 영국에서 유통된 3 실링 및 6 실링 금화. 3) 1849-1971 년까지의 영국 2 실링 은화. 4) (유럽제국의) 플로린 금·은화.

флот *м.* 함대; 선대(상선·어선); военно-морской ~ 해군함대; армия и ~ 육군 및 해군; морской ~ 해병대;

флота́ция *ж. горн.* 부유선광

флота́тор, ~щик *м.* 부유선광공

флоти́лия *ж.* 소함대, 전대(戰隊); 소형선대, 정대

флотоводец *м.* 해군(함대) 사령관, 제독.

флотский ① *прил.* 해군의, 군함의, 해군력이 있는; ② *м. как сущ. разг.* 수병, 해병; ~ офицер 해군장교

флуктуа́ция *ж. физ.* 동요, 파동, 변동, 오르내림.

флуоресце́нция *ж. физ.* 형광(光).

флуоресци́р||овать *несов., сов.* 형광을 발하다, 변동하다; **~ующий** *прил.* 형광을 발하는, 형광성의, (외양이) 산뜻한, 빛나는.

флю́гарка *ж.* ① *мор.* 아랫돛대 머리에서 밑으로 드리운 짧은 밧줄; ② (굴뚝의) 갓, (증기기관의 연통 꼭대기에 댄) 불똥막이 철망, 카울(자동차의 앞창과 계기판(板)을 포함하는 부분), 굴뚝상부에 있는 회전 연통; ③ 바람개비, 풍향계 (지붕위에 설치하는 수탉모양의), 풍신기, 풍향기(風向旗)

флю́гер *м.* 바람개비, 풍향계, 풍신기, 풍향기.

флюи́д *м.* (영매(靈媒)의 몸에서 발한다는) 영기(靈氣), 심령파(波); *(перен.)* 에마나치온, 가스 모양의 방사성 물질.

флюорогра́фия *ж. мед.* 형광사진술

флюс I *м. мед.* 치조 염증(齒槽炎症).

флюс II *м. тех.* 용해, 용제(溶劑)

фля́га *ж.* ① 플라스크, 병, 휴대용기, 평범한 형태의 큰병, *воен.* 물병, 수통; ② 교유기(버터를 만드는 큰 (양철)통), 큰 우유통.

фо́бия *ж. мед.* 공포증.

фойе́ *с.* (극장. 호텔의) 휴게실, 로비(lobby); 현관의 홀

фок *м. мор.* 앞돛, 앞 돛대의 큰돛.

фока́льн||ый *прил. физ.* 초점의, 초점에 있는

- 892 -

фок-ма́чта *ж. мор.* 앞 돛대.

фок-ре́й *м. мор.* 앞 돛대의 첫번째 활대.

фоксterье́р [-тэ-] *м.* 폭스테리어(영국산 수렵용, 애완용의 개)

фокстро́т *м.* 폭스트롯트(사교춤의 하나), 그것의 곡(曲)

фо́кус I *м. физ.* 초점, 초점거리, 초점을 맞추다;

фо́кус II *м.* ① 요술, 마술; ② 속임수, 간책; ③ 변덕, 피벽; **~ник** *м.* 요술쟁이, (던지기의) 곡예사; 사기꾼; **~ничанье** *с. разг.* ① 요술, 마술, 사기; ② 변덕, 종작 없음, 줏대 없음, 무정견; **~ничать** *разг.* ① 거짓 꾸미다, 간책을 부리다; 요술을 부리다; ② 변덕스러운, (마음이) 변하기 쉬운, 일시적인

фо́кусн‖ый *физ.* 초점의, 초점에 있는

фол *м.* (스포츠의) 파울, 반칙(反則).

фолиа́нт *м.* 크고 두꺼운 책(주로 古書); 2 절지; 2 절판 책(제일 큰 책; 보통 높이가 30cm 이상)..

фоллику́л *м. анат.* 여포(濾胞), 소낭(小囊), 모낭(毛囊).

фоллику́л *м. анат.* 모낭염(毛囊炎)

фолликуля́рный *м. анат. мед.* 여포

фольга́ *ж.* 박(箔), 포일, 금속박판, 금속의 얇은 조각,

фолькло́р *м.* 구비, 구비문학, 구전문학, 민요등의 총체; 민속학; **~и́ст** *м.* 민속학자; **~и́стика** *ж.* 민속학; **~ный** *прил. к* фольклор 민속학의, 민속 학자의

фон *м.* **I.** 배경, 원경; **на ~е** *кого-чего-л.* ~을 배경으로 하고;

фон *м.* **II.** (*картины*) 본바탕, 본색, (직물의) 바탕(색)

фон *м.* **III.** ① 독일인. ② 거만한체 하는 사람

фон *м.* **IV.** ①소리의 강도를 표시하는 단위, ② (재생음의) 잡음.

фона́рик *м.* китайский ~ 회중전등; электрический карманный ~ (막대형)휴대(회중)전등; *разг.* 플래시.

фона́рный *прил. от* фонарь; 등의, 등롱; ~ столб 가로등

фона́рщик *м.*, **~щица** *ж.* ① (가로등의) 점등부, 등불을 켜는 사람, ① 가로등 청소부, ③ 등불을 가진 사람, ④ 등불을 담당하는 사람.

фона́рь *м.* ① 랜턴, 호롱등, 제등, 등롱, 등불, 램프, 남포; ② 빛, 광선, 햇빛, 낮, 대낮, 새벽; ③ 천장에 낸 채광창, 하늘의 빛, 스카이라이트(하늘의 산광. 반사광), 야광; ④ 내받이창(밖으로 내민 창), 채광창을 가진 유리방; ⑤ 검은 눈, (얻어 맞아) 멍든 눈, 눈밑의 멍;

фонд *м.* ① 기본금, 자금, 기금, 준비금, 적립금; (*запас*) ② 주식, 증권, 주(株), 공채증서, 국고 채권; ③ *мн.* 유가증권, ④ 기금회. литературный ~ 작가 기금회

фо́ндов∥**ый** *прил.* к фонд; ~ая биржа 주식 거래소.

фоне́м∥**а** [-нэ-] *ж. лингв.* 음소, 포님(한 언어 안에서 유사한 기능을 가진 단음 또는 한 무리의 유음(類音) **~ати́ческий** [-нэ-] *прил лингв.* 음성의, 음성상의, 음성을 표시하는, 음성학의; **~ный** [-нэ-] *прил* 음소의

фоне́т∥**ика** [-нэ-] *ж.* 음성학, 음성론); **~ист** [-нэ-] *м.* 음성학자, **~истка** [-нэ-] *ж.* 음성학; **~ический** [-нэ-] *прил* 음성의, 음성상의, 음성을 표시하는, 음성학 의

фоногра́мма *ж.* 표음문자, 속기의, 전화전보, (녹음된) 레코드, 필름, 테이프, 강선등.

фоно́граф *м.* 축음기, (에디슨이 발명한) 납관식 축음기, **~и́ческий** *прил.* к фонограф. 납관으로 된 축음기의.

фонологи́ческий *прил.* (한 언어의) 음운론의, 음성학의.

фоноло́гия *ж. лингв.* ① 음운론; ② (*наука*) 음성학, 소리갈, 말소리갈, 성음학, 발음학

фоно́метр *м. физ.* 측음기, 음파 측정기.

фоноте́ка *ж.* 레코드 녹음 테이프 보관실.

фонта́н *м.* ① 분수, ② 분유정; 분출하는 원유줄기; **~и́ровать** *тех.* 분출하다, 세차게 흘러나오다.

фор∥**а** *ж. тк. ед.* (*в игре*) 차이, 우열의 차; 불평등[불균등] (한 것); дать ~у кому-л. ~ 에게 핸디캡을 주다, ~ 보다 앞서게 하다, 유리한 조건을 지어주다

фо́рвард *м. спорт.* 포워드, 전위(농구, 축구, 하키 등의)

фордеви́нд [-дэ-] *м. мор.* 순풍, 미풍, 추풍(追風); 바람을 받아서 순항하는 일; идти на ~ (배가) 순풍을 받고 달리다;

фордыба́чить *разг.* 완고하게 부정 하다

форе́йтор *м. уст.* (마차의) 기수장 (4두, 6두, 8두 마차의) 제 일렬의 말에 탄 마부, 우편 배달부.

форе́ль *ж.* 칠색송어 곤들메기, 송어

фо́рзац *м. полигр.* 면지(책의 앞 뒤 표지 뒷면에 붙어있는 백지 또는 인쇄물); (프로그램의) 여백의 페이지, 덮지.

фори́нт *м.* 헝가리의 화폐 단위(기호: F, Ft).

фо́рм∥**а** *ж.* ① 형(形) 외형, 윤곽; 모양, 형상, ② 형태, 어형, 형식; ③ *тех.* 형(型), 금형, 주형, 거푸집, (과자 만드는) 틀, (구두의) 골, (석공의) 형판(型板) ④ (*одежда*) 제복, 정복, *воен. тж.* 연대복, 군복, 서식, 양식; ⑤ *канц.* 관청제복,

관복(官服); **6.** *полигр.* (인쇄의) 식자 케이스, 조판, 판면; **7.** *лингв.* 형태, 형식, 외관, 외견.

формали́зм *м.* ① 정식으로, 공식으로, 형식적으로, 격식을차려, 틀에 잡힌것; ② (종교.예술상의) 형식주의, 형식론(論).

формали́н *м. фарм.* 포르말린(formalin)

формали́ст *м.* 형식주의자, 틀에 잡힌 사람, 예술상의 형식주의자.

формали́стика *ж.* 형식주의, 형식(틀)에 잡힌 것.

формалисти́ческий 형식주의의, 틀에 잡힌.

формали́стика *ж.* к формалист 형식주의자.

формальдеги́д *м. хим.* 포름알데히드(formal-dehyde 메탄알(methanal).

форма́льн‖**о** *нареч.* 이름뿐으로, 명목상, 정식으로, 공식으로, 형식적으로, 격식을 차려; **~ость** *ж.* 형식에 구애됨; 딱딱함, 격식을 차림, 예식, 정식, 상례, 정식 절차; пустая ~ост 하찮은 형식주의; **~ый** *прил.* 모양의, 형식의, 외형의, 정식의, 형식에 맞는, 의례상의, 예식의, 형식적인, 표면적인, 외견상의, 겉수작뿐인;

форма́т *м.* ① (옷.모자.장갑 책. 종이조각. 카드 등) 사이즈, 규격, ② (книги) 모사의 원본, 형(型) 판형; **~ный** *прил.* к формат.

форма́тла *м.* 일정한 틀의 도면지.

форма́ция *ж. полит., геол.* 구성태, 조직, 구조, (지층의) 계통, 층(層);.

форме́нка *ж. мор. разг.* 수병의 상의.

форменн‖**ый** ① *прил.* к форма; 제복의; ② *разг.* (*сущий*) 일정한 형태의, ③ 형식, 방식에 맞는, 정식의, ④ 진짜의, 참되고 틀림이 없는; ~лгун 진짜 거짓말쟁이

формирова́ние *с.* ① 편성; ② 형성, ③ 새로 편성된 부대;

формирова́ть *несов.,* **сформирова́ть** *сов.* 형성(편성)하다, 구성(조직)하다; 형상짓다, 틀에 넣어만들다, 주조(성형)하다; 올리다, 끌어 올리다, 일으키다, 일으켜 세우다; **~ся** *несов.,* **сформирова́ться** *сов.* 형성(조성)되다, 이루어지다, 몸이 성숙되다, 발육되다

формова́ть *несов.,* **сформова́ть** *сов.* (*вн.*) *тех.* ① (주조 하거나, 두드려서, 반죽해서) 어떤 형태를 만들다, ② 틀을 만들다, ③ 형태를 부여하다, 만들어 내다; **~ся** *несов., сов.* 어떤 형태가 이루어 지다.

формув∥ка *ж. тех.* 형상짓다, 틀에 넣어 만들다, 주조[성형]하다; **~очный** *тех.* 주형 용의, 주형을 만들기 위한; **~щик** *м.* 틀을 만드는직공, 주형공.

формоизменение *с.* 변형(變形), 꼴바꿈, 변태, 변양, 데포르마시옹(deformation), 트랜스포메이션(transformation)

формоизменяемость *ж.* 변형성, 형태 변화력

формообразовательный *лингв.* 형성, 일정한 형식, 구조를 갖춘것

формул∥а *ж.* (사상을 간단명확하게 표현하는) 공식, 식(式); выразитьв **~е** (*вн.*) 형식(공식)으로 나타내다, 공식화하다.

формулир∥овать *несов. и сов.* 공식화하다, 간단명료하게 표현하다, 명확하게 말하다, 계통을 세워말하다; **~овка** *ж.* ① 간명하게 말함, 형식화, 공식화, 계통적인 조직함; ② (식사. 편지 등의) 정해진 말씨(문구), 관용표현, 요약된 표현, 말씨, 어법, 용어.

формуляр *м.* ① 근무원 명부, ② 도서관의 카드목록; ③ 항해(항공)일지, (비행기의) 항정표, 업무일지; **~ный** *прил. к* формуляр; **~ный список** 공무원 리스터(목록)

форпик *м. мор.* 이물의 선창, 선수피크, 선창의 앞부분

форпост *м.* 전초(부대), 전진기지; **~ный** *прил. к* форпост.

форс *м. разг.* 뽐내며 걷다, 활보하다, 허세; 허풍, 멋부리는 것, ② 화려하게 입는 것, 자부, 거만, 교만

форсировать, рую, руешь *с.* 강하게 하다, 빠르게 하다, 강행하다.

форсирование *с.* ① 강제, 탈취, 빠르게하다, 촉진하다; ② 강행하다: ~ реки 도강(渡江)을 강행하다.

форсированн∥ый *прич. и прил.* 강요된, 강제적인

форсировать *несов. и сов.* ① ~에게 강제하다, 우격으로 ~시키다, 억지로 ~ ①(기계의) 능률촉진; 속력증가; 생산증가; 노동강화 ② 도하하다; ~ реку 하천을 도하하다.

форсить *разг.* ①멋부리다, 몸단장 하다, ② 뽐내다, 거만하게 굴다.

форс-мажор *м.* 불가항력.

фор-стеньга *ж. мор.* 배 앞 돛대의 첫번째 연결 돛.

форсунка *ж. тех.* 분연기(噴燃器), 버너.

форт *м. воен.* 성채, 보루, 요새(要塞).

форте [-тэ] *нареч. муз.* 포르테, 강한 음성으로, 세게(略: f.), 강음부.

фо́ртель *м. разг.* 속임수, 간책, 요술; выкинуть ~! 놀랐는걸, 거참, 아니나 다를까(비꼬는 투)

фортепья́нн∥ый [-тэ-] *прил.* 피아노의; ~ аккомпанемент 피아노의 반주에; исполнять ~ую партию 피아노 음부 역을 하다; ~ концерт 피아노 콘서트

фортепья́но [-тэ-] *с. нескл. муз.* 피아노; 수형, 피아노, 업라이트 피아노; играть на ~ 피아노를 연주하다

фортисси́мо *нареч. муз.* 매우(아주)세게, 포르티시모로[의] (略: ff), 최강음부.

фортифика́∥тор *м. воен.* 강화물, 축성가; 축성학, 축성; **~цио́нный** *прил.*-ционное искусство (도시의) 요새화; 축성(술); **~ция** *ж. воен.* 요새화

фо́ртка *м.,* = **то́чка** *ж.* ① (겨울철에 창문의 일부를 개폐하 두어서 환기하는) 통풍구; ② 큰문에 달린 작은문; ③ 바지 앞에 잘라진 틈.

форту́на *ж. тк. ед. уст.* 요행, 행운, 행복 번영, 행운(고대 로마 여신의 이름)

фо́рум *м.* (고대 로마의) 공회용의 광장, 포럼, 고대 로마의 광장(廣場), 공공장소(집회장 및 법정으로 사용). 어떤 일의 중심이 되는 장소.

форшла́г *м. муз.* ① (배의) 앞 돛을 팽팽하게 하는 밧줄, ② 전타음(前打音).

форшма́к *м. кул.* 다진 고기나 감자에 청어를 넣어 만든 음식.

форште́вень *м. мор.* (배의) 선수부 (船首部).

фосге́н *м. хим.* (독가스의 일종) 포스겐.

фосфа́т *м. хим.* 인산염(燐酸鹽), 인광 (燐光)

фо́сфор *м. хим.* 인(燐)

фосфоресце́нция *ж. физ.* 인광(燐光), 인광성, 인광현상; **~и́ровать** *физ.* 인광을 내다, 인광성을 가지다; **~и́рующий** *прил. физ.* 인광을 내는, 인광성의

фосфори́ст∥ый *прил. мин.* 인을 포함한, 인광을 발하는, 인을 함유한; ~ ангидрид 인을 함유한 무수물; **~ая** бронза 인광을 발하는 브론즈

фосфори́т *м. мин.* 인회토, 인광 (燐光).

фосфори́ческий *прил.* 인광을 내는, 인광성의 ~ свет 인광(을 냄), 발광성

фосфорноки́слый *прил.* 인산을 포함한; ~ ка́льций *хим.* 인산 칼슘, 인산 석회

фо́сфорн‖ый *прил. хим.* 인의, 인을 포함한; **~ые спички** 인, 성냥; **~ая бо́мба** 폭탄

фот *м. физ.* 포트(조명 단위; 1 ㎠ 당 1 lumen).

фота́рий *м. мед.* 광선치료실, 태양등실.

фо́то *с. нескл. разг.(снимок)* 사진, 인화.

фо́то‖аппара́т *м. разг.(сниmок)* 사진기; **~ателье́[-тэ-]** *с. нескл.* 사진촬영실, 스튜디오, 사진사, 촬영자; **~бума́га** *ж.* 인화지, 감광지; **~вы́ставка** *ж.* 사진 전람회(전시회.박람회); **~гени́чный** *прил.* 사진촬영에 적합한(얼굴); **~гравю́ра** *ж. полигр.* 사진판술, 사진판, 그라비어 사진(인쇄); **~граммéтрия** *ж.* 사진측량(제도)법.

фото́граф *м.* 사진사, 촬영자.

фотографи́рование *с.* 촬영하는.

фотографи́ровать *несов.*, **сфотографи́ровать** *сов.(вн.)* 촬영하다, ~의 사진을 찍다; **~ся** *несов.*, **сфотографи́роваться** *сов.* ~을 사진찍다, 촬영되다

фотографи́ческ‖и *нареч.* 사진으로, 사진과 같이; **~** то́чный 정확한 사진으로; **~ий** 사진촬영에 적합한(얼굴등); **~ая** пласти́нка 사진건판; **~ий** аппара́т 사진기; **~ий** сни́мок 사진

фотогра́фи‖я *ж.* ① 사진술, 사진촬영, ② 사진, ③ 사진관, 스튜디오.

фо́то‖докуме́нт *м.* 기록사진, 사진문건, 다큐 멘터리 포토; **~донесе́ние** *с. воен.* 정찰사진, 지형조사 사진; **~журнали́ст** *м. см.*, фотокорреспонде́нт; **~за́пись** *ж.* 사진기록; **~ка́рточка** *ж.* 사진(한장 한장의); **~ко́нкурс** *м.* 사진촬영 대회; **~ко́пия** *ж.* 사진복사; **~корреспонде́нт** *м.* 사진기자, 사진보도원; **~лаборато́рия** *ж.* 사진용 암실.

фо́то‖лиз *м. физ., хим.* 광분해.

фо́то‖литогра́фия *ж. полигр.* 사진 석판술, 사진 평판; **~люби́тель** *м.* 사진 애호가.

фото́метр *м. физ.* ① 광도계, 노출계; ② 천체 측광계; **~и́ческий** *прил.* 광도계의, 광도 측정의 천체 측광학의;

фотоме́трия *ж. физ.* 광도측정(법); 측광(법), 천체 측광학

фо́то‖меха́ника *ж.* 사진기계화장치(시설); **~механи́ческий** *прил.* 사진제판(법)의; **~монта́ж** *м.* 합성사진(제작법), 몽타주 사진, 포토 몬타쥬.

фото́н *м. физ.* 광양자, 광자(빛의 에너지)

фо́то‖объекти́в *м.* (사진기의) 대물렌즈; **~охо́та** *ж.* 카메라 헌팅; **~план** *м.* (공중촬영에 의한) 사진지도; **~пласт-и́нка** *ж.*

- 898 -

사진건판; **~плёнка** *ж.* 필름, 사진용의 필름; **~разве́дка** *ж. воен.* 지형조사촬영; **~репорта́ж** *м.* 사진보도; **~репортёр** *м.* 사진통신원, 사진사, 촬영자; **~репортёрский** *прил.* к фоторепортёр; **~ружьё** *с.* 카메라총(기관총식 사진기로 전투기의 사격 연습에 쓰임).

фотоси́нтез *м. бот., биол.* 광합성.

фото‖сни́мок *м.* 사진; **~ста́т** *м.* 복사 사진기(건판을 사용치 않고 직접 감광지에 찍는); 직접 복사 사진; **~сту́дия** *ж.* 사진 스튜디오

фотосфе́ра *ж. астр.* (태양하층의) 광구(光球).

фотосъёмка *ж.* 촬영(撮影).

фототе́ка *ж.* 사진(寫眞), 음화지 보관실.

фото‖телегра́мма *ж.* 사진전보(寫眞電報). **~телегра́ф** *м.* 전송사진(電送寫眞), 사진 전송 장치.

фототерапи́я *ж. мед.* (의료)광선요법

фототипи́ческ‖ий *прил.полигр.* 광선 요법의; ~ое изда́ние 포토타이프로 인쇄하다.

фототипи́ст *м.* 사진철판제작공(凸版 制作工)

фототи́пия *ж. полигр.* 포토타이프, 사진철판술, 사진철판.

фотофи́ниш *м.* (결승점에서의) 사진 판정, 대접전.

фото‖хими́ческий *прил.* 광화학(작용)의; **~хи́мия** *ж.* 광화학.

фотохроми́я *ж.* 천연색[색채] 사진술.

фотохро́ника *ж.* 기록사진, 기사사진.

фотоцинкогра́фия *ж. полигр.* 사진아연 볼록판법(版法), 사진아연 철판술.

фотоэлектри́ческ‖ий *прил. тех.* 광전자의, 광전효과의; **~ство** *с.* 광전기.

фотоэлектро́н *м. физ.* 광전자(光電子).

фотоэлеме́нт *м. эл.* 광전지, 광전관.

фра *ж.* 카톨릭 수도승의 칭호

фрагме́нт *м.* (고대작가의) 단편; **~а́рность** *ж.* 단편적; **~а́рный** 단편적인

фра́з‖а *ж.* 구(句), 어구; *грам.* 또ж. 문장, 글; 미사여구, 성구; ходя́чая ~ 관련어구; пусты́е ~ы 단순어구; краси́вые ~ы 세련된 말; о́бщие ~ы 일반 어구

фразеоло́‖гический *прил.* лингв. 말씨의, 어법의; ~ слова́рь 어법의 사전; **~ло́гия** *ж.* ① 링그. 말씨, 어법, 표현, 문체, 술어, 어구; ② 단순용어, 말씨, 군말이 많음, 말이 많음, 단순용장(冗長)

- 899 -

фразёр *м.*, **~ка** *ж.* 미사여구를 늘어놓는 (빈말하는) 사람; 다변가, 요설가, **~ство** *с.* 미사여구의 남용, 다변.

фрази́р||овать (*вн.*) *муз.* 각 악절로 나누다; **~о́вка** *ж.* 1. *муз.* 구절법; 2. *лингв.* 낭독(법), 연설, 열변, (형식적인) 인사; 구절속의 중요한 곳을 명확하게 발음하다.

фра́зов||ый *прил. лингв.* 구(句)의, 구에 관한, 구로 된; **~ое ударе́ние** 구(句)의 강세.

фрак *м.* 연미복(燕尾服), 이브닝드레스.

фраки́йский *прил.* 트라키아(사람[말]) 의.

фракту́ра I *ж. мед.* 골절(骨折)

фракту́ра II *ж. тк. ед.* (*шрифт*) 고딕활자.

фракционе́р *м. полит.* 파벌주의자, 도당을 꾸미는 사람.

фракциони́рова́||ние *с. хим.* 분별(법), 분류법, 분할; **~ать** (*вн.*) *хим.* (혼합 물의) 분별하다, 분류하다, 세분하다, (분수 등으로) 나누다.

фракцио́нность *ж. полит.* 성마른 것, 성(화)잘내는 것, 까다로움, 다루기 힘든 것.

фракцио́нн||ый I *полит. см.*, фракция; 종파 주의적, 종파의, 분열적; **~ая борьба́** 파벌, 투쟁.

фракцио́нн||ый II *прил. хим.* 분별증류, 분류, 분유물, 분류법, 분수의, 얼마 안되는, 단편적인; **~ая ко́лба** 분류의 플라스크병; **~ая перегоро́дка** 분류(分溜), 분별증류.

фра́кция I *ж. полит.* ① 도당, 당파, 당중의 당, 파벌, 파벌 싸움, 당쟁, 내분, 한정당 내의 파벌; ② (의회에서의) 분파(分派), 그룹, 집단(集團), 단체.

фра́кция II *ж. хим.* 분별, 분유물(分溜物)

фраму́га *ж. стр.* (보통 열리지 않는) 창문 문의 왼쪽부분, 채광창, 말아올리는 커튼용 창틀, 중간틀, 민홈대, 트랜섬.

франк *м.* 프랑(프랑스. 벨기에. 스위스 등지의 화폐 단위; 기호: Fr, F); 1 프랑 화폐.

фра́нки *мн. ист.* 프랑크사람(Gaul 사람을 정복하여 프랑스왕국을 세운); 서유럽인(근동지방에서의용어): 프랑스사람.

франки́р||овать *несов. и сов.* 선불(선납)하다, 미리치르다; **~о́вка** *ж.* 선불, 선납, 선금, 선급, 선하, 선셈, 전불.

фра́нко- *торг.* 반입가격으로; **~су́дно** 건현(乾舷)(흘수선에서 상갑판까지의 현측) (*сокр.* F.O.B.).

франт *м.* ① 멋쟁이; 맵시꾼, 훌륭한 물건, 일품, 허세를 부리는 사람; ② 쓸모없는 사람, 시시한 인간.

франтирёр *м.* (*фр.*) 프랑스의 빨치산.

- 900 -

франт∥и́ть *разг.* 멋을내다, 맵시를 내다, 요란하게 옷을 입다; **~и́ха** *ж. разг.* 상류의 여인, 사교계의 여인.

франтов||а́тый *прил. разг.* 맵시를 낸, 멋내기를 좋아하는; **~ско́й** *прил.* 스마트한, 맵시있는, 말쑥한; **~ство́** *с.* 세련됨, 때 벗음; 빈틈없음

францу́женка *ж.* 프랑스 여자.

францу́з *м.* 프랑스인, 프랑스 남자; *мн. собир.* 프랑스어를 하는 사람; **~ский** *прил.* 프랑스인의; **~ский язы́к** 프랑스어.

фрахт *м. торг.* 뱃짐, 선하, 화물, (선박의) 화물수송; **~ова́тель** *м.* 하주(荷主), 화물적재자, 용선자.

фрахтова́ть *сов.* (вн.) *торг.* ~에 화물을 싣다, 용선하다, 배를 세내다; (*о су́дне*) (비행기, 버스, 선박 등을) 전세내다

фрахто́в||ка *ж.* 화물운송; **~щик** *м.* 용선업자, 용선담당직원.

фра́чный *прил. к* фрак. 연미복, 모닝 코트.

ФРГ [*фэ-эр-гэ́*] 독일 연방공화국(西獨).

фрега́т *м.* ① 프리깃함(艦), 대상용, 해상호위함; ② *зоол.* 군함새(열대산의 큰 바다새)

фрез *м.* 희색이 감도는 장미 빛의.

фреза́ *ж. тех.* 절단기, (연모의) 날, 절삭공구; (금속 면을) 평평하게 깎기, 프레이즈반으로 깎기; 토굴기, 채굴기.

фрезер∥ный *прил. тех.* (금속 면을) 평평하게 깎기, 프레이즈반으로 깎기; ~ **стано́к** 프레이즈반(盤)(금속 절삭기계); **~ова́ние** *с. тех.* 밀링; **~ова́ть** *несов. и сов. тех.* 절삭 기계로 가공하다; **~о́вка** *ж. тех.* 절단, 재단, 도려(베 어)내기; **~о́вщик** *м.*, **~о́вщица** *ж.* 절삭 기계 조작자.

фре́йлина [-фрэ-] *ж.* (궁중의) 여관(女官).

френологи́ческий *прил.* 골상학의.

френоло́гия *ж.* 골상학(骨相學).

френч *м.* (4 개의 호주머니와 허리띠가 달린) 군복식의 짧은 깃의 상의(영국 프렌치 장군의 이름 에서 유래).

фре́ск||а *ж. иск.* 벽화(壁畵); **~овый** *прил.* 벽화; ~овая жи́вопись 프레스코 화법으로

фри *м.* (대량의 기름으로 누런 빛이 감돌 때까지) 튀긴.

фриво́л∥ьность *ж.* 천박, 경솔, 쓸데 없는 일, 부질없는 행위[생각], 경박한 말, 표현, **~ый** *прил.* 경솔한, 들뜬, 하찮은, 보잘것없는, 시시한, 바보같은, 경박한.

фриги́йский *прил* 프리지아(사람)의; ~ колпа́к 자유의 모자 (cap of liberty) (고대로마에서 해방된 노예에게 준 삼각두건; 지금은 자유의 표상)

фриз *м. стр.* 프리즈, 소벽(小壁)(처마 복공과 평방사이의), 띠 모양의 조각(을 한부분), (관광객의) 행렬. 조각대, 요선, 문짝, 마루, 양탄자의 장식용 가장자리, 가구류의 상, 하부의 웅기부분, 표면에 부풀이있고 있는 값싼 모직물.

фрикаде́л||ька [-дэ-] *ж. кул.* 미트볼, 고기완자, 어육완자.

фрикасе́ [-сэ] *с. нескл. кул.* 프리카세(닭이나 송아지 고기를 잘게 썰어 삶은 것에 그 국물을 친 요리).

фрикати́вный *прил лингв.* 마찰의, 마찰로 인한, 마찰에 의해 생기는 것; ~звук 마찰음(摩擦音).

фрикцио́н *м. тех.* 클러치, (자동차의) 전동장치, 마찰; **~ный** *прил тех.* 마찰의, 마찰로 움직이는, 마찰로 생기는; ~ная му́фта 마찰 접합, 클러치 콘(원뿔)

фритре́дер [-рэдэр] *м. эк.* 자유무역론자; **~ство** [-рэдэр-] *с. эк.* 자유 무역론.

фри́тта *ж.* (농액의) 유리의 원료.

фритю́р *м.* 끓인 기름.

фрео́н *м. хим.* 프레온(냉동제: Freon), 플루오르와 탄소와 염소의 화합물인 클로로플루오르 로카본

фро́нда *ж. ист.* 1 프롱드당(루이 14 세 치하 초기의 반(反)왕당파): 프롱드의 난(1648-53) 2. (*перен.*) 반대, 반항, 대항.

фрондёр *м.* 프롱드 당원, 불평가, 불평 분자; 반항자, **~ский** *прил* 불평이 많은, 곧잘 불평을 토로하는, 공연히 헐뜯는, 홈(탈)잡기 좋아하는, 말 꼬리 잡는, 억지쓰는, 궤변쓰는; **~ство** *с.* 반대, 반항, 대립, 대항, 적대

фронди́ровать *уст.* 불평을 말하다, 불만의 뜻을 표하다.

фронт *м.* 앞, 정면, 앞면, (문제의) 표면, (건물의) 정면, 앞쪽; 제일선, 전선, 전방군; (국가. 정치. 경제. 사회. 문화 등에 걸친 각종활동 방면과 그것을 위한 집단의) 각종전선;

фронта́льн||ый *прил.* 앞(쪽)의, 정면의, 이마의, 앞이마 부분의; ~ое наступле́ние 직접의 공격; ~ уда́р 정면의 공격

фронтиспи́с *м. полигр. арх.* 권두그림, 속표지, 책이나 잡지의 첫머리에 들어가는 그림, 책의 안겉장.

фронтови́к *м.* 전선에 있는 군인, 출정군인, 실전경험이 있는 군인.

фронтов||о́й *прил.* 전선의, 대열의, 전면의, 정면의, 전선군인의; ~а́я часть 최전선의 연합

- 902 -

фронто́н *м. арх.* 박공(벽), 창문위의 작은 박공

фру *ж.* (스칸디나비아 제국에서) 부인(婦人).

фрукт *м.* ① 과일, 실과; ② 별난사람, 광인(狂人), 얼간이. 인간(경멸적인 말): **~овый** *прил. к* фрукт 1; ~овый нож 과도, 과일깎는 칼; ~овое дерево 과일 나무; ~овый сок 과일주스;.

фрукто́за *ж. хим.* 과당(果糖)

фря *ж.* (비꼼, 경멸) 훌륭한 어르신네.

фтале́в∥ый *прил. хим.* 프탈린의; ~ая кислота 프탈린 산.

фтизиа́тр *м.* 결핵전문의.

фтизиатри́я *ж. мед.* 결핵병균학

фтор *м. хим.* 불소(弗素), 플루오르(Fluor: 할로겐족(族)

фто́ристый *прил. хим.* 플루오르의, 불소의;

фу *межд.* 저런, 에잇, 체, 피이, 흥, 우, 와, 오(혐오.경멸.불쾌. 공포 비난 따위를 나타냄) ~ты, ну-ты 놀람 또는 자기 만족을 나타냄.

фу́га *ж. муз.* 푸가(fuga), 둔주곡, 이은자리, 홈, 배꼽구멍.

фуга́нок *м. тех.* 홈파는 대패, 긴 대패.

фуга́с *м. воен.* 지뢰, 고성능 폭약; **~ка** *ж. разг.* 고성능폭약 폭탄; **~ный** *прил. к* фугас; ~ный снаряд 고성능 폭약(포탄);

фугова́ть *несов.*, **сфугова́ть** *сов.* (вн.) *тех.* 접합하다, 이어 맞추다, 달라붙다.

фуже́р *м.* (다리가 달린) 술잔, 포도주잔.

фузе́я *ж.* 수석총, 원추차륜, 시계의 고륜.

фузилёр *м. воен.уст.* 수발총병, (영국의) 퓨질리어 연대(의 병사) (옛날 수발총을 사용하였음).

фуй *прил.* 비난, 경멸, 불만, 혐오를 표시 하는 소리.

фук I *см.,* фукнул

фук II *м.* (서양장기에서) 적의 돌을잡는 일, 그것의 잡은돌

фу́к∥ать *несов.*, **фу́кнуть** *сов.* (вн.) *разг.* ① фу 하는 버릇이 있다, 자주 фу 하고 말하다; ② ~을 화나게 하다; ~(에게) 오만하게 굴다; 호통치다; (~을) 괴롭히다

фукси́н *м. хим.* 폭신(자홍색 아닐린 염료의 일종, 당홍(唐紅)

фу́ксия *ж. бот.* 퓨셔(바늘꽃과의 관상용 관목)

фу́ксом 우연히, 생각지도 않게, 요행으로,

фу́кус *м. бот.* 푸쿠스속(屬)의 해초.

фуле́ 표면이 고르지 않는 외투용 모직 옷감

фуля́р *м. текст.* 일종의 얇은 비단 또는 화학섬유의 천; 그 천으로 만든 손수건; **~овый** *прил. к* фуляр; ~овый платок 일종의 얇은 비단 또는 화학 섬유의 천

фунда́мент *м.* 기초, 저부, 토대, (기둥. 비석) 대좌, 주추; постро́ить ~ 토대(기초)를 세우다; заложи́ть ~ 기초를 쌓다

фундамента́льн∥ость *ж.* 견고, 확고, 강고, 튼튼함, 견실(성); **~ый** *прил.* ① 커다란, 단단한, 견고한, 튼튼한, 확실한; ② 근본적인, 적극적인, 기본적, 기초적, 주요한; ~ое зда́ние 기초를 세움; ~ая библиоте́ка 기간 도서관

фунда́ментн∥ый *прил.* 토대의, 기초의, 기본의: ~ая плита́ (기계 설치용) 대(臺), 받침대

фунди́рованн∥ый *прил. эк.* 창시(창립.설립)하다, ~의 기초를 두다(세우다), ~의 근거를 두다.

фуникулёр *м.* 케이블카, 삭조철도, 아프트식 철도.

функциона́льн∥ый *прил.* ① 기능의, 작용의, 직무(상)의, 기능(작용)을 가진; 기능적인, ② *мат.* 범함수, 함수(두변수 x. y 사이에 x 의 값이 정해질 때 y 의 값이 따라서 정해지는 관계에서, x 에 대하여 y 를 이르는 말; y = f(x)로 표시함)

функциони́ров∥ание *с.* 기능, 구실, 작용.

функциони́ровать *несов., сов.* 기능을 다하다, 직무를 다 하다, 기능하다, 작용하다, 기능을 수행하다, 직무를 행하다.

фу́нкци∥я *ж. (в разн. знач.)* 기능, 직능, 작용, 직무, 임무, 함수, 관수; я́вная ~ *мат.* 양함수, 음함수.

фунт I *м. уст.* ① 푼뜨(옛러시아의 중량단위, 0,41kg); ② 파운드(무게의 단위; 略: lb.; 상형(avoirdupois)는 16 온스, 약 453.6g; 금형(troy)는 12 온스, 약 378g) ③ 파운드(독일서 0.5kg);

фунт II *м.* 파운드(영국의 화폐 단위; 1971 년 2 월 15 일 이후 100 pence; 종전 에는 20 shillings 에 해당; 略: £), 스코틀랜드 파운드; мн.(셈족(族)의 화폐 단위); 이집트. 페루. 터키 등의 화폐 단위. ★ 각기 £Е, £Р, £Т 라고 씀;

фу́нтик *м.* 종이를 말아서 하단을 맨 3 각형봉지, 종이 가방.

фу́ра *ж.* (각종) 4 륜차, 왜건; 짐마차(네 바퀴로 보통 2 필 이상의 말이 끄는), 지붕이 있는 큰 화차, 치중차.

фура́ж *м. тк. ед.* 꼴, 마초, 말(소)먹이, 여물, 사료.

фуражи́р *м.* ① 마초징발대원, 말먹이 징발대원, ② 군꼴꼬 즈(농장)에서의 마량계; **~овать** 말먹이를 징발하다, 마초를 찾아다니다; 식량징발에 나서다.

фуражиро́вка *ж.* 꼴, 마초, 말(소)먹이, 마초징발, 마초를 찾아다니다, 식량징발에 나서다, 말먹이를 징발하다

фура́жка *ж.* 헌팅 캡, 앞챙이 있는 모자, *воен.* (챙 달린) 정식 군모, 제모, 학생모.

фура́жн‖ый *прил.* 외양간에 달린 말먹이 저장소; ~ое зерно 곡물 마초(꼴, 사료)

фурго́н *м.* 밴, 지붕이 있는 대형 화물 마차 또는 자동차.

фу́рия *ж.* ① *миф.* 한부, 포독한 여자, 성질이 난폭한 여자, 고약한 여자; ② 복수의 여신, 푸리아에(복수의 제신);

фурниту́ра *ж.* 부속물, 부속품, 액세서리(장갑, 손수건, 브로치)

фуро́р *м.* 격정, 열정, 열광, 센세이션.

фуру́нкул *м. мед.* 절종, 부스럼, 종기.

фурункулёз *м. мед.* 절종증, 부스럼증, 습진.

фурьери́зм *м. ист.* 푸리에(프랑스의 사회사상가) 푸리에주의

фут *м.* 피트(미터법 이전에 사용된 러시아의 길이 단위 0.305 m; 1 피트는 12 인치, 30.48cm임); длиною в два ~а 2 피터길이.

футбо́л *м.* 축구, 풋볼, 사커; **~и́ст** *м.* 축구선수;

футбо́лка *ж. разг.* 깃이 없고 소매가 짧은 운동 셔츠.

футбо́льн‖ый *прил.* 축구의; ~ мяч 축구공

фу́тер *м.* 용광로 등의 내화성 내피

футерова́ть [-тэ-] (*вн.*) *тех.* 용광로 등의 내화성 내피를 시공하다.

футеро́вка [-тэ-] *ж. тех.* 내화성 내피를 시공하는일.

футля́р *м.* 지갑, 케이스, 함, 집; 손그릇, 작은상자

фу́товый *прил.* 피트의, 길이 1 피트의.

фу́тор *м.* 열쇠 구멍을 가리는, (장화) 가죽의 안감.

футури́зм *м. иск.* 미래파(未來派).

футури́ст *м.* 미래파의 사람(시인, 화가 등); **~и́ческий** *прил.* 미래(파)의.

футшто́к *м. мор.* 검조표(檢潮標).

фу́-ты *разг.* 아이고, 저런, 이것 참; *см.*, фу.

фуфа́йка *ж.* 스웨트, 모직의 운동 셔츠.

фуфу́: на ~ *разг.* 부주의[소홀]하게, 속편하게, 어떻게든, 무엇인가 되는 대로, 속임수로, 교활하게

фы́рканье *с.* 코를 쿵쿵거리다, 냄새를 맡다, 코로 숨쉬다, 코를 훌쩍이다,

фы́рк‖ать *несов.*, **фы́ркнуть** *сов.* ① 콧김을 내다, (말이) 콧김을 뿜다; ② 깔깔대며 웃다, 낄낄 웃다; ③ 후후 소리를 내다; ④ 불평하다, 투덜대다, 노하다, 뾰루퉁 하다

фы́ркнуть *сов.* 불만을 표시하다, 성을 내다

фюзеля́ж *м. ав.* (비행기의) 동체, 기체;

фюйть *несов., сов.* 갑자기 사라졌다, 훌쩍 몸을 숨겼다,

X

ха I *замо* x 의 명칭.

ха II 허어, 어마(놀람·기쁨·의심·주저· 뽐냄 등을 나타내는 발성); 하하(웃음 소리), 허, 홍(반대. 분노를 표시, 때로는 야유의 뜻)

хабанера *ж.* 하바네라(habanera)

хавронья *ж.* 암돼지, (곰의) 암컷, 흘게늦은 여자(아이),

хаки I *прил. неизм.* 카키색의, 황갈색의.

хаки II *с нескл.* 카키색의 천(옷감);

хала *ж* 꽈배기, 꽈서 만든 길쭉한 흰 빵.

халат *м* 가운, 긴 웃옷; 길고 품이넓은 겉옷; 긴 원피스의 여자 옷; 긴 아동복, 할라드. 두루마기 같은 옷

халатно *нареч. разг.* 소홀히, 태만하게

халатность *ж разг.* 태만, 무성의, 소홀한 태도,

халатный *прил. разг.* 소홀한, 태만(나태)한

халва *ж* 할바, 당과 제품의 하나

халтур‖**а** *ж разг.* ①남의 밑에서 하는 고된 일; 매문, 엉터리 일, 되는대로 해버린 일; ② 엉터리 제품, 돈벌이 위주의 조잡한문학(미술)작품.

халтурить *разг.* 일을 엉터리로 하다; 부업하다.

халтурный *прил.* 엉터리, 되는대로 해버린.

халтурщик *м разг.* 일을 엉터리로 하는 사람; 엉터리작가.

хам *м разг.* 시골뜨기, 촌놈, 야비한(무례한)놈, 조야한 놈, 교양없는 놈; **~ка** *ж.* ①천민, 야비하고 무절제한 사람, 인간쓰레기, ② 미천한 관리(귀족 들의), 하인

хамелеон *м* ① 절조(지조)가 없는 사람; ② *хим.* 과산화망간, 이산화망간.

хам‖**ский** *прил. разг.* 야비한, 무례한, 시골사람의; 야비한,

хамство *с разг.* 철면피성, 버릇없음, 무례함, 교양이 없음

хамьё *с. собир. разг.* 시골뜨기들, 촌놈들

- 907 -

хан *м ист.* 한(汗), 간

Ханаа́н *м.* 가나안(Canaan 이상향(理想鄕). 낙원(樂園).)

хандра́ *ж* 우울증, 울화, 기분이 언짢음, 심술, 악의, 원한,.

хандри́ть *сов.* 침울해지다, 우울해지다.

ханжа́ *м. и ж. разг.* 위선자(僞善者).

ха́нже∥ский *прил.* 위선적(僞善的).

ха́нжество *с* 위선(僞善)

хант∥ы́ец *м.*, **~ы́йка** *ж.*, **~ы́йский** *прил.* 1.칸, 한(汗)

ха́ос *м миф.* (천지 창조 이전의) 혼돈.

ха́ос *м (беспорядок)* 대혼란, 혼돈.

хаоти́ч∥еский *прил.* 혼란한, 뒤죽박 죽된.

хаоти́чность *ж* 혼란함, 혼돈.

хаоти́чный *прил.* 혼란한, 무질서한.

ха́пать *несов.*, **ха́пнуть** *сов. (вн.)* ① 긁어내다, 잡아채다, 덥석잡다; ② 훔치다, 낚아채다, 잡아채다.

хапу́га *м. и ж. разг.* 수전노, 축재하는 사람, 수뢰자,

хараки́ри *с нескл.* 배를 갈라 죽음, 절복, 할복.

хара́ктер *м* ① 성격, 성질, 성품 ② 강인성, 강의의 의지, 굳세고 질긴;

характериз∥ова́ть *несов. и сов.* 특징짓다, 특성을 평정하다, 특징지우다, 특색을 들다; 묘사하다;

характеризова́ться *несов. и сов. (тв)* 특징지어지다, 특징적이다, ~을 특징으로 하다, ~의 특징을 가지고 있다

характери́стик∥а *ж* ① 평정서 ② (특성) 묘사, 기술, 묘사, 서술, 평정; ③ *мат.* 작도, 특성량, 특성곡면.

характе́ри∥о *в знач. сказ. безл.* 특징적이다.

характе́рн∥ый *прил.* ① 특유한, 특징적; ② 고유한

ха́риус *м (рыба)* 살기, 돛새치의 등지느러미.

ха́рк∥ать, **ха́ркнуть** *разг.* (가래침, 피를) 뱉다. 토하다.

ха́тия *ж* 헌장(목적,강령 등의) 선언서; 파피루스, 양피지.

харчи́ *мн. прост.* 먹을것, 식사.

харчо́ *с* (깝까즈의 요리인) 양고기국.

ха́та *ж* 농가(農家)

ха́ять *(вн.) разг.* 비난하다, 욕하다, 욕지거리 하다.

хвал∥а́ *ж* 찬미, 찬송, *(слава)* 영광.

хвале́бн∥ый *прил.* 찬미(칭찬)하는; **~ая речь** 찬사하다.

хвалёный *прил. прон.* 찬양받은.

хвали́ть *несов.*, **похвали́ть** *сов. (вн)* 칭찬하다, 찬미하다.

хвали́ться *несов.*, **похвали́ться** *сов.* (*тв.*) 자기자랑을 하다, 자화자찬하다, 뽐내다

хва́стать *несов.*, **похва́статься** *сов.* (*тв*) 자기자랑을 하다, 자만하다, 뽐내다, 뻐기다.

хвастли́вость *ж* 자만하는 것, 뽐내는 것.

хвастли́вый *прил.* 자만하는, 뽐내는.

хвастовство́ *с* 자만, 자기자랑.

хвасту́н *м*, **~ья́** *ж* 자만하는 사람, 허풍쟁이.

хвата́ть *сов.* ① (날쎄게, 급히) 잡다, 붙잡다; ② 닥치는대로사다(얻다); ③ 넉넉하다, 충분하다

хвата́ться *несов.*, **схвати́ться** *сов.* (*за вн*) ① 쥐다, 잡다; ② 달라붙다, 착수하다; ~ за всё 모든 것을 해보다

хвати́|ть *сов.* ① 체험하다, 맛보다; ② (세게)치다, 때리다, 후려 갈기다.

хва́тка *ж* ① 쥐는 법, 쥐기; 솜씨; ② 민첩성;

хво́йный *прил.* 침엽수의.

хвора́ть *разг.* 앓다, 병에 걸리다.

хво́рост *м собир.* ① 나무깽이, (멀어진) 마른 나뭇가지, 삭정이; ② 꽈배기.

хворости́на *ж* 베어낸 작은 나뭇가지, 나무회초리.

хвост *м* ① (동물의) 꼬리; 꽁지; ② (물체의) 꼬리, 뒷부분, 후미, 끝; ③ 줄 선 사람들, 차례를 기다리는 사람들의 줄; ④ (부인복의) 끌리는 치마자락, ⑤ 항상 뒤쫓아(붙어 따라) 다니는 사람; 나머지, 미수행부분, 남은사물;

хвоста́тый *прил.* (길고 큰) 꼬리가 있는.

хвостов|о́й *прил.* ① 꼬리(꽁지)의; ② 꼬리에 달린, 뒤부분

хвощ *м бот.* 쇠드기말, 쇠뜨기, 속새, 뱀풀, 필두채.

хво́я *ж* ① 침엽수의, 침엽의; ② 침엽수의 가지.

хиба́р|к|а *ж* 오막살이, 초가집.

хи́жина *ж* 오막살이(집), 자그마한 집.

хи́лый *прил. разг.* 허약한.

химе́ра *ж* 망상, 환상, 공중누각.

химиза́ция *ж* 화학화.

хи́мик *м* 화학자(化學者)

химика́лин, **химика́ты** *мн.* 화학제품, 화학약품.

химиятерапи́я *ж* 화학요법.

хими́ческий *прил.* 화학, 화학적.

хи́мия *ж* 화학.

химчи́стка ж ① 세탁, 빨래, (옷의) 손질, 드라이클리닝, ② 세탁소, 빨래방, ③ 드라이클리닝업자; 드라이클리닝 약품(벤진·나프타).

хи́нди м нескл. 힌두어, 힌디어(Hindi 語)

хини́н м 퀴닌; 키니네(kinine)

хини́н∥ый прил. 기나나무, 기나피(키니네를 채취함)

хире́ть, захире́ть разг. ① 쇠약해지다; 마르다, 시들다, 죽어가다; ② 저락되다.

хирома́нт м, **~ка** ж 손금쟁이.

хирома́нтия ж 손금보기.

хиру́рг м 외과 의사.

хирурги́ческ∥ий прил. 외과의; ~ий кабинет 외과실

хирурги́я ж 외과학, 외과술.

хитре́ц м 가살군, 교활한 사람, 꾀보, 잔꾀.

хитр∥еца́, ~и́нка ж с ~ецо́й (~и́нкой) 능청맞게 바라보다; сказать с ~ецо́й (~и́нцой) 좀 능청맞게 말하다.

хитри́ть, схитри́ть ① 꾀부리다, 느물거리다, 능청맞게 굴다; ② 솜씨를 보이다, 재주를 피우다.

хи́тро нареч. 교묘(교활)하게, 능글맞게.

хитросплете́ние с. ① 복잡하고 기묘한 구상, 착잡한것; ② 간계, 흉계, 간모, 간지

хи́трость ж ① 꾀, 잔꾀, 잔재주, 교활성; ② 기지, 숙련; ③간교, 간책; ④ 기묘한 것, 묘미, 묘처, 지취.

хитроу́мный прил. 꾀가많은, 잔재주가 많은

хи́трый прил. ① 꾀있는, 교활한, 능글맞은; ② 기재가 있는, 아주 뛰어난 재주; ③ 까다로운, 복잡한, 정교한.

хихи́кать несов., **хихи́кнуть** сов. 비웃다, 히히하고 웃다.

хище́ние с 횡령, 절취, 괴대.

хи́щник м ① 맹수; 맹금; ② 횡령자, 절취자.

хи́щнический прил. ① 맹수의; 맹금의; ② 약탈적, 탐욕적; ③사리사욕만을 추구하는;

хи́щничество с ①다른동물을 잡아먹는 것; ② 약취, 절취, 약탈; ③ 목적의 이익만을 추구하는 경리운영, 남용.

хи́щн∥ый прил.: ~ый зверь 맹수; ~ая птица 맹금; ~ое животное 육식동물; перен. 약탈적, 탐욕스러운

хладнокро́вие с 냉정, 냉담성.

хладнокро́вно нареч. 냉정(침착)하게.

хладнокро́вный прил. 냉정한, 냉담한.

хлам м собир. 폐물, 넝마; 추잡한 것.

хлеб м ① 빵, 흘례브, 식빵; белый ~ 흰(밀가루)빵; чёрный ~ 검은빵; ржаной ~ 호밀빵; свежий ~ 방금 구워낸빵; ~ с маслом 버터바른 빵; ② 곡식; уборка ~ов 곡식수확; ~ на корню 아직 베지 않은 알곡, 곡물; заготовку ~а 곡물수매; ③ 생활비

хлеба́ть сов. 국을(숟가락으로)퍼먹다; 꿀떡꿀떡 마시다

хле́бница ж 빵그릇.

хлебну́ть сов. (род.) разг. ① (물, 차 등을) 쭉 들이켜다; ② 체험하다, 맛 보다; ~ горя 쓰린 고통을 겪다.

хле́бн∥ый прил. ① 빵의, 흘례브의; ② 곡물로; ③ 곡물이 풍부한; ④ 이익이 있는, 벌이가 좋은.

хлебобу́лочн∥ый прил.: ~ые изделия 빵제품.

хлебозаво́д м 빵공장.

хлебозаготови́тельный прил. 곡물수매.

хлебозаготовк∥и мн. (ед. ~а ж) 곡물수매, 곡물마련.

хлебопа́шество с 농사(農事).

хлебопа́шец м 농부(農夫), 농사꾼.

хлебопёк м 빵굽는 사람

хлебопека́рный прил. 빵을굽는.

хлебопече́ние с 빵굽기.

хлебопоста́вки мн. (ед. ~а ж) 곡물납부.

хлебоприёмный прил.: ~ пункт 곡물 접수장.

хлебопроизводя́щий прил.: ~район 곡물생산 지대.

хлеборо́б м 농부, 농사군.

хлеборо́дный прил. 곡물이 풍부한; ~край 곡창지대.

хлебосо́л м 손님을 좋아하는 사람.

хлебосо́льный прил. 손님을 환대하는.

хлебосо́льство с 환대, 손님을 좋아하는 것.

хлебоубо́рка ж 곡물추수.

хлебоубо́рочн∥ый прил. 곡물추수, 추곡수매

хлев м (집)짐숭우리; свиной ~ 돼지 우리.

хлеста́ть ① 때리다, 후려치다, 채찍질하다; ② 콸콸흐르다, 퍼붓다; дождь хлещет 비가 막 퍼붓다.

хлёсткий прил. ①후려 갈기는듯한; ② 신랄한, 날카로운; ③ (소리가) 날카로운.

хлестну́ть сов. (вн, по дат) 때리다, 후려 치다.

хло́панье с (двере́й) 소리를 내어 치는 것; 박수치는 것.

хло́пать несов., **хло́пнуть, похло́пать** сов. ① 소리를 내어치다, 두드리다; ② 때리다; ③ (문 따위를) 쾅하고 닫다; ④ 박수치다

хло́паться, хло́пнуться *сов.* ① 벌렁넘어지다; ② 부딪치다.
хлопково́д *м* 목화재배 전문가.
хлопково́дство *с* 목화재배(업).
хлопково́дческий *прил.* 목화재배.
хло́пков∥ый *прил.* 목화의, 목면의; ~ое поле 목화밭
хлопкоочисти́тельный *прил.*: ~ завод 타면공장, 방적공장.
хлопкопряде́ние *с* 면방적.
хлопкопряди́льный *прил.* 면방적의.
хлопкосе́ющий *прил.* 목(면)화 재배의.
хлопкоубо́рочный *прил.* 목(면)화 수확의
хлопо́к *м* 목화, 솜, 면화.
хлоп∥о́к *м* 쾅 하고 치는 것; 손뼉치는 것
хлопота́ть, похлопота́ть *несов. и сов.* ① 분주히 일하다(돌아치다② ~려고 노력 하다(힘을 들이다, 돌아다니다); ③ 주선(알선) 하다; ~ за друга 친구를 소개하다.
хлопотли́в∥ый *прил.* 분주히 돌아가는; 분주한
хло́поты *мн.* ① 걱정; ②알선, 주선
хлопу́шка *ж* ① 파리채; ② 딸랑이, 소리를 내는 장난감.
хлопча́тник *м* 목화(木花).
хлопчатобума́жн∥ый *прил.* 면방직; ~ая ткань 면직물.
хло́пья *мн.* (*снега*) 송이; 털뭉치, 불꽃
хлор *м хим.* 클로르, 염소(塩素).
хлорвини́ловый *прил.* 염화비닐.
хлоре́лла *ж бот.* 클로렐라(chlorella)..
хлори́ровать *несов. и сов.* 염소살균하다.
хлори́ст∥ый *прил. хим.* 염화; ~ое соединение 염화물.
хлори́∥ый *прил. хим.* 염소의, 염소를 함유하는
хлоро́з *м* ① 위황병(빈혈증의 일종); ② (녹색부분의)백화(白化) (현상)
хлорофи́лл *м бот.* 클로로필, 엽록소, 잎파랑이.
хлорофо́рм *м хим.* 클로로포름(무색 휘발성 액체; 마취약).
хлорпикри́н *м хим.* 클로로피크린.
хлы́нуть *сов.* ① 흘러들다, 쏟아지다; ② (떼를지어) 막 밀려들다.
хлыст *м* (*прут*) 회초리; (*кнут*) 채찍.
хлю́пать *разг.* ① (흙. 진창속에서) 버둥거리다, 몸부림치다; 허우적거리며 나아가다, 질벅거리다; ② 울다; ③ 훌쩍거리다; ~ носом 코를 훌쩍거리다.

хля́стик *м* 허리띠, 혈띠, 혈끈, 허리끈, 요대, 늑백, 벨트.
хмеле́ть *несов.* **захмеле́ть** *сов. разг.* 술 취하다.
хмели́ть *несов. и сов.* 취하게 하다, 도취(흥분)시키다, *мед.* 중독시키다
хмель *м* ① 홉(hop) 홀포(忽布), 홉덩매; ② 술기운, 취기, 취한상태, 취하게 함, 명정; 흥분, 도취, *мед.* 중독.
хмельно́й *прил.* ① 취하게 하는; 도취[열중, 몰두]케 하는; ~ напиток 알코올음료, 주류; ② (술) 취한.
хму́рить *несов.*, **нахму́рить** *сов.*: ~ бро́ви 눈섭을 찌푸리다, (눈살·이맛살을) 찌푸리다; (근육을)긴장시키다.
хму́риться *несов.*, **нахму́риться** *сов.* ① 침울(우울)해지다; ② 흐려지다, 컴컴 하다.
хму́рый *прил.* ① 침울한, 우울한; ② 흐린, 음침한.
хмы́к∥**ать ~нуть** *разг.* 코방귀를 뀌다.
хна *ж* ① 헤너나무, 헤너(부처꽃과 (科)에 속하는 관); ② 헤너물감(머리를붉게 물들이는); 적갈색.
хны́канье *с разг.* 흐느껴 우는것; 하소연 하는것.
хны́кать *разг.* ① 흐느껴울다, (잉잉)잦아들듯(호소하듯, 처량하게)울다, 훌쩍이다, 애처로이 ○ 하소연하다, ② 하소연하다 (정식으로) 호소하다, 불평하다, 우는소리하다.
хо́бби *с нескл.* 마음이 끌리는 일, 정신이 팔리는 일.
хо́бот *м (у живо́тных)* (코끼리 등의) 코.
хобото́к *м (у насеко́мых)* (코끼리·맥(貊) 따위의 비죽 나온) 코. (곤충 긴) 주둥이,(사람의) 큰코, 구문부(口門部).
ход *м* ① 움직임, 운행, 운전; 속도; ②과정, 경과; ③ 조치, 수단; ④*тех.* 공정 과정; 행정, 왕복운동.
хода́тай *м* ①알선자, 주선자; ②대리출정인
хода́тайство *с* ① 청원, 청원서 ; ② 알선, 주선. 소개.
хо́дики *мн. разг.* 벽시계.
ходи́ть ① 다니다, 걸어다니다, 가다; ② 입고(쓰고, 신고)다니다; ③ 방문 하다; ④달리다; ⑤ 항해하다; ~을 내다, 내대다; 쓰다; 돌보다, 간호하다
хо́дкий *прил. разг.* ① (가장) 많이 쓰이는; ② 잘 팔리는; ③ 빠른, 신속한.
ходово́й *прил.* ① 항해(비행, 주행)와 관련된; ②. *тех.* 가동; ~ое колесо́ 주행바퀴; ~ой винт 나사못, 나사볼트 ③가장 수요가 많은; ④ (널리) 통용되고 있는
ходо́к *м* ①보행자; ② 대리인; ③ 날쌘(재치있는) 사람.
ходу́л∥**и** *мн. (ед.* ~**я** *ж)* 대말, 죽마(竹馬);

ходу́льный *прил.* 죽마를 탄; 과장된 (문체 따위); 뽐내는, 잘난 체하는; 딱딱한(편지 따위), 어색한.

ходу́н *м разг.:* ① 흔들거리다; ② 휘청거리다; ③ 부산하게 굴다.

ходьб‖а́ *ж* 보행, 걸음; полчаса ~ы 걸어서 삼십분 걸리다.

ходя́ч‖ий *прил.* ① 걸을수 있는, 보행할 수 있는; ② 널리 사용(통용) 되는;

хожде́ние *с* 다니는것, 보행, 통행;

хозрасчёт *м (хозяйственный расчёт)* 독립채산제.

хозрасчётный *прил.* 독립채산제의

хозя́ин *м* ① 주인, 소유자, 임자. ② 살림꾼, 경영주; ③ 집 주인, 가장; ④ 집주인 행세하는 사람; ⑤ 주인님

хозя́йка *ж* ① 주인, 소유자, 임자; ② 살림꾼, 경영주; ③집주인; ④ 처, 안주인;

хозя́йничать ① 살림살이를 돌보다; ②주인행세하다, 제멋대로 행동하다, ③ 경영(운영)하다.

хозя́йск‖ий *прил.* 주인의; 주인다운; 주의깊은; 호령하는;

хозя́йственник *м* 경제일꾼, 경리 책임자.

хозя́йственность *ж* 살림살이를 잘 꾸리는 것, 살림꾼의 솜씨.

хозя́йственный *прил.* ① 경제의; ② 경리, 회계, 경영; ③살림 살이; ④ 합리적인 살림꾼다운

хозя́йство *с* ① 경제; ② 경리, 경영; ③업(業), 업무, 사무, 일, 볼일; ④ 시설, 부대설비, 장치, 설비, 생산시설, ⑤ 경지, 농장, 농지, 농토, 경작지; 농원;

хозя́йствование *с* 경영(京營), 운영(運營)

хозя́йствовать *несов.,* 경영(운영)하다, 집안살림을 꾸리다

хоккеи́ст *м* 하키선수, 아이스하키 선수

хокке́й *м спорт. (на льду)* 아이스하키.

хоке́йный *прил.* 하키의.

хо́лен‖ый *прил.* 애지중지 기른, 알뜰하게 손질한

холе́ра *ж мед.* 콜레라, 괴질, 호열자

холе́рный *прил. мед.* 콜레라의; ~ вибрион 콜레라 균.

холецисти́т *м мед.* 담낭염(膽囊炎).

хо́лить *несов.(вн.)* 알뜰히 기르다(손질하다, 돌보다,거두다)

хо́лка *ж* (말 등의) 어깨; *(грива)* 갈기.

холл *м* 홀, 로비, 집회장, 오락실.

холм *м* 언덕, 야산, 구릉; моги́льный ~ 분상, 분묘.

холми́стый *прил.* 언덕(구릉)이 많은.

хо́лод *м* 추위; 추운날씨; зимние ~а 엄동설한.

холода́ть *безл.* 추워지다.

холоде́|**ть** *несов.*, **похолоде́ть** *сов.* ① 차지다, 식다, 추워지다; ② 소름이 끼치다.

холоде́ц *м разг.* 식혀서 묵처럼 엉기게 만든 곰(보쌈과 비슷함)

холоди́льник *м* ① 냉장고, 냉장실, 냉동기, 냉각기; ② 냉각 장치; ③ 냉동고.

холоди́льн|**ый** *прил.* 냉동의, 냉장의, 냉각

холод|**и́ть** *несов. сов.* ① 식히다, 냉각하다; ② 소름을 끼치게하다; ③ 시원하게(서늘하게) 하다

хо́лодно I *нареч.* 냉정하게, 쌀쌀하게, 쌀쌀맞게, 매정하게.

хо́лодно II *в знач. сказ. безл.* 춥다, 쌀쌀하다

хладнокро́вн|**ый** *прил. зоол.* 냉혈의, 냉혈동물

холо́дн|**ый** *прил.* ①추운, 찬; ② 얇은; ③ 난방장치가 없는; ④ 냉정한, 냉담한, 쌀쌀한, 쌀쌀맞은, 매정한, ⑤ 냉장(냉동)의; ~ая обработка 냉장가공

холод|**о́к** *м разг.* ① 냉기, 한기, 약한추위, 청량한, 서늘한 바람; ② 써늘한(그늘진) 곳. ③ 소름, 교부, 한속, 으스스함, 오한, 오싹함, ④ *перен.* 무관심, 냉대, 냉정, 차가움, 침착; 냉담; 뚜뚝함, 뺀뺀스러움;

холости́ть *сов.* (вн) 거세하다, 불알 까다.

холосто́й *прил* ① 미혼의, 독신의, 혼자의; ② *тех.* (기계·공장) 쓰이고 있지않은 (도구·방법) 이용(활용)되고 있지않는, 일하지 않는; ③ *воен.* 불발탄, 공포탄, 빈탄

холостя́к *м* 총각, 미혼자(未婚者).

холостя́щий *прил. разг.* 총각의, 독신으로.

холст *м* ① 마포; ② 화포; ③ 유화

холу́й *м презр.* ① 하인, 심부름꾼; ② 사대주의자.

холцо́вый *прил.* 마포의, 마포로 만든.

хому́т *м* ① 멍에. ② 무거운 책임; ③ *тех.* 돌림쇠,끼우개.

хомя́к *м зоол.* 메쥐, 햄스터

хор *м* 합창(단); 합창곡;

хо́рда *ж мат.* 현(弦).

хорёк *м зоол.* 족제비, 서랑, 유서, 황서랑, 황서.

хорео́граф *м* 안무가, 안무자.

хореографи́ческ|**ий** *прил.* 무용, 무용술

хореогра́фия *ж* (*постановка танцев*) 안무; 무용술

хори́ст *м*, ~**ка** *ж* 합창단 가수.

хормéйстер *м* 합창단 지휘자.

хоровóд *м* 군무(群舞), 무리춤.

хоровóй *прил.* 합창의; ~ое пение 합창

хóром *нареч.* 합창으로

хорóмы *мн.* 목조가옥; 큰 저택.

хорони́ть *несов.*, **схорони́ть**, **похорони́ть** *сов.* (*вн*) ① 매장하다, 묻어버리다, 장례를 치르다; 장례를 치르다; ② (죽은, 멸망한 것으로 간주하고) 망각하다, 잊어버리다.

хорохóриться *разг.* 교만하게 굴다, 시큰둥 하게 굴다.

хорóшенький *прил.* 귀여운, 예쁜; 좋은, 기쁜.

хорóшенько *нареч. разг.* 잘, 충분히.

хорошéть *несов.*, **похорошéть** *сов.* 고와지다, 예뻐지다, 귀여워지다, 아름다워지다.

хорóший *прил.* ① 좋은, 훌륭한; ② (인품이) 좋은(깊은); ③ 가까운, 좋은; ④ 곱다, 아름답다, 예쁘다, 귀엽다; ⑤ 적당한, 알맞은;

хорошó I *нареч.* 잘, 훌륭하게, 멋지게;

хорошó II *в знач. сказ. безл.* 좋다, 훌륭하다,

хорошó III *частица* (*да, ладно*) 좋소, 좋습니다.

хорошó IV *с нескл.* (*отметка*) 사(4)점.

хóры *мн.* 위층좌석.

хорь *м зоол. см.* хорёк

хотéть *несов.*, **захотéть** *сов.* ① 원하다, 바라다, 희망하다; ②~려(고)하다, ~고 싶어하다; ③ ~기, 바라다; ④ 어쩌든(간 에); если хотите в *водн.сл.* 물론

хотéться *безл.* (*род*, + *инф.*) ~고 싶다, ~고 싶어하다

хоть I *союз уступ.* (양보의 뜻으로) ~지경으로, ~하지 않으면 안될정도로; (양보의 뜻으로) ~이건, 혹은;

хоть II *частица* ① (강조의 뜻으로) 하다 못해 ~이라도; ② 실례로, 가령 예를 들어서; ③ ~든지, ~라도

хотя *союз усттуп.* 비록, ~지만, ~라 할지라도

хохóл *м* 도가머리, 볏, 관모; 새의 도가머리.

хóхот *м* 폭소, 홍소, 대소, 요란한 웃음,

хохотáть *сов.* 요란하게 웃다, 깔깔(껄껄)되고 웃다, 폭소가 터지다; ~ до упаду 포복절도 하다

храбрéц *м* 용감한 사람, 용맹한 사람.

храбри́ться *разг.* 용기를 내다, 용감 한척하다.

хрáбро *нареч.* 용감하게, 용기있게, 과감하게, 대담하게, 용맹하게, 용감무쌍하게, 용감스럽게, 규규하게, 강용하게,

хра́брость ж 용기, 용감(성), 용맹, 과감성, 용(勇); 용력.
хра́брый I прил. 용감한, 과감한, 용기있는, 담력있는,
хра́брый II м 용감한 사람, 용사.
храм м 신전, 성당; 절, 사원; (모르몬교의) 회당; 교회당,
хране́ни‖**е** с 보관, 지님; 보관; 보존, 저장(성);
храни́лище с 창고, 저장소, 보관소, 수탁(보관)자,
храни́мость 끈덕짐, 고집, 완고, 영속, 지속(성), 내구(력).
храни́тель м ① 보관자, 보존자; ② 박물관장; 도서관장
храни́ть сов. (вн) ①잘 거두어두다, 보관하다, 건사해두다; (охранять) 보호(수호)하다; ② 지키다, 준수하다
храни́ться сов. 보관되다.
храп м(лошади) 코고는 소리, 코소리를 내다
храпе́ть ① 코를 골다; ② (말이) 콧김을 뿜다; 콧방귀 뀌다, 코를 씨근거리다(경멸·분개등으로); (증기기관 등이) 풍풍 증기를 내뿜다; 씩씩거리며 말하다
хребе́т м ① 척추, 척추골, 등뼈, 등골(뼈), 추골, 척골, 척량골; ② 등, 등어리, 등떼기; ③ 산맥, 산계, 멧발, 낙맥.
хрен м 서양고추냉이;.
хрестома́тия ж 선문집, 독본(讀本).
хризанте́ма ж 국화(菊花), 은군자, 동리군자, 황화만절
хрип м 목쉰소리를 내는것; 목쉰(갈린, 씩씩거리는) 소리.
хрипе́ть, прохрипе́ть ① 목쉰소리를 내다, (천식 따위로) 씨근거리다; ② (까마귀·개구리 등이) 개골개골(깍각)울다; 음울한 소리로 투덜대다(원망하는 말을 하다), 불길한 예언을 하다, ③ 딱딱 소리를 내다; (도기에) 금이가다;
хри́пло нареч. 목쉰(갈린)목소리로.
хри́плый прил. 갈린, 목이 쉰; ~го́лос 갈린 목소리, 탁성
хри́пнуть 갈리다 목소리가 쉬다, 목잠긴.
хрипота́ ж 목쉰 것, 갈린 것, 목잠긴 것.
христи‖**ани́н** м 기독교도, 기독교신자.
христиа́нский прил. 기독교의, 기독교다운.
христиа́нство с 기독교, 그리스도교, 예수교, 신교
хром м 크롬; 크롬산염으로 이긴가죽; 크롬물감.
хром‖**а́ть** ① 절뚝거리다, 다리를 절다; ② 부족점이 있다, 잘 모른다;
хроми́рование с тех. 크롬도금.
хроми́рованный прил. 크롬도금 (칠한 것).
хроми́ровать несов. и сов. 크롬칠하다, 크롬 도금하다.
хро́мов‖**ый** прил. 크롬; 크롬가죽.

хромо́й I *прил.* 다리를 저는.
хромо́й II *м* 절름발이, 절뚝발이.
хромоно́гий *прил.* 다리를 저는
хромосо́ма *ж биол.* 염색체(染色體)
хромота́ *ж* 다리를 저는 것, 저름 발이병.
хро́мик *м разг.* 만성병 환자, 고질병자.
хро́ника *ж* ① 연대기, 실록, ② 뉴스, 소식, 통보; ③ 기록 영화, 시보(時報).
хроника́льн‖ый *прил.* 뉴스의, 시보로, 뉴스(프로)의, 보도의, (신문의) 기사의;.
хрони́ческ‖ий *прил.* 만성의; ~ое заболевание 만성질환
хронологи́ческ‖ий *прил.* 연대; 순차적, 연대순.
хроноло́гия *ж* 연대학, 연대기; 연대표; 연대순
хроно́метр *м* 초시계.
хронометра́ж *м* 시간측정.
хру́пк‖ий *прил.* ① 부서지기(깨지기) 쉬운; ② 약한, 허약한; ③ 부드러운, 가름한; ~ая женщина 가냘픈 여자.
хру́пкость *ж* ① 부서지기(깨지기) 쉬운것; ② 약한(허약한) 것; ③ 부드러운 (가름한) 것.
хруст *м* 바작바작 부서지는 소리.
хруста́лик *м анат.* (눈의) 수정체.
хруста́ль *м* 크리스탈, 고급유리; 고급유리제품, 크리스탈 제품; ◊ горный ~ 수정.
хруста́льный *прил.* 고급 유리의; 투명한, 말쑥한, 영롱한
хрусте́ть, хру́стнуть 바작바작(바작바작) 소리를 내다;
хрю́кать, хрю́кнуть (돼지가) 꿀꿀거리다.
хрящ I *м анат.* 연골, 여린 뼈.
хрящ II *м геол.* 모래 자갈.
худе́ть, похуде́ть *сов.* 여위다, 파래 지다.
худ‖о́ I *с разг. уст.* 악(惡), 해(害), 불쾌(不快)
ху́до II 1. *нареч.* 나쁘게;
худоба́ *ж* 여윈것, 살이 빠진 것.
худо́жественно *нареч.* 예술적으로
худо́жественность *ж* 예술성(藝術性).
худо́жественн‖ый *прил.* 예술의, 아트(art); 예능
худо́жник‖ *м, ~ца ж.* 화가, 미술가; 예술가.
худо́жнический *прил.* 예술가적; ~ие искания 예술가적탐색.
худо́й I *прил.* (*худощавый*) 여윈, 살빠진.

худ‖о́й II *прил.* ① 나쁜, 졸렬한; ② 헌, 낡은, 구멍이 난; ~ые сапоги 낡은 장화; ~ое ведро 구멍이 난 물통;

худоща́вый *прил.* 여윈, 야윈.

ху́дший I 가장나쁜; в ~ем случае 최악의 경우에.

ху́дший II ~ее *с: самое* ~ее 가장 나쁜것.

ху́же *в знач. сказ.* 더 나쁘게.

хула́ *ж* 비난, 비방, 욕설.

хулига́н *м* 비난, 비방, 욕설.

хулига́нить 부랑자, 망나니, 무뢰한.

хулига́нство *с* 망나니짓하다, 난폭 하게 행동하다.

хулиганьё *с собир разг.* 불량배, 망나니들, 난폭한자들.

хули́тель *м* 비방자(誹謗者).

хули́ть *(вин)* 비방하다, 호되게 욕하다.

ху́нта *ж* 도당; военная ~ 군사불량단, 군벌집단.

хура́л *м* 후랄, 몽골인민 공화국의 중앙 또는 지방의회.

хурма́ *ж* ① *(дерево)* 감나무; ② 감(감나 무의 열매).

ху́тор *м* 작은마을, 부속 건물·농장이 딸린농가, 자작농장

хутора́нин *м* 농부, 농민, 농장주; 농업가

Хуш *бибр* ① 금전, 현금; 주운[훔친] 지갑. ② 죽; 디저트, 단 것.

хэ́ммок *амер.* 해먹

хэнд 손, 팔, 앞발, (붙들 기능이 있는 동물의) 뒷발, 하지(下肢), (매 따위의) 발, (게의) 집게발.

хэндо́вер (책임·경영권 등의) 이양(移讓).

хэтчбек *м. авто.* 해치백.

хэш *м.* 해시(잘게썬고기) 요리, 음식, (아는사실의) 재탕, 고쳐만듦, 개작, 소문 (뒤)범벅,

хэши́ровать *несов. и сов.* (고기·야채를) 잘게썰다, 엉망으로 만들다

хэши́ровать *ечт* ~에서 임의 추출하다, 무작위로 고르다.

Ц

ц *буква* Двадцать четвёртая буква русского алфавита.
ЦАГИ (Центра́льный аэрогидродина-ми́ческий институ́т) 중앙유체역학 연구소.
ца́дик *м.* 유태의
цалы́ш *м.* 식용버섯의 일종.
ца́нга *ж.* 콜레트;
ца́пать *разг.* 물다; 덥치다, 잡아 채다.
ца́паться *разг. (ссориться)* 다툼하다, 싸우다.
цапи́на *ж.* 할퀸 상처, 손톱 자국.
ца́пка *ж.* 원예용 삽, 작은 삽.
ца́пкий *прил.* 꽉 붙잡는, 곧잘 걸리는.
цапкова́ть 삽으로 흙덩어리를 깨뜨려 밭고랑을 만들다.
ца́пля *ж.* 왜가리, 해오라기, 해오리; 백로(白鷺),
цапонла́к *м.* 투명한 래커의 일종.
цапу́н *м.* 할퀴는 사람; 욕심이 많은 사람.
ца́пфа *ж.* 장부, 축, 굴대; 대포의 축(포신을 포가에 거는).
Царь1 (Первая книга Царств, 31 장) 사무엘 상
Царь2 (Вторая книга Царств, 24 장) 사무엘 하
Царь3 (Третья книга царств, 23 장) 열왕기상
Царь4 (Четвертая книга царств, 26 장) 열왕기하
Пар1 (Первая книга Паралипоменон, 29 장) 역대상
Пар2 (Вторая книга Паралипоменон, 36 장) 역대하
цара́пать *несов.*, **цара́пнуть** *сов.* (вн) 할퀴다, 허비다
цара́паться *несов.* 허비다, 후비다, 긁다; 서로 할퀴며 싸우다.
цара́пина *ж.* 할퀸 상처(자리).
цара́пка *ж.* 할퀸 상처, 손톱자국, 찰과상.

цара́пкаться *сов.* 붙잡고 기어오르다, 붙잡고 힘겹게 올라가다

царапу́н *м.* 할퀴는 버릇이 있는 사람; 할퀴며 싸우는 사람, 욕하며 싸우는 사람.

царе́вич *м.* 왕자(王子), 황태자.

царе́вна *ж.* 왕녀(王女).

царедво́рец *м.* 조정의 신하, 궁신, 궁인.

царёк *м.* 작은 왕, 소국의 군주; 지배자, 우두머리, 주인.

царе́ние *с.* 통치(統治), 군림(君臨).

цареуби́йство *м.* 군주살해, 시역, 시해

цареуби́йца *м.* 군주 살해자, 시역자.

цари́зм *м.* царь 의 잔제정치, 구러시아의 제정.

цари́ть 군림하다;. 지배하다 ; (*о тишине и т. п.*) 깃들다

цари́ца *ж.* 왕후(王后); (*тж.перен*) 여왕

ца́рск‖ий *прил.* 차르(tsar), 황제; 군주; 호화로운, 화려한

ца́рственный *прил.* 제왕다운, 위풍 당당한, 존엄한.

ца́рство *с.* 왕국, 제국; 치세, 통치(시대)

ца́рствование *с.* 치세(治世), 통치(시대).

ца́рствовать *несов.* (왕으로) 군림하다;. 지배하다

ца́рствующий *прил.* 왕위에 있는, 군림 하는.

царь *м.* 왕(王), 제왕; 차르; 제일인자.

Царьгра́д (차리그라드) 이스탄불의 옛 이름.

ца́ца *ж.* 완구, 장난감; 뽐내는 자.

ца́цкаться *с кем* 귀찮게 졸졸따라 다니다, 치근덕거리다.

цвель *с* 곰팡이

цвести́ ① (꽃)피다, 개화하다; ② 개화하다, 번영하다; ③아주(뛰어나게) 건강하다, 대단히 아름답다(곱다).

цвет I *м.* 색(色), 색깔, 색상, 색조, 색채, 색태, 색상

цвет II *м* ① 꽃(들); ② 정수, 정화; 정예; ③ 꽃피는 계절(개화철); в (по́лном) ~y 완전히 꽃피어 있는

цвета́стый *прил.* 커다란 꽃, 많은 꽃의 무늬가 있는; 색깔이 선명한, 요란한.

цвете́ние *с* ①꽃피는 것; 개화; ②수초로 덮이는것.

цвете́нь ① 꽃가루; ② 5 월의 옛 이름.

цвети́стость ① 꽃이 만발하게 피어 있는 것; ② 화려, 미화(美化)(시. 문장 등의).

цвети́стый *прил.* ① 꽃이 많이 핀, (꽃이) 만발한; ② 아롱다롱한, 무늬가 있는; ③ 지나치게 분식한.

цвети́ть *несов.* ① 선명하게 색칠하다; ② 장식하다, 화려한 표현.

цветко́вый *прил.* 꽃이 피는, 개화하는.

цветнево́й *прил.* 꽃가루의.

цветни́к *м* 화단, 화원; (*тж. перен.*) 꽃밭.

цветн||о́й *прил.* ① 천연색, 원색, 컬러(color); ② 유색인종

цве́тность *несов. и сов.* 다채롭다, 다채하다, 화려하다, 호화롭다, 찬연하다, 찬란하다, 휘황하다.

цветово́д *м* 화초 재배자.

цветово́дство *с.* 화초재배, 화초재배장.

цветово́й *прил.* 색; (*восприятии света*) 색감

цветоделённый *прил.* 분색촬영의.

цветое́д 초시류의 곤충(식물의 즙을 빨아먹는).

цвет||о́к *м* ① 꽃, 화(花); 꽃송이; искусственные ~ы 조화; полевые ~ы 들꽃; ② 화초(花草), 화훼(花卉).

цветоло́же *с. бот.* 꽃받침.

цветолю́б ① 꽃을 좋아하는 사람; ② 썩은 나무 등에 살며 색이 선명한 갑충의 일종.

цветоно́жка *ж бот.* 꽃꼭지, 꽃자루.

цветоно́сный *прил.* 꽃이피는, 꽃이있는.

цветорасположе́ние *с.* 꽃차례, 화서.

цвето́чник *м* ① 원예가, 꽃장수;② 농작물을 해치는 파리.

цвето́чница *ж* (*продавщица*) 꽃을 파는 여자, 꽃장사.

цвето́чн||ый *прил.* 꽃, 화초, 화훼

цвету́ха *ж* 2 년생 식물로서 첫 해에 꽃줄기가 나오는 식물; 꽃양배추; 취출물.

цвету́щ||ий *прил.* ① 꽃피는; ② 혈기왕성한; ③ 개화하는, 번영하 는, 개화번영하는; ~ая страна 번영하는.

цвинь *м* (제화에서) 떨어지지 않도록 박는 못.

ЦВМ (*це-вэ-э́м*) (цифрова́я вычисли́тельная маши́на) 디지탈 계산기.

це́вка *ж* 1. 실패, 실감는 관; 2. 요골; (말의) 경골.

цевни́ца *ж* 피리, 필률; 호적.

цевьё *с.* 축(軸); 손잡이, 자루, 대; (총의) 앞의 총상(銃床).

цеди́лка *ж* 필터, 여과용 기구(器具).

цеди́льщик *м* 여과하는 인부.

цеди́ть *сов.* ① 거르다; 밭다; ② 천천히 부어넣다(마시다).

це́дра *ж* 레몬(귤) 껍질; 레몬(귤)의 말린 껍질

цедра́т *м* 불수감나무; 그 열매껍질의 설탕 조림.

цеж *м* 여과된 용액;

цежёный *прил.* 여과된, 거른, 밭다, 밭치다, 밭여내다

цежение *с.* 여과(瀘過), 걸러냄.

цезарепапизм *м* 정교일치(政敎一致)

цезаризм *м* 왕위 찬탈자를 원수로 세우는 정체.

цезарь *м* 고대 로마의 황제.

цезий *м хим.* 세슘(cesium. [55 번:Cs:132. 91]).

цезура *ж.* (시행 중의) 운율의 중단; 휴지.

Цейлон *м* 쎄일론(섬).

цейтлупа *ж* 고속 촬영기.

цейтнот *м шахм.* 시간부족; попасть в ~ 시간이 없게 되다.

цейтнотчик *м* (장기에서) 시간부족에 빠지는 사람.

цейхгауз *м* 병기고, 병기창.

цекист *м* 중앙위원회위원.

целебность *ж* 건강에 좋은 것, 치료에, 치료에 유효한 것.

целебный *прил.* 치료에 효력이있는, 치료에 유효한 것;.

целевой *прил.* 목적이 있는, 목적 지향성

целенаправленность *ж* 분명한 목적을 가지는 것,

целенаправленный *прил.* 분명한 목적을 가진.

целение *с.* 겨누는 것, 노리는 것.

целесообразность *ж* 합리성, 합목적성.

целесообразный *прил.* 합리적인, 합목적적인; ~ое использование средств 자금의 합리적 소비.

целестин *м* 하늘빛광석, 천청석(天靑石)

целеустремлённо *нареч.* 목적지향성 있게.

целеустремлённость *ж* 목적지향성.

целеустремлённый *прил.* 목적지향성있는.

целибат *м рен.* 대처금지. 독신(생활), 독신주의, 금욕,

целик *м* ① (일반적으로) 손길이 닿지 않은 것(미개간지, 처녀림, 암석). ② 지탱하기 위하여 남긴 광층

целик *м воен.* 가늠쇠, 간단한 조준장치; 조척.

целиком *нареч.* 전적으로, 통째로, 몽땅, 전부, 완전히

целина *ж* ① 처녀지, 미개척지, 미개간지; ② 손대지 않은 표면(곳), 원형 그대로의 손을 대지 않은 벌판.

целинник *м*, **~ка** *ж* 처녀지 경작자, 미개간지 개척자.

целитель *м* 치료자

целительность *ж* 약효가 있는 것, 치료에 효과가 있는;

целительный *прил.* 약효가 있는, 치료에 효력이 있는;

целить, ~ся (*в вн.*) ~을 겨누다(조준 하다).

цели́ть *в кого-что* 겨누다, 조준하다; 목표로 삼다, 뜻을 두다; 노리다, 지향하다.
целка́ч, ~а́ ~ка́ш *м* 1 루블(은 동전, 은화).
целко́вик *м* 1 루블(최초의 은화).
це́лла (*часть греческого храма*) 성상 안치소
целло́н *м. хим.* 셀론.
целлофа́н *м хим.* 셀로판(cellophane).
целлофа́новый *прил.* 셀로판의; 셀로판으로 만든.
целлуло́ид *м хим.* 셀룰로이드(celluloid).
целлуло́идный *прил* 셀룰로이드의.
целлюло́за *ж хим.* 셀룰로즈; *текст.*섬유(소).
целлюля́рный *прил* 세포의, 세포상의.
целова́льник *м* 술집, 주막집에서 술을 파는 사람
целова́ние *с.* ① 키스, 입맞춤; ② 십자가에 입맞추며 하는 선서; (일반적으로) 선서.
целова́ть *несов.*, **поцелова́ть** *сов.* (*вн.*) 입맞추다, 키스하다, ~ в гу́бы (в щёку) 입술(뺨)에 입 맞추다.
целова́ться *несов.*, **поцелова́ться** *сов.* 서로 입맞추다
целодне́вный *прил.* 종일의. 온종일
це́лое *с. скл. как прил.* ① 전부의, 모든, 전체; еди́ное ~ 동일한 전체; ② *мат.* 정수의
целому́дренный *прил.* 정숙한, 순결한, 고상한, 순정한
целому́дрие *с* 정숙, 순결, 고상, 순정, 간소
целоста́т *м* 실로스탯(coelostat).
це́лостность *ж* 순수, 통일성, 순수성, 성실, 정직, 완전, 무결(의 상태), 보전, 본래의 모습.
це́лостный *прил.* 완전무결한, 완전한, 완전체의, 분열되지 않은; (*еди́ный*) 전일적, 통일적, *мат.* 정수의, 적분의.
це́лость *ж* ① 완전무결, 안전, 무사, 무난; ② 내적인 통일(성); ◊ в ~и (и сохра́нности) 손실없이.
це́л‖ый *прил.* ① 온(穩), 전체, 옹근, 전부의, 완전한; ② 큰, 많은; ③ 온전한, 성한; 무사한; ④ 하나의, 천일적.
цел‖ь *ж* ① 목표, 과녁; ② 목적, 목표.
цельнокро́еный *прил.* 한장의 천으로 재단.
цельнометалли́ческий *прил. тех.* 순금속제
це́льность *ж* 전일성, 완전무결, 완전 결합.
цельнотя́нутый *прил.* 용접하지 않은, 연결되지 않은, 접합하지 않은.

це́льн||ый *прил.* ① 조립되지 않은, 연결되지않은, 한 물질로 된, 옹근, 다치지 않은, 손대지 않은; ② 전일적, 통일적, 온전한; ③ 완전한; ④ 순수한, 혼합되지 않은, 생생한; ~ое молоко 순우유; ~ ное вино 순수한 포도주.

Це́льсий *м* 섭씨온도계; 10° по ~ю 섭씨 10(십)도.

цеме́нт *м* 시멘트, 돌가루, 양회, 인조석분, 백악질

цемента́ция *ж. геол.* 교결작용.

цементи́ровать *несов. и сов. (вин)* ① 시멘트로 굳히다, 시멘트를 바르다, 시멘트로 포장하다; ② 굳게 결합하다, 단결하다; ③ 침탄강을 만들다; **~ся** *ж. геол..* 교결 작용이 일어나다.

цементи́т *м* 탄화철, 탄소와 철의 화합물, 시멘 타이트. 펄라이트.

цеме́нтник *м* 시멘트 직공.

цеме́нтный *прил.* 시멘트의; ~ завод 세멘트 공장

цементово́з *м* (부대에 넣지않은) 시멘트를 나르는 운반차.

цеме́нт-пушка *ж* 시멘트 분사기, 시멘트 총.

цемя́нка *ж* 물 속에서 굳어지는 분상물질; 석탄 또는 시멘트에 섞는 벽돌가루.

цен||а́ *ж* ① 값, 가격; 대금, 요금, 가치; ② 의의, 가치;

ценз *м* 자격; избира́тельный ~ 선거자격.

цензови́к *м* 자산에 의한 법정자격, 소유자.

це́нзор *м* (출판물의) 검열관, 검열자격.

це́нзорство *с.* 검열관의 직책, 지위.

цензу́ра *ж* 출판물 검열, 출판검열국, 검열기관.

цензу́рный *прил.* ① 검열의, 검열기관의; ② 점잖은, 품위가 있는.

цензурова́ть (출판물. 영화 따위를) 검열 하다.

цени́тель *м* 평가자; 애호가; ~ жи́вописи 미술애호가.

цени́ть *несов., сов.* ① 값(가격)을 정하다; ② 평가하다; ③~와 ~의의(가치)를 인정하다, 귀중히 여기다; 존중하다.

цени́ться *несов, сов.* 값이있다; 의의(가치)가 있다.

це́нник *м* 정가표, 가격표.

це́нностный *прил.* 가격의, 가격에 관한.

це́нност||ь *ж* ① 가격; ② 가치, 의의; ③ 귀중한것, 보물;

це́нн||ый *прил.* ①가격이 표시된, 가격표시의; ② 값(가치) 있는, 비싼, 귀중한; ③ 중요한

ценоби́я *ж. биол* 씨노비움, 연결생활체, 다핵체

ценообразова́ние *с.* 가격형성.

цент м (*монета*) 센트(미국의 화폐 단위; 1/100 달러; 기호 ¢)).
центи - 100 분의 일의 뜻
сенти́м м 스페인의 서액 화폐(페세 타의 100 분의 1).
центифо́лия ж. бот. 겹꽃잎을 가진 장미, 겹장미꽃.
це́нтнер м 젠드네르(100 키로그람에 해당한 중량단위), 100kg, 10 분의 1 톤.

центр м ① 중심, 중앙; ② 중심부, 중심지, 중앙지역; ③ 수도, 소재지, 도시; ④ 중앙부, 중앙기관; 센터; ⑤ *анат.* 신경 중추; ◊ в ~е внима́ния 주목의 초점에.
центра́л м. 중앙감옥.
централиза́ция ж 집중, 중앙으로 모으는 것; (*власти*) 집권화, 중앙집권.
централиза́м м 중앙집권제도
централизо́ванн||ый *прил.* 중앙집권화된, 중앙에 집중된, 중앙집권의, 하나의 중심에서 발하는;
централизова́ть *несов* 집중하다; 중앙집권제를 실시 하다.
центра́ль ж. 주선, 본선, 본관(증기 난방 장치 따위의).
центра́льность ж. 1. 중심을 이루는 것; 2. 향심성, 귀심성.
центра́льн||ый *прил.* ① 중앙의, 중심의, 중앙부의; 중추의; ② 기본적, 중심(적), 주요한; ~ая иде́я 중심사상; центри́зм м. (제 2 인터내셔날의) 기회주의적 중립주의.
центри́ровать *несов и сов.* (*вин*) 중앙에 맞추다, 중앙에 맞추다, 초점을 맞추다.
центрифу́га ж *тех.* 원심 분리기.
центрифуги́ровать *несов и сов.* 원심분리기로 분리하다.
центробе́жн||ый *прил.* 원심의, 원심력을 이용한
центрови́к м. 중앙위원(中央委員).
центро́вка ж 중앙에 두는 것, 초점을 맞추는 것. 중심에 구멍을 뚫는 것.
центровлеку́щий *прил.* 구심적인.
ценрово́й *прил.* 중심의, 중심에 있는
центропла́н м 날개의 중앙부, 기준 날개.
центросо́ма ж 중심체.
центростреми́тельность *с.* 구심성
центростреми́тельн||ый *прил.* 구심의; ~ая си́ла 원심력.
центросфе́ра ж 지구 중심부, 중심구.
центрфо́рвард м 센터포드(하키, 축구의).
центурио́н м *ист.* (고대 로마 군대의) 백부장(百夫長).

центу́рия *ж* (고대로마군대의) 백인조(중대), 백인대 (군대의 단위; 60 centuries 가 1 legion 을 이룸). 백인조(組)(투표 단위; 100명이 한 표를 가짐);

ценур *гепет.* 공미충.

цеоли́т *м мин.* 비석(沸石), 제올라이트. 불석.

цеоли́ты *мин* 비석(沸石), 제올라이트.

цеп *м с.-х.* 도리깨, 연가(連枷), 쇠도리깨.

цепене́ть *несов.*, **оцепене́ть** *сов.* (*от род*) 굳어지다, 움직이지 못하게 되다; ~от холода 추워서 꼼짝 못하다

це́пень *м. зоол.* 갈고리 촌충(— 寸蟲), 유구 (有鉤)조충.

це́пка *ж.* 가늘고 짧은 사슬; 고리.

це́пк‖ий *прил.* ① 잘 그러잡는(잡아쥐는), 잘 걸리는; ② 끈끈한, 점착력있는; 진득진득한, 끈끈한, 들러붙는; ③ 포착력이 빠른; 예민한, 날카로운; ④ 끈덕진, 완강한, 고집스러운; ~ий хара́ктер 끈덕진 성미.

це́пкость *ж* ① 잘 그러잡는(잡아쥐는) 성질; ② 끈덕진 성미, 고집; (*упорство*) 완강성.

цепля́ть 잡아당겨서 가지고 가다; (옷을) 아무렇게나 입다, 걸치다.

цепля́ться ① ~에 걸리다(매달리다) ② ~에 매달리다; ③ 트집을 잡다, 꼬투리 잡다, 가탈부리다

цепн‖о́й *прил.* ① (쇠)사슬의; ② 쇠사슬에 맨; ◊ ~ая реа́кция *физ. хим.* 연쇄반응; ~ая ли́ния *мат.* 현수선.

цепня́ *ж* 쇠사슬로 올리는 두레박.

цепо́чк‖а *ж* 가늘고 작은 쇠사슬; ~а для часо́в 시계줄;

цеппели́н *м.* 쩨펠린형 비행선.

цеп‖ь ① 쇠사슬, 사슬, 줄; ② 족쇄, 수갑, 쇠고랑, 차꼬; 구속, 속박, 굴레, 철쇄, 쇠사슬, 묶는 [매는] 것, 끈, 띠, 새끼; ③ 열, 줄, 횡렬, 줄기; ④ 산개 대형, (전후의 2 열) 횡대, (전투의) 전선, 참호, 누벽, 전열, 방어선, 전선 (전열)부대, 전열함(艦), 상비군, 전(全) 전투부대, 함대, 정규군; ⑤ 연속, 연쇄, 일련, 연속(물); ⑥ *тех.* 사슬; 7. *эл.* 회로; ~ь зажига́ния 점화회로.

цепь *нареч.* 줄을지어, 일렬로; 산개대형으로(전개하여).

церапа́дус *м. бот.* 벚나무 열매의 일종(미츄린법(法))에 의한, 초원의 벚나무 와 일본의 чере́муха 와의 잡종.

це́рбер *м. миф.* (*тж. перен*) 케르베로스(지옥 을 지키는 개; 머리가 셋, 꼬리는 뱀); 무서운 문지기; 잘 짖는 개; 방심하지 않는 문지기.

- 928 -

церебра́льный *прил.* 뇌의, 뇌수의; 반전음의(反轉音-)

церебро́заид *м.хим.* 당지질(糖脂質: 당을 구성 성분으로 포함하는 복합 지질; 무정형의 흰 가루)

цереброспина́льный *прил.* 뇌척수의; ~ менингит *мед.* 뇌척수막염.

церемониа́л *м* 의례, 의식, 예법, 의식의 절차

церемониа́льный *прил.* 의례의, 의식의.

церемоний-ме́йстер *м* 장례관, 의전관.

церемо́ниться 예의를(의식·격식을) 갖추다(차리다), 엄격해지다; ~ с кем-л. ~앞에서 거북해하다; нечего с ним ~ 그 사람앞에서 거북해할리가 없다.

церемо́ни∥я *ж.* ① 의식, 예식; ② ~и *мн. перен. разг.* 예의를(격식) 차리는 것; ③ 매우 어리석게 노력이 드는 일; 엄격해 지는 일, 굳어지는 일.

церемо́нник *м*, **~мо́нница** *ж.* 거드름 피우는 사람.

церемо́нный *прил.* 예절바른, 거드름 피우는, 지나치게 사양하는; 신중한, 엄격한; 까다로운.

це́реус *м бот.* 샤포텐(Cereus: 선인장의 일종).

це́рий *м хим.* 세륨(cerium: 납 비슷한 금속원소. 갈렴석·모나자이트 따위에서 산출함. 발화 합금용. [58 번: Ce:140.12])

церко́вник *м* 성당지기의 후원자; 교회파(옛날 정교도에 대하여 불렀던 말).

церко́вница *ж.* 성당지기의 아내; 교회의 여교도. 교회에 다니는 여자.

церковноприхо́дской *прил.* 교회 교구가 관리하는; ~кая школа 교회 학교

церковнославя́нский *прил.* 교회슬라브의

церковнослужи́тель *м* 성직자, 목사, 성당지기; 승려

церко́вность *ж.* 교회의 의식, 관례; 신앙심이 깊은 것.

церко́вн∥ый *прил.* 교회(소속); (*религиозный*) 종교(宗敎)

це́рковь *ж.* 교회; (*храм*) 사원, 교회당.

церогра́фия *ж.* 납(蠟) 인쇄술.

цертепа́ртия *ж.* 용선계약(하주와 선주사이의).

сертифика́т *м* 증명서(證明書).

церуле́ин *м* 청색 염료의 일종.

церу́ли *м* 스반민족(그루지야 민족의 하나)의 무용.

церу́сит *м мин.* 백연광(白鉛鑛).

церь *ж* 유황(硫黃); 납(蠟).

цесаре́вич *м* 1797년 이후 러시아 황태자의 공칭.

цесаре́вна *ж.* 황녀, 왕녀; цесаревич 의 비.

цеса́рка *ж. зоол.* 색시닭(아프리카원산) (Numida meleagris).

це́сарь *м ист.* 신성 로마 황제.

це́ссия *ж. юр.* 채권의 양도.

цесто́ды *мн. зоол.* 촌충류(寸蟲類).

цета́новое число́ *с.* 세단가(중유연료의 가치를 표시하는 지수).

це́тер *м* 세터종 사냥개.

цефа́ло- 머리의 뜻.

цефалопо́ды *м зоол.* 두족류(頭足類).

цех *м* ① 가게, 상점, 직장, 쩨흐; ② *ист.* (중세유럽의) 장인. 상인의 동업 조합, (자치) 단체, 길드; **~овый** *прил. к* цех.

цехи́н *м* 고대 베니스의 금화

цехо́вка *ж* цех 내의 벽보.

цехово́й *прил.* 직장, 쩨흐의; ~ комите́т 직장 위원회.

цехо́вщина *ж* 직장 근성, 직장 본위 주의.

цехъяче́йка *ж* 직장 세포.

цеце́ *ж зоол.* 체체파리(집파릿과의 흡혈성 파리).

циа́н *м хим.* 시안, 시아노겐(가연성 유독가스).

цианами́д *м хим.* 시안아미드.

циани́д *м хим.* 시안화물.

цианиза́ция *ж* 시안화 수소에 의한 해충 구제.

циани́н *м* 청색소.

циани́рование *с.* ① (금.은을 추출할때에) 시안화법; ② 탄소. 질소에 의한 철강 표면의 열 화학처리.

циа́нистый *прил. хим.* 시안화; ~ ка́лий 시안칼륨, 청산칼리.

циани́т *м. мин.* 남정석(藍晶石).

циано́з *м. мед.* 치아노제, 자남증, 청색증.

ци́бик *м.* 약 2 뿌드가량 들어가는 차 상자.

цибо́рий *м рел* 성합(聖盒); 성막(聖幕).

цибу́ля *ж. бот.* 파의 일종.

цивве́та *ж.зоол.* 사향고양이과.

цивилиза́тор *м.* 교화자, 문명 보급자.

цивилиза́ция *ж* 문명; 문명사회.

цивилизо́ванн∥ый *прил.* 문명의

цивилизова́ть *несов. и сов.* (вн.) 문명화 하다.

цивили́ст *м.* 민법학자(民法學者).

цивили́стика *ж* 민법학(民法學).

циви́льный *прил.* 시민의, 일반인의.

цига́рка *ж разг.* 마라초.

- 930 -

цигейка *ж* 찌가이 양털, 털을깎은 산양가죽, 그 가죽으로 만든 자켓.

цизальпинский *прил.* 알프스 이남의.

цикада *ж зоол.* 매미, 선(蟬), 검은참매미.

цикадовые *мн. бот.* 매미과. *бот.* 소철류.

цикл *м* ① *тех.* (순환) 주기, 순환기, 싸이클, 회귀, 권(圈), 일정한 시간에 한바퀴도는 현상; ② 연속, 순환기, 주기; ③ (공통적인 원리로 통일된) 과학. 학과의 일군; ④ *физ* 순환; ⑤ 공통적인 특징으로 통일된 군(郡), 권(圈).

цикламен *м. бот.* 시클라멘(cyclamen).

циклевать *сов.* 다듬이칼로 다듬다, 삭도(削刀.칼)로 표면을 마무리 하다.

циклёвка *ж* 다듬이칼로 다듬는 일.

циклёвщик *м* 삭공(削工), 다듬이칼로 다듬는 노동자.

циклизм *м* 자전거 경주.

циклист *м* 자전거 선수.

циклич∥еский, ~ный *прил.* 주기적, 순환적

цикличность *ж* (현상. 경과. 작업의) 순환성; 순환작업.

циклование *с.* 순환작업(전체가 일정한 시간 동안에 한 바퀴 돌아가는 식의 작업).

циклодром *м* 자전거 경기장.

циклоида *ж. мат.* 사이클로이드(cycloid), 파선(擺線); **~дальный** *прил.* 사이클로이드의, 파선의.

циклометр *м* 회전 기록기; 자전거 주정계.

циклон *м* ① (온대성) 선풍; ② (일반적으로) 대폭풍, 태풍, 폭풍; ③ *тех.* (공기 가스 중의) 흡진장치

циклоп *м* ① 키클로페스(눈이 하나인 거인). ② *зоол.* 물벼룩.

циклопический *прил.* (건축물이) 거대한.

циклопия *ж. мед.* 단안병(單眼病).

циклорама *ж.* 원형 파노라마.

циклотимия *ж. мед.* 순환기질, 조울병, 조울증.

циклотрон *м физ.* 싸이클로트론.

цикля *ж.* 삭도, 깎는 대패.

цикорий *м* ①치커리, 씨코리, 꽃상치의; ② 그뿌리를 말린 분말, 말린 씨코리(치커리) 뿌리.

цикута *ж. бот.* 독미나리(Cicuta virosa).

цилиндр *м* ① *мат.* 원기둥, 원주, 원통, 원통형; ② *тех.* 실린더, 기통, 원통; ③ (*шляпа*) 실크햇트.

цилиндри́ческий *прил. мат.* 원기둥의; *тех.* 원주형의, 실린더의.

цилиндрообра́зный *прил.* 실린더 모양 (형)의.

цимбали́ст *м* 심벌즈 연주자.

цимба́лы *мн. муз.* 심벌즈(cymbals).

цина́ш *м хим.* 석회, 산화석. 회(灰), 칼크(calc) 탄산칼륨, 탄산칼리(가리), 호분, 백악(白堊), 소악(素堊), 백토(白土)

цинга́ *ж. мед.* 괴혈병(壞血病).

цинера́рия *ж. бот.* 시네라리아야속.

цини́зм *м* 철면피, 파렴치.

ци́ник *м* 파렴치한자, 후안무치한자.

цини́ч∥еский, ~ный *прил.* ① 저속한, 뻔뻔한, 뻔뻔스러운, 파렴치한, 철면피한; ② 상스러운, 천한.

цинк *м.* 아연(亞鉛): [30 번:Zn: 65.38].

цинки́т *м. мин.* 아연광(亞鉛鑛).

цинкова́ние *с.* 아연을 씌우는 것, 아연도금.

цинкова́ть 아연도금하다, 아연을 씌우다.

ци́нков∥ый *прил.* 아연의; 아연칠한; ~ый купорос 유산아연; ~ое ведро 아연칠한 물통.

цинко́граф *м.* 아연 철판술 전문가.

цинкография *ж* 아연 철판술.

ци́нния *ж бот.* 백일홍(百日紅... 백일초. 백일화)

цино́вка *ж* 돗자리, 삿자리, 인피로 만든 돗자리

цирк *м* 1. (*искуство*) 서커스, 곡예; 2. 서커스 극장, 곡예 극장.

цирка́ч, цирка́чество *м* 곡예사, 곡예 배우.

цирково́й *прил.* 곡예의, 서커스의.

цирко́н *м мин* 지르콘(투명한 것을 보석으로 씀).

цирко́ний *прил.* 지르코늄(원소의 하나).

циркора́ма *ж* 서카라마

циркули́ровать *несов, сов.* ① 순환하다; ② 돌다, 소문이 퍼지다, 전해지다; ③ 왔다갔다 하다.

ци́ркуль *м* 나침반, 지남침, 나침의, 콤파스(compass)

ци́ркульный *прил.* ① 컴퍼스의, 나침반의, 나침의의; ② 원형의, 반원형의, 활모양의.

циркуля́р *м* 지시문, 지령서.

циркуля́рн∥ый *прил.* 지시의, 지령의; ~ое письмо 지시문.

церкуля́ция *ж (денег)* 순환 유통.

ци́рлих-мани́рлих ① *прил.* 극도로 멋을 내는, ~인체 하는; ② *м. ж. с.* 위의 사람; ③ 매우 멋을 내어.
цирро́з *м. мед.* 경화(내장이 굳어짐); ~ печени. 간경화
цирю́льник *м.* 이발사.　　　**цирю́льня** *ж.* 이발소.
ци́ста *ж. биол.* 포(胞), 낭(囊) (원생동물の).
цисте́рна *ж.* ① (액체저장, 수송) 탱크; 유조차, 기름차, 탱크로리, ② 저수지, ③ 탱크차, 탱크 자동차
цисти́т *м мед.* 방광염.　　**цистоско́п** *м* 방광경.
цистицерко́з *м мед* 낭미충병.
цистотоми́я *ж. мед.* 담낭 절개술.
цитаде́ль *ж* ① (중심) 요새; 성새, 아성, (도시의) 성(城) ② 근거지, 거점
цита́та *ж* 인용문; 인용구(фраза).
цита́тничество *с.* 함부로 인용. 인증하는 일; 원전의 무비판적 이용, 교조화.
цита́тчик *м.* 함부로 인용하는 사람.
цита́ция *ж* ① 인용, 원용, 인증, 인유; ② 인용문, 인용구.
цитва́рн||ый *прил.*: ~ое семя 산토닉속의 말린 꽃대가리.
цити́ровать *несов.*, **процити́ровать** *сов.* 인용하다, 원용하다, 인증하다, 인유하다
цитокине́з *м.* 세포분열.　**цито́лиз** *м.* 세포분해,세포붕괴.
цитоло́гия *ж. биол.* 세포학. **цитоморфо́з** *м* 세포변태.
цитопла́зма *ж. биол.* 세포질. **цитохи́мия** *ж.* 세포화학.
ци́тра *ж муз.* 찌트라(비파와 비슷한 현악기).
цитра́т *м. хим.* 쿠엔산염
цитри́н *м* 황수정, 레몬빛; 담황색
цитрованили́н *м*, **~вани́ль** *ж.* 두통약의 이름(사리돈).
цитро́ид *бот.* 중국·인도 원산의 운향과 과수
цитро́н *м. бот.* 레몬나무; 레몬열매.
ци́трус *м. бот.* 밀감속(屬), 감귤류(밀감.귤.레몬.오렌지),
цитрусово́д *м.* 감귤류 재배인.
цитрусово́дство *с.* 감귤류 재배.
ци́трусов||ый I *прил.* 귤나무의.
ци́трусов||ый II ~ый *мн.* (*ед.* ~ое *с*) *бот.* 감귤류 재배의
цифербла́т *м* 눈금판, 문자판; часовой ~ (시계의) 문자판.
цифи́рь *ж.* 숫자; 감정; 산수
ци́фр||а *ж* ①수(數), 숫자; ② (*сумма*) 액수.
цифра́ция *ж.* 숫자로 표시하는 일; 숫자(번호) 매기는 일.
цифрова́ть *несов и сов.* 숫자로 표시하다(붙이다).

цифров||о́й *прил.* 숫자상; 숫자로 표시된; в ~ом выражении 숫자로 표시하여; ~ые да́нные 수자상의 자로

цицеро́ *с. нескл. полигр.* 12(십이) 포인트활자.

ЦК (Центра́льный Комите́т) 중앙 위원회

ЦК КПСС 소련공산당중앙위원회

ЦКБ (Центра́льное констру́кторское бюро́) 중앙설계부.

ЦКК (Центра́льная контро́льная коми́ссия) 중앙통제위원회.

ЦКТБ 중앙설계기술부.

цмин *м. бот.* 밀짚꽃속, (*Helichrysum*) 영구화

ЦННИ (*цнни*) 중앙과학 연구소.

ЦНИС (*цнис*) 중앙표준 연구소.

цо́кальщик *м* ч를 ц로 발음하는 사람.

цо́канье *с*: ~ копы́т 달가닥거리는 말발굽 소리.

цо́кать *несов.*, **цо́кнуть** *сов.* ① 떨걱떨걱소리를 내다; 달가닥 소리를 내다; ② 쩻쩻소리를 내다.

цо́кнуть *сов см.* цокать

цо́коль *м* ① 기초벽의, 석조 건축의 기저, 아랫도리; 기둥대; ② 전구 꼭지, 전구 구금.

цо́кольный *прил.*: ~ эта́ж 밑층, 일층.

цо́кор *м* 설치류의 일종(시베리아산).

цо́кот *м* 떨걱떨걱 나는소리, 달가닥거리는 말발굽소리, (*птиц*) 쩻쩻소리

цокота́ть *несов.* 자주 딸그락 소라를 내다, 쉬지않고 빨리 말하다.

цокоту́ха *ж* 입을 쉬지 않고 지껄이는 여자.

цо́пать *несов.* 붙잡다, 낚아채다; 때리다, 치다; 넘어지다, 떨어지다.

ЦПКиО 문화휴식 중앙공원.

ЦПКТБ 중앙계획설계 기술부.

ЦРУ (США) 미중앙 정보국. **ЦСУ** 중앙정보국(CIA, 미국).

цуг *м* 종렬로 이어저 당기는 말의 한동아리

цу́гом *нареч.* 2 열로 줄을 지어; 줄줄, 줄을 지어.

цугу́ндер: на ~ тяну́ть (взять) 제제를 가하다, 책임을 묻다.

цук *м* 바짝 고삐를 조르는 것.

цука́т *м* 사탕에 담근 과실(껍질).

цука́ть *несов.* 말의 고삐를 바짝조르다; 막 조롱하다

ЦУМ 중앙 백화점 (모스크바의)..

ЦЧ (цетановое число) 세탄가.

цыби́к *м* 차 상자, 차포장(40 내지 80 푼드 들이의).

- 934 -

цыга́нить *несов.* 조르다, 간청하다; 조롱하다, 야유하다.
цыга́н‖**е** *мн.* (*ед.* ~**м**, ~**ка** *ж*) 집시 사람(들).
цыга́нка *ж см.* цыгане 집시(Gipsy, Gypsy)
цыга́нский *прил.* 집시; ~ язык 집시어.
цыга́нщина *ж* 집시풍의 비속한 가요 스타일; 로맨스.
цыга́рка *ж* 가루 담배를 종이로 말아서 만든 대용 궐련.
цыду́лка *ж* 짧고 간단한 편지(주로 사랑의 글)
цы́кать *несов.* на кого 고함을 지르다, 위협하다.
цынга́ *ж мед.* 괴혈병 **цынго́теть** *несов.* 괴혈병을 앓다.
цыно́вка *ж* 고급 돗자리류.
цы́пка *ж* 암닭; 병아리; 여인, 처녀에 대하여 귀엽게 부르는 호칭; 보통 살갗이 튼 것.
цыплёнок *м* 병아리; 닭구이; ~ «табака» 통닭구이.
цыплятник *м. зоол.* 매의 일종.
цыпля́тница *ж.* 병아리를 몰아가는 여우의 호칭.
цы́почки *мн.*: на ~ах 발끝으로;
цып-цы́п *мн.* 닭이나 병아리를 부르는 소리
цыц *разг.* 침묵, 입을다문, 조용한, 민묵, 묵언, 정묵,
цы́ркать *несов* (새가) 짹짹거리며 울다.
цыц *межд. разг.* 쉿! 그만둬!(개 따위를 향하여).
ЦЭН 전기의, 전기에 관한, 전기와 같은, 전격적인,
ЦЭС(центральная электрическая станция) 중앙 발전소.
Цю́рих *м* 쮜리히(스위스의 수도).

Ч

ч *буква*. Двадцать пятая буква русского алфавита.

ча-ча-ча 차차차(라틴 아메리카에서 시작된 빠른 리듬의 춤곡)

чабан *м*. 양치는 사람, 양몰이 하는 사람, 목동. 목양자

чабер *м*. 꿀풀과의 식물(요리용). 목질박하(자소과)

чавак *м.* (*рыба*) 잉어과의 일종

чавкать ① 쩝쩝하면서 먹다; ② 절벅거리다.

чавыча *ж* (*рыба*) 차부이 차송어(연어일종).

чад *м* ① (코를 찌르는) 냄새; ② 정신을 마비 시키는 것;

чадить *несов.*, **начадить** *сов.* 냄새를 몹시 피우다; *печь чадит* 뻬치까가 몹시 냄새를 낸다.

чадный *прил.* 냄새를 피우는, 내를 피우는, 향기나는.

чадо *с* ① 어린애(아들·딸), 아이, 자식; ② *рел*. 대자(代子)

чадра *ж* 차도르, 긴베일, 면사포(面紗布)

чаевод *м* 차(茶)재배자

чаеводство *с* 차(茶) 재배

чаеводческий *прил*. 차(茶)재배 하는

чаевые *мн*. 차값, 팁(tip), 행하(行下)

чаепитие *с* 차(茶)를 마시는 것.

чаеразвесочный *прил*. 차(茶)를 타는.

чаеторговля *ж*. 차(茶) 매매.

чаеуборочн||ый *прил*. 차수확; ~ая машина 차 수확기.

чаинка *ж*. 차(茶) 부스러기.

чай *м* I ① 차나무; ② 차(다), 차잎; зелёный ~ 녹차; чёрный ~ 홍차; заварить ~ 차를 끓이다; ③ 차(茶), 찻물; ④ 차를 마시는 것, 다과회(茶菓會);

чай II *вводн. сл.* 어쩌면, 아마, (고어·시어·우스개) 나에게는 생각된다, 생각건대 ~이다

чайка *ж*. 갈매기(seagull), 백구(白鷗).

чайная *ж*. 찻집, 다방(茶房), 차이하나

чайник м 주전자, 수관; (для заварки чая) 차관(茶罐).
чайн‖ый прил. 차의; 차에 관한
чайхана ж (в Средней Азии) 차집, 차이하나.
чалма ж 터번, 터번식 모자; 챙이 없는 모자의 일종, 찰마
чал‖ый прил. 회색(灰色), 얼룩; ~конь 회색 얼룩말.
чан м 큰 나무통(쇠통)
чарка ж уст. 술잔.
чаровать (вин.) 매혹시키다.
чародей м,~ка ж 마법사, 요술쟁이; 매혹시키는 사람.
чарующ‖ий прил. 매혹적, 마음을 틀어잡는;
чары мн. ① 마술, 요술; ② 매력, (красота) 아름다움.
час м ① 시간(時間); ② 시(時); ③ (클래스의) 학습시간, ④ 때; ⑤ ~ы мн. воен.: стоятьна ~ах 보초를 서다; ◊ от ~у 시시각각으로; в добрый ~! 안녕히가시오
часами нареч. 오침시간, 낮잠. **часовня** ж 작은 예배당.
часов‖ой I. прил. ① 한 시간의; ② 한시의
часовой II. прил. ① 시계; ② 시계제작
часовой III. м 보초; менять ~ого 보초를 교대하다.
часовщик м 시계 제작공, 시계 수리공
часо́к м уменьш (от час) 시간; на ~ 한 시간 동안에
частенько нареч. разг. 꽤, 자주
частица ж 소부분; 소량; физ. 소립자; лингв. 소사.
частично нареч. 부분적으로.
частичн‖ый прил. 일부, 부분적으로;
частник м 개인상인; 개인 경영자.
частновладельческий прил. 사유의; ~ капитал 사유 자본
частное с мат. 상; неполное ~ое 불완전상.
частнокапиталистическ‖ий прил. 개인자본주의적, 자본주의의; ~ое предприятие 개인 자본 기업.
частнопрактикующий прил. 개업(開業).
частнособственнический прил. 사적소유.
частност‖ь ж 개별적인 것, 비전형적인 것, 자세한 것;
частн‖ый прил. ① 개별적, 낱낱의, 하나하나의, 개개, 비전형적, 예외적; ② 개인, 개인적, 사적;
часто нареч. ① 자주, 빈번히; ② 빽빽하게, 촘촘하게,
частокол м (забор) 말뚝 울타리, 목책.
частота ж ① 자주 일어남, 빈번, (맥박등의) 횟수, 도수, 빈도수, 빈도, 율(率); ② 조밀도; ③ 도수, 수 физ. эл. radio 주파수. 진동수
частотность ж физ 주파수;

часто́тный *прил. физ.* 주파수의, (*о колебаниях*) 진동수의
часту́шка *ж* 짜쑤뚜쓰까(러시아 국민 들의 속요)
ча́стн||ый *прил.* ① 빠른, 급한; ② 잦은, 빈번한, 빈빈한, ③ 빽빽한, 조밀한; ~ый гребень 살이 빠진(밴) 빗
част||ь *ж* ① 부분, 일부, 몫; ② 부분품, 부속품; ③ 부(部), 편(編); ④부대; ⑤ 부(府);
ча́стью *нареч.* 부분적으로, 일부분.
часы́ *мн.* 시계; карманные ~ 회중시계;
ча́хлый *прил.* 시들어가는, 파리한, 여윈, 야윈.
ча́хнуть, зача́хнуть 시들다; 여위다, 파리해지다.
чахо́тка *ж уст.* 폐결핵, 폐병; горловая ~ 후두결핵.
чахо́точный I. *прил. уст.* ① 폐결핵, 폐병, 결핵환자, 폐병에 걸린 사람; ② 빈약한, 보잘것 없는.
чахо́точный II. *м* 폐병환자, 폐결핵 환자.
ча́ш||а *ж (для вина)* 대접, 사발, 주발, 술잔
ча́шечка *ж* 작은 사발;
ча́шка *ж* ①공기, 보시기, 작은 사발; ② 접시 모양으로 생긴 물건; ~ весов 접시 모양으로 생긴 저울판.
ча́щ||а *ж* 밀림; в ~е леса 밀림속에.
ча́ще ① 더 빈번한, 잦은, 빽빽한; ② 더 자주, 빈번히;
ча́яни||е *с* 염원, 희망, 숙망; ◊ паче ~я 뜻밖에
ча́ять *уст.* ~라고 생각하다, 바라다, 희망하다.
чва́ниться 뽐내다, 자기 자랑하다, 우쭐대다
чванли́вый, чванный *прил.* 뽐내는, 우쭐대는, 오만한.
чва́нство *с* 오만, 자만
чего́ (*род. от*) что I; ~ тебе надо? 너는 뭘 빌리는가?
чей *мест. м* (чья *ж*, чьё *с*, чьи *мн.*) *вопр.* 누구의;
чек *м* 수표, 전표, 행표;.
чека́ *ж. тех.* -(차축의) 코터, 웨지, 비녀못, 쐐기, 비녀장
чека́н *м* 각인, 세공, 주조, 코킹, 형타각기.
чека́нить ① 각인(세공)하다, 코킹(형타각)하다; ② 주조하다, ~에 돌을 새김하다; ③ 끊어서 명료하게 발음하다; ④ ~의 이음줄을 메우다, 부조처럼 선명하게 보이다; ⑤ 식물의 새싹을 솎아주다.
чека́нка *ж* ① 주조, 코킹, 형타각, 볼록하게 새기는 것; ② 볼록하게 새긴 무늬, 형타각.
чека́нный *прил.* ① 각인의, 각인한, 부각 세공의, 형타각 하는; ② 형타각한, 화폐 주조의, 주조한; ③ 똑똑한, 표현적, 절도있는, 분명한, (*о шаге*) 정성이 깃든

чека́нщик *м* 1. 각인공; 2. 화폐, 메달 주조공; 3. 세공인; 4. 형타공.

чеки́ст *м* 비상위원회 위원.

че́ков∥**ый** *прил.* ~ая книжка 수표책(手票冊).

чёлка *ж* ① 짐승의 갈기; ② 앞 머리카락; ③ 고대 러시아의 깃발의 표지.

чёлн *м* 통나무배

чёлно́к *м тех.* (방적 기계나 재봉기의) 북

челове́к *м* ① 사람, 인간, 인자; 인물, 개인; ② 명

челове́ко-день *м эк* 한 사람이 하루에 할 작업량

человеколюби́вый *прил.* 박애, 인자한, 박애의, 인류애의 넘친.

человеколю́бие *с* 박애, 인류애, 인자.

чкловеконенави́стник *м* 인간 증오자, 사람을 싫어하는 사람.

человеконенави́стническ∥**ий** *прил.* 인간증오, 인간혐오;

человекообра́зн∥**ый** *прил.* 사람 비슷한, 유인원

челове́ко-час *м эк.* 노동시간, 한 사람이 한시간에 하는 업무량.

челове́ческ∥**ий** *прил.* ① 사람의, 인간의; ② 인도적, 사람다운, 인간다운; ③ 인간에 어울리는.

челове́чество∥*с* 인류, 인간, 사람, 사해동포, 사해형제,

челове́чность *ж* 인간성, 인성, 인정.

челове́чный *прил.* 인간성있는, 사람(인간)다운, 인도적,

челюстн∥**о́й** *прил.:* ~ая кость 악골

че́люсть *ж* ① 턱, 턱뼈; ② 의치(義齒).

чем *союз* ① ~보다 더; ② о ~, тем. ~하면 할 수록; ③ ~할 대신에, ~ 하기는 커녕.

чемода́н *м* 트렁크, 여행용 가방, 슈트케이트;

чемода́нчик *м см.*, чемодан 소형가방.

чемпио́н∥**м** ① 선수권 보유자, 챔피언; ② 옹호자, 자기편.

чемпиона́т *м* (*спорт.*) 선수권 대회, 선수권 쟁탈전

чепе́ц *м* 부인용 실내모, 부인용 두건의 일종

чепух∥**а́** *ж* ① 헛된말, 빈말, 터무니 없는 일(말), 넌센스; ② 보잘것 없는것, 시시한 일, 극히 적은량, 극소량.

че́пчик *м* 작은 실내모, (어린애의 장식용) 머리수건

черви́в∥**ый** *прил.* 벌레가 먹은(붙은).

черво́нец *м разг.* 10(십) 루불짜리 지폐.

черво́нн∥**ый** *прил. I.:* ~ое золото 적금.

— 940 —

черво́нный II. *прил. карт* 하트패; ~ вале́т 하트패의 쟈크.
червото́чиеа *ж* 벌레먹은자리(구멍); 결함.
че́рвы *мн. карт.* 하트패.
червь *м* ① *зоол.* 구더기, 연충, 유충; ② 보잘것없는 인물, 벌레; ③ 고통, 불안의 상징;
червя́к *м тех.* 웜(나사의 사선 부분).
червя́чиый *прил тех.* ~ая переда́ча 웜전동.
черда́к *м* ① 다락방, 미다락, 고미 다락방; ② 천장과지붕 사이의 장소; ③ 두뇌, 뇌, 골, 머릿골, 뇌수.
черёд *м разг.* 차례, 순번.
череда́ *ж бот.* 도깨비 바늘, 귀침초(鬼針草).
чередова́ние *с* 교체, 교대; ~ зву́ков *лингв* 어음 교환.
чередова́ть (*вн с тв.*) 번갈아 하다, 교체하다, 교대하다.
чере́з *предлог* (*вн*) ① 건너서, 넘어서; 경유하여; ② ~을 통하여, ~에의하여; ③ 지나서, 사이를 두고; ④ 후에, 뒤에
черёмуха *ж* 구름나무, 구름나무의 열매.
черено́к *м* ① 자루, 손잡이; ② 화경, 염병; ③ 접목, 접지
че́реп *м* 두개골, 두골(頭骨).
черепа́х||**а** *ж* ① 거북이, 거북 해귀, 휴귀, 신귀; ② 별갑
черепа́ховый *прил.* 거북의; 별갑의.
черепа́ш||**ий** *прил.* ① 거북이, 거북의; ② 느린, 느린보
черепи́ц||**а** *ж* 기와; 기와장.
черепи́чн||**ый** *прил.* 기와의, 기와이은;
черепн||**о́й** *прил.* 두개골의; ~ая коро́бка *анат.* 두개골.
черепо́к *м* 사금파리, 이징가미, 사갑지.
чересчу́р *нареч.* 너무, 매우, 썩, 꽤, 대단히, 아주, 지나치게, 너무나, 과도하게, 분에넘게, 분에 넘치게.
чере́шня *ж.* 벚나무. 화목 산앵; 벚나무 열매, 벚찌, 흑앵
черка́ть, черкну́ть ① 긁어놓다; ② 갈겨쓰다
черне́ть, почерне́ть ① 검게되다, 거멓게 되다, 가매지다, 꺼메지다, ② 검게보이다, 거멓게보이다, 가매 보이다.
черни́ка *ж* 들쭉나무; 들쭉 나무의 열매.
черни́ла *мн.* 잉크; писа́ть ~ми 잉크로 쓰다.
черни́льницы *ж (на подста́вке)* 잉크병
черни́льн||**ый** *прил.* 잉크의.
черни́ть, очерни́ть (*вн*) (*поро́чить*) 비방하다, 중상하다.
черни́чный *прил.* 들쭉나무의, 들쭉나무의 열매로 만든
чёрно-бе́лый *прил.* 흑백색

чернобородый *прил.* 턱수염이 검은
чернобровый *прил.* 눈섭이 검은
чернобурка *ж разг.* 흑갈색 여우의 모피.
черно-бур‖ый *прил.* 흑갈색의; ~ая лисица 흑갈색 여우.
черновик *м* 초고, 원고, 초안.
чернов‖ой *прил.* 초고(원고)의; ~ая тетрадь 잡기장.
черноволосый *прил.* 머리카락이 검은
черноглазый *прил.* 눈이 검은.
чернозём *м* 흑토, 흑색토.
чернозёмный *прил.* 흑토의, 흑색토의.
чернокожий I. *прил.* 피부색이 검은;
чернокожий II. *м* 흑인, 검둥이, 깜둥이, 검둥이, 니그로,
чернолесье *с.* 활엽수림(闊葉樹林).
черноморский *прил.* 흑해; ~ флот 흑해함대
черноробочий *м* 막벌이군, 막 노동자, 잡부.
чернослив *м собир.* 말린오얏.
чернота *ж* ① 검은 색, 흑색, ② 어둠;
чёрн‖ый I. *прил.* ① 검은, 흑색, 흑, 검은 빛, 검정빛, 순흑색, 순흑, ② 어두운; ③ 더러운; ④~ые дни 어지러운, 암담한, ~ое дело 더러운 행동; ⑤ 흉악한, 음흉한, 흉한, 응큼한, ~ые силы 음악한 세력; ~ый ход 뒷문; ~ая лестница 뒷문계단; ⑦ 막노동, 잡노동; ~ая работа 막노동,
чёрн‖ый II. ① 흑인, 검둥이, 깜(껌)둥이, 니그로, 토인, ② ~ые мн. шахм. 검은 쪽; ◊ ~ый хлеб 검은 빵, 호밀빵;
черпак *м* 바가지, 자루가 긴 바가지, 박; 표호(瓢壺).
черпать *(вн)* ① 뜨다, 긷다; ② 얻다, 섭취하다.
чёрств‖ый *прил.* 굳은, 딴딴한; 무정한, 냉담한
чёрт *м* 귀신, 악마, 도깨비, 사탄(Satan); ◊ ~! 제기랄
черта *ж* ① 선(線), 줄; ② 경계, 한계; ③ 특징, 특색.
чертёж *м* 도면, 도안, 도표; ~ здания 건물도면
чертёжная *ж* 제도실(製圖室).
чертёжни‖к *м*, ~ца *ж* 제도가, 제도사.
чертёжн‖ый *прил.* 제도용, 제도용 도면; ~ая доска 제도판.
чертить, начертить *(вн)* ① 그리다; ~ план 도안을 그리다; ② *(линию, черту)* 긋다.
чертовки *нареч. разг.* 매우, 몹시, 대단히
чертовск‖ий *прил.* ① 간악한, 악독한; ② 지독한, 극단한;
чертовщина *ж разг.* 도깨비 장난.
чертополох *м* 지느러미 엉경퀴, 귀게, 야홍화.

чёрточка ж (짧은) 선; (дефис) 이음표.
чертыха́ться разг. 욕질하다.
черче́ние с 제도, 작도; (дисциплина) 제도학.
чеса́льн‖ый прил. 소면용, 소모품(용), 소비용, 소모기
чеса́льщи‖к м, **~ца** ж текст. 소면공, 소모공
чеса́ть, почеса́ть (вн) ① (가려운 곳을) 긁다; ② (머리를) 빗다, 빗질하다, 정돈하다; ③ 소마하다
чеса́ться, почеса́ться ① 자기몸을 긁다; ② 가렵다, 근질근질하다; ③ 자기 머리를 빗다.
чесно́к м 마늘, 대산(大蒜), 호산(葫蒜).
чесо́тка ж 옴, 개선, 개창, 충개(蟲疥).
че́ствование с (рд) 경축, 축하; 경축회, 축하회.
че́ствовать (вн) 경축하다, 축하하다.
че́стно нареч 정직하게, 성실하게; 솔직히
че́стность ж 정직성, 성실성, 진실한 행동.
че́стн‖ый прил. 정직한, 성실한; 순결한
честолюби́в‖ый прил. 야심있는, 욕망있는, 야심만만한
честолю́бие с 야심, 욕심, 야망, 공명심.
честь ж ① 명예, 영예, 영광, 명성; ② 경외, 존경; ③ 정질, 정조
чета́ ж (한) 쌍; супружеская ~ 부부;
четве́рг м 목요일(木曜日).
четвёрка ж ① (숫자) 4, 사(四); ② (5계단 체점법에서) 4 점; ③ 노가 4 개 있는; ④ 4 두 마차 썰매; ⑤ 4 번차.
че́тверо числ. 네 사람, 네개; нас ~ 우리들은 네 사람이다.
четверокла́ссни‖к м, **~ца** ж 4 학년생.
четверо́ногий прил. 네(4)발.
четверости́шие с 사행시.
четвёртый числ. порядк. 제 4(사), 네번째
че́тверт‖ь ж ① 4(사)분지 1, 1/4; **~ь часа** 25 (이십오)년; ② (사학기로 나눈) 한 학기; ③ муз. 4 분표(온음표의 1/4 을 나타내는 음표 《♩》)
четвертьфина́л м спорт. 준준결승.
четвертьфина́льный прил. 준준결승의.
чётк‖ий прил. ① 명확한, 정확한; ② 신명한; 명료한; 절도있는; 똑똑하게 쓰여진; ③ 잘짜인, 정확히 조직된.
чёткость ж ① 명확성, 명백성, 명료성; 똑똑하게 들리는 것; ② 정확성; ~ **исполне́ния** 집행의 정확성.
чётн‖ый прил. 우수(優秀); **~ые числа** 우수.

четы́ре *числ.* 4(사), 넷;

четы́режды *нареч.* 4(사)배로 하여; ~ два - во́семь 4 x 2 = 8, 사이는 팔.

четы́реста *ж числ.* 400(사백)

четырёхгоди́чный *прил.* 4 년간 (사년간); ~ срок 4 년 기한.

четырёхголо́вый *прил.* 네살의, 4 세의.

четырёхгра́нник *м* 4 면(사면).

четырёхгра́нный *прил.* 4 면의.

четырёхдне́вный *прил.* 4 일간의, ~ срок 4 일 기한.

четырёхле́тный *прил.* ① 4 년간; ② 네 살난, 4 살 먹은;

четырёхме́ст||ый *прил.* 4 인석, 네개의 자석이 있는

четырёхме́сячный *прил.* ① 4 개월간; ② 4 개월이 된.

четырёхмото́рный *прил.* 4 발의; ~ самолёт 4 연발기.

четырёхпо́лье *с с.-х.* 4 포전식 그루 돌림 (윤작제)

четырёхсотле́тие *с* 400 년간; 400 주년.

четырёхсо́тый *числ. поряд.* 제 400.

четырёхсто́пный *прил. лит.* 4 운각; ~ ямб 4 운각 얌브시.

четырёхсторо́нний *прил.* 4 면의 사면의, 4 파

четыреуго́льник *м* 4 각형, 사변형.

четыреуго́льный *прил.* 사각형, 사변형.

четырёхчасово́й *прил.* 4 시간, 네시(4 시)

четырёхэта́жный *прил.* 4 층.

четырнадцатиле́тний *прил.* 14 년 간; 열 네살이 된.

четы́рнадцатый *прил.* 제 14. 열 네번째.

чех *м см.* чехи 체코인(보헤미아인)

чеха́р *м* 고대 러시아 화폐.

чехарда́ *ж* ① 등넘어 뛰기놀이; ②빈번한 교체, 변경;

че́хи *мн.* (*ед.* чех *м*, чешка *ж*) 체코사람들.

чехо́л *м* 주머니, 커버, 덮개, 케스.

чечеви́ца *ж* ① 등나무 콩깍지, 렌즈콩; ② (볼록) 렌즈, 렌즈 콩알; ③ 피리새의 일종; ④ 눈의 수정체.

чечеви́чнвй *прил.* 등나무 콩깍지, 렌즈콩.

чешу́йка *ж* ① 비늘, 비늘 조각, 인편, ② (곤충, 예를 들어 나비 의) 날개 피막.

чешу́йчатый *прил.* 비늘에 덮힌; 비늘 모양의; ~ лиша́й 비늘 모양의 버짐.

чешуя́ *ж* ① 비늘, 각린, 인(鱗); ② 인염, 아린 ③ 인설

чи *м* (중국의 길이 단위; 35.79cm) 척(尺), 자

чиба́к *м* 시베리아의 부인용 모피모자.

чиби́с *м* 양은냄비, 쟁개비(무쇠나 양은으로 만든 작은 냄비).
чиж *м* (*птица*) 검은 방울새, 검은머리 방울새
чи́жик *м* 자치기; 유희에 쓰이는 끝이 뾰족한 짧은 막대.
чин *м* ① 관등, 관위; ② 관리, 처리, 관할, 관구, 담당, 간리; ③ 의식, 예식, 식(式); 의례, 의전, 식전, 예식
чина́ра *ж бот.* 방울나무, 플라타너스.
чини́ть, очини́ть, почини́ть (*вн*) ① 고치다, 수리하다, 수선하다, (*одежду*) 깁다; ② 끝을 뾰족하게 하다, 각다
чи́нно *нареч.* 단정하게, 깨끗하게, 예의바른.
чи́нный *прил.* 단정한, 점잖은, (*солидный*) 예의있는.
чино́вник *м* ① 관리; ② 관료배, 관리기질의 사람, 관료풍의 사람; ③ 주교용 기도서.
чино́внический *прил.* 관리의; 관료주의적.
чи́рей *м разг.* 부스럼, 헌데, 종기.
чири́канье *с* (*звуки*) 새의 지저귐, 짹짹거리는 소리.
чири́кать, чири́кнуть (새가) 지저귀다, 재재 거리다.
чи́ркать, чи́ркнуть: ~ спи́чкой 성냥을 긋다.
чиро́к *м* (*птица*) 논병아리, 되강오리, 농병아리.
Числ (Четвертая книга Моисея. Числа; 36 장) 민수기
чи́сленность *ж* 수(數), 수량, 양(量), 갯수, 수효, 숫자,.
чи́сленн‖ый *прил.* 수적, 양적
числи́тель *м мат.* 분자(分子).
числи́тельное *с линг.* 수사; коли́чественное ~ 수량수사, 기수사; поря́дковое ~ 순서 수사
чи́сли‖ться ① 있다, 존재하다, 계시다; ② 인정되다, ③ 수에 들어 가다, 포함되다.
числ‖о́ *с* ① *мат.* 수; ② 수량, 수(數); ③ 날, 날짜;
числово́й *прил.* 수(수적, 수자)로 표시되는;
чи́стильщи‖к *м* 청소부, 소제부; ~ обуви 구두닦이.
чи́стить (*вн.*) ① 깨끗이하다, 청소하다, 소제하다, 닦다; 솔질하다; 털어버리다; ② 껍질을 벗기다; 고기 배를따다; 까다; ③ 불순분자를 제거하다.
чи́ститься 자기몸을 깨끗이 하다, 자기 옷을 깨끗이하다.
чи́стк‖а *ж* ① 깨끗이 하는 것, 정결히 하는 것, 닦는 것, 세탁; ② 껍질을 벗기는 것; 생선배를 따는 것, 까는 것; ③ 불순분자를 제거하는 것; ~а партии 청당사업.
чи́сто I. *нареч.* 깨끗하게 단정하게; 정진하다.
чи́сто II. *в знач. сказ. безл.* 깨끗하다
чистови́к *м разг.* 정서한 원고, 정서.

чистово́й *прил.* 정서한, 정서하기 위한; ~ экземпля́р 정서.
чистокро́вный *прил.* (*о животных*) 순수혈통, 순종.
чистописа́ние *с* 습자, 서법.
чистопло́тный *прил.* 깨끗한 것을 좋아하는, 몸을 깨끗이 하는; 순결한, 결백한
чистосерде́чн‖ый *прил.* 정직한; 솔직한
чистота́ *ж* ① 정결, 청결, 깨끗한 것, 청결도; ② 명료성, 명석한것; 간결성; ③ 결백성, 순결성; ④ 순도, 순수도;
чи́ст‖ый *прил.* ① 깨끗한, 정결한, 청결한; ② 순전한, 순전하다, 순전히; ③ 빈, ~이 덮이지 않은, 사용되지 않은, 이용되지 않은; ④ 명료한, 명백한; ⑤ 결백한, 순결한, 고결한; ⑥ 진정한, 참되다, 바르다, 거짓없다, 참된, 완전한; ⑦ 순(純), 순수한, 순전한; ~ая при́быль 순이익;
чита́льный *прил.* 독서를 위한, 독서의; ~ зал 독서실,
чита́льня *ж* 독서실. 도서 열람실.
чита́тель *м* 독자(讀者).
чита́тельск‖ий *прил.* 독자의; ~ая конфере́нция 독자회,
чита́ть, проче́сть, прочита́ть (*вн.*) ① 읽다; ~ про себя́ 묵독하다; ~ вслух 낭독하다; ② ~ ле́кцию 강의하다; ③ ~ стихи́ 시를 낭송하다;
чита́ться *несов.* 읽히다; легко́ ~ 읽기 쉽다.
чи́тка *ж* 읽는 것, 독보. 낭독.
чиха́нье *с* (*звуки*) 재채기, 재채기 소리
чиха́ть, чихну́ть *сов.* 재채기하다.
член *м* ① 팔다리, 수족; ② 부분, 성분, 구성부분; ③ 일원, 성원, 성원국; ④ *мат.* ~ пропо́рции 비례항.
членистоно́г‖ие *мн.* (*ед.* ~ое *с*) 절족동물.
членоразде́льно *нареч.* 또박또박하게.
членоразде́льн‖ый *прил.* 유절의, 분명한; ~ая речь 유절어.
чле́нский *прил.* 성원의; ~ биле́т (*о́бщества*) 회원증;
чмо́кать, чмо́кнуть *сов.* ① 쭉쭉(짭짭.쪽쪽.쩝쩝)소리를 내다; ② 철썩거리다, 절벅거리다, 질척거리다; ③ 소리내어 키스하다, 입맞추다.
чо́каться, чо́кнуться *несов.* 술잔을 마주치다, 건배하다.
чопорный *прил.* (*щепели́вый*) 까다로운, 너무 티를 잡는.
чрева́тый *прил.* 야기시키는, 초래하는, 배태한
чрев‖о́ *с уст.* 배속; 속안, 내부;
чревовеща́ние *с* 복화술(腹話術); 예언(豫言).
чрезвыча́йно *нареч.* 비상히, 극히, 몹시.

чрезвычайн‖ый *прил.* ① 비상한, 아주 대단한(심한), 뛰어난; ② 긴급한, 임시, 비상; ~ые меры 비상대책
чрезмерно *нареч.* 너무, 지나치게, 과도히.
чрезмерн‖ый *прил.* 지나친, 과도한.
чтение *с* ① 읽는 것, 낭독; ② 글, 독서물, 문장, 글월, 경장, 책(冊), 서적, 서책, 책자, 도서, ③ 낭독회, 독서회
чпец *м* ① 읽는 사람, 독자; ② 성우, 낭독(낭송)배우.
чтить (*вн*) 몹시 존경하다, 숭배하다.
что I *мест.* ① 무엇, 어떤것(일), 무슨(일). 얼마, 얼마나(쯤) 어찌된 일인가, 어떤 상태인가, ② 왜, 무슨 이유로, 어떠한 이유로(원인,이유); ③ 얼마, 얼마인가?, 얼마받겠는가?, 어느정도(수량); ④ 그 무엇, 무엇인지, 무엇이든지; ⑤ ~한, ~는, 할, 하고 있는, ~였던, ~ 인, ~ 일; ⑥ 이것, 그것; ⑦ 어떤 것은 ~, 어떤것은.
что II *соз.* ① ~ 다고, ~ 다는 것을, ~ 라는 것을; ② ~와 같이, ~ 처럼, 어떠한 ~,~도.
чтоб, чтобы *сов.* ~하기위해, ~하도록, ~하는 것을,~인것을
что-либо, что-нибудь, что 만 변화, 뭔가, 무엇이든 좋다.
что-то ① 어느정도, 얼마인가; ② 왜 그런지, 무엇인가 이유가 있어서, 웬지 모르게, 어째서인지;
чу *межд.* 자, 이봐, 저런.
чуб *м* (남자의) 앞머리; (까프까즈인의) 변발, 정수리에서 늘어진 머리 다발
чубарый *прил* (말에 대하여) 얼룩의
чубастый *прил* 커다란 чуб 가 있는
чубатый *прил* 앞머리가 있는
чубук *м* ① 긴담뱃대, 장죽(長竹); ② 포도의 접목, 삽목; ~учный *прил* 장죽의, 담뱃대의
чубучник, ~ушник *м* 긴 담뱃대 제조인(자); (장식용의) 화병.
чувал *м* ① 큰 주머니; ② (옛 북방 여러민족에서 볼수 있었던) 조리용인 굴뚝이 수직인 난로.
чувственник *м* 음탕한 남자.
чувственность *ж* ① 감성, 감각할 수 있는 것; ② 육욕, 호색.
чувственный *прил* ① 오관으로 감지할 수 있는; ② 육감적인; ③ 호색의, 음란한.
чувствилище *с.* 감정이 표현될수 있는 것, 느낄수 있는것.
чувствительность 민감, 다감한 성질.

чу́вствование *см.* 느낌; 연민, 애정.

чувстви́тельный *прил* ① 감수성이 예민한, 민감한, 다감한, 과민한, 센티멘탈한; ② 동정심이 있는; ③ 예민한; ④ 몸에 와닿는, 심한, 매서운;

чу́вство *с* ① 감각, 오감, 오감의 하나, 관능, ② 감정, 기분, 정, 감각, 지각, 감촉, 기분, 느낌; ③ 의식, 정신, 느낌, ~감. 직감, ④ 감상; 감수성, 센스, 연정, 애정; ⑤ 감수성

чу́вство *с* ① 감각, 감촉, 오감; ② 느낌, 기분, 감정, 정, 감촉, 정감, ③ 의식, 정신; ④ 사랑, 애정, 연정; ⑤ 감수성.

чу́вствовать *несов*, **почу́вствовать** *сов.* (*вн.*) ① 느끼다, 감각(감촉)하다, 예감하다, 직감하다; ② 깨닫다, 이해하다;

чу́вствоваться *сов.* (*вн.*) 느껴지다, 나타나다, 들어나다

чгун *м мин.* 선철, 주철, 무쇠; (*сосуд*) 주철제 그릇(단지)

чугу́нн‖ый *прил.* 선철제, 무쇠; ~ый горшо́к 무쇠단지

чугунолите́йн‖ый *прил.* 주철의, 주철용의

чугуноплави́льн‖ый *прил.* 선철용해, 무쇠용해,

чуда́к *м* 기인, 괴벽한 사람. 괴짜.

чуда́чество *с* 기이한, 괴벽한 행동, 기괴하고 이상하다,

чуда́чка *ж* 기이한 여자, 괴상한 여자.

чуде́сн‖ый *прил.* ① 기적적, 신비로운(-로우니,-로워) ② 훌륭한, 뛰어나게 아름다운

чудно́ I. *нареч.* 이상하게, 이상스럽게, 이상야릇하게, 야릇하게, 놀랍게, 회한하게, 신기하게.

чудно́ II. *в знач. сказ. безл.* 놀랍다, 굉장하다.

чудно́й *прил. разг.* 이상한, 기이한, 야릇한, 놀라운;

чу́дный *прил.* ① 신비로운, 경이로운, 놀라운; ② 대단한, 훌륭한, 화려한, 뛰어나게 아름다운.

чуд‖о *с.* 기적, 이적, 이변, 기적적인것; 극치, 정화.

чудо́вище *с* 괴물, 괴귀(怪鬼), 벽자(僻子), 괴짜.

чудо́вищн‖ый *прил.* ① 무서운, 소름이 끼치는; 극악한; ② 대단한, 어마어마한; ~ый аппети́т 대단한 식욕

чудоде́йственный *прил.* 기적적, 기적을 낳는, 기이한 것.

чужа́к *м разг.* 남, 타인(他人), 타곳 사람.

чужби́н‖а *ж* 이국땅, 이역, 타향; на ~е 이역에서, 이국땅

чужда́ться (*рд.*) ~을 피하다, ~을 멀리하다

чу́ждый *прил.* ① 인연이 없는, 이색; ② ~이(가) 없는, ~을(를) 가지고 있지않는;

чужезе́мец *м уст.* 남의 나라 사람. 외국인.

- 948 -

чужезе́мный *прил. уст.* 남의 나라의, 외국의.
чужеро́дный *прил.* 종류가 다른.
чуж∥о́й I. *прил.* ① 남의, 타인의; ② 인연이 없는, 관계가 없는; ③ 타고장의, 남의 나라, 외국; ~**о́й язык** 외국어;
чуж∥о́й II. *м* 남, 타인, 다른 사람, 다른이, 제삼자, 비아
чула́н *м* 광, 곳집, 곳간, 고방, 고(庫), 창(倉), 창고.
чулки́ *мн. (ед. чуло́к м)* 긴 양말; шерстяные ~ 긴 털 양말;
чуло́чн∥ый *прил.* 긴 양말의; ~**ые изде́лия** 긴양말 제품
чум *м* 원추형 천막, 이동식 살림집
чума́ *ж мед.* 흑사병, 페스트(pest); ~ **рога́того скота́** 우역.
чума́зый *прил. разг.* 더러운, 불결한.
чумно́й *прил.* 페스트의; 페스트에 걸린.
чура́ться *(рд.) разг.* 피하다, 회피하다
чуба́н *м* 1. 통나무 토막; 2. *бран.* 바보, 멍추.
чу́рка *ж* 나무의 토막(조각), 쇠붙이 조각.
чу́тк∥ий *прил.* ① 감각이 예민한, 냄새를 잘 맞는; ② 민감한, 동정심이 많은; ~**ий това́рищ** 동정심이 많은 친구
чу́тко *нареч.* 세심하게, 인정있게
чу́ткость *ж* 감수성이 강한 것(빠른 것); 세심성, 동정심
чу́точк∥а *ж разг.:* **ни ~и [не]** 조금도, 전혀; ~**у** 조금, 약간; ~**у подожди́те** 잠깐만 기다리시오.
чуть I. *нареч.* ① 겨우, 거의 ~아니다(않다), 조금도 (전혀) ~아니 다(않다), 못하다), ② 가까스로, 다만, 겨우, 간신히, ③ 조금, 약간, 좀, 다소, 분촌, 얼마쯤 얼마간, 어느정도
чуть II. *союз* ~하자마자 곧~, ~하자 마자, 이윽고, 곧, 이내;
чутьё *с* ① 후각, 냄새감각; ② 감각, 감촉력, 느낌, 감촉.
чуть-чуть *нареч.* 약간, 조금.
чуче́ло *с* ① 박제품; ② 허수아비; ③ 화재 감시원, 게저리.
чушь *ж* 허튼말(짓), 시시한 일, 하찮은 것, 부질없는 생각
чу́ять *несов., сов. (вн.)* ① 냄새맡다; 냄새를 구별하다, 냄새를 맡아내다; ② 느끼다, 감각이 있다, 촉감이 있다; ③ 직감하다, 예감하다; ④ 깨닫다, 알아 맞히다;
чьё *с. от* чей ~ **э́то одея́ло?** 이 이불은 누구의 것입니까?
чьи *мн. от* чей; ~**э́то кни́ги?** 이 책들은 누구의 것입니까?
чья *ж от* чей; ~**взяла́?** 누가 이겼는가
Чэнду́ *м. нескл (город)* 청두(成都)(중국 쓰촨성(四川城)의 성도).

- 949 -

ш *буква* Двадцать шестая буква русского алфавита.
ш-ш *межд* 쉿!(조용히 하라는 신호) 침묵, 조용함
ша I *ж.* 자모(字母) ш 의 명칭.
ша II *ж. межд.* 멈춰! 움직이지마! 가만있어! 잠깐 기다려! 그만둬!, 그만하면 됐다, 잠자코 있어!
шаба́ла *ж.* 국자, 삽, 주걱, 큰 숟가락, 대형삽; (아이스크림을) 푸는 기구; 시시한 사람,
шаба́т *м.* 기계 망치의 모루.
Шаба́т 안식일, 안식, 평화; 휴식기간
шаба́ш I *м. рел.* ① 안식일; ② 마녀집회, 13 인의 마녀단, (중세 미신에서) 마녀의 밤 모임
шаба́ш II *предик.* ~라기 보다는; *мор.* 노젓는 사람; **~ить, пошаба́шить** *разг.* ① 중지, 두드려 떨어버리다; (일을)그만하다, 중단하다; 빨리마무르다, 데꺽 끝내다; (시를) 즉석에서 짓다; ② 파업에 들어가다; 일을(일시) 그치다[안하다].
шаба́шка *ж.* 휴일(休日); 목공의 남은 나무; 본 업무 외의. 부정한 돈벌이.
шаба́шник *м.* 건설. 수리사업에서 비싼 값으로 개인적인 계약을 맺은 자
шаба́шчать 위와 같은 계약을 맺다
шабда́р *м.бот.* 토끼풀, 클로버속
ша́бер *м.* 금속면을 갈고 닦는 끌의 일종
шабёр *м.* 이웃; 동료(同僚), 짝, 짝궁, 반려.
шабли́ *м.* 프랑스의 쉐블리산 포도주
шабло́н *м.* 수지의 형판, 본뜨는자; 형(形), 목형, 주형, 형지, 본분; 진부한형; 스텐실, 금형, 거푸집; 과자 만드는 틀, 구두의 골; 석공의 형판; 평미레, 주형용;

전기판, 스테로판, 연판; **~ность** *ж.* 진부, 평범; 진부한 말, 진부한 생각, 틀에박힌 방식, 평범한 물건(일). 진부한 말, 상투어, 평범(진부)함, (기억 해 둘 만한) 문구, 인용구, **~ный** *прил.* 진부한, 틀에 박힌 진부한 생각으로, 틀에박힌 방식으로, 평범한 물건이나 일; (*перен.*) 평범한, 진부한

шаблонизи́ровать 한 가지 형으로 만들다; 틀에 박힌 형식으로 하다

шабло́нность *ж.* 진부, 틀에 박힌 방식

шабло́нщик *м.* ~을 만드는 직공

шаброва́ть (벽돌을) 맞물려 쌓다.

шабро́вка *ж.* 벽돌의 물림 쌓기

шабро́вщик *м.* 벽돌공, шабровка 에 종사하는 노동자

ша́вера *ж.* 도움이 되지 않는 사람

ша́вка *ж.* 스피츠(개의 일종), 털이 많은 잡종의 개,

шаг *м.* 스텝, 일보, 한 걸음; 보행; 큰 걸음으로 걷다, 활보하다, 걸음걸이, 발소리; 일보의 폭. 길이, 행동, 동작, 방식, 피치; *мн.* (길. 장소를) 밟다, 걷다, 가다, 지나다; 스텝을 밟다;

шага́ть ① 일정한 속도의 걸음걸이로 가다, 행진하다; 넘다, 건너다; 나아가다; 걷다, 걸어가다; 큰 걸음으로 걷다, 활보하다; 걸음걸이, 걷는 속도, 보조, 페이스; ② 넘다, 가로지르다, 범하다

шага́ться *ж.* 걸을 수 있다, 걸으려는 마음이 있다

шаги́стика *ж.* 군사교련; *разг.* 교련(教練)

шагну́ть *сов.* 발걸음하다, 발을디디다

ша́гом *нареч.* 산보하듯; 천천히 걷다

шагоме́р *м.* 보수계(步數計); 측보계(測步計)

шагре́невый *прил.* 새그런 가죽, 우툴두툴한 가죽; 말. 당나귀. 낙타가죽으로 만든) 꺼칠런가죽, 상어가죽(연마용)

шагре́нь *ж.* 무두질한 가죽, 교피, 곰보가죽, 새그런가죽을 본뜬 무늬의 가짜가죽(모조. 인조가죽)

Шангри-ла *пит* 잃어버린 지평선(샹그릴라)(Shangri-La)

шажко́м *нареч.* 느릿느릿한 걸음으로, 천천히걸어가다

шажо́к *м.* 단거리의 보행;

ша́йба *ж. тех.* (볼트의) 와셔, 똬리쇠, 너트의 좌금, 좌철, 자릿쇠; *спорт.* 퍽(아이스하키용); 아이스하키.

ша́йка I *ж.* (악한의) 일당, 악당, 도둑 등의 무리;

ша́йка II *ж.* 세탁용 대야, 빨래통, 손잡이가 한쪽에만 있는 통, 목욕통(沐浴桶).

шайта́н *м.* ① 악령, 악마; ② 악마, 악귀, 마왕, 사탄

шака́л *м. зоол.* 들개; 자칼(여우와 이리 의중간), 남의 앞잡이로 일하는 사람, 악인(惡人).

ша́ла *ж.* 현미(玄米)

шала́нда *ж.* ① 대형 평저선, 거룻배, 폐선; 일종의 하천용 평저선; ② 샤렌다; ③. 일종의 하천용 평저선

шала́ш *м.* (나무껍질.나뭇가지.짐승가죽으로 덮은) 임시막사, 날림집, (비바람을 피하는)오두막 집

шалбе́р *м.*~**ник** *м.* 게으름뱅이

шалбе́рничать *нареч.* 빈둥거리다, 게으름 피우다, 쓸데없이 시간을 허비 하다

шале́ *с.* 샬레(스위스의 양치기들의 오두막집); 스위스의 농가(풍의 집); (스위스풍의) 산장, 별장; 방갈로; (알프스풍의) 작은 별장.

шалева́ть *нареч.* 얇은 판자를 깔다

шалёвка *ж.* 얇은 판자를 까는 것; 얇은 판자

шале́ть, *нареч.* ошале́ть 목을 잘리다; 허둥대다; 몰두(열중)하다; 열광하다, 화끈거리다, 상기되다;

шали́ть, *нареч.* ~에게 못된 장난을 하다, ~을 놀리다; 장식하다, 모양내다, 성장하다; 떠들다;

шалма́н *м.* 값싼 선술집

шалови́вость *ж.* 장난을 좋아함, 장난치는 것; **~ый** 장난을 좋아하는; 장난치는

шалопа́й *м. разг.* 쓸모없는(사람), 변변치 못한(인간); 빈들(펀들)거리는 사람, 게으름뱅이, 개구장이; 선머슴; **~ничать** *разг.* 놀고지내다, 빈둥거리다; 빈들빈들 돌아다니다, 아무 것도 하지 않고 시간을 보내다

шалопу́т *м.* 신비를 부정하는 평신교의 일파

шалопу́тный *разг.* 쓸모없는(사람), 변변치 못 한(인간), 빈들(펀들)거리는 사람, 난폭(격렬)하게, 형편없이,

ша́лость *ж.* 농담(弄談), 못된 장난.

шалта́й-болта́й *прил.* 쓸데없는 것, 하찮은 것; 하찮은 녀석, 아무짝에 쓸모 없는 사람

шалу́н *м.* 쾌활한 것, 놀기좋아하는, 농담좋아하는, 개구쟁이, 장난꾸러기의, 말을 듣지 않는, 버릇없는; **~ишка** *м. ласк. разг.* 꼬마 도깨비; 개구쟁이

шалу́нья *ж.* 쾌활한, 놀기좋아하는, 수다쟁이 소녀, 들떠서 떠들다, 야단법석떨다; 장난을 좋아하는 소녀.

шалфе́й *м.* 세이지; 그 잎(약용. 요리용), 사루비아,

шалыга́н *м.* 게으름쟁이, 어쩔 수 없는 녀석

шалыга́нить *нареч.* 빈둥대다

ша́лый *прил. разг.* 미친, 실성한, 머리가 이상한, 광기있는, 미치광이의, 얼빠진짓의, 무리한.

шаль *ж.* ① 숄(shawl), 어깨 걸치개, 큰외투; ② 어리석음, 둔하다, 무분별;

шально́й *прил.* 미치광이의, 실성한, 머리가 이상한,

шаля́й-валя́й, шаля́-шаля́ *нареч.* 적당히, 어떻게든, 여하튼, 좌우간, 어쨌든, 얼버무려, 아무렇게나

шама́н *м. рел.* ① 샤먼; 방술사, 마술사, 무당; ② 샤먼교(나만교)의 승려; **~ить** 샤머니즘의 의식(예배식), 샤먼교의 기도 행하다; **~ский** *прил.* **~ство** *с.* 샤머니즘, 샤먼교의, 그 승려의, 황교의, 라마교의 신파의

шамато́н *м.* 게으름쟁이

ша́мать *м.* (도둑 은어) 먹다, 삼키다

шамберье́р *м.* 서커스에서 맹수를 다루는 회초리

шамка́нье *с.* 중얼거리는, 웅얼거리는, 우물 우물하는

ша́мкать *нареч.* 작고 똑똑하지 않은 말을 하다, 중얼거리다.

шамо́вка *ж.* 음식(飮食)

шамо́т *м. тех.* 내화점토(耐火粘土), 내화점토 벽돌.

шампа́нея *ж.* 샴페인(champagne)

шампаниза́ция *ж.* 샴페인 주조

шампанизи́ровать *нареч.* (샴페인을) 주조 하다

шампа́нский *прил.* 샴페인의

шампа́нское *с. скл. как прил.* 샴페인, 거품이 이는 음료

шампиньо́н *м.* (*гриб*) 야생 버섯, 들 버섯, 모균류의 버섯, 식용버섯의 일종, 야생 양송이

шампу́нь *м.* 씻다, 머리를 감다, 샴푸하다,

шампу́р *м.* 양고기를 굽는 막대

шамси́н *м.* 이집트의 열풍

шанда́л *м.* 묵직한 촛대

шандо́р *м.* (수문 등을 닫는) 갑판

шане́ц *м.* 참호; 산병호(散兵壕); 엄보

шанкр *м. мед.* 하감(下疳); 음식창(陰蝕瘡).

шанс *м.* 기회, 호기, 전망, 가능성; 좋은기회, 찬스;

шансоне́тка *ж.* ① 카바레 노래, (연예장의) 소곡, 소품곡, 소창, 샹송(chanson); ② 카바레 그 가수

шансоне́тный *прил.* 소곡의. 소창의

шанта́ж *м.* 등치기, 갈취(한 돈), 공갈, 협박; **~и́ровать** *сов.* (*вн.*) 강탈. 공갈로 취하다; **~и́ст** *м.*, **~и́стка** *ж.* 공갈배, 등치기자, 갈취자

шанта́рские острова́ *ж.* 오호츠크해의 군도

шантрапа́ *ж.* 최하층민; 불량자, 인간쓰레기, 건달,

шантре́т *м.* 머리가 갈색인 사람

ша́нцевый *прил.* ~ инструме́нт 참호를 파는 기계

ша́ньга *ж.* 버터를 넣은 튀김과자

шапирогра́ф *м.* 복사기의 일종

шапито́ *м.* (서커스 움막의) 이동식 큰 텐트, 그속에서 행해지는 순업서커스

ша́пка *ж.* ① (차양을 대지않은 부드러운) 모자, 선수모자; ② 헤드라인, 전단의 표제, (서적. 신문의) 표제의 큰 활자, 방송 뉴스의 주요제목(총괄),

шапкозакида́тельный *прил.* 승리를 과신하다

шапкозакида́тельство *м.* 승리의 과신

шапова́л *м.* 양털 모자공; 축융공(縮絨工)

шапокля́к *м.* 오페라 해트, 접을 수 있는 실크해트

шапо́нька *ж.* 예쁜 작은모자; см ша́пка

ша́почка *ж.* 작은모자

ша́почник *м.* 모자제조인, 모자상인

ша́почный *прил.* 그저 조금아는 사람

шапсу́г *м.* 체르께스계통의 사람(까프까즈의)

шапчо́нка *ж.* (보통 차양이 없는) 부드러운 모자.

шар I *м.* 구(球); 구상체, 공 모양의 것, 구체, 구형, 천구, 천체, 지구의, 천체의; *науч.* земно́й ~ 지구의

шар II (북쪽 땅에 있어서) 해협(海峽)

шараба́н *м.* (*фр.*), (고대의) 전차, 일종의 무개마차; 한 마리가 끄는 이륜차. 대형관광버스, 대형유람 버스

шара́да *ж.* 제스터 게임(몸짓으로 판단하여 말을 한 자씩 알아 맞히는 놀이), (그 게임의) 몸짓으로 나타내는 말, 글자수수께끼(말을 분리해 두고 원어를 대는; 예: 기하학적 도형(---)+지하의 나라 (ад)+ 제 1 자모 (а) *см.*, шар-ад-а).

шара́п *прич.* 뻔뻔스럽게, 억지로

шара́хать *несов.*, *сов.* 세게치다, 가격하다

Ш

- 955 -

шара́хаться *несов.*, **шара́хнуться**. *сов. разг.* 급히휘다, (옆으로) 물러서다, 몸을 던지다, 달려들다; 세게 부딪치다, 쓰러지다, 소심한, 부끄럼타는, 수줍 어하는

шара́шка *ж.* 튼튼한 막대

шара́шкин: ~а контора *разг.* (배타적인) 도당, 파벌,

шарголи́н *м.* (кирза로 수지 가공한) 인조피혁

шарж *м.* 풍자화, (시사)만화, 그로테스크, 캐리커처

шаржи́ровать *сов.(вн.)* ① 만화식(풍자적)으로 그리다 (묘사하다), 회화화 하다; ② 지나치게 하다; 과장하여 연기하다;(그림. 연기등에서) 과장하다, 과장해서

шаржиро́вка *ж.* 과장, 회화화

шар–зонд *м. астр.* 기상관측기구

шариа́ *ж.* 충적층(沖積層).

шариа́т *м.* 회교법전(回敎法典)

шаривари́ *м.* 큰 소동, 시위적 소란(방해를 목적으로 한), 야유; 곡예의 여흥

ша́рик *м.* 작은구(球), 구슬, 염주알, 로사리오, 혈구

шарикоподши́пник *м. тех.* 볼베어링; 구축수.

ша́рить *несов.*, **поша́рить** *сов.* (в пр.) (손으로 더듬어) 더듬어 찾다, 여기저기 찾다, 뒤적거려 찾다, 샅샅이 찾다, 일검[수색]하다;

ша́рканье *с.* 발을 질질 끌다, 지척 거리다.

ша́ркать *несов.*, **ша́ркнуть** *сов.* (тв.) 비비다, 비벼서 소리를 내다, 발을 질질끌기, 뒤섞음, 혼합

шарку́н *м.* 속이 빈 남자

шарлата́н *м.* 크게 허풍을 떠는 사람; 협잡꾼, 박식한 체하는 남자; 사기꾼; ~**ить** *разг.* 돌팔이 의사 같은, 박식한 체하다, 협잡 하다; ~**ский** *прил.* к шарлатан; *тж.* ~**ство** *с.* 허풍, 아는 체함; 사기적인 행위.

шарла́х *м.* 진홍색의 물감.

шарла́ховый *прил.* 진홍색의, 진홍의, 농홍의, 진홍빛의, 스칼렛(scarlet), 주홍의.

шарло́т(~**ка**) *м.* 파이의 일종, 샬럿(사과를 넣은 푸딩)

шарло́тка *ж. кул.* 샬럿(푸딩); 파이의 일종.

шарм *м.* 매력, 매혹, 현혹, 미혹, 고혹, 아름다운 점

шарма́нка *ж.* 손으로 핸들을 돌려 타는 풍금, 배럴 오르간, 등에지고 다니는 소형 오르간; 단조로운 대화;

~**щик** *м.* 배럴 오르간 연주자, 거리의 풍각쟁이,

шарни́р *м. тех.* 돌쩌귀, 경첩, 접철, 하엽, 이음쇠

шарова́ры *мн.* (남자의) 넓은바지, 핫바지; (중근동지방 남녀의) 헐렁바지, 장화속에 넣는 바지.

шарова́ть *несов.,сов.*(밭을) 갈아잡초. 잡물을 제거하다

шарови́дный *прил.*구상(공모양)의

шарови́дность *ж.* 구상, 구면, 구형, 구형도; **~ый** *прил.* 구상의, 공모양의.

шарово́й *прил.* 구(球), 공, 구체, 볼의, 공의, 공같은 것, 공모양의; ~ шарни́р *тех.* (전구를 끼우는) 소켓

шаромы́га *м. и ж.,* **~жник** *м. разг.* 기생동(식)물, 기생충(균), 기식자, 식객, 어릿광대, (고대그리스의) 아첨꾼, 사기꾼, 겨우살이; 탁란성의 새(두견이 따위).

шаромы́жничать *нареч.* 사기치다

шаромы́жничество *м.* 사기(詐欺), 속임수

шарообра́зность *ж.* 구상, 구면, 구형, 구형도; **~ый** *прил.* 구의, 구체의; 구모 양의; 구면의

шароско́п *м.* 영상을 확대해보는 렌즈달린 플라스틱구

шаро́шка *ж.* 재단기(裁斷機)

ша́рпать *нареч.* 약탈하다, 빼앗다, 우려내다

шар-пило́т *м.* 꽘측기구

шартре́з *м.* 샤르트루즈(향기있는 리큐르 이름)

шарф *м.* 스카프, 목도리, 숄;(흑. 황. 은 3 색의) 견장

шассе́ *м.* 춤의 일종, 샷세

шасси́ *с.* 샤시, (자동차. 마차의) 차대; (은현포의) 포좌; (비행기착륙장치의) 각부(다리부분);(자동차의) 차대;

ша́сталка *ж.* 정미기, 곡물 까끄라기를 제거하는 기계

ша́стальный *прил.* 곡물의 까끄라기를 떨어뜨리기 위한

ша́станье *с* 흔들리다. 까끄라기를 떨어뜨리다

ша́стать (건들건들) 거닐다, 방랑하다, 배회하다, 우물쭈물하다, 서성대다, 까끄라기를 떨어뜨리다.

шасть 순식간에(들어온. 뛰쳐나간. 가로 지른)

шата́ние *с.* ① 흔들리다, 흔들흔들하다, 흔들리는, 흔들흔들하는 것, 빈둥빈둥함, 비틀비틀함; 주저, 망설임, 말을 더듬음, 흔들림, 동요, (마음. 생각 등의) 동요, 우유부단; ② (건들건들) 거닐다, 빈둥거리다; 빈들빈들 돌아 다니다.

шата́ть *несов. и сов.* 흔들리다, 흔들흔들하다, 동요하다, 뒤흔들다, 흔들어 움직이다, 진동시키다, (*трясти*) 흔들다, 뒤흔들다, 진동하다; 흔들 거리다, 휘두르다; **~аться** *несов. сов.* ① 풀리다, 느슨해지다; 불안정하다,

Ш

건들거리다, 견고하지 않다, 흔들리다; 비틀비틀하다, 위태롭다; 흔들거리다; 비틀걸음, 갈짓자 걸음; ② 어슬렁어슬렁 걷다, (건들건들)거닐다, 빈들빈들 돌아다니다;.

шате́н *м.,* **~ ка** *ж.* 갈색 머리인 사람.

шатёр *м.* ① (서커스의) 큰 천막; 텐트; ② *арх.* 우진각 지붕, 모임 지붕

шатирова́ть *несов.* 명암을 내다, 바림하다

шатиро́вка *ж.* 명암법, 선염(渲染)

ша́тия *ж. груб.* 패(牌), 무리, 동료, 악당, 갱단, 시시한 사람들, 불량배; **вся ~** 모든 일당, 폭력단

ша́ткий *прил.* ① 불안정한, 건들거리는, 흔들리는, 믿을수 없는, 불확실한, (가구등이) 맹그러질 듯한; (생각등이) 믿음성 없는; ② 불확실한, 믿을수 없는, 불안정한, 흔들리다, 우유부단한, 의지력이 약한; 건들거리는, 견고하지 않은; **~ость** *ж.* ① 불안정, 건들거림, 견고하지 않음, 흔들림; ②불확실, 믿을수 없음, 불안정, 위험(危險), 불안

шато́к *м.* 한 번 흔들림; 일보(一步)

шато́-лафи́т *м.* 프랑스산 적색포도주 의 일종

шатро́вый *прил.* 천막형의, 사방으로 경사면이 있는;

шату́н *м. тех.* 커넥팅 로드, 연접봉

ша́фер *м.* 최적임자; 혼례에 시중드는 사람

шафра́н *м.* 사프란(saffraan); 그꽃의 암술머리; 사프란색, 샛노랑; 사프란에서 얻는 약재, 식용염료; 사과의 일종; **~ный, ~овый** *прил. к* шафран. 사프란의.

шах I *м. (титул)* 이란 국왕의 칭호; 인도 제후의 칭호.

шах II *м. шахм.* 장군(將軍: 장기에서 공격의 신호);

ша́хер-ма́хер *м.* 교활하게 장사를 하는 사람, 속임수를 쓰는 사람; 교묘한 위장 상표

ша́херма́херство *м.* 중간에서 가로챔(갈취,횡령), 사술, 속임수, 기만책, 사계, 암수, 꾐수, 꾀, 계교, 책략.

шахинша́х *м.* 이란 국왕의 정식 호칭; 이란 국왕

шахи́ня *ж.* 샤 의 아내; 이란의 왕비(王妃).

шахмати́ст *м.,* **~ка** *ж.* 체스, 서양장기; 장기를 두는 사람, 체스기사.

ша́хматный *прил.* 체스의, 서양장기의

ша́хматы *мн.* ① 장기; 그 말의 조; ② (체스의) 말.

шахова́ть *сов.* (장기에서.) 장군을 부르다, 장군!

ша́хта *ж.* ① 탄갱; 채굴장, 채석장, 광산, 채석장, ②수갱; 환기구멍, 바람구멍, 엘리베이터의 통로;

шахтёр *м.* 광부; 갱부; 채공; 광산업자; **~ский** *прил.* ① 광부의; 갱부의, 광산업자의; ② 채광기, 채탄기.

шахтёрка *ж.* 여자 갱부; 갱부의 방수 작업복;

ша́хтный *прил.* **~ая печь** *метал.* 수갱노; 환기구(바람)

шахтовладе́лец *м.* 광산 소유주

шахтоуправле́ние *м.* 광산 관리국

ша́шель *м. биол.* 착선충(著船蟲)

ша́шечка *ж.* 도로포장용 나무벽돌의 일종

ша́шечница *ж.* 체스판, 서양 장기판, 바둑판; 체크판, 체커판같은 무늬가 있는 것; 서양 바둑돌 그릇; **~ый**: ~ая доска 바둑판; 체크 판; 서양 바둑의, 서양장기판.

ша́шечный *прил.* 서양 바둑의

шаши́ст *м.* 바둑두기, 바둑기사

ша́шка I *ж.* (*оружие*) 사브르, 기병도(刀), 기병 대검; (가죽집에 넣은 휨이 적은) 검(劒).

ша́шка II *ж.* ① 체커의 말; 서양 바둑돌; 서양 바둑; 바둑판 무늬; 솜화약의 압축체; 도로포장용 나무벽돌의 일종; ② *мн.* (서양 장기의) 체커, 서양 장기

шашлы́к *м. кул.* (크림반도 까프까즈의) 꼬치구이 양고기, 사슬릭

шашлы́чная *ж. скл. как прил.* 사슬릭 집

ша́шни *мн. разг.* 1. 음모, 간책; 정사, 농담, 못된 장난; 2. 정사, 밀통, 간통, 호색의, 연애하고 있는, 연애의,

шваб *м.* 쉬바벤(독일의 주의)사람, 도이치인

шва́бра *ж.* (나무껍질 섬유; 갑판닦기. 마루 청소 등에 사용된) 걸레, 자지루 걸레, 몹, 자루 걸레,

шваль *ж.* (*тк. ед. собир.*) 하층민, (인간) 쓰레기, 변변치 않은 사람, 부랑자; 도움이 안되는 물건, 잡동사니.

шва́льня *ж. уст.* 맞춤 양복점, 재봉 공장.

шва́ра *ж.* 향내를 내기 위해 담배에 섞는 식물의 잎.

шваркнуть *нареч.* 던지다; 치다

шварт *м. мор.* (배의) 이물에 있는닻, 예비용 큰닻

швартов *м. мор.* 계류장치, 계류설비, 계류장, 정박장,

швартова́ть (*вн.*) *мор.* (배. 비행선을 잡아매다, 정박 시키다, 정박하다, 계류하다; **~ся** *мор.* (꽉) 죄다, 닫다, 매다; (배의) 계류, 계류장, 계류료(料);

швартовый *прил.* 계류의

Ш

швах *предик. разг.* (아무의 활동. 작품이) 서투른, 어설픈; 무능한; 틀렸다; 잘못했다, 잘되지 않은, 불량한, 불충분한;

швед *м.,* **~ка** *ж.* 스웨덴인(-人), 스웨덴 사람; **~ский** *прил.* 스웨덴의; 스웨덴식[풍]의; ~ский язык 스웨덴말

шве́йка *ж.* 재봉사; 재봉 용구의 한 가지

шве́йник *м.* 재봉공, 산업봉제공; **~ый** *прил.* 재봉의, 봉제용의; **~ая** машина 재봉틀(재봉. 제본용 따위)

швейца́р *м.* (호텔의) 짐 운반인, 수위, 문지기.

швейца́рская *ж. скл. как прил.* (*комната*) 수위실

швелева́ние *с.* 저온 건류, 반성 코크스화

шве́ллер *м. тех.* 액체를 통하는 도관; (기둥. 문지방의) 홈; 채널강, 홈형 강재, 홈형 철근 콘크리트 기둥;

швермер *м.* 지그재그 모양으로 꼬리를 끄는, 쏘아올리는 폭죽

швертбо́т *м. мор.* 작은 돛단배의 하나; 센터보드,

швец *м. уст.* 재봉사; (남성복의) 재단사, 구두공, 제화공; и ~, и жнец, и в дуду игрец *погов.* 다예는 무예.

швея́ *ж.* 침모(針母); 여자재봉사

швырко́вый *прил.*: **~ые** дрова 통나무(땔나무)를 10-12인치로 쪼개는, 장작을 패다

швыро́к *м.* 난로에 지피는 짧게 장른 장작

швыря́лка *ж.* 감자 캐는 기계

швыря́ние *с.* 던지기; 헐렁; (가볍게. 아무렇게나) 던지다

швыря́ть *несов.,* **швырну́ть** *сов.* 집어던지다, 세게 던지다, 힘차게 던지다; 낭비하다; **~ться** (*тв.*) *разг.* (내)던지다, 팽개치다; 서로던지다; 낭비 하다

швычо́к *м.* 손끝으로 튕김

шеба́рша́ *м.* 요란한 사람; 불평가.

шеба́ршить *м.* 술술 말하다; 수다떨다; 소란 피우다,

шебе́ка *ж.* 지중해의 작은 삼장선의 명칭

шевалье́ *м.* (중세의) 기사; 보리의 일종

шевели́н *м.* 단열 물질

шевели́ть *несов.,* **шевельну́ть** *сов.* 살짝움직이다, 가볍게흔들다; (감정을) 움직이다, (희망을) 일으키다; **~ся,** **шевельну́ться** (약간) 움직이다, 살짝움직이다; (감정이) 일어나다; сидеть не шевелясь 앉고 싶지않다.

шевелю́ра *ж.* (숱이 많은) 머리털.

ше́вер *м.* 금속 절단기

шевинговальный *прил.* 대패질용의
шевингование *м.* 대패질
шевиот *м.* 체비엇양; 체비엇 양털로 짠 두꺼운 모직물; 양털제 직물의 일종, 사지; **~овый** *прил.* 체비엇양(羊); 체비엇 양털로 짠 두꺼운 모직물.
шеврет *м.* 부드러운 양가죽
шевро *с. нескл.* 새끼염소; 새끼영양, 부드러운 제화용 짐승가죽(산양,양), 새끼염소가죽; **~вый** *прил.* 키드제의, 키드 가죽 장갑[구두]; ~вые ботинки 키드 가죽 구두
шеврон *м. воен.* 갈매기표 수장(하사관의; 영국에서는 근무 연한을, 미국에서는 계급을 표시); (갈매기 형의) 완장(초과 근무 연한을 나타냄).
шевронный *прил.* 형의 완장용의; (톱니바퀴의 이빨에 관하여) 형의, 오늬 모양의, 갈짓자 무늬 장식
шевырять *нареч.* 휘젓다
шед *м.* 동물 양식장의 우리를 덮는 차양
шедёвр *м.* 걸작, 명작.
шеегрейка *ж.* 목도리.
шеелит *м.* 회중석(灰重石)
шезлонг *м.* 긴의자의 일종,(등받이를 젖히는) 의자
шейка *ж.* ① 가늘고 작은 목, (모든 물건의) 협소한 부분, 목; 새우의 꼬리부분; ② 꽁무니 빼다, 꼬리를 빼다, 꽁무니 빼는 사람; 변절자.
шейный *прил.* 목 모양의 부분; (그릇, 악기의) 잘록한 부분, 목, 인후의, 목의, 경부의; 경정맥의;
шейх *м.* 아라비아의 족장, 어느종파의 장로
шелеп *м.* 회초리, 매
шелест *м.* (나뭇잎이나 비단 등이) 와삭거리는, 바스락 거리다; 사락사락, 사각 사각하는 소리.
шелестеть *с.* 사락사락. 사각사각소리나다; 살랑(와삭. 바스락)거리는소리; 나뭇잎의 살랑거림, 옷스치는 소리
шёлк *м.* 비단, 비단 옷, 견직, 견직물(옷), 비단실, 명주실, 생사(生絲); 견사(絹絲)
шелковарня *ж.* 생사공장(生絲工場)
шелковидный *прил.* 비단같은, 고운.
шелковина *ж.* 명주(明紬); 견사(絹絲)
шелковинка *ж.* 명주; 견사, 나사 (螺絲)
шелковистый *прил.* 비단같은; 보드라운, 매끄러운
шелковица *ж. бот.* 뽕나무, 오디.

шелкови́чный *прил.* 양잠의; ~ червь 누에
шелкóвка *ж.* 메밀가루
шелковóд *м.* 양잠업자, 누에 양육자, 누에 사육자; **~ство** *с.* 양잠, 양잠업, 누에번식
шёлковый *прил.* 명주의, 명주로 만든; 비단 같은 (매끈매끈한, 광택있는); 수수한, 얌전한
шёлкокомбинáт *м.* 견직 기업 합동
шёлкокручéние *нареч.* 생사를 뽑아 내는 것
шёлкомотáльный *прил.* 견사조의
шёлкомотáльня *ж.* 사조공장
шёлкомотáльщик *м.* 사조공(寫照工)
шёлкомотáние *нареч.* 사조, 실을뽑음(고치에서 생사를 뽑는 것)
шёлкообрабáтывающий *прил.* 견사의, 견포가공의
шёлкоотдели́тельный *прил.* 명주를 분비하는
шелкопря́д *м. зоол.* 누에나방
шёлкопрядéние *с.* 견사를 뽑는 일, (누에. 거미가) 실을 내다, 치다; ~ **ильный** 견사를 뽑는 일, (누에. 거미가) 실을 내다; ~ильная фабрика 누에공장
шёлкопряди́льня *ж.* 견사공장
шёлкоткáцкий *прил.* 명주(비단) 제조의, 견사를 짜다; ~ая фабрика 비단제조공장; ~ станок 견사 제조베틀,
шёлкоткáчество *м.* 견포 제직
шеллáк *м.* 셸락(도료); 바니스. 봉랍드 의 원료가 되는 수지
шелóм *м.* 철갑모; *см.* шлем.
шелохну́ть *сов.* (*вн.*) 살짝움직이게 하다, (억지로, 약간) 움직이다; **~нуться** *сов.* 살짝(가만히)움직이다, 흔들리다
шелуди́вый *прил.* 옴에 걸린 **шелудя́к** *м.* 옴에 걸린자
шелудли́вый *прил. разг.* 옴에 걸린, 누추한, 더러운
шелухá *ж. тк. ед.* (зерна) 꼬투리, 껍데기, 겉껍질, 외피); 도움이 되지 않는 외피적인 것.
шелушéние *с. мед.* 껍질벗기기, 껍질을 벗기는 일; 껍질이 벗겨지는 것.
шелуши́льный *прил.* 외피를 벗기는
шелуши́ть *несов. сов.* (*вн.*) (껍질. 껍데기) 벗어지다, 벗겨지다; 껍질을(껍데기,외피) 벗기다; **~ся** (과일의) 껍질을 벗기다; (비늘. 페인트) 벗겨져 떨어지다; 외피가 벗겨지다.
шелчи́на *ж.* 견사(絹絲), 생사(生絲), 실크 실

шельма *м. и ж. разг.* 악당, 깡패, 악한(惡漢), 사기꾼, 불량배; 교활한 놈, 불한당.

шельмец *м.* 교활한 놈, 간사한놈, 꾀많은.

шельмование *с. ист.* 사회의 불명예, 공공의 불명예; *(перен.)* 명예 훼손, 중상, 비방.

шельмоватый *прил. несов.* 교활한, 협잡하는, 사기의; (표정에 대하여) 교활한 듯한

шельмовать *несов.*, **ошельмовать** *сов.* *(вн.)* 창피주다, 욕보이다; 비방하다, 중상하다, 비난하다.

шельмовской *прил.* 사기의, 속임수의.

шельмовство *с.* 못된 짓, 사기(詐欺)

шельф *м. геогр.* 사주(沙洲), 모래톱, 얕은여울; 암초; континентальный ~ 대륙붕.

шелюга *ж. бот.* 버드나무의 하나

шелюговать *нареч.* 모래땅을 다지기 위해 버드나무를 심다

шематон *м.* 텅 빈 인간; 게으름장이

шемая *ж.* 흑해.우랄해에서 나는 청어와 비슷한 물고기, (Chalcalburnus) 로얗피쉬

шемизетка *ж.* 시미즈, 부인용 가슴 받이 옷

шемякин *м.*; ~ суд 부정한 재판, 불공평한 재판.

шенапан *м.* 게으름쟁이, 장난꾸러기

шенкель *м.* 다리; 정강이(아랫다리의 앞뼈 부분)

шепелявить *несов.* 불완전하게 발음하다(어린애가 [s, z]를 [с, δ]로 발음하는 따위); с, з를 ш, ж 처럼발음하다; **~ость** *ж.* 혀가 잘돌지않는 소리, 혀 짤빼기소리; **~ый** *прил.* 혀가 잘돌지않는 소리로 말하다

шепинг *м.* 꼴을 깎는 선반기계, 셰이퍼

шёпот *м.* 귀엣말, 속삭임, 작은 소리로 말하다

шепотня *ж.* 속삭임, 작은 소리로 말하다

шёпотом *нареч.* 가만가만 속삭이며, 작은목소리로 말하다, 속삭이다.

шептала *ж. тк. ед. собир.* 말린 복숭아 및 살구.

шептать *несов.*, **шепнуть** *сов.*, **прошептать** *сов.* 속삭이다, 소곤소곤하다; 속삭이듯이울다; 속삭이는 소리로 주문을 걸다; **~ся** *несов. сов.* 서로속삭이다, 서로 소곤대며 말하다, 담화하다, 서로 이야기 하다

шептун *м. разг.* ① 고자질하는 사람, 쓸데없는 소문을 내는 사람; 마법을 거는 사람, (선생에게) 고자질하다;

② 내막을 폭로 하는 것, (범죄의) 밀고자, 고발인; (경찰에 정보를 파는) 직업적 정보 제공자.

шер *м.* 주식(株式), 주권(主權)(미국. 영국등의)

шербе́т *м.* 셔벗(과즙을 주로 한 빙과); 청량과즙음료; 찬 과즙 음료; 소다수류.

шере́нга *ж.* 종렬, 오(伍), 병졸; 열(列), 대열, 대오

шери́ф *м.* 미국의 군장관, 영국의 명예주장관, 마호메트 후예의 칭호, 군(郡)보안관, 주장관(지사)

шерл *м.* 흑전기석(黑電氣石)

шерохова́тость *ж.* ① 거친, 거칠거칠한, 껄껄한, 텁수룩한; ② 곤란을 동반한 것; 그 장소; **~ый** (*прям. и перен.*) 우툴두툴한, 울퉁불퉁한, 꺼칠꺼칠한, 감촉이 거친, 술술나가지 않는, 곤란을 수반한; 평탄하지 않은, 한결같지 않은, 균일치 않은, 질이고르지 못한

шерп *м.* 셀파족(네팔. 히말라야 지방의 민족)

шерстезагото́вка *ж.* 양모 조달

шерстеобраба́тывающий *прил.* 양모 가공의

шерсти́нка *ж.* 한 가닥의 털실; 하나의 양모.

шерсти́стый *прил.* 양털의, 양모질의; 양털로(뒤)덮인; 양털같은, 폭신폭신한; 양털로 만든; 보풀이 많은; (양 등에대하여) 털이북슬북슬한; **~ть** (피부를) 자극하다, 흥분시키다.

ше́рстность *м.* 모질   **шёрстный** *прил.* 짐승털의

шерстоби́т *м.* 타모공, 털실 방적공

шерстоби́тный *прил.* 타모의, 타모용의

шерстобо́йня *ж.* 타모공장   **шерстокра́с** *м.* 털염색공

шерстокры́л *м.* 날다람쥐(동남아시아의 열대림에 서식)

шерстомо́ечный *прил.* 세모용의

шерстомо́йка *ж.* 털 씻는 기계; 털 씻는 공장

шерстомо́йный *прил.* (양모를) 씻는

шерстомо́йня *ж.* 털 씻는 공장

шерстоно́сный *прил.* (짐승에 대하여) 털이 있는, 털이 난, 털이 북슬북슬한

шерстопряде́ние *с.* 털실을 뽑는것; 모방적(의), 털실 방적업(의); **~и́льный** *прил.* 모방적의, 털실을 뽑는 것;

шерстопряди́льня *ж.* 털실 공장

шерстопря́дка *ж.* 방모기

шерстотка́чество *с.* 모직물 제조, 털실을 짜는 것

шерсточеса́лка *ж.* 양털을 빗질하는 공장

шерсточеса́льный *прил.* 양털소면, 털소모

шерсть *ж.* ①털, 머리카락, 머리털; ② 포유동물의 털, 특히 양모, 털실, 모직물; 동물의 털 빛깔; ③ 나사, 모직웃깁, 모직의 옷, 소모사(의), 우스티드(의); 소모사 직물의;

шерстяни́к *м.* 털실제조공, 모직물 제조공; 양모 제품상, 털실 수예점

шерстя́нка *ж.* 모직물같은 면직물; 모직 각반

шерстяно́й *прил.* 양털의, 모직물의, 모직의, 방모사의, 양모의, 짐승털의, 털실의

шерхе́бель *м.* 대패; 건폭대패, 막대패.

шерш *м.* (새. 짐승을) 찾아(개에게 하는 명령)

шерша́веть *м.* 꺼칠꺼칠해지다, 거칠게 하다, 거칠어 지다, 꺼칠꺼칠하게 하다

шерша́вить *нареч.* 꺼칠꺼칠하게 하다

шерша́вый *прил.* 거친, 꺼칠꺼칠한, 껄껄한; 꺼칠꺼칠 해진

ше́ршень *м. зоол.* 말벌류(類); 끊임없이 맹공격해 오는 적, 성가신 [심술 궂은] 사람.

шест *м.* 막대기, 깃발, 장대, 기둥, 지주, 긴 막대; (거룻배의) 삿대; (너벅선 등) 삿대로 젓다; 너벅선으로 나르다

ше́ствие *с.* 행진, 행렬, 행군, 해행, 행군

ше́ствовать *несов.* 걷다, 걸어가다, 행렬을 지어 나아 가다, 줄지어 걷다; важно ~ 성큼성큼걷다, 활보하다.

шестерёнка *ж. уменьш. от* шестерня; 작은 톱니.

шестери́к *м. уст.* 6 두 마차, 6 개가 1 뿐드의 초, 6 길의 길이, 6 인치의 두께, 6 촌포, 6 개로 꼰 밧줄, 6 인의 일꾼이 있는 가족, 그 밖에 모두 6 개로 된 것.

шестерико́вый *прил.* 6 개로 된; шестерик 를 이루는

шестерице́ю *м.* 6 배하여

шестери́чный *прил.* 6 배의.

шестёрка *ж.* ① 숫자의 6, 모두 6 의 번호가 있는 것, 학교 평점의 6 점(12 점 만점에서), 카드의 6 점표, 6 인 1 조, 6 기편대, 6 대로 된 1 조, 6 마리가 끄는 마차, (식당 등의) 급사; ② *карт.* 6 점의 패, 6 의 눈이 나온 주사 위, (사이즈의) 6 호문; ~ черве́й, пик и т. п, 6 하트(의패), (카드놀이)스페이드; ③ (*лошадей*) 6 기 통의 엔진; ④

(лодка) 노가 여섯개, 식스-오어; ⑤ *воен. ав.* 여섯대의 항공기가 비행하다

шестерно́й *прил., нареч.* 6 배의[로], 여섯 겹, 여섯겹으로; 6개 부분으로 이루어진.

шестерня́ *ж. тех.* 전동장치, 기어, 톱니바퀴장치, 활차, 6 두마차, 토니, 치차, 피니언 톱니바퀴(작은 톱니바퀴).

ше́стеро *числит.* 6 인, 6 필, 6 쌍.

шести – (*в сложн. словах, не приведённых особо*) 여섯의, 6 의, 여섯 개의, 6 명의

шестивёсельный *прил.* 노가 6 개 있는

шестигла́вый *прил.* 6 개의 꼭대기가 있는

шестигла́сный *муз.* 6 부 합창의, 6 인 으로 구성된

шестигра́нник *м. мат.* 6 면체, 육면체; **~ый** *мат.* 6 면체의, 6 면이 있는

шестидесяти- (*в сложн. словах, не приве-дённых особо*) 예순(60)의, 예순명(개)의, 예순(60)날의, 예순날의,

шестидесятиле́тие *с.* ① 60 주년; 60 주년제; 60 번째의 생일, 환갑; ② 60 세의

шестидесятиле́тний *прил.* ① 60 년 간의; 60 세의; 60 년째의, 60 년째의; ② 60 의, 60 살의

шестидеся́тник *м.*, **~ница** *ж. ист.* 60 년대의 사람

шестидеся́тый *прил.* 제 60 번째의, 예순번째의;

шестидне́вный *прил.* 6 일(간)의, 6 일간에 걸친.

шестидюймо́вка *ж.* 6 일, 1 주째.

шестидюймо́вый *прил.* 6 일간의, 6 일에 걸친

шестикла́ссник *м. разг.* **-ица** *ж.* 6 학년학생

шестикли́нка *ж.* 6 조각의 천으로 지은 스커트 (주름치마)

шестикра́тный *прил.* 6 배의; в ~ом размере 여섯배의,

шестикры́лый *прил.* 6 장의 날개가 있는

шестиле́тие *с.* ① 6 년간; 6 년제, 6 년 째의 기념; 6 년의, 6 년간; **~ний** *прил.* ① 6 년간의, 6 살의, 6 년 제의, 6 년째의; ② ~ ний ребёнок 여섯살의 아이

шестимеся́чный *прил.* ① 6 개월 간의; 생후 6 개월의; ② 육개월 된; ~ ребёнок 생후 육개월된 아이

шестинеде́льный *прил.* ① 6 주일, 육주일의; ② 생후 6 주

шестипа́лый *прил.* 여섯 손가락의.

шестисло́жный *прил.* 6 음절의

шестисотле́тие *с.* ① 600 년간; 600 년제 기념일, 600(육백), 600(주년), 600 년제(祭), ② 600 년, 6 세기; ~ **ний** *прил.* ① 600 년의; 600 주년의; ② 600 번째의, 600 주년째의

шестисо́тый *прил.* 600 번째의; страница ~ая 600 페이지; ~ номер 600 번; ~ая годовщина 600 주년; ~ год 600 년된

шестиство́льный *прил.* 6 연발의

шестисто́пный *лит.* 6 각의, 육운각, 육시각.

шестисторо́нний *лит.* 6 면이 있는.

шестисторо́нник *м.* 6 면체, 육면체

шеститы́сячный *лит.* ① 6000 번째의, 6000 으로 된; ② 6000 루블의 값어치; ③ 총 6000 명의

шестиуго́льник *м. мат.* 6(육)각형, 육모꼴, 육변형; ~ **ый** *лит.* 육모꼴의, 육변형의.

шестичасово́й *лит.* 6 시간의, 6 시의;

шестиэта́жный *лит.* 6 층의

шестия́русный *лит.* 6 단의, 6 층의

шестна́дцати – (*в сложн. словах, не приве-дённых особо*) 열여섯, 16의, 열여섯 개, 16 명 의; 열여섯 날, 16일의;

шестнадцатиле́тний *лит.* ① 16년, 십육 년; 십육세, 16 살; ~ мальчик 16 세 소년, 열섯 살의 소년

шестна́дцатый *лит.* 제 16 번의, 제 열 여섯 번의

шестна́дцать *числит.* 16; ~ раз 열여 섯번째.

шесто́й *мат.* 제 6 번의;

шесто́к *м.* ① 화로(火爐), 난로; 러시아식 난로 앞의 작은 대; ② 높은 지위, 횃대

шестови́к *м.* 장대 높이뛰기 선수

шестопса́лмие *с.* 아침 기도만 읽는 6 성가.

шесть *числит.* 6. 육(六), 여섯.

шестьдеся́т *числит.* 60, 육십(六十), 예순

шестьсо́т *числит.* 600, 육백(六百)

ше́стью *нареч.* 6 배로; ~ шесть 6 의 6 배는 36

шеф *м.* ① 장(長), 장관, 명예대장; 요리장, 주방장 ② (개인. 사업. 주의. 예술의) 보호자, 후원자, 지지자;

шефе́, шофе́: под ~ 한 잔마시고 얼근하게 취한 기분으로

шеф–пова́р *м.* 장(長), 우두머리; 주방장.

ше́фский *лит.* 후원자의, 후원하는.

ше́фство *с.* 보호, 후원, 찬조, 장려

ше́фствовать *несов.* (*над*) 보호하다, 후원하다
ше́я *ж.* 목; 모가지, 음표의 꼬리
шиба́й *м.* 중개인, 소상인(小商人)
шиба́лка *ж.* 투석기 **шиба́ть** *с.* 치다, 때리다
шибе́ница *ж.* 교수대(絞首臺)
ши́бер *м.* 공장이나. 난로 연기통의 덮개, 활판
ши́бкий *разг.* 신속한, 빠른, 잽싼, 민첩한.
ши́бко *нареч. разг.* ① 빠르게, 신속 하게, 급히, 곧; 세게, 호되게, 몹시, 재빠르게; 꾀바르게; 산뜻하게; ② (*очень*) 굳은, 단단한, 견고한, 딱딱한, 매우, 대단히
ши́вера *ж.* (시베리아와 우랄지방 하천의) 흐름이 빠른. 돌이 많은 곳
шиво́рот *м.* 칼라, 깃, 접어 젖힌 깃. 옷깃, 목덜미
шиво́рот-навы́ворот *нареч. разг.* 뒤집히어, 거꾸로, 뒤죽박죽으로, 혼란되어. 역으로, 반대로, 난잡하게, 엉망으로, 전도된;
шизогони́я *ж. биол.* 분열생식
шизофре́ник *м.* 정신분열환자 정신분열병의, 모순된 태도를[감정을] 지니는(사람); **~ия** *ж.* 정신 분열병[증].
шии́зм *м. рел.* 시아파(коран 만을 인정하지만 сунна 를 부정하는 회교의 일파)
шии́т *м. рел.* 시아파(Shiah 派: 시아'는 아랍어로 당파의 뜻, 이슬람교의 2대 종파의 하나)
шии́ты *м. рел.* 코란만을 인정하는 회교도의 일파, 즉 시아파
шик *м.* 현대식, 유행; 스마트, 풍류, 멋부림, 세련된.
шикани́ровать *сов.* 트집을 잡다, 시비를 걸다
ши́канье *с.* (경멸. 비난의 뜻으로) 씻소리를 내다, 가망을 잡다, 시비하는 것, 야유하는 것.
шика́рить *сов.* 멋내다, 맵시있는 복장. 산뜻한 복장을 하다, 뽐내다
шика́рно *нареч.* 현대적으로, 유행으로, 풍류적인, 멋부린, 세련된, 스마트한; 멋진; **~ый** ① 풍류적인, 멋부린, 세련된, 스마트한; ② 멋진, 빛나는, 훌륭한, 화려한, 광대한; ③ 호화로운, 장려한, 성대한.
ши́кать *несов.*, **ши́кнуть** *сов. разг.* ① 쉿(조용히 하라는 신호); ② (경멸. 비난의 뜻으로) 쉿소리를 내다.
шикова́ть *разг.* 자랑해 보이다, 과시하다; 세련된 옷차림을 하다; 드러 내다, 돋보이게 하다, 잘 보이다.

Ши́лка *ж.* 시베리아의 치따주(-州)의 강(江)

ши́ллинг *м.* 1. 실링(shilling: 영국의 화폐 단위; 1/20 pound =12 pence 에 상당; **略**: s.; 1971년 2월 15일 폐지됨);

ши́ло *с.* 큰 바늘, 송곳(가죽공. 구두공 등의)

шилови́дный *прил.* 송곳 모양의, 가늘고 뾰족한

шилоза́дый *прил.* 엉덩이가 가는

шилоклю́вка *ж. зоол.* 도요새를 닮은 새

шилохво́стить *разг.* 수다떨다, 남의 이야기를 하다 (좋지 않은 의미로), 수군수군하다

шилохво́стка *ж.* 오리속; 수다장이 여자, 소문내고 다니는 사람.

шилохво́стый *прил.* 꼬리가 가는

ши́льник *м.* 사기군, 쇠귀나물속

ши́льница *ж.* 송곳. 큰 바늘집(구둣방의)

ши́льничать *разг.* 사기치다

ши́льчатый *прил.* 가시 있는

ши́мми *м.* 무용의 이름(폭스트롯을 닮은)

шимоза́ *ж.* 시모노세 화약

шимпанзе́ *м. нескл. зоол.* 침팬지(유인원).

ши́на *ж.* ①타이어, 고무타이어, (차바퀴의) 철륜, 쇠바퀴 ②. (접술치료용) 부목; ③ *эл.* 강한전력용접선

шинга́рдт *м.* 스포츠용 무릎 싸개

шине́ль *ж.* (군인의 두꺼운) 외투, 방한 외투; 오버(코트), 학생 및 공무원 제복외투

шинка́рить *разг.* 술집을 경영하다; 술을 밀매하다

шинка́рка *ж. уст.* 선술집(여인숙) 여주인

шинка́рство *с.* 술집을 경영하는 일, 주류밀매

шинка́рь *м. уст.* 선술집 주인; 여인숙의 주인.

шинкова́льный *прил.* 잘게 썰기 위한

шинко́ванный *прич. и прил. кул.* 조각조각으로 하다 (되다), 갈가리 찢다(찢기다),

шинкова́ть *сов.* (*вн.*) 잘게 썰다; 꽉꽉찌다, 자르다, 빼개다, 잘게[짧게] 자르다; 조각, 파편.

шинко́вка *ж.* 잘게 써는 것; 그 도구

ши́нник *м.* 타이어. 바퀴철공

шино́к *м. уст.* 선술집, 대폿집, 목로 주점

ши́нто *с.* 일본의 신도

шиншилла *ж.* 친칠라; 친칠라 모피; 보풀진 두꺼운 모직물(毛織物).

шиньо́н *м.* 뒷머리에 땋아 붙인 쪽; 틀어 올린 머리; 머리를 뒤로 묶은 머리 형태.

шип I *м,* ①바늘, 침, 가시, 가시비늘; ② *тех.* 장부, 우리, 어리, 축사; 저장실, 농장; 은못, 장부촉; ③ 뾰족징,(편자. 구두의) 바닥징; 스파이크(창); 아이젠

шип II *м.* (*звук*) (치찰음(齒擦音).

шипе́ние *с.* 치찰음이 현저힌; (경멸. 비난의뜻) 씨소리를 내다; (욕. 폭언) 내뱉다, 내뱉듯이 말하다.

шипе́ть *несов.,* **прошипе́ть** *сов.* ① 쉬쉬소리를 내다; 화가나서 카랑카랑한 소리를 내다; (*тж. перен.*) 투덜투덜대다; ② (욕. 폭언를) 내뱉다, 내뱉듯이 말하다; 쉿하는 소리; ③ 가나서 속이 부글부글끓다; 지금 글하는 소리, 쉬잇소리를 내다, 쉬웠하고 거품이 이다.

шипо́вки *мн. разг.* 스파이크 한컬레(바닥에 미끄럼 방지돌기가 있는 운동화).

шипо́вник *м.* ① 찔레나무의 일종. 들장미; ②찔레의 열매, 들장미 열매.

шипово́й *см.* ШИП I; 꼭지 구멍을 파기 위한

шипоре́зный *прил.* 지를 만들기 위한

шипу́н *м.* 목쉰 소리를 내는 사람; 투덜투덜대는 사람; *зоол.* 주둥이가 빨간 백조; *ин.* 쇠에 슨 녹

шипу́чий *прил.* 끓는소리가 나는; 거품이 이는, 비등하는.

шипу́чка *ж. разг.* (마개를 뽑으면 뻥 소리나는 탄산수. 삼페인) 거품이는(청량)음료; 발포성음료; 소다[탄산]수.

шипча́ндлер *м.* 기항하는 외국배에 음료및 그 밖의 것을 공급하는 시설.

шипя́щий 1. *прич. и прил.* 치찰음이 현저한; **2.** *м. как сущ. лингв.* 쉿(조용히 하라는 신호).

Ширва́н *м.* 아제르바이잔의 옛 왕국

ши́ре 폭이 넓은; 광대한; (경험. 식견 따위가) 넓은, 광범위하게 걸친; 폭넓은; (~만큼 폭이있는, 폭이 ~인;.

ширина́ *ж.* 폭, 너비, 가로; 넓어짐, 넓이;

ши́ринка *ж.* 천조각, 수건; 바지 앞부분에 대는 천; (빛이) 바래다, 날다.

ши́рить (*вн.*) 넓히다, 넓게 되다; 넓게 하다, 벌리다;

ши́риться 넓어지다, 넓게되다; 성장하다. 발달하다. 증대하다, 보이다, (어떤 광경이 눈앞에) 전개되다.

ши́рма *ж.* 스크린; 칸막이, 눈가림, 차폐물; 칸막이 커튼[장지], 접개식 장지, 병풍, 씌우는 것, 감추는 것

широ́кий *прил.* 폭넓은; (~만큼) 폭이 있는; 폭이 넓은, 광대한.(의복에 대하여) 헐거운; 헐렁 헐렁한; 넓은, 큰; (비유적으로) 넓은, 광범위한, 광대한; (추상적으로) 넓은, 포함하는, 활달한;

широ́ко *нареч.* 폭넓은, 널리, 광범위하게, 넓게, 널리, 명백히, 버릇없게, 천하게, 대체로;

широковеща́ние *с. рад.* 방송, 방영. ~ **тельный** 1. *рад.* 방송의; 널리퍼진; 2. (소리. 목소리가) 시끄러운, 큰; 큰 소리로 지껄이는 사람, 안 해도 좋을 말을 하는 사람, 잘난 체 큰소리치는 사람.

широкогру́дый *прил.* 가슴폭이 넓은, 넓은 가슴.

широкодосту́пный *прил.* 대중이 이해하기 쉬운.

широкоза́дый *прил.* 꽁지가 큰

широкозахва́тный *прил.* (괭이. 베는 기계등의) 폭이 넓은.

ширококоле́йный *ж.-д.* 광궤의 관대한, 마음이 넓은;

ширококо́стный *прил.* 뼈대가 굵은; 뼈가넓은, 커다란 뼈, 뼈가굵은.

ширококры́лый *прил.* 큰 날개, 날개 폭이 넓은

широколи́ственный *прил. бот.* 낙엽성의; ~ **листый** *прил.* 활엽수; 잎이 무성한, 가지가 뻗은.

широколи́цый *прил.* 얼굴이 큰, 큰 얼굴.

широконо́ска *ж. зоол.* (긴주둥이 끝의 폭이넓은) 오리과의 일종

широконо́сый *прил.* 코가 큰, 큰 코.

широкопле́чий *прил.* 넓은 어깨; 어깨가 넓은; 어깨가 벌어진.

широкопо́лый *прил.* 1. 테가 넓은; 차양이 넓은; 2. (*об одежде*) 정장 스커트의;(옷에 관하여) 넓은 깃의.

широкоря́дный *прил.* 보통 보다도 이랑을 넓게 하는; 넓은 밭 이랑의

широкоску́лый *прил.* 광대뼈가 튀어 나온

широкоформа́тный *прил.*: ~ фильм 대형 스크린 필름; 대형 필름을 영사하는.

широкошля́пный *прил.* (못 의) 머리가 큰

широкоэкра́нный *прил.* 와이드 스크린의, 폭 넓은 역사막; ~ фильм 와이드 스크린 필름

широконо́жка *ж.* 오리과의 하나

широта́ *ж.* ① 넓이, 넓음, 광대; 폭 넓은; ~ взглядов (넓찍한) 전망, 폭넓은 견해; ② *геогр.* 위도, 위선, 씨줄, 위도선

широ́тник *м. мат.* 평행선. 나란히 금, 평행직선.

широ́тенный *прил. геогр.* 위도의, 위도 방향의.

широче́нный *прил.* 매우 넓은, 광대한.

ширпотре́б *м. разг.* 수요가 많은물품, 필수품, 소비재;

ширь *ж.* 넓은공지, 넓은 곳, (바다. 대지의) 광활한 공간, 넓디넓은 장소(구역); 넓은 하늘

ширя́ть *несов.* (крыльями 날개를) 치다, 홰를 치다

шитге́льб *м.* 황색안료.　　**ши́тик** *м.* 볼가강의 작은기선

ши́то-кры́то *нареч. разг.* 조용히, 고요히; 수수하게; 은밀히; 가만히, 몰래; **всё** ~ 그 모든 것이 조용히 끝났다. 그것은 은밀하게 끝난다

ши́тый *прич. и прил.* 자수하다, 수를 놓다; 자수무늬가 있는; 서로 접한, 꿰매서 입은

шить *несов.,* **сшить** *сов.* ① (вн.) 꿰매다, 깁다; 꿰매어 붙이다(달다), 박다, 기워 만들다, (판자를) 깔다, 자수하다, 재봉하다, 바느질하다(직업으로서 ②*тк.* (~ей) 자수하다, 수를 놓다

шитьё *с.* ① 재봉, 재봉업, 바느질, 봉제, 깁는 일, 기운것, 바늘, 바느질 바늘, 뜨개바늘; ② 자수, 수(놓기); 자수품.

ши́фер *м.* ① 슬레이트, 점판암, 석판, 편암; ② 지붕용 슬레이트; ~**ный** 석판질의, 석판의[같은]; 석판색의.

шиферве́йс *м.* 연백(鉛白): 백색안료

шифо́н *м.* 시퐁, 견(絹) 모슬린; (여성복의) 가장자리 장식(레이스. 리본) 비단모슬린(견직물); ~**овый** *прил.* 시퐁과 같이얇은(부드러운), 거품일게 한 환자 따위를 넣고 살짝 익힌(파이. 케이크 등).

шифонье́р *м.* 옷장, 양복장(洋服欌)

шифонье́рка *ж.* 양복장(폭이좁고 높은, 거울이 달린); 부인용 속옷장.

шифр *м.* ① 암호, 부호, 암호표; ② (도서관 장서의) 서가번호, 색인카드, 인덱서 카드, 도서관 서적의 정리 번호; ③ 모노그램(성명 첫글자 등을 도안화하여 짜맞춘 글자): 꾸며 맞춘 문자; 이름의 머릿글자를 짜맞춘 글자; 여학교 우등 졸업자 의 기념장.

шифра́нт *м.* 암호의 키워드; 암호의 열쇠; 열쇠 없이 암호를 읽는 사람

шифра́тор *м.* (통신. 원격조종의) 신호발신 설비.

шифрова́льный *прил.* 암호화의

шифрова́льщик *м.* (대사관의)암호해독관; 암호 사용자

шифро́ванный *прич. и прил.* 암호로(쓴), 암호화하다; *прил. тж.* (통신) 암호문으로는

шифрова́ть *сов.* (*вн.*) 암호로하다, 암호화하다, 암호로 쓰다; **~овка** *ж.* 암호화; 암호통신

шифрогра́мма *ж.* 암호전보

шифрча́сть *ж.* 암호 전신과

шиха́н *м.* 산꼭대기, 정상이 뾰족한 언덕, 뾰족한 언덕꼭대기

ши́хта *ж. тех.* (용광로 1 회분 원광의) 투입량; 광석에 용제를 섞은 것.

шихтова́льный *прил.* 광석과 용제를 섞은

шихтова́ть *несов. разг.* 광석에 용제를 섞다

шиш *м. груб.* 날카로운 꼭대기, 상스러운 경멸적인 손짓(두 손가락 사이에 엄지손가락을 끼워넣는 따위의);

шиша́к *м.* 끝이 뾰족한 헬멧; 꼭대기가 뾰족한 고대의 철갑모, 골무꽃속.

шишка́к *м.* ① (소나무의) 구과, 솔 방울; 방울 열매; ② 때려생긴 혹; 융기; 충돌, 혹, 유종; 마디, 원뿔의 덩이, 작은 덩어리; ③ (주물의) 심형; (끈목. 전선의) 심; (변압기의) 철심; (과실의) 인(仁), 심(心); 쌀. 보리의 낟알; (과일의) 응어리, 속; ④ (구어. 경멸적) 높은 양반, 거물, 중요 인물; (학교의) 인기있는 사람;

шишкарова́ть *прич.* 솔방울을 모으다

шишка́рь *м.* 솔방울을 모으는 사람

шишкова́тый *прил.* 마디가 많은, 혹이 많은; 혹같이 둥글게 된. 마디 있는; ~ **ви́дный** *прил.* 원뿔꼴의 모양을 한; ~**но́сный** *прил. бот.* 구과를 맺는, 침엽수의;

шишко́вник *м. бот.* 서양 산사나무

шкала́ *ж.* (여러종류의 계량기의) 눈금, 저울눈; 척도, 도표; ~ **термо́метра** 온도계 눈금

шкалик *м.* 쉬칼릭(옛날 러시아의 보드카 또는 4인의 단위: 0.06 litres 과 같음); 그 분량의 잔; 보드카의 잔(컵.병)

шкандыба́ть *сов.* 절름거리다

шка́нцы *мн. мор. уст.* (군함의) 후미갑판.

шкату́лка *ж.* 귀중품한, 소집품함; 상자, 갑(匣); (귀중품. 보석을 넣는) 작은 상자, 손궤.

шкаф *м.* 찬장, 장롱; 작은장, 벽장, 조리대; 화장대,

шкафу́т *м. мор.* 가운데 갑판(甲板)

шквал *м.* 돌풍, 질풍, 스콜, 토네이도

шква́листый *прил.* 폭풍이 일 것 같은, 질풍이 잦은; (형세가) 험악한, 심상치 않은.

шква́льный *прил.* ~ ого́нь *воен.* (사격) 맹렬한; 맹열한 사격; 탄막, 일제엄호사격; 탄막 포화를 퍼붓다.

шква́ра *ж.* 쇠의 녹, 지방을 뽑고 남은 찌꺼기, 재생용 유리 부스러기

шква́рка *ж.* 동물 기름 등의 용해 앙금, (비계 등을 조릴 때 남는) 기름찌꺼기.

шква́рки *мн. кул.* 딱딱 소리를 냄; 구운 돼지고기의 바삭바삭한 살가죽; 비계를 없앤 바삭바삭한 돼지고기.

шкво́рень *м. тех.* 이음볼트, (경첩. 키의) 축(軸), (포를 끌기 위한 주차의) 견인고리, 피벗, 선회축, 추축; (맷돌의) 중쇠; 커플링볼트, 연결기(장치); 전륜의 중심핀.

шкенте́ль *м. мор.* 단색(短索), 조색(鎖索)

шке́рбот *м.* 암초가 많은 곳에서 이용되는 보트

шке́рить *разг.* 물고기의 내장을 꺼내다

шке́рщик *м.* 물고기의 내장을 꺼내는 사람

шкет *м. разг.* 젊은이, 풋나기, 애송이, 녀석.

шкив *м. тех.* 도르래, 활차, 풀리; 피대를 거는 바퀴;

шки́пер *м.* 선장; (운동팀의) 주장; 기장; 장범장.

шки́перский *прил.* (배의) 밧줄 놓는 장소

шки́рка *ж. разг.*: взять, схвати́ть *кого́-л.* за ~ку 목덜미를 잡아서.

шко́да *ж.* 체코슬로바키아의 무기 야금대 공장

шко́да *ж.* ① 손해(損害), 해(害), ② 장난, 장난꾸러기

шко́дить *сов.* 손해를 끼치다; 장난 치다

шкодли́вый *прил.* 해를 끼치는, 장난 하는

шко́дник *м.* 해를 끼치는. 장난치는 사람

шко́ла *ж.* 학교; 양성소, 연구소, 강습소, 연습소; 훈련을 받는 곳, 학습하는 곳;

шко́ла – интерна́т *ж.* 기숙사제 학교

шко́лить (*вн.*) 훈련소, 엄중히 가르치다, 훈련 하다.

шко́льник *м.,* (초교) 남학생; **~ица** *ж.* (초등교) 여학생

шко́льничать *разг.* 어린학생같은 행동을 하다.

шко́льнический *прил.* 학생의, 학생다운; 생도의; ~ие проделки 학생들의 못된 장난

шко́льничество *с.* (*ребячество*) 학생들의 장난, 학생다운 행동거지, 학생다운 행동

шко́льный *прил.* 학교의, 학교 교육의

шкот *м. мор.* 아딧줄, 시트; 전범색, 범각색

шку́ра *ж.* (사람의) 피부; 동물의 가죽, 피혁, 생피; 신체, 외피; 뼈와 가죽뿐인 사람; 수피, 모피; 모발

шку́рить 사포로 갈다, 문지르다

шку́рка I. *ж.* ① 수피, 모피; (사람의) 피부; 모발; ② 사포, 연마지, 뻬뻬, 샌드페이퍼.

шку́рка II *ж.* 껍질(과실. 야채. 수목의), 외피, 껍데기; 베이컨의 껍질; 치즈의 겉껍질; 외견, 외면

шку́рник *м.*, **~ица** *ж. презр.* 이기주의자, 자기본위의 사람, 탐욕스러운 사람; 짐승가죽 상인; **~ический** *прил.* 자기중심의, 이기주의의; **~ичество** *с.* 이기주의(의), 자기본위(의), 자기의 이익(권익) 사리사욕; 사리추구; **~ый** *прил. презр.* 자애적(인), 이기적인, 이기주의의, 자기 본위의; ~ый вопрос 자기이익의 질문

шку́рничать *сов.* 자기 이익만을 꾀하다

шку́рнический *прил.* 탐욕스러운 사람의

шку́рничество *с.* 지독한 이기주의

шку́рный *прил.* 모피의, 짐승 가죽. 생피의; 개인의 이익에 관한; 이기 적인

шку́рочник *м.* 줄에 의한 연마공

шкут *м. мор.* 바닥이 평평한 하천용 화물선

шлаг *м. мор.* 1. 밧줄의 한 묶음; 2. 봉화용 탄약통

шлагба́ум *м.* (철도 건널목 등의) 관목, 횡목

шлак *м.* (광석의) 용재, 광재, 슬래그, 화산암재; 쇠의 녹, 쇠 찌꺼기, 석탄 등의 타고 남은 찌꺼기

шлакобето́н *м.* 슬래그 시멘트, 고로시멘트

шлакобло́к *м.* 쇠부스러기, 석탄 재찌꺼기와 시멘트를 혼합한 인조 석재 (건축재료)

шлакови́к *м.* (마르탱로 하부의) 슬러 그포킷

шлам *м.* 쇄광, 쇄탄, 부석, 침적물, 앙금, 전물

шланг *м.* 호스(hose), 관(管); пожарный ~ 소화호스.

шла́фор, **~форк** *м.* 느슨한 실내복.

шлёвка *ж.* 금속제. 가죽제의 고리

шле́йка *ж.* (말의) 가슴걸이, 개를 끄는 넓은 줄.

- 975 -

шлейф *м.* 여자의 긴 치마자락;

шлейфовать *гл. с-х.* волокуша 로 흙을 부수어서 고르다.

шлем I *м.* 헬멧, (군인. 소방수. 노동자. 항공용. 잠수용. 스포츠용)모자; 철모, 투구, 머리에 쓰는 것

шлем II *м. карт.* (카드놀이) ~에 전승하다;

шлемник *м. бот.* 골무꽃.

шлемофон *м.* 헬멧에 부착 되어있는 이어폰

шленда *ж.* 게으름쟁이

шлендать 어슬렁어슬렁 걷다, 빈둥 거리다

шленка *ж.* 슐레젠종의 양(뾰뜨르 1 세가 수입); 그털가죽

шленский *прил.* 슐레젠종의

шлёпанцы *мн.* 침실용 슬리퍼, 느슨한 슬리퍼.

шлёпать *несов.*, **шлёпнуть** *сов.* (손바닥. 슬리퍼로) 찰싹때리다(벌로 엉덩이를), 냅다갈기다; 세게때리다, 손바닥으로(철썩)치다; **~ся**, **шлёпнуться** *разг.* 털썩 쓰러지다, 떨어지다, 철썩떨어지다, 쓰러지다; 흔들 거리다. 풍덩 물에 떨어지다.

шлепок *м. разг.* 넓적한 것으로 한번 침, 손바닥으로 (뺨을) 때림, 철썩(때리기); 철썩 한 대 때리는 것

шлея *ж.* (말의) 가슴걸이, (말의) 엉덩이

шлиссербульжец *м.* 위의 감옥에 유폐된 사람

шлиф *м. геол., тех.* 절개; 자르기, 분할; (현미경으로 보기 위해 간) 광물의 박편.

шлифовальный *прил.* (맷돌로) 타는, 가는, 갈기 위한 닦는, 윤이나는; **~ станок** 연마기, 분쇄기; 연삭기;

шлифовальщик *м. см.* **шлифовщик** 연마공

шлифование *с.* (맷돌로) 가는, 타는, 갈다, 닦아낸 때; 줄질, 줄로 다듬기.

шлифовать *сов.* (맷돌을) 가는사람, (칼따위를) 가는 사람, 갈다, 연마하다; (인격을) 도야하다; (문장을) 퇴고하다, 다듬다.

шлифовка *ж.* 연마, 탁마, 제분, 타기, 갈기, 연삭, 분쇄; (맷돌을) 돌리기, 광택, 닦기; **~щик** *м.* 연마공, (맷돌을) 가는사람; (칼을) 가는사람; 닦는사람; 윤내는 기구; 광택제.

шлих *м.* 합금 백금사; 분쇄광

шлихта *ж. тех.* 아교물, 반수, 풀, 박(箔) 밑에 칠하는 니스, 섬유에 칠하는 풀.

шлихтовалка *ж.* 날실에 아교물을 바르는 작업장

шлихтова́льный *прил.* 아교물을 바르기 위한

шлихтова́ть *сов. (вн.) тех.* 반수를 먹이다; 풀을 바르다, 풀. 아교물을 바르다; 홈대패 질을 하다.

шлиц *м. тех.* 가늘고 긴구멍, 공중전화기, 자동판매기의 동전투입구

шли́ца *ж. тех.* (금속이나 나무의) 가늘고 긴 박판, (큰 호를 그릴 때 쓰는) 운형자, (기계) 키(key), 키홈

шлицева́ть *тех.* 가늘고 긴 구멍을 내다

шлы́к *м.* 시골 여인용 두건의 일종; 머리의 수건

шлюз *м.* 보(洑), (운하의) 수문, 갑문, 제방의 방수공, 사금의 세정장치

шлюзова́ние *с.* ① 잠그기; ② ~에 수문을 설치하다; (배를) 수문으로 통과 시키다.

шлюзова́ть *несов.* ①~에 자물쇠를 채우다, 잠그다; 닫다; (문에) 자물쇠가 걸리다, 잠기다, 닫히다; ② 수문을 통과하여 운반(운송) 하다.

шлюп *м. мор.* 범선의 일종(돛대가 하나임); 마스트 1 개의 범선.

шлюпба́лка *ж. мор.* 보트, 닻을 달아 올리는 철주, 다빗; 대빗(조정주: 보트 강하. 인양 장치).

шлю́пка *ж.* 보트, 작은 배, 단정, 어선, 범선, 모터보트, (소형의) 배, 선박, 기선; 선(船), 정(艇).

шлюс *м.* (기수의) 다리를 조이는 법

шлю́ха *ж.* 음란한 여자; 행실이 나쁜 여자.

шлямбу́р *м.* (바위.콘크리트) 착공추

шля́па ① *ж.* (테가있는) 모자; 보닛(턱밑에서 끈을 매는 여자. 어린이용의 챙 없는 모자) 흐릿한 사람, 불량배; ② *м.и ж.* 스스로는 어떻게도 할 수 없는, 무력한 사람, 실제적인 기능이 없는 사람, 실무적이 아닌 사람; **~ка** *ж.* 머리, 두부, (양태없는) 모자, 제모, 두건; **~ница** *ж.* 여성모(帽) 제조인(판매인)

шля́пник *м.*; **~ница** *ж.* 모자 제조인

шля́пный *прил.* 모자의; 모자용의

шля́ться *разг.* 어슬렁거리다, 돌아다니다; 하는 일 없이 돌아다니다

шлях *м.* 큰길, 간선도로; 순탄한 길; 도로

шляхе́тство *с.* шляхта 의 지위. 신분

шля́хта *ж. ист.* 폴란드의 소귀족 계급; **~ич** *м. ист.* 폴란드의 신사

шляхтя́нка *ж. ист.* шляхта 의 아내. 딸

шма́льта *ж.* 꽃감청색의 안료

шмат *м.* 조그만 조각

шматок *м.* 파편(破片), 조각(彫刻)

шмель *м. зоол.* 뒝벌; 땅벌의 일종.

шмо́тки *мн. разг.* 소지품, 부속물; 의류, 신변물

шмуцти́тул *м.* 반표제(책의 첫 페이지에 인쇄된 책이름); 별면 인쇄된 각장(章) 제목.

шмыг: а он ~ в дверь 그는 몰래 그문을 통과했다.

шмыга́ть *несов.*, **шмыгну́ть** *сов.* 급속히 움직이다; 끌다, 비비다; 급속히 왔다갔다하다; 뛰어들

шмя́кать *несов.*, **шмя́кнуть** *сов.* (*вн.*) *разг.* 퍽(털썩. 쿵)하고 떨어지다. 떨어뜨리다; **~ся, шмя́кнуться** *разг.* 풍덩하고(쿵하고. 느닷없이. 갑자기) 떨어지다.

шнапс *м.* 독주(毒酒), 화주(火酒) (독일의)

шнек *м. мех.* 연동기, 연동 운반기

шне́ка *ж.* (백해에서 사용되는) 어업용 작은 배

шне́ллер *м.* (총의) 2중 방아쇠

шни́цель *м. кул.* (곱게다진 송아지 고기의) 커틀릿(송아지. 돼지 연한 허리고기, 양의 허벅지살)

шнур *м.* ① 새끼, 끈; 목 매는(縛)줄, 가는 줄; (목공용) 먹줄; (발파용의) 도화선. ② (전기의) 가요선, 코드

шнурова́ть *сов.* ① 끈으로 묶다; 끈으로 철하다, 졸라매다; ② (끈. 새끼로) 묶다, 매다, 잇다; 묶어서 만들다; **~ся** (자기의 구두를) 끈으로 매다;

шнуро́вка *ж.* 끈으로 맴, 끈으로 걸어짜기, 레이스로 장식하기

шнуро́к *м.* (구두. 각반. 코르셋의) 끈, 꼰끈; **~ки для боти́нок** 구두끈; *амер.*

шныря́ть *разг.* 여기저기 뒤지다, 찾아 헤매다, 여기저기로 뛰다; ~ **глаза́ми** 재빨리 둘러보다.

шов *м.* ① (의복의) 솔기, 매듭, 맞붙여 재봉질 된 곳; 이음매, 재봉실; 재봉법; 한 바늘, 한 땀, 한 코, 한 뜸, 바늘코, 바느질자리; 봉합, 봉합선; 봉합사, 꿰매어 맞춤, 접합법; ② *тех.* 이음매, 접합 부분(점, 선, 면), 접합(법), (전선 따위의) 접속, 연합, 접합, 연접, 연락, 합체; сварно́й ~ 용접하다, 접착시키다

шовини́зм *м.* 쇼비니즘(광신적이고 배타적인 애국주의), 맹목적, 호전적 애국주의, 배외주의, 극단적인 일변도;

- 978 -

~и́ст *м.* 배외적애국주의자, 쇼비니스트즘; **~исти́ческий** *прил.* 맹목적 애국주의의.

шо́вный *прил.* 봉합(封合). 접합용의

шок *м. мед.* 쇼크(shock), 진탕증; 정신적 타격, 충동,

шоки́ровать *сов.* 분개시키다, 괘씸한 생각이 들게하다, 중상하다; 모욕하다, ~о 체면을 깎다. 기분을 상하게 하다(무례한 언동 등으로).

шокола́д *м.* 쵸컬릿; 코코아; **~ка** *ж. разг.* 달콤한 쵸컬릿(판자 쵸컬릿의); **~ный** *прил.* 초콜릿(빛)의, 초콜릿으로 만든, 초콜릿이든; ~ная фа́брика 초콜릿의 공장.

шокола́дник *м. бот.* 카카오나무

шо́мпол *м. воен.* (총구 청소용의) 꽂을대, 탄약 재는 쇠꼬챙이(전장총).· 전장포(砲)에 탄약을 재는 도구.

шо́мполка *ж.* 앞으로 넣는 구식총

шомполова́ние *с. мех.* 석유 퍼내는 방법

шоопи́рование *с. мет* 금속피복법.

шо́рец *м.* 북알타이에 사는 터키족

шо́рканье *с. поэт.* 사각사각. 솔솔나는 소리

шо́ркать *с. поэт.* 사각사각소리를 내다.

шо́рник *м.* 마구만드는 사람, 마구파는사람, 마구제작자, 마구장

шо́рничать *несов.* 마구를 제조하다, 마구장 일을 하다

шо́рничество *с. поэт.* 마구제조업.

шо́рный *прил.* 마구의, 마구제조의

шо́рох *м.* 살랑(와삭,바스락)거리는 소리, 나뭇잎의 살랑거림, 옷스치는 소리, 사각사각 소리.

шо́рты *мн.* 짧은팬츠, 반바지, 짧은바지, 운동팬츠 (trunks); 속옷붙이

шо́ры *мн.* (말의) 곁눈가리개, 마구(수를이 없는); 현혹하는 사람(것), 시야가 좁은 사람, 판단(이해)의 장애,

шоссе́ *с.* 공도, 간선도로, 큰길, 한길, 하이웨이, 자갈길, 돌포장도로, (일반적으로) 포장된 도로

шоссе́йник *м.* 경륜선수(競輪選手)

шоссе́йный *прил.* к шоссе; ~ ая доро́га (롤러로 굳히는 도로용의) 쇄석, 밤자갈, 머케덤 도로

шосси́ровать *несов. и сов.* (вн.) 쇄석, 길에 까는 자갈.

шотла́ндка *ж.* 타탄(의), 격자무늬(의모직물), 격자무늬, 격자무늬의 스카치나사, 격자무늬의 나사로 만든

шо́тты *озеро.* 북아프리카의 소금이 많은 호수.

шо́у *с.* 쇼(show), 흥행(興行).

шофёр *м.* (자가용) 운전사; ~ такси́ 택시기사; **~ский** *прил.* к шофёр; ~ ское свиде́тельство 운전면허증

шоферня́ *ж.* 자동차 운전사들.

шофёрство *с.* 운전사의 직업(職業).

шпа́га *ж.* 장검, 칼, 사벨, 가볍고 가느다란 칼의 일종

шпага́н *м. рыба.* 갈치 종류

шпага́т I *м.* 끈, 줄, 실, 노끈, 새끼, (포장용) 끈, 짐바, 코드, 꼰 실, 가는 삼노끈, 삼실; 바느질 실.

шпага́т II *м.* 분열, 분할; 불화, 쪼개(지)기, 찢(어지)기.

шпаглота́тель *м.* 칼을 먹어보이는 요술장이

шпажи́ст *м.* шпага 로 싸우는 펜싱선수

шпа́жник *м. бот.* 황창포, 창포(菖蒲), 글라디올러스

шпак *м.* 군인이외의 사람, 민간인

шпаклева́ть *сов.* 퍼티; 페인트로 도장하기 전에 퍼티. 트로이차로 다듬어 면을 고르게하다; 가죽의 흠집을 모르게끔 마주깁다. *мор.* (뱃널틈을) 뱃밥으로 메우다; 코킹하다.

шпаклёвка *ж.* ① 유리창용(도장공사용) 퍼티; ② 퍼티분(粉) ③ (뱃널 틈을) 뱃밥으로 메우다

шпаклёвщик *м.* шпаклева́ть 하는 사람

шпаково́й *прил.* (말의 털빛) 흰 반점이 있는 암회색의

шпа́ла *ж. ж.-д.* (철도의) 침목 (철도에) 침목을 깔다.

шпале́ра *ж.* ① (목제의) 마름모(네모), 격자(울타리), 격자구조물(정자), 과수(果樹)를 받치는 시렁, ② 한 줄로 늘어선 나무들; 가로수(도로양측의); 산울타리, 울, 울타리 모양의 것; ③ (벽면의) 콘센트; ④ *воен.* (전후의 2 열) 횡대, 열, 줄, 행렬

шпале́рник *м. бот.* 가로수로 심어진 수목

шпалоподбо́йка *ж. мех.* 침목밑에 자갈을 밀어넣는 기구

шпалопропи́точный *прил.* 침목에 방부제를 침투시키기 위한

шпана́ *ж.* 하층민, (인간)쓰레기, 구경꾼, 오합지졸, 어중이떠중이, 천민, 불량배, 부랑자, 건달.

шпанго́ут *м. мор.* 갈빗대, 늑골; *ав.* (건물. 선박. 비행기의) 뼈대, 구조

шпанды́рь *м.* 구두 만드는(고치는) 사람의 등자

шпа́нка *ж.* ① 검은 체리, 스페인종 벚나무; ② (*овца*) 메리노양(羊), 스페인종 면양; ③ 가뢰. 반묘

шпа́нский *прил.* (원래의 뜻은 스페인의; 식물. 동물. 농업용 명칭에 쓰임): ~ая му́шка (*насекомое*) 가뢰류(類)

шпарга́лить *с.* (메모를 보고) 컨닝을 하다

шпарга́лка *ж. разг.* (학생의) 주해서; 커닝페이퍼, (남의 글. 학설의) 도용, 표절.

шпарга́лочник *м.* 컨닝하는 학생

шпа́рить *несов.,* **ошпа́рить** *сов.* ① (끓는 물. 김에 의한) 뎀, 화상; 뜨거운 물을 끼얹다; ② (질문. 일) 지체없이 척척 시작하다, 쉴사이없이 계속하다; 바삐 어떤 일을 하다(걷다, 이야기하다, 읽다 등)

шпарова́ть (벽의 틈을) 점토로 막다.

шпат I *м.* 스파(벽개성 비금속 광물의 총칭), 이석(耳石: 평형석), 섬광광석, 비절내 종; 금강사

шпат II *м. вет.* (말의 발) 비절내종(飛節內腫)

шпа́тель *м.* ① 팔레트 나이프; 약과 안료를 바르는 주걱칼; 혀를 누르는 주걱; ② *мед.* 압설자(壓舌子: 혀를 아래로 누르는 의료기구. 설압자(舌壓子); (고약을 펴는) 주걱

шпа́ция *ж.* ① 스페이스, 분공목; 행간; ② *мор.* (인간. 동물의) 체격, 골격간격.

шпенёк *м. тех.* 핀, 못바늘; 나무[대]못, 쐐기; 말뚝; 걸이못; 접합용못, 꼭지; 포크모양의 물건, 갈퀴, 쇠스랑; (포크의) 갈래, 날

шпига́т *м. мор.* (갑판의) 배수구, (뱃전의) 배수공; (일반적) 물 빼내는 구멍, 배수구멍.

шпигова́ть *несов.,* **нашпигова́ть** *сов.* 라드(돼지 비계를 정제한 반고체의 것), 돼지기름; (인체의) 여분의 지방; (*перен.*) *разг.* ~에 영향을 주다; ~에 작용하다; ~의 안에 넣다, ~에 삽입하다; ~에 주입하다

шпик I *м.* 소금에 절인 돼지고기; 베이컨(bacon).

шпик II *м.* 탐정, 밀정, 스파이.

шпиль *м.* ① 긴 못; 첨각, 첨탑, (교회의) 뽀족탑; (탑의) 뾰족한 꼭대기; 양묘기; ② *мор.* 캡스턴, 닻 따위를 감아 올리는 장치

шпи́лька *ж.* ① 머리핀, 부인용 모자를 고정하는 긴 핀, 제화용 나무못, 나사못. ② 납작한 못, 압정(양탄자 따위를 고정시키는); ③ 스파이크힐(여자 구두의 끝이 가늘고

- 981 -

높은 뒷굽); ④ *mex.* 박아넣는 볼트, 마개, 곡정(曲釘)

шпильман м. 중세 독일 방랑악사(放浪樂士)

шпинат м. *бот.* 시금치, 마아초, 파룽채, 적근채

шпингалет м. ① 걸쇠, (문의) 빗장, 자물쇠청, 쇠고리, 볼트, 나사[쥠]못, 난장난꾸러기, 개구쟁이; (일반적) 아이, 젊은이; 청년

шпиндель м. *тех.* (물레의) 가락(실을 자아 감는 토리구실을 하는 막대기), (방적기계의) 방추, 굴대, (공작기계의) 주축, 축(築), 심봉; 방추; 중심장재.

шпинель м. *мин.* 첨정석, 스피넬.

шпинь м. *тех.* 접합용 돌기, 꼭지

шпион м. 스파이, 간첩, 밀정; **~аж** м. 스파이 행위, 간첩(탐정)행위, 정찰; (국가.기업의) 스파이에 의한 첩보활동

шпионить *несов.* 스파이 행위를 하다; ~을 정찰하다; **~ка** ж. к шпион. **~ский** 간첩(탐정)행위; 정찰; (국가. 기업 등의) 스파이에 의한 첩보활동

шпирон м. *воен.* 충각(衝角)

шпиц I м. (탑의) 뾰족한 꼭대기; (교회의) 뾰족탑; 첨각, 첨탑.

шпиц II м. 스피츠; 포메라니아종의 작은 개.

шпицрутен м. (주로 열간태형으로 사용한) 긴 채찍 또는 막대;(가늘고 긴) 막대

шплинт м. *тех.* 할핀, 코터핀.

шплинтовать шплинт 로 고정시키다

шпокать *лит.* 철벅철벅 소리를 내다.

шпон м., **~а** ж. *полигр.* 인테르(활자의 행간에 삽입하는 납); 엷은 판자; на~ах (활자 판시 행간에) 인테르를 끼우다.

шпонка ж. *тех.* 은못, 축투, 베어링통, 끼움쇠테(구멍 안쪽에 끼워서 마멸을 방지하는). 鎹 기못; 꺾쇠; (제방의) 누수 방벽.

шпор м. *мор.* 말미(末尾), 말단, 말기(末期).

шпора ж. 박차, 박차 모양의 것, (새의) 며느리 발톱, (등산화의) 아이젠, 동철, (쌈닭의 며느리발톱에 끼우는) 쇠발톱, (산의)돌출부, (산맥의)지맥; 돌출한 나무뿌리 (나뭇가지); **~ить**(*вн.*) ~에 박차를 가하다; 질주 하게하다;

шпорец м. *бшт.* 꿀주머니 돌기(突起)

шпорник м. *бшт.* 참제비고깔속(屬)

- 982 -

шпо́рца *ж. зоол.* (어떤 종류의 날개의 굽은 곳에 있는) 돌기(突起)

шприн́тов *м. мор.* 장범간(張帆竿)

шприц *м. мед.* 주사기, 세정기, 세척기; 관장기

шприцева́ть *тех.* (사출법에의하여) 고무를 입히다

шприцо́вка *ж. тех.* 고무 코팅

шпро́та *ж. тех.* 통조림으로 된 훈제 килька (청어과 물고기).

шпро́ты *мн.* 청어속(屬)의 작은 물고기.

шпу́лька *ж. тех.* (기계. 재봉틀의) 실패, 북, 실꾸릿대, 얼레, 보빈, (테이프.필름의) 릴, 스풀, (실의) 감은 것(양);

шпунт *м.* 홈(문지방. 레코드판의); 바퀴자국, (활자의) 밑홈; (판자나 각목을 접합하기 위한) 장부와 장부구멍, 사개, 은촉홈(널빤지 와 널빤지를 끼워 맞추기 위하여 그 단면에 낸 홈); 은촉붙임, 사개맞춤; (말뚝을 나란히 세운) 방수벽

шпунтова́льный *прил.* 장부와 장부 구멍을 만들기 위한

шпунтова́ние *с. тех.* 홈, 바퀴 자국; (활자의) 밑홈;

шпунтова́ть (*вн*) ~에 홈을 파다[내다];

шпунто́вка *ж. тех.* 장부. 은촉을 만드는 것

шпунтово́й *прил. тех.* 장부의; 장부가 있는; 장부로 접합된

шпунтубе́ль *с. тех.* 홈대패

шпур *м.* (석유.수맥 탐사용) 시추공; 발파공; 충풍로의 주출구

шпынь *м.* 조소자, 비꼬기를 잘하는 사람

шпыня́ть *сов.* 잔소리하여 괴롭히다, 성가시게 잔소리하다, 바가지 긁다; 괴롭히다, 초조하게 하다, 찌르다; 비꼬다, 야유하다, 조소하다.

шрам *м.* (화상. 부스럼의) 상처자국, 흉터; (마음.성 의) 상처, 다친 자리.

шрапне́ль *ж. воен.* 유산탄, 포탄 (총탄)의 파편; 탄피; 유탄, 포탄의 파편; 진주모양으로 정제한 보리쌀 (죽); ~**ный** *прил.* к шрапнель; ~**ный ого́нь** (화기. 탄환을) 발사(발포)하다; ~**ная пу́ля** 탄알, 포탄.

шре́дер *м.* 옥수수 줄기를 잘게 써는 농기구, 옥수수대 세분기

шредерова́ть *несов., сов.* ~에 걸어 부수다, 세분하다

шрифт *м. полгр.* 활자, 인쇄된 글씨체; 활자의 크기, 활자, 자체, 인쇄할 문자

шрифт-ка́сса *ж. полгр.* 활자 케이스

шлифтолите́йный *прил.* 활자 주조의

шрот *м. с-х.* 거칠게 간 종자, (사료) 곡물

штаб *м. воен.* 참모, 막료, 참 모부; 본부, 사령부; 본사, 본국, 본서, 사령부원, 본부원.

штабели́ровать *с.* 적재하다, 쌓아저장하다; 치쌓다, 산더미처럼 쌓아올리다.

шта́бель *м.* 적재(積財), 쌓아올린 것, 더미.

штаби́ст *м.* 참모장교, 본부소속 장교, 막료.

штаб-кварти́ра *ж. воен.* 본부(영), 사령부; 본사, 본국,

штабно́й *прил.* 참모의; (간부) 직원의; 비(非)군사업무 장교(군종)

штаб-офице́р *м. воен. ист.* 영관장교, 참모장교

штаб-ро́тмистр (기병. 헌병의) 2 등 대위

штабс-капита́н *м. воен.* (보병.포병.공병의) 2 등대위 (중위와 대위의 사이의 계급)

штаг *м. мор.* 지삭(支索); 버팀줄(전주.안테나); (일반적) 밧줄, 로프, 돛을 받치는 지삭

штаке́тина *ж.* 울타리로 쓰는 얇은 판자.

штаке́тник *м.* 울타리, 담; 담. 울타리 의 재료; 울타리, 울짱;(채원등의 담장용) 좁고 얇은 판자.

штаксе́ль *м. мор.* 지삭범

шталме́йстер *м. ист.* (왕실. 귀족의) 말을 관리하던 관리; (영국 왕실의) 시종무관.

штамб *м. бот. с-х.* 나무기둥의 일부

шта́мбовый *прил. бот. с-х.* 나무기둥이 갈라지지 않은,

штамм *м. биол.* (순수배양의) 균주

штамп *м.* ① *тех.* 펀치, 구멍뚫는 기구, 프레스 타인기, 찍어서 도려내는 기구, 표찍는 가위, 압단기, ② (보통서류의 좌상단에 찍는) 공적인 도장, 직인; ③ 진부한 표현(사상,행동), 상투적인 문구

штампова́льный *тех.* 타인기, 구멍, 펀치

штампова́ние *с. тех.* (구멍 뚫는 기구로) ~에 구멍을 뚫다; ~에 타인하다;(표를) 가위로 찍다; (못) 처박다.

штампо́ванный *прич. и прил.* ① 타인기; 압단기, 구멍 뚫는 기구, 찍어서 도려내는 기구, 표찍은 가위; ②

흔해빠진, 진부한, 케케묵은, 낡아[흔해]빠진, 익숙해진, 경험을 쌓은, 틀에 박힌, 평범한.

штампова́ть *сов.* (*вн.*) ① *тех.* 프레스로 찍어내다, 압단기로 찍어내다, 타각하다, 틀에 박힌대로 하다; 단조하다; ② 공적인 도장(직인)을 찍다; ~에 날인하다, ~에 도장을 찍다; ③기계적인 생산; ~에 무턱대고 도장을 찍다; ~을 잘 생각지도 않고 찬성[승인]하다.

штампо́вка *ж.* ① ~에 날인하다, ~에 도장을 찍다; 프레스 작업, 타출. 압단 작업, ②. (구멍뚫는 기구로) ~에 구멍을 뚫다; ~에 타인하다

штампо́вщик *м.,* **~ица** *ж.* 키펀처, 구멍뚫는 사람[기구], 펀처, 프레스공, 타각공, 타출공.

шта́нга *ж.* ① 간(桿); 측량간, 가늠자; 저울대, 저울; 금속제 막대, 금속봉; ② 무게, 중량, 체중, 웨이트 (권투. 역도. 레슬링 등의 선수 체중에 의한 등급); ③가로대, (높이뛰기의) 바, 빗장, 횡선, (골포스트의) 크로스바.

штангенци́ркуль *м.* 장각양각규, 노기스. 아들자, 부척, 버니어캘리퍼스, 측량기

штанги́ст *м.* **~ка** *ж.* 역도선수

штанго́вый *прил.* 굴착간의 에 의한.

штанда́рт *м. уст.* 기(旗), (주력부대의) 군기, 기병 연대기; 기치, 기장, 상징.

штани́на *ж. разг.* 양복바지(용)의 자락; 바지 다리부분, 팬츠의 한 쪽 가랑이.

штани́шки *мн. разг.* (여성.소아용) 팬티, 드로우즈, 짧고 작은 바지.

штаны́ *мн. разг.* (남자의) 바지; 헐렁바지, 반바지, 승마용 바지

штао́кр *м. воен.* 군관구 사령부

шта́пель *м.* (섬유제품의)재료(원료), 스테이플, 파이버천, 스프실, 스프직물; **~ный** *прил.* 원료의, (섬유제품의) 재료의, 섬유의 품등

штат I *м.* (관청의)정원, (관청.시설의) 정원에 관한규정, 연방을 구성하는 자치주; 의회

штат II *м.* 부원, (사무국)직원, 사원; (관청. 육해군의) 편성, 편제, 상비 병력(인원), 조직, 정원; *мн.* 직원의 명단, 참모의 목록; **утвержде́ние** ~**ов** 직원확인

штатга́льтер *м.* (구독일제국의) 알사스로렌 총독. (네덜란드의) 총독, 태수

штати́в *м.* 삼각대, 세다리 걸상(탁자),(사진용) 삼각가(架), 세발솥, 버팀, 지지, 유지.

шта́тный *прил.* 정규직원, 정원안에 포함된, 정원에 관한 규정에 의한

шта́тский *прил.* (무관에 대하여) 문관의, (군에 대하여) 민간의; (군인. 성직자가 아닌) 일반인, 민간인; ~ое платье 평복, 신사복, 일반인 옷

штафи́рка *ж.* (구두. 소매의 접음. 스카프). 안.

ште́вень *м. мор.* 선수, 이물 선수재; 건수재, 선미재; *мн.* 선수재 및 선미재

штейгер *м.* (노동자의) 십장, 직장, 공장장, 감독, 배심장, 갱부장, 광산기사, 광부, 갱부, 광산업자

штемпелева́льный *прил.* 스템프를 찍기 위한

штемпелева́ть, *(вн.)* 소인을 찍다, 스템프를 찍다.

ште́мпель *м.* 스탬프, 인(印), 도장, 각인, 인판, 소인

штемпельмейстер *м.* 검인관

ште́мпельный *прил.*; ~ая подушка 스탬프 패드, 인주

ште́псель *м. эл.* 플러그, (전구를 끼우는) 소켓

штерт *м. мор.* 체색(締索)

штибле́т *м.* 단추달린 각반; 목달이 구두.

штибле́ты *мн.* (편상화, 부츠) 구두닦이

штива́ть *сов. мор.* 쌓아넣는 장소; 적하물, 수용 능력.

шти́вка *ж. ком.* 짐쌓기

штилева́ть *мор.* 바람이 자서 앞으로 나가지 못하게 되다.

штилево́й *прил* (적도 부근의) 무풍대.

штиль *м. мор.* 고요한, 조용한(quiet), 온화한, 바람 또는 파도가 잔잔한; 무풍상태.

штирбо́рт *м. мор.* 우현(右舷)

штифт *м. тех.* 대가리가 없는 못, 은혈못

штих *м.* (소련) 구두의 치수(밑창의 길이)의 단위(2/3 센티미터)(예를 들어 42й номер 는 28 센티미터)

шти́хель *м.* 동판용 조각칼, 조각가.

шток *м.* ① *тех.* 간(桿); 측량간, 가늠자; 피스톤 간, 연결간, (광층안의) 유용광물의 집단; ② *мор.* 묘간; 닻장, 키의 굴대, 바퀴통, 나사 골을 내는 다이스를 무는 스패너; 스토크, 조선대[가]; 포가.

штокве́рк *м. горн.* 기본적 광층

штокро́за *ж. бот.* 접시꽃

- 986 -

штокфиш *м.* 건어(대구의)

штольня *ж. горн.* 수평 또는 완경사의 갱도.

штопальный *прил.* 감침질, 기운 것, 꿰맬 것, 옷을 사뜨기 위한, 떠서 깁기 위한; **~аный** 터무니없는, 지긋지긋한; 굉장히, 엄청나게, 사뜬, 가운데가 있는; **~анье** *с.* 기운 것, 꿰맬 것.

штопальщица *прил.* (양말이 구멍난 곳 등을) 사뜨는 사람; (직물 공장의) 철포공

штопаный *прил.* 사뜬, 가운데가 있는

штопать *несов.,* **заштопать** *сов.* 감치기, 깁기; 꿰맨 곳; (옷 등을) 사뜨다, 깁다; **~ка** *ж.* ① 감침질; 기운 것, 꿰맬 것; ② (바늘. 재봉틀 따위에) 실을꿰다; 사뜸실; 기움; ③감치기, 깁기; 꿰맬 곳.

штопор *м.* ① 타래송곳(목공용), 마개뽑이, (나사형의) 코르크 뽑기; ② *ав.* 나선식 강하; 회전 급강하.

штопорить *несов. ав.* 회전 급강하(비행을) 하다, 회전 급강하다, 나선식 강하로 내려 오다; **~ом** *нареч. ав.* (비행기가) 나선식 강하 상태가 되다

штора *ж.* 덮어가리는 물건, 블라인드, 덧문, 커튼, 발, 걷어 올리는 커튼; опустить ~ы 블라인드를 올리다.

шторм *м. метео.* 질풍, 강풍; (해상.상공의) 폭풍우; жестокий ~ 폭풍(우), 모진 비바람; сильный ~ 강풍.

штормить *несов.* 날씨가 거칠어지다.

штормовать *мор.* 폭풍우를 만나다, 모진 비바람을 만나다

штормовка *ж. мор.* (수부.운동선수의) 두껍고 짧은 방수 웃옷, 비바람에 견디는 재킷.

штормовой *прил.* к шторм; ~ сигнал 해안경계, (폭풍우의) 경보구, 폭풍우 경보의 원뿔 표지

штормтрап *м. мор.* 줄사다리; 폭풍우때 쓰이는 그물 사다리.

штормяга *ж.* 격심한 폭풍우.

штос, штосс *м.* 카드도박의 이름.

штоф I *м.* 1/10 베드로의 주량(술의 양을 측정하는 단위 12.30 리터); 그분량의 보드카병, 두터운 직물, 단자

штоф II *м.* 단자, 능직, (삼의) 능직천, 다마스크 강철, 연분홍색, 석죽색.

штофный *прил.* 단자의, 능직의; (삼의) 능직천의; 다마스크 강철의; 연분홍색의, 석죽색의

штраф *м.* 벌금, 과료, 위약금, 과태금; **~ной** *прил.* 형(刑)의, 형벌의; 형법상의; 형사상의; 형을 받을 만한; 형장으로서의;

штрафбат *м.* 징벌대대

штрафни́к *м.* 징벌부대에 편입된 군인

штрафова́ть *несов.,* **оштрафова́ть** *сов. (вн.)* 벌금을 부과하다, 과태료에 처하다.

штрейкбре́хер *м.* 파업파괴자, 파업을 깸, 파업의 배반자, 노동조합 비가입자; 파업을 깨뜨리는 사람; *разг.* **~ский** *прил.* к штрейкбрехер. **~ство** *с.* 파업 파괴(행위), 파업을 파괴함.

штре́йфлинг *м. бот.* (중부 러시아산) 사과의 일종

штрек *м. горн.* 갱도; (두 터널 사이를 연결하는) 연락갱도; 수평갱도.

штри́пка *ж.* 바지의 끝을 매는 끈

штрих *м.* 가는 선, 줄, 획; 우모, 선영; 특성, 특징, 특색; 두드러진 점; характерный ~ 독자 적인 특징

штрихова́ть *несов.,* **заштрихова́ть** *сов. (вн.)* (조각. 제도. 그림에) 음영이 되게 가는 선을 긋다; 가는선으로 나타내다; 가는 선으로 음영을 내다.

штрихо́вка *ж.* 가는 선; 그늘지게 하기, 차광, 차일 묘영법, 명암법; (빛깔. 명암의) 미세한 변화; 해칭, (조각. 제도.그림) 평행선의 음영, 선영.

штрихово́й *прил.* к штрих; ~ рисунок (연필. 펜. 크레용. 목탄으로 그린) 그림, 도화; 선화, 스케치, 데생

штуди́ровать *несов.,* **проштуди́ровать** *сов.* 연구하다, 고찰하다, (지도등을) 조사하다; 숙독하다. 배우다, 공부하다, 학습하다,

шту́ка *ж.* ① 한 개, 하나, (새. 물고기. 짐승의) 한 마리, (비행기. 자동차의) 한 대, 조각, 단편, (한벌의 물건중의) 일부, 부분, 부품, (하나로 뭉뚱그려진 물건의) 일부(분), 한구획, 약간의 (작은)물건; (직물의) 한필 등모두 모은 같은 종류의 물건; ② 짓, 장난, 농담, 허구, 허풍; ③ 사기; 속이다; 속여서빼앗다; 사건(일.사정.인물.물건. 사기꾼등) 모두 모멸의 뜻을 나타낸다

штука́рить *несов.* 장난하다, 농담하다, 허풍 떨다.

штука́рство *с.* 장난, 농담; 허풍, 사기

штука́рь *м.* 사기꾼, 허풍장이, 장난꾸러기.

штукату́р *м.* 미장공, 미장이. 석고 기술자.

штукату́рить *несов.*, **оштукату́рить** *сов.* (*вн.*) ~에 회반죽을(모르타르를) 바르다, 회칠하다; ~ **ка** *ж. тк. ед.* ① 회반죽 공사, 회반죽; ② 회반죽 바르기(공사); 석고세공; 고약 붙이기; (포도주의) 석고처리; **~ный** *прил.*; ~ ная работа 회반죽 바르기, 회반죽 공사; 석고 세공; 고약 붙이기; (포도주의) 석고 처리

штукату́рка *ж.* 회반죽 공사. 회반죽

штуковать *сов.* (*вн.*) 촘촘히 봉합하다, 꿰매다.

штуко́вка *ж.* 꿰맴, 봉합; 그 자리

штунда *ж.*, **штунди́зм** *м.* 남러시아 농민간의 반정의 반정교(反正敎)의 일파(1860년 경의)

штунди́ст *м.*, **~ка** *ж.* штунда 의 신자

штурва́л *м. мор.* (배의) 조타륜, (자동차의) 핸들. 타륜; ~ **ное**, 조종간, 조종손잡이; 조종륜(輪)

штурва́льный *прил.*; ~ое колесо (배의) 조타륜: (자동차의) 핸들; ② *м.* 타수, 키잡이; (비행기. 우주선의) 조종사, 조타수, 운전사, 콤바인식 잡초깎는 기계 운전사.

штурм *м.* 강습, 습격, 맹렬한 비난, 공격, 돌격, 급습;

штурман *м. мор.*, *ав.* 항해자, 항행자, 항공사, 항법사; 항해장(長), 해양 탐험가, 항공기. 미사일의 자동조종, 장치조타수, 운전사, 부선장, 항법사, (중폭격기의) 폭격수 (상선의) 항해사(선장을 보좌함), 조수; **~ский** *прил.* 운항의, 항해의, 항해(항공)술(학), 항법의

штурмова́ть *сов.* (*вн.*) ① (사람.진지를) 습격(강습)하다; 강습(습격.돌격)하다; 귀찮게 조르다; ② 돌진하다, 맥진(쇄도)하다, 힘차게~하다; (장애물 등을) 돌파하다; ③ (어려운. 고비. 곤란. 격전. 유혹. 버릇) 극복하다, ~을 이겨내다, 정복하다, 공략하다.

штурмови́к *м. ав.* 저공비행의 공격항공기; (낮은고도에서 하는) 지상 공격기, 습격기; 공격 항공기

штурмо́вка *ж. воен. ав.* 저공비행 공습, 저공에서 하는 대지 습격작전; **~о́й** *прил. воен.* 강습, 습격; 맹렬한 비난, 공격; 낮은고도에서 하는 대지 공격의

штурмовщи́на *ж. неодобр.* 급하게 하는 일.

штуртра́п *м. мор.* 배 후미의 밧줄 사다리

штуртро́с *м. мор.* 조타색; (배의) 키 닻사슬; 스티어링 체인; (돛대의) 버팀줄을 사슬로 뱃전에 고정시키는 판자.

штуф *м. геол.* 광석의 조각, 금속조각; 광피, 조금.

шту́цер *м.* ① 카빈소총, 기병총, 엽병총; 강선이 있는 엽총; ② *тех.* 연결하는관, 연락하는관; 연결관, 유니온 파이프, 수관(袖管).

шту́чка *ж. уменьш. от* штука.. **~ный** *прил.* 조각, 소량; 낱개로 판매하는; 판매 실적에 따라 계산하는; 모아서 만든 모자이크의

шту́чник *м.*, **~ница** *ж.* 판매 실적에 따라 임금을 계산하는 직공, 특히 재봉공

штыб *м.* 가루탄, 분탄(粉炭)

штык *м.* ① 총검; 무력, (사람수를 말하는 경우) 보병; 군대, 군세, 병력; ② *мор.* (돛. 밧줄 등을) 동여매다; 닻줄의 매듭; 한 삽 깊이; 금속괴.

штыкова́ть *несов.* 삽 깊이로 흙을 파다

штырь *м. тех.* 은못, 회전축, 심봉; 깔쭉깔쭉함이 있는 못; 열장 장부촉.

шу *с.* 멋진 나무모양 리본.

шу́ба *ж.* 모피 외투, 겨울 외투, 털 외투; 위에 쌓인 빙설층.

шубе́йка *ж.* 모피제품 반 코트, 짧은부인용 모피 속외투; 짧은 나쁜 모피 속외투.

шубёнка *ж. разг.* 초라한 겨울외투;

шу́бка шуба 짧고 가벼운 모피외투

шу́бник *м.* 모피 외투류 제조인

шубни́на *ж.* 무두질한, 정제한 모피

шу́бный *прил.* 모피조각으로 만든 아교.

шуга́ *ж.* 해빙기 또는 결빙기 전의 깨지기 쉬운 살얼음; (수면에 뜬) 유빙.

шуга́й *прил.* 부인용 재킷의 일종. 늙은 여자 농부용

шуга́ть *несов.*, **шугну́ть**, **шугану́ть** *сов.* 올러대어 쫓아버리다, 겁주어 내쫓다; 협박하다, 꾸짖다.

шугосбро́с *м. тех.* (댐 등의) 유빙 배제 설비

шу́йца *ж.* 왼손(десница 의 반대).

шу́лер *м.* 사기꾼, 직업적인 도박꾼; (카드에서) 속임수 쓰는 사람; 사기꾼, 협잡꾼; **~ский** *прил. к* шулер. **~ство** *с.* (카드의) 속임수, 협잡; 사기.

шум *м.* (звук) 소음, 잡음, 와글거림, 소란한 말소리, 소동, 센세이션, (옷. 나뭇잎) 스치는소리, 솨솨소리, (시냇물의) 졸졸소리, 왁자지껄, 소음; 함성; 소동, 소란;

поднять ~ 소리를 내다; 떠들다; 소란피우다, **шумёр** *м.* 음향 담당자

шуме́ть *несов., сов.* ① 웅성거리다, 떠들썩 거리다, 소음(잡음)을 내다; 떠들다; ② 소동을 일으 키다; ③ 크게 떠들다; 소란을 피우다, 투덜거리다; ④ 무엇인 가에 대해서 많은 말을 한다; **~и́ха** *ж. разг.* 활발한 의논, 큰 소동, 떠드는 소리, 큰 소리, 소음, 야단법석, 센세이션, 떠벌림; 떠들어 댐.

шумли́вость *ж.* 떠들썩한, 시끄러운, 떠들썩한, 활기찬; **~ый** *прил.* 떠들썩한, 시끄러운, 소란한, 소동을 좋아하는, 떠들어대는.

шу́мный *прил.* 소란스러운, 시끄러운, 목청이 높은; 세상을 시끄럽게 하는, 센세이션을 일으키는, 문제의; 소음의; 큰소리로; ~ые города 시끄러운, 바쁜 듯한 도시

шумови́к *м. театр.* 소리에 놀라 뛰쳐 나온 짐승; 극장(라디오)의 음향 담당자; 재즈 악사.

шумо́вка *ж.* 더껑이를 걷어내는 도구(사람), 그물국자 (수프속에서 기름과 고기를 건지기위한), 석자, 스키머(수면 유출유(油)를 그러모으는 기구).

шумово́й *прил.* 음색이 불명료한 소리의, 잡다한 소리를 내는; (짐승에 관하여) 소리에 놀라기 쉬운; ~ фон *рад.* 배경음; ~ые эффекты *театр.* 음향효과

шумоглуше́ние *с. тех.* 소음(騷音)

шумозаглуши́тель *м.* 소음방지기, 소음기

шумо́к *м. разг.;* под ~ 몰래, 은밀하게, 가만히, 살며시, 남이 눈치채지 못하도록, 희미한 소리.

шумоме́р *м.* 음향계, 측음기; 음파 측정기

шумопеленга́тор *м. мор.* 수중청음기, 누수검사기, 음향 탐지기, 통수식 청진기.

шунт *м. эл.* 분로, 분류기(分流機).

шунти́ровать *несов., сов. эл.* 분류하다; 분로를 만들다

шу́рин *м.* 처의 남자형제, 처남(妻男).

шурова́ть *несов.* (기관차. 난로에) 불을 지피다(피우다), 때다; 화부노릇을 하다; 난로속에 새로운 연료를 넣다

шуру́м-буру́м *м.* ① 고물, 폐물, 구닥다리, 잡동사니, 마병, 묵정이, 골동품; ② 협잡, 속임, 트릭(trick), 속임수, 간책, 계교, 트릭워크(trick work)

шуру́п *м. тех.* 나사못, 너트, 나사 볼트.

шурф *м. горн.* 채광 유망지, 광석 견본, 시굴, 시굴수갱, 수직 시굴정.

шурфова́ние *с.* 파기, 채굴, 채광.

шурфова́ть *несов.* (광물을) 채굴하다, (보물을) 발굴하다, 시굴 수갱을 만들어 조사 하다.

шурша́ние *с.* 바삭바삭나는 소리, 와삭와삭나는 소리, 바스락바스락 소리나는

шурша́ть *несов.* 살랑거리는 소리, 와삭거리는 소리, 바스락거리는 소리; 나뭇잎의 살랑거림; (의복. 나뭇잎. 물이) 바스락바스락 소리내다, 사락사락소리내다, 가만 가만 소리내다.

шу́ры-му́ры *мн. разг.* (남녀간에) 구애하다, 유혹하다, 정사, 색사; строить ~ 추파를 띄우다, 모션을 취하다

шуст *м. воен.* 총구, 청소봉, 소총 꼬질대

шустова́ть *несов., сов. воен.* 총신내부(총강)를 청소하다

шу́стрик *м. разг.* 멋진 옷차림을 한 녀석, 스마트한 녀석, 얼굴이 잘생긴놈, 빈틈없는놈, 약삭빠른 젊은이, 재치있는 사나이 날렵한(활발한, 재빠른) 청년, (머리가) 예민한. 빈틈이 없는. 약삭빠른 젊은이

шу́стрый *прил. разг.* 재빠른, 민첩한, 예민한, 교활한, 날렵, 날쌘, 잽싼, 빠른, 난다긴다하는.

шут *м.* ① 바보, 어리석은 사람, 멍청이 못난이, 멀겅이, 엉터리구리, 얼간이 어리보기, 얼뜨기, 멍추 맹추, 쑥, 먹통, 머저리, 맹꽁이, 밥통, 죽반송이, 등신, 천치, 등상, 칠삭동이, 팔삭동이, 백치, 팔삭둥, 팔불용, 우주, 치인, 치매, 바사기, 부기, 복숭이, 목우인, 숙맥불변, 숙맥, 숙맥이, 오중인 편, 상우, 우자, 우인, 우울, 우부, 병신, 방통이, 칠뜨기, 팔뜨기, 내초, 인숭무레기, 반편, 반편이, 반병신,아둔패기, 만황씨, 돈어, 돈견; 아둔망태; ② 어릿광대(1) 정작 광대가 나오기 전에 먼저 나와서 우습고 재미있는 언행으로 판을 어우르는 사람. 2) 무슨 일에 앞잡이로 나서서 그 일을 시작하기 좋게 만들어 주는 사람. 3) 괘씨떨며 남을 웃기기 좋아하는 사람); 농담을하는 사람, 익살꾼, 광대; 코메 디안(comedian), 피에로(pierrot),개그맨(gag-man), 웃기는 사람, 웃음거리가 되는사람;

шути́ть *несов., пошути́ть сов.* ①농담을하다; 희롱하다; 장난치다; 시시덕거리다; ② 농담으로 놀리다; ③ 농(담)으로, 장난으로; 놀리다, 우롱하다; 농락하다; ④ 하찮은 것; 가벼이 다루다, 소홀히 다루다, 우습게

보다; (~을) 가지고 놀다; **~иха** *ж.* **1.** *уст.* 딱총, 폭죽; **2.** *ист.* 여자 어릿광대, 농담을 하는 여자

шу́тка *ж.* ① 농담, 익살, 장난, 소희극, 단편 소극; ②트릭, 책략, 계교, 속임수; 못된 장난; ③ 어릿광대극, 익살극, 소극(笑劇)

шу́тливый *прил.* 재치(기지)있는, 재담을 잘하는, 유머러스한, 익살스러운, 장난의, 희롱하는, 농담의, 경박한, 까부는, 건방진, 무례한; **~ник** *м.,* **~ница** *ж.* 익살꾸러기, 까불이, 익살꾼, 광대, 농담을 하는 사람,

шутовско́й *прил.* к шут; ~ колпа́к (방울 달린 원뿔형의) 어릿광대 모자; 원뿔형의 종이모자(학생에게 벌로쓰게 함);

шутовство́ *с.* 익살맞은, 우스꽝스러운, 웃김, 익살, 우스꽝스러운 언행.

шу́точный *прил.* ① 희극의, 희극풍의, 익살스런, 우스운, 웃기는, 익살맞은,. ② 하찮은, 시시한, 경박한, 진실(진지)하지 못한; э́то де́ло не ~ое 웃을 일이 아니다,

шутя́ *нареч.* 농담으로, 농으로, (반)장난으로; 익살맞게, 우습게, 농담삼아서(말), 쉽게, 용이하게, 쉽사리, 안락하게, 평안(안온)하게, 편하게, 한가롭게

шуцли́ния *ж.* 포장도로면에 나타낸 교통 방향선

шу́цман *м.* 순경, 순사; 경찰, 경관

шу́шера *ж. собир. разг.* 하층민, (인간) 쓰레기, 폐물, 잡동사니, 하찮은 것, 부질 없는 생각, 어리석은 짓,

шушпа́н *м.* 옛날 농민의 느슨하고 긴 외투,

шушу́канье *с. разг.* 속삭임, 소문, 와삭와삭 하는 소리, 귀엣말, 귀속말, 삭이는(듯한), 귀엣말의, 와삭와삭하는; **~ться** *разг.* 소곤거리다, 비밀이야기를 퍼뜨리다.

шушу́кать *с. разг.* 쉬쉬 말하다, 살랑살랑 울리다; 소곤소곤 이야기나누다, 귀엣말을하다; **~ся** 소곤거리다

Шха́ра *ж.* 까프까즈 산맥 최고봉의 하나(5201 미터)

шхе́рный *прил. geogr.* 기암절벽, 낮고 깎아지른 듯한 절벽 이복잡하게 기복된;

шхе́ры *мн. geogr.* (스웨덴. 핀란드 해안의) 암초 절벽.

шху́на *ж. мор.* 스쿠너(두개 이상의 마스트를 가진 세로돛의 범선);.

Ш—ш *межд.* 쉿! (조용히 하라는 신호)

шэн *м.* 소(簫: 아악기에 속하는 피리의 하나)

шюцко́р *м.* 핀란드의 군사적 파시스트단체

шюцко́ровец *м.* 핀란드의 군사적 파시스트단체의 단원

щ *буква* Двадцать седьмая буква русского алфавита.
щавелевоки́слый *прил.хим.* 옥살산의, 수산의
щаве́левый ① *прил.* (괴)승아. 산모(酸模)의 ② *хим.* 옥살산의, 수산의, 싱아산의
щаве́ль *м.* 괭이밥류, 수영속의 식물, 승아의,
щади́ть *несов.*, **пощади́ть** *сов.* (*вн.*) ① 절약하다, 아끼다, 사용하지 않다, 떼어두다; ② 용서해 주다, ~에게서 빼앗지 않다, ~에게 인정을 베풀다, ~의 목숨을 살려 주다, ~에게 자비를 베풀다,
щебени́ть *нареч.* 돌부스러기를 깔다, 자갈을 깔다
щебенка *ж.* (나무) 토막, 지저깨비, (금속의) 깎아낸 부스러기, (모자·상자 등을 만드는) 대팻밥, 무늬목.
ще́бень *м.* ① 길에 까는 자갈, 도로용 쇄석, 부스러기돌, 벽돌조각; ② 암설; 쇄암, 쇄석; (해양의) 유기퇴적물; 파편
щебе́т *м.*, **~а́ние** *с.* (새가) 지저귀다, 쩍쩍(짹짹)울다; (새된 음성으로) 이야기 하다; 재재거리는 소리, 지절거리는 것, 노래하다, 재잘재잘 지껄이다, 지저귀듯이 이야기하기; 킥킥(웃는) 웃음.
щебета́ть *нареч.* 지저귀다(제비.방울새); 시끄럽게 재잘대며 지껄이다(여자.아이들이) (똣도없이) 재잘재잘지껄이다; 혀짤배기 소리, 실없는 소리; 졸졸(흐르는 소리), 물소리.
щебетли́вый *прил.* 잘도 재잘대는, 잘도 수다 떠는, 실없는 소리하는
щебету́нья *ж.* 재잘대는 수다스런 여자; 잘 지절대는 사람; 혀짤배기 소리를 하는 사람(아이); 수다쟁이.
щебнево́й *прил.* 도로자갈로, 벽돌조각으로 된
щебни́стый *нареч.* 쇄석의, 돌부스러기를 함유한.
щевро́нок *м. зоол.* 종다리

щеглёнок *м.* ① 옷을 잘 입고 다니는 아이; ② 꾀꼬리. 방울새 새끼, 검은방울새의 일종

щегóл *м.* ① *зоол.* 검은방울새의 일종, 꾀꼬리; 창경 황금조. 화리. 황앵. 황앵아. 황작. 황조; ② 목소리가 고운 사람을 비유적으로 이르는 말.

щеглóвка *ж.* 꾀꼬리. 방울새의 암컷

щеглятник *ж.* 꾀꼬리. 방울새 사냥꾼. 애호가

щеглячий *прил.* 꾀꼬리의. 방울새의

щеголевáтость *ж.* 멋부림, 치레, 멋; **~ый** *прил.* (복장의) 세련된, 사치스런, 모양을(맵시를) 낸;

щеголиха *ж.* 멋쟁이 여인, 세련된 몸치장을 한 여자, 여자 패션스타일.

щёголь *м.* 세련된. 사치스런 복장을 한 남자, 멋쟁이 남성. 맵시꾼,

щегольскóй *прил.* (복장의) 세련된, 몸치장한, 멋을 낸; **~ вид** 훌륭한 모양, 세련된 외모; **~ство** *с.* 멋부림, 치레, 멋. 멋부린, 모양을 (맵시를) 낸

щеголять *несов.*, **щегольнуть** *сов.* ① 극단적으로 유행을 좇는 드레스, 초첨단적인 드레스. 옷치장을 하다, 멋내다; ② 과시하다, 자랑하다. 과시, 자랑하기.

щедривый *прил.* 마마 자국이 있는

щедрина *ж.* 곰보; 작은 종기의 흔적

щедриться *ж.* 아까와하지 않다

щедровáтый *прил.* 마마 자국이있는

щéдро *нареч.* 후하게, 너그럽게

щéдрость *ж.* 관대, 후한것, 아량; 고결. 너그러움, 아까와 하지 않음; **~оты** *мн.* 활수함, 관대함; 박애하게; **~ый** *прил.* 관대한, 아량있는; 고결한; 편견없는, 대범한, 인색하지 않은

щедротá *ж.* 관대한, 너그러움.

щедрóты *мн.* 선물, 풍부한 선물; 정, 인자

щéдрый *прил.* 아까워하지 않는, 잘 주는, 대범한; (선물에 관하여) 풍부한, 호사스러운;

щекá *ж.* ① 볼, 뺨, 측면, 옆쪽, ② 못뽑이, 집게의 물건을 집는 부분;

щекáстый *прил.* 볼이 포동포동한

щеколда *ж.* (문의) 걸쇠, 빗장

щекотáние *с.* 간질이다. 자극하다, 고무 하다.

щекота́ть *несов.*, **пощекота́ть** *сов. нареч.* **1.** 간질이다; 자극하다; **2.** 지저귀다(휘파람새. 까치 등이); **3.** кому 또는 у кого 간지럽다, 1) (*вн.; прям. и перен.*) 간질다, 자극하다; ~ чьё-л. самолюбие 자존심을 자극하다; 2) *безл.*: у меня в горле, в носу щекочит 나의 목과 코가 간지럽다

щеко́тка *ж.* 간질임, 간지러운것, 근질근질 한 것; боя́ться ~и 간지럼타다

щекотли́вость *ж. разг.* 간지럼; 민감, 예민; **~ый** (*прям. и перен.*) 간지럼타는, 간지러워 하는, 신중을 요하는, 델리킷한, 민감한, 예민한; ~ый вопро́с 미묘한 질문,

щеко́тно *предик. безл.* (*дт.*) 간지럽게; ему́ ~ 그를 간지럽히다

щеко́тный *прил.* 신중을 요하는, 간지러운; 간지럽히는 듯끗한 상태, 민감한, 미묘한

щелева́тый, щелево́й *прил.* к щель; *лингв.* 마찰로 생기는, 마찰음의, 틈(금)이 있는

щели́на *ж.* 큰 금. 틈. 크게 갈라진 곳, 터진곳

щели́нный *прил. лингв.* 마찰음의

щели́стый *прил. разг.* 틈. 금투성이의.

щёлк *м. разг.* 튕김(손끝 등으로); (호도 등을) 쪼개는 것; 딱 소리를냄; (어떤 새의) 지저귐; 그 소리

щёлка *ж.* 작은 틈, 작은 금, 균열

щелкану́ть *нареч.* кого-что 손끝으로 튕기다; чем 튕기는 듯한 소리를 내다, 지저귀다

щёлканье *с.* ① 짤까닥(쩨깍)소리나다(소리내며 움직이다); (про́бки) 펑(빵) 소리가 남, 불쑥 나타남, 포펑(음악에 맞추어 손발을 각기 따로 움직임); ② 손가락으로 튀기기; 가벼운 자극; ③ 몹시 빠른, 몹시빠르게, 맹렬한 맹렬하게, ④ 떨리는 목소리, (엔진의) 기화기, 카뷰레터.

щёлкать *несов.*, **щёлкнуть** *сов.* ① 짤까닥(쩨깍)소리나다 (소리내며 움직이다); (호두를) 우두둑 까다; ~을 금가게 하다; 세게때리다, 손바 닥으로(철썩)치다; 펑소리가 나다; 뺑울리다; 펑터지다; 탕쏘다; (손끝으로) 튕기다; 딱하고 깨다; 탁소리내다. 땡하고 울리다; (지빠귀가) 지저귀다; ② (매·채찍) 찰싹(탁)때리기; (손가락 끝으로) 가볍게 튀기기, 튀겨날리다; 촉진시키다, 기운을 돋우다, 자극하다 ③ (채찍)찰싹소리내다; (~를)철썩때리다; (호두를)우두둑까다; ~을 금가게하다; ④ (새의) 지저귐, 노래하듯 지저귀다; (엔진의) 기화기, 카뷰레터.

щелкопёр *м. уст.* 보잘것없는 문사, 삼류작가.

щелкотня́ *ж.* 오랫동안 계속되는

щелку́н *м.* щёлкать 하는 사람; 방아벌레

щелку́нчик *м.* (*в сказках*) 하는 사람.

щелку́шка *ж.* 튕김, 그 소리, 호도까는 도구; 딱 소리를 내는 장난감

щёлок *м. хим.* 잿물, 알칼리성 포화액

щелочи́ть *несов. хим.* 잿물에 담그다, 잿물 빨래를 하다, 알칼리성을 부여 하다

щёлочноземе́льный *прил. хим.* ~ные металлы 알칼리 토금속

щелочно́й *прил. хим.* 알칼리속의; 알칼리(성)의; ~ раствор 알칼리의 용해

щёлочность *ж. хим.* 알칼리성

щёлочноупо́рный *прил. хим.* 알칼리에 견디는 성질의

щёлочь *ж. хим.* 알칼리(alkali).

щелчо́к *м.* 뻥, 그소리, 탁, 모멸, 자존심을 상하게 함; 짤까닥(쩨깍)소리나다(소리내며움직이다); 가벼운; 사소한, 대수롭지 않은, 하찮은; дать ~ (*dm.*) 손가락으로 튀기다

щель *ж.* ① 틈, 균열; 문(門); 틈; 방탄호, (채찍) 찰싹 소리내다, (호두를) 우두둑 까다; ~을 금가게 하다; (목재, 지면의) 갈라 짐, 균열; 아귀, 갈라진 틈, 틈새, (무엇을 끼우는), 홈, 가늘고 긴 구멍, голосо-вая ~ *анат.* 성문; смотровая ~ 틈 사이로 관찰하다; ② *воен.* 트렌치, 도랑, 해자, 호(壕); 해구, 참호, 참호 진지.

щеми́ть *безл.* (물건 사이에 끼워서) 압박하다; (마음을) 아프게하다; 아프다.

щени́ться, ощени́ться (개. 늑대. 여우 등 짐승) 새끼를 낳다. (암캐가) 새끼를 낳다. 강아지; (여우. 바다표범의) 새끼

щённый *прил.* (짐승에 대하여) 새끼를 밴

щено́к *м.* (개. 늑대. 여우의) 새끼, 풋나기, 건방진 애송이 (곰.이리.여우.사자.호랑이) 새끼; 고래(상어)새끼, 개구쟁이, 변변치 못한 아이, 불량아, (우스개) 꼬마

щепа́ *ж.* 나무조각, 나무 부스러기, 쓸모없는 물건, 톱밥; 목제 잡목, 점화, 발화; 흥분, 선동. 불쏘시개, 부서진(쪼개진) 조각, 지저깨비, (나무. 대나무의) 가시

щепа́льный *прил.* щепать 하는 데 도움이 되는, 나무를 쪼개기 위한. 깎기 위한

щепа́ный *прил.* 깎거나 갈라서 만들어진

щепа́ть *сов.* (*вн.*) (나무)토막, 지저깨비, (금속의) 깎아낸 부스러기, (모자.상자 등을 만드는) 대팻밥, 무늬목, (나무조각. 부스러기를) 깎거나 갈라서 만들다, 쪼개다, 까다, 부서진(쪼개진) 조각, 지저깨비, (나무. 대나무) 가시

щепе́нник *м.* 부엌용 잡화가게

щепети́льник *м.* 방물 행상인(行商人)

щепети́льность *ж.* 세심 정밀함, 꼼꼼함, 격식을 차림, 거북살스러움, 딱딱한좀스러운 태도; 빈틈없는 것, 면밀, 꼼꼼한 것, 양심적인 것, 견실한 것, 신중한 것; **~ый** *прил.* ① 세심 정밀한, 꼼꼼한; 격식을 차리는, 빈틈없는, 면밀한, 꼼꼼한; ② 섬세한, 우아한, 고운; 민감한, 예민한; (남의 감정에 대하여) 세심한 이해심이 있는, 자상한

ще́пка *ж.* 나무조각, 대패밥

щепно́й *прил.* 나무조각으로 만든

щепо́тка *ж.*, **щепо́ть** *ж.* 한줌의 분량(엄지.검지.장지로 집은); ~ соли 소금 한 줌; ~ табаку 손가락으로 촛불을 끄다.

щепо́тник *м.* 정교 분리파 신자가 정교도를 욕하는 말 (*щепоть* 3개의 손가락으로 십자를 긋는 데서)

щепо́ть *с.* 한 줌; 한 줌의 분량; 세 손가락(엄지. 검지. 장지) 끝으로 쥐는 모습

щерба́тый *прил.* ① 곰보의, 얽은; 꺼칠꺼칠한, 울퉁불퉁한; 얇게 깎은; 잘게 썬, 우묵 팬 곳, 눌러서 들어간 곳, 눌린 자국; ② (빠진 이로) 이 사이가 벌어진.

щерби́на *ж.* ① 틈, 꺼칠꺼칠, 들쭉 날쭉한 곳, 이 빠진 흔적(자국); 날이 망가짓, 결각, 움폭 들어감; ② *мед.* 마맛자국, 두흔(痘痕); ③ 틈, 틈새, 짬, 간격.

щерби́ть *несов.* 꺼끌꺼끌하게 하다; 날이 빠지게 하다

ще́рить *несов.* (이를) 드러내다; (털을) 곤두세우다

щети́на *ж. тк. ед.* 강모, 뻣뻣한 털 **~истый** *прил.* 뻣뻣한 털의(이 많은), 털이 곤두선, 강모와 같은; 강모가 난

щети́нить *несов., сов.* (고양이가 털을) 곤두세우다

щети́ниться, ощети́ниться (*прям. и перен.*) 털을 곤두세우다; (털이) 곤두서다; 격분하다, 화를 내다.

щети́нка *ж.* 뻣뻣한 털, 촉모(觸毛)

щети́нник *м.* 강아지풀, 구미초, 낭미초. 가라지, 낭유.

щетинообра́зный *прил.* 강모 모양의; 자모 모양의

щети́нщик *м.* 강모 수매인; 털가공인

щётка *ж.* ① 솔, 브러시, 수세미, (말의) 거모, 결정광, 브러시; ② (말굽 뒤쪽의) 텁수룩한 털; 구절; ③ эл 브러시(방전)

щеткодержатель *с.* 브러시 홀더, 솔 손잡이

щёточник *м.* (솔) 만드는 사람 제작자, 제조업자. 솔 파는 사람, 브러시 판매인 **~ый** *прил. к* щётка 1

щёчка *ж.* 턱, 아래턱.

щёчный *прил. анат.* 빰, 볼, 볼뼈.

щи *мн.* 시치(양배추 수프);

щи́колка *ж.*, **щико́лотка** *ж.* 복사뼈, 발목.

щипа́ный *прил.* 털을 뜯는

щипа́ть *несов.*, **щипну́ть** *сов.* ① 꼬집다; 쥐어뜯다, (손끝으로) 집다, 잡아당기다; 자극하다, 고통을 주다, (집게발) 물다, 집다, 꼬집다; (개) 물다; ② *несов.* 물다, 물어뜯다, 물어 끓이다; ③ *тк. несов.* 끄트러기, 조각, 파편, 세편, 약간, 소량, 극히조금; ④ *несов.* 조금씩 갉다(물어뜯다, 깎아내다); 어린 잎, 새싹, 어린 가지(가축의 먹이); 뜯다, 잡아 뽑다; **~ся** *разг.* 체포하다, (두 손가락으로) 집다, 서로 잡아 당기다

щипец *м.* 사냥개의 콧등; 박공; 박공지붕, 용마루. 마룻대

щипко́вый *прил. муз.* ~ ые инструменты (현악기에 대하여) 손가락 또는 손톱으로 튕기는(활을 사용하는 것: 기타, 하프).

щипко́м *нареч. муз.* 피치카토(손끝으로 뜯는 연주법)

щипо́к *м.* 비틀기; 꼬집기, 홱 잡아 당기기; (마음의) 동요.

щипцы́ *мн.* 집게; 부젓가락, 도가니 집게, (미장원에서) 컬(curl)용의 인두, 불집게, 못뽑이, 뻰찌, 족집게, 핀셋트;

щи́пчики *мн* 핀셋, 족집게; 족집게 하나.

щири́ца *ж.* 비름(색비름 등의) 종류

щит *м.* ① 방패(고대의 호신무기), (대포. 기관총의) 방패, 후원자, 보호자, 옹호자, 바람막이, 눈의 광선 (빛)막이 등, (난로. 기계의) 가리개, 차열판, 방열판, (전람회 등에서 사진, 작은소품을 붙이는) 전시판, 배전반, 보호, 수호, 옹호, 호위, 비호; 조그마한 원형의 방패; 방호물; ② 눈의 광선(빛)막이, (난로.기계의) 가리개. 차열판; 방설책, 눈사태 방지 설비; ③ 수문; (수문의 수위조절장치; ④ *тех.* 판벽널, 마름, (창)틀; ⑤ *зоол.* 거북딱지, 별갑, 직사각형의 방패; (곤충의 가슴의) 순판; (거북의) 인갑.

щи́тик *м. зоол.* 연지벌레

щитови́дка *ж. анат.* 갑상선(甲狀腺); 목밑샘(

щитови́дный *прил. анат.* 방패 모양의, 갑상의, 목밑샘의;

щито́вка *ж.* (딱딱한 껍질을 쓴) 작물. 과일의 해충의 총칭;

щито́вник *м. бот.* 고사리. 양치식물의 종류

щито́к *м.* ① 허리에 두르는 갑옷; 곤충의 흉부(갑옷의 앞가슴 부분), 가슴, 흉곽, 흉강; (곤충의) 흉부; 작은 방패, 흉갑, 갑옷; ② *бот.* 취산화서, 취산꽃차례, 산방꽃차례, 산방화서; ③ *тех.* (조종석. 운전석 앞의) 계기반[판], (마차. 썰매 등의 앞에 단) 흙받이, 넉가래판; (이물의) 파도막이 판.

щитоно́сец *м. ист.* 방패를 든 병사

щитоно́ска *ж. зоол.* 잎벌레

щитоно́сный *прил.* 방패를 지닌

щитообра́зный *прил.* 방패 모양의.

щу́ка *ж.* 창꼬치; 대구비슷한 식용어; 꼬치고기를 닮은 담수어

щуп *м.* **1.** *тех.* 소식자, 탐침; 탐사침, 수동전공기; **2.** 프로빙(트랜지스터나 IC 칩의 패드에 탐침을 세워 특성 검사를 하는 것); 짚어보기.

щу́пальце *с. зоол.* (하등동물, 곤충 등의) 촉수, 촉각, 더듬이; (식물) 촉사,촉모,섬모, 탐욕에 눈먼 마수. 안테나, 공중선

щу́паный *прил.* 손으로 달아 본. 찾아 본

щу́пать *несов.*, **пощу́пать** *сов.* (*вн.*) ~을 느끼다, 감지하다, 지각하다; 가만히 (줄곧) 관찰하다; 닿아보다, 만져보다;

щу́пик *м.* 촉각(觸角)

щу́плый *прил.* (수목. 곡식 알맹이) 마른, 비실 비실한, 알맹이가 없는; 약한, 비실비실한, 풍체가 초라한.

щур I *м.* (*птица*) (참새과) 멋장이새의 일종

щур II. 슬라브족의 씨족신, 가신.

щу́рить: ~ глаза 눈을 가늘게 뜨다, 실눈을 하다; ~ **ся** ① (눈을) 찌그리다, 가늘게뜨다; 사팔눈이다; 곁눈질로보다, 눈을 가늘게 뜨고보다; ② 폭이좁은; (공간. 장소가) 좁아서 답답한, 옹색한.

щу́чий *прил.* 돌연, 갑자기, 뜻밖에, 마법지팡이 흔들다

щу́чить *кого-что* 잔소리하다

щу́чка (*Deschampsia caespitosa*) 석회유리 *зоол.* 창꼬치

ЩФ *сокр.* 알칼리(성)의 산성인산 분해효소

Ъ

ъ 1. твёрдый знак 분리부호, 분리기호 (예: съезд, въехать 등); 2. (옛 정자법의) 경음부호(경음부호는 자음과 모음 е, ё, ю, я 에만 삽입되어 분리기호로서 즉, 이 부호를 사이에 둔 앞뒤의 자음과 모음을 분리하여 발음하게된다: сьел [sj□'l] (먹다) – 분리부호가 없는 сел [s'□'l] (앉았다) 과 비교된다)

ъ *буква* Двадцать восьмая буква русского алфавита.

ъ Ъ, буква ер, твердая полугласная, а ныне безгласная; у нас 27-я, а в *черк* 30-я по порядку; встарь ставилась и посреди слов, за согласною, чтобы придать ей легкий, неясный гласный звук (*съвет, еместо совет и пр.*), а ныне только перед мягкою гласною, чтобы согласная оставалась твердою, но переходила в и (*съежиться, съедать, сюлить*), либо перед и, обращая его в ы, которое и состоит из ъ, и и затем, в конце слова, по твердой согласной притупляя ее. Как мы постепенно выкинули ер из средины слов, так точно оно могло бы быть откинуто и в конце, а оставлено только перед согласными, в средине, где оно нужно для произношенья.

ъ (*пришизн.* ерь (*устар., фитт*) или твердый знак). см. **ер** .

ъ Ъ, буква ер, твердая полугласная, а ныне безгласная; у нас 27-я, а в церк. 30-я по порядку; встарь ставилась и посреди слов, за согласною, чтобы придать ей легкий, неясный гласный звук (*съвет, вм. совет и пр.*), а ныне только перед мягкою гласною, чтобы согласная оставалась твердою, но переходила в и (*съежиться, съедать, сюлить и пр.*), либо перед и, обращая его в ы, которое и состоит из ъ, и и затем, в конце слова, по твердой согласной притупляя ее. Как мы постепенно выкинули ер из средины слов, так точно оно могло бы быть откинуто и в конце, а оставлено только перед согласными, в средине, где оно нужно для произношенья.

Ы

ы 말의중간 또는 말미에만 쓰임

ы *буква* Двадцать девятая буква русского алфавита.

ы Ы, буква еры, 28-я, а в *черк* азбуке 31-я; гласная, составлена изъ ъ, и, звучит согласно сему, почему и ни одно слово не может начаться с этой буквы, как и с безгласного ъ. *Ер да еры упали с горы.*

ы (*прцизн.* также еры (*устар*), *нескл., ср.* название буквы "ы", название соответствующего звука и другие значения: *срн* **А́**; . *см. тж.* **еры.**

ы Ы, буква еры, 28-я, а в церк. азб. 31-я; гласная, составлена из ъ, и, звучит согласно сему, почему и ни одно слово не может начаться с этой буквы, как и с безгласного ъ. *Ер да еры упали с горы.*

ь

ь мягкий знак 염음기호, 연음부호(연음부호는 자음뒤에 붙어 그 자음이 연자음으로 된다 стиль, день, сеиья, статья) ж. ш 는 뒤에 ь 가 있어도 항상 경음[з], [ʃ] 로 발음되며, ч. ш 는 뒤에 ь 가 없어도 항상 연음 [ʧ] [ʃʃ]로 발음된다. ружьё (총), рожь (호밀), мышь (쥐), врач (의사), товарищ (동지) **ь** *буквa* Тридцатая буква русского алфавита.

ь Ь, буква ерь, ерик, паерок. паерчик; мягкая полугласная, у нас 29-я, в *черк* азбуке 32-я; она противоположна букве **ъ**: эта придает согласной самое грубое, твердое, тупое произношенье, а ь - самое тонкое, мягкое; ни того, ни другого нет в ·*зап. языках, а есть среднее, свойственное нам только при некоторых буквах. Ставится и в средине и в конце слова; *без нее обойтись нельзя, или нужен иной знак, что выйдет на то же.*

ь ь (*прицизн.* ерь (*устар., фипп*) или мягкий знак). *см.* **ерь**

ь Ь, буква **ерь**, ерик, паерок. паерчик; мягкая полугласная, у нас 29-я, в церк. азб. 32-я; она противоположна букве **ъ**: эта придает согласной самое грубое, твердое, тупое произношенье, а ь - самое тонкое, мягкое; ни того, ни другого нет в зап. языках, а есть среднее, свойственное нам только при некоторых буквах. Ставится и в средине и в конце слова; без нее обойтись нельзя, или нужен иной знак, что выйдет на то же.

Э

э I э оборотное 자모 э의 명칭(옛날 e 를 э로 썼다)

э II ① *межб* 아니; ② *응*? 뭐라고(놀람, 의심); 음! (결의를 나타냄); **3.** 오!, 아차!; **4.** 1) 오오, 아, 어허, 앗, 아아, 여봐(놀람·공포·찬탄·비탄·고통·간망·부를 때 따위의 감정을 나타냄), 2) 어이(직접적인 부름), 3) 참, 응(상대의 말을 이해할 때)., 4) 왜, 어째서(이유 또는 목적을 물음.) *ср. тж.* э-э

Э *эл.* 에르스텟(자장(磁場) 단위; 기호 Oe).

ЭА *сокр от.* этилацетат, *хим.* 아세트산 에틸.

Эак *м.* 이아코스(제우스의 아들)

ЭАМ *м.* 그리스의 민족해방동맹(1941-47)

эбе́н *м. бот.* 흑단(黑檀)

эбе́новый *прил. бот.* 감나무의, 흑단으로, 흑단의, 흑단색의, 칠흑의. 흑단재(고급가구의 재료);.

эберти́ст *м.* 에베르파 당원(프랑스의 자코벵당 좌파).

эбони́т *м. тех.* 경화고무, 에보나이트(ebonite); **~овый** *прил.* 에보나이트의, 경질(硬質)고무의, 경화고무의

эбулиоме́трия *ж. хим.* 비등점 측정기

эбулиоско́п *м. хим.* 증발측정기; **~ия** *ж. хим.* 비등(沸騰).

эВ *м. сокр от* электро́н-вольт 전자볼트(略: EV, eV).

эва *воскл.* 1) 오오, 아, 어허, 앗, 아아, 여봐(놀람·공포·찬탄·비탄·고통·간망·부를 때 감정을 나타냄), 2) 어이!. 3) 참, 응, 4) 왜, 어째서(이유 또는 목적을 물음.)

эвакогоспиталь *м. воен.* 후송병원

эвакопу́нкт *м.* 철수지점, 후송소.

эвакуа́тор *м.* 철수, 인양, 소개 담당원; (러시아에서) 병원, 요양소의 입, 퇴원 담당원.

эвакуацио́нный *прил. к* эвакуа́ция; **~** пункт 대피센터, 피난소; **~** госпиталь 후송병원.

- 1007 -

эвакуа́ция *ж.* ① 철수, 후송, 귀환; 피난;송환, ② 배설물
эваку́и́рованный ① *прич.* 피난하다, 철수하다; ② *м. как сущ.* (공습의) 피난자, (전투지역으로부터) 철수자.
эвакуи́ровать *несов. и сов.* (군대를) 철수시키다, 철군하다, 후송하다; 소개하다, 피난(대피)시키다; **~ся** *несов. и сов.* 철수시키다; 후송시키다; 피난(대피)시키다;
эвальва́ция *ж.* 평가. **эвапора́ция** *ж.* 증발, 기화.
эвапора́тор *м.* 증발기, 증발 건조기
эвапоро́метр *м.* 증발측정기 **эвдемони́зм** *м.* 행복설.
эвгле́на *ж.* 연두벌레 **эве́кция** *ж.* (달의) 출차.
эвдио́метр *м. физ.* 측기관, 유디오미터(공중산소량 측정기)
эве́н *м.* 동부시베리아의 소수민족의 하나(옛이름은 ламут).
эве́нк *м.* 동부시베리아의 한 민족(옛이름은 тунгус).
эве́нкийка *ж.* эвенк 의 여성형; **~ийский** прил. 예반 민족;
эве́нский *прил.* 예반인; **~ язык** 예반어(말)
эвентуа́льный *прил.* ~ 결과로서(언젠가는) 일어나는, 있음직한, 가능성있는.
эверду́р *м. тех.* 동합금.
эвкали́пт *м. бот.* 유칼립투스, 유칼리, 유칼리나무; **~овый** *прил.* к эвкалипт; **~овое масло** 유칼리나무 오일(油).
эвкали́птовый *прил. бот.* 유칼리나무.
эвкла́з *м. мин.* 녹옥석의 일종(에머랄드 emerald 녹옥(綠玉).
Эвкли́д *м. мат.* 유클리드(그리스의 수학자 Euclid(B.C. 300).
эвкоммия *ж. бот.* 고무나무 **ЭВМ** (э-вэ-у́м) *рел.* 전자계산기
е́внух *м.* 거세된 사람, 환관(宦官), 내시, 고자.
эвольве́нта *ж. мат.* 전개, 진화, 소용돌이의, 나사모양의, 인벌류트(involute); **~ое учение** 진화학설
эволю́та *ж. мат.* 축폐선, 축폐한
эволюциони́зм *м.* 진화론, 진화설; **~и́ровать** *несов. и сов.* 진화하다, 발전하다, 전개하다; **~и́ст** *м.* 진화론자의, 진화론적인.
эволю́ционный *прил.* 진화론적인, 전개적으로, 진화적인; **~ая теория** 진화론, 진화학설, 진화론교의
эволю́ция *ж.* ① *Филос.* 진화; ② 변화; ③ 기동기동연습; ④ 발전, 전개, 진전; (제조의 일부를 이루는) 운동, 움직임.
э́вось *с.* 강한 놀람, 의심을 나타냄
эврибио́нтный *прил.* 광생활대의.
э́врика *с.* 뭔가 생각이 떠올랐을 때의 환성(«발견했다»)
эвристика *ж.* 계발, 발견적 교수법

эвристи́ческий *прил.* 자발적인, 발견적인, (학생에게) 스스로 발견하게 하는

эвримия́ *ж.* 율동성(가무음악의)

эврифа́гия *м.* 광식성.

эвте́ктика *ж.* 공정, 공융 혼합물.

эвфемизм *м. лингв.* 완곡 어법, 완곡 어구; **~ сти́ческий** *лингв.* 완곡 어법의, 완곡한.

эвфони́ческий *лит.* 음조가 좋은, 음운 변화상의.

эвфони́я *ж. лит.* 듣기좋은 음조, 조화된 음조, 듣기좋은 가락, 음운 변화, 협화음; 음편; 기교상 목적으로 말의 음을 선택 사용 하는 수법

эвфори́я *ж. мед.* 다행증.

Эвфра́т *м.* 유프라테스강(메소타미아)

эвфуи́зм *м. лит.* 미사여구, 화려하게 꾸민 문체, (말의) 과식체; **~исти́ческий** *лит.* 미사여구를 좋아하는, 과식체의.

ЭВЦМ *(э-вэ-це-эм)* 디지탈형 전자 계산기

эгализа́тор *м. хим.* 균염제.

эгалитари́зм *м.* (재산) 평등주의

эгалитари́ст *с.* 평등주의자.

эге́, эге-ге́ *межд.* ① 애개(걔) ② 이런, 저런, 이것봐; ③엇, 앗(예기치 않은, 뜻밖의 것을 나타냄)

Эге́йское мо́ре *с.* 에게해(발칸반도와 소아시아 사이의 바다).

эги́да *ж.* 보호, 후원, 비호, 방패; **под ~ой** *(рд.)* ~의 보호아래, ~의 비호아래.

эгои́зм *м.* 이기적인, 이기심, 자기본위의; **~ист** *м.* 제멋대로 하는 사람, 이기적인 사람.

эгоисти́ческий *прил.* 이기적인, 이기주의의, 야욕이 강한; **~ность** *ж.* 이기적인, 자기본위; **~ный** *прил.* 이기적인, 이기주의의, 제멋대로의.

эгои́ст *м.*, **~ка** *ж.* 이기주의자

эгои́стка *ж. к* эгоист 이기주의자.

эготи́зм *м.* 자아주의자, 제멋대로 하는 사람, 실력이상의 자만, 자부 심이 강한 사람.

эгофутури́зм *м.* 자아(自我), 미래주의(20 세기초 러시아의 미래파).

эгоцентри́зм *м.* 자아중심주의, 자기 중심성; **~ и́ческий** *прил.* 자기중심의, 자기중심주의자

эгре́т *м.*, **~ка** *ж.* (모자, 투구의) 백로 깃털 장식, 부인용 모자의 장식 깃털.

эгропомпа *ж.* 포도액, 포도주용 펌프

эдда *ж. лит.* 에더(북유럽의 신환, 시가집), 시편;

эдельвейс *м. бот.* 에델바이스(Edelweiss: 알프스의 고산식물, 스위스의 국화).

эдем[эдэм] *м.* 에덴동산(Eden) 극락; 도원향

эдикт *м. ист.* 칙령; 포고(布告), 고시.

эдил *м.* 고대로마의 관리(건축,종교, 상업, 시(市)경찰을 관장).

Эдинбург *м.* 에딘버러(스코틀랜드의 수도)

эдиционный *м.* 편집출판의(編輯出版-).

ЭДС, э.д.с., эдс (э-дэ-эс) 기전력

Эдуард *м.* 남자의 이름

эжектор *м. тех.* 배출(방사)기, 배출펌프, (管)장치, 인젝터, 배출관, 배출장치.

эжекция *ж.* 분사혼합, 인공적 수압회복

эзоп *м.* ① 이솝(우화작가); ② 무슨 말을 하는지 모르는 기인; ③ 우화적으로 말하는, 서술하는 사람, 우화작가

эзопов *м.* ~**ский** *прил* 이솝(식)의; ~ **язык** 이솝이야기 같은

эзотеризм 비법을 전수받은 사람, 비사; 비전, 비법

эзопство *с.* 우화적, 비유적, 문자적 표현을 하는 것

эзотерик *м.* 밀교 신자 **эйдетизм** *м.* 직관상

эзотерический *прил.* 밀교도의, 비의의, 비의적인, 비전의.

эзофагоскоп *м.мед.* 식도경   **эзофагит** *м.* 식도염

эзофаготомия *ж. мед* 식도절개술.

эй *межд.* 여보! (기쁨,놀람,물음, 주의의 소리) 어이! 아이고! 이런! 저런! 어머나!; 야! (주의를 끌릴 지르는 소리); *мор.* 어어이! 이봐 (먼데 있는 사람을 부를 때).

эйкумена *ж.* 지구상 인류가 거주하는 지역

эйнштейний *м. хим.* 아인시타이늄([99 비: Es:252]).

Эйре *с.* 에이레(아일랜드 공화국의 구칭: Eire.)

Эйфелева башня *ж.* (파리의)에펠탑(Eiffel 塔)

эйхинин *м. мед.* 오이히닌(키니네 대용약).

эк *частица прост.* ① 의문사의 앞에 두어 놀람, 비꼼, 조소, 불만을 강하게 한다, ② 뚱딴지 같은 소리를 하는군, 그래서 훌륭한 사람이라 할 수 있겠나!;

ЭКАДВ, (эка́дв) 아시아 극동 경제위원회(**ECAFE**)

экарте́ *с.* 둘이서 하는 카드놀이

экватор *м. геогр.* 적도(赤道), 최대의 위선, 균분원

экваториал *м. астр.* 적도의, 적도부근의, 적도의식의, 적도 결합의.

экваториа́льный *геогр.* 적도의, 매우 무더운.

эквивале́нт *м.* 동등한, 같은, (가치. 힘) 대등한, (말. 표현이) 같은 뜻의, 등가물, 같은 뜻의 것, 당량; **~ность** *ж.* 같음, 등가, 등치, 균력, 등량, 동의의; **~ный** *прил.* 동등한, 같은, 대등한, 같은뜻의, ~에 상당하는, 같은; **~ная** стоимость 동등한 가치.

эквивока́ция *ж.* 애매한 말을 쓰는 것; 그 때문에 생긴 오해.

эквили́бр *м.* 평형, 균형, 수평, 안정, 좌정.

эквилибри́ровать *с.* 곡예를 하다, 줄을 타다

эквилибри́ст *м.* 곡예사, 줄타는 사람, 줄타기 광대, 임기응변에 능한 사람, **~ика** *ж.* 줄타기 곡예사.

эквипотенциа́льный[-тэ-] *прил. физ.* 같은 힘(잠재능력)을 가진, 등위의, 등전위의. 동등한 힘(잠재력)을 가진.

ЭКГ электрокардиогра́мма 심전도(心電圖; 略: ECG, EKG).

экзальта́ция *ж.* 칭찬, 열광적인 기쁨, 흥분, 찬양, 우쭐함, 의기양양; 광희, 흥분; **~и́рованный** *прил.* 희열에 넘친, 황홀한, 무아경의, 열중[몰두]한

экза́мен *м.* ① 시험, 고사, 시험문제; *разг.* (*перен. испытание*) 검사, 고사, 조사, держа́ть ~ 시험을 치르다; ~ **атор** *м.* 시험관, 시험위원, 심사관, 검사관, 조사관; (증인)

экзаменацио́нный *прил.* к экзамен; ~ая сессия 시험기간, 시험기; ~ билет 시험 답안지, 시험표; ~ая комиссия 시험 위원회

экзаменова́ть *несов.,* **проэкзаменова́ть** *сов.* (*вн.*) ~을 시험하다, 조사(심사)하다, 검사하다, 고찰(검토)하다; **~ся, проэкзаменова́ться** ~의 시험을 보다, ~의 시험을 치르다. ~의 시험을 하다(치다, 받다)

экзамену́ющийся *прич. м. как сущ.* 수험생, 피조사자, 수험자; 검사(신문, 심리)를 받는 사람.

экза́метр *м.* 6 보격(步格).

экзамена́тор *м.* 시험관, 시험위원, 심사관, 검사관, 조사관; (증인) 신문관

экзамену́емый *м. мед.* 수험자, 검사(신문, 심리)를 받는 사람.

экзанте́ма *ж. мед.* 발진, 증기.

экза́рх *м.* 그리스 정교의 교구장; 고대그리스의 사제장; 고대 비잔틴제국의 태수, 총독

экзарха́т *м.* экзарх 의 관구직.

экзацерба́ция *ж. мед.* 증세악화.

экзеге́за *ж. церк.* (성서.성경.경전의) 주석, 해석, 석의, 설명, 해설

экзеге́т *ж.* 성경 주석자.   **экзеге́тика** *ж.* 성경주석학

экзекватýра *ж.* 주재국 정부로부터 영사에게 교부되는 인가장.

экзеку́тор *м.* 회계 검사관

экзеку́ция *ж.* 체형, 태형, (*массовая*). 대중학살

экзе́ма [-зэ-] *ж.* *мед.* 습진, 수포진; **~тозный** [-зэ-] *мед.* 습진의

экземпля́р [-зэ-] *м.* ① (같은책, 문서의) 부, 권; 통; 부본; ② 견본, (동식물의) 표본; 예(例), 실례; ③ 종(種), 종류; ④ 대표(代表), 대표자.

экзерси́с *м.* (음악, 무용의) 연습(演習).

экзерци́ргауз *м.* 훈련병 막사.

экзерци́ровать *м.* 훈련하다

экцерцици́я *ж.* 연습, 교련.

экзистенциали́зм *м. филос., лит.* 실존주의

экзистенциали́ст *м. филос.* 실존주의자

экзистенциа́льный *м. филос.,* 실존주의의

экзисте́нц-ми́нимум *м.* 최저 생활비.

экзога́мия *ж. этн.* 이족결혼, 외족혼인

экзоге́нный *прил. геол.* 외생의, 외생적인; 외인성의, 외래의, 외장경식물의.

экзоде́рма *ж.* 외피.   **экзока́рп** *м.* 외과피.

экзокри́нный *прил.* 외분비의.   **экзо́смос** *м.* 삼출

экзосто́з *м.* 외골종   **экзо́т** *м.* 외래종의 식물, 동물.

экзотери́ческий *прил.* [-тэ-] (문외한에게) 개방적인, 공개적인, 통속적인, 대중적인, 평범한, 공교(현교)적인, 공공장소, 공교의(종교등의), 비밀없는, 통속의.

экзотерми́ческий *прил. физ.* 발열의, 발열성의

экзо́тика *ж. тк. ед.* (외래). 외국산. 이국적인. 이국풍의. 이국 취미[정서]의. 색다른. 이국풍. 이국정취의 특성, 이국정조

экзоти́чность *ж.* 이국정취, 이국정조

экзоти́ческий, ~ный *прил.* ① 이국풍의, 이국정취가 있는; **~еская** страна 이채를 띤 나라; ② 괴상한, 이상한

экзофта́льм *м. мед.* 안구돌출.

экивоки *м.* 애매한 말(투), 모호한 말, 발뺌;

э́кий *прил. разг.* 이런, 저런; 무엇, 무슨 일, 어떤 것(일); а, о, и(놀람, 불만, 비꼼, 조소를 나타낸다);

экипа́ж I *м.* 운반차, 탈것, 승용마차.

экипа́ж II *м.* ① (승객을 제외한 배, 비행기, 기차의) 승무원 전원, 일반 선원들; ② флотский ~ 해군 병참부(연대본부).

экипирова́ть *несов. и сов.* (군대를) 장비하다, 준비시키다; **~ся** *несов. и сов.* 채비를 해주다, 차려 입히다

экипиро́вка *ж.* ① (군대를) 장비하다, (배를) 의장하다; ② 준비, 장비, 비품, 설비, 채비.

э́ккер *м. геод.* 십자준척, 직각기, 고도측정기.

экклеси́я *ж.* 고대 아테네의 민회.

эклампси́я *ж. мед.* 경련, 자간(임신중독증);(어린아이의) 경기.

эклекти́зм *м. филос.* 절충; 절충주의, 절충의학.

экле́ктик *м.* 절충주의자, 절충주의의 사람; **~ика** *ж.* 절충주의, 절충학파; **~и́ческий** *прил.* 절충적인, 절충학파의, 절충학파의 철학, 취사선택하는, 절충 하는, 절충주의의; (하나의 입장에) 얽매이지 않는, (취미. 의견 따위가) (폭)넓은.

эклекти́чность *ж.* 절충주의의   **экле́р** *м.* 에클레어(과자)

эклиме́тр *м.* 경사 측량기.

экли́птика *ж. астр.* 일식의, 횡도; 낙관 ~ики 일식의 사각;**~и́ческий** *астр.* 횡의, 식의.

экло́га *ж. лит.* ① (때때로 대화체의) 목가, 전원시, 목가시; ② 8세기 비잔틴 제국의 법률집.

эко(экономическое отделение) *м.* 경제부

экологи́ческий *прил.* 생태학의   **эколо́гия** *ж. биол.* 생태학.

эконо́м *м. уст.* ① (재산, 가사를 맡아보는) 집사, 가령재산 관리인(조합, 단체) 사무장, 지배인, 대표; ② 경제학자, 경제전문가, 이코노미스트.

экономайзер [-зэр-] *м. тех.* 절약가, (열, 연료의) 절약장치.

экономе́трика *ж.* 계량경제학   **экономиза́ция** *ж.* 절약.

экономи́зм *м. ист.* 경제(편승)주의.

эконо́мика *ж.* ① 경제, 경제 활동, 경제학; ② 경제학, 경제상태; 경제면.

эконо́мико-географи́ческий *с.* 경제지리의.

экономи́ст *м.*, **~ка** *ж.* 경제학자, 경제전문가; **~-пла́новик** *м.* 경제계획자; **~-стати́стик** *м.* 경제통계학자

эконо́мить *несов.*, **сэконо́мить** *сов.* ① 경제적으로 쓰다, (~을)절약, 절감하다; 조금씩 사용 하세요, (~을) 아껴쓰다; ② 경제화, 절약하다; ③ 비용을 절감하다.

экономи́ческий *прил.*   경제의, 경제적, 경제상의; 경제학상의

экономи́чность *ж.* 경제, 경제성; **~ый** *прил.* 경제적인, 경제적인, 효율적인

эконо́мия *ж.* ① 경제, 절약, 검약, 저축금; ② 대농장; политическая ~ 경제정책; политическая ~я 정치경제학

эконо́мка *ж.* (재산,가사를 맡아보는) 집사, 재산관리인;

эконо́мничать *разг.* 경제적으로 쓰다, (~을) 절약하다, 지나치게 경제적이다, 인색하게 굴다; **~ость** *ж.* 경제, 경제활동, 검약, 절약; **~ый** *прил.* 경제적인; 절약하는, 알뜰한, 검소한.

эконо́мный *с.* 검약의, 절약의, 검소한

экономполи́тика *ж.* 절약, 긴축정책(緊縮政策).

экономсове́т *м.* 경제 평의회

экосе́з *м.* 스코틀랜드의 옛 무용.

экосо (экономический совет) 경제회의.

э́кось *с.* 의혹, 의문, 동의하지 아니함.

экоти́п *м.* 생태형.

экрази́т *м.* 폭약의 일종

экра́н *м.* ① 스크린, 차광판, 차열판, 간막이, 병풍; 차단벽(판); ② *физ., тех.* 방패, 방어물; **~иза́ция** *ж.* ① 필름, 영화; ② (소설, 연극을) 영화화하다, 각색하다; ③ *перен.* (영화, 환등의) 영사막, 영사; 영화, 영화 예술;

экранизи́ровать *несов. и сов.* (вн.) 필름, 영화화하다

экрани́рование *с.* (영화, 텔레비전의) 상영, 영사; *эл., рад.* 차폐(遮蔽), 차폐물(遮蔽物).

экрани́ровать *несов. и сов.* (вн.) 차단벽을 세우다, 차폐하다; 전기, 자기의 영향을 저지하다; *эл., рад.* 방패, 방어물, 보호막.

экс- (*бывший*) (주로 외래어에서) 전(前)~, 옛날의, 원래의, 이전의); 엑스-챔피언 전(前) 챔피언; 엑스-미니스터 전장관

эксгау́стер *м.* 배기장치. **эксгибиционизм** *м.* 음부노출증

эксгума́ция *ж.* 시체 발굴

эксе́дра *ж.* (고대 그리스 건축의) 반원형 벽감

эксика́тор *м.* 수분, 습기 제거장치

эксика́ция *ж.* 수분 제거

экскава́тор *м. тех.* 엑스까와도르, 굴착기, 굴토기, 포크레인; **~ный** *прил. к* экскаватор. **~щик** *м.*, **~щица** *ж.* 굴착기 기사, 발굴자.

экскава́ция *ж. тех.* 굴착,발굴. **экскоммуника́ция** *ж.* 파문.

экскреме́нты *мн.* 배설물; 대변(똥).

экскре́ция *ж.* 배설작용, 대변.
экскре́ты *мн. физиол.* 배설물, 선(腺) 분비물, (똥, 대변, 소변) 노폐물; **~ция** *ж. физиол.* 배설(작용), 배설물.
экску́рс *м.* 주제를 벗어남, 여담, 여록, 보충 설명.
экскурса́нт *м.*, **~ка** *ж.* 관광객, 견학자, 유람객;
экскурсио́нный *прил.* ① 견학의, 유람의, 여행단체, 소풍단체; ② (이야기를) 탈선, 주제에서 벗어나기; **~ая база** 단체여행 숙박소.
экскурси́ровать *м.* 견학, 유람, 소풍, 여행을 가다.
экску́рсия *ж.* ① 현지 답사, 견학, 짧은(단체) 여행, 소풍; (할인 요금의) 관광[유람] 여행, 그 단체, 회상, 소풍, 행락, 산책, 피크닉; ② 여행자들, 단체관광; 견학단.
экскурсово́д *м.* (관광객) 안내자; 박물관의 안내원, 해설자; 가이드.
экслибри́с *м.* 장서표, 표찰, 간판.
эксо́д *м.* (고대 그리스 연극에서) 마지막 장면
экспанси́вность *ж.* 격정, 열성적인 것, 심정을 토로하는; **~ый** *прил.* 격정적, 감정적, 감정 따위가 넘쳐 흐르는, 유출하는; **~ая натура** 자연 팽창, 자연 발생.
экспансиони́зм *м.* (영토,무역, 상업의) 확대(팽창)주의(정책), (통화의) 팽창론(정책), **~и́ст** *м.* 팽창주의자, 팽창주 정책, 확장론자.
экспансиони́стский *прил.* 팽창주의, 확대의, 확장의; **~ая** *ж.* **политика** 팽창주 정책.
экспа́нсия *ж.* 확대, 확장, 신장, 발전; 영토확장; *полит.* 팽창; экономи́ческая ~ 경제팽창.
экспатриа́нт *м.* 국적이탈, 국외거주, 본국이탈, 국외로 추방당한 사람.
экспатриа́ция *ж.* 망명, 본국퇴거, 국적이탈; 국적박탈; (принуди́тельная) 국외추방.
экспатрии́ровать *несов. и сов.*(вн.) 고국을 떠나다, 국외로 추방하다, 국적을 박탈하다; **~ся** *несов. и сов.* 1. ~을 국외로 추방하다; 타국으로 이주하다, 국적을 버리다, 고국을 떠나다; 2. *страд.* к экспатриировать.
экспеди́ровать *несов. и сов.* (편지. 소포)를 (~에) 발송하다, (문서.짐)를 급송하다; (심부름꾼)을 급파하다
экспедицио́нный *прил.* ① 운송, 회송, 발송, 급송; ② 탐사; *воен.* 원정;~ый корпус 원정군단;~ые войска 원정대.

экспеди́ция *ж.* ① 원정; 탐험, 탐방, 탐검, 탐험, 탐찰, 조사; ② 운송 대리점; 발송, 발신; (신문 잡지사, 우체국, 관청 등의) 발송계; ③ 학술탐험; 탐험대 그 밖에 특수한 목적을 지닌 단체여행; спасательная ~ 구호대;

эксперимéнт *м.* (과학상의) 실험, 실험법, 시험, 증험, 상시, 시미, 테스트(test); **~áтор** *м.* 실험자, 실험

эксперимента́торство 실험을 좋아 하는 것

эксперимени́рование *с.* 실험을 행하는 것; **~ вать** (*над, с тв.*) 실험하다, 시험하다.

экспéрт *м.* 심사관, 심사위원, 전문가; **~и́за** *ж.* **1.** 전문가의 감정; **2.** 전문 위원회; **~ный** *прил.* к экспéрт 심사, 감정; ~ная комиссия 심사위원회.

экспира́торный *лингв.* 숨을 내쉬는, 호기의

экспира́ция *ж. лингв.* 호기, 숨을 내쉼.

эксплантáция *ж. биол.* 조직의 이식.

эксплика́ция *ж.* 설명, 해설; (기호 류의) 설명서.

экспли́цировать *сов., несов.* 설명(해설)하다, 풀이하다, 풀다, 밝히다, 일러주다

экспло́зи́вный *прил лингв.* 파열음의(破裂音-: 자음을 발음할 때 후두 위의 발음 기관의 어느 한 부분을 막고 난 다음, 이를 터뜨려 내는 소리: ㅂ,ㅃ,ㅍ,ㄷ,ㄸ,ㅌ,ㄱ,ㄲ,ㅋ 등의 소리: 폐쇄음. 터짐소리): ~ звук эксплозивы 파열음, 폐쇄음

эксплуата́тор *м.* 착취자, 이기적 이용자; **~ский** *прил.* к эксплуата́тор 착취자적, 착취; ~ские классы 착취계급.

эксплуатацио́нник *м. разг.* 움직이는, 활동하는, 작업의, 작업에 종사하는, 효력있는.

эксплуатацио́нный *прил.* 경영상, 운영상; ~ые расходы 경영비; ~ые условия 작업조건; ~ые качества(*машины*) 실행,

эксплуата́ция *ж.* ① 착취, 수탈; ② 채취, 채굴, 개발, 경영; (실용적인각종시설, 설비의) 가동중인, 이용; 유지, 계속, 지속.

эксплуати́ровать *несов.* ① 착취(수탈)하다; ② 가동하다, 개발(개척.경영.이용.사용.영업)하다, 움직이다

экспо́ *ж. нескл.* Expo. (박람회)

экспозе́ [-зэ] *с. нескл.* 보이다, 발표하다, 노출하다; 서류의 요령; 의회에 있어서 정부측(수상.외상)의 적요보고.

экспозимéтр *м. фото* 노출계

экспозитýра *ж.* 재외 대리점

экспози́ция *ж. (в разн. знач.)* 박람회, (문학, 음악의) 요지 설명; 진열, 전람; 진열품, 적립물; 제시; (사진)노출; *муз., лит.* 환경 전개.

экспона́т *м.* 전람하다, 출품하다, 전시하다; **~ы** 전시품, 진열품, 전람품

экспоне́нт *м.* ① 출품자, 진열자, 증거물 제출자; ② *мат.* 설명자, 해설자, 지수 (*показатель*) 색인, 찾아보기.

экспони́ровать *несов. и сов.* ① 출품하다, 전람하다, 진열하다; 적앞에 드러나다; ② 노출시키다, 감광 시키다.

экспорт *м. тк. ед.* ① 수출, 수출액; ② 수출품.

экспортёр *м.* 수출 입자, (*страна*) 수출국

экспорти́рование *с.* 수출; **~ать** *несов. и сов.* 수출하다.

экспортный *прил.* 수출의; **~ые товары** 수출품; 수출용의;

экспре́сс *м.* (기차, 선박, 승기기의) 급행선, 직통선;

экспресси́вный *прил.* 표현적, 표현력이 풍부한.

экспре́сс – информа́ция *ж.* 급보(急報).

экспрессиони́зм *м. иск.* 표현주의; 표현파; **~и́ст** *м. иск.* 표현주의, 예술가.

экспрессионисти́ческий *иск.* 표현주의 적인

экспре́ссия *ж.* 표현, 표정, 표현성;

экспре́ссный (형) 표현하다

экспро́мт *м.* 즉흥; (*речь*) 즉석연설; *муз.* 즉흥곡; 즉흥시;

экспромтом *нареч.* 즉흥적으로, 즉석(에서);

экспроприа́тор *м.* 수탈자, 몰수자; **~а́ция** *ж.* (토지의) 수용, 몰수, 징발.

экспроприи́ровать *несов. и сов.* (*вн.*) (토지을) 수용, 수탈, 몰수하다, ~에게서 재산(사용권)을 빼앗다.

экссуда́т *м.* 침출, 분비물, 분비액.

экссуда́ция *ж.* 침출

экста́з *м.* 열광, 황홀, 극도의 흥분, 매우 기쁨, 자신을 잊음; 정신혼미;

экстати́ческий *м.* 황홀한, 무아지경에 빠진.

экстемпора́ле 러시아어에서 라틴, 그리스어로의 즉석 번역 (학교에서의 작업으로)

экстензор *м. анат.* 신근

экстенси́вность [-тэ-] *ж.* 광대, 대규모; **~ый** [-тэ-] *прил.* 광대한, 넓은, 대규모의, 조방의, 심도없이.

экстерн [-тэ-] *м.* ① 자격검정시험자, 졸업검 정시험의 수험생(타교출신); ② 통학생, ③ 정원외의 무급견습의사;

экстернат *м.* 검정고시; 병원 실습 근무

экстероце́пция *ж.* 외적 자극의 수용; 외수용.

экстерриториа́льность *ж. дип.* 치외법권; 권리 ~ости 치외법권의 권리; **~ый** *прил. дип.* 치외법권의.

экстерье́р [-тэ-] *м.* 외부의, 외모, 외교적인.

экстирпа́тор *м. с.-х.* 농기구의 일종(깊게 갈아 잡초를 제거함), 경운기, 트랙터

экстирпа́ция *ж. мед.* 적출, 절제

э́кстра *ж.* 엑스트라, 임시, 여분, 추가의 것

экстравага́нтность *ж.* (행동이) 별난, 괴벽스러운, 일상적인 궤도를 벗어난 것, 방종; **~ый** *прил.* 터무니 없는, 낭비하는, 사치스런, 터무니 없는, 일상적 궤도를 벗어난.

экстравазация *с. мед.* 일혈

экстраги́рование *с. хим., тех., мед.* 뽑다, 추출물

экстраги́ровать *несов. и сов.* (вн.) *хим., тех., мед.* 뽑아내다; 분석하다, 추출하다.

экстради́ция *ж.* 외국인 범인을 본국 정부에 인도함, 범인송환

экстра́кт *м.* (в разн. знач.) 추출물, 정제, 엑기스. 뽑아내다

экстракти́вный *прил. хим.* 분석, 발췌하다, 추출물; 엑스트랙트의; ~ые вещества 발췌적인 물질.

экстра́ктор *м. тех.* 추출자, 발췌자, 추출기, 분리기, 발췌기구, (총포의) 탄피 추출장치, 겸자, 치과용 집게; 추출기에서의 추출장치. **~ция** *ж. хим., тех., мед.* 뽑아낸 것; 분석추출.

экстраордина́рный *прил.* 이상한, 괴상한, 비상한, 희유의, 보통이 아닌, 상식을 벗어난, 특별한.

экстраполи́рование *с.,* **экстраполя́ция** *ж. мат.* 보외법, 외삽법; (통계의) 보족적 기입.

э́кстра-по́чта *ж.* 특별 우편배달

экстрема́льный *прил.* 극도의, 과격한.

экстреми́зм *м.* 극단주의, 극단론, 과격주의; **~и́ст** *м.* 극단주의자, 극단론자, 극단적인 사람; **~ский** *прил.* 극단주의의, 극단론의, 과격주의의

экстре́мум *м. мат.* 극치, 극값.

экстренно *нареч.* 긴급히, 급히, 촉박한.

экстренность *ж.* 긴급, 위급, 급박, 특별인물

экстренный *прил.* ① 긴급, 긴급한, 급한; ② 긴급한, 다급한, 위급, 비상사태; ③ 비상한,

эксуда́т *м. мед.* 삼출물[액], 스며나옴, 삼출작용, 배출.

эксцентриа́да *ж.* (서커스, 극중의) 유별난, 극단적으로 우스운 동작

эксце́нтрик I *м. тех.* 편심의, 편심기(륜), 편심판, 편심축(ось).

эксце́нтрик II *м.* 희극의, 희극 연기자; 어릿광대, 익살꾼, 시골뜨기.

эксцентрико́вый *прил. тех.* 이심원, 별난사람

эксцентрисите́т *м. тех.* 편심률, 이심률.

эксцентри́ческий *прил.* 이심의; 기묘한, 별난, 기교한; (*тех. тж.*) 중심을 벗어난, 균형을 잃은

эксцентри́чность *ж.* 기교한 행위, 행동, ~ый 이심원, 편심기(륜), 별난 사람, 기이한.

эксце́сс *м.* ① 폭행, 난폭, 과도, ② 질서의 위반, 방자, 부절제.

эксцизи́я *ж.* 절제

эксцитати́вный *прил.* 자극하는, 흥분 시키는

экти́ма *ж.мед.* 농창, 심농가진

эктипогра́фия *ж.* 점자인쇄

эктогене́зис *м. биол.* 체외발생, 채외발생론

эктоде́рма *ж. биол.* 외배엽

эктопарази́т *м. зоол.* 체외기생충(벼룩, 이 등)

экю́ *м.* 프랑스 은화(19 세기초, 그이전에는 금화)

Эла́м *м.* 이란의 고대왕국(古代王國)

эла́стик *м.* (*волокон*) 합성탄성섬유; 합성 탄성직물.

эласти́чность *ж.* ① *физ.* 탄력, 탄성; ② *перен.* 신축성, 융통성; **~ый** *прил.* ① 탄력이 있는, 탄성있는; ② 신축성(융통성)이 있는; 안정되지 않은, 움직이기 쉬운.

элева́тор *м.* ①. *с-х.* (기계 장치가 되어있는) 큰 곡물 창고; 기중기; 이의 뿌리를 빼는 기구 ② *тех.* 엘리베이트, 승강기.

элега́нтность *ж.* 우아, 전아; 고상, 전아한 행동거지. **~ый** *прил.* 우아한, 아릿다운, 전아한.

элеги́ст *м* 애가, 만가를 쓰는 시인

элеги́ческий *прил. лит.* 엘레지 형식의, 슬픈가락의, 만가, 애가형식의; 슬픈, 슬픔에 찬; **~ный** *прил.* 우울한, 침울한.

эле́гия *ж. лит., муз.* 만가, 비가, 엘레지, 애가, 애시

электи́вный *прил.* 선거의, 선택의

эле́ктор *м.* 선거인, 선택자, 옛 독일의 선거제후

электризация *ж.* ① *физ.* 기전, 충전, 대전, 기를 일으키는 일, 전기를 통하는 일; ② *мед.* 전기치료, 전기요법

электризовать *несов. и сов.* ① *физ.* 충전하다, 감전시키다, 전기를 일으키다, 전기를 통하게 하다; ② *мед.* 전기로 치료하다; ③ *перен.* 감동(격동) 시키다; **~ся** *несов. и сов. физ.* 충전되다, 감전되다

электрик *м. разг.* 전기학자, 전기기 술자; 전공;

электрик *прил. неизм.* (*цвет*) 강청색 번개 불빛의.

электрификатор *м.* 전화교환수

электрификация *ж.* 전기화, 전력보급; 전화; 전력, 전동 사용; **~цировать** *несов. и сов.* (*вн.*) 전기화하다, 전력을 보급시키다

электрический *прлг.* 전기의, 전력에 의한, 전기사용의;

электричество *с.* 전기, 전력, 전류; 전기불

электричка *ж. разг.* 전기철도; (*о поезде*) 전기기차.

электро *с. хим.* 전기도금

электро – *часть сложн. сл. с знач.* 전기, 전력, 전동

электроакустика *ж. муз.* 전기 음향학; **~ический** 전기 음향학의; **~ические приборы** 전기(자)음향기구(기)

электроанализ *м. хим.* 전해 분석, 전기분석

электроаппаратура *ж.* 전기설비 (기구)

электробритва *ж.* 전기면도기.

электробуй *м. мор.* 전기 부표

электробур *м.* 전기채굴기, 전기착암기, 전기시추기

электробурение электробур 에의한 유정굴착

электробус *м.* 전기버스(電氣 bus)

электробытовой *прил.* 가정용 전기, 가정전화의

электровоз *м.* 전기 기관차, 전기차.

элекровозостроение *с.* 전기 기관차 제조

электровооружённость *ж.* 노동자 1 인당의 전력량

электрогенератор *м.* 발전기

электрогитара *ж.* 전기(자) 기타

электрограф *м.* 사진전송장치, 전기판 조각가

электрография *ж.* 전위기록, 사진전송술.

электрод *м. физ.* 전극, 전극봉

электродвигатель *м. тех.* 전동기, 전기모터; **~жущий** *прил. физ.* 전동의, 기전의; **~жущая сила** 기전력, 전동력.

электродвижок *м. тех.* 소형 전동기, 소형 전기 모터

электродви́жущий *прил. эл.* 전류를 발생시키는, 전동, 기전의; ~ая сила 전동력.

электродиагно́стика *ж.* 전기 진단학

электродина́мика *ж. физ.* 전기역학; **~и́ческий** *физ.* 전기력의, 전기역학의(적인)

электродинамо́метр *м. физ.* (전류, 전압, 전력을 측정하기 위한) 전기력계, 동력 전류계.

электродое́ние *с.* 전기착유기에 의한 착유

электродои́лка *ж.* 전기착유기.

электродои́льный *прил.* 전기착유의; ~ая маши́на 전기착유기

электродо́йка *ж.* 전기착유기.

электродо́менная *ж. печь.* 충풍로

электродре́ль *ж. тех.* 전기 드릴

электродрена́ж *м. архит.* (직류 전류를 대지에 통해서 만든) 지반의 건조 강화(强化)

электреду́га *ж. физ.* 전호, 아크방전

элетроёмкость *ж. физ.* 전기용량

электрозапа́л *м. тех.* 전기 휴즈, 뇌관, 도화선

электрозака́лка *ж.* 전기 단련

электрозащи́та *ж.* 전류에 의한 금속의 부식방지(도금)

электрозвоно́к *м.* 전기종, 전기벨, 전령

элекроизмери́тельный *прил.* (전류, 전압, 전력, 저항 등의) 전기계측, 전기계량; ~ прибо́р 전기계측기들

элекроизоли́рующий *прил.* 전기절연

электроизоляцио́нный *прил.* 전기절연용의

электрои́мпорт *м.* 전력수입

электроинструме́нт *м.* 전동공구

электроинтегра́тор *м.* 전기 적분기

электрокалори́метр *м.* 전기 열량계

электрока́р *м. тех.* 전기트럭, 전기 모터를 단 운반차.

электрока́мин *м.* 전기 히이터(電氣 heater)

электрокардиогра́мма *ж. мед.* 심전도, 심장전기 기록도; **~гра́фия** *ж. мед.* 심전기록법, 심전도 기록검사법

электрокардио́граф *м. мед.* 심전도 기록장치, 심전계

электрокарто́н *м.* 전기 절연용 두꺼운 종이

электрокине́тика *ж.* 전동학, 전기운동학

электрокульту́ра *ж.* 전기촉진법

электрола́мпа *ж.* 전등, 전구.

электрола́мповый *прил.* 전구의; ~ заво́д 전구 공장
электролече́бница *ж. мед.* 전기치료병원.
электролече́ние *с. мед.* 전기치료, 전기요법
электро́лиз *м. физ.* 전해
электроли́т *м. физ.* 전기분해(요법)
электролиза́ция *ж. хим.* 전기분해요법
электролизова́ть *с. хим.* 전기 분해하다
электроли́ния *ж.* 전선, 송전선
электроли́т *м. физ.* 전해액, 전해질, 전해물; ~**и́ческий** *прил. физ.* 전해질, 전기분해의, 전기 분해에 의해 얻어진.
электролити́ческий *прил. физ.* 전기 분해의; 전기분해에 의해 얻어진
электроло́в *м.* 전기에 의한 고기잡이
электролову́шка *ж.* 유아등(誘蛾燈: 밤에 논밭에 놓고 해충을 꾀어 물에 빠져 죽게 만든 등불.)
электролюминесце́нция *ж.* 전기발광, 전기불.
электромагистра́ль *ж.* 전기간선
электромагнети́зм *м. физ.* 전자기, 전자기학; ~**магни́т** *м. физ.* 전자석; ~**магни́тный** *физ.* 전자석의; 전기기의; ~магни́тное по́ле 전자석의 분야; ~ магни́тные во́лны 전자석의 물결
электромасса́ж *м. мед.* 전기 마사지, 안마
электроматериа́л *м.* 전기기계 제조용 재료
электромаши́на *ж.* (발전기, 전동기의) 전기기계.
электромашинострое́ние *с.* 전기기계 제조
электрометаллу́ргия *ж.* 전기야금(학, 공업)
электроме́тр *м. физ.* 전위계.
электроме́трия *ж.* 전기 측정술, 전위 측정
электромеха́ник *м.* 전기공학자; ~**меха́ника** *ж.* 전기공학.
электромолотьба́ *ж.* 전기 탈곡기, 정미소
электромиогра́мма *ж.мед.* 근전도
электромоби́ль *м.* 전동차
электромолоти́лка *ж.* 전기 탈곡기
электромонта́ж *м.* 전기기계조립; 전기를 끌어넣는 것
ээлектромонтёр *м.* 전기기사, 전공, 전기담당
электромото́р *м. тех.* 전기 모터, 전동기, ~**ный** *прил. тех.* 전동의, 기전의, 전기 기관차
электромотри́са *ж.* 소형 전기 트럭

электромузыка́льный *прил.* 전자의, 자기의: ~инструмент 전자악기

электро́н *м. физ.* 전자; 일렉트론 합금(electron 合金);

электронагре́в *м.* 전기가열

электронагрева́тельный *прил.* 전기가 열의; ~ые приборы 전기가열기구

электроносо́с *м.* 전기펌프, 전동펌프

электронапряже́ние *с.* 전압

электро́н-во́льт *м. физ.* 전자볼트(電子 volt: 소립자. 원자핵. 원자. 분자의 에너지를 나타내는 단위의 하나. (1.602192± 0.000007) ×10-9 줄(joule) 과 같음.일렉트론볼트(electronvolt). 기호:eV.)

электро́ника *ж.* 전자공학, 전자학

электро́нно-вычисли́тельный *прил.* 전자 계산의; ~ая машина 전자계산기, ЭВМ; ~ центр 전산센터

электро́нно-лучево́й *прил.*: ~ая трубка 브라운 관

электро́нный *прил. физ.* 전자의; ~ая теория 전자이론

электрогра́фия *ж.* 전자도

электрообору́дование *с.* 전자설비, 전기시설.

электроо́птика *ж. физ.* 전자 광학

электроосажде́ние *с. хим.* 전착, 전착물

электроотбе́лка *ж. хим.* 전기 표백

электроотрица́тельный *прил. физ.* 음전기의, 비금속의.

электропа́хота *ж.* 전기경운.

электропереда́ча *ж. тех.* 송전, 송전; линия ~и 송전선

электропе́чь *ж.* 전기로 **электропила́** *ж.* 전기톱

электропита́ние *с.* 전력공급

электроплави́льный *прил.* 전기용해의

электропла́вка *ж.* 전기용해

электропли́тка *ж.* 전기곤로

электроплу́г *м.* 전기보습, 전기제설기, 쟁기

электропневмати́ческий *прил.* 전공의

электроподста́нция *ж.* 변압소, 변전소

электропо́езд *м.* 전철, 전기열차.

электроположи́тельный *физ.* 양전기의

электрополоте́р *м.* 전기청소기

электропредохрани́тель *с.* 전기 안전기

электроприбо́р *м.* 가정용 전기구.

электропри́вод *м.* 전력구동, 전도장치.

электропро́вод *м.* 전선, 전기 케이블

электропрово́дка *ж.* 배선, 배전선, 배선공사, 전기를 끄는 것; **~ность** *ж. физ.* 전도성; **~ный** *прил. физ.* 전도성의, 전기 양도체인

электропрогре́в *м.* 전류를 통한 가열

электропроигрыватель *м.* 전기 축음기

электропромы́шленность *ж.* 전기공업

электропылесо́с *м.* 전기청소기

электроразве́дка *ж.* (석유, 가스, 광물의) 전기 탐사법

электрораспредели́тельный *прил.* 배전의

электроре́зка *ж.* 전력에 의한 금속 절단

электроретиногра́мма *ж. мед.* 망막 전도

электросва́рка *ж. тех.* 전기용접(기술); **~щик** *м.* 전기 용접공

электросва́рочный *прил.* 전기용접의.

электросверло́ *м.* 전기굴착기;

электросветокульту́ра *ж.* 전열에 의한 온실재배

электросе́ть *ж.* (전기공급) 네트워크, 회로망

электросилово́й *прил.* 전력; **~ая станция** 전기발전소

электросисте́ма *ж.* 전력계통

электроско́п *м. физ.* 검전기

электроснабже́ние *с.* 전력공급

электросо́н *м. мед.* 전기 최면요법

электроста́ль *ж. тех.* 전기강, 특수한 전기로에서 만든 강철.

электроста́нция *ж.* 발전소; атомная ~ 원자력 발전소

электроста́тика *ж. физ.* 정전기학; **ический** *прил. физ.* 정전기학의

электросто́лб *с.* 전신주, 전봇대

электростри́жка *ж.* (양털의) 전기 삭모

электрострой *м.* 발전소 건설

электросчётчик *м.* 전기미터기, 전산 전력계

электротабло́ *с. нескл.* 전광판

электрота́ксис *м.* 주전성

электротерапи́я *ж. мед.* 전기요법

электротерми́ческий *прил.* 전열의

электротерми́я *ж.* 전열공학

электроте́хник *м.* 전기기사, 전기공학도. **~ика** *ж.* 전기 공학, 전기공예학; **~ический** *прил.* 전기공학, 전기기술

электротипи́я *ж.* 전기판, 전기제판

электрота́ктор *с.* 전기 트랙터

электротя́га *ж. тех.* 전기견인.

электрохи́мия *ж. хим.* 전기화학

электрофизиоло́гия *ж.* 전기 생리학

электрофи́льтр *м.тех.* 전기침전기

электрофо́р *м. тех.* 기전판, 배전판, 전기쟁반

электрофоре́з *м. мед.* 전기영동, 전기이동(법) (단백질 등 분석법의 하나)

электрохими́ческий *прил. хим.* 전기화학의, **~хи́мия** *ж. хим.* 전기화학

электрохо́д *м.* 전기보트, 전기 모터선

электрочасы́ *м.* 전기시계

электрошо́к *м.* 전기쇼크, 전기충격 요법

электрощито́к *м. тех.* 배전반

электроэне́ргия *ж.* 전력, 전기에너지

электроэнцефалогра́фия *ж. мед.* 뇌전류 기록술

элеме́нт *м.* (в разн. знач.) ① 요소, 요건, 요인, 조건, 필요물, 요체; ② *хим., мат.* 원소; ③ **~ы** *мн.* 원리, 초보; ④**~ы** *собир. или мн.* 분자, 요소; ⑤ *эл.* 전지; 낮추어 부르는 말, 놈(수상한 놈), 분자(태만 분자), 원(元), 소량; 4 대 원소(땅, 물, 불, 바람)

элемента́рность *ж.* ① 초보, 기본, 자연, 본성; **~ый** (в разн. знач.) 기본이 되는, 초보의, 초등의, 가장 간단한, 최소한도의; ② 피상적, 속된; ③ *хим.* 원소; **~ый ана́лиз** 원소분석; ④ *физ.* 최소, 미시; **~ые части́цы** 미시립자

элеро́н *м. ав.* 보조날개, 보조익

элеутеро́кк *м.* 극동에서 나는 약용 식물의 하나

элефантиа́з(ис) *м. мед.* 상피병(象皮病).

эли́зия *ж. лингв.* 모음 음절 생략.

эликси́р *м. мед.* 연금약액, 엘릭써르, 불로불사의 영약; (일반적으로) 음료; жи́зненный ~ 불로장수약

элимина́ция *ж.* **~и́рование** *с.* 제거, 삭제, 소거; **~и́ровать** *несов. и сов.* (вн.) 제거(소거,삭제)하다, 탈락시키다

элинва́р *м. мет. хим.* 철, 니켈(nickel), 크롬의 합금(온도의 변화에 따라 거의 신축되지 않음)

элио́нный *прил. физ. хим.* 전자 이온의(電子 ion)

эли́та *ж. собир.* ① *бот., с.-х., зоол.* (동식물의) 우량종, 원종; ② 선택된 사람들, 정예, 정선된 엘리트(층) (фр.)

э́ллин *м. ист.* 고대(순수) 그리스 사람(人)

э́ллинг м. ① мор. (경사진) 조선대, 선가; **2.** ав. 비행선 정박장, 스포츠용 배(보트)의 창고, 격납고, 차고.

эллини́зм м. ист. 헬레니즘(Hellenism), 고대그리스문화, 그리스어법; ~и́ческий прил. 헬레니즘에 관한.

эллини́ский прил. 고대 그리스 사람(말)

эллини́ст м. 고대 그리스어, 그리스문학의 연구자, 그리스어 및 문학의 찬미자

э́ллипс(ис) м. ① мат. 타원, 타원형, 타원주; ② лингв. 생략, 생략 부호

эллипсо́граф м. 장원(타원)을 그리는 화구

эллипсо́ид м. мат. 타원체, 타원면.

эллипти́ческий прил. мат. 타원(형)의

элоде́я ж. мор. 다년생 수초의 하나 (담수산)

элокве́нтный прил. 웅변적인, 능변인

элокве́нция ж. 웅변, 변론술

элонга́ция ж. 신장, 연장

эль с. 자모 л 의 명칭; м. (пиво) 에일맥주(영국산 쓰고 독한맛 맥주); (옛날 에일을 마시는) 시골 축제

Эльбо́р м. 질화붕소계 초경공구재

Эльбру́с м. 까프까즈 최고봉 (5633 미터)

Эльдора́до с. (남미에 있다는) 황금의 나라; 보석의 산(山)

эльпидифо́ры м. 세계 최초의 상륙용 주정(제 1 차 세계대전 때 흑해에서 건조됨)

эльф м. миф. (숲, 굴 등에 사는) 꼬마 요정; 초저주파; 공기, 물, 땅의 요정, 신령.

элюа́т м. 용리물

элю́вий м. геол. 풍화 잔류물   элюа́ция ж. 용리

элюе́нт м. 용리제, 용리액.

эма́левый прил. 에나멜, 광택제; ~ые кра́ски 에나멜 광택이 나는 그림물감, 도료

эмалирова́ние с. тех. ~에 에나멜을 입히다, ~에 법랑을 올리다, ~에 에나멜을 칠하다

эмали́рованный прич. и прил. 에나멜을 칠하는, 법랑을 올리는

эмалирова́ть (вн.) 유약을 바르다; 에나멜을 칠하다, 칠보를 입히다.

эмалиро́вка ж. **1.** 에나멜, 법랑, 파란, 유약; **2.** ~에 에나멜을 칠하다.

эмалиро́вочный *прил.* ~에 에나멜을 입히다, 에나멜로 그리다, 법랑을 입히다

эмалиро́вщик 유약공, 에나멜공

эма́ль *ж.* 유약, 에나멜, 칠보, 광택제, 법랑질, 사기질

эмана́ция *ж. физ., хим.* 유출, 발출, 방사, 방사물, 발산물, 에머네이션(emanation); ~радия 라둠(Ra,88) 유출;.

эмансипа́тор *м.* 해방자   **эмансипа́ция** *ж.* 해방.

эмансипи́ровать *несов. и сов.(вн.)* 해방하다, 석방하다; **~ся** *несов. и сов.* 석방, 해방시키다;

Э́мба *ж.* 까자흐스딴의 강 이름(우랄강으로 통하여 카스피해로 흘러 들어감)

эмба́рго *с. нескл. юр., эк.* 선박의 출항, 입항금지, (상품, 화물, 정금의) 수출, 수입금지; (외국 선박, 무기등의) 차압,

эмбле́ма *ж.* 상징, 표장, 표시물; ~тический 상징적인,

эмболи́я *ж. мед.* 색전증, 전색증

эмбриогене́з (-эз) *м. биол.* 배형성, 태아, 애벌레

эмбрио́лог *м. биол.* 발생학자, 태생학자; **~и́ческий** 발생학상의, 태생학상의

эмбриоло́гия *ж. биол.* 발생학, 태생학.

эмбрио́н *м. биол.* 배(胚), 엠브리오(embryo), 배종, 태아, 유충; **~а́льный** *прил. биол.* 태아의, 태생의,

эмбриотоми́я *ж. мед.* 제왕절개(술)

эмерге́нцы *м. бот.* (장미 등의)가시

эмериту́ра *ж.* 퇴직금, (관리의) 적립금

эмети́н *м. хим.* 에메틴 알칼로이드의 하나

эмигра́нт *м. (фр.) (перселенеч)* 망명자, 이주자(민); **~ка** *ж. (фр.)* 이민; **~ский** *прил. к эмигрант*

эмиграцио́нный *прил.* 이주의, 이주성의; **~а́ция** *ж.* ① 이주, 이민, 출국관리, ②*собир.* 이주하는, 이주자, 망명자; ③ жить в ~ации 이주하여 살고있다;

эмигри́ровать *несов. и сов.* 이주하다, 망명하다

эми́р *м.* (아라비아의) 왕족, 군주, 수장, 태수, 족장

эмирито́н *м.* (피아노 모양의) 전자 악기의 이름

эмисса́р *м.* 밀사, 특사, 사자, 간첩.

эмисса́рство *с.* 밀사의 임무

эмиссио́нный *фин.* 발행되다, 발포하다

эми́ссия I *ж. фин.* 유가증권, 수표, 지폐 등의 발행

эми́ссия II *ж. физ.* 발사(성)의, 발포의

эмите́нт *м.* 유가증권(有價證券)

эмити́ровать *м.* (유가증권, 은행권, 지폐등을) 발행하다
эмметропи́я *ж.* 정시, 눈의 정상굴절
эмоциона́льность *ж.* 감동하기 쉬운, 정에약한, 귀가얇은.
эмоциона́льный *прил.* ① 정서적, 감정; ②감동적인, 감정의 정서의, 감수성이 예민한
эмо́ция *ж.* 감동, 감격, 정서, 희노애락.
эмпие́ма *ж. мед.* 축농. 축농증(蓄膿症)·
эмпире́й *прил. мн.* ① *рел.* (고대 우주론의 오천(五天) 중에서) 최고의 하늘, 제일천계, 천상, 가장 높은 하늘; ② *лит.* 최고천(最高天), 높은곳, 천상계, 천공.
эмпири́зм *м. филос.* 경험론
эмпи́рик *м. филос.* 경험주의자, (철학상의)경험론자, 실험에 의존하는 사람, 실제가, 인식론자
эмпириокри́тик *м.* 경험 비판론자
эмпириокритици́зм *м. филос.* 경험 비판론.
эмпириосимволи́зм *м. филос.* 경험상징주의
эмпири́ческий *прил.* 경험론의, 경험주의의
эмпири́я *ж.* 경험   **эмс** *м.* (독일산)엠스 광천수
эму́ *м. нескл. зоол.* 에뮤(emu;emeu)
эмульга́тор *м. хим.* 유화제, 유상액, 유제
эмульги́рование *с.* 유화, 유탁화; (손상방지 위한) 유제도포
эмульги́ровать *несов.,сов.хим.* 유상으로하다, 유제로하다
эмульсифика́тор *м.хим.* 유화기, 유화제
эму́льсия *ж. хим.* ① 유제), 유상액; ②*фото* 감광유제.
эмульсо́ид *м. хим.* 유탁질
эмфа́за *ж. лингв., лит.* (어떤사실, 사상, 감정, 주의에 부가하는) 중요성, 강조, 강조구문, 도치법(倒置法).
эмфати́ческий *лингв., лит.* (표현상) 힘이있는, 어조가 강한, 두드러진, 현저한, 강조된
эмфизе́ма (-зэ-) *ж. мед.* 폐기종, 기종
эн *с.* **1.** 자모 н 의 명칭; **2.** 모(模)의 뜻
эна́нт *м. хим.* 에난트   **энанта́т** *м. хим.* 에난트산염
энанте́ма *ж. мед.* 내발진, 점막진.
энантиомо́рфный *прил.* 좌우상을 이루는
энантиотропи́я *ж.* 호변
энарги́т *м. мин., горн.* 유비동광
энгармо́ния *м. муз.* 엔하모니, 사분음정, 이명동음법 (C#D♭ 와 같은)

энгармони́ческий *прил. муз.* 이명동음의 (C#Db 와 같은) 4 분음의

эндартериит *м. мед.* 동맥내막염

энде́м *м. биол.* (특정지역의) 고유동식물

энде́мический *прил.мед., биол.* 어떤지방 고유의 병, 풍토(지방)병의, 풍토성의

эндеми́я *ж. мед.* 풍토병

эндога́мия *ж. этн.* 동족결혼, 내혼제, 족내혼

эндоге́нный *прил.* 내부성장의, 내생의;

эндоде́рма (-дэ-) *ж. биол.* 내배엽; 내피, 내세포층.

эндока́рд *м. мед.* 심내막   **эндокарди́т** *м. мед.* 심내막염.

эндокри́нный *прил. биол.* 내분비의: ~ые железы 내분비선

эндокрино́лог *м.* (*учёный*) 내분비학자, 내분비전문 의사

эндокриноло́гия *ж. физиол.* 내분비학.

эндометри́т *ж. мед.* 자궁 내막염

эндомо́рф *м. горн.* 내포광물   **эндоморфи́зм** *м.* 내변

эндопарази́т *м. мед.* 체내기생충, 내부기생 생물

эндопла́зма *ж. зоол.* 내질, 내부 원형질

эндоскле́т *м. зоол.* 내골격   **эндоско́п** *м. мед.* 내진경

эндоскопи́я *ж. мед.* 내진경에 의한 진찰

эндосмо́с *м. мед. хим.* 내부삼투

эндоспе́рм *м. бот.* 내배유, 내유

эндоспо́ра *ж. бот.* 내생포자

эндоте́лий (-тэ-) *м. биол.* 내피, (세포의) 내복조직, 내종피

эндотерми́ческий *прил. хим.* 온혈성의. 열흡수의, 흡열의; ~ие реакции 흡열반작용; ~ская реакция 흡열반응

эндотокси́н *м. мед.* 내독소, 체내독.

эндотро́фный *прил. биол.* 내생적인

эндоэффе́кт *м. хим.* 흡열효과

э́ндшпиль *м. шахм.* (한판 승부의) 종결부

энеоли́т *м.* 금석병용시대(신석기 시대부터 청동기시대에 이르는 과도기)

энерва́ция *ж. мед.* 신경쇠약, 정신 소모

энергети́зм *м.* 활동주의

энерге́тик *м.* (*учёный*) 동력공학학자, 동력공학의 전문가, (*специалист*) 동력공; 활동주의자

энерге́тика *ж.* ① 동력공학; ②동력공업, 에너지론.

энергети́чность *ж.* ① 원기왕성한것, 정력적인; ② 단호한 것, 과단

энергети́ческий *прил.* 동력의; ~ое хозяйство 동력경제
энерги́чный *прил.* ① 활동적인, 정력적인; ② 강력한, 맹렬한; ~ человек 정력적인 사람; ~ые меры 과감한 수단
эне́ргия *ж.* (*в разн. знач.*) ① 에너지(energy), 에네르기, 힘; ② *с.* 정력, 원기, 기력; ~ей 정력적으로; быть полным ~и 기력이 왕성하다
энерго- *с.* 발전, 에너지, 동력. 원동력
энергобло́к *м.* 동력발전소
энерговооружённость *ж.* 에너지 장치도
энергоёмкий *прил.* ~ие производства 동력소비산업, 대량의 동력을 요하는.
энергозатра́ты *мн.* 전기입력, 동력투입; низкие ~ 낮은전기 입력, 저동력 투입
энергомашинострое́ние 동력기계제조
энергопо́езд *м.* 발전열차
энергосе́ть *ж.* 동력 그리드, 고압 송전망
энергосисте́ма *ж.* 공급계통, 동력계통; единая ~ 고압 송전망
энергоснабже́ние *с.* 전력공급 **энка́устика** *ж.* 납화
энергостро́й *м.* 발전소건설. **энерготра́та** *ж.* 에너지소비
энергоустано́вка *ж.* 발전설비 **энзи́м** *м. хим.* 효소
энергоце́нтр *м.* 중앙 발전소 **эни́гма** *ж.* 수수께끼
э́нец *м.* 예니쎄이강 하류에 거주하는 민족
энзоо́тия *ж.* 일정지역 농장에 있어서 짐승병 발생(發生)
энигмати́ческий *прил.* 수수께끼 같은, 풀기 어려운
энкла́в *м.* 다른 나라의 영토 안에 끼인 한 나라의 영토
энкли́тика *ж. лингв.* 전접어(奠接語) **~и́ческий** *прил. лингв.* 전접의. **э́нный** *прил.* 특별히 지시하지 않는, 임의의; 무한의, 무한대의; ~ое число 많은, 얼마든지;
э́нский *прил.* 공공, 모, (상세히 말하지 않고) 어떤
энсони́т *м.* 다층 단열판
энстати́т *м. мин.* 완화휘석
энтальпи́я *ж. физ.* 엔탈피(enthalpy 기호: H)
энтеле́хия *ж. филос.* (아리스토텔레스 철학의) 엔텔러키; (생기론의) 생명력, 활력
энтери́т (-тэ-) *м. мед.* 장염. **энтеропто́з** *м. мед.* 장하수증
энтероколи́т *м. мед.* 소장염. **энтерото́мия** *ж.* 장절개술
энтиме́ма *ж. филос.* 생략추리법, 생략삼단론법

энтомо́лог *м.* 곤충학자; **~и́ческий** *прил.* 곤충학적인, 곤충학상의, 곤충학적으로,

энтомоло́гия *ж.* 곤충학. **энтомофили́я** *ж. бот.* 충매

энтропи́я *ж. физ.* ① 엔트로피; ② 정보전달의 효율을 나타 내는 양; ③ 균질성; ④ 안검내번(症)

энтузиа́зм *м.* 열광, 열성, 열의, 열중; **~а́ст** *м.,* **~а́стка** *ж.* 열중하는 사람, 열광자, 광신자, 심취자

энуклеа́ция *ж.* 제거(除去), 적출(摘出)

энуре́з *м. мед.* 유뇨증

энхиле́ма *ж. биол.* 세포 원형질액

энцефали́т *м. мед.* 뇌염

энцефалогра́мма *ж. мед.* 대뇌 촬영도

энцефалогра́фия *ж. мед.* X 선에 의한 중추신경의 촬영법

энци́клика *ж.* 회상, 회람, 회칙, 동문통달.

энцефаломаля́ция *ж. мед.* 뇌연화증(腦軟化症)

энцефаломиели́т *м. мед.* 뇌척수염

энциклопеди́зм *м.* 박학다식, 지식이 광범위한, 백과통

энциклопеди́ст *м.* ① 백과전서(사전) 편집자; ② 박식한 사람, 박학다식한사람

энциклопеди́ческий *прил.* 백과사전의, 백과전서의, 많은 학문에 능통한; 여러가지에 걸친; **~ий слова́рь** 백과 사전;

энциклопе́дия *ж.* 백과전서, 백과사전;

э́нцы *мн.* 에니쎄이강 하류의 소수 인종

эози́н *м. хим.* 에오신(eosine: 적색염료)

эозо́йский *геогр.* 상시원대의

Эо́л *м. миф.* 아이올로스(바람의 신).

эоли́т *м. археол.* 원시석기시대, 원시석기; **~ и́ческий** *археол.* 원시석기 시대의

эо́лов: **~а а́рфа** *миф.* 아이올로스의 하프, 풍주금; **~ы отложе́ния** *ж. геол.* 풍성암(風成巖)

Эо́с *миф.* 에오스 (새벽의 여신), 새벽

эоце́н *м. геол.* 제 3 기(紀)의 시신세(始新世).

эп (эвакуацио́нный пу́нкт) 후송기지

эпа́кта *ж. астр.* 태양력과 태음력 사이의 1년의 일수차

эпата́ж *м.* 엉뚱한 행위, 세간의 습관에 어긋나는 행위

эпати́ровать *с.* 당황하게하다, 어리둥절하게 하다

эпенди́ма *ж. анат.* 상의(뇌실, 척추중심관의)

эпенте́за(-тэ-) *ж. лингв.* 삽입문자, 삽입음(音) (elm [éləm]의 [ə] 같은 것); 어중음 첨가.

эпибла́ст *м. биол.* 낭배의 외피

эпиболи́я *ж. биол.* 외포

эпига́стрий *анат.* 상복부

эпигене́з *м. анат.* 후생설, 후성설, 점성설

эпиглотти́с *м. анат.* 회염연골, 후두개

эпиго́н *м.* 모방(모조,위조)하는 사람, 학술 상과 예술상의, 모방자, 아류; **~ский** *прил.* 모방의, 모조의; **~ство** *с.* 아류적 모방.

эпигра́мма *ж. лит.* (짧은날카로운) 풍자시, 경구, 금언, (고대그리스의) 비명; **~атический** *прил.* 경구의, 풍자(시)의

эпиграммати́ст *м.* 에피그램(짧은 풍자시) 작가

эпи́граф *м. лит.* (묘비.동상의) 비문, 비명, 제명, 고대 그리스의 묘비명.

эпигра́фика *ж.* 비명학, 제명학.

эпиграфи́ст *м. лит.* 비명학자

эпидемио́лог *м. мед.* (*учёный*) 전염병 학자; (*врач*) 전염병 전문의사.

эпидемиологи́ческий *прил. мед.* 유행 병학의, 전염병학의; **~логия** *ж.* 전염병학.

эпидеми́ческий *прил.* 전염병류, 유행(전염)성의; **~ая** **болезнь** 유행병, 전염병, (사상. 전염병의) 유행.

эпиде́мия *ж.* 유행병, 널리 퍼진 전염병.

эпиде́рма(-дэ-) *ж.*, **эпиде́рмис**(-дэ-) *м. биол.* 표피, 외피; 세포성 외피; 각(殼).

эпидиаско́п *м.* 실물 환등기, 실사경.

эпидиди́мис *м.* 부고환   **эпидидими́т** *м. мед.* 부고환염

эпидо́т *м. горн.* 녹염석

эпизо́д *м.* ① (소설. 극 속의) 삽화, 단편적 사건; ② 토막 이야기; 에피소드; ③ (사람의 일생. 경험중의) 일련의 삽화적인 사건, 삽입부; **~и́ческий** *прил.* 에피소드적인, 삽화로 이루어진, 일시적인, 우연적인;

эпизооти́ческий *вет.* 가축[동물]에 유행하는.

эпизооти́я *ж. вет.* (광범위의) 가축의 유행병.

эпизоотоло́гия *ж.* 수역학   **эпи́к** *м.* 서사시인

эпика *ж. лит.* 서사시, 사시 (영웅의 업적. 민족의 역사 등을 노래한 장시), 서사시적 이야기[사건].

эпика́рд *м.* 심낭내장엽   **эпикарди́т** *м.* 심낭 내장엽염

эпикоти́ль *м.* 상배축

эпикри́з *м. мед.* (발병에서 종결까지의) 최종적인 단정, 분리 후의 증상

эпику́р *м. филос.* 에피쿠로스

эпикуре́ец *м.,* **~ейский 1.** Epicurus 의, 에피쿠로스파의, 쾌락주의의, 식도락의; **2.** Epicurus 설(說) 신봉자; 쾌락주의자; 미식가. 향락주의자; **~ейство** *с.* 향락주의

эпикуреи́зм *м. филос.* 에피쿠로스주의, 쾌락주의 (그리스 철학자 에피쿠로스로부터); 쾌락주의, 향락주의

эпикри́з *м. мид.* 에피크리즈

эпиле́псия *ж. мед.* 간질; **~тик** *м. мед.* 간질병 환자, 지랄병 환자; **~тический** *прил. мед.* 간질병의

эпило́г *м. лит.* 에필로그, 결어; 끝말, 종국, 후주

эпиля́ция *ж. мед.* 탈모, 모발 제거

эпина́стия *ж. биол.* 상편생장

эписко́п *м.* 에피스코프(투시영사기)

эписти́ль *м.* 아키트레이브

эписто́ла *ж.* 서간, 교서; 서간체 작품

эпистоля́рный *прил. лит.* 편지(신서, 서간)의(에 의한), 서한체의; **~стиль** *прил.* 서한체

эпистрофа́ *ж.* 결구반복

эпитала́ма *ж.* 축혼의 시가

эпита́фия *ж.* ① 비명, 묘비명, 비문; ② 비문체의 작품

эпителиа́льный(-тэ-) *анат.* 상피의[에 관한]

эпите́лий(-тэ-) *м. анат.* 표피, 상피, 피막 세포.

эпитерма́льный *геол.* 잠열수의

эпи́тет *м. лит.* 성질을 나타내는 형용사(형용어구); 별명, 통칭, 통명

эпитимия́ *ж. рел.* (종교의) 징벌   **эпитрахи́ль** *рел.* 영대

эпифеноме́н *м.* 부대현상

эпифи́з *м. анат.* 상생체, 송과선,(장골의) 뼈 끝

эпифи́т *м. бот.* 착생식물, 기생식물.

эпифо́ра *ж.* (시의 행, 절의 말미의) 동어반복

эпице́нтр *м. анат.* 진앙(震央: 진원지의 지표).

эпици́кл *м. мат.* 주전원; **~ический** *мат., тех.* 주전원의; **~ическая передача** 주전원의 기어, 주전원의 전동장치

эпициклоиа́да *ж.* 내전 사이클로이드

эпи́ческий *прил. лит.* (*тж. перен.*) 서사시 적인; 장중한.

эпо́д *м.* 고대 서정시형(장단의 행이 교차함)

эполе́т *м. воен.* 견장, (여성복의) 어깨 장식; *мн. (ед. ~м, ~а ж)* 장교의 예복에 다는 술이 많은 견장

эпо́нж *м.* 타월지 **эпони́м** *м.* 명조(名祖)

эпопе́я *ж. лит.* 초기의 원시적 구전, 서사시, 장편사시, 영웅시, 서사시 편, (연속되는 큰 가건, 복잡중요한 사건) 역사.

э́пос *м. лит.* 서사시, 사시(史詩); 서사시적 이야기(사건), 산문 문학(서정시및 희곡에 대하여).

эпо́ха *ж.* ①(중요한 사건이 일어났던) 시대; 획기적시대; (역사. 정치의) 신기원, 새시대; ② 세(世)(연대 구분의 하나로 period(기(紀)보다 작고 age(기(期)보다 큼)): 획기적인 사건, 중요한 사건:

эпро́н *м.* 수중 탐사 작업(침몰선 인양등)

эпсоми́т *м.мин.* 천연사리염

эпсо́мский *м. хим.* 사리염   **э́пулис** *м. мед.* 치육종

э́ра *ж.* ① 기원; 연대, 시대, 시기; ② (역사의 시대를 구획하는) 획기적 사건. 날; ③ (지질). 대(代), 기(紀

э́рбий *м. хим.* 에르븀(erbium: [68 번: Er:167.2]).

эрг *м. физ.* 에르그(erg. 기호:erg.)

эрго́граф *м.* 작업량, 피로 기록계

эрго́метр *м. мед.* 측력계, 에르그측정기(erg 測定器)

эргоно́мика *ж. мед.* 인간공학

эрготи́зм *м. мед.* 맥각중독, 에르고 틴 중독.

эрготи́н *м.* 맥각소

э́ре *с.* 스칸디나비아 여러나라의 화폐 (0.01 크로네)

Эре́б *м. рел.* 암흑계(이승과 저승 사이의)

эреги́ровать *м. мед.* 발기하다; 종창하다(부어 오르다)

эре́ктор *м.* 세그먼트 조립기, 굴공사의 거중기

эре́кция *ж. физиол.* 발기, 종창.

эрети́зм *м. мед.* 이상흥분, 과민증

эрза́ц *м.* 대용품(代用品: substitute).

Эри́нии *мн. миф.* 에리니에스(Furies

эри́стика *ж.* 논쟁(論爭), 논쟁법(-法), 논쟁술.

эрите́ма(-тэ-) *ж. мед.* 홍반.

эритреми́я *ж. мед.* 적혈병

эритроци́т *мн. (ед. эритроцит м)* биол. 적혈구

эритри́т *м. хим.* 에리트리트, 에리스리톨

эритробла́ст *м. биол.* 적아세포

эритродерми́я *ж. мед.* 홍피증

эритрози́н *м. хим.* 에리트로신

эритромици́н *м. мед.* 에리트로마이신

эритроци́ты *мн. физиол.* 적혈구, 붉은 피톨

Эрмита́ж *м.* 레닌그라드의 역사 예술 박물관.

эроди́ровать *геол.* ① (암이 ~을) 좀먹다, (~을) 부식하다; (물이 땅. 암석을) 침식하다; ② *мед.* (궤양 형성에 의해) 진무르다, 미란케 하다; 쇠퇴케 하다, 좀먹다.

эрози́йный, эрозио́нный *прил.* 부식성의, 침식성의;

эро́зия *ж.* (*в разн. знач.*) ① *геол.* 침식; ② *мед.* 미란

Э́рос *м.*, **Эро́т** *м. миф.* ① 에로스 ② (정신분석) 생의본능; ③ 성애, 성적 욕구; 열망, 갈망; ④ *астр.* 에로스(Eros);

эроти́зм *м.* 성애적 경향, 호색, 에로티시즘, 성적흥분(충동), 성욕, 이상성욕항진.

эро́тика *ж.* 관능성, 욕색성, 호색, 음탕; **~и́ческий, ~и́чный** *прил.* 호색의, 에로틱한.

эротома́н *м. мед.* 색정광; 성욕이상; **~и́я** *ж. мед.* 색정광,

эрпетоло́гия *ж.* 파충학, 파충강

эррати́ческий *прил. мед.* 미주성의, 수반성의; 표이성의

Эр-рия́д *м.* 리야드(사우디아라비아의 수도)

эрсте́д *м.* 자력의 단위

эруди́рованный *прил.* 박식한, 해박한, 박학한, 박학다식한;

эруди́т *м.* 박식한 사람, 유식한 사람, 거학, 석학

эруди́ция *ж.* (*문학.역사의*) 박학, 박식 다문, 조예, 학식;

эрупти́вный *прил.* 폭발성의, 분화 작용의

эрцге́рцог *м. ист.* 대공(옛오스트리아 왕태자의 칭호)

эрцге́рцогство *с.* 대공위(位), 대공국(大公國)

эсде́к *м.* 사회민주당원

эсе́р (эсэ́р) *м. ист.* 사회혁명당원; **~овский** (эсэ́) *ист.* 사회혁명적인

эска́дра *ж. мор.* 분함대; **~енный** *прил. к* эскадра; **~енный** 어리정, 수뢰정, 구축함; 구제자, авиацио́нная ~ 비행연대

эскадри́лья *ж. ав.* 비행(대)대; 비행중대;

эскадро́н *м. воен.* 기병, 기병대; 기갑부대; (기갑부대의) 정찰대; 기마대, 기병중대; **~ный** *воен.* 기병(기갑)중대장.

эскала́да *ж.* 월성(越城), 성을 넘음

эскала́тор *м.* 에스컬레이터, 자동계단.

эскала́торный *прил.* 높이는, 늘리는; **~ые** ступе́ньки 자동식계단; **~ная** статья́ догово́ра 계약의 신축조항, 에스컬레이터 조항

эскала́ция *ж.* (수.양.금액의) 점증, (규모.범위. 강도의) 단계적 확대; (전쟁 규모의) 에스컬레이션.

эскало́п *м. кул.* 고기의 버터 구이

эскамота́ж *м.* 속여서 숨기는 것

эскамоти́ровать *м.* 속여서 숨기다

эскапа́да *ж.* 터무니없는, 엉뚱한 언동, 장난

эска́рп *м. воен.* 안쪽 둑; 내벽; 급경사(면), 가파른 비탈.

эсква́йр *м.* 대지주, 향사(鄕士)

эски́з *м.* ① 스케치, 사생화; 약도, 겨냥도, 대략, 개요, (소설의) 소품, 단편; 토막극, (풍자적인) 촌극, 소묘; ② 모형도, 초벌그림; **~ный** *прил. к* эски́з; **~ный** прое́кт 도안, 약도, 밑그림, 설계도, (석공)초벌새김, 초안, 초고(draft)

эскимо́ *с. нескл.* (영국구어) 초코 아이스크림.

эскимо́с *м.* 에스키모; **-ка** *ж.* 에스키모여인

эско́нт *м.* 어음의 할인

эско́рт *м.* 호송자[대], 호위자(들), 호위부대, 호위함[선]; 호위기(대), (사람. 함선.항공기 의한) 호위, 호송; **-и́ровать** *несов. и сов.* (вн.) 호위(호송)하다, 의장대를 붙이다; **~ный** *прил.* 호위, 호송

эску́до *с.* 포르투갈의 화폐단위

эскула́п *м. уст., шутл.* (로마신화) 의술의 신(神), 의사.

эсми́нец *м. мор.* 구축함

эпадо́н *м.* 양날의 대검

эспадро́н *м.* 한쪽만 날이 있는 검(劍), (펜싱의) 목검.

эспаньо́лка *ж.* 황제의 수염, 입술밑의 작은삼각 수염

эспа́рто *с. бот.* 에스파르토

эспарце́т *м. бот.* 콩과의 하나(사료)

эсперанти́ст *м.* 에스페란토어 사용자[학자]. 에스페란토를 말하는 사람, 에스페란토 보급 운동자.

эспера́нто *с. нескл.* 에스페란토

эсплана́да *ж.* (해안. 호안의 조망이 트인) 산책[드라이브] 길

эссе́ (сэ) *с. нескл. лит.* 에세이, 수필, (문예상의) 소론, 시론,

эссеи́ст *м.* 시론, 소논문, 논설, 에세이의 필자

эссе́нция *ж.* 에센스(essence), 정(情), 정수(精髓); 본질, 본체, 요소, 진액; 에키스,

эстака́да *ж.* ①부두, 잔교, 방파제, 교각, 교대; 수중의 잔교, 목책, ② 구름다리, 육교; 고가도로; **~ный** *прил. к* эстака́да; **~ная** желе́зная доро́га 고속 승강기

эста́мп *м.* 동판화, 동판조각, 금속판, 전기판, 스테로판, 목(금속)판화, 도판

эстанда́рт *м.* 황제기, 군기   **эстанда́рт-ю́нкер** *м.* 기수

эстафе́та *ж.* ① 릴레이 경주, 계주; ~**ный** *прил.* к эстафета; ② 계승; принять ~у *кого-л.* ~에게서 물려받다(계승하다).

эстезиоло́гия *ж. мед.* 감각학

эстезио́метр *м. мед.* 피부 감각 측정기

эстизиоме́трия *ж. мед.* 감각측정

эсте́р *м. хим.* 에스테르(ester)

эстера́за *ж. хим.* 에스테라제

эсте́т (-тэт) *м.* 유미주의자, 탐미주의자; 심미가; ~**и́зм** (-тэ-) *м.* 미감, 유미주의; 예술지상주의. 탐미주의; ~**ика** (-тэ-) *ж.* 미학; 미적정서의 연구; ~**и́ческий** (-тэ-) *прил.* 미술의, 미학의, 미학적인; 미적 감각에 의한; ~**и́чный** (-тэ-) *прил.* 미적, 아름다운, 우아한, 우미한; 유미주의의, 탐미적인; ~**ство** (-тэ-) 유(탐)미주의, 예술지상주의 행동; 지나친탐미, 지나치게 뽐냄

эстетиза́ция *ж.* 미화, 이상화

эстети́зм *м. лит.* ① 미감; ② 유미주의, 탐미주의(耽美主義)

эсте́тик *м. лит.* ① 탐미주의자; ② 미학자

эсте́тика *ж.* 미학   **эстетикотерапи́я** *ж.* 미적요법

эстети́ческий *прил.* ① 미학의, 미학적인; ② 미적의, 미적 감각에 의한

эстети́чный *прил.* ① 아름다운, 우미한; ② 유미주의의, 탐미적인

эсте́тный *прил.* 너무 외견의 미를 중시하는, 젠체하는, 멋을 부리는

эсте́тство *с.* 유미주의의 행동, 탐미주의의 행동, 지나친 탐미, 지나치게 뽐냄

эсте́тствовать *несов.*, **ствую, ствуешь** *прич.* 탐미파인 척하다, 미적형식만 을 중시하다

эстока́да *ж.* 정면에서 찌르는 동작

эсто́ль, -ко *нареч.* 그 정도로, 그만큼, 그만하게

эсто́мп *м. жв.* 찰필(擦筆)

эстраго́н *м. бот.* 쑥의 일종, 사철쑥류(의 잎)

эстра́да *ж.* ① 강단, 교단, 스테이지(stage), 무대, 연단, 마루, 대(臺), 플랫폼(platform), 경연극, 소규모의 음악당 ② 에스트라다 배우; 경연극, 소규모의 음악이 곁들은 극작품, 변화 다양성; ~**ный** *прил.* 보드빌 풍자적인 유행가

эстру́с *м.* 동물의 발정(기)

эстуа́рий *м. геогр.* 폭이 넓은 하구, 강어귀.

эсхатоло́гия *ж. рел.* 종말론(終末論)

эсэ́совец *м.* (나찌스의) 친위대원

эт *межд.* 쯧(불만, 노여움)

эта́ж *м.* (건물의) 층(層); (사회의) 계층

этаже́рка *ж. (для книг)* 책장, 독서대; 장식선반

эта́жность *ж.* 건물의 층수.

-эта́жный 층(層), 계층.

э́так ① *нареч.* 이렇게, 이처럼, 이런식으로; ② *сл.* 대략, 약, 쯤; километров ~20 약 20 킬로미터.

э́такий *разг.* 그러한, 참말, 그런, 그[이]와 같은. 이런

этало́н *м.* 도량형의 표준, 기준, 규격; 규범, 모형, 표본.

этали́ровать *несов., сов.* **рую, руешь** *прич.* 표준화하다, 규격화하다

эта́н *м. хим.* 에탄(ethane) 알칸(alkane) 의 하나).

этано́л *м. хим.* 에탄올(ethanol), 에틸알콜(ethyl alcohol)

эта́п *м.* ① (발달의) 단계, 계제, ② 구간, 랩, (주로의) 한 바퀴; ③ 죄수호송의 일단; ④ *воен.* 병참지부; ~ный *воен.* 연락선, 병참선; 통신(수단).

этериза́ция *ж. мед.* 에테르 마취를 거는 것; 마취상태

этери́зм *м. мед.* 에테르 중독

этерифика́ция *ж. хим.* 에테르화(알콜)

эте́рия *ж.* 비밀결사, 정치적 지하단체

эторни́т *м.* 아스베스트 시멘트 슬레이트

э́тика *ж.* ① 윤리학, 도덕론; ② (어느사회. 식법에서 지켜지고 있는) 예절, 도의, 도덕, 윤리(관); 윤리성.

этике́т *м.* 에티켓, 예절, 예법,

этикета́ж *м.* 부전, 상표를 붙이는 것; 부전, 상표, 첩찰의 전체

этикети́ровать *с.* 상표를 붙이다

этике́тка *ж.* 라벨, 상표, 레테르, 딱지, 쪽지, 꼬리표, 부전, (표본의) 분류 표시. (제조원의 마크를 단) (사람에 관하여) 평판; наклеивать ~у (*на вн.*) 꼬리표를 붙이다

этике́тничать *с.* 예의범절을 중시하다, 예의범절에 구애받다

эти́л *м. хим.* 에틸(ethy), 에틸기(ethyl 基)

этилбензо́л *м. хим.* 에틸 벤젠

этиле́н *м. хим.* 에틸렌(ethylene) 생유기(生油氣)

этиленгликоль *м. хим.* 에틸렌 글리콜(부동액)

этиленизация *ж.* 덜익은 과일, 야채 에틸렌에 의한 조작
этили́рование *с. хим.* 4 에틸연 첨가
этили́рованный *прил. хим.* 4 에틸연을 참가한
эти́ловый *прил.* к этил; ~ спирт 에틸알콜
этилцеллюлоза *ж. хим.* 에틸 셀뮬 로스
этимо́лог *м. лингв.* 어원학자, 사원학적, 어원학적.
этимологизи́ровать *лингв.* 어원을 조사하다; 어원을 연구하다, 어원을 정의하다.
этимологи́ческий *прил. лингв.* 어원론적, 어원론
этимоло́гия *ж. лингв.* 어원, 어원학, 어원론, 어원설,
этимо́н *м. лингв.* 원어(과생어의)
этиоли́ровать *несов.*, рую, руешь *рованный прич.* (식물을) 황화시키다, 색을 바래게 하다, 잎이 노랗게되다.
этиологи́ческий *прил. мед.* 원인론의, 병인학
этиоло́гия *ж. мед.* 병원학, 원인론
эти́ческий, эти́чный *прил.* 윤리의, 윤리학의, 도덕상의, 윤리적인, 도덕 적인; ~ поступок 도덕적행위
этишке́т *м. воен. ист.* 창을 가진 기병의 모자장식(모자 꼭대기에서 드리워진 술)
этмоиди́т *м. мед.* 사골봉와염
эти́ческий *прил.* 인종의, 민족의, 민족 특유의; ~ состав населения 인구의 인종상 구성
этно- 인종, 민족의 뜻
этногене́з *м.* 민족, 인종의 기원, 인종 발생
этно́граф *м.* 인종지학자, 민족지학, 기술적 인종. 민속학자; **-и́ческий** *прил.* 민족지적인, 민족 지학상의.
этнографи́ческий *прил.* 민속, 민속학; ~ музей 민속박물관
этнографи́зм *м. лит.* (문학작품에 있어서) 인종지학적인 요소, 인종 지학적 묘사, 민속학적 묘사
этногра́фия *ж.* 인종지학, 민속학; 그연구의 대상.
этно́лог *м.* 인종학자
это *мест.* ① *им., вн., см.* этот; ② 저것, 그것; 저[그] 사람, 그, 저 쪽의, 저; 이것, 이 물건, 이사람; 그것은, 그것에, 그것을; 그; 문장속의 어떤 말을 강조한다(вот)에 가깝다; 선행하는 의문대명사, 부사의 의미를 강하게 한다; 의문사의 뒤에와서 –то 가 붙은 부정대명사, 부정부사의 뜻을 갖는다
этоло́гия *ж.* 인성학, 품성론; 생태학

э́тот, ж. эта, с. это, мн. эти, мест. ① 이것, 이 물건, 이사람, 여기, 이곳, 이것들(의); 나머지는 남성과 같다; ② 시간적, 공간적으로 아주 가까이에 있는 것을 가리킴; ③ 두 개 있는 것 중에 가까운 쪽을 가리킴(тот 의 반대); ④ 지금 막 언급된 것, 물건을 가리킴;

э́тот I *мест. указ. м.* (эта ж. это, с. эти, мн.) 이, 그;

э́тот II *мест. указ. м.* (эта ж. это, с. эти, мн.) ① *м.* 이것, 그것; 이(그) 사람; ② это *с нескл.* 이것, 그것; 이(그) 사람, 그(이)분; ◊ при ~м 게다가, 나아가서

этуа́ль ж. (소희극, 소가극의) 스타, 인기배우

этю́д м. ① *лит., иск.* 에스키스, 스케치; ② *муз.* 연습, (그림. 조각의) 습작, 소곡, 연습곡, 에츄드; 시론, 평론; ③ *шахм.* 연습문제

этю́дник м. 습작용지, 에츄드판

эфа́ ж. *зоол.* 독사의 일종(중앙 아시아산)

эфе́дра ж. *бот.* 마황속

эфедри́н м. *хим.* 에페드린(마황의 알칼로이드; 감기, 천식약)

эфеме́р м. *бот.* 1년생 단생식물

эфемери́да ж. ① *мн. астр.* 천체력(天體曆; 천문력), 달력, 일지, 천체위치 추산력; ② *зоол.* 잠자리, 하루살이.

эфеме́рность *прич.* 덧없음, 짧은목숨, 덧없는 사물, 하루살이; **~ый** *прил.* 덧없는, 하루밖에 못 가는(못 사는) (곤충.꽃); 단명한, 무상의(한), 잠시의.

эфемеро́ид м. *бот.* 다년생, 단생식물

эфе́нди м. (터키에서) 남자에게 붙이는 경칭

эфе́с м. 칼자루, 칼 자루에 늘어뜨린 끈[술].

эфи́р м. ① *физ.* (옛 사람들이 상상한) 대기밖의 공간(에 차 있는 정기[영기]), (시어) 창공, 에테르; ② *хим.* 에테르(빛. 열. 전자기 복사현상의 가상적 매체); 에틸에테르(용매. 마취약); **~ность** ж. 공기같은, 천상의, 하늘의, 이 세상 것이 아닌, 정신계의, 심령계의; **~ный** ① *хим.* 에테르의(같은, 를 함유한), 에틸에테르의; ② 무형의, 촉지할 수 없는; 우미한, 영묘한.

эфирома́н м. *мед.* 에테르 중독환자

эфирома́ния ж. *мед.* 에테르 중독

эфироно́с м. 식물 휘발성 기름, 정유, 함유식물; **~ный** *прил.* 에테르를 함유한, 정유.

эфлоресце́нция ж. *хим.* 풍해, 풍화. 풍난, 풍손, 풍재

эфо́р м. 고대 스파르타 등의 민선 5장관의 하나

эфталит *м.* 고대 중앙아세아의 유목민족

эффект *м.* ① *тк. ед.* 효과, (법률의) 영향, (약의) 효능, 효력,(보통효과, 에펙트, 인상, 감동); ② *мн. театр.* (극. 영화. 방송 등에서, 소리. 빛의) 효과(장치)

эффективность *ж.* 효율, 능률, 효과, 능력, 유능; **~ый** *прил.* 유효한, 효력이 있는, 눈에띄는. 실효있는;

эффектный *прил.* 인상을 주는, 감동을 주는, 효과를 거둔,

эффектор *м. бот.* 작동체

эффузивный *прил. геол.* 분화의, 분출의, 유출의, 확산의;

эффузия *ж. физ.* 분화, 분출, 분산.

эх *межд.* 오! 오오!, 아, 어허, 앗, 앗차! 아아, 여봐! (놀람. 공포. 찬탄(讚嘆). 비탄. 고통. 간망(懇望). 부를 때 따위의 감정을 나타냄) 유감, 잔소리, 불만 등을 나타내는 소리;

эхе *межд.* ~, хе-хе 보아라, 야, 과연(생각하고 있는 것을 소리로 낼 때 짐작 갈 때)

э-хе-хе *межд.* 마음 아픔, 분함을 나타냄

эхинит *м. зоол.* 섬게, 성게

эхидна *см.* ехидна *ж. зоол.* ① 가시두더지; ② (змея) 검은 방울뱀, ③ 독사같은 놈, 심지나쁜(속검은)사람, 음흉(냉혹, 교활)한 사람, 마음놓을 수 없는 사람; 배신자

эхинокактус *м. бот.* 선인장류

эхинококк *м. биол. мед.* 포충.

эхо *с. тк. ед.* 메아리, 반향; 산울림; 맞은소리;

эхолокация *ж.* 음향심도측정

эхолот *м. мор. амер.* 음속의 해심 측정기(반향에의한);

ЭЦВМ (э-це-вэ-эм) 디지털 전자계산기

ЦВМ (э-це-эм) 디지털 전자계산기

эшафот *м.* 단두대, 교수대, 처형대, 사형.

эшелет 격자, 창살, 살창문, (배의 승강구의) 격자모양의

эшелон *м.* ① *воен.* 제형, 편성, 조직, 형성, 편제, 제진; ② *ж.-д.* 특별(임시)열차(버스), 전용열차; 군용기차 ③ (지휘 계통·조직의) 단계; 계층; 특정한 임무를 띤 부대.

эшелонирование *с. воен.* 제형 진지.

эшелонированный (형) 제형의, 편성의, 제진의, 제대의

эшелонировать *несов. и сов.* 제형으로 배치하다(이루다), 편성하다, 제대를 갖추다, 삼각편대를 이루다

ЭЭГ *сокр.* (electroencephalogram, EEG) 뇌파, 뇌전도(腦電圖)

эякулят *м. физиол.* (семенная жидкость) (1 회 의) 사정액

эякуляция *ж. физиол. мед.* (체액의) 사출, 사정; 사출액

Ю

ю *с. неизм.* 자모 ю 의 명칭.
ю *буква* Тридцать вторая буква русского алфавита.
юа́нь *м.* 유안(元: 중국의 화폐단위 기호 Y; = 100fen); 원(나라).원조(元朝: 1279 - 1368).
юбе́я *ж. бот.* 대(大)종려나무. 야자과 나무의 일종
юбиле́й *м.* 기념제, 기념, 주기, 축제, 축전; 성찬식, 기념축하회.; **~ный** *прил.* к юбилей; **~ные** торжества 기념일의, 축제의, 성찬식으로.
юбиля́р *м.* **~ша** *ж.* 기념축제를 개최받은 사람(부인에게도 사용됨); 그러한 시설, 성직수임.
ю́бка *ж.* ① 스커트; (남자의 색정의 대상으로 서의) 여자; ② 페티코트(스커트속에 입는) ③ эл. (절연물, 절연체, 애자) 스커트모양의 물건[덮개], *авто.* (기계·차량의) 철판 덮개;
ю́бочка ① *уменьш. от* 아주짧은 스커트, 미니스커트, ② (*у гриба*) 환대. 고리, 둥근 테.
ю́бочник *м.* ①호색한, 색한; ② 치마 재봉사.
ю́бочница *ж.* 스커트 재봉사. **ю́бочный** *прил.* 스커트의
ювели́р *м.* 보배, 귀금속; **~ный** *прил.* 보석으로 장식하는, 보석상의; (*перен.*) 미세한 기술, 복잡한, 난해한
ювени́льный *прил.* 초생의; ~ гормон *биол.* 유충 호르몬.
юг *м.* 남(南); на юг 남부, 남쪽지방, 남방, 따뜻한 나라.
юга́ *ж.* 대풍설, 염서(炎暑), 염열
ю́го–восто́к *м.* 남동(南東);   **ю́го–за́пад** *м.* 남서(南西)
ю́гурт *м.* 요구르트(yog(h)urt) **юдаи́зм** *м.* 유대교(Judea).
юдо́ль *ж.* 골짜기, 계곡; 속세, 운수, 불운, 숙명, 운명
юдофи́л *м.* 유태(인)이 편인 사람.
юдофо́б *м.* 유태(인)을 싫어하는 사람;
южа́к *м.* 남풍. 마파람, 앞바람, 개풍, 경풍, 오풍, 마풍

южа́нин *м.*, **~ка** *ж.* 남국(남부)의 사람.

южно- *м.* 남쪽의, 남방의.

Южно-Сахали́нск *м.* 유즈노사할린스크(사할린남부도시).

южне́е *нареч. (рд.)* 남쪽지방, 남쪽으로, 남으로 더 가서.

ю́жный *прил.* 남쪽의, 남반부의.

юз *м.* (미국인 휴즈가 발명한) 전신 인자기.

юз *м.* ① (비탈 길에 쓰는) 지룸장치, 미끄럼막이, ② (무거운 짐을 굴려 내릴 때의) 활재, (물건을 미끄러져 가게 하는) 침목; (바퀴달린) 낮은 짐대(臺),

юзер *разг.* 사용자, 소비자.

ю́зень *м.* 세 가닥을 꼬아 만든 밧줄.

юзи́ст *м.* 전신인자기수(電信印字機手).

юзом I *нареч.* ①~를 끌어당기기 위한, ~에 매우지친, 느릿느릿한, 전혀 진전이 없는. ② 미끄럼, 옆으로 미끄러지기, 미끄럼,

юзом II *с.* 땅 위를 끌어서(하역 인부의 속어).

юнт *м.* 유이트인(아시아의 에스키모인).

юкаги́р *м.* 유까기르인(야쿠트자치공화국 북동부의; одул).

ю́кка *ж. бот.* 실난초, 유카. 백합과 유카속의 각종 식물

ю́кола *ж.* (극동에서) 건어, 건어물의 준말.

юла́ *ж.* ① 회전하는 장난감(팽이, 팔랑개비), 윙윙소리내는 팽이; ② *тк.* 안달하다, 성급하여 침착하지 못한 사람, 덤벙대는 사람; 종달새.

юлиа́нский *прил.*: ~календа́рь 율리우스력(Julius 曆).

юли́ть *лю ли́шь несов.* ① 공연한 소란, 바쁘게 일하다, 몸달아 설치다, 야단법석하다, 흥분하여 크게소동하다, ② ~을 중시하다, 강조하다, 선전하다, ~을 화나게 하다, 괴롭히다; ~에게 귀찮게하다. ~을 조연하다, 돌아다니며 비위를 맞추다; ③ 꾸물대다, 몸부림치다, 꿈틀거리다

ю́лкий *прил.* 성급한, 침착하지 못한.

ю́мор *м.* 유머(humor), 위트(wit) 해학, 익살, 야살, 해어, 골계, 희담, 희언, 어희; 농담, 농(弄) 유머작품;

юмореска *ж. муз.* 표일곡, 유머레스크(의), 해학곡의, 유머작품, 유머 소곡.

юмори́ст *м.* 유머가 있는 사람, 해학가; **~ка** *ж.* 해학적 작품의, 유머 작가, 작곡가; 유머가 풍부한 사람.

юмори́стика *м.* 유머 작품; 어리석고 우스운 것.

юмористи́ческий *прил.* 유머러스한, 익살스러운, 해학적인.

юмористи́чный *прил.* 유머가 있는; 우스운, 이상한, 코믹스러운

юн ю́ный(소년의), ю́ношеский (청년의) 의 뜻.

Юна́йтед пресс 미국의 통신사(UP).

ю́нга *м. мор.* 배안의 사환겸 견습수부.

ЮНЕСКО *с.* 유네스코(UNESCO:United Nations Educa-tional, Scientific and Cultural Organization] 국제연합교육과학 문화기구: 국제연합 전문기관의 하나. 교육·과학·문화로써 국제간의 협력을 촉진하고, 그것에 의해 평화와 안전 보장에 기여함을 목적으로 함;

юне́ть *несов..* 젊어지다, 젊음을 되찾다.

юне́ц *м.* 젊은이, 젊은; 풋나기.

юнио́р *м. спорт.* 연소자, 후배의;

юнио́рка *ж.* 소녀 선수(18~20 세).

юни́ца *ж.* юнец 의 여성형; 암송아지.

ю́нкер *м.* ① *воен.* 육해공군 사관학교, 경찰학교 생도 사관(간부)후보생; 젊은 단원, 견습생, 귀족출신 하사관, ② 고물 자동차, 융커(독일의 귀곡자).

ю́нкерский *прил. к* юнкер; ~ое училище 육군유년학교.

ю́нкерство *с.* ① ю́нкер 의 계층; ② ю́нкер 의 지위, 신분.

юнкерьё *с.* [경멸] 육군 유년학교 학생.

юнко́р *м.* (юный корреспондент) 소년 통신원.

юнна́т *м.* юный натуралист 소년 자연과학 연구회원

Юно́на *ж. миф.* 주노(Juno); 아주 고상한 미인, 품위있는 미인; 제 3 소행성.

ю́ность *ж.* ① 젊음; 청년시대, 청춘기, 초기; 지각 형성의 초기; ② *собир.* 젊은이들, 결혼기에 있는 남녀.

ю́ноша *м.* 청년, 젊은이.

ю́ношеский *прил.* 젊은, 팔팔한, 청년 특유의, 초기의; ~ пыл 젊은 열정, 열광; **~ство** *с.* ① *собир.* 젊은 이들, 청춘 남녀, 청춘; ② 청년시절.

юнсекция *ж.* 청년부.

ю́ный *прил.* 젊은, 연소한; с ~х лет 청년시대로부터

Юпи́тер *м. астр., миф.* 주피터; 목성(木星).

юпи́тер *м.* 투광조명; 강력조명 아크등(燈)의 일종

юпитериа́нский *прил. астр.* 목성의.

юр *м.* 이 방법으로, ~한 점에서; 비 바람을 맞는 장소, 공공장소; 각광을 받고, 남의 주목을 끌고. 눈에 띄게.

Юра́ *ж.* ① 법(法), 법률, 법률체계; 법적권력[권리]; ② 쥐라기의 시대, (암석이) 쥐라계의;

юра́ *ж.* 물고기, 해수의 큰 무리.
юрбюро́ *с. юр.* (*бюро юридической помощи*) 법률상담소
юриди́чески *нареч. юр.* 법률상의, 법률에 관한.
юриди́ческий *прил. юр.* 법률상의, 법률에 관한, 재판상의,
Юриздат *м.* 국립법률 도서출판소
юрисди́кция *ж. юр.* 재판권; 사법권, 재판소의 관할권
юриско́нсульт *м. юр.* 법률고문
юриско́нсульство *м. юр.* 법률 고문직
юриспруде́нция *ж. юр.* 법률학, 법리학.
юри́ст *м. юр.* 변호사, 율사, 변사, 법률가, 법률학자;
법학도, 법과 대학생; профессия ~а 법률 전문가.
Юрить *несов.* 서두르다; ~를 재촉하다.
ю́ркий *прил.* 팔팔한, 활발한, 기운찬, 민첩한, 날랜,
ю́ркнуть *сов.* 재빨리 몸을 감추다, 급속히 지나가다
ю́ркость *ж.* 민첩(성), 기민(성), 활발한,
юро́дивый ① *прич.* 백치의, 우매한, 어리석은, 손상된
미친; ② *м.* 금욕, 기독교 신자, 맹신자, (백치로서 예언
한다고 믿어지는) 행자; **~ство** *с.* 어리석게 행동하는.
юро́дский *с.* 백치를 가장한, 백치와 같은.
юро́дство *прич.* 백치로 가장하는 것; 백치닮은 어리석은 행동.
юро́дствовать *прич.* ① 여러 해 동안 어리석게 살았다; ②
백치와 같은 어리석은 행동을 하다; 백치를 가장하다.
юро́к *м.* 되새(참샛과의 새).
ю́рский *прил. геол.* 쥐라기의(.Іига 紀)
юрт *м.* (까프까즈마을의) 분여지(分與地: 농민에게 분여된 토지).
ю́рта *ж.* 유목민의 천막.
Ю́рьев: ~ день 성(聖)조지 축제일(4월 23일)
юс *м.* 고대 슬라브어 자모의 이름; юс большой о의
비음을 나타내는 글자,
юсти́ровать *прич.* 고르게 하다, 조정하다; (화폐의 중량,
크기를) 표준으로 맞추다.
юсти́ция *ж.* 재판; 사법제도, 사법기관.
ют *м. мор.* 뒷 갑판, 배의 후부 최상층 갑판, 후부 갑판.
юти́ться *ж.* 뒤죽박죽 쌓아올리다; (좁은장소에) 자리잡다,
ю́ферс *м. мор.* 3 공활차(三孔滑車 : 도르래)
юфть *ж.* **юфти** (연함) 러시아 가죽(유연하고 검은, 말, 소, 돼지
생피에서; 군용, 노동화용, 마구용 등).
юха́ *ж.* 물고기 수프.
-юш(к)а *ж.* 사람 이름의 애칭형.

юшма́н *м.* (따따르인이 사용한) 쇠사슬 갑옷.
ю́юба *ж. бот.*(*Zizyphus jujuba*) 대추나무, 대조. 목밀; 대추젤리

Я

я 1. *рд., вн.* меня, *дт., пр.* мне, *тв.* мной, мною, *мест.* I, *obj,* 1 인칭 단수. 나에게, 나를: я видел его 나는 그를 보았다; это я 나다, 나야; *разг.;* отпустите меня 나를 놓아 주세요; **2.** *с. как сущ. нескл.* 나, 아(我), 자아(自我), 아(我)의 실체; моё другое я 나의 다른 자아, 나의 다른 나 자신; не я буду, если ~ 나는 너에게 단언한다.

я II *см.* 자모(字母) я의 명칭

я́беда *ж. уст.* ① 정보, 통보, 중상, 욕설, 허위선전, 악담, 무고, 참소, 고소, 고자질장이, 살금살금 몰래함; ② *м. и ж.* **~ник** *м.,* **~ница** *ж. разг.* 통지자, 밀고자, 고발인, 정보제공자, 스파이, 남의 말을 하기 좋아하는 사람; 살금살금 들어오다(나가다), 아랑거리다.

я́бедничать *несов.,* **ная́бедничать** *сов.* (на вн.) *разг.* 악담하다, 고자질하는 사람, 밀고자, 고발하다, 중상하다, 참소하다, 비밀(속사정)을 폭로하는 것, 증거.

я́бедничество ~ческий *нареч.,прил.* 악담, 중상, 무고, 참소

я́блоко *с.* ① 사과; ② *анат.* 안구; ② 원형으로 된 크지 않은 여러 종류의 것(예를 들어 표적의 흑점)

я́блоневый *прил. бот.* к яблоня; ~евая ветка 사과나무, 사과나무 가지; **~ный** *прил.* 사과, ~ный цвет 사과즙.

я́блонный *ж. бот.* 능금, 사과나무

я́блоновка *м.* 능금. 빈파, 평과; 사과, 사과주

я́блоня *ж. бот.* 능금, 사과나무.

я́блочко *с.* ① 황소의 눈, 표적의 중앙점; ② 수부의 댄스 이름; **~ный** *прил.* к яблоко; ~ный пирог 사과 파이

я́блочник *м.* 사과장수.

я́блочный *прил.* 사과의, 능금의

яви́ть *сов.* 가리키다, 보이다, 나타내다; 제시 하다.

яви́ться *сов.* ① 출두하다, 나오다; ② 나타나다, 일어나다, 출현하다; ③ ~이다,~인 것을 알다(연사에 가까움).

я́вка *ж.* ① 출현, 출판, 존재, 실재, 출두, 출석, 참가; ② 비밀주소, 안전가옥, 음모의 밀회(장소); 암호(마주쳤을 때의); ③ 신고, 제시.

явле́ние *с.* ① 출현, 외관, 현상, 사물, ② (가극의) 한 장면, 극적인 독창곡; ③효과, 결과, 효력

явле́нный (현재는) 기적에 의해 나타난.

явля́ть *несов.,* **яви́ть** *сов. (вн.)* 가리키다, 보이다, 나타내다,

явля́ться *несов.,* **яви́ться** *сов.* ① 나타나다, 출현하다, 출연하다, 나오다. 소개하다, 자기자신을 나타내다; ② 나타나다, 일어나다, 출현하다; ③ *кем-чем* ~이다, ~인 것을 일다(연사에 가까움)

я́вно I *прил.* 명백한, 분명한, 분명히 나타난, 증명하다, 알기쉬운, 뻔한, 환히 들여다 보이는.

я́вно II *нареч.* ① 분명하게(히), 의심없이, 보기에는, 아마도, 명확하게, 두드러지게, 눈에띄게, 공공연하게, 아무래 도(~듯하다). ② 똑똑히, 분명히; 밝게(빛나는), 의심할 여지없이, 틀림없이, 확실히

явнобра́чные *мн.* 꽃식물, 현화식물; **~ый** *бот.* 꽃식물의

я́вный *прил.* ①분명한, 명백한, 공공연한; ② 특허(권), 명시하다, 증명하다; ~ вздор 전혀 터무니없는 말

я́вор *м. бот.* 큰단풍나무 재목.

я́ворчатый явор 제의.

я́вочный *прил.* ~ая квартира 음모의 집

я́вский *прил.* ява(자바)의.

я́вственный *прил.* 분명한, 명백한; 선명한; 뚜렷한, 독특한, 똑똑한, 별개.

я́вственно *нареч.* 나타나다, 명백하다, 선명하다;

явь *ж. тк. ед.* 현실, 사실, 실재. 사실임.

яга́ *ж.* ① 옛말의 마귀할멈. ② 모피를 밖으로 내어 만든 모피 외투.

ягдта́ш *м. охот.* 사냥감 주머니, 새 사냥 주머니.

я́гель *м. бот.* 지의류, 순록 이끼.

ягне́ние (양이) 새끼를 낳는 것.

ягнёнок *м.* 새끼 양; кроткий как ~ 양같은; 지극히 온순한,

ягни́ться, оягни́ться *сов.* (양이) 새끼를 낳다.

я́гница (*молодая овечка; этим именем называют Пресвятую Богородицу, а тж. мучениц, пострадавших за Христа*) 어린 양

ягня́тник *м. зоол.* 콘도르의 일종, 수염수리(condor)

я́года *ж. бот.* 장과(漿果)

ягоди́ца *ж. анат.* 둔부(엉덩이).

я́годка *ж.* 여자에 대한 애칭. 호칭.

я́годник *м.* ① 장과가 자라는 밭, 장과 농장, 장과의 덤불; ② 장과를 만드는 사람; ③ 장과로 만든 술, 요리, 잼; ④ 장과를 좋아하는 사람; ⑤ 장과상.

я́годный *прил. к* я́года; 장과의; ~ сок 과일 쥬스

ягодообра́зный *с.* я́года 모양의.; ① 장과와 같은, 장과 모양의, ② 장과(포도·토마토·바나나)와 비슷한; 구상의, ③ 장과의 모양을 한

ягуа́р *м. зоол.* 아메리카 표범. 재규어.

яд *м.* ① 독(毒), 독물, 독극물. 독소, 유독물질, 중독성 물질; 독액, 독물; ② (추상적으로) 독한 것, 해로운 것; 악의, 원한.

я́дерник *м.* 원자핵 물리학자.

ядернореакти́вный *прил.* 핵반응에 의한.

я́дерный *прил.* 핵의, 원자력의; ~ая физика 핵 물리학

я́дерщик *м. разг.* 원자핵 기사.

ядерник *м. разг.* 원자핵 물리학자.

ядови́то *нареч.* 독이 있는, 고의의 악의 있는; **~ый** *прил.* 유독성; 독이있는; **~ое вещество** 독극물질; **~ый газ** 독.

ядови́тость *нареч.* 유독한, 해독을 끼치는, 독살스러움, 악의.

ядови́тый *прил.* 독이 있는, 유독한, 독살스러운.

ядозу́б *м. зоол.* 도마뱀의 일종(이에 독이 있는).

ядоно́сный *прил.* 독이있는, 독이 있는.

ядохимика́ты *с. мн. хим.* 화학 유독물, 농약(제초, 살충제).

ядрёный *прил.* ① (사람에 관하여) 정력적인, 원기 왕성한; (과실에 대하여) 알맹이가 크고 질이 좋은; 상쾌한, 신선한 공기; 좋은 품질의 사과, 즙이 많은; ② (음료에 관하여) 거품이 이는.

ядри́ца *ж.* 메밀, 메밀가루. 목맥, 교맥; 메물

ядро́ *с.* ① 낟알, 핵심, 요점, 사물의 중심을 이루는 부분; 핵(核), 수심; 주력부대, 본부대, 본문; ② 핵심, 총알, 실탄; ③ (스포츠) 포환; ④ 고환(睾丸).

ядротолка́тель *м.* 포환 던지기 선수.

ядрышко *с.* ① 포탄 포환; ②. 핵(核) 핵심, 중추.

яз *м.* 어살(魚—: 물고기를 잡기위해 물속에 나무를 세워 고기를 들게 하는 울)

я́зва *ж.* ① *мед.* 위궤양, 아픈, 쓰린, 비통한, 나쁜상처; ② 해충, 페스트, 복살모사, 독사; ③해(害), 악(惡), 재난; ④ 독설가; ⑤ 균열, 갈라진 틈.

я́звенник *м.,* **~ица** *ж. разг.* ① 위궤양으로부터 고통, 위궤양 환자, 전문의사; ② 콩과의 하나

я́звенный *прил.* 궤양성의, 궤양에 걸린.

я́звина *ж.* 날이 망가진 것, (표면의) 꺼칠 꺼칠한, 위궤양, 동물의 굴.

язви́тельность *ж.* 부식성, 신랄함, 가성도; **~ый** *прил.* 부식제, 부식성의, 신랄한, 날카로운, 통렬한, 비꼬는

язви́тельный *прил.* 독살스러운, 가시돋힌.

язви́ть, съязви́ть ① *тк. несов. сов. (вн.) уст.* 깨물다, 비꼼, 찔린아픔, 괴롭히다, 상처를 내다, (독침 등으로) 쏘다; 욕지거리하다; (벌레가) 찌르다; ② 비꼬는 말, 독살스럽게 말하다; **~на чей-л. счёт** (누구를) 비꼬다.

язы́к I *м.* ① *анат.* 언어, 혀(입안의), 혓고기, 국어, 말; 목관악기의 혀(黃), 종, 반울의 혀, 불길의 혀(일반적으로 길고 움직이는 것); 국민, 민족; (적정을 알기 위해 체포된) 포로. ② 혀, 말, 언어; ③ 종의 추, 방울의 추.

язы́к II *м.* ① 언어, 말, 국어, 어학; ② 질문하다, 심문하다, 질문하다, 사로잡다.

язы́к III *м. уст.* (народ) 국가, 민족, 국민, 종족

языка́стый, ~атый *разг.* 잔소리가 많은, 독설의, 말이 신랄한, 독설을 내뱉는.

языкове́д *м.* 어학자, 언어학자, 외국어에 능통한 사람, **~ение** *с. см.* языкознание. **~ческий** 말의, 언어의.

языко́в *м.* 性(성)의 하나.

языково́й *лингв.* 말의, 언어의, 어학상 의, 언어, 말, 국어

языко́вый *прил.* ① *анат.* 혀의, 설음의, 언어의; ② 혓소리의, 혀로 발음하는.

языкозна́ние *с.* 언어학, 어학, 과학용어; сравнительное ~ 비교 언어학.

языкотво́рец *м.* 신어 창조자, 조어자.

языкотво́рческий *с.* 조어의.　　**языкотво́рчество** *с.* 조어.

язы́ческий *с.* 이교의, 이교도의.

язы́чество *с.* 이교, 사교(우상 숭배의).

-язы́чие *с.* ~ 개 국어 사용.

язычко́вый ① *анат.* 구개수의, 구개 수음의; ② *муз.* 에델바이스(Edelweiss:); ~ инструмент 악기의 혀, 리드악기.

язы́чник *м.* 이교도; 독설가, 수다장이.

язы́чный *прил.* к язык I. 혀의, 혓소리의, 혀로 발음하는; ~ые мышцы 그 혀의 근육, 혀와 같은 근육.

язычо́к *м.* ① *анат.* 현옹수, 목젖; 작은 혀모양의 것; ② *муз.* 악기의 혀, 리드악기, 갈대피리; ③ *тех.* (마음을 사로잡다) 끌다, 끌어당기다.

язь *м.* (*рыба*) 황어(黃魚).

Яи́к *м.* 우랄(Урал)강의 옛 이름.

яи́чко *с.* ① 작은알, 계란; ② *анат.* 고환(睾丸).

яи́чник *м.* *анат.* 난소(卵巢), 알집, 자실(子室), 씨방, 계란장수; воспаление ~а 난소염 (卵巢炎).

яи́чница *ж.* ~глазунья 에그 프라이, 계란 부침, 오믈렛.

яи́чный *прил.* 알의; ~желток 노른 자위; ~ белок 흰자위;

яйла́ *ж. тк. ед.* 크림산지의 목장.

яйцеви́дный *научн.* 달걀 모양의, 알 모양의; ~**ли́ст** *бот.* 달걀 모양의 잎; ~**во́д** *м. анат.* 수란관, 난관; ~**кла́д** *м. зоол.* (곤충의) 산란관; ~**кладу́щий** *зоол.* 산란관(하다); ~**кле́тка** *ж. биол.* 소란, 난세포, 배주; ~**но́ский** *с.-х.*: ноские куры 암탉이 좋은 알을 낳다; ~**но́скость** *ж. с.-х.* 우량 달걀을 낳다; ~**ро́дный** *зоол.* (조류, 어류, 파충류) 난생의.

яйцево́д *м. анат.* 난관, 나팔관.

яйцево́й *м. анат.* 난자의, 알, 난구의, 난세포; 배주

яйцее́д *м. зоол.* 난기생충, 알부식물

яйцеживорожде́ние *с. анат.* 난태생의.

яйцезагото́вка *м.* (보통)알의 조달.

яйцекла́д *м. зоол. биол.* (곤충, 어류의) 산란기관, 산란관

яйцекла́дка *ж. биол.* 산란, 착란(錯卵), 알을 낳는다.

яйцекладу́щие *с. биол.* 단공류, 난생동물, 원형생물

яйцекладу́щий *прил.* 산란하는, 난생의, 산란의, 살란관의

яйцекле́тка *ж. анат.* 난(卵), 난자(卵子), 소란, 난세포.

яйце-мясно́й *прил. биол.* (조류) 알과 고기 양쪽을 다 얻는.

яйцено́ский *с.* 알을 많이 낳는.

яйцепрово́д *м. биол.* 난관, 나팔관, 수란관.

яйцено́скость *с.* 산란능력, 산란율.

яйцере́зка *ж.* 계란 깨는 기계.

яйцеро́дность *с.* 난생(卵生), 난자생식

яйцеро́дный *прил. биол.* 난생의.

яйцеродя́щий *прил. зоол.* 난생하는

яйцерожде́ние *с. биол.* 난생. 난자생식

яйцо́ *с.* ① 알(卵), 난세포, 난자, ② (새의) 알, 달걀(계란); 알, 계란, 계단, 계자, ③ *мн.* 고환, 공, 구(球), 볼, 공갈의 것. 알모양의 것, ~ всмя́тку 부드럽게 삶은 계란,

як *м. зоол.* 야크(yak: 야우(野牛) 비슷한 솟과의 짐승).

я́кать *лингв.* 억점없는 е를 я로 발음하다.

я́ко 마치, 흡사 ~같이; 왜냐하면.

якоби́нец *м. ист.* 자코뱅 당원

якоби́нство *м.* 자코뱅주의; 급진민주주의.

якоби́т *м.* 영국 제임스 2세 당파의 사람.

я́кобы *частица* 마치 ~와같이, 생각컨대, 추측컨대, 아마도.

Я́ков 야곱

я́корница *ж.* 강에서 뗏목을 짤 때 삭구를 운반하는 갑판있는 하물선.

я́корный *научн.* 닻, 앵커; ~ая стоя́нка 닻을 내림, 정박지.

я́корь *м. мор., тех.* 닻, (시계의)앵커; *эл.* (발전기의) 회전자; (증기터빈의) 회전부, 회전날개; мёртвый ~ 정박지,

яку́т *м.,* **~ка** *ж.* **~ский** 야쿠트족(동부 시베리아의 터키 종족의 일파); ~ский язык 야쿠트 말.

якша́ться *несов.* 환담하다, 대작하다, 교제하다, 친해지다.

ял *м. мор.* 율형 돛단배(작은 종범선 (2-4 쌍의 노를 가졌음).

яла́па *ж. мед.* 알라파(jalapa 설사약으로 쓰임).

я́лик *м. мор.* 작은 보트, 나룻배 1~2 쌍의 노가 달린 보트.

я́личник *м.* 나룻배의 사공.

я́ловеть, ояло́веть *(о корове)* (암소가) 새끼를 못낳게 되다, 마른, 건조; ~ость *ж. с.-х.* 불임, 무미건조, 불모지; **~ый** *с.-х.* 불모지, 메마른 땅, 마른; ~ая коро́ва 새끼 못낳는 암소.

я́ловка *м. зоол.* 새끼를 낳지 못하는 암소 (너무 늙었거나 너무 어려서); 한 살 반 이상된 암소의 가죽.

я́ловость *ж.* (암소가) 새끼를 못낳음.

я́ловый *ж.* (암소, 물고기가) 새끼를 못낳는, 불임; (토지가) 불모의;(식물이) 열매를 맺지 못하는.

Я́лта *ж. (город)* 얄타(Yalta).

я́лтинский *прил.* 얄타의, Я́лтинская конфере́нция 얄타의 회담(협의회)

Я́луцзян *м.* 압록강, 마자수, 얄루강(Yalu 江)

ям *м. ист.* 우편물, (비행기의)정기 기항지, 중요한 준비단계; 역(驛), 역참, 여인숙(여객이 말을 바꾸는).

я́ма *ж. (в разн. знач.)* 구멍, 구덩이, 함정, (기체의) 포켓; 구멍 모양을 한 여러 종류의 설비(구덩이, 저장조): 감옥 (원래지하의); 매음굴, 분지.

ямб *м. лит.* 영시의 단장격의, 약강격의;

ямбохоре́й *м.* 단장장단격

я́мина *ж.* 구멍(주로 큰 것), 분지.

я́мистый *прил.* 구멍투성이의.

я́мка *ж. уменьш. от* яма ; 작은구멍, 구덩이; 하등동물의 감각기관; 보조개.

я́мочка *ж. (на щеке)* 보조개, 옴폭 들어간 곳; 작은 구멍, 구덩이; 잔물결.

ямщи́к *м. ист.* (역마차, 짐마차의) 마부.

ямщи́на *ж.* ямщик 의 직업, 역무; 마부들.

ямщи́чить *научн.* 마부로 일하다.

янва́рский *прил.* к январь 1 월의; ~ день 일월의 하루.

янва́рь *м.* 1 월; в ~е этого года 1 월에

я́нки *м. нескл.* 양키, 미국사람

янсени́зм *м.* 얀센주의(네덜란드의 가톨릭도 잰스니즘).

янсени́ст *м.* 얀센주의의 신봉자.

янта́рный *прил.* 1. 호박의; 2. *(о цвете)* 호박색

янта́рь *м.* 호박; чёрный ~ 검은 호박.

Я́нус *м. миф.* 야누스((Janus), 양면신(兩面神)

Янцзыцзя́н *м.* 양자강(揚子江: the Yangtze River) (= Янцзы).

яныча́р *м. ист.* 옛 터키의 친위병 (1328 ~1826 년).

Янья́нь *м.* 연안(중국의 지명).

я́нька *ж.* 이기주의자, 자만가.

япанча́ *ж.* 고풍의 길고 넓은 망토.

Япе́т *см.* Яфет; 크로노스의 형제, 토성의 제 8 위성.

япо́нец *м.* 일본인; *мн. собир.* 일본 의, 일본 사람.

япониза́ция *ж.* 일본화. **Япо́ния** *ж.* 일본.

япо́нка I *ж.* 일본인. **япо́нка II** *ж. (о крое)* 모자 커버.

японофи́л *м.* 친일파. **японофо́б** *м.* 배일파

япо́нский *прил.* 일본의; 일본인의;~ язык 일본어

япо́шка *м.* 일본놈.

яр I *м.* 1. *(крутой берег)* 강변, (강의) 절벽, 강 언덕, 깊은 낭떠러지, 계곡; 2. *овраг)* 좁은 골짜기, 산골짜기.

яр II *м. зоол мед.* 어떤 종류의 새가 교미기에 앓는 병; 염열; 춘파, 곡물, 밭.

яра́нга *ж.* 얀가, 이동식 원형가옥. 가죽텐트.

ярд *м.* (*мера длины*) 야드(yard: 아드 파운드 법에서 길이의 단위(單位); 1 야드는 3 피트로 91.44cm 임. 기호: yd. 마(碼); 영국 척도의 명칭), (=0.914 미터); 영국의 면적단위(=1.2 에이커).

яре́мный; ~ая вена *анат. мед.* 경정맥, 약점, 급소.

Яри́ла *м.* (동슬라브인의) 태양, 번식, 사랑의 신.

яри́ться *ж.* 1. *уст.* 격노하다, 분노하다; (파도가) 용솟음치다; (암흑이) 짙어지다; 2. *физиол.* (*о животном*) (말 등이) 발정하다, 암내를 내다.

яри́ца *ж.* 봄갈이 작물, 봄보리, 춘파, 춘묘.

я́рка *ж.* 아직 새끼를 낳지 않은 암양, 어린암양.

я́ркий *прил.* 빛나고 있는, 빛나는, 밝은, 선명한; 활활 타오르는, 현저한, 명료한, 강렬한, 화려한, 야한; (*перен.*) 현저한, 두드러진, 눈에 뛰게; (*блестящий*) 빛나는, 찬란한, 멋진; (*живой*) 발랄한, 힘찬, 생생한, 밝은, 활발한, 강렬한; ~ свет 도회지의 환락가; ~цвет 밝은색.

я́рко *нареч.* (색채가) 선명한 뜻; 현저하게, 두드러지게, 찬란하게, 훌륭히; 생생하게, 선명하게, 발랄하게

я́рко–бе́лый *прил* 눈부신, 휘황찬란한, 현혹적인.

я́рко–зелёный *прил* 밝은 녹색, 초록색, 청록색.

я́ркость *ж.* 빛남, 밝음, 광명, 선명함; 광휘, 밝음; (*живость*) 밝은, 힘찬, 휘도(輝度).

ярлы́к *м.* 포고, 명령, 칙령; (꼬리)표; 상표; 레테르, 특징; 따따르 칸의 명령서, 상사증서; 지급 명령서.

я́рмарка *ж.* 정기적으로 서는 장, 농촌의 큰시장; 산더미처럼 많은 것. ~очный *прил.* к ярмарка

ярмо́ *с.* 멍에, 굴레, 부담, 속박; (전기기계의) 이음쇠;

я́ро *нареч.* 열정(熱情), 염열(炎熱).

ярови́зация *ж. с.-х.* 가을갈이 작물을 봄갈이로 변화시키는 발아성육 촉진법의 일종, 춘화처리

ярови́т *несов. и сов.* (вн.) (춘화처리)를 하다.

Ярови́т *м.* 고대 슬라브의 군신.

ярови́ще *с.* 수확을 끝낸 봄갈이 밭.

яро́водье *с.* (주로 해동기의) 증수, 증수기.

яровой *с.-х.* 1. *прил.* 봄, 봄갈이의; ~ые хлеба 봄의 농작물; ~ое поле 봄갈이 밭; ~ клин 봄 농작물 면적; 2. *мн. как сущ.* 봄의 농작물들.

- 1056 -

я́ростный (-сн-) *прил.* 노하여 펄펄 뛰는, 격노한, 격분한; 맹렬한, 광폭한; ~ая атака 맹공격, 갑작스런 격렬한 공격.

я́рость *ж.* 격노, 분노; 맹렬, 광포; 발정, 열광

яровохво́стка *ж.* 오리속의 하나.

яру́га *ж.* 골짜기, 골짜기의 샘, 개울.

яруно́к *м.* (목공용) T 형 정규(定規).

я́рус *м.* **1.** 찢다, 잡아채다; *театр.* 원(圓), 궤도, 집단; **2.** *геол.* 단, 층(層); (극장의 뒤로 갈수록 높아지는 관람석의 각 계단; (건물의) 층; 지층; 대구 종류를 잡는 주낙.

я́русник *м.* 주낙배(백해에서 사용함).

я́русный *с.* 층의(예:пятиярусная пагода 5 층탑).

яру́тка *ж. бот.* 십자과(평지과)의 식물.

яры́га *ж.* 순검, 포졸; 주정뱅이, 건달, 16-17 세기의 빈민 계층 사람.

я́рый *ж.* (рья́ный) 불타는, 타오르는 듯한; 결렬한, 맹렬한, 격렬한, 광폭한, 격분한, 열심인, 열렬한, 순백의,

я́рыш *м.* 새끼양. **ярь** *ж.* 봄갈이 밭; 그 싹

ярь, ярь-медя́нка *ж.* 산화동에서 채취한 녹색 안료.

ярь *ж.* 분노(忿怒), 격노(激怒).

яс *м.* osetин 민족의 옛 이름.

яса́к *м.* 시베리아, 극동의 민족에게 부과한 모피, 가축 등의 현물세.

я́сельничий (모스크바 공국의) 주마과 장관.

я́сеневый *прил. бот.* 창백한, 물푸레나무의(같은), 물푸레나무(재목)로 만든.

ясене́ц *м.* 백선(白鮮).

я́сень *м. бот.* 물푸레나무, 목서; 무푸레나무, 물푸레, 수청목, 심목, 청피목, 재, 회.

я́сли I *мн.* 여물통, 구유, 물통, 나무 그릇.

я́сли II *мн.* 탁아소(구유속의) 예수탄생도(фр.) 어린이 날.

ясме́нник *м.* 선갈퀴(꼭두서니과의 하나).

ясми́н *м.* 재스민(jasmine) 소형속 (素馨屬).

Я́сная Поля́на *ж.* 러시아 공화국 뚤라주(州)의 마을(Л. Толстой 의 저택과 무덤이 있음).

ясне́ть *нареч.* 분명해지다, 명료해지다, 확실 해지다; 개이다, (날씨.기분.표정으로) 밝아지다: (금속이) 빛나다.

я́сно I 그것은 좋다, 훌륭하다; 그것은 깨끗하다

я́сно II *нареч.* 깨끗하게, 밝은, 뚜렷하게; 뚜렷하게, 명백하게, 의심할 나위없이;.

ясновельмо́жный *нареч.* 폴란드귀족, 카프카즈추장의 존칭.
яснови́дение *с.* 투시, 투시력, 천리안; 정확한, 통찰력이 뛰어난 것; **~ец** *м.* 날카로운 통찰력이 있는
ясноо́кий *прил.* 눈이 아름다운.
я́сность *ж.* 밝기, 투명, 방해 물이 없음, 맑음, 청명, 명료, 광명; ~ мысли 맑음 마음, 제정신.
ясно́тка *ж.* 광대수염속.
я́сный *прил.* 밝은, 확실한, 분명한, 명백한, 명료한; 맑게 개인, 청명한, 빛나는, 광택 있는. 맑은, 투명한; 독특한, 뚜렷한, 명확한, 틀림없는; 청명한, 고요 한, 침착한
я́сочка *ж.* 사랑하는 사람(여자를 부르는 말).
я́спис *м.* 벽옥의 옛 이름.
я́ство *уст.* (맛좋고 푸짐한) 음식물, 식품.
я́стреб *м.* 매; 강경론자; 주머니형의 어망
ястреби́ный *прил.* к ястреб; 새매 같은, 맹금성의, 매를 사용하는; 갈구리 모양의; 잡아먹을 듯한;.
ястребо́к *м.* **1.** 작은 매; **2.** *воен.* 전사, 전투기.
я́стык *м.* (한 덩어리로 된) 막에 싸인 물고기 알; 그것을 감싸는 막.
ясы́рь *м.* 포로(捕虜), 노예(奴隷).
ятага́н *м.* 이슬람교도의 긴 칼(날밑 없이 S자꼴로 휜).
я́тка *ж.* 시장 바닥의 천막, 천막을 친 노점.
ято́вь *ж.* 철갑상어 등이 있는 강바닥의 구멍.
я́тровь *ж.* 남편(혹은 아내)의 형제의 아내.
ятры́шник *м.* *бот.* 난(蘭), 난초. 국향(國香)
ять *м.* 구정자법에 존재한 자모(子母) Ѣ 의 이름(옛날은 독자적인 음을 가졌는데 나중에 е 와 합류했다).
Яфе́т *м.* 야페테(노아의 세 아들 중의 하나).
яфети́д *м.* яфетические языки 를 말하는 인종.
яфетидо́лог *м.* яфетидология 의 학자, 지지자.
я́хонт *м.* 루비(ruby; 강옥석, 홍보석, 홍옥; 사파이어, 청옥, 사파르, 옥색, 벽옥색, 청옥색; **~овый** *уст.* 루비, 사파이어,
я́хта *ж.* 요트(yacht). **яхт-клу́б** *м.* *спорт.* 요트클럽
яхт-клубо́вец *м.* 요트클럽회원, 종업원.
я́хтный *прил.* 요트의.
яхтсме́н *м.* 요트맨, 요트조종자, 요트사용하는 스포츠맨.
яча́ть *с.* 슬프게 울다, 흐느껴 울다.
яеистый *прил.* 작은 구멍이 많은, 그물코의 뜻, 벌집 같은.
ячеи́ться *с.* (물고기에 관하여) 그물코에 걸리다.

яче́йка *ж.* (공산당의) 세포; *воен.* 소총강선;

яче́ство *с.* 유아주의(唯我主義).

ячея́ *ж.* **1.** 작은 방; 벌집의 작은 구멍, 꽃가루 주머니; **2.** (*невода, трала*) 그물코, 망사, 그물, 편물의 코.

я́чий *м. зоол.* 야크(중앙 아시아 티벳산의 들소).

ячме́нный *прил.* 보리의, 대맥의; ~ отвар 보리죽

ячме́нь I *м.* 보리. 대맥(大麥), 숙맥(宿麥)).

ячме́нь II *м.* (눈의) 다래끼, 투침, 안검염, 맥립종.

я́чневик *м.* 보리가루로 만든 작은 빵.

я́чневый *прил.* 보리로 만든, 보리 가루의;

я́шма *ж. мин.* 벽옥(碧玉)

я́шмовый *прил. мин.* 벽옥처럼.

я́щер *м. зоол.* 천산갑속; 도마뱀속; 수궁, 도마뱀붙이.

ящерёнок *м. зоол.* 도마뱀류의 새끼.

я́щерица *ж.* 도마뱀, 석척, 산룡자, 석룡자, 용자, 천룡.

я́щик *м.* **1.** 상자, 궤, 함, 통; 책상서랍; 번호로 불려지는 사무실; **2.** 서랍, 장롱, 장과 농; ◊ откладывать в долгий ~ (*вн.*) 보류하다, 제거하다, 내버려 두다, 방치하다.

я́щичник *м.* 상자 만드는 직공.

я́щичный *прил.* 상자의, 궤(함.통)의, 갑, 짐상자, 용기의, 그릇으로, 케이스의, 주머니의, (칼)집의, ящичный картон (건축용) 섬유판, ящичный фотоаппарат 카메라 박스.

я́щур *м. вет.* 가축의 전염병, 발과 입에 걸리는병, 구제역 (口蹄疫: 소나 돼지같은 유제류가 잘 걸리는 입안 염증(炎症) 및 발굽염을 일으키는 전염병; 소나 돼지 따위 동물이 잘 걸리는 바이러스성 전염병; 입 안의 점막이나 발톱 사이에 물집이 생겨 짓무름).

я́щурка *ж.* **1.** 사막 도마뱀, **2.** 레이스 러너(= striped lízard)(걸음이 빠른 북아메리카산 도마뱀의 일종)

я́щурный *прил.* (*после сущ*) 구제역의 아프타,